D1619915

Stephan Moebius
Die Zauberlehrlinge

Stephan Moebius

Die Zauberlehrlinge

Soziologiegeschichte des Collège de Sociologie
(1937 – 1939)

UVK Verlagsgesellschaft mbH

Mit freundlicher Unterstützung der Deutschen Forschungsgemeinschaft (DFG)

Bibliographische Information der Deutschen Bibliothek
Die Deutsche Bibliothek verzeichnet diese Publikation
in der Deutschen Nationalbibliographie; detaillierte bibliographische Daten sind im Internet über
http://dnb.ddb.de abrufbar

ISBN 3-89669-532-0

© UVK Verlagsgesellschaft mbH, Konstanz 2006

Coverabbildung: André Masson: Georges Bataille. © VG Bild-Kunst, Bonn 2005
Einbandgestaltung: Susanne Weiß, Konstanz
Satz und Layout: Claudia Wild, Stuttgart
Druck: Memminger MedienCentrum, Memmingen

UVK Verlagsgesellschaft mbH
Schützenstraße 24 · D-78462 Konstanz
Tel. 07531-9053-0 · Fax 07531-9053-98
www.uvk.de

Inhaltsverzeichnis

Vorwort

»[J]eder der anderen ist ganz anders als ich« (Bataille 1999a, 98)
»Das Vergangene ist nicht tot; es ist nicht einmal vergangen.« (Christa Wolf 1977, 9)

Die vorliegende Studie ist eine soziologiegeschichtliche Analyse des *Collège de Sociologie*, das Ende der dreißiger Jahre in Paris existierte und im soziologischen Diskurs bisher kaum Beachtung erfahren hat. Der Titel *Die Zauberlehrlinge* geht zurück auf eine Charakterisierung der Collègiens durch den Philosophen Alexandré Kojève.

Eine *soziologiegeschichtliche* Untersuchung zum *Collège de Sociologie*, bei der mit einer dezidiert *soziologiegeschichtlichen und intellektuellensoziologischen Methodik* vorgegangen wird, liegt sowohl in Deutschland als auch international noch nicht vor. Als ich 2002 meine Studie »Die soziale Konstituierung des Anderen. Grundrisse einer poststrukturalistischen Sozialwissenschaft nach Lévinas und Derrida« (Moebius 2003b) beendet hatte, wollte ich meine dort niedergeschriebenen Überlegungen sowohl soziologisch als auch historisch reflektieren und in einen ideen- und sozialgeschichtlichen Kontext stellen. Am Ende der Studie verweise ich auf das *Collège de Sociologie*, da ich in ihm einen Vorläufer meines eigenen Projekts einer *Poststrukturalistischen Sozialwissenschaft* sehe. Während der Ausarbeitung der *Zauberlehrlinge* hat sich dann bestätigt, dass das *Collège de Sociologie* besonders im Hinblick auf die von Georges Bataille erarbeitete »Heterologie« als ein soziologischer Poststrukturalismus vor dem Strukturalismus und somit als ein ideengeschichtlicher und institutionalisierter Vorgänger einer *Poststrukturalistischen Sozialwissenschaft* betrachtet werden kann. Es gibt aber auch andere Aspekte des Collège, die (teilweise zu Recht) weder im Poststrukturalismus noch in den Sozialwissenschaften weiter verfolgt werden. Es muss also differenziert analysiert werden, was trotz der inneren Widersprüchlichkeiten, wissenschaftlichen Defizite und Grenzen, die beim Collège zu konstatieren sind, seine Originalität und spezifischen Leistungen ausmachen.

Im Wesentlichen ist es Lothar Peter zu verdanken, mein Interesse für soziologiegeschichtliche und intellektuellensoziologische Forschungen geweckt zu haben. In diesem Sinne verdankt ihm die vorliegende Studie inspirierende Hinweise, zentrale Forschungstipps und erhellende Diskussionen. Seine unendliche Geduld, Aufmerksamkeit und vor allem sein stetes Interesse an meinem Projekt waren der treibende Motor für mich – Lothar Peter sei darum an erster Stelle für die Vollendung des Buches gedankt.

Mein Dank für die Hilfe bei der Abfassung der Studie, für Korrekturen und Übersetzungsfragen sowie für unterschiedliche Recherche- und Literaturhinweise oder Antworten auf sonstige Fragen gilt im besonderen Maße auch den folgenden Personen: Johannes Angermüller, der Walter-A.-Berendsohn Forschungsstelle für deutsche Exilliteratur Hamburg, Hans Manfred Bock, Reinhard Blomert, Lothar Burchardt, Wolfgang Eßbach, Winfried Gebhardt, Lars Gertenbach, Ronald Hermann, Denis Hollier, Thomas Keller, Hans Leo Krämer, Laurent Mucchielli, Christian Papilloud, Alexander T. Riley, Cécile Rol, Karl-Heinz Roth, Gerhard Schäfer, Michael Schetsche, Johannes Scheu, Matthias Waltz, Erdmut Wizisla und dem Universitäts-archiv Bonn.

Besonders danken möchte ich auch meinem Bruder Matthias Moebius, der wie immer stets da war, wenn es technische Probleme mit dem Computer gab, Ursula und Walter Moebius für ihre Unterstützung und meinen Studierenden für anregende Gespräche und Seminare. Samuel Strehle danke ich sehr herzlich für die arbeitsintensive Erstellung des Personenregisters.

Dem UVK Verlag möchte ich für die produktive und konstruktive Zusammen-arbeit danken, namentlich Sonja Rothländer, Hannah Müller, Uta C. Preimesser und Bernd Sonneck. Dirk Quadflieg sei herzlich gedankt für seine Hilfe bei der Korrektur einiger Textstellen, für die erhellenden Diskussionen und die aufmunternden Telefonate; Julia Schäfer danke ich für ihre Geduld und ihre Gegenwart.

Die Arbeit hätte ohne die finanzielle Unterstützung durch ein Forschungsstipendium der Deutschen Forschungsgemeinschaft (DFG) nicht geschrieben werden können, auch ihr gilt mein besonderer Dank.

Stephan Moebius
Freiburg im Breisgau, Januar 2005

I Einleitung

»Wenn ich sterbe, hinterlasse ich nichts als Asche, denjenigen Franzosen, die sich batail-
lieren, bis auch sie kopflos sind.«

(Nietzsche, Fragment 64 aus »Krankheitsnotizen«)

»Durkheim sah sich vor der Unmöglichkeit, eine positive wissenschaftliche Definition des Sakralen zu geben, er hat sich damit begnügt, die sakrale Welt negativ als absolut heterogen in Beziehung zur profanen Welt zu bestimmen«, so schreibt Georges Bataille (1978, 16) im Jahre 1933. Vier Jahre später initiierte er mit Roger Caillois und Michel Leiris das *Collège de Sociologie*, in dessen Mittelpunkt die von der Durkheim-Schule inspirierte Beschäftigung mit dem Sakralen stehen sollte. Die soziologischen, ethnologischen, philosophischen und religionswissenschaftlichen Analysen des Sakralen, an denen auch deutsche Exilierte wie der Philosoph Walter Benjamin, der Literaturwissenschaftler Hans Mayer und der Max-Scheler-Schüler Paul Ludwig Landsberg teilnahmen, wurden unter dem Begriff der »Sakralsoziologie« zusammengefasst. Das Ziel der gesamten sowohl theoretisch als auch politisch ausgerichteten Unternehmung formulierte Bataille mit folgenden Worten: »La sociologie sacrée peut être considérée comme l'étude non seulement des institutions religieuses mais de l'ensemble du mouvement communiel de la société [...]« (Bataille 1995*d*, 36).

Bei der folgenden Studie handelt es sich um eine soziologiegeschichtliche Analyse des *Collège de Sociologie*. Was genau aber war das Collège? Welche theoretischen und politischen Absichten verfolgte es? Worin liegen die Ziele und der Erkenntnisgewinn einer soziologiegeschichtlichen Untersuchung dieser Institution? Und wie und warum betreibt man überhaupt Soziologiegeschichte? Die Einleitung widmet sich diesen, in die Studie einführenden Fragen. Um sie zu beantworten, soll zunächst das *Collège de Sociologie* in knapper Form dargestellt werden. Anschließend wird ein Überblick über den internationalen und nationalen Forschungsstand, die Quellenlage und über forschungsrelevante, das Collège behandelnde Untersuchungen gegeben. Es wird sich hierbei zeigen, dass das *Collège de Sociologie* bislang nie Gegenstand einer systematischen und umfassenden soziologiegeschichtlichen Analyse bildete. Ausgehend von dem skizzierten Forschungsstand soll dann geklärt werden, warum das Collège zum Objekt einer soziologiegeschichtlichen Studie gewählt wurde, warum man Soziologiegeschichte betreibt und welche Erkenntnisinteressen sowie Forschungsziele mit der Studie verbunden sind. Es wird in diesem Zusammenhang auch erörtert (allerdings nur knapp, um nicht auf den Schluss der Studie vorzugreifen), dass das Collège nicht nur aufgrund seiner bisher kaum erfolgten Thematisierung und Rezeption im soziologischen Diskurs in Deutschland, sondern auch aus theoretischer und wirkungsgeschichtlicher Perspektive von besonderem Interesse ist. Nach der Erläuterung des Erkenntnisgewinns der Studie werden die Systematik, die Methodologie und das methodische Vorgehen der soziologiegeschichtlichen Analyse des *Collège de Sociologie* dargelegt. Es wird die Frage geklärt, wie man systematisch Soziologiegeschichte betreibt und welche Dimensionen eine soziologiegeschichtliche Untersuchung des Collège umfasst. Da sich am *Collège de Sociologie* unterschiedliche französische und deutsche Intellektuelle in der Zwischenkriegszeit versammelten, lässt sich die soziologiegeschichtliche Methodologie im Hinblick auf das Collège nur spezifizieren, wenn man sie mit einer intellektuellensoziologischen Methodologie verbindet. Obgleich in der Durchführung der Studie die intellektuellensoziologische Methodologie auf der soziologiegeschichtlichen aufbaut und beide miteinander verknüpft werden, sollen die zwei Methodologien in der vorliegenden Einleitung analytisch getrennt und anhand einer systematischen Darstellung gesondert erläutert werden. Die analytische Trennung hat nicht nur den Zweck, einen detaillierten Überblick über die Systematik dieser Methodologien und der folgenden Analyse des Collège zu bekommen, sondern beide Methodologien sollen auch als Vorschläge und Ausgangspunkte für zukünftige, eigenständige soziologiegeschichtliche bzw. intellektuellensoziologische Untersuchungen dienen. Den Übergang zwischen den einleitenden Abschnitten und dem Hauptteil der Studie bildet eine knappe Skizzierung des realhistorischen und politischen Kontextes, vor dessen Hintergrund sich das Collège Ende der dreißiger Jahre in Paris konstituierte.

1.1 Das Collège de Sociologie

Die maßgeblichen Protagonisten und die Gründer des *Collège de Sociologie* waren Georges Bataille, Michel Leiris und Roger Caillois. Sie prägten insbesondere den Charakter des Collège, beeinflussten die Wahl der Forschungsobjekte, die methodischen Ausrichtungen und die ethisch-politischen Fragestellungen (vgl. Marroquin und Seiwert 1996: 138). Caillois war ein Schüler des Religionswissenschaftlers Georges Dumézil und von Marcel Mauss, dessen Vorlesungen er von 1932 bis 1934 hörte (vgl. Fournier 1994, 602).[1] Leiris nahm von 1931 bis 1933 an der ethnologischen und von der Rockefeller Foundation finanzierten Expedition von Dakar-Djibouti als religionssoziologischer Forscher und Archivar teil (vgl. Fournier 1994, 609). Seit 1933 war er ebenfalls Schüler von Mauss.[2] Bataille besuchte zusammen mit einem Freund von Leiris, Alfred Métraux, die *École des Chartes*, eine Schule zur Ausbildung von Bibliothekaren. Seine Spezialgebiete waren Geschichte, Literatur und die Kunst des französischen Mittelalters (vgl. Marroquin und Seiwert 1996, 138f).

---

1   Caillois war auch ein Freund Dumézils und später maßgeblich verantwortlich für die erfolgreiche Veröffentlichung der »Ordnung der Dinge« von Michel Foucault, ebenfalls ein Freund Dumézils (vgl. Eribon 1998, 146ff).

2   Als seine Lehrmeister nennt Leiris Georges-Henri Rivière, Marcel Griaule, Marcel Mauss und Paul Rivet (vgl. Leiris 1948, XXIV). Die Bekanntschaft mit Bataille machte Leiris über einen befreundeten Archivar, Jacques Lavaud (vgl. Leiris 1981*a*, 67).

Viele der späteren Mitglieder des Collège, wie beispielsweise Pierre Klossowski und Georges Bataille, kannten sich schon seit 1934 aus den Hegel-Seminaren von Alexandre Kojève, die dieser von 1933 bis 1939 an der *École pratique des hautes études* abhielt.[3] Kojève war aber nicht der einzige Bezugspunkt für die Mitglieder des Collège; es bestand ebenfalls eine theoretische und thematische Kontinuität zu den religionssoziologischen Positionen Emile Durkheims, Marcel Mauss', Henri Huberts, Robert Hertz' und Georges Dumézils (vgl. Fournier 1994, 707ff). Bezüglich des Einflusses der Durkheim-Schule und der damaligen wissenschaftlichen Resonanz des Collège schrieb Claude Lévi-Strauss:

»Thus not only linguistics and geography, but European archeology and Chinese early history, have been fecundated by the sociological influence. This influence was so wide that it reached even the ›avant-garde‹ in art and literature. In the years immediately preceding the World War II, the ›Collège de Sociologie‹, directed by Roger Caillois, became a meeting place for sociologists on one hand, and surrealist painters and poets on the other. The experience was a success. This close connection between sociology and every tendency or current having Man, and the study of Man, as its center, is one of the more significant traits of the French School.« (Lévi-Strauss 1971, 507f)

Dem *Collège de Sociologie* ging es um die Etablierung einer »Sakralsoziologie«. Diese war darauf ausgerichtet, die vitalen Elemente gemeinschaftlicher Bindungen wie kollektive Erfahrungen und Efferveszenzen – initiiert durch Rituale, Feste oder Spiele – in der modernen Gesellschaft zu erforschen und zu neuem Leben zu erwecken. Die analytische Orientierung des Collège auf *moderne* Gesellschaften sollte insbesondere vorangegangene soziologische Studien, zum Beispiel der Durkheim-Schule, ausweiten und die Soziologie insgesamt erneuern. Ein anderes Ziel war es, neue Gemeinschaften und Mythen zu begründen, mit deren Hilfe die gesamte Gesellschaft radikal verändert werden sollte. Diejenigen menschlichen Aktivitäten und Bereiche, die vergemeinschaftenden Wert haben, die Gemeinschaft schaffen und jenseits einer rein rationalen Erfassung stehen, bildeten zusammen mit der Untersuchung des »Sakralen« und des »Heterologischen« die vornehmlichen Forschungsobjekte des *Collège de Sociologie*.

Das »Sakrale« steht für die Randbereiche menschlichen Lebens, in denen die Menschen neben den rationalen Bereichen ihre sozialen Beziehungen herstellen und vertie-

---

3   Zu den Teilnehmern des Seminars gehörten so zahlreiche Persönlichkeiten wie Pierre Klossowski, Raymond Aron (Aron, dem Groß-Cousin von Mauss, war es zu verdanken, dass die Rezeption von Simmel, Weber und Tönnies auch in Frankreich an Bedeutung gewann), Georges Bataille, Jacques Lacan, (weniger regelmäßig) André Breton, Maurice Merleau-Ponty, Jean-Paul Sartre, der Pater Fessard, Raymond Queneau (Queneau veröffentlichte 1947 die Kojève-Vorlesungen unter dem Titel »Introduction à la lecture de Hegel«), Eric Weil, Emmanuel Lévinas u. a. Zur französischen Hegel-Rezeption vgl. Butler (1999). Zur *religions*theoretischen Konzeption des Collège und seiner Hauptbegriffe vgl. allgemein auch den von mir zuweilen herangezogenen Aufsatz von Marroquin und Seiwert (1996).

fen; es zeigt sich etwa in (ritualisierten) Symbolisierungen des Todes oder der Träume, in der Verschwendung und Verausgabung bei Festen, aber auch in Gefühlen, Sexualität, Erotik, Nacktheit, Ekstase, Tanz, Wahnsinn, irrationalen Handlungen und »starken« Kommunikationen, in Gewalt, in bestimmten Zeitrythmen und in Mythen.[4] Der Grund für die Propagierung von Vergemeinschaftungen liegt in der individualisierungskritischen Annahme des Collège, dass moderne Gesellschaften durch eine weitgehende Zersplitterung, Rationalisierung und den Ausschluss marginalisierter Anderer gekennzeichnet seien.

Die »Heterologie« versucht, sich den Prozessen sozialer Homogenisierung zu widersetzen. Unter Homogenität versteht Georges Bataille den Zusammenhalt der Gesellschaft durch fixe Regeln, wobei die Basis der sozialen Homogenität die Produktion und die Nützlichkeit ist (vgl. Bataille 1978, 10).[5] »Die *homogene* Gesellschaft ist die produktive, das heißt die nützliche Gesellschaft. Jedes unnütze Teil wird aus ihr ausgeschlossen, nicht aus der Gesellschaft überhaupt, sondern aus ihrem *homogenen* Teil.« (Bataille 1978, 10) Unter Homogenität versteht Bataille die »Kommensurabilität der Elemente und Bewußtsein der Kommensurabilität« (Bataille 1978, 10). Die maßgeblichen Akteure der homogenen und nutzenorientierten Gesellschaft sind die Besitzer der Produktionsmittel, die Arbeitgeber und Bürokraten. Diejenigen, die zum heterogenen und unproduktiven Teil der Gesellschaft gehören, sind beispielsweise die Arbeiter, die Entfremdeten und andere Ausgeschlossene wie Wahnsinnige, Perverse etc.

Zentrale Themen des *Collège de Sociologie* sind das Sakrale, das heterologische Andere, Gemeinschaften, das Individuum und Mythen. Darüber hinaus wird von den Mitgliedern des Collège ein Wissenschaftsbegriff vertreten, den man mit dem Begriff einer »allgemeinen Wissenschaft« beschreiben kann und der sich insbesondere durch Inter- und Transdisziplinarität auszeichnet.[6]

Die Arbeiten des *Collège de Sociologie* verweisen auf Emile Durkheim und seine Schüler Marcel Maus und Robert Hertz (vgl. auch Marroquin und Seiwert 1996, 140). Im Mittelpunkt des Interesses der Collègiens steht das von der Durkheim-Schule analysierte Sakrale, das sie für eine Transformation der modernen Gesellschaft nutzbar machen wollen. Die Durkheim-Schule habe die konstitutive Bedeutung des Sakralen für den gesellschaftlichen Zusammenhalt mit aller Deutlichkeit ans Licht gebracht. Ziel der Hauptakteure des Collège ist es jedoch, die vom Zivilisationsprozess zurückgedrängten und unter Kontrolle gebrachten, aber in den Tiefenschichten des Sozialen noch schlummernden sakralisierenden Enegerien kollektiver Erregung, die die Durkheim-Schule lediglich in »primitiven« Gesellschaften untersucht habe, für die eigene Gesellschaft politisch nutzbar zu machen. Die Losung der Collègiens

---

4   Zu den Schlüsselbegriffen des Denken von Bataille siehe auch Mattheus (1984, 373). Zu sakralen Zeiten siehe Henri Huberts 1905 verfasste Studie zur Repräsentation der Zeit in der Religion und Magie und »Durkheimian Time« von William Watts Miller (2000).

5   Georges Bataille ist zweifelsfrei der führende Kopf und die treibende Kraft des Collège. Deshalb kommt ihm in der gesamten Studie eine besondere Rolle zu.

6   Im Abschnitt zu den »soziologischen Schlüsselbegriffen des Collège de Sociologie« werden diese Forschungsthemen explizit behandelt, vgl. 2.2.1.

lautet demzufolge auch: »Das Primitive ist nicht so weit von der Sorbonne entfernt, wie sie vielleicht meint«. Insbesondere der Essay über die Gabe von Marcel Mauss (199a) beeinflusst Batailles Studien zur »Verausgabung«, die im Rahmen der Sakralsoziologie des Collège einen zentralen Stellenwert einnehmen. Leiris kritisierte jedoch 1939 in einem Brief an Bataille, dass das Collège die »Regeln der soziologischen Methode« Durkheims und die Methoden Mauss' und Hertz' nicht beachtet habe, und dass sich die Interpretation des »Sakralen« nicht mit Mauss' *phénomène total* in Einklang bringen lasse (vgl. Hollier 1988a, 354f).[7]

Eine weitere Differenz liegt in der Akzentuierung der Arbeiten des Collège: Die Durkheim'schen Unterscheidungen zwischen Profanem und Sakralem werden – insbesondere vor dem Hintergrund der Überlegungen von Robert Hertz zu den beiden Polen des Sakralen – konsequent umgesetzt und Durkheims Forderung nach einer Neustrukturierung der Gesellschaft wird mit diesem geteilt. Aber im Gegensatz zu Durkheim liegt die Orientierung des Collège nicht darin, die moderne Gesellschaft auf einer rationalen Grundlage neu zu strukturieren.

Trotz Vorbehalten gegenüber dem Marxismus verstanden sich die meisten Mitglieder des Collège als Linksintellektuelle, wobei in Anlehnung an eine Begriffsdefinition von Lothar Peter unter »Intellektuellen« Menschen verstanden sein sollen, die in verschiedenen wissenschaftlichen, künstlerischen, religiösen, literarischen oder journalistischen Gebieten tätig sind, dort Kompetenzen erworben haben oder qualitativ ausgewiesen sind und die in den öffentlichen Auseinandersetzungen und Diskursen kritisch oder affirmativ intervenieren und Position beziehen; dabei ist der Intellektuelle nicht an einen politischen oder moralischen Standort gebunden (vgl. Peter 2001a, 240).[8] Die meisten Mitglieder des Collège kann man nicht mit Hilfe eines Ordnungsschemas von »links« und »rechts« einer bestimmten politischen Position zuordnen, sondern sie gehören zu den Akteuren der so genannten Dritte-Weg-Diskurse (Keller 2001b), die die Intellektuellendebatten in der Zwischenkriegszeit prägten; sie lassen

---

7   Vgl. auch Bataille (1979b, 525). Allerdings hatte Bataille niemals behauptet, dass das Collège in allen Punkten, mit der Durkheim'schen Tradition übereinstimmen sollte. Ein Unterschied liegt beispielsweise darin, dass Bataille in stärkerem Maße als Durkheim die individuelle bzw. innere Erfahrung des »Sakralen« (auch die des Soziologen selbst) hervorhebt. Nach Mauss lag das soziologische Forschungsziel in der Erfassung des sozialen Totalphänomens, das heißt, in der Analyse einzelner Phänomene, die ästhetische, religiöse, politische, juristische und wirtschaftliche Dimensionen beinhalten und das gesamte Gruppenleben in Gang halten. Nicht den kollektiv zwingenden Charakter, sondern den umfassenden Charakter sozialer Phänomene gilt es nach Mauss zu erforschen.

8   Zur Intellektuellenforschung siehe den Abschnitt zur intellektuellensoziologischen Methodologie. Zu den Differenzen zwischen Deutschland und Frankreich hinsichtlich der Wirkung, des Einflusses, der öffentlichen Repräsentanz und des Selbstverständnisses sowie der Begriffsbedeutung »Intellektueller« vgl. den Beitrag »Warum sind die französischen Intellektuellen politisch, die deutschen aber nicht?« von Peter (2001a). Zu den je nach historischem Raum und sozialem, politischem, nationalem sowie diskursivem Feld höchst unterschiedlichen Definitionen des Begriffs »Intellektuelle« vgl. das Buch »Die Intellektuellen. Geschichte eines Schimpfwortes« von Bering (1978).

sich darum unter dem Begriff der *non-conformistes* zusammenfassen (vgl. Keller 2001*b*, 163ff).[9]

Die dem Collège vorangegangenen Gruppierungen wie »Contre-Attaque« und die Zeitschrift und Geheimgesellschaft »Acéphale« sowie die Entstehung des *Collège de Sociologie* selbst fallen in die Zeit des sich in Europa ausbreitenden Faschismus. Bereits 1935 kamen viele der späteren Collège-Mitglieder bei dem Psychoanalytiker Jacques Lacan zu Treffen der linksintellektuellen, anti-kapitalistischen und anti-faschistischen Gruppe »Contre-Attaque« zusammen. Diese setzte sich die revolutionäre Machtergreifung des Proletariats zum Ziel.[10] »Contre-Attaque« verstand sich als Bewegung linker Intellektueller, die aber in einem deutlichen Gegensatz zur sozialistischen und kommunistischen Linken der »Association des Écrivains et Artistes Révolutionaires« stand (vgl. Bürger 2000*b*, 41). Den Mitgliedern von »Contre-Attaque« ging es neben der Machtergreifung des Proletariats um ein politisches Engagement gegen den deutschen und italienischen Faschismus. Angeführt wurde die Gruppe von André Breton und Georges Bataille. Waren beide Ende der zwanziger Jahre zerstritten, so näherten sie sich im Zusammenhang der Bildung von »Contre-Attaque«, wenn auch für nur kurze Zeit, wieder einander an. Im Gegensatz aber zu Breton, der eine politische Wende vom Surrealismus zum Kommunismus vollzog, stand der andere führende Kopf von »Contre-Attaque«, Georges Bataille, immer jenseits der politischen Parteien. Im Gegensatz zu Breton verfolgte Bataille das Ziel, den »surrealistischen Erfahrungsraum« in eine allgemeine Theorie der »Heterologie« zu transformieren.

Gegen einen Hegelschen Panlogismus gerichtet, bildet die »Heterologie« nach Bataille eine »Wissenschaft«, die die Grenzen der Vernunft in homogenisierenden sozialen Ordnungen und die darin enthaltenen, sie überschreitenden, unvernünftigen und heterologischen Phänomene untersucht. »Heterologie« bezeichnet eine Wissenschaft des Unassimilierbaren, des geheimen Rests und des Marginalisierten der Vernunft und homogener Ordnungen.

Bataille verdeutlicht 1933 in der Zeitschrift »La Critique sociale« (November 1933/März1934) seine Konzeption der »Heterologie« in einem Beitrag über »Die psychologische Struktur des Faschismus«, eine sozialpsychologische Analyse des deutschen und italienischen Faschismus.[11] Thema der Studie ist zugleich der Schrecken und der Abscheu als auch das Faszinierende, das von einer heterogenen, »energiebe-

---

9   Die Collègiens als eine sich damals formierende »Neue Rechte« (vgl. Lindenberg 1990, 78) zu begreifen, führt insofern auf eine falsche Fährte. Zu der Einordnung der Collègiens als Non-Konformisten siehe die Ausführungen im Abschnitt zur intellektuellensoziologischen Methodologie.

10   Die Lacan-Biographin Elisabeth Roudinesco spricht von einer Freundschaft zwischen Lacan und Bataille, die auch nicht durch die Liebe Lacans zu Sylvia Bataille und deren spätere Ehe zerstört wurde. Zur nicht werkbezogenen, biographischen Verbindung zwischen Bataille und Lacan siehe Roudinesco (1999, 191ff). Zum werktheoretischen Verhältnis bzw. Nicht-Verhältnis zwischen Lacan und Bataille vgl. den instruktiven Beitrag von Hans-Dieter Gondek (1999). Zu »Bataille entre Freud et Lacan: une expérience cachée« vgl. Roudinesco (1995).

11   Hans Mayer schreibt dazu: »Er [Bataille, S.M.] allein schien erkannt zu haben, daß ein ›erwachtes‹ Deutschland mit den überlieferten Denkweisen einer homogenen – nämlich tabu-

ladenen Realität« ausgeht und die unbewussten Persönlichkeitsschichten affiziert. Das Faszinosum der heterologischen und unbewussten »Realitäten«, wie zum Beispiel der Tod oder die Gewalt, machen sich laut Bataille die faschistischen Führer zu Nutze, um – insbesondere in organisierten Massenveranstaltungen – die Massen zu steuern und an sich zu binden.

Entgegen einer Verherrlichung oder Legitimierung des Faschismus interessiert Bataille die Faszination, die – um mit Max Weber zu sprechen – von charismatischen Führern ausgeht. Mit dem Konzept der Heterologie will Bataille ein systematisches Wissen entwerfen, das die affektiven, sozialen Reaktionen voraussieht und – im Anschluss an Freuds »Massenpsychologie und Ich-Analyse« – erklärt. Ferner wird danach gefragt, welche Stellung der Einzelne gegenüber den quasi-sakralen Führern einnehmen kann. Dabei unterscheidet Bataille im Anschluss an Robert Hertz und Emile Durkheim zwischen zwei Formen des Sakralen: dem reinen und unreinen Sakralen bzw. der »höheren« und »niederen« Form der Heterogenität. Diejenige Form der Heterogenität, die der Sakralisierung der Führer zuzuordnen ist, richtet sich gegen die Menschen und ist doch gleichzeitig für die soziale Homogenität nützlich oder »rein«. Die Heterogenität der Führer lässt sich von der »niederen« Form der Heterogenität des »Lumpenproletariats« unterscheiden (vgl. Bataille 1978, 19). Bataille versteht jedoch die Bezeichnungen »niedere« bzw. »höhere« Form nicht gemäß der üblichen Wertung, in der das Höhere das Niedere beherrscht, sondern privilegiert – in einer Umkehrung der binären Hierarchie – die Seite der niederen Formen (vgl. Bataille 1978, 21). Der »höhere Teil des *heterogenen* Bereichs [ist] immobil und immobilisierend gleichermaßen, und nur der niedere Bereich, der aus den elenden und unterdrückten Klassen besteht, ist fähig, in Bewegung zu geraten.« (Bataille 1978, 39) Damit eine soziale Ordnung Stabilität erreicht und sich als homogene Ordnung konstituieren kann, übernehmen sowohl charismatische Persönlichkeiten als auch verschiedene Rituale und Tabus die Funktion, die heterogenen Elemente auszugrenzen oder für sich zu gebrauchen.

Vor dem Hintergrund dieser Ausführungen stellen sich für Bataille zur Beurteilung einer Gesellschaftsformation zwei Fragen. Erstens, wie gehen Gesellschaften und der Einzelne mit den heterogenen Elementen, dem ambivalenten Sakralen, um? Weit davon entfernt das Sakrale zu idealisieren, betont das Collège dessen ambivalenten oder unentscheidbaren Charakter: Das Sakrale kann sowohl sozialintegrativ wirken und sozialen Zusammenhalt ermöglichen als auch zerstörerisch sein und damit die Unmöglichkeit von Sozialität herbeiführen. Zweitens: Wie kann man die niederen heterogenen Elemente subversiv zugunsten einer »menschlichen Gemeinschaft« verwenden (vgl. Roudinesco 1999, 211)?

Der politische Anspruch des *Collège de Sociologie* bestand darin, die Gesellschaft durch eine neue wissenschaftliche, heterologische Praxis zu verändern. Zu untersuchen ist, ob die Ausführungen dazu lediglich abstrakt blieben oder ob die vom Collège aufgeworfenen Fragen nach mentalen Dispositionen, kollektiven Bedürfnissen

---

freudigen wie herkömmlich aufgeklärten – Wissenschaft nicht erfasst werden konnte.« (Mayer 1988, 242)

und Identifizierungen, nach Inklusion und Exklusion einen bedeutenden soziologischen und kulturanthropologischen Beitrag zur Reflexion der Moderne darstellten. Wie immer die Antwort ausfallen mag, jedenfalls forderten die Collègiens zur Suche nach neuen mythischen Orten und sakralen Strukturen in modernen Gesellschaften auf. Damit knüpften sie an klassische und nichtsdestoweniger aktuelle Untersuchungen Emile Durkheims und seiner Schüler an, die den Vorstellungen und Ritualisierungen des Sakralen, mit denen die Integration von Gesellschaft gesichert wird, nachgingen.

Die Arbeiten und Sitzungen des *Collège de Sociologie* wurden durch interne Krisen über die Fragen nach der richtigen soziologischen Methode und Begrifflichkeit der Durkheim-Schule (vgl. Hollier 1988*a*, 354f) und den Ausbruch des zweiten Weltkrieges beendet. Roger Caillois ging ins Exil nach Buenos Aires und leitete dort das *Institut Français*; Michel Leiris ging als Soldat nach Algerien. Kurz zuvor hatte er Bataille brieflich mitgeteilt, durch die Beschäftigung mit dem Sakralen habe man die gegenwärtige, reale »totale soziale Tatsache« völlig aus den Augen verloren (vgl. Moebius 2003*d*). Dennoch sollte im Oktober 1939 auf einem »Konzil« die Fortsetzung des Collège besprochen werden; es galt, neue Statuten festzusetzen, und es sollte ab Oktober eine Zeitschrift des Collèges herausgeben werden. Die geplanten Titel waren »Religio«, »Nemi«, »Dianus« oder »Ouranos« (vgl. Mattheus 1984, 439).[12] Der Krieg verhinderte weitere Aktivitäten. Zu untersuchen ist aber, ob das Collège dennoch Wirkungen auf wissenschaftliche Diskurse zu seiner Zeit und danach hatte. Wo und wie konnten sich seine Fragestellungen weiter entfalten? Welchen Einfluss hat es auf aktuelle Diskurse? Was wurde über das Collège geschrieben? Welche Forschungen gibt es über das Collège?

1.2 Der Forschungsstand

International existiert keine genuin *soziologie- und wirkungsgeschichtliche* Studie zum *Collège de Sociologie*. Zwar ist im Rahmen *religionswissenschaftlicher* Untersuchungen in Deutschland über das *Collège de Sociologie* gearbeitet worden, wobei man sich aber vor allen Dingen mit den *religionswissenschaftlichen* Aspekten des Collège beschäftigte (vgl. Marroquin und Seiwert 1996). Insbesondere das religionswissenschaftliche Institut in Leipzig ist hierbei hervorzuheben, an dem ein dreijähriges, von der Deutschen Forschungsgemeinschaft (DFG) gefördertes Projekt unter der Leitung von Prof. Dr. Hubert Seiwert zum Thema »Die Religionstheorie des Collège de Sociologie und die Durkheim-Tradition« durchgeführt wurde. Die theoretischen und methodischen Ziele dieser Forschungen zum *Collège de Sociologie* bestanden vor allem darin, das Collège in seiner religionswissenschaftlichen Dimension und Aktualität zu behandeln.

---

12   Hier sei insgesamt auf die dreibändige und wohl umfang- und kenntnisreichste Biographie Georges Batailles von Bernd Mattheus (1984) hingewiesen. Ohne Rückgriffe auf dieses voluminöse Werk mit seinen zahlreichen Querverweisen wäre die Studie in der vorliegenden Art unmöglich gewesen.

Auf dem von der DFG geförderten internationalen Kolloquium »Le Collège de Sociologie (1937–1939) et la Science des Religions«, das vom 4. bis 7. Oktober 2000 vom Religionswissenschaftlichen Institut der Universität Leipzig am Institut Français de Leipzig veranstaltet wurde, standen fast ausschließlich religionswissenschaftliche Beiträge im Mittelpunkt.[13]

Die Grundlage zur Erforschung des *Collège de Sociologie* bildet im internationalen Kontext das Buch *Le Collège de Sociologie 1937–1939. Textes de Bataille, Caillois, Guastalla, Klossowski, Kojève, Leiris, Lewitzky, Mayer, Paulhan, Wahl*, herausgegeben und kommentiert von Denis Hollier (vgl. Hollier 1995*a*). Darin sind die meisten Beiträge und Vorträge der Collège-Mitglieder dokumentarisch versammelt und mit Anmerkungen zu ihrem institutionellen Rahmen versehen. Die von Hollier kommentierte Vortragssammlung bildet die zentrale Quelle der vorliegenden Studie. Neben Holliers Buch ist die Briefe- und Textsammlung zu erwähnen, die Marina Galletti unter dem Titel »Georges Bataille: L'Apprenti Sorcier. Du Cercle Communiste Démocratique à Acéphale. Textes, Lettres et Documents (1932–1939)« zusammengestellt hat (vgl. Bataille 1999*b*). In diesen Dokumenten finden sich insbesondere Briefwechsel und kurze Texte, die für die Erforschung der dem Collège vorangegangenen Gruppierungen wie »Contre-Attaque« und die Geheimgesellschaft *Acéphale* von Bedeutung waren. Die erst kürzlich veröffentlichten Texte ermöglichen eine neuartige und bislang nicht thematisierte Sichtweise auf die Geheimgesellschaft.

Andere wichtige Forschungsarbeiten über das Collège[14] stellen die folgenden Beiträge und Bücher dar: 1980 stellte Jean Jamin das Collège in einem Beitrag in den »Cahiers internationaux de Sociologie« kurz vor. Der Beitrag gehört zu einem der interessantesten in der Forschung über das Collège, da er dezidiert an die unterschiedlichen Positionen der Hauptakteure herangeht (vgl. Jamin 1980, 11, 15) – freilich soweit es die Kürze eines Zeitschriftenbeitrags erlaubt. Inge Baxmann untersuchte 1995 das *Collège de Sociologie* unter einem kulturanthropologischen Gesichtspunkt. In ihrem knappen Artikel »Das Sakrale im Rahmen einer Kulturanthropologie der Moderne: Das Collège de Sociologie« (Baxmann 1995) geht Baxmann vor allem auf den für das Collège zentralen Begriff des »Sakralen« ein und beleuchtet vornehmlich die Bedeutung des Collège für eine *kulturanthropologische* Forschung. Ihr Beitrag weist jedoch sachliche Unstimmigkeiten auf: So zählten beispielsweise weder Adorno noch Horkheimer zu den Mitgliedern des Collège, wie sie behauptet (vgl. Baxmann 1995, 279). Auch Gérard Fabre (1986, 9) folgt dieser Ansicht in seinem Beitrag »Une histoire oubliée: Le Collège de Sociologie« für das »Bulletin du M.A.U.S.S.«, die Zeit-

---

13   Es erscheint aus diesem Forschungszusammenhang heraus demnächst eine von Carlos Marroquin verfasste und im Parerga-Verlag erscheinende Studie über »Die Religionstheorie des Collège de Sociologie«, die mir zum Zeitpunkt der Abfassung und der Endgestaltung der vorliegenden Studie leider noch nicht vorlag.

14   Es sei um Verständnis gebeten, dass an dieser Stelle nur die in meinen Augen wichtigsten Beiträge erwähnt werden. Es gibt ansonsten hier und da kurze Artikel über das Collège, die im Laufe der vorliegenden Studie behandelt, zitiert oder angesprochen werden. Aber auch hier gilt: Keiner der Beiträge verfolgt eine umfassende soziologie- und wirkungsgeschichtliche Erforschung des Collège.

schrift der von Alain Caillé 1981 initiierten und – wie man am Akronym der Zeitschrift erkennen kann – von Mauss' Denken inspirierten »Mouvement Anti-Utilitariste en Sciences Sociales«. Diese Fehleinschätzung geht höchstwahrscheinlich aus einer Bemerkung von Hollier in der ersten Sammlung der Collège-Vorträge von 1979 hervor. Hollier hatte, wie er mir im März 2002 in einer E-Mail berichtete, einige Bemerkungen von Caillois zu Adorno und Horkheimer diesbezüglich missverstanden, sie aber dann in der neuen Auflage der gesammelten Vorträge von 1995 korrigiert. Nahmen Adorno und Horkheimer auch nicht an den Zusammenkünften teil, so waren sie doch durch Walter Benjamin von der Existenz des Collège informiert.[15]

Da es – einmal abgesehen von einigen Briefwechseln oder den Hinweisen bei Hans Mayer (1988, 236–243) – kaum Datenmaterial für die Untersuchung der »deutschfranzösischen Beziehungen am Collège« gab, wurden unterschiedliche Archive aufgesucht oder deren Leiter befragt. Insbesondere für den Abschnitt zu Paul Ludwig Landsberg konnten aus dem Universitätsarchiv Bonn noch nicht behandelte Quellen, die seinen wissenschaftlichen Werdegang und seine Biographie beleuchten, eingesehen und ausgewertet werden. Dem Universitätsarchiv Bonn und der Walter-A.-Berendsohn Forschungsstelle für deutsche Exilliteratur Hamburg sei an dieser Stelle für die Bereitstellung ihrer Dokumente gedankt.

Verstreute Anmerkungen über das Collège und knappe Erwähnungen seiner Ziele sind ferner in verschiedenen Biographien der Hauptakteure des Collège, insbesondere Georges Batailles (vgl. Surya 1992), in Sammelbänden (vgl. Leiris 1979c), in Peter Bürgers »Ursprung des postmodernen Denkens« (vgl. Bürger 2000b, 78–87) oder in Nachworten zu den Werken der Hauptakteure (vgl. Bergfleth 1999) zu finden. Hinsichtlich der Biographie Batailles, seiner Rolle bei der Institutionalisierung des Collège sowie seiner Beiträge im Collège ist ganz besonders der erste Band der von Bernd Mattheus publizierten »Thanatographie« hervorzuheben (vgl. Mattheus 1984). Diese Biographie ist neben Holliers Buch ebenfalls ein Grundpfeiler der vorliegenden Studie. In der Biographie von Mattheus finden sich – neben der Darstellung der Lebens- und Denkgeschichte Batailles – gut recherchierte Erläuterungen zu den vorangegangenen Gruppierungen und den Sitzungen des Collège. Mattheus geht in seiner Bataille-Biographie im Gegensatz zu der folgenden soziologiegeschichtlichen Studie allerdings nicht umfassend auf die wissenschaftshistorischen und soziologietheoretischen Einflüsse, auf die anderen Hauptakteure des Collège sowie auf die »deutsch-französischen« Beziehungen, beispielsweise auf Paul Ludwig Landsberg, ein. Ferner werden in seinem Buch nicht die wirkungs- und diskursgeschichtlichen Dimensionen der Soziologie des Collège erörtert, was für eine biographische Darstellung Batailles wohl auch zu weitschweifig wäre.

Im englischsprachigen Raum wird das *Collège de Sociologie* insbesondere hinsichtlich seiner Wirkungen in *literatur- oder sprachwissenschaftlichen* Kontexten behandelt. Von Bedeutung sind hier vor allem Beiträge von Michèle Richman und Jean-Michel

---

15   Vgl. dazu den Abschnitt zu Walter Benjamin. Ein weiteres Missverständnis von Baxmann ist es, dass sie Batailles »Die psychologische Struktur des Faschismus« in die Zeit nach dem Collège verbannt, obgleich die Schrift gerade vor dem Collège, 1933, veröffentlicht wurde.

Heimonet. Richman untersucht in einem Zeitschriften-Beitrag von 1988 das *Collège de Sociologie* unter der Fragestellung, inwiefern das Denken der Collège-Mitglieder schon die Zielrichtungen des französischen Poststrukturalismus vorwegnahm (vgl. Richman 1988), allerdings ohne auf poststrukturalistische Denker im Einzelnen einzugehen. Ebenso von Bedeutung sind ihre Studien zur Verbindung zwischen der Soziologie Durkheims und dem Denken der Collège-Mitglieder (vgl. Richman 1995). Sie untersucht insbesondere die Entwicklung des Denkens des Sakralen (vgl. Richman 2002) und lenkt hierbei – ebenso wie der Ethnologe James Clifford (1988*a*) – den Blick auf die Erneuerung und Modifikation der französischen Ethnographie durch die Intellektuellen in der Zwischenkriegszeit und auf die Verbindungen zwischen Soziologie, Ethnologie und künstlerischer Avantgarde (vgl. Richman 1990). Der Romanist Jean-Michel Heimonet behandelt das Collège hinsichtlich der Einflüsse des Hauptakteurs Georges Bataille auf das Denken von Jacques Derrida (vgl. Heimonet 1988) und thematisiert die politische Bedeutung des Collège und seiner Hauptakteure (vgl. Heimonet 1987), wobei in seinen Abhandlungen jedoch mit Jules Monnerot hauptsächlich ein Mitglied des Collège im Vordergrund der Betrachtung steht, das sich schnell wieder von diesem abwandte.

Von den genannten Forschungsarbeiten folgt keine einem genuin *soziologiegeschichtlichen* Forschungsinteresse. Ferner beinhaltet keine der genannten Arbeiten und Forschungen eine *soziologiegeschichtliche Methodik*, die neben den *sozialen* Dimensionen, wie zum Beispiel den Institutionalisierungsprozessen, und den *kognitiven* Dimensionen zugleich eine explizit *wirkungs- und diskursgeschichtliche* Fragestellung verfolgt. Ebenfalls findet sich keine umfassende Aufarbeitung der »deutsch-französischen Beziehungen« innerhalb des *Collège de Sociologie*, zu denen die wechselseitigen Einflüsse zwischen dem Collège und den exilierten Sozial- und Geisteswissenschaftlern Walter Benjamin, Hans Mayer und Paul Ludwig Landsberg zählen. Die vorliegende Forschung versucht diese Forschungslücken zu schließen.

Im Vergleich zu seiner religionswissenschaftlichen Rezeption (vgl. Marroquin und Seiwert 1996) ist das Collège im soziologischen Diskurs in Deutschland kaum thematisiert. Warum aber hat man im soziologischen Diskurs in Deutschland das *Collège de Sociologie* bislang gar nicht wahrgenommen? Warum werden manche Theorien aus der *scientific community* ausgeschlossen und führen nur ein randständiges Dasein in der wissenschaftlichen Diskursgesellschaft? Liefert die soziologiegeschichtliche Analyse des Collège einen weiteren Beweis dafür, dass Wissenschaftsgeschichte eine »Geschichte der triumphierenden Niederlagen des Irrationalismus« (Bachelard) ist?[16] Inwiefern ist die Außenseiterrolle des Collège im soziologischen Diskurs gerechtfertigt? Oder können aus den Analysen des *Collège de Sociologie* zentrale Inhalte und Themen für zukünftige soziologische Forschungen aufgenommen werden, die hinsichtlich einer Reflexion über moderne Gesellschaften von Bedeutung sind? Ausgehend von diesen Fragen sollen im Folgenden die unterschiedlichen Gründe, die eine soziologiegeschichtliche Analyse des Collège rechtfertigen, dargelegt und erläutert werden.

---

16 Zu einer ersten und sehr hilfreichen Übersicht des Denkens und Schaffens von Gaston Bachelard sowie zu sehr nützlichen Überlegungen zur Wissenschaftsgeschichte vgl. Lepenies (1989*c*).

1.3 Warum eine soziologiegeschichtliche Analyse des Collège de Sociologie?

Es gibt mehrere Gründe, die eine soziologiegeschichtliche Studie über das *Collège de Sociologie* interessant und notwendig erscheinen lassen. Sie sollen an dieser Stelle in knapper Form dargelegt werden. Dazu bedarf es jedoch zunächst einer genauen Klärung folgender Fragen: Was will Soziologiegeschichte? Warum betreibt man Soziologiegeschichte? Warum wurde das Collège als Forschungsobjekt einer soziologiegeschichtlichen Analyse gewählt? Welcher Erkenntnisgewinn wird von der Studie erwartet?

Die Soziologiegeschichte untersucht den historischen Prozess der Soziologie, ihrer Akteure, Praxisformen, wissenschaftlichen Ergebnisse, Institutionen und gesellschaftlichen Funktionen.[17] Unter der »Geschichte der Soziologie« kann man im Rückgriff auf die Begriffsbestimmung von Lothar Peter »den historischen Realverlauf soziologischer Theoriebildung, Forschung und Institutionalisierung sowie aller anderer Aktivitäten und Erscheinungen, die sich auf das Verhältnis von Soziologie und Gesellschaft beziehen« verstehen (Peter 2001*b*, 11). Soziologiegeschichtliche Forschung steht quer zu den allgemeinen, den empirischen und speziellen Soziologien, da alle diese Bereiche ein »besonderes historisches Kolorit« aufweisen; »die Geschichte der Theorien, Methoden und speziellen Soziologien verlief weder im Gleichklang noch waren die einzelnen Komponenten der Soziologie stets inhaltlich wechselseitig aufeinander bezogen. Vielmehr entwickelten sie sich ungleichzeitig und disparat. Erst ziemlich spät und deutlich wahrnehmbar eigentlich erst seit den vierziger Jahren lassen sich, von Ausnahmen abgesehen, kohärente Bezüge zwischen Theorien, speziellen Soziologien und empirischer Forschung nachweisen […]« (Peter 2001*b*, 11).

Zunächst ist Soziologiegeschichte von der »historischen Soziologie« zu differenzieren. Die »historische Soziologie« umfasst nach den Worten einer ihrer führenden Vertreterinnen, Theda Skocpol, vier Grundcharakteristika: Erstens wird nach den in Zeit und Raum situierten sozialen Strukturen und Prozessen gefragt. Zweitens nimmt die historische Soziologie die zeitlichen Sequenzen in Bezug auf ihre Folgen ernst. Drittens beachten die Analysen die Wechselwirkung zwischen bedeutungsvollen Handlungen und strukturalen Kontexten, um die Entwicklung sowohl unintendierter als auch intendierter Folgen für die individuellen Lebenszusammenhänge und für die sozialen Transformationen zu erklären. Viertens untersucht die historische Soziologie die bestimmten und variierenden Merkmale spezifischer Arten von sozialen Strukturen und Wandlungsmustern (vgl. Skocpol 1984, 1).

Behandelt demnach die »historische Soziologie« historische Prozesse, Akteure oder Institutionalisierungen mit den Mitteln der Soziologie (Theorien, Methoden), so richtet die Soziologiegeschichte ihren Blick zunächst auf die Soziologie selbst. Geht es der einen um eine soziologische Erklärung und ein soziologisches Verstehen ge-

---

17 Die folgenden Überlegungen gehen zurück auf mein Buch »Praxis der Soziologiegeschichte. Methodologien, Konzeptionalisierung und Praxis soziologiegeschichtlicher Forschung« (Moebius 2004*c*).

schichtlicher Prozesse und Situationen, versucht die andere die Geschichte der Soziologie selbst zu analysieren.[18]

Soziologiegeschichte ist nicht zu verwechseln mit Wissenschaftsgeschichte. Sie ist zwar mit Wissenschaftsgeschichte eng verbunden, aber nicht mit dieser identisch.[19] Wie die Wissenschaftsgeschichte erforscht die Soziologiegeschichte auch die wechselseitigen Beziehungen zwischen der Soziologie und anderen wissenschaftlichen Fächern. Dies wird in der vorliegenden Studie sehr deutlich an den Beziehungen der Soziologie zur Ethnologie und Philosophie. Soziologiegeschichte definiert sich hierbei nicht nur als soziologiegeschichtliche Forschungsrichtung, sondern auch als Schnittstelle zwischen Soziologie und Wissenschaftsgeschichte, wobei Letztere die »für die gesamte Wissenschaftsentwicklung relevanten metadisziplinären Probleme der Theoriebildung, Paradigmen, Modelle, Axiome und Methoden historisch in ihrer Genese, Generalisierung, Kritik und eventuell auch ihrem schließlichen Verfall untersucht.« (Peter 2001*b*, 12)

Soziologiegeschichte und Wissenschaftsgeschichte stehen in einem engen Austausch, wobei die Soziologiegeschichte mit der Wissenschaftsgeschichte die Annahme teilt, dass die Geschichte der Wissenschaften im Allgemeinen und die der Soziologie im Besonderen keine Geschichte fortlaufender und konsistenter Fortschritte und Entwicklungen war, sondern sich vielmehr über Kämpfe, Wettstreitereien, Verdrängungen, Brüche oder »Konkurrenzen im Gebiete des Geistigen« (Mannheim) konstituierte.

Als Disziplingeschichte hat die Soziologiegeschichte aber wie jede Disziplingeschichte zunächst eine Funktion für ihr eigenes Fach und erst in einem zweiten Schritt für die Wissenschaftsgeschichte (vgl. Lepenies 1978, 448). Wie sieht aber diese aus? Warum betreibt man Soziologiegeschichte? Können uns die Untersuchungen zu den Klassikern oder zu den verschiedenen Soziologietraditionen überhaupt noch einen Erkenntnisgewinn für die Analyse der gegenwärtigen Gesellschaften bieten oder sind deren Analysen nicht allesamt veraltet?

Die konstitutive Bedeutung soziologiegeschichtlicher Untersuchungen hat insbesondere Martin Endreß treffend auf den Punkt gebracht: Die soziologische Forschung habe nämlich von einer konstitutiven Historizität ihrer »Gegenstände« auszugehen. »Soziologie hat insofern einen genuin historischen Gegenstand, als sie es stets mit der *Rekonstruktion* von bereits vollzogenen Sinnsetzungs- bzw. Sinnkonstitutionsprozessen zu tun hat.« (Endreß 2001, 65) Sie ist immer schon auf einen historisch gebundenen Sinnbegriff verwiesen: »Insofern Sinnsetzungen stets durch vergangene Sinnsetzungen und Sinnentwürfe vorkonstituiert sind, sie mit diesen aber prinzipiell aufgrund der zeitlichen Differenz zwischen Konstruktion und Rekonstruktion nicht identisch sein können, ist Soziologie immer auf eine Differenz von Sinnset-

---

18 Zur »historischen Soziologie« vgl. die Einführung von Rainer Schützeichel (2004) und Walter L. Bühl (2003) sowie insbesondere die Einleitung von Norbert Elias (1983, 9–59) in »Die höfische Gesellschaft«. Zum Verhältnis zwischen Soziologie und Geschichtswissenschaft siehe auch »Schwierige Interdisziplinarität« von Pierre Bourdieu (2004).

19 Vgl. zum Verhältnis zwischen Soziologie und Wissenschaftsgeschichte auch den Band »Gefährliche Wahlverwandtschaften. Essays zur Wissenschaftsgeschichte« von Wolf Lepenies (1989*b*).

zungen – ihres Entwurfs ex ante und ihrer Erhebung ex post – verwiesen. Diese Differenz reflexiv zu thematisieren macht das disziplinäre Profil der Soziologie aus.« (Endreß 2001, 65) Die Soziologie *muss* sich als sinnanalytische Handlungswissenschaft und aufgrund ihres konstitutiven Bezogenseins auf Vergangenheit demnach eigentlich selbst zum Thema machen; historische Selbstthematisierung und Selbstreflexion gehören strukturell zur soziologischen Forschung (vgl. Endreß 2001, 65f). Dies trifft trotz der zunehmend gestellten Sinnfrage von Soziologiegeschichte auch dann zu, wenn behauptet wird, der Gegenstand der Soziologie gehe verloren, löse sich auf oder das Ende des Sozialen habe bereits stattgefunden, ohne dass man es bemerkte. Es trifft auch dann zu, wenn behauptet wird, die früheren soziologischen Untersuchungen, Theoretisierungen und Konzeptionalisierungen seien nicht mehr sachangemessen,

> »so daß durch deren Perpetuierung die Disziplin ihres analytischen Potentials verlustig ginge. Dazu läßt sich an dieser Stelle zunächst Folgendes sagen: Wenn eine irgendwie gefasste Vorstellung ›des‹ Sozialen den Gegenstand der Soziologie bildet, dieses Soziale aber – was wohl als konsent zu unterstellen sein dürfte – ständigen Prozessen der Veränderung und Neuformierung unterliegt, dann kann weder in identitätslogischer (objektivistischer) Manier von ›dem‹ Gegenstand der Disziplin, von ›dem genuinen Objekt‹ der Soziologie gesprochen werden, noch können in geschichtsvergessener oder postmodernistischer Attitüde schlechtweg die in der Geschichte der Disziplin erarbeiteten Konzeptualisierungen vergangener Gegenstandskonfigurationen als in toto irrelevant deklariert und damit zur Gänze verabschiedet werden, insofern in beiderlei Hinsicht eine perspektivische Optik einzunehmen ist.« (Endreß 2001, 67f)

Da das »Objekt« der Soziologie selbst nicht fixiert, wesenhaft oder »rein« ist (vgl. dazu auch Moebius 2003*b*), ist sowohl eine Substantialisierung unmöglich als auch eine jeweilige historische Analyse notwendig; zudem ist der Weg, den das nicht-fixierte »Objekt« geht, nicht von vornherein festgelegt, so dass keineswegs »damit umstandslos frühere Gegenstandsperspektivierungen per definitionem als überholt zu typisieren wären.« (Endreß 2001, 68)[20] Im Sinne einer Poststrukturalistischen Sozialwissenschaft (Moebius 2003*b*) müssen auch in der Soziologie die konstitutiven *differentiellen* Relationen und *temporären* Verweisungen, die zur Konstituierung der »Gegenstände« und zu den jeweiligen theoretischen Konzeptionalisierungen führen, und damit eben auch entsprechende, soziologiegeschichtlich zu erforschende Prozesse berücksichtigt und analysiert werden.[21]

---

20 Unter theoretisch konstituierten »Gegenständen«, die je nach Zeit, Raum, sozio-kulturellen oder Wissens-Kontexten etc. anders signifiziert und thematisiert werden können, sind fachspezifische Kategorien wie Herrschaft, soziale Ungleichheit, soziale Mobilität, Wissensformen, Identitätskonfigurationen (vgl. Endreß 2001, 79), das Andere, aber auch zum Beispiel der Gegenstand des Collège, die Kategorie des Sakralen, zu verstehen.

21 Zur Konstituierung von »Gegenständen« und zur Kritik an einem starren Festhalten und Orientierung an der Gegenwart sowie einer »Metaphysik der Präsenz« siehe auch den zentralen Derridaschen Begriff der *différance* bei Moebius (2003*b*, 81ff). Wobei vorliegende Studie sich

Die Relevanz soziologiegeschichtlicher Forschung ergibt sich darüber hinaus aus aktuellen Anlässen. Die modernen Gesellschaften tendieren immer mehr zu einer Geschichtslosigkeit und »Gegenwartsbesessenheit des modernen Lebensgefühls« (Peter 2001*b*, 9). Diese, mit Jacques Derrida zu bezeichnende »Metaphysik der Präsenz« (vgl. Moebius 2003*b*, 91ff), aber auch der Verlust von Geschichtsbewusstsein sowie die »Rückbildung der Fähigkeit, das Geschichtliche in das soziale Handeln und in die Entwürfe von Zukunft hineinzunehmen« (Peter 2001*b*, 9), findet im Topos der berühmten, gegenwärtig von Francis Fukuyama (1992) wieder propagierten These vom »Ende der Geschichte« ihren programmatischen Ausdruck.

Nach Ansicht von Wolf Lepenies (1981*b*, XXVII) kann man unterschiedliche Antworten auf die Frage »Warum Soziologiegeschichte?« geben: So sei Disziplingeschichte eine unschätzbare Quelle für neue Forschungsideen; nur durch die Analyse ihrer historischen Wurzel könnten Kontroversen rationalisiert und dadurch auch geschlichtet werden; die genaue Kenntnis der Disziplingeschichte helfe »Doppelarbeit« zu vermeiden und nicht auf Modetrends hereinzufallen; in der Forschung unterstützten die historischen Kenntnisse die Fehlerreduktion und die Prognosefähigkeit. Hinzu kämen »therapeutische Effekte«, werde man doch auf angenehme Weise über die in unserem Fach gängigen Fehl- und Vorurteile aufgeklärt. Ebenfalls ließe sich anbringen, die Geschichte eines Faches sei ein Bestandteil disziplinärer Bildung, ohne die auch die Praktiker nicht auskämen. »Am angemessensten ist vielleicht noch jene Antwort, die ein Historiker der Psychologie bereits gegeben hat: everybody enjoys a good story.« (Lepenies 1981*b*, XXVII)

Für die vorliegende Studie ist die Rechtfertigung soziologiegeschichtlicher Forschung von Volker Kruse am interessantesten. Denn sie lenkt ihren Blick auf die »Verlierer« des soziologischen Diskurses, zu denen auch, wie gleich erörtert werden soll, das *Collège de Sociologie* zählt. Nach Kruse sei ein Ziel der Soziologiegeschichte erstens die Eröffnung neuer Rezeptionen und Interpretationen. Zweitens komme ihr die Aufgabe zu, Wissenschaftspotentiale, die aufgrund der Ungunst politisch-gesellschaftlicher Umstände ins Abseits geraten sind, in den wissenschaftlichen Diskurs zurückzuführen. Drittens könnte die Erforschung dieser »Verlierer« bislang unbeachtete Erkenntnisgewinne liefern und Soziologiegeschichte insofern zur Horizonterweiterung der Soziologie beitragen. Viertens werde Soziologiegeschichte gebraucht, um »Potentiale unterlegener Ansätze und Schulen zu bewahren und neu erschließen zu können. Allein schon in diesem Sinne ist Soziologiegeschichte eine unverzichtbare Instanz für das kollektive Gedächtnis des Fachs.« (Kruse 2001, 112)

Wie bereits angedeutet, lautet *eine* Antwort auf die Frage, warum eine soziologiegeschichtliche Untersuchung des *Collège de Sociologie* erarbeitet wird, zunächst: Weil es zu den Verlierern des soziologischen Diskurses gehört. Ein Ziel der vorliegenden

---

unter anderem auch als soziologische Untersuchung der *Genese der Poststrukturalistischen Sozialwissenschaft*, der Geschichte ihrer Entwicklung und insbesondere ihres intellektuellen Instrumentariums versteht und somit an meine Studie »Die soziale Konstituierung des Anderen. Grundrisse einer poststrukturalistischen Sozialwissenschaft nach Lévinas und Derrida« (Moebius 2003*b*) anschließt.

Studie ist es, das Collège wieder in den wissenschaftlichen Diskurs zurückzuführen. Ein weiteres Ziel liegt in der Erörterung, ob das Collège nicht nur als soziologiehistorisches Projekt von Interesse ist, sondern ob es auch soziologische Erkenntnisgewinne bereithält, die möglicherweise etwas Substantielles zur Soziologie beitragen können. Und schließlich rechtfertigt sich eine Untersuchung nicht nur wegen einer erneuten Sichtbarmachung des Collège oder einer potentiellen Horizonterweiterung der Soziologie, sondern insbesondere wegen der Wirkungsgeschichte des Collège, da es aktuelle soziologische, ethnologische, religionswissenschaftliche und philosophische Theoriekonzeptionen maßgeblich geprägt hat. Diese Antworten sollen im Einzelnen kurz begründet werden:

In der Soziologie fand bislang kaum eine Auseinandersetzung mit dem *Collège de Sociologie* statt. Dies muss umso mehr verwundern, als es offenkundige Bezüge und Beziehungen zur Durkheim-Schule gibt, das Collège also an die französische Soziologie explizit anschließt; einige Mitglieder sind sogar Schüler von Mauss. Vielmehr erstaunt der Mangel an ausführlichen Erörterungen, Studien und Thematisierungen des Collège aber deswegen, weil in unterschiedlichen Texten zur französischen Soziologie seine außergewöhnliche Bedeutung durchgängig konstatiert und lobend hervorgehoben wird. Ein paar Beispiele mögen dies belegen: 1971 schreibt Claude Lévi-Strauss in dem von Georges Gurvitch und Wilbert E. Moore herausgegebenen Band »Twentieth Century Sociology« einen Mauss gewidmeten Überblicksartikel über die französische Soziologie. Nachdem er erläutert, dass die französische Soziologie untrennbar mit der Ethnologie verknüpft sei, dass einer ihrer wesentlichen Züge darin bestehe, sich nicht als isolierte Disziplin zu verstehen, sondern als eine spezifische Haltung gegenüber menschlichen Phänomenen (»one does not to be a sociologist in order to do sociology« (Lévi-Strauss 1971, 505)), kommt er auf das *Collège de Sociologie* zu sprechen. Das Collège verkörpere einen der bedeutendsten Züge der französischen Soziologie: »The experience was a success. This close connection between sociology and every tendency or current having Man, and the study of Man, as its center, is one of the more significant traits of the French school.« (Lévi-Strauss 1971, 508)

1980 schreibt Jean Jamin in den »Cahiers internationaux de Sociologie« über das Collège: »L'irruption du sociologue dans le champ de sa recherche, l'intérêt porté à son vécu constitue sans doute l'aspect le plus original du Collège.« (Jamin 1980, 16) Die Originalität seiner Studien und seine spezifische Verbindung von Wissenschaft und gelebter Erfahrung machen das Collège für die Soziologie so relevant. In dem von dem französischen Soziologen Alain Caillé, Begründer der »Mouvement Anti-Utilitariste dans les Sciences Sociales« (M.A.U.S.S.), herausgegebenen »Bulletin du M.A.U.S.S.« wird die herausragende Relevanz des Collège ebenfalls nachdrücklich unterstrichen. Die von ihm verfolgte Sakralsoziologie halte das Versprechen bereit, in der Ideengeschichte eine radikale Herausforderung für die utilitaristische Anthropologie zu sein, die heute immer mehr die Sozialtheorie und die soziale Praxis bestimme. »L'échec du Collège n'est peut-être rien d'autre que l'échec de la sociologie en général.« (Caillé 1986, 6) Die von Caillé konstatierte aktuelle Bedeutsamkeit des Collège liegt in dem von Bataille und seinen Freunden konsequent vertretenen Anti-Utilitarismus. Und schließlich wird das Collège als maßgeblicher Ausdruck einer interpretativen Strömung innerhalb der französischen Soziologie aufgefasst: In einem von Jean-Michel Berthelot herausgegebenen Überblicksband zur französischen Gegenwartssoziologie betrachtet Patrick Tacussel in seinem Beitrag zur interpretativen Soziologie das Collège als Vorläufer der soziologischen Theorien von Edgar Morin, Jean Baudrillard oder Michel Maffesoli und bezieht es in den soziologischen Kanon explizit mit ein (vgl. Tacussel 2000, 121).

Die genannten Beispiele bezeugen: In keiner dieser Abhandlungen zur französischen Soziologie wird das Collège als unbedeutend oder für den soziologischen Diskurs als uninteressant eingestuft. Deshalb verwundert die mangelnde gründlichere Auseinandersetzung sowie die nur knappen, wenig in die Materie einsteigenden Bemerkungen, die eben zitiert wurden. Gegen Ende dieser Studie soll darum auch geklärt werden, warum das Collège insbesondere in Deutschland kaum eine Erwähnung findet. Die dem *Collège de Sociologie* in den genannten Beiträgen gezollte Anerkennung als einer signifikanten und außerordentlich relevanten Institution der französischen Soziologie steht in einem diametralen Gegensatz zum Ausmaß seiner Rezeption. Die unzureichende Thematisierung und Untersuchung des Collège im soziologischen Diskurs rechtfertigt schon allein die in der vorliegenden Studie durchgeführte ausführliche soziologiegeschichtliche Analyse des *Collège de Sociologie*. Weitere Gründe sollen im Folgenden zur Sprache kommen.

Ein besonderer Erkenntnisgewinn für die Soziologie liegt in der Ausrichtung des Collège auf antiutilitaristische Handlungsmomente, individuelle und kollektive »Überschreitungen« und in der Frage nach sozialer Integration. Die vom Collège thematisierten und anvisierten sakralen Überschreitungen und Verausgabungen bilden wie die Erfahrung des Selbstverlusts oder das Vermögen, exzentrisch aus sich herauszutreten, eine »konstitutive Voraussetzung für jede affektgeladene soziale Bindung an andere Individuen, an Kollektive oder Werte.« (Joas 1992, 284) Die spezifische Bezugnahme auf die Durkheim-Schule öffnet den Blick für Zonen »primärer Sozialität« (Joas), vor deren Hintergrund erst normative und rationale Handlungsmotivationen entstehen können. Setzt moderne Disziplinierung des Körpers, das moderne kontrollierte Selbstverhältnis oder die Zweckrationalität die Erfahrung des Sakralen voraus? Ist das Sakrale für die heutige Gesellschaftsanalyse obsolet geworden? Ist die Bedeutung, die Emile Durkheim, Marcel Mauss, Robert Hertz und das Collège dem Sakralen für die wissenschaftliche Erfassung des Sozialen geben, noch aktuell? Wo liegen die Grenzen des Erkenntnisgewinns einer Sakralsoziologie?[22]

Das Collège ist für die soziologische Theorie deshalb von Bedeutung, weil es mit Rückgriff auf Emile Durkheim, Marcel Mauss und Robert Hertz das in der Moderne problematisch gewordene Verhältnis zwischen Selbst und Gemeinschaft, zwischen Individuum und Gesellschaft diskutiert und an die Durkheim-Schule angelehnte, aber nichtsdestoweniger *eigene* Wege vorschlägt, dieses Verhältnis soziologietheoretisch zu bestimmen. Ob man nun den Diagnosen und den Theorien des Collège zustimmen mag oder nicht, so muss man es doch zunächst einmal, wie die oben zitierten französischen Soziologen dies tun, ernst nehmen und, statt es von vornherein unter dem Ver-

---

22 Diese Frage wird vor allem in der Schlussbemerkung beantwortet.

weis seiner angeblichen Unwissenschaftlichkeit aus dem soziologischen Diskurs auszuschließen, sich wissenschaftlich mit ihm auseinander setzen, um dann in einem zweiten Schritt differenziert abzuwägen, welche Elemente der Sakralsoziologie des Collège abzulehnen, zu bedenken, zu befürworten oder gar theoretisch und empirisch auszubauen sind.

Einen weiteren Erkenntnisgewinn verspricht die wirkungsgeschichtliche Betrachtung des Collège. Erst hierdurch wird besonders deutlich, inwiefern die von den französischen Soziologen konstatierte Bedeutung des Collège zutreffen mag und wie sie ihren Niederschlag in aktuellen Theoriekonzepten findet. Es zeigt sich dabei, dass das Collège – wie bereits in den Bemerkungen von Lévi-Strauss angedeutet – interdisziplinär angelegt ist. Nicht nur seine personelle Zusammensetzung, bei der neben Soziologen vor allem auch Schriftsteller, Philosophen, Literaturwissenschaftler, Ethnologen etc. zu finden sind, sondern auch seine fächerübergreifende thematische Vielfalt weist das Collège als ein interdiziplinäres Projekt aus, das relevante – übrigens auch für die Soziologie – Theoretiker aus unterschiedlichen Fachdisziplinen geprägt hat.[23]

Aufgrund der interdisziplinären Verfasstheit des Collège bedurfte es bei der vorliegenden Arbeit oftmals einer interdiziplinären Herangehensweise, sei es durch den Verweis auf philosophische Theorien oder sei es durch die Öffnung gegenüber der Ethnologie und der Altertumskunde. Dennoch ist der eigentliche Anspruch der Studie ein soziologischer. Dies wird unter anderem schon dadurch deutlich, dass vor allem die soziologischen Bezüge des Collège herausgearbeitet werden, während beispielsweise die Verbindungen zur Philosophie – von Kòjève einmal abgesehen – nicht eigens gewürdigt werden, sondern an den entsprechenden Stellen mit einfließen. Der soziologische Anspruch der vorliegenden Arbeit zeigt sich aber insbesondere darin, dass zur Analyse des *Collège de Sociologie* eine *soziologiegeschichtliche* Methodologie gewählt wurde, die im Folgenden vorgestellt wird.

1.4 Überlegungen zur Methodologie soziologiegeschichtlicher Forschung und das methodische Vorgehen der Studie

Das methodische Vorgehen der Studie geht hauptsächlich auf die methodologischen und systematischen Überlegungen über Soziologiegeschichte zurück, die Lothar Peter in seinem im »Jahrbuch für Soziologiegeschichte« publizierten Beitrag »Warum und wie betreibt man Soziologiegeschichte« ausgearbeitet hat (vgl. Peter 2001*b*). Ausgehend von Wolf Lepenies' Einleitung zur vierbändigen Ausgabe »Geschichte der So-

---

23   Vgl. hierzu den Band »Neoklassische Theoretiker der Soziologie«, herausgegeben von Dirk Kaesler, in dem von den in der vorliegenden Studie behandelten Theoretikern, die vom Denken des Collège geprägt sind, sowohl Foucault, Baudrillard als auch Maffesoli berücksichtigt werden. Zur Bedeutung von Lévinas und Derrida für die Soziologie vgl. Moebius (2003*b*), zu Jean-Luc Nancy siehe Wetzel (2003*a*).

ziologie« (Lepenies 1981*b*, I-XXXV) und Dirk Kaeslers Untersuchung der frühen deutschen Soziologie (Kaesler 1984) entwirft Peter ein eigenständiges methodologisches Forschungsdesign für soziologiegeschichtliche Analysen.[24]

Den zentralen Bestandteil seiner methodologischen Konzeption bildet die analytische Unterscheidung in vier Hauptdimensionen soziologiegeschichtlicher Forschung (vgl. Peter 2001*b*, 18): Die *kognitive*, die *soziale*, die *wirkungsgeschichtliche* und die *diskursgeschichtliche* Dimension. Ausgehend von dieser systematischen Unterscheidung lässt sich die Soziologiegeschichte des *Collège de Sociologie* in sechs Abschnitte unterteilen: Untersucht werden die »kognitiven Dimensionen«, die »sozialen Dimensionen«, die »deutsch-französischen Beziehungen«, die Wirkungsgeschichte und die Diskursgeschichte des *Collège de Sociologie*. Abschließend werden die Ergebnisse unter der Frage nach dem epistemologischen, methodischen und inhaltlichen Status des Collège für den soziologischen Diskurs zusammengefasst.

Die »kognitive Dimension« umfasst nach Peter eine Analyse des wissenschafts- und disziplingeschichtlichen Kontextes und die Untersuchung von »Paradigmen, Methoden oder Theorien«. Die wissenschafts- und disziplingeschichtliche Untersuchung behandelt die spezifischen Funktionen soziologischer Beiträge im wissenschaftlichen Kontext ihrer Zeit. In diesem Zusammenhang wird danach gefragt, welche Bedeutung die wissenschaftlichen und speziell die soziologischen Diskurse in einer gegebenen historischen Situation hatten und welche Diskurse eine besondere Rolle in den wissenschaftlichen und intellektuellen Debatten spielten. Die »kognitive Dimension« umfasst in der vorliegenden Studie folgende Punkte: Es werden sowohl der wissenschaftsgeschichtliche Kontext zur Zeit des Collège als auch die theoretischen und paradigmatischen Einflüsse auf das Collège untersucht. Hinsichtlich einer wissenschaftsgeschichtlichen Betrachtung des Kontexts zur Zeit des Collège sollen zunächst die metadisziplinären Paradigmen, Theorien, Methoden und gesellschaftlichen Selbstbeschreibungen der historischen Situation in Frankreich im Vordergrund stehen. Das heißt, es wird untersucht, in welchem allgemeinen wissenschaftsgeschichtlichen Rahmen die Soziologie und das Denken der Mitglieder des Collège zu verorten sind. Im Anschluss daran sollen disziplingeschichtlich die französische Soziologie und die soziologischen Reflexionen über die Realprobleme der Gesellschaft zur Zeit des Collège dargestellt werden. Neben der Betrachtung der »Durkheim-Schule« und der Gruppe um die Zeitschrift »L'Année sociologique«, zu der vor allem Marcel Mauss, Paul Fauconnet, Georges Davy, Célestin Bouglé, Robert Hertz, Maurice Halbwachs, Lucien Lévy-Bruhl sowie François Simiand zählen, sind dabei auch andere, für den Konstituierungsprozess der französischen Soziologie zur Zeit des Collège bedeutende Theorien und soziologische Akteure zu erwähnen. Es handelt sich vornehmlich um René Worms, der das »Institut International de Sociologie« gründete und die Zeitschrift »Revue International de Sociologie« herausgab, und um die Nachfolger von Frédéric Le Play; des Weiteren Raymond Aron, Jean Stoetzel und Georges Friedmann, die As-

---

24 Zu unterschiedlichen soziologiegeschichtlichen Methodologien siehe auch mein Buch »Praxis der Soziologiegeschichte: Methodologien, Konzeptionalisierungen und Beispiele soziologiegeschichtlicher Forschung« (Moebius 2004*c*).

sistenten bei Célestin Bouglé und seinem 1927 errichteten sozialen Dokumentations-zentrum an der »Ecole Normale Supérieure« waren, sowie schließlich Georges Gur-vitch, der 1935 auf den soziologischen Lehrstuhl in Straßburg berufen worden war.

Ausgehend von dieser disziplingeschichtlichen Darstellung wird in einem dritten Schritt untersucht, wie das *Collège de Sociologie* auf die historischen, gesellschaftlichen und politischen Realprobleme seiner Zeit *geantwortet* und diese soziologisch verarbei-tet hat, welche Wahrnehmungs- und Vorstellungsschemata im Collège über die reale Situation herrschten und wie es aus disziplingeschichtlicher Perspektive im soziologi-schen Diskurs im Frankreich der Zwischenkriegszeit verortet werden kann.

Neben einer wissenschafts- und disziplingeschichtlichen Analyse gehört zu den »kognitiven Dimensionen« die Erläuterung derjenigen theoretischen und paradigma-tischen Diskurse, die unmittelbaren Einfluss auf das *Collège de Sociologie* und seine Hauptakteure ausübten. Die Untersuchung der Bezugspunkte und Einflüsse des *Col-lège de Sociologie* folgt der methodologischen Überlegung, dass klassische soziologische Theorien den »Fokus von Diskursen bilden, die wesentliche Aspekte einer klassischen Theorie aufnehmen, vertiefen, abwandeln und umdeuten, um schließlich ihrerseits Überlegungen anzustoßen, die zur Konstituierung eines neuen Paradigmas führten.« (Peter 2001b, 27) Keine Theorie kann als eine reine *creatio ex nihilo* betrachtet wer-den, sondern jede Theorie greift auch auf vorhandene Reflexionen zurück. Will man die Entwicklungsprozesse, ihre Kontinuitäten und Diskontinuitäten historisch ana-lysieren, bleibt es darum nicht aus, die Anknüpfungspunkte einer Theorie darzustel-len. »Insofern erfüllen klassische Theorien nicht nur die Aufgabe einer gehaltvollen verallgemeinernden Reflexion der Gesellschaft ihrer Zeit, sondern auch die eines Ka-talysators zur Generierung neuer Schlüsseltheorien. [...] Viele theoretische Ansätze, Fragestellungen, Hypothesen und Befunde der heutigen soziologischen Forschung wären überhaupt nicht oder nur bruchstückhaft nachvollziehbar, wenn ihre Verbin-dung zu den klassischen Paradigmen und Theorien nicht rekonstruiert werden könn-te.« (Peter 2001b, 27f)

Die soziologischen Überlegungen und Forschungsobjekte des *Collège de Sociologie* wären niemals ohne die Beeinflussung durch andere Einzelwissenschaften oder soziolo-gische Diskurse aufgetaucht oder problematisiert worden. Es können die soziologischen Schlüsselbegriffe des Collège ohne den Hintergrund vorangegangener paradigmati-scher Arbeiten weder hinreichend verstanden noch sinnvoll in einen Diskurszusam-menhang eingeordnet werden. Eine soziologiegeschichtliche Analyse der theoretischen Einflüsse auf das Collège vermag einerseits darzustellen, welche bereits bestehenden so-ziologischen Theorien in mehr oder weniger veränderter Form weiterverfolgt wurden, ohne die die Wahl der Forschungsobjekte des Collège undenkbar gewesen wäre. So sind beispielsweise die theoretischen Forschungsrichtungen der »Heterologie« und der »Sa-kralsoziologie«, die das Collège entwickelte, ohne den Einfluss des Denkens von Marcel Mauss nicht zu verstehen. Andererseits können von der Betrachtung der Einflüsse aus auch die Brüche mit den klassischen Theorien detailliert erläutert werden, wobei zu un-tersuchen ist, ob sich diese Brüche von einer rein kognitiv-intellektuellen Leistung, aus der historischen Veränderung der sozialen Bedingungen heraus oder auch von unter-schiedlichen Interpretationen der vorangegangenen Arbeiten her erklären lassen.

In der vorliegenden Studie werden folgende Theoretiker, deren Denken das Collège prägte, behandelt: Alexandre Kojève, dessen Hegel-Seminare die meisten Collègiens von 1933 bis 1939 an der *École pratique des hautes études* besuchten und der selbst einen Vortrag beim Collège hielt, dem Projekt insgesamt aber kritisch gegenüber stand. Ein anderer, bedeutender Einfluss auf das Collège ging von den Arbeiten Emile Durkheims aus, wobei vor allem dessen religionssoziologische Analysen im Mittelpunkt standen. Viele der Mitglieder des Collège hatten darüber hinaus die Seminare von Durkheims Neffen, Marcel Mauss, besucht, dessen – zusammen mit Henri Hubert publizierten – ethnologische und soziologische Studien viele der Arbeiten im Collège und die seiner Hauptakteure beeinflussten (vgl. u. a. Bataille 2001*c*). Roger Caillois griff bei seinen Arbeiten insbesondere auf den Religions- und Mythenforscher Georges Dumézil, bei dem Caillois studiert hatte, zurück. Einen weiteren Einfluss auf die Beiträge des Collège hatten die Arbeiten des Durkheim-Schülers Robert Hertz sowie allgemein die surrealistische Bewegung um André Breton. Viele der Collège-Mitglieder waren vor der Zeit des Collège Surrealisten; spätestens mit der Gründung des *Collège de Sociologie* stellten sie sich jedoch gegen die surrealistische Bewegung und wollten diese »überbieten« (vgl. Bürger 2000*a*, 40). Alle diese Einflüsse sollen im Einzelnen in der Weise dargestellt werden, dass sowohl deren theoretische als auch – falls vorhanden – lebensweltliche Wirkungen auf das Collège und seine Gründer betrachtet werden.[25]

Den zweiten zentralen Bestandteil einer soziologiegeschichtlichen Methodologie bildet die Untersuchung der *sozialen* Dimension. Diese untergliedert sich nach Lothar Peter in drei Elemente. Hinsichtlich des ersten methodischen Elements der *sozialen* Dimension werden die Institutionalisierungsprozesse soziologischer Forschung analysiert und erörtert. Die Analyse des Institutionalisierungsprozesses, das heißt des Entstehungsprozesses von Institutionen im Wissenschaftssystem und die Untersuchung der Verfestigung symbolischer und normativer Muster in der sozialen Interaktion (vgl. Peter 2001*b*, 40), richtet ihren Blick auf Folgendes: Einerseits sollen die produktiven Auswirkungen der Institutionalisierungsprozesse erörtert werden und andererseits auch die »Reibungsverluste, kontraproduktive[n] Regulierungen, administrative[n] Gängelungen und Herrschaftsbestrebungen einzelner Gruppen [...]. Diesen nachteiligen Folgen muß die Aufmerksamkeit ebenso gelten wie den produktivitätsfördernden Auswirkungen von Institutionalisierung [...].« (Peter 2001*b*, 40). Die dem Collège vorangegangenen sozialen Interaktionen zwischen seinen Akteuren werden demnach nicht nur dahingehend analysiert, welche Gruppenbildungen zur Institutionalisierung des *Collège de Sociologie* führten oder wie die sozialen Interaktionsmuster sich in den Sitzungen des Collège verfestigten, sondern es werden auch diejenigen Interaktionsrahmen betrachtet, die zwar der Institutionalisierung vorangingen und viele der Mitglieder erst miteinander bekannt machten, die aber auch wieder zerbrachen und sich auflösten, wie beispielsweise die Gruppe »Contre-Attaque«.

---

25 Andere Einflüsse sind zum Beispiel diejenigen von Nietzsche, Heidegger, Jaspers und Freud. Diese Einflüsse werden zwar behandelt, dies soll aber nicht in Einzelabschnitten geschehen, da in der vorliegenden Studie vor allem die soziologischen Prägungen im Vordergrund stehen sollen.

Bei dem Psychoanalytiker Jacques Lacan fanden die Zusammenkünfte statt, die zur Institutionalisierung und zu den künftigen Interaktionen der Mitglieder des Collège beitrugen: »C'est chez Jacques Lacan que j'ai rencontré Bataille pour la première fois. Nous nous sommes vus ensuite assez souvent et nous avons eu, avec Michel Leiris, l'idée de fonder une société d'études, qui deviendra le Collège de Sociologie.« (Caillois 1991a, 135)[26] Dem Collège ging neben »Contre-Attaque« die 1936 von Georges Bataille, Georges Ambrosino, Pierre Klossowski und André Masson gegründete Zeitschrift »Acéphale« voraus.[27] Einige Mitglieder des 1937 gegründeten Collège, wie Pierre Klossowski, Jules Monnerot, Jean Rollin und Jean Wahl, arbeiteten bei der Zeitschrift regelmäßig mit. In den ersten Ausgaben von »Acéphale« ging es dabei vornehmlich um eine Nietzsche-Rezeption, die sich explizit gegen die nationalsozialistische und die von Elisabeth Förster forcierte Nietzsche-Interpretation richtete (vgl. Bataille et al. 1995, 3–32, Heft 2).

»Acéphale« war neben der Zeitschrift auch eine »Société Secrète«, eine Geheimgesellschaft[28]: Eine Gemeinschaft von Eingeweihten, zusammengehalten durch verschiedene Regeln, Rituale und Weisungen. Dem Kreis der »Kopflosen« (acéphale) gehörten nie mehr als zehn Mitglieder an, darunter zeitweilig auch zwei Frauen: Colette Peignot, eine Freundin und Geliebte Batailles, und Isabelle Waldberg.

Von der Geheimgesellschaft *Acéphale* und den Mitgliedern der gleichnamigen Zeitschrift ging die Gründung des Collège im März 1937 aus: In der Nummer 3–4 der Zeitschrift »Acéphale« vom Juli 1937 wurde die im März redigierte »Déclaration relative à la fondation d'un Collège de Sociologie« veröffentlicht (vgl. Bataille et al. 1995, 26). Die Gründungserklärung wurde unterschrieben von Bataille, Roger Caillois, Pierre Klossowski, Georges Ambrosino, Pierre Libra und Jules Monnerot. Unter dem dritten Punkt der Erklärung heißt es: »L'objet précis de l'activité envisagée peut recevoir le nom de *sociologie sacrée*, en tant qu'il implique l'étude de l'existence sociale dans toutes celles des manifestations où se fait jour la présence active du sacré.« (Bataille et al. 1995, 26, Heft 3–4) Das Forschungsthema des *Collège de Sociologie* stand ab diesem Zeitpunkt fest: die »Sakralsoziologie«.

Die ersten Sitzungen des Collège fanden in einem Café des Palais Royal, damals das »Grand Vefour« (vgl. Caillois 1991a, 135), im März 1937 statt. Bataille hielt dort einen Vortrag mit dem Titel »L'apprenti sorcier« und Roger Caillois sprach über »Le Vent d'hiver«.[29] Die erste offizielle Eröffnungsveranstaltung des Collège wurde am 20. November 1937 in der Rue Gay-Lussac abgehalten. Daraufhin traf man sich semesterweise, in der ersten Zeit samstags, dann dienstags alle vierzehn Tage. Das *Col-*

---

26 Vgl. auch Roudinesco (1999, 213).

27 Der Name Acéphale leitet sich zum einen aus dem Griechischen akephalos = kopflos, ohne Anfang ab. Zu den Zeitschriften von »Acéphale« vgl. den entsprechenden Abschnitt in der vorliegenden Studie. Siehe auch Bataille et al. (1995) und auch Bataille, Lebel und Waldberg (1995) sowie Camus (1995).

28 Zur Gemeinschaft der »Kopflosen« vgl. auch Bataille (1999b). Zu Geheimgesellschaften allgemein vgl. Simmel (1992, 383–455).

29 Über eine Anlehnung des letzteren Titels an Mauss' Text »La vente de la Russie« (Mauss 1997, 472ff), erschienen am 18. November 1922 in »La Vie socialiste«, kann man nur spekulieren.

lège de Sociologie war eine Institution, die vom November 1937 bis zum 4. Juli 1939 im Hinterzimmer der »Galéries du Livre« in der Rue Gay-Lussac in Paris existierte. Unter Institution soll hier Folgendes verstanden werden: verfestigte, verbindlich geregelte und ritualisierte Handlungsmuster und die systematische Organisierung sozialer Aktivitäten, wie beispielsweise die Sitzungen des Collège, in deren Mittelpunkt bestimmte Ideen und Werte stehen sowie deren Verbreitung, Aufrechterhaltung oder Modifikation. Betrachtet werden sollen ferner die Beziehungen zwischen den Institutionalisierungsprozessen und dem inhaltlichen Selbstverständnis, der Forschungsausrichtung und den thematischen Schwerpunktsetzungen. Insbesondere vier Bereiche sind in den Blick zu nehmen, wenn man den Institutionalisierungsprozess und die Verstetigung symbolischer und normativer Muster in den sozialen Interaktionen der Collège-Mitglieder analysieren will: Die Zeitschrift »Acéphale«, bei der die meisten der Mitglieder vor und während der Zeit des Collège mitwirkten, die antifaschistische Gruppe »Contre-Attaque«, die »Geheimgesellschaft Acéphale« und die Sitzungen des Collège.

Das zweite Element der Untersuchung der *sozialen* Dimension bildet nach Peter eine genauere Analyse der Hauptakteure. Die Akteure sollen einerseits als zwischen Denk- und Handlungsalternativen rational wählende Individuen betrachtet werden und andererseits als »Persönlichkeiten, die sowohl von nicht-rationalen, emotionalen Affekten bewegt als auch von ebenfalls nicht notwendig bewußten Wertvorstellungen, Traditionen und moralischen Präferenzen sowie schließlich von außerhalb ihrer Handlungssouveränität liegenden biographischen Bedingungen wie Emigration oder Exil beeinflußt oder bestimmt wurden.« (Peter 2001*b*, 33) Daran schließt sich die Untersuchung über die kreativen und schöpferischen intellektuellen Leistungen einzelner Wissenschaftler und Wissenschaftlerinnen an, bei der erörtert werden kann, inwiefern die Akteure etwas für die soziologische Forschung qualitativ Neues hervorbrachten. Ebenso muss dargelegt werden, wie sich biographische Voraussetzungen der Akteure auf die wissenschaftlichen Inhalte auswirkten, ohne jedoch deterministisch von der Biographie auf den Forschungsinhalt zu schließen. Es soll demnach methodisch zwischen der biographischen und der wissenschaftsimmanenten Ebene der zu erforschenden Akteure und ihrer Werke differenziert werden. Die Notwendigkeit dieser Differenzierung gilt nach Lothar Peter »umso mehr für eine soziologiegeschichtliche Methodologie, da auf ihrem Feld die durch die einzelnen Forschungsgegenstände bedingten Verflechtungen zwischen gesellschaftlicher Situation, Biographie und wissenschaftlichem Diskurs besonders dicht und unübersichtlich sind.« (Peter 2001*b*, 34)

Analytisch sind die biographischen Momente der Akteure nicht um ihrer selbst willen von Interesse, sondern hinsichtlich der Frage nach der »Produktionsförderung« soziologischer Erkenntnisse. Diese »produktionsfördernden« biographischen Elemente sind eingebettet in konkrete soziale Lebens- und Erfahrungszusammenhänge, die unter dem Begriff des »Milieus« untersucht werden. In einem Milieu oder in einer »Lebenswelt« (Alfred Schütz) beziehen sich Individuen auf andere Individuen und symbolische Institutionen, innerhalb derer sie ihre Umwelt mit ihrem Milieu typisierend zu vereinbaren erlernen. In Anlehnung an Dirk Kaeslers methodologische Unterscheidung zwischen Herkunftsmilieu und akademischem Milieu (vgl. Kaesler 1984) soll untersucht werden, inwiefern die sozialen Strukturen mit der Wahrnehmung von Gesellschaft durch die Akteure und ihren sozialen Positionen übereinstimmen, ob sich zwischen Herkunftsmilieu und akademischem Milieu eine Distanzierung ergab und welche Kontinuitäten und Diskontinuitäten zwischen Milieu und kognitivem Gehalt soziologischer Forschung bestehen (vgl. auch Peter 2001*b*, 37). Diese Untersuchungsebene wird bei der Analyse der Institutionalisierungsprozesse, das heißt bei den Gruppierungen »Contre-Attaque« und *Acéphale* eine Rolle spielen.

Unter dem Begriff »Akteure« sollen in der vorliegenden Studie diejenigen Collège-Mitglieder verstanden werden, die an den Sitzungen des Collège teilnahmen bzw. dort Vorträge hielten, sich am wissenschaftlichen Diskurs regelmäßig beteiligten und zur spezifischen Ausrichtung des Collège maßgeblich beitrugen. Die genauer zu untersuchenden Hauptakteure, namentlich die Gründer des Collège Georges Bataille, Michel Leiris und Roger Caillois, werden dabei nicht nur hinsichtlich ihrer theoretischen Vorstellungen betrachtet, sondern auch in Bezug auf diejenigen außerhalb ihrer Handlungen liegenden sozialen, milieuspezifischen und biographischen Bedingungen, die ihre Sichtweisen, Handlungen und Denkansätze mitbestimmten. Insofern richtet die Betrachtung der Hauptakteure ihren Blick auch auf das »Soziale von Intelligenz«, das Wolfgang Eßbach in Bezug auf die italienischen Humanisten folgendermaßen beschreibt: »Das Soziale von Intelligenz besteht nicht nur darin, daß sie eine gesellschaftliche Schicht, ob nun abhängig oder ›freischwebend‹, in Beziehung auf andere gesellschaftliche Schichten oder Klassen sind, sondern zuerst schon darin, daß sie gerade in ihrer für die europäische Geschichte stilbildendsten Epoche selbst ›Gesellschaft‹ sind. [...] Sie bilden die gesellschaftlichen Interessen nicht einfach ab, wie dies Ideologiekritik und Wissenssoziologie im Kern nahelegen, sondern sie bilden eine soziale Situation, in der die gesellschaftlichen Widersprüche, die divergierenden sozialen Interessen in einer anderen Weise erscheinen und erscheinen müssen, weil die Versammlung von Intelligenz selbst eine soziale Tatsache ist.« (Eßbach 1988, 17) Bei der Darstellung der biographischen Verläufe der Hauptakteure des *Collège de Sociolgoie* sollen deshalb ebenfalls insbesondere jene Momente im Vordergrund stehen, die als bestimmende Faktoren der kognitiven Inhalte und Diskurse zu gelten haben, ohne jedoch die »Ereignisse des Denkens« (vgl. Moebius 2003*b*, 149ff), die eigenen schöpferischen Leistungen und die vielleicht erst in der sozialen Situation der intellektuellen Gruppe entstandenen Ideen, Wahrnehmungen oder Denkbewegungen allein auf Klassenlagen, soziale Strukturen oder Seinsverbundenheiten zurückzuführen.[30]

In der Untersuchung der sozialen Dimensionen werden die dem Collège vorangegangenen Gruppierungen, die Sitzungen des Collège und die Biographien der Hauptakteure so dargestellt, dass auch die sozialen Erfahrungs- und Lebenszusammenhänge der Akteure zur Sprache kommen. Es wird in der Tradition einer phänomenologischen Soziologie davon ausgegangen, dass sich die Akteure auf andere Individuen und symbolische Einrichtungen bezogen und darüber hinaus gelernt haben, ihre subjektiven Erfahrungen mit ihrer sozialen Umwelt typisierend zu vereinbaren,

---

30   Zu einer Soziologie des Ereignisses vgl. Moebius (2003*b*, 127ff).

so dass sie zur Reproduktion und sozialen Organisierung ihres Milieus und ihrer Lebenswelt beitrugen. »Milieu« bezeichnet hierbei zunächst einen »intersubjektive[n] Bereich des Wirkens« (Grathoff 1989, 150) und einen interaktiven Handlungs-, Planungs- und Erlebnisraum (vgl. Soeffner 1989, 12f): ein unmittelbar umgebender Erfahrungs- und Lebenszusammenhang, kurz: die »alltägliche Lebenswelt« (Luckmann 1980). Innerhalb dieses Erfahrungszusammenhangs beziehen sich die Individuen auf andere sowie auf Symbolzusammenhänge, mit Hilfe derer sie ihre Erfahrungen mit ihrer Umwelt typisierend zu vereinbaren lernen. Eine eigene Welt von Zeichen und Symbolen, beispielsweise die Acéphale-Bilder von André Masson, kann besonders bei der Gruppe »Acéphale« ausgemacht werden. Aussagen über die Lebenswelten der Hauptakteure sowie über ihre »Herkunfts- und Wissenschaftsmilieus« (vgl. Kaesler 1984) werden jeweils kontextspezifisch in die einzelnen Abschnitte eingewoben. Die sozial-phänomenologisch orientierte Definition des Milieubegriffs legitimiert sich von der Annahme her, dass sich die Analyse der Diskursproduktion der Collège-Mitglieder nicht nur auf eine rein wissenschaftsimmanente Ebene und lediglich die kognitive Substanz von Theoriebildung erfassende Dimension beschränken kann, sondern ebenso die Bedeutung der Interaktionsformen sowie milieu- und lebensweltlichen Bezüge für die Diskurs- und Theorieproduktion zu berücksichtigen hat. Bei der Rekonstruktion der Milieus wird deshalb auch auf biographische und autobiographische Dokumente, Texte, Manifeste, Beschreibungen informeller Zirkel, Interviews und auf Briefwechsel zurückgegriffen.

Ein weiterer Schwerpunkt der vorliegenden Studie liegt in der Analyse der »deutsch-französischen Beziehungen« im *Collège de Sociologie*.[31] Da diese Beziehungen im wissenschaftlichen und ganz besonders im soziologischen Diskurs bisher kaum beachtet worden sind, ist hier eine Forschungslücke zu schließen. Es bestanden am Collège theoretische und lebensweltliche Beziehungen zu Walter Benjamin, Hans Mayer und Paul Ludwig Landsberg. Diese Beziehungen werden jeweils in eigenen Abschnitten dargestellt. Neben den biographischen Faktoren der Emigration und des Exils, die maßgeblich dafür verantwortlich waren, dass Walter Benjamin, Hans Mayer und Paul Ludwig Landsberg Kontakte zu den Collègiens hatten, wird auch hier die methodologische Systematik zur Erforschung sozialer Akteure angewandt; es werden demnach sowohl die Theorien, die biographischen Elemente, die Milieu- und Lebenszusammenhänge und die verschiedenen Kommunikationsformen der Emigrierten als auch deren theoretische und lebensweltliche Beziehungen zum Collège analysiert, die verdeutlichen, inwiefern beispielsweise Benjamin und Mayer zugleich von innen her das Collège in seinen Intentionen betrachteten und von außen her kritisch beurteilten.[32] Es wird dadurch nicht nur der Einblick in die fachgemeinschaftlichen Interaktionen des Collège um einen wesentlichen Punkt ergänzt, sondern es wird auch der Frage nachgegangen, welche kognitiven Momente die exilierten Deutschen

---

31 Zu deutsch-französischen Kulturbeziehungen der dreißiger Jahre allgemein siehe Bock, Meyer-Kalkus, Trebitsch und Husser (1993a; 1993b).

32 Zu einer ähnlichen Betrachtung von Benjamin bezüglich des Surrealismus vgl. Bürger (1996, 11f). Zu Benjamin in den dreißiger Jahren in Paris vgl. unter anderem Kambas (1993).

mit dem Denken der Collège-Mitglieder verbanden oder von ihm trennten: Welche, die sozialen Lebenszusammenhänge überschreitenden Verbindungen bestanden zwischen deutschen Sozial- und Geisteswissenschaftlern und dem *Collège de Sociologie*?

Eine weitere zentrale Untersuchungsdimension bildet nach Lothar Peter die Wirkungsforschung (vgl. Peter 2001*b*, 48ff). Die wirkungsgeschichtliche Betrachtung des *Collège de Sociologie* umfasst in der vorliegenden Studie folgende Themen: Erstens soll das Ende der Institution des Collège, herbeigeführt sowohl durch interne Krisen und Differenzen hinsichtlich der Methodik als auch durch den Ausbruch des Zweiten Weltkrieges, erörtert werden. Zweitens wird danach gefragt, ob und wie die Hauptakteure die Ideen, Inhalte und theoretischen Ausrichtungen des Collège während und nach dem Krieg fortführten, welche Veränderungen und Wechsel in ihrem Denken und in ihrer Biographie zu konstatieren und worauf etwaige Kontinuitäten oder Diskontinuitäten zurückzuführen sind (vgl. auch Moebius 2003*d*). Drittens beinhaltet die Wirkungsgeschichte in einer *synchronen* Perspektive die Frage nach den Wirkungen der Diskurse und Diagnosen des *Collège de Sociologie* auf die Intellektuellen seiner Zeit. Am Schluss der wirkungsgeschichtlichen Untersuchung des *Collège de Sociologie* sollen in einer *diachronen* Sichtweise die Einflüsse, die das Collège und seine Akteure auf zeitgenössische wissenschaftliche Diskurse hat, analysiert werden. Im Rahmen dieser diachronen wirkungsgeschichtlichen Betrachtung werden besprochen: Michel Foucault, Emmanuel Lévinas, Jacques Derrida, Jean-Luc Nancy, Jean Baudrillard und Michel Maffesoli.

Die vierte Hauptdimension soziologiegeschichtlicher Forschung ist nach Lothar Peter die Untersuchung der *diskursgeschichtlichen* Dimension. Dieser Ansatz geht zurück auf die Methodologie der Diskursanalyse Michel Foucaults. Diskurse sind nach Foucault eine Menge von Aussagen, die einem gleichen Formationssystem angehören (vgl. Foucault 1973*a*, 156). Foucault versucht insbesondere aufzuzeigen, wie Regeln oder Codes von Diskursen Wissen und Wahrheit produzieren können. Die Diskursanalyse Foucaults hat in ihrer Entstehung als Methode verschiedene Entwicklungen durchgemacht. Ging es Foucault in ihrer ersten Phase noch darum, die historischen Existenzbedingungen von Aussagen zu untersuchen (vgl. Foucault 1973*a*, 42), verband Foucault die Diskursanalyse in ihrer zweiten Phase mit der Frage nach der Macht (vgl. Foucault 1991, 10f). Er verwies hierbei unter anderem auf die äußeren Prozeduren der Kontrolle über Diskurse. Es sind vor allem die Grenzziehung, das Verbot und der Gegensatz von wahr/falsch, die der Verbreitung des Diskurses Einhalt gebieten. Wissensproduktion und Wissensrezeption ist in den Augen Foucaults immer auch eine Geschichte von Verwerfungen, Ausschlüssen und Neu-Produktionen von Wissensfeldern und somit nicht von Machtverhältnissen zu trennen. In der dritten Phase verbindet Foucault *diskursive* mit *nicht-diskursiven* Praktiken und stellt sie in ein wechselseitiges Verhältnis: Machtpraktiken wenden Wissen an und stimulieren Wissensproduktion; umgekehrt rufen aber auch Wissensprozesse Macht hervor oder sichern sie ab. Foucault geht davon aus, dass Machtverhältnisse vor allem produktiv sind, das heißt, sie produzieren zum Beispiel den Gegenstand des Wissens (vgl. Foucault 1977*b*). Zwischen den diskursiven und den nicht-diskursiven Elementen (Institutionen, Apparate etc.) stehen die Machtverhältnisse, die sowohl die Diskurse als auch zum Beispiel nicht-diskursive Materialitäten verbinden und gegenseitig konstituieren. Foucault fasst die Beziehungen zwischen den diskursiven und nicht-diskursiven Elementen mit dem Begriff des *Dispositivs* zusammen. Unter einem Dispositiv wird nach Foucault ein heterogenes Ensemble verstanden, das Institutionen, architektonische Einrichtungen, administrative Maßnahmen, Diskurse, Gesetze und wissenschaftliche Aussagen verbindet. Das Dispositiv ist eine strategische Verknüpfung von diskursiven und nicht-diskursiven Praktiken, Wissen und Macht. »Eben das ist das Dispositiv: Strategien von Kräfteverhältnissen, die Typen von Wissen stützen und von diesen gestützt werden.« (Foucault 1978*b*, 123)

Foucault formuliert in »Über die Archäologie der Wissenschaften. Antwort auf den *Cercle d'épistemologie*« sehr deutlich, welche Ebenen eine diskursgeschichtliche Analyse zu beachten hat: »Diskursive Formationen, die Positivitäten und das Wissen, das ihnen entspricht, zu analysieren bedeutet nicht, Formen der Wissenschaftlichkeit zuzuschreiben, es bedeutet, ein Feld historischer Bestimmungen zu durchlaufen, das Diskursen, von denen einige noch heute als wissenschaftlich anerkannt sind, während andere diesen Status verloren, manche wiederum ihn nie erreicht, andere wiederum ihn nie beansprucht haben, in ihrem Auftreten, in ihrer Remanenz, ihrer Transformation und gegebenenfalls ihrem Verschwinden Rechnung tragen muss.« (Foucault 2001*a*, 923)

Für die vorliegende Studie bedeutet eine diskursgeschichtliche Untersuchung zusammengefasst Folgendes: Es wird selbstverständlich keine ausführliche Diskursanalyse der Soziologie in Deutschland seit dem *Collège de Sociologie* durchgeführt. Eine Diskursanalyse diesen Ausmaßes steht leider noch aus, benötigt jedoch eine eigene Untersuchung. Darum sollen im diskursgeschichtlichen Abschnitt der vorliegenden Studie nur relativ knapp die Beziehungen zwischen dem soziologischen Diskurs des Collège, dem allgemeinen soziologischen Diskurs, den gesellschaftlichen Faktoren und den Machtverhältnissen dargestellt werden, wobei die *kognitiven* und *sozialen* Dimensionen in Beziehung gesetzt werden. Wie und warum wurde der soziologische Diskurs des Collège aus dem allgemeinen soziologischen Diskurs verdrängt? Warum geriet das Collège in Deutschland in Vergessenheit? Inwiefern hängen Diskurse von Verwerfungen anderer Diskurse ab? Und in welchem Zusammenhang stehen diese Verwerfungen zu den gesellschaftlichen Faktoren, der Wissensproduktion und Machtverhältnissen? Lothar Peter verdeutlicht den Stellenwert einer Diskursanalyse für eine soziologiegeschichtliche Methodologie folgendermaßen: Eine soziologiegeschichtliche Diskursanalyse kann sich »an der Erkenntnis Foucaults orientieren, daß die Geschichte der Wissenschaft nicht nur eine Abfolge systematischer fachlicher Wissensproduktion, sondern immer auch eine Geschichte der Verwerfungen, Verdrängungen, Krisen und triumphalen Siege, aber auch der Wiederentdeckungen, Vorstöße und schöpferischen Erneuerungen ist.« (Peter 2001*b*, 54)

Am Schluss der Studie soll eine *Synthetisierung* und eine *Interpretation* der Ergebnisse vorgenommen sowie ein *kritischer Ausblick* entworfen werden, der den gegenwärtigen epistemologischen, methodologischen und inhaltlichen Status des *Collège de Sociologie* für den soziologischen Diskurs erörtert.

1.5 Überlegungen zu einer Methodologie der Intellektuellensoziologie

Sowohl die unterschiedlichen Gruppierungen wie »Contre-Attaque« oder *Acéphale*, die dem Collège vorangingen, als auch das Collège selbst waren Gruppierungen von Intellektuellen.[33] Aus diesem Grund bedarf es auch einer intellektuellensoziologischen Untersuchungsperspektive auf das Collège. Wie bereits in den einleitenden Sätzen dieser Studie bemerkt, lässt sich eine soziologiegeschichtliche Analyse des Collège nur spezifizieren und vertiefen, wenn man sie mit einer intellektuellensoziologischen Methodologie verknüpft.[34] Die Konzeptionalisierung einer intellektuellensoziologischen Methodologie schließt dabei an die von Lothar Peter angestellten Überlegungen zur soziologiegeschichtlichen Forschung an.

Seit einigen Jahrzehnten kann man eine zunehmende, vor allem aus der »älteren politischen Ideengeschichte hervorgegangene« (Bock 1998*a*, 38) wissenschaftliche Beschäftigung mit der Sozialfigur des Intellektuellen in Frankreich beobachten.[35] »Les années quatre-vingt présentèrent une innovation relative dans l'historiographie de l'intellectuel, jusqu'alors juges et parties de leur propre engagement: la volonté de les considérer désormais comme objet d'histoire, d'examiner l'intelligentsia comme un fait social, avec l'impartialité et la distance méthodique auxquels s'efforce la communauté des spécialistes en sciences humaines.« (Granjon 1998, 24f) Der Intellektuelle wird in der neueren Intellektuellenforschung als ein Produkt spezifischer historischer, politischer, kultureller und sozialer Konstellationen betrachtet. Die Gründe hierfür liegen vor allem in der Geschichte der Intellektuellen: Die Geschichte des Intellektuellen ist untrennbar mit der Durchsetzung der bürgerlichen Gesellschaft gegen Ende des 19. Jahrhunderts verbunden, wobei unter »bürgerlich« gemeint ist »jene Gesellschaft und Kultur, die aus den Städten des europäischen Mittelalters in Abgrenzung zu adligen und bäuerlichen Existenzweisen entstanden ist, die in Europa im 18. und 19. Jahrhundert eine kulturelle und politische Hegemonie erreichte und die mit der Entstehung von Strukturen der Massengesellschaft seit 1900 zunehmend Prozessen der Entbürgerlichung unterworfen ist.« (Eßbach 2000*a*, 23) Wolf Lepenies macht in »Melancholie und Gesellschaft« darauf aufmerksam, dass zwischen deutscher und französischer Bürgerlichkeit im 18. Jahrhundert differenziert werden muss: »In der

---

33 So nimmt es nicht Wunder, dass das Collège de Sociologie auch in dem von Julliard und Winock herausgegebenen »Dictionnaire des intellectuels français. Les personnes. Les lieux. Les moment« vorgestellt wird, vgl. Julliard und Winock (1996, 283f).

34 Der folgende Exkurs geht hauptsächlich zurück auf meine Lehrveranstaltung zur »Einführung in die Intellektuellensoziologie« im Sommersemester 2004 an der Albert-Ludwigs-Universität Freiburg.

35 Zu den unterschiedlichen Konzeptionalisierungsansätzen der neueren Intellektuellenforschung in Frankreich und Deutschland siehe vor allem Bock (1998a, 38ff; 1998b). Zur Frage, warum die französischen Intellektuellen im Gegensatz zu den deutschen vornehmlich politisch intervenieren, siehe Peter (2001a). Zur vergleichenden Intellektuellenforschung siehe die Beiträge in »Pour une histoire comparée des intellectuels«, herausgegeben von Granjon und Trebitsch (1998).

deutschen Bürgerlichkeit des 18. Jahrhunderts verbinden sich Stadtflucht, Natursucht und Innerlichkeit. In der französischen Bourgeoisie setzt schon früh der Drang zur Stadt ein [...]. Daher entfällt auch die resignative Haltung, die zumindest in der ersten Hälfte des deutschen 18. Jahrhunderts für das Selbstverständnis des Bürgertums entscheiden ist.« (Lepenies 1981a, 135f). Nach Alfred von Martin tritt seit der Renaissance das okzidentale Bürgertum vor allem in zwei Typen in Erscheinung: als Unternehmer und Intellektueller (vgl. Martin 1931a, 498ff). Der Intellektuelle ist ein Pendant zum praktischen Unternehmer, die Funktion des Intellektuellen ist die Kritik und das Infragestellen der Gesellschaft (vgl. Martin 1965, 125f).

Trotz unterschiedlicher Forschungsansätze, seien sie eher sozialhistorischer (Christoph Charle) oder politikhistorischer (Jean-François Sirinelli/Pascal Ory) Provenienz, ist man sich in der neueren Intellektuellenforschung über den Entstehungszeitraum des spezifischen Sozialtyps des Intellektuellen einig:[36] Es war die während der neunziger Jahre des 19. Jahrhundert entbrannte Affäre um den unschuldig verhafteten jüdischen Artilleriehauptmann Alfred Dreyfus, die zahlreiche Schriftsteller, Künstler und Wissenschaftler dazu veranlasste, gegen die unrechtmäßige Verurteilung von Dreyfus und allgemein gegen die Verletzung der Menschenrechte einzutreten.[37] Berühmt geworden ist in dieser Affäre das Manifest des Schriftstellers Emile Zola (vgl. auch Réberioux 1975, 11ff): Unter dem Titel »J'accuse« setzte er sich für den wegen Hochverrats beschuldigten Dreyfus ein und löste damit einen ungeheuren Skandal aus, da sein öffentlicher Brief den gesamten Generalstab, den Kriegsminister und das Kriegsgericht, also alle, die an der Verurteilung des Hauptmanns beteiligt waren, selbst des Verrats beschuldigte (vgl. Winock 2003, 35). Die Schriftsteller, Wissenschaftler und Künstler, die Dreyfus verteidigten, wurden von der Rechten polemisch als Intellektuelle bezeichnet. Ihnen wurde vorgeworfen, dass sie sich »ein Monopol geistiger und moralischer Überlegenheit anmaßten, in Wirklichkeit aber die traditionellen Werte des Vaterlandes, der Religion und der Familie in den Schmutz zögen.« (Peter 2001a, 240) Die »Geburt des Intellektuellen« ist mit dem Kampf um universalistische Werte verbunden. Aus dem (erfolgreichen) Einsatz der Intellektuellen für Dreyfus erklärt sich die folgende Definition, die nach langjährigen Kontroversen eine gewisse Plausibilität beanspruchen kann: Als »Intellektuelle« sind Menschen zu bezeichnen, die wissenschaftlich, künstlerisch, religiös, literarisch oder journalistisch tätig sind, dort Kompetenzen erworben haben und qualitativ ausgewiesen sind, die in die öffentlichen Auseinanderset-

---

36 Vgl. »Naissance des ›intellectuels‹: 1890–1900« von Charle (1990) und »Les intellectuels en France. De l'affaire Dreyfus à nos jours« von Ory und Sirinelli (1992).

37 Eine hervorragende Untersuchung der Geschichte des Intellektuellen-Begriffs liefert die Ende der siebziger Jahre verfasste Studie von Dietz Bering (1978) »Die Intellektuellen. Geschichte eines Schimpfwortes«, in der er die Geschichte des Intellektuellen mit der Dreyfus-Affäre beginnen lässt, um von da aus das gesamte Feld der negativen Konnotationen dieses Begriffs in der Weimarer Republik, im Faschismus, bei »den Marxisten« und den »bürgerlich-demokratischen Humanisten« auszuloten. Das von Michel Winock (2003) jetzt auch auf Deutsch erschienene Buch »Das Jahrhundert der Intellektuellen« beginnt ebenfalls mit der Dreyfus-Affäre. Zur Geschichte der Dreyfus-Affäre selbst vgl. die zusammengestellten Aufzeichnungen und Prozessberichte von Siegfried Thalheimer (1963).

zungen und Diskursen kritisch oder affirmativ intervenieren und Position beziehen; sie sind nicht an einen politischen, ideologischen oder moralischen Standort gebunden und es kann sie folglich in unterschiedlichen politischen Lagern oder Strömungen sowie innerhalb und außerhalb institutioneller Bindungen geben (vgl. Peter 2001a, 240).

Es ist vor allem Jean-François Sirinelli und der von ihm mitbegründeten »Groupe de Recherche sur l'Histoire des Intellectuels« (GRHI) zu verdanken, die modernen Entstehungsbedingungen und die spezifischen Aktionsformen der Intellektuellen erforscht und diese Forschungen hinreichend konzeptionalisiert zu haben.[38] Als Leitkategorien der neueren Intellektuellenforschung haben sich sowohl das Konzept der Einzel- oder Gruppenbiographie (»itinéraires«), das Konzept der Generationszugehörigkeit (»générations«, »effets d'âge«) als auch das Konzept des intellektuellen Umfelds bzw. der Form der intellektuellen Gruppenbildung (»réseau de sociabilité«, »sociabilité intellectuelle« – gemeint ist ein intermediärer, zwischen Familie und Partei- oder Gewerkschaftsmitgliedschaft angesiedelter, strategisch oder nicht-strategisch gewählter Gruppenzusammenhang) für die Erforschung von Intellektuellen als brauchbar herausgestellt.[39] Diese drei Konzeptionen werden ergänzt durch die real- und sozialhistorische Kontextualisierung der zu analysierenden Intellektuellen, so dass deren politische oder wissenschaftliche Ideen und Paradigmen sowie deren Ideologien oder moralische Vorstellungen im Rahmen sozialer, kultureller, politischer und wissenschaftlicher Bedingungen historisch situiert und aufeinander bezogen werden können.[40]

Wie bereits angedeutet, sollen diese bestehenden und in der französischen Intellektuellenforschung sich als fruchtbar erweisenden Konzeptionen in eine umfassendere Methodologie einer Intellektuellensoziologie integriert werden, deren Grundgerüst an die in der vorliegenden Studie verfolgte soziologiegeschichtliche Methodologie Lothar Peters angelehnt ist.[41] Anders gesagt: Für eine Erweiterung bisheriger methodologi-

---

38 Die GRHI wurde 1985 im Rahmen des Institut d'histoire du temps présent (IHTP) gegründet, maßgebliche Forscher am GRHI sind Nicole Racine und Michel Trebitsch.

39 Vgl. zu den Konzepten der »itinéraires« und der »effets d'âge« Sirinelli (1988a) und Sirinelli (1987) sowie das Vorwort von Trebitsch in Granjon und Trebitsch (1998, 14). Im Zusammenhang mit der vorliegenden Studie ist beispielsweise die dreibändige Einzelbiographie zu Bataille von Bernd Mattheus (1984, 1988,1995) zu nennen. Zur »sociabilité« siehe den Band von Racine und Trebitsch (1992) und den instruktiven Aufsatz »Die Form der sociabilité intellectuelle am Beispiel der Union pour la Verité 1918–1939« von François Beilecke (1998). Zu den Konzeptionalisierungs-Ansätzen der Intellektuellenforschung siehe auch Bock (1998a, 38ff).

40 Eine mehr nach den gesellschaftlichen Entstehungsbedingungen von Intellektuellen fragende Konzeptionalisierung, die sich an die Kultursoziologie Bourdieus anlehnt, verfolgen die von Charle (1990) durchgeführten Untersuchungen zu den Veränderungen des sozio-kulturellen Feldes, das zur »Geburt der Intellektuellen« in Frankreich führte. An dem feldtheoretischen Ansatz Bourdieus kritisiert Sirinelli die Reduktion des Intellektuellenmilieus auf den Mechanismus von Machtstrategien bei gleichzeitiger Ausblendung des Zufalls, der Kontingenz oder anderer diffuserer, gruppenbildender Affinitäten zwischen den Intellektuellen. Zu den unterschiedlichen Konzepten siehe auch Granjon (1998, 25).

41 Siehe auch mein Buch »Praxis der Soziologiegeschichte: Methodologien, Konzeptionalisierungen und Beispiele soziologiegeschichtlicher Forschung«; Moebius (2004c).

scher Überlegungen zur Intellektuellensoziologie eignen sich zentrale Elemente der bereits in ihren Grundzügen dargestellten soziologiegeschichtlichen Methodologie, die sowohl kognitive, soziale als auch wirkungs- und diskursgeschichtliche Dimensionen berücksichtigt.

Der systematische methodologische Aufbau einer intellektuellensoziologischen Untersuchung sieht dann folgendermaßen aus: Nach einer generellen real- und sozialhistorischen Kontextualisierung der zu analysierenden Intellektuellen oder Intellektuellengruppe werden ihre kognitiven Dimensionen untersucht. Das erste Untersuchungselement der kognitiven Dimension setzt sich zusammen aus einer Analyse der ideen-, mentalitäts-, ideologie-, politik-, kultur-, wissenschafts- oder disziplingeschichtlichen Kontexte, in die Intellektuellen eingebettet sind und vor deren Hintergrund sich ihr Selbstverständnis und ihre Selbst- oder Gruppenidentität konstituieren.[42] Hierbei muss je nach Untersuchungsgegenstand entschieden werden, welche dieser kognitiven Momente für die Untersuchung der Intellektuellen sinnvoll erscheinen. In der vorliegenden Studie wird das Augenmerk besonders auf die wissenschafts- und disziplingeschichtliche Rahmung der Intellektuellengruppe des *Collège de Sociologie* gerichtet. Man hätte sich aber auch einer dezidiert kulturgeschichtlichen Perspektive zuwenden können. Die hier verfolgte disziplingeschichtliche Ausrichtung der Studie wurde deswegen gewählt, um im Besonderen die spezifische Rolle, die das Collège für die Soziologie hat, auszuweisen.

Innerhalb der Untersuchung der kognitiven Dimension wird dann in einem weiteren Schritt dargestellt, wie die Intellektuellen die politischen, sozialen oder kulturellen Probleme verarbeitet haben, das heißt, wie sie – sowohl inhaltlich als auch in welcher, die Inhalte transportierenden Form (durch Manifeste, Flugblätter oder, wie in der 1938 verfassten »Déclaration du Collège de Sociologie sur la crise internationale«, mit öffentlichen Erklärungen) – in die öffentlichen Auseinandersetzungen und Diskurse kritisch oder affirmativ intervenierten und Position bezogen.[43] Nach Michel Winock (1998, 54) lassen sich drei idealtypische Formen der intellektuellen Intervention unterscheiden: der kritische Intellektuelle, der organische Intellektuelle und der parteiliche Intellektuelle. Während der kritische Intellektuelle wie Voltaire oder Zola

---

42　Zur Unterscheidung zwischen Ideologie und Mentalität schreibt Stefan Breuer in seiner sowohl soziologischen als auch mentalitätsgeschichtlich orientierten »Anatomie der Konservativen Revolution«: »Mentalitäten sind auf einem niedrigeren Bewußtseinsniveau angesiedelt als Ideologien. Sie sind formlos und fließend, entbehren der begrifflichen Systematik und logischen Durchgliederung, sind aber deshalb keineswegs willkürlich oder zufällig. Das Spannungsfeld, in dem sie sich konstituieren, ist durch Faktoren der longue durée wie Klassen- und Schichtzugehörigkeit, Geschlechtscharaktere und ähnliches bestimmt, daneben aber auch durch historische Erfahrungen, die besonders auf die jüngeren Jahrgänge eine erhebliche Prägewirkung entfalten.« (Breuer 1995, 33) Dabei kann sich ein Mentalitätstypus in verschiedene Doktrinärideologien auslegen, wie Breuer (1995, 48) in Anlehnung an Theodor Geiger schreibt.

43　Mario Rainer Lepsius hat die spezifische Intervention von Intellektuellen in seinem Beitrag »Kritik als Beruf. Zur Soziologie der Intellektuellen« als »inkompetente, aber legitime Kritik« bezeichnet (vgl. Lepsius 1964, 88).

die rechtliche, politische oder religiöse Autorität in Frage stellt, verteidigt der »organische Intellektuelle« (Gramsci) nach Winock ein etabliertes Regime, sei es gegen die Anhänger eines alten oder gegen die Befürworter eines neuen Regimes; ein Beispiel dieses Typs ist Raymond Aron (1957) mit seinem Buch »Opium der Intellektuellen«, in dem er besonders das Engagement der parteilichen Intellektuellen anprangert und vor dem Einfluss des Marxismus warnt. Der parteiliche Intellektuelle »gibt sich nicht damit zufrieden, ein kritischer Intellektueller zu sein, was er per definitionem auch ist. Er verteidigt ein Anliegen – später eine Partei – in der Absicht, ein Regime durch ein anderes zu ersetzen.« (Winock 1998, 54) Sie sind es vor allem, denen Julien Benda (1983) in »Verrat der Intellektuellen« vorwirft, ihre partikularen Leidenschaften über die von den »clercs« zu verteidigenden universalen Werte zu stellen. Die Unterteilung ist, wie Winock bemerkt, eine »Konstruktion von Idealtypen«, von denen in der Wirklichkeit zahlreiche »Mischtypen« existieren: »So kann jemand ein kritischer Intellektueller der Gesellschaft und ein organischer Intellektueller einer politischen Gruppierung sein.« (Winock 1998, 54)[44] Wollte man die Collègiens diesen Typen zuordnen, so muss man – wie übrigens auch bei den Surrealisten – von einer Mischung aus kritischem und parteilichem Intellektuellen ausgehen: Ihre Interventionen, Erklärungen und Aktivitäten stellten die politischen und religiösen Autoritäten in Frage und wollten gleichsam das alte Regime stürzen und durch ein neues ersetzen, wobei die Vorstellungen des neuen Regimes kaum über die unausgearbeitete Vorstellung einer vielköpfigen »polyzephalen Gesellschaft« (Bataille) hinausgingen.

Die Untersuchung der kognitiven Dimensionen und Rahmungen beinhaltet ferner eine Darstellung der prägenden Bezugspunkte, Einflüsse, Anknüpfungspunkte und der Rückgriffe auf vorhandene Reflexionen, Theorien oder Sinnkonstruktionen sowie ihre selbstständige Weiterverarbeitung durch die Intellektuellen. Dies können beispielsweise bei einer disziplin- und wissenschaftsgeschichtlichen Betrachtung der Intellektuellengruppen spezifische Theorien oder Paradigmen sein, auf die zurückgegriffen wurde, wie im Falle des Collège die Arbeiten der Durkheim-Schule, oder bei ideengeschichtlichen Analysen eine von unterschiedlichen Intellektuellengruppen auf je besondere Art aufgegriffene politische oder philosophische Idee, man denke etwa an die von der Philosophie Hegels beeinflussten, in so genannte »schwäbische«, »preußische« oder »schweizerische« ausdifferenzierten Junghegeliander (vgl. Eßbach 1988, 24).

---

44   Eine andere Typisierung der per definitionem intervenierenden Intellektuellen ist die Einteilung in »universelle Intellektuelle« (Sartre), »spezifische Intellektuelle« (Foucault) und in die Position des »kollektiven Intellektuellen« bzw. des »Korporativismus des Universellen« (Bourdieu); siehe zu diesen drei Positionen den Beitrag »Korporativismus des Universellen? Das Thema der Intellektuellen in der soziologischen Theorie von Pierre Bourdieu« von Peter (2000). Nach Bourdieu bilden die Intellektuellen eine beherrschte Fraktion der herrschenden Klasse (vgl. Bourdieu 1992a, 160). Im Zusammenhang mit der Erstellung einer Typologie könnte man auch mit Eßbach eine Typisierung je nach der Beziehung der Intellektuellen zur Gesellschaft aufstellen: »sei es der Typ des sich in den Massenbewegungen auflösen wollenden Intellektuellen, der Typ des randständigen, in subkulturellen Gruppen sich bewegenden Intellektuellen oder der Typ, der mit Paul Valéry sagen würde: ›L'esprit abhorre les groupements‹.« (Eßbach 1988, 18)

An die Untersuchungen der kognitiven Dimensionen schließt die Behandlung der sozialen Dimensionen an. Innerhalb dieser Dimension können die von Sirinelli und seinen Mitarbeitern vorgeschlagenen Konzeptionen der Intellektuellenforschung (»itinéraires«, »effets d'âge« und »sociabilité«) integriert werden. Gemäß der bereits dargelegten soziologiegeschichtlichen Methodologie beinhaltet die soziale Dimension eine Analyse der sozialen Akteure hinsichtlich ihrer Biographie (»itinéraires«), ihrer Milieus und Orte (»lieux«) sowie eine Untersuchung der Gruppen- bzw. Institutionalisierungsprozesse (»sociabilité«).[45] Warum kommt es zur Bildung von Intellektuellengruppen? Wie sehen der Prozess der Gruppierung sowie die gruppeninternen und -externen sozialen Interaktionen aus? Nach Ansicht von Jean-François Sirinelli organisieren sich Intellektuelle sowohl aufgrund »gemeinsamer ideologischer und kultureller Gesinnung als auch aus diffuseren Affinitäten, die einen gemeinsamen Willen und eine gewählte Art des Zusammenleben begründen« (Sirinelli 1988b, 218).

Wie die historisch-soziologische Rekonstruktion eines Gruppenprozesses durchgeführt werden könnte, hat Jürgen Frese in einem Beitrag über »Intellektuellen-Assoziationen« systematisch verdeutlicht (vgl. Frese 2000). Zu Beginn jeder Gruppengeschichte steht ihm zufolge ein so genanntes zu rekonstruierendes »Pfingsterlebnis«: »Es gibt so etwas wie die von allen Teilnehmern einer Versammlung geteilten ›positiven Erfahrungen‹ spürbaren Zuwachsens von Möglichkeiten des Sehens, Redens und Handelns, die sich ergeben, wenn Menschen situativ und spontan ihre Handlunsgorientierungen aufeinander einstellen [...].« (Frese 2000, 442) Danach folgen Bestrebungen, das Erlebte zu wiederholen und auf Dauer zu stellen (es entstehen Rituale, Manifeste, Programme, Interaktionsregeln etc.); es folgt der Drang, sich der Gruppenidentität durch einen Eigennamen und die Abgrenzung nach außen zu versichern.[46] Da sich die Gruppe irgendwie darstellen müsse – sei es für sich selbst oder nach außen –, greife sie auf ein »Arsenal des kollektiven Gedächtnisses« zurück (vgl. Frese 2000, 444). Dieses Arsenal vergegenwärtige mythische Gesellungs- und Vereinigungs-Szenarien, aus denen unterschiedlich ausgewählt werde. Es umfasst zahlreiche Gruppenmythen und unterschiedliche Gestalten wie beispielsweise Zeus' »großfamilialen Kreis« von liebenden oder kämpfenden Göttergestalten. Ebenso finden sich im Arsenal des kollektiven Gedächtnisses unterschiedliche, sich zur Mythisierung anbietende Gesellungsformen wie spätmittelalterliche Verschwörungsgemeinschaften, Kloster-Gemeinschaften oder Gelehrten-Fakultäten bis hin zu ritterlichen Tafelrunden und sokratischen Symposien.[47] Eine Reihe dieser Elemente kann man bei der Gruppe *Acéphale* ausfindig machen: Bataille greift bei der Gruppenbildung auf Göttergestalten wie Dionysos bzw. Akephalos und die Gesellungsform eines geheimen Ordens zurück. »Pfingsterlebnisse« sind bei *Acéphale* die mystischen Augenblicke im Wald, die Initiationsriten für neu hinzugekommene Mitglieder oder die unterschiedli-

---

45   Zur genaueren Beschreibung der methodologischen Durchführung der Analyse der Institutionalisierungs- und Gruppenprozesse und der sozialen Akteure sei auf den vorangegangenen Abschnitt zur soziologiegeschichtlichen Methodologie verwiesen.

46   Zu Thematik der Gabe eines Eigennamens vgl. insbesondere Derrida und Kittler (2000).

47   Frese zählt freilich noch viel mehr auf (vgl. Frese 2000, 444f).

chen meditativen Erfahrungen. Die Angebote mythischer Gestalten und Gesellungsformen des kollektiven Gedächtnisses werden durchgespielt, vielleicht modifiziert
oder »zur Adaption eigens präpariert«, bis es irgendwann beim Durchspielen der Angebote »einhake«, so dass einem als Beobachter das Neue, der »geistige Aufbruch«, als
»Wiederaufführung eines Uralten« erscheine (vgl. Frese 2000, 445). Später werde der
anfängliche Gruppen- und Transformationsprozess es der Gruppe wert, »als wesentliches Geschehen selbst mythologisch weitererzählt zu werden.« (Frese 2000, 446)

Es kann zwischen mehreren Ideal-Typen von Gruppen unterschieden werden. Alfred von Martin beispielsweise zählt folgende auf:

> »Eine Gruppe, gar eine innerlich verbundene Gemeinschaft, können Intellektuelle
> im Normalfall nur bilden, soweit sie von gleichem Denken und Wollen bewegt wer-
> den. So kann ein ›Orden‹ vorkommen wie der der russischen revolutionären ›Intelli-
> gentsia‹, welche den Sonderfall einer politischen Verschwörung darstellte, die als sol-
> che natürlich auf engen Zusammenhalt angewiesen war; so kann es den ›Bund‹ etwa
> einer philosophischen Schule geben wie der pythagoräischen; so auch den exklusi-
> ven ›Kreis‹ literarischer Schöngeister, die gleichfalls um einen ›Meister‹ sich scharen,
> nicht frei von esoterischer Manieriertheit (wie der *George*kreis) und bewußt der eige-
> nen Ausstrahlung aristokratische Grenzen setzend.« (Martin 1965, 203)[48]

In der vorliegenden Studie wird man unterschiedlichen Gruppierungen bzw. Formen
der *sociabilité* mit teils ähnlicher personeller Zusammensetzung begegnen. Die geheime Gruppe *Acéphale* verstand sich in ihrer Selbstbeschreibung als ein Orden, »analog zu Geheimgesellschaften« (Bataille 1999*b*, 339). Das *Collège de Sociologie* kann als
ein »Kolleg« bezeichnet werden, das sich durch eine eigentümliche Mischung my-
thisch-religiöser, wissenschaftlicher, künstlerischer und politischer Elemente auszeich-
nete.[49] Die vermischten Elemente kann man ausdifferenzieren und anhand der zuweilen unterschiedlichen – und erst am krisenhaften Ende deutlich akzentuierten –
Positionen innerhalb des Collèges bestimmten Personen zuordnen (vgl. auch Moebius
2003*d*); so lässt sich etwa Michel Leiris mit »homme de la science«, Roger Caillois mit
dem Begriff »homme de l'action« und Bataille mit der Bezeichnung «homme du my-

---

48 Gewiss ist dies keine vollständige Liste, man könnte beispielsweise noch die Loge nennen, den
    Verein, die Korporation, die »nicht-askriptive Korporation« (Giesen), den Zirkel, die Bruder-
    schaft, die Partei, die journalistische Bohème etc.; vgl. auch Eßbach (1988) und Caillois
    (1995a).

49 Dass Intellektuellengruppen nicht nur rein kognitive, sondern ihnen zumeist sinnliche, psy-
    chologisch-affektive oder emotionale Dimensionen ebenso anhaften, wird nicht nur dadurch
    deutlich, dass Alfred von Martin zufolge bei Intellektuellen Denken und Leidenschaft (vgl.
    Martin 1965, 185) (und sei es nur die Leidenschaft, zu denken) eng zusammenfallen. Es wird
    darüber hinaus auch in realen Beispielen von Intellektuellengruppen wahrnehmbar: So finden
    sich Exempla für die Bedeutung des Sinnlichen in Intellektuellengruppen nicht nur in den ho-
    moerotischen Dimensionen im Kreis um Stefan George, sondern werden im Sinne mystisch-
    religiöser Erfahrungen auch in der Geheimgesellschaft Acéphale explizit. Hinsichtlich des Col-
    lège de Sociologie schreibt Caillois, es sei ein »précaire amalgame de savoir et de passion« ge-
    wesen (Caillois 1974a, 13).

the« charakterisieren (vgl. Wiechens 1999, 241f).[50] Trotz dieser Differenzierung gilt für alle Mitglieder, dass sie gleichsam »Wühler« im Sinne Jakob Burckhardts sind: »Fragen sind es, die ihr [der Intelligenz, S.M.] gemeinsam sind, und eine gewissensmäßige Engagiertheit; die Antworten können in verschiedenster Richtung fallen. ›Einen Wühler‹ nennt *Jacob Burckhardt* (in den ›Weltgeschichtlichen Betrachtungen‹) den Geist, weil er Lebensformen, die ›einer Änderung widerstreben‹, vor der Erstarrung schützt.« (Martin 1965, 205)

Eng verbunden mit der Untersuchung der sozialen Akteure und ihrer Einzelbiographien, den »itinéraires«, ist die Darstellung der Generationszugehörigkeit (vgl. dazu auch Kaesler 1984).[51] Bei der Untersuchung der »effets d'âge« kann in Anlehnung an Karl Mannheim zwischen »Generationslagerung«, »Generationszusammenhang« und »Generationseinheit« unterschieden werden: Die Generations*lagerung* ist charakterisiert durch »die parallele Reihenfolge des Erlebens biographischer Ereignisse, die – quasi als soziale Kraft wirkend – Angehörige einander naher Geburtsjahrgänge zu einer ähnlichen Perspektive auf historische Begebenheiten veranlassen.« (Corsten 2001, 35) Der Generations*zusammenhang* wird gestiftet durch kollektiv geteilte Schicksale wie historische Großereignisse und durch die Kristallisation einer »kollektiv verfügbaren historisch-aktuellen Problembestimmung im Sinne eines geteilten und reflexiv gewordenen Problemhorizontes « (Corsten 2001, 35). Konkrete, sich durchaus auch bekämpfende Gruppen innerhalb eines Generationszusammenhangs sind dann als »Generationseinheiten« bezeichnet, das heißt als »kollektive Strömungen unter den ungefähr zur gleichen Zeit Geborenen, die sich als durchaus individuell besonderes und voneinander abgrenzendes aktives Eingreifen in Bezug auf den reflexiv gewordenen Problemhorizont interpretieren lassen« (Corsten 2001, 35) und die bei gemeinsamer Teilhabe an sozialen, politischen und kulturellen Strömungen oder Ereignissen nicht gleichförmig sein müssen. Am Beispiel der Jugend um 1800 illustriert Mannheim die Beziehung zwischen Generationseinheit und Generationszusammenhang: »Dieselbe Jugend, die an derselben historisch-aktuellen Problematik orientiert ist, lebt in einem ›Generationszusammenhang‹, diejenigen Gruppen, die innerhalb desselben Generationszusammenhanges in jeweils verschiedener Weise diese Erlebnisse verarbeiten, bilden jeweils verschiedene ›Generationseinheiten‹ im Rahmen desselben Generationszusammenhanges.« (Mannheim 1964, 544)

Der Generationszusammenhang von Intellektuellen ergibt sich nicht nur aufgrund der Zugehörigkeit zu einer in etwa gleichen Altersklasse, sondern auch vor dem Hintergrund spezifischer realhistorischer Schlüsselerlebnisse, deren spezifischer Wahrnehmungen, intergenerationeller Interaktionen und Distinktionspraktiken (etwa von der Elterngeneration) sowie der jeweiligen Epoche der Generationslagerung angemesse-

---

50 Vgl. auch den Abschnitt zu den internen Krisen und zum Ende des Collège, in dem dies genauer analysiert wird.

51 In der vorliegenden Studie wurden die Überlegungen zu den Generationszusammenhängen in einzelne Abschnitte eingewoben; vgl. zu den Generationszusammenhängen auch Keller (2001*b*, 94) und Bock (1998*a*).

nen Aneignung eines so genannten, von der Familie nur bedingt abhängigen[52] Bildungskapitals:

> »Man wechselt die intellektuelle Welteinstellung nicht wie ein Hemd oder eine Ware. Diese relative Stabilität von intellektuellen Welteinstellungen ergibt sich zunächst einmal aus dem Umstand, daß die Bereitschaft, eine Interpretation der Welt zu übernehmen, im Laufe des individuellen Lebens deutlich abnimmt. Nur während einer bestimmten ›Bildungsphase‹, in der Regel nach der Pubertät und nach dem Verlassen der Familie ergibt sich damit eine Chance, radikal neue, nicht von der Elterngeneration tradierte Welteinstellungen und Traditionen zu übernehmen, die dann nur noch in seltenen Fällen später durch grundlegend andere Muster ersetzt werden. Dies gibt der Formierung von Intellektuellengenerationen, die Gleichaltrige zur gleichen Zeit für eine neue Weltinterpretation öffnen, ein besonderes Gewicht.« (Giesen 1993, 76f)

Zu beachten ist jedoch, dass epochale Ereignisse wie zum Beispiel der Erste Weltkrieg je nach sozialem Ursprung, Ausbildung etc. unterschiedlich wahrgenommen und gedeutet werden. Betrachtet man die Epoche der Dritten Republik in Frankreich, so lassen sich nach Winock (1989) und Beilecke (2003) mehrere Generationszusammenhänge oder »Schicksalsgemeinschaften« (Mannheim) von Intellektuellen unterscheiden: Die »Génération de l'Affaire Dreyfus«, innerhalb derer der Kampf für Menschenrechte und für die Republik prägend war, die »Génération d'Agathon«, geprägt von den »Nachhutgefechten« der Dreyfus-Affäre (vgl. Lepenies 2002, 50) und den Angriffen sowohl auf die Republik als auch auf die »parti intellectuel« sowie die Neue Sorbonne und die Soziologie[53], die »Génération du feu«, zu der die Generationseinheit der Surrealisten und mit ihnen auch manche Mitglieder des Collège gezählt werden können und für die der Erste Weltkrieg ein prägendes Moment war sowie die »Génération de la crise«, eine Generation von Intellektuellen wie etwa Emmanuel Mounier, »die den Krieg nicht mehr selbst erlebt haben und im Rahmen der ›crise des années trente‹ an Debatten beteiligt waren, die in kritischer Weise die Effizienz und Legitimation der parlamentarisch-demokratischen Republik in Frage stellten.« (Beilecke 2003, 50)[54]

---

52   »Nicht nur jede kulturelle Praxis (der Besuch von Museen, Ausstellungen, Konzerten, die Lektüre, usw.), auch die Präferenz für eine bestimmte Literatur, ein bestimmtes Theater, eine bestimmte Musik erweisen ihren engen Zusammenhang primär mit dem Ausbildungsgrad, sekundär mit der sozialen Herkunft«, so Bourdieu (1982, 17f) in »Die feinen Unterschiede. Kritik der gesellschaftlichen Urteilskraft«.

53   Der Name Agathon ist ein Synonym, hinter dem Henri Massis und Alfred de Tarde stecken, die unter diesem Pseudonym eine Vielzahl von Artikeln veröffentlichten. Vgl. zu Agathon die Angaben bei Lepenies (2002, 48–59).

54   In der hier übernommenen Systematisierung der Intellektuellengenerationen von Beilecke spricht dieser noch von einer nicht von Winock erwähnten, weiteren Generation, der »Génération de 1890«, die die Niederlage Frankreichs von 1870/1871 als »Krise der französischen Gesellschaft deuteten und den nationalen Erneuerungsgedanken in den Vordergrund ihres Engagements stellten.« (Beilecke 2003, 49)

Die Mitglieder des Collège setzen sich als spezifische Generationseinheit aus den beiden letztgenannten Generationszusammenhängen zusammen, die man gemeinhin als non-konformistische Intellektuelle oder als non-konformistische Generation bezeichnet (vgl. Loubet del Bayle 1987).[55] Im Zusammenhang mit der non-konformistischen Generation der Personalisten, den Surrealisten und den Collègiens und ihrer Vernetzungen untereinander fällt eine links-rechts-Schematisierung schwer: »Im Gegensatz zu dem Porträt einer nonkonformistischen Generation, die eine klar unterscheidbare Linke und Rechte umfaßt [...], erweisen sich die Orte der Sozialität als Bühne für eine verwirrende ideologische Gemengelage. Der heterogenen Zusammensetzung der Bewegung entspricht ein Nonkonformismus, deren Weder-links-noch-rechts-Diskurs und grenzüberschreitende Dimension nicht in einer linkspazifistischen oder einer rechten Denkform vereindeutigt werden können.« (Keller 2001b, 176f)

Die Mehrheit der nonkonformistischen Intellektuellen, die in der vorliegenden Arbeit hauptsächlich behandelt werden, ist zwischen den Jahren 1901 und 1909 geboren (vgl. Keller 2001b, 163).[56] Zu der Alterskohorte von 1901 gehören[57] André Malraux, Jean Luchaire, Jacques Bénoist-Méchin, Pierre Olivier Lapie, Henri Daniel-Rops, Michel Leiris, Albert Beguin und Andrée Mayrisch(-Viénot). 1902 wurden geboren Alexandre Kojève und André Philip; 1903 Georges Izard, Georges Duveau, Philippe Lamour, Pierre-Henri Simon, Henri Guillemin, Gabriel Germain, Raymond Queneau, Collette Peignot (Laure) und Bertrand de Jouvenel; im Jahre 1904 wurden geboren Alexandre Marc, Jean Jardin, André Déléage, Louis Émile Galey, Robert Gibrat, Georges Lefranc, Maurice Deixonne; 1905 Emmanuel Mounier, René Dupuis, Pierre Klossowski, René Maheu und Emmanuel Lévinas; im Jahr 1906 Denis de Rougemont, Maurice de Gandillac, Jean-Pierre Maxence, Jean de Fabrégues und Achille Dauphin Meunier; 1907 Etienne Borne, Maurice Blanchot, Henry Corbin, Raymond Soulés; 1908 Claude Lévi-Strauss und Maurice Merleau-Ponty; 1909 Thierry Maulnier, Pierre Andreu, Robert Brasillach, Claude Chevalley, Xavier de Lignac und Simone Weil. Etwas älter und noch vor 1900 geboren sind Georges Bataille (1897), Arnaud Dandieu (1897), Robert Aron (1898), Robert Lostau (1899) und Jean Lacroix (1900). Zu den Jüngeren zählen Jacques Ellul (1912) und Roger Caillois (1913).[58]

Die gemeinsame Erfahrung der non-konformistischen Generation ist die Erfahrung der gesellschaftlichen und politischen Krise, die als eine Krise der gesamten Zivi-

---

55   Zu den unterschiedlichen, zuweilen auch sich bekämpfenden Generationseinheiten innerhalb des nonkonformistischen Generationszusammenhanges siehe die instruktive Studie »Deutsch-französische Dritte-Weg-Diskurse. Personalistische Intellektuellendebatten der Zwischenkriegszeit« von Thomas Keller (2001b), zu den Gruppen »La Jeune Droite«, den Personalisten von »L'Ordre Nouveau« und »Esprit« sowie ihren Beziehung untereinander siehe Loubet del Bayle (1987).

56   Zu den Intellektuellen der dreißiger Jahre siehe allgemein auch Borne und Dubief (1989, 273–285).

57   Ich folge im Ganzen der Aufzählung von Thomas Keller (2001b, 163).

58   Die deutschen Exilierten am Collège: Paul Ludwig Landsberg ist 1901 geboren, Hans Mayer 1907 und Walter Benjamin 1892. Es mangelt leider noch an Studien, die der Frage nach der geringen Anzahl der Frauen im non-konformistischen Milieu detailliert nachgehen.

lisation gedeutet wird: »Notre expérience a été une expérience contre l'epoque«, so einer der non-konformistischen Intellektuellen einige Jahre später (Maxence in Loubet del Bayle 1987, 199f). Die gesamtgesellschaftliche Krise löst nach Thomas Keller

> »ein revolutionäres Bewußtsein in den unterschiedlichsten Lagern und kulturellen Milieus aus. Das grenzüberschreitende Ereignis, das ein verbindendes Generationsgefühl für diejenigen schafft, die zwischen 15 und 25 Jahre alt sind, besteht nicht lediglich aus dem Schock des Krieges von 1914–18. Die um 1905 geborene Alterskohorte ist von der Frontgeneration verschieden. Sie genießt nicht das Prestige des Frontkämpfers und ist nicht mehr in der bürgerlichen Welt der Vorkriegszeit mental verankert. Ihr Schlüsselerlebnis ist auch die Abfolge der Revolutionen, Revolten, von Aufruhr und Reform in Europa: die Oktoberrevolution von 1917, die gescheiterte/nicht stattgefundene Revolution von 1918/19 in Deutschland (Spartakusaufstand), die Unruhen in Deutschland zwischen 1930 und 1933, die ›deutsche Revolution‹ der Nationalsozialisten 1933.« (Keller 2001*b*, 164)

Die non-konformistische Generation definiert sich selbst gerne als eine »entwurzelte Generation«; aber trotz »ihres antiintellektualistischen und antibürgerlichen Gehabes bleiben die Protestler Intellektuelle und Kinder bürgerlicher Elternhäuser.« (Keller 2001*b*, 161) Die Antibürgerlichen sind also keineswegs unbürgerlich. Was charakterisiert aber das Bürgertum, aus dem die Vielzahl der non-konformistischen Intellektuellen stammen und gegen das sie zu Felde ziehen? Die besonderen Merkmale des okzidentalen Bürgertums sind nach Alfred von Martin der Individualismus, eine »von der Gruppe losgelöste Antriebskraft« und der Rationalismus, eine »von traditionalen Bestimmungsgründen gelöste – zweckrationale Methode des Denkens, Sichverhaltens und Handelns.« (Martin 1965, 126) Die Epoche des Bürgertums beginnt mit der Renaissance und der Entwicklung eines individualistischen Aktivismus. In der Renaissance stand jedoch die ratio »noch nicht über dem Menschsein; sie war noch nicht souveräner Selbstzweck.« (Martin 1931*a*, 495) Ist in der Renaissance das Lebensideal noch ein wesentlich ästhetisches, innerweltliches und antiasketisches, so ändert sich dies – wie ja auch Max Weber (1988 [1920]a) in »Die Protestantische Ethik und der Geist des Kapitalismus« gezeigt hat – mit der (calvinistischen) Reformation, die den individualistischen Aktivismus mit Hilfe asketischer Lebensführung zum zweckrationalen Handeln transformiert und das Askeseprinzip sowie einen spezifischen »Arbeitsfanatismus« (Martin 1965, 131) zur zweiten Natur des Menschen erhöht.

> »[D]ie haushälterische Rechenhaftigkeit der ›Einnahmewirtschaft‹ stellte sich bewußt, schon in der Renaissance, der ökonomischen Unordnung feudaler ›Ausgabewirtschaft‹ gegenüber, und aus der reformatorischen (insbesondere calvinistischen) Forderung der Laienaskese erwuchs ein methodisch diszipliniertes rationelles Arbeiten, das auf strenger Selbsterziehung und beständiger Selbstbeobachtung und Selbstkontrolle beruhte. So wirkte eine Komponente introvertierten Bewußtseins mit an der Schaffung einer rational orientierten Dynamik auch von innen (vom Psy-

chologischen) her: als Heiligsprechung der Anstrengung, des Sichabarbeitens.« (Martin 1965, 130f)[59]

Gegen die spezifischen Charakteristika des Rationalismus, Liberalismus und Individualismus des okzidentalen Bürgertums richteten sich die non-konformistischen Intellektuellen, die ihrem Selbstverständnis nach zwar anti-bürgerlich, ihrer Sozialisationserfahrung nach jedoch dem Bürgertum zuzurechnen sind. Trotz ihrer antiliberalen und antibürgerlichen Einstellungen sind die Non-Konformisten, wie in der vorliegenden Studie deutlich wird, nicht einfach auf das faschistische oder national-konservative Spektrum oder das Ideologem der »Konservativen Revolution« zu reduzieren oder in nur eines dieser Spektren einzuordnen, wie dies oftmals in der Literatur geschieht (vgl. Lindenberg 1990).[60] Anti-Individualismus oder Antiliberalismus ist nicht nur ein Merkmal des national-konservativen Spektrums. Die Gemengelage der non-konformistischen Diskurse und Gruppen ist mit diesen Begriffen kaum zu erfassen, ihre Generation umfasst auch pazifistische, antifaschistische oder nationalismuskritische Bewegungen.[61] Gemeinsam ist ihnen allen aber die Revolte gegen die etablierte bürgerliche Ordnung: »Degoût, rupture, refus, révolte, tels sont les mots qui revenaient le plus souvent dans leurs publications, exprimant la réaction commune qui fut à l'origine de leurs recherches.« (Loubet del Bayle 1987, 199)

Eine weitere Dimension der hier verfolgten Methodologie einer Intellektuellensoziologie bildet die Wirkungsgeschichte.[62] Wolfgang Eßbach misst der wirkungsgeschichtlichen Dimension in seiner Studie zu den Junghegelianern eine Bedeutung zu, die verlangt, sie zu einem zentralen Auswahlkriterium für die Untersuchung einer spezifischen Intellektuellengruppe zu machen: »Ein Auswahlkriterium ist, ob eine Intellektuellengruppe zu einem über ihre Zeit hinauswirkenden Bezugspunkt der Selbstreflexion der Intelligenz geworden ist oder sinnvollerweise gemacht werden kann.« (Eßbach 1988, 18) Die intellektuellensoziologische Wirkungsgeschichte untersucht, ob und wie die Intellektuellen bzw. die Intellektuellengruppe, ihre Werke, ihre Ideen oder ihre bestimmten Lebensformen eine spezifische Wirkung auf die weiteren wissenschaftlichen, ideen-, politik-, sozial- oder kulturgeschichtlichen Verläufe haben. Diese Analyse kann sowohl »synchron« als auch »diachron« verlaufen: Die *synchrone* Wirkungsforschung untersucht die Wirkungen in einer historischen Periode, also beispielsweise die kulturgeschichtliche Wirkung der Surrealisten auf das damalige künstlerische Feld der Zwischenkriegszeit. Die *diachrone* Wirkungsforschung untersucht die Wirkungen nicht zur Entstehungszeit der Intellektuellengruppe, sondern die Wir-

---

59 »›Wir sind nicht auf der Welt, um zu genießen‹, sagte in der Zeit des Frühliberalismus der deutsche Industrielle *Harkort*. Arbeiten – und nicht ›Genießen‹ – als der Sinn des Lebens: das ist die dynamische Welt- und Lebensanschauung, in welcher der Erwerbstätige und der Mensch der Intelligenz sich finden.« (Martin 1965, 130)

60 Zur »Anatomie der Konservativen Revolution« siehe Breuer (1995).

61 Zur Kritik an einer vereinfachenden Unterscheidung der Non-Konformisten als »weder-links-noch-rechts« Stehende siehe Keller (2001*b*, 7–45).

62 Diese Dimension ist ebenfalls angelehnt an die bereits explizite soziologiegeschichtliche Methodologie.

kungen über einen längeren Zeitraum hinweg; ein Beispiel sind die wissenschafts- und ideengeschichtlichen Wirkungen des *Collège de Sociologie* auf aktuelle Sozialtheorien (Baudrillard, Maffesoli, Foucault) oder Philosophien (Nancy, Lévinas, Derrida). Im Anschluss an die Darstellung und Untersuchung der synchronen und diachronen Wirkungen wird nach dem Beziehungsgeflecht zwischen den Intellektuellen und der Gesellschaft gefragt: Was bewegten die Intellektuellen in der Gesellschaft? Blieben ihre Interventionen ohne Gehör oder trugen sie zu einer Veränderung und Modifizierung gesellschaftlicher Wertvorstellungen und sozialer Lebensbedingungen bei? Unerlässlich ist in diesem Zusammenhang die Beschäftigung mit medialen Quellen wie Zeitschriften, Zeitungen oder die Befragung von Zeitzeugen.

Die letzte größere Untersuchungsdimension der hier vorgestellten intellektuellensoziologischen Methodologie ist die Diskursgeschichte.[63] Wie François Beilecke in seiner diskursanalytischen Untersuchung zur Intellektuellenassoziation der »Union pour la Verité« deutlich herausgearbeitet hat, müssen Intellektuelle wesentlich auch als »Diskursproduzenten« betrachtet werden (vgl. Beilecke 2003, 41). Der von mir für eine intellektuellensoziologische Methodologie verfolgte diskursgeschichtliche Ansatz, der ebenfalls bereits im vorangegangenen Abschnitt zur soziologiegeschichtlichen Methodologie Thema war, geht hauptsächlich auf die Arbeiten von Michel Foucault zurück und untersucht die »artikulatorischen Praktiken« (vgl. Moebius 2003*b*, 163ff), also die diskursiven Ausschlussmechanismen, die diskursiven und nicht-diskursiven Entstehungs- und Verwerfungspraktiken sowie die für die intellektuellen Diskursproduktionen und -verwerfungen relevanten Machtverhältnisse. Den unterschiedlichen Forschungsschwerpunkten und -interessen korreliert eine Vielzahl an unterschiedlichen diskursanalytischen Konzepten (vgl. Keller 2004*a*). In der vorliegenden Studie liegt der Schwerpunkt der diskursgeschichtlichen Untersuchung auf den Verwerfungen und Ausschlüssen des Collège aus dem wissenschaftlichen Diskurs in Deutschland.[64]

Die hier verfolgte, an die von Lothar Peter (2001*b*) ausgearbeitete soziologiegeschichtliche Methodologie angelehnte intellektuellensoziologische Methodologie steht mit ihren mehrdimensionalen Aspekten in einem gewissen Kontrast zu wissenssoziologischen und ideologiekritischen Ansätzen, die die unterschiedlichen intellektuellen Vereinigungen, Interaktionsprozesse, Diskurse und Kommunikationen sowie ihre Ideen allein auf ihre sozialstrukturelle oder allgemeine »Seinsverbundenheit« (Mannheim) zurückführen. Es müssen auch sozialstrukturelle Dimensionen oder so-

---

63 Zu den unterschiedlichen Ansätzen und Methoden der Diskursforschung siehe das »Handbuch Sozialwissenschaftliche Diskursanalyse Band 1: Theorien und Methoden«, herausgegeben von Reiner Keller et al. (2001), die Einführung in die Diskursforschung von Keller (2004*a*), den Band »Hermeneutische Wissenssoziologie als Diskursforschung? Potenziale der Wissenssoziologischen Diskursanalyse« (Keller et al. 2005) und meinen dort enthaltenen und an der postmarxistischen Diskurstheorie von Ernesto Laclau und Chantal Mouffe orientierten Beitrag »Diskurs – Ereignis – Subjekt. Zur Verschränkung von Diskurs- und Handlungstheorie im Ausgang einer poststrukturalistischen Sozialwissenschaft« (Moebius 2005*a*).

64 Andere diskursanalytische Interessen und Forschungsschwerpunkte könnten beispielsweise in der Rekonstruktion der einzelnen kommunikativen Handlungen der Intellektuellengruppen liegen (vgl. dazu Beilecke 2003, 41ff).

ziale Interessen zur Sprache kommen. Dennoch gilt es – im Sinne von Wolfgang Eß-
bachs Überlegungen zu einer Soziologie der Intellektuellen –, die Gruppen erst einmal als eigenständige soziale Tatsachen und als eigenständige Experimentierfelder
intellektueller Selbstentwürfe zu erfassen; das bedeutet auch, dass Intellektuellengruppen keine »kompakte Menge« darstellen, sondern als bewegliche, zugleich miteinander konvergierende oder divergierende Personen und Teil-Gruppen vielmehr soziologisch zu erfassen sind (Eßbach 1988, 15), – Bewegungen, wie man sie beispielsweise
bei »Contre-Attaque«, *Acéphale* oder auch am *Collège de Sociologie* findet. Die intellektuellen Gruppen »bilden die gesellschaftlichen Interessen nicht einfach ab, wie dies
die Ideologiekritik und Wissenssoziologie im Kern nahelegen, sondern sie bilden eine
soziale Situation, in der die gesellschaftlichen Widersprüche, die divergierenden sozialen Interessen in einer anderen Weise erscheinen und erscheinen müssen, weil die Versammlung von Intelligenz selbst eine soziale Tatsache ist.« (Eßbach 1988, 17) Kann es
aber sein, dass besonders krisenhafte, politisch und gesellschaftlich instabile Verhältnisse die Bildung von Intellektuellengruppen begünstigen? Ist dies auch der Fall beim
Collège de Sociologie? Wie sah der realhistorische und politische Kontext zur Zeit des
Collège aus?

1.6 Der historische Kontext

»L'esprit abhorre les groupements«, bemerkt Paul Valéry.[65] Nach Alfred von Martin
sind die Bildungen kleiner Gruppen und Zirkel das Äußerste, zu dem Intellektuelle
im Normalfall organisatorisch imstande sind; denn der Intellektuelle fühle sich keiner
Gruppe völlig zugehörig (vgl. Martin 1965, 188ff): »Der Intellektuelle braucht Distanz, um grundsätzliche Kritik üben zu können.« Wie von Martin in seinem die Intellektuellensoziologie wesentlich vorantreibenden Beitrag »Die Intellektuellen als gesellschaftlicher Faktor« schreibt, komme es »zwischen Menschen aus verschiedenen
intellektuellen Lagern unter normalen ruhigen Verhältnissen selten zu mehr als ganz
freien Formen loser Treffen zu Begegnung und Meinungsaustausch.« (Martin 1965,
205) In unruhigen und krisenhaften Zeiten des Umbruchs, in Phasen beschleunigten
sozialen Wandels, in so genannten oder wahrgenommenen »Kulturkrisen« und Zeiten
gesellschaftlicher Anomie sieht die Lage allerdings ganz anders aus. So gab es elementare, krisenhafte, soziale und politisch folgenreiche Konstellationen wie beispielsweise
die Dreyfus-Affäre oder den aufkommenden Faschismus, bei denen die Intellektuellen sich stärker zu Gruppen zusammenschlossen. Es kann darum von Martin zufolge
unter »sehr kritischen Umständen« geschehen, dass sich Intellektuelle unterschiedlichster Art zusammenfinden (vgl. Martin 1965, 203). In der Tat kann man in der kri-
sengeschüttelten Zwischenkriegszeit in Frankreich eine Vielzahl von intellektuellen
Gruppierungen ausfindig machen. In der vorliegenden Studie sind insbesondere die
surrealistische Bewegung, Intellektuelle aus personalistischen Gruppierungen und
eben das *Collège de Sociologie* sowie die seiner Institutionalisierung vorangegangenen

---

65   Vgl. Martin (1965, 205).

Gruppierungen (»Contre-Attaque«, *Acéphale*) in ihren Verschränkungen untereinander von besonderem Interesse. Wie sah jedoch die krisenhafte realhistorische Situation Frankreichs in der Zwischenkriegszeit aus?

In einem Gespräch mit Earle Edward Eubank im Sommer 1934 berichtet Marcel Mauss von der beschwerlichen Situation, in der sich die *école sociologique* zu Beginn der Zwischenkriegszeit befand: »Nach dem Krieg hatten wir die schwierige Aufgabe, die Fäden wieder aufzunehmen, so viele waren gestorben. Durkheim war tot, die ›L'Année Sociologique‹ unterbrochen, viele unserer Studenten lagen tot in den Schützengräben. Wir mußten völlig von vorne anfangen […].« (Mauss in Kaesler 1985, 153) Aber nicht nur der Tod Durkheims oder die vielen gefallenen Studenten erschwerten eine Wiederaufnahme der soziologischen Forschung in der Zwischenkriegszeit. Hinzu kam, dass weder der Kampf um die akademische Anerkennung der Soziologie beendet noch ihre institutionelle Absicherung im wissenschaftlichen Felde vollständig vollzogen waren.

Die von Mauss beschriebene Herausforderung eines Neubeginns ging einher mit dem Aufkommen neuer gesellschaftlicher, wirtschaftlicher und politischer Problemlagen. Man war nun konfrontiert mit einer krisenreichen Republik, einer zunehmenden sozialen Anomie, Individualisierung und sozialen Atomisierung sowie dem Problem eines erneut bevorstehenden Krieges. Ein kurzer Überblick über die Geschichte Frankreichs in der Zwischenkriegszeit verdeutlicht die instabilen gesellschaftlichen und politischen Verhältnisse dieser Epoche:

War Frankreich zwar als einer der Sieger aus dem Ersten Weltkrieg hervorgegangen und schien zunächst außenpolitisch gestärkt, so hatte es innenpolitisch sowohl mit den Prozessen des sozialen Wandels als auch mit den wirtschaftlichen Folgen des Krieges zu kämpfen.[66] Zehn Prozent der französischen Bevölkerung hatten den Krieg nicht überlebt. Die Geburtenrate war gefallen und die Überalterung der Gesellschaft nahm zu.[67] Während sich die Arbeiterbewegung radikalisierte und 1919 mit Massenstreiks den gesetzlichen Acht-Stunden-Tag erzwang (vgl. Abendroth 1969, 93), wuchs im bürgerlichen und konservativen Lager die Angst vor einer proletarischen Revolution; die politische Mitte und die Rechten rückten durch ihren gemeinsamen Antibolschewismus zusammen und gründeten den »Bloc national«. »Ein antideutsch bestimmter Nationalismus wurde zum wichtigsten Integrationsmittel einer Gesellschaft, deren innere Friktionen durch die Kriegserfahrung eher verstärkt als eingeebnet worden waren.« (Loth 1992, 34) In dem Glauben, dass Deutschland für die Kosten des Krieges aufkommen würde, nahm man neue Anleihen auf, so dass zu Beginn der zwanziger Jahre die Staatsverschuldung rapide anstieg. Die Politik des 1919 gewählten »Bloc national« führte mit der Besetzung des Ruhrgebiets am 11. Januar 1923 schließlich in eine Sackgasse. »Die in den pazifistischen und intellektuellen Milieus ab 1922 zahlreicher und mutiger entwickelten Aktivitäten für die Klärung und Neuord-

---

66   Vgl. auch Wilfried Loth (1992), Stefan Martens (1994) und Wolfgang Schmale (2000) sowie Christadler und Uterwedde (1999), auf deren Darstellungen zur Geschichte Frankreichs ich mich im Folgenden stütze.

67   Siehe hierzu die demographischen Basisdaten in Grüner und Wirsching (2003, 27ff).

nung der Beziehungen zu Deutschland wurden durch die von Poincaré entschiedene Ruhrbesetzung durch französische und belgische Truppen seit Anfang 1923 für fast zwei Jahre zurückgeworfen.« (Bock 1999, 17) Dem »Bloc national« gelang es jedoch nicht, auf längere Zeit »eine Führungsstruktur zu entwickeln, die den Bedingungen einer Massendemokratie entsprach.« (Loth 1992, 40)

Als 1924 das »Cartel des gauches« die Parlamentswahlen gewann, änderte sich der politische Kurs. Das Linkskartell wurde von einer Welle öffentlicher Zustimmung getragen und von manchen Zeitgenossen gar in die Geschichte des »idéal républicain« eingeordnet (vgl. Kittel 2000, 465). Breite Teile der Gesellschaft begeisterten sich für pazifistische Ideale und setzten ihre Hoffnung auf eine zunehmende Pazifizierung der internationalen Beziehungen wie sie beispielsweise auch gegen Ende des noch zu besprechenden Essays über die Gabe von Mauss aus dem Jahre 1925 zum Ausdruck kommt. Viele setzten ihre Hoffnungen auf einen »Erfolg gemeinsamer Wiederaufbauanstrengungen von Deutschen und Franzosen anstelle der offensichtlich ruinösen Konkurrenz.« (Loth 1992, 42)[68]

Die Beendigung der Ruhrkrise eröffnete für Frankreich wieder neue wirtschaftliche und politische Perspektiven. Durch die Verträge von Locarno wurde 1925 schließlich die politische und soziale Situation entspannter. Es war jedoch der neuen Regierung aufgrund des Widerstands der Wirtschaft nicht möglich, grundlegende Auswege aus der Finanzkrise zu finden, so dass 1926 eine von Poincaré gebildete Regierung der »Union nationale« die Macht übernahm. In den Folgejahren gelang es ihm mit Hilfe der Kapitalbesitzer, durch die Prosperität des Weltmarkts und aufgrund von Steuererhöhungen, die wirtschaftlichen Probleme in den Griff zu bekommen, den Haushalt zu sanieren und den Kursverfall des Franc zu stoppen. Infolge des Wiederaufbaus kam es zu einem deutlichen Modernisierungsschub (vgl. Loth 1992, 50). Aufgrund einer zunehmenden »Verstädterung« verstärkte sich der Prozess der »sozialen Individualisierung« (Halbwachs 1970, 117).[69] Mit dem Börsenkrach von 1929 änderte sich allerdings die soziale, politische und wirtschaftliche Lage schlagartig. Die Dritte Republik wurde durch Streiks und Unruhen in eine tiefe innenpolitische Krise gestürzt.[70]

War die parlamentarische Demokratie bereits in den zwanziger Jahren geschwächt, so wurde sie in den dreißiger Jahren noch instabiler.[71] Nachdem Frankreich 1931 die Folgen der Weltwirtschaftskrise von 1929 vehement zu spüren bekam, wechselten und scheiterten von 1932 bis 1934 fünf verschiedene Kabinette. Dadurch breitete sich eine tiefe Skepsis gegenüber der parlamentarischen Demokratie aus, die man sowohl in linken Gruppierungen als auch in den noch bestehenden (Maurras' »Action française«) oder neuen rechten Bewegungen wie zum Beispiel den »Croix-de-Feu«

---

68 Zu den deutsch-französischen Kulturbeziehungen seit Locarno vgl. Manfred Bock et al. (1993*a*; 1993*b*).

69 Zur Bevölkerungsverteilung Stadt – Land seit 1911 vgl. die statistischen Daten bei Grüner und Wirsching (2003, 41f).

70 Zur immens gewachsenen Anzahl der Streiks in der Zwischenkriegszeit vgl. die empirischen Daten in Grüner und Wirsching (2003, 128ff).

71 Vgl. zur Krise der dreißiger Jahre Borne und Dubief (1989).

vorfand.[72] Als gegen Ende 1933 ein Finanzskandal um den Unternehmer Alexandre Stavisky ans Licht kam, in den radikalsozialistische Führer verwickelt waren, entlud sich die bereits angespannte Stimmung in großen Demonstrationen.

Nachdem im Februar 1934 ein Generalstreik der Linken einen rechten Putschversuch verhindert hatte, demonstrierte am 14. Juli 1935 anlässlich des Nationalfeiertags eine »Front Populaire« von Kommunisten, Sozialisten und Liberalen gegen die immer mehr anwachsenden rechtsextremen Gruppierungen. Der Nationalfeiertag wurde damit zur Geburtsstunde der »Volksfront«. Im April/Mai 1936 gewann schließlich die Volksfront unter der Führung des Sozialisten Léon Blum die Wahlen und bildete nun die Regierung. Die sich als radikal-revolutionäre Gruppierung verstehende Bewegung »Contre-Attaque«, die im Zusammenhang mit dem Institutionalisierungsprozess des Collège noch eigens betrachtet wird, distanzierte sich jedoch von der »Volksfront«, da sie sowohl in der Politik Léon Blums als auch der Arbeiterparteien eine Verteidigung der bürgerlichen Demokratie sah; die »Front Populaire« habe ihrer Ansicht nach weder die Gelegenheit zur Revolution (wie zum Beispiel bei den Fabrikbesetzungen Mitte 1936) genutzt noch eine anti-nationalistische Politik betrieben, hieß es bei »Contre-Attaque«. Im Sommer 1940 schrieb Marc Bloch rückblickend über die Volksfront: »Die Volksfront, die wahre Volksfront, nämlich die der Massen, nicht die der Politiker, ließ noch einmal etwas aufleben von der Atmosphäre des Marsfeldes an jenem gloriosen 14. Juli 1790. Unglücklicherweise hatten die Männer, deren Vorfahren am Altar des Vaterlandes schworen, den Kontakt zu diesen tiefen Quellen verloren. Es ist kein Zufall, daß es unserem ach so demokratischen Regime nie gelungen ist, Feste zu veranstalten, in denen sich tatsächlich die gesamte Nation hätte wieder erkennen können.« (Bloch 1992: 222)

Durch die im Juni abgeschlossenen Verträge von Matignon, die insbesondere von der Gewerkschaft CGT (Confédération générale du travail) durchgesetzt wurden, bekamen die Arbeitnehmer neue Rechte und durften nun Beriebsratswahlen durchführen, hatten Streikrecht, erlangten eine Anhebung der Löhne und bezahlten Urlaub. Durch den Widerstand der Wirtschaft und die internationale Entwicklung wie den Spanischen Bürgerkrieg gelang es Blum jedoch nicht, sein Reformprogramm vollständig zu verwirklichen; die unterschiedlichen Meinungen über die ausgebliebenen Hilfeleistungen für die republikanische Regierung in Spanien teilten die Volksfront in ihrem Inneren. Im Juni 1937 trat Blum zurück. Daraufhin bildete 1938 Édouard Daladier mit der »Parti radical« eine neue Regierung. Die Annektion Österreichs galt als ein Indiz für einen neuen Krieg, auf den Frankreich weder militärisch noch psychologisch vorbereitet war (vgl. Bloch 1992).

Daladier ließ nun auf Kosten der neuen sozialen Errungenschaften aufrüsten. Er setzte sogar im August 1938 Soldaten ein, um die Docker in Marseille zu Überstun-

---

72　Gemeint ist der 1927 gegründete und später von dem Neobonapartisten Oberst François de la Rocque (1885–1946) geführte, rechtsextreme Feuerkreuzler-Orden. Croix-de-Feu wurde von Industriellen wie de Wendel und von Regierungskreisen (Coty, Laval, Tardieu) unterstützt, seine vage Doktrin richtete sich vor allem gegen Pazifisten und Kommunisten. Zur Rechten um Maurras vgl. auch Winock (2003, 410ff).

den zu zwingen und kündigte die Vierzigstundenwoche auf. Durch die Rolle der Regierung beim Münchener Abkommen vom 29./30. September 1938 spaltete sich Frankreich: Während Teile der Rechten und einige pazifistische Gruppierungen das Abkommen begrüßten, die »Action française« sich plötzlich pazifistisch gab (vgl. Winock 2003, 410), sahen viele Anhänger der Sozialisten, Kommunisten und der non-konformistischen antibürgerlichen Gruppierungen darin einen Verrat an der Tschechoslowakei und bewerteten die Zustimmung Daladiers als einen Akt der moralischen Schwäche.[73] Nachdem die deutschen Truppen im März 1939 den Rest der Tschechoslowakei besetzten, stellte sich die Mehrheit der Bevölkerung hinter Daladier, der im gleichen Monat gemeinsam mit Chamberlain eine Garantieerklärung für Polen unterzeichnete. Im Gegensatz zur Mehrheit fragten sich jedoch einige Intellektuelle, Militärs und Politiker: »Sterben für Danzig?«, wie beispielsweise Marcel Déat am 4. Mai 1939 in »L'Œuvre« (vgl. Winock 2003, 422).

Ein Jahr später hatte sich die Stimmung der französischen Bevölkerung infolge des im September 1939 ausgebrochenen Krieges geändert, Daladier verlor das Vertrauen und die Rufe nach Friedensverhandlungen wurden immer lauter. Nach einem Misstrauensvotum gegen Daladier löste Paul Reynaud im März 1940 den Regierungschef ab. Als Philippe Pétain im Juli 1940 den Auftrag für die Erarbeitung einer neuen Verfassung erhielt, war dies das Ende der 70 Jahre existierenden Dritten Republik und der Beginn der Kollaboration mit Deutschland. »Um Pétain herum versammelten sich Männer der extremen Rechten sowie politisch Gemäßigte, die zu dem neuen Chef übergelaufen waren, ferner einige linke Alibifiguren. Sie alle wollten der in ihren Augen für die Niederlage verantwortlichen Demokratie ein Ende bereiten. Die Demokratie war im übrigen in der Öffentlichkeit weitgehend in Verruf geraten.« (Estèbe 1999, 63). Marshall Pétain hatte nun die Möglichkeit, die von ihm seit lange vertretenen Prinzipien von »Travail, Famille et Patrie« durchzusetzen und die von den konservativen Kräften ersehnte moralische und politische Erneuerung zu forcieren (vgl. Loth 1992, 112).

Bereits nach wenigen Tagen erließ das Vichy-Regime antisemitische Verordnungen, die Juden von jeglichen Leitungsfunktionen ausschlossen. Damit verwirklichte Pétain antisemitische Forderungen, die sich bereits in den dreißiger Jahren in Frankreich immer mehr ausgebreitet hatten. André Gide beschrieb in seinem Tagebuch die

---

73 Vgl. zum Beispiel die »Déclaration du Collège de Sociologie sur la crise internationale« (Hollier 1995*a*, 358–363) vom 1. November« 1938 in der »Nouvelle Revue Française (NRF)« (n$^{\circ}$ 302). Siehe darin auch die Beiträge von Julien Benda, Armand Petitjean, Marcel Arland, Denis de Rougemont, Jean Schlumberger, Marcel Lecomte, Jacques Audiberti und Henry de Montherlant (vgl. Hollier 1995*a*, 356). Vgl. auch zu den Reaktionen der nonkonformistischen Gruppierung wie etwa den Personalisten Thomas Keller (2001*b*) und Michel Winock (2003, 436). Zu den Non-Konformisten vgl. allgemein das Standardwerk von Jean-Louis Loubet del Bayle (1987) »Les non-conformistes des années 30. Une tentative de renouvellement de la pensée politique française«. Zur »Nouvelle Revue Française (NRF)« nach dem Ersten Weltkrieg vgl. Michael Einfalt (2000); Zur NRF als zentrales Forum der Intellektuellendebatten seit den zwanziger Jahren vgl. Andreas Gipper (1992, 68–78). Nach Régis Debray (1981, 73) verlor angesichts der NRF sogar die Sorbonne an Autorität.

Zeit der krisenreichen Republik, die politische Instabilität und den Ausbruch des Krieges folgendermaßen: »Der Schock des Krieges hat nichts anderes getan, als den Zusammenbruch eines Staates beschleunigt, der schon in der Auflösung begriffen war. Es war der plötzliche und vollständige Einsturz eines wurmstichigen Gebäudes. Was bleibt Frankreich nach der Katastrophe?« (Gide in Winock 2003, 430) Im Sommer 1940 untersuchte Marc Bloch in »L`étrange défaite« die Niederlage Frankreichs. Warum hatte Frankreich dem Feind keinen entschiedeneren Widerstand entgegengesetzt? Die Schuld an der Niederlage sei in hohem Maße auf die intellektuelle und politische Inkompetenz sowie den Defätismus des führenden Militärs zurückzuführen. Zudem sahen die französischen Offiziere den Feind mehr auf der Linken als auf der Rechten. »Es sind viele verschiedene Irrtümer, die in ihrem Zusammenhang unsere Armeen in die Katastrophe geführt haben. Sie alle gehen aber letzten Endes auf einen großen Mangel zurück: Unsere Chefs bzw. diejenigen, die in ihrem Namen handelten, waren unfähig, den Krieg zu denken. Mit anderen Worten, der Triumph der Deutschen war im wesentlichen ein intellektueller Sieg, und das ist vielleicht das Gravierendste an ihm gewesen.« (Bloch 1992, 81) Mit dieser Ansicht setzte sich Bloch von anderen Schuldzuweisungen, die die Niederlage auf die Dekadenz der Dritten Republik, auf die Disziplinlosigkeit und den Alkoholismus der Truppe oder auf die Intellektuellen und die Volksfront zurückführten, ab (vgl. Raulff 1992, 9). Mitverantwortlich für die Niederlage waren Bloch zufolge auch die Gewerkschaften, die Schwäche des politischen Regimes und das über seinen Niedergang verbitterte französische Bürgertum, das den Feind eher im Inneren sah und sich gegen ihn mit dem äußeren Feind verbündete (vgl. Bloch 1992, 218):

> »Der Bürger, der gezwungen war, sich Tag für Tag härter abzuplagen, meinte feststellen zu müssen, daß andererseits die Volksmassen, deren Arbeit doch die eigentliche Quelle seiner Einkünfte darstellte, weniger arbeiteten als in der Vergangenheit – was richtig war – und sogar weniger als er selbst, was freilich nicht richtig war und auf jeden Fall die unterschiedlichen Grade menschlicher Ermüdung nur unzureichend berücksichtigte. Er empörte sich darüber, daß der einfache Arbeiter die Muße fand, ins Kino zu gehen, genau wie sein Chef! Die Einstellung der arbeitenden Klassen, die sich aufgrund der langen Unsicherheit ihrer Existenz an ein Leben ohne große Sorgen um den nächsten Tag gewöhnt hatten, mußte seinen angeborenen Hang zur Sparsamkeit verletzen.« (Bloch 1992, 220)

Wie der knappe Abriss zeigt, waren die gesellschaftlichen und politischen Verhältnisse in der Zwischenkriegszeit von den vielfachen Regierungswechseln, wirtschaftlichen Krisen, politischen Spaltungen (Rechte, Linke, Non-Konformisten) und von einem tiefen Misstrauen gegenüber dem parlamentarischen System geprägt. Auch die Mitglieder des *Collège de Sociologie* reagierten auf diese krisenhafte Situation. Wie die Collègiens auf diese politischen und gesellschaftlichen Probleme ihrer Zeit zu antworten versuchten, welche eigenständigen Konzepte sie zu ihrer Lösung erarbeiteten und auf welche Theorien, Methoden oder Diskurse sie dabei zurückgriffen, dies soll nun in der Untersuchung der »kognitiven Dimensionen« analysiert werden.

2 Kognitive Dimensionen

»Den meisten Menschen ist nicht bewußt, daß die [...] Theorien einer bestimmten Zeit nicht zufällige Entdeckungen einzelner Individuen, sondern das Ergebnis eines kollektiven Experiments sind.« (Mannheim 1958, 243)

Die Analysen der »kognitiven Dimensionen« umfassen in der vorliegenden Studie sowohl den wissenschaftsgeschichtlichen Kontext zur Zeit des Collège als auch die theoretischen und paradigmatischen Einflüsse auf die Forschungsthemen des Collège. Die Darstellung des wissenschaftsgeschichtlichen Kontextes des *Collège de Sociologie* gründet ihr Erkenntnisinteresse nicht vornehmlich darauf, eine rückblickende Fortschrittsgeschichte zu schreiben, sondern analysiert zunächst, wie sich erkenntnistheoretische Begriffe und Einstellungen konstituierten und im Diskursfeld der dreißiger Jahre situierten. Erst in einem zweiten Schritt kann dann dargestellt werden, welche Ideen verworfen, weitergedacht oder überschritten wurden. Wenn nun im Folgenden der wissenschaftshistorische Kontext, in dem das Collège und seine Mitglieder situiert werden können, beschrieben wird, bedeutet dies folglich nicht, dass diejenigen Ideen und Personen, die eine zentrale Rolle in diesem Kontext spielen, als genuine oder bloße Vorläufer des Collège – die sozusagen schon die Entwicklung, die Ideen oder die Emanation des Collège implizierten – angesehen werden können. Denn wie Alexandre Koyré schreibt:

»Der Begriff des Vorläufers ist ein sehr gefährlicher Begriff für den Historiker. Zwar haben die Ideen eine quasi autonome Entwicklung, d. h. wenn sie in einem Geist entstanden sind, gelangen sie in einem anderen Geist zur Reife und tragen dort ihre Früchte. Darum ist es auch möglich, die Geschichte der Probleme und ihrer Lösungen zu schreiben. Es ist gleichfalls wahr, daß die nachfolgenden Generationen sich für ihre Vorgänger nur soweit interessieren, als sie in ihnen ihre Ahnen oder ihre Vorläufer sehen. Andererseits ist es offensichtlich – oder sollte es zumindest sein –, daß sich niemand jemals als Vorläufer eines anderen betrachtet hat oder betrachten konnte. Sieht man ihn als solchen an, so verbaut man sich am ehesten die Möglichkeit, ihn zu verstehen.« (Koyré 1961, 79)[1]

In diesem Sinne ist Koyré selbst nicht ein reiner Vorgänger des Collège, wenngleich er doch dem wissenschaftshistorischen Kontext zur Zeit der Entstehung und der dem Collège vorangegangenen ideengeschichtlichen Entwicklungen zuzurechnen ist. Die Lehrveranstaltungen von Koyré gehören zu einem Teil oder einem Bruchstück des wissenschaftsgeschichtlichen Kontexts des Collèges, deren dokumentarischer *Sinn*

---

1   Die Übersetzung wurde aus Canguilhem (1979, 35) entnommen.

(Mannheim) darin liegt, dass in diesem einzelnen Element Charakteristika des gesamten Kontexts und seiner Weltanschauung enthalten sind.

Wenn nun im Folgenden dieser Kontext beschrieben wird, soll ausgehend davon gezeigt werden, wie Wissenschaft sich auch über Brüche, Erkenntnishindernisse, Verschiebungen oder schöpferische Tätigkeiten konstituiert.

Zunächst werden die metadisziplinären Paradigmen, Theorien und Diskurse innerhalb des Zeitablaufs, während dessen sich das Collège institutionalisierte, dargestellt. Anstatt jedoch eine absolut lückenlose Gesamtdarstellung der Wissenschaftsgeschichte dieser Zeit anzustreben, wird zunächst bescheidener vorgegangen; das heißt, es kommen hierbei insbesondere nur diejenigen wissenschaftsgeschichtlichen Kontexte zur Sprache, die im Umkreis des Collège anzusiedeln oder vom Collège selbst auf irgendeine Weise aufgenommen worden sind. Ausgehend davon folgen disziplingeschichtliche Untersuchungen der Institutionalisierungsprozesse der französischen Soziologie und eine Beschreibung der soziologischen Reflexionen der Gesellschaft zur Zeit des *Collège de Sociologie*. Im Anschluss an die disziplingeschichtliche Darstellung wird dann die Frage im Mittelpunkt stehen, wie das *Collège de Sociologie* auf die historischen, gesellschaftlichen und politischen Realprobleme seiner Zeit *geantwortet* und diese soziologisch verarbeitet hat. Welche Wahrnehmungs- und Vorstellungsschemata über die reale Situation herrschten bei den Collège-Mitgliedern und wie kann das Collège aus disziplingeschichtlicher Perspektive im soziologischen Diskurs in Frankreich verortet werden?

2.1 Der wissenschaftsgeschichtliche Kontext zur Zeit des Collège de Sociologie

2.1.1 Paradigmen, Theorien und Diskurse zur Zeit des *Collège de Sociologie*

Der wissenschaftsgeschichtliche Kontext der dreißiger Jahre war – insbesondere in den Geisteswissenschaften – geprägt durch die »Wiederentdeckung« Georg Wilhelm Friedrich Hegels und durch die allmählich aufkommenden Übersetzungen und Besprechungen Edmund Husserls und Martin Heideggers – kurz: Es war die Ära der so genannten »drei H«. Es begann eine Zeit der Rehabilitierung der Philosophie Hegels gegenüber dem um die Jahrhundertwende einflussreichen und beispielsweise von Léon Brunschvicg, Jules Lachelier oder Charles Renouvier vertretenen Neokantianismus (vgl. auch Descombes 1981, 11), gegen den schon Henri Bergson mit seinem Theorem der *durée* angeschrieben hatte.[2]

---

2 Nach Vincent Descombes außerordentlich informativer und anregender Studie »Das Selbe und das Andere«, auf die mich freundlicherweise Hans-Dieter Gondek aufmerksam gemacht hat, folgten in den Hauptströmungen der französischen Geisteswissenschaften den »drei Hs« als Bezugspunkte um 1960 die drei »Meister des Zweifels«: Marx, Nietzsche, Freud, in der

Mitte des 19. Jahrhunderts hatte Victor Cousin (1792 – 1867) versucht, den Hegelianismus in Frankreich einzuführen[3]; darüber hinaus war Hegel seit 1855 durch die Übersetzungen von Augusto Véra (1813 – 1885) dem französischen Publikum bekannt. Hegels Philosophie spielte jedoch in den wissenschaftlichen und Intellektuellendiskursen in Frankreich – trotz des Einflusses deutscher Musik, deutscher Philosophie (Kant) und deutscher Dichtung (vgl. dazu Lepenies 1989a, 82) – zunächst keine große Rolle. Eine radikale Wendung und Wirkung erfuhr der Hegelianismus und insbesondere der frühe Hegel in Frankreich erst nach dem Ersten Weltkrieg durch die Hegelinterpretationen von Jean Wahl, Alexandre Koyré, Eric Weil und Alexandre Kojève. In seiner Studie zur Philosophie in Frankreich führt Vincent Descombes die seit den dreißiger Jahren eintretende und zunehmende Beschäftigung mit Hegel auf zwei Gründe zurück (vgl. Descombes 1981, 17): Einerseits das durch die Revolution in Russland »wiedererwachte Interesse für Marx« und andererseits die berühmten Hegel-Vorlesungen von Alexandre Kojève, auf die noch zurückzukommen sein wird.

Einen Beginn der zunehmenden Hegelrezeption stellen die Vorlesungen von Koyré dar. Als Alexandre Koyré (1892 – 1964) zwischen 1926 und 1927 in einem seiner Seminare die spekulative Mystik in Deutschland behandelte, sprach er zum ersten Mal über Hegel, später über Husserl und Heidegger. Zu den Seminaren kamen Alexandre Kojève, Henry Corbin, Raymond Queneau und auch Georges Bataille.[4] Koyré wurde 1892 im russischen Taganrog geboren und war seit 1908 Schüler von Hilbert und von Husserl an der Universität Göttingen (vgl. Roudinesco 1999, 144). 1911 ging er nach Paris, wo er Vorlesungen von Bergson und Brunschvicg folgte. Unter der Leitung des Spezialisten für mittelalterliche Theologie, François Picavet, der in ihm das Interesse an der Geschichte religiöser Philosophie geweckt hatte, schrieb Koyré 1914 die Arbeit »L'Idee de Dieu dans la philosophie de saint Anselme«. Nachdem er im Ersten Weltkrieg an der russischen Front gekämpft hatte, nahm er zwar an der Februarrevolution von 1917 teil, verweigerte sich aber – weil er Lenins Ziele ablehnte – der Oktoberrevolution. Koyré emigrierte 1919 schließlich nach Frankreich und folgte seit 1921 den Studien der mittelalterlichen Philosophie von Étienne Gilson an der École pratique des hautes études. Er erlangte mit der Studie »L'Idee de Dieu et les preuves

---

Hoffnung, Hegel zu entkommen, vgl. Descombes (1981, 11ff). Hier sei angemerkt, dass genaue jene »drei Meister« auch vor der Zeit des Collège und am Collège selbst behandelt werden, wie zum Beispiel die Nietzsche-Rezeption von »Acéphale« beweist, was freilich nicht bedeutet, dass sie jene »Breitenwirkung« hatten wie nach 1960.

3   Cousin gilt als Gründer des modernen philosophischen Eklektizismus, wobei er unterschiedliche Aspekte des Idealismus, Spiritualismus, Mystizismus und Skeptizismus verband und Empirismus, Sensualismus und Materialismus bekämpfte. Cousin beeinflusste u. a. Jouffroy, Garnier, Bouillier, Tissot und Ravaisson-Mollieu. Victor Cousin hatte Hegel geschrieben, »er möge ihm doch die Wahrheit enthüllen; seinem eigenen, dem französischen Volk werde er dann nur soviel davon mitteilen, wie es begreifen könne.« (Lepenies 1989a, 96)

4   Vgl. zur Einführung und Biographie von Koyré folgende Werke, die dieser kurzen, hier dargelegten biographischen Skizze sowie den weiteren Ausführungen zur Wissenschaftsgeschichte in diesem Kapitel u. a. zugrunde lagen: Jorland (1981), Julliard und Winock (1996), insbesondere Roudinesco (1999) und Waldenfels (1987), Eribon (1999) und Descombes (1981).

de son existence chez Descartes« sein Diplom, woraufhin er nach Picavets Tod 1921 als Lehrbeauftragter an der V. Sektion der École pratique des hautes études arbeitete. Seine thèse de doctorat, die er 1929 vorlegte, handelte von der Philosophie Jakob Böhmes. Im selben Jahr erschien »La philosophie et le problème national en Russie«. 1932 war Koyré Studienleiter der V. Sektion und Lehrstuhlinhaber für die Geschichte der religiösen Ideen im modernen Europa.[5]

Ausgehend von einer Geschichte der religiösen Philosophien untersuchte Koyré in den folgenden Jahren die Geschichte der Wissenschaften. Ihm ging es dabei weder darum, eine interne Geschichte der Wissenschaften zu schreiben noch darzustellen, dass menschliche Erkenntnis auf fortschreitenden Bewegungen beruht. Anstatt Abstammungs- oder Fortschrittslinien und Chronologien zu erstellen, versuchte Koyré vielmehr die mentalen und religiösen Konzeptionen und begrifflichen Strukturen einer Epoche in ihrer Gesamtheit und mit ihren epistemologischen Brüchen zu erfassen. So zeigte er beispielsweise in seinem Werk »Etudes galiléennes«, das er seit 1935 zu schreiben begonnen hatte, wie wissenschaftliche Erneuerungen durch widerstreitende Konzepte vorangetrieben wurden (vgl. Roudinesco 1999, 146). Seine Studien erinnern dabei nicht nur in gewisser Weise an Untersuchungen zur »Konkurrenz auf dem Gebiete des Geistigen« (Mannheim), sondern auch an wissenssoziologische Beiträge des Max Scheler-Schülers Paul Ludwig Landsberg, der sich seit Beginn der zwanziger Jahre ebenfalls mit widerstreitenden Denkrichtungen des Mittelalters (zum Beispiel mit dem Universalienstreit) befasste (vgl. auch Landsberg 1923a), sich jedoch nicht in dem Maße wie Koyré mit dem naturwissenschaftlichen Denken auseinander setzte.[6] Diejenigen Ideen, die mit der Vorstellung des mittelalterlichen Kosmos brachen, nahmen ihren Ausgang von einem Streit zwischen Platonismus und Aristotelismus. Während die Platoniker sowie die Archimediker, zu denen Galilei gezählt werden kann, der Mathematik einen Vorrang zur Erklärung der Entstehung des Universums zusprachen, hatte für die Aristoteliker die Physik diese Rolle (vgl. Mason 1997, 178ff). Vertraten die aristotelisch orientierten Scholastiker des Mittelalters die Ansicht, der Kosmos sei hierarchisch geordnet, behauptete die an der Mathematik orientierte galileische Wissenschaft den unendlichen Charakter des Universums und erforschte die verschiedenen Sonnen- und Sternensysteme (vgl. auch Mason 1997, 193). Dadurch entstand eine Differenz zu traditionellen Gottesbeweisen, was – worauf Roudinesco hinweist (vgl. Roudinesco 1999, 146) – im Endeffekt dazu führte, dass der

---

5   Zur Bedeutung der Hegelinterpretation Koyrés für den Begriff der *différance* im Denken von Jacques Derrida vgl. Derrida (1999, 43). Derrida verweist dort auf den Text »Hegel in Jena«, den Koyré 1934 in der Zeitschrift »Revue d'histoire et de philosophie religieuse« publiziert hatte.

6   Auf Landsbergs Werke und dabei insbesondere diejenigen zur »Soziologie der Erkenntnis« wird im Abschnitt zu Paul Ludwig Landsberg gesondert und tiefer gehend eingegangen. Der Konkurrenz auf dem Gebiete des Geistigen oder den Widerstreit wissenschaftlicher Diskurse in Bezug auf das *Collège de Sociologie* wird sich das Kapitel zur diskursgeschichtlichen Dimension widmen.

Mensch von nun an Gott in sich selber suchte und sich selbst vergöttlichte.[7] Koyré zeigte anhand des Übergangs von einer »geschlossenen Welt«, in der die Ordnung des Kosmos herrschte, zu einer Welt mit einem unendlichen Raum zwei wichtige wissenschaftliche »Revolutionen« auf: Einerseits die Zerstörung des Kosmos und andererseits die Geometrisierung des Raumes, Aristoteles gegen Euklid.

Georges Canguilhem beschreibt Alexandre Koyrés Konzeption der Wissenschaftsgeschichte in einem Vergleich mit der von Gaston Bachelard folgendermaßen:

»Um dem Unterschied in der Einschätzung der epistemologischen Brüche jeden Zufall oder Subjektivität zu nehmen, sei darauf hingewiesen, daß Koyré und Bachelard sich im großen und ganzen für Perioden in der Geschichte der exakten Wissenschaften interessiert haben, die gerade aufeinander folgten und für die mathematische Behandlung physikalischer Probleme sehr unterschiedlich ausgerüstet waren. Koyré beginnt bei Kopernikus und hört bei Newton auf, wo Bachelard beginnt. Koyrés epistemologische Interpretation der Geschichte könnte darum Bachelards Meinung bestätigen, daß eine Geschichte der kontinuierlichen Wissenschaften eine Geschichte der jungen Wissenschaften ist. Die epistemologischen Thesen des Historikers Koyré besagen zunächst, daß die Wissenschaft Theorie ist und die Theorie in erster Linie Mathematisierung – Galilei zum Beispiel ist eher Archimediker als Platoniker. Sodann besagt sie, daß es auf dem Weg zur wissenschaftlichen Wahrheit nicht ohne Irrtümer abgeht. Die Geschichte einer Theorie ist die Geschichte der Unschlüssigkeiten des Theoretikers. ›Kopernikus […] ist kein Kopernikaner.‹ […] Die Geschichte der Wissenschaften ist keine rückwärtsgewandte Geschichte der Fortschritte, nicht die Darstellung überholter Etappen, deren Fluchtpunkt die heutige Wahrheit wäre. Vielmehr möchte sie untersuchen und verständlich machen, inwieweit heute überholte Begriffe, Einstellungen und Methoden zu ihrer Zeit selbst Überholungen darstellten und inwiefern folglich die überholte Vergangenheit die Vergangenheit einer Tätigkeit bleibt, die weiterhin wissenschaftlich zu nennen ist. Es soll nicht nur verständlich werden, warum etwas niedergerissen worden ist, sondern auch, wie es zuerst aufgebaut wurde.« (Canguilhem 1979, 26f)[8]

Jean Wahl (1888 – 1974) hatte 1929 ebenfalls mit seiner Publikation »La Conscience malheureuse dans la philosophie de Hegel« die Hegelsche Philosophie wieder ins Bewusstsein vieler Intellektueller gebracht, unter ihnen auch Bataille (vgl. Mattheus 1984, 136). Dieser publizierte 1932 in einer dem 100. Todestag Hegels gewidmeten Zeitschriftenausgabe von »La Critique Sociale« zusammen mit Raymond Queneau, ebenfalls späteres Mitglied des Collège und Herausgeber des in Mitschriften rekonstruierten Hegelseminars Kojèves, einen Aufsatz über Hegel mit dem Titel »La critique des fondements de la dialectique hégélienne«. Der Artikel entstand vor dem Hinter-

---

7   Zur Selbstvergöttlichung, die ihren Ausgang schon in der Antike nahm, vgl. auch Landsberg (1923*b*, 52f).

8   Nicht nur die wissenschaftshistorischen Konzepte von Georges Canguilhems oder Gaston Bachelard sind von Koyré beeinflusst, sondern auch die »Struktur wissenschaftlicher Revolutionen« von Thomas S. Kuhn (vgl. Kuhn 1981, 8).

grund der Lektüre verschiedener Bücher wie beispielsweise Lévinas' »La Théorie de l'intuition dans la phénoménologie de Husserl« von 1930, ein Buch Gurvitchs über die aktuellen Tendenzen der deutschen Philosophie, Freuds »Totem und Tabu«, Werke von Marx, Engels und auch Bücher von den noch zu besprechenden Soziologen Emile Durkheim, Henri Hubert und Marcel Mauss (vgl. Mattheus 1984, 227). Einen bedeutenden Einfluss hinsichtlich der Hegel-Rezeption hatten jedoch die Hegel-Vorlesungen des Koyré-Nachfolgers Alexandre Kojève, die aus diesem Grund in einem eigenen Abschnitt zur Auseinandersetzung mit Hegel erörtert werden.[9] Festzuhalten ist bis hier, dass die »neu einsetzende Hegel-Rezeption [...] die Diskussionen im Gefolge von ›L'essai sur le don‹ von Mauss [kreuzt]. Die Reflexionen über die Kräfte, Wünsche und Bedürfnisse des Menschen nehmen die Form einer Hegel- und Marxdiskussion in den Zeitschriften und Gruppen *Documents, La Critique Sociale, Gegner, Plans* und *L'Ordre Nouveau* an.« (Keller 2001*b*, 136) Der für Bataille und andere Collège-Mitglieder zentrale Begriff der Verausgabung, der von Mauss herrührt, wird wesentlich von der Lektüre Hegels, der Kritik an dessen Geist-Begriff und der Präzisierung der Idee der Negativität her entwickelt.[10]

Die Untersuchung der Entstehung der modernen Wissenschaft, des Bewusstseins als einem Bewusstsein *von etwas* und insgesamt die Entwicklung der Phänomenologie, dies sind die zentralen Bestandteile des Denkens Edmund Husserls, bei dem Koyré (vgl. auch Roudinesco 1999, 147f), aber auch Lévinas oder der Max Scheler-Schüler Paul Ludwig Landsberg studiert haben. Husserl hielt im Februar 1929 vor der *Société française de philosophie* seine Pariser Vorträge, die zu den *Cartesianischen Meditationen* geführt haben und die seit 1931 in Frankreich durch Emmanuel Lévinas als Werk zugänglich waren. Die Vorträge Husserls 1929 in Paris (Husserl 1995) übersetzte Lévinas – zusammen mit Gabriele Pfeiffer – 1931 ins Französische und war damit einer der ersten in Frankreich, die die Phänomenologie einem französischen Publikum näher gebracht hat (vgl. auch Lévinas 1973).[11] Ebenso wurde Husserl durch die Lehrveranstaltungen des 1933 von Berlin nach Paris geflüchteten Aron Gurwitsch an der Sorbonne bekannt. Gurwitsch, ein Freund von Alfred Schütz, gab in Paris Einführungen zur Phänomenologie Husserls und in die phänomenologische Psychologie, an denen beispielsweise auch Maurice Merleau-Ponty teilnahm (vgl. auch Grathoff 1989, 23).

Die Lektüre der Husserlschen Werke hatte eine große Wirkung auf die Intellektuellen in den dreißiger Jahren. Aus der Phänomenologie Husserls heraus ergaben sich verschiedene Denkbewegungen, die sich philosophisch entweder dem Subjekt oder der Vernunft zuwandten oder Husserl mit Heidegger lasen (vgl. Roudinesco 1999, 148): Einerseits konnte ausgehend von der Phänomenologie Husserls eine Philosophie des Subjekts und der Erfahrung erarbeitet werden, wie dies beispielsweise im Denken von Jean-Paul Sartre oder Maurice Merleau-Ponty zum Ausdruck kommt.

---

9   Zur Hegel-Rezeption in Frankreich vgl. auch Butler (1999).

10 Siehe die Abschnitte zu Hegel/Kojève und zu Batailles »allgemeiner Ökonomie«. Vgl. zum Zusammenhang von Bataille und Hegel insbesondere Derrida (1997*c*).

11 Zu den lebensweltlichen Beziehungen zwischen Lévinas und Husserl siehe Salomon Malka (2003, 50ff).

Andererseits bildete Husserl auch eine Grundlage für eine Philosophie der Rationalität und des Wissens, deren unterschiedliche Aspekte unter anderem Alexandre Koyré, Jean Cavaillès oder Georges Canguilhem verarbeiteten. Insbesondere von der Verbindung des Denkens Husserls mit dem Denken seines Schülers Martin Heidegger und dessen 1927 veröffentlichtem Werk »Sein und Zeit« ging für die nonkonformistische Generation eine Faszination aus, die Elisabeth Roudinesco folgendermaßen beschreibt:

> »Mit Heidegger gelesen – und namentlich im Lichte des 1927 erschienenen Sein und Zeit –, ergab sich mit ihm [gemeint ist Husserl, Anm.d.Verf.] die Möglichkeit, im Herzen des menschlichen Subjekts die Frage nach dem innerlichen Bewegenden der Existenz und nach den Rissen im Sein anzusetzen […]. Daher auch eine Kritik der Idee des Fortschritts, die entweder auf eine Zurückweisung der Werte der Demokratie im Namen einer Rückkehr zu den ursprünglichen Wurzeln des Seins oder auf das Hervortreten eines Nichts als tragisches Symbol einer todgeweihten Endlichkeit der menschlichen Existenz, bar jeder Transzendenz, hinauslaufen konnte.« (Roudinesco 1999, 148)

Die noch wache Erinnerung an den Ersten Weltkrieg, der Börsenkrach an der Wall Street 1929 sowie die Rezeption der Husserlschen Phänomenologie führten nach Angaben von Elisabeth Roudinesco zu einer Infragestellung »der von der Philosophie des 18. Jahrhunderts überkommenen Fortschrittsunterstellung« (vgl. Roudinesco 1999, 149). Ein Ausdruck dieser Infragestellung ist die 1929 von Marc Bloch und Lucien Febvre gegründete Zeitschrift »Annales d'histoire économique et sociale«, an der auch der Durkheim-Schüler Maurice Halbwachs mitwirkte (vgl. Burke 2004, 30). Mit der Zeitschrift und ihren Mitarbeitern verknüpft sich eine sozial-historische Forschungsausrichtung, die im Sinne einer »histoire sociale« explizit interdisziplinär ausgerichtet ist und auf die Methodologien und Theorien der Ethnologie, Geographie, Psychologie, Soziologie, Linguistik, Ökonomie etc. zurückgreift. Vor allem unterscheidet sich die Gesellschaftsgeschichte der Annales von einer lediglich anekdotischen, hagiographischen oder rein politisch orientierten Geschichte. Vielmehr richtet sie ihren Blick auf eine mehrdimensionale Geschichte des Alltags und des Sozialen.[12] Anstatt Geschichtsschreibung lediglich auf einer Ansammlung nationaler Schlachten und Ereignisse, politischer Einzelentscheidungen oder Biographien berühmter Persönlichkeiten aufzubauen, stehen in dieser »histoire nouvelle« besonders die mentalen, kollektiven, langzeitigen und lebensweltlichen Prozesse und sozialen Gruppen im Vordergrund. »Die Revolution der *Annales* ging in die Richtung einer zeitlichen und räumlichen Dekonstruktion des Subjekts, die weder dem Husserlschen Überdenken noch der von Einstein erfundenen Relativitätstheorie fremd war.« (Roudinesco 1999, 150) Nach Ansicht von François Ewald könne man das von Lucien Febvre 1922 publizierte Buch »La terre et l'évolution humaine« als das »Manifest« dieser neuen Geschichtsschreibung

---

12   Zur Annales-Schule vgl. u. a. Burke (2004), Honegger (1977), Raulff (1995) und Daniel (2002, 221 – 232).

betrachten (vgl. Ewald 1989, 8). Die so genannte Natur des Menschen wurde nun in der Geschichtswissenschaft als eine der jeweiligen Kultur und Epoche gegenüber relative und variierende erforscht und es ließ sich – sei es mit Rückgriff auf Durkheim oder Lucien Lévy-Bruhl – die *conscience collective* oder die *Mentalität* einer Epoche in ihrer strukturellen Regelmäßigkeit beschreiben; die *Annales* waren aber auch angetreten, den »Herrschaftsanspruchs der Soziologie in den Sozialwissenschaften herauszufordern« (Craig 1981, 301) und nahmen gegenüber der Durkheim-Schule eine ambivalente Stellung ein.[13] Die Koyrésche Geschichte der Wissenschaft und die Sozialgeschichten der Annales fanden ihre Verbindung in dem 1932 gegründeten Institut für die Geschichte und Philosophie der Wissenschaften, dessen Leitungsausschuss Koyré angehörte (vgl. Roudinesco 1999, 151).

Durch die Annales wurde der von Lucien Lévy-Bruhl (1857–1939) zur Beschreibung der Denksysteme »primitiver Völker« verwendete Begriff der *Mentalität* strukturell benutzt. Dabei wurde dasjenige untersucht, was zu einer bestimmten Zeit im Raum der Intelligibilität erschien, wie und was gedacht oder wahrgenommen wurde, welche Begrifflichkeiten verwendet wurden, wie diese organisiert und wie dadurch die Erfahrungen der Menschen angeordnet waren.

Neben Marcel Mauss und Paul Rivet gehörte auch Lévy-Bruhl zu den Mitbegründern des *Institut d'ethnologie*, obgleich seine theoretischen Positionen nicht immer mit der Durkheim-Schule übereinstimmten.[14] Seit 1910 – eingeleitet von dem Werk »Les fonctions mentales dans les sociétés inférieure« – widmete sich Lévy-Bruhl den Studien zur Erforschung des »primitiven Denkens«. Es folgten darauf 1922 »La mentalité primitive«, später »L'Âme primitive« (1927), »Le surnaturel et la nature dans la mentalité primitive« (1931), »La mythologie primitive« (1935) und »L'expérience mystique et les symboles chez les primitifs« (1938). Vor allem letztere Werke zeigten auf, wie die gewöhnlichen Erfahrungen der so genannten »Primitiven« sich mit mystischen Erfahrungen verbinden und so die »prälogische primitive Mentalität« bilden (vgl. auch Lévi-Strauss 1971, 511). Die Betonung der »prälogischen« Mentalität stand zwar im Gegensatz zum Denken Durkheims, teilte aber doch dessen methodologische Annahmen, wie Lévi-Strauss es folgendermaßen beschreibt:

> »Lévy-Bruhl's conception of the primitive mind as ›prelogical‹ may now appear queer and outmoded […]. Durkheim describes social life as the mother and eternal nurse of moral thought and logical thinking, of science as well as faith. On the contrary, Lévy-Bruhl believes that whatever was achieved by man, this was not under, but against the group; that the individual mind may be in advance over the group mind. But while basically opposed to Durkheim, he commits the same methodological mistake, i.e. to ›hypostasize‹ a function« (Lévi-Strauss 1971, 530f)

Das Denken der so genannten primitiven Gesellschaften befindet sich Lévy-Bruhl zufolge in einem prälogischen Zustand. Lévy-Bruhl sicherte seine Theorie mit der Be-

---

13 Zur Durkheim-Schule und den Annales vgl. den instruktiven Beitrag von Craig (1981).
14 Vgl. dazu das nächste Kapitel sowie Lévi-Strauss (1971, 529ff) und Gurvitch (1939).

hauptung ab, dass das »primitive Denken« gar nicht mit den zur Untersuchung des »zivilisierten Denkens« benutzten Kategorien analysiert werden könne. Wenngleich Lévy-Bruhls sozio-ethnologische Thematiken und seine Einordnung in die Soziologie in Frankreich noch besprochen werden, so kann unter Berücksichtigung seines Denkens der »mythologie primitive« hinsichtlich des wissenschaftlichen Kontextes des Collège Folgendes festgehalten werden: Auch wenn das Collège zugleich den Gruppen und Gemeinschaften einen primären Status in Bezug zu einer politisch-moralischen Neuordnung der Gesellschaft einräumte, in diesem Sinne also Durkheim nahe stand, so wollte es diese Neustrukturierung jedoch nicht rational oder wissenschaftlich fundiert wissen; stattdessen propagierte es die imaginären, mythologischen und »sakralen« Aspekte dieser Neustrukturierung.[15] Anders gesagt: Mit Durkheim verweist das Collège auf den notwendigen Charakter von Gemeinschaftlichkeit und Sakralisierungsprozessen, mit Lévy-Bruhl insbesondere auf den mythologischen Gehalt darin.[16]

Zahlreiche Hinweise und Rückgriffe auf Lévy-Bruhl finden sich insbesondere in dem noch zu erörternden Buch »Der Mensch und das Heilige« von Roger Caillois (Caillois 1988), das aus den Arbeiten des Collège hervorging, oder in dessen Vortrag vom 2. Mai 1939 zur gemeinschaftskonstituierenden Bedeutung des Festes.[17] Die Arbeiten von Lévy-Bruhl bildeten (neben Arbeiten von Freud (1991) und Ernst Cassirers zweitem Band der »Philosophie der symbolischen Formen«) partielle Vorläufer und einen Ausdruck allgemeiner, regelmäßig verstreuter Diskurse über den *Mythos*. Die Thematisierung und Diskursivierung des Mythos war demnach nicht ein nur vom Collège bearbeitetes Forschungsobjekt, das sich allein im Collège-Vortrag von Hans Mayer zu den politischen Geheimbünden oder in Batailles Vortrag »L'apprenti sorcier« niedergeschlagen hätte, sondern vielmehr verarbeitete das Collège ein in den dreißiger Jahren weit verbreitetes Interesse am Mythos, indem es den Mythos auto-ethnographisch und politisch in Beziehung zur eigenen »zivilisierten« Gesellschaft setzte. Im März 1938 veröffentlichte Caillois sein Buch »Le Mythe et l'homme« (Caillois 1972 [1938]), Guastalla 1939 »Le mythe et le livre« und wie Denis Hollier verdeutlicht, gab es noch viele andere Beispiele, die dieses Interesse bezeugen (vgl. Hollier 1988*a*, 160ff): Paul Ludwig Landsbergs Text »Introduction à une critique du mythe«[18] und – zusammen mit seinem Freund Jean Lacroix – »Dialogue sur mythe« 1938 in der Zeitschrift »Esprit« (vgl. Landsberg 1952), Georges Dumézils »Mythes et dieux des Germains« von 1939 und im selben Jahr ein Artikel von Raymond Queneau

---

15 Zur Analyse des Verhältnisse des Collèges zur Soziologie Durkheims vgl. Kapitel 2.2.3.

16 Wobei das Collège – wie noch besprochen wird – auch auf Durkheims »Elementaren Formen des religiösen Lebens« und andere Studien der Durkheim-Schule zum Sakralen zurückgriff.

17 Im August 1938 hatte Caillois Lévy-Bruhls »L'expérience mystique et les symboles chez les primitifs« (1938) in der Nouvelle Revue Française (NRF) rezensiert. Auch Michel Leiris wurde von Lévy-Bruhl in seiner ethnographischen Arbeit beeinflusst und Paul Ludwig Landsberg kommt ebenfalls in seinen Werken des Öfteren auf ihn zurück. In seinem Buch über die »psychologische Struktur des Faschismus« greift Bataille ebenfalls auf Lévy-Bruhl zurück, um die heterogene Denkstruktur mit dem mythischen Denken zu verbinden.

18 Vgl. auch Keller (1995, 267).

in der Zeitschrift *Volontés* mit dem Titel »Le mythe et l'imposture«. Walter Benjamin beschäftigte sich – schon vor seiner Pariser Zeit und im Gegensatz zum Collège in (weitaus) kritischerer Weise – ebenfalls mit dem Mythos.[19]

Auch für die surrealistische Bewegung, der in den zwanziger Jahren Collège-Mitglieder wie Michel Leiris oder Jean Paulhan und in den dreißiger Jahren für kurze Zeit Roger Caillois angehört hatten, wird der moderne Mythos 1935 – nach ihrem Bruch mit der Kommunistischen Partei – zu einem zentralen Thema. Obgleich schon Louis Aragon Mitte der zwanziger Jahre in seinem Buch »Der Pariser Bauer« den Mythos zur Metamorphosen initiierenden und permanent verändernden Kraft stilisiert hatte, eine Kraft, die alte Wirklichkeiten zerstört und die Welt aus ihrer Entzauberung heraus wieder bezaubert, so beginnt die eigentliche Beschäftigung mit dem Mythos bei den Surrealisten erst wieder in den dreißiger Jahren, als sich Breton und Bataille sowie einige der späteren Mitglieder des Collège zum antifaschistischen »Gegenangriff« in der Gruppe »Contre-Attaque« zusammenschließen.[20] Am 16. Juni 1936 heißt es dann bei einem Vortrag von André Breton in London: »Kein Einschüchterungsversuch kann uns von der Aufgabe abhalten, die wir uns gestellt haben und die, wie wir bereits gesagt haben, in der Schaffung eines *kollektiven Mythos* unserer Epoche besteht.« (Breton 1999, 667)[21] Dieser kollektive Mythos hatte einerseits den Zweck, zwischen der Kunst und den Massen zu vermitteln und andererseits auf politischer Ebene – ganz im Sinne vieler Collège-Mitglieder – einen neuen und starken Zusammenhalt zu schaffen. Wie noch im Abschnitt zu Contre-Attaque, zum Mythos als einer der Schlüsselbegriffe der Soziologie des Collège und im Abschnitt zu Hans Mayer näher beschrieben wird, sollte die Mythologie bewusst im politischen Kampf eingesetzt werden – Ziel war, die sich in Europa ausbreitenden Faschismen mit ihren eigenen Waffen zu schlagen. Noch in den vierziger Jahren konstatierte Breton, dass ein epochemachender und insbesondere kollektiver Mythos den Mittelpunkt der Arbeit der surrealistischen Künstler darstelle (vgl. Ottinger 2002, 436); es gelte nun einen sozialen Mythos für eine als erstrebenswert zu erachtende Gesellschaft zu ersinnen (vgl. Nadeau 1965, 202).

Im Oktober 1932 wurde die Zeitschrift »Esprit« gegründet, um die sich die »personalistische Bewegung« um Emmanuel Mounier (1905 – 1950) versammelte. Dieser katholische Personalismus, der unter anderem eine Reaktion auf den »föderalistischen Personalismus von L'Ordre Nouveau« (Keller 2001*b*, 231ff) war, wurde insbesondere

---

19   So findet sich beispielsweise im Passagen-Werk, das Bataille in der *Bibliotheque Nationale* vor den Nazis versteckt hatte, der Satz: »Solange es noch einen Bettler gibt, solange gibt es noch Mythos« (Benjamin 1991*a*, 505). Zum Begriff des Mythos bei Benjamin vgl. auch Hartung (2000) und den Abschnitt zu Benjamin in der vorliegenden Studie.

20   Zu »Contre-Attaque« vgl. den entsprechenden Abschnitt. Die spannungsreichen, aber dennoch nichtsdestoweniger prägenden Beziehungen zwischen dem Surrealismus um André Breton und den Hauptakteuren des Collège werden noch eigens in der Darstellung der paradigmatischen Einflüsse auf das Collège gewürdigt.

21   Auf dieses Zitat aufmerksam wurde ich durch den Beitrag »Wie New York die surrealistische Idee des modernen Mythos stahl (und ihre Rückkehr)« von Didier Ottinger (vgl. Ottinger 2002). Es findet sich aber auch in Breton (1989, 16).

ab 1933 bekannt. Der Personalismus um die Zeitschrift L'Ordre Nouveau (ON), von dem aus ebenfalls Kontakte zum Collège bestanden – Caillois schrieb zum Beispiel für die Zeitschrift (vgl. Roy 1998, 533f) und ebenso gehörte der französischsprachige Schweizer Denis de Rougemont (1906–1985) seit Anfang der Dreißiger zur ON –, entstand 1931 ausgehend von Alexandre Marcs sowohl gegen Individualismus als auch gegen Kollektivismus gerichtetem Ausspruch: »Ni individualistes ni collectivistes, nous sommes personnalistes!« (vgl. Keller 2001*b*, 8). Im »Manifest«[22] von L'Ordre Nouveau heißt es:

> »L'Ordre Nouveau bereitet die Revolution der Ordnung vor gegen die kapitalistische Unordnung und die bolschewistische Unterdrückung, gegen den ohnmächtigen Internationalismus und den menschentötenden Imperialismus, gegen den Parlamentarismus und die Diktatur. L'Ordre Nouveau stellt die Institutionen in den Dienst der Persönlichkeit, ordnet den Staat dem Menschen unter.« (Zitiert nach Christadler 1994, 73)

Ausgehend von Themen Gabriel Marcels – Engagement, Dialog und Leiblichkeit –, Proudhons, Péguys, Blondels sowie Marcel Mauss' (vgl. Keller 2001*b*, 11) und verwandt mit der so genannten »Philosophie de l'Esprit« (vgl. Waldenfels 1987, 22)[23] um Louis Lavelle (1883–1951) und René Le Senne (1882–1957) suchte der Personalismus – ein Wort, das Schleiermacher 1799 erstmals gegen kosmologische Tendenzen in der Romantik gebrauchte (vgl. Keller 1994, 86) – sowohl den Individualismus als auch den Kollektivismus in ein gegenseitiges, komplementäres Verhältnis zu stellen bzw. einen Dritten Weg zu etablieren: Während der Begriff »Individuum« Zerstreutheit bezeichnet, zeugt »Person-Sein« dagegen von einer Ausrichtung auf Gesammeltheit oder Integration, die aber nicht unbedingt in einem Ganzen aufgeht. Eine Person steht vornehmlich in einem gemeinschaftlichen Verhältnis, über das sie aber hinaus verweist und ist gekennzeichnet durch die fortschreitende, schöpferische und lebendige Vereinheitlichung all ihrer besonderen Handlungen und Zustände. Letztendlich bestimmt dies ihre absolute Einzigartigkeit, was soviel bedeutet, dass Persönlichkeit weder objektiviert werden noch in einem Kollektiv aufgehen kann.

Die Personalismen der Zwischenkriegszeit, sowohl der frühere von Alexandre Marc als auch der »Esprit-Personalismus« (Keller), verstehen sich als »Dritte Wege«; die Personalisten sind antiliberal und lehnen zugleich nationalistische, marxistische, anarchistische oder pazifistische Protest- und Denkformen ab, mit denen sie konkurrieren: »Ihr besonderes Profil gewinnen die Personalisten dadurch, daß sie die Person vom vereinzelten Individuum und vom undifferenzierten Massenmensch abheben. Inner-

---

22   Zum Charakter der Gattung des Manifests bei Intellektuellengruppen vgl. die Überlegungen im Kapitel zu »Contre-Attaque«.

23   Die »Philosophie de l'Esprit« setzt Waldenfels zufolge die »Philosophie réflexive« fort und versucht, »im Anschluß an Descartes, aber auch Maine de Biran den Reichtum und die Vielfalt der menschlichen Erfahrung zurückzugewinnen. Der Titelbegriff ›esprit‹ steht gleichzeitig für ›mind‹ und ›spirit‹, das heißt, er steht für den menschlichen Geist und das, was ihn übersteigt.« (Waldenfels 1987, 22)

halb der personalistischen Gruppen entstehen aber verschiedene Einschätzungen von Staat, Arbeit und Technik. So wollen die Personalisten-Föderalisten von ON, die sich auf Proudhon berufen, die Herrschaft der Maschine und des jakobinischen Staates brechen und die proletarische Situation an sich abschaffen. Die Gemeinschaftspersonalisten von Esprit setzen mehr auf Arbeit und soziale Bindungen. [...] Eine personalistische Gruppe aus der Gascogne mit Charbonneau und Ellul grenzt sich ganz besonders gegen fusionelle Denkformen ab, sie argumentiert gegen nationale Gemeinschaft und gegen planetarischen Personalismus à la Teilhard de Chardin.« (Keller 2001*b*, 11)[24]

Die führenden Vertreter des »Esprit-Personalismus« waren Mounier, Georges Izard, André Deléage, Louis-Émile Galey, Jean Lacroix und Paul Ludwig Landsberg (vgl. Julliard und Winock 1996, 448f), ebenso nahm Maurice Merleau-Ponty an Arbeitsgruppen bei »Esprit« teil (vgl. Waldenfels 1987, 23).[25]

Paul Ludwig Landsberg, beeinflusst durch seinen Lehrer Max Scheler, vor allem von dessen Wissenssoziologie und Konzept der *Gesamtperson*, darüber hinaus geprägt von der Philosophie Karl Jaspers, der Phänonemologie Husserls, dem George-Kreis, dem französischen Personalismus um Esprit[26] und vom katholischen Christentum, führte in seinen Werken vor allem die Geschichtlichkeit der Existenzen bzw. das »Werden« des Engagements und des Person-Seins sowie die innere (Lebens-/Erlebnis-)Erfahrung des Menschen aus; deutlich werden seine Denkbewegungen insbesondere im Rahmen seiner philosophischen Anthropologie (Landsberg 1934*a*), seiner

---

24   Zu den verschiedenen personalistischen Bewegungen in der Zwischenkriegszeit und den deutsch-französischen Diskursen vgl. insbesondere das grundlegende Werk von Thomas Keller: »Deutsch-französische Dritte-Weg-Diskurse. Personalistische Intellektuellendebatten der Zwischenkriegszeit« (Keller 2001*b*). Zum Ordre Nouveau und Alexandre Marc (Aleksandr Markowitsch Lipiansky), der ebenso wie Landsberg bei Husserl und Scheler studiert hatte, vgl. den Beitrag von John Hellmann und Christian Roy: »Le personnalisme et les contacts entre non-conformistes de France et d'Allemagne autour de l'Ordre Nouveau et de *Gegener*, 1930 – 1942« (Hellmann und Roy 1993), »Alexandre Marc et la Jeune Europe (1904 – 1934): L'Ordre Nouveau aux Origines du Personnalisme« (Roy 1998) von Christian Roy und Thomas Keller: »Médiateurs personnalistes entre générations non-conformistes en Allemagne et France: Alexandre Marc et Paul L. Landsberg.« (Keller 1995), sowie Kellers Nachwort (vgl. Keller 1998) in Roy (1998). Der protestantische Schweizer Denis de Rougemont, der sowohl zur Bewegung des L'Ordre Nouveau zu zählen ist als auch – wie Klossowski – zu »Esprit« und zur NRF beitrug (vgl. Keller 1995, 259), war auch Mitglied und Zuhörer beim *Collège de Sociologie* und hielt dort am 29. November 1938 einen Vortrag mit dem Titel: »Arts d'aimer et arts militaires« (Hollier 1995*a*, 403ff).

25   Zu Landsbergs Rolle als maßgebliche Kraft bei »Esprit« schreibt Thomas Keller: »L'impact de Landsberg sur la réorientation du groupe Esprit est tres connu, mais une analyse systématique des transferts philosophiques effectués par Landsberg n'existe pas encore.« (Keller 1995, 259) Die vermisste »analyse systématique des transferts philosophiques effectués par Landsberg« hat Keller mittlerweile selbst vorgelegt (vgl. insbesondere Keller 2001*b*, 302ff).

26   Vgl. dazu u. a. Keller (1993) und insbesondere Keller (2001*b*). Letzteres Werk von Thomas Keller verdeutlicht sehr detailliert und kenntnisreich Landsbergs Denkbewegungen, seine sozialen Erfahrungszusammenhänge und seine bedeutende Rolle für den »Esprit-Personalismus« (vgl. auch Keller 2001*b*, 302ff).

Wissenssoziologie und in seinen zahlreichen Aufsätzen in der Zeitschrift »Esprit«, von denen der »Essai sur l'expérience de la mort« (Landsberg 1973) und die »Introduction à une critique du mythe« (1937–1938) besonders hervorzuheben sind. Ebenso war Landsberg mit Max Horkheimer bekannt und schrieb für die »Zeitschrift für Sozialforschung«. Da im Abschnitt zu Landsberg noch auf seine wichtige Rolle für den »Esprit-Personalismus« und insbesondere auf Landsbergs Werke einzugehen sein wird, sei hier zunächst nur soviel zum Verhältnis zwischen dem damaligen Sprachrohr des Personalismus um Mounier, der Zeitschrift »Esprit« und dem *Collège de Sociologie* gesagt: Im November 1938 veröffentlichten sowohl die NRF, die Zeitschrift *Volontés* und eben *Esprit* die gegen das Münchener Abkommen verfasste Erklärung des Collège; manche Anhänger des Personalismus wie Landsberg oder de Rougemont besuchten die Sitzungen des Collège, viele Mitglieder, Zuhörer oder »Verbündete« des Collège schrieben für die Zeitschrift *Esprit*, insbesondere Klossowski, Marcel Moré, Denis de Rougemont oder Paul-Ludwig Landsberg (vgl. Hollier 1995*a*, 51). Darüber hinaus referierte Klossowski im Collège über Landsbergs Mythos-Aufsatz (vgl. Keller 2001*b*, 311).

Man darf natürlich nicht vergessen, wie sehr noch die lebensphilosophischen Strömungen, im engeren Sinne Friedrich Nietzsche, Wilhelm Dilthey und Henri Bergson, in der Zwischenkriegszeit auf fast alle Denker Einflüsse ausgeübt haben, nicht nur auf französische Soziologen wie beispielsweise Maurice Halbwachs oder auf deutsche Philosophen wie Martin Heidegger, sondern auch auf diejenigen Intellektuellen, die zum Collège zu zählen sind und bei denen – im Anschluss an Bergson – die Lebenskräfte des *élan vital* betont wurden. Bataille hatte Henri Bergson 1920 in London getroffen und dessen Buch über das Lachen gelesen, das ihm zwar »zu einfach« erschien, aber für ihn trotzdem den »verborgen gebliebenen Sinn des Lachens« zu einer Schlüsselfrage[27] werden ließ (vgl. Bataille 1999*a*, 93); Nietzsches Einfluss kann insbesondere anhand der Zeitschrift *Acéphale* erschlossen werden, in der eine linke, gegen Alfred Bäumler und Alfred Rosenberg gerichtete Nietzsche-Lektüre vorgelegt wurde. Karl Jaspers hat dabei die Nietzsche-Lektüre von *Acéphale* maßgeblich geprägt: In der *Acéphale* vom 21. Januar 1937 war ein von Klossowski übersetzter Beitrag von Jaspers mit dem Titel »Nietzsche. Einführung in das Verständnis seines Philosophierens« (1936) abgedruckt, in dem die Nicht-Rationalität des tragischen Existierens hervorgehoben wurde. Ebenso übersetzte Klossowski für die gleiche Ausgabe der Zeitschrift, die unter dem Titel »Nietzsche et les Fascistes« stand, Karl Löwiths »Nietzsche und die Philosophie der ewigen Wiederkunft« (1935) (vgl. Bataille et al. 1995, 28–32). Im selben Heft hatte auch Jean Wahl Jaspers Nietzsche-Interpretation besprochen (vgl. Bataille et al. 1995, 22f). Neben Nietzsche gewann der Existentialismus Sören Kierkegaards und Leo Isaak Schestows Ende der zwanziger Jahre einen zunehmenden Bekanntheitsgrad, insbesondere seit Kierkegaards Werke ab 1929 in Übersetzungen vorlagen: »Die Kierkegaard-Rezeption geht Hand in Hand mit dem Bekanntwerden der Schriften von Jaspers und Heidegger. Bestärkt wird sie durch das Wirken der russischen Emigranten *Leo Schestow* (1866–1938) und *Nicolai Berdjajew* (1874–1948),

---

27 Vgl. den Abschnitt zur »starken Kommunikation« im Kapitel zu Bataille.

bei denen die Tradition der russischen Religionsphilosophie, sozialistischer Änderungswille und zivilisatorische Kritik eine bis ins Explosive gehende Mischung erzeugen.« (Waldenfels 1987, 24) Georges Bataille erwähnt Schestow als einen seiner Lehrer, durch den er die Grundlage philosophischer Kenntnisse erworben habe (vgl. Mattheus 1984, 60).[28] Heidegger wurde insbesondere durch Henri Corbins Übersetzung von Heideggers Vorlesung »Was ist Metaphysik« und durch das 1930 von Georges Gurvitch publizierte Buch »Les tendances actuelles de la philosophie allemande. – E. Husserl; M. Scheler; E. Lask; M. Heidegger« bekannt. Die Heidegger-Rezeption Batailles kann allerdings insofern als eine »Fehllektüre« (Keller 2001*b*, 152) bezeichnet werden, als bei ihm »Dasein« (Heidegger) mit ekstatischen, exzessiven Erfahrungen vereinbar gemacht wird, eine Interpretation oder Ansicht, die Heidegger zweifelsfrei nicht teilte.[29]

Nicht nur Elemente aus den Gebieten der Sozial-, Kultur- und Geisteswissenschaften, sondern auch Wissensgebiete aus den Naturwissenschaften sind im Zusammenhang des wissenschaftsgeschichtlichen Kontextes des Collège anzusprechen. In seinem Text »Das Labyrinth« (Bataille 1999*a*, 115ff), in dem bereits Dimensionen seiner späteren Kommunikationstheorie, die Bedeutung des Lachens und das Sakrale als Überschreitung angesprochen werden, nimmt Bataille Bezug auf die Atomphysik und die Quantenmechanik (vgl. Bataille 1999*a*, 11), wie zum Beispiel auf Paul Langevin und dessen Publikation von 1934 »La notion de corpuscules et d'atomes« oder auf »Principes de la mécanique quantique« von Paul Adrien Maurice Dirac.[30] Bataille beschreibt in seinem Text anhand der Teilchenphysik den Zusammenhang zwischen den Menschen (als Teilchen) und ihrer »Inkorporierung« in Gesamtheiten, die als Gesellschaften das Leben der Individuen erleichtern (vgl. Bataille 1999*a*, 120). Darüber hinaus ist das Individuum aber nicht bloßer Teil der Vergesellschaftung, sondern neben seiner Fähigkeit, sich als Komponente in die Gesellschaft einzugliedern, vermag es diese zu transzendieren und seine *relative* Autonomie aufrechtzuerhalten.

Der Bezug zur Physik wird noch deutlicher in dem Inaugural-Vortrag des Collège vom 20. November 1937 und im Vortrag »Attraction et répulsion. I. Tropisme, sexualité, rire et larmes« vom 28. Januar 1938. Denis Hollier bemerkt dazu: »On retiendra pourtant la dimension cosmologique (voire ontologique) que Bataille donne à la sociologie sacrée, enracinant la pensée du social dans une dialectique de la nature qui s'alimente aux théories de la physique contemporaine« (Hollier 1995*a*, 33) Da noch auf die beiden Vorträge zurückzukommen sein wird, sei zunächst festzuhalten, dass schon der Titel des letzteren Beitrages zur Anziehung und Abstoßung – beide Bewegungen bezeichnen die dem Sakralen innewohnende Polarität – nicht nur auf Freuds Überlegungen zu Eros- und Thanatos-Trieb verweist oder an die zyklischen Wechsel

---

28 Vgl. zum Einfluss Schestows auf Bataille Richardson (1994, 32ff), Surya (1995) und Lindenberg (1990, 35).

29 Zu Heideggers Vorlesung, deren Übersetzung und deren Rezeption durch das Collège vgl. Batailles Collège-Text »L'apprenti sorcier« in Hollier (1995*a*, 323) und den entsprechenden Abschnitt, in dem »L'apprenti sorcier« besprochen wird.

30 Zu Dirac und zur Wissenschaftsgeschichte der Naturwissenschaften im Allgemeinen vgl. Mason (1997).

im Stammesleben (vgl. Mauss und Beuchat 1999 [1904 – 5])[31] erinnert, sondern auch die Quantenphysik des Atoms bzw. die Quantenmechanik ins Gedächtnis ruft.[32] Man hatte in der Quantenmechanik festgestellt, dass beim Atom die Elektronen um den Atomkern aus Protonen und Neutronen kreisen, wobei die elektrische Anziehungskraft durch die Zentrifugalkraft ausgeglichen wird. Ferner gelangte die Astrophysik und Kosmologie in der Zwischenkriegszeit zu Bedeutung (vgl. Mason 1997, 669ff). Sowohl durch seine Lektüren in der Bibliothèque Nationale als auch vermittelt durch Ambrosino eignet sich Bataille sein physikalisches Wissen an, wie Hollier folgendermaßen beschreibt: »[Les] références à la physique atomique doivent beaucoup aux contacts de Bataille avec Georges Ambrosino et aux lectures qu'il fait sous la tutelle de ce physicien atomiste« (Hollier 1995a, 33). Weitere wichtige Werke sind Hollier zufolge in diesem Zusammenhang »La théorie atomique et la description des phénomènes« von Niels Bohr und hinsichtlich der sich entwickelnden Astrophysik und Kosmologie die Entdeckungen von James Jeans, Georges Lemaître, Willem de Sitter und Sir Arthur Eddington (vgl. Hollier 1995a, 33f), Letzterer hatte 1919 die von Einstein vorhergesagte gravitationsbedingte Beugung der Lichtstrahlen während einer Sonnenfinsternis experimentell bestätigt und dadurch der Theorie Einsteins im wissenschaftlichen Diskurs wesentlich zum Durchbruch verholfen (vgl. Einstein 1981, 9).[33]

Zu Beginn des 20. Jahrhunderts haben insbesondere die Feldphysik, die Quantenhypothese und die von Einstein 1915 beendete Allgemeine Relativitätstheorie, die seiner zehn Jahre jüngeren Arbeit zur speziellen Relativitätstheorie folgte, das physikalische Weltbild immens verschoben (vgl. Mason 1997, 641ff). Dabei brachte die Phsyik insbesondere in der Zwischenkriegszeit nicht nur bedeutende und in die Zukunft weisende Entdeckungen hervor, sondern warf auch neue erkenntnistheoretische Probleme auf. Insbesondere durch die Frage, ob Elektronen nun Teilchen oder Wellen seien, geriet die klassische Physik durcheinander. Das Zugleich von Teilchen-Sein und Welle-Sein, das sowohl in Heisenbergs Unschärferelation, in Bohrs Komplementaritätsprinzip als auch in den Experimenten Schrödingers wissenschaftlich bewiesen wurde, empfand man als logischen Widerspruch, ähnlich paradox wie Kurt Gödels (1906 – 1978) Unvollständigkeits- oder Unentscheidbarkeitssatz aus dem Jahre 1931.[34] Wie Gödel darlegte, ist es nicht möglich, mit den Sätzen oder Elementen ei-

---

31 Siehe dazu auch Durkheim (1981, 295ff).

32 Ebenso findet sich das Motiv von Attraktion und Repulsion auch schon bei Simmel; siehe dazu u. a. Simmel (1992, 792).

33 Als Eddington von einer Journalistin gesagt bekam, dass er ja einer der drei Menschen auf der Erde sei, der Einsteins Theorie wirklich verstanden habe, fragte dieser, wer denn der Dritte sei. Zu Abstoßung und Anziehung und Einstein und de Sitter schreibt Stephen Mason in seiner Geschichte der Naturwissenschaften: »Die Stabilität der materiellen Systeme in Einsteins Welt hing von dem Gleichgewicht zwischen Gravitationsanziehungskräften und einer kosmischen Abstoßung ab, während die Leere der de Sitterschen Welt auf ein Vorherrschen der Abstoßung zurückzuführen war.« (Mason 1997, 676)

34 »Ein unentscheidbarer Satz ist, wie Gödel 1931 der Möglichkeit nach bewiesen hat, ein Satz, der bei einem gegebenen Axiomensystem, das eine Mannigfaltigkeit beherrscht, weder eine

nes Axiomensystems dessen Vollständigkeit zu beschreiben. Der Welle-Teilchen-Dualismus als kontradiktorischer Gegensatz forderte eine

> »agnostizistisch-positivistische Betrachtungsweise heraus, die es zweifelhaft erscheinen ließ, ob die Erkennung des objektiv-realen Verhaltens von Elementarobjekten überhaupt möglich sei. Die Unsicherheit des Erkenntnisvermögens bei Mikroobjekten bestand darin, daß bei quantenphysikalischen Experimenten eine Wechselwirkung zwischen zu beobachtendem Objekt und der Meßanordnung als ›Störung‹ (Bohr) nach der Unbestimmtheitsrelation unvermeidbar war, so daß entsprechend der Versuchsanlage entweder der Wellen- oder Teilchencharakter des Objekts hervortrat.« (Wußing 1983, 447)

Hegel, Husserl und Heidegger – anhand der breiten Rezeption dieser drei Philosophen in den dreißiger Jahren wurde die Bezeichnung der »Generation der *Drei H* « (Descombes 1981, 17) für weite Teile des intellektuellen Feldes in Frankreich geprägt; die Mitglieder und Sympathisanten des *Collège de Sociologie* gehörten der ersten Generation des 20. Jahrhunderts an. Alle sind zwischen dem Anfang des 20. Jahrhunderts und 1913 geboren; eine »Generationslagerung« (Mannheim), die man allgemein unter dem Begriff des nonkonformistischen Denkens zusammenfasst (vgl. Keller 2001*b*, 163).[35] Innerhalb der Intellektuellendebatten um das *Collège de Sociologie* wurden dessen Mitglieder schon damals innerhalb des diskursiven Feldes des Non-Konformismus verortet: Georges Sadoul, ein früheres Mitglied von »Le Surréalisme au service de la révolution«, schrieb 1938 in der Zeitschrift »Commune. Revue littéraire pour la défense de la culture« bezüglich des Nonkonformismus der Collège-Mitglieder, dass speziell für Roger Caillois der Intellektuelle qua Definition jemand sei, der sich selbst aus der Gesellschaft ausschließe: »Cette définition *a priori* ne fait guère que reprendre le vieux bateau du ›*non-conformisme*‹ qui pourrait bien être devenu un vieux raffiot depuis l'époque déjà lointaine où il fut lancé par un certain M. Berl.« (zitiert aus Hollier 1995*a*, 857f).

Insgesamt lässt sich festhalten, dass die zunehmende Rezeption der »drei Hs« insbesondere durch Emigranten wie Koyré oder Kojève erfolgte. Sie verdrängte nicht völlig die vorangegangenen Diskurse des Neukantianismus, des Bergsonismus und die Debatten um die Durkheim-Schule, sondern verschob vielmehr das diskursive Feld zugunsten einer potentiellen Aufnahme fremder wissenschaftlicher Diskurse.[36] Hans Mayer ist der Ansicht, dass vor dem Zweiten Weltkrieg das intellektuelle Milieu in Frankreich den Denkbewegungen aus Deutschland extrem zugeneigt war, seien es die

---

analytische oder deduktive Schlußfolgerung aus den Axiomen noch im Widerspruch mit ihnen, weder wahr noch falsch im Hinblick auf diese Axiome ist.« (Derrida 1995*b*, 245f)

35 Zur Bedeutung von Generationsgeschichte für die Kulturgeschichte siehe Daniel (2002, 330ff). Bataille selbst gebraucht zur Selbstdefinition der Intellektuellen in der Zwischenkriegszeit den Generationenbegriff (vgl. Bataille 1970*a*, 56).

36 Nach Ansicht von François Ewald könne die französische Philosophie des 20. Jahrhunderts im Grunde als ein Kommentar der deutschen Philosophie betrachtet werden (vgl. Ewald 1989, 7).

Soziologie von Max Weber, die deutsche Romantik oder die idealistischen und materialistischen Philosophien (vgl. Mayer 1986, 89). Die damals neu einsetzenden Rezeptionen deutscher Philosophen wie Hegel oder Nietzsche bewirkten einen mehr oder weniger tief und weit greifenden Wandel der Denkbewegungen der nonkonformistischen Generation und speziell der Collège-Mitglieder. Insofern ist der Beobachtung Bernd Neumeisters zuzustimmen, dass ein Wandel oder eine Verfestigung von Bewusstseinsstrukturen innerhalb von alten und neuen Diskursgemeinschaften sich dann besonders gut ausmachen lasse, wenn durch den Transfer fremden Wissens das intellektuelle Feld in Bewegung gerät; das dialogische Aufeinanderbezogensein, die Relationalität von Intellektuellengruppen und deren Diskursen werde durch das Auftauchen neuer Argumente, durch *Ereignisse* im Bereich des Geistigen erst deutlich sichtbar (vgl. Neumeister 2000, 10f).[37]

2.1.2 Französische Soziologie in der Zwischenkriegszeit

> »Denn, um es allgemeiner auszudrücken, es leben heute alle Wissenschaften vom Menschen im Hause Durkheims, auch wenn sie es nicht wissen, weil sie durch die Hintertür eingetreten sind.« (Bourdieu und Passeron 1981, 501)

»Nach dem Krieg hatten wir die schwierige Aufgabe, die Fäden wieder aufzunehmen, so viele waren gestorben. Durkheim war tot, die ›L'Année Sociologique‹ unterbrochen, viele unserer Studenten lagen tot in den Schützengräben. Wir mußten völlig von vorne anfangen [...].«, so Marcel Mauss in einem Gespräch mit Earle Edward Eubank im Sommer 1934 (Mauss in Kaesler 1985, 153). Obgleich nach dem Tod Durkheims im Jahre 1917 und nach dem Ende des Ersten Weltkrieges die Ausgangsbedingungen für eine weitere Entfaltung der Durkheim-Schule relativ ungünstig erschienen (vgl. König 1978a, 56), formierte sie sich neu. Manche Zeitgenossen konnten sich gar keine andere als eine durch Durkheim inspirierte Soziologie vorstellen (vgl. Heilbron 1985, 206). Der wissenschaftliche Einfluss der Durkheim-Schule beschränkte sich nicht nur auf die Soziologie als Einzelwissenschaft, sondern erstreckte sich auf das gesamte Spektrum der Sozialwissenschaften (vgl. Koyré 1936, 260ff).[38]

---

37 Weitere Einflüsse, Zeitschriftenbildungen oder Interaktionsnetzwerke sowie wissenschaftsgeschichtliche Rahmungen werden in verschiedenen Abschnitten der weiteren Kapitel besprochen.

38 Den hier dargestellten Überlegungen zur französischen Soziologie liegen insbesondere folgende, die französische Soziologie behandelnden Werke und Texte zugrunde: Beiträge aus der »Revue Française de Sociologie« (26 – 2) aus dem Jahre 1985, versammelt unter dem Titel: »La sociologie française dans l'entre-deux-guerres. Etudes et documents réunis par Philippe Besnard« (die Beiträge werden im Text einzeln aufgeführt) und von René König (1978a), Bücher von: Laurent Mucchielli (1998), Peter Wagner (1990), Michael Pollak (1978), Claude Lévi-Strauss (1971), Friedrich Jonas (1969), Jean Cazeneuve (1967), Josef Gugler (1961), Marcel Mauss (1969 [1933]), und Charles Bouglé (1935), Alexandre Koyré (1936) sowie Beiträge aus Wolf Lepenies (1981c) und Lepenies (1981d). Siehe auch Lepenies (1989a, 100ff).

Zu den wichtigsten Vertretern der Durkheim-Schule gehörten Célestin Bouglé (1870–1940), Hubert Bourgin (1874–1955), Georges Davy (1883–1976), Paul Fauconnet (1874–1938), Louis Gernet (1882–1964), Maurice Halbwachs (1877–1945), Robert Hertz (1881–1915), Henri Hubert (1872–1927), Paul Huvelin (1873–1924), Paul Lapie (1869–1927), in gewisser Weise Lucien Lévy-Bruhl (1857–1939), Marcel Mauss (1872–1950), Gaston Richard (1860–1945) und François Simiand (1873–1935).[39]

Bereits zu Beginn der zwanziger Jahre war eine anwachsende Produktion soziologischer Arbeiten zu verzeichnen. So kam beispielsweise seit 1924 die berühmte Zeitschrift »L'Année Sociologique«, die seit 1913 nicht mehr verlegt wurde, wieder heraus.[40] Der Neffe Durkheims, Marcel Mauss, beschrieb darin 1925 die zweite Generation Durkheims folgendermaßen: »Sie waren jung, und anders als Durkheim und seine ersten Mitarbeiter brauchten sie nicht zu kämpfen, sondern nur einen gesicherten Sieg auszubeuten. Sie brauchten keine Methoden mehr zu entwickeln. Sie konnten sie anwenden und haben dies auch getan.« (Marcel Mauss zitiert nach Bourdieu und Passeron (1981, 505)) Weit davon entfernt, sich nun auf einem bereits von Durkheim konsolidierten Ansehen der Soziologie als Wissenschaft ausruhen zu können, gab es immer noch zahlreiche Schwierigkeiten zu bestehen. Zwar hatte Marcel Mauss 1924 das »Institut Français de Sociologie« gegründet und damit versucht, eine weitere institutionelle Absicherung des Faches zu erreichen, aber die »Teilung des intellektuellen Feldes« in Anhänger und Gegner der Lehren Durkheims bestand immer noch (vgl. Bourdieu und Passeron 1981, 502): So gab es nach Angaben Raymond Arons Widerstände aus der Philosophie, von »unabhängigen« Soziologen[41], Historikern sowie aus Reihen der katholischen Kirche, die in der Soziologie Durkheims eine gefürchtete Waffe gegen die Religion erblickten. Wie Aron weiter ausführt, müsse man zwischen einer universitären und einer katholischen Soziologie in Frankreich unterscheiden (Aron zitiert nach Bourdieu und Passeron 1981, 503).

Anstatt jedoch eine Auflösung der Durkheim-Schule zu bewirken, dienten die diversen Konflikte und disziplinären »Grenzkämpfe« vielmehr einer Festigung der Gruppe.

Ebenfalls zu erwähnen sind sowohl die Studie von Jean-Christoph Marcel (2001) und das von Philippe Besnard (1983*b*) herausgegebene Buch »The Sociological Domain: The Durkheimians and the founding of French Sociology«.

39 Zu diesen und ein paar weiteren, weniger bekannten Mitarbeitern siehe auch Mauss (1969 [1925]). Zum Begriff der »Schule« vgl. die ausführlichen Überlegungen von Wolfgang Eßbach (1988, 89ff) und Lothar Peter (2001*b*, 42ff); Letzterer schreibt: Schule sei als »institutionelle Formierung einer soziologisch sowohl zeitlich als auch räumlich einflußreichen theoretischen und/oder empirischen Konzeption sowie die damit einhergehende formelle oder informelle Einbindung von soziologischen Akteuren in einen institutionalisierten Zusammenhang von Forschung, Lehre, Publikation und öffentlicher Präsenz« definiert (Peter 2001*b*, 43).

40 Zur Bildung des Mitarbeiterstabs der »L'Année Sociologique« vgl. Besnard (1981) und Clark (1981*a*, 176ff). Zu Durkheim vgl. Lukes (1975).

41 Zum Beispiel E. Nourry, Arnold van Gennep, Georges Gurvitch und René Maunier, Letzterer war Herausgeber der seit 1931 erschienenen »Etudes de sociologie et d'ethnologie juridique« und hatte nähere Kontakte zum »Institut d'ethnologie« von Mauss, Rivet und Lévy-Bruhl (vgl. Lévi-Strauss 1971, 510ff).

Überhaupt ist festzuhalten, dass die »Konstellation von Nachbar-, Konkurrenz-, Vorbild- und Hilfsdisziplinen [...] für die Soziologie in jeder ihrer Phase ihrer Entwicklung entscheidend« war (vgl. Lepenies 1981*b*, XX): Die Auseinandersetzungen mit den anderen Einzelwissenschaften »waren für die Durkheim-Schule sowohl substantiell wie auch aus Gründen akademischer Politik wichtig.« (Vogt 1981, 279) Man kann vielleicht so weit gehen und sagen, die Durkheim-Schule habe es geradezu darauf angelegt, sich mit anderen Disziplinen zu konfrontieren und sich im Sinne einer »Soziologisierung der Nachbardisziplinen«, wie es Henning Ritter im Nachwort zu Mauss' »Gabe« nennt (vgl. Mauss 1999*a*, 196), das anzueignen, was andere Disziplinen für ihr unverbrüchliches Eigentum hielten (vgl. Vogt 1981, 285): »Einer genauen Benennung maß die Durkheim-Schule große Bedeutung bei. Anhänger von Le Play zum Beispiel sprachen von ›la science sociale‹ nur, wenn sie Arbeiten ihrer eigenen Gruppe meinten. ›Soziologie‹ bedeutete für LePlayisten nur die Lehre Auguste Comtes und seiner Nachfolger. Die Durkheim-Schule strebte eine Neudefinition der Soziologie an, die ihre eigenen Arbeiten und wichtige Beiträge auch solcher Wissenschaftler, die sich selbst nicht als Soziologen bezeichneten, umfassen sollte.« (Clark 1981*a*, 164)

Die folgenden Abschnitte skizzieren die französische Soziologie in der Zwischenkriegszeit. Im Vordergrund stehen zum einen die Durkheim-Schule, deren Mitarbeiter und andere Soziologen jenseits der Durkheim-Schule.[42] Zum anderen werden auch die Institutionalisierungs- und Ausdifferenzierungsprozesse dargestellt.[43] Die zeitliche Begrenzung der folgenden Darstellung auf die Jahre nach 1918 wurde, wenn es als notwendig erachtet wurde, überschritten.

Die Durkheim-Schule und die »Anneé sociologique«

Die allgemeine und grundlegende methodische Regel der Soziologie besteht nach Durkheim darin, die soziologischen Tatbestände *wie* Dinge zu behandeln (vgl. Durkheim 1965, 115), was nicht mit der Behauptung gleichgesetzt werden kann, dass die »faits sociaux« Dinge *sind* (vgl. Durkheim 1965, 89).[44] Die sozialen Tatsachen bestehen »in besonderen Arten des Handelns, Denkens, Fühlens, die außerhalb der Einzelnen stehen und mit zwingender Gewalt ausgestattet sind, kraft deren sie sich ihnen aufdrängen.« (Durkheim 1965, 107)[45] In seinen 1895 erschienen »Regeln der sozio-

---

42 Marcel Mauss wird verhältnismäßig wenig zur Sprache gebracht, denn ihm wird in der Besprechung der theoretischen Einflüsse ein eigener Abschnitt gewidmet.

43 Für einen kurzen Überblick über die Soziologie in Frankreich ausgehend von Durkheim siehe Bernard Valade (2000) und zur epistemologischen Konstituierung vgl. den Beitrag von Jean-Michel Berthelot (2000*a*).

44 Es ist zu berücksichtigen, dass die von Durkheim ausgehende Wissenschaft entgegen Vorwürfen des »Positivismus« vielmehr nur in einem spezifischen Sinne als »positiv« bezeichnet werden kann, indem sie die sozial konstituierten Wirklichkeiten *wie* Dinge behandelt, ohne aber rein positivistisch von tatsächlichen »Dingen« auszugehen (vgl. Moebius 2003*e*).

45 In seiner dekonstruktiven Lektüre der Soziologie Durkheims schreibt Rodolphe Gasché: »Eine wissenschaftliche Soziologie wird die sozialen Tatsachen notwendig als Gegenstände besonde-

logischen Methode« betonte Durkheim darüber hinaus, dass Soziales nur mit Sozialem erklärt werden könne. Es ist der wesentliche Verdienst Durkheims, das Soziale als eigenständige Realität bestimmt zu haben, die, weil sie mehr ist als die Summe ihrer Teile, dem Willen und dem Handeln der Einzelnen Grenzen setzt und ein von individuellen Äußerungen unabhängiges Eigenleben besitzt. Zugleich aber gestaltet sich erst durch das Soziale die menschliche Existenz.[46]

Obgleich viele Mitglieder der Durkheim-Schule in Philosophie ausgebildet waren und die Philosophie insgesamt neben den positivistisch-naturwissenschaftlichen Wissensbeständen zunächst als leitwissenschaftlicher Orientierungspol diente[47], sollte sich den »sozialen Tatsachen« nicht mit Hilfe philosophischer oder rein positivistischer, sondern mit den von Durkheim ausgearbeiteten Methoden genähert werden: Hinzu kam, »daß man bei der Entwicklung einiger Bereiche der Durkheimischen Wissenssoziologie alternative Wege in der Auseinandersetzung mit traditionellen philosophischen Problemen eingeschlagen hatte – besonders in der Erkenntnistheorie. Jede Soziologie des Wissens, die es wagt, mentale Kategorien oder ›tatsächliches‹ Wissen (im Gegensatz etwa zur Einbildung oder Ideologie) zu analysieren, gerät mit der traditionellen Erkenntnistheorie in Konflikt. Die Durkheim-Schule war sich dessen natürlich bewußt.« (Vogt 1981, 285) Zur Geschichtsschreibung war das Verhältnis ebenfalls gespannt; die Historiker seien nicht wissenschaftlich genug, weil sie von einer falschen Vorstellung von Verursachungen ausgehen (vgl. Vogt 1981, 286); ein Vorwurf, der aber nicht eine generelle Ablehnung historischer Forschung durch die Durkheim-Schule impliziert, wie etwa religionshistorische Forschungen von Marcel Mauss (»Mélanges d'histoire des religions«, 1909 mit Henri Hubert) oder seine Überlegungen gegen Ende des 1925 verfassten Essay über »Die Gabe« bezeugen (vgl. Mauss 1999a, 120ff).

In seinem »Essai sur le don«, auf den im Abschnitt zu Marcel Mauss noch eingegangen wird, verbanden sich wissenschaftliche Untersuchungen mit politischen, mora-

---

rer Ordnung betrachten und sie als materiell bestimmen, auch wenn sie mit der Materie der Naturwissenschaft nicht gleichgesetzt werden können. Durkheim spricht deshalb auch nicht von der materiellen Natur der sozialen Phänomene, sondern (vor allem um Mißverständnisse zu vermeiden) von ihrem *realen* Charakter. Die Realität der sozialen Tatsachen, oder von Tatsachen überhaupt, impliziert, daß sie im Gegensatz zu den Ideen *Dinge*, im Gegensatz zum Innen ein *Außen* und somit ›der Vernunft nicht von Natur aus zugänglich‹ sind.« (Gasché 1973, 24)

46   Lévinas greift diese Annahme Durkheims, den er als einen seiner Lehrer bezeichnet, auf, indem er die soziale Beziehung zum Anderen als Voraussetzung der eigenen Existenz begreift. Das Eigenleben des Sozialen sowie die moralische Motivation bestimmt Lévinas jedoch nicht von einem Kollektiv her, wie Durkheim dies tat, sondern richtet seinen Blick vornehmlich auf den ethischen Charakter sozialer Beziehungen zum Anderen. Jede intersubjektive Beziehung steht somit schon im Bereich des Ethischen, der nicht erst ein Fakt des Kollektivs oder identisch mit diesem ist. Die Beziehung zum (außerordentlichen) Anderen kann sogar eine kollektive Ordnung überschreiten (vgl. Moebius 2001).

47   Man erinnere sich nur daran, dass Durkheims Anomiekonzept teilweise auch auf Auguste Comtes Überführung der Normalitäts-/Anormalitäts-Unterscheidung aus den biologischen Diskursen in die sozialen beruht (vgl. Peter 2001b, 24).

lischen und sozialreformerischen Vorstellungen (vgl. Mauss 1999*a*, 173ff), wobei Mauss damals noch sagen konnte:

»Der *homo oeconomicus* steht nicht hinter uns, sondern vor uns [...].« (Mauss 1999*a*, 173) Der von Mauss beschriebene Gabentausch des *potlatsch* und die darin angelegte Gegenseitigkeit spiegelt in ihrer Theoretisierung nicht nur jenen Gedanken der Korporationen wider, der schon bei Durkheim zu finden ist, sondern der *potlatsch* verweist in seiner Überschreitung utilitaristischer Prinzipien und mit seinem eigenen Prinzip der Verausgabung auch auf Mauss' Perspektive einer Auflösung des materiellen Substrats im Sozialen. Die symbolischen Prozesse im Sozialen, die im Gabentausch besonders offensichtlich werden, ließen Mauss zu den gegen Ende des Essays dargelegten moralischen Schlüssen einer erhofften Pazifizierung des Handelns kommen: »Man braucht nicht weit zu suchen, um das Gute zu finden. Es liegt im erzwungenen Frieden, im Rhythmus gemeinsamer und privater Arbeit, im angehäuften und wieder verteilten Reichtum, in gegenseitiger Achtung und Großzügigkeit, die durch Erziehung lernbar sind.« (Mauss 1999*a*, 182)[48]

Viele der nach dem Ersten Weltkrieg überlebenden Durkheim-Schüler gruppierten sich um das 1924 gegründete »Institut français de sociologie« (vgl. Mucchielli 1998, 523). Im Jahre 1925 wurde zudem von Marcel Mauss, Lucien Lévy-Bruhl und Paul Rivet das »Institut d'Ethnologie de l'Université de Paris« gegründet; die Gründer und deren wissenschaftliche Arbeiten verweisen auf die bekanntlich engen Beziehungen zwischen Soziologie und Ethnologie in Frankreich, die vom »Institut d'Ethnologie«, Mauss' Schülern wie Roger Caillois, Anatole Lewitzky oder Michel Leiris am *Collège de Sociologie* bis hin zu den »Modernen Klassikern der französischen Soziologie« wie zum Beispiel Pierre Bourdieu[49] verfolgt werden können: »We already know that in France, sociology and anthropology work together. This cooperation finds an organic expression in the *Institut d'Ethnologie de l'Université de Paris* jointly directed – until 1938 – by M. Mauss, L. Lévy-Bruhl, and Dr. Paul Rivet, the latter also curator of the *Musée de l'Homme* (Anthropological Museum).« (Lévi-Strauss 1971, 510) Das »Institut d'Ethnologie« wurde um 1932 teilweise mit Hilfe von Geldern der Rockefeller-Stiftung finanziert, wobei insbesondere die Forschungen von Marcel Mauss unterstützt wurden (vgl. Mazon 1985, 329).[50]

---

48 Fast die gesamten Mitarbeiter der »L'Année sociologique« waren Mitglieder der Sozialistischen Partei oder standen ihr wenigstens nahe (vgl. Clark 1981*a*, 201). Obgleich Durkheim immer demonstrativ die »Humanité« bei sich trug, engagierte er sich weder in einer sozialistischen Partei noch beteiligte er sich an den »Partisanentätigkeiten seiner jüngeren Mitarbeiter« (vgl. Clark 1981*a*, 183).

49 Die Kategorisierung Bourdieus als »Modernen Klassiker der franzsöischen Soziologie« geht zurück auf den von Lothar Peter und mir herausgegebenen UTB-Band »Französische Soziologie der Gegenwart« (Moebius und Peter 2004). Zu Bourdieu vgl. den dort erschienenen Beitrag von Beate Krais (2004).

50 Dass die finanzielle Unterstützung nicht immer sehr einfach war, belegt eindrücklich Besnard (1985*a*). Zu den Vorlesungen von Mauss und Rivet schreibt Michel Leiris: »Ich habe seine [Rivet, S.M.] Vorlesungen besucht, als ich mich auf das ethnologische Institut vorbereitete; es waren hervorragende Vorlesungen, von äußerster Klarheit (man brauchte sie gleichsam nur

Im Zusammenhang mit der Entstehung des Faches Ethnologie muss Marcel Mauss besonders hervorgehoben werden. Nach Wolf Lepenies lässt sich die Entwicklung der Ethnologie als eigenständiges Fach aus dem Korpus der Durkheim'schen Sozialwissenschaften heraus nicht verstehen, wenn man die Rolle von Marcel Mauss unterschätzt (Lepenies 1981*b*, XXf). Mauss sei gerade wegen seiner Marginalität im französischen Wissenschaftsbetrieb und seiner universitären Unabhängigkeit, die ihn nicht kompromittierte und daher zu nichts verpflichtete, professionell überaus erfolgreich gewesen, wie zum Beispiel der Lehrstuhl am Collège de France beweise. Somit habe Mauss zur Institutionalisierung der Ethnologie entscheidend beigetragen. Lepenies fährt fort: »Es ist mehr als ein Zufall, daß im Jahre 1925, als Mauss' *Essai sur le don* erscheint, auch das Institut d'ethnologie an der Universität von Paris gegründet wird.« (Lepenies 1981*b*, XXf) Mauss selbst schreibt 1933 in seinem Resümee der französischen Soziologie zur Gründung des Instituts für Ethnologie: »De ceci nous sommes responsable vis-à-vis de la science future, comme vis-à-vis de notre pays et des peuples eux-mêmes. C'est pourqoi, M. Lévy-Bruhl, M. Rivet et moi, nous avons tant fait pour l'Institut d'ethnologie de l'Université de Paris. Nous avons le droit d'annoncer son succès. Quelques-uns des ouvrages que nous avons publiés, ceux de M. Leenhardt, par example, valent d'ailleurs autant pour la théorie que par les faits eux-mêmes.« (Mauss 1969 [1933], 446) Ausgehend von den Vorlesungen von Mauss entstand ein »Manuel d'ethnographie« (Mauss 1926–1929), das insbesondere die Methoden der Beobachtung und der Methodologie der Ethnographie behandelt. Mauss differenzierte methodisch zwischen der »1) morphologischen und kartographischen Methode; 2) der photographischen Methode; 3) der phonographischen Methode; 4) der philologischen Methode und 5) der soziologischen Methode«; neben einer umfassenden Systematik ethnologischer Forschung enthält das »manuel d'ethnographie« weitere methodologische Überlegungen, die unter anderem die ästhetischen, körpertechnischen, sozialmorphologischen Merkmale sowie die ökonomischen, juristischen, moralischen oder religiösen Phänomene berücksichtigen.[51]

---

wie ein Diktat mitzuschreiben), aber verglichen mit Mauss war das gar nichts.« (Leiris 1992, 168)

51 Zu Beginn des »Manuel« heißt es zu den zukünftigen Aufgaben der Ethnologie: »Le cours ici publié répond surtout à des questions pratiques, il doit apprendre à *observer* et à classer les phénomènes sociaux. On pourrait ne voir dans ces leçons qu'un amas de détails inutiles. En fait, chacun des détails mentionnés suppose un monde d'études: ainsi, la biométrie, qui cherche à établir la courbe de répartition des âges, suppose la statistique et le calcul des probabilités; l'étude des couleurs, avec des connaissances de physique, demande la pratique des échelles de Chevreul et de Broca. Ce qui peut sembler détails futiles est en réalité un condensé de principes. Le champ de nos études est limité aux sociétés qui peuplent les colonies françaises et aux sociétés de même stade; ce qui parait éliminer toutes les sociétés dites *primitives*. Dans ces limites, nous donnerons les instructions nécessaires pour constituer scientifiquement les archives de ces sociétés plus ou moins archaïques. La science ethnologique a pour fin l'observation des sociétés, pour but la connaissance des faits sociaux. Elle enregistre ces faits, au besoin elle en établit la statistique; et publie des documents qui offrent le maximum de certitude. L'ethnographe doit avoir le souci d'être exact, complet; il doit avoir le sens des faits et de leurs rapports entre eux, le sens des proportions et des articulations.« (Mauss 1926–1929, 5)

Die Ausarbeitung eines methodischen Instrumentariums war nicht nur wegen einer Professionalisierung und einer fruchtbaren Zusammenführung von Theorie und Empirie notwendig, sondern diente ferner dazu, Forschungsgelder zu akquirieren. Die finanzielle Lage der Universitäten ließ kaum eine Möglichkeit zu, eine ausreichende institutionelle Grundlage zu konstituieren (vgl. Mazon 1985). Man war auf private Spenden oder auf die Rockefeller Foundation angewiesen, die besonders Projekte förderte, in denen dem akademischen Nachwuchs Beobachtungsmethoden und die Fähigkeit zur Lösung politischer, sozialer und wirtschaftlicher Probleme vermittelt wurden (vgl. Heilbron 1985, 233). Die Ethnologie konnte sich sowohl finanziell als auch als Disziplin nur erhalten und entwickeln, wenn sie neben den theoretischen Grundlagen auch empirische Forschungsmethoden anwandte.

Nachdem 1927 ein zweiter Band der »L'Année Sociologique« erschienen war, wurde die Zeitschrift wieder eingestellt. Dass der Einfluss Durkheims bzw. der Durkheim-Schule auf die soziologische Wissensproduktion trotz der Schwierigkeiten und Widerstände in einem mehr oder weniger großen Maße in der Zwischenkriegszeit vorhanden war, lag neben der Institutionalisierung der Ethnologie durch Mauss und den angesehenen Posten, die Durkheims Mitarbeiter bekamen, an verschiedenen, bereits vollzogenen institutionellen Verankerungen der Soziologie (vgl. Pollak 1978, 19)[52] und an der deutlichen Zunahme an Publikationen: Wie dem Text »La sociologie en France depuis 1914« von Marcel Mauss zu entnehmen ist (vgl. Mauss 1969 [1933]), erschienen seit den zwanziger Jahren zahlreiche Lehrbücher, unter anderem die Einführungen in die Soziologie von Georges Davy »Eléments de sociologie I. Sociologie politique.« (1921), von Marcel Déat »Sociologie« (1925), Charles Lalo »Sociologie. Extrait du manuel de baccalauréat« (1925) sowie von René Hubert »Manuel élémentaire de sociologie« (1925), eine Auswahl von Texten von Bouglé und Raffault »Éléments de Sociologie« (1926) sowie von Bouglé und Déat das Werk »Le guide de l'étudiant en sociologie« (1924) und 1930/31 zwei Bände der »Sociologues d'hier et d'aujourd'hui« von Georges Davy. Seit 1920 konnte man für das Grunddiplom (Licence) in den philosophischen Fakultäten eine Zwischenprüfung in dem Fach »Morale et sociologie« absolvieren (vgl. Heilbron 1985, 204). Im selben Jahr tauchte die Soziologie als Fach im Programm der Lehrerbildungsanstalten (Ecoles Normales d'Instituteurs) auf (vgl. Pollak 1978, 19). Gerade im höheren Schulwesen war es gelungen, »Anhänger Durkheims auf die meisten neugegründeten Posten zu ernennen, wodurch ein Verstärkereffekt im höheren Schulwesen gesichert war. Man versteht, daß vor allem die Anhänger der katholischen Soziallehre hinter diesen Reformen politische Absichten vermuteten und sie als nationale Gefahr darstellten.« (Pollak 1978, 19) Zunächst erreichte die Durkheim-Schule ihre größten Wirkungen und »Erfolge« innerhalb dieser Ausbildungsstrukturen.[53] Weniger erfolgreich hingegen war die akademische Institutionalisierung. Bis in die fünfziger Jahre gab es nur vier Lehrstühle für Soziologie (vgl. Sutherland 1981, 271). Die Erfolglosigkeit einer akademischen Institutionalisierung muss im Zusammenhang mit der politischen Rolle der Soziolo-

---

52 Vgl. dazu Clark (1981*a*) und Karady (1981).
53 Vgl. dazu auch Karady (1981) und Clark (1981*a*).

gie in der Zwischenkriegszeit gesehen werden. War Durkheims Soziologie selbst noch – wie Peter Wagner formuliert – »mit der Realität der Dritten Republik normativ nahezu gleichgesetzt« (Wagner 1990, 222), wurde es von der nachfolgenden Generation geradezu »als unerträglich empfunden, daß eine Gesellschaftstheorie mit umfassenden Anspruch auch als politische Lehre vertreten wurde, während gleichzeitig die gesellschaftlichen Probleme sich gewandelt hatten und nicht mehr adäquat thematisiert wurden.« (Wagner 1990, 222)

Die Entstehung des *Collège de Sociologie* und seiner speziellen Forschungsthematiken muss sowohl im Kontext dieser wissenschaftshistorischen Entwicklung auch als vor dem realhistorischen Hintergrund gesellschaftlich erzeugter Probleme betrachtet werden, wobei am Collège insbesondere die theoretischen Aspekte der Lehren Durkheims und seiner Mitarbeiter auf die neuen gesellschaftlichen Herausforderungen einer krisenreichen Republik, einer zunehmend individualisierten Gesellschaft und auf die Probleme eines bevorstehenden Krieges angewandt wurden.[54] In einer rückblickenden Betrachtung und Selbstdefinition seiner Generation in der Zwischenkriegszeit spricht Bataille deshalb von einem Verlangen nach einer revolutionären Aktion der Intellektuellen, die neben der marxistischen Soziologie auf die Soziologie und die Ethnographie Durkheims zurückgriffen (vgl. Bataille 1970*a*, 57).

Die Rolle der Soziologie war nach 1918 eine andere geworden. Nach Peter Wagner hatte das soziologische Gesellschaftsverständnis »seine hegemoniale Position als republikanische Ideologie der französischen Gesellschaft eingebüßt, dies nicht, weil die Durkheimianer keine Republikaner mehr waren, sondern weil die Grundgedanken der Republik insgesamt weniger klar und weniger überzeugend schienen.« (Wagner 1990, 218) Die politischen Krisen, die erfolglosen Maßnahmen zur Bewältigung der wirtschaftlichen Probleme, die Entwicklung zu einer industriellen und so genannten atomisierten Massengesellschaft warfen neue Fragen und Problemlagen auf, für die neue Antworten gefunden werden mussten. »Unter diesen Bedingungen scheint es ohnehin erstaunlich, daß die Durkheimsche Soziologie ihre akademische Position überhaupt halten konnte und nicht als wissenschaftlicher Ansatz verdrängt oder mit anderen Inhalten gefüllt wurde. Diese Kontinuität ist Folge der institutionellen Etablierung eines relativ kohärenten intellektuellen Projekts, intellektuelle Reproduktion wird so prinzipiell zunächst möglich gemacht.« (Wagner 1990, 218f) Die erfolgreiche Konsolidierung der Durkheim'schen Soziologie in der Zwischenkriegszeit war aber nicht nur die Folge einer institutionellen Etablierung und Modifizierung eines relativ kohärenten intellektuellen Projekts oder den Hinwendungen zu neuen Themen geschuldet, sondern es kam begünstigend hinzu, dass die Soziologie Durkheims von vielen Wissenschaftlern aus anderen Disziplinen in der Zwischenkriegszeit dazu benutzt wurde, ihre eigenen Positionen in ihrem Fach zu stärken, indem sie mit Hilfe eines um die Soziologie erweiterten Ansatzes sich im geistigen Konkurrenzkampf zu behaupten versuchten (vgl. Heilbron 1985, 208).[55]

---

54 Zur Bearbeitung dieser Probleme durch das Collège siehe das nächste Kapitel.

55 Hier könnte man einerseits an die Rechtswissenschaften denken und andererseits an die Philosophie sowie an die 1925 von René Hubert, Bernard Lavergne und Edmond Vermeil ge-

Weniger die vier vorhandenen Lehrstühle als die bereits vor dem Krieg vollzogene Konstituierung und Konsolidierung eines intellektuellen Feldes sicherten die Existenz der Durkheim-Schule in der Zwischenkriegszeit. In anderen intellektuellen Kreisen schwand die Bedeutung Durkheims jedoch rapide. Dieser »Schwund« wurde während der Zwischenkriegszeit von der sozialhistorischen Annales-Schule, nach der Zwischenkriegszeit von Intellektuellen wie Jean-Paul Sartre, Raymond Aron oder Maurice Merleau-Ponty forciert; ein strategisch-kämpferischer Schwund und eine Konkurrenz im Geistigen, die zuweilen der kulturellen Hegemonialisierung ihrer eigenen philosophischen und wissenschaftlichen Projekte dienen sollte. Im Gegensatz zu den nach dem Zweiten Weltkrieg erfolgten Einschätzungen von Aron oder Sartre vermochte in den Augen des in der Zwischenkriegszeit entstandenen *Collège de Sociologie* die Durkheim-Schule allerdings einige Probleme der modernen, von Auflösung und sozialem Chaos erfassten Gesellschaft theoretisch zu beantworten und Handwerkszeug zu Problemlösungsversuchen bereitzuhalten.

Seit 1934 bis 1942 gab es eine Fortsetzung der »L'Année sociologique« durch die Zeitschrift »Annales Sociologiques«; fünf verschiedene Serien erschienen: behandelt wurden die Themen Allgemeine Soziologie (Bouglé), Religionssoziologie (Mauss), Rechts- und Moralsoziologie (Ray), Wirtschaftssoziologie (Simiand) und Soziale Morphologie, Sprache, Technologie und Ästhetik (Halbwachs) (vgl. Gugler 1961, 15). Die »Annales Sociologiques« konnten jedoch nicht an den Erfolg und die Aura der »Année sociologique« anknüpfen, wie Laurent Mucchielli bemerkt:

> »Du reste, la sociologie durkheimienne connaît de manière générale un problème de reproduction. Sa percée institutionelle d'avant-guerre est stoppée et seuls cinq de ses artisans directs détiennent des postes importants à la Université ou au Collège de France (Bouglé, Fauconnet, Halbwachs, Mauss et Simiand). De surcroît, ces hommes n'ont plus la même unité et la même entente qu'avant la guerre. Au total, à l'abord des années 1930, le durkheimisme ne tient donc plus que la qualité reconnue de quelques grandes figures qui ne sont plus aussi influentes sur la nouvelle génération de sociologues qui se profile, et qui n'ont pas toute façon guère d'audience en dehors du milieu parisien (et strasbourgeois pour Halbwachs). Cela étant, le durkheimisme continuera à exercer indirectement en sciences humaines une profonde influence.« (Mucchielli 1998, 523f)

Lucien Lévy-Bruhl

»Wie erklärt es sich, daß die ursprüngliche Geistesart eine solche Gleichgültigkeit, ja Abneigung gegen alle diskursiven Denkvorgänge, gegen Überlegung und Nachdenken zeigt, während wir darin eine natürliche Beschäftigung des menschlichen Geistes erblicken?«, fragt sich Lucien Lévy-Bruhl (1959, 13) zu Anfang seines Buches »Die

---

gründete Zeitschrift »Année politique française et étrangère«, die Beispiele hierfür gibt Johan Heilbron (1985, 208f).

geistige Welt der Primitiven« (La mentalité primitive, 1922). Hatte sich Lévy-Bruhl (1857 – 1939) schon 1903 mit seiner Forderung nach einer Wissenschaft der Sitten anhand des Buches »La morale et la science des moeurs« einen Namen gemacht[56], so widmete er sich seit 1910 und in der Zwischenkriegszeit zahlreichen Forschungen zur Mentalität der so genannten Primitiven, die verschiedene Mitglieder des *Collège de Sociolgie* wie beispielsweise Bataille, Caillois, Leiris oder Landsberg gelegentlich in ihre eigenen Theoretisierungen aufnahmen.[57] Ausgehend von der Annahme, dass unterschiedlichen sozialen Strukturen jeweilige Mentalitäten entsprechen, gelangte Lévy-Bruhl zu einem Dualismus zwischen einer primitiven, an Mythen angelehnten und einer zivilisierten, an Logik und Rationalität orientierten Mentalität und damit gleichzeitig zu einer historischen Auffassung des Sozialen. Mit seiner These der verschiedenen Mentalitäten bezweifelt er Durkheims These, »daß das menschliche Bewußtsein und die menschliche Moral im Prinzip überall die gleichen Strukturmerkmale aufwiesen.« (Jonas 1969, 71) Die theoretische Bedeutung einer Erforschung der Verschiedenheit der Mentalitäten liegt in den Augen Friedrich Jonas' allgemein darin, »daß in dem Augenblick, in dem gezeigt wird, daß die Mentalität der primitiven Völker sich qualitativ von der der modernen unterscheidet, auch die gesellschaftliche Integration als eine Frage auftritt, die nicht nur der äußeren Form, sondern auch ihrem inneren Gehalt nach entwickelbar und veränderlich ist. [...] Es gibt keinen universellen Menschen und demzufolge auch kein universell gleiches Integrationsproblem, das nur nach der Zahl der vorhandenen Daten und ihrer Dichte zu modifizieren sei.« (Jonas 1969, 71)[58]

Obgleich es zwischen Lévy-Bruhl und Durkheim theoretische Differenzen gab, trafen sich Durkheim, Marcel Mauss, Robert Hertz, Henri Hubert und Lévy-Bruhl unregelmäßig am 1911 gegründeten »Institut d'anthropologie« (vgl. Clark 1981*a*, 161); Lévy-Bruhl, der übrigens durch seine Finanzierung maßgeblichen Anteil an der Gründung der Zeitung »L'Humanité« hatte (vgl. Winock 2003, 116), war außerdem als Mitbegründer des »Institut d'ethnologie« mit der Durkheim-Schule verbunden (vgl. Gurvitch 1939).[59] Claude Lévi-Strauss sieht die Differenz zwischen Durkheim und

---

56 Georges Gurvitch veröffentlichte 1937 ein Buch mit dem Titel: »Morale théoretique et science des mœurs«.

57 1922 »La mentalité primitive«, später »L'Âme primitive« (1927), »Le surnaturel et la nature dans la mentalité primitive« (1931), »La mythologie primitive« (1935) und »L'expérience mystique et les symboles chez les primitifs« (1938). Zu Lucien Lévy-Bruhl vgl. auch Julliard und Winock (1996, 712f) und die Hinweise im Abschnitt zum wissenschaftsgeschichtlichen Kontext.

58 Jonas kritisiert Lévy-Bruhls Ansatz folgendermaßen: »Im Gegensatz zu Mauss, der die Kategorie des ›moi‹ entdeckt, sah er nicht, daß der entscheidende Unterschied zwischen der primitiven und der modernen Mentalität nicht in dem Verhältnis des Bewußtseins zur Welt, sondern in dem Verhältnis des Bewußtseins zu sich selbst lag.« (Jonas 1969, 73)

59 Vgl. auch die Anmerkungen von Marcel Mauss in Mauss (1969, 560 – 565), wo es gegen Ende heißt: »Il a enfin, – grâce à M. Daladier alors Ministre des colonies, grâce à la bienveillance du gouverneurs généraux, dont Alexandre Varenne, alors en Indochine, – avec le Docteur Rivet, et avec moi, fondé l'Institut d'ethnologie de l'Université de Paris, un des plus prospères, des plus fréquentés et des plus actifs dont celleci se pare. Pendant des années, il n'a

Lévy-Bruhl insbesondere in der unterschiedlichen Betrachtungsweise des Individuums (vgl. Lévi-Strauss 1971, 529). Lévy-Bruhl wendete sich gegen Durkheims Vorstellung, dass soziale Repräsentationen und Aktivitäten in ihrer Synthese komplexer und moralisch »höher« seien als die individuellen Leistungen: »This conflict is not new in French sociology. The individualistic point of view of the 18th century philosophers had been criticized by the theoreticians of reactionary thought, especially by de Bonald, on the ground that social phenomena, having a reality *sui generis*, are not simply a combination of individuals ones.« (Lévi-Strauss 1971, 529)

In seinem Buch über »Die elementaren Formen des religiösen Lebens« verdeutlicht Durkheim den Unterschied, der zwischen seinem und Lévy-Bruhls Werk »Les foctions mentales dans les sociétés inférieures« besteht (vgl. Durkheim 1981, 321, 325, 362, 587). Durkheim protestiert gegen Lévy-Bruhls Annahme, die »Primitiven« seien gegenüber Widersprüchen im Allgemeinen gleichgültig und seien von der »prälogischen« Neigung geprägt, Differenzen auszuschließen:

> »Denn wenn der Primitive Dinge vermengt, die wir unterscheiden, so unterscheidet er im Gegensatz andere, die wir miteinander verbinden; er trennt sie sogar aufs deutlichste und heftigste. […] Aus diesem Grund sieht der Australier, der die Sonne und den weißen Kakadu als Einheit sieht, zwischen dem weißen und dem schwarzen Kakadu Gegensätze. Diese scheinen ihm zwei verschiedenen Gattungen anzugehören, die nichts miteinander gemeinsam haben. Noch stärker ist der Gegensatz zwischen heiligen und profanen Dingen. Sie stoßen sich ab und widersprechen sich mit einer derartigen Kraft, daß der Geist sie nicht zu gleicher Zeit denken kann. Sie verjagen sich gegenseitig aus dem Bewußtsein. So besteht kein Abgrund zwischen der Logik des religiösen Denkens und der Logik des wissenschaftlichen Denkens.« (Durkheim 1981, 326)

Lévy-Bruhl führte seine Theorie über die »Prälogik« der Primitiven und ihre relative Unfähigkeit des logisch-abstrakten Denkens, das ihm sowohl von Mauss als auch von Lévi-Strauss den Vorwurf des Ethnozentrismus einbrachte (vgl. Gugler 1961, 53), weder auf psychologische oder biologische Ursachen zurück, sondern leitete es aus ihren Kollektivvorstellungen her ab:

> »Wenn also die ursprüngliche Mentalität das logische Denken und Schließen vermeidet und nicht kennt, wenn sie sich der Überlegung und des Nachdenkens enthält, so tut sie dies nicht aus Unfähigkeit über ihre sinnlichen Wahrnehmungen hinauszugehen, und ebensowenig aus einseitiger Hingabe an wenige Gegenstände materieller Art. […] [B]egeben wir uns ohne vorgefaßte Meinung an das objektive Studium der primitiven Mentalität, wie sie sich in den Einrichtungen der niederen Gesellschaften oder in den Kollektivvorstellungen kundgibt, denen diese Einrichtungen entspringen. Dann wird die Geistestätigkeit der Primitiven nicht mehr von vornherein als eine unentwickelte, kindliche und fast pathologische Form der unse-

---

manqué aucune des réunions du lundi matin du petit bureau du Comité directeur. Il eut, là aussi, la joie de la tâche accomplie.«

ren gedeutet werden; sie wird im Gegenteil unter den gegebenen Bedingungen als normal und umfassend und nach ihrer Art entwickelt erscheinen.« (Lévy-Bruhl 1959, 15f)

Lévy-Bruhl wollte nach eigenen Intentionen nicht das »primitive« Denken entstellen und entwürdigen, sondern die Geistestätigkeit der Primitiven ausschließlich nach ihren eigenen Äußerungen bestimmen (vgl. Lévy-Bruhl 1959, 16).

Josef Gugler hat in seiner Darstellung der französischen Soziologie auf die Notizbücher von Lévy-Bruhl aufmerksam gemacht, die 1949 posthum erschienen sind (vgl. Gugler 1961, 48). Sie verdeutlichen Lévy-Bruhls Selbstreflexionen und die Verschiebungen seiner Theorien. Insbesondere Lévy-Bruhls Annahme des prälogischen Denkens der »Primitiven« erfährt in seinen Aufzeichnungen eine Revision und er stellt »ausdrücklich fest, daß die logische Struktur des Geistes in allen bekannten Gesellschaften die gleiche ist, wie sie alle eine Sprache, Bräuche und Institutionen haben.« (Gugler 1961, 48) So wie die wenig differenzierten Gesellschaften der »Primitiven« *logische* Mentalitätsstrukturen aufwiesen, so hätten im umgekehrten Sinne die modernen Gesellschaften auch – wenngleich geringer ausgeprägt – *mystisch-religiöse* Mentalitätselemente. Die prälogische Mentalität ist dem Denken in unserer modernen Gesellschaft nicht so weit entfernt, wie man für gewöhnlich annimmt.

Von der Moral- zur Rechtssoziologie

Gegen Ende seines Lebens hatte Durkheim noch vorgehabt, eine Moralökologie moderner Gesellschaften zu schreiben, die sich detaillierter mit Moral und Normen beschäftigen sollte, als dies seine bisherigen Schriften und Vorlesungen zum Beispiel zur »Physik der Sitten und des Rechts« (Durkheim 1991) getan hatten. Er rückte die Frage nach der Moral und den kollektiven Repräsentationen wieder mehr in den Mittelpunkt seiner Betrachtungen. Durkheims soziologisch zu erfassendes und zu lösendes Problem war der krisenhafte und durch Anomien geprägte Übergang von traditionellen Gesellschaften zu arbeitsteiligen und säkularisierten Gesellschaften, ein Übergang, dessen Probleme er in der Gesellschaft seiner Zeit exemplarisch wahrzunehmen glaubte. So ist seine Theorie der Moral nach Gerhard Wagner nicht nur als eine politische Auftragsarbeit zu verstehen, sondern auch als ein Versuch, »eine soziologisch ebenso plausible wie pädagogisch praktikable Moral [...] auf der Basis der gegensätzlichen Elemente Disziplin und Autonomie zu formulieren [...]. In Amt und Würden gebracht von Anhängern einer Opportunismus genannten politischen Bewegung, die zwischen den beiden widerstreitenden Lagern des Katholizismus und Positivismus zu vermitteln trachtete, suchte Durkheim auf theoretischer Ebene eine Synthese aus katholischen und positivistischen Moralvorstellungen.« (Wagner 1999, 191f)[60] In seinen Beiträgen, die 1924 unter dem Titel »Sociologie et Philosophie« er-

---

60 Zur notwendigen Besprechung der politischen Verhältnisse der Dritten Republik im Zusammenhang zu Durkheims Arbeiten siehe den gesamten Beitrag von Wagner (1999). Die »op-

schienen sind, wird die Bedeutung der Moral für Durkheim besonders offensichtlich. Unter dem Kapitel »Das Gefühl der Obligation. Der sakrale Charakter der Moral«, eine Diskussion vom 27. März 1906, heißt es: »Nun ist die traditionelle Moral aber heute zerrüttet, ohne daß sich eine andere herausgebildet hätte, die sie ersetzte.« (Durkheim 1976, 124) Durkheim verdeutlicht in seinem Beitrag, warum er das Individuum in seiner Soziologie nicht ausblendet: »Obzwar es eine Moral der Gruppe gibt, die allen Menschen, aus der sie sich zusammensetzt, gemeinsam ist, hat jeder Mensch doch seine eigene Moral: selbst dort, wo der ausgeprägteste Konformismus herrscht, bildet sich jedes Individuum zum Teil seine eigene Moral.« (Durkheim 1976, 135)[61] Die jeweilige Entfaltung des Individuums setzt aber eine kollektive Moral voraus: »Die Moral beginnt also dort, wo das Gruppenleben beginnt, weil erst dort Selbstlosigkeit und Hingabe einen Sinn erhalten.« (Durkheim 1976, 105) Individualismus bzw. den »Kult des Individuums« kann es nur mit funktionaler Arbeitsteilung und der damit einhergehenden Systemintegration geben, wobei die Moral in modernen Gesellschaften vor allem durch mehr Rationalität charakterisiert sei als in segmentären Gesellschaften und dennoch nicht völlig ihren sakralen Charakter verliere (vgl. Durkheim 1976, 125ff).

Wie kam es zur Beschäftigung mit der Moral bei Durkheim? Der Philosoph und Präsident des »Institut supérieure de philosophie«, Simon Deploige, schrieb 1911 in seinem Buch »Le conflit de la morale et de la sociologie«, dass Durkheim insbesondere von Simmels »Einleitung in die Moralwissenschaft« (1892/1893) inspiriert worden sei (vgl. Deploige 1911, 150). Durkheim selbst wies dies jedoch am 8. November 1907 in einem Brief an die Zeitschrift »Revue Néo-Scolastique de Louvain«, die Abschnitte aus Deploiges Buch veröffentlicht hatte, vehement zurück: »1 Page 150, votre collaborateur déclare qu'une idée, que j'ai développée dans une conférence faite à l'Ecole des Hautes Etudes sociales, a été empruntée à l'*Einleitung in die Moralwissenschaft* de Simmel, livre, ajoute M. Deploige, ›à peine connu en France en dehors de l'entourage de M. Durkheim‹. – M. Deploige s'est trompé; je n'ai jamais lu l'*Einleitung* de Simmel; je ne connais de cet auteur que son *Arbeitsteilung* et sa *Philosophie des Geldes*.« (Durkheim in Deploige 1911, 401).[62] Es bleibt festzuhalten: Durkheims Beschäftigung mit der

---

portunistische« Bewegung war diejenige Dritte-Weg-Bewegung zwischen den radikalen Positivisten des linken Randes und den reaktionären Katholiken des rechten Randes. »In der Mitte des Spektrums sammelten sich Opportunisten in einer Bewegung, die immer mehr Einfluß auf die Politik der Dritten Republik gewinnen sollte.« (Wagner 1999, 199)

61 Es lässt sich hier zeigen, dass Durkheim nicht zu einem Anhänger des Kommunitarismus stilisiert werden kann, wie dies zuweilen vermutet worden ist. Zur Kritik an der Indienstnahme Durkheims für den Kommunitarismus vgl. Peter (1997).

62 In seiner Antwort auf den Brief Durkheims bemerkt Deploige (1911, 404), Simmel habe niemals ein Buch mit dem Titel »Arbeitsteilung« geschrieben. Durkheims Verteidigung sei alles andere als geschickt gewesen, wie Wolf Lepenies bemerkt: »Darüber hinaus hatte kein Kritiker Durkheims vergessen, daß er selbst Simmels Aufsatz über die Selbsterhaltung der sozialen gruppe in der *Anné sociologique* veröffentlicht hatte. Und wenig überzeugend schien es, daß Durkheim die *Einleitung in die Moralwissenschaft* nicht kennen sollte, jenes Buch Simmels, das im Kreise der *durkheimiens* so vehement diskutiert wurde.« (Lepenies 1989a, 97)

Moral resultiert nicht allein aus rein kognitiven Prägungen – und wenn, dann müsste man weit mehr Wilhelm Wundt, den Durkheim aus Leipzig kannte, und nicht so sehr Simmel als Einfluss nennen –, sondern hängt auch unmittelbar mit seinem realhistorischen, sozialen und politischen Umfeld der dritten Republik zusammen. Das Interesse an der Moral war in seinem Denken schon sehr früh angelegt, so wie die Frage nach dem moralischen Zusammenhalt in Frankreich überhaupt ein seit der französischen Revolution aktuell gebliebenes Problem darstellte.

In der Zwischenkriegszeit sind die Werke von Paul Ernest Lament Fauconnet »La responsabilité« (1920) und von Georges Davy »La foi jurée. Etude sociologique du problème du contrat« (1922) unmittelbarer Ausdruck der Beschäftigung mit der Moral und dem Recht im Anschluss an Durkheim.[63] »Fauconnet glaubte an die Soziologie, wie Emile Durkheim sie aufbauen wollte, nämlich als eine Wissenschaft im Werden, als eine noch neue Wissenschaft, deren Unvollkommenheit und Jugendschwächen er gern zugab, doch – um ein Modewort zu verwenden – er dachte nicht daran, den Weg, auf dem das soziale Individuum, das sich Durkheim nannte, zum Soziologen wurde, selbst zu ›objektivieren‹ «, wie Raymond Aron (1985) in seinen Lebenserinnerungen schreibt.[64] Paul Fauconnet (1874–1938) legte mit seinem Werk »La responsabilité« sowohl eine Theorie der Strafe und des Verbrechens als auch eine Theorie der strafrechtlichen Zurechnungsfähigkeit vor, deren Leitmotive die »Verletzung und Entfesselung kollektiver Gefühle im Verbrechen, ihre Besänftigung und Bekräftigung in der Strafe und deren symbolische Vermittlung durch das Strafrecht« waren (vgl. Gephart 1997, 16). Ausgehend von diesen Motiven – die Thematik erinnert an Robert Hertz` unvollendete Studie über die Schuld und Sühne – entwickelte Fauconnet eine Theorie des strafrechtlichen Verfahrens, die »von der Idee des archaischen Rituals profitierend, die Funktion des Verfahrens in der Kanalisierung der kollektiven Emotionen, aber auch der effervescenten Bestärkung und Wiederbelebung zentraler Gemeinschaftswerte sieht.« (Gephart 1997, 16)

Die Soziologie Durkheims verbreitete sich in der Zwischenkriegszeit insbesondere in den juristischen Fakultäten. Ein Viertel der Mitarbeiter der Zeitschrift »Annales sociologiques« waren Juristen (vgl. Heilbron 1985, 208): »Et cette tendance s'est confirmée avec la fondation de revues comme les *Archives de philosophie du droit et de sociologie juridique* (1931) et les *Annales du droit et des sciences sociales* (1933) ainsi que de l'Institut international de philosophie de droit et de sociologie juridique (1934).« (Heilbron 1985, 208)

---

63   Zu Georges Davys Buch, seiner *thèse principal*, zur Frage, wer zuerst den *potlatch* entdeckt hat und der Auseinandersetzung darum vgl. die von Philippe Besnard (1985c) in der »Revue Française de Sociologie« zusammengestellten und interpretierten Dokumente. Mitglieder der Jury von Davys *thèse* waren: Lévy-Bruhl, Fauconnet, Bouglé, Lalande, Dumas und Marcel Granet, der Marcel Mauss vertrat und einer der schärfsten Kritiker Davys war (vgl. Besnard 1985c, 249). Siehe auch Mauss (1999a, 20), Fußnote 4.

64   Zu Paul Fauconnet siehe auch insbesondere die instruktive Studie von Werner Gephart (1997), auf die im Folgenden zurückgegriffen wurde. Zur Verteidigung der thèse »La responsabilité« von Fauconnet am 13. März 1920 vgl. Gephart (1997, 111ff).

Durkheims eigene Überlegungen zu Strafe und Verbrechen sind neben seinen Ausführungen zum repressiven und restitutiven Recht nur verstreut zu finden, ein Vorlesungsmanuskript zur Theorie der Sanktionen gilt als verschollen (vgl. auch Gephart 1997, 14). Seit den zwanziger Jahren können sowohl die Werke von Fauconnet und Davy als auch Marcel Mauss' Essay über die Gabe und den *potlatsch* als Fragmente einer sich entwickelnden Rechtssoziologie im Anschluss an Durkheim gezählt werden (vgl. dazu auch Mauss 1969 [1933], 440). Zu den damals einschlägigen rechtssoziologischen Werken gehörten zudem die zwei Bücher von Bayet mit den Titeln »La science des faits moraux« von 1935 und »La morale des Gaulois« von 1930, »Le droit, l'idéalisme et l'expérience« (1922) von Davy und die Bücher von Emmanuel Lévy »Le fondement du droit« (1929), »La vision socialiste du droit« (1926) und »L'affirmation du droit collectif« (1903).[65]

Aber die Rechtssoziologie war nicht ausschließlich eine Domäne der Durkheim-Schule. Jenseits der Schüler Durkheims trug der aus Russland stammende Soziologe Georges Gurvitch (1894–1965) maßgeblich zur Etablierung der Rechtssoziologie bei. Gurvitch legte zu Beginn der dreißiger Jahre zwei Bücher zur Theorie des Sozialrechts vor, in denen er die Vorrangstellung der Rechtssoziologie vor den Rechtswissenschaften zu behaupten versuchte, mit dem Argument, dass jedes Recht aus sozialen Strukturen entsprungen sei.[66] 1932 erschienen seine beiden Komplementärdissertationen »L'idée du droit social. Notion et système du Droit social. Histoire doctrinale depuis le XVIIe siècle jusqu'à la fin de XIXe siècle« und »Le temps présent et l'idée du Droit social«. Es folgen die Werke »L'expérience juridique« (1935) und »Eléments de Sociologie juridique« (1940), weitere entstanden während der Emigration an der New School for Social Research in New York, wo er 1942 die »Sociology of Law« publiziert. Gurvitch verband mit seinen rechtssoziologischen Werken die Hoffnung, auf die Gesellschaft einzuwirken; so ist seine 1944 verfasste »Déclaration des droits sociaux« neben der wissenschaftlichen Ausrichtung auch darauf hin angelegt, die Konstituierung der Vierten Französischen Republik zu beeinflussen (vgl. Geldsetzer in Gurvitch [1965, 296]).

Georges Gurvitch

Die »sozialen Fakten« warten nicht einfach wie »Feldblumen« darauf, gepflückt zu werden, vielmehr erforsche »doch jede Wissenschaft nach einer ausgezeichneten Formulierung Gaston Bachelards ›das Verborgene‹«, schreibt Georges Gurvitch (1965, 11) zu Beginn seines Werkes »Dialektik und Soziologie«. Heute gehört Gurvitch beinahe selbst zu diesem Verborgenen im soziologischen Diskurs. Dabei hat er viele Im-

---

65 Vgl. Lévi-Strauss (1971, 513f).
66 Zu Gurvitch siehe insbesondere auch das Nachwort von »Dialektik und Soziologie« von Lutz Geldsetzer in Gurvitch (1965, 290ff), in dem sowohl biographische als auch werktheoretische Angaben zu finden sind.

pulse sowohl für das soziologische als auch für das philosophische Denken in Frankreich gegeben.

Georges Gurvitch, der ein Freund von Marcel Mauss und Lucien Lévy-Bruhl war, folgte 1935 auf den frei gewordenen Soziologie- und Pädagogik-Lehrstuhl von Maurice Halbwachs in Straßburg. Obgleich Gurvitch soziale Beziehungen zur Durkheim-Schule unterhielt, verlief sein Denken – sieht man einmal von wenigen Einflüssen ab – in relativ unabhängigen Bahnen: »Like Lévy-Bruhl, he belongs to the group of independent thinkers, who, while working in close cooperation with the ›Année Sociologique‹ people, made no mystery of their dissent from Durkheimianian orthodoxy.« (Lévi-Strauss 1971, 532) Den in seiner Soziologie verwendeten und ausgebauten Begriff des »sozialen Totalphänomens« übernahm Gurvitch von Mauss; Berührungen zu Lévy-Bruhl gab es in der empirischen Erforschung von Wissensformen. Gurvitch versammelte in seinem Denken einerseits von Mauss und Proudhon entwickelte soziologische Elemente und andererseits griff er auf die klassische deutsche Philosophie, die Phänomenologie Husserls und Schelers, den Gurvitch persönlich kannte (vgl. Geldsetzer 1965, 294), und auf die Lebensphilosophie Bergsons zurück; hinzu kam die Beschäftigung mit Werken von Frédéric Rauh, Léon Brunschvicg und Jean Wahl.

Gurvitch wurde am 2. November 1894 im russischen Noworossijsk am Schwarzen Meer geboren.[67] Zunächst begeistert von Marx, Adam Smith, Hegel und insbesondere Max Stirner, versuchte er Kant und Marx zusammenzubringen. Er vertiefte sein neukantianisches Wissen in Deutschland: »Aber Cohen, Natorp, Cassirer, Rickert, Windelband, Volkelt, Renouvier und Hamelin flößen ihm mit ihrem ›verschleierten Idealismus‹, ihrem ›recht primitiven Antipsychologismus und Antisoziologismus‹ bald Widerwillen gegen die ganze Richtung ein, und er wendet sich Wilhelm Wundt zu.« (Geldsetzer 1965, 292) Von Wundt enttäuscht, entdeckte er Henri Bergson, dessen Denken in Gurvitchs Theorie der Eigenzeiten der gesellschaftlichen Totalphänomene (Klassen, Gesellung, Globalgesellschaft) einging. Durch Emil Lask, bei dem Gurvitch in Heidelberg studierte, wurde ihm Fichte vermittelt, über den Gurvitch dann nicht nur zahlreiche Schriften verfasste, sondern der auch große Teile der anderen Werke Gurvitchs durchzieht, insbesondere wenn es um die Bildung des Rechtsbegriffs geht, aber auch noch in seinem späteren Versuch einer Methodologie soziologischer Forschung, »Dialektik und Soziologie«, in dem es heißt: Man muss erkennen, »daß Fichte nicht nur *der erste war, der die Dialektik mit der realen Bewegung der Gesellschaft verbunden hat, sondern gleicherweise auch klar die Ausrichtung auf den dialektischen Empirismus gezeigt hat.*« (Gurvitch 1965, 91)[68]

Über Emil Lask lernte er die verstehende Soziologie Max Webers kennen, die mit ihrem Theorem der Idealtypen auf Gurvitchs Konzeption einer Soziologie als »Typo-

---

67 Die biographische Darstellung folgt hier in Ausschnitten der umfassenderen Biographie von Geldsetzer (1965, 291ff).

68 Zu Emil Lask und den Heidelberger Sozialwissenschaften in der Zwischenkriegszeit sei hier sowohl auf die grundlegende als auch überaus instruktive Untersuchung von Reinhard Blomert (1999) verwiesen: »Intellektuelle im Aufbruch. Karl Mannheim, Alfred Weber, Norbert Elias und die Heidelberger Sozialwissenschaften der Zwischenkriegszeit«.

logie gesellschaftlicher Totalphänomene« Einfluss ausübte, wobei die Typen (Gesellung, Gruppen, Klassen, Globalgesellschaften) die horizontale Untersuchungsebene bilden und die so genannte »Tiefensoziologie« (z. B. die Erforschung der Eigenzeiten und dynamischer Schichten wie morphologische Basis, Rollen, Symbole, Werte etc.) den vertikalen Forschungsaspekt bei Gurvitch darstellt.

Seine Arbeiten kreisen Anfang der zwanziger Jahre um Fichte, über die Idee des Sozialrechts und um die »tiefensoziologisch« zu erfassenden sozialen Stufen und Schichten. 1924 ging Gurvitch nach Frankreich, wurde 1929 französischer Staatsbürger und studierte an der Sorbonne die Schriften Comtes und Proudhons. Er lernte auch einige Anhänger der Durkheim-Schule kennen, insbesondere Marcel Mauss und Maurice Halbwachs. Durch Léon Brunschvicg angeregt, hielt Gurvitch an der Sorbonne Vorlesungen über die deutsche Philosophie und machte hiermit die deutschen Phänomenologen in Frankreich bekannt, auch wenn seine Vorlesungen nicht die gleiche Anziehungskraft besaßen wie die Hegelseminare von Kojève. Es folgten die bereits erwähnten rechtssoziologischen Schriften.

Bevor er 1935 Halbwachs' Lehrstuhl in Straßburg übernahm, lehrte Gurvitch Soziologie in Bordeaux. In Straßburg beschäftigte er sich mit der Soziologie der Moral und entwickelte langsam seine eigene allgemeine Soziologie, die ihren Kulminationspunkt in dem Werk »Dialektik und Soziologie« fand, deren Grundstein aber bereits in den 1938/1939 erschienenen »Soziologischen Essays« gelegt wurde.[69] In den Essays verknüpft Gurvitch bereits Mikro- und Makrosoziologie, indem er zwischen den mikrosoziologischen Gesellungsformen und Gemeinschaften, die in unterschiedlich dynamischen Aktualitäts- und Virtualitätsgraden in den makrosoziologischen Gruppenformen und Klassen der Gesellschaften vorhanden sind, differenziert. Der Schwerpunkt der Essays liegt jedoch noch hauptsächlich in den mikrosoziologischen Elementen (Typologie der Gemeinschaften und »Alleinigkeiten«).

1940 emigrierte Gurvitch nach New York, wo er eine Einladung an die New School for Social Research annahm und dort zunächst über die Geschichte der französischen Soziologie Vorlesungen hielt. 1941 gründete er mit anderen die »Ecole Libre des Hautes Etudes« in New York. Die amerikanische Soziologie frustrierte ihn jedoch, wie Geldsetzer bemerkt: »Das Übergewicht deskriptiver und mit großem Aufwand betriebener Forschungen und Erhebungen gegenüber explikativen Resultaten, der Mangel an klarer Fragestellung, an Unterscheidungen zwischen Erheblichem und Beiläufigem, der allgemeine ›manque de culture‹ der Forscher und der ›manque de substance et de profondeu‹ ihrer Arbeiten enttäuschen ihn.« Das gelte auch für Beiträge in dem von ihm selbst 1946 herausgegebenen Sammelband »Soziologie des 20. Jahrhunderts«, so der Biograph Lutz Geldsetzer (1965, 298) weiter. Eine Ausnahme in dem zuerst in englischer Sprache verfassten und 1947 ins Französische übersetzten Band dürfte freilich Lévi-Strauss' Beitrag sein, der in Gurvitchs Überblickswerk diesen selbst würdigte: Lévi-Strauss hebt dort Gurvitchs Dialektik zwischen Theorie und Praxis hervor, die später in seiner Methodologie des »dialektischen Hyper-Empiris-

---

69   Roger Caillois greift in seinem, aus den Vorträgen und Sitzungen am Collège heraus entstandenen Buch »Der Mensch und das Heilige« (Caillois 1988) auf diese Essays zurück.

mus« besonders offensichtlich wird (vgl. Gurvitch 1965). Neben seinem »ontological pluralism« unterstreicht Lévi-Strauss Gurvitchs »methodological pluralism«, der sich in der phänomenologischen Unterscheidung verschiedener sozialer Stufungen bzw. in der »multiplicity of levels« ausdrückt: »the geographic and demographic basis of social life, the social system of symbols, the organizations, the behavior – fixed and non-cristallized –, the world of ideas and values, finally the collective consciousness.« (Lévi-Strauss 1971, 533) Gurvitch verknüpfte die Erforschung der sozialen Totalphänomene und der unterschiedlichen Gesellschaftsschichten, ausgehend von der sozialen Morphologie und ökologischen Basis über die sozialen Verhaltensregeln und das Geflecht der sozialen Rollen bis hin zu den schöpferischen Haltungen und mentalen und psychischen Zuständen in seiner so genannten »Tiefensoziologie«. Seine alles umfassende und integrierende Theorie und Methodologie könnte ihm den Vorwurf oder die Vermutung eintragen, er sei Strukturalist, weil er alle bisher in der Soziologie als inkompatibel gehaltenen Elemente zusammenfügt (vgl. Lévi-Strauss 1971, 533), wenn dabei nicht die von Gurvitch betonten schöpferischen, dynamischen und die Struktur überschreitenden In(ter)ventionen vernachlässigt würden, wie er sie beispielsweise in Krisen, Revolutionen oder in der Literatur, Musik, Mode, Wissenschaft etc. ausmacht.[70]

Als Gurvitch Ende 1945 wieder nach Frankreich zurückkehrte, gründete er 1946 innerhalb des Centre National de la Recherche Scientifique (CNRS) das »Centre d'études sociologiques« (CES) und versuchte dort vor dem Hintergrund seiner Erfahrungen in den USA eine ausgewogene Verbindung zwischen Theorie und Empirie herzustellen.[71] Im selben Jahr gab er die »Cahiers Internationaux de Sociologie« heraus. 1948 auf den Lehrstuhl für Soziologie an die Sorbonne berufen, übergab er die Leitung des »Centre d'Etudes Sociologiques« an Jean Stoetzel. Gurvitch spielte in der Zeit vor der Konsolidierung und Ausweitung des Empirismus Stoetzels eine sehr große Rolle für die französische Soziologie, verschwand dann aber im »Verborgenen«. Dennoch führte er seine in der Zwischenkriegszeit begründete Soziologie immer weiter aus: 1950 erschien die erweiterte Ausgabe der Soziologischen Essays »La vocation actuelle vers une sociologie différentielle«, die ihm die Bezeichnung eines Denkers der Differenz bzw. eines Vertreters der »differentiellen Soziologie« einbrachte (vgl. Gugler 1961, 110ff).[72] Es folgte 1958 der »Traité de Sociologie«. Lutz Geldsetzer betont darüber hinaus in seinen biographischen Hinweisen die Bedeutung, die der Kontakt zu Max Scheler für die Entwicklung der Wissenssoziologie Gurvitchs hatte:

> »Auf das Ideologienproblem ist er schon bei den frühen Marxstudien gestoßen, Probleme der Erkenntnis- und Wissenssoziologie sind ihm seit den persönlichen Kon-

---

70 Zu Gurvitch und dem Poststruktralismus, insbesondere zum Denken einer Dialektik der Logik der Äquivalenz und Differenz siehe auch Moebius (2003*b*).

71 Zu den ersten Jahren des »Centre d'études sociologiques« vgl. den Beitrag von Jean-René Tréanton (1991).

72 Hier wäre noch einmal auf die interessante und noch ausstehende Arbeit hinzuweisen, Gurvitchs »differentielle Soziologie« mit einer »differ*an*tiellen« Sozialwissenschaft (Moebius 2003*b*) zu vergleichen.

takten mit Scheler bekannt. Für die Untersuchung der Tiefensoziologie und insbesondere der moralischen Haltungen und ihrer integrierenden Funktionen sind sie schlechthin grundlegend. Schon in den Jahren 1944 – 1945 hält Gurvitch erste Vorlesungen an der Harvard University über dieses Thema, die sich besonders mit der Geschichte der entsprechenden Probleme befassen. [...] Dabei kommt es Gurvitch wie Scheler wesentlich auf die Unterscheidung von Wissensarten an [...].« (Geldsetzer 1965, 299f)

Gurvitch versuchte viele unterschiedliche Ansätze in seiner Tiefensoziologie zu synthetisieren, wobei die Dialektik seine vorwiegende Methode war. In seinem originellen, aber bisher wenig beachteten Buch »Dialektik und Soziologie« von 1962 verknüpfte er wissenschaftliches dialektisches Denken mit den dialektischen Bewegungsformen der sozialen Realität zu seinem »dialektischen Hyper-Empirismus« bzw. zu seiner »empirisch-realistischen Dialektik« (vgl. Gurvitch 1965, 224): »Was die Erfahrung so sehr der Dialektik annähert, die ihr sozusagen als Motor dient, ist die Tatsache, *daß sie unaufhörlich ihre eigenen Bezugsgrundlagen vernichtet. Wahrhaft einem Proteus vergleichbar, entschlüpft sie uns, wenn wir sie zu fassen glauben; meinen wir, wir hätten ihr Geheimnis ausgespäht, so haben wir uns getäuscht; wenn wir glauben, uns von ihr befreit zu haben, sind wir ihr Opfer, sei es auch nur für einen Augenblick!*« (Gurvitch 1965, 12) Nimmt man diese Aussage näher in Augenschein, wird deutlich, dass Gurvitchs Begriff der Dialektik weniger von Hegel stammt, sondern vielmehr vom spätantiken und scholastischen Begriff der Dialektik aus entwickelt wird (vgl. Gurvitch 1965, 41 – 213) und sich aufgrund seiner Nicht-Aufhebung der »allgemeinen Ökonomie« im Sinne Batailles (vgl. dazu v. a. Derrida 1997c) annähert.

Gurvitchs Entwurf des »dialektischen Hyper-Empirismus« war auf die Entfaltung und Konstituierung sozialer, politischer und ökonomischer Pluralität angelegt[73] sowie auf Demokratie und Liberalität. Seine Soziologie wollte alte und »mumifizierte« Begriffe zerstören, die es nicht vermocht hatten, die »*menschlichen Totalitäten ›en marche‹ zu erfassen und zugleich das Ganze und die Teile im Auge zu behalten, die sich gegenseitig erzeugen.*« (Gurvitch 1965, 219) Er war der festen Überzeugung, die Soziologie müsse ebenso den konfliktuellen und antagonistischen sowie den unabschließbaren Charakter des Sozialen beachten.

Obgleich Gurvitch Mitte der dreißiger Jahre einen bedeutenden Einfluss auf die Soziologie hatte, die Rechtssoziologie weitgehend prägte und unmittelbar nach dem Krieg die offizielle Soziologie beherrschte, übte sein Denken nach seinem Tod am 12. Dezember 1965 keinen größeren Einfluss auf den späteren soziologischen Diskurs aus.[74] Dies hat sicherlich mit der wachsenden Bedeutung empirischer Forschungen in Frankreich, eingeleitet durch Jean Stoetzel, und der damit zusammenhängenden Ablehnung philosophisch fundierter Soziologien zu tun, die so weit führte, dass Gurvitch von den Kollegen aus der Soziologie als Philosoph angesehen wurde, der

---

73 Vgl. auch hier eine etwaige Nähe zu Laclau und Mouffe (1991), ebenso wie zur Unabschließbarkeit des Sozialen (vgl. Moebius 2003b).

74 Drei Jahre vor dem Mai 1968 hatte er noch eine »Sociologie de la révolution« schreiben wollen (vgl. Julliard und Winock 1996, 577).

sich in der Tür geirrt habe (vgl. Geldsetzer 1965, 291). Claude Lévi-Strauss verteidigt jedoch Gurvitchs fruchtbaren Ansatz: »But his [Gurvitch, S.M.] attempt is significant: while the ›Année Sociologique‹ group has felt more and more the urge to travel away from its philosophical origins and to keep up with an increasing interest in anthropology, it is, on the contrary, in the open confrontation between a clearcut philosophical position and a livley sociological experience that Gurvitch finds a chance to overcome the traditional conflicts of sociological thought.« (Lévi-Strauss 1971, 533)

Nun ist der Streit über die Nähe und Distanz und den Sinn und Zweck einer Verbindung zwischen Philosophie und Soziologie nahezu so alt wie die Soziologie selbst, aber für die französische Soziologie, sowohl in den dreißiger und vierziger Jahren, speziell am Collège, als auch heute gilt zum größten Teil immer noch die Einschätzung von Lévi-Strauss: »The philosophical ancestry of French sociology has played it some tricks in the past; it may well prove, in the end, to be its best asset.« (Lévi-Strauss 1971, 536)

Institutionalisierungs- und Ausdifferenzierungsprozesse der französischen Soziologie in der Zwischenkriegszeit

Den bereits erwähnten Institutionalisierungsprozessen der Soziologie an den Universitäten in Form des Zertifikats in Moral und Soziologie sowie der Einrichtung des Faches Soziologie an den Lehrerbildungsanstalten 1920 folgte ein Jahr später die Gründung eines staatlichen agronomischen Forschungszentrums (INRA), das unter Aufsicht des Landwirtschaftsministeriums stand.[75] Der von Charles Rist 1925 vorgebrachte Vorschlag, ein Institut für empirische Wirtschafts- und Sozialforschung zu gründen, führte zum »Institut scientifique de recherches économiques et sociales« im Jahre 1931 (vgl. Wagner 1990, 325). Neben dem 1927 von Celestin Bouglé errichteten Dokumentationszentrum an der »École normale superieure«, auf das im Abschnitt zu Bouglé zurückgekommen wird, muss auch die Phase, die zur Gründung des berühmten Centre National de la Recherche Scientifique (CNRS) im Jahr 1939 geführt hat, erwähnt werden (vgl. auch Dumoulin 1985), dem verschiedene staatliche Forschungsförderungsfonds vorausgingen: 1930 wurde sowohl eine »Caisse nationale des Sciences« als auch eine »Caisse Nationale des Lettres« für die Humanwissenschaften eingerichtet. Beide Forschungsförderungsfonds wurden 1935 zum »Caisse Nationale de la recherche scientifique« zusammengelegt. Seit 1936 gab es verschiedene Reformen dieser Forschungsförderung, die dann zur Gründung des CNRS führten: »Le ministre de l'Éducation nationale du Front populaire, le radical Jean Zay, installe dans son ministère un Service national de la recherche dont la responsabilité est confiée au physisiologiste Henri Laugier. Loin d'être le simple appendice de réalisations précédentes, la création du service est une date capitale. Elle marque en France le début

---

75 Die folgenden Beschreibungen beruhen zum Teil auf der synoptischen Tafel von Michael Pollak (1978, 120f), die die Entwicklung der Soziologie und der sozialwissenschaftlichen Institutionen auflistet. Siehe aber auch Sutherland (1981).

d'un budget spécifique consacré à la recherche, désormais discuté chaque année par le Parlament.« (Julliard und Winock 1996, 234) Am 19. Oktober 1939 veröffentlichte das »Journal officiel de la République« die Gründung des CNRS (vgl. Julliard und Winock 1996, 234). Dank Gurvitch wird die Soziologie nach dem Krieg eine wichtige Rolle im CNRS spielen.

Im Jahre 1931 bekam Marcel Mauss seinen Lehrstuhl für Soziologie am Collège de France. Ein Jahr später berief man Paul Fauconnet auf die Professur für Soziologie an die Sorbonne. Während der Entwicklungen, die zur Institutionalisierung des CNRS führten, war 1933 ein wissenschaftliches Beratungsgremium im Erziehungsministerium entstanden, das Philosophie, Geschichts- und Sozialwissenschaften vertrat (vgl. Pollak 1978, 121). Das wichtigste soziologische Organ in den dreißiger Jahren waren die »Annales Sociologiques«, die in den Jahren 1934 bis 1942 auf die 1926 eingestellte Zeitschrift »Année sociologique« folgten.

1937 entstand das *Collège de Sociologie*, das sich thematisch am Schnittpunkt von Soziologie, Ethnologie und Philosophie und damit weit entfernt vom nur ein Jahr später unter der Leitung von Jean Stoetzel geschaffenen privaten Meinungsforschungsinstitut »Institut français d'opinion publique« (IFOP) befand. Das Collège war sowohl einer der wenigen existierenden soziologischen und interdisziplinär ausgerichteten Forschungszusammenhänge in den dreißiger Jahren als auch einer der Versuche, die von Durkheim und seinen Schülern angeregten soziologischen Fragestellungen selbstständig weiterzudenken und zu -entwickeln.

Obwohl die Soziologie aus dem wissenschaftlichen Diskurs in Frankreich nicht mehr auszuschließen war, erfolgte ihre Institutionalisierung vor dem Zweiten Weltkrieg sehr langsam und schleppend (vgl. Sutherland 1981, 271). Und wenn sich in der politisch turbulenten Zeit mühsam Diskussionszusammenhänge wie beim *Collège de Sociologie* aufgebaut hatten, wurden sie entweder durch interne Querelen oder durch den Krieg und seine Folgen zunichte gemacht.

Wirft man einen Blick in die 1926 von Bouglé und Raffault ausgewählten Texte, versammelt im Band »Éléments de Sociologie« (Bouglé und Raffault 1926), so ergibt sich folgendes Bild der thematischen Ausdifferenzierungen der französischen Soziologie zu dieser Zeit: Neben den Beiträgen zu einer Allgemeinen Soziologie, die sich mit den Fragen, was eine Gesellschaft, eine Assoziation oder das der Soziologie eigene Forschungsobjekt sei – Fragen, die anhand zentraler Artikel von Mauss, Tarde, Espinas, Lacombe, Durkheim, Comte, Smith etc. beantwortet werden – finden sich zahlreiche andere Beiträge unter den Rubriken »Sociologie Domestique« (hauptsächlich Beiträge zur Familiensoziologie), »Sociologie Politique« (Beiträge zu »clans, cités, empires, régime féodal, nations, etats modernes«), »Sociologie Morale et Juridique« (»science des mœurs, la vie morale, institutions juridique, tendences actuelles du droit«), »Sociologie économique« (Texte zu «les mobiles économiques, types sociaux et phases de l'évolution économique, la division du travail, les fonctions économiques des groupes, le matérialisme historique«) und »Sociologie Idéologique« (Beiträge zu Denksystemen, Wissen, Religion und Kunst, Literatur, Kultur). Auf 500 Seiten präsentiert dieses Überblickswerk eine beeindruckende Bandbreite soziologischer Arbeiten von Klassikern wie Comte, Marx und Stuart Mill bis zu zeitgenössischen französischen Soziologen, die eine mittlerweile weit ausdifferenzierte Soziologie mit vielen eigenständigen Elementen und Bindestrich-Soziologien umfasst und eine arbeitsteilige Spezialisierung verdeutlicht: »Il y a encore nombre de gens aujourd'hui qui jugent prématuré l'enseignement de la sociologie. […] Que la sociologie soit en marche, nous essayons de le prouver ici, non plus par des discussions abstraites, mais par des exemples.«, heißt es bei Bouglé und Raffault (1926) im Vorwort.[76]

Betrachtet man den Bereich der Wirtschafts- und Industriesoziologie, dann ist François Simiand (1873–1935) besonders hervorzuheben (vgl. Mucchielli 1998, 492ff).[77] Er übte insbesondere großen Einfluss auf die Wirtschaftsgeschichte aus (vgl. Julliard und Winock 1996, 1062f). Simiand ging in die Seminare von Bergson am Lycée Henri IV und wurde, wie sich Halbwachs erinnert, von Bergson als der »philosophischste Geist« bezeichnet, »den er je bei seinen Schülern angetroffen habe.« (Halbwachs 2001a, 86) Nach verschiedenen Posten in der Politik wurde Simiand Professor am »Conservatoire National des Arts et Métiers« (CNAM) und 1932 ins Collège de France gewählt. Mit seinem bereits 1912 erschienen Werk »La méthode positive en science économique« versuchte Simiand aufzuzeigen, wie die theoretische und praktische Reduzierung des Menschen auf ein Modell des *homo oeconomicus* zur wissenschaftlichen Erfassung des Menschen und seines Handelns zu kurz greift (vgl. Lévi-Strauss 1971, 514); ihm kam es darauf an, eine methodologisch-individualistische Herangehensweise an ökonomische Probleme zu vermeiden, da sie alles Soziale in den Bereichen des Ökonomischen außer Acht lasse (vgl. Gugler 1961, 66). Hatte Simiand seit 1907 über den Lohn der Arbeiter in den französischen Kohlengruben und über die Interessen von Arbeitgebern und Arbeitnehmern am Beispiel ihres Lebensstandards geforscht, legte er 1932 eine umfangreiche wirtschaftsgeschichtliche Studie zur Entwicklung der Löhne in Frankreich seit dem 18. Jahrhundert vor. Insbesondere prägt er den Begriff des »sozialen Monetarismus«. Claude Lévi-Strauss würdigt das Denken Simiands folgendermaßen:

»His mimeographed lectures at the Conservatoire National des Arts et Métiers (Cours d'économie politque … professé en 1928–1929 et 1930–31, 3 vols.) introduce a basic classification; he distinguished, in economics, ›species‹ (industry, agriculture, trade…), ›regimes‹ (cooperation, artisanry…) and ›forms‹ (concentration, dispersion…). On this basis, the problems of economics are presented in an entirely new light. In two books, published at a twentyfive years' interval, Le salaire des ouvriers des mines de charbon en France (1907) and Le salaire, l'évolution sociale et la monnaie (1932, 3vols.), he defined an interpretation of economic changes which re-

---

76 Bereits Durkheim hatte mit der »Année sociologique« eine Reihe von Wissenschaftlern zusammengebracht, die arbeitsteilig organisiert waren und so – in je verschiedenen Bereichen spezialisiert – besonders zum Erfolg der Soziologie beitrugen (vgl. auch dazu Lepenies 1989a, 91).

77 Vgl. zu Simiand auch den 1936 erschienen Text »Ein rationalistischer Empirismus–Zur Methodologie François Simiands« von Halbwachs (2001a). Siehe auch das Kapitel zu Simiand in Marcel (2001, 85ff) und den Beitrag von Besnard (1983a). Ebenso siehe Philippe Steiners Beitrag »Maurice Halbwachs: Die letzten Feuer der durkheimianischen Wirtschaftssoziologie« (Steiner 2003).

ceived the name ›social monetarism‹: he put the emphasis on the group will, showing how capitalists and workers try to maintain their standard of life, and how, accordingly, the general movement of prices depends upon the volume of currency.« (Lévi-Strauss 1971, 514)[78]

Simiand wurde 1932, ein Jahr nach Mauss, als weiterer Durkheim-Schüler ans Collège de France gewählt; 1944 berief man den Durkheim-Schüler Maurice Halbwachs an das renommierte Collège. Halbwachs hatte sich einige Jahre zuvor über Simiand folgendermaßen geäußert: »Auguste Comte hat einmal gesagt, es sei das sichere Zeichen für den Beginn des Niedergangs einer Wissenschaft, wenn sie den *Doktoren* zu entgleiten beginne und stattdessen in die Hände von *Literaten* falle. […] François Simiand scheint heute einer dieser *Doktoren*, von denen Auguste Comte sprach, und er ist es vielleicht auch, der, wie Comte zu seiner Zeit, in der unseren den größten Beitrag zur Grundlegung einer Doktrin jener Soziologie geleistet hat, wie wir sie selbst verstehen.« (Halbwachs 2001*a*, 85f) Halbwachs' Nachfolge auf den Lehrstuhl Simiands am Collège de France dauerte keine zwei Monate.

Maurice Halbwachs

Die Arbeiten von Maurice Halbwachs sind sowohl im Bereich der Wirtschafts- und Arbeitssoziologie als auch im Rahmen der Gedächtnistheorie einzuordnen.[79] Maurice Halbwachs, der am 16. März 1945 im Konzentrationslager Buchenwald ermordet wurde, ist insbesondere durch seine an Durkheims Begriff des *conscience collective* angelehnte Theorie des kollektiven Gedächtnisses bekannt geworden und gilt neben Marcel Mauss als einer der bekanntesten und innovativsten Akteure der Durkheim-Schule. »In der Zwischenkriegszeit war er durchaus einflußreich, neben Marcel Mauss und François Simiand eine Größe der seit Durkheims Tod plötzlich verwaisten Schule.« (Egger 2003*b*, 11)[80] Obgleich dies heute fast vergessen ist, beschäftigte er sich nicht nur mit dem kollektiven Gedächtnis, sondern darüber hinaus auch mit Lebensstilanalysen und dem Konsumverhalten der Arbeiter, wie beispielsweise sein 1913 publiziertes Buch »La classe ouvrière et les niveaux de la vie. Recherches sur la hiérarchie des besoins dans les sociétés industrielles contemporaines« verdeutlicht.

Halbwachs wurde 1877 in Reims geboren. Er wuchs in Paris auf, war Lehrbeauftragter in Göttingen und trat 1905, beeinflusst durch Lucien Herr, Jean Jaurès und die Dreyfus-Affäre, in die sozialistische Partei ein.[81] Weitere bedeutende intellektuelle

---

78   Weitere Werke sind »Recherches sur le mouvement générale des prix« und »Les fluctuations économiques à longue période et la crise mondiale«, beide von 1932.

79   Zu Halbwachs vgl. die in Konstanz herausgegebenen ausgewählten Schriften und deren Nachworte von Stephan Egger, aber auch die Beiträge von Lutz Niethammer (2000, 314 – 366) und Laurent Mucchielli (1998, 509 – 520) sowie von Mucchielli et al. (1999). Darüber hinaus siehe Craig (1983).

80   Deswegen folgt hier eine ausführlichere Beschreibung einiger seiner Werke.

81   Zur Biographie siehe auch die Angaben von Stephan Egger (2003*b*, 12ff).

Einflüsse übten die Antipoden Henri Bergson und Emile Durkheim auf ihn aus. Bergsons Wirkung bezeichnete er einmal als »unauslöschlich«. Von 1902 bis 1903 war er Lektor am Romanischen Seminar in Göttingen und sichtete in Hannover für eine geplante Werkausgabe die Handschriften von Leibniz. 1904 hatte er sich – vermittelt durch seinen Freund François Simiand – der »école sociologique« Durkheims zugewandt. 1909 wollte er in Berlin die Strukturen der deutschen Verwaltung studieren. Wegen eines Beitrags in der »Humanité« wurde er trotz Proteste von Karl Liebknecht im Dezember 1910 aus Preußen ausgewiesen: »Er hatte in einem Artikel für die Pariser Zeitung *Humanité* nach Auffassung der Behörden zu kritisch über eine Versammlung streikender Arbeiter in Moabit und deren gewaltsame Auflösung durch die Polizei berichtet.« (Lepenies 2003) Seit 1919 war Halbwachs Professor für Soziologie und Pädagogik in Straßburg, wo einst Simmel sein Ordinariat für Soziologie gehabt hatte; Halbwachs arbeitete im Annales-Kreis um Marc Bloch und Lucien Febvre für die Zeitschrift »Annales d'histoire économique et sociale« mit, lehrte seit 1935 Soziologie an der Sorbonne in der Nachfolge von Célestin Bouglé und war – was mittlerweile fast dem soziologischen Fachbewusstsein entfallen ist – einer der ersten, der Max Weber in Frankreich bekannter gemacht hatte (vgl. Lepenies 1989*a*, 101ff). Im Mai 1944 berief man Halbwachs auf einen Lehrstuhl für »Psychologie collective« am Collège de France. Kurze Zeit später, am 26. Juli 1944, wurde er zusammen mit seinem Sohn Pierre wegen dessen Widerstandstätigkeit als »Geisel« in Haft genommen und nach Buchenwald gebracht. Er bekam die Nummer 77161 und wurde im so genannten Kleinen Lager in Block 56 untergebracht (vgl. Doßmann 2002, 196). Wie Wolf Lepenies zu Recht bemerkt, gehört es »zu den traurigsten Kapiteln in der Geschichte der deutsch-französischen Beziehungen, daß Maurice Halbwachs, der soviel getan hatte, um eine Annäherung der beiden nationalen Soziologie-Traditionen zu befördern, 1944 von der Gestapo verhaftet und nach Buchenwald verschleppt wurde, wo er bald darauf starb.« (Lepenies 1989*a*, 104) Kein »kollektives Gedächtnis«, sondern einzig und allein die Erinnerung von Jorge Semprun, der bei Halbwachs an der Sorbonne Vorlesungen gehört und ihn darum zufällig in Buchenwald wiedererkannt hatte, und zwei Bleistiftskizzen von Boris Taslitzky legen von Halbwachs' Sterben und seinem Tod im März 1945 Zeugnis ab.[82]

In seinen Beiträgen zu den Klassen und Lebensweisen (vgl. Halbwachs 2001*b*) stehen insbesondere das Verhältnis zwischen Arbeitswelt und Lebenswelt bzw. die Beziehung zwischen der kollektiven Praxis und der kollektiven Repräsentation der Klassen im Mittelpunkt seiner Untersuchungen. In einem 1905 geschriebenen und in der »Revue philosophique« veröffentlichten Aufsatz »Les besoins et les trendances dans l'économie sociale« (Halbwachs 2001*b*, 11 – 25) arbeitet Halbwachs ausgehend von der Nationalökonomie des Deutschen Gustav Schmoller sowohl Übereinstimmungen als auch Differenzen zur Historischen Schule der Nationalökonomie heraus: »Denn die klassische Ökonomie scheint uns nicht nur deshalb fragwürdig, weil sie dem Stre-

---

82 Vgl. beispielsweise den beeindruckenden wie schmerzhaften Rückblick in »Schreiben oder Leben« von Jorge Semprun (1995, 28ff). Die Zeichnung von Boris Taslitzky findet sich bei Doßmann (2002, 201).

ben nach Reichtum, der Verfolgung des eigenen Nutzens ein derart entscheidendes Gewicht beimisst, sondern auch und vor allem, weil sie nirgendwo die sozialen Einflüsse und Gefühle beachtet, an denen individuelle Triebe ihre Grenzen finden. Aber es ist eben nicht diese Sichtweise, von der aus Schmoller die Klassiker angeht: ihren eigennützigen Individuen stellt er im Namen der Geschichte die wirklichen Individuen entgegen, den ganzen Reichtum ihrer Antriebe. Dennoch bleiben es immer Individuen und individuelle Handlungen, auf die er alle zurückführt. Und diese Grundhaltung ist angreifbar.« (Halbwachs 2001*b*, 21)

Der wirtschaftende Mensch sei historisch geworden, wobei diese Sichtweise weg vom historischen Individuum hin zu einer Unterscheidung zwischen individuellen und kollektiven »Seelenzuständen« (Halbwachs 2001*b*, 25) zu führen habe. Da sich die Gesellschaft aus Gruppen zusammensetze, sei von den Gruppen sowie deren »kollektivem Bewusstsein« (Durkheim) auszugehen und nicht von den individuellen Antrieben. Kurzum: die »faits économique« sind »faits sociaux« und als solche ganz im Sinne Durkheims soziologisch zu erklären. Seine wirtschaftssoziologischen Arbeiten galten dem Office du travail, das zuvor auf Forschungen der LePlayisten zurückgegriffen hatte, als Orientierungswissen und theoretischer Referenzrahmen, da Halbwachs' Methoden »durch ihre Verbindung zur Statistik der Erforschung von Massenphänomenen als dienlicher angesehen wurden und sich außerdem auf die wissenschaftliche Legitimation der Durkheimschen Soziologie berufen konnten.« (Wagner 1990, 224)

In einem anderen Beitrag von 1905, dem in der »Revue de métaphysique et de morale« veröffentlichten Text »Remarques sur la position du probléme sociologique des classes« (Halbwachs 2001*b*, 27–46) geht Halbwachs wiederum von deutschen Nationalökonomen wie Schmoller, Sombart oder Bücher aus, um dann zu erläutern, wie sich die kollektiven Vorstellungen von Klassen bilden. Weder eine alleinige Ableitung der Klassen aus den Eigentumsverhältnissen noch die Erklärung biologischer Tatbestände können die Maßstäbe dafür liefern, nach denen die Einteilung in Klassen erfolgt. Das soziale Bewusstsein der Klassen sei somit nicht auf die ökonomische »Wirklichkeit« zu reduzieren oder monokausal von ihr abzuleiten. Die Wahrnehmung von Klassen bestimmt sich vielmehr nach Art der Verfügungsgewalt über soziale Güter, symbolisiert durch verschiedene Lebensweisen, Lebensstile, »niveaux de vie« und Formen der Lebensführung, die sich in eine soziale Hierarchie einordnen und entweder an den rein auf Nutzen zielenden Ausgaben oder an den ostentativen, potlatsch-ähnlichen Verausgabungen des Bürgertums ablesen lassen. Das Lebensniveau spiegelt das Maß der Integration und die Beteiligung der Klassen am gesellschaftlichen Leben wider.

In seinem »Beitrag zu einer soziologischen Theorie der Arbeiterklasse« (Halbwachs 2001*b*, 47–70), 1926 in dem von Gottfried Salomon herausgegebenen Jahrbuch für Soziologie auf deutsch publiziert, vertieft Halbwachs seine Sichtweise der sozialen Klassen. Anhand einer Ethnographie des Lebens der Arbeiter und deren Haushaltausgaben entwickelt er eine Art Entfremdungstheorie und beschreibt die Enteignung der Teilhabe an gesellschaftlichen Gütern. Soziale Verarmung und kulturelle Enteignung kennzeichnen die Lebensweise der Arbeiter, die sich an der Peripherie der Gesellschaft befinden. Schon in seinem, diesem Beitrag vorangegangenen Buch »La classe ouvrière et les niveaux de la vie. Recherches sur la hiérarchie de besoins dans les sociétés industrielles contemporaines« (1913) ging Halbwachs von einem inneren Kern der Gesellschaft aus, einem Feuerherd, wo das gesellschaftliche Leben am intensivsten ist. Die Arbeiter am Rand dieses »Lagerfeuers« wissen nicht um die Maßstäbe gesellschaftlicher Güter und deren sozialen Gebrauch, wie Halbwachs an den Ausgaben für ihre Wohnungen rekonstruiert. Insofern sind sie nicht nur materiell, sondern auch sozial und kulturell enteignet. Halbwachs Schlussfolgerung aber lautet: Wenn die Arbeiter auch in diesem Sinne weniger »gesellschaftsfähig« seien als andere Menschen, so sind sie doch vielleicht »solidarischer« (vgl. Halbwachs 2001*b*, 70). Die Solidarität erwächst nach Halbwachs aus »dem Gefühl einer ähnlichen Lage, aus dem Gefühl, in der Gesellschaft abseits, fast neben ihr zu stehen« (Halbwachs 2001*b*, 70).

Ein anderer Text, der sich mit den sozialen Klassen beschäftigt, ist Halbwachs »Matière et société«, 1920 erschienen in der »Revue philosophique«.[83] Halbwachs geht in seinem Beitrag davon aus, dass die Arbeiterklasse die »Gesamtheit von Menschen [ist], deren Arbeitspflichten sie zwingen, sich der Materie zuwenden und die Gesellschaft verlassen zu müssen.« (Halbwachs 2001*b*, 91) Von der Gesellschaft abgeschnitten und zugleich gezwungen, sich der Materie zuzuwenden, das sei die konkrete Lebenslage der Arbeiter; diese Lage markiere einen Ausschluss des Sozialen aus dem Betrieb. Halbwachs legt mit diesem Artikel die Grundlage einer eigenen »Soziologie der Entfremdung«.

Er hatte jedoch nicht nur Interesse an der spezifischen Lage und den Lebensstilen der Arbeiter, sondern auch an der Sozialpsychologie bzw. der »kollektiven Psychologie« allgemein (Halbwachs 2001*c*). Dies wird nicht nur in seinem Buch zum kollektiven Gedächtnis deutlich, in dem er davon ausgeht, dass das individuelle Gedächtnis eine soziale Funktion ist, das in Abhängigkeit vom sozialen Rahmen des Gedächtnisses steht (vgl. Halbwachs 1925), in dem das Individuum seine Erinnerungen hervorruft und – nicht wie bei Proust wiederfindet, sondern – *rekonstruiert*. Auch in zahlreichen anderen Beiträgen vertieft Halbwachs die Annahme einer kollektiven Psychologie, ohne dabei Durkheims Diktum, Soziales nur aus Sozialem zu erklären, untreu zu werden. Seine »kollektive Psychologie« geht von den sozial geteilten Vorstellungen, den sozialen und mentalen Strukturen der Menschen aus: Sie untersucht gemeinsame Wahrnehmungen, Handlungs- und Denkschemata sowie Empfindungen, Lebensstile und Dispositionen. Dabei steht der Begriff der »kollektiven Psychologie« geradezu in einem diametralen Verhältnis zum Psychologismus, zur Psychologie des Individuums und zu einem naturalistischen Menschenbild. Soziologie als kollektive Psychologie untersucht vielmehr gemeinsame Sinnwelten, die von den Menschen konstituiert und nur in den gemeinsam geteilten Wirklichkeiten bewusst werden.[84] Hieran knüpfen auch Halbwachs' Studien zum kollektiven Gedächtnis an, die die Thematiken der kollektiven Psychologie und der sozialen Morphologie, besonders deutlich in der Studie »Stätten der Verkündigung im Heiligen Land« (Halbwachs

---

83 Der Text verweist im Titel auf das 1896 publizierte Hauptwerk Bergsons »Matière et memoire«.

84 Vgl hierzu das Vorwort der Herausgeber von Halbwachs (2001*c*).

2003), verbinden.[85] 1925 erschien »Les cadres sociaux de la mémoire« und aus dem Nachlass konnte 1950 das Werk »La Mémoire collective« veröffentlicht werden.

Wie Jan Assmann verdeutlicht, lag zur Zeit von Halbwachs das Thema des Gedächtnisses gleichsam seit Jahrzehnten in der Luft (vgl. Assmann 2002, 8): Man erinnere sich nur an die – Halbwachs diametral gegenüberstehende – Gedächtnistheorie seines Lehrers Henri Bergson oder an Theorien von Richard Semon sowie – etwa zeitgleich mit Halbwachs – an Aby Warburgs Begriff des »sozialen Gedächtnisses«. Während Warburg jedoch die »Kultur als Gedächtnisphänomen« untersucht habe, galt das Interesse von Halbwachs dem »Gedächtnis als Kulturphänomen«, also der »Kulturgeprägtheit des Gedächtnisses« (Assmann 2002, 8). Fasst man Halbwachs' Theorie zur Sozialität des Erinnerns zusammen, so ergeben sich nach Gerald Echterhoff und Martin Saar folgende Ergebnisse (vgl. Echterhoff und Saar 2002a, 17ff): Erstens sei die »Kontextualität des Erinnerns« von Bedeutung. Erinnern orientiere sich an sozialen, intersubjektiven Bezugsrahmen. Zweitens heben Echterhoff und Saar die »Kommunalität des Erinnerns bzw. die soziale Situiertheit des Erinnerns in Gruppen« hervor; man gehört immer zu unterschiedlichen Gruppen, die eine jeweilige »Erinnerungsgemeinschaft« bilden. Halbwachs hob besonders die Familie, die Berufsgruppen und Konfessionen hervor. Drittens ist ein besonderer Aspekt die »Rekonstruktivität des Erinnerns«; Erinnerungen sind demzufolge keine reinen, »gegebenen« Repräsentationen des Vergangenen, sondern bestimmte »Vergangenheitsversionen«. Viertens ist Erinnern an kommunikative Prozesse und Kontexte der Weitergabe (Lebensgeschichte, Bräuche, Normen, Fertigkeiten etc.) gebunden. Und fünftens: Erinnern gehört zum Prozess der Identitätsbildung.

Von besonderer Bedeutung erscheint der Hinweis auf die Rekonstruktivität des Erinnerns. Sich erinnern bedeutet immer, Vergangenes zu rekonstruieren, was wiederum nur in einem gemeinsamen Rahmen geteilter Vorstellungen, Denkweisen und Begrifflichkeiten geschehen kann, die ihrerseits auf bestimmte Orte und soziale Räume verweisen. Im Thema des kollektiven Gedächtnisses, wie es 1925 in »Les cadres sociaux de la mémoire« behandelt wird, zeigt sich deutlich, dass Halbwachs dem soziologischen Projekt der Durkheim-Schule verpflichtet bleibt: »Denn als Halbwachs nach dem Krieg Lehrstuhlinhaber in Straßburg wird, sind Antrieb und Richtung seiner zukünftigen Arbeit bald erkennbar: es geht um die Verteidigung und Fortführung des nach dem Tode Durkheims führungslos gewordenen ›Projektes‹ der *école sociologique*, um die Rettung seines Vermächtnisses – eine Wissenschaft vom ›kollektiven Bewußtsein‹.« (Egger 2003a, 224)

Nach Einschätzung von Johan Heilbron ist Maurice Halbwachs ein gutes Beispiel dafür, wie sehr die Durkheim-Schüler in der Zwischenkriegszeit von Publikationen in nicht-soziologischen Zeitschriften abhängig waren. Die Beiträge, die Halbwachs zwischen den Jahren 1918 und 1943 in soziologischen Zeitschriften veröffentlichte, las-

---

85   Zur Gedächtnistheorie von Halbwachs sei der Beitrag von Stephan Egger (2003a), »Auf den Spuren der ›verlorenen Zeit‹. Maurice Halbwachs und die Wege des ›kollektiven Gedächtnisses‹, empfohlen, der in Halbwachs' deutscher Übersetzung von »Stätten der Verkündigung im Heiligen Land. Eine Studie zum kollektiven Gedächtnis« zu finden ist.

sen sich an einer Hand abzählen (vgl. Heilbron 1985, 211). Man war, um zu veröffentlichen, auf andere Zeitschriften angewiesen. Im Jahr 1928 verfasste Halbwachs beispielsweise in der »Revue philosophique« den Text »La psychologie collective d'aprés Charles Blondel« (Halbwachs 2001c, 11 – 27). Blondel betonte in seinem Buch »Introduction à la psychologie collective« gegenüber den kollektiven die individualpsychologischen Dimensionen des Menschen und richtete sich somit gegen einen von ihm bezeichneten »Pansoziologismus«. Halbwachs versuchte in seiner Besprechung des Werks von Blondel eine Versöhnung zwischen Individual- und Kollektivpsychologie herzustellen und spricht deshalb von zwei aufeinander zulaufenden Herangehensweisen (vgl. Halbwachs 2001c, 27), um dieselbe Art von Wirklichkeit zu erfassen. So könne der Soziologe vieles gewinnen, wenn er sich von Blondel auf den Pass führen lasse, wo sich zwei Gebirge – Psychologie und Soziologie – treffen (vgl. Halbwachs 2001c, 27). Ganz so friedlich, wie die Aussage von Halbwachs es glauben macht, war die Beziehung zwischen ihm und Blondel allerdings nicht. Vielmehr standen beide, die viele Ähnlichkeiten in ihrer Biographie teilten, in der Zwischenkriegszeit in einem Konkurrenzverhältnis (vgl. Mucchielli 2003, 76ff). Wie tief die Rivalität ging, beweist ein Traum von Halbwachs, den er zur Zeit seines Rufs an die Sorbonne hatte und in einem seiner Tagebücher festhielt: »Im Traum sehe ich Lévy-Bruhl und noch jemanden (der gleichzeitig Durkheim und ein Doppelgänger Lévy-Bruhls ist), beide sind sehr abwesend. Ich teile ihnen mit, daß ich den Ruf erhalten habe. Sie wissen aber aus einer anderen Quelle, daß Blondel als Dozent nach Toulouse berufen wurde und, aus einem sich mir nicht erschließenden Grund, sind beide Berufungen gleichwertig. Ich bin sehr enttäuscht!« (Halbwachs in Mucchielli 2003, 77f) Die Konkurrenz zwischen Halbwachs und Blondel dauerte noch etliche Jahre fort. Sie endete zwar faktisch mit dem Tod von Blondel im Jahre 1939, beschäftigte aber Halbwachs weiterhin: »Im Zusammenhang mit seiner Veranstaltung an der Sorbonne 1942 setzt sich Halbwachs hauptsächlich mit Blondel auseinander, der nach Durkheim der am meisten zitierte Autor ist. Bei dieser Auseinandersetzung unter Konkurrenten behält Halbwachs das letzte Wort – der Gegner ist verstummt. Man kann sich allerdings den harten Kampf um eine Berufung ans Collège de France in den Jahren 1943/44 vorstellen, wenn Blondel zu diesem Zeitpunkt noch gelebt und gleichzeitig mit Halbwachs für diesen Lehrstuhl kandidiert hätte, der durch das im Zuge der antisemitischen Gesetze des Vichy-Regimes erzwungene Ausscheiden von Mauss vakant geworden war.« (Mucchielli 2003, 78)

Einer der interessantesten Beiträge Halbwachs' ist sicherlich der 1938 in der »Zeitschrift für Sozialforschung« publizierte Text einer soziologischen »Vernunftkritik«, in dem Halbwachs schon viel der heutigen soziologischen und philosophischen Kritik am cartesianischen Vernunftdenken vorwegnimmt. In »La psychologie collective du raisonnement« arbeitet er heraus, wie selbst das »reine« Denken in einer sozialen Praxis, in kollektiven Repräsentationen und in einen sozialen Sinn eingebettet ist. Was heute wie selbstverständlich klingen mag, war zu Zeiten Halbwachs' aber etwas Unerhörtes. Ausgehend von Durkheims »Elementaren Formen des religiösen Lebens«, Lévy-Bruhls ethnologischen Forschungen über das prälogische Denken der »Naturvölker« und Paretos Unterscheidungen von Residuen und Derivaten entwickelt Halbwachs wissenssoziologische Ansätze einer Analyse von Denksystemen, Ordnungen der Dinge oder Episteme, die die »objektive Vernunft« in Relation zur gelebten sozialen Praxis setzen. Alle Denksysteme sind kollektive Logiken, die unsere Urteilskraft, unsere »Vernunft« und unser Denken bestimmen; sie beinhalten die sozial geteilten Kategorien, mit denen wir denken und sie sind gesellschaftlich konstruiert (vgl. Halbwachs 2001c, 43–65).

Insgesamt kann man sagen, dass Halbwachs wesentlich zur Weiterentwicklung der Soziologie Durkheims beigetragen hat. Man muss ihn zudem wegen seiner eigenständigen Denkweise würdigen, da er – neben anderen Autoren – maßgeblich dazu beitrug, die französische Soziologie auf die Bereiche der Ökonomie, der Psychologie und der Geschichte hin zu öffnen. Halbwachs bediente sich bei seinen Untersuchungen der sozialen Klassen nicht nur ökonomischer Erklärungsansätze, sondern bereitete schon die späteren Lebensstilanalysen und die Erforschung verschiedener Kapitalformen vor: »[…] Halbwachs offered a sociological method to determine what is social class, using wider criteria than those of the economist. Here too, we find an attempt at reaching the ›total facts‹, in the direction shown by Mauss in his early essay in social morphology: ›Les variations saisonnières dans les sociétés eskimo‹.« (Lévi-Strauss 1971, 515)

Halbwachs hatte mit seiner 1930 veröffentlichten Studie »Les causes du suicide« an Durkheims berühmte Selbstmordstudie angeknüpft und über dessen Analysen des egoistischen, altruistischen und anomischen Selbstmordes hinaus weitere Ursachen des Selbstmordes aufgezeigt, wie zum Beispiel zwischenmenschliche Konflikte oder sozial bedingte, psychische Erregungszustände. Halbwachs tritt zwar mit seinen Arbeiten aus dem Schatten Durkheims, dennoch verweist aber beispielsweise seine Verwendung des Begriffs der »sozialen Morphologie« noch gegen Ende der dreißiger Jahre auf die Nähe zu Durkheims Denken, als Halbwachs seinen Sammelband »Morphologie sociale« (1938) herausgibt (vgl. Halbwachs 2002).[86] Er schließt sich Durkheims Auffassung an, dass die Soziologie sowohl mit der kollektiven Psychologie, das heißt den kollektiven Vorstellungen, als auch mit den materiellen Stützen des kollektiven Bewusstseins befasst ist. Im Vorwort und in der Einleitung führt Halbwachs in die Thematik ein: Soziale Morphologie, ein bereits 1895 von Durkheim geprägter Begriff, ist die Erforschung des materiellen sozialen Gehalts von Gesellschaften, ihrer Bevölkerungsdichte, Geschlecht, Alter, Ausdehnung, räumlichen Verteilung, ihrer Wanderungsströme, der Ballungsgebiete und Städte, »all das, was sich in irgendeiner Weise messen und zählen läßt.« (Halbwachs 2002, 11) Anhand von Durkheims Buch über Arbeitsteilung und Marcel Mauss' Untersuchung der verschiedenen materiellen Gestaltungen des Gruppenlebens in den Jahreszeiten bei den Eskimos verdeutlicht Halbwachs, wie diese materiellen Gestaltungen von der übrigen gesellschaftlichen Wirklichkeit zu unterscheiden sind. Aber immer handelt »die soziale Morphologie, wie die Soziologie überhaupt, von kollektiven Repräsentationen. Wenn wir unsere Aufmerksamkeit den materiellen Formen des gesellschaftlichen Lebens zuwenden, dann weil es darum geht, hinter ihnen einen ganzen Bereich der kollektiven Psycho-

---

86 Vgl. zur sozialen Morphologie auch Gugler (1961, 65ff) und Jonas (1969, 81ff).

logie zu erschließen«, so die Beschreibung von Halbwachs (2002, 22); ohne die kollektiven Vorstellungen wären die morphologischen Tatbestände »tot«. Die »soziale Morphologie« behandelt sowohl die materiellen Gepräge als auch die Prägungen des Lebensgefühls und der Lebenswelt; bei Halbwachs ist sie darum eine soziale Morphologie »im weiten Sinne«, die jenseits des von ihm kritisierten Biologismus und mathematischen Probabilismus angesiedelt ist. Gegenstand einer »sozialen Morphologie im weiten Sinne« sind diejenigen materiellen Formen und Einrichtungen, die den Menschen äußerlich und zugleich im Innersten prägen, entstanden aus den kollektiven Repräsentationen: Religion, Politik und Ökonomie. Aus diesem Grund befasst sich ein weiterer Beitrag mit der religiösen Morphologie, also der geographischen Verbreitung der religiösen Gruppen, mit den Grenzen ihrer Ausbreitung, der Dichte der religiösen Gruppen sowie der Kulturgeschichte und der Dialektik von Form und Sinn, die Halbwachs später in seinem Buch »La Topographie légendaire des Evangiles en Terre Sainte, étude de mémoire collective« (1941) aufgreifen wird. Darüber hinaus finden sich Texte zur politischen und ökonomischen Morphologie. Ein weiterer Text des Bandes reiht sich in die klassischen Analysen über das Großstadtleben ein: In seiner »Morphologie der Großstadt« beschreibt Halbwachs, wie die unterschiedlichen sozialen Klassen sich gerade in der Aufteilung des Raumes zeigen und in ihrer Verteilung, in den Ausprägungen der Viertel und Plätze die jeweilige Lebensformen und Lebensstile ausdrücken. Die Großstadt ist gleichsam die morphologische Verdichtung der Verdichtungen: »Der kollektive Überschwang, den man von Zeit zu Zeit oder an gewissen Orten, im Kreise der Familie, in religiösen Gruppen, politischen Gemeinschaften, oft auch im Wirtschaftsleben beobachten kann, anlässlich bestimmter Feste und Feierlichkeiten, großer Versammlungen, auf den Märkten, in den großen Unternehmen, die so viele Menschen auf engstem Raum versammeln, eben diese Intensität des sozialen Lebens, die sonst doch eher die Ausnahme bleibt, wird in der Großstadt auf eine gewisse Art zur Regel.« (Halbwachs 2002, 68)

Besonders Stephan Egger hat auf die Durkheimsche Linie in den Schriften von Halbwachs hingewiesen. Wer sich mit Halbwachs' Denken beschäftige, dem müsse ein »ganzer Zusammenhang wiederkehrender ›Motive‹ ins Auge fallen, ohne den sich weder der bis zum ›kollektiven Gedächtnis‹ führende Weg recht erkennen läßt, noch die Fragestellung eines ganzen Werks [...].« (Egger 2003a, 220) Das Denken von Halbwachs sei entlang Durkheims »Gedankenkreisen« sowohl einer »sozialen Morphologie« als auch einer »kollektiven Psychologie« entwickelt worden: »[V]on seiner frühen ›kollektiven Psychologie‹ der *Classe ouvrière* führt es zu den *Cadres sociaux de la mémoire*, wendet sich dann einer ›sozialen Morphologie‹ zu, um schließlich, über die *Topographie légendaire*, wieder beim ›kollektiven Gedächtnis‹ anzulangen, und es zieht währenddessen, ganz durkheimianisch, das Band zwischen diesen beiden Gedankenkreisen immer enger um eine Soziologie der ›kollektiven Anschauungsformen‹ zusammen.« (Egger 2003a, 221)

Strömungen und Unterschiede innerhalb der Durkheim-Schule

Die Durkheim-Schüler können in drei Gruppen unterteilt werden (vgl. Heilbron 1985, 212f): Die erste Gruppe bilden Marcel Mauss, Henri Hubert und Marcel Granet, die sich vor allem mit den Themen der Religionsgeschichte bzw. der Sinologie beschäftigten. Die zweite Gruppe umfasst Simiand, Halbwachs und Hubert Bourgin und die dritte Gruppe Lapie und Célestin Bouglé. In seinem Beitrag zu den Metamorphosen des Durkheimismus in der Zwischenkriegszeit verweist Johan Heilbron außerdem auf die Unterscheidung zwischen den Lehrenden (z. B. Bouglé, Fauconnet, Davy) und den Forschenden (Mauss, Halbwachs, Granet) (vgl. Heilbron 1985, 213ff), die er folgendermaßen beschreibt:

> »En durcissant un peu les oppositions, on pourrait dire que la notion de représentations collectives a été reprise, par les uns, dans une problematique axée sur les ›valeurs‹ ou ›idéaux‹ en relation avec les notions d'intégration sociale, de consensus et toutes les questions de l'école républicaine qui y sont liées; et, par les autres, dans une problématique centrée autour des questions des classifications symboliques en relation avec la morphologie sociale.« (Heilbron 1985, 222)[87]

Eine andere Unterscheidung innerhalb der Durkheim-Schule als die zwischen »enseignants universitaires« und »chercheurs« schlägt John E. Craig vor. Er betont, dass es eigentlich innerhalb der Durkheim-Schule zwei Denkrichtungen gibt (vgl. Craig 1981, 306f): Eine, die Marcel Mauss und Célestin Bouglé repräsentieren, und eine andere, deren Vertreter Simiand und Halbwachs sind. Die Differenzen liegen Craig zufolge in der unterschiedlichen Bewertung der Geschichte als Wissenschaft.

Halbwachs und Simiand kritisierten die zu ihrer Zeit übliche Geschichtswissenschaft »wegen deren unvorsichtigen Umgangs mit Fragen der Begründung, wegen ihrer Vorliebe für Beschreibungen statt Erklärungen, für ihre Überbetonung des Kontingenten und für die Unzuverlässigkeit ihrer Daten« (Craig 1981, 307).[88] Simiand missfiel besonders die engstirnige Ausrichtung der Geschichtswissenschaft seiner Zeit. »Nach Simiand gab es drei Götzen, die es zu beseitigen galt. Zum einen den ›Götzen Politik‹ – ›die fortwährende Beschäftigung mit politischer Geschichte, politischen Fakten, Kriegen etc., die diesen Ereignissen eine übertrieben große Bedeutung ver-

---

87 Das bereits erwähnte »Institut français de sociologie« war Heilbron zufolge von den »chercheurs« dominiert, »inventé sans doute par Mauss poru éviter la parenté avec la société française de philosophie et pour marquer l'affinité avec l'Institut français d'anthropologie (1911), dont il était un membre actif (comme Hertz et Hubert).« (Heilbron 1985, 223) Wichtigster Repräsentant der Lehrenden war Bouglé. Ein weiterer Aspekt der Trennung zwischen Lehrenden und Forschenden ist die Spaltung der Durkheim-Schüler in Soziologen und Ethnologen (vgl. Heilbron 1985, 236).

88 Vgl. auch Besnard (1981, 284). Zu Soziologie und Geschichtswissenschaft vgl. auch das Buch »Histoire et sociologie en France. De l'histoire-science à la sociologie durkheimienne« von Robert Leroux (1998) sowie den Beitrag »Marc Bloch und die Sozialwissenschaften« von Bertrand Müller (1999).

leiht‹. Zum zweiten den ›Götzen Individuum‹ – das heißt die übermäßige Hervor-
hebung der sogenannten großen Männer, die dazu führte, daß selbst Studien über Institutionen im Stil von ›Pontchartrain und das Parlament von Paris‹ usw. präsentiert
würden, und schließlich den ›Götzen Chronologie‹, das heißt ›die Gewohnheit, sich
in der Erforschung der Ursprünge zu verlieren‹.« (Burke 2004, 17f) Simiands Angriff
bezieht sich insbesondere auf den Historiker Charles Seignobos. Das bedeutet jedoch
nicht, dass die Durkheimianer der Geschichte rein kritisch gegenüberstanden. Im Gegenteil, wie zahlreiche Studien der Durkheimschüler und von Durkheim selbst bewei-
sen – man denke nur einmal an die Studie über »Die elementaren Formen des religiösen Lebens« –, ging man davon aus, dass soziale Tatsachen sich nur von ihrem
historischem Ursprung und ihrer Genese her hinreichend begreifen lassen.[89] Nur
könne die zeitgenössische Geschichtswissenschaft nicht viel mehr zur Erklärung dieser
Genese beitragen, als höchstens noch die Daten hierfür zu sammeln.

Die Geschichtswissenschaft wurde aber auch von Historikern selbst in Frage gestellt
und man suchte nach einem neuen Ansatz, der Geschichts- und Sozialwissenschaften
miteinander verbinden könne. Ein Resultat der Kritik an der »alten« Geschichtsschreibung war die Gründung der Zeitschrift »Annales d'histoire économique et sociale« im Jahr 1929 durch Marc Bloch und Lucien Febvre (vgl. Burke 2004, 13ff).[90]
Ziel war es, die Grenzen zwischen den Disziplinen niederzureißen und einen interdisziplinären Austausch anzuregen. Zu den Herausgebern gehörten nicht nur Historiker,
sondern neben Bloch und Febvre auch »ein Geograph (Albert Demangeon), ein Soziologe (Maurice Halbwachs), ein Wirtschaftswissenschaftler (Charles Rist) sowie ein
Politologe (André Siegfried, ein ehemaliger Schüler von Vidal de la Blache).« (Burke
2004, 30)[91]

Auf der Seite der Soziologie kam es in der Zwischenkriegszeit auch zu Veränderungen, die eine Annäherung an Nachbardisziplinen begünstigte. Die Durkheim-Schüler,
allen voran Mauss und Halbwachs, widmeten sich nicht mehr so sehr allgemeinen
Aussagen, sondern räumten spezifischeren Forschungen mehr Priorität ein.

»Es hatte eine Schwerpunktverlagerung vom Abstrakten zum Spezifischen, vom
Philosophischen zum Positivistischen stattgefunden. Dieser Wandel war zu erwar-

---

89   Durkheim verdankt seine Sensibilität für die Geschichte seinen Lehrern Fustel de Coulanges
     und Gabriel Monod (vgl. Lukes 1975, 58ff).

90   Gegen Ende der dreißiger Jahre war das Verhältnis zwischen Durkheim-Schule und »Annales«
     im wissenschaftlichen Feld so, dass der Einfluss der Durkheim-Schule zu schwinden begann
     und sich die Historiker der »Annales« im Aufwind befanden (vgl. Craig 1981, 313).

91   Halbwachs sollte nach Angaben Febvres an den Verleger der Zeitschrift sowohl als Repräsen-
     tant und Informant der Durkheim-Schule als auch als Kritiker bei der Zeitschrfit mitwirken
     (vgl. Craig 1981, 302f). »Die *Annales* veröffentlichten lediglich sechs Aufsätze von Soziologen,
     drei von Halbwachs und drei von Georges Friedmann, der kein Durkheim-Schüler war. Doch
     während des gesamten Jahrzehnts war Halbwachs ein geschätztes Mitglied des *comité de di-
     rection* und steuerte Dutzende von Buchbesprechungen und Notizen bei. Einer besonderen
     Erwähnung wert sind seine Kommentare über statistische Methoden in den ersten Bänden;
     diese gehören zu den ersten Diskussionen der Verdienste und Techniken statistischer Analyse,
     die in einer vorwiegend von Historikern geleiteten Zeitschrift erschienen.« (Craig 1981, 303)

ten, und er vollzog sich gemäß Durkheims eigenen Absichten. Wahrscheinlich beschleunigten aber die Kriegsereignisse, der Tod Durkheims und vieler seiner vielversprechendsten Schüler diesen Trend noch. Zum einen ging die Führung der Schule auf Forscher wie Marcel Mauss und Halbwachs über, die weniger abstrakt dachten und weniger dogmatisch waren als Durkheim, zudem viel sensibler gegenüber der Kritik an ihrer Schule. Außerdem gestaltete sich nach dem Krieg das Klima für die Soziologie in Frankreich schlechter als zuvor, ein Wandel, der sich im Unvermögen der Schule zeigte, neue Anhänger zu gewinnen.« (Craig 1981, 304)

Die Haltung gegenüber den Nachbardisziplinen wurde entspannter und offener als im Vergleich zu den Jahren vor dem Ersten Weltkrieg. Mauss und Bouglé begrüßten und lobten die Arbeiten von Bloch. Von den Durkheim-Schülern wünschten vor allem diese beiden eine engere Zusammenarbeit zwischen Soziologen und Historikern. Mauss versuchte – um nur ein Beispiel zu nennen – in seinem Essay über die Gabe selbst eine kleine Rechtsgeschichte zu schreiben und auch Bouglé hoffte, dass sich die Soziologen und Historiker auf ihren wissenschaftlichen Feldern mehr und mehr treffen mögen. »Festzuhalten ist jedoch, daß der Soziologe immer spüren muß, daß eine beliebige soziale Tatsache, selbst dann, wenn sie neu und revolutionär erscheint, beispielsweise eine Erfindung, ganz von Vergangenheit belastet ist. Sie ist Frucht der entferntesten Umstände in der Zeit und der mannigfaltigsten Verknüpfungen in der Geschichte und der Geographie, und darf also niemals, nicht einmal durch höchste Abtraktion weder von ihrer Lokalfarbe noch ihren historischen Schlacken abgelöst werden.« (Mauss 1989c, 152)[92] Natürlich sollte dabei jeder der Forscher seine eigenen Perspektiven beibehalten; aber in Zukunft könne weder die Soziologie ohne Geschichte noch umgekehrt die Geschichte ohne die Soziologie auskommen (vgl. Craig 1981, 307).

Célestin Bouglé und seine Schüler

Maurice Halbwachs wurde 1935 der Nachfolger von Célestin Bouglé an der Sorbonne. Während Halbwachs trotz seiner eigenständigen Selbstmordstudie und seinem Interesse an der Psychologie dem soziologischen Denken Durkheims grundsätzlich treu blieb, war Célestin Bouglé (1870–1940) hingegen jener Mitarbeiter, der – trotz der spätestens seit dem gemeinsamen Engagement für Dreyfus tiefer gehenden Beziehung zu Durkheim (vgl. Besnard 1981, 278) – zunehmend mit seinen Schülern andere Schwerpunkte entwickelte.[93] Seit den zwanziger Jahren unternahm er, ins-

---

92   In seinem Vortrag über »Wirkliche und praktische Beziehungen zwischen Psychologie und Soziologie« bezeichnet sich Mauss selbst nicht nur als Soziologen, sondern auch als Anthropologen und Historiker (vgl. Mauss 1989c, 149). Er bemerkt in diesem Zusammenhang: »Schließlich steht hinter jeder sozialen Tatsache Geschichte, Tradition, Sprache und Gewohnheiten.« (Mauss 1989c, 152)

93   Siehe hierzu auch Marcel (2001, 219ff). Siehe auch Gülich (1991).

besondere durch seine Förderung des soziologischen Nachwuchses, den Versuch einer »Überschreitung« der Durkheim-Schule (vgl. Pollak 1978, 21). Bouglé hatte seit 1890 die École Normale Superieure besucht, bekam 1893 seine Aggregation in Philosophie und publizierte 1899 sein Buch »Les idées égalitaires«. Insbesondere brachte er die Zeitschrift »L'Année sociologique« mit auf den Weg, da er 1896 in einem Gespräch mit Paul Lapie Durkheim zur Gründung der Zeitschrift antrieb (vgl. Besnard 1981, 264):

»Wenn er auch Durkheim die Verhandlungen mit Alcan besorgen läßt, scheint doch Bouglé, der erst 26 Jahre alt ist, die treibende Kraft dieser Angelegenheit zu sein [...]. Diese Rolle Bouglés ist besser zu verstehen und einzuschätzen, wenn man sich vergegenwärtigt, daß er auf Grund seiner freundschaftlichen Beziehung zu Elie Halévy, die in einer umfänglichen Korrespondenz belegt ist, der Vermittler zwischen der entstehenden Année sociologique und der Revue de métaphysique et de morale gewesen ist. ›L'année sociologique‹ war ja ursprünglich auch der Titel einer jährlichen Rubrik (von 1895 bis 1898) in dieser mit Unterstützung durch Elie Halévy 1893 von Xavier Léon gegründeten Zeitschrift.« (Besnard 1981, 265) Bouglé öffnete die »Revue de métaphysique et de morale« nicht nur für die Soziologie im Allgemeinen, sondern auch im Besonderen für die französische Rezeption deutscher Soziologen. Er war dafür verantwortlich, dass Simmel in Frankreich bekannt wurde. In seinem Buch »Notes d'un étudiant français« berichtete er 1895 über seine Aufenthalte in Deutschland, wo er 1894 Vorlesungen besuchte und mit Simmel Kontakt aufnahm.[94] Im September 1894 wurde in der »Revue« Simmels Aufsatz »Le problème de la sociologie« veröffentlicht. »Durch die Begegnung mit Bouglé und die darauffolgende Veröffentlichung seines Aufsatzes in der Revue de métaphysique et de morale war Simmel mit einer der wichtigsten Intellektuellengruppen Frankreichs in Berührung gekommen. [...] Mit Xavier Léon, Élie Halévy und Célestin Bouglé blieb Simmel – sei es schriftlich, sei es durch persönliche Begegnung – bis zum Anfang des Ersten Weltkrieges in Verbindung.« (Fitzi 2002, 27,29)[95] Im Gegensatz zu den meisten Durkheim-Schülern engagierte sich Bouglé nicht bei den Reformsozialisten in der sozialistischen Partei SFIO um Jean Jaurès. Er stand vielmehr den so genannten Solidaristen der Radikaldemokratischen Partei um Léon Bourgeois nahe und versuchte, dem Solidarismus eine wissenschaftliche Fundierung zu geben (vgl. Gülich 1991).

In der Zwischenkriegszeit übte Bouglé weiterhin als Autor von »Proudhon« und »De la sociologie à l'action sociale. Pacifisme, féminisme, coopération« Einfluss aus, Letzteres ein Buch, in dem die bedeutende Rolle der von Durkheim als intermediäre

---

94 Zu der Vermittlung der Simmelschen Soziologie in Frankreich siehe auch die Passagen bei Fitzi (2002, 21ff), der sich in seinem Buch insbesondere Simmels Beziehung zu Henri Bergson zuwendet.

95 Zur gescheiterten Zusammenarbeit zwischen Simmel und Durkheim siehe Lepenies (1989a, 88ff) und Fitzi (2002, 32ff). Zu Bouglé siehe auch das künstlerische Werk von Werner Gephart und die soziologischen Bilder in Gephart (1998); überhaupt lohnt sich ein eingehender Blick in die soziologischen Bilder von Gephart, will man einigen hier besprochenen Theoretikern (z. B. Fauconnet, Mauss, Bouglé, Lévy-Bruhl, Durkheim u. a.) einmal anders und vielleicht etwas sinnlicher begegnen.

Kräfte bezeichneten (Berufs-)Korporationen deutlich wird. 1924 erschien das Buch »Sociologie et philosophie«. Bouglé wurde zum assoziierten Direktor der École Normale Supérieure (ENS) ernannt, richtete 1927 dort ein soziales Dokumentationszentrum ein und wurde schließlich 1935 Direktor der ENS.[96] Ließ die Produktion eigener Forschungsarbeiten ab, so widmete sich Bouglé umso mehr den Nachwuchswissenschaftlern. Dadurch, dass er Stipendienmöglichkeiten für die Assistenten am Dokumentationszentrum einrichtete, ermöglichte er seinen Studenten zahlreiche Kontakte mit dem Ausland und förderte so die Etablierung eines soziologischen Feldes, das sich trotz der Konsolidierung der Durkheim-Schule in der Zwischenkriegszeit gegen Ende der dreißiger Jahre immer mehr von der Durkheim-Schule entfernte und schließlich nahezu die gesamte soziologische Nachkriegsgeneration beeinflusste (vgl. Pollak 1978, 22): Sein Schüler Raymond Aron kam nach Deutschland und veröffentlichte daraufhin sein bedeutendes Buch über die zeitgenössischen deutschen Soziologen, Jean Stoetzel konnte sich in den USA am Gallup-Institut mit der empirischen Sozialforschung vertraut machen, die er nach dem Zweiten Weltkrieg in Frankreich am »Centre d'Etudes Sociologique« ausbaute. Georges Friedmann reiste zu Forschungen in die Sowjetunion und widmete sich daraufhin den Problemen sowohl der kapitalistischen als auch sozialistischen industriegesellschaftlichen Arbeitsbedingungen und engagierte sich politisch in der Arbeiterbewegung. Auch Roger Caillois wurde von Bouglé gefördert. Weitere Schüler waren André Kaan, Henri Mougin und Raymond Polin. Insbesondere aber Raymond Aron, Jean Stoetzel und Georges Friedmann gehörten derjenigen Generation von Soziologen an, die nach dem Zweiten Weltkrieg neben Lucien Goldmann, Henri Lefèbvre, Georges Balandier, Alain Touraine, Michel Crozier, Raymond Boudon, Edgar Morin, Pierre Bourdieu, Jean Claude Passeron, Henri Mendras, Pierre Naville, Gabriel Le Bras, Alain Girard, Armand Cuvillier, Manuel Castells oder Georges Gurvitch zu den führenden Soziologen in Frankreich zählten.

Deutsch-französische Beziehungen in der Soziologie der Zwischenkriegszeit

Raymond Aron (1905–1983) hatte 1935 sein berühmtes, den Mitgliedern des Collège ebenfalls bekanntes Buch »La sociologie allemande contemporaine« (Aron 1935) geschrieben. Für die französische Rezeption deutscher Soziologen war dieses Buch, das Aron auf Bitte von Bouglé verfasste, tonangebend. Bouglé versprach ihm dafür eine Stelle am Dokumentationszentrum der ENS (vgl. Aron 1985, 96).[97] »Ich stand damit in einer Tradition. Durkheim und Bouglé hatten die deutschen Universitäten besucht und von diesen Reisen Artikel zurückgebracht, die zu Büchern zusammenge-

---

96   Zum »Centre de documentation sociale« vgl. auch Wagner (1990, 326ff).

97   Zu den deutsch-französischen Beziehungen in der Soziologiegeschichte vgl. insbesondere Mucchielli (2004, 73–92). An dieser Stelle sei ganz herzlich Laurent Mucchielli gedankt, der mir seinen Abschnitt zu »La guerre n'a pas eu lieu: les sociologues français et l'Allemagne (1870–1940)« (Mucchielli 2004, 73–92) vor Erscheinen seines neuen Buches zur Verfügung gestellt hat.

faßt wurden. Im Gegensatz zu meinen Vorläufern konzentrierte ich mich voll auf die Soziologie im engen Wortsinn. Ich berichtete nicht über das Ergebnis meiner Lektüre oder Erfahrungen, die ich gemacht hatte, sondern versuchte eine systematische Skizze mit Hilfe der Antithese von ›systematischer und historischer Soziologie‹. Ist diese Antithese mehr als nur von pragmatischem Wert? [...] Meine Bemerkungen über die Besonderheiten der deutschen und der französischen Soziologie erscheinen mir noch heute interessant, auch wenn sie nicht mehr ganz zutreffend sind. Zu Beginn der dreißiger Jahre war es legitim, die geisteswissenschaftliche Ausrichtung der deutschen Soziologie der positivistischen oder szientifistischen der französischen Soziologie gegenüberzustellen, auch wenn sich die empirische Praxis der beiden soziologischen Richtungen sehr viel weniger unterschied als ihre Programmatik.« (Aron 1985, 96f)[98] Das Buch über die deutschen Soziologen erschien 1935 unmittelbar im Anschluss an Bouglés »Bilan de la sociologie française« und behandelte neben Marx, Mannheim, Simmel, Alfred Weber, Oppenheimer u. a. auch die verstehende Soziologie Max Webers, auf den fast zur selben Zeit Marcel Mauss in seinem »Fragment d'un plan de sociologie générale descriptive« folgendermaßen aufmerksam gemacht hatte: »Les Ecoles de sociologie allemandes, même et y comprise celle que fonda Max Weber, comme celle de Simmel, et encore plus celle de Cologne, avec Scheler et Von Wiese, si préoccupées de réalité qu'elles soient, si abondantes en observations ingénieuses, ont cantonné leur effort presque toujours sur les problèmes de la vie sociale en général. Les sociologues allemands, sauf quand ils sont ethnologues en même temps, renoncent presque à toutes les sociologies speciales. [...] Va-et-vient nécessaire, car la théorie, si elle est extraite des faits, peut à son tour permettre de les faire voir, de les mieux connaître et de les comprendre. C'est ce que Max Weber appelait la *verstehende Soziologie*.« (Mauss 1969 [1934], 304)[99] Mauss sah eine »Art innerer Wahlverwandtschaft zwischen *durkheimiens* und Max Webers verstehender Soziologie« (Lepenies 1989*a*, 100). Obgleich Weber die Arbeiten der Durkheimianer nie zitiert habe, wurden sie von Weber genau verfolgt, wie die vollständige Sammlung der Jahrgänge der »Année sociologique« auf einem Regal in Webers Bibliothek bezeugt (vgl. dazu Lepenies 1989*a*, 100).

Von 1930 bis 1931 war Raymond Aron in Köln Lektor und Assistent des Romanisten Leo Spitzler und von 1931 bis 1933 *pensionnaire* des Französischen Akademiker-Hauses in Berlin gewesen (Lepenies 1989*a*, 80). Wie Wolf Lepenies in seinem wissen-

---

98 Durkheim war 1885 nach Berlin und Leipzig gegangen: »Es war nicht zuletzt sein Deutschlandaufenthalt, der die Institutionalisierung und Weiterentwicklung der französischen Sozialwissenschaften prägte.« (Lepenies 1989*a*, 85) Zu Raymond Aron siehe auch den Beitrag von Joachim Stark (2000) in Band II der von Dirk Kaesler (2000) herausgegebenen Bände »Klassiker der Soziologie«.

99 Zur Rezeption der Religionssoziologie Webers vgl. Aron (1985, 60f) und Gugler (1961, 26). Zu den französischen Soziologen und Deutschland vgl. auch Mucchielli (1993). Zur theoretischen und methodologischen Nähe zwischen Mauss und Simmel hinsichtlich der Untersuchungen der Bedingungen der Möglichkeit menschlicher Beziehungen vgl. die informative Studie von Christian Papilloud (2002), auf die freundlicherweise Cécile Rol aufmerksam machte.

schaftsgeschichtlichen Beitrag »Gefährliche Wahlverwandtschaften. Einige Etappen in den Beziehungen deutscher und französischer Sozialwissenschaften« darstellt, hatte er sich nach seinem Aufenthalt in Deutschland weit mehr der deutschen als der französischen Denktradition verschrieben, ganz besonders »jener Kritik der historischen Vernunft, deren Programm mit den Namen von Dilthey, Rickert und Simmel verbunden war und die ihre Vollendung in Max Weber erfahren hatte.« (Lepenies 1989a, 81) Noch in seiner Disputation vom 26. März 1938 blieb Aron den deutschen Autoren treu:

> »Die Prüfer Arons waren sichtlich davon beeindruckt und betroffen, mit welcher intimen Kenntnis und hartnäckigen Sympathie der Kandidat diese deutsche Denktradition verfolgte; sie waren ausgesprochen irritiert, weil er dabei in Stil und Argumentation von französischen Vorbildern abwich. […] Das *Verstehen* schien für ihn der Kernbegriff zu sein, nicht jene *Erklärung (explication)*, wonach ein Franzose im Geiste Descartes' doch zuallererst streben sollte. Hierin wurde – und der Kandidat leugnete es nicht – eine Vorliebe für Max Weber erkennbar, die sich auch in der kühlen Schmucklosigkeit einer Darstellung zeigte, der Gefälligkeiten fremd waren. ›Sociologia est ancilla historiae‹ war Arons Motto – es orientierte sich weniger an der jungen französischen Sozialgeschichte um die seit knapp zehn Jahren bestehende Zeitschrift der *Annales* als an der deutschen Tradition eines mit Skepsis gesättigten, geschichtsphilosophischen Denkens. Dazu paßte ein fremdartiges, pessimistisches Temperament, das mehr im Lande Mephistos als in der Heimat Voltaires und Condorcets am Platze zu sein schien. Der Philosoph Émile Bréhier faßte die Verwirrung der Prüfer zusammen, als er Aron gegenüber feststellte: ›Das deutsche Denken hat vollständig auf das Ihre abgefärbt.‹ […] Einer der Prüfer beendete sein Verhör damit, daß er den Kandidaten zwar seiner Sympathie versicherte, gleichzeitig aber der Hoffnung Ausdruck gab, die junge französische Intelligenz werde ihm auf seinem Wege nicht folgen.« (Lepenies 1989a, 81)[100]

Unter den Prüfern von Aron waren Maurice Halbwachs, Paul Fauconnet und Célestin Bouglé, »ein Bretone mit radikal-sozialistischen Auffassungen«, wie ihn Aron (1985, 75) in seinen Erinnerungen charakterisierte. Bouglé nahm bei sich das Pariser Büro des Frankfurter »Institut für Sozialforschung« und die »Zeitschrift für Sozialforschung« auf (vgl. Aron 1985, 77), in der neben vielen anderen auch Raymond Aron, Georges Friedmann sowie der aus Deutschland geflüchtete Walter Benjamin und Paul Ludwig Landsberg Beiträge publizierten.[101] »Paul Ludwig Landsberg, ein Philosoph, in den das Institut große Hoffnungen setzte – die Nazis machten sie später mit der Ermordung Landsbergs zunichte –, schrieb über Rasseideologie und Pseudowissenschaft.« (Jay 1976, 57)

---

100 Arons thèse principale lautete: »Introduction à la philosophie de l'histoire. Essai sur les limites de l'objectivité historique«. Die thèse complementaire trug den Titel: »Essai sur la théorie de l'histoire dans l'Allemagne contemporaine«.

101 Aron bemerkt in seinen Lebenserinnerungen: »Weder Kojève noch Koyré hatten als Philosophen eine besonders hohe Meinung von Horkheimer und Adorno.« (Aron 1985, 77)

Allgemein betrachtet war der Einfluss der deutschen Soziologie sehr gering, und wenn eine Öffnung für ausländische Einflüsse gelang, so war sie im intellektuellen Milieu von Paris nur »Eingeborenen« und angesehenen Forschern möglich gewesen (vgl. Pollak 1978, 22). Warum trotz der potentiellen Erreichbarkeit und Aufnahme ausländischer Konzeptionen diese tatsächlich nicht aufgegriffen wurden, kann man nach Ansicht von Michael Pollak dadurch erklären, dass »[d]ie persönliche Anwesenheit des Ausländers, ohne daß er in den engeren Kreis aufgenommen wird, unter den spezifischen Pariser Bedingungen hingegen nicht unbedingt eine Spur [hinterlässt].« (Pollak 1978, 22) Ein Beispiel dafür sei das Frankfurter Institut für Sozialforschung in Paris, denn die französischen Soziologen hätten praktisch nichts von Horkheimer und Adorno übernommen (vgl. Pollak 1978, 22). Ebenso blieben von Walter Benjamins Anwesenheit am *Collège de Sociologie* lediglich Spuren, aber keine theoretisch prägenden Einflüsse zurück.

Der Einfluss des Denkens deutscher Geisteswissenschaftler auf die Collègiens war ansonsten im Verhältnis zu den anderen Strömungen der französischen Soziologie – ausgenommen vielleicht Georges Gurvitch und Raymond Aron – relativ groß, was nicht zuletzt damit zusammenzuhängen scheint, dass sich die Mitglieder nicht allein innerhalb des soziologischen Diskurses in Frankreich bewegten, sondern sowohl durch die von Aron vermittelten deutschen Soziologen als auch durch die von Kojève und anderen Lehrern behandelten Philosophen (Hegel, Husserl, Heidegger, Nietzsche, Jaspers, aber auch Freud, Jung etc.) sowie durch die Aspekte des Personalismus zahlreichen deutschen Werken und Autoren näher kamen. Von der französischen Soziologie her betrachtet war insbesondere der Einfluss von Durkheim und ganz besonders der von Marcel Mauss für die Mitglieder und Forschungsthemen des Collège prägend. Überhaupt ist es erstaunlich, welch großen Einfluss das Denken von Mauss auf verschiedene Denkströmungen zu dieser Zeit in Frankreich ausübte – man denke nicht nur an die Ethnologie, sondern auch an den Strukturalismus oder den Personalismus –, ohne dass Mauss gegenwärtig im gleichen Maß in den universitären Institutionen und in der Lehre gewürdigt wird. Man muss also die Bedeutung des Denkens von Marcel Mauss für das *Collège de Sociologie* besonders hervorheben.

Außerhalb der Durkheim-Schule

Wer waren die von der Durkheim-Schule unabhängigen Soziologen? Konnte man sich überhaupt seinem und dem Denken seiner Mitarbeiter entziehen? Auf Georges Gurvitch wurde schon eingegangen. Aber jenseits der Durkheim-Schule gab es noch weitere Soziologen, die beispielsweise unter dem Einfluss von Pierre-Guillaume-Frédéric Le Play (1806–1882) forschten.[102] Die Nachfolger von Le Play kann man in zwei Untergruppen aufteilen, von denen die eine sozialreformerisch aktiv war und

---

102 Zu Frédéric Le Play siehe auch den Anhang der immer noch herausragenden Studie von 1933 zu den Arbeitslosen von Marienthal: Die Geschichte der Soziographie (Lazarsfeld, Jahoda und Zeisel 1982 [1933], 113–142), insbesondere S. 122 ff. und zu seinen Nachfolgern Brooke

sich um die Zeitschrift »Réforme sociale« versammelte und die andere sich mehr als eine wissenschaftliche Gruppierung verstand und ihre Zeitschrift »Science sociale« nannte (vgl. Clark 1981*b*, 126).[103] Zur letztgenannten Gruppe gehörte außerdem die Zeitschrift »Le Mouvement social« (vgl. Kalaora und Savoye 1985, 258).

In ihrer Geschichte der Soziographie würdigen die Forscher der Marienthalstudie insbesondere Frédéric Le Plays Leistung, in seinen Untersuchungen über die Familienmonographien »Les Ouvriers Européens« (1855) als erster die »Bedeutung des ausführlichen Inventars, des Details, für die Soziographie« erkannt zu haben (Lazarsfeld et al. 1982 [1933], 123): »Neben den Zahlenreihen der offiziellen Enqueten wirkten die Le Playschen Monographien wie ein unmittelbares Abbild des Lebens selbst.« (Lazarsfeld et al. 1982 [1933], 123) Le Plays soziographischer Empirismus versuchte sich im Unterschied zu Durkheims Soziologie weniger in den Universitäten zu etablieren, als vielmehr in politischen und wirtschaftlichen Kreisen Einfluss zu erlangen. Dabei standen sich auch Le Plays katholischer Traditionalismus und Durkheims republikanischer Antiklerikalismus diametral gegenüber. Der Verzicht auf eine weit gehende Theoretisierung seiner empirischen Studien ging bei Le Play einher mit einer »empirisch legitimierten Verstärkung eines traditionalistischen Katholizismus« (Pollak 1978, 14). Seine Arbeiten bedienten darüber hinaus auch eine gesteigerte Nachfrage der Politik und Verwaltung nach empirischen Erhebungen. Insgesamt waren seine empirischen Arbeiten sowohl durch einen kritisch-reformerischen Geist als auch durch eine konservative Grundstimmung geprägt, wie Wolf Lepenies in seiner Studie »Sainte-Beuve. Auf der Schwelle zur Moderne« bemerkt:

> »Eine konservative Grundstimmung prägte die Enquêten Le Plays, doch war es ein Konservatismus, der sich auf Daten und nicht auf Ideologien stützte; er nutzte Beobachtungen, Vergleiche und Statistiken, hütete sich vor leichtfertigen Vorannahmen, wich allem Pittoresken aus und war an nichts als an Fakten interessiert: diese sprachen für sich. Nur der Autor der Esprit des lois stand noch über Le Play: dem Genie Montesquieus waren Einsichten in die Struktur moderner Gesellschaften zugeflogen, die sich der moderne ›voyageur moraliste‹ erst mühsam erreisen mußte. Besonders dankbar mußte man ihm dafür sein, daß er die in harter Arbeit gewonnenen Ergebnisse in eine leserfreundliche Form gebracht hatte. Es gab kaum etwas Interessanteres als die ›Konversationen‹ Frédéric Le Plays« (Lepenies 1997).

In den zwanziger Jahren vertrat neben Joseph Wilbois und Paul Descamps insbesondere Paul Bureau (1865 – 1923) die soziographische Tradition Le Plays. Er schrieb 1923 ein Buch mit dem Titel »La science du mœurs. Introduction à la méthode sociologique«. Bureau hoffte, dass Durkheims Tod seinen »soziologischen Materialismus« gleichsam mit begrabe und seine Mitarbeiter im Chaos zurücklassen werde. Marcel Mauss meint zur Schule von Le Play: »A cet égard, l'école de Le Play représente en France la tradition de l'enquête. Elle n'a pas, depuis la mort de M. Bureau, produit de grandes œuvres

---

(1970, 120ff). Zur Krise und Wandlung der so genannten Le Play Bewegung siehe Kalaora und Savoye (1985).

103 1892 gründeten sie die »Société de science sociale« (vgl. Mucchielli 1998, 111).

personnelles. Mais elle inspire un grand nombre de nos enquêteurs officiels, ceux du ministère du Travail, ceux de l'Institut d'urbanisme de l'Université de Paris, etc.« (Mauss 1969 [1933], 446) Hans Zeisel urteilt über Le Plays Schüler, dass die meisten sich jedoch als bloße Epigonen erwiesen hätten, deren Arbeiten im dogmatischen Festhalten am einheitlichen ›Cadre‹ der Budgets und in der Ablehnung aller anderen soziographischen Methoden, insbesondere der Statistik, zu erstarren drohten (vgl. Lazarsfeld et al. 1982 [1933], 124). Ein anderer Einfluss Le Plays findet sich bei Jean Stoetzel, obgleich sich Le Plays Positivismus – anders als bei Stoetzel – noch kritisch betätigte, indem er insbesondere Arbeiterfamilien untersuchte und damit zum Gegenstand der »sozialen Frage« machte. Stoetzel behauptete nach dem Zweiten Weltkrieg in einem Artikel zur französischen Soziologie, die Tradition Durkheims sei jetzt endgültig zu Ende und die französische Soziologie greife nun bevorzugt auf die monographisch-empirischen Einflüsse Le Plays zurück (vgl. Pollak 1978, 46).[104] Den Forschungen von Bernard Kalaora und Antoine Savoye zufolge ist es nicht zu viel gesagt, wenn man von einer zunehmenden Gleichgültigkeit gegenüber dem Denken Le Plays zu Beginn der zwanziger Jahre spricht (vgl. Kalaora und Savoye 1985). Nur wenige »Einzelgänger« führten es weiter. Erst mit der zunehmenden Aufwertung empirischer Forschungen wurde der absolute Niedergang der Le Play-Schule aufgehalten, wobei sie insbesondere im Zusammenhang mit Forschungen zur Familienpolitik und zur landwirtschaftlichen Organisation wieder an Bedeutung gewinnen konnte (vgl. Kalaora und Savoye 1985, 272).

Neben Le Play und seinen Nachfolgern ist im Zusammenhang der Soziologie der Zwischenkriegszeit auch René Worms (1869 – 1926), der einen organizistischen Ansatz vertrat, zu erwähnen (vgl. Mucchielli 1998, 144ff). Er hatte bereits 1893 die »Revue Internationale de Sociologie« und im Jahr darauf das »Institut International de Sociologie« gegründet (vgl. Geiger 1981, 142ff), an dem auch Simmel einmal Vizepräsident gewesen ist.[105] 1895 gründete Worms die »Société de sociologie de Paris«.[106] »Derrière cette intense activité institutionelle, Worms veut-il imposer une ligne théoretique particulière? Pas encore.« (Mucchielli 1998, 145) Viele seiner Mitarbeiter waren nicht mehr am Leben: Tarde, der mehr Einfluss auf die Soziologie in Amerika als in Frankreich hatte, war 1904 gestorben, Espinas 1922.[107] Worms' Nachfolger am Institut wird 1923 der ehemalige Durkheim-Mitarbeiter Gaston Richard, der sich in der »Année sociologique« unter anderem mit Kriminalsoziologie beschäftigt hatte (vgl.

---

104 Zu den Einflüssen Le Plays auf Charles Maurras und andere politisierende Literaten der Rechten vgl. insbesondere Lepenies (2002, 87ff). Zur Entwicklung der Statistik in Frankreich von ihren Ausgängen bei Quetelet bis zum Jahr 1940 vgl. Desrosières (1985).

105 Zu Tarde und Worms als Gegner Durkheims vgl. Lepenies (2002, 59ff). Zu Simmels Beitrag in der Revue vgl. Fitzi (2002, 19).

106 Die von Worms gegründete »Société de sociologie de Paris« ist dabei von der 1872 von Littré gegründeten »Société de sociologie« (vgl. Lepenies 2002, 42) zu unterscheiden: »En 1872, Littré avait du reste fondé la première Société de sociologie qui, selon ses status, ›admet conformément aux principes propres à la philosophie positive […].‹« (Mucchielli 1998, 86)

107 Vgl. auch Heilbron (1985, 206). Von Gabriel Tardes Büchern sind bis jetzt auf deutsch erschienen »Die Gesetze der Nachahmung« (Tarde 2003) und »Die sozialen Gesetze. Skizze zu einer Soziologie« (Tarde 1908); zu Tarde siehe auch Terry N. Clark (1969).

Mucchielli 1998, 298ff). Richard übernahm 1906 den Lehrstuhl für Sozialwissenschaften in Bordeaux und entfernte sich 1907 von Durkheim und der »Année sociologique« (vgl. Besnard 1981, 291).[108] 1912 hatte Richard die Werke »La sociologie générale et les lois sociologiques« und 1925 »L'évolution des mœurs« veröffentlicht.

Nach der Interpretation von Robert Geiger war es René Worms zwar gelungen, Mittel zur Erhaltung seiner Organisationen zu beschaffen, jedoch nicht, jene Ressourcen zu mobilisieren, »die für die Institutionalisierung eines Paradigmas äußerst wichtig sind – persönliches Engagement und Karrierechancen.« (Geiger 1981, 145) Die Zeitschrift »Revue Internationale de Sociologie« wurde 1939 eingestellt.

Gesellschaftskritik oder das Ende der Ideologien?

Um das intellektuelle und wissenschaftliche Feld in der Zwischenkriegszeit zu erfassen, ist es hilfreich, sich auch späteren Aussagen von Soziologen zuzuwenden, da diese oftmals in reflexiver Weise Aufschluss über die Wirkung, Weiterführung oder Verabschiedung bestimmter Mentalitäten und Denkweisen geben, die wiederum ein bestimmtes Bild der vergangenen Zeit widerspiegeln. In diesem Zusammenhang sind einige Bemerkungen von Raymond Aron interessant. Er widmete sich 1955 in seinem Buch »L'Opium des intellectuels« (Aron 1957) der Kritik der »unrealistischen« Pariser Linksintellektuellen und verkündete 1966 das Ende der Ideologien. Mit dem Buch »L'Opium des intellectuels«, das nach Erscheinen einen regelrechten Skandal auslöste, verfasste Aron »das schärfste Traktat, das jemals gegen die weltlichen Religionen geschrieben wurde [...].« (Winock 2003, 624) Aron bezichtigte darin die Linksintellektuellen, ihre eigenen Werte zu verraten, »indem sie sich zugleich von einer Lehre aus dem 19. Jahrhundert, die durch die Geschichte widerlegt ist, von einem Staat, dessen totalitäre Natur ihnen verhasst sein müsste, und von einer Partei, die sein Repräsentant und Handlanger innerhalb unserer Grenzen ist, in Bann schlagen lasse.« (Winock 2003, 564) Aron schrieb über die »Sucht nach Weltanschauung« des Intellektuellen:

> »Nichts außer einer totalen ›Vermenschlichung‹ kann seinen Hunger stillen. Er braucht sich aber nur einer Partei anschließen, die ebenso unerbittlich auf die bestehende Unordnung reagiert wie er selbst, um plötzlich im Namen der Revolution all das zu entschuldigen, was er zuvor unermüdlich angeklagt hat. Der revolutionäre Mythos baut eine Brücke zwischen moralischer Unbeirrbarkeit und Terrorismus. Nichts ist widerwärtiger als dieses Doppelspiel von Strenge und Nachsicht.« (Aron 1957, 195f)

Arons Bemerkungen verweisen darauf, dass sich die Rolle des Intellektuellen und des gesellschaftskritischen Soziologen im Verhältnis zur Zwischenkriegszeit nach dem Zweiten Weltkrieg verändert und nun einer neuen Selbstdefinition Platz gemacht hat. Nach Michael Pollak repräsentiert Raymond Aron selbst diesen neuen Typus soziolo-

---

108   Zu Gaston Richard siehe insbesondere Mucchielli (1998, 298ff).

gischer Forschung: »In seinem Verhalten ungreifbar für seine Gegner wird er [Aron, S.M.] zum neuen Wegbereiter eines neuen Typus von Soziologen, der den Kontakt und den Kompromiß mit den Machteliten akzeptiert, um seinen Forschungen zur Anwendung zu verhelfen. Ein zu großes Naheverhältnis zu den Machteliten war vorher ein schweres Vergehen gegen die im intellektuellen Feld vorherrschenden Regeln.« (Pollak 1978, 50) Was allerdings nicht unbedingt bedeutet, dass sich diese Distanz zu den Machteliten in der Zwischenkriegszeit explizit in gesellschaftskritischen Äußerungen zu realen Problemen ausdrückte. Wenige der soziologischen Artikel, Beiträge und Bücher in der Zwischenkriegszeit behandelten auf konkrete Weise aktuelle Realprobleme der Gesellschaft und die gegenwärtigen sozialen Konflikte; der gesellschaftliche Bezug war jedenfalls nach Angaben Michael Pollaks bis auf Ausnahmen gering: »Während in der Universität die Schüler Durkheims in den zwanziger Jahren weitgehend erfolgreich die soziologischen und parasoziologischen Lehrstellen übernahmen und dadurch eine Art intellektuellen Monopols errichteten, wurde die politisch-ideologische Bühne des intellektuellen Milieus von anderen besetzt.« (Pollak 1978, 23) Zwar stimmt es, dass das intellektuelle Feld durch gegenaufklärerische Stimmungen und Bewegungen, wie beispielsweise Charles Maurras' »Action française«, geprägt war, die während den Inflationsjahren und während der Weltwirtschaftskrise 1929 zu ihren Anhängern auch Intellektuelle wie André Gide, Marcel Proust, Georges Bernanos oder Henri de Montherlant zählten (vgl. Pollak 1978, 23). Aber Pollak übersieht, dass es neben den rechten Gruppierungen auch noch andere Bewegungen wie zum Beispiel die verschiedenen nonkonformistischen Intellektuellengruppen (die Mitglieder des *Collège de Sociologie*, die Surrealisten oder die personalistischen Gruppen) gab, die – wie insbesondere Thomas Keller instruktiv verdeutlicht hat (vgl. Keller 2001*b*) – zwar den »Antiparlamentarismus, Haß auf die kapitalistische Geldwirtschaft und auf den bürgerlichen Utilitarismus« (Keller 2001*b*, 26) mit den Rechten durchaus teilten, aber dennoch weder rechts noch links einzuordnen sind, sondern als Dritte-Weg-Bewegungen sowohl im Hinblick des rechten und linken Lagers als auch innerhalb der so genannten Dritte-Weg-Bewegungen noch einmal zu differenzieren sind. Ihr Denken weist zentrale Aspekte von Marcel Mauss' Denken auf. Zweitens darf man nicht vergessen, dass es – anders als Pollak betont – durchaus auch politische Bestrebungen der Durkheim-Schüler gab.[109] So politisierte nicht nur vor dem Ersten Weltkrieg die Affäre um den Hauptmann Alfred Dreyfus[110] die Mitarbeiter Durkheims, sondern der Einsatz für Dreyfus »bot auch eine erste Gelegenheit, die Einheit der anfänglichen Mannschaft zu stärken und z. B. Durkheim Bouglé näherzubringen.« (Besnard 1981, 278) Viele der Mitarbeiter versammelten sich in der 1899 von Lucien Herr (1864 – 1926)[111] gegründeten »Groupe de l'unité socialiste«:

---

109 Zur Durkheim-Schule und dem Sozialismus vgl. Clark (1981*a*, 180 – 183).

110 Siehe zur Geschichte der Dreyfus-Affäre Thalheimer (1963), zu Durkheim und der Affäre siehe Lukes (1975, 332ff).

111 Zu Lucien Herr siehe Julliard und Winock (1996, 591ff) und Clark (1981*a*, 181f). Lucien Herr hatte Durkheim auf die Arbeiten über Religion von Sir James Frazer aufmerksam gemacht (vgl. Clark 1981*a*, 182).

»Diese Gruppe war der militante Ableger der Société nouvelle de librairie et d'édition, die Herr gerade mit anderen, dem Sozialismus nahestehenden Intellektuellen gegründet hatte, um den Konkurs der Buchhandlung Bellais abzuwenden (Bellais war ein Freund von Péguy, der letzterem als Strohmann gedient hatte). Unter den Aktienhaltern dieser Gesellschaft findet man nicht weniger als 13 aktuelle oder künftige Mitarbeiter der Année (Erste Folge), und nicht die geringsten: G. und H. Bourgin, Demangeon, Fauconnet, Gernet, Halbwachs, Hertz, Hubert, E. Lévy, Mauss, Roussel, Simiand, Vacher. Simiand und H. Bourgin sind Mitglieder des Aufsichtsrats neben Lucien Herr, Léon Blum und Mario Roques. Und diese Leute von der Universität treffen sich nicht etwa nur in den – übrigens recht häufigen – Aktionärsversammlungen, sondern auch zu gemeinsamen Aktivitäten wie der Ecole socialiste (1899–1902), die im Unterschied zu den Volksuniversitäten Vorträge auch an Studenten vergab und an der sich E. Lévy, Simiand, Mauss und Fauconnet beteiligten.« (Besnard 1981, 278)[112]

Anhand des Denkens von Marcel Mauss kann man exemplarisch die Verbindung der Durkheim-Schüler zur Politik und den Realproblemen ihrer Zeit beobachten. Wie die von Marcel Fournier gesammelten und veröffentlichten »Écrits politiques« von Mauss kenntlich machen (vgl. Mauss 1997), hat Mauss selbst eine große Anzahl politischer Schriften wie beispielsweise über den Begriff der Nation, über den Internationalismus oder über den Bolschewismus vorgelegt. Obgleich er wie Weber der Meinung war, dass die Politik nicht in den Hörsaal gehört, kann er keineswegs als unpolitischer Soziologe und Ethnologe betrachtet werden. Marcel Founier schreibt in seinem Vorwort der politischen Schriften von Marcel Mauss (vgl. Fournier 1997, 10): »L'oncle sensibilise son neveu aux questions sociales et l'initie à la sociologie; la vie et l'époque feront le reste, de cet étudiant révolutionnaire un militant et un intellectuel,

---

112 Ausgenommen sind der dem Radikalismus zugeneigte Bouglé und Durkheim selbst. Aber »Durkheim plante eine Geschichte des sozialistischen Denkens, doch hat er lediglich den Abschnitt zu Saint-Simon fertiggestellt. […] Man wußte, daß Durkheim auf dem Weg zu Vorlesungen und beim Verlassen der Sorbonne als demonstrativen politischen Akt die *Humanité* bei sich trug.« (Clark 1981a, 283) Zu Durkheim und seiner Nähe zum Sozialismus siehe Lukes (1975, 320ff). Zu Charles Péguy siehe Lepenies (2002, 72ff): Péguy schlug in der Sorbonne »zusammen mit Lucien Herr, der vom sarkastischen Kritiker Durkheims zum Verfechter der neuen Soziologie geworden – Schlachten für die Sache von Dreyfus und Zola. […] Zur Trennung von Herr und den Durkheim-Anhängern führte neben ökonomischen Auseinandersetzungen, die mit Péguys verlegerischer Tätigkeit zusammenhingen, nicht zuletzt Unterschiede in ihrer Auffassung vom Sozialismus. Der Glaube Péguys war weniger der Sozialismus von Karl Marx als der Sozialismus des Franz von Assisi; eine Haltung, keine Doktrin; ein Engagement, das man täglich lebte, kein Programm, das man in Parteistatuten festschrieb. Auch war Péguy ein Sozialismus verdächtig, dessen oberstes Ziel darin zu bestehen schien, aus möglichst vielen Arbeitern Bourgeois zu machen. Herr nannte Péguy einen Anarchisten, doch konnte er damit den nicht treffen, der lieber für sich alleine kämpfen als dem ›petit clan de la Sorbonne‹ um Durkheim angehören wollte. Die Heftigkeiten im Kampf der Boutique Péguys mit der Sorbonne Durkheims rührten nicht zuletzt daher, daß beide Seiten ihre Positionen moralisch rechtfertigten. Péguy bekämpfte die Soziologie, weil sie in seinen Augen zu Unrecht den Anspruch erhob, eine Moralwissenschaft zu sein.« (Lepenies 2002, 72f).

en d'autres mots un citoyen. ›Citoyen Mauss‹: c'est ainsi qu'on interpelle Marcel Mauss dans les assemblées politiques et lors des réunions du mouvement coopératif. En politique, Mauss apparaît comme l'homme de la fidélité et du changement, acceptant de mettre ses convictions à l'épreuve du temps et d'infléchir sa pensée en fonction des événements, de la conjoncture et des influences nouvelles. L'âge aussi joue son rôle: le ›vieux‹ Mauss apparaît moins révolutionnaire que le ›jeune‹, et, devenu plus modéré, il saura éviter, à sa gauche, les tentations du communisme et, à sa droite, la dérive du néosocialisme.« Mauss beteiligte sich zwar weniger bei den Sozialisten, die in den dreißiger Jahren an die Macht kamen, aber dennoch wünschte er sich eine linke Regierung (vgl. Fournier 1994, 659f).

Viele Angehörige der nonkonformistischen Generation und deren Intellektuellengruppen engagierten sich ebenfalls in der Zwischenkriegszeit und kamen, wie ein späteres Kapitel deutlich macht, in verschiedenen und zuweilen sogar militanten Gruppen, aber auch wissenschaftlichen Zirkeln zusammen; die Mitglieder des *Collège de Sociologie* zum Beispiel versuchten neben konkreten Stellungnahmen zur politischen Lage die soziologische Ethnographie nicht mehr auf andere Gesellschaften und Kulturen zu verlagern, sondern auf die eigene anzuwenden. Wie weit sich allerdings ihr Bezug zu den gesellschaftlichen Realproblemen nicht nur in großen Worten erschöpfte und wirklich zum Ausdruck kam, ist nun zu klären.

2.1.3 Die Verarbeitung der historischen, gesellschaftlichen und politischen Realprobleme beim *Collège de Sociologie*

Welche gesellschaftlichen, historischen und politischen Probleme spielten für das *Collège de Sociologie* eine bedeutende Rolle? Wie thematisierte es seine soziopolitische Umwelt und welche konkreten politischen Aktionen oder theoretischen Reflexionen folgten daraus?

Das Collège ging von der individualisierungskritischen Annahme aus, dass moderne Gesellschaften durch eine weitgehende Zersplitterung, Rationalisierung sowie durch den Ausschluss marginalisierter Anderer gekennzeichnet seien.[113] Diese soziale Situation wurde vom Collège als allgemein problematisch, weil Gesellschaft zersetzend und soziale Exklusion befördernd, eingestuft. Die Gesellschaftskritik verstärkte sich dann im Laufe der Jahre durch ein sich vertiefendes Bewusstsein der politischen und historischen Gefahr des sich ausbreitenden Faschismus und die Wahrnehmung einer Ohnmacht der demokratischen Regierungen. Ausgehend von ihrer Gesell-

---

113 Es ist zu beachten, dass hier weniger interessiert, ob die Gesellschaft wirklich *objektiv* so war, wie es das Collège annahm. Vielmehr steht im Mittelpunkt des Interesses das kollektive Deutungsmuster der Collège-Mitglieder und deren intersubjektive Konstruktion dessen, was als soziales Problem – in diesem Fall zunehmende Individualisierung, Rationalismus und Utilitarismus – galt. Vgl. zu den Grundzügen einer wissenssoziologischen Theorie sozialer Deutungsmuster Plaß und Schetsche (2001).

schaftsanalyse kamen die Hauptakteure des Collège zur Ansicht, es bedürfe neuer Bildungen von »moralischen Gemeinschaften«, die sich durch kollektive Erregungen bzw. das Sakrale konstituieren und eine bewusst gewollte Form sozialer Bindung darstellen; propagiert wurden Typen von Gemeinschaftlichkeit, die weder Gesellschaft absolut negieren noch auf Dimensionen traditioneller Gemeinschaften zu reduzieren sind. Der Rekurs auf die von Durkheim thematisierten kollektiven Erregungen verdankte sich der Annahme, dass diese selbstüberschreitende und höchst affektgeladene Erfahrung des Sakralen festere und vor Atomisierung geschütztere soziale Bindungen schaffe[114] sowie sowohl Kern als auch konstitutive Voraussetzung jeder wahrhaften sozialen Bindung überhaupt sei.

In den Augen der Collège-Mitglieder war die moderne Gesellschaft gegenüber der drohenden Gefahr des Faschismus politisch ohnmächtig. Sie bemerkten zudem eine weitgehende Atomisierung und Individualisierung, durch die die Gesellschaft ihrer Ansicht nach zersetzt werde. Die Lösung der Probleme einer instabilen und in Auflösung begriffenen Gesellschaft sahen sie in »kommuniellen Bewegungen und Erregungen«, die wieder eine neue soziale Kohäsion und ein Widderstandspotential gegen den Faschismus schaffen sollten: »Das Vorhaben des Collège, eine ›organische Bewegung‹ mittels Geheimgesellschaften in die Überbietungen der zweiten Hälfte der dreißiger Jahre einzubringen, spiegelt bereits Entzauberungen wider: nicht nur individualistische Gesellschaften lösen Gemeinschaft auf; auch der Versuch der Volksfront, eine Gemeinschaft der Produzenten – sei sie marxistisch oder proudhonistisch begriffen – hat keine Gemeinschaft stiften können.« (Keller 2001*b*, 157)

Obgleich das Denken der Mitglieder des Collège einem Projekt der Moderne entgegengestellt werden kann (vgl. Habermas 1996), so gehören seine Denkmotive und Ausarbeitungen sozialer und politischer Alternativen dennoch zu den zahlreichen, modernen soziologischen Diskursen, wie insbesondere das zentrale Thema der Gemeinschaft bezeugt. Anders gesagt: Das Collège reiht sich in die klassischen soziologischen Diskurse ein, weil es ebenfalls den unentscheidbaren, offenen und spannungsgeladenen Hiatus zwischen einem angenommenen Gemeinschaftsverlust der Moderne und der als notwendig empfundenen Sozialintegration zu bewältigen sucht. Die Art der Bewältigung macht nicht einfach bei einer Diagnose Halt, sondern es werden »therapeutische« und bisweilen nahezu utopische Maßnahmen erwägt, ausgearbeitet und vorgeschlagen, um erstens das Problembewusstsein für die prekäre gesellschaftliche Situation zu schärfen und zweitens Handlungsvorschläge zu unterbreiten. In der Hoffnung auf eine Bewältigung dieser Kluft steht das Collège anderen soziologischen Theorien trotz der offensichtlichen Differenzen zu ihnen in nichts nach, insbesondere wenn es sich um Ansätze handelt, die die Frage nach *sozialer Integration* mit dem Collège teilen, auch wenn sie jeweils andere Antworten darauf finden und beispielsweise die allgemein geteilten Wertorientierungen (Parsons), kontrafak-

---

114 Hans Joas spricht in seinem Buch »Die Kreativität des Handelns« im Zusammenhang mit dieser Erfahrung des Sakralen von einer »primären Sozialität« (vgl. Joas 1992, 270–285). Dazu mehr in der Schlussbemerkung der Studie.

tischen Kommunikationsgemeinschaften (Habermas) oder die organische Solidarität (Durkheim) als Mittel sozialer Integration ansehen.

Ziel des Collège war es, Gemeinschaften zu bilden, die sich durch den Aspekt der freien Wahl sowohl von »Blut-und-Boden-Gemeinschaften« als auch von traditionalen Gemeinschaften unterscheiden und gleichzeitig Ordnung und integrative Elemente in die sich auflösende Gesellschaft einbringen sollten. Hierzu gesellten sich die konstitutiven Momente des Sakralen, der leidenschaftlichen Verzauberungen und der heterologischen Verausgabungen, die den rationalistischen und utilitaristischen Aspekten moderner Gesellschaften entgegengesetzt und als wesentliche Antriebe für Vergemeinschaftungsprozesse begriffen wurden. Die Gesellschaft stütze sich in ihrer jetzigen Form auf rationalistische und utilitaristisch-kapitalistische Grundpfeiler, die das heterologische Andere und die sakralen Bereiche ausschlössen. Gesellschaftsveränderung und die damit vom Collège in Verbindung gebrachte Vergemeinschaftung bedürften einer Intervention dieses Anderen.

Die Mitglieder des *Collège de Sociologie* richteten sich in ihren Äußerungen und Handlungen wie die anderen nonkonformistischen Gruppierungen sowohl gegen den Faschismus als auch gegen den Kommunismus. Beide Extreme hielten sie für zerstörerisch. Darüber hinaus bekämpften sie die gesamte bürgerlich-kapitalistische Welt mitsamt ihren Parteien, da in ihren Augen die Ideologien des Kommunismus und des Faschismus unmittelbar dem Bürgertum entsprungen seien. Ebenfalls waren sie entschiedene Gegner des Liberalismus, der ihrer Meinung nach wie der so genannte Bolschewismus die Massenproduktion und die Arbeit verherrliche (vgl. auch Keller 2001*b*, 167). Ausgelöst durch die vielfachen politischen Krisen in der Zwischenkriegszeit schwand ihr Vertrauen in Parlamentarismus und Demokratie. Besonders evident wird dies in der antifaschistischen Gruppe »Contre-Attaque«, die als ein Element der Institutionalisierung des Collège noch eigens vorgestellt wird (vgl. Kapitel 3.). War die Stimmung bei Contre-Attaque noch von einem militanten Utopismus und dem Willen einer radikal-revolutionären »Transformation der Volksfront« (vgl. Bürger 2000*b*, 41) – wenn nötig auch mit faschistischen Mitteln der Massenerregung gegen den Faschismus kämpfend – geprägt, mutierte das utopische Denken bei der Geheimgesellschaft *Acéphale* zeitweilig in einen Utopismus des Geheimen, um dann beim *Collège de Sociologie* gleichsam in eine kommunitäre Utopie zu münden[115], die den als verkommen und und instabil betrachteten Demokratien entgegentreten sollte. Ihr Vertrauen in die Demokratien war dadurch erschüttert, dass sowohl die Volksfrontregierung als auch andere führende Demokratien in Europa auf ein Eingreifen im spanischen Bürgerkrieg verzichtet hatten. Darüber hinaus hätten die demokratischen Regierungen im Münchener Abkommen ihre absolute Schwäche und Ohnmacht gezeigt. Ausgehend von diesen Befunden empfand das Collège die dringende Notwendigkeit einer fundamentalen Gesellschaftsveränderung.

---

115 Vgl. auch Marmande (1985, 59ff).

Die Haltung des *Collège de Sociologie* zum Münchener Abkommen

Die Haltung des Collège gegenüber den politischen und historischen Problemen seiner Zeit lässt sich besonders deutlich anhand einer öffentlichen Stellungnahme, die Bataille, Leiris und Caillois am 7. Oktober 1938 anlässlich des Münchener Abkommens vom 29./30. September verfassten, nachvollziehen. Die besagte »Déclaration du Collège de Sociologie sur la crise internationale« (Hollier 1995*a*, 358 – 363) erschien am 1. November 1938 in der »Nouvelle Revue Française (NRF)« (n° 302), in den Zeitschriften »Esprit«, »Volontés« und in »La Fleche« (vgl. Hollier 1995*a*, 356).[116] Die »Déclaration« lautete nach der Übersetzung von Hans Mayer (1988, 236 – 238) folgendermaßen:

ERKLÄRUNG DES COLLÈGE DE SOCIOLOGIE ÜBER DIE
INTERNATIONALE KRISE
Das Collège de Sociologie versteht die gegenwärtige internationale Krise aus verschiedenen Gründen als eine wichtige Erfahrung. Es erscheint dem Collège weder möglich noch sinnvoll, alle Seiten der Frage zu erörtern. Es hält sich vor allem durchaus nicht für kompetent, die diplomatische Entwicklung in irgendeiner Weise beurteilen zu können, die zur Aufrechterhaltung des Friedens geführt hat; noch weniger läßt sich dabei zwischen dem unterscheiden, was vorhersehbar war, und dem Unterwarteten, zwischen Freiwilligkeit und Zwang, sogar zwischen Inszenierung und Aufrichtigkeit. Die Billigkeit und Gebrechlichkeit solcher Deutungen ist bekannt. Indem das Collège auf dergleichen verzichtet, äußert es den Wunsch, ein solches Beispiel möchte auch von anderen befolgt werden, die ebensowenig kompetent sind. Das ist der erste Punkt. Das Collège de Sociologie erblickt seine eigentliche Rolle in der rücksichtslosen Bewertung von psychologischen Reaktionen des Kollektivs, die hervorgerufen wurden durch die drohende Kriegsgefahr, und die, als die Gefahr vorüber war, sogleich mit einem »heilsamen« Schweigen überdeckt wurden, wenn sie nicht gar rasch mit Hilfe gefälliger Erinnerungen umgewandelt scheinen ins Schmeichelhafte und Positive. Wer damals ganz außer sich schien, bildet sich neuerdings ein, er sei ein Held gewesen. Das Publikum glaubt mittlerweile selbst an die Legende, es habe sich kaltblütig verhalten, würdig und entschlossen: immerhin hat ihm der Ministerpräsident geschickterweise ausführlich dafür gedankt. Es ist jetzt bereits notwendig, demgegenüber zu behaupten, solche Vokabeln seien viel zu schön für einen Tatbestand, den man weit besser mit den Ausdrücken der Verwirrung, der Resignation und der Furcht bezeichnen könnte. Das wirkliche Schauspiel berichtete von einer unbeweglichen und stummen Verstörung, von einer traurigen Hinnahme der Ereignisse, von der unverkennbaren Furchthaltung eines Volkes, das sich unterlegen fühlt und deshalb weigert, einen Krieg zu führen angesichts einer Nation, die ihre eigene Politik ausdrücklich auf den Krieg ausgerichtet hat. Das ist der zweite Punkt. Zur moralischen Panik gesellt sich die Absurdität der politischen Positionen. Die Lage war von Anfang an paradox: die Diktaturen spielten mit dem Selbstbestimmungsrecht der Völker, während sich die

---

116 In der NRF erschienen zum Münchener Abkommen zudem Beiträge von Julien Benda, Armand Petitjean, Marcel Arland, Denis de Rougemont, Jean Schlumberger, Marcel Lecomte, Jacques Audiberti und Henry de Montherlant (vgl. Hollier 1995*a*, 356).

Demokratien auf die natürlichen Grenzen beriefen und auf die Lebensinteressen der Nationen. Das wurde schließlich bis ins Extrem durchgespielt. Man mußte erleben, daß der Nachkomme und Erbe eines Joseph Chamberlain, also eines Mannes, der ausdrücklich einst von der englischen Weltherrschaft gesprochen hatte und ein Mitbegründer des Empire gewesen war, den Herrn Hitler anflehte, mit irgendeiner Regelung einverstanden zu sein: vorausgesetzt daß sie friedlich wäre. In einer kommunistischen Zeitung wurde die Parallele gezogen zwischen diesem Neville Chamberlain als einem »Botschafter des Friedens« und dem Lord Kitchener, wobei der letztere weit besser wegkam. Man traute seinen Augen nicht, wenn man lesen mußte, daß die Kommunisten eines Tages diesen Lord Kitchener feiern würden, den Mann des Burenkrieges, der systematischen Zerstörungen und der Konzentrationslager für die Zivilbevölkerung. Er wurde von den Kommunisten gelobt, weil er »seinem Land zu einem großen Territorium verholfen habe«, wobei freilich nicht hinzugesetzt wurde, daß er den Leuten der City gleichzeitig Gold- und Diamantenminen mitlieferte. Man muß auch an die Haltung der öffentlichen Meinung in Amerika erinnern, die jenseits des Ozeans, also in genügender Entfernung, ein Unverständnis an den Tag legte, ein Pharisäertum und eine platonische Donquichoterie, wie sie mehr und mehr charakteristisch zu scheint für die Demokratien. Das ist der dritte und letzte Punkt vor der Schlußfolgerung.

Das Collège de Sociologie ist kein politischer Organismus. Seine Mitglieder vertreten ihre eigenen Meinungen. Das Collège sieht auch keinen Anlaß, die besonderen französischen Interessen in diesem Abenteuer zu vertreten. Seine Rolle liegt ausschließlich darin, eine Lehre aus den Ereignissen zu ziehen, und zwar, solange es noch Zeit ist, was heißen soll: solange sich ein jeder noch nicht selbst eingeredet hat, er sei damals kaltblütig gewesen, würdig und entschlossen. Das Collège de Sociologie sieht in dem Fehlen irgendeiner lebhaften Reaktion angesichts des Krieges ein Zeichen der »Entmännlichung« des Menschen. Es zweifelt nicht daran, daß die Ursache dafür in den lockeren gesellschaftlichen Banden zu finden ist, fast in einem Nicht-Vorhandensein solcher Bindungen, als Folge der Entwicklung eines bürgerlichen Individualismus. Ohne Mitleid stellen wir die Wirkung fest: die Menschen sind so allein gelassen, so schicksalslos geworden, daß sie entwaffnet dastehen vor der Möglichkeit des Todes: als Menschen, die keinen tieferen Grund sehen, für irgendeinen Kampf und deshalb notwendigerweise feige werden vor dem Kampf, vor irgendeinem Kampf, wie eine Hammelherde, die bei vollem Bewußtsein und resigniert ins Schlachthaus zieht. Das Collège de Sociologie hat sich vor allem als Organismus der Forschung und der Studien definiert. Dabei soll es bleiben. Aber es hatte sich bei seiner Gründung auch die Möglichkeit vorbehalten, notfalls etwas anderes zu sein: nämlich ein Herd der Energie. Die Ereignisse von gestern empfehlen ihm jetzt, gebieten ihm vielleicht sogar, den Akzent auf diesen Teil der selbstgestellten Aufgabe zu legen. Darum hat man sich zu dieser öffentlichen Erklärung entschlossen. Darum fordert es alle diejenigen auf, denen die Angst die Erkenntnis vermittelt hat, daß die Menschen sich zusammenschließen müssen, sich der Arbeit des Collège anzuschließen: in vollem Bewußtsein, daß die gegenwärtigen politischen Formen ganz und gar verlogen sind, und daß es notwendig wurde, eine Form der kollektiven Existenz wiederherzustellen, jenseits aller geographischen und sozialen Begrenzungen. Eine Existenz, die es den Menschen erlaubt, ein bißchen Haltung zu bewahren im Angesicht des Todes. Paris, den 7. Oktober 1938

gez. Bataille, Caillois, Leiris

Die Erklärung zum Münchener Abkommen, die auch den exilierten Hans Mayer auf das Collège aufmerksam werden lässt (vgl. Mayer 1988, 236ff), verdeutlicht die besagte Kritik an der »pazifistischen Haltung« der Demokratien[117] und die Vision des Collège, ein neuartiges soziales Band herzustellen. Gerade weil die Menschen so stark atomisiert seien, seien sie besonders anfällig für jede Art von Ideologie. Sie erwiesen sich aufgrund ihrer fortgeschrittenen Vereinzelung im verstärkten Maße unfähig, in irgendeiner organisierten Form zusammenzukommen und gemeinsam zur Tat zu schreiten. Das Collège ruft dagegen zu einer Politik der Stärke und der Gewalt auf und fordert ein soziologisch informiertes Handlungswissen, das sich in aktive Handlungen transformieren soll.[118]

Es lassen sich aus der Erklärung einerseits die für das Collège zentrale Rolle der Gewalt und der Radikalität herauslesen. Andererseits zeigt sich, dass es dem Collège niemals nur um eine Soziologie ging, die lediglich das Sakrale erforscht, sondern dass die Sakralsoziologie oder die sakrale Soziologie gerade mit ihren sozial- und kulturwissenschaftlichen Untersuchungen angetreten war, die bürgerliche Gesellschaft in ihren Grundfesten zu erschüttern und von Grund auf zu verändern. Mehrere Jahre später

---

117 Vgl. dazu auch den Vortrag vom 13. Dezember 1938 »La structure des démocraties et la crise de septembre 1938« von Georges Bataille (vgl. Hollier 1995a, 448–459).

118 Es propagiert die »männlichen« Anteile im Menschen, in dem es die »Aggressivität nicht nur als anthropologische Konstante [beschreibt], sondern sie zugleich als *den* Wert einer männlichen Daseinsform [verherrlicht].« (Bürger 2000b, 44) Darüber hinaus gibt die in der Erklärung betonte und machohaft betrauerte »Entmännlichung des Menschen«, die Gleichsetzung von Widerstand und Entschlossenheit mit Männlichkeit sowie die scharf kritisierte Verweichlichung des Menschen, die vom bürgerlichen Individualismus ausgehe, einige Aufschlüsse über das Geschlechterbild der Collège-Mitglieder, wobei es interessant ist, dass nicht von einer Entmännlichung der *Männer*, sondern des *Menschen* gesprochen wird. Insofern könnte man mutmaßen, dass dem Collège zufolge jegliche Geschlechterkategorien Anteile von »Männlichkeit« besitzen. Dass jedoch speziell bei Georges Bataille eine tiefer gehende Studie bezüglich des Topos der Männlichkeit notwendig wäre, hat insbesondere Susan Rubin Suleiman in ihrem Artikel »Bataille in the street. The search for virility in the 1930s« zum Ausdruck gebracht: »As a concept, virility took shifting forms in Bataille's thought. His continued use of the word, however, looked him into values and into a sexual politics that can only be called conformist, in his times and ours. Rhetorically, ›virility‹ carries with it too much old baggage. Bataille's male protagonists may be sexually equivocal, possessing feminine traits and female soulmates; but his rhetoric of virility does not follow them.« (Suleiman 1995, 43) Trotz notwendiger und berechtigter Kritiken, die den Sichtweisen des Collège, ja dem allgemein verbreiteten Geschlechterbild seiner Zeit im Ganzen, der Auffassung einer Geschlechterdualität und der latenten sowie manifesten Männerbündelei, die überdies in manchen Vorträgen zum Vorschein kommt, mit Recht vorzuwerfen sind, soll dieser Strang aufgrund seines ausufernden Themas nicht weiter verfolgt werden und bleibt somit weiteren Studien vorbehalten. Zur Kritik an Geschlechterstereotypen vgl. Moebius (2003b). Ganz und gar nicht, um die Akteure des Collège zu entschuldigen, sondern vielmehr, um die Bedeutung dieser Thematik zu unterstreichen, sei darauf verwiesen, dass in vielen gegenwärtig aktuellen modernen soziologischen Theorien die binären Geschlechter-Logiken, Hierarchisierungen und die damit einhergehenden Ausschlüsse in den Denksystemen keineswegs befriedigend bewältigt oder gar untersucht sind. Vgl. hierzu auch Moebius (2003c).

war eine zweite Erklärung zur internationalen Krise angesichts der Besetzung Böhmens im März 1939 geplant (vgl. Felgine 1994, 185).[119]

Während das Collège in der »Déclaration« zum Kampf gegen den Faschismus aufrief und sowohl die »traurige Hinnahme der Ereignisse« als auch die »unverkennbare Angsthaltung eines Volkes« kritisierte, so sahen die Positionen angesichts des Münchener Abkommens – folgt man Julien Bendas Ausführungen nach dem Krieg[120] – bei den rechten Gruppierungen gänzlich anders aus: Hielt das Collège die gegenwärtige Demokratie für zu schwach, so galt für die Rechten die Demokratie als Inbegriff der Unordnung, so dass die Demokratie entweder zu bekämpfen war oder kampflos der Zerstörung durch den Faschismus überlassen werden konnte:

> »So ist ihr Aufstand vom 6. Februar zu verstehen, ihr Beifall für die Faschismen Mussolinis und Hitlers, die ihnen als Inkarnationen des antidemokratischen Denkens galten, desgleichen auch für den Franquismus in Spanien; so auch ihre Opposition gegen einen eventuellen Widerstand ihrer Nation angesichts der deutschen Provokationen in der Affäre von München 1938, da er zu einer Konsolidierung des demokratischen Regimes in Frankreich hätte führen können; so auch ihr Eingeständnis, daß eine Niederlage Frankreichs ihnen lieber wäre als die Aufrechterhaltung des verhaßten Systems, ihre seit Kriegsbeginn kaum verhohlene Hoffnung, ein Sieg Hitlers werde dieses System zerstören, und ihr Freudentaumel, als es dann wirklich so weit kam (die ›göttliche Überraschung‹ für Maurras); so schließlich der Feldzug gegen die Demokratie im Namen der Ordnung, der gegenwärtig heftiger denn je, dabei mehr oder minder unverhüllt, von einer ganzen Camarilla unter ihnen geführt wird (siehe die Blätter L'Epoque, L'Aurore, Paroles Françaises).« (Benda 1983, 13f)

Im »Combat« schrieb im November 1938 Thierry Maulnier: Die Rechtsparteien verspürten deswegen offensichtlich keine Lust, gegen Deutschland zu kämpfen, weil eine deutsche Niederlage den Einsturz der autoritären Systeme bedeutet hätte, die das »Hauptbollwerk gegen die kommunistische Weltrevolution« und gegen die »Bolschewisierung Europas« darstellten (Maulnier zitiert bei Benda 1983, 71). Maulnier schrieb auch in der französischen Ausgabe des Buches »Das dritte Reich« von Moeller van den Bruck, er werde von einem deutschen Nationalsozialisten eher angesprochen als von einem französischen Pazifisten (Maulnier zitiert bei Benda 1983, 71). Ähnliche Ansichten fanden sich auch in den Zeitschriften »L'Insurgé« oder »Je Suis Partout« (vgl. Benda 1983, 14).

---

119 Mehr als die Planung ist leider nicht bekannt.

120 Wie später noch zitiert wird, so sprach sich auch Julien Benda für Gewaltanwendung angesichts der faschistischen Bedrohung aus (vgl. Benda 1983, 34).

Die *Heterologie* versus die *Homogenität* des Faschismus

Bereits in seinem 1933 in der Zeitschrift »La critique sociale« veröffentlichten Beitrag über »Die psychologische Struktur des Faschismus« propagierte Bataille die inhaltlichen Topoi, die er einige Jahre später, zur Zeit des Collège, wieder heraufbeschwor. So entspricht etwa die Gewalt der erhofften Resakralisierungsprozesse derjenigen Gewalt, die Bataille in seinem Artikel der bestehenden utilitaristischen Gesellschaft entgegenzusetzen hoffte: »Im Prinzip ist die soziale *Homogenität* eine labile, durch Gewaltakte und überhaupt durch innere Konflikte jederzeit störbare Form.« (Bataille 1978, 12) Unter Homogenität ist dabei vor allem die Gesellschaftsform, die aus der Nützlichkeit und Produktion sowie aus dem Ausschluss des Heterogenen konstituiert ist, gemeint.

In einer Vorankündigung und Tagesordnung einer Versammlung von *Acéphale* für den 29. September 1938 offenbart sich der von einigen Collège-Mitgliedern favorisierte Wille zur Aggressivität des Menschen (vgl. Bataille 1999*b*, 463–474). Folgende »Elf Aggressionen«, die wesentliche Themen des Collège aufgreifen, werden in Form eines Programms vorgestellt:

»1. La chance contre la masse.
  2. L'unité communielle contre l'imposture individu.
  3. Une communauté élective contre toute communauté de sang, de sol et d'intérêts.
  4. Le pouvoir religieux du don de soi tragique contre le pouvoir militaire fondé sur l'avarice et la contrainte.
  5. L'avenir mouvant et destructeur de limites contre la volonté immobilité du passé.
  6. Le violateur tragique de la loi contre les humbles victimes.
  7. L'inexorable cruauté de la nature contre l'image avilissante d'un dieu bon.
  8. Le rire libre et sans limite contre toute explication raisonnable d'un univers absurde.
  9. L'amour de la destinée‹ même la plus dure contre les abdications du pessimisme ou de l'angoisse.
 10. L'absence de sol et de tout fondement contre l'apparance de stabilité.
 11. La joie devant la mort contre toute immortalité.« (Bataille 1999*b*, 464f)

Die Akzentuierung der Gewalt und die erhoffte Möglichkeit der Gesellschaftsveränderung gehen in Batailles Beitrag zur »psychologischen Struktur des Faschismus« einher mit einem *Wissen* um die sozialen Bewegungen: Auch wenn die derzeitigen Demokratien (die man nicht mit dem zu bekämpfenden utilitaristischen Rationalismus der Bourgeoisie verwechseln dürfe) keinerlei Zuversicht zuließen und einem im Moment auch keine Alternativen in den Sinn kämen, so könne dieser Mangel an Zuversicht und politischer Kreativität anhand von ausreichendem Wissen geändert werden; es sei sogar mit Hilfe wissenschaftlicher Untersuchungen möglich, sich andere politische Kräfte als die bereits bekannten vorzustellen:

»Darum ist es im Hinblick auf die genannten Möglichkeiten notwendig, ein systematisches Wissen zu entwickeln, das es erlaubt, die affektiven sozialen Reaktionen, die den Überbau durchzucken, vorauszusehen – vielleicht sogar, bis zu einem gewissen Grad, frei über sie zu verfügen. [...] Ein systematisches Wissen über die sozialen Bewegungen der Anziehung und der Abstoßung erweist sich schlicht als Waffe in einem Augenblick, da nicht so sehr der Faschismus dem Kommunismus, als vielmehr radikal imperative Formen in einer weltweiten Konvulsion der Subversion entgegenstehen, die ihrerseits zäh auf die Befreiung menschlichen Lebens hinarbeitet.« (Bataille 1978, 42f)

Das Wissen über die sozialen Bewegungen der Anziehung und Abstoßung wird dann vier Jahre später das *Collège de Sociologie* im Sinne einer »aktiven Soziologie« (vgl. Mattheus 1984, 360) erarbeiten, so dass sich Wissenschaft und politische Aktion zusammenschließen. In welchem Verhältnis steht aber dieses zu erarbeitende, systematische Wissen zu den kritisierten rationalistischen Bewegungen der bürgerlichen Gesellschaft?

Roger Caillois schreibt 1969 in einem dritten und rückblickenden Vorwort zu »Der Mensch und das Heilige«, sein 1939 aus dem Collège entstandenes Werk, dass er zur Zeit des *Collège de Sociologie* gedacht habe, er könne »leidenschaftliches Wissen« in einen allmächtigen Hebel zur Umwälzung der gesellschaftlichen Verhältnisse transformieren. Insofern habe er nur eine geringe Differenz zwischen dem Wissen über das Sakrale und der leidenschaftlichen politischen Anwendung dieses Wissens gesehen: »Unter diesen Umständen habe ich kaum einen Unterschied zwischen dem Stoff gemacht, der mir an der École Pratique des Hautes Études durch Marcel Mauss und Georges Dumézil vermittelt worden war, und demjenigen, den ich zusammen mit Georges Bataille und Michel Leiris im bescheidenen Saal des Collège de Sociologie, das wir gerade gegründet hatten, vorzutragen unternahm.« (Caillois 1988, 7) Seine Beschäftigung mit dem Sakralen ließe sich nur mit dem Bedürfnis erklären, »der Gesellschaft ein aktives, unbestrittenes, gebieterisches und vereinnahmendes Heiliges wiederzuschenken, mit der Neigung kombiniert, kühl, korrekt und wissenschaftlich zu interpretieren, was wir damals, wahrscheinlich naiv, die eigentlichen Triebkräfte des Kollektivdaseins nannten. Ein aktives Heiliges, sage ich: Wir verwendeten damals, zumindest unter uns, den Ausdruck aktivistisch, um anzudeuten, daß wir uns etwas erträumten, das mehr als simple Aktion wäre. Uns schwebte eine Art schwindelerregende Übertragung, eine epidemische Aufwallung vor.« (Caillois 1988, 7f) Alexandre Kojève hielt diese ausbreitende und epidemische Kraft des Sakralen und ihre Verknüpfung mit wissenschaftlicher Erkenntnis, in seinen Augen der Knotenpunkt zwischen Magie und Wissen, für groben Unfug, so dass er – obgleich er selbst einmal am Collège einen Vortrag hielt – die Mitglieder des Collège in Anlehnung an Goethes berühmtes Gedicht als »Zauberlehrlinge« charakterisierte; Bataille verwendete diese Bezeichnung später für den Titel eines eigenen Collège-Beitrags.

Seine Analyse der psychologischen Struktur des Faschismus hatte Bataille gezeigt, dass der Faschismus auf der Heterogenität und dem reinen Sakralen eines Führers aufbaut, wobei die faschistische Macht sowohl religiöse, militärische als auch monarchische Elemente miteinander verknüpft (vgl. Bataille 1978, 33ff). Die Heterogenität des Führers sei allerdings im Gegensatz zur Bewegung der niederen Heterogenität und dem *unreinen Sakralen* immobil (vgl. Bataille 1978, 39); tendenziell könne die Heterogenität des Führers immer in Homogenität transformiert werden. Die verdichtete Macht und die politische Struktur des Faschismus verkörpern sich nach Bataille in der *monozephalen* Repräsentation des Führers, wobei der Begriff des Monozephalen vor dem Hintergrund des Projekts *Acéphale* betrachtet werden muss. Dem Monozephalismus stellte Bataille sowohl in einem Beitrag der Zeitschrift *Acéphale* aus dem Jahre 1937 als auch in einem Vortrag am Collège vom 13. Dezember 1998 eine *polyzephale* bzw. föderalistische Struktur entgegen:[121]

In dem zweiten Doppelheft von *Acéphale*, in dem es um die Rettung Nietzsches vor seiner Vereinnahmung durch die Nazis ging, schrieb Bataille unter dem Titel »Propositions« (Bataille et al. 1995, 17–21, Heft 2), »les possibilités de l'existence humaine peuvent dès maintenant être situées *au-delà* de la formation des sociétés *monocéphales*.« (Bataille et al. 1995, 18, Heft 2) Das Dasein und die Person komme nur in Gemeinschaft zur vollen Entfaltung: »C'est à la communauté unitaire que la personne emprunte sa forme et son être.« (Bataille et al. 1995, 17) Ähnlich wie Durkheim die Rolle des Individuums in der Gesellschaft bestimmt, das nur in einer Gesellschaft mit stark ausgeprägter organischer Solidarität den vollen »Kult des Individuums« entfaltet, so kann sich das Individuum nach Ansicht Batailles nur in Gemeinschaft und der »azephalische Charakter der Existenz« sich nur in einer »poly- oder bizephalen« Gesellschaft ganz verwirklichen: »La seule société pleine de vie et de force, la seule société libre est la société *bi ou polycéphale* qui donne aux antagonismes fondamentaux de la vie une issue explosive constante mais limitée aux formes plus riches. La dualité ou la multiplicité de têtes tend à réaliser dans un même mouvement le caractère *acéphale* de l'existence […].« (Bataille et al. 1995, 18, Heft 2)[122]

Die Gründungserklärung des *Collège de Sociologie* vom Juli 1937, erschienen in den Nummern 3 und 4 von *Acéphale*, wurde am 1. Juli 1938 nochmals abgedruckt. Diesmal stand die Erklärung aufgrund einer Einladung von Jean Paulhan in der »Nouvelle Revue Française« (Nummer 298) im Zusammenhang mit drei Texten der Collège-Gründer unter dem Titel »Pour un Collège de Sociologie« (vgl. Hollier 1995a, 292–353). Neben den Texten »L'apprenti sorcier« von Bataille, »Le sacre dans la vie quotidienne« von Leiris und »Le vent d'hiver« von Caillois, wurde auch eine »Introduction« von Letzterem veröffentlicht, die nach einem Jahr des Bestehens ein Resümee der Arbeit des Collèges ziehen wollte. Dieser Einführung fügte Caillois die Gründungserklärung bei. Da die »Introduction« explizit die vom Collège verfolgten Forschungslinien markiert, soll nun sowohl diese Einleitung als auch die Gründungserklärung zusammen *in extenso* vorgestellt werden. Anhand dessen offenbaren sich einerseits die selbst gesetzten wissenschaftlichen Aufgaben und andererseits die politischen und gesellschaftskritischen Ambitionen des Collège:

---

121 Vgl. die Aufzeichnungen zum Vortrag in Hollier (1988a, 196).

122 Akephale Gesellschaften, also Gesellschaften ohne Zentralinstanz, sind beispielsweise in der gesamten Geschichte Afrikas zu finden, sie hatten zuweilen mehrere tausend Mitglieder.

EINFÜHRUNG
von Roger Caillois[123]
Die aktuellen Umstände scheinen ganz besonders geeignet zu sein für eine kritische Arbeit, die die gegenseitigen Beziehungen zwischen dem Wesen des Menschen und dem Wesen der Gesellschaft zum Gegenstand hat: Das, was er von ihr erwartet, das, was sie von ihm erfordert.

Freilich hatten die letzten zwanzig Jahre einen der beträchtlichsten intellektuellen Tumulte gesehen, die man sich je vorstellen kann. Nichts Dauerhaftes, nichts Festes, keine Grundlage: Alles zerfällt, verliert seine Kanten und die Zeit ist nur einen einzigen Schritt vorangegangen. Jedoch geschieht eine außergewöhnliche und fast unfassbare Gärung: Die gestrigen Probleme sind jeden Tag erneut in Frage gestellt und Unmengen andere, neue, extreme, verwirrende, unermüdlich von überaus aktiven und nicht weniger gedulds- und kontinuitätsunfähigen Köpfen erfunden. In einem Wort: eine Produktion, die den Markt wirklich überwältigt und mit den Konsumbedürfnissen und selbst der Konsumkapazität nicht zu vergleichen ist.[124]

In der Tat gibt es viele Kostbarkeiten, viele unbetretene Räume, die plötzlich der Erforschung, manchmal auch der Ausbeutung geöffnet sind: Der Traum, das Unbewusste, alle Formen des Wunderbaren und des Exzesses (das eine das andere bestimmend). Ein leidenschaftlicher Individualismus, der den Skandal zum Wert machte, gab der Gesamtheit eine Art affektive und fast lyrische Einheit. Freilich war es das Ziel, zu überschreiten: der Gesellschaft in jedem Fall mehr zu geben, als sich damit zu begnügen, sie zu provozieren. Vielleicht kann hier der Keim eines Widerspruches erkannt werden, dessen wachsendes Ausmaß schließlich über einen bestimmten Teil des derzeitigen intellektuellen Lebens herrscht: Die Schriftsteller, die plump oder hochmütig an politischen Kämpfen teilzunehmen versuchten, sollten dabei feststellen, wie schlecht ihre innersten Anliegen ihren Forderungen entsprachen, so dass sie schnell entweder nachgeben oder aufgeben mussten.

Keine von diesen zwei entgegengesetzten Bestimmungen – die Erforschung menschlicher Urphänomene und die vordringliche Suche nach sozialen Tatbeständen – kann beiseite gelassen werden, ohne dass man es bald bedauert. Sollte die eine für die andere aufgeopfert werden oder sollte man hoffen, dass es möglich sei, beide parallel zu verfolgen, dann

---

123 Für die folgende Übersetzung, die angesichts der Länge des Dokuments hier ausnahmsweise vorgenommen wird, sei Cécile Rol herzlich gedankt. Den französischen Text findet man in Hollier (1995*a*, 296–301).

124 Hollier macht an dieser Stelle in seiner kommentierten Textsammlung des Collège u. a. folgende interessante Fußnote:»Ces lignes semblent du Valéry (celui de ›La politique de l'esprit‹, cf. *Variété III*, Paris, 1936, p. 136: ›nous avons, en quelques dizaines d'années, reforgé, reconstruit, organisé aux dépens du passé, etc., etc.‹) revu par le nietzschéisme épistémologique du Bachelard du *Nouvel esprit scientifique* (1934). Cette ›Introduction‹ peut d'ailleurs être lue comme la ›prédication‹, au sens bachelardien, d'une expérience sociologique dont le Collège serait à la fois l'experimentateur, l'instrument et le cobaye. Le premier (et unique) numéro (juin 1936) de la revue de Caillois *Inquisitions* s'ouvrait sur un texte de Bachelard, ›Le surrationalisme‹, où l'on pouvait lire: ›Si, dans une expérience, on ne joue pas sa raison, cette expérience ne vaut pas la peine d'être tentée.‹ Bachelard conclura son *Lautréamont* (1939) par de belles pages sur la théorie de l'imagination agressive, entreprenante qui soustend *Le mythe et l'homme* de Caillois.« (Hollier 1995*a*, 296f)

zeigt die Erfahrung unaufhörlich, dass diese Scheinlösungen zu schwer wiegenden Enttäuschungen führen. Die rettende Lösung muss anderswoher kommen.

Seit einem halben Jahrhundert sind die Humanwissenschaften mit einer solchen Geschwindigkeit fortgeschritten, dass man sich der neuen Möglichkeiten, die sie anbieten, noch nicht genügend bewusst geworden ist. Man ist weit davon entfernt, die Möglichkeiten mit Muße und Kühnheit auf die mannigfaltigen Probleme anzuwenden, die das Spiel der Triebe und der »Mythen« darstellt; Triebe und Mythen, aus denen sich die neuen Möglichkeiten zusammensetzen oder die neue Möglichkeiten in der zeitgenössischen Gesellschaft mobilisieren. Aus diesem Versagen ergibt sich, dass dem Verstand eine ganze Seite des modernen Kollektivlebens, sein ernster Aspekt und seine tiefsten Abstufungen entgehen. Diese Situation hat nicht nur den Effekt, dass der Mensch sich den zwecklosen Mächten seiner Träume zuwendet, sondern sie verändert auch das Verständnis der ganzen Gesamtheit der sozialen Phänomene und macht von Grund auf die Handlungsmaxime ungültig, die auf diese Situation Bezug nehmen und in ihr Sicherheit finden.

Das Anliegen, die ursprünglichen Bestrebungen und Konflikte des Individuums im sozialen Maßstab umzusetzen, bildet den Ursprung des Collège de Sociologie. Es führt zu dem Text, der die Gründung des Collège bekannt gibt und sein Programm bestimmt. Es erscheint notwendig, den Gründungstext hier ohne weiteres wiederzugeben:

1. Sobald man der Analyse der sozialen Strukturen eine besondere Bedeutung beimisst, bemerkt man, dass die wenigen wissenschaftlich erzielten Ergebnisse in diesem Bereich nicht nur meistens ignoriert werden, sondern auch direkt den üblichen Ideen dazu widersprechen. Wie sich diese Ergebnisse präsentieren, erscheinen sie als extrem verheißungsvoll und eröffnen der Analyse des menschlichen Verhaltens unvermutete Sichtweisen. Dennoch bleiben sie furchtsam und unvollständig, einerseits weil die Wissenschaft sich allzu sehr auf die Analyse der Strukturen der so genannten primitiven Gesellschaften beschränkt hat bzw. die modernen Gesellschaften beiseite gelassen hat, und andererseits, weil die verwirklichten Entdeckungen die Forschungspostulate und den Forschungsgeist nicht so grundsätzlich verändert haben, wie man es hätte erwarten können. Es scheint sogar, dass Hindernisse spezieller Natur sich der Entwicklung eines Bewusstseins von den vitalen Elementen der Gesellschaft entgegenstellen. Der notwendigerweise ansteckende und aktivistische Charakter der Vorstellungen, den die Arbeit ans Licht bringt, scheint dafür verantwortlich zu sein.

2. Daraus ergibt sich, dass zwischen denjenigen, die die Untersuchungen so weit wie möglich in dieser Richtung fortzuführen beabsichtigen, eine moralische Gemeinschaft zu entwickeln ist, die zum Teil anders als diejenige ist, die die Wissenschaftler üblicherweise vereinigt und die eben mit dem virulenten Charakter des erforschten Gebiets und der in ihm peu à peu auftauchenden Bestimmungen verbunden ist.

Diese Gemeinschaft bleibt jedoch ebenso zugangsfrei wie die der institutionellen Wissenschaft; jeder kann ohne Rücksicht auf besondere Bedenken seinen persönlichen Standpunkt äußern, der die Wissenschaft zu einer präziseren Kenntnis der wesentlichen Aspekte des sozialen Lebens antreibt. Was auch immer sein Ursprung und sein Ziel sein mag, dieses Anliegen wird als hinreichend betrachtet, um die notwendigen Verbindungen für die gemeinsame Aktion zu begründen.[125]

---

125 Hollier macht hier in einer Fußnote auf das Programm des Collège für die Sitzungen von November 1937 bis April 1938 aufmerksam, das zeigt, dass nicht allen der Zugang offen war: »L'

3. Der präzise Gegenstand der vorgesehenen Aktivität kann Sakralsoziologie genannt werden, insofern als er die Untersuchung des sozialen Lebens in all denjenigen Erscheinungen voraussetzt, in denen das aktive Vorhandensein des Sakralen ans Tageslicht gebracht wird. Folglich hat die Untersuchung vor, Verbindungspunkte zwischen den quälenden Grundtendenzen der individuellen Psychologie und den leitenden Strukturen, die der sozialen Organisation voranstehen und ihre Revolutionen steuern, herzustellen.[126]

Der Mensch wertet bis zum Äußersten bestimmte seltene, flüchtige und heftige Augenblicke seiner innersten Erfahrung auf. Mit diesem Tatbestand beginnt das Collège de Sociologie und bemüht sich, entsprechende Vorgänge gerade im Herzen des sozialen Lebens selbst, in den elementaren Attraktions-und Repulsionsphänomenen nachzuweisen, die das soziale Leben in seinen am meisten ausgeprägten und bedeutsamsten Zusammensetzungen wie den Kirchen, den Armeen, den Bruderschaften oder den geheimen Gesellschaften bestimmen. Drei Schwerpunkte stehen im Zentrum dieser Untersuchung: Die Macht, das Sakrale, die Mythen. Die Untersuchung ist nicht nur eine Sache der Information und der Exegese: Es ist außerdem notwendig, dass sie die gesamte Aktivität des Seins umfasst. Ganz sicher bedarf sie einer gemeinsamen, ernsten, mit Selbstlosigkeit und kritischer Sachlichkeit durchgeführten Arbeit, die die möglichen Ergebnisse nicht nur zu bestätigen vermag, sondern auch von Beginn der Forschung an Achtung einflößt. Jedoch verbirgt die Analyse eine Hoffnung ganz anderer Art, die dem Unternehmen seinen vollständigen Sinn verleiht: Das Streben, dass die so geformte Gemeinschaft ihren ursprünglichen Plan übersteigt, vom Willen zur Erkenntnis zum Willen zur Macht übergeht und zum Kern einer umfangreicheren Verschwörung wird – das entschlossene Kalkül, dass diese Gruppe eine Seele findet.

Militantes Eintreten für die Demokratie: Julien Benda beim *Collège de Sociologie*

In seinem Vortrag »La structure des démocraties et la crise de septembre 1938« (Hollier 1995a, 448ff) vom 13. Dezember 1938 differenzierte Bataille innerhalb der Struktur der Demokratien zwischen einem Sakralen, konstituiert durch die »Integrität des nationalen Territoriums«, und einem »Gebiet der Diskussion«, in welchem Gleichgewicht, Austausch und Handel eine Rolle spielen (vgl. Hollier 1995a, 455). An der Sitzung nahm auch Julien Benda (1867 – 1956) teil, der, folgt man den Aufzeichnungen von Bertrand d'Astorg, ebenfalls das Wort erhob: »M. Benda prenant la parole a jugé qu'il était bien malheureux d'avoir réduit le ›sacré‹ à l'integrité du territoire, chose secondaire à ses yeux, semble-t-il: il le verrait davantage dans le principe de

---

entrée de la salle sera réservée aux membres du Collège, aux porteurs d'une invitation nominale et (un fois) aux personnes présentées par un membre inscrit. L'inscritpion est de 5 fr. par mois (8 mois par an) ou de 30fr. par an (payable en novembre). La correspondance doit être à G. Bataille, 76 bis, rue de Rennes (6ᵉ).« (Hollier 1995a, 29)

126 Bis zu dieser Stelle geht die Gründungserklärung des *Collège de Sociologie* aus dem Jahre 1937. Es folgen nun noch einige für die »Introduction« hinzugefügte Anmerkungen von Caillois, die die Aufgaben des Collège stärker hervorheben.

discussion lui-même, où s'exprime la liberté de l'homme, magiquement conduit par la raison.« (Hollier 1995a, 456)

In zahlreichen Debatten um die Rolle der Intellektuellen ragte besonders Julien Bendas Buch »La trahison des clercs« von 1927 heraus.[127] Benda betont darin, dass es Aufgabe der Intellektuellen sei, die ewigen, universellen und interessenfreien Werte wie Gerechtigkeit, Menschlichkeit, Wahrheit und Vernunft zu verteidigen.[128] Wenn sich die Intellektuellen jedoch statt der Verteidigung dieser ewigen Werte zugunsten einer exklusiven Volks-, Klassen- oder Nationalidentität engagierten, so sprach er vom »Verrat der Intellektuellen«.[129] Das schlimmste Übel sah Benda im Irrationalismus, den er insbesondere bei Bergson ausmachte, und in dem »Gefühlshunger« der Intellektuellen, der sie sowohl zur Lobpreisung von Ordnung und Herrschaft verleite als auch von der für Intellektuelle notwendigen »geistigen Askese« ablenke (Benda 1983, 69f). Obgleich Benda das Engagement der Intellektuellen nur auf eine *interesselose* Verteidigung der Universalien wie Humanismus, Gerechtigkeit, Wahrheit oder Freiheit beschränkt wissen wollte und auch Anhänger des dialektischen Materialismus massiv kritisierte, so verstand er sich zugleich »immer und bis zum Ende als ein Mann der Linken« und war, »ohne sich dem Marxismus zu verschreiben, ein radikaler Sozialkritiker«, »antimilitaristisch, antichauvinistisch und antiautoritär« sowie stets ein »Anwalt der Schwachen«; kurz: »er war als Sprecher nicht einer Partei, sondern der Gerechtigkeit auf dem Plan!« (Améry in Benda 1983, 8f). Nach dem Zweiten Weltkrieg schrieb Benda in den einleitenden Zeilen zur Neuausgabe seines Buches, dass das »Anliegen, für das die *clercs* damals ihren Verrat begingen, vorwiegend das der Nation« gewesen sei, und denkt dabei insbesondere an Maurras und Barrès (Benda 1983, 13).[130]

Einerseits kann die Nähe zu Benda, der wie das Collège zu den Autoren der NRF gehörte, in einigen Äußerungen Caillois' gesehen werden, die er in seinem Buch »Der Mensch und das Heilige« veröffentlichte.[131] Dort schreibt er, das Sakrale nehme heute offensichtlich neue Formen an: »Es greift beispielsweise in den Bereich der Ethik über und verleiht Begriffen wie Ehrlichkeit, Treue, Gerechtigkeit, Wahrheitsliebe, Verläßlichkeit absoluten Wert. Ein Gegenstand, eine Sache oder ein Wesen scheinen schon dadurch heilig zu werden, daß man sie zum höchsten Zweck erhebt und ihnen sein Leben weiht, das heißt, ihnen seine Zeit und seine Kräfte, seine Interessen und seinen

---

127 In der deutschen Übersetzung: »Verrat der Intellektuellen« (Benda 1983).

128 »Die Werte des *clerc*, deren wichtigste Gerechtigkeit, Wahrheit und Vernunft sind, zeichnen sich durch drei Merkmale aus: Sie sind *statisch*. Sie sind *interessefrei (vorteilslos zweckfrei)*. Sie sind *rational*.« (Benda 1983, 75).

129 Zu Benda und der französischen Soziologie vgl. auch Lepenies (2002, 101). Ebenso siehe das Vorwort von Jean Améry in der deutschen Ausgabe des »Verrat der Intellektuellen« (Benda 1983, 7–11) und Robert J. Niess (1956).

130 Dennoch hatte er auch die Linken des intellektuellen Verrats angeklagt, wie zum Beispiel den radikalsozialistischen Philosophen Léon Brunschvicg.

131 In der NRF wurden auch in mehreren Teilen Auszüge aus Bendas »La trahison des clercs« publiziert.

Ehrgeiz widmet, ja notfalls sein Leben opfert.« (Caillois 1988, 176f) Caillois verband jene absoluten Werte, zu denen sich Benda offen bekannte, mit dem Sakralen.

Andererseits hob Caillois 1939 in seinem Beitrag über die »Sociologie du clerc« im Gegensatz zu Benda hervor, dass der Intellektuelle weniger ein Verteidiger ewiger Werte sei, als vielmehr jemand, der eine neue Ordnung befördere (vgl. Hollier 1988*a*, 416). Benda vertrat hingegen ein Konzept der »pure raison«. Die kritische Vernunft soll sich nicht von äußerlichen Erfahurngen leiten oder – wie Benda sagt: – »verschmutzen« lassen, sondern allein dem Denken und der geistigen Tätigkeit, aus der heraus die gültigen Werte erwachsen, folgen. Wie wurde die Differenz zwischen Julien Benda und dem Collège auf den Sitzungen deutlich?[132]

Bei der Sitzung vom 13. Dezember 1938 kam es zu einer Debatte zwischen Benda und Bataille. Nach der Erinnerung von Zuhörern habe man die beiden Redner einerseits als »citoyen discuteur« (Hollier 1995*a*, 452), repräsentiert durch Benda, der das »Gebiet der Diskussion« vertrat, und andererseits als »l'homme de la décision«, repräsentiert durch Bataille, bezeichnen und dadurch ihre jeweiligen Positionen differenzieren können (vgl. Hollier 1995*a*, 452f):

> »La démarcation ne passe pas entre raisonner et déraisonner (et il ne s'agit sûrement pas de valoriser le délire), elle passe entre raisonner et décider; or ces deux fonctions de l'esprit relèvent d'espaces différents. [...] D'Astorg oppose ainsi ›citoyen discuteur‹ (représenté par Benda), qui ne met rien audessus de la liberté d'opinion, et l'homme de la décision qui, ›même ne sachant plus si des valeurs essentielles sont engagées dans la lutte, doit accepter le tête-à-tête avec la souffrance et la mort, sans vouloir connaître l'avance quelle réalité en jaillira‹.« (Hollier 1995a, 452)

Bertrand d'Astorg selbst befremdete, dass man als Zuhörer nicht mehr habe unterscheiden können, ob die Redner perfide Antidemokraten seien oder ob sie eine persönliche Konzeption einer idealen Demokratie propagierten (vgl. Hollier 1995*a*, 456f).[133] Benda verteidigte nach dem Krieg nun noch vehementer als zuvor die Demokratie und stellte ihr das »militante Eintreten *für die Ordnung* der französischen Rechten entgegen, für die Demokratie gleichbedeutend mit Unordnung war (Benda 1983, 13); es lasse »sich nicht leugnen, daß Demokratie gerade kraft ihres Oktroi der individuellen Freiheiten ein Moment von Unordnung impliziert.« (Benda 1983, 14) Bataille schien an jenem Abend beim *Collège de Sociologie* auf jeden Fall mit seinem

---

132 Zu Caillois' 1939 publiziertem Text »Sociologie du clerc« (Caillois 1974*b*), der direkt auf Benda Bezug nimmt, siehe den entsprechenden Abschnitt bei den Hauptakteuren.

133 Michel Winock schreibt: Für Benda ging es in der Tat nicht darum, das demokratische System zu ›lieben‹, sondern ganz einfach darum, ›diejenigen zu hassen, die es ablehnen, und zwar weil sie alle mehr oder weniger offen die staatsbürgerliche Ungleichheit der Menschen vertreten, sei es im Namen der Geburt oder im Namen des Vermögens, das heißt im Namen der Ungerechtigkeit‹.« (Winock 2003, 789) Benda bemerkt: »Selbst der demokratische Staat ist *als Staat* eine *pragmatische* Entität, deren Machtfülle somit schon definitionsgemäß ein Abwürgen idealer Werte impliziert. Hier kann ich Romain Rolland nur beipflichten: ›Alle Staaten stinken.‹ « (Benda 1983, 66)

Pessimismus über die gegenwärtige Lage der Demokratien ziemlich verzweifelt zu sein, wie d'Astorg bemerkte (vgl. Hollier 1995a, 457).[134]

Es wäre weit gefehlt, wollte man aus der gemeinsamen Diskussion eine geistige Komplizenschaft Bendas mit dem Collège schließen. Was Julien Benda und seine Beziehung zum Collège angeht, so ist vielmehr festzuhalten, dass es mehr Missverständnisse als Übereinstimmungen gab. In seinem 1942 erschienenen Buch »La Grande Épreuve des démocraties« schrieb er, dass manche Mitglieder einer Demokratie annehmen, dass es das Gesetz der Demokratie sei, einen totalen Rationalismus zu wollen: »qu'il est de sa loi de vouloir un rationalisme *total*, de ne reconnaître aucun terrain devant lequel la critique doive suspendre son action dirimante, de ne faire aucune place à un ›Sacré‹.« (Hollier 1995a, 450) In einer Fußnote direkt im Anschluss an diesen Satz heißt es dann: »Cette thèse a été soutenue, en France, par le ›Collège de Sociologie‹, dont les principaux représentants son MM. Roger Caillois et Georges Bataille (cf. N.R.F. de 1938 et1939).« (Hollier 1979, 450) Das Missverständnis wird deutlicher, wenn man die Reaktion von Caillois betrachtet. Caillois rezensierte Bendas Buch, wobei er auf dessen eben genannten Sätze zurück kam: »Curieusement, il [Benda] accuse le Collège de Sociologie de prêcher un ›rationalisme intégral‹, et qui ne fait aux mythes nulle place.« (Hollier 1995a, 870)[135]

In den Augen des Collège mangelte es dem Gebiet der Diskussion und dem von Benda vertretenen Konzept der »pure raison« an den Momenten der Erfahrung und des sakralen Dionysmus, das heißt an der Vorstellung des Menschen als einem rauschhaften, selbstüberschreitenden und schöpferischen Wesen.[136] Die Diskussion betrachte den Menschen nicht als einen »integralen Menschen«, sondern bleibe zu abstrakt (vgl. Hollier 1995a, 535). Im Gegensatz zu Benda suchte Bataille nach einer mystischen Fundierung der Demokratien. Eine Übereinstimmung mag hingegen sein, dass Benda – ebenfalls wie das Collège in seiner Erklärung zum Münchener Abkommen – einer Gewaltanwendung zum Schutze vor dem Faschismus nicht ablehnend gegenüberstand. Er war Gegner des integralen Pazifismus und vertrat die Meinung, dass »der *clerc* vollkommen im Einklang mit seiner Aufgabe handelt, wenn er Gewaltanwendung billigt, ja sogar fordert, sobald sie ausschließlich der Gerechtigkeit dient – vorausgesetzt er vergißt dabei nie, daß Gewalt nur eine vorübergehende Notwendigkeit ist und niemals ein Wert an sich.« (Benda 1983, 34)

Sowohl dem so genannten »Gebiet der Diskussion« als auch dem »Gebiet des Sakralen« wurden in den Debatten ein besonderer Stellenwert für die Struktur der Demokratien zuerkannt. Die Mitglieder des Collège legten ausgehend von ihrer Beurteilung der historischen und soziopolitischen Situation das Gewicht vor allem auf das Gebiet des Sakralen. Dabei kann man zunächst festhalten, dass die Reaktionen und

---

134 Aus den Aufzeichnungen zum Vortrag Batailles lässt sich sowohl ablesen, dass sich die Gesellschaft nach Bataille aus einzelnen Individuen zusammensetzt und wie ein Organismus aus einzelnen Zellen aufgebaut ist als auch, dass das »Prinzip« und der heterogene Charakter der »Individuation« in der Gesellschaft erhalten bleiben.

135 Zu anderen Auseinandersetzungen mit Benda siehe Hollier (1995a, 449ff).

136 Hier gibt es Anklänge des Collège an die Wiederentdeckung des Dionysos in »romantischen Spekulationen« (Joas 1992, 279).

Wahrnehmungen wiederum von der sozialen Situation, in der die Collège-Mitglieder selbst lebten, mit bedingt waren. Die Hauptakteure stammten nicht nur aus bürgerlichem Milieu, größtenteils bewegten sich die Collège-Mitglieder selbst in der sozialen Wirklichkeit der bürgerlichen Gesellschaft, auf die auch – trotz der Angriffe gegen den sich ausbreitenden Faschismus – ihre Proteste hauptsächlich gerichtet blieben. In den Analysen zu »Contre-Attaque« wird dies noch akzentuierter herausgearbeitet. Ihre rigorose Ablehnung der bürgerlichen Gesellschaft und insbesondere des bildungsbürgerlichen Individualismus deutet auf eine gewisse Verhaftung mit dessen Denk- und Lebensformen hin. Ihre Kritik verband sich mit der leidenschaftlichen Suche nach verloren geglaubten (sakralen, kollektiven, heterologischen etc.) Erfahrungen, die aufgrund der Entwicklung des Kapitalismus, der sozialen Wandlungsprozesse, der auf Nutzen und Produktion bezogenen Lebensstile sowie auch aufgrund der modernen Rationalisierungsprozesse als im Schwinden wahrgenommen wurden. Die Suche nach den verloren geglaubten Erfahrungen in der von ihnen wahrgenommenen »entzauberten Welt« ging für sie einher mit nun für notwendig erachteten Erfindungen und Neu-Entdeckungen von Mythen und gemeinschaftlichen Erfahrungszusammenhängen, wie sie zum Beispiel bei *Acéphale* erprobt wurden. In Bezug auf das Collège lässt sich deshalb – bei aller Differenz zur surrealistischen Bewegung – vielleicht das Gleiche sagen, was Peter Bürger hinsichtlich des Surrealismus diagnostiziert hat: »Das seltsame Schwanken der Surrealisten zwischen Suche nach Unmittelbarkeit und wissenschaftlichem Anspruch wird sich möglicherweise aus der Erkenntnis erklären lassen, daß die reine Unmittelbarkeit eben noch keine Erfahrung konstituiert, da die Rückübersetzung in Lebenspraxis nur über ein kategoriales System möglich ist. Der wissenschaftliche Anspruch wäre mithin Ausdruck des Willens, Erfahrung im Sinne einer lebensverändernden Praxis neu zu konstituieren.« (Bürger 1996, 187) Den meisten Akteuren des Collège ging es auf ihrer Suche nach den verlorenen Erfahrungen sowohl um eine Kritik der Gesellschaften als auch der Wissenschaften zu ihrer Zeit (vgl. Gugelot 2002, 52), insofern die Wissenschaften üblicherweise dazu tendier(t)en, die irrationalen, mythischen und sakral-heterologischen Elemente auszuschließen, die hingegen gerade das Collège erforschen und für die Lebenspraxis fruchtbar machen wollte.[137]

Das *Collège de Sociologie* – ein Sonderfall der französischen Soziologie?

Das *Collège de Sociologie* war kein wissenschaftlicher Ort, der von der Gesellschaft völlig abgetrennt war – falls es das überhaupt gibt. Die Verbindung zur Gesellschaft lässt sich nicht nur der »Déclaration du Collège de Sociologie sur la crise internationale«, einigen Vorträgen, der Gründungserklärung, den Briefen oder den hier dargelegten

---

137 In diesem Kontext ist auch Caillois' Bestrebung, eine »Phénoménologie générale de l'imagination« zu gründen, zu sehen (vgl. Caillois 1974*a*, 50), eine Wissenschaft des Unreinen, das für gewöhnlich von der Wissenschaft vernachlässigt werde. Vgl. hierzu auch den Abschnitt zum Surrealismus.

Äußerungen entnehmen, sondern ist auch aus der Geschichte der Institutionalisierungsprozesse heraus ersichtlich. Viele der Mitglieder des Collège kannten sich aus der antifaschistischen Gruppe »Contre-Attaque«. Nachdem diese sich aufgelöst hatte, gründete sich die Geheimgesellschaft und die gleichnamige Zeitschrift *Acéphale*, die beide ebenso wenig wie das Collège als rein unpolitische Projekte betrachtet werden dürfen. Die Abschnitte zu den Institutionalisierungsprozessen und den Sitzungen am *Collège de Sociologie* werden dies näher erläutern.

Aus disziplingeschichtlicher Perspektive knüpft das Collège an die Durkheim-Schule an; manche Hauptakteure hatten sogar bei Marcel Mauss selbst studiert. Die nächsten Abschnitte werden dies anhand der Analyse verschiedener theoretischer Einflüsse von Emile Durkheim, Marcel Mauss und Robert Hertz kenntlich machen. Nicolaus Sombart geht in seinem Buch »Pariser Lehrjahre 1951 – 1954. Leçons de Sociologie« davon aus, dass das Collège der Soziologie im Allgemeinen wieder neues Leben gegeben habe. Die Ansprüche der Soziologie als »politisch-moralische Leitwissenschaft« seien vor der Zeit des Collège verkommen und die Soziologie im Allgemeinen vom Leben abgeschnitten gewesen. »Um den Kontakt zur geschichtlich-gesellschaftlichen Wirklichkeit wiederherzustellen, mußte sie aus der szientistischen Erstarrung befreit werden. Das Denken über die *société en transition* mußte seine spekulative Gewalt zurückgewinnen. Bataille hat die ›Soziologie‹ aus der Respektabilität einer methodologisch abgesicherten, offiziellen Universitätsdisziplin zurückgeholt in die Offenheit des wilden Denkens.« (Sombart 1996, 343)

Das Collège ist innerhalb der französischen Soziologie in der Zwischenkriegszeit kein Sonderfall; zahlreiche Soziologen bekamen aufgrund einer »surproduction« von Diplomen und einer gleichzeitigen Stagnation von Neueinstellungen zunächst kaum einen Zugang zu wissenschaftlichen Positionen oder zu einer Arbeit an den Lehranstalten (vgl. Heilbron 1985, 226). Die schwierige Situation führte zum einen zu einer Abkehr vom universitären Establishment (vgl. Heilbron 1985, 227) und zum anderen zu verschiedenen, neuartigen Strategien: Entweder entwickelten sich Innovationen in den Disziplinen selbst, wie beispielsweise der »Theorieimport« der Phänomenologie, der Geschichtsphilosophie und des Marxismus im Fall der Philosophie zeigte, oder es kam zu eigenständigen und selbst initiierten Projekten. Unter Letztere fallen beispielsweise das 1938 von Jean Stoetzel aufgebaute Meinungsforschungsinstitut, die literarische Tätigkeit von Georges Friedmann vor seinen Forschungen am »Centre de documentation de sociale« und das *Collège de Sociologie*: »Quant au Collège de sociologie (1937 – 1939), dont les fondateurs (Bataille, Monnerot, Caillois et Leiris) voulaient ›dépasser‹ la sociologie universitaire et objectiviste pour établir des liens avec la littérature et les expériences quotidiennes du sacré, il représente un cas particulier de cette tendance à redéfinir la hiérarchie et les frontières entre les genres.« (Heilbron 1985, 227)

Auf den ersten Blick scheint die relative Vergessenheit des Collège und seine kaum vorhandene Rezeption im soziologischen Diskurs die Einschätzung zu vertiefen, dass ihm im Allgemeinen wenig Bedeutung beigemessen wurde. Darum wird diskursanalytisch zu prüfen sein, inwieweit diese Einschätzung zutrifft. Ganz sicher lässt sich indes sagen, dass die disziplingeschichtliche Bedeutung des Collège für die französische

Soziologie auch noch unmittelbar nach dem Krieg nicht so gering war, wie man vielleicht vermutet; zumindest ergibt sich dieses Bild, wenn man die Äußerungen von Claude Lévi-Strauss ernst nimmt. Er schrieb 1947 in seiner Zusammenfassung der französischen Soziologie die schon eingangs erwähnten Sätze: »In the years immediately preceding the World War II, the ›Collège de Sociologie‹, directed by Roger Caillois, became a meeting place for sociologists on one hand, and surrealist painters and poets on the other. The experience was a success. This close connection between sociology and every tendency or current having Man, and the study of Man, as its center, is one of the more significant traits of the French School.« (Lévi-Strauss 1971, 507f) In seinen Augen war das Projekt des *Collège de Sociologie* ein voller Erfolg; aus disziplingeschichtlicher Perspektive wies es bedeutende Züge der französischen Soziologie auf und verarbeitete diese weiter. Ob man Lévi-Strauss' Ansicht uneingeschränkt folgen kann, wird am Schluss der vorliegenden Studie diskutiert. Zuvor sind die soziologischen Schlüsselbegriffe, Entwendungen, Verarbeitungen und die Einflüsse anderer einzelwissenschaftlicher und soziologischer Diskurse zu analysieren.

2.2 Die soziologischen Schlüsselbegriffe des Collège de Sociologie und die Beeinflussung durch andere Einzelwissenschaften und soziologische Diskurse

2.2.1 Soziologische Forschungsobjekte und Schlüsselbegriffe

Der wissenschaftlich-soziologische Hintergrund, vor dem das Collège sich instituierte, kann mit folgenden Merkmalen noch einmal kurz zusammengefasst werden (vgl. Richman 1988, 81f): Zwischen der Soziologie und der Ethnologie gab es in Frankreich keine klare Unterscheidung, wie beispielsweise die Lektüre von Mauss' Werken verdeutlicht.[138] Die Grenzen waren fließend. Lévi-Strauss geht jedoch in seinem Aufsatz über die französische Soziologie davon aus, dass beide Disziplinen durch verschiedene »Impulse« unterschieden werden können: Die Soziologie ruft zur Akzeptanz bestehender sozialer Ordnungen auf, während die »Anthropologie« einen »Hafen« für nicht-integrierte Individuen bietet (vgl. Lévi-Strauss 1971, 505). Wie auch immer diese Differenzierung zu bewerten ist, das Collège bricht mit der Unterscheidung zwischen Soziologie, Ethnologie bzw. Anthropologie, indem es ethnologische Betrachtungen wie zum Beispiel Mauss' Beschreibung der totalen Verschwendung in der Austauschzeremonie des Potlatschs auf die Analyse der eigenen (modernen) Gesellschaft überträgt; Soziologie wird zur ethnographischen Selbstreflektion der modernen Gesellschaft. Die »sakralsoziologischen« Untersuchungen des Collège begreifen sich demnach als Fort- und Umschreibung der traditionellen französischen Soziologie, wie sie die Durkheim-Schule verkörperte.

---

138 Unter dem Einfluss von Mauss könnte man vielleicht von einer leichten Verschiebung der Soziologie hin zur Ethnologie sprechen.

Die fließenden Grenzen zwischen Soziologie, Ethnologie bzw. Anthropologie verweisen noch auf einen anderen Aspekt der Soziologie in Frankreich: »Many types of studies which, elsewhere, would be referred to sociology are, in France, successfully performed under other disciplines.« (Lévi-Strauss 1971, 505) Auch Literaten, Künstler oder nicht ausgebildete Soziologen, wie die meisten Mitglieder des Collège, können aus dieser Sicht als Soziologen bezeichnet werden, sofern sich ihre Arbeiten auf Gesellschaft oder »human phenomena« (Lévi-Strauss 1971, 505) im weitesten Sinne beziehen. Anders gesagt: »French sociology does not consider itself as an isolated discipline, working on its own specific field, but rather as a method, or as a specific attitude towards human phenomena. Therefore one does not need to be a sociologist in order to do sociology.« (Lévi-Strauss 1971, 505) Aus dieser Perspektive können das *Collège de Sociologie* und seine Akteure der Soziologie zugeordnet werden. Um dies detaillierter zu erläutern, sollen einige Schlüsselbegriffe des theoretischen Projekts des Collège dargestellt werden.

Das Sakrale und die Vergesellschaftung

Die »Soziologie des Sakralen« zielt darauf ab, die im Schwinden begriffenen vitalen Elemente *moderner* Gesellschaften, beispielsweise kollektive Erfahrungen – initiiert durch Rituale, Feste oder Spiele –, zu analysieren, hervorzuheben und zu erneuern. Die analytische Orientierung auf *moderne* Gesellschaften soll vorangegangene soziologische Studien, insbesondere der Durkheim-Schule, ausweiten und die Soziologie insgesamt erneuern; Roger Caillois begründet dies folgendermaßen: »Mais ils [die wissenschaftlichen Studien sozialer Strukturen, S.M.] demeurent timides et incomplets, d'une part parce que la science s'est trop limitée à l'analyse des structures des sociétés dites primitives, laissant de côte les sociétés modernes, d'autre part parce que les découvertes réalisées n'ont pas modifié aussi profondément qu'on pouvait s'y attendre les postulats et l'esprit de la recherche.« (Caillois 1979a, 33)

Das *Collège de Sociologie* geht davon aus, dass kollektiven Phänomenen wie Todesritualen oder Festen und kollektiven Erzählungen wie zum Beispiel Mythen, im Vergleich zu rationalen oder kontraktuellen Begründungen von Gesellschaft in den traditionellen soziologischen Analysen ein sekundärer Status zukommt. Betrachtet man das Phänomen Gesellschaft lediglich als »contrat social« oder rational ausgehandelte Kommunikationsgemeinschaft, greift dies nach Ansicht des Collège aber zu kurz. Denn diese Sichtweise auf Gesellschaft vernachlässigt die »sakralen« bzw. energiegeladenen, a-teleologischen, affektiv-erlebbaren und imaginären Aspekte sozialer Bindungen. Das Collège will das gemeinschafts-konstituierende »Sakrale« untersuchen und es damit aus seinem sekundären oder supplementären Status befreien.[139]

Die Sakralsoziologie versteht sich nicht als eine spezielle Soziologie, wie zum Beispiel die Religionssoziologie, sondern als eine allgemeine soziologische Erforschung

---

139 Zur Entwicklung sozialer Vorstellungen vom Sakralen allgemein vgl. Horst Helle (1997, 75ff) und Karl-Heinz Kohl (2003). Siehe auch Alphonse Dupront (1987).

»vergemeinschaftender Bewegungen«. In der Inauguralsitzung des Collège am 20. November 1937 präzisierte Bataille das Vorhaben folgendermaßen:

> »La sociologie sacrée peut être considérée comme l'etude non seulement des institutions religieuses mais de l'ensemble du mouvement communiel de la société: c'est ainsi qu'elle regarde entre autres comme son objet propre le pouvoir et l'armée et qu'elle envisage toutes les activités humaines – sciences, arts et techniques – en tant qu'elles ont une valeur communielle au sens actif du mot, c'est-a-dire en tant qu'elles sont *creatices* d'unité.« (Bataille 1995*d*, 36)

Diejenigen menschlichen Aktivitäten und Bereiche, die vergemeinschaftenden Wert haben, das heißt die Gemeinschaft stiften und jenseits einer rein rationalen Erfassung stehen, bilden das Forschungsobjekt der Sakralsoziologie. Das »Sakrale« steht im Rahmen der Sakralsoziologie für diejenigen Randbereiche, mit denen die Menschen neben den rationalen Bereichen ihre sozialen Beziehungen vorstellen, systematisieren und erfinden, wie die Symbolisierung des Todes oder der Träume, Mythen, die Verschwendung und Verausgabung in Festen[140], Gefühle, Erotik oder irrationale Handlungen; es steht für die außerordentlichen Bereiche des Wahnsinns, der Perversion, Sexualität[141], Anomalität, der Gewalt, der vitalen Energien oder für das Außer-sich-Sein des Subjekts; allgemein also für diejenigen Dinge und Bereiche, mit deren Exklusion sich in den Augen des Collège Gesellschaften für gewöhnlich ihrer Ordnung versichern.

Die Bedeutung des Sakralen ist allgemein nicht auf einen festen Bereich oder Begriff zu fixieren, weil es sich immer wieder ganz anders in Gesellschaft ausdrücken und sich einer vollständigen Beschreibung entziehen kann. So mag es je nach der gesellschaftlichen Formation verschieden sein, wie das Sakrale am Sinnhorizont erscheint (vgl. Kamper und Wulf 1997):

Heutzutage hat das Sakrale andere Erscheinungsformen als früher; vielfach kommt elektronischen Geräten, wie den Tamagotchis oder Computerspielen für Kinder, eine performative und gleichsam »sakrale« Kraft zu, die zu neuen Vergemeinschaftungsprozessen führt oder die Integration der Gruppe aufrechterhält (vgl. Wulf et al. 2001, 346). Der französische Soziologe und Anthropologe Georges Balandier, ein Schüler von Michel Leiris, verknüpft in seinem Buch »Politische Anthropologie« das Sakrale sogar mit dem Politischen, in dem er von einer engen Verwandtschaft zwischen diesen beiden Bereichen ausgeht:

> »Beide, das Sakrale und das Politische, bringen komplementäre und gegensätzliche Kräfte ins Spiel, die durch die *concordia discors* zu Faktoren der Organisation wer-

---

140 Zur Beziehung zwischen Fest und Sakralem siehe auch das von Jan Assmann herausgegebene Buch »Das Fest und das Heilige. Religiöse Kontrapunkte zur Alltagswelt« (Assmann 1991). Ebenso siehe Winfried Gebhardt »Fest, Feier und Alltag. Über die gesellschaftliche Wirklichkeit des Menschen und ihre Deutung« (Gebhardt 1987).

141 Zum Sakralen und der Sexualität vgl. auch Caillois (1988, 150f) und Lautmann (2001, 270f).

den; sie beruhen also auf einem zweifachen Gegensatz: jenem zwischen dem Reinen und dem Unreinen und zwischen der ›organisierenden‹ (und gerechten) und der ›zerstörerischen‹ (und zwingenden bzw. herausfordernden) Macht; beide haben die gleiche symbolische Topographie: das Reine wird verknüpft mit dem ›Inneren‹, dem Zentrum, das Unreine mit dem ›Äußeren‹, der Peripherie; entsprechend wird die wohltuende Macht ins Innere der Gesellschaft verlegt, deren Zentrum (im geometrischen Sinne) sie ist, während die bedrohliche Macht diffus bleibt und deshalb durch Zauberei wirkt. R. Caillois bezeichnet diesen Gegensatz in seinem Werk ›L'homme et le sacré‹ (1939) durch ›die Wörter ›Zusammenhalt‹ (cohésion) und ›Auflösung‹ (dissolution)‹ […]. Schließlich ist noch darauf hinzuweisen, daß beide Kategorien mit einem Wirkungsvermögen verknüpft sind, das im sakralen Bereich mit Ausdrücken vom Typus *mana*, im politischen Bereich mit solchen (soeben erläuterten) wie *mahano* oder *nam* bezeichnet wird, deren Inhalt sich in beiden Bereichen deckt. Die durch sie benannten Kräfte oder Substanzen rufen die gleichen widersprüchlichen Empfindungen hervor: Respekt und Furcht, Anziehung und Abstoßung.« (Balandier 1972, 122f)

Im Anschluss an den von Dietmar Kamper und Christoph Wulf herausgegebenen Band »Das Heilige. Seine Spur in der Moderne« (Kamper und Wulf 1997) können folgende thesenartige Sichtweisen auf das Sakrale unterschieden werden (vgl. Kamper und Wulf 1997, 3): Erstens muss auf die Ambivalenz und Unentscheidbarkeit des Sakralen verwiesen werden. Das Sakrale versperrt sich jeder eindeutigen Zuschreibung; es kann zugleich rein und schmutzig, faszinierend oder entsetzend sein. Zweitens liegen Inkommensurabilitäten vor, wenn sich das Sakrale ereignet: »Maßlosigkeit als Grund des Maßes? Ist das Andere etwa jener externe Punkt des Fremden, der das Eigene zum Eigenen macht?« (Kamper und Wulf 1997, 3) Und drittens kann das Sakrale die Funktion haben, Ordnung durch Unordnung zu generieren. Dabei geht es auf »das Opfer zurück, das unlösbar mit Gewalt und Verbrechen und mit dem Tod verbunden ist. Seine ›Abschreibung‹ ist nach wie vor unerläßlich.« (Kamper und Wulf 1997, 3)[142] Schließlich ist viertens anzumerken, dass das Sakrale nicht absolut vom Profanen getrennt werden kann, sondern im Gegenteil unlösbar mit dem Profanen verbunden ist: »Das Profane ist vom Heiligen überlagert und das Heilige vom Profanen durchzogen. In solcher Ununterscheidbarkeit liegt die Präsenz und die Macht des Heiligen heutzutage.« (Kamper und Wulf 1997, 5)[143] Darüber hinaus macht Jan

---

142 Zur Verbindung zwischen Gewalt und dem Sakralen siehe auch »Das Heilige und die Gewalt« von René Girard (1994). Dort heißt es: »Das Heilige ist all das, was den Menschen gerade deshalb so gut beherrscht, weil er sich fähig glaubt, es zu beherrschen. Das Heilige ist also unter anderem, aber erst in zweiter Linie, die Gewitter, Waldbrände, Epidemien, die eine ganze Bevölkerung niederstrecken. Es ist aber vor allem und in viel verdeckterer Weise die Gewalt der Menschen selbst, jene Gewalt, die dem Menschen äußerlich ist und inzwischen mit allen anderen Kräften gleichgesetzt wird, die von außen auf Menschen einwirken. Es ist die Gewalt, die Herz und Seele des Heiligen ausmacht.« (Girard 1994, 51)

143 Zur Geschichte sakraler Objekte und zur Verbindung zwischen dem Sakralen und der Macht vgl. Karl-Heinz Kohls informatives Buch »Die Macht der Dinge. Geschichte und Theorie sakraler Objekte« (Kohl 2003). Zu anderen Theoretisierungen des Sakralen, die zuweilen im fol-

Assmann in seinem Buch »Religion und kulturelles Gedächtnis« mit Bezug auf den Gräzisten Albrecht Dihl auf einen Strukturwandel des Sakralen, der mit dem Übergang von Kultreligionen zu Buchreligionen vonstatten ging, aufmerksam (vgl. dazu auch Kohl 2003, 31ff):

> »Das Griechische und das Lateinische unterscheiden zwei Begriffe des Heiligen, die sowohl im Hebräischen als auch in den modernen Sprachen zusammenfallen. Das eine Wort, *hieros* im Griechischen, *sacer* im Lateinischen, kennzeichnet das ›in der Welt objektiv vielerorts anwesende Heilige‹, das andere, *hosios* bzw. *sanctus*, kennzeichnet ›die Qualifikation des Menschen oder der Umstände, die zur Kommunikation mit dem Heiligen notwendig sind‹. Primäre oder Kult-Religionen haben es mit dem in der Welt sinnfällig anwesenden Heiligen (*hieros*) zu tun. Der priesterliche Umgang mit diesem Heiligen erfordert Heiligkeit im Sinne von *hosios*. Damit wird ein Zustand bezeichnet, der aus der profanen Sphäre ausgesondert ist. Sekundäre Religionen dagegen heben diesen Unterschied auf, weil das Heilige in der Welt überhaupt nicht mehr zu finden ist. Das einzige, was hier noch als *hieros* bzw. *sacer* gelten kann, ist die heilige Schrift, *biblia sacra*.« (Assmann 2000, 154f)[144]

Ausgehend von den vorangegangenen Betrachtungen und Systematisierungen des Sakralen stellt sich die Frage, wie das Sakrale vom *Collège de Sociologie* begrifflich gefasst und in welchen sozialen Formen es erblickt wurde.[145] Verlagerten sich die sakralen Texte im Wandel von den Kult- zu den Buchreligionen »vom Klang auf den Sinn, von der *Ausdrucks*- auf die *Inhalts*seite« (Assmann 2000, 162), so kann man sich im Kontext der Thematisierung des Sakralen beim Collège fragen: Will das *Collège de Sociolo*-

---

genden Abschnitt herangezogen werden, siehe Rudolf Otto (1963 [1917]), »Das Heilige und das Profane. Vom Wesen des Religiösen« von Mircea Eliade (1957), »Die Religionen und das Heilige. Elemente der Religionsgeschichte«, ebenso von Eliade (1998), »Das Fest und das Heilige. Religiöse Kontrapunkte zur Alltagswelt« herausgegeben von Jan Assmann (1991) oder »Epiphany, poiesis, mimesis and parusiah. A Durkheimian perspective on the performative turn in the social sciences« von Bernhard Giesen (29.8.2003).

144 Zum Übergang von den Kult- zu den Buchreligionen sei noch auf den »intellektuellen Ritus« hingewiesen, den Bernhard Lang beobachtete: »Ausgehend von der These R.R. Maretts, daß ›primitive Religionen mehr getanzt als gedacht‹ werden, macht er [Bernhard Lang, S.M.] auf einen grundlegenden Wandel aufmerksam, der von den getanzten Riten zu solchen führt, in denen ›nur noch das Wort tanzt‹, während die Teilnehmer sich dem Rezitieren und Auslegen, Zuhören und Beherzigen des Wortes widmen. Seine These ist, daß dieser Wandel im Frühjudentum in der Situation des babylonischen Exils eintrat und sich von diesem Ursprung ausgehend in der ganzen alten Welt verbreitete, mit einer Vorgeschichte in der prophetischen Ablehnung orgiastischer Kulte und sakramentaler Magie und einer langen Nachgeschichte in der Religion der ›Buchhalter‹ (Lorenzer). [...] Moses Zorn beim Anblick des orgiastischen Tanzes ums Goldene Kalb fängt diesen Gegensatz mit der Prägnanz der Urszene ein.« (Assmann 2000, 162)

145 Der Begriff des Sakralen vermag meines Erachtens besser als der Begriff des Heiligen den ambivalenten Charakter von sacer = *verflucht, heilig* auszudrücken. Darum wurde, außer in Zitaten oder wenn es der Kontext erforderte, hauptsächlich der Begriff des Sakralen benutzt.

gie den verloren geglaubten (sozialen und aus dem Leben verdrängten) *Ausdruck* des Sakralen wieder erkunden, neu begründen und wiedererstehen lassen?[146]

Das *Collège de Sociologie* versucht das Sakrale der *modernen* Gesellschaft und im alltäglichen Leben (vgl. Leiris 1995) zu untersuchen. Es geht davon aus, dass das Sakrale in modernen Gesellschaften einen anderen Charakter aufweist als in so genannten *primitiven* Gesellschaften.[147] Ferner fragt das Collège nach den *Entstehungsprozessen* und den Dynamiken des Sakralen (vgl. Marroquin und Seiwert 1996, 139). Wie kommt es zu einer Transformation von profanen Dingen in sakrale Dinge? Wie wandelt sich der linke, unreine Teil des Sakralen, dem häufig mit Abscheu begegnet wird, in einen rechten Teil? Bataille und Leiris präzisieren ausgehend von solchen Fragen den besonderen Stellenwert und eine von der Durkheim-Schule abweichende Auffassung des Sakralen unter anderem im Kontext der von ihnen initiierten Ausgabe der Schriften Colette Peignots im Jahre 1939.[148] Das von Peignot in ihrem Text »Le Sacré« (Laure 1980, 39 – 44) definierte und dargestellte Sakrale verbinde das Sakrale mit Augenblicken, so Leiris und Bataille,

»in denen die Isoliertheit des Lebens in der individuellen Sphäre auf einmal gesprengt ist, Augenblicke der Kommunikation nicht bloß der Menschen untereinander, sondern der Menschen mit dem Universum, in dem sie gewöhnlich wie Fremde sind: Kommunikation könnte hier im Sinne einer Verschmelzung verstanden werden, eines Verlustes seiner selbst, dessen Integrität bloß mit dem Tod vollendet wird, von dem die erotische Verschmelzung ein Ebenbild ist. Eine derartige Konzeption weicht von derjenigen der französischen soziologischen Schule ab, die bloß Kommunikation der Menschen untereinander berücksichtigt; sie neigt dazu, zu identifizieren, was die mystische Erfahrung erfaßt und was die Riten und Mythen der Gemeinschaft ins Spiel bringen.« (Bataille und Leiris in Laure 1980, 237)[149]

Das Sakrale ist Kommunikation (vgl. Bataille 2002, 230), überindividuelle Kommunikation, die Risse im Selbst erfordert (vgl. Bataille 2002, 43), eine Verschmelzung mit Selbstverlust. Ein anderer Text von Bataille hebt hingegen die besondere Rolle der Soziologie zur Erforschung des Sakralen hervor: In einer Rezension des 1939 von Caillois publizierten Buchs »L'Homme et le sacré« schreibt Bataille bezüglich des Sa-

---

146 Vielleicht vergleichbar mit dem Anliegen des Surrealismus, der den »Primat des Ausdrucks« (Bürger 2001*a*, 28) in der modernen Kunst an die Stelle des »ästhetizistischen Primats der Form« setzen wollte.

147 Auf die Unterschiede zwischen Leiris' und Batailles Sicht des Sakralen wird im Abschnitt zu den internen Krisen eingegangen.

148 Bataille nannte sie Laure. Colette Peignot (1903 – 1938) war nach einem Aufenthalt in Leningrad und Moskau als revolutionäre Antistalinistin aus Russland wieder nach Paris gekommen und war die Geliebte von Boris Souvarine. Seit 1934 hatte sie mit Bataille eine Liebesbeziehung und eine enge Freundschaft mit Leiris. Sie starb 1938 in Paris an Lungentuberkolose. Bataille soll bei ihrer Beerdigung den Priester mit dem Revolver ferngehalten haben. Zu ihrem Tod vgl. die Erinnerung von Marcel Moré in Laure (1980, 223ff). Nach ihrem Tod veröffentlichten Bataille und Leiris ihre Schriften und Gedichte (vgl. Laure 1980).

149 Vgl. zu dieser Stelle auch Bataille (2002, 231).

kralen und seiner Auffassung der Soziologie: »Was wir *heilig* nennen, darf nicht den Soziologen vorbehalten bleiben, und dennoch: es ist in unserer Kulturwelt nunmehr fragwürdig geworden, das Wort ohne einen Hinweis auf die Soziologie zu gebrauchen. Nur gibt ihm die Soziologie eine Bedeutung, die sich von dem, was das Wort ohne ihr Dazwischentreten besagen wollte, offensichtlich unterscheidet. Die Theologie darf gewiß nicht gänzlich das Feld räumen, aber sie vernachlässigt einen Großteil des Gebiets der Soziologen, sie weiß nichts oder fast nichts von den Religionen der primitiven oder alten Völker … Wenn sie jedoch aus der Unwissenheit heraustritt, basiert ihre Sachkenntnis auf der Arbeit der Soziologen.« (Bataille 1997*b*, 165)

Die vergemeinschaftenden Bewegungen, die im Sinne gemeinsamer sakraler Erfahrungen aufgefasst werden, sind das vornehmliche und zentrale Forschungsobjekt und -ziel der Sakralsoziologie des Collège. Den Grund für diese Zielrichtung bildet die individualisierungskritische Annahme des Collège, dass die moderne bürgerliche Gesellschaft durch die Einzelinteressen der Individuen, durch Sinndefizite und durch eine weitgehende Zersplitterung, Rationalisierung, sowie durch Ausschluss »heterologischer« Anderer gekennzeichnet ist. Die moderne Gesellschaft befindet sich nach Auffassung des Collège im »profanen« Zustand des »post-sacrée« (vgl. Bataille 1995*a*, 190); ein Zustand, den es zu durchbrechen gilt, um zu einer neuen gemeinschaftlichen Gesellschaft zu gelangen.

»Gesellschaft« definiert sich aus der Sichtweise des Collège idealerweise und im Gegensatz zu einer sich in Atomisierung begriffenen Gesellschaft als »zusammengesetztes Sein«: »[Q]u'est-ce que la société? Elle n'est pas un amas. Elle n'est pas non plus un organisme. L'assimiler à l'organisme n'a pas plus de sens que de l'assimiler à la molécule (comme Durkheim l'a fait en quelque sorte). Mais elle est un ›être composé‹.« (Bataille 1995*d*, 42) Diese Definition wird noch um einen Aspekt erweitert, der sich an Durkheim orientiert: Das Soziale ist *mehr* als die Summe seiner Teile. Das »Mehr« bestimmt Bataille als *Bewegung*, die über den Teilen steht. Die Bewegung, die das soziale Band stiftet, erzeugt das »Mehr« des sozialen Lebens gegenüber der Summe der Individuen; sie erschafft das »Über-Leben« (*sur-vie*) in der Beziehung zum anderen gegenüber dem Sein des einzelnen Subjekts; die Bewegung führt zu einer »sur-socialisation«, wie Caillois in Anspielung an den Begriff »surréalisme« schreibt (vgl. Caillois 1979*b*, 83). Dieses schwer zu bestimmende oder ungreifbare »Mehr« oder »Über«, das in der Beziehung zu anderen ermöglicht wird, geht qualitativ über den rein additiven Aspekt des Miteinanderseins oder der »socialisation« hinaus. »Sursocialisation« meint für das Collège die Erfindung und das Schaffen kommunitärer Basisstrukturen, die neue Impulse für andere gemeinschaftliche Strukturen geben (vgl. Baxmann 1995, 293).[150]

---

150 Ob der Begriff der »sur-socialisation« als ein »glücklicher Begriff« aufgefasst wurde, ist allerdings fraglich, weil er zu sehr an den Surrealismus erinnert, von dem sich Bataille und die anderen doch abgewendet hatten. Vielmehr könnte man vielleicht einen Zusammenhang zu Freuds Theorie der Überdeterminierung herstellen, die für Caillois von Bedeutung ist (vgl. Caillois 1974*a*, 19–24), und dann später für Louis Althusser ebenfalls wichtig wird. Oder man könnte einen Bezug auf den von Gaston Bachelard geprägten Begriff des »surrationalisme« annehmen, den dieser im Juni 1936 in der von Roger Caillois, Louis Aragon, Jules Mon-

Die Beziehung zwischen Vergesellschaftung und dem Sakralen liegt für das Collège darin, dass das Sakrale als sozialitätsstiftende Bewegung definiert wird (vgl. Bataille 1995*d*, 53). Das Sakrale verweist auf Dimensionen sozialer Bindungen, die sich von profanen oder rational gebildeten gesellschaftlichen Ordnungen unterscheiden.[151] So gründet sich das soziale Band bzw. die »mouvement communiel« nicht nur auf rational getroffenen Übereinkünften oder gemeinsam geteilten Interessen, sondern auch auf affektiven, imaginären oder symbolischen Wahrnehmungsformen, gemeinsamen Erlebnissen des Sakralen, auf Mythen, Narrationen, gemeinsamen (Tabu-)Überschreitungen, Opfern und sozialen Praktiken, wie beispielsweise Ritualisierungen; Ritualisierungen des Todes, der dadurch in den Bereich des symbolisch Repräsentierbaren gerückt wird, aber dennoch immer als »sakraler Rest« jegliche Symbolisierung überschreitet.[152]

Wie bereits kurz erwähnt ist das Sakrale im Werk von Georges Bataille eng mit seiner Theorie der Heterologie/Skatologie verbunden; er hatte sogar überlegt, diese Wissenschaft vom ganz Anderen als Agiologie (von agios = sacer = heilig/verflucht) zu bezeichnen (vgl. Mattheus 1984, 206).[153] Es soll im Folgenden kurz die Bedeutung der Heterologie hervorgehoben werden, obgleich der Begriff in den Sitzungen des Collège kaum zur Sprache kam, sondern dort vielmehr vom Sakralen die Rede war. Bataille bestimmt jedoch das Sakrale zu Beginn der dreißiger Jahre als eine besondere Form des Heterogenen (vgl. Bataille 1978, 16). Das macht einen kleinen Exkurs zur Heterologie an dieser Stelle notwendig. Bataille hatte schon in den zwanziger Jahren und noch vor seinem Text zur »psychologischen Struktur des Faschismus« (Bataille 1978) Konzeptionen einer Heterologie mitsamt der Doppelbewegungen von oben/unten, Erektion/Kastration, Denken (*pensée*) und Verschwendung (*dépense*), Anziehung/Ab-

---

nerot und Tristan Tzara gegründeten und nur einmal herausgegebenen Nummer der Zeitschrift »Inquisitions« prägte. Die Zeitschrift kam nur einmal heraus, weil die jeweiligen Positionen der Mitarbeiter zu unterschiedlich waren (vgl. Caillois 1991*c*, 132). Caillois war von Bachelards Text begeistert, wie Odile Felgine in ihrer Caillois-Biographie berichtet. Er schrieb an Henri Béhar in Bezug auf die Zeitschrift »Inquisitions«: »[L]'ensemble de la revue peut se ramener à trois idées-forces: le surrationalisme comme doctrine unique de ›la superstructure intellectuelle de l'époque‹; la poésie comme fonction de dépassement des contradictions; l'actualité comme moyen de poser, agressivement au besoin, les véritables problemes et les hypothèses les plus neuve« (Caillois zitiert nach Felgine 1994, 128).

151 Auf die Unterscheidung zwischen profan und sakral wird noch in der Besprechung Batailles zurückgekommen.

152 Die vom Collège thematisierte affektive Gemeinschaftsbildung nimmt somit die Ende der sechziger Jahre von Victor Turner aufgestellten Überlegungen zur Bildung von »communitas« vorweg (vgl. Turner 2000). Siehe dazu auch das Schlusskapitel der vorliegenden Studie.

153 »Skatologie auch insofern, als Bataille die Sonne – nach Platon das Symbol des Guten, der Ideenwelt, der nüchternen Zerebralität – zum Exkrement degradiert.« (Mattheus 1984, 99) Der Schmutz, die Exkremente und der Abfall sollen den Idealismus eines Descartes überschreiten (vgl. Mattheus 1984, 99). Von hier versteht sich vielleicht auch die Polemik gegenüber dem »idealistischen« Surrealismus, die noch erwähnt wird.

stoßung, Verbot/Transgression des Verbots erarbeitet, die den Beginn einer »mythologischen Anthropologie« markieren sollten (vgl. Bataille 1970c, 414).[154]

Dem *homo oeconomicus*, »der die utilitaristische Ideologie, die ihn beugt, regelrecht zu verkörpern scheint« (Mattheus 1984, 100), steht nach Bataille der Mensch der Revolte gegenüber, der nicht-diskursiv im »areligiösen Opfer (Lachen, Ekstase, Erotik …) die Servilität (Arbeit, Sorge um die Zukunft, Prinzip der Notwendigkeit, Wissenschaft …) überschreitet.« (Mattheus 1984, 101) Allein eine *mythologische Anthropologie*, eine »Anthropologie des Subjekts, welche die Triebe und den Körper nicht ausklammert [...] vermag die Erotisierung des Kopfes (Wissen) und die tragische Selbstverschwendung zu denken.« (Mattheus 1984, 102) Bataille hofft, eine »skandalöse Mythologie« – wie er sie später im *Acéphale*-Mythos erblickt – könne sich des Machtmissbrauchs und der Servilität entziehen und der homogenen Realität der konventionellen Wissenschaft eine heterogene, mit dem mythischen Denken und Unbewussten korrelierende Wissenschaft entgegenstellen: »Der Ausschluß der *heterogenen* Elemente aus dem *homogenen* Bereich des Bewußtseins hat demnach eine formale Ähnlichkeit mit dem Ausschluß von Elementen, die die Psychoanalyse als *unbewußte* beschreibt und die durch Zensur vom bewußten Ich ferngehalten werden. Die Schwierigkeiten, die der Aufdeckung *unbewußter* Existenzformen entgegenstehen, ähneln denjenigen, die die Erkenntnis *heterogener* Formen verhindern.« (Bataille 1978, 15)

Für seine Konzeptionalisierung der Heterologie griff Bataille vor allem auf die Werke[155] von Durkheim, Hertz, Hubert und Mauss (»Esquisse d'une théorie générale de la magie«), Freuds »Totem und Tabu«, Bourkes »Scatalogic Rites of all Nations«, Malinowskis »The Sexual Life of the Savages in North-Western Melanesia«, Smiths »The Religion of the Semites«, Frazers Bände »The Golden Bough« sowie auf Gurvitchs »Les tendances actuelles de la philosophie allemande« und Lévinas' »Théorie de l'intuition dans la phénoménologie de Husserl« zurück (vgl. Mattheus 1984, 182). Um die Verbindung des Sakralen mit dem Heterogenen zu verdeutlichen, seien hier sechs Punkte genannt, mit denen Bataille das Heterogene und seinen dualistisch-ambivalenten Charakter umschreibt (vgl. Bataille 1978, 15ff): Erstens hebt Bataille hervor, dass ähnlich wie das *mana* und das Tabu »in der Religionssoziologie einen engeren Umfang haben, also besondere Formen einer allgemeineren Form, nämlich des *Sakralen* sind, so kann das Sakrale als eine besondere Form des *Heterogenen* angesehen werden.[156] *Mana* bezeichnet eine geheimnisvolle Kraft und unpersönliche Kraft, über die gewisse Magier verfügen. *Tabu* bezeichnet das soziale Berührungsverbot, zum Beispiel in Bezug auf Leichen, oder auf Frauen während ihrer Menstruation.« (Bataille 1978, 15f) Nach einer Kritik an Durkheim, die in einem der folgenden Kapitel dargestellt wird, fährt Bataille fort, dass es möglich sei, das Sakrale nicht nur negativ in Beziehung zum Profanen zu betrachten, sondern es als etwas positiv Bekanntes vorauszuset-

---

154 Vgl. zu dieser mythologischen Anthropologie das Dossier und die Anmerkungen zum »L'œil pinéal« in Bataille (1970c).

155 Vgl. hierzu Mattheus (1984, 182).

156 Mauss würde allerdings gerade umgekehrt behaupten, dass das Sakrale eine besondere Form des *mana* sei, dazu aber später mehr.

zen, das zumindest auf implizite Weise in allen Sprachen den Menschen irgendwie geläufig sei. »Man kann sagen, daß die Welt des Heterogenen zu ihrem größten Teil durch die sakrale Welt konstituiert wird und daß die *heterogenen* Dinge analoge Reaktionen wie die sakralen Dinge hervorrufen, obwohl sie nicht im eigentlichen Sinne als sakral angesehen werden.« (Bataille 1978, 16) Meistens werde den heterogenen Dingen eine gefährliche Kraft zugeschrieben, die an das polynesische *mana* erinnere.

Der zweite Punkt, den Bataille nennt, betrifft die »unproduktive Verausgabung«, die er bereits im Januar 1933 in der Zeitschrift »La critique sociale« (Nr. 7) unter dem Titel »La notion de dépense« behandelt hatte (vgl. Bataille 1970*b*, 302–320). Bataille setzt – ähnlich wie Caillois – das Sakrale und das Fest bzw. die Verschwendung miteinander in Beziehung: »Neben den eigentlich sakralen Dingen, die gleichermaßen den Bereich der Religion und der Magie konstituieren, begreift die Welt des *Heterogenen* alles in sich, was durch *unproduktive* Verausgabung hervorgebracht worden ist. Die sakralen Dinge gehören ihrerseits hierzu.« (Bataille 1978, 16f)

Die Bedeutung des Sakralen ist kein genuines Produkt des *Collège de Sociolgie*, sondern bereits in Batailles frühen Schriften angelegt. Die weitere Zuspitzung zu einer Sakral*soziologie*, die zu einer die Tat und insbesondere die Gemeinschaft beschwörenden sakralen Soziologie transformiert wird, findet man dann beim *Collège de Sociologie*. Bataille konkretisiert die sakralen Dinge als das, was die *homogene* Welt von sich abstößt: »Es sind dies die Ausscheidungen des menschlichen Körpers oder analoge Stoffe (Abfall, Gewürm etc.); Körperteile, Personen, Worte oder Handlungen, die einen ansteckenden erotischen Wert haben; diverse unbewußte Prozesse wie Träume und Neurosen; die zahlreichen sozialen Elemente oder Formen, die von der *homogenen* Seite nicht assimiliert werden können: die Masse, das Militär, bestehend aus Aristokraten und Lumpenproletariern, alle Arten von gewalttätigen oder renitenten Individuen (Verrückte, Aufrührer, Dichter etc.).« (Bataille 1978, 16) In Batailles Text »Le sacré« heißt es, das Sakrale sei weder substantialisiert wie im Christentum noch ein transzendentales Wesen, sondern das Sakrale sei ein »privilegierter Moment kommunieller Einheit, ein Moment der konvulsivischen Kommunikation dessen, was gewöhnlich erstickt wird.« (Bataille 1970*b*, 562)

Weit davon entfernt, dem Sakralen im Allgemeinen einen subversiven Status zuzusprechen, muss hervorgehoben werden, dass es ambivalent und dualistisch gedacht wird, so dass für Bataille sowohl Aristokraten als auch Lumpenproletarierer, sowohl faschistische Führer als auch Verrückte zum Bereich des Sakralen gehören und man – wie Robert Hertz gezeigt hat – im Bereich des Sakralen selbst noch einmal zu differenzieren hat.[157]

Wie später beim Collège, insbesondere bei den beiden Samstags-Vorträgen[158] zur »Attraction et répulsion« vom 22. Januar und 5. Februar 1938, unterstreicht Bataille in seinem Text über den Faschismus die Bedeutung der Anziehung und Abstoßung.

---

157 Die Zweiseitigkeit des Sakralen erinnert zuweilen an die Zweiteilung oder Verdoppelung des Anderen, die man in der poststrukturalistischen Sozialwissenschaft dem »konstitutiven Außen« gegeben hat, vgl. hierzu Fußnote 10 in Moebius (2003*b*, 12).

158 Vgl. Bataille (1995*a*; 1995*b*).

Die heterogenen Elemente rufen unterschiedlich intensive affektive Reaktionen hervor, »je nachdem wer sie hat«, und es sei überhaupt möglich anzunehmen, jeder Gegenstand einer affektiven Reaktion sei heterogen. »Anziehung und Abstoßung wechseln einander ab, jeder Gegenstand der Abstoßung kann unter bestimmten Umständen zum Gegenstand der Anziehung werden und umgekehrt.« (Bataille 1978, 17) Nachdem er diesen dritten Punkt erläutert hat, charakterisiert er viertens die verschiedenen Grade der heterogenen Elemente wie Gewalt, Maßlosigkeit, Delirium und Wahnsinn, die »aktiv, sofern es sich um Personen oder Massen handelt« die Gesetze der sozialen *Homogenität* aufbrechen (vgl. Bataille 1978, 17). Die heterogenen Elemente besitzen fünftens eine andere Realität als die Realität der homogenen Elemente, die sich unter dem abstrakten und neutralen Aspekt von Objekten darstelle; Objekte, die exakt definierbar und identifizierbar seien (vgl. Bataille 1978, 17). Dagegen sei die *heterogene* Realität die des Schocks oder der Kraft und finde sich im mythischen Denken der so genannten Primitiven und in Traumvorstellungen wieder, auf diese Weise identisch mit der Struktur des Unbewussten (vgl. Bataille 1978, 18).

Schließlich kann die *heterogene* Existenz »in bezug auf das gewöhnliche (Alltags-)Leben als das ganz Andere bezeichnet werden; als inkommensurabel, wenn man diese Worte mit dem *positiven* Wert auflädt, den sie in der *affektiven* Lebenserfahrung haben.« (Bataille 1978, 18). Will man die heterogenen Elemente und die homogenen Elemente gegenüberstellen, so bietet sich ein Rückgriff auf die hilfreiche schematische Darstellung von Bernd Mattheus an. In seiner »Thanatographie« betitelten Biographie über Bataille finden sich verschiedene Wechselbeziehungen zwischen dem heterogenen und homogenen Bereich (vgl. Mattheus 1984, 226f), die ich hier in der Tabelle 1 auf der nächsten Seite wiedergebe. Weitere Beispiele heterogener Elemente sind einerseits faschistische Führer und andererseits die »Niedersten der sozialen Schicht«, wobei Bataille keinen Hehl daraus macht, wem seine Sympathie gilt: Im Faschismus sind die Energien in einer einzigen Person gebündelt, so dass die affektive und kollektive Erregung zu einer Einheit führe, die als Autorität *gegen* die Menschen gerichtet sei; und was für Bataille den Faschismus noch abstoßender macht: »[D]iese Existenz ist zwar Existenz *für sich*, gleichzeitig aber nützlich.« (Bataille 1978, 19) Das Fehlen aller »Demokratie, aller Brüderlichkeit in der Ausübung der Macht« weise darauf hin, dass hier Zwang ausgeübt werde.[159]

Bataille verteidigt die Seite des Heterogenen: die niedersten sozialen Schichten, die »in Indien für *unberührbar* erklärt« werden und insofern dem Tabu der sakralen Dinge analog sind: »Diese Sitte ist in den fortgeschrittenen Ländern weniger ritualisiert und die Qualität des *Unberührbaren* erbt sich hier nicht notwendigerweise fort: dennoch genügt es auch in diesen Ländern, vom Elend gezeichnet zu sein, damit eine

---

159 Noch deutlicher wird seine Ablehnung des Faschismus auf den weiteren Seiten, auf denen er dem Faschismus seine »Zustimmung« verweigert, »Vorbehalte« ausspricht und allgemein einen Anschluss dieser Herrschaftsform an die homogenen Formen diagnostiziert; ebenso schließe diese Herrschaftsform die elenden und unreinen Formen aus, was sie der Homogenität angleiche (vgl. Bataille 1978, 21ff). Nur der niedere Bereich, bestehend aus den elenden und unterdrückten Klassen sei fähig, in Bewegung zu geraten, wobei das Wesen der Subversion die Erhöhung des ehemals Erniedrigten sei (vgl. Bataille 1978, 39f).

fast unüberbrückbare Kluft den Elenden von den anderen – die sich als Inbegriff des Normalen begreifen – trennt.« (Bataille 1978, 19f) Beide Beispiele weisen nach Bataille Merkmale des Sakralen auf: Deutlich wird dies im Kult der Führer, weniger klar bei den Formen des Elends: »Aber die Entdeckung, daß solche niederen Formen mit dem sakralen Charakter vergleichbar sind, ist genau der entscheidende Fortschritt, der in der Erkenntnis der sakralen wie auch der *heterogenen* Struktur vollzogen wird. Die Entdeckung der dualen Struktur des Sakralen ist eines der Ergebnisse der sozialen Anthropologie: die Formen des Sakralen müssen in entgegengesetzte Klassen, die *reinen* und die *unreinen*, unterteilt werden […]. Dieser Gegensatz durchzieht das Ganze der *heterogenen* Welt und fügt sich den bereits durch die *Heterogenität* bestimmten Charakteren als fundamentales Element hinzu.« (Bataille 1978, 20f)

Es gibt eine »rechte« und eine »linke« Seite bzw. eine reine und eine unreine Seite des Sakralen, wie Bataille in Anlehnung an Robert Hertz und Emile Durkheim am 5. Februar in der Collège-Sitzung über »Attraction et répulsion. II. La structure sociale« erläutert (vgl. Bataille 1995*b*):

heterogen	homogen
heilig	profan
niedrig (passiv)	erhaben (aktiv)
Sturz (Wissen und Wollust)	Aufstieg (Reflexion, Reduktion, Objektivität)
Ausscheidung	Aneignung, Assimilation, Homogenisierung
unproduktive Verausgabung, Verlust Spiel, Revolte, Lachen, Chance	Akkumulation, Arbeit, Produktion Reproduktion, Wissen
Logik des Nichtwissens (Heterologie) Leere, Schweigen, Tod	Wissenschaft, Philosophie, gesunder Menschenverstand (Doxa), Diktatur des Logos (Vernunft und Sprache)
asoziale, »semiotische«, asignifikante, paragrammatische Kräfte und Prozesse	soziale, »symbolische«, thetische Kräfte bzw. Prozesse
Nicht-Ding, Exzess, Verlassen der diskursiven Spur (Delir)	gemeinsames Maß, Metaphorisierung
Häßlichkeit, excreta (Kot/Gold)	strukturierte, servile Welt des Schönen
das Lächerliche, Unnütze, Niedrige, Abstoßende,Perverse, Obszöne, Verrückte	das Erhabene, Wertvolle, Bedeutende, Schöne, Gute (Platons Ideenwelt, Bretons »point suprême«), die Utopie
Revolutionär, Verbrecher, Wahnsinniger …, Gott, Souverän	bürgerlicher Künstler, Parteipolitiker, Kleinbürger
sozialistisch-orgiastische Gesellschaft	Kapitalismus, kommunistischer Staatskapitalismus, Faschismus

Tabelle 1: heterogen – homogen, nach Mattheus (1984, 226f)

»Encore faut-il ajouter que l'aspect relativement gauche ou droit d'un objet donné est mobile: il varie au cours des opérations rituelles. C'est ainsi que dans un domaine de civilisation étendu, un cadavre se situe nettement à gauche, il est essentiellement néfaste, dans la période qui suit la mort; mais il se purifie à mesure que la putréfaction disparaît: les os blanchis étant relativement fastes et purs.« (Bataille 1995*b*, 163) Ausgehend von Konrad Theodor Preuss, der 1937 unter der Leitung von Marcel Mauss ein »Lehrbuch der Völkerkunde« schrieb, und unter Bezug auf dessen Text »Der Ursprung der Religion und der Kunst« von 1904/1905 (vgl. Hollier 1995*a*, 165), fährt Bataille fort: »Supposons, dans la direction qu'a suivie le théoreticien allemand Preuss, que les choses sacrées soient essentiellement des choses rejetées, émises par le corps humain, et en quelque sorte des forces dépensées.« (Bataille 1995*b*, 165) In den Bemerkungen zu Peignots Schriften unterstreichen Bataille und Leiris, dass »im Inneren der heiligen Welt sich widersprechende Pole« befinden, wobei »sakral« zugleich »fürchtenswert oder verabscheuenswert und anbetungswert« bedeute; das Sakrale besitze eine »außerordentliche Anziehungskraft«, während es zugleich eine »außerordentliche Angst« hervorrufen könne (Bataille und Leiris in Laure 1980, 238). Wie Leiris in einem Interview 1983 berichtet, galt das Interesse am Collège nicht dem Sakralen *per se*, sondern vor allem der »linken« Seite des Sakralen (vgl. Richman 1990, 213f).

Je nach Situation, Instrumentalisierung oder Ideologisierung kann das Sakrale zerstörerisch oder heilsam sein. Es kann einerseits zerstörerisch wirken, indem die »sakralen« gemeinschaftlichen Bewegungen (vgl. Bataille 1995*d*) auf die irrationalen Formen und Verhaltensweisen in der nutzenorientierten und durch ein rationales Selbstverständnis geprägten Gesellschaft aufmerksam machen und so deren rationalen Grund durcheinander bringen. Andererseits können sich bestimmte Formen des Sakralen, wie sie sich zum Beispiel in der Liebe, dem Geheimnis oder Ästhetik ausdrücken, konstitutiv für das soziale Zusammengehörigkeitsgefühl auswirken und neue Gemeinschaften stiften.

Der ambivalente Charakter des Sakralen, auf den in besonderem Maße Caillois in seinem Vortrag »L'ambiguïté du sacré« vom 15. November 1938 aufmerksam macht (vgl. Caillois 1995*c*)[160] , drückt sich im etymologischen Sinne dadurch aus, dass das lateinische *sacer* sowohl »geheiligt« als auch »verflucht« oder »verwünscht« bedeuten kann.[161] Die Ambivalenz von »sakralen« Erscheinungen ist dafür verantwortlich, dass dem Sakralen einerseits mit Begehren oder Sehnsucht und andererseits mit Furcht oder Angst begegnet wird; wobei Furcht eine Form von Angst vor bestimmten, schon im Sinnhorizont aktualisierten Situationen meint und Angst eine Angst vor dem unmöglich zu Bestimmenden, dem Unwissenden oder vor dem Nichts bedeutet.[162]

---

160 Der Vortrag ist nahezu identisch mit dem Kapitel »Die Ambiguität des Heiligen«, dem zweiten Kapitel des Buches »Der Mensch und das Heilige« von Caillois (1988, 37 – 73).

161 Vgl. hierzu auch die neueren Überlegungen zur politischen Anthropologie von Agamben (2002).

162 Bezüglich der Unterscheidung zwischen Furcht und Angst schreibt Heidegger: »Wir fürchten uns immer vor diesem oder jenem bestimmten Seienden. [...] Im Streben, sich davor – vor diesem Bestimmten – zu retten, wird er [der Fürchtende, S.M.] ›kopflos‹. Die Angst läßt eine solche Verwirrung nicht mehr aufkommen. [...] Die Unbestimmtheit dessen jedoch, wovor

Doch selbst die Unterscheidung zwischen Angst und Begehren ist keine Differenz zwischen zwei absolut getrennten Polen: Die Angst kann so unbestimmt sein, dass sie nicht nur ein defensives Verhalten hervorruft, sondern auch fasziniert und anzieht. So könnte man die Angst, die sich zuweilen bei dem Anblick eines zu liebenden Menschen einstellt, als »süße Angst« bezeichnen. Kierkegaard spricht von der Zweideutigkeit der Angst: »Man kann die Angst mit einem Schwindel vergleichen. Wer in eine gähnende Tiefe hinunterschauen muß, dem wird schwindlig. Doch was ist die Ursache? Es ist in gleicher Weise sein Auge wie der Abgrund – denn was wäre, wenn er nicht hinuntergestarrt hätte?« (Kierkegaard 1992, 72)

Wie mit der Angst verhält es sich auch mit dem Sakralen. Aus seinem unentscheidbaren Charakter leitet sich das ambivalente soziale Verhalten gegenüber dem Sakralen ab, das zwischen Tabuisierung, Überschreitung der Tabus, Feiern und Sakralisierung schwankt. Die Unentscheidbarkeit des Sakralen verweist auf die prekäre Lage des gesellschaftlichen Zusammenhalts im Allgemeinen: Das Sakrale kann sowohl für die Konstituierung und Festigung eines sozialen Bandes verantwortlich sein, beispielsweise mit Hilfe von Todes-Ritualen, als auch die Zerstörung des sozialen Zusammenhalts bewirken. Wird das Sakrale in rational geordneten Gesellschaftsformationen offenbar, kann es zu deren Auflösung oder Verschiebung beitragen, indem es deren irrationalen Teil bzw. den ausgeschlossenen Rest dieser Formationen veranschaulicht. Handlungstheoretisch bedeutet dies, dass vor dem Hintergrund des unentscheidbaren Sakralen entschieden werden muss, wie mit dem Sakralen umzugehen ist, ob das Sakrale tabuisiert oder ob im Namen des Sakralen gehandelt wird, das Sakrale dadurch möglicherweise zu einer Verschiebung der sozialen Formation beiträgt und Tabus überschritten werden.

Dass es am *Collège de Sociologie* durchaus unterschiedliche Diagnosen und Deutungen gab, was denn eigentlich das Sakrale sei, wird einige Jahre nach der Auflösung des Collège noch offenbar. Obgleich sich ein eigenes Kapitel mit den Differenzen und dem Ende des Collège beschäftigt, soll hier ein wenig vorgegriffen werden, um die unterschiedlichen Facetten, die das Collège dem Schlüsselbegriff des Sakralen gab, zu beleuchten. Die Differenz in der Sichtweise, was denn sakral sei und was nicht, belegt Batailles Besprechung des Buches »Der Mensch und das Heilige« (1939), von Roger Caillois gegen Ende des Collège veröffentlicht. Unter dem Titel »Der Krieg und die Philosophie des Heiligen« beurteilt Bataille im Jahre 1951 in der von ihm gegründeten Zeitschrift »Critique« (Nr. 45) das Buch zunächst als einen »meisterhafte[n] Überblick über die Ergebnisse, die die Wissenschaft auf dem Feld der primitiven Gesellschaftsformen erzielt hat. Allem Anschein nach sind wir nicht mit im Spiel.« (Bataille 1997a, 169) Mit dem letzten Satz wird kritisch angedeutet, dass Caillois vielmehr die so genannten primitiven Gesellschaften als die modernen im Sinn hatte. Batailles Kritik richtet sich ganz besonders gegen dem Umstand, dass das Sakrale von Caillois in den Bereich des Homogenen bzw. Nützlichen einbezogen wird:

---

und worum wir uns ängstigen, ist kein bloßes Fehlen der Bestimmtheit, sondern die wesenhafte Unmöglichkeit der Bestimmbarkeit.« (Heidegger 1949, 29)

»Caillois geht sogar so weit, daß er meint, das Geld sei für den Geizigen heilig (und das ist nicht einmal das profanste seiner Beispiele). Mir jedoch scheint das Heilige prinzipiell der Nützlichkeit sowie jenen Leidenschaften entgegengesetzt zu sein, deren Objekt mit der Vernunft übereinstimmt. Natürlich kann die Leidenschaft so groß sein, daß die Bedeutung ihres Objekts vergleichbar wird mit der des Heiligen. Dennoch liegt dem Heiligen stets ein Verbot zugrunde, das sich konvulsivischen, von Berechnung freien und dem Ursprung nach animalischen Verhaltensweisen widersetzt. So ist die Omophagie, jenes Opfer, bei dem das Opfertier von den völlig enthemmten Teilnehmern roh verschlungen wird, zweifellos das vollständigste Bild des Heiligen, das stets ein Element des Schreckens und des Verbrechens in sich schließt. Selbst für einen protestantischen Theologen wie Rudolf Otto ist das Heilige nicht bloß *fascinans*, es ist *tremendum*, schauervoll.« (Bataille 1997a, 170f)

Zur Verteidigung Caillois' muss man sagen, dass er sich sehr wohl der Ambiguität des Sakralen, so der Titel seines Vortrages vom 15. November 1938 (Caillois 1995*c*), bewusst war. So hebt er nicht nur die von Robertson Smith erforschte reine und unreine Seite des Sakralen hervor (vgl. Caillois 1995*c*, 366ff), sondern kommt auch auf die von Bataille erwähnte Terminologie von Rudolf Otto zurück, die das Sakrale einerseits als fascinan*s* und andererseits als tremendu*m* ausweist (vgl. Caillois 1995*c*, 373): »Le *fascinans* correspond aux formes envirantes du sacré, au vertige dionysiaque, à l'extase et à l'union transformante, mais c'est aussi, plus simplement, la bonté, la miséricorde et l'amour de la divinité pour ses créatures, ce qui les attire irrésistiblement vers elle, tandis que le *tremendum* répresente la ›sainte colère‹, la justice inexorable du Dieux ›jaloux‹ devant qui tremble le pécheur humilié implorant son pardon.« (Caillois 1995*c*, 373)

Caillois' Beitrag liest sich wie eine Zusammenfassung der Positionen zum Sakralen des Collège und der Durkheim-Schule: So verweist er nicht nur auf Durkheim selbst (vgl. Caillois 1995*c*, 374), sondern zitiert Mauss'/Huberts Studie über das Opfer (vgl. Caillois 1995*c*, 376) und Robert Hertz' Text zur linken und rechten Hand (vgl. Caillois 1995*c*, 380f).[163] Sein Vortrag rechtfertigt es, sich diese Texte der Durkheim-Schule im Abschnitt zu den theoretischen Einflüssen näher anzuschauen. Denis Hollier hält den Vortrag insgesamt für ein verdichtetes Resümee des *Collège de Sociologie* (vgl. Hollier 1995*a*, 365).

Während bei Bataille der dynamische Aspekt des Sakralen eine zentrale Rolle spielt, also die Anziehung und Abstoßung des Sakralen und die »kommunielle Bewegung«, kann man dagegen bei Caillois von einer Sehnsucht nach gemeinschaftlicher Stabilität und nach einer »Übereinstimmung des *ordo rerum* und des *ordo hominum*« sprechen (Geble 1988, 245). Für Caillois gehört ähnlich wie für Mauss das Sakrale zu einer Ordnung der Dinge, die aus einer Zweiteilung der Welt und Gesellschaft mittels Klassifikationen hervorgeht, deren binäre Strukturierungsprozesse selbst das Sakrale in seiner Aufteilung in ein reines und unreines Sakrales erfassen. Bei Bataille wird hingegen die »unentscheidbare« Dynamik des Sakralen deutlich, die einerseits Ordnung stiftet und

---

163 Ferner finden sich aber auch Lévy-Bruhl, Robertson Smith, Rudolf Otto, Lagrange u. a.

andererseits subversiv wirkt, je nach der gesellschaftlichen Struktur, die entweder homogen bzw. nutzenorientiert oder heterogen sein kann: »In unserer Zeit, in homogenen Gesellschaften scheint das Sakrale, konstatiert Bataille, statt Kohärenz zu stiften, sich eher subversiv, antisozial auszuwirken. Konstituiert in einer ›authentischen Gesellschaft‹ das Heilige den Sozialverband, so zerstört es ihn in Gesellschaften, die einzig auf dem Interesse, dem universellen Tausch errichtet sind.« (Mattheus 1988, 173)

Bataille schließt seine Besprechung von Caillois' Buch mit einer so genannten »sakral-anthroplogischen« Feststellung, die Mauss' Begriff des vollständigen Menschen wieder aufnimmt: Die Untersuchung des *Sakralen* hinterlasse das Gefühl einer unlösbaren Schwierigkeit und eines Fluchs, der auf dem Menschen laste. Aber ohne das *Sakrale* entglitte dem Menschen die Fülle seines Seins, er wäre nur noch ein unvollständiger Mensch (vgl. Bataille 1997*a*, 178).

Die Erforschung des Sakralen verbindet sich beim *Collège de Sociologie* eng mit der Propagierung »kommunieller Bewegungen«. Die kommunitären Bestrebungen oder Bewegungen, die sich durch »sakrale« Erfahrungen von Mythen, Tragödien, Träumen, Festen, Spielen, Tod, Anders-Sein oder subjektiv-erfahrbaren Situationen des »Außer-sich-Seins« auszeichnen, bilden ein weiteres Forschungsobjekt des Collège. Feste sind beispielsweise aus dieser Sicht nicht nur »Verausgabungen«, sondern sie dienen darüber hinaus auch dem zweckfreien Eingehen und Festigen von sozialen Beziehungen sowie der Erneuerung des Sozialen; sie sind sakrale Verausgabungen, die ein ursprüngliches Chaos heraufbeschwören, das an den Beginn der Vergesellschaftung erinnert. Dadurch, dass diese sakrale Dimension des Sozialen in den Blick genommen wird, ermöglicht das Collège eine Analyse nicht-rationaler und nicht-intentionaler sozialer Bindungskräfte, die Hans Joas (1992, 270 – 285) in seinem Buch »Die Kreativität des Handelns« als Formen »primärer Sozialität« bestimmt hat.[164]

Gemeinschaft

Bataille unterscheidet in einer Randnotiz zum Vortrag der ersten Collège-Sitzung am 20. November 1937 zwischen »de facto Gemeinschaften« und gewählten Gemeinschaften. Unter ersterem Begriff fallen Clans, Stämme und Nationen. Die gewählten Gemeinschaften sind hingegen einfache Organisationen, die Armee, religiöse Orden oder Geheimgesellschaften (vgl. Bataille 1995*d*, 53).[165]

Anstatt eine Wiederbelebung traditionaler oder »de facto« Gemeinschaften einzufordern, betont das Collège die Bedeutung der »communautés *électives*« (vgl. Bataille 1995*d*, 52). In den Randnotizen zur Sitzung vom 20. November 1937 schreibt Batail-

---

164 Siehe dazu die Anmerkungen im Schlusskapitel.

165 »It is precisely the distinction between fascist appeal to a *communauté de fait*, whether the eternal ›patrie‹ or ›la vieille France‹ whose mythic solidarity often depends on antisemitism, and the Collège goal of an intentional secondary community responsive to historical exegencies, that has elicited praise […].« (Richman 1988, 83).

le: »Communautés électives. à partir de Lowie« (Bataille 1995*d*, 53).[166] Gemeint ist der amerikanische Anthropologe Robert H. Lowie, von dem zur Zeit des Collège zwei Bücher in französischer Übersetzung vorlagen (»Manuel d'anthropologie culturelle«, »Traité de sociologie primitive«), die kurz nach der Sitzung vom 20. November von Caillois in der Zeitschrift »Cahier de Sud« rezensiert wurden (vgl. Hollier 1995*a*, 53). Im Zusammenhang zur gewählten Gemeinschaft sind insbesondere Lowies Bemerkungen zu den sozialen Assoziationen von Bedeutung. In seinem Werk »Social Organization« schlägt Robert H. Lowie vor, die freiwilligen Assoziationen mit dem Begriff der *Sodalität* zu bezeichnen (vgl. Lowie 1948, 14). Im Unterschied zu »Gesellschaft« oder dem Begriff der Korporation markiere der lateinische Ausdruck *sodalis* am geeignetsten die freiwilligen Vereinigungen wie beispielsweise Geheimbünde: »*Sodalitas*, the corresponding noun, is accordingly applied to the union of cronies as well as to a band of fellow conspirators. When in need of a generic term that avoids the irrelevant connotations, of, say, ›society‹, we shall then, use the word ›sodality‹.« (Lowie 1948, 14)[167]

Eine weitere Randnotiz von Bataille verweist auf Armand Cuvillier.[168] Die von Bataille genannten Seitenangaben beziehen sich auf das Kapitel zum Organizismus in Cuvilliers »Introduction à la sociologie« (Cuvillier 1967 [1936]).[169] Die Theorie des Organizismus sei die charakteristischste Form einer naturalistischen Soziologie, schreibt Cuvillier in seinem Buch »Introduction à la sociologie« (Cuvillier 1967 [1936]) (vgl. Cuvillier 1967 [1936], 31). Er umreißt kurz Theoreme und Werke von Milne-Edwards, Darwin, Malthus und dem russischen Soziologen Lilienfeld, aber auch von Spencer, Albert Schäffle, Guillaume de Greef, Alfred Espinas und René Worms (vgl. Cuvillier 1967 [1936], 32f). Schließlich fasst Cuvillier die Theorien folgendermaßen zusammen:

> »En somme, si nous cherchons à faire le bilan de l'organicisme, nous voyons qu'en dépit des apparences, il a contribué à dégager la notion de la spécificité des faits sociaux: de même que l'organisme vivant possède une réalité propre, différente de celle des éléments qui le composent, puisque ces éléments peuvent changer ou disparaître

---

166 Vgl. auch die ausführlichere Stelle im Gesamtwerk: Bataille (1970*c*, 449) und die Fußnote 7 in der Sammlung der Briefe an Caillois: Bataille (1987*b*, 75).

167 sodalis = Mitglied eines Priesterkollegiums, Kamerad, Genosse, Gefährte, Zechbruder, Tischgenosse, Mitglied einer geheimen Gesellschaft, sodalitas = Tischgesellschaft, geheime Verbindung, Freundschaft, Kameradschaft, sodalicium = Geheimbund, geheime Gesellschaft, Freundschaft, siehe Petschnig (1959, 457). Zu Geheimgesellschaften siehe auch Lowie (1940 [1934], 166, 292, 294, 461).

168 »[P]our *communauté élective* contre c(ommunauté) t(raditionelle) voir Ordre nouveau – Cuvilier p. 32 – 36.« (Bataille 1995*d*, 54). Vgl. die Anmerkung von Hollier (1995*a*, 54) und auch die Angabe im Gesamtwerk: Bataille (1970*c*, 451) sowie die Fußnote 7 in der Sammlung der Briefe an Caillois: Bataille (1987*b*, 75).

169 Vgl. die Angabe von Hollier (1995*a*, 54). Ebenso kommen im Abschnitt »La zoosociologie«, (Cuvillier 1967 [1936], 35 – 37), auch die Tiergesellschaften zur Sprache, hierzu vgl. man die noch zu besprechende Sitzung vom 18. Dezember 1937 von Caillois mit dem Titel »Les sociétés animales«. Auf dem Ankündigungsplakat ist fälschlicherweise das Datum des 19. Dezembers angegeben (vgl. Fußnote 11 in Bataille 1987*b*, 76).

tandis qu'il subsiste, on devait être amené à comprendre que le groupe social constitue une realité distincte, qui est elle-même autre chose qu'un simple total qu'une simple juxtaposition d'individus.« (Cuvillier 1967 [1936], 34 – 35)

Das Soziale ist eine Realität *sui generis*, eine Annahme, die das Collège mit Durkheim teilt. Im Zusammenhang mit der Erwähnung freiwilliger Vereinigungen heißt es bei Cuvillier, dass Albert Schäffle zufolge lebende Organismen und Gesellschaft eine aufsteigende Stufenfolge bilden und die Gesellschaft ein »freiwilliger Organismus« und insofern eher eine Organisation als ein Organismus ist (Cuvillier 1967 [1936], 33).[170]

In dieser erkenntnistheoretischen Akzentuierung selbst gewählter Gemeinschaften liegt auch der Unterschied des Collège zu gegenwärtigen Strömungen des Kommunitarismus. Obgleich Vertreterinnen und Vertreter des Kommunitarismus sich nicht auf einheitliche Grundannahmen reduzieren lassen, so sind doch viele kommunitaristische Diskurse von der Ansicht geprägt, dass nur eine Anerkennung oder Restituierung von Gemeinschaften und traditionellen Werten gesellschaftliches Leben und soziale Ordnung möglich machen.[171] Für das Collège sind aber die »*Entscheidungen*« zu Gemeinschaft« von Bedeutung, auch wenn das Collège eine kritische Einschätzung der zunehmenden Atomisierung in modernen, differenzierten Gesellschaften mit dem Kommunitarismus teilt. Um der Zersplitterung des Sozialen zu begegnen, versucht das Collège jedoch auf das heterologische Andere von sozialen Ordnungen zu verweisen, von dem aus und mit dem neue kommunitäre Bewegungen ausgehen und einhergehen. Entgegen einer Wiederbelebung traditioneller, kommunitärer Werte und einer Konsolidierung von sozialer Ordnung setzt das Collège auf die Schaffung neuer Werte qua gewählter Gemeinschaftlichkeit, die die soziale Ordnung überschreiten.

Die Formierung neuer Gemeinschaften zielt nicht auf eine Konsolidierung bestehender Identifizierungen mit einer schon bestehenden Gemeinschaft, sondern versteht sich als Herausforderung sozial zugeschriebener Identitäten, diese – vor dem Hintergrund der bestehenden Gemeinschaft und deren heterologischem Außen – schöpferisch zu modifizieren oder neu zu erfinden. Gemeinschaft, in diesem Sinne, ist wegen ihrer ständigen Erneuerung und wegen ihrer wiederholenden Bezüge zum Heterologischen eigentlich »undarstellbar« (vgl. Nancy 1986). Gemeinschaft ist ständig in *wiederholender Praxis*; sie ist keine Substanz oder ein Subjekt, sondern ist Mit-Teilung in Praxis (vgl. Bataille 1999*a*, 42). Ebenso wie die subjektive Erfahrung sind die kommunitären Bewegungen nach Ansicht des Collège im Prozess des »Außer-sich-Seins«; Gemeinschaft untersteht in dieser Perspektive nicht einer Beschränkung, sondern einer allgemeinen Bewegung zum Heterologischen.[172] Dies bedeutet vor allem,

---

170 Vgl. auch Hollier (1995*a*, 55).

171 Zum kommunitaristischen Diskurs vgl. Honneth (1993). Zu Kritik am Kommunitarismus MacIntyres aus der Sicht von Emmanuel Lévinas und Zygmunt Bauman vgl. Moebius (2001). – Hier erlaube ich mir, auf eine eigene Arbeit zu verweisen, die andere Wege als der Kommunitarismus aufzeigt, um einer anwachsenden Individualisierung entgegenzutreten und die dabei auf die »Beziehung zum Anderen« verweist.

172 Auf die Unterscheidung zwischen »beschränkt« und »allgemein« wird in der Besprechung zu Bataille eingegangen.

dass Gemeinschaft über einen geschlossenen Austausch von Zeichen oder Symbolen und über eine feste Bedeutung hinausgeht. Aufgrund ihrer Charakeristika als überschreitende *Bewegung* und Prozess, sind die gewählten Gemeinschaften im Sinne des Collège strukturalistischen Vorstellungen geschlossener und ahistorischer sozialer Ordnungen diametral entgegengesetzt. Die bedeutende Rolle, die Bataille der Verausgabung und Überschreitung zuspricht, rückt die Soziologie des Collège in die Position, den Strukturalismus bzw. die Ansicht von einem geschlossenen Tausch als Grundpfeiler von Gesellschaft zu kritisieren. Insofern ist das Collège in der paradoxen Situation, chronologisch vor dem anthropologischen Strukturalismus, zum Beispiel Lévi-Strauss', und zugleich ein Vorläufer des Poststrukturalismus zu sein (vgl. Richman 1988, 87). Das *Collège de Sociologie* ist, wenn man so will, prä-post-strukturalistisch; es ist ein Anzeichen des Poststrukturalismus vor dem Strukturalismus und dem Poststrukturalismus; es trägt dadurch zur Verwirrung einer linear-temporären, theoretischen Einordnung des »vor« oder »danach« sowie des Poststrukturalismus im Allgemeinen bei.[173]

Ähnlich wie beim Begriff des Sakralen lassen sich auch hinsichtlich der Gemeinschaft die Positionen von Caillois und Bataille differenzieren. In dem bei der Gründung des *Collège de Sociologie* im März 1937 gehaltenen und im Juli 1938 in der Zeitschrift NRF abgedruckten Vortrag »Le vent d'hiver« (Caillois 1995e) diagnostiziert Roger Caillois zunächst eine sich ausbreitende Krise des Individualismus (Caillois 1995e, 332). Nach Caillois bedarf es zur Lösung der gesellschaftlichen Krise einer kollektiven Bemühung und einer ordnungsstiftenden Gemeinschaft; man könnte fast sagen, Caillois wolle eine elitäre oder geistesaristokratische Gemeinschaft gründen. Um Caillois' Position zu besser zu verstehen, sei eine längere Passage von ihm zitiert:

> »[A]ussi le moment est-il venu de faire comprendre à qui ne s'y refuse pas, par intérêt ou par peur, que les individus vraiment décidés à entreprendre la lutte, à une echelle infime au besoin, mais dans la voie eÿâcace où leur tentative risque de devenir épidémique, doivent se mesurer avec la société sur son propre terrain et l'attaquer avec ses propres armes, c'est-à-dire en se constituant eux-mêmes en communauté, plus encore, en cessant de faire des valeurs qu'ils défendent l'apanage des rebelles et des insurgés, en les regardant à l'inverse comme les valeurs premières de la société qu'ils veulent voir s'instaurer et comme les plus sociales de toutes, fussent-el-

---

173 Ferner verdeutlicht diese Paradoxie die dekonstruktive Annahme, dass das »Post-« (auch oder vor allem im Sinne einer postalischen Sendung verstanden) schon immer ein »Prä-« war, wie Geoffrey Bennington schreibt: »A first, parodically ›poststructuralist‹ observation would reply that, from the point of view of what is still, mistakenly, called ›the materiality of the signifier‹, the ›post-‹ is ›pre-‹: it is a prefix, and thus comes before and not after.« (Bennington 1994, 242) Ebenso verhält es sich – bei allem Unterschied zwischen dem, was unter »Poststrukturalismus« und unter »Postmoderne« verstanden wird – mit der »Postmoderne«, die als die Ablösung der »großen Erzählung« gilt (vgl. Lyotard 1999). Paradoxerweise gehen die zerstreuten (postmodernen) kleinen Erzählungen als Möglichkeitsbedingungen einer Bündelung der großen Erzählung der Moderne voraus. Verstanden und diskutiert unter dem Label »*die* Postmoderne« erscheint sie jedoch selbst als Meta-Narration.

les quelque peu implacables. [...] Semblablement, il convient que l'individualiste conséquent renverse sa mentalité à l'égard du pouvoir et du sacré en général. Sur ce point, il lui faut presque adopter le contre-pied de l'injonction de Stirner et faire tendre son effort non pas à profaner, mais à sacraliser. C'est du reste par ce mouvement qu'il s'opposera le plus profondément à une société qui s'est d'elle-même profanisée à un point extrême, en sorte qu'il n'est rien qui l'indispose davantage que l'intervention de ces valeurs, rien non plus de quoi elle sache moins adroitement se garder. Il y a plus: à la constitution en groupe préside le désir de combattre la société en tant que société, le plan de l'affronter comme structure plus solide et plus dense tentant de s'installer comme un cancer au sein d'une structure plus labile et plus lâche, quoique incomparablement plus volumineuse. Il s'agit d'une démarche de sur-socialisation, et comme telle, la communauté envisagée se trouve naturellement déjà destinée à sacraliser le plus possible, afin d'accroître dans la plus grande mesure concevable la singularité de son être et le poids de son action.« (Caillois 1995e, 335ff)

Während im Vortrag »Le vent d'hiver« Caillois' Interesse in einer »sacralization of power« liegt, wie Denis Hollier es in seinem Artikel »January 21st« ausdrückt (vgl. Hollier 1988*b*, 39), so verbindet Bataille die Gemeinschaften weniger mit der Macht als vielmehr mit den sich verausgabenden, tabubrechenden und exzessiven Elementen des Sakralen. Die Macht gereicht der kommuniellen Bewegung sogar zum Schaden. So heißt es im Vortrag vom 19. Februar 1938 »Le pouvoir«, den Bataille für den erkrankten Caillois hielt und der eine Mischung aus Batailles und Caillois' Ansichten beinhaltet (vgl. Hollier 1995*a*, 169): »Toujours est-il que dans ce cas comme dans les autres la formation du pouvoir s'est produit au détriment du ›mouvement d'ensemble‹ qui animait la communauté.« (Caillois 1995*d*, 191)[174]

Die kommuniellen Bewegungen weisen aus Sicht des Collège neben ihrer Dynamik, der zuweilen verausgabenden Überschreitung und ihrer zugleich integrativen Kraft kollektiver Erregung noch einen anderen Aspekt auf: Das Collège fragt nach dem sozialen Zusammenhalt unterhalb rationaler Verträge und Übereinkünfte. Es richtet sein Augenmerk auf die emotionalen Bindungen und affektiven Erfahrungen des Sozialen – auf die unbewussten Verträge, die als soziale Kraft die Mitglieder einer Gesellschaft binden. Die unbewussten Verträge können sowohl in einem psychoanalytischen Sinne als auch im Sinne irrationaler oder »geheimer Bindungen« verstanden werden. So ist nach Simmel, der dem Collège durch die Rezeption von Aron (1935) bekannt war, überhaupt kein »andrer Verkehr und keine andre Gesellschaft denkbar, als die auf diesem teleologisch bestimmten Nichtwissen des einen um den andren beruht.« (Simmel 1992, 388) Nicht-Wissen, Un-Bewusstes oder Geheimnisse können demnach eine konstitutive Wirkung auf Vergesellschaftung haben (vgl. Simmel 1992,

---

174 Der Hinweis auf die Textstelle verdankt sich der Diplomarbeit von Ronald Hermann (1998, 52), die er mir freundlicherweise zur Verfügung stellte und wofür ihm an dieser Stelle ganz herzlich gedankt sei. Im Gegensatz zur vorliegenden Studie verfolgt Hermann, dem es vor allem um die sozialwissenschaftliche Bedeutung des Collège geht, ebenfalls keine soziologie- und wirkungsgeschichtliche Perspektive. Die hier angedeuteten Differenzen waren bereits erste Anzeichen der Krise des Collège, die in einem späteren Abschnitt untersucht wird.

383 – 455).[175] Ebenso vermögen gemeinsame Erzählungen, erfundene Geschichten oder Mythen einer Zersplitterung der Gesellschaft entgegenzutreten (vgl. Bataille 1979*a*).

Mythen können jedoch auch zerstörerisch funktionalisiert werden. Aufgrund dieses ambivalenten und »unheilvollen« Aspekts untersuchte das Collège auch zeitgenössische politische bzw. faschistische Mythen; ein Beispiel für eine solche Analyse war der Vortrag des emigrierten Hans Mayer, gehalten am 18. April 1939.[176] Zusammengefasst geht es dem Collège in seiner Betonung der kommunitären Bewegungen um die sozialen Energien, den »élan vital« (Bergson) und die affektiv-unbewussten Prozesse, wie zum Beispiel das Lachen, die einen sozialen Zusammenhalt jenseits rationalen Aushandelns bewirken. Diese sozialen und kommunitären Energien werden frei, wenn sie kollektiv repräsentiert werden wie zum Beispiel in Festen, Mythen, bestimmten Werten, Zeremonien, Zusammenkünften oder allgemein: in Ritualen. Im Anschluss an *Acéphale* sollten das wissenschaftliche Projekt sowie die gemeinsamen Sitzungen des Collège selbst eine kommunitäre Bewegung oder ein Element der »sursocialisation« darstellen (vgl. Caillois 1995*a*).

Aufgrund des ambivalenten Charakters von Mythen ist deren gemeinschaftsstiftende Kraft niemals vor der Gefahr geschützt, für faschistische Zwecke instrumentalisiert zu werden.[177] Die Ambivalenz besteht auch dann noch, wenn man, wie Bataille vorschlug, die Waffen des Faschismus gegen diesen selbst anzuwenden versucht und mit den gemeinschaftsstiftenden Mitteln des Faschismus diesen selbst »übersteigen« will (vgl. Roudinesco 1999, 211). Im Verlangen nach einem mythisch-orientierten Zusammenhalt drückt sich der Wunsch nach symbolischer Identifizierung und Repräsentation aus. Um diese symbolische Identifizierung zu bewerten, bedarf es jedoch einer Analyse der Operationen der Identifizierung und Untersuchungen dessen, ob sich eine Identifizierung und der Prozess der Vergemeinschaftung tatsächlich einer Mythenbildung bedienen müssen, oder ob »im Gegenteil die mythische Funktion mit ihren nationalen, völkischen, ethischen und ästhetischen Wirkungen nicht das ist, wogegen die Politik in Zukunft neu erfunden werden muß […].« (Lacoue-Labarthe und Nancy 1997, 161)[178]

---

175 Zur »Soziologie des Geheimnisses« im Anschluss an Simmel und Derrida vgl. Moebius (2002*b*).

176 An dieser Stelle möchte ich auf eine andere interessante Untersuchung über Nationalsozialismus und Mythos hinweisen, in der verdeutlicht wird, inwieweit es nicht reicht, lediglich eine Analyse des Nazismus von außen zu betreiben, sondern in der auch zu einer allgemeinen Dekonstruktion der eigenen Geschichte, aus der wir herkommen, aufgerufen wird. Vgl. Lacoue-Labarthe und Nancy (1997).

177 Dabei ist zu beachten, dass nicht jede auf Mythen gründende Vergemeinschaftung per se faschistoid ist; dass die Formel Mythos = Faschismus nicht pauschal gilt, kann man an archaischen Gesellschaften bestens erkennen.

178 Die Frage, die sich das Collège aufgrund des »unheilvollen« Charakters von Mythen und nach dem Vortrag von Hans Mayer vielleicht hätte stellen können, wäre: Benötigt die Stiftung von Gemeinschaften den Rückgriff auf Mythen, die Konstruktion und die Wiederkehr von Mythen als identifikatorischen Moment?

Mythos

Der Religionswissenschaftler Mircea Eliade charakterisiert den Mythos als ein »Beispiel«, er sei, was sowohl die sakralen und profanen Handlungen des Menschen als auch seine ganze »Kondition« betrifft, ein »prototypischer Fall«, oder anders ausgedrückt: »ein Modellbeispiel für die Seinsweisen des Wirklichen im allgemeinen.« (Eliade 1998, 480) Dabei kann »das Wirkliche« Eliade zufolge auch eine Struktur aufweisen, die einer »empirisch-rationalen Auffassung unzugänglich« ist; der Mythos enthülle einen »ontologischen Bereich, den oberflächliche logische Erfahrung nicht erfassen« könne (Eliade 1998, 481f). Mythen offenbaren nach Eliade eine *coincidentia oppositorum*:

> »In diesem Sinn darf man sagen, daß der Mythos die Struktur der Gottheit, die über den gegensätzlichen Attributen ist, tiefer offenbart, als das der rationalen Erfahrung möglich ist. Daß eine solche mythische Erfahrung nicht irrig ist, dafür haben wir den Beweis in der Tatsache, daß sie sich so gut wie überall in der religiösen Erfahrung des Menschen vollzogen hat, sogar in einer so strengen Überlieferung, wie die jüdisch-christliche es ist. Jahwe ist gütig und zornig in einem; der Gott der Mystiker und Theologen ist schrecklich und süß in einem, und aus dieser coincidentia oppositorum sind die kühnsten Spekulationen eines Pseudo-Dionysius, eines Meister Eckart oder eines Nikolaus von Cusa entsprungen.« (Eliade 1998, 483f)

Bei Marcel Mauss heißt es im neunten Kapitel über die »Phénomènes religieux« seines »Manuel d'ethnographie« unter der Rubrik »Mythes, légendes, contes«, der Mythos sei eine Göttergeschichte, eine Fabel, eine Erfindung mit einer eigenen Moral.[179] Wolle man als zukünftiger Ethnograph die Mythen in fremden Kulturen untersuchen, müsse man unbedingt Folgendes beachten: »Pour chaque mythe, on notera: qui le dit, pour qui, à quel moment, les mythes se recoupent et s'opposent selon les points de vue: mon totem est très grand, le vôtre est tout petit. L'observateur devra sentir les différences de points de vue et enregistrer ces différences. Généralement, le dieu est représenté comme un homme ayant toute une histoire, ayant des femmes, ayant des rapports avec les animaux, contractant des alliances, demandant protection: le dieu protège qui l'a protégé (exemple: le totem). Les récits sont très souvent en vers, on les trouvera sous forme de ballades ou d'épopées.« (Mauss 1926–1929, 210)[180] Allerdings ist der Mythos von der Fabel und der Legende zu unterscheiden (vgl. zum Fol-

---

179 Auch Robert Hertz beschäftigte sich mit dem Mythos; beispielsweise mit dem Mythos der Athene, wie Mauss in einem Brief an Radcliffe-Brown berichtet und dort an dieses Schriftstück erinnert (vgl. Besnard 1985*b*, 240).

180 Für Claude Lévi-Strauss steht der Mythos der Poesie gegenüber, wie er in seinem ersten Band der »Strukturalen Anthropologie« ausführt: »Die Poesie ist eine Form der Sprache, die nur unter großen Schwierigkeiten in eine andere Sprache übersetzt werden kann, und jede Übersetzung bringt zahlreiche Deformationen mit sich. Dagegen bleibt der Wert des Mythos als Mythos trotz der schlimmsten Übersetzung bestehen.« (Lévi-Strauss 1969, 230) Zu Mythologe und Ritual siehe seine Anmerkungen im zweiten Band (vgl. Lévi-Strauss 1999*b*, 133–301).

genden auch Detienne 1984, 12f): niemand ist verpflichtet an eine Fabel zu glauben; glaubt man an die Legende, so hat dies nicht notwendigerweise irgendwelche Folgen; der Mythos aber gehört Mauss zufolge zum System religiöser und dadurch auch sozialer Phänomene und ist *allgemein verbindlich bzw. obligatorisch*: »Le mythe proprement dit *est une histoire crue, entraînant en principe des rites*. Le mythe fait partie du système obligatoire des représentations religieuses, on est obligé de croire au mythe. A la différence de la légende (nous parlons improprement de la Légende des Saints: s'il s'agit d'un Saint, ce n'est pas une légende), le mythe est représenté dans l'éternel: un dieu est né, il a été mis à mort, il est rené; tout ceci correspond à une croyance qui est de tous les temps.« (Mauss 1926 – 1929, 210f)[181] Wenn der Ethnograph das Sammeln der Mythen vernachlässigt, entstellt er Mauss zufolge nicht nur das religiöse Leben der untersuchten Kultur, sondern auch das gesamte gesellschaftliche Leben (vgl. Mauss 1926 – 1929, 211).[182]

Aus der Perspektive der Durkheim-Schule sind Mythen als Teil der obligatorischen Vorstellungen religiöser Repräsentationen genuin soziale Phänomene bzw. *faits sociaux*. Bereits in dem 1903 für den sechsten Band der »Année sociologique« verfassten Text »Théorie des mythes« greift Marcel Mauss das Thema des Mythos auf und deutete dabei eine zukünftige soziologische Reflexion der Mythen an: »Dans les cinq précédents volumes de l'*Année* nous avons fait une large place à l'étude de la mythologie, sans avoir jamais eu l'occasion de dire en quoi consistait pour nous l'intérêt sociologique de cette étude. [...] Il va de soi que nous considérons le mythe comme un fait social, c'est-à-dire comme un produit ou une manifestation normale de l'activité collective.« (Mauss 1974, 269) Die Mythen seien soziale Institutionen, wie Mauss weiter ausführt, und damit nicht lediglich ins Reich der Abstraktion zu verbannen (vgl. Mauss 1974, 269).[183] Mit den Mythen verbinden sich demnach nicht nur Ideen oder kollektive Vorstellungen, sondern auch eine Logik der Gefühle, die sich beispielsweise in Ängsten, im Respekt oder in Liebe ausdrücken können.

---

181 Thanos Lipowatz unterscheidet in »Politik der Psyche« den Mythos vom Märchen und der Legende dahingehend, dass es im Mythos im Gegensatz zu den anderen Gattungen insbesondere um Ideen geht, die »*Grenzerfahrungen* der menschlichen Existenz, den Tod, das Leben, die Individualität, das Böse, das Göttliche usw., berühren. Der Mythos hat die *Tragik* der Existenz zum Kern: den Helden, der im Moment des Todes gerechtfertigt wird [...].« (Lipowatz 1998, 179)

182 So ist noch heute in der Ethnologie die Erforschung der Mythen ein wichtiger Bestandteil, da sie bedeutende Informationen über die Lebenszusammenhänge der jeweiligen Gesellschaften geben. Dabei interessieren weniger die Taten der Götter oder Heroen, die im Mythos erzählt werden, als vielmehr die sozialen Erfahrungszusammenhänge, Vorstellungen etc.: »Liest man die von Ethnologen aufgenommenen Interlinearversionen von Mythen, so überrascht, welchen geringen Platz in diesen Texten die eigentliche Handlung einnimmt, wie häufig Wiederholungen sind und wie viele Örtlichkeiten und Tätigkeiten genannt werden, die mit dem Handlungskern kaum etwas zu tun haben. Doch kommt es in den entsprechenden Gesellschaften oft gerade auf jene Aspekte an, von denen wir den Eindruck haben, sie gehörten gar nicht zur Sache, sie wären ephemer.« (Kohl 1993, 73) Zu Mythos und Kultus vgl. auch Walter F. Otto (1939, 11 – 46).

183 Zur Behandlung der Mythen bei Mauss vgl. auch entsprechende Stellen in Mauss (1968).

Dem zweiten Band seines berühmten dreibändigen Werkes »Philosophie der symbolischen Formen« (1922/1925/1929) gab Ernst Cassirer (1874–1945) den Titel »Das mythische Denken« (Cassirer 2002). Mit dem Theorem der symbolischen Formen verdeutlichte Cassirer, dass menschliches Leben Kulturleben sei und immer schon unter dem Prinzip symbolischer Formung stehe; es besagt – gegen einen zu engen Realismus gerichtet –, dass »konkrete geistige Energien des Menschen sich notwendig in sinnfälligen Gestalten manifestieren und daß weder geistig Formales isoliert von konkreter Manifestation bestehen kann, noch daß Wirklichkeit losgelöst von und vor aller geistigen Verarbeitung erfaßbar ist.« (Orth 1988, 8) Zu den symbolischen Formen zählt Cassirer die Sprache, den Mythos, die Technik, das Recht, die Wirtschaft, die Kunst, die Religion, die Wissenschaft und die Historie. Die Entstehung seiner Philosophie der symbolischen Formen ist vor mehreren Hintergründen zu verstehen, wobei die Befreiung von einem einseitig naturwissenschaftlichen Weltbild nur ein Faktor ist. Einen anderen Faktor, der mit dem hier erörterten »Mythos« in Bezug steht, hat Dimitry Gawronsky in seiner Biographie Cassirers herausgestellt:

> »Als im Anfang des 20. Jahrhunderts Georges Sorel lehrte, nicht die Vernunft, sondern geschichtsbildende Mythen seien die bestimmenden Mächte in der Menschheitsentwicklung, nicht objektive Erkenntnis und leidenschaftsloses Überlegen beherrsche die menschlichen Gemeinschaften, sondern Leitbilder, die in Haß und Verachtung, im Verlangen nach gewaltsamer Änderung der bestehenden Verhältnisse wurzeln, die mächtige Affekte und Emotionen zu erwecken vermögen und nichts mit Wahrheit zu tun haben, ja geradezu gefährliche Lügen sind – da wurde er von den Intellektuellen verlacht und niemand schenkte seinen ›verrückten‹ Ideen Beachtung. Der Krieg und die Nachkriegszeit begünstigten das Auftauchen und den Sieg totalitärer Ideologien in den größten, vom Krisenfieber geschüttelten und verwüsteten Ländern Europas, so daß sich G. Sorels Sozialtheorie zu bewahrheiten schien. Die sich überstürzenden Ereignisse forderten geradezu ein neues Durchdenken aller Menschheitsprobleme. Dies muß man als Hintergrund der Theorie der symbolischen Formen sehen, mit der Cassirer einen wesentlichen Beitrag zur Lösung der drängenden Probleme unserer Zeit gegeben hat.« (Gawronsky 1966, 17f)[184]

Cassirers Überlegungen in seinem Buch »Das mythische Denken«, auf das Bataille in seinen Überlegungen zur Erkenntnisstruktur der heterogenen Realität und der Heterologie zurückkommt (vgl. Bataille 1978, 18)[185], begreifen sich als eine »Kritik des

---

184 Sorel wird hier nicht eigens besprochen. Nach Ansicht von Jacques Chavy, der auch an *Acéphale* und »Contre-Attaque« teilgenommen hatte, erregte Sorel kein großes Interesse bei den Collègiens, da er und seine Ideen ihrer Meinung nach zu einer vergangenen Epoche gehörten (vgl. Caillois 2003, 148).

185 Bataille schrieb 1951 in der Zeitschrift »Critique« eine Rezension zu Johan Huizingas Buch »Homo ludens. Vom Ursprung der Kultur im Spiel«, in der er unter anderem auf Cassirer zurückkommt und schreibt: »Man kann das Verhältnis der Souveränität zu ihrem authentischen Ausdruck nicht besser verdeutlichen als Huizinga, der gesagt hat: ›In dieser Sphäre des heiligen Spiels sind das Kind und der Dichter zusammen mit dem Wilden zu Hause.‹ Verglichen mit dieser kurzen, wahrhaft lakonischen Formel haben die Analysen Lévy-Bruhls oder Cassirers

mythischen Bewußtseins« (Cassirer 2002, IX), wobei »Kritik« im Sinne Kants zu verstehen ist.[186] Es wäre weit gefehlt, wollte man annehmen, Cassirer verbanne die Mythen als Lügengeschichten oder Gerüchte, vielmehr vermag man ihm zufolge den Mythos nur zu überwinden und »Herr« zu werden, wenn man zuvor seinen eigentümlichen Gehalt begriffen und den Mythos anerkannt hat (vgl. Cassirer 2002, XIII); der Mythos ist Cassirer zufolge eine eigene Art der Erkenntnis, die im Übrigen innerhalb der Entstehung der geistigen Grundformen eine zentrale Bedeutung hat: »Und daß der Mythos in diesem Ganzen und für dasselbe eine entscheidende Bedeutung besitzt – das ergibt sich sofort, wenn man sich die Genesis der Grundformen der geistigen Kultur aus dem mythischen Bewußtsein vor Augen hält. Keine dieser Formen besitzt von Anfang an ein selbstständiges Sein und eine eigene klar abgegrenzte Gestalt; sondern jede tritt uns gleichsam verkleidet und eingehüllt in irgendeine Gestalt des Mythos entgegen.« (Cassirer 2002, XI)[187] Kaum ein Bereich des »objektiven Geistes« sei ohne Verschmelzung mit dem mythischen Geist möglich geworden, so verwiesen Kunst, Recht, Technik oder Sprache alle auf das Verhältnis zum Mythos: »Die Frage nach dem ›Ursprung der Sprache‹ ist unlöslich mit der Frage nach dem ›Ursprung des Mythos‹ verwoben – beide lassen sich, wenn überhaupt, so nur miteinander und in wechselseitiger Beziehung aufeinander stellen.« (Cassirer 2002, XI)

Solange man sich nicht sowohl der Denkform des Mythos als auch seiner Anschauungs- und insbesondere Lebensform (vgl. Cassirer 2002, 85f) gewidmet habe, solange bliebe der Mythos unzureichend erfasst und kehre, wenn man ihn endgültig besiegt und verworfen zu haben glaubt, wieder heimlich in die eigene Mitte zurück (vgl. Cassirer 2002, XIII). So geschehen bei der Erkenntnislehre des Positivismus und Auguste Comte: Die Absonderung des faktisch Gegebenen von den »Zutaten« des mythischen Geistes, durch die der Positivismus erst zu seiner eigentlichen Form gelange, bewahre das Mythische immer noch in sich, nur in anderer Form. So zeige gerade

> »die Entwicklung der Lehre Comtes, daß ebenjene Momente und Motive, über die sie schon in ihrem Beginn hinweggeschritten zu sein meinte, in ihr selbst lebendig und wirksam bleiben. Comtes System, das mit der Verbannung alles Mythischen in die Urzeit und Vorzeit der Wissenschaft begann, schließt sich selbst in einem mythisch-religiösen Oberbau ab. Und so zeigt sich überhaupt, daß zwischen dem Bewußtsein der theoretischen Erkenntnis und dem mythischen Bewußtsein nirgends ein Hiatus in dem Sinne besteht, daß ein scharfer *zeitlicher* Einschnitt – im Sinne

---

(das primitive oder mystische Denken betreffend), die Piagets (das kindliche Denken betreffend), die Freuds (den Traum betreffend) etwas Schwerfälliges, Stammelndes.« (Bataille 2001*c*, 309)

186 Es ist hier zu erwähnen, welch wichtigen Einfluss das Denken Kants auf Cassirer hat und wie er sich von Kant unterscheidet, aber es ist hier leider nicht der Raum dies vollends zu entfalten. Darum siehe zum Beispiel Braun, Holzhey und Orth (1988) oder auch das instruktive Kompendium zur Kulturgeschichte von Daniel (2002, 26–38; 90–101).

187 Die Seitenzahlen sind diejenigen der neueren Ausgabe, bei der alten Ausgabe ist die eben zitierte Stelle auf den Seiten IX-X.

des Comteschen ›Dreiphasengesetzes‹ – beide gegeneinander absondert.« (Cassirer 2002, XIV)[188]

Im Dissens mit Comte weiß sich Cassirer weit mehr mit Durkheims Annahme einverstanden, dass »weder der Animismus noch der ›Naturismus‹ die eigentliche Wurzel der Religion sein könne« (Cassirer 2002, 226).[189] Aber es ließe sich dennoch fragen, ob der Mythos und die Religion, die bei Durkheim aus der Gesellschaft abgeleitet würden, nicht eher die Bedingungen des gesellschaftlichen Seins sind (vgl. Cassirer 2002, 226): »Denn sowenig die Form der objektiven Gegenstände der Natur, die Gesetzlichkeit unserer Wahrnehmungswelt, etwas schlechthin und unmittelbar *Gegebenes* ist, so wenig ist es auch die Form der Gesellschaft.« (Cassirer 2002, 227) Für Cassirer ist das mythisch-religiöse Bewusstsein überhaupt erst die Bedingung der Möglichkeit von Gesellschaft (vgl. Dietzsch und Marroquin 1999, 32). In Anlehnung an Max Weber sei nämlich eine spezifische Form des religiösen Bewusstseins weniger das Produkt einer bestimmten gesellschaftlichen Struktur als vielmehr deren Bedingung, wie Cassirer in einer Fußnote hinzufügt (vgl. Cassirer 2002, 227).

Cassirer hält die soziologische Erklärung des Mythos durch Durkheim und seine Schüler für einseitig (vgl. Keller 2004*b*, 1). »Cassirer will Kultur nicht auf Gesellschaft begrenzen und sogar ein gänzlich dem Gesellschaftlichen entzogenes Sakrales bewahren. Dem entspricht ein erwartbarer französischer Standpunkt: die französischen Soziologen wollen in ›primitiver‹ Kultur Gesellschaftliches identifizieren. Das Gesellschaftliche ist in der Ambiguität des Sakralen angelegt. Dieser Antagonismus zwischen der soziologischen Konstruktion und den historischen Konzeptionen bestimmt die Haltung von Mauss gegenüber Cassirer.« (Keller 2004*b*, 9)[190] Dennoch herrscht bei Cassirer Konsens mit Durkheim in mehreren Punkten: Erstens darüber, dass jedes gesellschaftliche Dasein in bestimmten Formen der Gemeinschaft und vor allem des Gemeinschaftsgefühls wurzelt (vgl. Cassirer 2002, 228), wobei die religiösen und mythischen Vorstellungen eben jenes Gemeinschaftsgefühl aufbauen. Zweitens darüber, dass sich die Wissenschaft und überhaupt die Ausdrucksformen des sozialen Lebens aus den religiösen und mythischen Formen ergeben haben (vgl. Detienne 1984, 16f). Und drittens ist bei beiden das Denken Griechenlands von Bedeutung (vgl. insbesondere Durkheim 1981, 583f). Wie werden die Mythen aber beim *Collège de Sociologie* behandelt und worin unterscheiden sich die Reflexionen des Collège von den Ansät-

---

188 Lévi-Strauss geht sogar so weit zu behaupten, dass die Logik mythischen Denkens, die in der – praktisch unendlichen – Aufgabe einer Auflösung realer Widersprüche bestehe, ebenso anspruchsvoll ist wie die Logik, »auf der das positivie Denken beruht, und im Grunde kaum anders.« (Lévi-Strauss 1969, 254) Und wie man im Hinblick auf die frühen Thesen Lévy-Bruhls vielleicht sagen könnte: »Vielleicht werden wir eines Tages entdecken, daß im mythischen und im wissenschaftlichen Denken dieselbe Logik am Werke ist und daß der Mensch allezeit gleich gut gedacht hat.« (Lévi-Strauss 1969, 254)

189 Zum Problem des Mythos bei Cassirer und Durkheim vgl. insbesondere den Aufsatz von Dietzsch und Marroquin (1999).

190 Zu Cassirer und Mauss vgl. den instruktiven Beitrag von Thomas Keller (2004*b*): »Cassirer und Mauss: Ein Geistergespräch über Totemismus«.

zen Cassirers oder der Durkheim-Schule bzw. wo gibt es vielleicht sogar Gemeinsamkeiten?

Wie sowohl die Hinweise auf Mauss oder Cassirer belegen als auch die Überlegungen zum wissenschaftsgeschichtlichen Kontext des Collège gezeigt haben, kann das wissenschaftliche Aufgreifen des Themas »Mythos« zunächst nicht als eine eigentümliche Vorliebe des *Collège de Sociologie* gedeutet werden, sondern der Mythos zog in der Zwischenkriegszeit sowohl in Frankreich als auch in Deutschland das Interesse zahlreicher Geistes- und Sozialwissenschaftler auf sich. Im Unterschied aber zu Cassirer oder zu Mauss, mit denen das Collège die Einsicht in den Mythos als für das menschliche Leben konstitutives und genuin soziales Moment teilt, liegt die wesentliche Bedeutung des Mythos für das Collège neben den wissenschaftlichen Überlegungen in den Ambitionen, sowohl neue Mythen zu elaborieren, die Mythen politisch wirksam werden zu lassen als auch überhaupt – zuweilen sogar Hand in Hand mit den modernen Mitteln der Wissenschaft – mythische Erfahrungen wieder in gewählten Gemeinschaften zum Leben zu erwecken. Mauss wertet das mythische Denken der »Primitven« nur auf, sofern es nicht in der eigenen Gesellschaft manifest wird. Ganz anders das Collège: Die Sakralsoziologie des Collège sollte zugleich auch eine »sociologie mythologique« sein (Bataille 1999*b*, 374). Wie der Zauberlehrling, der in Abwesenheit des Hexenmeisters die Geister rief und sie dann nicht mehr los zu werden vermochte, galt es den schlummernden Zauber der Mythen soziologisch in modernen Gesellschaften zu entdecken und neu zu entfachen. Angestrebt war die Stiftung von Mythen, die im Gegensatz zum Individualismus stehen und die zu Kommunikation, Repräsentation in Ritualen und damit zu Kohäsion und Gemeinschaftlichkeit führen. Betont wurde die performative Funktion der Mythen. Dabei geht es Bataille nicht um einen für die gesamte Gesellschaft verbindlichen Mythos, der illusorisch wäre; »allenfalls im engen Rahmen von Gemeinschaften (Sekten, Geheimgesellschaften à la ›Acéphale‹) gesteht er Mythen und Riten eine Bedeutung zu.« (Mattheus 1988, 174)

Die Mythen waren mehrfach Thema der Sitzungen des *Collège de Sociologie*. Bevor auf die Sitzungen im Einzelnen eingegangen wird, sind im Zusammenhang mit der Thematisierung der Mythen am Collège sowohl der Vortrag von Hans Mayer zu den politischen Geheimbünden zu nennen als auch der Beitrag von René M. Guastalla vom 10. Januar 1939 zur »Naissance de la littérature« sowie Georges Duthuits zum »Mythe de la monarchie anglaise« am 20. Juni 1939, kurz vor der Auflösung des Collège. An dieser Stelle ist aber insbesondere der Text »L'apprenti sorcier« von Interesse. Er wurde zusammen mit zwei anderen Texten von Michel Leiris und Roger Caillois und der bereits erwähnten Einleitung in der Zeitschrift »Nouvelle Revue Française« im Juli veröffentlicht und hat programmatischen Charakter.

Bataille geht in »L'apprenti sorcier« zunächst der Frage nach, mit welchen Mitteln es möglich ist, ein »vollständiger Mensch« zu sein (vgl. Bataille 1995*e*, 305).[191] Um

---

191 In einem Vortrag über den Marquis de Sade vom 7. März 1939 ist Klossowksi ebenfalls auf den Mauss'schen Begriff des »vollständigen Mensch« zurückgekommen (vgl. Klossowski 1995, 505ff).

sich dieser Frage zu nähern, geht Bataille auf verschiedene Existenzformen des Menschen ein: die wissenschaftliche, die politische, die künstlerische und die mythologische Existenz. Dabei gelangt Bataille zu der These, dass sowohl die wissenschaftliche, die politische als auch die künstlerische Existenzform die vollständige Existenz des Menschen jeweils auf unzureichende Weise darstellen und alle drei nicht hinreichend dazu fähig sind, die eigene Existenz zu vervollkommnen. Der »l'homme de la science« wechselt von seiner Sorge um das menschliche Schicksal und dessen Bestimmung zu einer Sorge um die zu entdeckende Wahrheit (vgl. Bataille 1995e, 307). Dadurch, dass der Wissenschaftler vor allem die wissenschaftliche Wahrheit erkundet, vernachlässigt er nach Bataille die anderen elementaren Bereiche der Existenz. Schon in der Gründungserklärung des Collège wurde betont, dass das Collège nicht nur eine wissenschaftliche Institution, sondern vor allem eine »communauté morale« sei, »en partie différente de celle qui unit d'ordinaire les savants et liée précisément au caractère virulent du domaine étudié et des déterminations qui s'y révèlent peu à peu.« (Hollier 1995a, 27) Anstatt die menschliche Existenz in ihrer totalen Phänomenalität wahrzunehmen, vermögen die Wissenschaften nach Bataille nur Teilbereiche zu erhellen.

Auch die künstlerische Existenz, der »l'homme de la fiction«, verfehlt die vollständige Existenz. Obgleich die künstlerische Existenz die wissenschaftliche überschreiten kann, mangelt es den künstlerischen Existenzformen an Realitätssinn. Einerseits können die Künstler fiktive Lebensformen heraufbeschwören und dadurch die Existenz bereichern, aber andererseits vermitteln sie nur illusionäre Vorstellungen. Denn sie sind mit ihren Fiktionen nach Bataille den materiellen Grundlagen des Geldes, des Ruhms und des sozialen Prestiges unterworfen und an der Kulturindustrie orientiert. In Wirklichkeit, so Bataille, sind sie nur von ihrer Karriere besessen (vgl. Bataille 1995e, 309). Es kann vermutet werden, dass Bataille bei dieser Beschreibung des »l'homme de la fiction« insbesondere die Surrealisten und ganz besonders André Breton im Sinn hatte. Der »homme de la fiction«, wie ihn für Bataille vor allem Breton und andere Surrealisten verkörperten, ist nach der Ansicht Batailles nicht geeignet, eine vollständige Existenz zum Ausdruck zu bringen.

Ebenso wie der »l'homme de la science« verbleibt der »l'homme de la fiction« in einer partikularen Sichtweise der menschlichen Existenz, weil er seine fiktiven Lebensbestimmungen nur idealistisch annehmen kann, aber diese letztlich an den materiellen Voraussetzungen und an der gesellschaftlichen Realität scheitern. Doch wie sieht es mit den politischen Existenzformen aus?

Der »l'homme de l'action« vermag nach Bataille ebenso wenig wie die wissenschaftliche oder die künstlerische Existenzform eine vollständige Übereinstimmung der Existenz zu erreichen. Denn indem der »l'homme de l'action« versucht, die gesellschaftliche Realität zu überschreiten oder politisch zu verändern, ist er unvermeidlich an diese Realität gebunden. Eine vollständige Loslösung von dem, was er verändern will, gibt es nicht. Anders gesagt: Um beispielsweise Verbote zu überschreiten, bedarf es eben dieser Verbote. Allein in einer revolutionären Zerstörung der gesellschaftlichen Verhältnisse konnte nach Bataille eine vollständige Existenz erscheinen, die aber zugleich nach dem revolutionären Augenblick wieder verschwinden würde. Dann träten gemäß Bataille erneut autoritäre, gesellschaftliche Strukturen hervor, wenn auch vielleicht in einer anderen Gestalt. Lediglich dem revolutionären Akt verpflichtet, erreicht die politische Lebensweise nach Bataille keine vollständige Existenz.

Zur Verwirklichung einer »vollständigen Existenz« – man erinnere sich an Mauss' Begriff des sozialen Totalphänomens – kann für Bataille allein der Mythos beitragen: »In dem ganz undogmatischen, aber dafür lebensnahen existenzphilosophischen Ansatz, den Bataille in den dreißiger Jahren entwickelt, macht sich die Existenz nicht von sich aus zu dem, wa sie ist, sondern sie braucht dazu den Anruf des ganz Anderen, das in keiner Weise zu funktionalisieren ist, und das ist die Schicksalsgestalt des Mythos.« (Bergfleth 1995, 174) Der Mythos ist weder auf einen Teilbereich noch allein auf eine soziale Funktion reduzierbar: »L'existence simple et forte, que la servilité fonctionelle n'a pas encore détruite, est possible seulement dans la mesure où elle a cessé de se subordonner à quelque projet particulier comme agir, dépeindre ou mesurer: elle dépend de l'*image de la destinée*, du mythe séduisant et dangereux dont elle se sent silencieusement solidaire.« (Bataille 1995e, 314) Der Mythos, so eine an Durkheim erinnernde These, ist eine kollektive Erfahrung, die jegliche existentiellen Teilbereiche überschreitet und durch Rituale in der Gemeinschaft evident wird: »Le mythe naît dans les actes rituels [...]« (Bataille 1995e, 326). Nach Bataille kann die totale Existenz allein die Liebe zum Ausdruck bringen, da sie über den rein funktionalen Charakter erhaben ist und ein Gefühl der vollständigen Existenz vermittelt: Zufall, Kontingenz, Schicksal, Todestrieb und Eros fallen hier in eins. Dennoch ist das Schicksal der liebenden Existenz ein einzelnes und konstituiert keine Gemeinschaft (vgl. Bataille 1995e, 322). Bataille zufolge vermag dies allein der Mythos. Liebe konstituiere eine Welt im einzelnen Subjekt, die die Umwelt intakt lasse. Hingegen der Mythos:

> »Le mythe seul renvoie à celui que chaque épreuve avait brisé l'image d'une plénitude étendue à la communauté où se rassemblent les hommes. Le mythe seul entre dans les corps de ceux qu'il lie et leur demande la même attente. Il est la précipitation de chaque danse; il porte existence ›à son point d'ébullition‹: il lui communique l'émotion tragique qui rend son intimité sacrée accessible. Car le mythe n'est pas seulement la figure divine de la destinée et le monde où cette figure se déplace: il ne peut pas être séparé de la communauté dont il est la chose et qui prend possession, rituellement, de son empire.« (Bataille 1995e, 322)

Der Mythos ist für Bataille ebenso wenig wie für Mauss oder Cassirer eine reine Denkform, sondern er ist aufs Engste mit dem Sozialen und mit dem Leben verknüpft: »Le mythe est peut-être fable mais cette fable est placée à l'opposé de la fiction si l'on regarde le peuple qui la danse, qui l'agit, et dont elle est la *vérité* vivante.« (Bataille 1995e, 322f)[192]

Insgesamt betrachtet geht es dem Collège um eine Erneuerung mythischer Erfahrungen, speziell Bataille propagiert die »totale Existenz« in Gemeinschaften. Dabei

---

192 Zum Wahrheitsbegriff Batailles siehe Bürger (2000b, 84), der ebenfalls auf die eben zitierte Stelle Bezug nimmt.

muss der Mythos nicht unbedingt eine Götter- oder Heldengeschichte sein. Er ist Roland Barthes zufolge zunächst ein »Mitteilungssystem«, eine »Botschaft« (Barthes 1964, 85). Wie der Gräzist Marcel Detienne (1984) ausführt, fand im 6. bis 4. Jahrhundert vor unserer Zeitrechnung, als sich Mythos und Logos differenzierten, der Mythos unterschiedliche Anwendungen. Er erzählt nicht nur Helden-, Dämonen- und Götterlegenden, Kosmogonien, sondern insbesondere auch die Geschichten menschlicher Wesen (vgl. Detienne 1984, 35), menschlicher Ängste und Hoffnungen, Erinnerungen, Gewohnheiten, Sprichwörter und Probleme. Und wie Lévi-Strauss in einem Gespräch mit Didier Eribon sagt: »Die Eigentümlichkeit des Mythos besteht darin, daß er, mit einem Problem konfrontiert, es als homolog zu anderen Problemen denkt, die sich auf anderen Gebieten stellen: kosmologischen, physischen, moralischen, juristischen, sozialen usw. Und sie alle gemeinsam in Betracht zieht.« (Lévi-Strauss und Eribon 1989, 202) In den Mythen kamen auch die Sorgen der Menschen zum Ausdruck. Insofern waren Mythen »Antworten auf Fragen, die nicht ruhen gelassen werden konnten«, wie es Günter Dux (1997, 539) pointiert formuliert.[193]

Bataille hielt einen Rückgriff auf die vergangene mythische Welt für illusorisch. Stattdessen bedurfte es seiner Ansicht nach einer *Erneuerung* und Neu-Schöpfung von Mythen. Der erwünschten Elaboration eines neuen Mythos widmete sich die esoterische Geheimgesellschaft *Acéphale*, der Mythos der Kopflosigkeit, gleichsam Abgesang an die nützliche Rationalität und der Mythos der Selbstopferung und – wie Gerd Bergfleth vorschlägt – ein Mythos der Moderne, »d. h. ein Versuch, die Moderne mit ihren eigenen Mitteln über sich hinauszutreiben. […] Er greift zwar auf die Konstituenten des alten Mythos zurück, namentlich auf das Heilige, Gemeinschaft und Opfer, aber er setzt sie bewußt ein zur Stiftung eines ›Mythus der Zukunft‹, den er mit Nietzsche der Feier der Vergangenheit entgegenstellt. Der Acéphale-Mythos ist die Originalschöpfung eines *neuen* Mythos, nicht die Restauration eines alten.« (Bergfleth 1995, 184)

Im Zusammenhang zum Collège, das nach außen wirkte, ist nicht nur die nach innen gerichtete Geheimgesellschaft *Acéphale* von Interesse und wird deshalb noch eigens untersucht, sondern auch die Andeutung, dass mit »modernen« Mitteln wie Wissenschaft, Methodik, Vorsatz, moralischer Strenge etc. (vgl. Bergfleth 1995, 179) eine Selbstüberwindung der Moderne versucht wurde. Hinweise für diese Überlegung fin-

---

193 Der Soziologe und Historiker Jean-Pierre Vernant definiert den Mythos auf gleichsam »heterologische« Weise, wenn er schreibt: »Der Mythos, diese Rumpelkammer, bezieht seine Identität nicht von einem Gegenstand, den er bezeichnete, indem er sich dessen Umrissen anpaßte; das Merkmal des Mythos ist jedesmal das gleiche Beiseitetreten, ein Abstandnehmen in bezug auf das, was er aussagt. Der Mythos ist immer die Rückseite, das Andere des wahren Diskurses, des *logos* […]. Der Mythos erlangt seinen Daseinsstatus in der griechischen Welt also nicht durch das, was er an sich ist, sondern durch den Bezug auf das, was ihn aus dem einen oder anderen Grunde ausschließt und verleugnet. Seine Wirklichkeit ist untrennbar mit der Bewegung verbunden, die ihn aus dem jeweiligen Bereich verweist und ausstößt, um ihn dem Illusionären, Absurden und Trügerischen anheimzustellen.« (Vernant 1984, 9) Aber, Eurydike gleich, verschwand Vernant zufolge der Mythos, sobald die Mythenforschung das Licht erblickte (vgl. Vernant 1984, 11).

den sich gegen Ende des Beitrags von Bataille selbst, wenn im Text nicht mehr nur vom Mythos die Rede ist, sondern das Wort »mythologisch« auftaucht: »Les exigences de l'invention mythologique sont seulement plus rigoureuses. Elles ne renvoient pas, comme le voudrait une conception rudimentaire, à d'obscures facultés d'invention collective. Mais elles refuseraient toute valeur à des figures dans lesquelles la part de l'arrangement voulu n'aurait pas été écartée avec la rigueur propre au sentiment du *sacré*.« (Bataille 1995e, 325)

Die letzten Zeilen klingen wie eine Erklärung der Geheimgesellschaft *Acéphale*, wenn Bataille die Notwendigkeit der Geheimhaltung für die Erneuerung des Mythos hervorhebt. Der Text ist darüber hinaus sowohl eine Kritik an der sozialen Atomisierung, durch die die Gesellschaft zerfällt, als auch eine Kritik an der Politik der verschiedenen Parteien in Frankreich:

> »Le secret, dans le domaine où il s'avance, n'est pas moins nécessaire à ses étranges démarches qu'il ne l'est aux transports de l'érotisme (le monde total du mythe, monde de l'être, est séparé du monde dissocié par les limites mêmes qui séparent le sacré du profane). La ›société secrète‹ est précisément le nom de la réalité sociale que ces démarches composent. Mais cette expression romanesque ne doit pas être entendue, comme il est d'usage dans le sens vulgaire de ›société de complot‹. Car le secret touche à la réalité constitutive de l'existence qui séduit, non à quelque action contraire à la sûreté de l'État. Le mythe naît dans les actes rituels dérobés à la vulgarité statique de la société désagrégée, mais la dynamique violente qui lui appartient n'a pas d'autre objet que le retour à la totalité perdue: même s'il est vrai que la répercussion soit décisive et transforme la face du monde (alors que l'action des partis se perd dans le sable mouvant des paroles qui se contredisent), sa répercussion politique ne peut être que le résultat de l'existence. L'obscurité de tels projets n'exprime que la déconcertante nouveauté de direction nécessaire au moment paradoxal du désespoir.« (Bataille 1995e, 325f)

Auch wenn Bataille in seinem Beitrag »L'apprenti sorcier« ausführlich auf das Thema des Mythos einging und auf den Mythos positiv Bezug nahm, so war das Thema im *Collège de Sociologie* keineswegs unumstritten. Besonders die aus Deutschland stammenden Exilanten Walter Benjamin, Hans Mayer und Paul Ludwig Landsberg vereinte eine kritische Sichtweise der politischen Verwendung von Mythen. Vielleicht war man aufgrund eigener Erfahrungen hinsichtlich einer »Ästhetisierung der Politik« (Benjamin) in Deutschland beim politischen Umgang mit Mythen vorsichtiger und überlegter als die französischen Freunde?

Macht

Am 19. Februar, als Bataille anstelle des erkrankten Caillois einen Vortrag über die Macht hielt, hatte er eine Pluralität mit den »mouvements d'ensemble«, die das Soziale konstituieren, identifiziert (vgl. Hollier 1995a, 169ff). Der Faschismus unterdrücke diese Pluralität und deren »mouvements«. Die Macht sollte neben dem Sakralen ebenfalls ein Forschungsobjekt des Collège sein:

> »Ni sociologie générale, ni sociologie religieuse, la sociologie sacrée prend en compte ›le fait specifique du mouvement communal de la sociologie et prétend renouer avec la tradition française de la sociologie, marquée par Durkheim et Mauss. […] C'est dans doute pourquoi il se constitue comme irremplaçable organe d'analyse du pouvoir: ›Ce pouvoir dont il faut bien dire maintenant que, si révolutionnaires et capables de défi que nous soyons, nous sommes réduits à trembler devant lui – puisque l'infraction, à un certain point, signifie la mort.‹ (Bataille). Cette analyse de ›la niaiserie glorieuse‹ du pouvoir, de la souveraineté grotesque et de ses effets, trouvera son plein sens longtemps après, dans les travaux de Michel Foucault ou ceux de Pierre Clastres.« (Marmande 1985, 67)

Die Macht war zwar in der Gründungserklärung an exponierter Stelle als Forschungsthema anvisiert, aber im Verhältnis zu den anderen Forschungsobjekten des Collège nahm sie weniger Platz ein und es überwogen die Untersuchungen zum Sakralen und den »kommuniellen Bewegungen«. Macht war für Caillois vergleichbar mit einer Naturkraft, gegen die es sinnlos wäre, anzukämpfen, aber die man beherrschen und mit der man kämpfen könne (vgl. Caillois 1995e, 349). Während Caillois die Macht und das Sakrale miteinander verband, hob Bataille hervor, dass Machtformationen den übergreifenden kommuniellen Bewegungen schaden würden.

In seinem Buch »Der Mensch und das Heilige« definiert Caillois die Macht als die »Verwirklichung eines Willens« (vgl. Caillois 1988, 116).[194] Sie stelle die Allmacht der Rede unter Beweis, sie setze eine Ordnung durch und sei eine unwiderstehliche, unsichtbare und supplementäre Kraft, »die im Häuptling als Quell und Prinzip der Autorität Ausdruck findet. Diese Kraft, die eine striktere Befolgung von Befehlen erzwingt, verleiht aber auch dem Wind die Eigenschaft zu wehen, dem Feuer zu brennen, der Waffe, zu töten. Ihre verschiedenen Erscheinungsformen werden durch das melanesische Wort *mana* und seine zahlreichen amerikanischen Entsprechungen bezeichnet. Wer über *mana* verfügt, kann von anderen Gehorsam fordern.« (Caillois 1988, 116)[195] Die Macht, die wie das Sakrale als äußere Gunst erscheine, falle dem Individuum als ihrem Träger durch Einsetzung, Initiation oder Besitz zu, während man sie durch Missbrauch, Aberkennung oder Unwürdigkeit verlieren könne. Aber auch wenn die Macht nun weltlich, militärisch oder religiös sei, man bekomme sie stets als Folge einer Übereinkunft. So beruhe die Disziplin einer Armee nicht auf der Macht der Generäle, sondern auf dem Gehorsam der Soldaten: »Der Tyrann, der Menschen überwachen will, verfügt nur über *ihre* Augen und Ohren und hat, um sie

---

194   Viele der im Vortrag zur Macht erwähnten Punkte finden sich in dem Buch »Der Mensch und das Heilige« wieder (vgl. Hollier 1988a, 125).

195   Zum Sakralen und dem *mana* heißt es bei Mauss: »Rappelons ici la définition de base: tout ce qui est religieux est *mana*; tout ce qui est *mana* est religieux *et* sacré.« (Mauss 1926–1929, 208) Hier zeigt sich, dass Mauss das *mana* im Verhältnis zum Sakralen als die fundamentalere Kategorie begreift; darin unterscheidet er sich auch von Durkheim (vgl. Riley 2002a, 250).

zu unterdrücken, nur die Arme, die sie ihm leihen.«, wie Caillois in Anlehnung an La Boétie schreibt. Diese paradoxe Beziehung zwischen Herrn und Knecht beruht nach Caillois auf einem wirksamen Mechanismus verschiedener »energetischer Ebenen, der automatisch den einen unterwirft und dem anderen unmittelbar Gewalt über diesen verleiht. Schon das Privileg persönlichen Ansehens schafft diese Polarität, ist Hinweis auf das Vorhandensein und auf die Rolle eines geheimnisvollen Aszendenten zwischen dem, der dieses Ansehen hat und gebietet, und dem, der es nicht hat und sich fügen muß.« (Caillois 1988, 117)

Das Privileg der Macht, die Caillois oftmals nahezu mit autoritärer Macht und charismatischer Persönlichkeit gleichsetzt, sei aber weniger das Ergebnis persönlicher Qualitäten des Herrschers, als vielmehr ein »Vorrecht, das einer feststehenden, offenkundigen, anerkannten sozialen Funktion, die Respekt und Furcht einflößt, innewohnt. Jeder König ist ein Gott, stammt von einem Gott ab oder regiert von Gottes Gnaden. Er ist eine geheiligte Persönlichkeit. Man muß ihn daher isolieren, vom Profanen abschotten. Seine Person birgt eine heilige, Wohlstand und Ordnung in der Welt gewährleistende Kraft.« (Caillois 1988, 118) Die von Caillois angesprochene geheiligte Persönlichkeit entspricht in etwa der heterologen Seite, die Bataille den »Überpersönlichkeiten« oder Führern zuspricht; diese bewirken eine Konzentration von Macht und zeichnen sich durch eine »Binnen-Attraktion« bzw. eine absolute Homogenität aus, wie sie beispielsweise im Faschismus zu beobachten sei (vgl. Bataille 1978, 31). Aber schon allein die Konzentration von Energien in einer einzigen Person, also die Tatsache, dass die »affektive Erregung zur Einheit führt, weist auf eine Instanz hin, die als Autorität *gegen* die Menschen gerichtet ist; diese Instanz ist zwar Existenz *für sich*, aber gleichzeitig nützlich.« (Bataille 1978, 19) Im Unterschied zu den von Bataille favorisierten »kommuniellen« Bewegungen geht die von Caillois beschriebene heterologe Seite der autoritären Macht, die sich in einer »geheiligten« Persönlichkeit konzentriert, mit der von Bataille verabscheuten nützlichen Homogenität Hand in Hand. Der Führer oder der König konstituieren als reiner Teil der Heterogenität eine neue Homogenität; so habe historisch betrachtet »die monarchische Herrschaftsform als Ganze im Inneren des *heterogenen* Bereichs einen Ausschluß der elenden und unreinen Formen realisiert, so daß auf einer bestimmten Ebene eine Angleichung an die *homogenen* Formen sich vollziehen konnte.« (Bataille 1978, 23)

Caillois erblickt das Sakrale sowohl in verschwenderischen Festen als auch in der sozialen Kraft einer Autorität, die das gesellschaftliche Leben ordnet. Caillois' Ziel war eine Resakralisierung der Gesellschaft, ein Wunsch, der auch vor dem realhistorischen Hintergrund betrachtet werden muss und »zeitgeschichtlich motiviert« war (vgl. Geble 1988, 246). Im Oktober 1937 schreibt er, enttäuscht von der Politik Léon Blums, in der »Nouvelle Revue Française« (Nr. 289, S. 675): »Es ist offensichtlich, daß für Blum die Macht ihre Grundlage in der Legalität hat. Vieles spricht jedoch für die Annahme, daß umgekehrt die Legalität ihre Grundlage in der Macht hat. Jede Macht ist streng; werden, wo es nötig ist, die ihr gesetzten Grenzen nicht überschritten, so geht sie dadurch beinahe zugrunde, gewiß aber verliert sie an Kraft. Die Verantwortung desjenigen, der Zwang ausübt, ist fürchterlich und in einem gewissen Sinn nicht zu sühnen. Aber es gibt keine Wahl; wenn Zwang ausgeübt werden muß,

wenn Ordnung entstehen soll, dann ist selbst die Ehrfurcht vor dem Gesetz hinfällig.«
(Caillois in Geble 1988, 247) Der Rücktritt von Blum am 22. Juni 1937 mag Caillois
zu diesem »Aufruf zu staatlichem Machtmißbrauch« veranlasst haben (vgl. Geble
1988, 247): Blums Defensivpolitik,

> »die sich die von Caillois geforderten Zwangsmaßnahmen strikt versagte, war an ih-
> rer eigenen Vorsicht gescheitert. Ökonomische Schwierigkeiten (Kapitalflucht, In-
> flation, Abwertung des Franc, Finanzierung der Aufrüstung) und die starre Abwehr-
> haltung gegenüber den Unternehmern hatten Blum bereits Anfang des Jahres
> veranlaßt, die einzigen erfolgreichen Maßnahmen seiner Regierung, die für Frank-
> reich revolutionäre Sozialgesetzgebung, wieder zurückzunehmen. Gegen diese
> Nachgiebigkeit reagierte Caillois mit aller Vehemenz. Bedenkt man, daß Blum zu-
> rückgetreten war, weil ihm der Senat verwehrt hatte, mit Notverordnungen weiter-
> zuregieren, so ist Caillois' Parteinahme eindeutig: Blum hätte sich nicht beugen,
> sondern sich über den konstitutionellen Rahmen hinwegsetzen sollen.« (Geble
> 1988, 247f)

Deutlich wird Caillois' Wunsch nach neuen Autoritätszentren und ordnungsschaffen-
den Gemeinschaften in einem Beitrag der personalistischen Zeitschrift »L'Ordre nouveau«, in der er im Juni 1937 schreibt (Caillois in Geble 1988, 250f), die Geschichte
lehre, dass jedes Mal, wenn sich eine Männergemeinschaft (sic!) gefunden habe, deren
Zusammenschluß das Resultat einer gegenseitigen Wahl war, diese Gemeinschaft Erfolge erzielt hätte, Erfolge, die man nicht hätte vorhersagen können. »Der aggressive
Charakter dieser Gemeinschaften ist nicht zu bestreiten, man darf jedoch nicht übersehen, daß er mit der extremen Dichte, der Einheitlichkeit ihrer Struktur zusammenhängt; wie wenn man, um Ordnung zu schaffen, zunächst einen *Orden* bilden müßte
[...] und sich infolgedessen Ordnung und Gesundheit ganz wie Fäulnis und Verwesung ausbreiten und *die Oberhand gewinnen:* allmählich und durch Ansteckung.«
(Caillois in Geble 1988, 250f)

Eigentlich waren hier schon, im Jahre 1937, also zu Beginn des Collège, die Differenzen aufgetaucht, die später zum Bruch führen sollten. Caillois vermisste nämlich
zwei Jahre später insbesondere die im Gründungstext anvisierte politische Aktion, die
er sich von der Bildung des Collège erhofft hatte. Der Abschnitt zum Ende des Collège verdeutlicht, inwiefern sich Bataille im Verhältnis zu den politischen Ambitionen
Caillois' mehr an einer Begründung einer neuen Mythologie und religiös-kommuni-
tären Struktur ausrichtete, wie sie speziell in der parallel zum Collège existierenden
Geheimgesellschaft *Acéphale* zum Ausdruck kamen. Während es Caillois um die politische Umsetzung und politische Kraft der sakralen und vitalen Kräfte ging, vermisste
Michel Leiris am Ende des Collège die wissenschaftliche Strenge und die Anwendung
der wissenschaftlichen Methoden der Durkheim-Schule.

Von der beschränkten und zur allgemeinen Wissenschaft

Welcher Wissenschaftsbegriff wurde aber vom Collège vertreten? Ausgehend von der Bataille'schen Unterscheidung zwischen Homologie und Heterologie oder beschränkter und allgemeiner Ökonomie kann von einer beschränkten und einer allgemeinen Wissenschaft gesprochen werden.[196] Das Collège vertritt einen *allgemeinen* Wissenschaftsbegriff, der auch das Heterogene oder Heterologische berücksichtigt, also eine Wissenschaft, die das Verdrängte der Wissenschaft aufspürt und thematisiert.

Eine allgemeine Wissenschaft lebt davon, sich niemals gegen Elemente abzuschließen oder sich zu homogenisieren; vielmehr geht es um eine ständige, rückhaltlose Überschreitung in Richtung heterogener Elemente des Sozialen oder sozialer Sinnsysteme, so dass auch die Soziologie selbst nicht mehr als identitätslogische oder selbstreferentielle Disziplin begriffen wird. Es sind die Randerscheinungen, die Widersprüchlichkeiten oder der Nicht-Sinn sozialer Sinnsysteme, die für eine allgemeine Wissenschaft interessant werden.[197] Anders gesagt: Von dem Bereich des Nicht-Sinns oder des Nicht-Wissens hängt die beschränkte Wissenschaft ab, sie erkennt diese Abhängigkeit jedoch nicht, da sie sich lediglich innerhalb des Sinnsystems und dem möglichen Denkbaren bewegt und dort die Zirkulation des Sinns untersucht. Die allgemeine Wissenschaft verschiebt hingegen diese Auffassung von Wissenschaft, so dass das Wort Wissenschaft eine radikale Änderung erfährt, wie Derrida in einem Text zu Bataille schreibt: »[O]hne etwas von seinen [das Wort Wissenschaft, S.M.] eigentlichen Normen zu verlieren, erzittert es allein dadurch, daß es in ein Verhältnis zu einem absoluten Nicht-Wissen gesetzt wird.« (Derrida 1997c, 407) Einer allgemeinen Wissenschaft geht es um einen »Exzeß der *episteme*« (Derrida 1997c, 407), das heißt um eine Beziehung zum Nicht-Wissen. Die Frage, die sich aus diesem Wissenschaftsbegriff ergibt, lautet, ob sie selbst noch den Namen Wissenschaft erhalten kann, weil sie sich doch immer selbst übersteigt. »Welchen besonderen Namen gibt man denn einer *allgemeinen* Wissenschaft, die sich nicht auf einen Bereich beschränkt, vielmehr eine Universalanalyse so anstellt, daß sie uns auf allen Wissensgebieten zu den einfachsten, den elementarsten Ideen zurückführt und auch die Gesetze ihrer Verbindung, Kombination, Komplikation, Ersetzung, Wiederholung, ja sogar – *prinzipielle Schwierigkeit!* – ihrer Erzeugung bestimmt? Ist diese allgemeine Theorie dann wirklich eine Metaphysik?« (Derrida 1993a) Eher geht es darum, den alten Namen Wissenschaft beizubehalten und zu verschieben.

Ebenso verhält es sich mit der Bezeichnung »Soziologie« beim *Collège de Sociologie*. Es ist zu fragen, ob die allgemeine Wissenschaft des Collège etwas mit Soziologie zu tun hat oder lediglich einen alten Namen für andere, transversale Forschungen gebraucht. Im Unterschied zu Durkheim, der von der Annahme ausging, alle sozialen und auch moralischen Phänomene wie soziale *Dinge*, das heißt als *Wirklichkeit sui ge-*

---

196 Zur allgemeinen Ökonomie bei Bataille siehe den Abschnitt zu den Hauptakteuren.

197 Eine »allgemeine Wissenschaft« ist eng mit einer Poststrukturalistischen Sozialwissenschaft (Moebius 2003b) und mit einer »hybriden Wissenschaft«, die Rodolphe Gasché (1973) anhand von Durkheim und Lévi-Strauss expliziert hat, verknüpft.

neris, anzuerkennen und zu betrachten (vgl. Durkheim 1965, 115ff), will sich die Soziologie des Collège denjenigen Erscheinungen nähern, die sich als genuine Erfahrungen in ihrer *Bewegung* einer positivistischen und rationalistischen Analyse entziehen. Dies folgt daraus, dass aus der Sicht des Collège Vergesellschaftung auch von unbewussten und kaum erfass- oder wahrnehmbaren Bereichen wie beispielsweise Imaginationen oder exzessiven, außerordentlichen Erfahrungen sowie überhaupt durch kommunielle *Bewegungen* durchdrungen ist. Für das Collège werden diejenigen Phänomene als erklärungsbedürftig erachtet, die jenseits einer rationalen Eigenlogik und moderner, normativer Modelle stehen und oftmals aus der wissenschaftlichen Reflexion ausgeschlossen oder für unbedeutend erklärt werden (vgl. Marroquin und Seiwert 1996, 137).

Die zentrale Stellung, die den nicht gänzlich rational erfassbaren Bereichen zukommt, erinnert an Vilfredo Paretos Konzeptualisierung prärationaler, soziomentaler Deutungsmuster und deren Typologisierung mittels des Begriffs der »Residuen«. In Paretos Theoriedesign (vgl. Pareto 1988) stehen die nichtlogischen Handlungen im Mittelpunkt der Betrachtung, also diejenigen Handlungsformen, die sich nicht mit utilitaristischen oder zweckrationalen Deutungsmustern erklären lassen. Pareto differenziert zwischen reflexiven und präreflexiven Handlungselementen bzw. zwischen *Derivationen* und *Residuen*. Die Residuen umfassen die emotionalen und nichtlogischen Verhaltensmuster, die als eigenständige, prärationale soziokulturelle Handlungsmechanismen ins soziologische Blickfeld gerückt werden. Unter Derivationen versteht er die rationalisierten und zum Teil vergegenständlichten Wertvorstellungen, Ideen und Diskurse, wie sie sich zum Beispiel in Rechtslehren oder politischen Doktrinen ausdrücken. Die Derivationen sind das diskurs-reflexive Komplement der affektiv-assoziativen Residuen und zielen darauf ab, die residualen, nicht-rationalen Handlungen als »logisch« erscheinen zu lassen. Hans Mayer nahm in seinem Collège-Beitrag »Les rites des associations politiques dans l'Allemagne romantique« direkten Bezug auf Paretos Begriff der Residuen (vgl. Mayer 1979, 448). Mayer betont jedoch weitaus mehr als Pareto den historischen und ereignishaften Charakter von Residuen; die Nationalsozialisten, aber auch Ebert und Hindenburg gingen nach Ansicht Mayers von einem residualen »Eternel Germain« aus. Mayer bewertet diese »politische Haltung« folgendermaßen:

> »Elle est antihistorique, et presque antihistorique par excellence, car le peuple allemand constitue pour elle une sorte de substance lourde pourvue à jamais d'attributs caractéristiques et qui donne l'impression d'un bloc unamovible de ›résidus« (pour employer le terme de Vilfredo Pareto), incapable d'être transformé ou modifié par les événements historiques. Cette erreur méthodologique, comme toute erreur qui se respecte, dépasse de beaucoup les frontières de tel ou tel parti politique.« (Mayer 1979, 448f)

Im Allgemeinen unterstreicht Mayer die soziologische Position des Collège, die von einem *prozesshaften*, nicht-fixierten und historisch-wandelbaren Charakter des Residualen bzw. des Heterologischen ausgeht.

Die Soziologie des Collège begreift sich nicht als eine rationalistische, positivistische oder geschlossene soziologische Disziplin, sondern als eine »offene« Soziologie. Für diese These gibt es zwei Kennzeichen: Erstens soll die Soziologie des Collège offen für Neues sein, indem sie sich als koexistent zu den Bewegungen des Lebens begreift: »Le chances me semblent égales, faibles mais réelles, lorsque la recherche coexiste avec la vie.« (Caillois 1995a, 244) Zweitens sind die Beiträge, die auf den Sitzungen gehalten wurden, sowie die methodischen Herangehensweisen selbst sehr unterschiedlich, interdisziplinär und keineswegs kohärent; oftmals stehen sozialpsychologische neben sozialbiologischen, kulturanthropologischen, historischen, philosophischen und phänomenologischen Betrachtungen (vgl. Hollier 1979). Die Soziologie des Collège ist eng verbunden mit anderen Disziplinen und zeitgenössischen kulturellen Strömungen wie der Literatur und der künstlerischen Avantgarde des Surrealismus[198]: »In the years immediately preceding World War II, the Collège de Sociologie directed by Roger Caillois became a meeting place for sociologists on the one hand and surrealist painters and poets on the other.« (Lévi-Strauss 1971, 507f) Lévi-Strauss hält diese enge Verbindung zwischen Soziologie und anderen Disziplinen sogar für ein signifikantes Merkmal der französischen Soziologie (vgl. Lévi-Strauss 1971, 508). In seiner Offenheit für andere Disziplinen steht die Soziologie des Collège nach Lévi-Strauss deshalb in einer allgemeinen französischen Tradition (vgl. Lévi-Strauss 1971, 508). Das Collège versucht jedoch den Begriff Soziologie innerhalb dieser Tradition von ihren Rändern her zu verschieben.

Die Verschiebung des Soziologiebegriffs lässt sich beim Collège in der Beschäftigung mit den heterologischen Momenten jeder geschlossenen oder logischen Ordnung beobachten, das heißt in der Erforschung von Randbereichen, die sich einer rein logisch sinnhaften oder positivistischen Analyse entziehen, wie zum Beispiel die Liebe, der Traum, die Ekstase oder die »alltäglichen Erfahrungen des Heiligen« (Leiris 1995), die auch dem Sozialität konstituierenden »Geheimen« nachspüren (vgl. Leiris 1995, 64).[199] Eine allgemeine oder heterologische Wissenschaft zeichnet sich dadurch aus, dass sie jenseits einer Geschlossenheit den *Bezug* zum Sinnverlust eröffnet bzw. die Wirkungen des geheimen Nicht-Wissens beschreibt, anstatt das Nicht-Wissen selbst darzustellen (vgl. Derrida 1997c, 410). Sie betrachtet Sinn als eine »*Funktion des Spiels*, er ist an einem Ort in die Konfiguration eines Spiels, das keinen Sinn hat, eingeschrieben.« (Derrida 1997c, 394) Nicht-Sinn und Sinnzusammenbrüche rücken in den Mittelpunkt dieses soziologischen Forschungsdesigns.

Die Relevanz für heutige soziologische Theorien liegt darin, dass durch eine »*allgemeine Sozialwissenschaft*« oder »*heterologische Soziologie*« die selbstreferentielle Zirkularität von Sinn und Theorien aufgebrochen wird. Eine Soziologie im Anschluss an eine »allgemeine Sozialwissenschaft« hebt – um mit Lévinas zu sprechen – den »Überschuß von Sinnlosigkeit über den Sinn« (Lévinas 1992, 356) hervor. Nicht-Sinn, Überschuss an Sinn oder Übertretung von Sinnsystemen werden in einer »allgemei-

---

198 Auf die Beziehung zwischen Bataille und Breton wird noch eigens eingegangen.

199 Inwiefern das Nicht-Wissen und die Geheimnisse konstitutiv für Vergesellschaftung sind vgl. auch Simmel (1992, 383 – 455) und an Simmel anschließend Moebius (2002b).

nen Sozialwissenschaft« nicht negativ bestimmt; Nicht-Sinn kann nicht immer im Sinnsystem aufgehoben oder beschränkt werden. Wie Urs Stäheli in seiner »dekonstruktiven Lektüre von Niklas Luhmanns Systemtheorie« (Stäheli 2000) schreibt, bleibt beispielsweise die Systemtheorie auf den Sinn beschränkt:

> »Luhmanns Versuch, jegliches ›Außen‹ von Sinn auszuschließen und allfällige Phänomene des Nicht-Sinns als sekundäre Epiphänomene zu kategorisieren, etabliert einen Horizont, in dem weder Verlust noch Exzeß auftreten. Man könnte hier mit Derrida und Bataille von einer ›beschränkten Ökonomie‹ sprechen, da jeglicher Exzeß vom Sinnsystem immer absorbiert werden kann. Für Bataille ist Hegels Dialektik eines der besten Beispiele für eine derartige Ökonomie, die durch den Mechanismus der Aufhebung jede Negation in die dialektische Maschinerie integriert und so auch dem Negierten Sinn verleiht.« (Stäheli 2000, 71)

Die Systemtheorie etabliert aus dieser Perspektive einen Sinnhorizont, in dem absoluter Nicht-Sinn oder Sinnüberschuss effizient in die Systeme hereingeholt werden und dabei die Systemkomplexität noch gesteigert werden kann. Nichtanschlussfähige Elemente sind dabei für die Betrachtung der *autopoiesis* der Systeme unbedeutsam; das heißt, für die Systemtheorie hat die Negation lediglich für die Komplexitätssteigerung von Systemen eine Bedeutung. Eine »allgemeine Sozialwissenschaft« etabliert jedoch einen »supplementären Begriff der Negation«, in dem das Negative die Rolle der Störung, des Bruchs und des nicht assimilierbaren Rests einnimmt (vgl. Stäheli 2000, 73). Der nicht assimilierbare Rest wird als Exzess oder als nicht eindeutig zu fassende »Spur« des Heterologischen betrachtet, die die Bedingung der Möglichkeit als auch die Bedingung der Unmöglichkeit des System- bzw. des Sinnzusammenbruchs bewirkt; ein nicht assimilierbarer Rest kann beispielsweise in der Unmöglichkeit stabiler Unterscheidungen liegen, wie sie in ambivalenten Begriffen des Sakralen zum Ausdruck kommt. Das Sakrale wird dadurch nicht auf ein Subsystem oder einen Bereich der rein persönlichen Sinnstiftung reduziert. Vielmehr steht das Sakrale für das *Collège de Sociologie* in einem konstitutiven Bezug zu Gesellschaft und nicht im Widerspruch zu ihr.[200]

2.2.2 Theoretische und paradigmatische Einflüsse

Die gemeinsamen Deutungsmuster und Vorstellungen zahlreicher Collège-Mitglieder – wie beispielsweise die Gründung »elektiver Gemeinschaften« oder Geheimgesellschaften, die Neuerfindung von Mythen oder die Sakralisierung der Gesellschaft – sind nicht nur Ergebnisse der Diskussionen und Interaktionen unter den Mitgliedern, sondern sie sind auch spezifischen Themen und Begrifflichkeiten, bestimmten Ent-

---

200 Im Anschluss an diese Auffassung wäre heutzutage zu fragen, ob die Beziehung zum Sakralen oder gerade die Nicht-Beziehung zum Sakralen zu einem Krisensymptom moderner Gesellschaften avanciert.

wendungen, teilweise erfolgten Übernahmen oder zuweilen auch Verwerfungen sowie Modifizierungen von Ideen »anderer« geschuldet.[201] Diese »Anderen«, die das Denken am Collège prägten und nun besprochen werden sollen, sind Émile Durkheim, Marcel Mauss, Robert Hertz, Georges Dumézil, Alexandre Kojève und der Surrealismus. Deren für das Collège bedeutsame Ideen, Theorien oder Forschungen werden in den folgenden Abschnitten – immer in unmittelbarem Bezug zum Collège und seinen Hauptakteuren – analysiert. Dabei kommen auch – falls vorhanden – die jeweiligen lebensweltlichen, künstlerischen oder politischen Beziehungen und Konflikte zur Sprache.

Emile Durkheim

> »Der einzige Herd, an dem wir uns moralisch wärmen können, ist der, den die Gesellschaft mit unseresgleichen bildet; die einzigen moralischen Kräfte, durch die wir unsere Kräfte erneuern und steigern können, sind jene, die uns ein anderer verleiht.« (Durkheim 1981, 569)

Das *Collège de Sociologie* teilt mit Durkheim sowohl die Kritik an einem anomischen Individualismus als auch die soziologische Beschäftigung mit dem Sakralen. Beeinflusst durch die Arbeiten Durkheims wirft das Collège die Frage nach einer Basis der kollektiven Erregungen und einer neuen Moral in der modernen Gesellschaft auf. Allerdings will es seine Schlussfolgerungen nicht aus der Erforschung so genannter »primitiver« Gesellschaften herleiten, sondern versucht die gemeinschaftlichen Erregungen »autoethnographisch«, also in der eigenen Gesellschaft und Kultur, erfassen.[202]

---

201 Da es sich in der vorliegenden Studie um eine *soziologie*geschichtliche Untersuchung handelt, werden vor allem soziologische Einflüsse auf die Mitglieder des Collège analysiert; darüber hinaus halte ich die Wirkung von Alexandre Kojève für so bedeutsam und untersuchenswert, dass er hier auch zur Sprache kommen soll, da er zahlreiche Intellektuelle seit den dreißiger Jahren prägte, ebenso wie die surrealistische Bewegung zentrale Impulse für das Denken der Collège-Gründer gab. Die Erforschung der theoretischen Einflüsse auf das Collège, die hier durchgeführt wird, schließt aber weder anders gelagerte Studien dazu aus, noch erübrigt sie diese; man könnte beispielsweise auch Einflüsse von Freud, Nietzsche oder Heidegger eigens untersuchen. Da dies den Rahmen der vorliegenden soziologiegeschichtlichen Untersuchung sprengen würde, wurden diese Einflüsse nicht eigens behandelt, sondern wurden dort, wo sie zu erwähnen waren, eingefügt.

202 Im Folgenden soll es nicht um eine Kritik an Durkheims empirischen, ethnographischen Materialien oder unhaltbaren Thesen und Deutungen dieses Materials in seinem Buch über »Die elementaren Formen des religiösen Lebens« gehen. Hierzu gibt es eine Fülle an Literatur und zahlreiche Hinweise, wobei ich auf die meines Erachtens sehr instruktiven Beiträge von Horst Firsching (1995, 164ff) und – bezüglich der Kritik an Durkheims zentraler Positionierung des Totemismus – Hans Kippenberg (1997*a*, 116) verweisen möchte. Zur Religionssoziologie Durkheims siehe neben Durkheims Schriften selbst die noch immer vortreffliche Studie von Steven Lukes (1975) zu Leben und Werk Durkheims. Zum Verhältnis zwischen Batailles Denken und dem Durkheims vgl. auch den hier teilweise aufgegriffenen Beitrag von Peter Wie-

1946 schrieb Bataille in der Zeitschrift »Critique« den Text »Le sens moral de la sociologie«, worin er ein Buch des ehemaligen Collège-Gründungsmitglieds Jules Monnerot (es handelt sich um die 1945 erschiene methodologische Studie »Les fait sociaux ne sont pas des choses«, die schon im Titel eine anti-durkheimische Haltung verrät) bespricht und die verschiedenen Theorien und Vorstellungen der Intellektuellen in der Zwischenkriegszeit rückblickend analysiert. Seiner Ansicht nach sei die Intellektuellengeneration der Zwischenkriegszeit von einer instinktiven Negation des bisher vorherrschenden und verteidigten Individualismus gekennzeichnet gewesen; darüber hinaus habe sie die Notwendigkeiten einer Revolution erkannt, der das Individuum zu opfern sei (vgl. Bataille 1970*a*, 56). Die erträumte Revolution sollte Bataille zufolge ein »mouvement de nature collective« sein, »ayant pour fin l'instauration d'une société nouvelle, qui ne peut exiger moins, doit même exiger plus que l'ancienne des individus qu'elle unit.« (Bataille 1970*a*, 56) Die Anstrengungen und das Begehren nach der Bildung neuer Kollektive wurde mit den kollektiven Schöpfungen exotischer Völker in Beziehung gesetzt und verglichen (vgl. Bataille 1970*a*, 57). Von hier aus lasse sich auch das bei den Intellektuellen der dreißiger Jahre weit verbreitete Interesse an Mythen und an den verschiedenen religiösen Aktivitäten der exotischen Völker erklären, wie Bataille fortfährt. Diese nicht nur rein wissenschaftlichen, sondern auch politischen Interessen hatten wiederum den Blick auf die Soziologie und Ethnographie in Durkheims Schriften gelenkt: »L'intérêt pour les mythes et les diverses activités religieuses des peuples exotiques attira l'attention sur la précellence de la création collective sur l'individuelle, par là sur la sociologie et l'ethnographie, en particulier sur la théorie durkheimienne définissant les activités religieuses et les mythes comme manifestation d'un être collectif, supérieur à l'individu, qu'est la société.« (Bataille 1970*a*, 58) In Durkheims Forschungen wurden zentrale Ansatzpunkte gesehen, die für eine Veränderung der Lebenspraxis und der gesamten Gesellschaft von Bedeutung erschienen.

Noch deutlicher formulierte Georges Bataille die wissenschaftlichen und sozialen Ziele der Intellektuellen sowie die Bedeutung der Durkheim-Rezeption für einige Mitglieder des *Collège de Sociologie* in den folgenden Zeilen:

»Jusqu'aux environs de 1930, l'influence de la doctrine sociologique de Durkheim n'avait guère dépassé la sphère universitaire. Elle n'avait pas eu de répercussion dans les milieux qu'agite la fièvre intellectuelle. Durkheim était mort depuis longtemps quand de jeunes écrivains, sortis du surréalisme – Caillois, Leiris, Monnerot – commencèrent à suivre les cours de Marcel Mauss, dont l'einseignement remarquable était sensiblement fidèle à celui du fondateur de l'école. Il est difficile de préciser ce qu'ils y cherchaient, qui différait assez suivant les personnes. L'on peut parler seulement d'une orientation vague, indépendante des déterminations personnelles qui la

chens (1999) mit dem Titel »L'homme du mythe. Batailles Abweichung von Durkheim«. Weitere wichtige Bezugspunkte zwischen Durkheim und dem Collège, die auch als Grundlage dieses Kapitels dienten, finden sich in der Magisterarbeit von Roland Hermann (1998) und insbesondere auch in den Untersuchungen von Michèle Richman (1988), siehe vor allem auch Richman (1990), Richman (1995) und Richman (2002). Zu Bataille und Durkheim vgl. auch Habermas (1996, 255ff).

traduisirent. Le détachement d'une société que décomposent l'individualisme et le malaise résultant de possibilités limitées à la sphère individuelle s'y mêlaient. À la limite, un attrait sérieux se manifestait pour des réalités qui, ne prenant pas même valeur pour chacun, fondant ainsi le lien social, sont tenues pour sacrées. Ces jeunes écrivains, plus ou moins nettement, sentaient que la société avait perdu le secret de sa cohésion et que c'était là justement ce que visaient les efforts obscurs, malaisés et stériles de la fièvre poétique.« (Bataille 1970a, 58)

In einem der Vorträge am Collège hob Bataille deutlich hervor, er und Leiris seien gleichermaßen von der französischen Soziologie beeinflusst (vgl. Bataille 1995*b*, 160). Aber um welche Themen handelt es sich dabei explizit?

Insbesondere zwei Theoreme der Soziologie Durkheims sind für das Collège von zentraler Bedeutung: »L'essentiel, le solide de la doctrine de Durkheim tient, me semble-t-il, à deux propositions: – la société est un tout différent de la somme des ses parties; – la religion, plus précisément le sacré, est le lien, c'est-à-dire l'élément constitutif du tout qu'est la société.« (Bataille 1970*a*, 65) Wie Durkheim, so betrachtet auch das Collège die Gesellschaft als etwas, das mehr ist als die Summe seiner Teile. Genau wie er lehnt es den Individualismus methodologisch ab, macht ihn aber gleichzeitig zum Gegenstand seiner Soziologie. Und drittens sind mit der Kritik am utilitaristischen, atomisierenden und anomischen Individualismus und seiner Zerstörung sozialer Bindungen untrennbar diejenigen Analysen verbunden, die untersuchen, wie kollektive Prozesse entstehen, soziale Institutionen durch religiöse und moralische Kräfte geboren werden, (vgl. Durkheim 1981, 561) und auf welche Weise sich überhaupt eine »communauté morale« konstituieren kann, wie es unter dem zweiten Punkt der Gründungserklärung des Collège heißt (vgl. Hollier 1979, 27). Anstatt aber das Individuum zu verbannen, ihm eine Bedeutungslosigkeit zuzuschreiben oder das Kollektiv einseitig zu vergöttlichen, wie es Adorno bei Durkheim vermutet (vgl. Adorno 1976, 14f), ist das Individuum weder bei den Collègiens noch bei Durkheim gänzlich verschwunden oder aus dem Blickwinkel geraten (vgl. hierzu auch Kippenberg 1997*a*, 108). Dies wird sowohl bei den noch zu besprechenden Vorträgen des Collège deutlich (vgl. Bataille 1995*d*, 36ff)[203] als auch in Durkheims Einsatz in der Dreyfus-Affäre und dem damit verbundenen Text »L'Individualisme et les intellectuels« von 1898, ebenso in dem bereits erwähnten »Kult des Individuums«.[204] Nach Durkheim

---

203 Vgl. hierzu nicht nur Leiris' Beitrag, in dem es um *sein* eigenes, individuelles Sakrales geht, sondern auch Batailles Aufzeichnungen in Hollier (1988*a*, 196ff), in denen das Individuum als Einzeller beschrieben wird und vgl. Mattheus (1984, 412). »Ein Mensch ist ein Teilchen, das in unstabile und verschachtelte Gesamtheiten inkorporiert ist. Diese Gesamtheiten tragen dem persönlichen Leben Rechnung, dem sie vielfältige Möglichkeiten bereitstellen (die Gesellschaft erleichtert das Leben des Individuums). [...] Diese beiden Prinzipien – eine Komposition, die die Komponenten transzendiert, und die relative Autonomie der Komponenten – regeln die Existenz jedes Seienden.« (Bataille 1999*a*, 120)

204 In dem Aufsatz zu Dreyfus versteht Durkheim unter Individualismus die Achtung der Würde einer durch die Gesellschaft geheiligten Person, also nicht einen egoistischen oder expressiven Individualismus (vgl. Firsching 1995, 164).

könne sich aber das Individuum nur dann frei entfalten, wenn es durch eine kollektive Moral in der Gesellschaft integriert und auf die Anerkennung der Gesellschaft verpflichtet ist. Das Kollektivbewusstsein bzw. das kollektive Gewissen (conscience collective) strukturiert dabei das Denken und leitet die Empfindungen. Moderne Gesellschaften bedürfen jedoch der gewollten Bestätigung durch ihre Mitglieder, der Bejahung der funktionalen Arbeitsteilung, durch die jedes Individuum als Teil einer organischen Solidarität zur vollen Entfaltung kommt. Indem die Individuen ihre Funktion im arbeitsteiligen System anerkennen, tragen sie zur gesellschaftlichen Integration bei. Die Vermittlung zwischen Gesellschaft und Individuen sollen intermediäre Akteure wie zum Beispiel berufliche Korporationen bilden: »Es besteht kein Zweifel, daß Durkheim Individualismus deshalb als kollektives Gut betrachtete, weil er die unabdingbare normative Grundlage der Gesellschaft bilde. Nichtsdestoweniger ordnete er den Individualismus der absoluten Priorität der Systemerhaltung funktional unter.« (Peter 1997, 7) Für das Collège, so könnte man vielleicht sagen, bilden die selbst gewählten Gemeinschaften die Ebene der intermediären Akteure, ohne dass jedoch das Collège die Bejahung der Funktion in der arbeitsteiligen Gesellschaft zum tragenden Moment der sozialen Integration erhebt. Vielmehr orientieren sich die Collègiens an die integrierende Kraft der Efferveszenz, an die so genannten »Gärungen des Sozialen«, an die Kraft kollektiver Rituale und kollektiver Vorstellungen, die für Durkheim sowohl die religiös-sakralen Erfahrungen als auch die religiösen Repräsentationen begründen.

Besondere Bedeutung für die Forschungen des Collège erlangte insbesondere Durkheims Buch »Die elementaren Formen des religiösen Lebens« (Durkheim 1981), in der Durkheim nicht nur anhand der Analyse der seiner Ansicht nach frühesten Formen von Religion (des Totemismus) zu einem Verständnis dessen kommen wollte, »was die Religion im allgemeinen ist« (Durkheim 1981, 556), sondern auch zur »wahren Funktion« der Religion – oder genauer: der *faits religieux* – vorzudringen wünschte.[205] Die Funktion der Religion bestehe nicht nur darin, unsere wissenschaftlichen Vorstellungen und Denkbewegungen zu bereichern, sondern vielmehr in ihrem Charakter »uns zum Handeln zu bringen und uns helfen zu leben.« (Durkheim 1981, 558) Religiöse Vorstellungen sind demnach in der Lage, (soziale) Handlungen hervorzurufen, sie zu leiten oder auszurichten. Gesellschaft, eine Realität *sui generis*, ist als »aktive Kooperation« und gemeinsame Tat die Ursache des religiösen Lebens (vgl. Durkheim 1981, 560): »[...] [W]ir haben gesehen, daß diese Wirklichkeit, die sich die Mythologien unter so vielen verschiedenen Formen vorgestellt haben, die aber die objektive, universale und ewige Ursache dieser Empfindungen *sui generis* ist, aus denen die religiöse Erfahrung besteht, die Gesellschaft ist. Wir haben gezeigt, welche moralischen Kräfte sie entwickelt und wie sie diese Gefühle der Anlehnung, des Schutzes, der schützenden Abhängigkeit erweckt, die den Gläubigen an seinen Kult binden. Sie hebt ihn über sich hinaus: sie selbst tut das.« (Durkheim 1981, 560) Die religiösen Begriffe seien das Ergebnis bestimmter sozialer Ursachen (vgl. Durkheim

---

205 Zur Durkheim-Schule und ihr Interesse am Studium so genannter primitiver Gesellschaften vgl. auch Vogt (1981).

1981, 323). So erwecke das kollektive Leben, wenn es einen bestimmten Intensitäts- und Erregungsgrad erreicht habe, das religiöse Denken, »weil es einen Gärungs- zustand erregt, der die Bedingungen der physischen Tätigkeit verändert. Die Vital- energien sind überreizt, die Leidenschaften lebendiger, die Eindrücke stärker. Manche entstehen überhaupt nur in diesem Augenblick.« (Durkheim 1981, 565) Religion wiederum, bestehend aus verpflichtenden Glaubensvorstellungen und damit verbun- denen Handlungen, könne als kollektive Verbindlichkeit soziale Beziehungen stiften und somit soziale Wirkungen haben. Von der Analyse der Religionen der australi- schen Aborigines erhoffte sich Durkheim Aufschluss über die elementaren Formen menschlicher Sozialität und die Erzeugung sozialer Strukturen und Institutionen. Da- bei definiert er Religion als ein »*solidarisches System von Überzeugungen und Praktiken, die sich auf heilige, d. h. abgesonderte und verbotene Dinge, Überzeugungen und Prakti- ken beziehen, die in einer und derselben moralischen Gemeinschaft, die man Kirche nennt, alle vereinen, die ihr angehören.*« (Durkheim 1981, 75) Religion sei (hinsicht- lich sowohl der in kollektiven Riten gründenden religiösen Erfahrung als auch hin- sichtlich der in Kollektivvorstellungen gründenden Glaubensvorstellungen) eine kol- lektive Angelegenheit, wohingegen beispielsweise die Magie, die Durkheim nach Ansicht Batailles etwas zwanghaft aus seinen theoretischen Überlegungen aus- grenzt[206], keine dauerhaften Bindungen schaffe (vgl. Durkheim 1981, 72).[207] Horst Firsching bringt die Denkbewegungen Durkheims bezüglich der Sakralisierung der Gesellschaft treffend auf den Punkt:

> »Der *Ursprung* der Religion überhaupt wie aller vergangenen, gegenwärtigen und
> zukünftigen Religionen ist also in einer spezifischen und außergewöhnlichen Emp-
> findung und Wahrnehmung zu suchen, die den kollektiven Vorstellungen und
> Praktiken, Ideen und Kulten vorausgeht und sie erst begründet: Das Heilige ist un-
> mittelbar *präsent* und noch nicht vom Profanen durch Symbole und Verbote ge-
> schieden; das Individuum ist vollkommen eingebettet in die kollektive Einheit als
> letzte ›göttliche‹ Macht. In diesem Augenblick vergöttlicht sich die Gesellschaft
> selbst und erscheint ihren euphorisierten Mitgliedern wie der heilige Geist zu
> Pfingsten den Jüngern Jesu Christi. Es ist dieser Zustand der Gärung, der Erregung,
> der *Efferveszenz*, der als Ursprung der ›Religion‹ auch den Ursprung der ›Gesell-
> schaft‹ schlechthin ausmacht – und den Durkheim in den totemistischen Systemen
> Australiens aufzufinden sucht.« (Firsching 1995, 185)[208]

---

206 Vgl. auch die Textstelle: »Rapports entre hétérologie et sociologie française. Insister sur le
thème Durkheimien: les rêves ont un contenu. Ce qui exclut la solution Durkheimienne est
l'identité entre éléments sacrés sociaux, magiques et érotiques.« (Bataille 1970*c*, 171)

207 Zur Magie hatten bereits 1902/1903 Marcel Mauss und Henri Hubert einen Beitrag in der
»Année Sociologique« veröffentlicht (vgl. Mauss und Hubert 1999, 43–179), den Durkheim
natürlich kannte. Allerdings darf man trotz mancher Gemeinsamkeiten nicht die Differenzen
verkennen. Überhaupt gingen entscheidende Anstöße für Durkheims »elementaren Formen«
von Mauss, Hubert oder Hertz aus. Während Durkheim jedoch die Magie wesentlich als eine
individuelle Praxis im Gegensatz zur kollektiven Praxis der Religion betrachtete, so sahen im
Unterschied dazu Mauss und Hubert die Magie auch als eine kollektive Praxis an.

208 Zur kollektiven Erregung siehe auch Durkheim (1976, 150f).

Obgleich die Gründer des *Collège de Sociologie* ebenfalls die kollektive Erregung predigten, kritisierten sie, dass Durkheim sich lediglich auf die so genannten primitiven Gesellschaften beschränkt habe (vgl. Hollier 1995*a*, 26); im Gegensatz dazu wolle das Collège seine Analysen autoethnographisch auf moderne Gesellschaften erweitern und anwenden, also nicht in einem fremden Feld ethnographisch teilnehmend beobachten oder anhand fremden Materials die Vergemeinschaftungsprozesse kollektiver Erregung analysieren, sondern im eigenen Feld forschen, ja in der subjektiven Erfahrung selbst (vgl. hierzu auch Hermann 1998, 32).[209]

Insgesamt ist die Kritik des Collège, dass sowohl Durkheim als auch Mauss nur die so genannten »primitiven« Gesellschaften im Blick hatten, ungerechtfertigt. Durkheim war ja mit seiner Untersuchung zu den elementaren Formen des religiösen Lebens gerade auch deswegen angetreten, um die soziale Kohäsion moderner Gesellschaften wieder für die Zukunft zu sichern.[210] Es galt die »immer schwächer werdenden moralischen Kohäsionskräfte des Katholizismus« durch eine laizistische Moral menschlicher Solidarität zu ersetzen (vgl. Firsching 1995, 166f). Durkheims Überlegungen sind demnach nicht von dem Wunsch zu trennen, der Dritten Republik durch zivilreligiöse Ideale der Französischen Revolution eine neue moralische Bindung zu ermöglichen sowie Religion und Moral miteinander zu koppeln (vgl. Firsching 1995, 168). Gegen Ende des Buches schreibt Durkheim denn auch, dass ein Tag kommen werde, an dem die modernen Gesellschaften aufs Neue Zeiten schöpferischer Erregungen kennen werden (vgl. Durkheim 1981, 572), die dann die gegenwärtige »Phase des Übergangs und der moralischen Mittelmäßigkeit« (vgl. Durkheim 1981, 571) ablösen. Unvorhersehbar seien sowohl die Zukunft als auch die zukünftigen Symbole des Glaubens. Sicher seien jedoch hingegen die lebendigen Kräfte kollektiver Erregungen, das »stärkende und belebende Handeln der Gesellschaft«, wie es heutzutage noch in Versammlungen zu erleben sei, wenn in Ansammlungen die Menschen zu Akten und Gefühlen fähig sind oder sich zu Opfern und Verzichten bereit erklären, die sie zuvor verweigert haben; man brauche sich ja nur einmal den Tag der Abschaffung des Feudalrechts am 4. August 1789 vor Augen zu führen, um diese kollektive Kraft zu verdeutlichen, so Durkheim (1981, 289).[211] Und um keine Missverständnisse hinsichtlich der Zielrichtung seiner Forschung aufkommen zu lassen, betont Durkheim zu Beginn des Buches, dass die Soziologie sich anderen Problemen stelle als die Geschichte oder die Ethnographie, weil sie nicht versuche, erloschene Formen der Zivilisation zu erschließen, nur um sie zu kennen und zu rekonstruieren.

Sondern sie habe, wie jede positive Wissenschaft, vor allem das Ziel, eine aktuelle, uns nahe Wirklichkeit zu erklären, die folglich imstande sei, unsere Gedanken und Handlungen zu beeinflussen. Es ist der heutige Mensch, dem das besondere Interesse gelte (vgl. für diese Passage Durkheim 1981, 17). Interessant ist in diesem Zusam-

---

209 Mit Bezug auf James Clifford spricht Michèle Richman auch von »ethnographic surrealism« (Richman 1990,185).

210 Siehe auch die Überlegungen in Richman (1990, 187) und in Hermann (1998, 31f).

211 Von der Bereitschaft Batailles, sich selbst für die Geheimgesellschaft *Acéphale* zu opfern, wird noch die Rede sein.

menhang, dass Durkheims politische Position »in einem ganz zentralen Punkt dieselbe Sprache wie eine Vielzahl ihrer monarchistischen und politisch-›katholischen‹ Gegner [spricht, S. M.] – um dennoch die entgegengesetzte Position zu vertreten; sie kämpft mit vergleichbaren ideenpolitischen, ja religionspolitischen Waffen und bietet sich derart in ihrer zugespitzten Dogmatik quasi wie von selbst als Alternative an; sie will ganz jenseits prinzipieller Religionskritik das geheiligte Feld der Religion selbst besetzen [...].« (Firsching 1995, 180) Durkheims »Sakralisierung der Gesellschaft« und »Besetzung des Laizismus mit den Attributen der Religion« (vgl. Firsching 1995, 180) ist eine Strategie, die mit den Waffen des Gegners diesen bekämpfen will; eine ähnliche politische Strategie, dann gegen den Faschismus, wird man bei »Contre-Attaque« und beim Collège wiederfinden, obgleich es mehr als spekulativ wäre, wollte man diese strategische Idee auf die Durkheim-Rezeption zurückführen. Es bestehen lediglich Berührungspunkte und Homologien, die auf bestimmte, aber nicht allumfassende Affinitäten mancher Denkmuster verweisen.

Gesicherter hingegen ist der bereits erwähnte Einfluss des Denkens Durkheims, Mauss' und Hertz' auf die Analysen des Sakralen der Collègiens.[212] So hebt Bataille anerkennend hervor, dass Durkheims Forschungen zur Religion, »plus précisément le sacré«, das konstitutive Element der Gesellschaft erfasst haben (Bataille 1970a, 65) und Durkheim »heute zu Unrecht in Verruf geraten« sei (vgl. Bataille 1997b, 100). Neben Bataille greift auch Roger Caillois auf Durkheim und seine Schüler zurück. In seinem Collège-Vortrag zum Fest beispielsweise würdigt er, dass Durkheim bei seiner Unterscheidung zwischen Sakralem und Profanem den »ungeheuren Glanz der Feste gegenüber den Arbeitstagen hervorgehoben« habe (Caillois 1988, 130). Und in seinem Buch »Der Mensch und das Heilige«, das unmittelbar im Kontext des Collège entstanden ist, heißt es: »Der Leser wird mit der Zeit sehen, wieviel dieses Buch den Forschungen und Synthesen verdankt, die mit den Namen Durkheim, Hubert und Hertz verbunden sind und von Mauss, Granet und Dumézil weiterentwickelt werden«, so Caillois im Vorwort aus dem Jahre 1939 (Caillois 1988, 14).[213]

Neben dem »Glanz der Feste«, den Durkheim so luzide herausgearbeitet habe, ist es auch die Untersuchung des Sakralen, die Durkheim für das Collège so interessant macht. Denn er geht in Anlehnung an Robertson Smith (1846–1894) von einer Zweideutigkeit des Sakralen aus, von einer reinen und unreinen Seite (vgl. Durkheim 1981, 548ff)[214]: »Es gibt zwei Arten religiöser Kräfte. Die einen sind wohltätig, Hüter

---

212 Obgleich man sagen muss, dass Durkheim bestimmte Aspekte, was beispielsweise die Untersuchung der Dualität des Sakralen betrifft, von Hertz ohne dessen Erwähnung übernommen hat.

213 Von Durkheim benutzt Caillois nicht nur das Werk über die elementaren Formen des religiösen Lebens, sondern auch den zusammen mit Marcel Mauss verfassten Aufsatz »De quelques formes primitives de classification« aus der »Année Sociologique« VI, 1901–1902.

214 Inwiefern Durkheim vom Denken Smiths angetan war und darauf zurückgriff, hat insbesondere Hans Kippenberg deutlich gemacht (vgl. Kippenberg 1997a, 106ff): Nicht nur, dass er die Unterscheidung zwischen einer freien, privaten und selbst gewählten Religion von einer traditionellen und verpflichtenden Religion von Smith haben könnte (vgl. Kippenberg 1997a, 107), sondern, »[d]aß Durkheim große Stücke von Robertson Smith hielt, zeigt sich noch an

der physischen und moralischen Ordnung, Spender des Lebens, der Gesundheit und aller Eigenschaften, die der Mensch schätzt. […] Auf der anderen Seite gibt es die bösen und unreinen Mächte, Erzeuger von Unordnung, Verursacher des Todes, der Krankheiten, Aufhetzer zu Schändigungen.« (Durkheim 1981, 548) Während man den einen mit Respekt, Liebe und Dankbarkeit entgegenkommt, sind die Gefühle gegenüber der anderen Seite Durkheim zufolge Furcht und Abscheu. Aber beide unterhalten »mit den profanen Wesen die gleiche Beziehung: diese müssen sich jeder Beziehung mit den unreinen sowie mit den sehr heiligen Dingen enthalten. Beide sind verboten; sie sind gleicherweise aus dem Verkehr gezogen. Das heißt, daß auch sie heilig sind. […] Das Reine und das Unreine sind also nicht zwei getrennte Arten, sondern zwei Varianten ein und derselben Art, die alle heiligen Dinge umfaßt. Es gibt zwei Arten des Heiligen, die eine ist den Menschen zugeneigt, die andere nicht. Und zwischen diesen beiden entgegengesetzten Formen gibt es nicht nur keinen Bruch; ein und dasselbe Objekt kann sich vielmehr von sich aus in die andere verwandeln, ohne seine Natur zu verändern. Aus dem Reinen kann man Unreines machen; und umgekehrt. In der Möglichkeit dieser Umwandlungen besteht die Zweideutigkeit des Heiligen.« (Durkheim 1981, 549ff)

Auch wenn das Collège die Annahme von einer Zweideutigkeit und Dualität des Sakralen mit Durkheim teilte, so kritisierte Bataille zu Beginn der dreißiger Jahre in seinem Aufsatz zur psychologischen Struktur des Faschismus die Durkheim'sche Identifikation des Sakralen mit dem Sozialen, eine Tendenz der Wissenschaft, »eine *homogene* Vorstellung zu entwickeln, um der fühlbaren Präsenz durchaus *heterogener* Elemente zu entgehen.« (Bataille 1978, 16) Durkheim habe es zudem nicht vermocht, dem Sakralen eine positive wissenschaftliche Definition zu geben: »er hat sich damit begnügt, die sakrale Welt negativ als absolut heterogen in Beziehung zur profanen Welt zu bestimmen. Und doch ist es möglich, das *Sakrale* als etwas positiv Bekanntes vorauszusetzen, zumindest auf implizite Weise […].« (Bataille 1978, 16) Bataille verweist darauf, dass das Sakrale nicht rein rational oder wissenschaftlich zu erfassen sei, sondern streng genommen nur in »gelebter Erfahrung« erkannt werden kann; Durkheim sei stattdessen seinen »règles de la méthode sociologique« verhaftet geblieben, die als Grundlage der Analyse die gelebte Erfahrung ausschließen (vgl. Hollier 1995a, 827), so Bataille am Tag nach der letzten Sitzung des Collège in einem Brief an Michel Leiris; dieser hatte kurz zuvor die Vernachlässigung der methodischen Strenge der Durkheim-Schule am Collège kritisiert.[215] Also nicht nur wissenschaftliches Erfassen, sondern auch erlebte und gelebte Erfahrung, *Leben* kann zu Erkenntnis- und Bewusstseinsprozessen führen (vgl. dazu auch Landsberg 1934a, 179).[216]

---

etwas anderem. Während Durkheims Mitarbeiter gegenüber der Opfertheorie von Smith reserviert blieben, hat Durkheim sie in seinen *Elementaren Formen des religiösen Lebens* vorbehaltlos akzeptiert.« (Kippenberg 1997a, 108). Zu Leben und Werk von William Robertson Smith vgl. Kippenberg (1997b) und zu dem hier behandelten Thema siehe Smith (1967).

215 Zu dieser Auseinandersetzung später mehr, vgl. das entsprechende Kapitel zum Ende des Collège. Siehe dazu auch Peter Wiechens (1999, 225ff).

216 Diese innere Erfahrung ist bei Landsberg durch eine Art »expérience vécue« geprägt (Landsberg 1934a, 179). So geht auch Landsberg davon aus, dass die Liebe eine Bedingung für Er-

Es wäre weit gefehlt, wenn man aus diesen Äußerungen schließlich eine absolute Verwerfung des Durkheim'schen Denkens schließt: Einerseits wird zwar weder den methodischen Regeln Durkheims im Einzelnen gefolgt noch neigen die Collège-Mitglieder zu funktionalistischen Erklärungen des Sakralen, die nicht die überschreitenden Momente erfassen, sondern allgemein nach einer Bestandssicherung des Sozialen fragen. Andererseits aber vertreten Bataille und Caillois in der ersten Sitzung vom 20. November 1938 die grundlegende These Durkheims, dass die Gesellschaft mehr sei als die Summe ihrer Teile (vgl. Bataille 1995d, 42) und dass die menschliche Existenz grundlegend »communiel« sei (vgl. Bataille 1995d, 37).[217] Bataille und Caillois heben zudem noch den dynamischen Charakter der kommuniellen Bewegung (»mouvement communiel«) hervor, so dass das Ganze (der Gesellschaft), das mehr als die Summe seiner Teile ist, als die *Bewegung* präzisiert wird, die die Teile erfasst und zwischen den Teilen entsteht (vgl. Bataille 1995d, 42).[218]

Man begegnet insofern beim *Collège de Sociologie* einer ambivalenten Haltung gegenüber Durkheim: Teilen die Hauptakteure des Collège die wesentlichen Annahmen Durkheims – seine Aussagen über die Kraft der kollektiven Efferveszenz, in der das Sakrale als Wirklichkeit erfahrbar wird, und der »sur-socialisation« (Caillois) sowie das Theorem der Dualität des Sakralen, das Diktum der Gesellschaft als Realität *sui generis* etc. – so existieren dennoch mehrere Divergenzen. Sie liegen nicht nur darin, dass – wie Leiris und Landsberg kritisierten (vgl. Hollier 1995a, 119) – die wissenschaftlichen Methoden der Durkheim-Schule nicht beachtet werden, ja von Caillois und Bataille aufgrund des Mangels an Selbsterfahrungsmomenten für unzureichend zur vollständigen Erfassung des Sakralen und Heterologischen erachtet werden; auch können funktionalistische Erklärungen in den Augen des Collège die heterologischen und destruktiven Kräfte keineswegs erfassen; die Differenz zu Durkheim besteht darüber hinaus noch in einem anderen Punkt, den Peter Wiechens hinsichtlich des Denkens von Bataille folgendermaßen dargestellt hat: Bataille stehe in einem umgekehrten Verhältnis zu Durkheim.

---

kenntnis sei (vgl. Landsberg 1923b). Was Bataille betrifft, kann man keineswegs davon ausgehen, er strenge sich an, »die radikale Vernunftkritik mit Mitteln der Theorie durchzuführen«, wie Habermas (1996, 278) vermutet. Nicht nur theoretische Mittel muss man in Betracht ziehen.

217 Vgl. hierzu Wiechens (1999, 229ff), der schreibt: »Von entscheidender Bedeutung ist für Bataille allerdings – und hier dürfte er sich von Durkheim und seinen Schülern unterscheiden –, daß diese einheitsstiftenden Momente der Entgrenzung nur zu einem gewissen Teil einer genau zu qualifizierenden gesellschaftlichen Funktion dienen. Letztlich besitzen diese Energien ihren Wert und ihren ›Sinn‹ in sich selbst; sie entfalten ›allgemeine‹ Energie und Anziehungskraft, die sich nicht mehr auf einen bestimmten gesellschaftlichen Nutzen zurückführen lassen.« (Wiechens 1999, 230)

218 Genauso wie die Kommunikation immer *mehr* »ist«, als die Elemente, die kommunizieren, wie Jules Monnerot in Bezug auf Bataille schreibt (vgl. Hollier 1995a, 877). Man erinnere sich auch an Lévinas' Unterscheidung zwischen Sagen und Gesagtem (vgl. Lévinas 1992 und den Abschnitt zu ihm in der vorliegenden Studie).

»Wie dieser erhofft er sich – zumindest im Rahmen seiner Vorträge vor dem *Collège de Sociologie* – eine Neustrukturierung und Neuordnung der modernen Gesellschaft, allerdings nicht auf einer – notwendigerweise partikularen – rationalen Grundlage, sondern auf einer – die Totalität der menschlichen Wirklichkeit wiederherstellenden – mythologischen Grundlage. Insofern kann man davon sprechen, daß Bataille Durkheim folgt, und zwar gerade dadurch, daß er von ihm abweicht. Sein Anliegen scheint nicht zuletzt auch darin zu bestehen, das aufzuwerten, was Durkheim innerhalb seines eigenen Ansatzes abzuwerten versucht.« (Wiechens 1999, 242)[219]

Trotz der ambivalenten Haltung gegenüber einigen Theoremen ist Durkheim für die Generierung der Schlüsselbegriffe und theoretischen Annahmen des *Collège de Sociologie* von besonderer Bedeutung und sein Einfluss evident, sei es durch die Verwendung, Übernahme oder durch die ebenfalls *konturenbildende Abwehr* seiner theoretischen Konzeptionen, wie beispielsweise die Zurückweisung des Begriffs des »conscience collective«, das bei Durkheim einerseits als »kollektives Bewusstsein« und andererseits als »kollektives Gewissen« zu deuten ist. Bataille will diesen Begriff Durkheims ausdrücklich nicht verwenden, wie er in der Inauguralsitzung des Collège vom 20. November 1937 ausführt: »Je ne tiens pas essentiellement à affirmer l'existence d'une conscience collective: je tiens à montrer que la conaissance de ce que nous appelons conscience n'aboutit qu'à une notion tres vague, telle que nous ne sommes nullement en droit de contester que la société elle-même ait une conscience. Pourquoi ne pas reconnaître brutalement que nous sommes là dans le domaine le plus obscur de la connaissance?« (Bataille 1995*d*, 49)[220]

Marcel Mauss

»Niemand war so berufen wie Marcel Mauss, ein Buch über das Heilige zu schreiben. Jedermann ist davon überzeugt, daß ein solches Buch für lange Zeit *das* Buch über das Heilige gewesen wäre. Man zögert, sich dieser Aufgabe an seiner Stelle zu unterziehen. Ich kann meine diesbezüglichen Bedenken zumindest etwas zerstreuen, weil meine Arbeit nicht nur aus den Publikationen von Marcel Mauss, sondern auch aus seinem mündlichen Unterricht und vor allem aus den kurzen, überraschenden, entscheidenden Hinweisen Nutzen gezogen hat, durch die er einfach gesprächsweise die Bemühungen derer, die ihn um Rat angehen, zu befruchten weiß.« Diese Sätze schreibt Ro-

---

219   Bataille betont die mythologische Wahrheit, Durkheim die wissenschaftliche (vgl. Wiechens 1999, 238); Bataille hebt die unreine Seite des Sakralen hervor, Durkheim nicht etc.

220   In einer Fußnote zur eben zitierten Textstelle weist Ronald Hermann in seiner Arbeit zu Recht darauf hin, Bataille deute hier vage eine interaktionistische Erklärung für Bewusstseinsphänomene an (vgl. Hermann 1998, 68). Die entsprechende Textstelle zur interaktionistischen Erklärung ist: »Il deviendra même possible, plus tard, de montrer comment les faits de conscience dans chaque catégorie des êtres composés pourraient être systématiquement atttribués à l'interaction de parties distinctes.« (Bataille 1995*d*, 49)

ger Caillois 1939 in das Vorwort seines Buches »Der Mensch und das Heilige« (Caillois 1988, 14). Caillois war nicht das einzige Mitglied des Collège, das von Marcel Mauss beeinflusst wurde.[221] Auch für Michel Leiris gehörte neben Georges-Henri Rivière, Marcel Griaule und Paul Rivet Marcel Mauss zu einem seiner wichtigsten Lehrer (vgl. Leiris 1948, XXIV).[222] Ebenso befand sich unter den Vortragenden am *Collège de Sociologie* auch der Mauss-Schüler Anatole Lewitzky (1901–1942).[223] Nachdem Lewitzky aus seiner Heimat in der Nähe Moskaus über die Schweiz nach Paris geflüchtet war, erlangte er dort seinen Studienabschluss am »Institut d'Ethnologie« und studierte Religionswissenschaften bei Mauss an der »École pratique des Hautes Études« (vgl. Hollier 1995*a*, 577). Er bereitete kurz vor Kriegsbeginn noch eine »thése« über Sibirischen Schamanismus bei Mauss und René Grousset vor.[224] Über Schamanismus referierte er auch in zwei Collège-Sitzungen im März 1939.[225] Lewitzky hatte wenige Jahre zuvor an dem Seminar »Leçons sur la cosmologie dans l'Asie du nord-est« teilgenommen, das Marcel Mauss (1974, 185ff) in den Jahren 1932–1937 nahezu zeitgleich mit dem Seminar über die Polynesische Kosmologie (1932–1938) durchführte. Mauss schrieb 1934/1935 über Lewitzky: »M. Levitsky a fait trois excellentes conférences sur le shamanisme yakout, s'aidant de tous les documents russes et traitant en particulier des beaux costumes des chasseurs qu'il a pu étudier au Trocadéro. Le shamanisme ou la lévitation en particulier – trait particulier de

---

221 Siehe zu den Einflüssen außerhalb der Collège-Mitglieder Lévi-Strauss (1971, 512), ein demnächst von Christian Papilloud und mir herausgegebener Band zu Marcel Mauss sowie eine von mir erscheinende Studie zur Wirkungsgeschichte des soziologischen Denkens von Mauss. In seiner berühmten Einleitung zum Werk von Marcel Mauss bemerkt Claude Lévi-Strauss, dass kaum eine Lehre so einen tiefen Einfluss ausgeübt habe wie die von Mauss (Lévi-Strauss 1999*a*, 7). Siehe zum Einfluss von Mauss auf die sog. Dritte-Weg-Bewegungen Keller (2001*b*, 90ff). Zum Collège und Mauss vergleiche auch die unentbehrliche Mauss-Biographie von Marcel Fournier (1994, 707ff). Zur Biographie sei ebenso das »intellektuelle Selbstportrait« von Marcel Mauss (1983) empfohlen, das in dem von mir und Papilloud editierten Band abgedruckt sein wird.

222 Roger Caillois (2003: 338f) berichtet, dass er Mauss des Öfteren zur Bushaltestelle begleitete. Einmal, als Caillois ihm dabei eröffnete, er wolle eine Arbeit über das religiöse Vokabular der Römer schreiben, erklärte ihm Mauss, er solle vorsichtig sein. Das Wort Religion würde oftmals falsch interpretiert. So denke man für gewöhnlich, der Wortstamm *relegere (= verbinden, binden),* aus dem »Religion« herzuleiten ist, verweise auf die Verbindung zwischen Himmel und Erde oder zwischen den Göttern und den Menschen. Dies sei aber falsch. Wie bereits Festus in seinem Satz: »religiones trementa erant« festgestellt habe, seien Religionen »Knoten aus Strohseilen«, mit Hilfe derer die Brückenbalken gesichert wurden. Der Beweis dafür sei, dass in Rom der Hohepriester als »Brückenbauer« bezeichnet wurde: als *pontifex* (vgl. Caillois 2003: 339)

223 Leiris und Lewitzky waren auch bei einer der Nummern der »Annales sociologiques« beteiligt: »seul le quatrième et dernier fascicule contient des comptes rendus rédigés notament par des élèves de Mauss (Michel Leiris, Anatole Lewitzki, Jacques Soustelle).« (Heilbron 1985, 224)

224 Lewitzky engagierte sich später in der Résistance, wurde 1941 von der SS gefangen genommen und am 23. Februar 1942 erschossen (vgl. Hollier 1995*a*, 579). Siehe auch den Beitrag »Anatole Lewitzky. De l'ethnologie à la résistance« von Patrick Ghrenassia (1987).

225 Vgl. den Abschnitt zu den einzelnen Sitzungen des Collège.

toutes ces civilisations (arctiques et aussi eskimos et de nombre de société américains) – a paru lui aussi ranger les mythes de ces peuples assez haut parmi les autres.« (Mauss 1974, 186)[226]

Im Vergleich zu den Lehrveranstaltungen von Simiand waren Mauss' Seminare in den Jahren um 1934 nur von wenigen Studierenden besucht (vgl. Heilbron 1985, 229), es wurden aber mit der Zeit immer mehr. Er unterrichtete am »Institut d'ethno-logie«, am Collège de France und in der Hauptsache an der »École Pratique des Hautes Études«.[227] Sein Unterricht muss aber sehr eindrucksvoll gewesen sein, die Studierenden sagten, »Mauss sait tout« – Mauss weiß alles. Auch nahm er sich viel Zeit für sie, ging mit ihnen in Cafés und diskutierte leidenschaftlich gern. Die Seminarteilnehmer berichten:

> »Il procedait par raccourcis, il parlait aussi bien d'Australiens que de coutumes qu'il a observées dans une famille d'Epinal. Quelquefois on ne comprenait pas à l'instant et il fallait ensuite réfléchir« (ethnologue). »Il était un éveilleur d'esprit extraordinaire. Il prenait, par exemple, comme texte de base un récit d'un missionnaire suédois sur les papous de Nouvelle Guinée, et il prenait cela page par page, il faisait des comparaisons, il ressortait d'autres livres: c'était la pensée à l'état naissant.« (ethnologue) »C'était un tout petit cercle et un peu une famille.« (zitiert nach Heilbron 1985, 230)

Die lebensweltliche und teilweise akademische Berührung zwischen Marcel Mauss und Georges Bataille fand bereits 1928 statt. Die Begegnung, die zunächst jedoch ohne größere Wirkung blieb, steht im Zusammenhang mit der Gründung der Zeitschrift »Documents«. Der stellvertretende Direktor des ethnographischen Museums am Trocadéro[228] und Lehrer Leiris', Georges-Henri Rivière, schlug Bataille vor, eine Kunstzeitschrift herauszugeben; ein weiterer Chefredakteur war Carl Einstein (vgl. Mattheus 1984, 131f).[229] Neben einigen Surrealisten, den Lehrern von Leiris und an-

---

226 Vgl. auch Hollier (1995a, 580). Ein anderer Eintrag von Mauss aus den Seminaren von 1936/1937 lautet:
     »M. Levitky a continué ses travaux sur les Goldes par une excellence étude du shamanisme golde et de la mythologie de ce shamanisme. Nous avons pu y ajouter nous-mêmes quelques observations sur la cosmologie que tout ceci suppose.« (Mauss 1974, 187).

227 Diese Seminare am EPHE besuchte Roger Caillois.

228 Lewitzky war hier später auch Mitarbeiter.

229 Carl Einstein (1885 – 1940) war ein Freund von Leiris und Bataille, Benn, Pfemfert, Sternheim sowie von Pablo Picasso. Er war Herausgeber der »Neuen Blätter«, arbeitete mit bei der »Aktion«, am »Pan« und an den »Weißen Blättern«; 1919 Mit-Herausgeber der Dada-Zeitschrift »Der blutige Ernst«. 1928 nach Paris emigriert, wurde Einstein Anhänger des Surrealismus. Seine Kunsttheorie wurde jedoch erst mit Verspätung in Frankreich rezipiert (1934). Die Weltwirtschaftskrise und die nationalsozialistische Machtergreifung ruinierten den freien Schriftsteller. Während des Spanischen Bürgerkriegs schloss sich Einstein der CNT an. 1939 kehrte er nach Frankreich zurück und wurde dort gefangen genommen. Auf der Flucht vor der deutschen Armee nahm er sich 1940 an der spanischen Grenze bei Pau das Leben (vgl. Peter 1972, 208f).

deren »Größen« aus der Ethnologie wirkte auch Marcel Mauss als wissenschaftlicher Mitarbeiter bei der Zeitschrift mit (vgl. Mattheus 1984, 132).[230] »Mauss war der erste Akademiker, der es wagte, 1930 in den *Documents*, der Zeitschrift von Georges Bataille, eine Hommage für Picasso zu veröffentlichen.« (Waldberg in Mauss 1980, 14)

Wenn das eingangs aufgeführte Zitat von Roger Caillois vermuten lässt, Marcel Mauss habe sich gar nicht oder nur sehr wenig mit dem *sacré* beschäftigt, ist dies nicht ganz richtig. So finden sich in zahlreichen Schriften, die Mauss zusammen mit seinem Kollegen Henri Hubert verfasst hat, Hinweise und Erläuterungen zum Sakralen.[231] Caillois verweist beispielsweise selbst in dem 1939 entstandenen Werk »Der Mensch und das Heilige« in der Bibliographie (vgl. Caillois 1988, 240ff) auf Mauss' und Huberts Studie »Mélanges d'histoire des religions« (1909) sowie auf den darin enthaltenen, aber bereits 1899 in der »Année sociologique« abgedruckten Text »Essai sur la nature et la fonction du sacrifice« (Mauss 1968, 195ff). Im Gegensatz zu den bereits vorhandenen Studien zum Opfer von Tylor, Robertson Smith, Mannhardt oder Frazer liegt der Mittelpunkt ihrer Betrachtung bei der sozialen Funktion des Opfers (vgl. hierzu auch Mürmel 1997, 214). Beim Opfern wird nicht nur einfach etwas hergegeben, sondern es wird etwas sakral gemacht, »sakralisiert«; das Französische macht dies in seinem Wort »sacrifice« deutlich.[232] Mauss und Hubert sprechen interessanterweise von einem *interdependenten Wechsel zwischen Sakralisierung und Desakralisierung*:

---

230 Bernd Mattheus hat die zahlreichen Mitglieder in der Biographie Batailles aufgelistet. Andere Mitarbeiter sind nach Mattheus (1984, 132): Georges Wildenstein, Jean Babelon, Dr. G. Contenau, Pierre d'Espezel, Raymond Lantier, Paul Pelliot, Dr. Reber, Dr. Paul Rivet, Georges-Henri Rivière, Josef Strzygowsky, Marcel Griaule, André Schaeffner, Hedwig Fechheimer, Dr. Henri Martin, Emil Waldmann, Arnaud Dandieu, Henry-Charles Puech, Michel Leiris, Dr. Pierre Menard, Jacques Baron, Georges Limbour, Jacques Prévert, Alejo Carpentier, Roger Gilbert-Lecomte, Raymond Queneau, Robert Desnos, Roger Vitrac, Eli Lotar, Jacques-André Boiffard und Karl Blossfeldt. Michel Leiris schreibt in seinem Text »Von dem unmöglichen Bataille zu den unmöglichen *Documents*« im Jahre 1963: »Durch die Publikation der *Documents* sah sich Bataille zum ersten Mal in der Position des Anführers einer Gruppe. Obwohl er bei weitem keine unkontrollierte Macht ausübte, erscheint diese Revue heute nach seinem Bilde gefertigt. [...] Die Mitarbeiter kamen aus den verschiedensten Umkreisen, denn neben Schriftstellern der vordersten Linie – die meisten waren um Bataille versammelte Überläufer des Surrealismus – fanden sich Vertreter sehr unterschiedlicher Disziplinen [...].« (Leiris 1981a, 70f)

231 Zum Folgenden sei auch auf die instruktive Einführung zu Marcel Mauss von Heinz Mürmel (1997) verwiesen, der ebenfalls auf die Bedeutung von Mauss, Hubert und Hertz für das Collège aufmerksam macht: »Das *sacré* als zentrale soziale und religiöse Kategorie wird die Durkheimianer (besonders, neben Mauss, Robert Hertz und die Gründer des Collège de Sociologie, Bataille, Caillois und Leiris) immer wieder beschäftigen.« (Mürmel 1997, 214) Teilweise wurden seine kurzen Hinweise im Folgenden als Orientierungslinien benutzt, um die Zusammenhänge zwischen Mauss' Schriften und dem Collège zu erläutern. Siehe zu weiteren Hinweisen Mürmel (1997, 216, 220f). Zu Hubert und Hertz siehe auch den Text von François A. Isambert (1983) »At the frontier of folklore and sociology: Hubert, Hertz and Czarnowski, founders of a sociology of folk religion«.

232 Hier wird bereits im Wort die lateinische Zusammensetzung deutlich: sacrum facere.

»On voit mieux maintenant en quoi consiste selon nous l'unité du système sacrificiel. Elle ne vient pas, comme l'a cru Smith, de ce que toutes les sortes possibles de sacrifices sont sorties d'une forme primitive et simple. Un tel sacrifice n'existe pas. De tous les procédés sacrificiels, les plus généraux, les moins riches en éléments que nous ayons pu atteindre sont ceux de sacralisation et de désacralisation. Or, en réalité, dans tout sacrifice de désacralisation, si pur qu'il puisse être, nous trouvons toujours une sacralisation de la victime. Inversement, dans tout sacrifice de sacralisation, même le plus caractérisé, une désacralisation est nécessairement impliquée; car autrement les restes de la victime ne pourraient être utilisés. Ces deux éléments sont donc si étroitement interdépendants que l'un ne peut exister sans l'autre.« (Mauss 1968, 301)

Das Opfer ist für die Funktion der Gesellschaft deshalb notwendig, weil durch die Zerstörung im Opfer das Sakrale für die Gesellschaft entsteht bzw. die Gesellschaft periodisch erneuert wird, sich gleichermaßen wieder erschafft:

»C'est une fonction sociale parce que le sacrifice se rapporte à des choses sociales. D'une part, ce renoncement personnel des individus ou des groupes à leurs propriétés alimente les forces sociales. Non, sans doute, que la société ait besoin des choses qui sont la matière du sacrifice; tout se passe ici dans le monde des idées, et c'est d'énergies mentales et morales qu'il est question. Mais l'acte d'abnégation qui est impliqué dans tout sacrifice, en rappelant fréquemment aux consciences particulières la présence des forces collectives, entretient précisément leur existence idéale. Ces expiations et ces purifications générales, ces communions, ces sacralisations de groupes, ces créations de génies des villes donnent ou renouvellent périodiquement à la collectivité, représentée par ses dieux, ce caractère bon, fort, grave, terrible, qui est un des traits essentiels de toute personnalité sociale.« (Mauss 1968, 306)

Roger Caillois hält das Opfer in seinem Vortrag über das Fest für einen privilegierten Gehalt kollektiver Feiern, gleichsam die innere Bewegung, die dem Opfer seinen Sinn gibt (vgl. Caillois 1995*b*, 646). Das Fest und das Opfer stehen ihm zufolge zueinander wie die Seele und der Körper.

Interessant ist nun im vorliegenden Zusammenhang nicht nur die Bedeutung des Opfers und des für Mauss' Essay über die Gabe so zentralen Aspekts der sozialen Funktion der Zerstörung, sondern auch die Beziehung zwischen Sakralem und Opfer. Das *Sacrifice* ist nach Mauss und Hubert ein Kommunikationsmedium zwischen profaner und sakraler Welt: »Ce procédé consiste à établir une communication entre le monde sacré et le monde profane par l'intermédiaire d'une victime, c'est-à-dire d'une chose détruite au cours de la cérémonie.« (Mauss 1968, 302) Wie beide in ihrem Essay zum Opfer beschreiben und in dem ebenfalls von Caillois herangezogenen Vorwort von »Mélanges d'histoire des religions« hervorheben (vgl. Mauss 1968, 16f), ist das Sakrale durch eine Ambiguität gekennzeichnet.[233] Der Vortrag Caillois' über die

---

233 Heinz Mürmel verweist auf einen wichtigen, zu beachtenden Aspekt: »Die scheinbaren Übereinstimmungen von ›heilig‹ und *sacré* bei Otto [gemeint ist Rudolf Ottos Buch »Das Heilige«

»Ambiguität des Sakralen« vom 15. November 1938 nimmt hier neben Durkheims Studien auf diejenigen von Mauss und Hubert Bezug.[234] Auch Caillois' Vortrag vom 2. Mai 1939 zur Bedeutung der »verausgabenden« Feste verweist zum einen auf den Essay über die Natur und Funktion des Opfers, zum anderen aber auf die Schrift »Über den jahreszeitlichen Wandel der Eskimogesellschaften« sowie auf Mauss' berühmtes Werk über die Gabe. So schreibt Caillois anlässlich des Todes von Mauss im Jahre 1950 über die »Mélanges d'histoire des religions« von Mauss und Hubert:

> »Une parfaite rédaction y en valeur met en valeur ce qu'une pensée audacieuse et ferme peut tirer du plus ample savoir. Je pense notament à l'Essai sur la nature et la fonction du sacrifice et à l'étude sur l'Origine des pouvoirs magiques. Pourtant ce ne sont pas, à mon avis, ces compositions rigoureuses qui fournissent l'image la plus fidèle de l'extraordinaire contribution de Marcel Mauss aux sciences sociologiques. Celle-ci montre sa pleine originalité dans le mémoires sur Le don, forme archaïque de l'échange et sur Les variations saisonnières des sociétés Eskimos.« (Caillois 1978, 25)

Lange vor dem Collège haben Mauss und Hubert in ihrem »Entwurf einer allgemeinen Theorie der Magie« (Mauss und Hubert 1999) verdeutlicht, dass das Sakrale ein wesentlich sozialer Begriff und ein Produkt kollektiver Tätigkeit ist (vgl. Mauss und Hubert 1999, 177).[235]

Der Einfluss, den das Denken von Marcel Mauss auf die Collègiens hatte, soll im Folgenden anhand einiger Textstellen und Verbindungspunkte exemplarisch verdeutlicht werden. In dem schon angesprochenen Vortrag über das Fest (Caillois 1995b) – das Fest ist eine Zeit, in der dem Sakralen besondere Bedeutung zukommt – greift Roger Caillois ausdrücklich auf Mauss' und Beuchats Studie über die Eskimogesellschaften zurück (vgl. hierzu auch Mauss und Beuchat 1999 [1904–5]). Mauss habe in seiner Studie über den jahreszeitlichen Wandel bei den Eskimogesellschaften die ein-

---

(Otto 1963 [1917]), S.M.] bzw. Mauss haben Übersetzer in kaum zu meisternde Schwierigkeiten gebracht. *Sacré* – und nicht *saint*! – ist für die Durkheimianer gerade nicht nur ›heilig‹, sondern mit der angesprochenen Doppelwertigkeit versehen. Mit jener Ambiguität steht und fällt das Modell der Maussianer.« (Mürmel 1997, 220) Ich hoffe, dieser Punkt ist trotz des teilweisen Gebrauchs des Wortes »heilig« in der vorliegenden Studie bislang deutlich geworden, wird doch oft genug auf die Ambiguität des Sakralen verwiesen.

234 Bataille greift auf den Opfer-Essay in einem 1930 verfassten Artikel in der Zeitschrift »Documents« zurück, der den Titel trägt: »La mutilation sacrificielle et l'orielle coupée de Vincent Van Gogh« (Bataille 1970b, 258ff).

235 Aber, so fragen sie sich, werden die magischen Praktiken nicht im Vergleich zu religiösen nur von Individuen vollzogen? Inwieweit ist das wesentlich kollektive Sakrale dann mit der individualistischen Magie verknüpft? »Wir stehen vor einem Dilemma: Ist die Magie kollektiv oder ist der Begriff des Heiligen individuell? Um dieses Dilemma aufzulösen, müssen wir untersuchen, ob sich die magischen Riten in einem sozialen Milieu abspielen; wenn wir nämlich in der Magie ein solches Milieu feststellen können, werden wir eben dadurch bewiesen haben, daß ein Begriff sozialer Natur wie der des Heiligen in der Magie eine Funktion haben kann, und es wird dann bloß noch ein Spiel sein zu zeigen, daß er dort in Wirklichkeit eine Funktion hat.« (Mauss und Hubert 1999, 178)

dringlichsten Beispiele für die kontrastierende Lebensart erbracht, die im Übrigen bei allen Völkern auftrete, die aufgrund des Klimas oder der besonderen ökonomischen Organisation wegen während eines Jahresteils zur Untätigkeit verdammt sind (Caillois 1995*b*, 649). Wenn im Winter die Gesellschaft zusammenrückt, wird alles gemeinsam getan, während im Sommer jede Familie ihren Lebensunterhalt allein für sich bestreitet. Der Winter erscheine für die Gesellschaft wie eine Zeit religiöser Exaltation, wie ein Fest: »En face de la vie estivale, presque entèrement laïque, l'hiver apparaît comme un temps d'›exaltation religieuse continue‹, comme une longue fête.« (Caillois 1995*b*, 650) Entsprechend den Jahreszeiten verändert sich die soziale Morphologie der Gesellschaft – Zersplitterung im Sommer, soziale Konzentration im Winter: »C'est l'époque de la transmission des mythes et des rites, celle où les esprits apparaissent aux novices et les initient. Les Kwakiutl disent eux-mêmes: ›En été, le sacré est au-dessous, le profane est en haut; en hiver, le sacré est au-dessus, le profane au-dessous‹. On ne saurait être plus clair.« (Caillois 1995*b*, 650)[236] Mauss erblickt diesen jahreszeitlichen Wechsel nicht nur bei den Eskimos, sondern auch in unseren westlichen Gesellschaften (vgl. Mauss und Beuchat 1999 [1904 – 5], 273). Man brauche nur zu sehen, schreibt er, was um uns herum geschehe, dann werde man die selben Schwankungen wiederfinden. Ab Juli trete das städtische Leben in eine Periode fortgesetzter Erschlaffung und Zerstreuung ein, »die *Ferien*, und diese Periode ist mit Ende des Herbstes abgeschlossen.« (Mauss und Beuchat 1999 [1904 – 5], 273) Auf dem Land sei dies allerdings anders: Dort gebe es im Winter eine Art Starre, jede Familie lebt in sich zurückgezogen. Im Sommer dagegen belebt sich auf dem Land alles, »man lebt draußen und in ständigem Kontakt miteinander. Es ist die Zeit der Feste, der großen Arbeiten und der großen Ausschweifungen.« (Mauss und Beuchat 1999 [1904 – 5], 273) Mauss und Beuchat deuten es als ein allgemeines Gesetz, dass das soziale Leben zu den verschiedenen Jahreszeiten nicht auf dem selben Niveau bleibt und es verschiedene, zyklisch alternierende soziale Morphologien im Jahr gibt (vgl. Mauss und Beuchat 1999 [1904 – 5], 274).[237]

Caillois ist der Ansicht, dass Feste überall eine analoge Funktion erfüllen (vgl. Caillois 1995*b*, 690): Sie befreien von den Zwängen des menschlichen Daseins. Das Fest ist ihm zufolge der Moment, bei dem man den Mythos und den Traum lebt, eine Zeit der Verausgabung und der Verschwendung. Heutzutage sei dies allerdings kaum noch zu beobachten. Man habe den Eindruck, die Gesellschaften steuerten auf eine Gleichförmigkeit und Lockerung der Spannungen zu (vgl. Caillois 1995*b*, 690): »La complexité de l'organisme social à mesure qu'elle s'accuse souffre moins l'inerruption du cours ordinaire de la vie.« (Caillois 1995*b*, 690) In der zeitgenössischen Gesellschaft ersetzen die Ferien das Fest. Während aber die Feste eine Phase des Paroxysmus seien, seien die Ferien lediglich Leerräume, Verlangsamungen der sozialen Aktivität. Sie schenken dem Individuum nach Caillois keine Erfüllung und dienen nur der Ent-

---

236 Zu dieser Stelle, die Caillois von Mauss übernommen hat und Mauss von Boas, vgl. Mauss und Beuchat (1999 [1904 – 5], 272).

237 Vgl. zu den verschiedenen Phasen des gesellschaftlichen Lebens auch Durkheim (1981, 295ff).

spannung. Ferien isolieren den Einzelnen von der Gruppe, Feste vereinigen. Anders als das Fest repräsentieren die Ferien nicht den höchsten, sondern den niedrigsten Stand des Kollektivdaseins (vgl. Caillois 1995*b*, 690).

Die von Mauss und Beuchat zuerst in der »Année sociologique« 1904/1905 erschienene Arbeit zu den Eskimos spielt auch im Hintergrund des Collège-Texts »Le vent d'hiver« von Caillois eine Rolle. Bereits der Titel des Vortrags, der 1938 zusammen mit Texten von Bataille und Leiris unter dem Titel »Pour un Collège de Sociologie« in der »Nouvelle Revue Française« veröffentlicht wurde, verdeutlicht die Nähe zur Studie von Mauss und Beuchat.[238] Ebenso erinnert der Titel an eine Studie von Marcel Granet über den Chinesischen Winter.

Für Marcel Granet entstanden in den Festen die frühesten Glaubensformen. Seiner Ansicht nach glaubten die Menschen in China, dass ihre religiösen Handlungen reale Auswirkungen auf die Abläufe der Natur hätten. Granet konnte trotz zahlreicher Bemühungen nicht für das Collège gewonnen werden.[239] Für Caillois' Theorie und Propagierung des Festes sind Granets Ausführungen besonders interessant, da Granet in dem Buch »Fêtes et chansons anciennes de la Chine« (1919) selbst in einem geradezu schwärmerischen Stil von diesen berichtet und ihren sakralen Charakter hervorhebt (vgl. Vogt 1981, 288):

> »Hielten sie ihre periodischen Versammlungen ab, so tauchten plötzlich die Bauern des alten China aus der Abgeschlossenheit eines monotonen privaten Lebens auf, um sich an einem feierlichen, durch die Tradition geheiligten Fest zu beteiligen, das ihre edelsten Ideale verkörperte. Sie ließen ihr kleines Stück Land, ihr ruhiges Dorf und ihre Einsamkeit hinter sich, um jenes Verständnis eines Bundes zu feiern, der die Sicherheit jeder kleinen Gruppe bedeutete. [...] Die Autorität der Tradition, die Feierlichkeiten des Festes, die Bedeutung der Riten und die Zahl derer, die sich an ihnen beteiligten – alles vereinte sich, um der heiligen Orgie eine ungewöhnliche emotionale Kraft zu verleihen. Wie intensiv müssen die Emotionen gewesen sein, die die Menge beherrschten! [Die emotionale Wucht dieses] einzigartigen Augenblicks [...] ist durch eine fast wunderbare Verstärkung dazu geeignet, in denjenigen, aus denen sie hervorgeht, einen unwiderstehlichen Glauben an die Wirksamkeit der Praktiken, die man gemeinsam betreibt, hervorzurufen.« (Granet zitiert nach Vogt 1981, 288f)[240]

---

238 Zu Caillois' Vortrag siehe auch Hinweise in Keller (2001*b*, 154f) und Keller (1998, 533).

239 Wie dem Briefwechsel zwischen Bataille und Caillois zu entnehmen ist (vgl. Bataille 1987*b*, 94, 103).

240 Vgl. die Seiten 224 und 239 in Granets Buch »Fêtes et chansons anciennes de la Chine« (1919). Granet glaubte jedoch daran, dass sich das chinesische Denken wesentlich von dem westlichen Denken unterscheide, hierin war er den Vorstellungen über die Unterschiede zwischen dem Denken der Primitiven und der Modernen von Lévy-Bruhl näher als den Annahmen Durkheims, der ja davon ausging, dass zum Beispiel die elementaren und in primitiven Gesellschaften zu findenden Formen des religiösen Lebens auch noch in den modernen Formen zu finden seien. Vgl. dazu auch W. Paul Vogt (1981, 297) und Hubert Knoblauch (1999, 60).

Mittlerweile sei die Autonomie der moralischen Person die Basis der Gesellschaft geworden, es eröffne sich langsam eine Krise des Individualismus, so Caillois' Prognose in seinem Vortrag »Le vent d'hiver« (Caillois 1995e, 332). Aber selbst die größten Individualisten seien schwache Männer gewesen: »Sade imganinant ses débauches entre les murs d'un cachot. Nietzsche à Sils-Maria, solitaire et maladif théoreticien de la violence, Stirner fonctionnaire à la vie réglée, faisant l'apologie du crime.« (Caillois 1995e, 335) Nun sei der Zeitpunkt gekommen, jeden, der sich nicht aus Furcht oder Eigeninteresse scheut, darin zu unterrichten, einen Kampf gegen die Gesellschaft zu unternehmen. Dies bedeute einerseits, Gemeinschaften zu gründen und andererseits setze dies eine gewisse Erziehung voraus, die vom Geist des Aufruhrs zu einer imperialistischen Haltung führe und impulsive Reaktionen zur Disziplin, Geduld und Kalkulation bringe (vgl. Caillois 1995e, 336). Man müsse sich darauf konzentrieren, nicht weiter zu »profanisieren«, sondern zu »sakralisieren« (vgl. Caillois 1995e, 336f). Das Begehren, die Gesellschaft als Gesellschaft zu bekämpfen, konstituiere die Gruppe; dieser Prozess führe zu einer »sursocialisation« (vgl. Caillois 1995e, 337).

Die kollektive Anstrengung kann sich Caillois zufolge nicht auf die Rasse, die Sprache, historisches Territorium oder Tradition berufen, auf die sich die Existenz der Nation oder der Patriotismus stützen. Ansonsten würde man gerade das billigen und bestärken, was man doch verändern und schwächen wolle. Vielmehr komme eine dringend notwendige Gemeinschaft nur durch gewählte Affinitäten zustande. Drei Typen einer solchen Gemeinschaft stellt Caillois vor: »À l'extrême, ces considérations inclinent à reconnaître comme particulièrement armée pour la lutte, une association militant et fermée tenant de l'ordre monastique actif pour l'état d'esprit, de la formation paramilitaire pour la discipline, de la société secrète, au besoin, pour les modes d'existence et d'action.« (Caillois 1995e, 344) Die Kraft und Macht dieser Gemeinschaft(en) drückt Caillois in seinem Winterwind-Vortrag in Wettermetaphern aus: »Il s'élève présentement dans le monde un grand vent de subversion, un vent froid, rigoureux, arctique, de ces vents meurtriers et si salubres, qui tuent les délicats, les malades et les oiseaux, *quine les laissent pas passer l'hiver*. [...] Une mauvaise saison, peut-être un ère quaternaire – l'avance des glaciers –, s'ouvre pour cette société démantelée, senile, à demi croulante.« (Caillois 1995e, 351f)

Caillois' Beschwörung der Winterzeit als subversive Wendezeit in der Gesellschaft erinnert – über die Studie zum jahreszeitlichen Wechsel von Mauss und Beuchat hinaus – an den stark betonten Aspekt der Gewalt in Mauss' Essay über die Gabe: »Der Gewaltpathos im Collège de Sociologie wird meistens auf nietzscheanisch-vitalistisches und sorelsche Anleihen zurückgeführt, kann aber auch mit dem ›Essai sur le don‹ in Zusammenhang gebracht werden, wo der Potlatsch auch den Aspekt der Gewalt (violence) umfaßt.« (Keller 2001b, 154) Der Essay über die Gabe von Marcel Mauss spielt nicht nur eine bedeutende Rolle für die Theorie der Verausgabung, die Georges Bataille zu Beginn der dreißiger Jahre in der »La critique sociale« (No. 7, Januar 1933) zu elaborieren beginnt (vgl. Bataille 1970b, 302ff, 660ff)[241] und auf die

---

241 Bataille wurde 1925 von Alfred Métraux auf Mauss' Gabe hingewiesen (vgl. Fournier 1994, 707). Vgl. auch die biographischen Ausführungen in Mattheus (1984, 238ff). Mattheus zitiert

noch im Abschnitt zu Bataille eigens eingegangen wird, sondern Mauss' Studie zur Gabe ist fast für die gesamte nonkonformistische Generation prägend. Ihr Einfluss auf das Denken in der Zwischenkriegszeit kann gar nicht hoch genug eingeschätzt werden. So schreibt denn auch Thomas Keller in seiner ausführlichen Studie über die deutsch-französischen Dritte-Weg-Diskurse in der Zwischenkriegszeit:

»Die Beobachtungen, die in weit entfernten Ländern gemacht werden, dienen nicht dazu den ›Wilden‹ zu idealisieren, sondern um nicht-utilitaristische soziale Praxis auch in industrialisierten Ländern mit ethnologischen Analysen identifizieren zu können. Das Gabe-Denken ist in diesem Sinne weder vormodern noch antimodernistisch. Es konfiguriert eine alternative Moderne. […] Das Gabe-Denken wird in der Phase virulent, die auf die relative politische Stabilität zwischen 1924 und 1929 (in Hinblick auf Frankreich und Deutschland die Locarno-Ära) folgt. Nonkonformistische Orientierungen fordern die etablierten Parteien und Bewegungen und auch Humanwissenschaften heraus. In einer komplexen Bewegung verbindet sich der Risikodiskurs aus Frankreich mit Konzepten aus Deutschland, um Dritte-Weg-Konzeptionen zu formen. Das Denken der Gabe und der Verausgabung wird fast von der Gesamtheit der nonkonformistischen Bewegungen der Zwischenkriegszeit aufgegriffen und zu Risikodiskursen umgeformt. Die Spuren dieses Denkens von Mauss findet man bei Déat, Dandieu, Bataille, Marc, Leiris, Caillois, Queneau, Maulnier, Blanchot, Lévinas. Diese Nonkonformisten (so wird die um 1905 geborene Generation genannt, die den Krieg noch bewußtseinsmäßig erlebt hat, ohne an ihm teilzunehmen, und die die restaurierte bürgerliche Nachkriegsgesellschaft ablehnt) weisen eine Geistigkeit zurück, in der das Ich kein Risiko eingeht.« (Keller 2001b, 94)

Im Denken der Gabe finden sich sowohl die (sakralen) Verausgabungen der Feste als auch die sakralisierenden Opfer und Zerstörungen wieder. Bataille schreibt über die den Opfer-Aufsatz von Hubert und Mauss, es handele sich dabei um eine meisterhafte Studie; der Essay über die Gabe sei von »grundsätzlicher Bedeutung für jedes Verständnis der Ökonomie, das ermessen will, inwieweit mit ihr Zerstörungsformen des Überschusses der produktiven Tätigkeit verbunden sind.« (Bataille 1997b, 101)

Batailles Theorie der Verausgabung ist angelehnt an Mauss' Studie über die Gabe. Warum zitiert Mauss aber an keiner Stelle Batailles Text über die Verausgabung aus den dreißiger Jahren, obgleich er sie kennen musste? Er kannte die Projekte seiner Studierenden und er musste auch von Batailles Theorie wissen. Warum ist er nicht auf dessen Thesen, die sich an seinen orientierten, eingegangen? Jean-Christophe Marcel gibt darauf die Antwort: »The fact is that nothing in Bataille's project could find favour in the eyes of Mauss.« (Marcel 2003, 142) Batailles Denken musste von Mauss als ein Angriff auf seinen Rationalismus, seine Auffassung von Wissenschaft und auf seinen Glauben an die Vernunft und den Fortschritt gedeutet werden. Trotz

dort Métraux, der erzählt, wie die Ausführungen über den Potlatsch bei Bataille Freude und Vergnügen auslösten. Zur besonderen Rolle von Alfred Métraux für den ethnologischen Werdegang von Michel Leiris vgl. dessen Beitrag zu Métraux in Leiris (1981a, 62–66).

seiner Zusammenarbeit bei der Zeitschrift »Documents« klaffte ein Graben zwischen den Werten seiner Generation und denen der Nonkonformisten. »Mauss's sociology has no room in its explanation of the social bond for any kind of the irrational.« (Marcel 2003, 147) Batailles Bewunderung für das Gabedenken von Mauss stieß also bei diesem auf kein Gegeninteresse; Caillois und Leiris wollte Mauss vor den Fallen des Irrationalismus bewahren.[242]

In seiner Einleitung zum Werk von Marcel Mauss bemerkt Claude Lévi-Strauss, dass kaum eine Lehre so einen tiefen Einfluss auf das soziologische und ethnologische Denken in Frankreich ausgeübt habe wie die von Mauss (Lévi-Strauss 1999a, 7).[243] Und er fügt mit Blick auf den Essay über die Gabe hinzu, dass Mauss' Abhandlung vorführt, wie man Sachverhalte auf die Natur eines symbolischen Systems bezieht: »Wie die Sprache *ist* das Soziale eine (und zwar dieselbe) autonome Realität; die Symbole sind realer als das, was sie symbolisieren, der Signifikant geht dem Signifikat voraus und bestimmt es. Dieses Problem werden wir im Zusammenhang mit dem *mana* wiederfinden. Das Revolutionäre der Abhandlung *Die Gabe* ist, daß sie uns diese Richtung einschlagen läßt.« (Lévi-Strauss 1999a, 26)[244] Dem Essay über die Gabe waren bereits zahlreiche Forschungen und Artikel zum Thema vorangegangen (vgl. dazu auch Lévi-Strauss 1999a, 19). Wie bereits erwähnt, hatte Georges Davy in seiner umstrittenen *thèse* den *potlatsch* schon beschrieben (vgl. dazu Besnard 1985c, 249). Davys Studie beruhte auf der »Grundlage der Forschungen von Boas und Swanton, deren Bedeutung Mauss seinerseits schon vor 1914 in seinem Unterricht hervorhob […], und die ganze Abhandlung *Die Gabe* geht auf eine höchst direkte Weise aus den *Argonauts of the Western Pacific* hervor, die Malinowski ebenfalls zwei Jahre vorher veröffentlicht hatte und die ihn ganz unabhängig zu Schlußfolgerungen führen sollten, die denen von Mauss nahestehen.« (Lévi-Strauss 1999a, 26)

Warum übt dieses Werk von Mauss dennoch so eine magische Anziehungskraft aus? Was steckt in dieser »Kladde« (Lévi-Strauss 1999a, 26) und in dieser eigentümlichen Sammlung amerikanischer, keltischer, griechischer, ozeanischer oder indischer Belege? Lévi-Strauss beantwortet diese Fragen damit, dass kaum einer den Essay habe lesen können, »ohne die ganze Skala der Empfindungen zu durchlaufen, die Malebranche in Erinnerung an seine Descartes-Lektüre so gut beschrieben hat: Unter Herzklopfen, bei brausendem Kopf erfaßt den Geist eine noch undefinierbare, aber unabweisbare Gewißheit, bei einem für die Entwicklung der Wissenschaft entscheidenden Ereignis zugegen zu sein.« (Lévi-Strauss 1999a, 26) Denn zum ersten Male sei das Soziale zu einem System geworden, bei dem man zwischen den Elementen Äquivalenzen und Verbindungen entdecken konnte.[245] Was genau behandelt Mauss in seiner so große Faszination erregenden Studie?

---

242 Siehe dazu das Ende des Abschnitts.

243 Natürlich ist diese Einschätzung von Lévi-Strauss auch eine sehr persönliche (und man kann sagen: auch theoriestrategische) Perspektive, wie Gurvitch im Vorwort der französischen Ausgabe zu Recht feststellte.

244 Zur Beziehung zwischen *mana*, Tabu und *sacer* vgl. Agamben (2002).

245 Vgl. zur Kritik an der Interpretation von Lévi-Strauss sowie zur Doppeldeutigkeit von *gift* als Gabe und vergiftetes Geschenk das Kapitel zu Jacques Derrida in der vorliegenden Studie.

In seinem Essay über die Gabe analysiert Mauss das Phänomen des intertribalen Gabentauschs, bei dem Geschenke, Rituale, Festessen, Frauen, Tänze etc. in Form von Geschenken oder Verträgen getauscht werden, wobei das Besondere ist, dass die Gabe zwar in einer eher freiwilligen Form geschieht, dennoch aber immer wieder erwidert werden muss (vgl. Mauss 1999a, 17). Die Leistungen und Gegenleistungen werden nach Mauss in einer freiwilligen Form vollzogen, »obwohl sie im Grunde streng obligatorisch sind, bei Strafe des privaten oder öffentlichen Kriegs. Wir haben vorgeschlagen, all dies das *System der totalen Leistungen* zu nennen« (Mauss 1999a, 22). Das Phänomen des Gabentauschs ist ein »totales gesellschaftliches Phänomen«, das sich dadurch auszeichnet, dass in ihm alle Arten von Institutionen gleichzeitig zum Ausdruck kommen: »religiöse, rechtliche und moralische – sie betreffen Politik und Familie zugleich; ökonomische – diese setzen besondere Formen der Produktion und Konsumtion oder vielmehr der Leistung und Verteilung voraus; ganz zu schweigen von den ästhetischen Phänomenen, in welche jene Tatsachen münden, und den moralischen, die sich in diesen Institutionen offenbaren.« (Mauss 1999a, 17f)

Durch den Vergleich verschiedener segmentärer Gesellschaften analysiert Mauss, wie der Gabentausch und die damit zusammenhängenden Verpflichtungen in Kollektiven vollzogen werden. Bemerkenswerterweise handelt es sich aber nicht so sehr um friedliche Formen des Tausches, sondern um das, was Mauss mit dem Begriff *potlatsch* bezeichnet: »Wir schlagen vor, den Namen ›Potlatsch‹ jener Art von Institution vorzubehalten, die man unbedenklicher und präziser, aber auch umständlicher *totale Leistung vom agonistischen Typ* nennen könnte.« (Mauss 1999a, 24f) Anstatt eines friedlichen Tausches von Gaben herrschen beim *potlatsch* Rivalität und Antagonismen vor, die sogar bis zum offenen Kampf und der Tötung der Häuptlinge und der so genannten Adligen führen (vgl. Mauss 1999a, 24). Ferner – ein Aspekt, auf den insbesondere Bataille in seiner Theorie der Verausgabung hinwies – »geht man bis zur rein verschwenderischen Zerstörung der angehäuften Reichtümer […].« (Mauss 1999a, 24) All dies geschieht, um sich symbolisches Kapital, also Ansehen, Annerkennung und Prestige zu verschaffen und den Beschenkten zu demütigen. Im Gegensatz zu den Collège-Mitgliedern und insbesondere zu Bataille[246], der die Verausgabung weitgehend als interessenlose Beschäftigung betrachtet, ist für Mauss der verschwenderische, risikofreudige und luxuriöse Gabentausch mit dem Interesse nach Prestige und symbolischer Macht verknüpft. Es geht in diesem Kampf um Anerkennung allerdings nicht um eine Anhäufung oder endlose Ansammlung von ökonomischem Kapital oder Reichtümern.[247]

»Man hortet die Schätze, aber nur, um sie später auszugeben, um sich Leute zu ›verpflichten‹, ›Lehnsmänner‹ zu gewinnen. […] Man hat ein Interesse, aber es ist dem, das als unser Leitprinzip gilt, lediglich analog. Zwischen der relativ amorphen und

---

Zum Sozialen und Äquivalenzketten vgl. auch Moebius (2003b). Zur Bedeutung des *mana* und seiner Beziehung zu Signifikantenketten vgl. Moebius (2002b).

246 Siehe dazu das Kapitel zu Bataille.

247 Vgl. hierzu auch die Bemerkungen von Thomas Keller (2001b, 91).

selbstlosen Wirtschaft im Innern der Untergruppen, welche das Leben der australischen und nordamerikanischen Clans regelt, und der individualisierten reinen Interessengemeinschaft, die unsere Gesellschaften in gewissem Maße immer kannten, seit die Griechen und Semiten sie begründet haben, zwischen diesen beiden Wirtschaftsformen findet sich eine lange Reihe von Institutionen und wirtschaftlichen Vorgängen, die nicht von jenem Rationalismus geleitet werden, den die Theorie so bereitwillig unterstellt. Das Wort ›Interesse‹ selbst ist jüngeren Datums und geht zurück auf das lateinische ›interest‹, das in den Rechnungsbüchern über den einzunehmenden Einkünften geschrieben stand. In den epikureischsten der alten Moralsysteme strebte man nach dem Guten und dem Vergnügen, und nicht nach materieller Nützlichkeit. Es bedurfte des Sieges des Rationalismus und Merkantilismus, damit die Begriffe Profit und Individuum Geltung erlangen und zu Prinzipien erhoben werden konnten. […] Erst unsere westlichen Gesellschaften haben, vor relativ kurzer Zeit, den Menschen zu einem ›ökonomischen Tier‹ gemacht. [...] Der *homo oeconomicus* steht nicht hinter uns, sondern vor uns […].« (Mauss 1999*a*, 172f)

Gegenseitige, in der Verausgabung angelegte Großzügigkeit und Verpflichtung, wie sie zum Beispiel in der französischen Gesetzgebung der Sozialversicherung angelegt sei (vgl. Mauss 1999*a*, 160), und nicht rechnerisches Kalkül sind nach Mauss die lang vergessenen, nun wieder auftauchenden Motive, die im Thema der Gabe angelegt seien. Man solle zu den archaischen Prinzipien zurückkehren (damit ist natürlich nicht gemeint, zu den archaischen Gesellschaften selbst). Dann werde man Handlungsmotive erkennen, die vielen Gesellschaften noch bekannt seien, nämlich: »die Freude am öffentlichen Geben, das Gefallen an ästhetischem Luxus, das Vergnügen der Gastfreundschaft und des privaten und öffentlichen Festes.« (Mauss 1999*a*, 163) In den freien Berufen funktioniere in einem gewissen Grad eine Moral und Ökonomie dieser Art schon, wie Mauss weiter ausführt. Er selbst war überaus großzügig, schenkte viel und spendete seine Ersparnisse der sozialistischen Partei.

Ehre, Selbstlosigkeit und korporative Solidarität seien weder leere Wörter noch würden sie der Notwendigkeit zur Arbeit zuwiderlaufen. »Humanisieren wir auch die anderen professionellen Gruppen, damit wäre ein Fortschritt erzielt, den schon Durkheim häufig empfohlen hat.« (Mauss 1999*a*, 163) Wie die Aussagen deutlich machen, war Mauss nicht nur an einer deskriptiven Beschreibung und Analyse des *potlatsch* gelegen, sondern es galt vielmehr auch die moderne Gesellschaft vor ökonomischen Profitinteressen zu bewahren. Damit man Mauss nicht missversteht: Es geht ihm nicht um ein Zurück in die archaische Welt oder Gesellschaft. Vielmehr befürwortet er eine Art Aufnahme bestimmter, elementarer Prinzipien der Gabe, die jenseits rein utilitaristischer Prinzipien anzusiedeln sind und die nach Mauss' Wunsch Eingang in die modernen, laizistischen Gesellschaften finden sollen. Thomas Keller hat Mauss' Denkweise treffend so beschrieben, dass es nicht um eine Idealisierung des so genannten ›Wilden‹ gehe, sondern darum, »nicht-utilitaristische soziale Praxis auch in industrialisierten Ländern mit ethnologischen Analysen identifizieren zu können. Das Gabe-Denken ist in diesem Sinne weder vormodern noch antimodernistisch. Es konfiguriert eine alternative Moderne.« (Keller 2001*b*, 94)

Aber nicht nur das Gabe-Denken beeinflusste die nonkonformistische Generation bzw. die Mitglieder des Collège. Neben den exzessiven Festen, den Opfern, den Tabubrüchen, den Verausgabungen und gewaltvollen Zerstörungen war auch die Thematik der Geheimgesellschaften von großem Interesse. Wurde dieses Interesse in der Geheimgesellschaft *Acéphale* als wesentlich untheoretische, aber ritualisierte soziale Praxis ausgeübt, so bot das Collège die öffentliche Plattform, über Geheimgesellschaften wissenschaftlich zu reflektieren wie beispielsweise in der Sitzung vom 19. März 1938. Wie so oft war Roger Caillois erkrankt und Bataille hielt an seiner Stelle den Vortrag zu »Confréries, ordres, sociétés secrètes, églises« (Caillois 1995a).

Bataille, der deutlich seine eigenen Gesichtspunkte in das Referat einbringt, differenziert dort zwischen zwei Arten von Geheimgesellschaften. So müssen nicht nur junge von alten Gesellschaften unterschieden werden, sondern insbesondere gelte Folgendes:

> »Il faut encore distinguer entre celles des ›sociétés secrètes‹ dont la fonction touche au changement de l'existence généralement et celles que Marcel Mauss désigne sous le nom de ›sociétés de complot‹. Les sociétés de complot ne sont d'ailleurs pas particulières à la civilisation avancée: on les trouve aussi bien dans les royaumes arrières de l'Afrique noire. Et il est souvent difficile de les distinguer des autres, car il est toujours possible à une ›société secrète‹ purement existentielle de complotter. [...] Il semble donc nécessaire de réserver le nom ›société de complot‹ à celles des sociétés secrètes qui se forment expressément en vue d'une action distincte de leur existence propre: en d'autres termes qui se forment pour agir et non pour exister.« (Bataille in Caillois 1995a, 239f)

Beeinflusst vom deutschen Existentialismus (Kierkegaard, Nietzsche, Heidegger) (vgl. Hollier 1995a, 240) betont Bataille den wesentlich existentiellen Charakter von Geheimgesellschaften; Geheimgesellschaften haben in erster Linie weder ein bestimmtes Ziel noch irgendeinen bestimmten Nutzen. Ihr Sinn liegt Bataille zufolge einfach in ihrem Existieren, in ihrem *Sein* – die Geheimgesellschaft wird nicht in erster Linie konstituiert, um zu handeln, sondern um zu sein; es dreht sich um nichts weniger als um die »totale Existenz«.

In dieser Perspektive unterscheidet sich Bataille von Caillois: Letzterer spricht Geheimgesellschaften einen wesentlich politischeren Aspekt zu als Bataille, der wiederum eher den mythischen Charakter hervorhebt. Beide Sichtweisen auf Geheimgesellschaften weichen von der Definition ab, die Marcel Mauss den Geheimgesellschaften gegeben hat; Mauss zufolge haben die Geheimgesellschaften eine bestimmte Funktion. In seinem »Manuel d'ethnographie« heißt es unter dem Abschnitt zu den Geheimgesellschaften:

> »Sociétés secrètes. – La société secrète est secrète par son fonctionnement; mais sa fonction est publique, son action est toujours à quelque degré publique. Ses membres appartiennent à divers clans et les grades à l'intérieur de la société recoupent les divisions entre clans. [...] La question se posera de la légalité ou de l'illégalité de la

société secrète. La façon dont nous interprétons trop généralement la société secrète comme hostile à l'État est une erreur. Nous nous figurons toujours les sociétés secrètes du point de vue de notre société. Ce sont en effet en partie des sociétés de complots, mais qui jouent une fonction régulière. [...] La société secrète joue un rôle important dans la vie religieuse: un rôle public et un rôle secret. Très souvent, les peines édictées sont infligées par magie. A l'intérieur de la société existe normalement un culte de confrérie.« (Mauss 1926 – 1929, 129ff)[248]

Den eben angeführten Unterschied zu Mauss' Perspektive auf Geheimgesellschaften im Gegensatz zum Collège markiert Bataille in seinem Vortrag anhand eines Briefes von Marcel Mauss an Élie Halévy, in dem Mauss seine Definition von Geheimgesellschaften und seine Abneigung gegenüber denselben expliziert hatte.[249] Mauss führt im Brief aus, dass die Doktrin der »minorités agissantes« der anarchosyndikalistischen Zirkel in Paris, die Doktrin der Gewalt und des Korporatismus sowohl Sorel als auch Lenin mit Mussolini verbinde. Und er fügt hinzu: »Le corporatisme chrétien-social autrichien, devenu celui de Hitler, est d'un autre ordre à l'origine; mais enfin, copiant Mussolini, il est devenu du même ordre.« (Mauss in Hollier 1995a, 848). Mauss sieht in Geheimgesellschaften Komplottgesellschaften, Bataille hingegen so genannte *existentielle Gesellschaften*; während Erstere sich von einem politischen Ziel her begründen, so Letztere zunächst einmal nur von ihrem Willen, zu *sein* (vgl. Mattheus 1984, 394).

Wie Heinz Mürmel zu Recht bemerkt hat, sind die Mitglieder des *Collège de Sociologie* Erben von Mauss (vgl. Mürmel 1997, 220). Mauss selbst aber war erschrocken darüber, in welche Bahnen sein Denken gelenkt wurde. Weder glaubte er an die Möglichkeit, anhand von Geheimgesellschaften die moderne Gesellschaft und ihre Kultur zu verändern noch billigte er die Rezeption seines Essays über die Gabe. Die Hypostasierung des linken Sakralen durch das Collège widersprach der Untersuchung von gesellschaftlichen Totalphänomenen. Darüber hinaus hielt Mauss die Vorstellung des *mana* für allgemeiner als das Sakrale (vgl. Mauss 1983, 149). Besonders deutlich wird seine Kritik an bestimmten thematischen Schwerpunkten des Collèges und dessen Irrationalismus in einem Brief an seinen Schüler Roger Caillois, der Mauss sein Buch »Le mythe et l'homme« zugesandt hatte.[250] Am 22. Juni 1938 antwortet ihm Mauss (vgl. Mauss 1990): Caillois sei ein Opfer des Irrationalismus Heideggers, und Heideggers Philosophie wiederum legitimiere den in den Irrationalismus vernarrten Hitlerismus. Hier der letzte Abschnitt des Briefes *in extenso*:

»Mais ce que je crois un déraillement général, dont vous êtes vous-même victime, c'est cette espèce d'irrationalisme absolu par lequel vous terminez, au nom du labyrinthe et de Paris, mythe moderne[251], – mais je crois que vous l'êtes tous en ce mo-

---

248 Vgl. auch die Fußnote 1 in Hollier (1995a, 240).

249 Der Brief findet sich wieder im Werk über Marcel Mauss von Marcel (Fournier 1994, 680f). Ein kommentierter Auszug aus dem Brief ist in Hollier (1995a, 847 – 851) abgedruckt.

250 Vgl. hierzu auch Fournier (1994, 709f).

251 Hier ist das Kapitel »Paris, mythe moderne« aus Caillois' Buch »Le Mythe et l'homme« gemeint, vgl. Caillois (1972 [1938], 150ff).

ment, probablement sous l'influence de Heidegger, Bergsonien attardé dans l'hit-lérisme, légitimant l'hitlérisme entiché d'irrationalisme –, et sourtout cette espèce de philosophie politique que vous essayez d'en sortir au nom de la poèsie et d'une vogue sentimentalité. Autant je suis persuadé que les poètes et les hommes de grande éloquence peuvent quelquefois rythmer une vie sociale, autant je suis sceptique sur les capacités d'une philosophie quelconque, et sourtout d'une philosophie de Paris, à rythmer quoi que ce soit.

Au bref je ne vous crois pas philosophe, pas même de métier. Croyez-moi, restez dans votre sphère de mythologue. C'est au coin qu'on rencontre de nouvelles choses, mais il faut faire du chemin hors des routes.

Bon courage, bonne défense de vous-même. A bientôt.

Bonne poignée de main.

Mauss« (Mauss 1990, 87)[252]

Robert Walter Hertz

Das Sakrale hat zwei gegensätzliche Pole. Wie das Feuer, das Gutes und Böses, sowohl eine günstige als auch unheilvolle Wirkung zugleich erzeuge, sei das Sakrale zugleich rein und unrein, so Roger Caillois in seinem Vortrag zur Ambiguität des Sakralen vom 15. November 1938 (vgl. Caillois 1995c, 372). Das Reine sei anziehend, das Un-reine abstoßend; das eine edel, das andere gemein; Respekt, Liebe und Dankbarkeit gegenüber der einen Seite, Angst, Widerwillen und Schrecken gegenüber der anderen Seite (vgl. Caillois 1995c, 379f). Die besondere Bedeutung dieser »Dialektik des Sa-kralen« vermittelt sich im Wesentlichen durch den Durkheim-Schüler Robert Hertz, den Caillois deswegen auch in seinem Vortrag explizit hervorhebt.[253] Interessanter-weise hatte Robert Hertz bereits vor den Collègiens mit seiner Studie über den Kult des Heiligen Saint Besse 1913 ethnographische Feldstudien religiöser Phänomene in der modernen Kultur unternommen. Hertz war dadurch einer der ersten, der eine

---

252 In Briefen an den Kritiker Svend Ranulf, der Durkheim wegen seiner Studien zur Efferveszenz für einen wissenschaftlichen Vorläufer des Faschismus hält, bemerkt Marcel Mauss, dass die von der Durkheim-Schule analysierten Verhaltensweisen manche Parallelen zum Faschismus haben (vgl. Vogt 1981, 289f) und schreibt: »Daß große moderne Gesellschaften – wie die Be-wohner Australiens durch ihre Tänze – in diesem Ausmaß hypnotisiert [*suggestionées*] werden könnten ... hatten wir wahrlich nicht erwartet. *Diese* Art Rückkehr zum Ursprünglichen war nicht Gegenstand unserer Überlegungen. [Der Faschismus ist] eine überaus starke Verifizie-rung der von uns angedeuteten Sachverhalte und der Beweis dafür, daß wir diese Verifizierung durch das Böse und eben nicht nur durch das Gute hätten voraussehen wollen.« (Mauss zitiert aus Vogt 1981, 290)

253 Ohne Zweifel sind Durkheims eigene Analysen über die zwei Seiten des Sakralen nicht nur von Robertson Smith, sondern auch von Robert Hertz' geprägt, auch wenn dies Durkheim nicht explizit angibt (vgl. Mürmel 1997, 214). Vgl. dazu auch Needham (1973a, xiii).

Ethnographie der eigenen Gesellschaft betrieb. Hieran knüpften die Collègiens ebenfalls an.

Die sakralsoziologischen Reflexionen des Collège greifen auf die Analysen von Robert Hertz zurück, um das Sakrale in seiner Polarität genauer zu erfassen.[254] So verweist beispielsweise Caillois in seinem bereits erwähnten Vortrag auf die bedeutende und bekannteste Studie über den Vorrang der rechten Hand: »La prééminence de la main droite. Etude sur la polarité religieuse« von Hertz (1909*a*).[255] »R. Hertz, qui a fixé ces oppositions, a donné de l'une d'entre elles, celle du droit et du gauche, une étude approfondie. On la voit étendue aux moindres détails, dans le rituel, dans les pratiques de divination, dans les usages et dans les croyances.« (Caillois 1995*c*, 381) Ebenso sei die Differenz von Rechts und Links nicht nur mit »Rechtschaffenheit« und »Linkischem«, sondern auch mit dem Dualismus von Innen und Außen verknüpft (vgl. hierzu auch Hertz 1970 [1909]*b*, 97).[256] Jede Gesellschaft besitze duale, symbolische Klassifikationen.[257] Das Sakrale habe eine rechte und eine linke Seite. In der Sitzung vom 5. Februar 1938 zum Thema der Anziehung und Abstoßung sowie zur rechten und linken Seite des Sakralen bemerkt Bataille: »Mais, ici j'arrive à des énoncés beaucoup moins familiers, dans le domaine sacré, ils n'occupent pas n'importe quel lieu: ils appartiennent au côté gauche et droite, ou en d'autres termes impure et pure ou encore néfaste et faste.«(Bataille 1995*b*, 162) Was links sei, wirke abstoßend, was rechts sei, wirke anziehend, wobei diese Seiten mobil seien und im Laufe ritueller Praxis variieren können (vgl. Bataille 1995*b*, 162).

Nach Angaben von Marcel Mauss habe sich das Interesse von Robert Hertz insbesondere auf die dunkle und sinistre Seite der menschlichen Mentalität gerichtet.[258]

---

254   Zu dem von der Soziologie bisher kaum richtig wahrgenommenen Durkheim-Schüler Robert Hertz und seinem Verhältnis zum Collège vgl. auch die kurzen Angaben in der instruktiven Werkbesprechung und Hertz-Biographie von Robert Parkin (1996, 77–78), die auch zahlreiche wirkungsgeschichtliche Hinweise beinhaltet. Ebenso siehe François A. Isambert (1983). Zum Collège und Hertz vgl. auch die kurzen Hinweise von Richman (2002, 5, 95f, 109, 124, 200) und Alexander Riley (1999, 305f, 329ff). Zu Hertz siehe ferner auch den ihm gewidmeten Sammelband und die darin enthaltene Einführung von Rodney Needham (1973*a*), Needham (1973*b*). In Deutschland sind die religionssoziologischen und religionswissenschaftlichen Texte von Hertz bislang relativ unbekannt geblieben. Demnächst publizieren Christian Papilloud und ich drei Schlüsseltexte von Hertz im UVK Verlag und werden dort eine Einleitung in sein Werk geben.

255   Im Folgenden wird der Fassung aus der später zusammengestellten Textsammlung in Hertz (1970) gefolgt, vgl. dann Hertz (1970 [1909]*b*).

256   Vgl. zum Thema auch den Beitrag von Marcel Granet (1973) zur Bedeutung von rechts und links in China.

257   Vgl. auch die Studie zu den Göttern Mitra-Varuna von Dumézil, zu der später noch etwas gesagt wird.

258   In Mauss' Text »In memoriam« heißt es unter anderem zu Hertz: »Il était déjà un maître parmi les maîtres, et sa puissance de travail était aussi grande que son travail. […] Hertz s'était fixé lui-même dans l'étude des phénomènes à la fois religieux et moraux. Et il en avait choisi la partie la plus difficile, la moins étudiée, où tout est à faire, celle de ce coté sombre de l'humanité: le crime et le péché, la peine et le pardon. Il avait commence une œuvre d'accumulation et

So behandeln beispielsweise neben dem Aufsatz zur rechten und linken Hand seine weiteren, den Mitgliedern am Collège bekannten Texte den Tod, die Sünde und deren Sühne. Auch seine persönlichen Auffassungen ähneln in gewisser Weise den Sichtweisen der Collègiens. Hertz schreibt beispielsweise in einem Brief an einen englischen Freund: »I think more and more that if one has to be religious, it is better to take it all in – I mean, no rationalism, no secularization of the divine, no mean adaptation of the grand absurdity of true religion to our petty intellectualist scruples.« (Hertz in Riley 1999, 313).[259] Der Hertz-Spezialist Alexander Riley bemerkt mit Blick auf das *Collège de Sociologie*, dass Hertz' Obsession für die dunkle Seite der Menschheit, also zur linken Seite des Sakralen ihn so anziehend für das Collège gemacht habe, wobei die Sicht auf die linke Seite einen Bezug zwischen Durkheim und Nietzsche herstelle (vgl. Riley 1999, 329):

> »What I suggest, however, is that Hertz's life is an example of the same endeavor undertaken, if in a more exaggerated manner, by the Collège. That is, it is an attempt to find a point of connection between the insights provided by this new social science into the nature and reality of human existence and the deep and personal existential yearnings gnawing internally at many intellectuals during this fateful moment in European cultural history [...]. Hertz is literally the closest thing we have to a precursor to the position taken up by Bataille and his colleagues as generation later which Jean-Michel Besnier characterizes as that of l'intellectuel pathétique, a phrase which we ought perhaps best translate as ›the suffering intellectual‹. Why ›suffering‹? Precisely because of this seemingly radical contradiction between the scientific tools he has acquired for the exploration, and consequently the demystification, of some of the fundaments of human social life and the grave difficulties faced in attempting to constitute meaning himself in this demystified world.« (Riley 1999, 330)

Um die volle Bedeutung der für die Sakralsoziologie des Collège so bedeutenden Polarität zwischen rechts und links hinreichend zu erfassen, soll im Folgenden ein Blick in

---

d'élaboration de matériaux vraiment formidable. Les deux fameux mémoires qu'il publia sur la ›Représentation collective de la mort‹ et sur la ›Prééminence de la main droite‹, n'en sont en somme qu'un prologue et qu'un appendice. Mais ils montrent à quel point Hertz était maître de ses idées et dominait la mer des faits.« (Mauss 1969 [1925], 21) Mauss führte in der Zwischenkriegszeit ausgehend von Hertz' Studien einige Seminare über die Sünde und die Sühne durch (vgl. Fournier 1994, 592). Wie andere Durkheim-Schüler war Hertz Sozialist; er gründete die »Cahiers du socialiste«, wurde ein Anhänger der sozialistischen Partei S.F.I.O. (Section Française de l'Internationale Ouvrière) und von Jean Jaurès (vgl. Prochasson 1993, 124).

259 Der Brief ist vom 2. Juli 1911 und im Original in Englisch geschrieben. Wen die Frage interessiert, inwiefern Hertz ein Nietzscheaner oder »Bergsonianischer Durkheimianer« gewesen ist, dem sei ferner der instruktive Aufsatz von Alexander Riley (1999) mit dem Titel: »Whence Durkheim's Nietzschean grandchildren? A closer look at Robert Hertz's place in the Durkheimian genealogy« empfohlen. An dieser Stelle sei Alexander T. Riley für seine hilfreichen Hinweise und die Zusendung seiner Beiträge ganz herzlich gedankt.

die Studie über den Vorrang der rechten Hand von Robert Hertz geworfen werden.[260]

Was gibt es doch für eine perfekte Ähnlichkeit zwischen unseren beiden Händen; und zugleich was für eine zum Himmel schreiende Ungleichheit, so Robert Hertz zu Beginn von »La prééminence de la main droite. Etude sur la polarité religieuse« (Hertz 1970 [1909]*b*, 84). Hertz wurde zu seiner Studie durch John Whites erstem Band des Werkes »Ancient History of the Maori« (1887 – 1890) (vgl. Mauss 1974, 156) angeregt. Darin beschreibt White die Aufteilung der Götter bei den Maori in Götter der rechten Seite und Götter der linken Seite, Götter des Krieges und Götter des Friedens, der Träume und der Magie.[261] Hertz stellt zunächst fest, dass der rechten Hand für gewöhnlich Ehren zuteil werden, dass sie die Handelnde und Nehmende sei, hingegen die linke Hand lediglich »supplementären« Charakter habe; sie hilft und unterstützt. Die rechte Hand sei das Symbol und das Modell aller Aristokratien, die linke das aller Plebejer (vgl. Hertz 1970 [1909]*b*, 84).[262] Woher kommen dieser Dualismus und diese binäre Struktur, bei der der eine Term den anderen beherrscht? Wie kommt es, dass die rechte Hand normalerweise höher und tatkräftiger eingeschätzt wird als die linke?

Hertz' Überlegungen nehmen ihren Ausgang von der Annahme, dass die physiologische Asymmetrie zwischen rechts und links weder physischen noch organischen Ursprungs sei, sondern als soziale Tatsache wesentlich aus dem Sozialen selbst erklärt werden müsse. In vielen Untersuchungen werde dies jedoch übersehen. So werden soziale Hierarchien vielfach auf die so genannte »Natur der Dinge« zurückgeführt; Hertz nennt hier Aristoteles' Rechtfertigung der Sklaverei oder die Unterdrückung der Frauen. Ähnlich wie in diesen Vorstellungen einer »natürlichen Überlegenheit« – entweder einer Ethnie oder eines Geschlechts – herrsche in der öffentlichen Meinung die Annahme vor, der Vorrang der rechten Hand sei organisch und nicht menschlichen Konventionen oder dem Glauben der Menschen geschuldet (vgl. Hertz 1970 [1909]*b*, 84).

Von allen anatomischen Untersuchungen zur Frage nach der Ursache der Rechtshändigkeit sei insbesondere diejenige interessant, die die größere Macht der rechten Hand mit der größeren Entwicklung der linken Gehirnhälfte verbunden habe, die die Muskeln der entgegengesetzten Seite kräftige: »De même que le centre du langage articulé se trouve dans cette partie du cerveau, les centres qui président aux mouvements volontaires y résideraient principalement.« (Hertz 1970 [1909]*b*, 85) Diese Theorie besagt, dass das Gehirn Rechtshändigkeit konstituiert. Das Vorrecht der rechten Hand gründe dann in der asymmetrischen Struktur der Nervenzentren (vgl. Hertz 1970 [1909]*b*, 85).

---

260 Dabei ist darauf hinzuweisen, dass die Untersuchungen von binären Oppositionen und dualistischen symbolischen Klassifikationen auch zu den zentralen Forschungsobjekten aktueller sozialwissenschaftlicher Richtungen (vgl. dazu Moebius 2003*b*) gehören und somit bei Hertz heute noch bedeutende Erkenntnisse und Impulse hierzu gewonnen werden können. Eine genauere Analyse dazu muss allerdings noch aufgeschoben werden.

261 Vgl. auch Parkin (1996, 60).

262 Zum Begriff der Supplementarität siehe Jacques Derrida (1998).

Auch wenn für Hertz kein Zweifel besteht, dass es irgendeine Verbindung zwischen der Vorherrschaft der rechten Hand und der linken Gehirnhälfte gibt, so müsse man doch die Frage stellen, welche von beiden die Ursache und welche die Wirkung sei. Könne man nicht auch von folgender Hypothese ausgehen: »Nous sommes gauchers du cerveau parce que nous sommes droitiers de la main?« (Hertz 1970 [1909]*b*, 85) Vielleicht ist ja unsere linke Gehirnhälfte aufgrund der vorherrschenden Rechtshändigkeit besser entwickelt? Was bedeutet dann die Annahme, dass Rechtshändigkeit ein soziales und kulturelles Konstrukt ist? Hertz gesteht zu, dass es wohl eine geringe organische Asymmetrie zwischen den Händen gibt, dass man den physischen Faktor zumindest nicht dogmatisch verneinen solle. So gebe es beispielsweise Linkshänder, die trotz des zuweilen grauenvollen Drucks der Gesellschaft eine instinktive Präferenz für den Gebrauch ihrer linken Hand hätten (vgl. Hertz 1970 [1909]*b*, 86): »Ainsi il ne faut pas nier l'existence de tendances organiques vers l'asymétrie; mais, sauf quelques cas exceptionnels, la vague disposition à la droiterie, qui semble répandue dans l'espèce humaine, ne suffrait pas à déterminer la prépondérance absolue de la main droite, si des influences étrangères de l'organisme ne venaient la fixer et la renforcer.« (Hertz 1970 [1909]*b*, 86)

Aber selbst angenommen, die rechte Hand wäre dank einer Gabe der Natur die sensiblere, taktilere oder stärkere, so bleibe immer noch die Frage, warum sie sozial privilegiert wird. Wäre es, so fragt sich Hertz weiter, denn nicht vernünftig, man würde die Schwäche der linken Hand durch Erziehung korrigieren? Dass die linke Hand genauso viel könne wie die rechte Hand, sei erwiesen. In den seltenen Fällen, in denen die linke Hand aufgrund technischer Notwendigkeit trainiert werde, sei sie genauso nützlich wie die rechte, wie beispielsweise beim Klavierspielen (vgl. Hertz 1970 [1909]*b*, 87). Nach Hertz ist es demnach vor allem die Gesellschaft, die den Wert und die Vorherrschaft der rechten Hand bestimmt: »C'est que la droiterie n'est pas simplement acceptée, subie, à la façon d'une nécessité naturelle: elle est un idéal auquel chacun doit se conformer et dont la société nous impose le respect par des sanctions positives.« (Hertz 1970 [1909]*b*, 88) Wie stark auch immer der Organismus die Rechtshändigkeit determiniere, man könne mit der Biologie nicht den Ursprung des Ideals oder den Grund der Existenz einer Vorherrschaft der rechten Hand hinreichend erklären. Dafür bedarf es vielmehr einer soziologischen Analyse: »La prépondérance de la main droite est obligatoire, imposée par la contrainte, garantie par des sanctions; par contre, un véritable interdit pèse sur la main gauche et le paralyse. La différence de valeur et de fonction qui existe entre les deux côtés de noter corps présente donc au plus haut point les caractères d'une institution sociale; et l'étude qui veut en rendre compte relève de la sociologie.« (Hertz 1970 [1909]*b*, 88) Man müsse die Entstehung eines halb ästhetischen und halb moralischen Imperativs aufspüren; die jetzt säkularisierten Ideen seien aus mythischen Formen unter der Herrschaft von religiösem Glauben und Emotionen entstanden. Aus diesem Grund habe man nach Hertz die Präferenz der rechten Hand in einer vergleichenden Studie der kollektiven Repräsentationen zu suchen (vgl. Hertz 1970 [1909]*b*, 88).[263]

---

263 Zur Beziehung von Hertz zur Durkheimschule und zu Durkheim selbst vgl. Parkin (1996).

Ausgehend von einigen Beispielen der religiösen Polarität (sakral/profan, Götter/ Dämonen etc.) und der daraus abgeleiteten dualistischen Strukturen und Sphären in der Gesellschaft (vgl. Hertz 1970 [1909]*b*, 88 – 93) widmet sich Hertz verschiedenen, binär strukturierten Charakteristika von Rechts und Links wie zum Beispiel gut/böse, schön/hässlich, Leben/Tod, männlich/weiblich oder innen/außen. Da die ganze Gesellschaft und die ganze Welt der Religion nach dualistischen Prinzipien aufgebaut seien, warum sollte dann auch nicht der menschliche Körper und der Mikrokosmos vom Gesetz der Polarität regiert werden, fragt sich Hertz und fügt hinzu: Wenn die organische Asymmetrie nicht existiert hätte, hätte man sie erfinden müssen (vgl. Hertz 1970 [1909]*b*, 93). Und es scheint kaum glaubwürdig, dass eine kleine Differenz in der Stärke der Hände so profunde Heterogenitäten hervorgebracht haben soll (vgl. Hertz 1970 [1909]*b*, 98). Die Verschiedenartigkeit der Wahrnehmungen und Verhaltensschemata ist auf diese religiösen Vorstellungen zurückzuführen. Marcel Mauss wird darauf einige Jahre später in seinem Vortrag über die Techniken des Körpers zurückkommen.

Die Sakral/Profan-Unterscheidung ist für Hertz ein bedeutendes Kriterium symbolischer Klassifizierung in der Gesellschaft, wobei er die rechte Seite mit dem Reinen und die linke Seite mit dem Unreinen identifiziert. Hertz schreibt: »[C]'est, pour la droite, l'idée de pouvoir sacré, régulier et bienfaisant, principe de toute activité efficace, source de tout ce qui est bon, propsère et légitime; et c'est, pour la gauche, cette représentation ambiguë du profane et de l'impur, d'un être faible et incapable, mais aussi malfaisant et redouté.« (Hertz 1970 [1909]*b*, 95) Hertz benennt hier die dreifache Differenz von unreinem Sakralen/Profanem/reinem Sakralen (vgl. Parkin 1996, 62). Aber er relativiert diese drei Pole: »Hertz wants to relativize this, because he regards it as representing the perspective of the profane only. For the *pure* sacred, he argues, not only the profane but also the impure sacred is dangerous and must be kept at arm's length. However, he regards the impure sacred and the profane as virtually identical. In this way dichotomy is restored, but refocussed: we does not end up with a triple distinction between pure sacred, impure sacred and profane.« (Parkin 1996, 62) Man kann demnach Hertz' Auffassung des Sakralen folgendermaßen systematisieren: Nicht Sakral (rein und unrein) ↔ Profan sind entgegengesetzt, sondern dem *reinen* Sakralen steht das *unreine* Sakrale und das Profane gegenüber: Reines Sakrales ↔ unreines Sakrales + Profanes.

Hertz fährt in seinen Überlegungen damit fort, dass die verschiedenen Charakteristika der rechten und der linken Hand ihre Differenz in Rang und Funktion bestimmen (vgl. Hertz 1970 [1909]*b*, 98). So habe beispielsweise die erhobene rechte Hand in der Zeichensprache nordamerikanischer Indianer die Bedeutung von Tapferkeit, Macht und Männlichkeit, während die gleiche Hand, unter die linke platziert, Tod und Zerstörung bezeichne (vgl. Hertz 1970 [1909]*b*, 99).

Wie die Beispiele und die Analysen der Charakteristika von links und rechts zeigen, sei die obligatorische Differenzierung zwischen den beiden Seiten des Körpers ein spezieller Fall und eine Konsequenz des dem primitiven Denken inhärenten Dualismus', so Hertz in seinen abschließenden Überlegungen (vgl. Hertz 1970 [1909]*b*, 106). Aber die religiösen Notwendigkeiten, die den Vorrang einer der Hände unvermeidlich machen, bestimmen nicht, welche der beiden den ersten Rang erhalte.[264] Welche bevorzugt werde, sei nicht absolut festgelegt, sondern – und hier wird der Einfluss des Denkens Durkheims besonders offensichtlich – vom Sozialen bestimmt; das Soziale könne sogar Einfluss auf die Physiologie ausüben:

> »Les légers avantages physiologiques que possède la main droite ne sont que l'occasion d'une différenciation qualitative dont la cause gît, par-delà l'individu, dans la constitution de la conscience collective. Une asymétrie corporelle presque insignifiante suffit à diriger dans un sens et dans l'autre des représentations contraires, déjà toutes formées. Puis, grâce à la plasticité de l'organsime, la contriante sociale ajoute et incorpore aux deux membres opposés ces qualités de force et de faiblesse, de dextérité et de gaucherie, qui semblent, chez l'adulte, découler spontanément de la nature.« (Hertz 1970 [1909]b, 107)

Die rechte und die linke Seite ist insbesondere für die Bestimmung des Sakralen beim Collège von Bedeutung; die Mitglieder des Collège haben das Werk von Robert Hertz am Leben erhalten, wie es Robert Parkin in seinen wirkungsgeschichtlichen Betrachtungen formuliert (vgl. Parkin 1996, 77).[265] Deutlich wird dies auch in dem Vortrag von Michel Leiris vom 8. Januar 1938, in dem er unter dem Titel »Le sacré dans la vie quotidienne« autoethnographisch das Sakrale aus seiner Kindheit vorstellt (vgl. Leiris 1995, 102).[266] Neben zahlreichen alltäglichen sakralen Gegenständen, Eigentümern des Vaters oder des einem Schutzgeist ähnelnden Heizofens gab es für Leiris in seiner Kindheit auch sakrale Orte wie beispielsweise das elterliche Schlafzimmer oder das WC, die jeweils den rechten und den linken Pol des Sakralen in Leiris' Kindheit markierten: »Comme autre pôle sacré de la maison – pôle gauche, tendant à l'illicite, par rapport à la chambre parentale, qui était le pôle droit, celui de l'autorité établie, sanctuaire de la pendule et des portraits des grands-parents –, les W.-C., où tous les soirs, l'un des mes frères et moi, nous nous enfermions, par nécessité naturelle, mais aussi pour nous raconter, d'un jour à l'autre, des sortes de feuilletons à personnages animaux qu'alternativement nous inventions.« (Leiris 1995, 105f)

Robert Hertz starb am 13. April 1915 im Ersten Weltkrieg. Obwohl erst 33 Jahre alt[267], sei er bereits ein Meister unter den Meistern gewesen, wie Marcel Mauss (1969 [1925], 21) es einmal formulierte. Mauss war es auch, der 1922 die bislang unver-

---

264 Vgl. zum Beispiel die Maoris, sie dazu Fußnote 4 in Hertz (1970 [1909]b, 194).

265 »Hertz' work was also kept alive by these sociologists of the 1930s who were attached to the Collège de Sociologie, especially Georges Bataille, Roger Caillois and Michel Leiris, its founders.« (Parkin 1996, 77)

266 Zur unterschiedlichen Sichtweise des Sakralen im Collège siehe das Kapitel zum Ende des Collège. Zum Vortrag von Leiris vgl. auch die deutsche Übersetzung in Leiris (1979c, 228–238). Der Text wurde damals nach dem Vortrag mit den Texten »L'apprenti sorcier« von Bataille und »Le vent d'hiver« von Caillois am 1. Juli 1938 in der »Nouvelle Revue Française« (Nummer 298) veröffentlicht.

267 Robert Hertz wurde am 22. Juni 1881 nahe Paris geboren. Bereits mit neunzehn Jahren begegnete er Durkheim und war schließlich seit 1904 Mitarbeiter bei der »Année sociologique«. Zu den wichtigsten Ereignissen in der Biographie von Hertz vgl. Parkin (1996, 1–20).

öffentlichten Teile der unvollendeten Forschungen zu »Le péché et l'expiation dans les sociétés primitives« in der »Revue de l'Histoire des Religions« herausgab und 1928 Hertz' bedeutendste Texte in dem Buch »Mélanges de sociologie religieuse et folklore« versammelte.[268] In der Textsammlung, die vielen Mitgliedern des Collège bekannt war und als Grundlage eigener Forschungen diente[269], finden sich neben dem Beitrag zur rechten Hand auch der 1907 in der »Année sociologique« N° 10 erschienene Aufsatz »Contribution à une étude sur la représentation collective de la mort«.

In seinen Reflexionen über den Tod, auf die Georges Bataille in seinem Vortrag »Attraction et répulsion. II. La structure sociale« vom 5. Februar 1938 zurückkommt (vgl. Bataille 1995b, 163), entwickelt Hertz – zwei Jahre vor den berühmten Untersuchungen über die »rites de passage« von Arnold van Gennep – sowohl eine strukturelle als auch eine prozesshafte Perspektive auf Todes- bzw. Trauerrituale (vgl. auch Parkin 1996, 87). Dabei geht Hertz ganz in der Tradition Durkheims davon aus, dass der Tod nicht nur eine physische Tatsache, sondern insbesondere auch eine soziale Tatsache darstellt:

> »Il est impossible d'interpréter l'ensemble de faits que nous avons exposés si l'on ne voit dans la mort qu'un événement d'ordre physique. L'horreur qu'inspire le cadavre ne provient pas de la simple constation des changements survenus dans le corps. La preuve qu'une explication simpliste de ce genre est insuffisante, c'est qu'à l'intérieur d'une même société, l'émotion provoquée par la mort varie extrêmement en intensité selon le caractère social du défunt et peut même en certains cas faire entièrement défaut.« (Hertz 1970 [1907], 69)

Hertz strukturell angelegte sozial-anthropologische Betrachtung der kollektiven Repräsentation des Todes geht von einem Zusammenspiel verschiedener Elemente beim Todesritual aus: Sowohl der Körper, die Seele als auch die zurückgebliebenen Trauernden stehen während des Rituals in einem relationalen Verhältnis. Durch den Tod wurden sowohl der Körper, die Seele als auch die Gesellschaft in einen prekären und krisenhaften Zustand versetzt, den es durch Rituale zu bewältigen gilt. Die Rituale sind dabei nicht einmalig und statisch, sondern zeichnen sich insbesondere durch ihre Prozesshaftigkeit aus.[270] Hertz beobachtet drei Phasen, die nicht nur die lebenden Menschen umfassen, sondern sowohl die Toten als auch die die gesamte Struktur von Körper – Seele – Gesellschaft betreffen. Für den Körper heißt das: Die erste Sequenz bildet der Tod und die zeitweise Beseitigung des Körpers. Darauf folgt eine Zwischenphase der Verwesung und drittens die abschließende Beerdigung. Parallel zu dem Prozess des Verwesens gibt es dazugehörige Phasen für die Seele und die Hinterbliebenen. So wandert beispielsweise die Seele in der Zwischenphase ziellos umher, bis sie schließ-

---

268 In seinen Seminaren nahm Mauss die Texte von Hertz vielfach zur Grundlage seiner Lehre und eigener Forschungen.

269 Man vergleiche nur das Literaturverzeichnis von Caillois' Buch »L'homme et le sacré« und seinen Vortrag zum Fest, vgl. Caillois (1995b, 673).

270 Hertz ging im Übrigen nicht davon aus, dass seine Beobachtungen absolut universal in allen Gesellschaften zu finden seien.

lich erst nach Abschluss der Verwesung und der zweiten Beerdigung ihren Seelenfrieden findet. Für die Zurückgebliebenen ist die Zwischenzeit in den meisten Fällen die Trauerzeit. Die dritte Phase bildet den Moment der Wiedereingliederung des Körpers in die Erde, der Seele ins Land der Ahnen und schließlich die Befreiung der Hinterbliebenen von der Trauer, das heißt ihre Rückkehr zum Reich der Lebenden. Auf diese Weise verarbeitet die Gesellschaft den Verlust ihrer Mitglieder und sammelt sich wieder. Ein zentraler Punkt ist für Hertz die Praxis der zweiten Bestattung: Der Körper wird nicht gleich nach dem Tod in seinen endgültigen Ruheplatz beerdigt, sondern verbringt bis zur Verwesung einige Zeit an einem anderen Ort. Daraufhin sammelt man die Knochen der verwesten Leiche auf, um sie ins familiäre Gebeinhaus zu schaffen – gleichsam eine Symbolisierung: die Zeit der Verwesung ist auch die Zeit, die die Seele für den Weg von den Lebenden zur Welt der Geister braucht und die Überlebenden für ihre Trauer benötigen. Der Übergang zur zweiten Bestattung, die sozusagen den Knotenpunkt dieser Prozesse bildet, gibt den Überlebenden Zeit genug, Geld für die abschließende Feier zu beschaffen. Dadurch kann die zweite Beerdigung viel festlicher gestaltet werden als die erste. Wie Hertz betont, verausgaben sich die Familien regelrecht bei diesen Festen. Hertz kommt bereits in dieser Studie auf den sowohl für Mauss als auch für das Collège zentralen Begriff der Verausgabung zu sprechen.[271]

Bataille greift in seinem Vortrag vom 5. Februar 1938 auf die von Hertz beschriebenen Prozesse des Sterbens und der Todesrituale zurück, um zu zeigen, dass die beiden Seiten des Sakralen (rechts und links) mobil und dynamisch sind und je nach ritueller Handlung variieren. So sei der tote Körper während der Zeit seiner Verwesung auf der linken, unreinen Seite situiert. Nach der Fäulnis aber bleibt das Skelett übrig, das nun als rein betrachtet wird. Der Status des Leichnams wechselt von der linken Seite des Sakralen zur rechten Seite.[272]

Georges Dumézil

Im Mittelpunkt der Forschungen Dumézils standen die Mythologien, Religionen und Sprachen der indo-europäischen Kulturen. Seine Untersuchungen zu den My-

---

271 Ein Faktum, das oftmals übersehen wird.

272 »Encore faut-il ajouter que l'aspect relativement gauche ou droit d'un objet donné est mobile: il varie au cours des opérations rituelles. C'est ainsi que dans un domaine de civilisation étendu un cadavre se situe nettement à gauche, il est essentiellement néfaste, dans la période qui suit la mort; mais s'il se purifie à mesure que la putréfaction disparaît: les os blanchis étant relativement fastes et purs.« (Bataille 1995b, 163) Für Bataille gibt es lediglich die Bewegung von links nach rechts (vgl. Bataille 1995b, 164). Auf die Todes-Studie von Hertz kam Bataille bereits am 17. Januar 1938 bei der Inauguralsitzung der kurzlebigen »Société de psychologie collective« zu sprechen, vgl. Bataille (1970c, 282). Zur 1937 von Bataille, Leiris, Borel, Allendy und Schiff gegründeten »Société de psychologie collective« vgl. die Hinweise bei Mattheus (1984, 366, 384f). In einer anderen Studie, die sich mehr mit den dem Collège vorangegangenen Schriften Batailles befasst, sollte man einmal untersuchen, welche Beziehungen zwischen Batailles Begriff der Verausgabung und dem Text zur Sünde von Hertz bestehen.

thologien ließen ihn nicht nur als einen der führenden Köpfe einer »vergleichenden Mythologie«, sondern auch als einen der Gründer des Strukturalismus erscheinen, auch wenn Dumézil diese Bezeichnung für seine Untersuchungen zurückwies (vgl. Dosse 1999, 62ff). Auf die in einem Interview von François Ewald gestellte Frage, was er unter »Struktur« verstehe, antwortete Dumézil allerdings durchaus »strukturalistisch« und verdeutlichte sehr anschaulich, warum man vielleicht auch Marcel Mauss auf eine gewisse Weise zum Strukturalismus zählen könnte. Strukturen seien »[…] ein Ensemble von Elementen, die durch konstante Beziehungen verbunden sind; ein Ensemble von solidarischen Elementen, die man nicht getrennt interpretieren darf und die nur in bezug aufeinander einen Sinn haben. […] Für mich evoziert das Wort ›Struktur‹ das Bild eines Spinnennetzes, das Marcel Mauss oft gebraucht hat: wenn man in einem Denksystem an einem Begriff zieht, dann kommt alles nach, weil zwischen allen Teilen Fäden gespannt sind.« (Dumézil und Ewald 1989, 71)[273] Ewald fragte weiter, wie sich denn Dumézils Zurückhaltung gegenüber dem Strukturalismus erkläre, woraufhin Dumézil antwortete: »Es handelt sich um eine Schule und ich bin allergisch gegen Schulen. Wenn ich etwas weiterzugeben hatte, so war es das, was mir Granet gegeben hatte: ein bestimmter Begriff von Struktur. Es gibt ein Minimum an Kohärenz in den Köpfen wie in der Gesellschaft.«

Dumézil, der nahezu 40 Sprachen beherrschte, hatte sowohl Vorlesungen von Marcel Mauss als auch von Marcel Granet besucht; zu Granet schrieb er in seinem Buch »Mythos und Epos. Die Ideologie der drei Funktionen in den Epen der indoeuropäischen Völker«: »Drei Jahre lang hörte und sah ich, neben Maxime Kaltenmark, Rolf Stein und Nicole Vandier – mehr waren wir nicht –, mit welchem Feingefühl, welchem Respekt und welcher Energie dieser große Denker die begriffliche Substanz von Texten freilegte, die auf den ersten Blick bedeutungslos, ja sogar langweilig wirkten.« (Dumézil 1989, 15)[274] Durkheim habe er kennen lernen können, aber er habe einen gewissen Widerwillen gegen ihn empfunden. Er sei ihm zu dogmatisch gewesen. Sein Buch »Die elementaren Formen des religiösen Lebens« erschienen ihm mehr als »ein apriorischer Traktat«, in dem Durkheim »eine Menge von Fakten zusammenstellte, um das zu illustrieren, was er von vornherein für gewiß ansah.« (Dumézil und Ewald 1989, 63) Marcel Mauss, der jederzeit alles in Frage stellen konnte, sei indessen dem »scholastischen Geist« der Durkheim-Schule glücklicherweise entflohen (Dumézil und Ewald 1989, 64): »In den Jahren, in denen ich seine Vorlesungen hörte, hat Mauss das Wort ›Totem‹ nie ausgesprochen. Gewiß, er hat seine Vorlesungen nicht vorbereitet, er redete durcheinander. Aber er wußte so viele Sachen.« (Dumézil und Ewald 1989, 64)

Ähnlich wie Mauss in seinen Erforschungen des sozialen Totalphänomens verfolgte Dumézil die Prinzipien, die sowohl die Gesellschaft als auch die Sprache, die Religion

---

273 Foucault berichtet, wie er von Dumézil inspiriert wurde und – ähnlich wie Dumézil für die Mythen – versucht habe, strukturierte Erfahrungsformen zu entdecken (vgl. Eribon 1998, 151f). Zu Mauss und dem Poststrukturalismus siehe den Abschnitt zu Jacques Derrida.

274 Zur Biographie Dumézils siehe seine Angaben im Interview mit François Ewald: Dumézil und Ewald (1989, 61ff).

sowie den Mythos verbinden; Gesellschaft, Religion, Mythologien und Sprachtradi-
tionen waren für ihn Teile eines strukturierten Ganzen (vgl. auch Pfeffer 1989, 276):
»Dasselbe Organisationsmodell zwingt sowohl der Ebene der Religion, der Mythologie oder der Legenden als auch der Ebene der Organisation des Priesterwesens, der Institutionen und bisweilen auch der Ebene der sozialen Ordnung und der Einteilung
in Klassen oder Kasten eine bestimmte Struktur auf. In diesem Sinne versteht Dumézil den Begriff der ›Ideologie‹: als eine *apriorische* Art von Rahmen, Leitschema, Ras-
ter, das alle geistigen Aktivitäten einer gegebenen Gesellschaft prägt und infolgedessen
ihre Praktiken beeinflußt.« (Eribon 1998, 151) Während seiner Vorlesungen über die
vedischen Götter Mitra und Varuna gelangte er zu seinem »epistemologischen Bruch«:
Die drei Funktionen bzw. die dreiteilige, den indo-europäischen Kulturen gemeinsame Ideologie der drei Funktionen: die römischen Eigenpriester oder *flamines maio-
res*, die Jupiter (Dialis), Mars (Martialis) und Quirinius (Quirinalis) zugehörten, diese
Ideologeme seien parallel zu den sozialen Klassen der Priester, Krieger und Erzeuger
im vedischen Indien:

> »Diese theologische Struktur, die noch unerklärt und übrigens vernachlässigt war,
> obwohl ihr vorrömischer Charakter durch die identische Struktur (Juu–, Mart–,
> Vofiono–) der Theologie der Umbrier von Iguvium bestätigt wurde, erschien mir
> zur Struktur der Varnas, der sozialen Klassen Indiens, parallel [...] Die ältesten Rö-
> mer, die Umbrier, hatten dieselbe Konzeption nach Italien mitgebracht, die auch
> die Indoiraner kannten und auf der vor allem die Inder ihre gesellschaftliche Ord-
> nung errichtet hatten.« (Dumézil 1989, 16)

Die Funktionen des Herrschers (spirituelle Kraft), des Kriegers (physische Kraft) und
der Fruchtbarkeit (wirtschaftliche Kraft) bilden eine Struktur der indo-europäischen
Denk- und Vorstellungsformen, wobei sich insbesondere die dritte Funktion jeder statischen Definition entziehe, da das Produzieren und das Essen in besonderer Weise
von Orten und Zeiten abhänge (vgl. Dumézil und Ewald 1989, 67). Die drei Funktionen oder »Gesichtspunkte« (Dumézil und Ewald 1989, 69), die Dumézil auch
durch literarische und linguistische Forschungen belegt, sind in Indien die Götter
Mitra – Varuna, Indra und die Açin-Zwillinge. Diese Gottheiten finden ihre Entspre-
chung in der skandinavischen Mytholgoie in Odin, Thor und Freyr sowie – wie erwähnt – in der römischen Tradition. Diese Struktur oder »Ideologie« (im Sinne von
Denksystem) ist insofern auch ideologisch, da sie in Beziehung zu einer tripartiten
Gesellschaftsordnung soziale Interessenslegitimierungen unterstützt (man denke an
die mittelalterlichen Stände des Klerus, der Ritter und der Bauern), wobei bei Dumézil diese ideologiekritische Sichtweise – wenn auch vorhanden – nicht im Vordergrund stand (vgl. Pfeffer 1989, 279).[275] Zumindest geht Dumézil davon aus, dass die
Formen der indoeuropäischen Denkstruktur in der Vorgeschichte einer wirklichen ge-

---

275 Zu den zwei Formen des Ideologiebegriffs, einerseits als tradiertes Gedankengebäude, andererseits als alltägliche Bedeutungsstrukturen des Jedermanndenkens, siehe Pfeffer (1989, 286).

sellschaftlichen Teilung entsprachen und die dreigeteilte Ideologie eine Ursache der gesellschaftlichen Organisation gewesen sei (Dumézil und Ewald 1989, 72f).[276]

Auch wenn Michel Leiris und Georges Bataille Vorlesungen von Georges Dumézil (1898 – 1986) besucht haben, so ist es von den Hauptakteuren des Collège vor allem Roger Caillois, der von Dumézil geprägt wurde und in seiner Schuld steht: »Ma dette envers lui s'entend jusqu'aux exigences du style« (Caillois 1978, 205).[277] »Ich kann auch unmöglich beurteilen, was ich Georges Dumézil verdanke: Wie hoch ich es immer veranschlagen würde, ich könnte ihm, der von den ersten Schritten an mein Führer durch die Religionsgeschichte war, mehr noch aber ihm, dem Freund, dessen Anregungen und Ratschläge so viel zu diesem kleinen Buch beigetragen haben, nicht gerecht werden«, schreibt Caillois 1939 im Vorwort des von Dumézil korrigierten Buches »Der Mensch und das Heilige« (Caillois 1988, 14). Dumézil bedankt sich im gleichen Jahr im Vorwort zu seinem Buch »Mitra-Varuna« für die hilfreichen Kritiken Roger Caillois' (vgl. Dumézil 1988, 20).

In seinem Vortrag vom 2. Mai 1939 zur sakralen Bedeutung des Festes greift Caillois auf Dumézil zurück, um die schöpferische Kraft von Festen zu verdeutlichen.[278] Die Urzeit gelte als das Zeitalter dieser Kraft, aus der die Welt hervorgegangen ist. Das Fest habe die Funktion einer »Recréation du monde«, einer Aktualisierung der Schöpfungsperiode: »Telle est la fonction que remplit la fête. On a déjà défini celle-ci comme une actualisation de la période créatrice. Pour reprendre une juste formule de M. Dumézil, elle constitue une *ouverture sur le Grand Temps*, le moment où les hommes quittent le devenir pour accéder au réservoir des forces toutes-puissantes et toujours neuves, que représente l'âge primordial.« (Caillois 1995*b*, 662) Caillois besuchte unter anderem Dumezils Seminar von 1938/1939 zu den beiden Souveränitätsbegriffen (Mitra-Varuna, Romulus-Nema etc.) in verschiedenen indo-europäischen Mytholgien, die in Dumezils Buch über Mitra-Varuna behandelt werden. Für dieses Seminar hielt Caillois fünf Referate über den Begriff des Sakralen (Fußnote 9 in Bataille 1987*b*, 82).[279]

Caillois kündigte am 2. März 1938 in einem Brief an Bataille eine schematische Darstellung für seinen Vortrag am 19. März an, für die er allerdings keine präzisen Beispiele mehr gefunden habe, um das Schema auszuschmücken (vgl. Bataille 1987*b*, 80). In diesem Vortrag zu Geheimgesellschaften, Orden und Bruderschaften, den dann anstelle Caillois' Bataille hielt – nicht ohne ihn mit eigenen Anmerkungen zu

---

276 Der Sozialhistoriker Georges Duby (1978) nahm Dumézils Modell der trifunktionalen Gesellschaft in »Les trois ordes« wieder auf und zeigt, wie dieses Bild der drei Ordnungen, das im 11. Jahrhundert wieder verstärkt auftauchte, im Feudalismus die Unterdrückung der Bauern zu legitimieren half.

277 Auf die aus der Nähe zwischen Caillois und Dumézil entstandenen religionstheoretischen Beziehungen zwischen den beiden ist Carlos Marroquin (1998) sehr ausführlich eingegangen. Zwischen den Jahren 1933 und 1939 besuchte Caillois nicht nur die Lehrveranstaltungen von Mauss, sondern auch diejenigen von Dumézil, die dieser an der »École pratique des hautes études« in Paris abhielt.

278 Dumézil hatte auch Wirkungen auf Caillois' Buch »Le mythe et l'homme« (Caillois 1972 [1938]).

279 Vgl. auch Marroquin (1998, 198).

versehen – finden sich zahlreiche Hinweise auf Dumézils Forschungen, beispielsweise in Caillois' Schema unter dem fünften Punkt zur »Dichotomie« innerhalb der Gesellschaft (Caillois 1995a, 234). Dort schreibt Caillois: »D'où scoiologie suivante (généralisation des études et des interprétations de Dumézil dans le domaine indo-européen). Dichotomie dans la société. 1° Une *cohésion* statique, réglée, administrative, publique, officielle: *lourde* et *lente*. 2° Un *ferment* dynamique déréglé, mysterieux, exalté [...]. À cette polarité de la société correspond une polarisation dans le sacré.« (Caillois 1995a, 234) Diesen zwei Seiten entsprechen die souveränen Funktionen der von Dumézil untersuchten indischen Götter Mitra (friedvolle Seite; juridische Souveräntität) und Varuna (gewaltwolle Seite; magische Souveräntität).[280] Zum Dumézils Buch »Mitra-Varuna« schreibt Bataille einige Jahre nach dem Collège in seiner »Theorie der Religion«:

> »Die in den bewundernswerten Arbeiten von Georges Dumézil vorangetriebenen Interpretationen der indogermanischen Mythologie, insbesondere die, die – nach *Ouranos-Varuna* (1931) und *Flamine-Brahmane* (1933) – in der vorliegenden Schrift mitgeteilt werden, stimmen mit der von mir entwickelten Konstruktion überein: Die bewußt Hegelschen Thesen, Antithesen und Synthesen von Georges Dumézil zeigen den Gegensatz der reinen Gewalt (der finsteren unheilvollen Seite der göttlichen Welt – Varuna und die Gandharvas, Romulus und die Luperci) zu jener göttlichen Ordnung, die sich mit profaner Tätigkeit verträgt (Mitra und die Brahmanen, Numa, Dius Fidus und die Flamines), und die Auflösung dieses Gegensatzes in der äußeren und wirksamen Gewalt einer menschlichen und vernünftigen militärischen Ordnung.« (Bataille 1997b, 99)

Eine politische und ideologische Debatte um Dumézils politische Ansichten soll im Mittelpunkt der folgenden Betrachtungen stehen, da sie – indirekt zwar – auch das *Collège de Sociolgie* berührt.[281] Angeregt wurde die Diskussion durch Dumézils Äußerungen, im politischen und sozialen System Nazi-Deutschlands seien die drei Funktionen wieder besonders sichtbar geworden. Von Arnaldo Momigliano auf den Weg gebracht und zugespitzt durch Carlo Ginzburg, drehte sich die Frage darum, ob sich Dumézil mit seinem Werk nicht in die Nähe der »Nazis-Kultur« oder zumindest der Neuen Rechten manövriert habe. In seinem Beitrag »Germanische Mythologie und Nazismus. Über ein altes Buch von Georges Dumézil« verweist Carlo Ginzburg zunächst auf Dumézils Buch »Mythes et dieux des Germains« aus dem Jahre 1939, ein Buch, das gleichsam in die Zeit der epistemologischen Wende Dumézils fällt und die Einflüsse von Mauss und Granet betont.

Ginzburgs Kritik lässt sich in mehrere Punkte untergliedern. Erstens bemerkt er, Dumézil habe zwar 20 Jahre später das besagte Buch in einer grundlegend überarbei-

---

280 Zu den souveränen Göttern siehe auch das Buch »Les dieux souverains des Indo-Européens« (Dumézil 1977).

281 Vgl. hierzu auch Didier Eribons Buch »Faut-il brûler Dumézil? Mythologie, science et politique« (Eribon 1992), das an Simone de Beauvoirs 1972 geschriebenes Buch: »Faut-il brûler Sade?« erinnert.

teten Version unter dem Titel »Les Dieux des Germains« neu aufgelegt, aber dort immer noch betont, es sei ein Werk der vollen Reife des Autors (vgl. Ginzburg 1993, 71). Der zweite Punkt, den Ginzburg zum Beweis für die Nähe zur »Nazi-Kultur« anführt, ist einerseits Dumèzils Widmung für Pierre Gaxotte, Sekretär von Charles Maurras, im ersten Buch und andererseits zwei positive Rezensionen von »Mythes et dieux des Germains« aus dem Jahre 1940: Die eine – geschrieben in der »Deutschen Literaturzeitung« von Gutenbrunner – bewertet das Verhältnis zum nationalsozialistischen Gedankengut positiv. Die andere – geschrieben von Marc Bloch – abgedruckt in der »Revue historique«, sei noch schlimmer, »eine viel wärmere Zustimmung […].« (Ginzburg 1993, 72) Unter dem dritten Punkt drückt Ginzburg sein Unverständnis darüber aus, wie jemand wie Bloch, der sein Leben für den Nazi-Widerstand ließ, in Dumèzils Buch eine »erhellende Kritik an Hitlers Deutschland« sehen konnte (vgl. Ginzburg 1993, 72).

In seiner Erwiderung zu diesen Kritikpunkten schreibt Georges Dumézil, »Ginzburg will Glauben machen, daß sich dieser große Geist [gemeint ist Marc Bloch, S.M.] selber vom Nazi-Denken hat vergiften lassen.« (Dumézil 1993, 95) Ginzburg wisse aber nichts von dem Geisteszustand, in dem sich alle, sowohl Soziologen als auch Mythologen, in den Jahren 1938 – 1939 befunden hätten: »der Bezug zwischen dem Nazismus und dem germanischen Altertum schien uns offensichtlich.« (Dumézil 1993, 96) Insofern sei sein Buch als Darstellung eines gemeinsamen Gefühles aufgenommen worden und dies nicht nur von Mauss und Granet, sondern auch von Tonnelat und Vermeil, die wohl kaum als Sympathisanten des Nazi-Regimes zu verdächtigen seien. Eine Danksagung sei für ihn dabei besonders bewegend, wenn man an die Persönlichkeit des Schreibers und an das ihm bevorstehende Schicksal denke: Dumézil meint Maurice Halbwachs, der ihm am 21. Juni 1939 schrieb, dass Dumézils begeisterndes Buch für ihn ein »Licht aus mythologischen Zeiten auf Phänomene ›gesellschaftlicher Morphologie‹ geworfen hätte«; die ersten Kapitel seien »voller aktueller Bedeutung angesichts germanischer Völkerschaften, die zweifellos noch dem Primitivem verpflichtet seien« (Dumézil 1993, 96). Halbwachs' Zustimmung sei ihm jedenfalls kostbarer als die des ihm unbekannten Gutenbrunners, so Dumézil (1993, 96). Und im Übrigen fühle er sich in guter Gesellschaft: »[D]a sie mir zustimmen oder sich mit mir treffen, begegne ich auf dem amüsanten Polizeikommissariat, wo man meine intellektuelle Identität überprüft, nicht nur Marc Bloch, sondern auch Lucien Febvre und Marcel Mauss, die Gründer der *Année sociologique* und der *Annales*, sowie Emile Benvéniste – und sogar, unter den Lebenden, Claude Lévi-Strauss.« (Dumézil 1993, 97)

Ginzburg gesteht in seiner Kritik ein, dass der Ton in »Mythes et dieux des Germains« auf den ersten Blick absichtslos und neutral erscheine (vgl. Ginzburg 1993, 74). Natürlich sei Dumézil kein Antisemit oder Sympathisant der Nazis gewesen. Ginzburg beunruhigt vielmehr etwas anderes: Er zitiert aus dem bereits erwähnten Brief von Marcel Mauss an Élie Halévy anlässlich eines Vortrages von Halévy im Jahre 1936 mit dem Titel »Das Zeitalter der Tyranneien«.[282] Mauss schrieb dort, er erkenne in Italien und Deutschland Ereignisse wieder, die vor allem für archaische Gesellschaf-

---

282 Ginzburg zitiert aus Hollier (1979, 541ff).

ten charakteristisch seien: Es handele sich um Männergesellschaften mit ihren öffentlichen und geheimen Bruderschaften, wobei die treibende Kraft in diesen Männergesellschaften die Jungengesellschaften seien.

> »Dieser Brief, der 1938 wieder erschien, als L'ère des tyrannies als Buch veröffentlicht wurde (unmittelbar nach Halévys Tod), konnte Dumézil nicht entgehen (und wohl auch nicht Bloch). In Mythes et dieux des Germains, das sich ausdrücklich auf die Lehre von Mauss berief, wurde die Annäherung zwischen paramilitärischen Nazi-Organisationen und archaischen ›Jungengesellschaften‹ aufgegriffen und entwickelt – aber in einem ganz anderen Geist. Wie Momigliano richtig gesehen hat (und wie ich hier nachzuweisen versucht habe), taucht zwischen den Gliedern von Dumézils distanziertem Diskurs immer wieder eine kaum verhüllte ideologische Sympathie für die Nazi-Kultur auf.« (Ginzburg 1993, 89)

Nicht Sympathisant der Nazis also, aber der Nazi-Kultur, womit Ginzburg wohl sowohl die »archaischen Komponenten« als auch die Faszination für Mythen sowie die Bedeutung des Kollektiven meint.

Im unmittelbaren Zusammenhang mit dieser Kritik kommt Ginzburg auf das Collège de Sociolgie, seine Thematisierung von Geheimgesellschaften und den Wunsch einer Ordensbildung zu sprechen. Besonders Caillois' Aktivitäten am Collège, »die dann in L'Homme et le sacré, dem dritten Band einer mit Mythes et dieux des Germains eröffneten Reihe, erschienen sind, waren noch von unveröffentlichten Forschungen Dumézils inspiriert.« (Ginzburg 1993, 89) Überhaupt erkenne man im Forschungsprogramm des Collège leicht die Themen von Dumézil wieder. Und darüber hinaus, so Ginzburg weiter, hätten Caillois und Bataille die Forschungsthemen des Heiligen, der Macht, des Todes und der Sexualität zu einer äußerst »zweideutigen Haltung gegenüber den faschistischen und Nazi-Ideologien« geführt (vgl. Ginzburg 1993, 90). Ginzburg versucht die Faszination, die die Mythen und Geheimgesellschaften auf Bataille und Caillois ausübten, mit einem Sympathisantentum für den Nazismus gleichzusetzen, übersieht dabei jedoch, dass es den Akteuren des Collège ja eigentlich um einen Widerstand gegen den Faschismus ging – freilich mit den fragwürdigen Mitteln des Faschismus selbst. Aber jemanden mit seinen eigenen Waffen schlagen zu wollen, ist noch kein Sympathisantentum, wie man gerechterweise bemerken muss. Ginzburg entgeht in seinen Bemerkungen die Notwendigkeit einer differenzierten Sichtweise auf das Collège, das im Widerstand gegen den Faschismus einen anderen Weg als viele Teile der traditionellen Linken einschlägt – wenn man so will, einen der nonkonformistischen Wege, wie sie Thomas Keller in seinem Buch zu den Dritte-Weg-Bewegungen in der Zwischenkriegszeit ausführlich dargelegt hat (vgl. Keller 2001b); im Abschnitt zur Gruppe »Contre-Attaque« wird der nonkonformistische Weg besonders deutlich. Was sagt aber Dumézil selbst zu dieser Kritik von Ginzburg?

Ginzburg hatte nach seinen polemischen Bemerkungen über das Collège geschrieben, er habe ja schon von den engen Beziehungen gesprochen, die Dumézil über Caillois mit der Tätigkeit des Collège de Sociologie verband, gleichsam um eine Gleichung anzudeuten, die da lautete: Caillois ist Sympatisant des Faschismus und Dumézil ein enger Freund von Caillois, dann muss Dumézil selbst mit dem Faschismus sympathisieren.

In seiner Erwiderung, die allerdings ebenfalls das Collège kritisiert, entgegnet Dumézil Ginzburg:

»Die lange Ausführung über das Collège de sociologie ist unangebracht. Ich habe mich nie für diese Art Theater interessiert und ich habe nicht einmal *post eventum* das Buch gelesen, das Hollier ihm gewidmet hat. Georges Bataille hat unregelmäßig, einige Monate lang, meiner Vorlesung an der Ecole des Hautes Etudes beigewohnt, er hat mir auch einige Nummern der seltsamen Zeitschrift *Acéphale* geschickt, aber ich hatte nie ein Gespräch mit ihm. Was Caillois – Caillois Nazi! – betrifft, den brillantesten meiner Studenten, der trotz dem Altersunterschied rasch ein treuer und offener Freund geworden ist: was mich zuerst an ihn gebunden hat, war die Beweglichkeit seines Geistes und seine grenzenlose Neugier: er lieferte mir das Schauspiel einer von Ideen, Ambitionen, Ungewißheiten, Widersprüchen überschäumenden Jugend. Aber unsere Verbindung bedeutete niemals den Anschluß des einen an den anderen. Er sprach mir mehr von seinen Lektüren, von seiner Entdeckung der Welt, auch von seinem gelegentlich stürmischen Gefühlsleben als vom Collège de sociologie. *Eadem velle eadem nolle* definiert einen Typ von Freundschaft, aber glücklicherweise gibt es auch andere. Mit Gaxotte, mit Caillois, mit Foucault lag meine Übereinstimmung nicht im Bereich der Meinungen, die bei mir nicht fest sind, sondern in der eindeutigen und ständig erneuerten Erfahrung, die ich von ihren Charakteren hatte, von den Menschen, die sie waren. Ich danke den Göttern, daß sie meine menschlichen Beziehungen nie in den Rahmen einer *sodalitas*, einer Gang, eines Thiasos gelenkt haben. Die rutschige Beweisführung im zehnten Abschnitt (›Wir haben schon von den sehr engen Beziehungen gesprochen, die Dumézil über Caillois mit der Aktivität des Collège de sociologie hatte … ‹) – das heißt: das Collège hatte gewisse Nazi-Tendenzen, Caillois war einer der Gründer des Collège, Dumézil war der Freund von Caillois, also war Dumézil mehr oder weniger Nazi – bestürzt mich. Nicht um meinetwillen, nicht um Caillois' Manen willen, sondern für Ginzburg und seine Konzeption, seine Praxis der Historie.« (Dumézil 1993, 100)[283]

Dennoch hat Dumézil zur Vereinfachung der realen Verhältnisse beigetragen, als er die Entwicklung des Nazismus mit den zu neuem Leben erweckten germanischen Mythen unmittelbar miteinander in Beziehung setzte.[284] Schließlich kam er zu der Ansicht, das von ihm erforschte Ordnungsprinzip der drei Funktionen sei vor dem Hintergrund der veränderten modernen Welt zum Sterben verurteilt (vgl. Pfeffer 1989, 285).

---

283 Zum Thema »L'intrépidité politique de Roger Caillois avant-guerre« vgl. den ausführlichen Beitrag von Alexandre Pajon (1991), in dem auch kurz auf die Debatte von Ginzburg und Dumézil Bezug genommen wird.

284 Vgl. zu diesen Fragen inter alia die Einleitung von Monika Horstmann (1998) in einem Band zu Dumézil in der »Zeitschrift für Religionswissenschaft«.

Alexandre Kojève

> »Der Tod, wenn wir jene Unwirklichkeit so nennen wollen, ist das Furchtbarste, und das Tote festzuhalten das, was die größte Kraft erfordert. [...] Aber nicht das Leben, das sich vor dem Tode scheut und von der Verwüstung rein bewahrt, sondern das ihn erträgt und in ihm sich erhält, ist das Leben des Geistes. Er gewinnt seine Wahrheit nur, indem er in der absoluten Zerrissenheit sich selbst findet.« (Hegel)

In der ethnologischen Zeitschrift »Documents« schrieb Bataille 1930 in seinem Aufsatz »Der niedere Materialismus und die Gnosis«, dass es schwierig sei,

> »heute selbst den teilweise falschen Lösungen gegenüber gleichgültig zu bleiben, die zu Beginn des christlichen Zeitalters auf Probleme angewandt wurden, die sich von den unsrigen nicht merklich zu unterscheiden scheinen (es sind die Probleme einer Gesellschaft, deren ursprüngliche Prinzipien im exakten Wortsinn toter Buchstabe geworden sind, einer Gesellschaft, die sich in Frage stellen und sich selbst umstürzen muß, um die Triebfedern der Kraft und des heftigen Aufruhrs wiederzufinden). So scheint mir die Anbetung eines Gottes mit Eselskopf (da der Esel das abscheulich-komischste, aber zugleich das menschlich-virilste Tier ist) noch heute imstande zu sein, eine ganz kapitale Bedeutung anzunehmen, und der abgeschnittene Eselskopf der azephalischen Verkörperung der Sonne stellt, so unvollkommen sie auch sei, gewiß eine der virulentesten Manifestationen des Materialismus dar.« (Bataille 2000, 8f)

Indem Bataille in der Gnosis deren gegen die griechisch-römische Philosophie gerichtete niedrige und verfemte Elemente hervorzuheben versucht, wendet er sich explizit gegen den Idealismus Hegels. »Es ist kaum vorstellbar, daß die Gnosis alles in allem nicht in erster Linie von einer düsteren Liebe zur Finsternis zeugt, von einem monströsen Gefallen an den obszönen und gesetzlosen Archonten und an dem solaren Eselskopf (dessen komisches und verzweifeltes Geschrei das Signal einer dreisten Revolte gegen den Idealismus an der Macht wäre). [...] Es ging bereits darum, den menschlichen Geist und den Idealismus in dem Maße vor etwas Niedrigerem in die Enge zu treiben, wie man erkannte, daß die höheren Prinzipien nichts dagegen vermochten.« (Bataille 2000, 12, 14) Die Verausgabung, die nicht-utilitaristische Haltung, die Gewalt und Gesetzlosigkeit steht der geistigen und einsparenden Haltung diametral gegenüber. Der *niedere Materialismus*, die Ekstase, das Gelächter, das Opfer und der Tod, offenbaren den »blinden Fleck« des Hegelianismus – sie überschreiten zudem jeden Versuch, sie in einem System aufzuheben.[285]

Besonderen Einfluss auf die Hegel-Interpretation und -Rezeption weiter Teile der nonkonformistischen Generation hatte Alexandre Kojève mit seinen legendären Hegel-Lektüren, die er 1933 – 1939 an der ›École pratique des Hautes Etudes‹ abhielt.[286]

---

285 Vgl. zu Bataille und Hegel den instruktiven Aufsatz von Jacques Derrida (1997*c*). Siehe auch die Bemerkungen von Gregor Häfliger (1981, 127ff).

286 Zur nonkonformistischen Generation und der Rezeption Hegels in Frankreich und Deutschland vgl. auch Keller (2001*b*, 136 – 160).

Nach seiner Flucht aus Russland hatte Alexandre Kojèvnikow (Kojève) bei Karl Jaspers über Solojew promoviert und wurde in Deutschland mit der Phänomenologie Husserls und Heideggers vertraut. Seine spätere Hegelrezeption wendet dessen Geistphilosophie ins Anthropologische, was zu einer möglichen Verbindung zwischen Marx'schem Geschichtsentwurf und Heidegger'scher Fundamentalontologie führte. Kojèves Kommentar zur Hegel'schen »Phänomenologie des Geistes« geht vom existentialen Todesverständnis aus; er projiziert Heidegger in Hegels Text, begreift das Herr-Knecht-Kapitel oder das Begehren nach Anerkennung als menschliche Urgeschichte und findet in Marx' Theorie die Urgeschichte moderner Gesellschaften (vgl. Bürger 2000b, 10). Das Denken Hegels wird von ihm nicht als dialektische, sondern als rein deskriptive Methode begriffen. Im Anschluss an eine zwischen Heidegger und Hegel vorgenommene Verknüpfung, die an die späteren Gedanken Sartres erinnert, vertritt Kojève eine »dualistische Ontologie«, in deren Zentrum der Tod des Menschen und das Ende der Geschichte stehen. Die lebensweltliche Folge seiner Erkenntnis war für Kojève, sich der philosophischen Arbeit zu entsagen und Verwaltungsbeamter der Europäischen Gemeinschaft zu werden. Wie immer man Kojèves Hegelianismus bewerten mag, sein Verdienst besteht darin, die Denkbewegungen von Marx, Hegel, Husserl und Heidegger zusammengeführt und dadurch neue thematische Schwerpunkte gesetzt zu haben, die eine Reihe von späteren Wissenschaftlern, wie Sartre oder Bataille, teilweise fortführten, modifizierten oder kritisierten.[287] Seine Hegel-Lektüre bewirkte einen epistemologischen Bruch in den dreißiger Jahren und prägte in seiner Thematisierung der Beziehung zwischen Herr und Knecht die geistige Landschaft Frankreichs über Jahrzehnte hinweg, wie beispielsweise das Denken Sartres oder Merleau-Pontys bezeugt (vgl. Descombes 1981).

Besonders faszinierend erschien, dass Kojève eine anthropologische und sozialtheoretische Version der Philosophie Hegels vorlegte, die das zuvor herrschende Bild des Idealismus und Panlogismus Hegels verschob (vgl. Descombes 1981, 37). Im Zentrum seiner Vorlesungen, die 1947 von Raymond Queneau aufgrund dessen Mitschriften veröffentlicht werden konnten, stand das Kapitel über Herr und Knecht aus Hegels »Phänomenologie des Geistes«.[288]

Kojève hebt anhand des Kapitels über die »Selbständigkeit und Unselbständigkeit des Bewußtseins; Herrschaft und Knechtschaft« die Bedeutung des Prestigekampfs und des Todesbewusstseins als die wesentlichen Momente der Humanisierung des Menschen hervor. Viele seiner Zuhörer erinnerte der von Kojève kommentierte Kampf um Anerkennung, aus dem die Herrschaft und die Knechtschaft hervorgehen, an den von Marcel Mauss beschriebenen *potlatsch*. Die linkshegelianische Interpretation des Prestigekampfs lieferte dann die aktualisierte und gleichsam auto-ethnographisch zu beobachtende Beschreibung des *potlatsch*. Im Endeffekt hieß das: Man musste nicht mehr in fremde Kulturen reisen, um die (für das Collège interessanten) Szenen der Gewalt, der Verausgabung und des Kampfes auf Leben und Tod im Presti-

---

287 Zum Vergleich zwischen Sartre und Bataille siehe König (1988a).

288 Im Folgenden wird hauptsächlich auf die deutsche Übersetzung der Vorlesungen von Kojève (1996) zurückgegriffen.

gekampf zu erkennen, sondern fand sie gleichsam als historische und politische Anthropologie bei Hegel wieder. Und wer genau hinhörte, dem kam auch zuweilen Nietzsches Herr und Sklave in den Sinn (vgl. dazu auch Descombes 1981, 188ff).

Nach Hegel – zumindest dem Kommentar von Kojève nach – kann man sich den Prestigekampf und seine Voraussetzungen folgendermaßen vorstellen: Weil der Mensch sich seiner selbst bewusst sei, könne man ihn vom Tier unterscheiden.[289] Dieses verharre lediglich im Selbst-Gefühl. Nur durch Begierde, beispielsweise durch die Begierde nach Essen, könne der Mensch zu sich selbst gebracht werden. Insofern setzt nach Hegel das selbstbewusste Sein, das Sein des Menschen, die Begierde voraus. Die Begierde macht den Menschen unruhig und führt ihn zur Tat, die negierend ist. Man muss zum Beispiel Nahrung zerstören oder verwandeln, um die Begierde zu befriedigen. Aber die negierende Tätigkeit ist nicht wesentlich destruktiv (Hegel in Kojève 1996, 21).

Hat man aber mit der Begierde nach Selbsterhaltung noch eine Gemeinsamkeit mit dem Tier, so macht Hegel zufolge erst die Begierde auf ein nicht-natürliches Objekt den Menschen zum Menschen: »Das einzige aber, was dieses daseiende Wirkliche übersteigt, ist die Begierde selbst.« (Hegel in Kojève 1996, 22). Das bedeutet, allein die Begierde auf die Begierde eines anderen macht die menschliche Wirklichkeit aus; die menschliche Begierde hat sich auf eine andere Begierde zu richten. Damit es menschliche Wirklichkeit geben kann, muss die menschliche Wirklichkeit eine soziale sein. »Die bloße Mehrzahl der Begierden reicht aber nicht aus, um aus der Herde eine Gesellschaft zu machen; die Begierden jeden Gliedes der Herde müssen außerdem auf die Begierden der anderen Glieder gerichtet sein oder sich richten können. Wenn die menschliche Wirklichkeit eine soziale Wirklichkeit ist, so ist die Gesellschaft nur als ein Ganzes von sich gegenseitig als Begierde begehrenden Begierden menschlich.« (Hegel in Kojève 1996, 23) Anders gesagt: Es ist menschlich, das zu begehren, was die anderen begehren. Das Begehren ist wesentlich das Begehren nach einem anderen Begehren. Das Begehren nach einem anderen Begehren ist aber das Begehren nach Anerkennung. Da nur Taten die Begierde befriedigen, ist die menschliche Geschichte die Geschichte begehrter Begierden (Hegel in Kojève 1996, 23).

Die Begierde nach Anerkennung, Prestige und Ehre unterscheidet den Menschen vom Tier, da er etwas höher einstuft als sein eigenes Leben. Selbstbewusstsein wird von Hegel demnach im Bild des feudalen Ehrbegriffs gedacht, wie Peter Bürger (2000*b*, 19) in seiner Rekonstruktion des Prestigekampfes schreibt. Um die Anerkennung des anderen zu erlangen, setzt das menschliche Wesen alles daran, sogar sein Leben: »Vom ›Ursprung‹ des Selbstbewusstseins sprechen, heißt also notwendig von einem Kampf auf Leben und Tod um die ›Anerkennung‹ reden. Ohne diesen Prestigekampf auf Leben und Tod hätte es auf Erden niemals menschliche Wesen gegeben.« (Hegel in Kojève 1996, 24f). In seinem Kommentar fasst Alexandre Kojève das bisher Gesagte kurz zusammen und schreibt nicht ohne Anklänge an Heidegger und Marx:

---

289 Im Folgenden wird die Argumentation Hegels in sehr knapper Form wiedergegeben und dabei auf Kojève (1996, 20ff) zurückgegriffen.

»Der Mensch ist negierendes Tun, das das Daseiende verwandelt und in diesem Verwandeln sich selbst verwandelt. Der Mensch ist nur insofern, als er wird; sein wahres
Sein ist Werden, Zeit, Geschichte und er wird, er ist Geschichte nur in der Tat und
durch die Tat, die die Gegebenheit negiert, durch das Tun des Kampfes und der Arbeit – der Arbeit, die schließlich den Tisch produziert, auf dem Hegel seine PhG
schreibt, und des Kampfes, der letztlich jene Schlacht von Jena ist, deren Lärm er
beim Schreiben der PhG hört. Darum hat Hegel, als er auf die Frage: ›Was bin ich?‹
antwortete, ebenso jenen Tisch wie diesen Lärm berücksichtigen müssen.« (Kojève
1996, 56)

Die Schlacht von Jena, von der Kojève nicht müde wird, alle paar Seiten zu berichten,
vollendet die Geschichte (vgl. Kojève 1996, 59). Hegel hört die Schlacht, aber er weiß
Kojève zufolge auch, dass die Schüsse von Kanonen kommen, die Kanonen Produkte
von Arbeit sind und es diesmal um einen Kampf auf Leben und Tod geht: »Darüber
hinaus weiß er auch, daß das, was er hört, die Kanonen Napoleons in der Schlacht
von Jena sind; er weiß also, daß er in einer Welt lebt, in der Napoleon handelt.« (Kojève 1996, 51) Dadurch, dass Hegel dies alles weiß, ist er »gleichsam das *Selbstbewußt-
sein Napoleons*« (Kojève 1996, 89).

Doch bevor auf das von Kojève diagnostizierte Ende der Geschichte eingegangen
wird, soll noch der politische Moment des Kampfes und der wirtschaftliche Moment
der Arbeit, wie sie im Prestigekampf entstehen, erläutert werden. Ausgehend von der
»phänomenologischen Anthropologie«, wie Kojève (1996, 56) schreibt, kann sich der
Mensch einerseits durch das Wort offenbaren und andererseits durch die negierende
Tat. Der Mensch kann sich nur durch eine allgemeine Anerkennung verwirklichen.
Da es aber eine Mehrzahl von Begierden nach allgemeiner Anerkennung gibt, so entsteht ein Kampf auf Leben und Tod. Bei diesem Kampf bleiben aber beide Gegner
am Leben: »Dafür muß man aber voraussetzen, daß der eine dem anderen *weicht* und
sich ihm unterwirft, daß er ihn anerkennt, ohne von ihm anerkannt worden zu sein.
Man muß annehmen, daß der Kampf mit dem Sieg desjenigen endet, der bis *aufs
Letzte* zu gehen bereit ist, über denjenigen, der es angesichts des Todes nicht fertig
bringt, sich über seinen biologischen *Instinkt* der Selbsterhaltung, seiner Identität mit
seinem animalischen Dasein zu erheben.« (Kojève 1996, 59) Aus dem Kampf geht ein
Herr und ein Knecht hervor. Hegel schließt daraus, dass Gesellschaft nur unter der
Bedingung menschlich sei, dass sie ein Element der Herrschaft und der Knechtschaft
umfasse, selbstständige und unselbständige Wesen (Hegel in Kojève 1996, 26). Doch
hier endet die Geschichte oder – fast möchte man sagen – die »mythische Erzählung«
(vgl. Bürger 2000*b*, 22) noch nicht.

Wenn im Kampf einer der beiden Gegner getötet wird, kann der Überlebende vom
Toten nicht mehr anerkannt werden und sich dann auch nicht mehr verwirklichen.
Der Sieger (Herr) benötigt den Besiegten (Knecht), um anerkannt zu werden, während der Besiegte im Kampf sein Leben über das Prestige stellt. Für Kojève ist dieser
Prestigekampf Sinnbild des geschichtlichen Prozesses, »einer Geschichte, die im ganzen genommen, die Geschichte der Kämpfe und der Arbeit ist« und in die Schlacht
von Jena und den Tisch Hegels münde (Kojève 1996, 61). Die Geschichte ist dem-

nach die Wechselwirkung zwischen Krieger-Herr und Arbeiter-Knecht. In seiner Interpretation der französischen Philosophie im Ausgang von Kojèves Hegelseminaren schreibt Vincent Descombes, Kojève habe seinen Zuhörern eine »terroristische Auffassung der Geschichte« vermacht (vgl. Descombes 1981, 23). Kojève interpretiert Hegels Denken als eine Philosophie des Todes und der Todesbereitschaft (hier spielt Heideggers »Sein zum Tode« eine Rolle): Er betont insbesondere die gewaltsamen und exzessiven Momente des Anerkennungskampfes. In seiner Auffassung von Geschichte als Kampf blieb Kojève Zeit seines Lebens konsequent:

> »Anläßlich der Ereignisse vom Mai 1968 soll Kojève gesagt haben: es ist kein Blut geflossen, also ist nichts geschehen ...Sein Kommentar zur Phänomenologie des Geistes stellt diese als eine Erzählung der Universalgeschichte dar, in der die blutigen Kämpfe – und nicht ›die Vernunft‹ – die Dinge vorwärtstreiben zum glücklichen Schluß. Bei jeder Gelegenheit erwähnt er den Kanonendonner, unter dem Hegel in Jena sein Manuskript beendete. Das erklärt, wieso man unter den treusten Hörern Kojèves die findet, die dem ›allgemeinen Anti-Hegelianismus‹, von dem Deleuze sich 1967 umgeben sieht, seine besten Waffen liefern werden, unter anderen Bataille, für den der Einfluß Kojèves entscheidend war, und Klossowski. Nach Kojèves Version weist das Hegelsche Denken gewisse Züge auf, die einen Nietzscheaner verführen könnten: es hat etwas Abenteuerliches und Riskantes, es bringt die Person des Denkers, seine Identität in Gefahr, es bewegt sich jenseits des Durchschnittsmaßes von Gut und Böse. Hegel hatte gesagt, daß die philosophische Spekulation darauf zielte, die ›Arbeitstage der Woche‹ und den ›Sonntag des Lebens‹ zu vereinigen und zu versöhnen, anders gesagt, die profanen Aspekte der Existenz (Arbeit, Familienleben, Gattentreue, Berufsernst, Sparsamkeit usw.) und ihre heiligen (Spiel, Opferausgaben, Rausch, poetische Begeisterung).« (Descombes 1981, 22)

Vor der Vernunft war die Unvernunft – die Realität, von der Kojève erzählt, ist nicht idealistisch, sondern die Menschen haben existentiell die Bereitschaft zum Tod und kämpfen wirklich um Ehre und »lächerliche Einsätze – man setzt sein Leben aufs Spiel, um eine Fahne zu verteidigen« (Descombes 1981, 23). Kein anderes Lebewesen setzt sein Leben aufs Spiel, um Orden zu erwerben oder eine Fahne zu erobern (vgl. Kojève 1996, 187).

Erst wenn die Gegnerschaft und der Gegensatz zwischen Herr und Knecht aufhört, dann wird auch die Geschichte zum Stillstand kommen, so Kojève. In der Schlacht von Jena realisiert sich ihm zufolge die dialektische Aufhebung des Herrn und des Knechts – das Ende der Geschichte: »Die Geschichte kommt darum in dem Augenblick zum Abschluß, da die Synthese von Herr und Knecht Wirklichkeit geworden ist, nämlich der integrale, heile Mensch, der Bürger des universellen und homogenen, von Napoleon geschaffenen Staates.« (Kojève 1996, 62)

Erscheint es auf den ersten Blick, dass der Herr die Spitze der menschlichen Wirklichkeit ist, schreibt Hegel aber, dass sich die Beziehung umdreht: Herrschaft wird zur »existentiellen Sackgasse« (Kojève 1996, 64). Der Herr zwingt den Knecht, ihn anzuerkennen und für ihn zu arbeiten. Dadurch kann der Herr einfach nur leben und genießen. Aber eigentlich hat er ja sein Leben aufs Spiel gesetzt, um anerkannt zu sein und nicht, um zu genießen. Er wollte von einem anerkannt sein, der *wie* er ist: »Doch tatsächlich wird er nur durch einen *Knecht* anerkannt.« (Kojève 1996, 64) Er müsste demnach von einem anderen Herrn anerkannt werden, stattdessen findet er seine Wahrheit des Bewusstseins im unselbstständigen Bewusstsein des Knechts. »Kurz, dem Herrn gelingt es nie, sein Ziel zu realisieren, das Ziel, für das er sein eigenes Leben einsetzt. [...] Der Herr kann entweder in der Lust *verdummen* oder auf dem Schlachtfeld als Herr *sterben*, doch er kann nicht *bewußt leben* und sich dabei durch das, was er *ist, befriedigt* wissen.« (Kojève 1996, 64)

Der Knecht hatte im Kampf um Anerkennung Furcht vor dem Tode. Diese Furcht hatte aber auch etwas Positives: Der Knecht erfuhr durch sie die Angst vor dem Nichts. Dadurch versteht er sich aber selbst besser als der im Genuss verblödende Herr. Der Knecht hat eine Ahnung von der menschlichen Wirklichkeit, darum ist er es, der die Geschichte vollendet (vgl. Kojève 1996, 66), während die Herrschaft nur eine »*notwendige* Etappe der geschichtlichen Existenz« (Kojève 1996, 65) ist. »Der Herr ist nur der ›Katalysator‹ der Geschichte, die durch den Knecht oder den Staatsbürger, zum Citoyen gewordenen ehemaligen Knecht verwirklicht, vollendet und ›offenbart‹ wird.« (Kojève 1996, 65) In der Arbeit hat sich der Knecht von den natürlichen Bedingungen der Existenz erhoben und veränderte sich aufgrund seiner Arbeit und seiner Idee von sich selbst. Da die Arbeit gehemmte Begierde, Handeln entgegen den Instinkten bzw. ihre Sublimierung ist, bildet sie. Die Furcht vor dem Herrn ist eine andere geworden, weil die Gefahr nicht mehr wie im Kampf eine unmittelbare ist: »Der Knecht *weiß* nur, daß der Herr ihn töten kann; er *sieht* ihn aber nicht in der Gebärde des Tötens. Anders ausgedrückt: der Knecht, der für den Herrn *arbeitet*, ›hemmt‹, verdrängt seine *Instinkte* auf Grund einer *Idee*, eines *Begriffes*. Und eben das macht seine Tätigkeit zu einer spezifisch *menschlichen Arbeit*.« (Kojève 1996, 66) Der Knecht bringt Technik, Wissenschaft und Künste hervor, das heißt, er gewinnt abstrakte Vorstellungskraft. Er kommt zum gleichen Ergebnis wie der Herr, indem er nicht mehr von den natürlichen Bedingungen der Existenz abhängig ist (vgl. Kojève 1996, 67). Und im Bewusstsein dessen erlangt der Knecht auch den Entwurf, die Idee oder die abstrakte Vorstellung der Freiheit, die er jetzt nur noch zu verwirklichen braucht. Dafür müsste er »nur *seine* Freiheit dem Herrn aufzwingen, um die endgültige Befriedigung zu erreichen, die die *gegenseitige* Anerkennung gewährt, und so den geschichtlichen Prozeß zum Stillstand zu bringen«, so die Interpretation von Kojève (1996, 68). Dies bedeutet für den Knecht, dass er aufhören muss, Knecht zu sein, kurz: »er muß ein *anderer* werden, als er *ist*.« (Kojève 1996, 69) In einem zweiten Kampf kommt die Geschichte zu ihrem Ende und es verwirklicht sich die gegenseitige Anerkennung, wenn der Knecht sich erhebt und dadurch sowohl Herrschaft als auch Knechtschaft aufhebt.

Kojèves Darstellungen des Kampfes um Anerkennung und seine Fokussierung auf die Aspekte von Gewalt und Tod (vgl. Kojève 1996, 217ff) faszinierten seine Zuhörer. Indem er mit der These vom Ende der Geschichte eine schließende Bewegung verkündete, blieb er Hegel treu, wenn man bei Kojèves Interpretation überhaupt von Treue sprechen mag. Während Kojèves linkshegelianische Interpretation den Moment der Arbeit des Knechts besonders hervorhob, wandten sich viele Non-Komformisten vielmehr dem Aspekt des Anerkennungskampfes zu. Bataille kritisierte die herausragende Stellung, die im Herr/Knecht-Kapitel den Momenten der (bürgerlichen) Selbstverwirklichung durch Arbeit, der Hemmung der Begierde und der Todesfurcht zugesprochen wird. Mit Blick auf den von Mauss beschriebenen *potlatsch* interessierte er sich weit mehr für die risikoreiche und exzesshafte Verausgabung im Prestigekampf.

Bataille sah in der von Hegel beschriebenen Genese des freien und selbstständigen Selbstbewusstseins des Herrn eine Herausforderung des eigenen Denkens. Dass aber im Kampf auf Leben und Tod das Selbstbewusstsein durch Aufhebung das Leben erhält, fand Bataille – obwohl er Hegel sehr ernst nahm – geradezu lächerlich, wie Jacques Derrida in seinem bekannten Bataille-Aufsatz treffend auf den Punkt bringt:

> »Hegel hatte die Notwendigkeit klar herausgestellt, daß der Herr das Leben, das er der Gefahr aussetzt, erhalten müsse. […] Sich dem schlichten und einfachen Tode zu stellen, heißt also den absoluten Verlust des Sinns zu wagen, sofern dieser notwendigerweise die Wahrheit des Herrn und des Selbstbewußtseins durchlaufen muß. Man wagt den Verlust des Ergebnisses und den Gewinn des Sinns, den man auf diese Weise *im Spiel* gewinnen wollte. Diesen schlichten und einfachen Tod, diesen stummen und ergebnislosen Tod nannte Hegel *abstrakte Negation* im Gegensatz zur ›Negation des Bewußtseins, welches so *aufhebt*, daß es das Aufgehobene *aufbewahrt und erhält*, und hiermit sein Aufgehobenwerden überlebt. In dieser Erfahrung wird es dem Selbstbewußtsein, daß ihm das Leben so wesentlich als das reine Selbstbewußtsein ist.‹ Hier bricht Bataille in ein Gelächter aus, denn durch eine List des Lebens, das heißt der Vernunft, blieb das Leben am Leben. […] Durch diese Zuflucht zur *Aufhebung*, die den Einsatz bewahrt, die Herr über das Spiel bleibt, die es begrenzt und bearbeitet, indem sie ihm Form und Sinn verleiht (*Die Arbeit … die bildet)*, beschränkt sich diese Ökonomie des Lebens auf die Erhaltung, die Zirkulation und Reproduktion des Selbst, wie auch des Sinns. Von da an sinkt alles, was der Name Herrschaft umfaßt, zu einer Komödie herab.« (Derrida 1997c, 387)[290]

Abgesehen davon, dass Derrida hier vermutlich auch in Ansätzen eine eigene Gegenposition zur Hegelschen Aufhebung formuliert, bleibt festzuhalten, dass Bataille der beschränkten Ökonomie Hegels eine allgemeine Ökonomie entgegenhält.[291] Anders gesagt: Bataille meint, Hegel sei zu der Zeit, als das System sich schloss, kurz davor gewesen, verrückt zu werden: »Es scheint mir jedenfalls, daß Hegel, da er dem ekstatischen Weg (der einzig rechten Auflösung der Angst) widerstrebte, sich flüchten *mußte* in einen manchmal (wenn er schrieb oder sprach) wirkungsvollen, im Grunde aber vergeblichen Versuch des Ausgleichs und des Einverständnisses mit der existierenden, aktiven und offiziellen Welt.« (Bataille 1999a, 153) Das im Moment der Ekstase erscheinende Nicht-Wissen setzt Bataille in Gegensatz zum absoluten Wissen. Statt eine

---

290 Vgl. auch »Hegel, la mort et le sacrifice« von Bataille (1955). Ein kurzer Kommentar zu Kojèves Hegel-Einführung findet sich in Bataille (1997b, 100f).

291 Hierzu siehe insbesondere den Abschnitt zu Bataille.

in der Erhaltung und Beschränkung verbleibende Herrschaft zu denken, bevorzugt Bataille die sich verausgabende und opfernde Souveränität. Das souveräne Dasein, das an Nietzsche und Jaspers Nietzsche-Interpretation in der Zeitschrift »Acéphale« erinnert, nimmt auch den Tod in Kauf.[292]

Der Herr ist für Bataille nicht souverän, weil er unter anderem noch an die Arbeit des Knechts gebunden bleibt. Kennzeichnet die Souveränität eine Bejahung des Lebens, die noch selbst den Tod bejaht, eine »Freude vor dem Tod« (Bataille), so ist Herrschaft für Bataille noch an Zwecke gebunden. »›Ich bin nichts‹, oder ›Ich bin lächerlich‹: diese Parodie der Selbstbehauptung ist das letzte Wort der souveränen Subjektivität, die frei geworden ist von der Herrschaft, die sie über die Dinge ausüben wollte oder sollte.« (Bataille 1978, 83)

Bataille richtet sein Augenmerk vor allen Dingen auf das, was Hegel verdrängte: »Sieht Bataille den blinden Fleck des Hegelschen Systems zunächst in der Kontingenz, vor der das System sich lächerlich macht, dann im unmittelbaren Erleben des Leidens, das aus dem System herausfällt, entdeckt er ihn schließlich in der Erfahrung des Heiligen. Sein Vorwurf gegen Hegel lautet nun, dieser habe das Heilige nicht zu denken vermocht.« (Bürger 2000b, 69) Obgleich es scheinen mag, Bataille entwinde sich dem Hegelschen Denken, so ist doch festzuhalten, dass Bataille immer wieder auf Hegel oder Hegelsche Begriffe zurückkommt, sie benutzt und neuinterpretiert, dass er Hegel ernst nimmt und sich endlos mit ihm auseinander setzt (vgl. Derrida 1997c, 382). Mit anderen Worten gesagt: Bataille kann weder als Hegelianer, Anti-Hegelianer oder aber als jemand, der »Hegel in den Dreck gezogen habe« bezeichnet werden: »Jedes Mal erläge man einer Täuschung.« (Derrida 1997c, 384)

Einer der Vortragenden am *Collège de Sociologie* war Alexandre Kojève selbst. Am 4. Dezember 1937 sprach er in der zweiten Sitzung des Collège über »Les conceptions hégéliennes« (vgl. Kojève 1995). Denis Hollier berichtet in seiner Sammlung der Vorträge des Collège, dass das Manuskript nicht aufzufinden sei und Kojève wahrscheinlich – wie so oft in seinen Vorlesungen – den Beitrag gar nicht aufgeschrieben habe.[293] Caillois erinnert sich, dass man versuchte, die ständige Mitwirkung von Kojève zu erlangen (Caillois in Hollier 1995a, 67);[294] Kojève habe einen außerordentlichen Einfluss auf seine Generation ausgeübt, doch leider habe er die Idee des Collège abgelehnt: »C'est chez Bataille, rue de Rennes, que nous avons exposé notre projet à Kojève. [...] Kojève nous a écoutés, mais il a écarté notre idée. À ses yeux, nous nous mettions dans la position d'un prestidigitateur qui demanderait à ses tours de prestidigitation de le faire croire à la magie.« (Caillois in Hollier 1995a, 67)[295] Dennoch habe man in engem Kontakt zu Kojève gestanden, der dann einen Vortrag am Collège hielt. Dieser Vortrag, so berichtet Caillois weiter, habe alle verblüfft zurückgelassen,

---

292 Zur Souveränität und Nietzsche vgl. zum Beispiel Bataille (1978, 82f). Für eine ausführliche Auseinandersetzung zum Thema Bataille/Hegel siehe Bürger (2000b, 57).

293 Dies erklärt auch, warum Queneau die Hegel-Vorlesung aus seinen mitgeschriebenen Notizen rekonstruiert hat.

294 Vgl. auch die Angaben in Mattheus (1984, 374).

295 Zum ganzen Gespräch mit Gilles Lapouge, in dem Caillois über das Collège erzählt, siehe Caillois (1991a, 135).

sowohl wegen seiner intellektuellen Kraft als auch wegen seines Schlusses: Für Hegel war es Napoleon, der das Ende der Geschichte markierte. Kojève habe stattdessen an diesem Tage gelehrt, dass Hegel zwar richtig geurteilt, sich jedoch um ein Jahrhundert vertan hätte. Der Mensch des Endes der Geschichte sei nicht Napoleon gewesen, sondern Stalin (Caillois in Hollier 1995a, 68).

Walter Benjamin war bei Kojèves Vortrag ebenfalls zugegen. In einem Brief vom 6. Dezember 1937 berichtet er Max Horkheimer:

»Es erfüllte mich kürzlich mit Staunen, einen offenkundig nicht parteigebundenen Intellektuellen sich in positivem Sinne auf sie [gemeint sind die »Vorgänge in Rußland«, S.M.] beziehen zu hören. Das war Kojevnikoff in einem Vortrag über die Hegelschen Gedanken zur Soziologie. Ich vermute, daß Ihnen der Mann näher oder ferner bekannt ist. [...] Seine Vortragsweise ist klar, sprachtechnisch hervorragend. Soweit man Hegelkenner sein kann, ohne die materialistische Dialektik sich zugeeignet zu haben, ist Kojevnikoff das. Demungeachtet scheinen mir seine Konzeptionen der Dialektik selbst im idealistischen Sinne sehr angreifbar. Sie hinderten ihn jedenfalls nicht, in seinem Vortrag – im Kreise von ›Acéphale‹ – die These zu entwickeln, daß der Mensch nur seiner natürlichen Seite nach, beziehungsweise in den Manifestationen seiner bisherigen Geschichte, welche als abgelaufene die Fixiertheit seines natürlichen Wesens teile, Gegenstand wissenschaftlicher Erkenntnis sein könne. ›Gemacht‹ werde Soziologie heute in Moskau; geschrieben werden könne sie erst wenn man dort entschieden habe. – Es war recht traurig, wenn man auch nicht aus den Augen verlieren darf, daß vieles vielleicht aus Bosheit gegen die Veranstalter seines Vortrags von ihm gesagt wurde.« (Benjamin 1999, 621)[296]

Auf die Vorbehalte Kojèves gegenüber der Tätigkeit des Collèges (den Themen, nicht gegenüber seinen Hauptakteuren, mit denen er freundschaftliche Beziehungen pflegte) geht auch Batailles Vortrag »L'apprenti sorcier« (Bataille 1995e) ein. Kojève hielt die Akteure des Collèges für »Zauberlehrlinge«, eine Bezeichnung, die Bataille dann für seinen Vortrag und seinen 1938 veröffentlichten Text in einer »resignifizierenden«, also die negative Konnotation ins Positive wendenden Wiederholung aufnahm. Nach Aussagen von Caillois habe Bataille kaum seine Absicht versteckt, ein zerstörerisches und virulentes Sakrales wiederzuerwecken, »un sacré virulent et dévastateur, qui finirait dans sa contagion épidémique par gagner et exalter celui qui en aurait d'abord semé le germe.« (Caillois 1974a, 58) Während eines der privaten Treffen mit Kojève habe er ihm dies eröffnet. Kojève entgegnete ihm, man könne nicht mehr zur Magie zurückkehren: »Celui-ci lui [gemeint ist Bataille, S.M.] répondit qu'un tel thaumaturge n'aurait pas plus de chance d'être à son tour transporté par le sacré qu'il aurait sciemment déclenché, qu'un prestidigateur n'en avait de se persuader de l'existence de la magie en s'émerveillant de ses propres tours de passe-passe. J'en étais convaincu. Mais Bataille, qui avait l'étonnante faculté de se mettre en colère au moment qu'il choisissait, passa outre. De plus, il ne disait pas tout.« (Caillois 1974a, 59)

---

296 Mit »Acéphale« meint Benjamin das Collège, wie auch die Herausgeber seiner Briefe bemerken (vgl. Benjamin 1999, 626). Vgl. auch Mattheus (1984, 374).

Der Vortrag von Kojève hatte die soziologischen Absichten des Collège in Frage gestellt: Kojève habe am 4. Dezember 1937 mit Rückgriff auf Hegelsche Begriffe und mit ziemlich negativen Intentionen das Problem der Grundlagen der soziologischen Wissenschaft aufgeworfen, so Bataille (1995*a*, 123) am 22. Januar 1938. Bataille geht jedoch leider nicht näher auf Kojèves Kritik an der (Sakral-)Soziologie ein, man kann sie höchstens erahnen: Zwei Tage nachdem Kojève am Collège vorgetragen hatte, schreibt Bataille ihm einen nicht beendeten, aber doch abgeschickten Brief mit dem Titel »Lettre à X., chargé d'un cours sur Hegel … « (vgl. Bataille 1995*g*).[297] Zu Beginn seines Schreibens bemerkt Bataille:

> »Wenn die Tat (das ›Tun‹) – wie Hegel sagt – die Negativität ist, dann stellt sich die Frage, ob die Negativität dessen, der ›nichts mehr zu tun hat‹, verschwindet oder sich erhält im Zustand der ›beschäftigungslosen Negativität‹ [negativité sans emploi]: persönlich kann ich nur in einem Sinne entscheiden, nämlich indem ich selbst genau diese ›beschäftigungslose Negativität‹ bin (ich könnte mich nicht präziser definieren). Ich gebe zu, daß Hegel diese Möglichkeit vorhergesehen hat: zumindest hat er sie nicht am *Ende* der von ihm beschriebenen Prozesse angesiedelt. Ich bilde mir ein, daß mein Leben – oder sein Scheitern: besser noch: die offene Wunde, die mein Leben ist – für sich allein die Widerlegung des geschlossenen Systems Hegels darstellt.« (Bataille in Mattheus 1984, 375)[298]

Wenn nach Kojève die Geschichte zu ihrem Ende gelangt ist, kann es dann noch geschichtliches Handeln geben? Der Mensch kann jetzt eigentlich nicht mehr geschichtlich handeln, er ist überflüssig, eine beschäftigungslose Negativität (negativité sans emploi), wie Bataille – wahrscheinlich angeregt durch das »Journal d'un intellectuel en chômage« (1937) von Denis de Rougemont (vgl. Keller 2001*b*, 344) – von sich selbst schreibt.[299] Sein Leben sei eine »blessure ouverte« (Bataille 1995*g*, 76). In einer Interpretation des Briefes schreibt Peter Bürger:

> »Nicht ein vernünftiges Leben ist das Leben für Bataille, sondern eine Falle, in die er hineingeraten ist und aus der er nicht wieder herauszukommen weiß. Bataille bezieht Kojèves Analyse unmittelbar auf seine Person, er fühlt sich durch sie in Frage gestellt. Kojève dürfte darauf geantwortet haben, er, Bataille nehme sich zu wichtig, nicht Individuen zählten, sondern der weltgeschichtliche Prozeß. Bataille nimmt diesen Einwand wiederum persönlich: Es stimmt, ich bin nicht anerkannt; gehen wir also davon aus, daß ich unbedeutend bin.« (Bürger 2000b, 62f)

---

297 Vgl. hierzu die Interpretationen und Kommentare bei Peter Bürger (1992*b*, 38ff; 2000*b*, 62ff) sowie – hier auch in Auszügen in deutscher Übersetzung – Mattheus (1984, 375ff).

298 Vgl. auch Bataille (1995*g*, 75f).

299 Denis de Rougemont schreibt an einer Stelle in seinem »Tagebuch eines arbeitslosen Intellektuellen«: »Die Arbeitslosigkeit ist heute ein Seelenzustand geworden, ein ›Stand‹, eine besondere Lebensart. Sie ist keine zufällige Erscheinung mehr, sie besteht nicht mehr in dem vorübergehenden Verlust einer einträglichen Beschäftigung. […] Diese ›existentielle‹ Tatsache, die in der Geschichte vollkommen neu ist, wurde weder von außen noch von innen je als eine psychische Tatsache untersucht.« (de Rougemont 1991, 50)

Bürger zufolge setzt Bataille die Frage nach der Bedeutung des Individuums mit der Frage nach seiner eigenen Bedeutung in Beziehung. Er spielt mit dem Wort »Anerkennung«: »Bataille setzt Hegel eine Strategie der Sprachverwendung entegegen, die darauf abzielt, dessen Rede zu verwirren [...]« (Bürger 2000*b*, 63). Bataille sucht einen Ort, den Hegel nicht bereits besetzt hält. Ebenso sucht er nach einer Anerkennung um seiner selbst willen, Anerkennung trotz seiner Tatenlosigkeit, auch oder gerade als »negativité sans emploi«.

Am 8. Dezember 1937 schreibt Bataille in einem Brief an Caillois, dass auf die Einwände Kojèves unbedingt zurückzukommen sei (vgl. Bataille 1987*b*, 71). Bei seinem Vortrag am 5. Februar 1938 geschieht dies dann auch. Er hebt in seinem Beitrag unter anderem die wissenschaftlichen Vorteile der französischen Soziologie und der Psychoanalyse gegenüber der Hegelschen Phänomenologie hervor.

Im Gegensatz zur Soziologie und Psychoanalyse sei Hegel der Begriff der Heterogenität absolut fremd:

> »D'ailleurs la différence profonde qui tient aux différences de méthodes d'investigation peut être déterminée avec clarté dès l'abord. La phénoménologie hégélienne représente l'esprit comme essentiellement homogène. Alors que les données récentes sur lesquelles je m'appuie concordent sur ce point qu'elles établissent entre différentes régions de l'esprit une hétérogénéité formelle. Il me semble que l'hétérogénéité accentuée établie entre le sacré et le profane par la sociologie française ou par la psychoanalyse entre l'inconscient et le conscient est une notion tout à fait étrangère à Hegel.« (Bataille 1995b, 153)

In den Augen von Bataille mache es demnach für das *Collège de Sociologie* keinen Sinn, sich lediglich darauf zu beschränken, die »Phänomenologie des Geistes« zu wiederholen oder zu interpretieren, wie dies übrigens Kojève meisterhaft an der »Hautes Études« mache (vgl. Bataille 1995*b*, 153).

Zum Schluss des Abschnitts zu Kojève soll noch kurz ein Gespräch zwischen Nicolaus Sombart und Kojève erwähnt werden. Es tauchte während einer Unterhaltung der beiden die Frage auf, wie es denn nun weitergehen solle, wenn das Ende der Geschichte erreicht sei, wenn es keine Negativität oder keinen Kampf um Anerkennung mehr gebe. Sombart berichtet Folgendes:

> »Kojève schien besorgt. Aber er hatte prompt eine Antwort parat. ›Alles wird eine Frage der Form, des Lebenstils. Materialistisch, sensualistisch, eudämonistisch.‹ Das Höchste sind dann die extases ludiques, die ›logosfrei‹, sinnlos und ›schön‹ sind: jeux, mathématique, amour. Das war Musik in meinen Ohren (denen ich nicht ganz traute). Keine Larmoyanz, kein Spengler oder Heidegger, keine apokalyptische Kulturkritik. Der alte Hegelianer schreckte vor der Perspektive einer hedonistischen Weltkultur nicht zurück! Er konnte es, weil er selber ein Hedonist war, ein Bonvivant, ein homme à femmes, ein Lebenskünstler.« (Sombart 1996, 423f)

Die surrealistische Bewegung

> »Es war nicht nur das gigantische Morden, wogegen man sich erhob, es war vor allem die obszöne politische Verdummung.« (André Masson in Hess 1995, 190)

»Die Kräfte des Rausches für die Revolution zu gewinnen, darum kreist der Sürrealismus in allen Büchern und Unternehmungen«, schrieb Walter Benjamin 1929 in seiner »letzten Momentaufnahme der europäischen Intelligenz« (Benjamin 1996c, 161). Es gehe dem Surrealismus aber nicht so sehr um die Literatur, als vielmehr um Erfahrungen:

> »Diese Lockerung des Ich durch den Rausch ist eben zugleich die fruchtbare, lebendige Erfahrung, die diese Menschen aus dem Bannkreis des Rausches heraustreten ließ. Es ist hier nicht der Ort, die sürrealistische Erfahrung in ihrer ganzen Bestimmtheit zu umreißen. Wer aber erkannt hat, daß es in den Schriften dieses Kreises sich nicht um Literatur, sondern um anderes: Manifestation, Parole, Dokument, Bluff, Fälschung wenn man will, nur eben nicht um Literatur handelt, weiß damit auch, daß hier buchstäblich von Erfahrungen, nicht von Theorien, noch weniger von Phantasmen die Rede ist. Und diese Erfahrungen beschränken sich durchaus nicht auf den Traum, auf Stunden des Haschischessens oder des Opiumrauchens. Es ist ja ein großer Irrtum, zu meinen, von ›sürrealistischen Erfahrungen‹ kennten wir nur die religiösen Ekstasen oder die Ekstasen der Drogen. Opium fürs Volk hat Lenin die Religion genannt und damit diese beiden Dinge näher zusammengerückt, als es den Sürrealisten lieb sein dürfte.« (Benjamin 1996c, 151)[300]

Nicht die Produktion von Kunst, sondern ein Eindringen in die bisher unerkannten und kaum erfahrenen und zugleich aber erkenn- und erfahrbaren Bereiche des Seins steht im Mittelpunkt des Surrealismus; nicht abseits des Realen, sondern Potenzierung des Realen. Will man verstehen, warum es den Surrealisten um die Suche nach neuen Erfahrungen und um die Überschreitung der bürgerlichen Kunst und Kultur ging, so ist zunächst ein Blick in das soziale Feld und in den Wahrnehmungshorizont der Surrealisten notwendig.[301] Peter Bürger geht in seinem Buch »Der französische

---

300 Vielleicht, so kann man sagen, war Benjamin in seiner Passagenarbeit nah an den Surrealismus gerückt; hierzu ein paar Passagen eines Textes von Irving Wohlfahrt an Jacques Derrida: »Nur soviel an dieser Stelle zu Benjamins *Passagenarbeit*: es geht auch dort um die ›Möglichkeit des Unmöglichen‹. Nämlich um die Passage der *Erfahrung* und deren aporetische Rettung: um eine Kunst – oder Technik – der Erfahrung im Zeitalter ihrer technischen Reproduzierbarkeit. […] Sie [gemeint ist die *Passagenarbeit*, S.M.] will Passagen zwischen Poesie, Leben und Theorie bahnen; die Mauern durchstoßen, die Philosophie, Literatur und Wissenschaft voneinander abdichten; die Erfahrung einer Welt machen, die zunehmend unerfahrbar geworden ist. Die Pariser Passagen gelten hier als ein Experimentierfeld [*expérience*, S.M.], in dem der Flaneur die Mythen der entzauberten Welt noch aus sinnlicher Nähe erfahren soll. Nicht um sie weiterzuträumen, sondern um mit ihnen aufzuwachen.« (Wohlfahrt 2003, 54)

301 Zur Geschichte des Surrealismus und zum Surrealismus allgemein und ausführlicher, als es hier geschehen kann, vgl. vor allem die »klassischen« Bücher von Maurice Nadeau (1965):

Surealismus. Studien zur avantgardistischen Literatur« davon aus, dass die surrealistische Bewegung und die Reaktion der Leute um André Breton nur dann verständlich
sei, wenn man sich vor Augen führe, »daß weder die internationale Konferenz linker
Sozialisten in Zimmerwald im Jahre 1916 noch die Oktoberrevolution in einer sie betreffenden Weise von ihnen aufgenommen wurden. Die Wirklichkeit, in der sie sich
bewegten, ist die bürgerliche Gesellschaft« (Bürger 1996, 180). Der Angriffspunkt
des Surrealismus ist das Milieu, aus dem die Surrealisten selbst kommen. Insofern besteht eine gewisse Abhängigkeit der surrealistischen Bewegung zum Bürgertum und
seinen Denk- und Verhaltensschemata. Es lassen sich aus dieser Abhängigkeit heraus
zentrale Positionen des Surrealismus begreifen wie beispielsweise die »Ablehnung der
zweckrationalen Ordnung und der Leitbegriffe bürgerlichen Lebens wie Pflicht und
Vaterland, die Hoffnung auf eine Befreiung des Menschen durch die Kräfte der Phantasie, schließlich die praktische Auffassung von der Dichtung (›pratiquer la poésie‹),
die sich vor allem gegen die symbolische Dichtungskonzeption richtete.« (Bürger
1996, 181)

Bürger interpretiert das Aufkommen des Surrealismus im Zusammenhang mit einem von Benjamin konstatierten, steigenden Erfahrungsschwund seit der Mitte des
19. Jahrhunderts. Durch die wachsende Reizüberflutung der modernen Großstädte
habe der moderne Mensch mit der Zeit einen Reizschutz ausgebildet, der schließlich
dazu führt, dass bestimmte Reize kaum mehr wahrgenommen werden und man sich
ihrer durch schnelle Reaktion entledige (vgl. Bürger 1996, 184). Die Ausbildung des
Reizschutzes sei zwar lebensnotwendig in der modernen Gesellschaft, aber es werde
dadurch zugleich die Möglichkeit, Erfahrungen zu machen und zu erleben, einge-
schränkt. Unter Erfahrung sei dabei ein »verarbeitetes Bündel von Wahrnehmungen
und Reflexionen [verstanden], das wieder in die Lebenspraxis zurückübersetzt werden
kann.« (Bürger 1996, 184f) Im Zuge des seit der Entwicklung der industriellen Gesellschaft zunehmenden Erfahrungsschwunds, an dem besonders die durch die industrielle Produktion erzwungene Normierung des Lebensrhythmus aller am Produktionsprozess Beteiligten Anteil hat (vgl. Bürger 1996, 185), steigt die Suche nach so
genannten »echten« und »wahren« Erfahrungen. Nach Benjamin hat sich die Struktur
der Erfahrung verändert; es ist vor allem die Lebensphilosophie von Dilthey und
Bergson, die diesen Wandel offenbart: »Seit dem Ausgang des vorigen Jahrhunderts
stellte sie [die Philosophie, S.M.] eine Reihe von Versuchen an, der ›wahren‹Erfahrung im Gegensatze zu einer Erfahrung sich zu bemächtigen, welche sich im genorm-
ten, denaturierten Dasein der zivilisierten Massen niederschlägt.« (Benjamin 1992,
104)

»Geschichte des Surrealismus« und von Peter Bürger (1996): »Der französische Surrealismus.
Studien zur avantgardistischen Literatur«. Siehe auch Bürger (2000*b*) und den von Werner
Spies (2002) herausgegebenen Ausstellungskatalog: »Surrealismus 1919–1944. Dali, Max
Ernst, Magritte, Miró, Picasso…«. Einen großen Überblick über surrealistische Gedichte, Au-
toren und Anhänger des Surrealismus gibt der voluminöse Band »Das surrealistische Gedicht«
(Becker, Jaguer und Král 1985). Ferner siehe »Das Jahrhundert der Intellektuellen« von Mi-
chel Winock (2003, 269ff) und die »Sociologie du Surréalisme 1924–1929« von Norbert
Bandier (1999).

Zunächst wurde Bürger zufolge nicht so sehr nach kollektiven, sondern vielmehr nach *individuellen* Erfahrungsmöglichkeiten gesucht: »Insofern es die Gesellschaft ist, die die Möglichkeit von Erfahrung zerstört hat, mußte der Versuch der Wiederherstellung zunächst beim Individuum ansetzen (daher die teilweise Parallelität mit dem Bergsonismus und Ästhetizismus).« (Bürger 1996, 187) Als jedoch von den Surrealisten erkannt wurde, dass der Erfahrungsschwund gesellschaftlich vermittelt ist, »konnte der individuelle Lösungsversuch nicht mehr mit der Hoffnung auf eine lebensverändernde Praxis (für alle) unternommen werden.« (Bürger 1996, 187) Eine Konsequenz aus dieser Erkenntnis war, dass sich viele Surrealisten dem Kommunismus zuwandten. Breton trat 1927 mit Aragon, Péret, Eluard und Unik in die Kommunistische Partei ein. Zuvor trennte man sich noch von Antonin Artaud und Philippe Soupault wegen der »Unvereinbarkeit der Ziele« (vgl. Nadeau 1965, 115). Dass die Hinwendung zur Kommunistischen Partei nicht von Dauer war, ja vielleicht von Anfang an nicht sein konnte, wird Mitte der dreißiger Jahre durch den Austritt aus der Partei und die Gründung der Gruppe »Contre-Attaque« deutlich. Vielleicht hatte sich die Trennung von der Partei bereits vorher im surrealistischen Denken selbst angekündigt; vielleicht schon in Benjamins Beschreibung der anarchistischen Radikalität der Surrealisten: »Seit Bakunin hat es in Europa keinen radikalen Begriff von Freiheit mehr gegeben. Die Sürrealisten haben ihn.« (Benjamin 1996c, 160)

Der Surrealismus, angeregt durch das Denken Freuds und Bergsons, wollte zu einer erweiterten »sur-naturalen« bzw. »surrealen« Wirklichkeitsauffassung beitragen, indem er den aus dem Alltag und der Wissenschaft verdrängten, aber jedem Menschen prinzipiell zugänglichen Phänomenen und Einbildungskräften einen zentralen Stellenwert beimaß. Der Begriff »Surrealismus« stammte von Guillaume Apollinaire. In einem Brief an Paul Dermée im März 1917 schrieb Apollinaire: »Nach reichlicher Überlegung halte ich es für klüger, die Sache Surrealismus statt Surnaturalismus zu nennen, wie ich das bisher tat.« (Nadeau 1965, 21) »Surnaturalismus« sei schon durch die Philosophen vorbelastet, so Apollinaire weiter. Der Begriff des Surrealismus wurde »zu Ehren Appolinaires« von Breton und Soupault für die Bezeichnung der neuen Bewegung aufgenommen (vgl. Breton 2001b, 25). Die Protagonisten des Surrealismus fassten ihre Bewegung als einen neuen Erkenntnisweg auf, der zu noch nicht systematisch untersuchten Gebieten, wie dem Wunderbaren, dem Traum, dem Wahnsinn oder den Halluzinationen, führen sollte: »Sagen wir es geradeheraus: das Wunderbare ist immer schön, gleich, welches Wunderbare schön ist, es ist sogar nur das Wunderbar schön.« (Breton 2001b, 18). Ziel war es, diejenigen Phänomene, die sich einer Rationalisierung entziehen, zu erfassen und Vernunft mit Unvernunft zusammenzudenken; insbesondere einer »realistischen Haltung« sollte der Prozess gemacht werden, weil sie, »seit Thomas von Aquin und Anatole France vom Positivismus inspiriert, als jedem intellektuellen und moralischen Aufschwung absolut feindlich« erscheine (Breton 2001b, 13).

Zu den »echten« Erfahrungen gehörten für die Surrealisten Träume, rauschhafte Erlebnisse, imaginäre Assoziationen und die Bereiche des Unbewussten sowie jene Gebiete, die sich zwischen Unbewusstsein und Bewusstsein befinden: »Ich glaube an die zukünftige Auflösung dieser scheinbar so gegensätzlichen Zustände von Traum und Wirklichkeit in einer Art absoluter Realität, wenn man so sagen kann: *Surrealität.*« (Breton 2001*b*, 18) Im Unterschied zum Dadaismus betonten die Surrealisten, dass ihr Vorhaben auch einen wissenschaftlichen, systematischen und experimentellen Charakter habe (vgl. Nadeau 1965, 50). Methodisch gesehen verwendete der Surrealismus nicht einen logischen Apparat, sondern die Mittel der Inspiration und der Intuition; Methoden, die allgemein als irrationale Methoden angesehen wurden, deren Wissenschaftlichkeit aber zum Beispiel von Bergson nicht bestritten wurde. Anhand dieser Methoden sollten neue Erfahrungen möglich werden. Die verwendeten Methoden, die zu diesen Erfahrungen führen, wie beispielsweise das automatische Schreiben oder das »Cadavre Exquis«, sind nicht in erster Linie Mittel künstlerischer Produktion, sondern zunächst für die Öffnung oder Befreiung des Unbewussten gedacht (vgl. Bürger 1996, 68).[302] »Wenn Desnos [gemeint ist Robert Desnos (1900–1945), S.M.] mit Freunden z. B. in einem Café, in einer lärmenden Umgebung zusammensaß und es ihm danach zumute war, schloß er die Augen und fing an zu improvisieren. Der improvisierte Text war im allgemeinen von sehr großer Schönheit und poetischer Dichte.« (Leiris 1981*a*, 278)[303]

Obgleich das Unbewusste von den Surrealisten als wichtiges und basales Element neuer Erfahrungen hervorgehoben wird, verwerfen sie den Rationalimus nicht per se. Kritisiert wird der Rationalismus lediglich in seiner Tendenz, »die Bereiche des menschlichen Lebens einzuschränken unter Berufung auf eine Nützlichkeit, die selbst jeder Rechtfertigung ermangelt.« (Bürger 1996, 68) Im Ersten Manifest des Surrealismus von 1924 definiert Breton den Surrealismus folgendermaßen:

»SURREALISMUS, Subst., m. – Reiner psychischer Automatismus, durch den man mündlich oder schriftlich oder auf jede andere Weise den wirklichen Ablauf des Denkens auszudrücken sucht. Denk-Diktat ohne jede Kontrolle durch die Vernunft, jenseits jeder ästhetischen oder ethischen Überlegung. ENZYKLOPÄDIE. Philosophie. Der Surrealismus beruht auf dem Glauben an die höhere Wirklichkeit gewisser, bis dahin vernachlässigter Assoziationsformen, an die Allmacht des Traumes, an das zweckfreie Spiel des Denkens. Er zielt auf die endgültige Zerstörung aller anderen psychischen Mechanismen und will sich zur Lösung der hauptsächlichen Lebensprobleme an ihre Stelle setzen. Zum ABSOLUTEN SURREALISMUS haben sich bekannt: Aragon, Baron, Boiffard, Breton, Carrive, Crevel, Delteil, Des-

---

302 Zum automatischen Schreiben vgl. die von André Breton und Philippe Soupault versammelten Texte »Die magnetischen Felder« (Breton und Soupault 1981), eines der ersten Bücher, das mit der automatischen Schreibweise verfasst wurde. Das »Cadavre Exquis« ist ein mittlerweile sehr bekanntes und sowohl in Kindergärten als auch in Therapien angewendetes Zettel-Spiel: Zunächst faltet man ein Blatt Papier so, dass nur eine kleine Fläche sichtbar ist, die dann von einer Person beschrieben oder bemalt wird. Nun reicht man das Blatt weiter und der Nächste beginnt mit der folgenden gefalteten Fläche, so dass jeder die Zeichnung seines Vorgängers fortsetzt, ohne aber diese zu kennen. Wenn das Blatt voll ist, entfaltet man es. Die ersten Spiele der Surrealisten ergaben den Satz »Le cadavre exquis boira le vin nouveau« (der köstliche Leichnam wird den neuen Wein trinken), nach dem die Technik benannt wurde.

303 Desnos wurde 1945 von den Nationalsozialisten im KZ Buchenwald ermordet (vgl. Doßmann 2002).

nos, Éluard, Gérard, Limbour, Malkine, Morise, Naville, Noll, Péret, Picon, Soupault, Vitrac.« (Breton 2001b, 26f)

Ein der Vorbild der Surrealisten war der Marquis de Sade: »Sein durchdachter Materialismus, der Umstand, daß er das Absolute in der Lust, und zwar in allen Erscheinungsformen, vor allem aber im Bereich des Geschlechtlichen sucht, seine Auflehnung gegen die überlieferten Werte und ihre Repräsentanten und seine visionäre Kraft machen DE SADE zum Inbegriff des surrealistischen Menschenbildes.« (Nadeau 1965, 41) Ebenso bedeutend wie de Sade ist für den Surrealismus Lautréamont gewesen, auf den sich die Surrealisten am Häufigsten beriefen (vgl. Nadeau 1965, 47). Man verfehlt aber Peter Bürger zufolge die Intentionen des Surrealismus, wenn man davon ausgeht, die Bewegung propagierte lediglich eine Zerstörung der Literatur oder der Kunst. Vielmehr drängte der Surrealismus danach, Kunst und Leben aufs Engste miteinander zu verbinden (vgl. Bürger 1996, 69). Der mit Leiris und Bataille befreundete Maler André Masson schrieb in diesem Sinne: »Wirklich, wenn die Literatur oder die Kunst mit sehr großer Kraft gelebt werden, nehmen sie einen revolutionären Charakter an.« (Masson in Hess 1995, 192).

Es ist dem Surrealismus nicht darum gegangen, Momente des Lebens in die Kunst einzuführen oder die Kunst zu zerstören, sondern die Intention der surralistischen Avantgarde war vielmehr die Aufhebung der Kunst gewesen: die Kunst in Lebenspraxis – genauer gesagt: in eine *neue*, nicht zweckrational geordnete Lebenspraxis – zu überführen, »wo sie, wenngleich in verwandelter Gestalt, aufbewahrt wäre.« (Bürger 1974, 67)[304] Hatte die Moderne die Politik, die Psychologie oder die Moral vom Bereich des Ästhetischen abgesondert, so seien Bürger zufolge diese modernen Trennungen von den historischen Avantgardebewegungen nicht akzeptiert worden, »weil in ihnen [den Trennungen, S.M.] *eine* Ursache der Entfremdung in der bürgerlichen Gesellschaft ausgemacht [wurde].« (Bürger 2001c, 37)

Im Folgenden sollen die geistigen, emotionalen und biographischen Beziehungen zwischen den Hauptakteuren des Collège und der surrealistischen Bewegung näher betrachtet werden. Roger Caillois war 19 Jahre alt, als er sich der Gruppe um Breton anschloss bzw. von Breton dazu eingeladen wurde. Zu dieser Zeit nahm Caillois noch an, der Surrealismus bedeute die Zerstörung der Literatur (vgl. Felgine 1994, 68). Später bemerkte er aber, dass die *écriture automatique* durchaus einer literarischen Kontrolle unterworfen war (vgl. Felgine 1994, 100). In den Jahren, in denen Caillois zur surrealistischen Gruppe gehörte, veröffentlichte er unter anderem folgende Texte: Im Mai 1933 erschien in der Zeitschrift »Le Surréalisme au service de la Révolution« sein Beitrag »Spécification de la Poésie« (Caillois 1974a, 15–18). Caillois verwirft dort eine starre Trennung zwischen Poesie und dem Realen: »Enfin et sourtout, l'opposition du poétique et du réel est devenue difficlement défendable. On peut à la rigueur admettre qu'une civilisation industrielle jette pour l'avantage de ses intérêts très

---

304 Interessant wäre es, den Surrealismus vor dem Hintergrund von Wolf Lepenies' »Melancholie und Gesellschaft« (Lepenies 1981a) zu untersuchen, beginnt der Surrealismus doch mit einem Gefühl der Leere, des *ennui* (vgl. Bürger 2000b, 161).

particuliers un certain discrédit sur les manifestations de la réalité les moins immédia-
tement utilisables à son point de vue (le rêve et la folie par example) [...].« (Caillois
1974*a*, 17) Obgleich vom utilitaristischen Denken diskreditiert, habe umgekehrt die
Poesie auch kein Recht auf Autonomie. 1934 veröffentlichte er den Artikel »Systéma-
tisation et Détermination« in den »Interventions Surréaliste«.[305]

Caillois interessierte sich zu dieser Zeit auch für die deutsche Romantik, die für
sein Denken von Bedeutung war. So behandelte er nicht nur in dem 1937 in den »Cahiers du Sud« publizierten Beitrag »L'Alternative (Naturphilosophie ou Wissenschaftslehre)« neben modernen physikalischen Theorien von Einstein, Bohr und Heisenberg
deutsche Romantiker wie Novalis und Fichte (vgl. Caillois 1974*a*, 25 – 34), sondern
für ihn war der Surrealismus auch das zeitgenössische Äquivalent der Romantik (Caillois 1991*c*, 129).

Mit der Zeit aber wurde der Surrealismus für Caillois immer befremdlicher. Am
26. Dezember 1934 kam es schließlich zum Bruch mit Breton (vgl. Caillois 1974*a*,
11): »La rupture eut lieu à l'occasion d'une discussion d'ailleurs tout amicale avec André Breton sur des haricots sauteurs ramenés du Mexique par l'un d'entre nous.«
(Caillois 1974*a*, 11) Breton und einige Freunde trafen sich im Café und bestaunten
mexikanische Bohnen, die mit zuckenden Bewegungen über den Tisch sprangen.
»Caillois (der wie die anderen nie zuvor springende Bohnen gesehen hatte) schlug vor,
sie aufzuschneiden, um zu sehen, was sich darin befinde; doch Breton, der von dem
Wunderbaren der Sache ganz eingenommen war, explodierte vor Zorn über Caillois'
Vorschlag.« (Polizzotti 1996, 591) Breton war deswegen so erbost, weil er erst einmal
eine Diskussion über alle möglichen Ursachen der Zuckungen führen wollte, bevor
die Ursache einer »kalten Erforschung« unterzogen würde. Caillois war zutiefst ver-
letzt und kritisierte, dass sich Breton mit Wundern zufrieden gebe.

Einen Tag nach dem Vorfall schrieb er Breton, dass ihm seine Gegenwart in der
Gruppe keinen Sinn mehr zu haben scheine. »Pendant environ deux ans, ma participation aux différentes activités du groupe avait été quotidienne et scrupuleuse.« (Caillois 1974*a*, 11) Er habe den Surrealismus wohl missverstanden; er sei nicht etwa das
Ende der Literatur, sondern entwickele sich in seinen Augen immer mehr zu einer literarischen Bewegung:

> »Il y avait surtout les jeux surréalistes qui sont la cause réelle de ma rupture avec le
> surréalisme. C'étaient des interrogations, irrationnelles naturellement, auxquelles
> ma candeur prêtait une arrière-pensée scientifique. Nous devions réagir le plus vite
> possible. Beaucoup de ces questions et réponses ont été publiées dans les no 5 et 6
> de Surréalisme au service de la Révolution. Chacun peut aussi constater le caractère
> littéraire, au plus mauvais sens du terme, et exclusivement littéraire, de l'entreprise.

> C'est ce qui me hérissa et me fit comprendre que mon adhésion au surréalisme était
> au fond un malentendu; j'avais imaginé que le surréalisme était la fin de la littératu-
> re, et je me suis aperçu à l'épreuve que c'était un atavar de la littérature. Ce sont ces

---

305 Zu Caillois und dem Surrealismus vgl. insgesamt Caillois (1974*a*; 2003).

jeux qui me l'ont montré, parce que les réponses étaient preque toujours, pour ne pas dire toujours, des poncifs surréalistes.« (Caillois 1991c, 130)

Caillois forderte mehr wissenschaftliche Strenge. Beeinflusst von dem Epistemologen Gaston Bachelard war er enttäuscht darüber, dass die experimentellen Erfahrungs-praktiken mehr literarisch als wissenschaftlich waren (vgl. Caillois 2003, 59); in die-sem Zusammenhang versuchte er eine »Phénoménologie générale de l'imagination« zu begründen: »quitter la désuétude artistique pour constituer une *phénoménologie gé-nérale de l'imagination*« (Caillois 1974a, 50) Die *phénoménologie générale de l'imagina-tion* sollte eine »unreine« Wissenschaft der bislang kaum beachteten »Unreinheit in der Kunst« (impureté dans l'art) sein (Wahnsinn, Träume, Mythen etc.), vielleicht ver-gleichbar mit der noch zu explizierenden »allgemeinen Ökonomie« Batailles, wenn-gleich Caillois' »allgemeine Wissenschaft« zunächst auf der Ebene der Imagination und Batailles' zunächst auf der Ebene der Ökonomie angesiedelt ist.[306] Dennoch, es handelt sich bei beiden um eine Wissenschaft, die auch das Unreine umfasst.[307] Cail-lois, den Breton einmal den mentalen Kompass der Bewegung genannt hatte, schrieb am 27. Dezember an Breton: »Je reste persuadé qu'il s'agit surtout d'une question de méthodologie, mais pour moi cette question est primordiale. […] L'irrationnel: soit; mais j'y veux d'abord la cohérence (cette cohérence au profit de laquelle la logique a dû céder sour toute la ligne dans les sciences exactes), la surdétermination continue, la construction du corail; combiner en un systéme ce que jusqu'á présent une raison in-complète élimina avec systéme.« (Caillois 1974a, 36)

In welchem Zusammenhang stehen die Imaginationen zu den realen Phänomenen? Gibt es gewisse Übereinstimmungen zwischen den Vorstellungen des Menschen und dem Verhalten von Insekten wie beispielsweise der Gottesanbeterin? Angeregt von sol-chen Fragen, schrieb Caillois seinen 1934 in »Minotaure« (Nummer 5) erstmals ver-öffentlichten und später in »Le mythe et l'homme« wieder abgedruckten Artikel »Mante religieuse«.[308] Darüber hinaus entstand 1935 aus der Kritik am Surrealismus sein erstes Buch über den »Procès intellectuel de l'art« (Caillois 1974a, 35–54). In diesem Werk finden sich neben dem genannten Brief an Breton sowohl Ausführungen zur »phénoménologie générale« als auch das Verlangen nach mehr Wissenschaftlich-

---

306 Claudine Frank schreibt: »Unlike Bataille's theory of social and artistic ›expenditure‹, however, Caillois focuses primarily on anti-utilitarian biology and science; and unlike Bataille's ›limitless need for loss‹ and ›desire to destroy‹ situated in the individual and collective unconscious, Cail-lois draws on Freud's *Beyond the Pleasure principle* to invent *the inertia of the élan vital*, an in-stinct d'abandon as a kind of counterforce to Bergsonian vitalism. Whereas expenditure for Bataille is a strictly human phenomenon, Caillois extends it throughout all of nature, in a theoretical gesture that suggests, albeit without citing, the tradition of German Romantic *Na-turphilosophie*.« (Frank in Caillois 2003, 89) Dass die deutsche Romantik Caillois allerdings offensichtlich Impulse gab, sieht man in dem Beitrag über »L'alternative (Naturphilosophie ou Wissenschaftslehre« (Caillois 1974a, 25ff).

307 Man könnte sagen, Caillois verknüpft »modern scientific epistemology with primitive anthro-pology (magical thinking) and insect mimicry.« (Frank in Caillois 2003, 89)

308 Dieser Artikel wird im Abschnitt zu Caillois besprochen.

keit: »Mais nous ne renonçons pas à appliquer au domaine de l'art la méthode de la science, dont la rigueur nous semble, ici plus encore qu'ailleurs, nécessaire. [...] La science pure, pourrait-on dire, a absorbé avec facilité l'art pure. Mais il n'y a pas de science de l'impureté dans l'art, c'est-à-dire de science du contenu imaginatif: ce ›sujet‹ qu'ici ou là on s'est tant appliqué à faire oublier. « (Caillois 1974*a*, 53f)

Warum gehörte eigentlich zum Surrealismus nicht auch eine surrealistische Musik? Gab es doch den Surrealismus in der Poesie, in der Malerei oder in der Bildhauerei. Existierte keine surrealistische Musik, weil Breton die Musik nicht mochte? Michel Leiris hat eine andere These: »Es konnte keine surrealistische Musik geben. Damit es Surrealismus gibt, muß es Realismus geben: es bedarf einer Realität, die man bearbeitet. Die Musik – ich reduziere sie nicht, indem ich das sage – hat absolut keine Berührung mit der Realität.« (Leiris 1992, 157)

Bevor sich Michel Leiris Ende der zwanziger Jahre von den Surrealisten trennte und zusammen mit Bataille bei der 1928 gegründeten Zeitschrift »Documents« mitarbeitete, gehörte er praktisch von Beginn an zur surrealistischen Bewegung.[309] In einem Interview mit Madeleine Gobeil berichtet Leiris, dass André Masson sein Mentor gewesen sei und ihn mit den Surrealisten bekannt gemacht habe.[310] Nach einer Ausstellung von Masson sei der Kontakt mit Breton zustande gekommen, der gesamte Freundeskreis von Masson und Leiris stieß daraufhin zu den Surrealisten. Als Madeleine Gobeil im Interview nachhakt: »Aber nicht in strenger Gefolgschaft?«, antwortet Leiris: »Doch, ich bin Surrealist gewesen und habe von 1924 bis 1928 die Manifeste mitunterzeichnet. Ich verdanke dem sehr viel und in gewisser Weise halte ich mich immer noch für einen Surrealisten.« (Leiris 1981*a*, 277) Es käme zwar für ihn die surrealistische Methode der *écriture automatique* nicht mehr in Frage, aber alles in allem verfolge er doch immer noch das, was Breton einmal als »den Punkt bezeichnet hat, ›an dem Leben und Tod ineinander übergehen müßten‹, den Ort, an dem alle Widersprüche ihre Auflösung fänden (vgl. Leiris 1981*a*, 277f).

»Ich ging eines Tages mit Limbour spazieren; wir hatten vermutlich zusammen gegessen. Ganz zufällig begegneten wir Desnos, den Limbour recht gut kannte (ich glaube, sie hatten eine Zeitlang zusammen studiert). Desnos erzählt uns Neuigkeiten von der Gruppe der französischen Ex-Dadaisten und sagt dann: ›Wir wollen eine Zeitschrift herausbringen, die *La Révolution surréaliste* heißen wird, ein Name‹, so Desnos, ›wie ›La bataille syndicaliste‹.« (Leiris 1992, 155) Leiris publizierte in der am 1. Dezember 1924 erstmals erschienenen surrealistischen Zeitschrift »La Révolution surréaliste« (1924 – 1929) unter anderem Traumprotokolle, ein Gedicht (vgl. Becker, Jaguer

---

309 Zu »Documents« schreibt Leiris: »Die Mitarbeiter kamen aus den verschiedensten Umkreisen, denn neben Schriftstellern der vordersten Linie – die meisten waren um Bataille versammelte Überläufer des Surrealismus – fanden sich Vertreter sehr unterschiedlicher Disziplinen [...].« (Leiris 1981*a*, 70f) Zum Bruch von Leiris mit Breton vgl. auch Nadeau (1965, 138f).

310 Es war Roland Tual, der Leiris und Masson miteinander bekannt machte. In Leiris' Autobiographie »Mannesalter« beschreibt er einen Traum, in dem ihn Masson – »der in der wirklichen Welt mein geistiger Vater war« (Leiris 1975, 206) – ermordet. »Mannesalter« trägt übrigens folgende Widmung: »Für Georges Bataille, dem ich dieses Buch verdanke«.

und Král 1985, 725) und eine Rezension zum Buch »Die hieroglyphische Monade« von John Dee (1527 – 1607) (vgl. Leiris 1981*a*, 263ff).[311]

Im Juli 1925 wäre Leiris beinahe gelyncht worden. Bei einem Festessen zu Ehren des Dichters Saint-Pol-Roux nahmen auch die Surrealisten teil, sie konnten aber viele der Gäste nicht ausstehen (vgl. Nadeau 1965, 91ff). Besonders verhasst waren ihnen der Schauspieler und Regisseur Lugné-Poë und die Schriftstellerin Marguerite Vallette Rachilde, die sie für reaktionär und konservativ hielten. »Ihre Begegnung mit uns an jenem Abend konnte nur eine explosive Mischung ergeben«, so Breton (1996, 134) in einem Interview. Als Rachilde in einem Gespräch bemerkte, dass eine Französin keinen Deutschen heiraten könne, brachte sie damit die Surrealisten endgültig gegen sich auf: »Nun schwärmten aber zu jener Zeit die Surrealisten betont für Deutschland. Zunächst, weil dieses Land für den französischen Spießer der Erbfeind war, und obendrein einer, der in seiner Niederlage viel zu wenig gedemütigt worden sei […]. Sodann, weil Deutschland nach DESNOS' Auffassung schon zu jenen Mächten des Ostens zählte, die die Surrealisten zur Zerstörung der abendländischen Zivilisation herbeirufen wollten. Drittens, weil nach ARAGONS Worten ›wir diejenigen sind, die dem Feind immer die Hand geben‹.« (Nadeau 1965, 92) Breton machte Rachilde darauf aufmerksam, dass das, was sie gesagt habe, eine Beleidigung für seinen deutschen Freund Max Ernst sei. Daraufhin flog eine Tomate und der Tumult brach los. Inmitten der Schlägerei konnte man Rufe wie »Es lebe Deutschland« hören. Die beim Bankett anwesenden Staatsvertreter nutzten die Gelegenheit, um die Polizei auf die »surrealistischen Provokateure« zu hetzen. Immer noch wurde geschrien: »Es lebe China!«, »Es lebe Deutschland!« oder »Ein Hoch auf die Riffkabylen!«, während Leiris das Fenster öffnete und auf den Boulevard Montparnasse brüllte: »Frankreich verrecke!« (vgl. Nadeau 1965, 93) Leiris zufolge war dies die erste politische Kundgebung der Surrealisten, die gleichsam eine antikolonialistische Demonstration gegen den Krieg in Marokko darstellen sollte (Leiris 1992, 154).[312] Als die Leute draußen riefen, Leiris möge doch herauskommen, ging er auf die Straße. Er selbst berichtet in seiner 1939 erschienen Autobiographie »Mannesalter«:

> »Eines Tages – gegen Anfang Juli 1925 – ereignete es sich, daß ich etwas vollbrachte, was meine Umgebung allgemein als einen Bravourstreich ansah: nach einem literarischen Bankett, das in eine Schlägerei ausgeartet war, wurde ich von den Polizisten mißhandelt und beinahe gelyncht, da ich aufsässige Schreie ausgestoßen und die Polizei und die Volksmenge herausgefordert hatte. Um die Wahrheit zu gestehen, hatte ich mich vorher gedopt, mit Hilfe von zwei oder drei Apéritifs, so sehr fürchtete ich, mich nicht mutig zu zeigen. Beinahe eine Woche lang mußte ich das Zimmer hüten, denn ich litt noch an den Nachwirkungen der Schläge, die man mir versetzt hatte […].« (Leiris 1975, 195)

---

311 Der Begriff der »Révolution« verwies Bürger zufolge zunächst weniger auf eine politische oder gesellschaftliche als vielmehr auf eine Veränderung im Geistigen (vgl. Bürger 1996, 31).

312 In den kolonialistischen Krieg gegen die Riffkabylen war Frankreich in den Jahren 1921 – 1926 verwickelt.

Walter Benjamin ist der Meinung, dass die Surrealisten an diesem Abend in den Grenzen des Skandals blieben, »gegen den die Bourgeoisie bekanntlich ebenso dickfellig wie empfindlich gegen jede Aktion ist.« (Benjamin 1996c, 157) Zwar entfernte sich Leiris seit 1929 von der surrealistischen Bewegung um Breton (vgl. Nadeau 1965, 139), aber er verwarf niemals den Surrealismus als solchen (vgl. Leiris 1992, 154). In nahezu all seinen Texten wird der surrealistische Impuls, die Kunst könne Neues bewirken und die Lebenspraxis verändern, offenbar: »Ich wüßte kaum, was Dichtung überhaupt sein könnte, wenn sie nicht der Ausdruck der grundsätzlichen Revolte eines Individuums gegen die absurden Gesetze des Universums wäre, in das es sich – ganz gegen seinen Willen – hineingeworfen sieht«, schreibt Leiris 1926 zu Beginn eines Texte über Arthur Rimbaud in der Zeitschrift »Clarté«. 1933 heißt es in einem Brief an Marcel Jouhandeau: »Mein Vertrauen in bestimmte Formen der Offenbarung, einfacher gesagt: in die Dichtung habe ich nie aufgegeben.« (Leiris zitiert nach Heinrichs 1992, 29)

Leiris verbindet Poesie, Literatur und Wissenschaft miteinander, wie sowohl seine imaginativen Prosadichtungen als auch seine (auto-)ethnologischen Werke bezeugen. Schrieb er in den Jahren 1925 bis 1930 unter anderem auch surrealistische Gedichte (vgl. die Gedichte in Becker, Jaguer und Král 1985, 722ff), so veränderten sich seine Texte nach seiner ethnologischen Reise durch Afrika in den Jahren 1931 – 1933. Jetzt entwickelte er eine neuartige Art der Autobiographie bzw. Auto-Ethnologie, wie man sie in den Werken »L'Afrique fantôme« oder »Mannesalter« sowie in dem am Collège gehaltenen Vortrag über »Das Heilige im Alltagsleben« findet. Hans-Jürgen Heinrichs bemerkt in seiner Biographie von Michel Leiris, er sei in seiner dichterischen Praxis und in seinem Leben Surrealist gewesen (vgl. Heinrichs 1992, 37): »Mit seinen Freunden entwickelte er die Idee vom ›ganzheitlichen Menschen‹ und der ganzheitlichen Erfassung des Menschen und seiner Gesellschaft.« (Heinrichs 1992, 42) Auch hier kann man Spuren von Mauss' »Totalphänomen« wiedererkennen.

Im selben Jahr, als er Surrealist wurde, lernte Leiris über Jaques Lavaud Georges Bataille kennen und es entwickelte sich eine lebenslange Freundschaft (vgl. Leiris 1981a, 67).[313] Leiris versuchte Bataille für den Surrealismus zu gewinnen und machte ihn 1925 mit André Masson, der später für die Zeitschrift »Acéphale« kopflose, dionysische Dämonen zeichnete, bekannt (vgl. Clébert 1990, 42). Bataille und Masson freundeten sich in den folgenden Jahren an und »interessierten sich für die tragischsten und düstersten Mythen, insbesondere die des Dionysos, des Labyrinths, Theseus, Minotauros, des Mithra.« (Clébert 1990, 48)[314] Neben Masson begegnete Bataille Mitte der zwanziger Jahre unter anderem Robert Desnos, Tristan Tzara, Jacques Prévert, Antonin Artaud und Théodore Fraenkel, dem Arzt von Jacques Vaché und ein

---

313 Vgl. hierzu auch den Abschnitt zu den Hauptakteuren. Zu Bataille und dem Surrealismus siehe auch Mattheus (1984, 64ff), Bürger (1992b), Häfliger (1981, 70ff) und Bataille (1994b).

314 Diese Mythen stehen auch im Mittelpunkt des von Bataille und Masson herausgegebenen Albums »Sacrifices«, zum Text von Bataille vgl. Bataille (1970b, 89 – 96) und Bataille (1999a, 97 – 109). Masson zeichnete auch die Gottesanbeterin für Roger Caillois.

Freund Bretons (vgl. Mattheus 1984, 74). Bataille schloss sich aber nicht der surrealistischen Bewegung an: »Als ich, nach Masson und kurz vor dem Beitritt seines Nachbarn Joan Miró, zur surrealistischen Bewegung gestoßen war, hielt sich Bataille abseits. Sein einziger Beitrag zur *Révolution Surréaliste* war die Präsentation einer Auswahl von ›Fatrasien‹, die in der Nummer 6 zusammen mit einer Anmerkung von ihm veröffentlicht wurde, die keinen Namen trägt, nicht einmal seine Initialien.« (Leiris 1981*a*, 70)[315]

Den Surrealismus empfand Bataille als erdrückend. In seinem Beitrag »Surrealism from Day to Day« bemerkte er dazu: »I immediately thought that the dense world of surrealism would paralyse and suffocate me.« (Bataille 1994*b*, 36) Leiris versuchte, Bataille ebenfalls für den Surrealismus zu begeistern: »He spoke with emotion about *Confession dédaigneuse*. When I asked what justified the sense of authority that Breton embodied, he explained it was through this text. I had read the *First Manifesto* and found it unreadable.« (Bataille 1994*b*, 37) Bataille langweilte die Methode des automatischen Schreibens und empfand Breton als zu autoritär: »But it seemed to me that if Breton required silence from his listeners, he did not keep quiet himself.« (Bataille 1994*b*, 37) Eines Tages nahm Leiris Bataille mit ins Café Cyrano, um dort Breton zu treffen; Bataille wollte die für die »Révolution Surréaliste« übersetzten Fatrasien abliefern (vgl. Bataille 1994*b*, 40). Breton kam mit Aragon, Paul und Gala Éluard. Nach dem Treffen bezeichnete er Bataille als einen Besessenen, wie Bataille später von Leiris erfuhr (vgl. Bataille 1994*b*, 41).[316]

Was veranlasste Bataille, sich von der surrealistischen Bewegung auf Distanz zu halten, verfolgte sie doch ähnliche Themen wie er selbst? So gab es sicherlich Konsens, was den Anti-Rationalismus, Anti-Nationalismus oder Anti-Klerikalismus betraf. Was mag ihn also von einem Bündnis abgehalten haben? In seiner Bataille-Biographie geht Bernd Mattheus davon aus, dass Bataille insbesondere das Doktrinäre, Exklusive und Elitäre am Surrealismus verschreckt habe; ebenfalls sei er abgestoßen gewesen von den politischen Phrasen und der Tendenz zum Reformismus (Mattheus 1984, 83). Christa Karpenstein-Eßbach sieht die Differenz darin, dass Bataille nicht nur wie der Surrealismus mit der »subjektiven Imaginationskraft der unbewussten Rückseite der Kultur nahe zu kommen versucht«, sondern Bataille vielmehr das untersuche, was die Kultur ausscheide (Karpenstein-Eßbach 2004, 128). Bataille schreibt selbst, er habe das Bedürfnis gehabt, diejenigen, die er mochte, vor dem Einfluss Bretons zu schützen: »In any event, I found it difficult to live in a world in which the discomfort that Breton had extended around him burdened the best and least submissive minds, making them insensitive to anything that did not touch Breton.« (Bataille 1994*b*, 41)

---

315 Die Fatrasien, Nonsensgedichte aus dem 13. Jahrhundert, finden sich in Bataille (1970*b*, 103 – 106). Siehe dazu auch den Brief von Leiris in Bataille (1970*b*, 647).

316 Das Café Cyrano war Treffpunkt der Surrealisten; dort gab es auch bestimmte Gruppenrituale, wie Caillois folgendermaßen berichtet: »Ils avaient leurs rites obligatoires; quand une femme arrivait, Breton se levait et il lui baisait la main; même la couleur des apéritifs était rituelle, c'était le mandarin-curaçao l'hiver et le pernod l'été. Changer de couleur avait presque une signification d'opposition, comme Monnerot me le fit remarquer.« (Caillois 1991*c*, 130)

Einerseits war Bataille sehr angetan von der surrealistischen »Befreiung« aus den Grenzen der Vernunft[317]; andererseits gab er sich nicht mit deren rein künstlerischen Überschreitungen zufrieden, er war sozusagen ein surrealistischer Kritiker des Surrealismus; Bataille sah im Surrealismus letztlich den Versuch, sich der surrealen Wirklichkeit zu versichern, anstatt sie zu überschreiten:

> »Die Surrealisten und besonders Aragon haben mit der Idee einer mythologie moderne eher gespielt. Bataille und seine Freunde nehmen den Gedanken ernst. Sie wollen eine neue Religion stiften, zumindest die Voraussetzungen dafür schaffen. Treu dem surrealistischen Prinzip, Erfahrung und Erkenntnis mit dem Ziel praktischer Wirksamkeit zu verknüpfen, stellt das Collège de Sociologie sich die Aufgabe, die Erscheinungsformen des Heiligen in der modernen Gesellschaft zu untersuchen und zugleich zur Freisetzung der darin enthaltenen Energien beizutragen.« (Bürger 1992b, 45)

Wie Michel Leiris in einem Gespräch mit Bernhard-Henri Lévy berichtet, betrachtete Bataille Breton als einen Idealisten, für Bataille eine »Todsünde«: »Er meinte damit, daß der von Breton vertretene Materialismus nur verbal war – was auch die absolute Wahrheit ist.« (Leiris in Lévy 1992, 185) Bataille entwarf stattdessen einen »niederen Materialismus«; eine radikale Kritik idealistischer oder synthetisierender Ansätze, die nur vermieden werden könnten, wenn man sich den heterogenen oder »niederen« Phänomenen zuwende. Wie Bernd Mattheus (1984, 166f) hervorhebt, bejahe der Surrealismus zwar die Sexualität, verwerfe aber die Perversionen; er bejahe das Unbewussste, aber nur wenn es sich in einem Kunstprodukt (Gedicht, Gemälde etc.) kanalisiere; er affirmiere den Wahnsinn und das Verbrechen, bleibe aber auf Distanz zu ihnen; der Surrealismus beschwöre zwar die Revolte, aber nur wenn sie diszipliniert durchgeführt werde. Eine andere Kluft zwischen Breton und Bataille bildet nach Mattheus die unterschiedliche Freudlektüre: »sucht die surrealistische in der Psychoanalyse Theoretisierungshilfe für die Bereiche des Traums, des Automatismus und der Inspiration, so findet die Bataillesche in der Freudschen Lehre Argumente für die eingewurzelte Perversität des Einzelnen und den verbrecherischen Charakter der Gesellschaft – quasi eine kontemporäre Bestätigung des Sadeschen Menschenbildes.« (Mattheus 1984, 167)

Bei all diesen Differenzen dürfen aber nicht die »Gemeinsamkeiten im Ansatz« zwischen Bataille und dem Surrealismus verwischt werden, worauf insbesondere Peter Bürger (1992b, 43) hinweist: Bataille bestimme nicht nur das surrealistische Projekt als Grenzüberschreitung, sondern er greife den surrealistischen Anspruch oder Impuls einer Einheit von Erfahrung und Erkenntnis sehr präzise auf; so laute Batailles Frage: »Kann man den Surrealismus überbieten?« (Bürger 2000b, 143) Und wenn ja, wie? Wie die Surrealisten wollte Bataille vor allem Erfahrungsmöglichkeiten ausloten (vgl. Bürger 1992b, 44): »Der Impuls, dem Batailles Denken sich verdankt, gerade insofern es

---

317   Er schrieb 1956/57: »Je situe mes efforts à la suite, à côté du surréalisme.« (Bataille zitiert nach Bürger 1996, 39)

mehr sein will als Philosophie, ist ein surrealistischer. Ein Text seines Nietzsche-Buchs spricht das aus: ›Le mouvement qu'exprima le surréalisme n'est peut-être plus dans les objets. Il est, si l'on veut, dans mes livres‹ (VI, 205).« (Bürger 1992*b*, 44) Bataille sei nicht vom Surrealismus »beeinflußt«, vielmehr befinde er sich in jener »epochalen Verzweiflung, die die Surrealisten ausgesprochen haben.« (Bürger 2000*b*, 186)[318]

Befanden sich Bataille und Breton in den zwanziger Jahren in gewisser Distanz zueinander, so verschärfte sich diese im Jahre 1929 zu einem tiefen Bruch zwischen Georges Bataille, ehemaligen Surrealisten und der surrealistischen Bewegung um André Breton. Letzterer, der 1927 mit einigen Anhängern in die Kommunistische Partei eingetreten war, wollte sich Anfang 1929 seiner politischen Gefährten versichern und verschickte deshalb am 12. Februar 1929 ein Rundschreiben an Zeitschriften und mögliche Anhänger einer gemeinsamen politischen Aktion. Viele der angeschriebenen Leute antworteten gar nicht oder sie antworteten in der Weise, dass sie nach Ansicht Bretons für eine Teilnahme an der Aktion nicht in Frage kamen (vgl. Nadeau 1965, 138). Eine dieser letzten Antworten stammte von Bataille, der gerade mit Michel Leiris und Carl Einstein die Zeitschrift »Documents« gegründet hatte. Bataille schrieb in seinem Antwortbrief in Bezug auf die Surrealisten: »Idealistische Schwarmgeister und Wirrköpfe, die einem auf die Nerven fallen, gibt es zu viele.« (Nadeau 1965, 139) Auch Michel Leiris oder André Masson verweigerten Breton ihre Zusage; andere »Abgefallene« wie Queneau, Desnos, Prévert oder Vitrac standen nun ebenfalls in enger Verbindung zu Bataille (vgl. Mattheus 1984, 137).

Im Zweiten Manifest des Surrealismus vom 15. Dezember 1929, erschienen in der »Révolution Surréaliste«, verwendete Breton dann viel Platz für seine Ausfälle gegen die Abtrünnigen: Massons »so zur Schau getragene surrealistische Überzeugungen« hätten die Lektüre eines Buches nicht überstanden, Gérard hätte man wegen Dummheit ausgeschlossen, Soupault veröffentliche in Erpresserblättchen und Vitrac sei ein »rechter Ideen-Schmutzfink« (Breton 2001*b*, 62). »Was ich nicht zu akzeptieren bereit bin, ist die Tatsache, daß bestimmte mir bekannte Intellektuelle mit mehr als fragwürdiger moralischer Einstellung und nach ihren mißlungenen Versuchen in der Dichtung und der Philosophie im Rahmen von *Sonder-Bewegungen* sich auf die revolutionäre Agitation verlegen.« (Breton 2001*b*, 69) Robert Desnos müsse man klarmachen, dass man absolut nicht mehr auf ihn zähle (Breton 2001*b*, 83), während hingegen Breton »große Lust« hat, Tristan Tzara »Gerechtigkeit widerfahren zu lassen« (Breton 2001*b*, 87).

Den Schmähungen von Bataille widmete Breton mehrere Seiten: Bataille interessiere ihn nur insofern, als er sich wähne, der vom Surrealismus akzeptierten Disziplin des Geistes eine des Un-Geistes entgegenzusetzen (Breton 2001*b*, 95). Vielleicht habe Bataille das Format, die früheren Surrealisten zu vereinen, es würden sich ja bereits Desnos, Leiris, Limbour, Masson und Vitrac um ihn scharen. »Der Gedanke belustigt mich übrigens, daß man den Surrealismus nicht verlassen kann, ohne auf Monsieur Bataille zu treffen; denn der Abscheu vor jeder Strenge weiß sich nun einmal in nichts

---

318 Zur hellen und dunklen, von Verzweiflung beseelten Seite des Surrealismus vgl. auch die Abschnitte zur Ethik des Surrealismus in Bürger (1996, 191 – 208).

anderes umzusetzen, als in die erneute Unterwerfung unter eine andere Strenge.« (Breton 2001*b*, 96) Für Bataille liege das Glück darin, dass er nachdenke; er versuche »mit Hilfe des kleinen Mechanismus, der in ihm noch nicht ganz kaputtgegangen ist, seine Besessenheiten mitzuteilen.« (Breton 2001*b*, 96) Der »Kot-Philosoph« Bataille, »der tagsüber seine vorsichtigen Bibliothekars-Finger über alte, oft reizvolle Manuskripte gleiten läßt (bekanntlich übt er diesen Beruf an der Bibliothèque Nationale aus), er weidet sich des nachts an dem Unrat, mit dem er sie gern beladen sehen möchte [...].« (Breton 2001*b*, 97)

Die Antworten auf Bretons Polemiken und abwertende Attacken ließen nicht lange auf sich warten. Einige der im Zweiten Manifest Angegriffenen schrieben 1930 verschiedene Schmähschriften versammelt unter dem Titel »Un Cadavre«, also unter dem selben Titel, den 1924 ein Pamphlet der Surrealisten gegen Anatole France anlässlich seines Todes trug (vgl. Nadeau 1965, 59, 71f). Breton hatte darin geschrieben, es fehle gerade noch, dass er [Anatole France, S.M.] auch als Toter viel Staub mache (Breton zitiert nach Nadeau 1965, 72). Auf der Titelseite der 1929 verfassten und gegen Breton gerichteten Schrift wurde eine Fotomontage von Jacques-André Boiffard mit Bretons Kopf, beschmückt mit einer Dornenkrone, abgedruckt. Aus Bretons geschlossenen Augen sieht man blutige Tränen hervorkommen.[319] In der Schmähschrift finden sich Texte von Leiris, Ribemont-Desaignes, Vitrac, Limbour, Morise, Queneau, Baron, Boiffard, Desnos, Prévert, Carpentier und Bataille (vgl. Mattheus 1984, 164). Zwischen der Überschrift »Un Cadavre« und Bretons Kopf wird Breton selbst zitiert und es steht dort: »Il ne faut plus que mort cet homme fasse de la poussière.« Während Ribemont-Desaignes moniert, dass Breton zwar die Pfaffen restlos fertig mache, aber selbst nur noch seine Verkündigungen *ex cathedra* von sich gebe (Nadeau 1965, 153), so bemerkt Bataille in seinem »Le Lion châtre« betitelten Beitrag: »Mais on ne renverse rien avec une grosse gidouille molle, avec un paquet-bibliothèque de rêves.« (Bataille 1970*b*, 219)[320]

Bataille und Breton legten Mitte der dreißiger Jahre ihre Streitereien bei und gründeten die Gruppe »Contre-Attaque«, die im nächsten Abschnitt im Zuge der Betrachtung der Institutionalisierungsprozesse des *Collège de Sociologie* näher analysiert wird.

Ende 1933 wurde Breton von der Kommunistischen Partei Frankreichs (KPF) ausgeschlossen, ebenso Paul Éluard und René Crevel. Den Grund bildete ein von Ferdinand Alquié publizierter Aufsatz in der mittlerweile umbenannten surrealistischen Zeitschrift »Le Surréalisme au service de la Revolution«, für den Breton und die anderen mitverantwortlich waren und in dem russische Filme aufgrund ihrer Verherrlichung von Arbeit und Konformismus als »Hauch der Verdummung« bezichtigt wur-

---

319   Siehe dazu auch die Abbildung in Spies (2002, 63) und in Mattheus (1984, 162).

320   Noch ein Auszug: »[...] mais tout le monde sait aujourd'hui que la liquidation de la société moderne ne tournera pas en eau comme cela s'est produit à la fin de la période romaine avec le christianisme. [...] Étonné de voir que cette liquidation se passait uniquement sur le plan politique, se traduisait uniquement par des mouvements révolutionnaires, le surréalisme a cherché avec l'inconscient obstructionnisme et la fourberie politique du cadavérique Breton, à se faufiler comme il pouvait dans les fourgons du communisme.« (Bataille 1970*b*, 219) Zu Bataille und Breton siehe auch die Briefe Batailles in Bataille (1970*c*, 51 – 53).

den (vgl. Nadeau 1965, 178). Die Surrealisten traten nun dem im März 1934 gegründeten »Wachsamkeitskomitee antifaschistischer Intellektueller« (CVIA) bei.[321] Auf dem von der AEAR und der CVIA ausgegangenen »Schriftstellerkongress zur Verteidigung der Kultur« vom 21. bis 25. Juni 1935, auf dem unter anderem Gide, Malraux, Aragon, Julien Benda, Tolstoi, Brecht, Seghers, Thomas und Heinrich Mann, Bloch und Benjamin teilnahmen, erhält Breton Redeverbot, weil er dem Mitglied der sowjetischen Abordnung Ilja Ehrenburg eine Ohrfeige gegeben hatte; der Grund: Ehrenburg hatte die Surrealisten einen Päderastenverein genannt.[322] An den Kongress knüpft die bei Maurice Heine am 2. Juli verfasste Flugschrift »Du temps que les surréalistes avaient raison« an, die sowohl Stalin als auch dem Vorstand des »Verbands zur Verteidigung der Kultur« ihr Misstrauen ausspricht und allgemein das Verhalten der Kommunisten auf dem Kongress kritisiert (vgl. Breton 2001a).[323] Die Surrealisten wollten keine Weisungen der Kommunistischen Internationale mehr entgegennehmen (vgl. Nadeau 1965, 183) und insbesondere Breton war der Ansicht, dass die auf dem Kongress beschlossene Verteidigung des »kulturellen Erbes« lediglich die bürgerliche Kultur verteidige und stabilisiere. Darum forderte Breton »eine Kunst, die ihre revolutionäre Kraft in sich selbst trage, weil sie von Menschen hervorgebracht werde, die als Revolutionäre fühlten und dächten.« (Nadeau 1965, 182) Seit dem Kongress gab es zwar keine Zusammenarbeit der Surrealisten um Breton mit den von der Partei kontrollierten Organisationen mehr, aber dennoch sollte die politische Position für die Revolution und für die Agitation nicht aufgegeben werden: »Contre-Attaque« wurde gegründet. Durch »Contre-Attaque« fand dann wieder eine langsame Annäherung zwischen Breton und Bataille statt, die jetzt aus taktischen Gründen, insbesondere angesichts der realen Gefahr des Faschismus, zusammenarbeiten wollten.[324]

Die »wissenschaftliche« Auseinandersetzung und die Distanz zwischen den Mitgliedern des *Collège de Sociologie* und dem Surrealismus blieben jedoch nach dem Ende von »Contre-Attaque« weiter bestehen. Trotz gegenseitiger Angriffe oder Konkurrenz waren sich Breton und Bataille dennoch auf eine gewisse Weise verbunden, wie Breton nach dem Tod Batailles in einem Gespräch mit Madeleine Chapsal bemerkt; bezogen auf seine Polemiken im Zweiten Manifest des Surrealismus betont er: »Die, gegen die sie gerichtet waren, wissen, daß meine Angriffe dem leidenschaftlichen Klima

---

321 Zur Geschichte des »Comité de Vigilance des Intellectuels Antifascistes« (CVIA), das auch von Mauss unterstützt wurde, vgl. Münster (1977, 82ff).

322 Die Bilanz des Kongress zog Jean Fréville folgendermaßen: »Alle auf diesem Kongreß versammelten Schriftsteller, Kommunisten und Liberale, Marxisten und Idealisten haben die allgemeine Bedrohung der Kultur erkannt. Trotz aller Meinungsverschiedenheiten […] wurde Übereinstimmung darin erzielt, daß diese Gefährdung des kulturellen Erbes und des fortschrittlichen Denkens vom Faschismus, der jüngsten Form sozialer Regression, ausging.« (Münster 1977, 112)

323 Vgl. auch Goutier (2002, 421).

324 Man kann also nicht von einer einfachen Antipathie beider ausgehen, vielleicht eher von einer Divergenz ihrer Vorstellungen; die Beziehung zwischen Breton und Bataille ist also komplizierter, als sie mancherorts mit dem Dualismus Materialismus versus Idealismus beschrieben wird. Vgl. auch die Aussagen von Jean Wahl in Short (1968, 167ff).

entsprungen sind, in dem sich der Surrealismus entwickelt hat. So war es vor allem bei Georges Bataille, dessen kürzlicher Tod mich schwer getroffen hat. Gewiß, wir bekämpften uns in bestimmten Dingen bis aufs Messer, aber in menschlicher Hinsicht war er mir sehr teuer, ich bewunderte die Noblesse in seinem Denken und in seinem Leben. Bataille hat oftmals hervorgehoben, was ihn mit dem Surrealismus und mit mir im Grunde verband.« (Breton im Gespräch mit Chapsal 1989, 232) Ebenfalls in einem Interview mit Madeleine Chapsal bemerkt Bataille ein Jahr vor seinem Tod:

>»Mein Verhältnis zum Surrealismus war gewissermaßen absurd, aber wahrscheinlich nicht absurder als mein ganzes Leben... Wenn es André Breton und mir so ging, füreinander eine gewisse Feindseligkeit zu empfinden, so kann davon jedenfalls keine Rede mehr sein [...]. Nun, der Surrealismus scheint mir das Wesentliche zu berühren. Und ich kann es nicht besser ausdrücken, als indem ich versuche, die Idee darzustellen, die ich mir vom Surrealismus mache; sie ist nicht gerade klassisch, deckt sich aber, glaube ich, mit derjenigen, die André Breton zum Ausdruck gebracht hat: im Surrealismus gibt es etwas zutiefst Religiöses, so daß der Name des Heiligen Johannes vom Kreuz ihn meines Erachtens nicht entstellt. Eine meiner anfänglichen Schwierigkeiten mit dem Surrealismus bestand darin, daß ich dadaistischer war als die Surrealisten, oder wenigstens war ich es noch, während sie es nicht mehr waren. Meiner Ansicht nach steht fest, daß man bis zum Äußersten gehen muß, auf das zugehen muß, was man vielleicht Mystik nennen könnte, und was ich mit dem Namen des Heiligen Johannes vom Kreuz zu umreißen versucht habe. Wenn ich sage: bis zum Äußersten, so meine ich damit: bis zu zwei Extremen: kann man sich etwas Gegensätzlicheres vorstellen als einen Herrn, der behauptet, Dadaist zu sein und zugleich von der Biographie des Heiligen Johannes vom Kreuz bewegt zu werden? [...] Das ist ein Rasender. Das ist der Aspekt, den er mit den Surrealisten teilt und der meines Erachtens das Wesentliche am Surrealismus ist: eine Art Wut. [...] Wut auf die bestehende Lage der Dinge. Wut auf das Leben, so wie es ist.« (Bataille im Gespräch mit Chapsal 1989, 248)

Bataille und Breton teilten das Bedürfnis nach einer notwendigen Neuerschaffung eines Mythos. Es sei Breton zufolge vor allem Fourier, auf den man in erster Linie dabei zurückgreife; »[a]ufgrund der Reichweite seines Wissens und seiner Ansichten sowie des außergewöhnlich ungebändigten Charakters seines Strebens, glaube ich, daß Bataille hinsichtlich all dessen, was die Ausarbeitung dieses Mythos betrifft, darin eine tragende Rolle spielen könnte.« (Breton 1996, 309) Während die Surrealisten allerdings noch von einem modernen Mythos sprachen, rief Bataille den Mythos mit *Acéphale* ins Leben. Obgleich ähnliche Vorstellungen über die Überschreitung gesellschaftlicher und bewusstseinsmäßiger Grenzen sowie über die Aktivierung eines kollektiven Mythos (vgl. Breton 1989, 16) vorherrschten und man hier gewiss nicht von einer *riesigen* Kluft zwischen Surrealismus und dem Collège sprechen kann, so zeigte sich dennoch eine gewisse Differenz – neben dem bisher Gesagten – auch daran, wie die Surrealisten in die Kulturindustrie integriert wurden (vgl. Nadeau 1965, 186ff) und das Collège im Vergleich dazu eine heterogene Position *in* und *zu* der Gesellschaft sowie der Wissenschaft einnahm (vgl. dazu auch Hollier 1988*a*, ix).

3 Soziale Dimensionen

3.1 Institutionalisierungsprozesse des Collège de Sociologie

> »Denn in den Randgebieten der Wissenschaften, an ihren äußeren Rändern, werden die Fortschritte der Wissenschaften ebenso häufig gemacht wie in ihren Prinzipien, in ihrem Kern und Mittelpunkt.« (Mauss 1989c, 154)

Bereits zu Beginn der dreißiger Jahre kamen viele der späteren Collège-Mitglieder sowohl bei den politischen Gruppierungen »Cercle communiste démocratique« und »Contre-Attaque« als auch bei der Geheimgesellschaft und Zeitschrift »Acéphale« zusammen.[1] Im Folgenden werden zunächst der Aufbau, die Interaktionsprozesse und das Ende der nonkonformistischen Intellektuellengruppe »Contre-Attaque« behandelt, um dann sowohl die Geheimgesellschaft als auch die Zeitschrift mit dem Namen »Acéphale« darzustellen.[2] Die Betrachtung der Institutionalisierungsprozesse endet mit einer Analyse der verschiedenen Sitzungen des Collège.

3.1.1 »Contre-Attaque« – eine politische Initiative französischer Intellektueller

Viele der Themen des *Collège de Sociologie* und die Zusammensetzung seiner Mitglieder verweisen auf vorangegangene, politische Gruppierungen der Zwischenkriegszeit in Frankreich und können von diesen nicht getrennt betrachtet werden. So sind beispielsweise die Propagierungen von selbst gewählten und so genannten vitalen oder organischen Gemeinschaften, die in Gegensatz zu den von den Faschisten propagierten Blut-und-Boden-Gemeinschaften gesetzt werden, schon in der Vereinigung »Contre-Attaque« zu finden; ebenso sind die Betonungen der Massen erregenden, mythischen oder leidenschaftlichen Momente für die Konstituierung von Gemeinschaften und politisch-revolutionären Kräften zentrale Elemente der die Volksfront kritisierenden Gruppe »Contre-Attaque« und später des Collège.

»*Was tun? Angesichts des Faschismus/Und in Anbetracht der Unzulänglichkeit des Kommunismus* /Wir nehmen uns vor, uns zu treffen, um gemeinsam die Probleme anzugehen, die sich zur Zeit diejenigen stellen, die sich radikal gegen die faschistische

---

1 Der »Cercle communiste démocratique« war eine Gruppierung oppositioneller und ehemaliger Kommunisten. Die Gründung des Diskussionskreis ist zuletzt vor dem Hintergrund der Moskauer Schauprozesse zu verstehen. Die Mitglieder waren bestrebt, ihr politisches Engagement wissenschaftlich zu untermauern und widmeten sich soziologischen, historischen und philosophischen Studien. Der Gründer ist Boris Souvarine, Mitbegründer der PCF.

2 Der folgende Abschnitt ist eine erweiterte und überarbeitete Version meines Beitrags »Contre-Attaque« in der Zeitschrift »Sozial.Geschichte. Zeitschrift für historische Analyse des 20. und 21. Jahrhunderts«, erschienen im Juni 2003 (vgl. Moebius 2003a).

Aggression wenden, die der Überlegenheit der Bourgeoisie vorbehaltlos feindselig gegenüberstehen und die kein Vertrauen mehr in den Kommunismus haben. Wir laden Euch ein, an diesem Treffen teilzunehmen.‹« (Goutier 2002, 422)

Dieses Einladungsschreiben stammt von Georges Bataille, Jean Dautry und Pierre Kaan, die im April 1935 in Paris zur Gründung einer neuen politischen Gruppierung im Kampf gegen den sich in Europa ausbreitenden Faschismus aufriefen.[3] Die drei Initiatoren des Treffens kannten sich schon vom »Cercle communiste démocratique« (1930 – 1934), einer nicht-militanten, von ehemaligen Mitgliedern der Kommunistischen Partei gegründeten Gruppe, deren Kopf Boris Souvarine war. Zusammen mit der späteren Geliebten Batailles und Freundin Leiris', Colette Peignot, veröffentlichte Souvarine 1931 die Zeitschrift »La Critique Sociale«, mit der sich die Gruppe allgemeines Gehör verschaffen wollte (vgl. Julliard und Winock 1996, 320f). Zu den Mitgliedern der Gruppe und zu den Mitarbeitern der Zeitschrift gehörten Lucien Laurat, Pierre Kaan, Jean Bernier, Pierre Pascal, Jacques Baron, Georges Bataille und der spätere Herausgeber der berühmten Hegel-Vorlesungen von Alexandre Kojève, Raymond Queneau. Ferner waren an den Treffen Simone Weil, Georges Ambrosino, Pierre Dugan, Jean Piel, der Bruder Colettes, Charles Peignot, Jean Dautry, Pierre Klossowski, und Patrick Waldberg beteiligt (vgl. Mattheus 1984, 196).

1935 arbeiteten Mitglieder des »Cercle communiste démocratique« für kurze Zeit mit der Gruppe um die Zeitschrift »Le Surréalisme au Service de la Revolution« zusammen, woraus sich dann die politische »Vereinigung zum Kampf der revolutionären Intellektuellen« (*union de lutte des intellectuels révolutionaires*), besser bekannt unter der Bezeichnung »Contre-Attaque«, entwickelte. Im Gegensatz zum »Cercle communiste démocratique« wollte man nicht bei der Analyse aktueller politischer Probleme stehen bleiben, sondern »Contre-Attaque« war bestrebt, die theoretischen Erkenntnisse praktisch in die Tat umzusetzen. Dieser »Kampfverband revolutionärer Intellektueller« (Nadeau 1965, 184), dessen Name an die von Willi Münzenberg, Egon Erwin Kisch, Bruno Frei, Wieland Herzfelde u.a herausgegebene, antifaschistische Exil-Wochenschrift »Der Gegenangriff« erinnert, wendete sich insbesondere sowohl gegen den Faschismus als auch gegen Léon Blums Volksfront, da diese die wirkliche Revolution vermeide. Maurice Nadeau schreibt diesbezüglich in seiner »Geschichte des Surrealismus«:

> »Obzwar sich das Programm von ›Contre-Attaque‹ über viele Fragen ausschwieg, die sich nun einmal nicht durch schöne Formeln beantworten lassen, tat es doch der resignierten Stimmung Einhalt, die sich der breiten Massen zu bemächtigen und sie geradewegs in die faschistische Knechtschaft zu treiben schien. Das Experiment der Volksfront, das nach den Worten ihres Führers LÉON BLUM eigens angestellt wurde, um ›die Revolution zu vermeiden‹, konnte diese Intellektuelle in ihrer politischen Auffassung nur bestärken.« (Nadeau 1965, 185)

---

3   Hierauf machen die von Marina Galleti zusammengestellten Dokumente aufmerksam, vgl. Bataille (1999*b*), siehe insbesondere Bataille (1999*b*, 124f).

»Contre-Attaque« verstand sich allgemein als Bewegung jener Intellektuellen, die in einem deutlichen Gegensatz zur am 17. März 1932 gegründeten sozialistischen und kommunistischen Linken der »Association des Écrivains et Artistes Révolutionaires (A.E.A.R.)« stand (vgl. Bürger 2000*b*, 41) und auch nicht vor Gewaltanwendungen zurückschrecken wollte.[4] Bisweilen war es sogar Absicht der Gruppe, die Mittel, die der Faschismus zur Fanatisierung und Begeisterung der Massen anwendete, für links-revolutionäre Zwecke zu nutzen. Bataille und Caillois hatten vor der Gründung von »Contre-Attaque« bereits den Plan gehabt, eine »Vereinigung revolutionärer Intellek-tueller« ins Leben zu rufen (vgl. Bataille 1987*b*, 42). Es gelang jedoch schließlich nicht, Caillois für »Contre-Attaque« zu gewinnen, sowohl wegen der Beteiligung Bre-tons – »Des réserves de Breton en ce qui vous concerne me paraîtraient aussi inadmis-sibles que de votre part des réserves concernant Breton« (Bataille 1987*b*, 45) – als auch wegen des geplanten Manifests, das Caillois zwar initiiert hatte (vgl. Bataille 1987*b*, 42), aber nun wegen seiner Transformation in ein »tract-programme« nicht mit unterzeichnen wollte (vgl. Felgine 1994, 112). In einem Brief an Jean Paulhan im Oktober 1935 schreibt Caillois zu seinen Motiven, nicht an »Contre-Attaque« teil-zunehmen: »Il [Caillois' Text, S.M.] a en effet servi de base et devait servir de mani-feste à une *Union d'Intellectuels Révolutionnaire* dont j'avais formé le projet et que j'ai préféré quitter à sa réalisation, notament parce qu'en chemin l'entreprise avait trop dé-vié, prenant des allures de *parti* politique avec programme precis etc. […].« (Caillois in Bataille 1987*b*, 42).[5]

Die ersten Treffen von »Contre-Attaque« fanden im Café de la Régence und bei Jacques Lacan am Boulevard Malesherbes statt, derselbe Ort wie der für die Zusam-menkünfte, die zur Entstehung des Collège führten (vgl. Roudinesco 1999, 213); spä-ter traf man sich im Rathaus-Café und bei größeren Zusammenkünften in Jean-Louis Barraults Atelier in der Rue des Grands-Augustins (vgl. Mattheus 1984, 302).

Das bereits angesprochene Manifest konstituierte die Gruppenbildung von »Con-tre-Attaque«. Bevor auf dieses Manifest von »Contre-Attaque« eingegangen wird, seien hier kurz generelle Überlegungen zur Kommunikations- und Ausdrucksform von Manifesten bei Intellektuellen- bzw. Avantgardegruppen angestellt: Die Häufung von Manifesten stellt Peter Bürger zufolge ein wesentliches Charakteristikum von Avantgardebewegungen dar (vgl. Bürger 1996, 59).[6] Dabei unterscheide sich das Ma-nifest von anderen literarischen Gattungen insbesondere durch die Art seines Wirk-lichkeitsbezugs, die im rein literarischen Werk nur durch die Gesamtheit der Aussagen auf die Wirklichkeit verweise, im Manifest aber in jeder Aussage deutlich werde; man könnte aus soziologischer Sicht noch betonen, es unterscheide sich graduell durch die unmittelbarere Bezugnahme zur Gesellschaft und die besondere Art seiner gewünsch-ten Einflussnahme auf gesellschaftliche Verhältnisse. Wenn man bedenke, so Bürger weiter, dass die avantgardistischen Bewegungen nicht zuletzt eine Revolte gegen die

---

4   Zur (A.E.A.R.) siehe auch Münster (1977).
5   Siehe auch die Korrespondenz zwischen Bataille und Caillois in Bataille (1987*b*, 44ff).
6   Zu den Manifesten der europäischen Avantgarde vgl. auch den Sammelband von Asholt und Fähnders (1997).

Wirkungslosigkeit der Kunst in der bürgerlichen Gesellschaft darstellen, so sei die Vorliebe für die Gattung des Manifestes, die wegen ihres Bezugs zur Wirklichkeit eine Zwischenstellung zwischen Literatur und Aktion habe, verständlich (vgl. Bürger 1996, 59). Jedoch blieben wie bei den Surrealisten die Manifeste von Contre-Attaque, aber auch die des Collège, eher der Stabilisierung der Gruppe vorbehalten, während für die unmittelbare Wirkung auslösenden Texte die Gattungen des Flugblattes, offene Briefe, Pamphlete bzw. Erklärungen in Zeitschriften gewählt wurden.

Im Manifest bzw. der »Resolution« von »Contre-Attaque«, die am 7. Oktober 1935 von den Surrealisten André Breton, Paul Eluard, Benjamin Péret, Jacques-André Boiffard sowie von den dem Surrealismus nahe stehenden Intellektuellen Maurice Heine, Claude Cahun und ferner Roger Plin, Pierre Aimery, Jean Delmas und von Georges Bataille, Pierre Klossowski und Georges Ambrosino unterschrieben wurde (vgl. Bataille 1970b, 382f), finden sich folgende Einschätzungen der Gruppe, denen jedes Mitglied zuzustimmen hatte: »Die Entwicklung des Kapitalismus [steuert] auf einen Selbstwiderspruch zu, an dem er zerbrechen wird; die Verstaatlichung der Produktionsmittel als Endziel des geschichtlichen Prozesses der Gegenwart; der Klassenkampf als historischer Faktor und Quelle wesentlicher moralischer Werte« (vgl. Nadeau 1965, 184).

»Contre-Attaque« erhöhte seine Mitgliederzahl rasch auf 50 bis 70 Personen.[7] Geplant war auch eine eigene Heftreihe unter dem Titel »Cahiers de Contre-Attaque«, von der jedoch nur ein Heft im Mai 1936, als es die Gruppe praktisch nicht mehr gab, erschienen ist. Es enthält Georges Batailles Aufsätze »Front populaire dans la rue« (vgl. Bataille 1970b, 402–412) und »Vers la révolution réelle« (vgl. Bataille 1970b, 413ff). Von »Contre-Attaque« wurden Versammlungen und Veranstaltungen initiiert, auf denen diskutiert und Vorträge gehalten wurden. Im Auditorium war auch Walter Benjamin, wahrscheinlich eingeladen von Pierre Klossowski.[8]

---

7   Bernd Mattheus hat in einer Fußnote seiner Thanatographie, der Biographie Batailles, die Mitglieder folgendermaßen aufgezählt und dabei die Anhänger Batailles zur Zeit von Contre-Attaque kursiv gesetzt (vgl. Mattheus 1984, 301): Adolphe Acker, Pierre Aimery, Georges Ambrosino, Bataille, Bernard, Jean Bernier, Roger Blin (Schauspieler), J.-A. Boiffard, André Breton, Jacques Brunius, Claude Cahun (Nichte von Marcel Schwob), Louis Chavance, Jacques Chavy, René Chenon, Lucie Colliard (Sozialarbeiterin), Michel Collinet, Bella Corvin, Jean Dautry, Jean Delmas, Henri Dubief, Pierre Dugan, Jean Duval, Paul Éluard, Dr. Gaston Ferdière (Psychiater), Jacques Fischbein, Lucien Foulon, Reya Garbarg, Georges Gilet (ein griechischer Surrealist), Arthur Harfaux, Maurice Heine, Maurice Henry, Georges Hugnet, Janine Jané, Marcel Jean, Pierre Kaan, Pierre Klossowski, Frédéric Legendre, Loris, Dora Maar, Léo Malet, Marcel Martinet, Suzanne Malherbe, Jehan Mayoux, Georges Michon, Alphonse Milsonneau, Pierre Monatte, Georges Mouton (Arzt), Henry Pastoureau, Collette Peignot (Laure), Benjamin Péret, Germaine Pontabire, Robert Pontabrie, Jean Rollin, Pierre Ruff, Gui Rosey, Yves Tanguy, Robert Valançay, Patrick Waldberg, André Weill. Vgl. auch Bataille (1970b, 638ff).

8   Pierre Klossowski übersetzte neben Werken von Max Scheler oder Paul-Ludwig Landsberg für die »Zeitschrift für Sozialforschung« Benjamins Schrift »Das Kunstwerk im Zeitalter seiner technischen Reproduzierbarkeit« ins Französische. Für kurze Zeit war auch Roger Caillois bei der Gruppe (vgl. Dubief 1970, 52).

In der ersten »Resolution« vom Oktober ging es um den Kampf gegen die kapitalistische Herrschaft und ihre politischen Institutionen (Bataille 1970*b*, 379). Im sechsten Punkt des Beschlusses heißt es dann, was heute über das soziale Schicksal entscheide, sei eine organische Bildung eines umfassenden, disziplinierten und »fanatischen« Zusammenschlusses von Kräften. Der Beschluss endet mit den Worten: »*Mort à tous les esclaves du capitalisme!*« (Bataille 1970*b*, 380)

Die Vereinigung solle Marxisten wie Nicht-Marxisten umfassen, heißt es weiter. Ihre Handlungsbasis sei insbesondere und im Gegensatz zu anderen sozialen Bewegungen nicht die materielle Basis, sondern der soziale Überbau (vgl. Bataille 1970*b*, 381). Die »von der Gruppe ausgehende Revolution« habe aggressiv oder gar nicht zu sein. Eine Formulierung aus Punkt 13 der Resolution, die eine Zuhilfenahme »faschistischer Waffen« vorsieht, sorgte für viel Aufsehen und provozierte Kritik durch andere Gruppen. In Punkt 13 wurde festgehalten, dass man es verstehe, sich der politischen Waffen zu bedienen, die der Faschismus geschaffen habe. Dem Faschismus sei es nämlich in besonderer Weise gelungen, die fundamentalen Bestrebungen oder Sehnsüchte der Menschen nach affektiver Erregung und nach Fanatismus für sich zu nutzen (vgl. Bataille 1970*b*, [382]). Diese affektive Erregung gelte es auch für links-revolutionäre und anti-nationalistische Zwecke zu gebrauchen.[9] »Contre-Attaque« verstand sich als außer- und antiparlamentarischer Gegenangriff sowohl gegen den Faschismus als auch gegen aufkommende nationalistische Tendenzen in der Linken Frankreichs. An der Linken kritisierte man vor allen Dingen, dass sie nicht mit den bürgerlichen Werten der Arbeit und des Vaterlandes brach.

Nach Angaben von Robert Stuart Short gab es verschiedene »Flügel« innerhalb von »Contre-Attaque« (vgl. Short 1968, 156): So soll Bataille gemäß dem Vorbild des Marquis de Sade, der während der Revolution der »Section des Piques« angehörte, eine Teilung der Gruppe vorgeschlagen haben. Demnach teilte sich die Vereinigung räumlich nach der Gruppe Sade, die rechts der Seine, und der Gruppe Marat, die links der Seine angesiedelt war. »Daß Bataille und Breton, die beide zu größeren Gruppe Sade gehören, selten bei den Versammlungen erscheinen, erleichtert die Koexistenz der beiden Richtungen innerhalb von ›Contre-Attaque‹.« (Mattheus 1984, 302)[10]

---

9   »Nous constatons que la réaction nationaliste a su mettre à profit dans d'autres pays les armes politiques créées par le monde ouvrier: nous entendons à notre tour nous servir des armes créées par le fascisme, qui a su utiliser l'aspiration fondamentale des hommes à l'exaltation affective et au fanatisme. Mais nous affirmons que l'exaltation qui doit être mise au service de l'intérêt universel des hommes doit être infiniment plus grave et plus brisante, d'une grandeur tout autre que celle des nationalistes asservis à la conservation sociale et aux intérêts égoistes des patries.« (Bataille 1970*b*, 382)

10   Zur »Séance constitutive du groupe Rive gauche« vom 20. Januar 1936 vgl. Bataille (1999*b*, 203). Zum politisch-intellektuellen Milieu der *Rive gauche* in Paris allgemein, das heißt auch jenseits nonkonformistischer Gruppierungen vgl. Lottmann (1981), der auf die Knotenpunkte zwischen den »Décades de Pontigny«, der NRF und der republikanischen »Union pour la verité« im Intellektuellenmilieu von Paris aufmerksam macht. Zur »Union poru la verité« vgl. die kenntnisreiche Studie von François Beilecke (2003).

Das Inauguralmanifest und die Ankündigung der »Cahiers de Contre-Attaque«, die ab Januar 1936 erscheinen sollten, wurden im November 1935 durch das Buch »Position politique du surréalisme« von André Breton verbreitet (vgl. Breton 1935).[11] Im Vorwort der Beitragsankündigungen wurde noch einmal betont, dass sich die Bewegung »Contre-Attaque« als revolutionäre Offensive verstehe, die entschieden zum politischen Kampf beitrage und deren alleiniges Ziel die Machtergreifung sei (vgl. Bataille 1970b, 384)

Es folgte eine Auflistung der geplanten Titel der »Cahiers de Contre-Attaque« und eine kurze Beschreibung ihres Inhalts.[12] Von André Breton und Georges Bataille war geplant: »Mort aux esclaves«, wonach die Welt von »führenden Knechten« befreit werden müsse, die heute die Menge in den Abgrund führten (vgl. Bataille 1970b, 385): Sklaven im Dienst des Vaterlands und des Kapitalismus (vgl. Bataille 1970b, 384). Ferner war der Beitrag »Front populaire dans la rue« angekündigt, der im einzig publizierten Heft erschien und von Bataille bereits am 24. November 1935 in gekürzter Fassung vorgetragen wurde (vgl. Bataille 1970b, 640). Ebenso sollte eine Umfrage von Volksfront-Anhängern und militanten Revolutionären veröffentlicht werden, die sich mit den Milizen, der Machtergreifung und den Parteien beschäftigte: »[...] un mouvement de *Volontaires de la Liberté* [...] telle est la condition fondamentale de la prise du pouvoir.« (Bataille 1970b, 385f) In dem »Enquête sur les milices. La prise du pouvoir et les partis« heißt es, die aktuelle politische Situation sei durch einen internen Widerspruch der Volksfront charakterisiert: einerseits gebe es eine defensive Position und andererseits eine offensive Position (vgl. Le Bouler 1986, 130).[13] Man müsse sofort gegen den Faschismus kämpfen und die Macht übernehmen, der Faschismus lasse nur zwei Alternativen: fressen oder gefressen werden. Man müsse Antifaschismus und Antikapitalismus miteinander verbinden. »Nous devons TRANSFORMER LE CHAOS DU FRONT POPULAIRE EN ENERGIE ORGANIQUE, ce qui signifie constitution d'un mouvement autonome de formations disciplinées [...].« (vgl. Le Bouler 1986, 131)

In einem anderen geplanten Beitrag von Jean Dautry und Henrie Dubief »Pour un mouvement paysan autonome« sollte es um die notwendige Organisierung der Bauern gehen. Denn die Revolution habe im Dienst der wahren sozialen Bewegungen zu stehen und sich nicht aus schematischen Ideen von geschwätzigen Ideologen zu speisen (vgl. Bataille 1970b, 386). Jean Dautry und Pierre Aimery wollten darüber schreiben, dass nicht die Aufstände der Arbeiter, sondern allein die faschistischen Bewegungen mit bürgerlichen Regimen fertig geworden seien, weshalb die Autoren fordern, dass diese Befunde in die gegenwärtigen theoretischen Forschungen über revolutionäre Taktiken eingehen sollten (vgl. Bataille 1970b, 387). Damit könne dann auch die Ohnmacht des Sozialismus erklärt und der Sozialismus vielleicht noch gerettet werden.

---

11   Vgl. auch Bataille (1970b, 639).
12   Zum Folgenden vgl. auch Mattheus (1984, 303f).
13   Es ist Jean-Pierre Le Bouler gelungen, die bislang unveröffentlichte Umfrage wiederzufinden. Zu lesen ist sie in Le Bouler (1986).

Dass die Gruppe insbesondere kleinbürgerliche Moralansichten in der Linken bekämpfen und überschreiten wollte, spiegeln die weiteren Pläne für die Zeitschrift wider. Jean Bernier und Georges Bataille wollten in einem Artikel zeigen, dass die Basis der von den Eltern vermittelten sozialen Moral im Kapitalismus auf Zwang beruhe. Dieser Moral sei eine Moral der Spontanität entgegenzusetzen, wie sie sich bei Kindern, ihren Expeditionen und ihren Spielen entwickle (vgl. Bataille 1970b, 388).

Ein anderer geplanter Beitrag trägt den Titel »La dialectique Hégélienne du maître et de l'esclave clé de voûte de la ›Phénoménologie de l'Esprit‹ et de la doctrine marxiste« und erinnert vom Titel her an die berühmten Hegel-Vorlesungen von Alexandre Kojève. Es folgt »La patrie et la terre« von Pierre Kaan und Bataille; in der Ankündigung kann man Folgendes lesen:

> »Un grand nombre d'hommes aiment leur patrie, se sacrifient et meurent pour elle. Un Nazi peut aimer le Reich jusqu'au délire. Nous aussi nous pouvons aimer jusqu'au fanatisme, mais ce que nous aimons, bien que nous soyons français d'origine, ce n'est à aucun degré la communauté française, c'est la communauté humaine; ce n'est en aucune façon la France, c'est la Terre. Noun nous réclamons de la conscience universelle qui se lie à la liberté morale et à la solidarité de ceux qui ne possèdent rien, comme la conscience nationale se lie à la contrainte et à la solidarité des riches.« (Bataille 1970b, 389)

Auch hinsichtlich der »sexuellen Frage« gelte es in Zukunft einiges zu verändern. Deshalb beabsichtigten der de Sade-Spezialist Maurice Heine und Benjamin Péret, den Breton einmal seinen teuersten und ältesten Kampfgefährten genannt hat, einen Beitrag über »Questions sociales et questions sexuelles«, in dem sie auch Kritik an der bei den Linken zu findenden bürgerlichen Moral üben wollten. Gegen jegliche Individualisierung der Macht sprechen sich Breton und Bataille in ihrem Ankündigungstext »L'autorité, les foules et le chefs« aus, in dem mit der Betonung von Vergemeinschaftung schon ein zentrales Thema des zukünftigen *Collège de Sociologie* angeschnitten wird: »Le refus devant l'autorité et la contrainte peut-il, oui ou non, devenir beaucoup plus que le principe de l'isolement individuel, le fondement du lien social, le fondement de la communauté humaine?« (Bataille 1970b, 390)

Die ideengeschichtlichen »Vorläufer«[14] der »moralischen Revolution« sollten in drei Aufsätzen behandelt werden: Maurice Heine plante einen Text über Marquis de Sade, um aufzuzeigen, dass eine soziale Revolution nur gelingen könne, wenn sie mit einer moralischen Revolution einhergehe.[15] »Historiens et sociologues n'ont guère,

---

14 Der Begriff des Vorläufers ist allerdings problematisch und wird in Anführungszeichen gesetzt, da – wenn überhaupt – erstens nur Teile der Werke dieser »Vorläufer« herangezogen werden und zweitens der Begriff suggeriert, die Bewegung »sei nichts anderes als die Summe derjenigen Elemente und Motive, die sich bei den ›Vorläufern‹ aufweisen lassen.« (Bürger 1996, 24)

15 Heine hatte 1924 die Geheimgesellschaft »Société des Amis du Roman philosophique« gegründet, durch deren Hilfe seine kritische Ausgabe von Sades »Die 120 Tage von Sodom« finanziert wurde (vgl. Bezzola, Pfister und Zweifel 2001, 33).

jusqu'à présent, soupçonné l'importance du rôle tenu par Sade dans le dix suprêmes années du XVIIIe siècle.« (Bataille 1970*b*, 390)

Pierre Klossowski fasste auch den Plan, sich näher mit Charles Fourier zu beschäftigen; Charles Fourier, der in den Pariser »Passagen« den »architektonischen Kanon des phalanstère« (Benjamin 1991*a*, 46) erblickte, wie Walter Benjamin in seinem im Mai 1935 erschienen Aufsatz »Paris, capitale du XIXme siècle« schreibt, und dessen Utopie der »phalanstère« Klossowski in einem späteren Buch (»Sade, mon prochain 1947«) mit dem *Collège de Sociologie* verbindet (vgl. Hollier 1995*a*, 524), sollte auch als ein »Vorläufer« der Bewegung »Contre-Attaque« vorgestellt werden. Ebenso galt Friedrich Nietzsche, über den Georges Ambrosino und Georges Gilet schreiben wollten, als ideengebender Vater der Bewegung.[16]

Zu den »Cahiers de Contre-Attaque« sollte es jeweils vierseitige, polemische »fascicules-suppléments« geben, die sich mit aktuellen Themen befassen wollten. Eines dieser »suppléments«, das schon für Februar 1936 angekündigt wurde, sollte den Titel »La Révolution ou la Guerre« tragen und von Bernier und Bataille verfasst sein. Folgende Inhalte hatten sie sich vorgenommen: »[…] il traitera des problémes de politique extérieure et opposera radicalement notre action à tous ceux qui préparent aujourd'hui la répétition de la guerre 1914; qui, sous le prétexte de lutter contre le fascisme, préparent une nouvelle *croisade des démocraties*.« (Bataille 1970*b*, 392)

Welche aktuellen Themen wurden auf den Veranstaltungen behandelt und welchen Inhalt hatten die von den Linksintellektuellen verteilten Flugblätter?

Bei einer Versammlung am 11. November 1935 sprach Breton über »die Abnutzung der politischen Sprache« und über die Notwendigkeit einer »allgemeinen Begeisterung«, womit er der Bewegung »Contre-Attaque« noch kritisch gegenüberstehende Surrealisten gewinnen wollte (vgl. Goutier 2002, 422f) Fast zwei Wochen später, am 24. November, sprach Georges Bataille über die Volksfront auf der Straße; dieser Vortrag wird mit Änderungen in dem einzig erscheinenden »Cahier de Contre-Attaque« im Mai 1936 veröffentlicht (vgl. Bataille 1970*b*, 402ff). Zu Beginn seiner Ansprache betonte Bataille, dass unter den Zuhörern bemerkenswerterweise keine Politiker seien und dass er über die Volksfront sprechen werde.

> »Dans un certain sens, le Front Populaire devrait donc signifier, sans plus, l'abandon
> par les révolutionnaires de l'offensive anticapitaliste, le passage à la défensive antifas-
> ciste, le passage à la simple défense de la démocratie, l'abandon, en même temps, du
> défaitisme révolutionnaire. Or, que pouvons-nous penser, camarades, de l'abandon
> de l'offensive anticapitaliste, précisément dans les circonstances où l'accord se fait
> dans un grand nombre d'esprits, indépendamment même de la tendance politique,
> sur le caractère désastreux du système capitaliste. Du point de vue révolutionnaire,
> l'abandon de l'offensive anticapitaliste au cours de la crise actuelle représenterait la
> plus scandaleuse des carences: ne serait-il pas incroyable de laisser aux pires esclaves

---

16 Gerd Bergfleth geht jedoch davon aus, dass Bataille die geistige Urheberschaft dieses Nietz-
    sche-Textes zuzuschreiben sei, insbesondere wenn man Batailles »Wiedergutmachungen« an
    Nietzsche (gegenüber dessen nationalsozialistischen Interpretationen) seit der zweiten Ausgabe
    von *Acéphale* berücksichtigt. Vgl. Bergfleth (1999, 386) und Bataille (1999*c*).

du capitalisme, aux laquais Croix de Feu des de Wendel, le mot d'ordre attendu par l'angloisse des masses déconcertées, le mot d'ordre de lutte contre un capitalisme honni maintenant par l'immense majorité des hommes. [...] Ainsi, lorsque nos camarades de la gauche révolutionnaire socialiste mettent en avant les mots d'ordre de transformation de la défense antifasciste en offensive anticapitaliste et de Front Populaire en Front Populaire de combat [...].« (Bataille 1970b, 406f)

Bataille machte deutlich, dass ein Übergang von einer defensiven zu einer kämpferischen Volksfront auf der Straße vollzogen werden müsse (vgl. auch Bataille 1970b, 409), deren Kräfte weniger auf Vernunft als vielmehr auf einer kollektiven Erregung der Leidenschaften der Massen basieren würden (vgl. Bataille 1970b, 411). Im Mittelpunkt stehe weniger eine intelligente Analyse der politischen Situation, so Bataille weiter, als vielmehr ein unmittelbares Verständnis für das Leben (vgl. Bataille 1970b, 410), wobei es gegen die allgemeine Stumpfsinnigkeit und Langeweile anzugehen gelte: Das Opium des Volkes in der gegenwärtigen Welt sei nicht so sehr die Religion, sondern vielmehr die Langeweile.[17] Der Gruppe ging es ganz offensichtlich gar nicht so sehr um Politik und die oftmals anstrengende politische Kleinarbeit (vgl. Short 1969, 38), als vielmehr um eine antibürgerliche Lebenspraxis und Überschreitungen von bürgerlichen Werten, die auch bereits von Teilen der Linken verinnerlicht worden seien. Überschreitungen, die dann von »Contre-Attaque« als vordringlich zu lösende Politika betrachtet wurden.

Am 8. Dezember 1935 fand eine weitere Versammlung statt, auf der Breton und Bataille über »L'Exaltation affective et les mouvements politiques« sprachen (vgl. Short 1968, 156). Anfang 1936, am 5. Januar, gab es eine Protestveranstaltung, bei der Breton, Bataille, Heine und Péret gegen die Preisgabe von revolutionären Positionen der linken Parteien Stellung bezogen. Gegen die Trinität von »Père, Patrie, Patron« gerichtet, die das auch bei den Linken zu findende Fundament des Faschismus sei, hieß es in der Ankündigung zu dieser Versammlung, ein Mensch, der das Vaterland liebe, ein Mann, der für seine Familie kämpfe, das sei ein Mensch, der verrät. »Ce qu'il trahit, c'est qui est pour nous la raison de vivre et de lutter.« (Short 1968, 156)

Als das Exekutivbüro von »Contre-Attaque«, zu dem Bataille, Breton, Péret, Georges Gillet, Dautry, Pastoureau und Adolphe Acker gehören, am 18. Januar zusammentrifft, vereinbart man, dass man zum Schutz vor faschistischen Banden nur noch gruppenweise nach Hause gehen dürfe.

Eine andere Veranstaltung im Grenier des Augustins am 21. Januar 1936, dem Jahrestag des 1793 geköpften Louis XVI., war den Großaktionären der Banque de France gewidmet, den »Les 200 Familles«.[18] Die Einladungskarte, gezeichnet von Marcel

---

17 »Un mendiant dont la voix usée crie une chanson qu'on entend mal au fond d'une cour paraît parfois avoir moins perdu au jeu de la vie que la matière humaine qu'on range aux heures d'affluence dans les moyens de transports urbains. [...] L'opium du peuple dans le monde actuel n'est peut-être pas tant la religion que l'ennui accepté.« (Bataille 1970b, 410) Zu dieser Rede siehe auch Short (1968, 150f).

18 Das Datum des 21. Januar sowie der Place de la Concorde (früher Place de la Révolution) nehmen bei Bataille eine besondere Rolle ein; noch bei »Acéphale« und zu Zeiten des Collège

Jean, zeigt unter dem Hinweis auf den Jahrestag der Exekution Louis XVI. einen abgeschnittenen Kalbskopf auf einer Platte. Man wollte bei »Contre-Attaque« den Jahrestag der Hinrichtung von Ludwig XVI. in ein großes Volksfest umwandeln: »Il y eut même, dans le mouvement, des projets visant à transformer cet anniversaire en une grande fête populaire. A d'autres occasions, Maurice Heine donna une conférence sur ›Anarchie ou fédéralisme‹, discussion de la possibilité de réaliser la soviétisation sans avoir besoin de l'accompagner de l'equivalent du parti bolchevique. Michel Collinet fit un rapport sur les grèves et l'insurrection dans les Asturies à son retour d'une visite en Espagne.« (Short 1968, 157)

Patrick Waldberg bemerkt etliche Jahre später zu diesem Flugblatt, dass das Volk diese Sprache nicht verstanden habe und ebenso wenig habe dieses Flugblatt mit dem Hinweis auf den Jahrestag der Enthauptung Ludwig XVI. etwas bewirkt: »Jenes alte Bild, das von den Republikanern im Laufe des 19. Jahrhunderts immer wieder und ohne mehr Erfolg benutzt wurde, fiel der allerbeklemmendsten Gleichgültigkeit anheim und brachte nur ein paar Dandys zum Schmunzeln.« (Waldberg 1995, 361)

Am 13. Februar 1936 wird das Auto von Léon Blum, der zufällig am Leichenzug von Jacques Bainville, Mitglied der rechten »Action française«, vorbeifährt, eingekreist. Blum entkommt nur knapp seiner Ermordung durch die Faschisten. Drei Tage später gibt es eine große Demonstration vom Panthéon bis zur Bastille, auf der man, nachdem die Gruppe bisher nur unter sich geblieben war, zum ersten Mal auch die Gruppe »Contre-Attaque« auf der Straße sehen konnte (vgl. Bataille 1970b, 639). Neben der Überwindung der bürgerlichen und linksbürgerlichen Mentalitäten ging es »Contre-Attaque« auch um den Kontakt mit den Arbeitern. Vor allem an diesem Anspruch scheiterte die Gruppe völlig. Die Anhänger von »Contre-Attaque« sahen sich zugehörig zur ausgebeuteten Klasse allein aufgrund ihres subjektiven Bewusstseins, unabhängig von ihrer sozialen Lage. Robert S. Short schreibt aus diesem Grund mit Bezug auf die Surrealisten: »Von den ökonomischen Wirkungen der Revolution und der Beseitigung sozialer Ungerechtigkeiten waren die Surrealisten weniger berührt. Ihnen galt die Erschütterung über die Anmaßung und Dummheit der herrschenden Klassen viel mehr als das Leiden der ausgebeuteten Opfer. Die ›Idee‹ der sozialen Ungerechtigkeit empörte sie weitaus stärker als ihre Auswirkungen.« (Short 1969, 34f). Es zeigen sich bei »Contre-Attaque« allgemein gesagt die problematischen sozialen Beziehungen der bohèmehaften linken Intellektuellen zu der Arbeiterklasse, auf die sie sich beriefen.[19]

»Contre-Attaque« verteilte am 16. Februar folgendes, von Benjamin Péret verfasstes Flugblatt (vgl. Short 1968, 159), mit dem die Intellektuellen wiederum – und im Nachhinein betrachtet, vergeblich – die Arbeiter gewinnen wollten:

---

wollte Bataille, dass man immer zum 21. Januar der Köpfung Louis XVI. gedenke. Die Einladung findet sich in Bataille (1970b, 393). Das Bild »Le fauteuil Louis XI« von André Masson aus dem Jahre 1938 erinnert ebenfalls an die Enthauptung sowie an einen azephalen Körper.

19   Vgl. zu dieser Problematik auch Peter (1972, 197ff).

»Camarades,

Les Fascistes lynchent Léon BLUM.

Travailleurs, c'est vous tous qui êtes atteints dans la personne du chef d'un grand parti ouvrier. Blum avait proposé de faire nettoyer le Quartier Latin infesté de fascistes par 15.000 prolétaires descendus des faubourgs. La menace avait donc porté. Camarades, c'est seulement la crainte de l'offensive qui touche nos ennemis. La défensive c'est la mort! L'offensive révolutionnaire ou la mort!

Contre-Attaque.« (Bataille 1970b, 394)

Die rechten Gruppen werteten das Flugblatt als Geständnis dafür, dass die Linken die bürgerlichen und rechten Studenten niedermetzeln wollten (vgl. Short 1968, 163f). Die »Action française« vervielfältigte das Flugblatt mit dem Hinweis, dass es als Geständnis der Linken zu werten sei. Bataille schreibt in Erinnerung an diese Demonstration, dass einzig diese »multitude«, dieses Menschenmeer, wie es die 5.000 demonstrierenden Arbeiter darstellen, die Welt vom Alptraum der Ohnmacht und des Blutbades erlösen könne (vgl. Bataille 1970b, 412). Ein weiteres Flugblatt dieser Zeit war der von Bataille geschriebene »Appel à l'action« (Bataille 1970b, 395 – 397), in dem er gegen de la Rocque (»un capitaliste, un colonel et un comte. Et encore? Un con.«) und gegen die sich defensiv verhaltenden Parteien zur Revolution aufruft: »Camarades, vous répondrez aux aboiements du chien de garde du capitalisme par le mot d'ordre brutal de CONTRE-ATTAQUE!« (Bataille 1970b, 397)

Nachdem am 7. März 1936 deutsche Truppen unter Bruch des Versailler und des Locarno-Vertrages die entmilitarisierte Zone des Rheinlandes besetzt hatten, hielt der französische Ministerpräsident Sarraut einen Tag später im Radio eine Rede, in der er unter anderem sagte, dass Frankreich nicht dazu aufgelegt sei, Straßburg deutschem Kanonenfeuer auszusetzen (Short 1968, 159). Daraufhin entwarf Jean Dautry im Auftrag von Contre-Attaque und in Bezug auf Sarrauts Rede das Flugblatt »Sous le feu des canons français ….«. Breton, der bei der ersten Auflage nicht von der Sache in Kenntnis gesetzt worden war, änderte den Titel bei der Neuauflage in »Sous le feu des canons français … et alliés« (vgl. Short 1968, 160). Der Inhalt des Flugblatts richtet sich gegen die Politik der Westmächte und in einem sehr allgemeinen Sinne gegen jegliche Diplomatie. Ausgangspunkt der Polemik war die »Pseudo-Dialektik« des Satzes »Hitler gegen die Welt – die Welt gegen Hitler«, der einer kommunistischen Broschüre entstammte. Diese Phrase würde entgegen ihrer Absicht gerade die Welt aus Sicht des Nationalsozialismus beschreiben, anstatt diesen abzuwerten, so die Ansicht von Dautry. Nach einer prinzipiellen und generellen Verurteilung der Politiker, der Diplomatie und ihrer Texte, die bei den Menschen nur Widerwillen auslösten, hieß es dann im Flugblatt weiter, dass man die antidiplomatische Brutalität Hitlers auf jeden Fall der geschwätzigen Erregung der Diplomaten und Politiker vorziehe (vgl. Bataille 1970b, 398).[20] Spätestens dieser Satz hätte Widerstand in den eigenen Reihen von

---

20 Vgl. auch Mattheus (1984, 326).

»Contre-Attaque« hervorrufen können. Was waren jedoch die wirklichen Gründe für die Auflösung des »Kampfverbands revolutionärer Intellektueller«?

Das allmähliche Ende von »Contre-Attaque« wurde weder durch die offensichtlich geringe Wirkungskraft der Gruppe noch durch ihre mangelnde Verbindung zu den Arbeitern eingeläutet, sondern durch interne Streitigkeiten. Der erste Streitpunkt war ein von Bataille, Bernier und Colliard verfasstes und nicht mit Breton abgesprochenes Flugblatt. Ausgangspunkt dieses Flugblatts vom März 1936 war wiederum Sarrauts Rede und deren Billigung durch die Kommunisten (vgl. Mattheus 1984, 326). Der Titel lautete »A ceux qui n'ont pas oublié la guerre du droit et de la liberté – Travailleurs, vous êtes trahis!« (Bataille 1970b, 399) Allgemein richtete sich das Flugblatt gegen jeglichen Nationalismus, sei er links oder rechts motiviert: »*Nous n'avons rien commune avec la démence infantile du nationalisme allemand, rien de commun avec la démence sénile du nationalisme français.*« (Bataille 1970b, 400) Anscheinend war dieses Flugblatt auch verfasst worden, weil Bataille eine neue Gruppe ins Leben rufen wollte. Diese Vermutung ergibt sich aus der Tatsache, dass dem Flugblatt ein Unterschriftenzettel beigefügt war, der im Namen eines »Comité contre l'union sacrée« und – sehr zum Ärgernis der surrealistischen Gruppe um Breton in »Contre-Attaque« – um Förderer und Anhänger einer neuen Bewegung warb. Unterschrieben war es von Bataille, Bernier, Colliard, Dautry, Ferdière und Georges Michon (vgl. Bataille 1970b, 640).[21]

Am 1. April hatte Bataille in einem Brief an Pierre Kaan seinen Rücktritt aus der Gruppe angekündigt: »Je donne demain ma démission du bureau de Contre-Attaque mais il s'agit là d'une modalité banale d'un résultat inévitable.« (Bataille 1999b, 277) Am 2. April fand eine Generalversammlung von »Contre-Attaque« statt: »Ambrosino ouvre la séance, et donne la parole à Bataille. Celui-ci après avoir lu une courte déclaration, donne sa démission de secrétaire général de l'organisation. Après interventions de Breton, Péret, Pastoureau, Marcel Jean, Ferdière, la démission de Bataille est acceptée. Jean Dautry est nommé secrétaire général.« (Bataille 1999b, 279)

Eine Woche später, am 9. April 1936, war ein weiteres Treffen angesetzt. Bataille war inzwischen im spanischen Tossa de Mar bei seinem Freund André Masson: »Gemeinsam bereiten sie die erste Ausgabe der Zeitschrift *Acéphale* (Untertitel: Religion – Soziologie – Philosophie) vor, die viermal im Jahr erscheinen soll. In der Küche des alten schlichten katalonischen Hauses finden ihre täglichen Unterredungen statt, die um Heraklit, Nietzsche, Dionysos, das Labyrinth kreisen.« (Mattheus 1984, 331)

Die endgültige Auflösung von »Contre-Attaque« folgte anlässlich eines Wortes von Jean Dautry, das dieser ironisch und analog zum Begriff »Surrealismus« und zur Beschreibung der Absichten von »Contre-Attaque« gebrauchte: »le surfascisme.«[22] Die

---

21 Vgl. dazu auch Mattheus (1984, 327).

22 In ihrem Vorwort zu der von ihr zusammengetragenen Materialsammlung heißt es in einer Fußnote von Marina Galletti: »D'après Henri Dubief, le terme ›surfascisme‹, qui doit être compris dans le sens du fascisme surpassé, avait été créé par Jean Dautry sur le modèle du terme ›surréalisme‹ (conversation priveé, Cachan, juin 1994). Mais Pierre Andler semble réclamer la paternité de ce néologisme (conversation privée, Paris, octobre 1994).« (Galleti in Bataille 1999b, 11) Vgl. auch Bataille (1999b, 295ff).

Selbstbezeichnung als »Über-Faschismus« gab den Surrealisten einen willkommenen Anlass, sich von »Contre-Attaque« loszusagen und somit die Auflösung der Gruppe zu bewirken:

> »Les adhérents surréalistes du groupe ›Contre-Attaque‹ enregistrent avec satisfaction la dissolution du dit groupe, au sein duquels'etaient manifestées des tendances dites ›sur-fascistes‹, dont le caractère purement fasciste s'est montré de plus en plus flagrant. Ils désavouent par avance toute publication qui pourrait être faite encore au nom de ›Contre-Attaque‹ (telle qu'un *Cahier de Contre-Attaque* n° I, quand il n'y en aura pas des suivants). Ils saissent l'occasion de cette mise en garde pour affirmer leur attachement inebranlable aux traditions révolutionnaires du mouvement ouvrier international.« (Bataille 1970*b*, 641)[23]

Nach Aussagen von Henri Dubief war die Bezeichnung »sur-fascisme« jedoch in Anlehnung an den Surrealismus nicht im Sinne eines Hyperfaschismus, sondern als eine Überwindung des Faschismus gemeint (vgl. Dubief 1970, 52). Die Nähe des Begriffs zum Surrealismus aber musste zweifelsohne die Gruppe um Breton aufbringen.[24] Dennoch scheint es eher ein willkommener Anlass für die Surrealisten gewesen zu sein, endlich die Gruppe aufzulösen. Denn es stellt sich die Frage, wie die Surrealisten selbst dazu standen, dass zur Überwindung des Faschismus faschistische Mittel, wie beispielsweise die »leidenschaftliche Erregung der Massen«, angewendet werden sollten[25]; anders gesagt: »Die Surrealisten sahen nicht oder wollten nicht sehen, daß sie sich mit dieser Erklärung [gemeint ist »Sous le feu des canons français … et alliés« S.M.] selbst desavouieren, denn Bataille hat in den beiden Aufsätzen des »Contre-Attaque«-Heftes […] nichts ausgeführt, was nicht bereits im Inauguralmanifest gestanden hätte. Es ist also nichts mit der Beschuldigung: hätte Bataille seine Affinität mit dem Faschismus bekundet, so hätten auch sie selbst, als Unterzeichner des Manifests, es getan« (Bergfleth 1999, 391).[26]

Die »Vereinigung zum Kampf der revolutionären Intellektuellen« mit dem Namen »Contre-Attaque«, bei dem sich schon einige der zukünftigen Mitglieder des Collège kennen gelernt und viele Ideen des später instituierten *Collège de Sociologie* entwickelt

---

23 Vgl. auch Short (1968, 163).

24 Zum »sur-fascisme« siehe auch die Bemerkungen von Pierre Dugan am 17. April 1936 (vgl. Bataille 1999*b*, 295ff).

25 Michel Leiris äußert sich in einem Interview zu »Contre-Attaque« folgendermaßen: »Dennoch, meiner Meinung nach war Bataille zutiefst antifaschistisch. Dagegen ist sicher, daß ihn die Mittel faschistischer Propaganda, daß ihn Hitlers Charisma beeindruckten. Man kann aber eigentlich nicht sagen, daß er davon in Bann geschlagen war. […] Auch bei *Contre-Attaque* habe ich nicht mitgewirkt. Ich weiß eigentlich nicht genau, warum. […] Zum Beispiel sprach Bataille davon, die Enthauptung Ludwigs XVI. auf der Place de la Concorde zu feiern. Für ihn war dies ein Propagandamittel der linken Seite. Aber mir schien das eher kindisch. Mit ihren Zielen war ich einverstanden. Aber das ganze schien mir, wie soll ich sagen, nicht sehr ernsthafte Züge anzunehmen …« (Leiris in Lévy 1992, 180ff)

26 Vgl. dazu auch Goutier (2002, 423).

haben, war somit beendet, ja gescheitert.[27] Man kann sagen, dass das Scheitern zwar aufgrund von Streitigkeiten stattfand, aber dass die Gruppe darüber hinaus wenig unternommen hatte, ein regelmäßiges, an einem Thema orientiertes politisches Engagement zu zeigen und mit den von ihr anvisierten Gruppen der Arbeiter und Sub-Proletarier kaum oder gar keinen Kontakt gepflegt hatte. Immer wieder beschäftigte sich die Gruppe nur kurz mit einem Thema, organisierte dazu Veranstaltungen, um sich dann schnell wieder einem anderen Thema zuzuwenden. Obgleich ihre politischen Orientierungen nicht einer gewissen »Originalität« entbehrten, insofern sie die »psychologische Struktur des Faschismus« (Bataille) für ihre linksrevolutionären Ziele und zur Bekämpfung des Faschismus benutzten, um den Faschismus mit den eigenen Waffen zu schlagen, war dies auch eine gefährliche und völlig unausgereifte Strategie. Darüber hinaus scheiterten sie an dem Versuch, die bürgerlichen Moralvorstellungen, die auch in der Linken zu finden waren, zu überwinden. Haben die Bauern und Arbeiter – ihre angenommene Basis – sie verstanden? Wie auch immer ihre realen Bezüge zu den Arbeitern zu bewerten sind, den Mitgliedern von »Contre-Attaque«, selbst aus bürgerlichen Häusern stammend, ging es weniger darum, den Arbeitern materielle Verbesserungen zu verschaffen, als vielmehr den Arbeitern »symbolisches Kapital« (Bourdieu) und – in einer sehr elitären und keineswegs antibürgerlichen Attitüde – Stolz und Würde zurückzugeben (vgl. Waldberg 1995, 361). Dieser Gedanke und die Ausrichtung des Kampfes auf soziale Anerkennung verwundert nicht, wenn man bedenkt, dass viele Mitglieder der Bewegung vom soziologisch-ethnologischen Denken Marcel Mauss' und dessen »Essay über die Gabe« stark beeinflusst waren[28] und aus diesem Grund weit mehr die ökonomischen Aspekte des Prestiges als die des rationellen Wirtschaftens hervorhoben. In dieser Perspektive lag auch ein großer Teil der Differenz gegenüber anderen linken Gruppierungen.

Das Projekt kann aber im Nachhinein nicht einfach als Skurrilität abgetan, sondern sollte als ein zwar gescheiterter, aber immerhin angestrebter Versuch gewertet werden, zu einer Gesellschaftsordnung jenseits der kapitalistischen Zwänge und zwanghafter bürgerlicher Moralvorstellungen zu gelangen. Innerhalb der intellektuellen Diskurse in Frankreich lassen sich die Mitglieder von »Contre-Attaque« darum weder dem traditionellen linken Lager noch dem autoritär-faschismusfreundlichen Lager zuordnen, sondern vielmehr den so genannten »Non-Konformisten«, die Thomas Keller folgendermaßen charakterisiert: »Ungeachtet ihres antiintellektualistischen und antibürgerlichen Gehabes bleiben die Protestler Intellektuelle und Kinder bürgerlicher Elternhäuser. [...] Sie bekämpfen den Kommunismus, sie begreifen aber auch den Nationalsozialismus bzw. Faschismus als destruktiv und lassen beide Ideologien aus

27 In Marina Gallettis Dokumentband findet sich dazu folgende Stelle von Jean Dautry: »N'ayant pas l'habitude de me complaire publiquement dans l'avachissement; Mis en présence de démissions nombreuses et significatices; je prononce la dissolution de Contre-Attaque.« (Bataille 1999*b*, 298)

28 Ein Denken, das freilich nicht diese elitären Züge trägt. Vgl. zum Einfluss von Mauss auf die Intellektuellen der Zwischenkriegszeit und deren Kampf um die Würde der Arbeiter die Ausführungen von Thomas Keller (2001*b*, 90ff, 149). Auch Waldberg war Schüler von Mauss (vgl. Leiris 1996, 268).

der Welt des Bürgertums hervorgehen.« (Keller 2001*b*, 161, 167) Insbesondere lasse sich in beiden Richtungen die Verherrlichung von Arbeit, Massenproduktion und bürgerlichen Moralvorstellungen finden.

Ein paar Ziele von »Contre-Attaque« blieben auch später beim *Collège de Sociologie* Programm: eine Veränderung der Mentalitäten der Menschen zu bewirken und eine Bekämpfung jeder nicht-universellen, nationalistischen Gemeinschaft sowie die Schaffung neuer, selbst gewählter Gemeinschaften. Dass dies nicht nur reine Theorie bleiben, sondern auch in die Praxis umgesetzt werden sollte, beweist die Bildung einer selbst gewählten Gemeinschaft durch Bataille: die Geheimgesellschaft *Acéphale*.

3.1.2 Die Geheimgesellschaft *Acéphale*

Kurze Zeit nachdem sich die politische Initiative »Contre-Attaque« aufgelöst hatte, initiierte Georges Bataille im April 1936 mit einigen Mitstreitern von »Contre-Attaque« (Klossowski, Waldberg, Ambrosino) eine neue Gruppe: die Geheimgesellschaft *Acéphale*.[29] Im fast ein Jahr später gegründeten *Collège de Sociologie* sah Bataille den theoretischen »Kopf« von *Acéphale*. In einer autobiographischen Notiz schrieb er: »Contre-Attaque dissous, Bataille se décida immédiament à former […] une ›société secrète‹ qui tournerait le dos à la politique et n'envisagerait plus qu'une fin religieuse (mais anti-chrétienne, essentiellement nietzschéenne). Cette société se forma. Son intention se traduisit en partie dans la revue *Acéphale* […]. Le Collège de Scoiologie […] fut en quelque sorte l'activité extérieure de cette ›société secrète‹.« (Bataille 1999*b*, 508) *Acéphale* war der Versuch, die vom Collége theoretisch propagierten Gemeinschaften, die es der atomisierten Gesellschaft entgegenzusetzen galt, in die Tat umzusetzen.

Am 4. April 1936 entwarf Bataille für die Konstituierung der neuen Gemeinschaft ein Programm, das man als den Beginn der Gruppe *Acéphale* bezeichnen kann (vgl. Bataille 1999*b*, 281f).[30] Bataille stellte es einigen Mitgliedern von »Contre-Attaque« vor.[31] Enttäuscht von den Ergebnissen des »Gegen-Angriffs«, entwickelten sich in den

---

29 Die Angaben zu der kaum erforschten Gruppe *Acéphale* entstammen unterschiedlicher Quellen; manche, die sich bei Mattheus (1984) finden, wurden hier als Folie benutzt, insbesondere was die Chronologie betrifft. Darüber hinaus wurde auf die zentralen, von Marina Galletti neu aufgefundenen und versammelten Briefwechsel, internen Programme, Dokumente oder im Kontext von *Acéphale* verfassten Texte zurückgegriffen, wie sie unter der Autorschaft Batailles in dem Buch »L'Apprenti Sorcier. Du Cercle Communiste Démocratique à Acéphale. Textes, Lettres et Documents (1932–1939). Rassemblés, présentés et annotés par Marina Galletti« (Bataille 1999*b*) zu finden sind; siehe aber auch Bataille (1970*b*) und Bataille (1970*c*). Zur Bedeutung des Wortes »Acéphale« und zu den mythologischen Bezügen siehe den entsprechenden Exkurs einige Seiten weiter.

30 Denn im Programm kommt unter Punkt 5 der Begriff »Acéphale« vor.

31 Das Programm findet sich auch in Bataille (1970*c*, 273). Im Kontext zu diesem Programm heißt es im zweiten Band der Werke Batailles: »*Il semble que Bataille les ait communiqués à un certain nombre des participants de* Contre-Attaque *qui avaient pris parti pour lui, avec le projet*

letzten Tagen von »Contre-Attaque« Tendenzen, sich von einer politischen und paramilitärischen Formation zu entfernen: »Ein Satz, einem der letzten Flugblätter von *Contre-Attaque* entnommen, faßt ziemlich gut unsere damalige Lage zusammen: ›Was wir vor Augen haben, ist der Schrecken der menschlichen Ohnmacht.‹ In dieser Atmosphäre ersann Bataille die Veröffentlichung von *Acéphale* und, um diese Zeitschrift herum, die Gründung einer erlesenen, verborgenen Gemeinschaft, die seinen Wünschen entspräche.« (Waldberg 1995, 362) Bataille organisierte einen »Orden« – »analog zu gewissen Geheimgesellschaften«, wie er schreibt (vgl. Bataille 1999*b*, 339). Obgleich man sich durch eine tiefe Solidarität mit der spanischen Revolution verbunden gefühlt habe, habe dies nicht in einem Widerspruch zu dem »apolitischen Geist« von *Acéphale*« gestanden, so Bataille (1999*b*, 340) im Jahre 1937. Man sei bei *Acéphale* eher religiös als politisch ambitioniert.

Wie Bernd Mattheus in seiner Bataille-Biographie zu Recht annimmt, sollte man diese »behauptete Abkehr von der Politik« allerdings nicht zu wörtlich nehmen (vgl. Mattheus 1984, 331). Denn ein kurzer Blick in das elf Punkte umfassende Programm vom April 1936 reicht aus, um auch einige politische Ziele der Geheimgesellschaft zu erkennen. Geht es im ersten Punkt noch um die performative Gründungserklärung einer »schöpferischen Gemeinschaft« mit »kohäsiven schöpferischen Werten«, so spricht sich Bataille beispielsweise im siebten Punkt für eine Bekämpfung nationaler, sozialistischer, kommunistischer oder kirchlicher Gemeinschaften aus (vgl. Bataille 1970*c*, 273). Ferner fordert er die Abschaffung von entfremdeter Arbeit (Punkt 2) und die universelle »Verwirklichung des persönlichen Seins« durch Konzentration, durch positive Askese und positive individuelle Disziplin (Punkt 4) sowie durch die Offenbarung eines »azephalischen Universums« (Punkt 5). Es seien insgesamt hassenswerte und unerreichbare Heils- und Glücksversprechen zu vermeiden. Im letzten Punkt betont er, den Wert der Gewalt und den Willen zur Aggression als Basis aller Macht zu bejahen und zu bekräftigen.

Acéphale war nicht nur religiös motiviert, sondern versuchte in einem gewissen Sinne eine Aufhebung (im Hegelschen Sinne) der Politik ins Religiöse zu praktizieren, so dass alltägliches religiöses Leben und Politik keine Gegensätze mehr bilden würden und sich auf diese Weise sowohl neue soziale Kohäsionen als auch insgesamt lebenspraktische Veränderungen der als atomisiert und entfremdet betrachteten Individuen ereignen könnten. Dabei versuchte die Geheimgesellschaft mit Hilfe eines vergemeinschaftenden Mythos (Acéphale/Dionysos)[32], mit diversen Lebensregeln und Ritualen, mit der Lobpreisung des Selbstverlusts und des Selbstopfers sowie der Propagierung einer normüberschreitenden, mystisch-ekstatischen »Freude vor dem Tod« einen religiös-magischen Zusammenhalt zu stiften und das Sakrale *in actu* zu erkunden. Die Am-

---

d'elaborer la société secrète dont le group Acéphale *devait être la réalisation.*« (Bataille 1970*c*, 443) Vgl. auch Bataille (1999*b*, 283).

32   Nach Bergfleth hat der Acéphale-Mythos »die Eigenart, daß er keine einzige Geschichte erzählt, sondern nur einen Rahmen für mögliche Geschichte bildet.« (Bergfleth 1999, 187) Insofern könne er eher als eine Art »Mythenreservoir« aufgefasst werden.

bitionen der Gruppe reichten sogar soweit, dass ein Mitglied sich selbst opfern wollte, um den Gemeinschaftszusammenhalt zu festigen und sich selbst zu sakralisieren.

Waren bei dem Kampfverbund revolutionärer Intellektueller, »Contre-Attaque«, das Referenzobjekt noch die Arbeiterinnen und Arbeiter, so bezog sich *Acéphale* zunächst nur auf untereinander mehr oder weniger bekannte Intellektuelle, die gleichsam als geistige Elite mit Hilfe einer noch aufzubauenden, azephalischen Religion über das intellektuelle Feld hinaus die Veränderung der Lebenspraxis initiieren wollten. In seinen Nietzsche-Studien schrieb Bataille: »Die Schaffung einer neuen Struktur, eines ›Ordens‹, der sich auf der ganzen Erde entwickelt und verbreitet, ist der einzig wirkliche Befreiungsakt und der einzig mögliche – da die revolutionäre Zerstörung regelmäßig die Wiederherstellung der sozialen Struktur und ihres Kopfes zur Folge hat.« (Bataille 1999c, 174)

Acéphale war nicht das einzige von Bataille anvisierte Projekt einer Geheimgesellschaft. Er hatte schon Mitte der zwanziger Jahre mit Michel Leiris, Andre Masson und Nicolai Bachtin[33] die Gründung einer *orphischen* und *nietzscheanischen* Geheimgesellschaft ins Auge gefasst (vgl. Bataille 1999b, 339). Leiris hatte vorgeschlagen, der Gruppe den Namen »Judas« zu geben.[34]

Seit November 1936 begannen sich die Mitglieder von *Acéphale* regelmäßig zu treffen und sowohl Riten als auch Versammlungen abzuhalten (vgl. Bataille 1999b, 340). Das »Journal intérieur« der Gruppe, das dem internen Austausch diente und an dessen Gründung neben Bataille Jacques Chavy, René Chenon, Henri Dubief, Piere Dugan, Henri Dussat, Imre Kelemen und Pierre Klossowski beteiligt waren (vgl. Bataille 1999b, 336), orientierte sich Bataille zufolge insbesondere an zwei Texten von ihm selbst: zum einen an den 1933 veröffentlichten Artikel über den Begriff der Verausgabung und zum anderen an dem 1933 geschriebenen Text »Sacrifices«, der zusammen mit mythologischen Zeichnungen von André Masson im Jahre 1936 publiziert wurde (Bataille 1999b, 341).[35] Woher stammt jedoch der Name der Geheimgesellschaft und was bedeutet *Acéphale*?

---

33 Es handelt sich um den Bruder des Literaturwissenschaftlers Michail Bachtin.

34 Im Kontext der Bildung eines inneren Journals der Geheimgesellschaft *Acéphale* schreibt Bataille (sich selbst im Text beim Namen nennend): »Dés 1925 (ou 1926), Georges Bataille avait envisagé avec Michel Leiris, avec André Masson et avec un Russe émigré nommé Bakhtine, la fondation d'une société secrète orphique et nietzschéenne: du moins autant qu'un projet vague peut être exprimé en quelques termes. Michel Leiris avait alors proposé de donner à cette société le nom de ›Judas‹.« (Bataille 1999b, 339).

35 Einer der Texte des internen Journals ist zum Beispiel »Si nous sommes unis veritablement …« (Bataille 1999b, 380ff), geschrieben am 17. Juli 1937. Zu dem Album »Sacrifices« vgl. auch die Bemerkungen von Masson (1976, 74). Die Titel des Albums heißen: Mithra, Orpheus, der Gekreuzigte, der Minotaurus und Osiris.

Exkurs: Der kopflose Gott Akephalos

Der Name der Geheimgesellschaft leitet sich zum einen aus dem Griechischen ἀκέφαλος = *kopflos, ohne Anfang* ab; zum anderen erinnert der Begriff an eine monophysitische Sekte, die sich die *Akephaloi* nannte.[36] *Acéphale* kann auch in einem übertragenen Sinne »führerlos«, »ohne Häuptling oder Herrscher« bedeuten. Akephale Gesellschaften, also Gesellschaften ohne Zentralinstanz sind beispielsweise in der gesamten Geschichte Afrikas zu finden, sie hatten zuweilen mehrere tausend Mitglieder. Bei der Geheimgesellschaft lässt sich die Bedeutung der Führerlosigkeit ebenfalls finden, da sie ohne führenden Kopf sein wollte.[37]

Im Zusammenhang mit der griechischen Übersetzung, wonach ἀκέφαλος auch »ohne Anfang« bedeutet, könnte man ebenso von dem »Ewigen« (Gott) sprechen. In der hellenistisch-ägyptischen Volksmythologie war ein Akephalos ein kopfloser Dämon bzw. eine kopflose Gottheit; manche deuteten ihn als den Geist der enthaupteten Kriminellen, aber es gibt noch andere Interpretationen: So wird die Gottheit Akephalos auch als eine Macht begriffen, die dem ganzen Kosmos übergeordnet sei.

Bis heute erhaltene Abbildungen von Akephaloi finden sich insbesondere auf mehreren hellenistisch-ägyptischen Zauberpapyri und auf gnostischen Amuletten. Auf manchen dieser Fundstücke werden diese magischen Gottheiten auch als Menschen ohne Kopf, deren Gesicht sich auf ihrer Brust befindet, dargestellt (vgl. hierzu Shakespeares Othello, 1. Akt, 3. Szene, Bericht von Othellos Reisen vor dem Dogen).[38] Allerdings unterscheidet der Papyrus- und Altertumsforscher Karl Preisendanz in seinem 1926 publizierten Text über »Akephalos der kopflose Gott« zwischen den »eigentlichen« Kopflosen und den Brustgesichtern, den Stethokephalen; der »richtige Kopflose« besitzt ihm zufolge weder Mund noch Augen, sondern sehe aus wie ein Enthaupteter (Preisendanz 1926, 15).

---

36 Eberhard Orthbandt und Dietrich Hans Teuffen beschreiben diese monophysitische Gruppe, die sich 482 von dem monophysitischen Patriarchen Peter Mongus lossagte und ohne Führer sein wollte, folgendermaßen: »Entschlossene Monophysiten [= Vorkämpfer für die Lehre von der einen Natur in Christus] in Alexandria, die sich von den das Henotikon anerkennenden Patriarchen von Alexandria und Antiochia 482 lossagten. Das Henotikon war eine von Kaiser Zeno dem Isaurier erlassene Kompromißformel, durch die er das großkirchliche Chalkedonense preisgab, um die Monophysiten zu gewinnen.« (Orthbrandt und Teuffen 2003, 9)

37 Der Begriff »Acéphale« taucht auch im Zusammenhang einer Schrift über Athanasius von Alexandrien auf, der von 328–373 Bischof der ägyptischen Metropole war. In der lateinischen Übersetzung des »Codex Veronensis LX« ist die so genannte »Historia Acephala« (Hisoria Athanasii), wie sie der erste Herausgeber Scipiomne Maffei 1978 nannte, überliefert (vgl. Martin 1985, 9). Athanasius und dessen theologische Beschlüsse der Synode von Nizäa (325) haben die kirchenpolitischen und dogmatischen Entwicklungen des 4. Jahrhunderts stark beeinflusst und trugen maßgeblich zur Christianisierung des Römischen Reiches bei.

38 Früher wurden Magier nach ihrem Tod enthauptet, so dass sie ihren Kopf nicht mehr benutzen konnten.

Leiris zufolge erblickte Bataille das Motiv der kopflosen Gottheit zuerst auf gnostischen bzw. magischen, griechisch-ägyptischen Intaglien (vgl. Leiris 1981*a*, 73).[39] Ein Intaglio ist eine Gemme (Edelstein) mit vertieft in den Stein eingeschnittenen Figuren. Die Intaglien hatte Bataille in der Bibliothèque Nationale gesehen:

>»Enfermé depuis 1924 dans le Cabinet des Médailles de la Bibliothèque Nationale, il y découvre un empreinte d'intaille gnostique du IIIe ou IVe siècle représentant un dieu acéphale d'origine égyptienne. C'est ainsi qu'apparaît, sous la plume, le mot ›acéphale‹. En 1930, il parlera de la personnification acéphale du soleil (in ›Le bas matérialisme et la gnose‹, Documents, no 1, deuxième année). Dans le no 3, il verra dans le soleil ›un homme s'égorgeant lui-même‹ ou encore ›un être anthropomorphe dépourvu de tête‹. Le germe de l'acéphalite est dans l'air; il ne deviendra contagieux que six ou sept ans tard …« (Camus 1995, iii)

Will man sich einen genaueren Einblick über die griechisch-ägyptischen, magischen Intaglien der Bibliothèque Nationale verschaffen, in der Bataille sowohl arbeitete als auch die azephalischen Intaglien entdeckte, so sei auf das Buch »Les Intailles Magiques Gréco-Égyptiennes« von Armand Delatte und Philippe Derchain zurückgegriffen, die die magischen Intaglien des »Cabinet des Médailles de la Bibliothèque nationale« untersucht haben (vgl. Delatte und Derchain 1964). In ihrem Buch haben sie im Abschnitt zu den magischen Göttern neben den anguipeden (schlangenfüßigen), alektorozephalischen Gottheiten (Abbildungen von Göttern mit Hahnenkopf (Vorsicht), einer Peitsche (Kraft), einem beschrifteten Schild (Weisheit) und zwei Schlangenbeinen (Vernunft und Gemüt) – beispielsweise Abraxas/Abrasax bzw. Iaô/Ialdabaoth)[40] auch Intaglien mit Abbildungen von azephalischen Gottheiten versammelt (vgl. Delatte und Derchain 1964, 42 – 54).[41] Mehrere Forscher haben eine Deutung der Herkunft des Akephalos versucht:

---

39 »Die Strukturen gnostischen Denkens sind einer der Grundlagen hermetischer Weisheitslehren bis in die Vorstellungen der Geheimbünde des 18. Jahrhunderts hinein. ›Gnosis‹ ist das griechische Wort für Erkenntnis, und die Spielarten der geistigen Strömung dieses Namens, die vor allem im zweiten und dritten Jahrhundert nach Christus blühte, kultivierten die Vorstellung, daß sich die menschliche Erkenntnisfähigkeit Gott nähern kann, daß es also ein *Wissen* vom Göttlichen geben kann: Theosophie. […] Das Konzept dieser Vorstellungen ist eklektisch und verbindet jüdische Elemente mit griechischer und altpersischer Philosophie.« (Neugebauer-Wölk 1995, 13)

40 »The names of Iao, Sabaoth, Adonai, Eloai belong to the God of the Hebrews. Iao Sabaoth represents ›JHVH (Jahveh) of hosts‹; but in Gnostic and magical texts Sabaoth is often treated, not as a modifier of Jahveh, but as the name of an independent being. Adonai is ›Lord‹; Eloai represents Elohim, God. Iao and Sabaoth occur both together and separately on many scores of magical amulets.« (Bonner 1950, 134)

41 Eine der von Delatte und Derchain abgebildeten azephalischen Gottheiten findet sich auch im ersten Band der Gesammelten Werke Batailles, vgl. Bild XVII in Bataille (1970*b*) und Seite 50 in Delatte und Derchain (1964).

»Delatte, le premier, a pensé y reconnaître une figure syncrétique formée principalement autour de la personnalité du dieu Seth, qui lui aurait donné son caractère déterminant, et enrichie de traits appartenant à la figure connue dans la magie sous le nom de Bésa. Preisendanz, de son côte, frappé par certains détails de la description figurant dans l'inscription d'Iéou, traduite ci-dessous, a cru que l'Acéphale était Osiris Onnophris. Bonner enfin a préféré en faire un produit de la superstition populaire qui aurait pénétré dans la magie savante par on ne sait quelle voie.« (Delatte und Derchain 1964, 42)

In allen Erklärungen steckt ein Teil Wahrheit, wie Delatte und Derchain bemerken. Der Gott Akephalos scheint ein synkretistisches Produkt zu sein. Zuerst war er wohl der jüdische Gott Iaô, dann Osiris bzw. ein Synkretismus aus Osiris und der Sonne und später auch der Gott der Magier: »Le dieu sans tête qui y est invoqué est en effet d'abord Iaô c'est-à-dire le dieu des juifs, ensuite Osiris, Seth et Atoum, et ainsi il concentre en lui les pouvoirs de deux démiurges, du dieu magicien par excellence (Seth), et de la divinité la plus complexe, la moins connue, celle qui revêt les aspects le plus divers, et qui dans toutes ses manifestations opère toujours le même miracle du triomphe sur la mort, Osiris.« (Delatte und Derchain 1964, 44f)

Im Folgenden soll ein Beispiel einer magischen, exorzistischen Anrufung des Akephalos gegeben werden. Es handelt sich um ein wahrscheinlich aus Ägypten stammendes Ritual gnostisch-jüdischer Synkretisten, gefunden auf einem hellenistisch-ägyptischen Zauberpapyri (vgl. Delatte und Derchain 1964, 42f).[42] Der Exorzismus lautet in der Übersetzung (vgl. diejenige von Maximilian 1991):

»Ich rufe dich an, Akephalos,
der Erde und Himmel bildete
der Nacht und Tag bildete
der Licht und Dunkel bildete
Du bist OSORRONOPHRIS, den keiner je sah
Du bist JABAS. Du bist JAPOS.
Du hast erkannt Recht und Unrecht
Du hast Weib und Mann geschaffen.
Du hast hervorgebracht Saat und Frucht
Du hast die Menschen geschaffen, daß sie sich lieben und sich hassen.
Ich bin MOSES Dein Prophet, dem Du Deine Mysterien übergeben hast, die ISTRAEL
vollzieht.
Du hast hervorgebracht Feuchtigkeit und Trockenheit und jegliche Art von Nahrung.
Erhöre mich, ich bin der Bote von PhAPRO OSORRONOPHIS: dieses ist dein wahrer

---

42   Der Exorzismus wird im Internet auf einer Seite einer magischen Bruderschaft besprochen: www.fraternitas.de/archiv/07–01.htm (vgl. Maximilian 1991). Er findet sich auch in der Untersuchung von Karl Preisendanz (1926, 42ff).

Name, überliefert den Propheten von ISTRAEL.

Höre mich an AR ThIAO : REIBET : AThELEBERSETh : A BLAThA : ABEN :
EBEN

: PhI : ChITASOE : IB ThIAO

Erhöre mich und wende diesen Geist ab.

Ich rufe Dich an, den gewaltigen und unsichtbaren Gott im leeren All.

AR-O-GO-GO-RO-BRAO : SOChOU MODORIO : PhALARChAO : OOO :
APE

Akephalos, erlöse ihn von dem Geist, der ihn gefangenhält!

ROUBRIAO : MARIODAM : BALBNABAOTH : ASSALONAI APhNIAO : I :
ThOLETh : ABRASAX : AEOOU ISChURE

Mächtiger Akephalos, erlöse ihn von dem Geist, der ihn gefangenhält!

MA : BARRAIO : IOEL KOThA : AThOR-e-BAL-O : ABRAOTh

Erlöse ihn!

AOTh : ABAOTh : BASIM ISAK : SABAOTh : IAO

Dieser ist der Herr der Götter

der Herr der Welt

Dieser ist Er, den die Winde fürchten

Der mit seinem Wort alles geschaffen hat, Herr von Allem; König, Herrscher und
Retter.

Errette diese Seele!

IEOU : PUR : IOU : PUR : IAOT : IAEO IOOU : ABRASAX : SABRIAM : OO :
UU :

EU OO : UU : ADONAI : EDE : EDU ANGELOS-TON-ThEON : ANLALA :
LAI : GAIA

APA : DIAChANNA ChORUN

Ich bin Er! Der Geist Akephalos!

Der an den Füßen hat das Gesicht, Ich bin Stärke und unsterbliches Feuer!

Ich bin die Wahrheit!

Der es haßt, daß Ungerechtigkeit entsteht in der Welt!

Der blitzt und donnert!

Dessen Schweiß als Regen niedergeht auf die Erde, um sie zu befruchten!

Dessen Antlitz durch und durch erglüht!

Er, der Zeugung und Ende bringt!

Ich bin die Gnade der Ewigkeit, ›schlangenumwundenes Herz‹ ist mein Name!

KOMM HERAUS UND FOLGE MIR!«

Aufgrund der Nennung von Moses und Israel kann vermutet werden, dass der Text
aus einem Kreis gnostisch-jüdischer Synkretisten stammt, wobei sich ägyptische und
hebräische Elemente vermischen (vgl. Preisendanz 1926, 42). Der Rufende nennt
sich »Moses, dein Prophet« und die Gottheit Akephalos wird in den vielen Namens-
nennungen mit dem Gott »IAO« identifiziert (vgl. Maximilian 1991): »IAO ist aber
in der gnostischen Tradition niemand anderer als Ialda-baoth, der Weltenherrscher
und Demiurg, der Gott der Juden, der über allen Göttern steht.« (Maximilian 1991)

Karl Preisendanz interpretiert in seiner Studie über den kopflosen Gott Akephalos die exorzistische Anrufung dahingehend, dass der kopflose Gott nicht Seth, sondern Osiris sei, der als Osoronôphris bezeichnet werde, was soviel heißt wie: der Gute Osiris. Alle Prädikate, mit denen der Exorzismus den Gott anruft, träfen auf Osiris zu (Preisendanz 1926, 43): »Und dieser Gott kann auch wohl als Akephalos erscheinen: sein von Seth abgehauenes Haupt schwamm lange im Meer, bis es bei Byblos landete, wo es Isis fand.« (Preisendanz 1926, 43)[43]

In späteren Epochen haben die Menschen Preisendanz zufolge den kopflosen Geist als Totendämon betrachtet, der genau in der Gestalt des Leichnams erschien, was soviel bedeutet, dass die unterschiedlichen Verstümmelungen am Körper auf die Art des Todes schließen ließen (vgl. Preisendanz 1926, 10). Ebenso gehe die Vorstellung vom Kopflosen auf alte Bestattungsbräuche zurück: so haben Preisendanz zufolge die germanischen Stämme die Leichname erst nach dem Loslösen einzelner Körperteile bestattet. »Aus solchem Brauch, der die Wiederkehr des Toten ins Reich der Lebendigen verhindern wollte, ist der kopflose Dämon geboren. Der Tod selbst, der Hel, ist nach Holsteinsagen kopflos. Auch nach byzantinischen: man sah vor einer großen Pest in Konstantinopel die Todesgötter als ›schwarze Männer ohne Köpfe in ehernen Schiffen‹ nach den künftigen Krankheitsorten fahren.« (Preisendanz 1926, 11) Zerstückelt habe man den Leichnam auch in Ägypten, um ihn – wie im Osiris-Mythos – zu einem späteren Zeitpunkt wieder zusammenzusetzen: »Und es gab Formeln, in denen die Götter ersucht wurden, dem Toten seinen abgehauenen Kopf im Jenseits wieder zu geben. Aufs Engste hing dieser Usus mit dem Zerstückelungsmythos des Osiris zusammen. Der Leichnam des ermordeten Gottes wurde von Seth und seinen Spießgesellen in vielen Teilen über Ägypten verstreut: zu Abydos fand und verehrte man das Haupt des Osiris als Reliquie.« (Preisendanz 1926, 12)[44]

Den Ägyptern seien demnach die Vorstellungen von enthaupteten und kopflosen Göttern aus den Mythen ihrer Religion gut vertraut gewesen (Preisendanz 1926, 13). Ebenso seien allen Bevölkerungsschichten des Altertums die kopflosen Geister geläufig gewesen, so wie man fast überall – auch in anderen Kulturen – die kopflosen Gestalten geköpfter Menschen gekannt habe (Preisendanz 1926, 14). Die Kopflosen wurden dann im Volksglauben »leicht zu kopflosen Dämonen«, wobei sie »wie alle ge-

---

43   Bei Preisendanz finden sich auch einige Abbildungen von kopflosen Göttern, wie sie auf Zauberpapyri auftauchen (Preisendanz 1926, 81ff).

44   Zum »Abydosfest« und den »Abydosmysterien« vgl. »Tod und Jenseits im alten Ägypten« von Jan Assmann (2001, 307 – 318). Zum Osiris-Mythos vgl. »Ägypten. Theologie und Frömmigkeit einer frühen Hochkultur« von Jan Assmann (1984, 149 – 177), worin steht, es gebe »keinen anderen Mythos (oder Mythenzyklus), der auch nur entfernt so intensiv und vielfältig in das Leben der ägyptischen Kultur verwoben wäre. Darin unterscheidet sich Ägypten sehr auffällig von anderen polytheistischen Religionen.« (Assmann 1984, 150) Der Kult um Osiris, der den Tod erlitten und zugleich den Tod überwunden hat, sei sehr populär gewesen, so Assmann weiter. Interessant ist darüber hinaus, dass die (symbolische) Zerstückelung auch Bestandteil des Buddhismus, des Tantrismus und vieler schamanischer Initiationsriten ist, wie Mircea Eliade in seinem Buch »Schamansimus und archaische Ekstasetechnik« detailliert ausführt (vgl. Eliade 1982, 402ff).

waltsam Getöteten besondere Zauberkräfte« besaßen.« (Preisendanz 1926, 13) Für Preisendanz aber steht fest, dass nur Osiris als Akephalos in Betracht komme (vgl. Preisendanz 1926, 50).[45] Bernd Mattheus bemerkt zur Beziehung zwischen den Gottheiten Osiris und Dionysos: »Bezeichnender Weise diente der ägyptische Serapis (i.e. Osiris) dem griechischen Dionysos als Modell.« (Mattheus 1984, 336)[46]

Der Ägyptologe und Historiker Jan Assmann macht in »Tod und Jenseits im alten Ägypten« ebenfalls auf die Gleichsetzung von Osiris und Dionysos aufmerksam (vgl. Assmann 2001, 504); eine Gleichsetzung, die aufgrund des griechischen Rückgriffs auf ägyptische Vorstellungen entstand: »Diodor von Sizilien äußert im Kapitel 96/97 des ersten Buches seiner *Bibliotheca historica* die Vermutung, daß sich den Griechen ihre Vorstellung von den Inseln der Seligen in der Begegnung mit Ägypten geformt habe. Aus dem Erlebnis der Schönheit dieses Landes inmitten endloser Wüsten und aus dem Anblick der Toten, die in Schiffen zu ihren Grabstätten übergesetzt wurden, habe ihre Phantasie den Mythos der elysischen Gefilde geschaffen. Bereits Orpheus habe diese Idee des Elysiums zusammen mit den ägyptischen Mysterien nach Griechenland gebracht.« (Assmann 2001, 317)[47] Im Kontext der Errettung aus der Todeswelt des Hades und der Aufnahme in die elysischen Gefilde, waren sich »die orphischen und die dionysischen Mysterien sehr nahe.« (Assmann 2001, 504) Nach Meinung des Philologen Walter Burkert galt den Griechen die besondere Aufmerksamkeit dem ägyptischen Paar Isis und Osiris, die gleichgesetzt wurden mit Demeter und Dionysos (vgl. Burkert 1990, 13).[48]

Dionysos spielte in den Schriften Batailles und anderer Mitglieder der Gruppe *Acéphale* eine herausragende Rolle, er galt als Referenzpunkt und Sinnbild der unproduktiven Verausgabung, des Wahnsinns und der kollektiven Ekstase, als die andere Seite des Prometheus, des planenden und vorausdenkenden Gottes des Handwerks; ebenso handelten zahlreiche Zeichnungen Massons von Osiris und Dionysos; darüber hinaus waren die Nummern 3 – 4 der Zeitschrift »Acéphale« gänzlich dem Thema Dionysos gewidmet.

Warum wurde der Name *Acéphale* gewählt? Gewiss spielen die angesprochenen dionysisch-orphischen, magischen und anderen symbolischen Dimensionen des kopflosen Gottes eine Rolle, auch wenn die soeben genannten Beziehungsstrukturen nicht

---

45 Auf der Internetseite www.manetho.de findet sich in einem Lexikon ägyptischer Götter unter Akephalos noch folgenden Hinweis: »Da aber auch Züge von Amun und Atum seiner Persönlichkeit angehören, kann die merkwürdige Gestalt aber auch ein Versuch sein, die höchste Macht in der Welt der Magier in ihrer Vielfältigkeit zu veranschaulichen.« (23.8.2003) In seinen surrealistischen Jahren malt André Masson »membra disjecta«, »zerstückelte[n] Körper‹, ›wie die des Osiris, der zerteilt und sofort wieder zusammengefügt wird‹.« (Clébert 1990, 43)

46 Zu Mythos und Kultus des Dionysos vgl. Walter F. Otto (1939).

47 Zu Orpheus und Ägypten vgl. insbesondere auch Burkert (2003, 79ff).

48 Zum Themenkomplex der antiken Mysterien und den Beziehungen zwischen griechischer und orientalischer Kultur seien die Bücher »Antike Mysterien« und »Die Griechen und der Orient« von Walter Burkert empfohlen. Herodot schreibt, Osiris sei Dionysos in griechischer Sprache (vgl. Burkert 2002, 13).

unbedingt den Mitgliedern bewusst gewesen sein mögen.[49] Neben diesen symbolischen Verflechtungen ist aber auch die Bedeutung der Führerlosigkeit, die das Wort *akephalos* impliziert, nicht zu vernachlässigen: Bataille wollte eine neue Religion ohne Gott gründen, eine Religion ohne Kopf. Was nach dem Tod Gottes übrig bleibt, ist nach Nietzsche eine bedrückende Leere; wenn man Gott im religiösen Leben der Menschen beseitige, bliebe ein leerer Platz: »[D]ie religiöse Erregung aller Zeiten führte immer zur Erschaffung beständiger, oder mehr oder weniger beständiger Wesen, während ich anstelle dieser beständigen Wesen die Vorstellung einer Unordnung einführen wollte, die Vorstellung von etwas, das fehlt, und nicht von etwas, das verehrt werden muß.« (Bataille im Gespräch mit Chapsal 1989, 250)

Mitglieder, Riten, sakrale Orte und Erfahrungen

Zehn Tage nach der Niederschrift des genannten Programms vom 4. April befand sich Bataille im spanischen Tossa de Mar bei André Masson, mit dem er gemeinsam an der ersten Ausgabe der Zeitschrift »Acéphale (Religion – Soziologie – Philosophie)« arbeitete. Masson war es auch, der die Titelseite der Zeitschrift »Acéphale« zeichnete.[50] Obgleich hier nicht dem Abschnitt zur Zeitschrift »Acéphale« vorgegriffen werden soll, so ist doch eine kurze Beschreibung der Zeichnung sinnvoll. Man kann dadurch ein besseres Bild davon bekommen, wie sich die Geheimgesellschaft einen Akephalos vorstellte. Zur Beschreibung soll auf die mit »Acéphalogramm« betitelten Erinnerungen von Patrick Waldberg (1995) zurückgegriffen werden: »Das Bildnis, eine Strichzeichnung, das Werk André Massons, ist das eines stehenden Mannes, die Beine gespreizt, ohne Kopf, die Arme ausgebreitet, in der rechten Hand einen brennenden Granatapfel, in der linken Hand einen rautenförmigen aufgerichteten

---

49 Bataille selbst schreibt in den »Acéphale«-Heften nicht nur von der Vorstellung einer bi- oder polyzephalen Gesellschaft (Bataille et al. 1995, 18, Heft 2), sondern gibt auch einen weiteren Hinweis darauf, woher er den Begriff *Acéphale* bezieht: »Nous devons noter qu'à propos de l'écrivain contemporain Ludwig Klages, célèbre surtout par ses travaux de caractérologie, le baron Seillière (*De la déesse natur à la déesse vie*, Alcan, 1931, p. 133) emploie l'expression d'*acéphale*.« (Bataille et al. 1995, 13, Heft 2) In dem besagten Buch von Ernest Seillière, das den dritten Band seines Werkes »Le néoromantisme et Allemagne« darstellt, steht: »Oui, si la félicité des animaux peut déjà être révoquée en doute, combien davantage encore celle de ces êtres pour ainsi dire acéphales et tout concentrés dans leur cœur excellent ou dans leur rêve mystique qui viennent de nous être montrés, développant leurs générations innombrables pendant des milliers de siècles.« (Seillière 1931, 133)

50 Zu seinen Zeichnungen schreibt Masson: »In meinen ersten automatischen Zeichnungen war die Zustimmung zum Unbewußten nicht gewollt. Seltsamerweise bin ich vielleicht der einzige gewesen, der Zeichnungen, etwa zwanzig, gemacht hat, die man so nennen kann. Diese Zeichnungen hatten fast alle einen erotischen Inhalt, aber ohne Absicht. Sie zeichnen sich in ihrer Spontanität durch unvorhergesehene Assoziationen aus. Es handelt sich nicht um die Konfrontation unvereinbarer Objekte, auch nicht um humorvolle Collagen, sondern um Erscheinungen von Wesen, die allseitig der Gewalt und dem Schrecken der Veränderung ausgeliefert sind. Metamorphosen in reinem Zustand.« (Masson in Hess 1995, 190)

Dolch haltend. Der nackte, von vorne gesehene Mann weist anstelle des Geschlechts einen Totenkopf auf, sein offener Bauch läßt die Eingeweide hervortreten, und auf seiner Brust sind die Brustwarzen durch zwei Sterne ersetzt.« (Waldberg 1995, 357) Der brennende Granatapfel wird von Masson sowohl mit dem flammenden Herz des Dionysos als auch mit den Hoden verglichen: »cœur et testicules: formes jumelles« (Masson 1976, 72); der Dolch symbolisiert die »dionysische Selbstopferung« (Mattheus 1984, 335). Im Bauch des Kopflosen ist ein Labyrinth zu sehen, das an den Minotaurus-Mythos erinnert – »notre signe de ralliement« (Masson 1976, 72).[51]

Wie dem »Text de l'engagement«, geschrieben am 1. Oktober 1937, zu entnehmen ist (vgl. Bataille 1999*b*, 410f), gehörten folgende Mitglieder zu *Acéphale*: Henri Dussat, Georges Bataille, der Architekt Jacques Chavy, der Physiker Georges Ambrosino, der Mathematiker René Chenon, ferner Imre Kelemen und Pierre Andler. Eine gewisse Zeit lang war auch Pierre Klossowski und der Historiker Henri Dubief dabei (vgl. Bataille 1999*b*, 345ff). Sie waren aber nicht die einzigen Mitglieder der Geheimgesellschaft, deren Zusammensetzung sich im Laufe ihres Bestehens veränderte.

Eine Namensliste vom Frühjahr 1938, ungefähr zeitgleich zum Vortrag über »Brüderschaften, Orden und Geheimgesellschaften« von Roger Caillois (1995*a*) am *Collège de Sociologie*, gibt weitere Auskünfte über die neuen sowie bereits ausgetretenen Personen (vgl. Bataille 1999*b*, 433): Zur Aufnahme vorgeschlagen sind nun unter anderem Leiris, Masson, Jean Rollin, Colette Peignot (Laure)[52], Saint-Paul (alias Robert Folio), Alain Girard, Jean Atlan und der von Waldberg in die Gruppe eingeführte japanische Künstler Taro Okamoto. Von den ursprünglichen Mitgliedern sind Klossowski und Dubief ausgetreten. Jacques Lacan soll nach Angaben von Elisabeth Roudinesco zuweilen als stummer Zeuge bei den Aktivitäten von *Acéphale* zugegen gewesen sein (vgl. Roudinesco 1999, 213). Einladungen, an *Acéphale* teilzunehmen, werden von Leiris, Caillois, Masson und Jean Rollin ausgeschlagen.[53]

Zuweilen nimmt auch Walter Benjamin an den Versammlungen von *Acéphale* teil, wie der Übersetzer seines Kunstwerkaufsatzes, Pierre Klossowski, berichtet: »Ich hatte ihn [Benjamin, S.M.] zu dem Zeitpunkt kennengelernt, als ich dem Klüngel Breton-Bataille [gemeint ist »Contre-Attaque«, S.M.] angehörte, kurz bevor ich mit letzterem die ›Acéphale‹-Riten praktizierte, Dinge, die Benjamin ebenso konsterniert wie neu-

---

51 Vgl. zum Labyrinth den gleichnamigen Text von Bataille (1970*b*, 433–441) bzw. Bataille (1999*a*, 115–132), veröffentlicht in den »Recherches Philosophiques«, 1935/1936 Band V. Dass Masson bereits früher an einen Akephalos erinnernde Bilder malte, zeigt sein Bild »L'Homme«, von dem er schreibt: »Das verstörende Einfügen von Elementen, die Phänomene des Wucherns, Blühens und Überbordens evozierten, in verschiedene Teile eines architektonischen Bildes, das gleichsam hintergründige Auftauchen einer männlichen Figur, die durch das Wiederauferstehen einer stammelnden Sonne überragt wurde […].« (Masson in Clébert 1990, 43)

52 Zur Rolle von Laure bei *Acéphale* vgl. auch die Bemerkungen von Marina Galletti in Bataille (1999*b*, 434f).

53 Oder war Leiris nicht doch dabei? Zu dieser bislang ungesicherten Frage und zur Freundschaft zwischen Bataille und Leiris siehe die interessanten Bemerkungen von Galletti (2003).

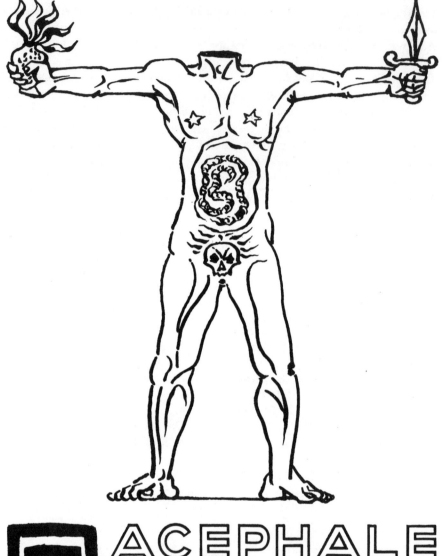

Abb. 1: André Masson, Titelseite der Zeitschrift Acéphale vom 24. Juni 1936.
© VG Bild-Kunst, 2004

gierig verfolgte.« (Klossowski 1987, 313)[54] Zu den maximal zwölf Mitgliedern – gleichsam eine Parodie auf Christus und seine Jünger (vgl. Bergfleth 2002, 285f)[55] – gehörten auch zwei Frauen: Isabelle Waldberg und Colette Peignot (Laure)[56], eine Freundin von Leiris und eine Geliebte Batailles. Wie Leiris vermutet, hatte Bataille die Idee zur Geheimgesellschaft von Laure (vgl. Laure 1980, 241). Laure äußerte jedoch gewisse Zweifel an dem Projekt der Geheimgesellschaft; wie ihren Schriften zu entnehmen ist, kritisierte sie die im Akephalos angelegte Mischung aus Unschuld und Verbrechen (vgl. Mattheus in Laure 1980, 244).[57] »Es ist Zeit zu bekräftigen, daß die Religion des Verbrechens uns ebensosehr vergiftet wie die der Tugend. Wir hassen ebensosehr die Unschuld, die mit Tugenden dem Verbrechen vorbeugt, wie das Verbrechen mit unschuldigem Verhalten.« (Laure 1980, 74) Für Laure war *Acéphale* eine widersprüchliche Geheimgesellschaft.

Zu den angedachten Ritualen der Geheimgesellschaft *Acéphale* gehörte zunächst die bereits seit »Contre-Attaque« anvisierte Idee, am 21. Januar die Enthauptung von Ludwig XVI. auf dem Place de la Concorde zu feiern.[58] Ziel war es, die Mitglieder von der profanen Welt zu trennen und in einen Bereich des Sakralen vorzudringen. Eine Darstellung der wirklich durchgeführten geheimen und mythischen Riten zu Neumond im Wald, der Initiationsriten und geregelten und gleichsam zyklisch wechselnden Lebensweisen enthält unter anderem Patrick Waldbergs Erinnerung an seine Initiation bei *Acéphale* (Waldberg 1995, 364f).

Bataille hatte Waldberg Anfang 1937 die erste Nummer der Zeitschrift »Acéphale« nach Los Angeles geschickt und ihn in einem beigefügten Brief über die Geheimgesell-

---

54 Vgl. auch Mattheus (1984, 342). Wie angekündigt, folgt noch ein eigener Abschnitt zu Walter Benjamin.

55 Bergfleth schreibt in seinem Nachwort zu »Die Freundschaft« von Bataille: »[E]s handelte sich offenbar um die zwölf Jünger des Dionysos (wobei allerdings der Stifter mitgezählt ist).« (Bergfleth 2002, 286)

56 Den Kontakt von Colette Peignot zur Geheimgesellschaft illustriert – Jérôme Peignot zufolge – ihr Gedicht »Der Rabe« sowie eine in ihren Papieren gefundene Acéphale-Zeichnung von Masson (vgl. Laure 1980, 50–53). Im besagten Gedicht heißt es an einer Stelle: »Die Feen und die Menschenfresser machten sich entschieden unsere gemeinsame Angst streitig, wollten, daß der Blitz nicht weit davon einen großen Baum zerfetzte, der sich wie ein Bauch öffnete.« (Laure 1980, 50) Vielleicht gehörte auch Esther Ambrosino zeitweilig zur Geheimgesellschaft (Galletti in Bataille 1999*b*, 435).

57 Vgl. zu dieser Mischung von Unschuld und Verbrechen auch den Text »La conjuration sacrée« im ersten »Acéphale«-Heft bzw. Bataille (1970*b*, 442–446), hier Seite 445, und Bataille (1988, 11), wo es heißt: »Jenseits dessen, was ich bin, treffe ich auf ein Wesen, das mich lachen macht, weil es ohne Kopf ist, das mich mit Angst erfüllt, weil es aus Unschuld und Verbrechen besteht: es hält einen Dolch in der Linken und Flammen wie die eines heiligen Herzens in der Rechten.« (Bataille 1988, 11)

58 Das Ritual, Antisemiten nicht die Hand zu geben (vgl. Mattheus 1984, 344), das häufig *Acéphale* zugeschrieben wird, bezieht sich wahrscheinlich nicht auf die Geheimgesellschaft, »in der es wenig Sinn gehabt hätte, da solche Leute nicht aufgenommen wurden«, sondern beziehe sich »auf das Collège de Sociologie«, wie Bergfleth (1999, 374) schreibt.

schaft informiert; sie strebe eine Veränderung der Lebensweise an, »dazu bestimmt, die Adepten von der von jetzt an als profan betrachteten Welt zu trennen, ohne daß dies äußerlich sichtbar wäre.« (Waldberg 1995, 363) Obgleich Waldberg eigentlich endgültig in den Vereinigten Staaten leben wollte, schiffte er sich wegen des »närrischen Projekts Batailles« nach Frankreich ein. In Paris angekommen, führte Bataille ihn auf seine Terrasse. Bataille richtete Waldberg nach Westen, zur Nacht hin, aus und ließ ihn ein Schweigegelübde ablegen. Über seine darauf folgende Initiation berichtet Waldberg:

> »Die Initiation, der mich zu unterziehen ich verpflichtet war, sollte einige Tage später stattfinden. Zu diesem Zweck wurden mir ein Fahrplan sowie die Kopie einer Marschroute übergeben. Zum angegebenen Zeitpunkt, an einem Neumond-Tag, war mir befohlen, am Gare Saint-Lazare den Zug nach Saint-Nom-la-Bretèche zu nehmen. Sollte es mir passieren, im Laufe der Reise bekannte Gestalten zu treffen, so war vereinbart worden, sie nicht zu kennen, ebenso wie nach dem Aussteigen, beim Folgen des angegebenen Weges durch den Wald, wenn dieselben Gestalten den gleichen Weg nähmen, die Anweisung bestand, Abstand zu halten und Schweigen zu bewahren. Der lange schweigsame Spaziergang auf den ausgefahrenen Wegen, eingetaucht in den feuchten Geruch der Bäume, führte uns in der finsteren Nacht zum Fuß einer vom Blitz getroffenen Eiche am Rand einer Wegkreuzung, wo sich bald, stumm und regungslos, etwa zehn Schatten versammelten.
>
> Nach einem Augenblick wurde eine Fackel angezündet. Bataille, der sich am Fuße des Baumes aufhielt, holte aus einer Tasche eine Emailleschüssel hervor, in der er einige Schwefelstückchen anordnete, die er anzündete. Zur gleichen Zeit, wie die blaue Flamme knisterte, kam ein Rauch auf, von dem uns stickiger Qualm erreichte. Der Fackelträger stellte sich zu meiner Rechten auf, während, mir die Stirn bietend, einer der anderen Offizianten auf mich zukam. Er hielt in der Hand einen Dolch, der mit dem identisch war, den der kopflose Mann in dem Bildnis *Acéphales* schwingt. Bataille ergriff meine linke Hand und streifte meine Jacke und den Hemdsärmel bis zum Ellenbogen zurück. Der, der den Dolch hielt, drückte dessen Spitze auf meinen Unterarm und machte dort einen Einschnitt von einigen Zentimetern, ohne daß ich den geringsten Schmerz verspürte. Die Narbe ist heute noch sichtbar. Darauf wurde ein Taschentuch um die Wunde gewickelt, mein Hemd und meine Jacke wieder an Ort und Stelle gebracht und die Fackel gelöscht. Darauf verstrich ein Augenblick, der mir lang erschien, währenddessen wir, stets unter striktestem Schweigen, um den Baum herum strammstanden, unheimlich, unerklärlich die Gesichter vom blauen Licht des Schwefels erblaßt. Dann gab jemand das Aufbruchszeichen, und wir machten uns in der zunehmend finsterer werdenden Nacht im viel Zwischenraum lassenden Gänsemarsch auf den Weg, nicht mehr nach Saint-Nom-la-Bretèche, sondern diesmal in Richtung Saint-Germain-en-Laye. Wie bei der Hinfahrt bestimmten die Vorschriften, daß es verboten war, im Zug, der uns nach Paris zurückbrachte, das geringste Zeichens des Erkennens auszutauschen.« (Waldberg 1995, 364f)[59]

---

59 Die Initiationszeremonie von Waldberg und die Anweisungen zu den Riten gibt ein Dokument von *Acéphale* exakt wieder (vgl. Bataille 1999*b*, 491f).

Nicht nur zur Durchführung von Initiationsritualen traf man sich bei Neumond im Wald, sondern auch die anderen Versammlungen fanden dort statt. Wie Waldberg weiter ausführt, führte der rituelle Weg beim Wald von Marly an den Ruinen des Désert de Retz vorbei (vgl. Waldberg 1995, 365). Die zyklisch bei Neumond abgehaltenen Zusammenkünfte von Acéphale fanden bei der alten Festung von Montjoie, einem gleichsam ebenfalls im Forêt de Marly gelegenen »sakralen Ort« (Galletti 1999, 63), und am Fuß eines vom Blitz getroffenen, azephalischen Baumes statt, auch wenn es stürmte oder schneite.[60] Es sei durch diese unterschiedlichen Riten eine »kommunielle Einheit« erreicht worden, die neue Lebensregeln entwerfen wollte. Ähnlich wie es Mauss und Beuchat bei den Eskimos beschrieben haben, so teilte man die Zeit der Gemeinschaft in »Perioden der Spannung und solche der Zügellosigkeit« auf: Während der spannungsvollen Zeit war »den Mitgliedern der Gemeinschaft Schweigen und eine gewisse Askese empfohlen, sie sollten sogar vermeiden, sich zu besuchen, außer wenn dies absolut notwendig war. Dagegen gestatteten die Perioden der Zügellosigkeit alle Exzesse, einschließlich jener, die Promiskuität umfaßten. […] Die Regeln der Kargheit und der Einfachheit wurden während der Perioden der Spannung ziemlich streng beachtet. Bataille empfahl ›preußische Steifheit im Benehmen‹ sowie ›britisches Phlegma‹ gegenüber dem Unvorhergesehenen.« (Waldberg 1995, 365)

Bataille hat Ende Dezember 1937 folgende Regeln für neue Mitglieder und Teilnehmende festgehalten (vgl. Bataille 1999b, 424f): Ein neuer Adept konnte nur an den internen Versammlungen teilnehmen, wenn er eine »erste Verpflichtung« unterzeichnet und sich einmal mit in den Wald begeben hatte. Die Namen der Neuen mussten im Voraus allen Mitgliedern bekannt gegeben werden; wenn es keine Einwände gegen die Aufnahme der Neuen gab, so konnten sie von Bataille oder Ambrosino mit in den Wald genommen werden. Man konnte demnach an bestimmten Sitzungen als Teilnehmer dabei sein, was vom Status der wirklichen Adepten zu unterscheiden war (vgl. Bataille 1999b, 424). Im ersten Fall setzte die Teilnahme die Geheimhaltung voraus und im Fall des Adepten ein Interesse sowie eine tiefe Sympathie für das, was *Acéphale* bedeuten sollte. Es ging praktisch um eine Identifikation

---

60 Zur genauen Beschreibung des sakralen Ortes der Ruine von Montjoie und des auch an Jupiter erinnernden Namens der Ruine schreibt Marina Galletti: »[…] ce lieu se réfère tout d'abord aux ruines de l'ancienne forteresse qui, sur le *Mons Jovis*, dans la forêt de Cruye (ancienne forêt de Marly), dominait la célèbre abbaye de Joyenval et les alentours de Saint-Germain-en-Laye, et dont l'histoire se confond avec la légende: c'est dans ses murailles que, avant d'être transféré dans l'abbaye de Saint-Denis, aurait été gardé l'éntendard du miracle des trois lys devenus, après la victoire de Clovis sur les Sarrasins, l'écu de la France, que les soldats saluaient par le cri de ›Montjoie!‹. C'est aussi dans ses murailles que, en 1429, aurait été accueilli un contingent de soldats de Charles VII, en vue de l'attaque de Paris que Jeanne d'arc avait, semble-t-il, préparée à partir de la rive gauche. Selon une autre source, son donjon, avant d'être rasé par Louis XV, aurait même été le siège de pratiques occultes contre le duc d'orleans.« (Galletti 1999, 58) Es gab im 12. Jahrhundert auch einen »Ordre de Montjoie«, gegründet 1173 und 1180 von Papst Alexander III. bestätigt, benannt nach dem Berg der Freude bei Jerusalem. Von Palästina wurde der Orden später nach Spanien verlegt.

mit *Acéphale*, wobei nie ganz klar war, was das wirklich bedeutete oder was die konkreten Ziele waren.

Für die Treffen im Wald gab es ebenfalls gewisse Vorschriften (vgl. Bataille 1999*b*, 356).[61] Man durfte unter anderem niemals ein einziges Wort sprechen oder eine Anspielung auf die Zusammenkünfte machen, außer es erschien absolut notwendig. Wenn etwas zum Ausdruck gebracht werden wollte, so hatte dies in Texten zu geschehen, die für das innere Journal von Acéphale bestimmt waren. Ein anderer Punkt beinhaltete, dass alle negativen Vorschriften beachtet werden sollten; darunter fiel, dass man nicht sprechen durfte, darauf zu achten hatte, dass man nicht vom Weg abkam oder während einer bestimmten Zeit den Ort verließ, und man sollte nicht vor der genannten Zeit den Umschlag entsiegeln: Vor jedem Treffen hatten die Mitglieder einen Brief mit Instruktionen erhalten. Auf einem der Briefe konnte man beispielsweise folgende Anweisung finden: »Se rendre à la gare Saint-Lazare jeudi à 19 h. 45 au plus tard; Ne pas ouvrir avant l'entrée de la gare.« (Bataille 1970*c*, 444)

Für ein Zusammenkommen am 25. März 1937 gab es die Hinweise (vgl. Bataille 1999*b*, 359ff), der Adept solle die Anweisungen mehrere Male und genau lesen und daraufhin ein Hin- und Rückfahrtticket nach Saint-Nom-la-Bretèche um 20 Uhr nehmen. Wie bereits Waldberg berichtete, sollte mit keiner Person Kontakt aufgenommen werden, weder im Zug noch auf dem beschriebenen Weg, sei es auf dem Hin- oder Rückweg. Noch einmal wurde wiederholt, dass wenn etwas gesagt werden müsse, dies im »Journal intérieur« getan werden könne. Weiter heißt es: Was das vorgemerkte Gebiet im Wald beträfe, so sei es notwendig, dass jeder an Ort und Stelle die Grenzen kennen lerne (vgl. Bataille 1999*b*, 360).[62] Ambrosino (in einem Brief von Laure steht anstelle von Ambrosino der Name *Acéphale*, vgl. Mattheus (1984, 350)) würde zuerst mit einem oder maximal zweien (von uns) gehen. Dies würde mit jedem fortgesetzt. Im nächsten Absatz wird darauf eingegangen, dass der Schwefel ein Stoff sei, der aus dem Inneren der Erde stamme und – nur aus ihr – durch die Öffnung der Vulkane ausströme. Es sei evident, dass dies einen Sinn habe im Zusammenhang mit dem chthonischen Charakter der mythischen Wirklichkeit, die man verfolge. Ebenso habe es einen Sinn, dass die Wurzeln des Baumes in die Erde drängen.

Man hatte ein Feuer am Fuße des Baumes gemacht und Bataille hatte Isabelle Waldberg zufolge eine Art Opfer praktiziert, ein Gemeinschaftsritual mit dem Feuer (vgl. Bataille 1999*b*, 362). Klossowski beschrieb das Ganze als eine *Kontemplation*, die sich in *Aktion* transformierte (vgl. Bataille 1999*b*, 362). Der vom Blitz getroffene Baum befand sich auf einem sumpfigen Boden, wie einem Papier von Bataille mit der Überschrift »Sur un sol marécageux …« zu entnehmen ist (vgl. Bataille 1999*b*, 363). Dort schreibt er: »Es ist möglich in diesem Baum die stumme Präsenz dessen wieder zu erkennen, was für uns die Arme ohne Kopf des Akephalos dargestellt haben. Allein die Nacht und die Stille haben dem Band, was uns verbindet, einen sakralen Charakter geben können. Der Schwefel, der aus den Tiefen der Erde kommt, wo sich die

---

61   Die Angaben stammen aus Mattheus (1984, 350) und Bataille (1999*b*).
62   Vgl. auch Mattheus (1984, 350).

Wurzeln der Bäume vertiefen: er kommt nur aus Vulkanen, so dass er für uns die vulkanische Wirklichkeit der Erde ausdrückt« (vgl. Bataille 1999*b*, 363).[63]

In ihrer umfangreichen Sammlung der Programme von Contre-Attaque und Acéphale und in ihrer Zusammenstellung zahlreicher Briefwechsel zwischen den Akteuren hat Marina Galletti auch einige »Meditationen« von *Acéphale*-Mitgliedern aufgeführt. Es findet sich dort beispielsweise eine »Meditation im Wald« von Henri Dussat (Dussat in Bataille 1999*b*, 428ff). Dieses Dokument vom 13. Januar 1937 ist eine Übertragung einer von Dussat im Wald am Fuße des azephalischen Baumes erlebten Ekstase, die sowohl von der »Freude vor dem Tod« als auch vom »Verlust des Selbst« handelt: »Aufgrund des Waldes, aufgrund des gemeinsam gelaufenen Weges, in der Stille, in der Nacht, und aufgrund des Baumes [sei er] mit diesen Menschen verbunden«, heißt es an einer Stelle (Dussat in Bataille 1999*b*, 429). Weitere Meditationen von Mitgliedern der geheimen Gruppe beschäftigten sich ebenfalls mit der Freude vor dem Tod (vgl. Bataille 1999*b*, 530ff), so heißt es zum Beispiel auf einem anderen Papier: »Une fois de plus nos démarches nous conduisent dans la forêt et dans la nuit – à la rencontre de la joie devant mort, à la recherche de LA JOIE devant LA MORT.« (Bataille 1999*b*, 532)[64]

In einem Brief vom 1. Oktober 1939 an Saint-Paul (alias Robert Folio) erläutert Bataille, was mit dem Ausdruck »die Freude vor dem Tod« gemeint sei: »Die Freude vor dem Tod« sei ursprünglich eine Formel einer mysthischen Meditation (vgl. Bataille 1999*b*, 561). Es handele sich um die Freude angesichts der Gewissheit des Todes und um die Basis einer religiösen Existenz, die sich vom Christentum unterscheide: »Un homme peut prendre la représentation de sa propre mort (et non la représentation de Dieu) comme un objet de méditation et d'extase.« (Bataille 1999*b*, 561).

Im Juli 1938 beschloss die Gruppe die Gründung einer »Gesellschaft der Freunde von Acéphale« (vgl. Bataille 1999*b*, 440). Vielleicht war dies als ein Mittel der Ausdehnung und Verbreitung der Geheimgesellschaft gedacht. Neben der Aufnahme von Isabelle Waldberg, Michel Koch und Alain Girard war auch die periodische Veröffentlichung von Schmähschriften ins Auge gefasst worden. Die erste sollte den Titel »Les sept agressions« tragen. Zu den sieben fundamentalen Prinzipien, die die Schrift enthalten sollte, gehörten beispielsweise »1 – Die Chance gegen die Massen. 2 – Die Wahrheit der menschlichen Gemeinschaft gegen die Täuschung und die Hochstapelei des Individuums. 3 – Eine Wahlgemeinschaft gegen die Blut-und-Boden-Gemeinschaft« und »6 – Die Todesfreude gegen jede Unsterblichkeit«.(Bataille 1999*b*, 440f)[65] Gut ein Jahr zuvor, im September 1937, hatte man schon bei einer Versamm-

---

63 Zur Thematik der Vulkane sowohl bei Bataille als auch bei Masson vgl. Clébert (1990, 63).

64 Die Freude vor dem Tod ist auch Thema des zuletzt publizierten »Acéphale«-Heftes vom Juni 1939, das sich um »La pratique de la joie devant la mort« dreht (Bataille et al. 1995, 11, Heft 5).

65 In einem späteren Text von Bataille werden diese »sept agressions« auf einer Versammlung am 29. September 1938 und im Kontext eines »Manuel de l'Anti-Chretien« zu »elf Agressionen« abgeändert und erweitert, vgl. Bataille (1970*c*, 375 – 399), Bataille (1999*b*, 447) und Mattheus (1984, 430f). Nicht nur gegen »Blut-und-Boden-Gemeinschaften« richtet sich dann Bataille, sondern auch gegen Interessensgemeinschaften, gegen die militärische, auf Gier und

lung der Zeitschrift »Acéphale« geplant, ein »nietzscheanisches Verständnis des Kampfes, dem marxistischen Verständnis entgegenzusetzen« (Bataille 1999*b*, 405); es sollte geltend gemacht werden, dass der »Kampf gegen die Masse« geführt werden müsse; man fühle sich gehalten, der Masse ihre Chance aufzuerlegen (Bataille 1999*b*, 405). Im Kontext der von *Acéphale* intendierten Schmähschrift vom Juli 1938 erinnert sich Patrick Waldberg an Folgendes:

> »›Die Chance gegen die Masse‹: die am Anfang eines internen Dokuments stehende Losung kündigte besser als jede andere Formel den Übergang von Marx zu Nietzsche an, der schon in bestimmten früheren Schriften Batailles impliziert war. Kierkegaards *Über den Unterschied zwischen einem Genie und einem Apostel* wurde unter die wesentlichen Texte eingereiht, wie auch das Vorwort zu Balzacs *Geschichte der Dreizehn*. Während des Jahres 1939, in Saint-Germain, führte Bataille tägliche Meditationsübungen ein, inspiriert von orientalischen Techniken, an welchen er das Korrektiv seiner eigenen Erleuchtungsmethoden vornahm. Die letzte Nummer *Acéphales* vom Juni 1939, *Wahnsinn, Krieg und Tod* betitelt, gibt diesbezüglich einige Auskünfte [...].« (Waldberg 1995, 365f)[66]

Dass man bei der Geheimgesellschaft *Acéphale* auch politisch Position beziehen wollte, darauf deutet – über das zu Beginn dieses Abschnittes genannte Programm hinaus – ein Dokument der Versammlung vom 29. September 1938 hin. Just zu dieser Zeit fand das Treffen von Daladier, Chamberlain, Mussolini und Hitler statt, das dann zum »Münchener Abkommen« führte. *Acéphale* wollte im Falle eines Krieges eine eigene Position ausarbeiten (vgl. Bataille 1999*b*, 470). Dies geschah jedoch dann am 7. Oktober 1938 im Rahmen des *Collège de Sociologie*, als die Gründer, Bataille, Leiris und Caillois, die bereits erwähnte »Déclaration du Collège de Sociologie sur la crise internationale« veröffentlichten (Hollier 1995*a*, 358 – 363).[67]

Die Gruppe *Acéphale* wollte aber nicht nur eine Erklärung im Falle des Krieges abfassen, sondern es war auch vorgesehen, eine eigene Haltung gegenüber der von Breton und Trotzki ins Leben gerufenen »Féderation Internationale de l'Art Révolutionnaire Indépendant« zu definieren (vgl. Bataille 1999*b*, 470). Breton hatte zusammen mit Trotzki im Juli 1938 in Mexiko das Manifest »Pour un art révolutionnaire indépendant« verfasst (Diego Rivera unterzeichnet aus taktischen Gründen für Trotzki), das der »Féderation Internationale de l'Art Révolutionnaire Indépendant« (F.I.A.R.I.)

Zwang beruhende Macht (im Unterschied zur religiösen Macht der »tragischen Gabe seiner Selbst«). Hinzu kommen die Prinzipien der »unerbittlichen Grausamkeit der Natur gegen das entwürdigende Bild eines guten Gottes«, des »freien und grenzenlosen Lachens gegen alle Formen heuchlerischer Frömmigkeit«, die »Liebe zum Schicksal«, das »Fehlen von Boden gegenüber dem Schein von Stabilität« und das Prinzip, lieber ein tragischer Gesetzesbrecher als ein unterwürfiges Opfer zu sein (Bataille 1970*c*, 385f).

66 Zu dieser letzten Ausgabe von »Acéphale« vgl. den nächsten Abschnitt, der sich mit der Zeitschrift »Acéphale« beschäftigt.

67 Ein weiterer Text in diesem Zusammenhang ist »La menace de guerre«, der 1939 in der letzten Nummer der Zeitschrift »Acéphale« erschien.

als Grundlage dienen sollte (vgl. Spies 2002, 84). An einer zentralen Stelle des Manifestes heißt es: »Jede progressive Tendenz in der Kunst ist vom Faschismus als Entartung gebrandmarkt worden. Alle freie künstlerische Tätigkeit ist vom Stalinismus für faschistisch erklärt worden. Die unabhängige revolutionäre Kunst muß sich zum Kampf gegen die reaktionären Verfolgungen sammeln und ihre Daseinsberechtigung laut proklamieren.« (Breton 1989, 34)[68] Wie stand *Acéphale* diesem Manifest für eine unabhängige revolutionäre Kunst gegenüber?

Einige Textstellen, die in Verbindung zum Treffen vom 29. September 1938 stehen, geben einen gewissen Aufschluss über die Haltung von *Acéphale* (vgl. auch Fn. 7 von Galletti in Bataille 1999*b*, 474). Dort heißt es, die Gruppe sei darauf aus, jegliche Unternehmen, Positionen und aktuelle Programme zu denunzieren, die revolutionär, demokratisch oder national seien (Bataille 1999*b*, 465), – darunter wäre dann auch das Manifest von Breton und Trotzki gefallen. Darüber hinaus gehe es *Acéphale* um die Formierung eines Ordens, der eine *religiöse* Macht ausübe, »wirklicher und unantastbarer als alle, die je existiert hätten« (Bataille 1999*b*, 469). Verfolgt werde eine so genannte »Nietzscheanische Politik« (Bataille 1999*b*, 405), wie es bereits im September 1937 auf einer Versammlung der Zeitschrift »Acéphale« hieß: *Acéphale* wolle weder sozialistisch noch nationalistisch sein, sondern aufgrund der religiösen (aber »antichristlichen, wesentlich nietzscheanischen« (Bataille 1999*b*, 508)) Macht das Leben der Menschen verändern.

In ihren Texten propagierte die Geheimgesellschaft *Acéphale* eine polyzephale, herrschaftslose Gesellschaft. Den nonkonformistischen Standpunkt von *Acéphale* beweist ein weiteres Dokument, das von einem »trizephalen Monster« handelt, über das man heldenhaft triumphieren müsse. Das »Monster« habe drei Köpfe, es sind dies die drei Feinde: Christentum, Sozialismus und Faschismus (vgl. Bataille 1999*b*, 517). Galt es bei »Contre-Attaque« politische Herrschaftsformen anzugreifen, so verfolgte zwar auch *Acéphale* mit seiner »Nietzscheanischen Politik« das Anliegen, gegen das so genannte »trizephale Monster« anzukämpfen, verlagerte seine Kraft aber zunächst auf die religiöse Revolutionierung der alltäglichen Lebensverhältnisse (bei der Gruppe *Acéphale* zuallererst die seiner Mitglieder, bei der Zeitschrift »Acéphale« dann ein weiter gefasstes Publikum). Das Ganze ging bei *Acéphale* so weit, dass ein Selbstopfer stattfinden sollte.

Im Kontext eines Treffens vom 29. September 1938 ist von einer bewussten Verausgabung, einer »tragischen Gabe des eigenen Lebens«, von einem Selbstopfer für den Glauben, die Rede. Dass ein solches Selbstopfer von Bataille geplant war, bezeugt unter anderem Patrick Waldberg: »Bei der letzten Zusammenkunft, mitten im Wald, waren wir bloß vier, und Bataille bat feierlich die drei anderen, so freundlich zu sein, ihn zu töten, damit dieses Opfer, das den Mythos begründet, das Überleben der Ge-

---

68   In der Mitte des Manifests steht in Anlehnung an den jungen Marx: »Wenn die Revolution auch gehalten ist, zur Entwicklung produktiver materieller Kräfte ein *sozialistisches* Regime nach zentralem Plan aufzurichten, so muß sie doch von Anfang an für die intellektuelle Arbeit ein *anarchistisches* Regime individueller Freiheit etablieren und sichern.« (Breton 1989, 32)

meinschaft sichern möge. Diese Gunst wurde ihm versagt.« (Waldberg 1995, 366)[69] Caillois, der von diesem geplanten Selbstopfer zur Bündelung der gemeinschaftlichen Energien durch Bataille wusste, spricht davon, dass man das Opfer um ein Zeugnis bat, das der Entlastung des Mörders vor Gericht dienen sollte (vgl. Caillois 1974a, 59). Im »Acéphale«-Heft zu Dionysos bemerkt Bataille: »Chercher la communauté humaine SANS TÊTE est chercher la tragédie: la mise à mort du chef elle-même est tragédie. Une vérité qui changera l'aspect des choses humaines commence ici: L'ÉLÉ-MENT ÉMOTIONNEL QUI DONNE UNE VALEUR OBSÉDANTE À L'EXIS-TENCE COMMUNE EST LA MORT.« (Bataille et al. 1995, 22, Heft 3 – 4)[70]

Das Selbstopfer, das den »geheimen Kopf« der Gruppe (Bataille) getötet hätte, fand nicht statt. Nach Angaben von Caillois, der zwar nicht der Gruppe angehörte, aber immer von Bataille einiges über die Treffen von *Acéphale* erzählt bekommen hatte, sei es einfacher gewesen, ein freiwilliges Opfer zu finden, als einen, der freiwillig das Opfer vollzogen hätte (Caillois 1974a, 93).

Die geheime »Gegengesellschaft« zerbrach 1939, etwa zeitgleich mit dem *Collège de Sociologie*, an internen Streitigkeiten und wegen des Krieges: »Nachdem der Krieg ausgebrochen war, schwankte *Acéphale*, ausgehöhlt von den internen Streitigkeiten, niedergeschmettert vielleicht von dem Bewußtsein ihrer eigenen Unschicklichkeit inmitten der Weltkatastrophe.« (Waldberg 1995, 366) Bataille schreibt, es sei ein Missklang eingetreten zwischen ihm und den anderen, die mehr um den Krieg besorgt gewesen seien (Mattheus 1984, 441). Am 20. Oktober 1939 verschickte er einen Rundbrief an die bis zuletzt übrig gebliebenen Mitglieder Ambrosino, Andler, Chavy, Chenon, Isabelle und Patrick Waldberg und verkündete das Ende von *Acéphale*: »Il est vrai que les événements présents m'intéressent dans leur conséquence possible et peu dans leur signification morale: je diffère sur ce point de vous en ce sens, que je vis dans un autre monde. J'ajoute que j'ai gardé une confiance inébranlée, ou accrue, dans le mouvement auquel j'ai consacré mes efforts: à ma surprise, tels d'entre vous m'ont semblé s'arrêter à une conviction très différente.« (Bataille 1999b, 565)

Vier Jahre später, am 19. Dezember 1943, übte Waldberg in einem Brief an seine Frau Selbstkritik: Man müsse ohne jeden Zweifel den ganzen Teil der Tätigkeit von Saint-Germain disqualifizieren, der die »Todesfreude« zum Thema gehabt habe; mehr als anderswo habe man dort schwer gegen den Humor und die Würde verstoßen. Man müsse nun den Mut haben, dies zu sagen (Waldberg und Waldberg 1992, 88).

Die Geheimgesellschaft weist Merkmale auf, wie sie seit der Antike bis zur Moderne für Geheimgesellschaften typisch sind: Zentrale Charakteristika sind eine Art spiritueller (im weitesten Sinne) Verbundenheit und der Vollzug gemeinschaftlicher Riten. Das Problem, das sich einer »Soziologie der geheimen Gesellschaft« nach Ge-

---

69 Nicolaus Sombart spricht davon, dass sich Laure opfern wollte und Bataille sich mit ihr habe töten lassen wollen (vgl. Sombart 1996, 345). Fardoulis-Lagrange meint ebenfalls, dass das Opfer Laure sein sollte (vgl. Mattheus 1984, 344).

70 Die tragische Existenz wandelt sich zum Helden: »Der Mythos hat die *Tragik* der Existenz zum Kern: den Helden, der im Moment des Todes gerechtfertigt wird […].« (Lipowatz 1998, 179)

org Simmel stellt, ist die Schwierigkeit, »die immanenten Formen einer Gruppe fest-
zustellen, die durch das geheimnismäßige Verhalten derselben gegen anderweitige
Elemente bestimmt werden.« (Simmel 1992, 422)[71] Obgleich viele der von Simmel
genannten Kennzeichen von Geheimgesellschaften nicht mühelos auf *Acéphale* angewandt werden können – zum Beispiel trat *Acéphale* weder als »Korrelat des Despotis-
mus und der polizeilichen Beschränkung« auf noch verstand sich die Gruppe als
»Schutz vor zentralen Mächten« (vgl. Simmel 1992, 424) –, so finden sich doch einige
Eigenschaften, die *Acéphale* mit anderen Geheimgesellschaften teilt: Ein wesentliches
Merkmal von Geheimgesellschaften ist Simmel zufolge das Vertrauen, das genauso
wie die Geheimhaltung zum Schutz der Geheimgesellschaft dient. Simmel spricht
von einem ganz spezifischen Vertrauen: »die Fähigkeit des Schweigen-Könnens.«
(Simmel 1992, 424) Das Schweigegelübde, das die Mitglieder von *Acéphale* ablegen
mussten, diente demnach dazu, sich dieses schützenden Vertrauens zu versichern. Die
Anweisungen, auf dem Weg in den Wald zum azephalischen Baum unter keinen Umständen mit jemandem zu reden, könnten mit Simmel dahingehend interpretiert werden, dass den »Novizen überhaupt erst einmal systematisch schweigen« gelehrt wird
(Simmel 1992, 426). Der Sinn liege darin, nicht nur Bestimmtes zu verschweigen,
sondern »überhaupt sich zu beherrschen.« (Simmel 1992, 427)

Das Geheimnis hat in Geheimgesellschaften einen »soziologischen Selbstzweck«,
da die Wissenden eine Gemeinschaft bilden, »um sich gegenseitig die Geheimhaltung
zu garantieren.« (Simmel 1992, 433) Aber warum nennen sich Geheimgesellschaften,
wie zum Beispiel auch *Acéphale*, *Gesellschaften*? Simmel verdeutlicht dies im Sinne seiner Theorie der Wechselwirkungen folgendermaßen:

> »Während das Geheimnis, wie ich hervorhob, isolierend und individualisierend
> wirkt, ist nun die Vergesellschaftung dafür ein Gegenwicht. Alle Arten der Vergesell-
> schaftung schieben das Individualisierungs- und Sozialisierungsbedürfnis innerhalb
> ihrer Formen oder auch ihrer Inhalte hin und her, als würde der Forderung eines be-
> harrenden Mischungsverhältnisses durch Einsetzung von qualitativ immer wech-
> selnden Größen genügt: so gleicht die geheime Gesellschaft das Abscheidungs-
> moment, das jedem Geheimnis eigen ist, durch die Tatsache aus, daß sie eben
> *Gesellschaft* ist.« (Simmel 1992, 433)

Acéphale war nach Ansicht von Bernd Mattheus aufgrund des »traditionellen Ritus
der symbolischen Tötung des Neophythen«, also unter anderem durch das von Waldberg beschriebene Blutopfer, eine Initiationsgemeinschaft: »Im Unterschied zu revolutionären oder Komplottgesellschaften ist ihre Existenz bekannt, einzig die Riten, die
Orte und Zeitpunkte der Versammlungen werden geheimgehalten. Selbst das Publik-
machen der ›Lehre‹ widerspricht nicht dem Charakter einer Geheimgesellschaft, sofern ihr weiteres Ziel in der geistigen Regeneration der als korrumpiert aufgefaßten
übrigen Gesellschaft besteht.« (Mattheus 1984, 351) Sowohl die Initiation als auch
die verschiedenen Riten und Kodexe wie das Schweigen oder der Wechsel zwischen

---

71 Zur Soziologie des Geheimnisses bei Simmel vgl. auch Moebius (2002*b*, 11 – 32).

Askese und Exzess haben Mattheus zufolge einerseits zur »Transformation des Privatmannes« und andererseits als »Brücke zur heiligen Zeit« gedient und damit im Geheimen den Adepten von der profanen Welt getrennt (Mattheus 1984, 352)[72] Und wie Matthias Waltz in seinem Buch »Ordnung der Namen« hervorhebt, tragen alle Initiationsrituale die Züge einer Inszenierung von Tod und Wiedergeburt. Das Blutopfer von Waldberg kann man dann als Wiedergeburt qua »Schaffung eines nicht-natürlichen Körpers durch schmerzhafte Markierungen« interpretieren (vgl. Waltz 1993, 105). »Die Körpermarkierungen (Beschneidung, ausgeschlagene Zähne, Tätowierungen etc.) ordnen den Initianten einem Stammessegment und damit einer Position im Tausch zu. Zugleich symbolisieren sie den Preis, der für diese Position zu zahlen ist. [...] Die Initiation ist ein Verhältnis der Gewalt zwischen den Vertretern des Systems und den Initianten. Aber durch diese hindurch – und nicht etwa trotz ihrer – ist sie ein dialogisches Verhältnis.« (Waltz 1993, 106f)

Einige Abschnitte zuvor wurde auf das Verhältnis der Collège-Gründer zum Surrealismus eingegangen, das anhand von *Acéphale* noch einmal kurz beleuchtet werden soll. Denn im Projekt der Ordensstiftung *Acéphale* wird ein weiterer Unterschied zwischen Batailles Gemeinschafts-Projekten und dem Surrealismus deutlich; Peter Bürger zufolge haben die Surrealisten

> »die Gestaltung einer anderen Welt an die Schaffung einer *mythologie moderne* geknüpft. Bataille nimmt den Gedanken auf, geht aber davon aus, daß diese weder in der modernen Lebenswelt, der Welt der Maschinen etwa, noch in den selbstdestruktiven Formen des Gruppenlebens, das die Surrealisten entwickelt haben, vorgefunden werden kann. Vielmehr bedarf es eines Stiftungsakts, bei dem die Stifter der neuen Religion das negative ihres Tuns nicht auf andere verschieben (wie die Christen die Tötung Jesu den Juden anlasten), aber es auch nicht mit Hegel in ein Positives verwandeln, sondern es auf sich nehmen. Der Rückgriff auf Mythisches, den er damit vornimmt, hat Bataille später selbst erschreckt, und er hat sich nachdrücklich von dem Projekt einer Religionsstiftung durch Ritualmord distanziert.« (Bürger 2000*b*, 143f)

Die Zusammenkünfte von *Acéphale* fanden nahezu zeitgleich wie die öffentlichen Treffen und Vorträge des *Collège de Sociologie* statt. Inwiefern – außer aufgrund personeller Überschneidungen – war den anderen Mitgliedern etwas von *Acéphale* bekannt? Wusste der theoretische und öffentlich »Kopf«, als der das *Collège de Sociologie* auch des Öfteren bezeichnet wird, überhaupt von seinem »Unterbau«, von *Acéphale*? Waldberg antwortet auf diese Fragen: »Mit Ausnahmen von einigen, Vertraute Batailles, die ihm aber nicht in seinem Vorhaben folgen wollten, wußten die Mitglieder des ›Collège‹ nie, was im Wald und anderswo geschah, nichts sickerte nach außen durch, es sei denn bei den wenigen Personen, die als würdig erachtet worden waren, einge-

---

72 »Das Auffällige an der Behandlung des Rituals in den geheimen Gesellschaften ist nicht nur die Strenge seines Beobachtetwerdens, sondern vor Allem die Ängstlichkeit, mit der es als Geheimnis gehütet wird – als wäre seine Enthüllung genau so verderblich wie die der Zwecke und Aktionen, oder etwa der Existenz der Gesellschaft überhaupt.« (Simmel 1992, 437)

laden zu werden.« (Waldberg 1995, 365) Zu diesen »Auserlesenen«, die sich aber nicht der Geheimgesellschaft anschlossen, gehörten unter anderem auch die anderen Gründer des Collège: Caillois und Leiris.[73] Caillois wusste von dem Plan eines Selbstopfers. Wie er 1945 in seinem, *Acéphale* gegenüber äußerst kritischen Aufsatz »Préambule pour l'*Esprit des Sectes*« (Caillois 1974*a*, 89–94) schreibt, habe er oft mit Bataille über die Gruppe *Acéphale* gesprochen; er sei aber nicht willens gewesen, *Acéphale* anzugehören, obgleich er allerdings an der gleichnamigen Zeitschrift zeitweilig mitgewirkt habe (vgl. Caillois 1974*a*, 93).

1960, zwei Jahre vor seinem Tod, versuchte Bataille die Geheimgesellschaft wiederzubeleben und schrieb an Patrick Waldberg und Georges Ambrosino, dass er gedenke, das fortzusetzen, was man einst ins Auge gefasst habe (vgl. Mattheus 1995, 286).[74] In dem Brief an Waldberg heißt es: »Neubildung einer aufgelösten Gesellschaft (aufgelöst durch ein feindseliges Schicksal), das ist es, dessen ich durch eine Ironie voller Böswilligkeit schuldig sein werde. Aber kann man unschuldig leben? […] Aber warum nicht eine Versammlung von 30 bis 100 Personen?« (Bataille in Mattheus 1995, 285) Der Plan, *Acéphale* wieder auferstehen zu lassen, wurde jedoch nicht weiterverfolgt.

Man kann die Geheimgesellschaft *Acéphale* nur dann hinreichend erfassen, wenn man sich vor Augen hält, dass ihre Mitglieder mit den gängigen politischen Lagern, die sie allesamt als zu bürgerlich brandmarkten, nichts anfangen konnten. Die zeitgenössische Politik der Linken empfanden sie als unzureichend und gleichzeitig hatten sie den Drang, etwas gegen den Faschismus zu tun. Ferner hatten einige in »Contre-Attaque« die Erfahrung gemacht, dass politische Agitation, wie sie sie für notwendig erachteten, nichts bewirkt hatte. Die Arbeiter hatten sie nicht verstanden, was den bürgerlich-intellektuellen Habitus hinter der radikal antibürgerlichen Pathetik der Gruppe anzeigt. Ihr Hass auf das eigene Milieu und die vorherrschende Politik bedurfte in ihren Augen anderer als der herkömmlichen politischen Strategien. Es ging dabei weniger um einen Rückzug aus der Politik, als vielmehr um die Aufhebung von Politik im Religiösen, um eine Sakralisierung des Politischen. *Acéphale* lässt sich jedoch keinesfalls auf eine neue Politikstrategie reduzieren. Vor allem – absolut jenseits der politischen Bestrebungen, die sich eigentlich nur in Bekenntnissen zu ihren Gegnerschaften erschöpften – ging es den Mitgliedern der Geheimgesellschaft um das Ausloten neuer Erfahrungsweisen, um ein »gesteigertes In-der-Welt-Sein« (vgl. Karpenstein-Eßbach 2004, 142), das besonders in einer sich selbst verlierenden, mystischen Religiösität gesucht wurde und für das *Acéphale* den Rahmen abgeben sollte.

---

73 Zu Roger Caillois und *Acéphale* schreibt Marina Galletti in ihrem Text »Une communauté bicephale? Roger Caillois et la ›parenthèse sociologique‹«: Curieusement, c'est sous le signe du malaise que se nouent les rapports: Caillois déserte la réunion qui aurait dû marquer sa reprise de contact avec le groupe après son départ de Contre-Attaque. À sa place, Jules Monnerot – confondateur avec celui-ci, Tzara et Aragon de la revue *Inquisitions* – se fait vraisemblablement le portevoix d'un activisme qui contraste avec l'orientation mystique des adeptes.« (Galletti 2000, 85)

74 Ambrosino leitete ab den fünfziger Jahren einen philosophischen Zirkel, der sich als Nachfolge des Collège und Jean Wahls »Collège philosophique« verstand (vgl. Bischof 2000, 80).

Die Mitglieder hatten ein radikales Bedürfnis nach esoterischer Einkapselung. In ihren Augen galt es sich mit jeden Mitteln von den üblichen, seien es nun bürgerlich, national-konservativ oder sozialistisch orientierten Gemeinschafts- und Identifikationsmustern zu differenzieren. In einer an Norbert Elias angelehnten Begrifflichkeit kann man sagen, dass *Acéphale* sein *Außenseitertum* mit Hilfe des Gruppenmythos emphatisch gegen die *Etablierten* herauszuheben versuchte. Der Gruppenmythos ließ die Grenzziehungen zu den Etablierten noch sichtbarer werden und symbolisierte die Bruchlinien. Diese werden gewöhnlich in der Gruppe noch deutlicher als beim einzelnen Individuum. Wie Bataille wusste, steigert sich die Erfahrung der Differenzierung und des Außenseitertums, wenn die feinen Unterschiede und Distinktionspraktiken mit einigen anderen – es dürfen aber nicht zu viele sein – geteilt werden. Im Unterschied zu Fällen sozialer Exklusion hat man es bei *Acéphale* mit einem gewählten Außenseitertum zu tun, eine dezidierte Differenzierung, die das Normale abwertet und ihre eigene Position mit Pathos und dem Gefühl der Auserlesenheit auflädt.

Die rituell und zeremoniös bekräftigte Exklusivität ermöglicht eine Überschreitung des Gewöhnlichen zu einem Lebensgefühl der Besonderheit. Der Bezugspunkt bleiben jedoch die anderen – die Normalen, das Profane, die Öffentlichkeit, gegen die es sich zu unterscheiden gilt. Die Position dieses kollektiven Außenseitertums konstituiert sich nur in ihrer Relation zu einem gewissen »Zentrum« (beispielsweise dem trizephalen Monstrum bei *Acéphale*). Karl-Siegbert Rehberg hat diese Außenseiterposition im Blick auf Avantgardegruppen mit folgenden Sätzen, die auch auf *Acéphale* anwendbar sind, beschrieben: »Avantgardegruppen phantasieren sich sozusagen in eine neue, häufig durch Negationen erreichte, Zentralposition hinein. Sie präsentieren sich als jene radikalen Umstürzler, die sich im Akt der Verneinung schon wieder einen Mittelpunkt in einer neuen – vielleicht (noch) nicht realisierten – Wertordnung geschaffen haben. Verkanntheit ist dann eine Produktionsbedingung der Besonderheit; sie wird ebenso gefürchtet wie gepflegt.« (Rehberg 1996*a*, 28f)

Die Differenz zum »Zentrum« – oder aus der Innenperspektive der Gemeinschaft: zum Anderen – geht mit einem Bedürfnis nach Gleichheit im Inneren der Geheimgesellschaft einher. Nur so kann die Identität und der von den Mitgliedern geteilte Habitus gesichert und immer wieder gegenseitig bestätigt werden. »C'est un seul mouvement qui à la fois consomme la rupture et cimente l'alliance«, wie Caillois (1964*b*, 89) im Jahre 1945 über »L'Esprit des sectes« schreibt. Man kann bei der Geheimgesellschaft (wie im Übrigen auch bei anderen Gemeinschaften) deshalb von einer zugleich wirkenden Logik der Äquivalenz und Logik der Differenz sprechen: Äquivalenz der Subjekte im Inneren, Differenz zum Außen bzw. zum »Zentrum«.[75]

Ausgehend davon lässt sich auch der Drang nach einem Opferkult bei *Acéphale* verstehen: Das archaische Gemeinschaftsritual zielt auf eine Durchstreichung des Subjekts, auf eine »communitas« (Turner), in der das Individuum sich im mythischen

---

75 Zu diesen beiden Logiken siehe auch meine Anmerkungen zur poststrukturalistischen Hegemonietheorie von Ernesto Laclau und Chantal Mouffe in Moebius (2003*b*). Nach Laclau/ Mouffe setzen sich alle Artikulationen von Gemeinschaft, Gesellschaft oder Identitäten aus diesen Logiken zusammen.

Schicksal selbst auflöst. Das Inszenierte und Artifizielle, das solchen Unterscheidungspraktiken anhaftet, lässt sich nicht verbergen und der Mangel an einem letzten Seinsgrund muss immer wieder aufgehoben werden. Normalerweise erliegen Mitglieder von derartigen Gemeinschaften wie *Acéphale* der *sozialen Magie kollektiver Identitäten*, deren magische Kraft darin liegt, dass ihr prekärer ontologischer Status *erkannt* wird (deshalb die beständigen Grenzziehungs- und Differenzierungsversuche), während ihr konstruierter Charakter *verkannt* wird. Der Unterschied zwischen herkömmlichen Versuchen kollektiver Identitätsstiftung und der Geheimgesellschaft *Acéphale* ist jedoch, dass Bataille und seine Freunde über den konstruierten Charakter ihres Unternehmens ganz genau im Bilde waren.

3.1.3 Die Zeitschrift »Acéphale. Religion – Soziologie – Philosophie«

> »Eine Kraft überlebt nicht, würde sie nicht zunächst das Aussehen der Kräfte annehmen, gegen die sie kämpft.« (Deleuze 1976, 9)

»WIR SIND UNERBITTLICH RELIGIÖS«, »was wir unternehmen ist ein Krieg«. Mit diesen Propositionen leitet Bataille in den Hauptbeitrag der ersten Ausgabe der Zeitschrift »Acéphale« ein. Sie entstammen dem Ende April 1936 verfassten Manifest »Die heilige Verschwörung«; über den einleitenden Zeilen Batailles stehen sowohl Epigraphen von de Sade und Nietzsche, als auch ein für »Acéphale« programmatischer Epigraph von Kierkegaard: »Was wie Politik aussah und vermeinte, politisch zu sein, wird sich eines Tages als religiöse Bewegung enthüllen.«[76]

Im Folgenden sollen sämtliche Ausgaben der Zeitschrift »Acéphale« behandelt werden. Die Darstellung ist dabei aus mehreren Gründen von Bedeutung: Erstens wurden von unterschiedlichen Collègiens in der Zeitschrift Themen aufgegriffen, die auch im Mittelpunkt der Sitzungen des *Collège de Sociologie* standen und nur im Zusammenhang mit der Zeitschrift hinreichend erfasst werden können. Aus diesem Grund sollen in diesem Abschnitt die meisten der »Acéphale«-Beiträge zur Sprache kommen. Zweitens bildete die Zeitschrift einen öffentlichen Ausläufer des Collège; sie ist aus institutioneller und personeller Hinsicht eng mit dem Collège verbunden. Drittens ist eine genaue Darstellung von »Acéphale« dadurch gerechtfertigt, weil sie bislang in der Forschungsliteratur zum Collège kaum ausführlich Erwähnung fand.

Auf dem Titelblatt der Zeitschrift erblickt man den von André Masson gezeichneten und im vorigen Abschnitt beschriebenen Akephalos, den Georges Duthuit einmal sarkastisch »Le bonhomme Acéphale« genannt hatte (Masson 1976, 72). Das flammende Herz, das der Akephalos in der rechten Hand hält, stellt das Herz von Dionysos dar – »ce cœur de notre maître Dionysos. [...] La Grèce tragique – mythes noir et

---

76 Wenn im Folgenden aus dem Text »La conjuration sacrée« zitiert wird, so wird auf die deutsche Übersetzung von Bergfleth zurückgegriffen, wie sie in dem Jahrbuch »Der Pfahl. Jahrbuch aus dem Niemandsland zwischen Kunst und Wissenschaft II« zu finden ist (vgl. Bataille 1988).

sombres mystères – était à notre ordre du jour.« (Masson 1976, 72f)[77] Unten links ist auf dem Titelblatt der Zeitschrift ein Labyrinth neben dem vollständigen Namen »Acéphale. Religion – Sociologie – Philosophie« abgebildet. Masson war der einzige Illustrator der Zeitschrift.[78]

Die erste Ausgabe der Zeitschrift erschien am 24. Juni 1936 und umfasste acht Seiten. Sie widmete sich der »heiligen Verschwörung«, wie man im Untertitel erfährt (Bataille et al. 1995, 1, Heft 1). Bataille und Klossowski schrieben die Beiträge; der Herausgeber war Jacques Chavy, den Druck besorgte der Dichter, Drucker und Verleger Guy Lévis Mano (GLM) (vgl. Mattheus 1984, 338). Geplant war, dass »Acéphale« viermal im Jahr erscheinen und dann jeweils 16 Seiten umfassen sollte. Die Mitarbeiter der Zeitschrift »Acéphale« waren nicht alle identisch mit den Mitgliedern der Geheimgesellschaft *Acéphale*. Nach Ansicht von Gerd Bergfleth habe Bataille eine »esoterisch-exoterische Doppelstrategie« verfolgt, »die vom unzugänglichen und noch immer geheimnisumwitterten Kern aus über die Zeitschrift bis zum Collège de Sociologie ausstrahlte.« (Bergfleth 1995, 180) Vielleicht kann man sogar sagen, es handelte sich um eine Trizephalität, die sowohl die Gruppe *Acéphale*, die gleichnamige Zeitschrift als auch das Collège umfasste.

Neben Acéphale-Zeichnungen von Masson enthält die erste Ausgabe von »Acéphale« drei Beiträge: »La conjuration sacrée« von Bataille, »Le monstre« von Klossowski und »L'unité des flammes«, ein nicht signierter, aber wahrscheinlich auf Bataille zurückgehender Text (vgl. Bataille 1999*b*, 308). Zu Beginn seines Manifests über die »heilige Verschwörung« unterstreicht Bataille die Notwendigkeit, entweder »ganz anders zu werden oder ein Ende zu machen.« (Bataille 1988, 10) Die Welt, der man gegenwärtig angehöre, biete nichts, was man lieben könnte: »Eine Welt, die nicht bis in den Tod geliebt werden kann […], das ist eine Welt, die nur noch vom Eigennutz und von der Notwendigkeit der Arbeit beherrscht ist.« (Bataille 1988, 10) Nostalgisch betrauert Bataille die »verschwundenen Kulturen«, in denen man sich noch in der Ekstase habe verlieren können. Aber in einer Welt der »informierten Banalität« sei dies unmöglich. Selbst die Vorteile der Zivilisation würden die Menschen gegenwärtig so nutzen, dass sie zu den »verkommensten Wesen«, die je existiert haben, herabsänken. »Wer darauf besteht, die Ekstase nicht zu kennen oder nicht kennen zu wollen, der ist ein unvollständiger Mensch, dessen Denken auf die Analyse beschränkt ist.« (Bataille 1988, 11). Den »homme complet« kann es nach Bataille nur geben, wenn die Selbstüberschreitung des Menschen mitbedacht wird. Mit Blick auf Massons Zeichnung des Geburt und Tod verbindenden »Monstrums Acéphale« fährt Bataille fort:

---

77 Es gab zum Beispiel auch eine andere Zeitschrift surrealistischer Dissidenten mit dem Titel »Minotaure« (vgl. Masson 1976, 73). »Bataille et moi, nous nous occupions de la Grèce, de la Grèce sombre, de la Grèce préclassique, avec touts ses gouffres, ses abîmes.« (Masson im Gespräch mit Charbonnier 1985, 116)

78 In dem Buch »Le Rebel du Surréalisme« bemerkt Masson: »Pour ma part, je regrette un peu de n'avoir pas donné suite à mes dessins acéphaliques, comme me le demandait Georges Bataille (j'étais l'unique illustrateur de la revue) car du ›bonhomme‹ jaillissaient des éclats dignes de Zarathoustra et de Malador.« (Masson 1976, 73)

»Der Mensch ist seinem Kopf entsprungen wie der Verurteilte dem Gefängnis. Jenseits seiner selbst hat er nicht Gott gefunden, der das Verbrechen verbietet, sondern ein Wesen, das das Verbot nicht kennt. Jenseits dessen, was ich bin, treffe ich auf ein Wesen, das mich lachen macht, weil es ohne Kopf ist, das mich mit Angst erfüllt, weil es aus Unschuld und Verbrechen besteht: es hält einen Dolch in der Linken und Flammen wie die eines heiligen Herzens [sacré-cœur, S.M.] in der Rechten. Es vereint in einer und derselben Eruption Geburt und Tod. Es ist kein Mensch. Es ist auch kein Gott, Es ist nicht ich, sondern es ist mehr ich als ich: sein Bauch ist das Labyrinth, in dem es sich verwirrt hat, in dem es mich mit sich verwirrt und in dem ich mich wiederfinde als es, das heißt als Monstrum.« (Bataille 1988, 11f)

Bataille schrieb diesen Text am 29. April 1936 im Haus von André Masson in Spanien. Am Ende des ersten »Acéphale«-Texts berichtet Bataille von einen Abend mit diesem: Masson habe sich plötzlich seinen Tod und den Tod der Seinen vorgestellt, »mit starren Augen, schmerzerfüllt«; schließlich schrie er, »daß der Tod ein hingebungsvoller und leidenschaftlicher Tod werden müsse« (Bataille 1988, 12). Masson habe so seinen Hass auf eine Welt geschleudert, »die noch dem Tod ihre Angestelltenpfote aufdrückt, da konnte ich nicht mehr zweifeln, daß das Schicksal und der Tumult des menschlichen Lebens sich nur denen auftun, die nicht länger mit toten Augen zu leben vermögen, sondern wie Sehende sind, die ein aufrüttelnder Traum entrückt, der ihnen nicht gehören kann.« (Bataille 1988, 12)

In dem zweiten Beitrag, »Le monstre«, analysiert Pierre Klossowski, der ältere Bruder des Malers Balthus, die Begehrens- und Phantasiestrukturen des Marquis de Sade.[79] Bereits einige Jahre zuvor hatte Klossowski ein Buch des deutschen Schriftstellers und Philosophen Otto Flake über den Marquis ins Französische übersetzt und sich in unterschiedlichen Artikeln de Sade zugewendet: 1933 war in der »Revue française de psychanalyse« n° 6 der Beitrag »Éléments d'une étude psychanalytique sur le marquis de Sade« erschienen. Es folgte ein Jahr später »Le mal et la négation d'autrui dans la philosophie de D.A.F. de Sade« in den »Recherches philosophiques IV« und im Dezember 1938 »Qui est mon prochain?« (Klossowski 1996, 169ff). Klossowksi hatte nicht nur bei »Contre-Attaque« und der Geheimgesellschaft *Acéphale* teilgenommen, sondern auch Vorträge am *Collège de Sociologie* gehalten, von denen sich einer de Sade und der Revolution widmete (vgl. Klossowski 1995).

Gemeinsam mit Bataille verteidigte Klossowski den Marquis de Sade vor dem Versuch der Surrealisten, ihn in ihre imaginäre Ahnengalerie einzuschließen (vgl. Pfersmann 1985*a*, 15). In einer gleichzeitigen Nähe und Distanz zum Surrealismus (vgl. Seitter 2002, 13) untersuchte Klossowski das Denken des Marquis, seine Arbeiten hierzu reichen noch bis in die sechziger Jahre (vgl. Klossowski 1969). Nach Walter Seitter reihen sich Klossowskis Studien zum Denken von de Sade in die Problemstellung des *Collège de Sociologie* ein und versuchen, »die ›Lehre‹ des Marquis in ihrer ganzen Tragweite ernst zu nehmen: das System der reinen Triebbefriedigung, das sich nur in ei-

---

79 Zur Biographie von Klossowksi siehe Seitter (2002). Auf Klossowski wird sowohl im Abschnitt zu den Sitzungen des Collège als auch im Abschnitt zu Walter Benjamin noch eingegangen.

ner ›universellen Prostituierung der Wesen‹ durchführen läßt, welches sich wiederum nur durch ›Komplizenschaften‹ und keineswegs mit Sicherheit vor dem Umschlag in ein Chaos der Quälungen und Tötungen schützen kann. Die theoretische Voraussetzung liege in einer ›Gottestötung‹, die den Atheismus der Französischen Revolution übernimmt und in seine volle Konsequenz hineintreibt: die Ersetzung der Integrität der menschlichen Person durch eine ›integrale Monströsität‹.« (Seitter 2002, 13)

Das Verlangen nach »integraler Monströsität«, das bei de Sade zu finden sei, deutet Klossowsi zufolge auf das Verlangen hin, alle »*vorstellbaren Formen von Genuß* zu erproben; zu einem Subjekt zu werden, das in der Lage ist, *die Gesamtheit aller möglichen Erfahrungen* auszuschöpfen, obwohl diese Gesamtheit des Möglichen niemals erreicht werden kann und obwohl das *Mögliche* in der Tat *unmöglich zu erschöpfen*, also *unerschöpflich* ist.« (Klossowski 1996, 187) Klossowski versuchte in seinen Interpretationen des Begehrens und der Handlungsvorstellungen bei de Sade eine Nähe zum Verhalten unterschiedlicher gnostischer Sektierer, wie beispielsweise zu den Karpokratianern oder zur manichäischen Gnosis von Marcion, herzustellen (vgl. Klossowski 1996, 18, 187).

Dass Klossowski das moderne Denken von Sade mit der Gnosis in Verbindung bringt, geht nach Seitter auf den Einfluss der Gründer des *Collège de Sociologie* zurück (Seitter 2002, 14).[80] Anstatt sich wie in der sonst zugänglichen Literatur zum Marquis in seinen Studien lediglich auf de Sades Perversionen zu beziehen, versucht Klossowski, die auch soziologisch interessanten, weil auf einen anderen sinnhaft bezogenen, unterschiedlichen Handlungstypen zu erfassen und de Sades Handlungsmotive verstehend zu erklären:

> »In der Seele dieses libertinen Feudalherren im Jahrhundert der Aufklärung kommen sehr alte Motive zum Vorschein: es ist unmöglich, Anklänge an das ganz antike System von der manichäischen Gnosis bis zu den Visionen eines Basilides, eines Valentius und insbesondere eines Marcion zu übersehen. Die Quelle einer solchen Konzeption liegt immer im Gefühl vom Niedergang des Geistes und in der ungetrübten Erinnerung an eine ursprüngliche Reinheit; der gegenwärtige Zustand beklagt den Verfall, und die Gegenwart kann mangels Erlösung nur von Erwartung, vom Gefühl eines ständigen Verfalls, eines fortschreitenden Niedergangs erfüllt sein. Eine Konzeption, die jedem Fortschrittsdenken entgegengesetzt ist und die Sade radikal seinem ganzen Jahrhundert entgegenstellt, die ihn gegen Rousseau, Voltaire und Robespierre stellt und ihn (jenseits von Saint-Just) besonders Joseph de Maistre und Baudelaire annähert.« (Klossowski 1996, 150)

Um was drehte sich nun genau Klossowskis Beitrag in der ersten Ausgabe von »Acéphale«? Klossowski geht in seiner Interpretation des Begehrens bei de Sade davon aus, dass die Protagonisten der Sadeschen Werke ihre angestrebten Ausschweifungen nur aufgrund einer »Zerstörung der Gegenwart« finden können.[81] Die Objekte werden

---

80   Zu Klossowksi und dem Collège vgl. auch Jean-Pierre Faye (1985).

81   Wenn im Folgenden zitiert, paraphrasiert oder Klossowskis Gedanken in indirekter Rede wiedergegeben werden, so geschieht dies vor dem Hintergrund der Übersetzung des Beitrags, wie

just in dem Moment genossen, in dem ihre reale Gegenwart zerstört wird; man genießt in der »*Erwartung abwesender Objekte*« (vgl. Klossowski 1996, 165). Eine der Figuren von de Sade gesteht, dass ihr Genuss »niemals durch Objekte motiviert werde, die sie umgeben, ›*sondern durch solche, die nicht da sind*‹.« (Klossowski 1996, 166) Das Problem, das sich de Sade stelle, sei, dass die Phantasie stets über die realen und gegenwärtigen Möglichkeiten hinaus strebe; begehrt wird, was man nicht hat.

Die Figuren seiner Erzählungen »leiden« gleichsam daran, dass sie ihre Vorstellungen nicht verwirklichen könnten: Einerseits erfahre das Individuum die realen Beschränkungen seiner Agressivität; andererseits eröffneten ihm seine Imaginationen das Gefühl des Unendlichen. Die Protagonisten von de Sade bemühen sich nach Klossowski dennoch um die »integrale Monströsität«, um dadurch die vorgestellten Möglichkeiten zurückzugewinnen, deren Erlangung sie als unmöglich erkannt haben; ebenso sind sie sich über den Verlust des anderen bewusst: »In ihrer permanenten Erwartung überläßt sich die Seele Sades einer Phantasie, in der sie sich von dem erhofften Objekt trennt, um den zeitlosen Zustand wiederzuerlangen, in dem der Besitz alles Möglichen noch die Möglichkeit des Verlustes ausschloß.« (Klossowski 1996, 168) Sades Figuren befinden sich in der aporetischen Situation zwischen der niemals endenden Imagination des Möglichen und dem Bewusstsein, dass die volle Erfüllung der Imagination niemals möglich ist – zwischen Unendlichkeit und Endlichkeit. »So ist die Seele Sades, indem sie sich nach Erlösung sehnt, einer widersprüchlichen Hoffnung ausgesetzt.« (Klossowski 1996, 168)

Auf Klossowskis Beitrag folgt der kurze, unsignierte, aber wahrscheinlich von Bataille verfasste Text »L'unité des flammes«. Die wenigen Zeilen behandeln eine vom 7. Juni 1936 abgehaltene Volksversammlung im Velodrom Vel' d'Hiv; die Menge sei dort weniger von den Reden, als von ihren eigenen Erwartungen ergriffen worden. Sie habe nicht nur Brot verlangt, sondern zuerst ihr Sein (Bataille et al. 1995, 7, Heft 1).[82]

Auf der Rückseite des ersten Heftes befindet sich in der oberen Hälfte der von Masson gezeichnete Akephalos und folgendes Gedicht, das an die chthonische Beschwörung der Vulkane bei der Geheimgesellschaft *Acéphale* erinnert:

»Acéphale ist die Erde

Die Erde unter der Kruste des Bodens ist glühendes Feuer

Der Mensch, der sich unter seinen Füßen die Weißglut der Erde vorstellt, entflammt

Eine ekstatische Feuersbrunst wird die Vaterländer vernichten

---

er sich in Klossowskis Buch »Sade – mein Nächster« inmitten des Kapitels »Unter der Maske des Atheismus« wieder findet, siehe Klossowski (1996, 165 – 168). Allerdings weicht diese Übersetzung manchmal vom Text in »Acéphale« ab; dann wird aus dem Original zitiert oder paraphrasiert.

82 Der Text findet sich auch in Bataille (1970*b*, 678). Im Vel d'Hiv wurden sechs Jahre später, am 16./17. Juli 1942, auf Geheiß des Vichy-Regimes über 13.000 Juden zur Deportation zusammengetrieben.

Wenn das menschliche Herz zu Feuer und Eisen wird.

Der Mensch wird seinem Kopf entfliehen wie der Verurteilte dem Gefängnis.« (Bataille et al. 1995, 8, Heft 1)

Bataille setzt die Entflammung in Beziehung zum Sakralen. Zur Bedeutung der Entflammung heißt es in Batailles einige Jahre später publizierter »Theorie der Religion«: »So ist das Heilige präzis der Flamme vergleichbar, die das Holz zerstört, indem sie es verzehrt. Wie der Brand, der keine Grenzen kennt, ist es das genaue Gegenteil eines Dinges, es breitet sich aus, strahlt Hitze und Licht aus, es entflammt und blendet, und der von ihm Entflammte und Geblendete entflammt und blendet plötzlich seinerseits.« (Bataille 1997b, 46f) Die göttliche Welt sei ansteckend und für eine einmal entfachte Glut gebe es keine Grenzen, so Bataille (1997b, 47) weiter. Die erste Nummer von »Acéphale« diente der Propagierung des Sakralen und seiner Entflammung.

Unter dem Gedicht wird sowohl die nächste »Acéphale«-Nummer angekündigt, die sich der »Wiedergutmachung von Nietzsche« widmet, als auch für Oktober 1936 das Heft »Sacrifices«, das Zeichnungen von Masson und einen Text von Bataille enthält. Die Bilder Massons zeigen die Götter Mithra und Orpheus, den Gekreuzigten, den Minotaurus und den Gott Osiris.[83] In seinem Buch über Bacon, Picasso und Masson beschreibt Michel Leiris die Zeichnungen und gibt einige Aufschlüsse über die Entstehung des Akephalos-Bildes:

> »Zwischendurch liefert ihm [Masson, S.M.] das Thema des sterbenden Gottes – das mit der ganzen nietzscheschen Tragik verknüpft und unmittelbar James Frazer entlehnt ist, dessen *Goldenen Zweig* Masson gelesen hat – die Motive für die Stiche des 1936 erschienenen Sammelbandes *Sacrifices* (Opfer): Mithra, der einen Stier schlachtet, dessen Blut das Wiederaufblühen der Pflanzenwelt bewirkt, Orpheus, der von den Bacchantinnen zerrissen wird, Christus, der Minotaurus und schließlich Osiris. Doch diese Figuren, die er, fast ohne etwas an ihnen zu verändern, dem Arsenal der vorliegenden Mythologien entnahm, konnten einen Geist, der in bezug auf seine Freiheit strenge Maßstäbe anlegte und sich schwerlich im Schatten eines bestehenden Bildersystems auszuruhen vermochte, so betäubend dessen archaische Würze und so faszinierend sein poetischer Gehalt auch sein mochten, nicht gänzlich befriedigen. So erfindet Masson abseits dieser Figurationen klassischen Ursprungs seinen *Acéphale*, der als graphisches Erkennungszeichen für eine Zeitschrift gleichen Namens gedacht war [...].« (Leiris 1982a, 71f)[84]

---

83 »Après ma rupture, en 1929, avec le groupe surréaliste [...] je me repliai sur moi-même et dessinai en vue d'un album *Les dieux qui meurent*: le Minotaure, Osiris, Orphée, Mithra, le Crucifié. Je demandai à Georges Bataille à la fois un titre et une préface. Ainsi *Sacrifices* vit le jour. Gravures à l'eau-forte une fois faites, tirage et publication furent retardés. Et puis, vingt exemplaires, la plupart dépecés, survivent, je crois, le reste ayant été jeté à la voirie.« (Masson 1976, 74) Der Text von Bataille findet sich in Bataille (1970b, 87–96). Siehe auch die Anmerkungen in Bataille (1970b, 645f).

84 Die Zeichnungen kann man beispielsweise im Text von Jean-Paul Clébert (1990, 55–61) sehen. »Der Gekreuzigte wiederum hat einen Eselskopf wie in dem berühmten gnostischen

Ende Juli 1936 traf man sich, um die zweite Nummer von »Acéphale« vorzubereiten (vgl. Bataille 1999*b*, 311f). Die zweite Ausgabe, die von Bataille, Klossowski und Ambrosino herausgegeben wurde, erschien nicht zufällig am 21. Januar 1937, dem Jahrestag der Enthauptung von Ludwig XVI. Die Beiträge waren eine Hommage an Nietzsche, die unter dem allgemeinen Thema »Nietzsche et les Fascistes. Une Réparation« stand.[85] Das Ziel des Heftes bestand darin, Nietzsche vor der Vereinnahmung durch die Nationalsozialisten zu retten.

Entgegen der von Nietzsches Schwester Elisabeth Förster forcierten Anbindung des Werkes an die Nationalsozialisten und der Aufnahme Nietzsches durch Alfred Rosenbergs »Der Mythos des 20. Jahrhunderts«, ging es »Acéphale« um eine Wiedergutmachung an Nietzsche und um eine andere Lesart seiner Texte (vgl. Roudinesco 1999, 208f): Bataille verdeutlichte, dass Nietzsche im Gegensatz zum Antisemitismus seiner Schwester niemals Anhänger einer »Blut und Boden«-Lehre war, sondern vielmehr für eine Befreiung des Menschen aus allen Formen der Knechtschaft eintrat. Allerdings gebe es – ähnlich wie im Falle des Werkes von Hegel – durchaus mehrdeutige und einander ausschließende Deutungen des Nietzscheanischen Werkes (vgl. Bataille 1999*c*, 146ff): Die rechte Auslegung sieht im Übermenschen Nietzsches die arische Überlegenheit, die linke eine bejahende Überschreitung der Ordnung hin zu einer schöpferischen Revolution (vgl. auch dazu Roudinesco 1999, 209).

Wie noch deutlich wird, waren auch die weiteren Ausgaben[86] der Zeitschrift Nietzsche gewidmet: Themen waren unter anderem der Gott Dionysos, der Don Juan Kierkegaards und der 50. Jahrestag des Wahnsinns Nietzsches; Wahnsinn wurde dabei von Bataille nicht als Krankheit, sondern als integrativer, sakraler und dämonischer Teil der Persönlichkeit verstanden.[87]

Graffito. Die Gnostiker haben Masson und Bataille in ihren Bann geschlagen. Und man findet hier die Verwandlung in Pferde. Die Sonne zur Rechten des Gekreuzigten trägt auch eine Pferdemaske, während weitere geflügelte Pferdemasken umherfliegen. Ein Pferdeschädel grinst am Boden und parodiert auf diese Weise Adams Totenkopf, der gemeinhin zu Füßen Christi dargestellt wird, weil dieser der Tradition gemäß auf der ersten Grabstätte des Menschen hingerichtet wurde. Drei verzückte Frauen küssen den Gekreuzigten, dessen Bauch nicht verhüllt ist. Eine von ihnen kauert nackt vor ihm und küßt seinen Fuß. Eine andere trinkt das Blut, das aus der Wunde an seiner Seite fließt, Blut, das die dritte, ebenfalls nackte Frau, in einer Schale auffängt.« (Clébert 1990, 51f)

85   Vgl. zur französischen Nietzscherezeption zwischen 1937 und 1939 den informativen Beitrag von Jean-Maurice Monnoyer (2000) und von Angelika Schober (2000, 42–53). Monnoyer zitiert den für die vorliegenden Abschnitte passenden Satz Nietzsches: »Wenn ich sterbe, hinterlasse ich nichts als Asche, denjenigen Franzosen, die sich batailleren, bis auch sie kopflos sind.« (Nietzsche, Fragment 64 aus »Krankheitsnotizen« zitiert nach Monnoyer (2000, 35)) Es sei erinnert, dass bereits bei den Heften von »Contre-Attaque« ein Prospekt zu Nietzsche geplant war.

86   Insgesamt gab es fünf Ausgaben der »Acéphale«, manche als Doppelhefte.

87   Bataille wurde 1947 nochmals von Merleau-Ponty gebeten, in der Zeitschrift *Combat* dem Faschismus-Vorwurf gegenüber Nietzsche entgegenzutreten (vgl. König 1988*a*). Die Nietzsche-Texte aus »Acéphale« finden sich wieder in Bataille (1999*c*).

Gleich zu Beginn seines Beitrags verurteilt Bataille die »antisemitischen Verfälschungen« von Nietzsches Schwester und Nietzsches Vetter Richard Oehler: »maßlos, wie sie sind, geben sie der Maxime, in der Nietzsche seinen Abscheu vor dem Antisemitismus zum Ausdruck gebracht hat, die Bedeutung eines Peitschenhiebs: ›MIT KEINEM MENSCHEN UMGEHEN, DER AN DEM VERLOGNEN RASSENSCHWINDEL ANTEIL HAT.‹« (Bataille 1999c, 141)[88] Bataille verweist auch auf Nietzsches Ausspruch, dass es »›vielleicht nützlich und billig wäre, die antisemitischen Schreihälse des Landes zu verweisen.‹« (Bataille 1999c, 145)[89] Die Kritik an der faschistischen Vereinnahmung Nietzsches richtet sich insbesondere gegen Alfred Bäumlers »Nietzsche, der Philosoph und Politiker« (1931), Alfred Rosenbergs »Der Mythos des 20. Jahrhunderts« (1932) und Richard Oehlers »Friedrich Nietzsche und die deutsche Zukunft« (1933) (vgl. auch Mattheus 1984, 356). Den Unterschied beispielsweise zwischen Bäumler und Nietzsche sieht Bataille darin, dass Bäumler das Verständnis des Mythos mit einem »durchdringenden Gefühl für die Vergangenheit verknüpft«, während Nietzsche jedoch einen Mythos der Zukunft propagiert habe: »Die Zukunft, das Wunderbar-Unbekannte der Zukunft ist der einzige Gegenstand des Nietzscheschen Festes.« (Bataille 1999c, 164)[90] Bataille betont ferner, dass die von Nietzsche umgewerteten Werte nicht auf irgendeinen Nutzwert reduziert werden können; seine Zeilen klingen wie ein Programm der Geheimgesellschaft *Acéphale*: »Nietzsches Lehre arbeitet den Glauben der Sekte oder des ›Ordens‹ heraus, deren Wille zur Herrschaft das menschliche Geschick frei machen wird, indem er es sowohl der rationalen Unterwerfung unter die Produktion wie der irrationalen Unterwerfung unter die Vergangenheit entreißt.« (Bataille 1999c, 168)[91] Zur Wiedergutmachung Nietzsches greift Bataille auf Autoren wie Karl Jaspers, Charles Andler, Marius-Paul Nicolas, Erich Podach, Ludwig Klages und auch auf Emmanuel Lévinas zurück.[92]

Nach Batailles Ehrenrettung folgt der achte Abschnitt aus Nietzsches »Die Philosophie im tragischen Zeitalter der Griechen« (Nietzsche 1968a, 158ff) aus dem Jahre 1873 (vgl. Bataille et al. 1995, 14–16, Heft 2). Das in »Acéphale« veröffentlichte Textfragment trägt den Titel »Héraclite«. Nietzsche schreibt am Schluss seines Heraklit-Textes: »Das, was er schaute, *die Lehre vom Gesetz im Werden und vom Spiel in der Notwendigkeit*, muß von jetzt ab ewig geschaut werden: er hat von diesem größten Schauspiel den Vorhang aufgezogen.« (Nietzsche 1968a, 160)[93] Diesem Textfragment von Nietzsche sind einige Zeilen von Bataille vorangestellt. Seiner Ansicht nach habe

---

88 Im Folgenden wird aus der deutschen Übersetzung zitiert. Vgl. zum obigen Zitat Bataille et al. (1995, 3, Heft 2) Zum Nietzsche-Archiv und zur Nietzsche-Bewegung siehe den instruktiven Beitrag von Hubert Cancik (2000) »Formen der Nietzsche-Rezeption in Deutschland. Archiv, Bewegung, Gesellschaft, Kult, Museum und Bestand«.

89 Siehe auch Bataille et al. (1995, 4, Heft 2).

90 Siehe auch Bataille et al. (1995, 11, Heft 2).

91 Siehe Bataille et al. (1995, 12, Heft 2).

92 Bataille liest Lévinas allerdings »gegen den Strich« (vgl. Mattheus 1984, 356); er bezieht sich auf Lévinas' Beitrag »Quelques réflexions sur la philosophie de l'hitlérisme«, erschienen am 1. November 1934 in der »Esprit«.

93 In »Acéphale«, Heft 2, siehe zu dieser Stelle Seite 16.

für Nietzsche Heraklit wie sein Doppel erscheinen müssen, wie sein Schatten, »[P]arce qu'Hérclite a vu la loi dans le combat des éléments multiples, dans le feu le jeu innocent de l'univers […].« (Bataille et al. 1995, 14, Heft 2). Das größte aller Schauspiele, das größte aller Feste sei der Tod Gottes. In einer Notiz zum Entwurf seines Textes bemerkt er, dass Nietzsches Philosophie der Tragödie und der Explosion das sei, was der politische Mensch eliminieren müsse (Bataille 1970b, 678).[94] Es wird im Weiteren noch deutlich werden, wie Bataille zwischen unterschiedlichen Seinsweisen des Menschen, des politischen oder des tragischen Menschen zum Beispiel, differenziert.

Den Sentenzen aus Nietzsches »Philosophie im tragischen Zeitalter der Griechen« folgen der Beitrag »Propositions« von Bataille und eine weitere Zeichnung eines Akephalos vor einem Vulkan von André Masson.[95] Batailles Thesen handeln vom Faschismus und dem Tod Gottes (vgl. auch Bataille 1999c, 171–180). Der Faschismus erweist sich für ihn aufgrund der Repräsentation durch *einen* Führer als eine *monozephale* Gesellschaftsform (vgl. Bataille et al. 1995, 18, Heft 2). Will man gegen die »unitarische Gemeinschaft« des Faschismus protestieren, so finde dies seiner Ansicht nach nicht notwendig in einem demokratischen Sinne statt. Ähnlich wie bereits bei »Contre-Attaque« äußert sich Bataille kritisch gegenüber dem Widerstandspotential der Demokratien: »Die geringe Tragweite des demokratischen Zorns […] zuzugeben, bedeutet keineswegs die unitarische Gemeinschaft zu akzeptieren.« (Bataille 1999c, 174) Bataille schlägt dagegen eine andere Form des Widerstands vor, die sich nicht als eine revolutionäre Zerstörung begreift und die an die Geheimgesellschaft *Acéphale* erinnert: Bataille zufolge sei allein die Schaffung einer »neuen Struktur, eines ›Ordens‹, der sich auf der ganzen Erde entwickelt und verbreitet, […] der einzig wirkliche Befreiungsakt und der einzig mögliche – da die revolutionäre Zerstörung regelmäßig die Wiederherstellung der sozialen Struktur und ihres Kopfes zur Folge hat.« (Bataille 1999c, 174)[96] Eine »freie Gesellschaft« könne nur eine poly- oder bizephale Gesellschaft sein:

> »Die einzig lebens- und kraftvolle Gesellschaft, die einzig freie Gesellschaft ist die *bi- oder polyzephale* Gesellschaft, die den grundlegenden Antagonismen des Lebens einen beständigen explosvien Ausgang ermöglicht, der jedoch auf die reichsten Formen begrenzt ist. Die Zweiheit oder Vielheit der Köpfe tendiert dahin, in ein und derselben Bewegung den *azephalen* Charakter der Existenz zu realisieren, denn das Prinzip des Kopfes als solches ist eine Reduktion auf die Einheit, eine *Reduktion* der Welt auf Gott.« (Bataille 1999c, 174f)

---

94   »La philosophie de Nietzsche est la philosophie de la tragédie et de l'explosion. Elle est ce que tout homme politique doit éliminer.« (Bataille 1970b, 678) In dem Text von Nietzsche findet sich eine Zeichnung von Masson, die den Akephalos zeigt und die mit weiteren Textfragmenten Nietzsches untertitelt ist.

95   Siehe (Bataille et al. 1995, 17–21, Heft 2).

96   Siehe auch Bataille et al. (1995, 18, Heft 2).

Frei sein bedeute vor allem, nicht auf eine »knechtische Funktion« reduziert zu sein, fährt Bataille fort, denn das hieße, sein Leben verstümmeln zu lassen. Auch hier wird seine antifaschistische Position deutlich.

Bataille spitzt seine Thesen über den Tod Gottes zu: Der Akephalos drücke mythologisch den Tod Gottes aus. Es verbinde und vermische sich die Angleichung an den kopflosen Menschen mit der Angleichung an den Übermenschen, der völlig »Tod Gottes« sei, so Bataille (1999*c*, 176). Die nationale und die militärische Existenz sei hingegen auf der Welt, »um den Versuch zu machen, den Tod zu leugnen, indem sie ihn auf die Komponente einer Glorie ohne Angst reduziert [...].« (Bataille 1999*c*, 177)

Im Folgenden werden die Überlegungen auch auf die moderne Ökonomie ausgeweitet. Die ökonomische Geschichte der Moderne sei von dem enttäuschenden Versuch der Menschen geprägt, der Erde ihre Reichtümer zu entreißen (vgl. Bataille 1999*c*, 178). Die Erde sei aufgeschlitzt worden, aber mit dem, was aus ihrem Inneren geholt wurde – Feuer und Eisen – schlitzen sich nun die Menschen selber gegenseitig auf. »Die Verleugnung der Erde, das Vergessen des Sterns, auf dem er lebt, das Verkennen der Natur der Reichtümer, d. h. der Weißglut, die in diesem Stern eingeschlossen ist: das hat aus dem Menschen eine Existenz gemacht, die den Waren, die er produziert, ausgeliefert ist [...]. Die Menschen wissen sich nicht frei und verschwenderisch der Erde und ihrer Erzeugnisse zu erfreuen.« (Bataille 1999*c*, 178f)[97]

Der den Waren ausgelieferten, der militärischen sowie der nationalen Existenz steht nach Bataille die azephale und universelle Existenz gegenüber. Sie ist schrankenlos und schließt das Leben nicht in sich selbst ein, »sondern öffnet es und wirft es in die Unruhe des Unendlichen.« (Bataille 1999*c*, 180) Die azephale Existenz ist ewig unvollendet und gleicht Bataille zufolge einer blutenden Wunde: »c'est dans ce sens que l'universalité vraie est mort de Dieu.« (Bataille et al. 1995, 21, Heft 2)

Auf den Beitrag von Bataille folgen kurze Anmerkungen zu Karl Jaspers »Nietzsche, Einführung in das Verständnis seines Philosophierens« (1936), geschrieben von Jean Wahl. Die Bemerkungen von Jean Wahl, der im Übrigen auch beim *Collège de Sociologie* vorträgt und nach dem Krieg das berühmte *Collège philosophique* gründet, stehen unter dem Titel »Nietzsche et la mort de Dieu« (Wahl in Bataille et al. 1995, 22f, Heft 2). Die zentrale These seines Textes lautet: Während andere einer Göttlichkeit gegenüberstehend philosophiert hätten, so habe Nietzsche in Abwesenheit einer Göttlichkeit philosophiert, was ohne Zweifel schrecklicher sei (Wahl in Bataille et al. 1995, 22, Heft 2). Kierkegaard sei »vor Gott«, Nietzsche dagegen vor dem in Fäulnis begriffenen Leichnam Gottes. Der Tod Gottes sei dabei nicht allein eine Tatsache, sondern vielmehr eine Handlung des Willens. »La philosophie de Nietzsche, c'est essentiellement, nous dit Jasper, l'affirmation du monde comme pure immanence. [...] L'absence de Dieu n'est ni erreur ni vérité. Et c'est pourquoi la pensée de l'absence de Dieu est passion, est volonté, de même que chez Kierkegaard la pensée de Dieu est passion et volonté.« (Wahl in Bataille et al. 1995, 22f, Heft 2) Die Negation Gottes sei eine Bekräftigung des JA, so Wahl weiter: »Le non quand il est radical peut, par sa

---

97   Siehe auch Bataille et al. (1995, 21, Heft 2).

propre force, par sa frénésie, se transformer en oui, et le nihilisme des faibles, en philosophie positive.« (Wahl in Bataille et al. 1995, 23, Heft 2)[98] Die Freunde Batailles verfolgten eine bejahende Seinsweise, die von einem grenzenlosen Vitalismus und einer uneingeschränkten Bejahung des Lebens her auch noch dem Tod ein lautes JA entgegenwirft.

In seinem kurzen Text über die »Realisation de l'homme« behandelt Jean Rollin ebenfalls den Tod Gottes. Der Tod Gottes sei bei Nietzsche weniger eine Entdeckung des Geistes als vielmehr eine Offenbarung und eine Bejahung des Lebens (Rollin in Bataille et al. 1995, 24, Heft 2): *La question que pose Nietzsche avec une insistance accrue est celle de la réalisation de l'homme. Vivre, c'est inventer!*« (Rollin in Bataille et al. 1995, 24, Heft 2) Auf den Text von Rollin folgt ein Beitrag von Pierre Klossowski über die »Création du monde« (Klossowski in Bataille et al. 1995, 25–27, Heft 2). Seine Texte in »Acéphale« sind über ihren Inhalt hinaus deswegen besonders interessant, weil sie Wegmarken der französischen Nietzsche-Rezeption darstellen; Klossowski wurde nach dem Krieg ein maßgeblicher »Wegbereiter Nietzsches in Frankreich« (le Rider 1995)[99], vor allem sein 1969 publiziertes Buch »Nietzsche et le Cercle vicieux« ist hier zu erwähnen.[100]

In seinen Anmerkungen zur französischen Nietzscherezeption interpretiert Jean-Maurice Monnoyer Batailles und Klossowskis Intentionen dahingehend, dass sie eine Wiedergutmachung Nietzsches beabsichtigt haben, »weil der von den französischen Moralisten und seiner Stendhallektüre beeinflusste Nietzsche in ihren Augen nicht zu retten war. In diesen niemals zum System geordneten Äußerungen der Textsammlung

---

98 Zum JA und zur Bejahung vgl. auch Derrida (1988, 102f).

99 Vgl. dazu auch Bergfleth (1986), der schreibt: »Wenn ›Sur Nietzsche‹ [von Bataille, S.M.] der erste Höhepunkt der Nietzsche-Renaissance ist, so ist das hier vorliegende Buch [gemeint ist »Nietzsche und der Circulus vitiosus deus«, S.M.] von Klossowski, das zuerst 1969 erschien, ihr zweiter Höhepunkt und gewissermaßen ihre Krönung. […] Klossowskis Werk geht auf eine jahrzehntelange Beschäftigung mit Nietzsche zurück, die sich bis zu seiner Mitarbeit an Batailles Nietzsche-Rettung im Jahre 1937 zurückverfolgen läßt und die sich besonders in seinen glänzenden Übersetzungen niederschlug. 1954 übertrug er die ›Fröhliche Wissenschaft‹, wozu er zwei Jahre später einen einführenden Essay schrieb: ›Sur quelques thèmes fondamentaux de la ›Gaya Scienza‹ de Nietzsche‹. Wiederum ein Jahr darauf, 1957, hielt er den Vortrag ›Nietzsche, le polythéisme et la parodie‹, der schon stark auf das Buch vorausweist, in seinem theogonischen Aspekt aber auch darüber hinausgeht.« (Bergfleth 1986, 436f)

100 Vgl. die deutsche Übersetzung »Nietzsche und der Circulus vitiosus deus« (Klossowski 1986); zum Anti-Hegelianismus nach dem Krieg und zur Nietzsche-Rezeption siehe Descombes (1981, 22), der zu Klossowskis Nietzsche-Lektüre schreibt: »Die Hypothese der Ewigen Wiederkehr nimmt in der Spekulation der Nietzscheaner viel Raum ein, und Klossowski hat dafür den Grund benannt: diese Hypothese soll vor allem besagen, daß es nie ein *erstes Mal* (einen Ursprung) gegeben hat und daß es nie ein *letztes Mal* (ein Ende der Geschichte) geben wird. Eine These, die in den Ohren der Phänomenologen grausam klingt und von deren Wirkungen schon einiges an den Destruktionen Derridas ersichtlich wurde. Von daher ergeben sich die Paradoxe, die Klossowski bereitwillig dartut: kein *Original* – das Modell der Kopie ist bereits eine Kopie, die Kopie ist also eine Kopie der Kopie, keine *heuchlerische Maske* – denn das von der Maske verdeckte Gesicht ist bereits eine Maske, jede Maske ist nur Maske einer solchen […].« (Descombes 1981, 215)

liegt etwas Verlorengegangenes, sagen uns Klossowski und Bataille: etwas, was sich der Mitteilung verweigert und dem von Konsens und Hinnahme geprägten Vorbild des liberalen Idealismus auf eindeutigere Weise zuwiderläuft, als man zu sagen vermöchte.« (Monnoyer 2000, 44)

Klossowskis poetischer Beitrag über die »Création du monde« handelt vom Miterleben von Gottes Tod (Klossowski in Bataille et al. 1995, 27, Heft 2): Alles was man sehe, was einen umgebe, scheine wie der Leichnam des Schöpfers zu sein. Klossowski fragt, was denen, die dem Schöpfer in seinen letzten Augenblicken beigestanden haben, von der Welt bleibe, die durch Arbeit von der Rasse der ohnmächtigen Fleißigen zersetzt werde, eine Rasse, krank daran, die Welt nicht im Maßstab der Welt zu besitzen. Wer dem Schöpfer in seinen letzten Augenblicken beigestanden habe, der habe die göttlichen Glieder gesehen, dem Ungeziefer zum Fraß vorgeworfen; wer sich als das posthume Leiden Gottes gefühlt habe und wer beim Begräbnis Gottes die Welt verloren habe, der habe der Gesellschaft keine Rechenschaft mehr abzulegen, er ziehe keine Demarkationslinie zwischen der Natur und sich selbst, er übertrete diese Linie; und verzweifelt darüber, niemals mehr zu erschaffen, verwandele er sich vom Gelehrten, der er war, in gelehrte Natur; und nur aus einem letzten Anflug von wirklich übertriebener Scham und Bescheidenheit, nur aus überflüssiger Rücksicht auf seine Mutter, seine Schwester und seine Zeitgenossen, gibt er sich nach außen liebenswürdig, ernsthaft und friedlich wie ein Professor (Klossowski in Bataille et al. 1995, 27, Heft 2).

Eine Wiedergutmachung von oder an Nietzsche gewann in den dreißiger Jahren ihren Sinn nicht nur aus der Vereinnahmung Nietzsches durch die deutschen Rechten. Auch in Frankreich wurde zuweilen nach Gemeinsamkeiten zwischen Nietzsche und Hitler gesucht – zu nennen sind hier Drieu la Rochelle, Léon Mis, Jean-Edouard Spenlé oder Edmond Vermeil, die auf unterschiedliche Art und vor dem Hintergrund heterogener Intentionen eine Engführung zwischen Nietzsche und dem Nationalsozialismus herbeiführen wollten (vgl. Schober 2000, 44). 1933 bekräftigte allerdings Henri Bolle in der »Revue juive de Genéve«, Nietzsche sei kein Antisemit; als die »Jüdische Rundschau« vom 23. November 1935 konfisziert wurde, geschah dies, weil dort ebenfalls behauptet wurde, dass Nietzsche kein Antisemit sei (vgl. Schober 2000, 46).[101]

---

101 Jacques Derrida schreibt über Nietzsche und seine Indienstnahme durch den Nationalsozialismus: »Achtung, die Aussagen Nietzsches sind nicht dieselben wie die der Naziideologen, und das nicht nur, weil die einen ganz grob und bis zur Äfferei die anderen karikieren. [...] [Es kann] nicht völlig zufällig sein, daß der Diskurs, der in der Gesellschaft und nach bürgerlichen und verlegerischen Normen seinen Namen trägt, den Naziideologen zur legitimierenden Referenz gedient hat; gibt es nichts absolut Kontingentes in der Tatsache, daß die einzige Politik, die ihn *wirklich* wie ein höchstes und offizielles Banner geschwenkt hat, die Nazi-Politik war. Damit sage ich nicht, diese ›nietzschesche‹ Politik sei die einzige je mögliche, auch nicht, daß sie der besten Lektüre des Erbes entspricht, und nicht einmal, daß die, die sich nicht darauf bezogen, ihn besser gelesen haben. Nein. Die Zukunft des Textes Nietzsche ist nicht abgeschlossen. Aber wenn in den noch offenen Umrissen einer Epoche die einzige nietzscheanisch ge-

Klossowski jedenfalls hat nach Ansicht von Walter Seitter auf der »Linie Sade-Nietzsche [...] das Unheil der Moderne, das im 20. Jahrhundert zum Ausbruch kommt, angekündigt und sogar analysiert:« (Seitter 2002, 20):

> »[D]ie Verkettung zwischen den ökonomischen, politischen, anthropologischen und religiösen Weichenstellugen erscheint ihm da in strenger Konsequenz durchkonstruiert. Klossowski ist aber auf der Suche nach der Möglichkeit von Auswegen aus dem Verhängnis, zumindest nach der Formulierung von Auswegen. Er findet sie bei dem französischen ›Utopisten‹ Charles Fourier (1772 – 1835), dessen Gesellschaftsentwurf auf die Harmonie der Leidenschaften abzielt. Fourier teilt viele Voraussetzungen mit Sade: alle Formen des Luststrebens, auch die Perversionen, sind zugelassen; die Menschen sollen weder von Perversionen noch von Neurosen geheilt werden: ebenso ausdrücklich wie in seinem Klosterroman verwirft Klossowski das Angebot der ›psychoanalytischen Therapie‹.« (Seitter 2002, 20f)

In derselben Ausgabe von »Acéphale« rezensiert Klosswoski das Buch »Nietzsches Philosophie der ewigen Wiederkunft des Gleichen« (1935) von Karl Löwith.[102] Bataille bespricht Karl Jaspers »Nietzsche, Einführung in das Verständnis seiner Philosophie« (1936). Er vergleicht Jaspers Buch mit »Nietzsche, sa vie et sa pensée« (1920 – 1931) von Charles Andler: »L'ouvrage de Jaspers répond à un plan analogue à celui d'Andler, maisl il ajoute à ce nouveau ›manuel‹ tout l'intérêt qui touche à la personnalité de Jaspers, l'un de ceux qui rendent vie aujourd'hui à la grande philosophe allemande. Parce qu'il est un philosophe de la tragédie, il a été possible à Jaspers d'entrer dans la philosophie de Nietzsche, d'en suivre le mouvement contradictoire sans jamais le réduire à des conceptions toutes faites.« (Bataille et al. 1995, 28, Heft 2) Einige Seiten zuvor hatte Jean Wahl bereits auf Jaspers Nietzsche-Buch verwiesen. Bataille bekräftigt noch einmal mit der Hilfe von Jaspers Text die Distanz, die zwischen Nietzsche und der »interprétation fasciste« liegt (vgl. Bataille et al. 1995, 28, Heft 2). Das zweite »Acéphale«-Heft endet mit einer Reihe von Ankündigungen diverser Zeitschriften, unter anderem zu Nietzsche, aber auch von Texten von Paul Eluard, André Breton, Kurt Seligmann und Pierre Jean Jouve sowie einem Beitrag mit Zeichnungen von Klossowskis Bruder Balthus.

Das dritte »Acéphale«-Heft ist eine Doppelnummer vom Juli 1937 und steht unter dem Titel »Dionysos« (vgl. Bataille et al. 1995, Heft 3 – 4). Es beinhaltet neben Texten zu Dionysos und Nietzsche, geschrieben von Bataille, Caillois, Monnerot und Klossowski, die Gründungserklärung des *Collège de Sociolgoie*. Eingeleitet wird das Heft wiederum mit einer Zeichnung von André Masson mit dem Titel »Dionysos«. Diese Zeichnung aus dem Jahre 1933 gehörte Bataille (vgl. Clébert 1990, 67) und zeigt vor dem Hintergrund von Tempellandschaften einen kopflosen Dionysos, in der rechten Hand den Dolch des Akephalos vom Titelblatt der Zeitschrift, in der linken

---

nannte (sogenannte) Politik eine Nazi-Politik gewesen ist, ist das notwendig signifikant und muß in seiner ganzen Tragweite befragt werden.« (Derrida und Kittler 2000, 53f)

102 Dieses Buch hat ihn Bernd Mattheus zufolge zu seinem berühmten Werk über »Nietzsche et le cercle vicieux« (1969) angeregt (vgl. Mattheus 1984, 358).

Hand eine mitsamt den Wurzeln herausgerissene Weinrebe mit Trauben, zu der sich eine um die Beine des Dionysos geringelte Schlange emporreckt, während Dionysos seine eigene Brust mit dem Dolch aufschlitzt.[103]

Ebenfalls im Jahre 1933 hatte Walter Otto sein Buch zu Dionysos publiziert; neben Textfragmenten von Löwith, Jaspers und Nietzsche findet man Auszüge aus Ottos Dionysos-Buch zu Beginn der Doppelnummer von »Acéphale« (vgl. Bataille et al. 1995, 3 – 8, Heft 3 – 4). Weitere Zeichnungen von Masson behandeln »La Grèce tragique« (vgl. Bataille et al. 1995, 5, Heft 3 – 4), sie zeigen einen Minotaurus. Die Bedeutung der Minotaurus-Thematik verdankt sich dem gemeinsamen Interesse von Bataille und Masson für die »tragischsten und düstersten Mythen, insbesondere die des Dionysos, des Labyrinths, Theseus, des Minotaurus, des Mithra. […] Der Minotaurus erscheint in einer Folge von Zeichnungen Massons, die 1933 bei Jeanne Bucher zu sehen sind, doch beschäftigt er den Maler schon seit langem.« (Clébert 1990, 48)[104] Im Zusammenhang sowohl mit diesen Zeichnungen als auch mit Dionysos beschreibt Masson seine Differenz zum Surrealismus:

>»Im Gegensatz zu Breton stand für mich fest, daß der Automatismus nie der eigentliche Wert sein würde, sondern der dionysische Geist. Der Automatismus kann sehr gut mit dem dionysischen Geist zusammengehen, denn dieser entspricht einem ekstatischen, explosiven Zustand, der es erlaubt, aus sich herauszugehen, seinen Instinkten freien Lauf zu lassen und der somit zum Automatismus führt. Allerdings ist für mich das dionysische Gefühl dauerhafter als der Automatismus, denn Automatismus heißt befehlendes Bewußtsein. Nietzsche sagte: ›Wenn ich je an einen Gott glaubte, dann an einen tanzenden Gott‹. Breton verabscheute den Tanz im weiteren Sinne des Wortes, also eine physische, etwas unsinnige Befreiung. Er war überhaupt nicht dionysisch. […] Aus sich herausgehen, sich ins Bacchanal stürzen, Gefährliches erleben, sich dem Rausch hingeben und bis zur Pforte des Todes vordringen, dergleichen hat mich immer fasziniert.« (Masson 1990a, 117)[105]

---

103 Diese Zeichnung findet man unter anderem auch im Ausstellungskatalog »Surrealismus 1919 – 1944. Dali, Max Ernst, Magritte, Miró, Picasso … Ausstellungskatalog«, herausgegeben von Werner Spies (2002, 290).

104 »Im selben Jahr 1933 verwandelt sich der ›Minotaure‹ in eine Zeitschrift. Masson erinnert daran, daß Bataille und er es waren, die darauf bestanden, daß die Publikation diesen Namen bekam. Die an ihrer Gründung beteiligten surrealistischen Dissidenten, Tériade, Desnos, Vitrac… wollen sie ›L'Age d'Or‹ (Das goldene Zeitalter‹) nennen, als Hommage an den Film von Buñuel und Dalí, der 1930 herauskam. Bataille und Masson setzen sich damit durch, daß der Minotaurus diese beunruhigende Zeit besser symbolisiert als das illusorische Zeitalter. Picasso oblag es, das Titelbild der ersten Nummer zu zeichnen und entdeckte dabei seinerseits die Faszinationskraft des Ungeheuers, erstes Exemplar einer langen Geschlechterreihe. Masson wird das Titelbild der Nummer 12/13 schaffen.« (Clébert 1990, 50) Vgl. auch Manfred Flügge (2003, 78).

105 Wie der lebenslange Freund von Masson, Michel Leiris, berichtet, habe Masson beim Zeichnen und Malen bestimmte Wörter vor sich her gesagt. Diese Wörter unterstützten ihn bei der Arbeit: »Zu diesen Wörtern gehören ›Verwandlung‹, ›Anziehung‹, ›Sturz‹ (von Körpern) und später auch ›Wirbel‹, ›die alle von Massons Hauptanliegen zeugen: der Bewegung als reiner

Abb. 2: André Masson, Dinoysos. © VG Bild-Kunst, 2004

Eine andere Zeichnung, die in der Doppelnummer 3 – 4 von »Acéphale« zu sehen ist, verbindet den Minotaurus mit Dionysos/Akephalos und trägt den Titel »L'univers dionysiaque«. Sie zeigt einen Minotaurus mit den Merkmalen des Akephalos – Labyrinth im Bauch, Totenkopf an der Stelle der Geschlechtsteile, Dolch und Feuer in seinen Händen – vor dem Hintergrund eines speienden Vulkans, einer Schlange und eines Tempels, während Weinreben aus seinem Schenkel wachsen (vgl. Bataille et al. 1995, 7, Heft 3 – 4). Masson schrieb einmal an Bataille, dass Gesellschaften, die die Mythen ausschließen, lächerlich seien; so müsse auch jede Revolution die leidenschaftliche Seite des Menschen in Betracht ziehen, denn die Menschen blieben auch dann von ihren Leidenschaften beherrscht, wenn sie Volkskommissare seien (vgl. Flügge 2003, 73).

Jules Monnerot, der dem *Collège de sociologie* seinen Namen gab und der sich später vom Collège abwendete, verfasst in »Acéphale« den Text »Dionysos philosophe« (Monnerot in Bataille et al. 1995, 9 – 14, Heft 3 – 4):

> »Le philosophe dionysien, selon Nietzsche, c'est l'intercessur entre le pouvoir et l'ordre. […] Le mythe dionysiaque que Don Juan cherche à conquérir par violence, par ruse et contre tout, éclaire un vie que ne serait ›une autre vie‹ que parce qu'elle serait la vie moins hors d'elle-même. Le mythe de Don Juan nous parle d'un desir incoercible de qui des hommes participent et en qui ils communient, loin de toute égalité abstraite et de toute concession au machinal.[…] La religion dionysienne, organisation collective et sacrée de la recherche de l'extase par l'éréthisme et l'effervescence apparaît à Nietzsche comme un éclair à travers la nuit des temps et sa propre nuit.« (Monnerot in Bataille et al. 1995, 10ff, Heft 3 – 4)

Monnerots Beitrag behandelt Themen, die – wie man noch sehen wird – auch bei den Sitzungen des Collège diskutiert werden: Dionysos, Nietzsche, das Sakrale, die Macht, die kollektive Efferveszenz, Mythen und Don Juan. Bevor auf die Sitzungen des Collège eingegangen wird, sollen jedoch noch die weiteren Hefte und Texte der Zeitschrift »Acéphale« in knapper Form dargestellt werden.

»DER HÖHEPUNKT EINER ZIVILISATION IST EINE KRISE, DIE DIE SOZIALE EXISTENZ ZERSETZT«, so die ersten Zeilen von Batailles »Chronique nietzschéenne« (Bataille et al. 1995, 15 – 23, Heft 3 – 4).[106] Die Nietzsche-Chronik Batailles bildet die Fortsetzung der Nietzsche-Texte aus dem zweiten »Acéphale«-Heft. Für die weiteren Hefte sollte die Nietzsche-Reihe fortgeführt werden. Batailles Ausgangsthese lautet: Große Zivilisationsbewegungen und deren Werte, die die Menschen »in der Morgenröte einer jeden Gärung zusammengeführt hatten«, büßen mitsamt ihren heiligen Personen, Orten, Namen und Gesetzen auf dem Höhepunkt ihrer Entwicklung einen Teil ihrer Kraft ein (vgl. Bataille 1999c, 184): »[D]as Individuum entwickelt sich also korrosiv auf Kosten der Gesellschaft, und das erleichterte indivi-

---

Veränderung innerhalb einer zeitlichen Dauer‹. Bergsons Begriff der *durée* spielt in diesem Zusammenhang sicher eine wesentliche Rolle, wichtiger aber noch für Masson ist aber Heraklits Idee von Veränderung und Fluß.« (Ades 2003, 21)

106   Hier aus der deutschen Übersetzung in Bataille (1999c, 181 – 202).

duelle Leben bekommt manchmal eine dramatische Bedeutung. Die Gestalt der lebendigen Gemeinschaft büßt nach und nach den tragischen, zugleich kindlichen und furchtbaren Aspekt ein, der jedes Wesen bis in seine am heimlichsten aufgerissene Wunde hinein erreichte; sie büßt die Macht ein, die totale religiöse Erregung hervorzurufen, die bis zur ekstatischen Trunkenheit wächst, wenn die Existenz ihr begierig geöffnet ist.« (Bataille 1999c, 184)[107] Bataille spricht von einer gleichsam zyklischen Bewegung von Aufbau und Zersetzung der Zivilisationen. In einer Fußnote bemerkt er mit Blick auf die ägyptische, chinesische und abendländische Zivilisation, dass in jedem Zyklus Gestalt und Aufeinanderfolge der Fakten unterschiedlich sei, aber die »Koinzidenz von sozialen Unruhen, Dekadenz heiliger Werte und Bereicherung des individuellen Lebens ist konstant; genauso verhält es sich mit der Wiederzusammensetzung, die der Krise folgt.« (Bataille 1999c, 185)

Für die Regeneration des Sozialen nach einer Krise gibt es unterschiedliche Möglichkeiten. Eine Möglichkeit der Wiederzusammensetzung, der Bataille allerdings nicht folgt, ist der Faschismus:

> »Durch eine Neubesohlung, die es der Existenz gestattet, aufs neue unter der Peitsche der harten Notwendigkeit zu marschieren, beginnt die WIEDERZUSAMMENSETZUNG DER HEILIGEN WERTE. Die wiedereingesetzten Pharaonen, die römischen Cäsaren und die Führer revolutionärer Parteien, die heute die Hälfte der Bewohner Europas behext haben, haben der Hoffnung Genüge getan, aufs neue das Leben auf einen fraglosen Impuls zu gründen.[…] In dem Maße, in dem die Sehnsucht nach einer Gemeinschaft fortbesteht, in der jedes Wesen etwas finden würde, das tragischer gespannt wäre als in ihm selbst, in diesem Maße hat die Sorge um die Wiedererlangung nach der verlorenen Welt, die bei der Entstehung des Faschismus eine Rolle gespielt hat, nur die militärische Disziplin zum Ergebnis, sowie die begrenzte Beschwichtigung, die eine Brutalität bewirkt, die mit Wut all das zerstört, was zu verführen sie nicht die Macht hat.« (Bataille 1999c, 188)[108]

Während demnach der Faschismus eine an der Vergangenheit orientierte Zusammensetzung bildet, die in den Augen Batailles beschränkt, monarchisch und eine Stagnation des Lebens ist, so gibt es seiner Ansicht nach auch andere Wege der sozialen Kohäsion, beispielsweise die »Bande der Brüderlichkeit«, deren Versammlungszweck keine bestimmte Handlung ist, sondern »die Existenz selbst, DIE EXISTENZ, DAS HEISST: DIE TRAGÖDIE.« (Bataille 1999c, 190)[109] Einen Ausweg aus der Krise sieht Bataille demnach in einem tragischen, das meint für ihn, in einem erneuernden, freien und in die Zukunft orientierten Sein.

Der tragisch-dionysische Weg, Nietzsche-Dionysos, ist nach Bataille ein Weg der Zukunft; er erlöse das Leben von der Knechtschaft, was für Bataille soviel heißt wie von der Strafe der Vergangenheit, ebenso wie von der religiösen Demut und den Irr-

---

107 Siehe auch Bataille et al. (1995, 16, Heft 3–4).
108 Vgl. Bataille et al. (1995, 17, Heft 3–4).
109 Siehe Bataille et al. (1995, 18, Heft 3–4).

tümern der Romantik (Bataille 1999c, 193): Seine Thesen fasst Bataille in Großbuchstaben zusammen:

»DER KRITISCHEN PHASE DER ZERSETZUNG EINER ZIVILISATION FOLGT REGELMÄSSIG EINE WIEDERZUSAMMENSETZUNG; DIE SICH IN ZWEI UNTERSCHIEDLICHEN RICHTUNGEN ENTWICKELT: DER WIEDERHERSTELLUNG DER RELIGIÖSEN ELEMENTE DER ZIVILEN UND MILITÄRISCHEN SOUVERÄNITÄT, DIE DIE EXISTENZ AN DIE *VERGANGENHEIT* KETTEN, FOLGT ODER IST GEPAART DIE GEBURT FREIER UND BEFFREIENDER HEILIGER GESTALTEN UND MYTHEN, DIE DAS LEBEN *ERNEUERN* UND AUS IHM DAS MACHEN, WAS SICH IN DER *ZUKUNFT* ABSPIELT, WAS ALLEIN EINER *ZUKUNFT* ANGEHÖRT.« (Bataille 1999c, 192)[110]

Die Tragödie von Numantia wird Bataille zum Sinnbild einer »Größe des Volkes im Kampf gegen die Unterdrückung der Mächtigen« (Bataille 1999c, 199). Im Kampf gegen den Faschismus, der weit davon entfernt sei, der kommuniellen Einheit der Menschen Genüge zu tun (vgl. Bataille 1999c, 197), wirke die antifaschistische Bewegung, vergleicht man sie mit Numantia, wie eine »belanglose Menschenmasse, wie eine gewaltige Zersetzung von Menschen, die nur die Ablehnung miteinander verbindet.« (Bataille 1999c, 199) Was ist aber »Numantia«? Was meint Bataille mit »Größe im Kampf gegen die Unterdrückung«?

Wie Bataille in einer Fußnote erläutert, wurde »Numantia«, die Tragödie von Cervantes, im April und Mai 1937 von Jean-Louis Barrault aufgeführt (vgl. Bataille 1999c, 194). Für die Aufführung gestaltete André Masson das Bühnenbild, »in dem die wesentlichen Themen der mythischen Existenz ihren vollen Glanz wiederfanden.« (Bataille 1999c, 194) Im Mittelpunkt des Bühnenbildes von Masson steht ein Stierkopf, der zwischen seinen Hörnern einen Totenschädel hält.[111] Eine Zeichnung dieses Stierkopfs – sie trägt den Titel »Le taureau de ›Numance‹«– ist dem Text von Bataille vorangestellt (vgl. Bataille et al. 1995, 15, Heft 3–4), sie findet sich wieder am Ende der »Acéphale«-Produktion von Leiris, seinem dem Andenken von Colette Peignot gewidmeten Text »Spiegel der Tauromachie« (Leiris 1982b). Um was geht es nun in dem Stück »Numantia«? »Thema von Numantia ist der unversöhnliche Krieg, den der römische Feldherr Scipio gegen die aufständischen Numantier führt; belagert und erschöpft, töten sich diese eher, als daß sie sich ergeben.« (Bataille 1999c, 194)[112]

Die Aufführung des Stückes von Barrault ist vor dem Hintergrund des Spanischen Bürgerkriegs zu betrachten. Bataille will dem Faschismus eine Gegenbewegung entgegenstellen, wie er sie in Numantia sieht. Oberflächlich sei es allerdings, wenn man

---

110 Vgl. Bataille et al. (1995, 17, Heft 3–4).

111 Das Bühnenbild findet sich unter anderem in dem Band »André Masson et le Theatre« (Masson 1983, 33–35) und in den Gesammelten Schriften von Masson (1990a, 306). In der Frühzeit ist Dionysos bei den Thrakiern oft als Stier bzw. in Stiergestalt erschienen, wie Will-Erich Peuckert (2003, 236) schreibt.

112 Vgl. die Fußnote in Bataille et al. (1995, 23, Heft 3–4).

Numantia nur deswegen »liebt, weil man darin den Ausdruck des gegenwärtigen Kampfes erblickt [...].« (Bataille 1999c, 199) Vielmehr zeige Numantia nach Bataille eine *allgemeine* Größe im Kampf gegen die Unterdrückung und eine größere Gewissheit in der Welt der Politik auf, weil

> »der eröffnete Kampf nur in dem Maße eine Bedeutung annehmen und wirksam werden wird, in dem das faschistische Elend vor sich auf etwas anderes stößt als auf erregte Verneinung: die Herzensgemeinschaft, deren Sinnbild Numantia ist. [...] DER CÄSARISCHEN EINHEIT, DIE EIN FÜHRER GRÜNDET, WIDERSETZT SICH DIE GEMEINSCHAFT OHNE FÜHRER, DIE DAS OBSESSIVE SINNBILD EINER TRAGÖDIE VERBINDET. Das Leben fordert versammelte Menschen, und die Menschen versammelt nur ein Führer oder eine Tragödie. Die menschliche Gemeinschaft OHNE KOPF suchen heißt die Tragödie suchen: die Tötung des Führers ist selbst eine Tragödie; sie bleibt Erfordernis der Tragödie.« (Bataille 1999c, 100f)[113]

Es gilt, den Führer zu töten. Bataille ist fasziniert von der Vorstellung eines tragischen Kampfes. Auf Batailles fast zynisch anmutenden Vorschlag, auf die Unterdrückung mit der Tragödie zu antworten, folgt ein Beitrag von Caillois.

War er auch nicht bei der Geheimgesellschaft dabei, so nahm Caillois doch an der Zeitschrift »Acéphale« teil. Er hatte seine Beteiligung beim zweiten Heft aus Zeitmangel abgesagt (vgl. Felgine 1994, 142), bei der Doppelnummer 3–4 schrieb er jedoch einen Text über die »dionysischen Tugenden« (»Les vertus dionysiaques«) (Caillois in Bataille et al. 1995, 24–26, Heft 3–4): Ein rein individuell erlebter Rausch isoliere den Menschen, so Caillois. In seinem Text greift er das Thema der kollektiven und sakralen Feste auf. Die dionysischen Mysterien seien im Gegensatz zu den geschlossenen, lokalen Kulten der Städte offen und universell gewesen (Caillois in Bataille et al. 1995, 25, Heft 3–4). Der wesentliche Wert der dionysischen Mysterien lag genau darin, dass sie Menschen zusammenbrachten, indem sie den Rausch sozialisierten; allein genossen, trenne der Rausch die Individuen: »Mieux, il [le dionysisme, S.M.] faisait de la participation à l'extase et de l'appréhension en commun du sacré le ciment *unique* de la collectivité qu'il fondait [...].« (Caillois in Bataille et al. 1995, 25, Heft 3–4)

Die Dionysien waren revolutionär, denn es war von besonderer Bedeutung, dass sie mit dem Protest der ländlichen Bevölkerung gegen die städtischen Partizier zusammentrafen. Die dionysischen Mysterien waren zunächst eine Art Gegenkultur zur legitimen Kultur. Zur selben Zeit, zu der sie praktiziert wurden, wechselten nach Caillois die Werte: »les pôles du sacré, l'ignoble et le saint, permutent. Ce qui était en marge avec la si intéressante défaveur attachée à cette expression, devient constitutif de l'ordre et en quelque sort *nodal*: l'asocial (ce qui paraissait tel) rassemble les énergies collectives, les cristallise, les émeut – et se montre force de *sursocialisation*.« (Caillois in Bataille et al. 1995, 25, Heft 3–4)[114]

---

113 Vgl. Bataille et al. (1995, 21f, Heft 3–4)
114 Zur *sursocialisation* vgl. auch Caillois' Collège-Beitrag »Le vent d'hiver« (hier Caillois 1995e, 337).

Mit »dionysischen Tugenden« meint Caillois demnach das, was die Menschen aufgrund der kollektiv praktizierten und erlebten dionysischen Werte, Rituale und Mystiken miteinander verbindet; seiner Ansicht nach sollten Kollektive die dionysischen Tugenden zum alleinigen Grund des sozialen Zusammenhalts machen, vor jeglichen geographischen, historischen, rassischen oder linguistischen Bestimmungen (Caillois in Bataille et al. 1995, 25, Heft 3–4).

Auf den Beitrag von Roger Caillois folgte die bereits erwähnte Gründungserklärung des *Collège de Sociologie*. Sie ist mit dem Hinweis versehen, dass die Erklärung bereits seit März 1937 redigiert wurde und das Collège im Oktober seine theoretisch orientierten Aktivitäten wöchentlich aufnehmen werde (vgl. Bataille et al. 1995, 26, Heft 3–4).

Im Anschluss an die Gründungserklärung schreibt Pierre Klossowski über »Don Juan selon Kierkegaard« (Klossowski in Bataille et al. 1995, 27–32, Heft 3–4): »Kierkegaard ne pouvait en son temps connaître la signification des mystères dionysiens. A plus forte raison devait-il porté de par sa nature à chercher l'élément dionysiaque dans le monde de la sensibilité chrétienne, à le presentir et à le trouver en l'occurence dans l'œuvre exaltante de Mozart.« (Klossowski in Bataille et al. 1995, 28, Heft 3–4) Klossowski wird knapp ein Jahr später beim *Collège de Sociologie* in einem Vortrag auf Kierkegaard, zurückkommen.

Als der Zweite Weltkrieg ausbrach, kehrte Klosswoski den Pariser Intellektuellen den Rücken – Walter Seitter zufolge vielleicht mit der Absicht, nie wieder ins Intellektuellenleben zurückzukehren: »Er, der sich immer zur Kirche bekannt hatte und deswegen auch von Georges Bataille bei aller Freundschaft auch distanziert betrachtet wurde, wandte sich dem Mönchtum zu. Er wurde Novize bei den Dominikanern und studierte bei den besten Theologen Frankreichs, hauptsächlich in Lyon. Möglicherweise versuchte er es auch bei einem anderen Orden. 1943 ging er nach Paris zurück und verkehrte in einem katholischen Intellektuellenkreis um Marcel Moré, Marie-Madeleine Davy, Louis Massignon.« (Seitter 2002, 15) Kurzfristig wandte er sich dem Protestantismus zu, wurde aber 1945 wieder Katholik. Im selben Jahr begann er von neuem, zu übersetzen und philosophische Beiträge zu verfassen.[115]

Drei weitere Ausgaben von »Acéphale« kamen aus Geldmangel nicht zustande: Zum einen war für November 1937 ein Heft zur »Nietzscheanischen Politik« geplant und zum anderen eine Ausgabe über Erotik, die bereits in »Acéphale« Nr. 3–4 angekündigt wurde. Darüber hinaus sollte es Bataille zufolge eine Spezialnummer über Geheimgesellschaften geben, wie einem Brief vom 3. März 1938 an Caillois zu entnehmen ist (vgl. Bataille 1987*b*, 83).

Anlässlich einer Versammlung vom 24. September 1937 bemerkte Bataille zur Verbindung zwischen »Acéphale« und dem Collège: »Dans le texte que nous intitulerons ›Politique nietzschéenne‹, nous opposerons la compréhension nietzschéenne du com-

---

115 Walter Seitter zufolge gelten die Abschnitte zwischen 1939 und 1945 in Klossowskis Leben als religiöse Krise. Dieser Krisenzeit widmet Klosswoksi seinen 1950 veröffentlichten Roman »La vocation suspendu« (vgl. Seitter 2002, 15).

bat à la compréhension marxiste; nous affirmerons que notre combat doit avoir lieu contre la masse à laquelle nous nous sentons tenus d'imposer sa chance.« (Bataille 1999*b*, 405) Das *Collège de Sociologie* solle die theoretische Basis dieser »Nietzscheanischen Politik« sein.

In der geplanten Ausgabe zur Erotik, die in den ersten Monaten des Jahres 1938 erscheinen sollte, waren Beiträge von André Masson, Pierre Klossowski, Maurice Heine, Georges Bataille und Michel Leiris vorgesehen.[116] In einem Interview äußerte Masson, dass das Heft sensationell geworden wäre: »Mais je ne sais pas si mes dessins n'auraient pas empêcher la publication. J'ai eu toujours des ennuis avec mes dessins erotiques. C'est pour cela que je vous ai dit l'autre jour que l'érotisme reste subversif. [...] Croyez bien que ce sont des dessins érotiques qui ne sont pas du tout dans la tradition. Il s'agit d'un érotisme surtout tellurique ... – C'est-à-dire? – Le premier dessin, je l'ai titré: ›Terre érotique‹. C'est uns sorte d'universalisme érotique [...].« (Charbonnier 1985, 117)

Im November 1938 veröffentlichte Michel Leiris in der »Nouvelle Revue Française« den Text »Miroir de la tauromachie« (Leiris 1982*b*). Der Beitrag wird ein zweites Mal in der neu geschaffenen *Collection »Acéphale«* veröffentlicht, gewidmet dem Andenken an Colette Peignot (Laure) und illustriert mit Zeichnungen von André Masson, der in einem Brief an Leiris schreibt, dass ihm selten die Realisierung eines Buches so viel Spaß gemacht habe (vgl. Masson 1990*b*, 395).[117] Geplant war ein weiterer Titel der *Collection »Acéphale«* von Maurice Heine über ein »Tableau de l'amour macabre« (vgl. dazu die Fußnoten in Bataille 1970*b*, 674). Nach Angaben von Bernd Mattheus war auch eine ebenfalls von Masson illustrierte Blake-Monographie ins Auge gefasst worden, zu der es, wie im Falle des Buches von Maurice Heine, aber nicht kam (vgl. Mattheus 1984, 413).

Im Vorwort zu seinem nach dem Krieg publizierten und Michel Leiris gewidmeten Werk »L'Érotisme« (dt. »Der heilige Eros«) hebt Bataille die besondere Bedeutung von Leiris' »Spiegel der Tauromachie/Miroir de la tauromachie« hervor. Leiris sehe die Erotik als eine Erfahrung an, die das Leben selbst vermittelt; sie sei kein Objekt der Wissenschaft als vielmehr ein Objekt der Leidenschaft, »und in einem tieferen Sinn der poetischen Versenkung.« (Bataille 1982, 9)

Leiris entfaltete seine poetische Anthropologie vollends in der Bataille gewidmeten und 1939 verfassten Auto-Ethno-Biographie »Mannesalter«, in der die Tauromachie einen zentralen Stellenwert einnimmt. Gleich zu Beginn dieser minutiösen Selbstent-

---

116 Bataille schrieb zur Erotik-Ausgabe: »Dans le recueil que nous consarerons à l'érotisme, nous montrerons ce que révèle la nature de l'objet érotique sur la nature elle-même; en même temps nous rendrons sensible ce qui lie l'homme actuel à une révélation, à ce point qu'il doit maintenant comprendre qu'il doit ou renoncer à être ou s'imposer à la masse qui aujourd'hui l'ignore encore.« (Bataille 1999*b*, 405)

117 Massons Brief ist vom 25. August 1938: »J'ai reçu deux exemplaires du ›Miroir‹ – Rarement la réalisation d'un livre m'a fait autant plaisir. – Bataille aussi est très chaud à ce sujet.« (Masson 1990*b*, 395)

blößung und Erforschung seines eigenen Lebens charakterisiert Leiris die Literatur als Stierkampf.[118] Er schreibt über sich selbst:

»Ein Problem quälte ihn, verschaffte ihm ein schlechtes Gewissen, hinderte ihn am Schreiben: ist das, was auf dem Gebiete der Schriftstellerei vor sich geht, nicht jeden Wertes bar, wenn es ›ästhetisch‹ bleibt, harmlos und straffrei? Wenn es in dem Vorgang, ein Werk zu schreiben, nicht etwas gibt, das (und hier schiebt sich eines der dem Verfasser besonders teuren Bilder ein) etwas, das dem entspräche, was für den *Stierkämpfer* das spitze Horn des Stieres ist? Denn einzig und allein diese materielle Bedrohung verleiht seiner Kunst eine menschliche Realität und bewahrt sie davor, nichts weiter zu sein als eitle Grazie einer Ballerina. Gewisse Anfechtungen seelischer oder sexueller Art bloßzulegen, gewisse Schwächen und Verzagtheiten, deren er sich am meisten schämt, öffentlich zu bekennen, darin bestand für den Verfasser das Mittel – ein grobes, gewiß, aber er gibt es an andere weiter, in der Hoffnung, es verbessert zu sehen –, wenigstens den Schatten eines Stierhornes in ein literarisches Werk hineinzubringen.« (Leiris 1975, 8)

Wie Leiris in seinem »Spiegel der Tauromachie« betont, können gewisse Orte, Gegenstände oder Ereignisse das Gefühl in uns erwecken, mit dem Verborgensten in Kontakt zu treten; dabei scheine es so, als ob diese Orte, Ereignisse oder Umstände die Macht besitzen, Elemente aus der Tiefenschicht unseres Lebens hervorzurufen, um dann sogleich wieder im Dunkeln zu verschwinden (vgl. Leiris 1982*b*, 31). Das Nacheinander von Spannungen und Entspannungen sei nicht nur im affektiven oder sexuellen Geschehen vorhanden, sondern gleiche einer »Alternanz von Sakralisierungs- und Entsakralisierungsvorgängen«, die nach Marcel Mauss eigentlich allen religiösen Aktivitäten inhärent seien, ebenso sei dies vergleichbar mit dem Rhythmus im ästhetischen Bereich oder mit dem Lustempfinden in Sport- und Spielarten: »sie alle sind, jeweils auf ihre Weise, mit dieser ergreifend-erregenden Dynamik verwandt, die jedem Augenblick, in dem wir glauben, endlich erfüllt zu sein, mit uns selbst und mit der Welt zu harmonieren, den Anschein eines Tangentialpunktes verleiht, d. h. eines kurzen Paroxysmus, der nicht länger als ein Blitz währt und sein Aufleuchten allein der Tatsache verdankt, daß er sich im Schnittpunkt einer Vereinigung mit einer Trennung, einer Akkumulation mit einer Verausgabung befindet. Ähnlich dem Gott des Cusanus, der in dem Maße, wie er die Gesamtheit aller Linien mit ihren Abweichungen umfaßt, absolut ist, aber auch dadurch auseinanderbirst.« (Leiris 1982*b*, 33ff) In einer Zeit »wie der unsrigen«, so Leiris kurz vor dem Krieg, »die vom Prinzip der unmittelbaren Notwendigkeit ganz beherrscht« und durch eine »totale Preisgabe an einen engstirnigen Empirismus« geprägt sei, seien diese, einer Offenbarung ähnlichen Paroxysmen immer seltener (vgl. Leiris 1982*b*, 35ff).

---

118 Michel Foucault kommt auf die Verbindung zwischen Werk und Stierkampf in seiner »Vorrede zur Überschreitung« zurück, vgl. Foucault (2001*d*, 341). Im Zusammenhang zum Stierkampf, der sowohl Bataille als auch Leiris faszinierte, stehen auch die Briefwechsel zwischen André Castel und Michel Leiris (vgl. Leiris und Castel 2002).

Leiris' Zeilen aus dem »Spiegel der Tauromachie« erinnern nicht nur an Themen der Zeitschrift »Acéphale«, sondern insbesondere auch an die beim Collège behandelten Sakralisierungsprozesse.[119] Deutlich wird dies unter anderem in seiner Bemerkung, dass man entgegen den Prinzipien der unmittelbaren Notwendigkeit seiner Zeit in anderen Kulturen und in anderen Jahrhunderten sowohl Riten, Spiele als auch Festgebräuche beobachten könne, bei denen die »Gefühlsregungen als natürliches Ventil dienen, und dank derer der Mensch glauben kann, wenigstens eine gewisse Zeitlang, mit der Welt einen Pakt geschlossen und zu sich selbst gefunden zu haben.« (Leiris 1982*b*, 37) Heutzutage seien keine »Auslaufmöglichkeiten für diese unterirdischen Regungen« mehr gegeben, und wenn, »dann nur sporadisch, fragmentarisch, aufs Geratewohl oder in der versüßten Form künstlerischer Kreation, die ihrerseits nicht mehr im kollektiven Enthusiasmus verwurzelt ist. Daher diese Langeweile, dieses Gefühl verstümmelten Lebens, die so lastend werden können, daß einigen Menschen sogar grauenhafte Umstände wünschenswert erscheinen, weil sie da wenigstens unsere Existenz als ganze aufs Spiel setzen.« (Leiris 1982*b*, 37ff)

Der besondere Wert der spanischen Corrida sei genau darin zu sehen, dass sie gerade beim gegenwärtigen Mangel an Festlichkeit einem der antiken Tragödie analogen Schema folge und im Abendland als Einzige noch den Erwartungen entspreche, der ein jedes Schauspiel genügen sollte (vgl. Leiris 1982*b*, 39).[120] In der Tauromachie spiegeln sich Leiris zufolge unsere eigenen Emotionen wieder und es offenbaren sich die dunklen Seiten der Menschheit: »Wenn wir die tauromachische Kunst unter dem Gesichtspunkt ihrer Querverbindungen, ganz besonders zum erotischen Geschehen, analysieren, gehört sie, unserer Ansicht nach, zu jenen enthüllenden Ereignissen, die,

---

119 Den direkten Bezug zwischen der Tauromachie und dem Sakralen verdeutlicht Leiris auch in seinem Buch über »Bacon, Picasso, Masson«, in dem es heißt: »Mit Hilfe der Stierkämpfe führt uns André Masson an den Brennpunkt der Kunst: Krieg auf Gedeih und Verderb zwischen dem Schöpfer und seinem Werk, zwischen dem Schöpfer und sich selbst, zwischen Subjekt und Objekt, fruchtbare Dichotomie, blutiger Waffengang, in den das ganze Individuum verwickelt ist, allerletzte Gelegenheit für den menschen – falls er bereit ist, sich in ihm bis aufs Mark seiner Knochen aufs Spiel zu setzen –, ein *Heiliges* Gestalt werden zu lassen.« (Leiris 1982*a*, 77)

120 In »André Masson oder der Maler als Matador« vergleicht Leiris die Corrida ebenfalls mit der Tragödie. Masson war auch von der »erotischen Atmosphäre der Corridas gefesselt. Und wenn er Michel Leiris' ›Spiegel der Tauromachie‹ (Miroir de la Tauromachie) illustrieren wird, nimmt die Frau aktiv am Kampf des Mannes teil, alle drei werden (wie Ariadne, Theseus und der Minotaurus) in einer rasenden Brunst fortgerissen.« (Clébert 1990, 53) Darüber hinaus wird nicht nur der Schriftsteller zum Matador, sondern in den Augen von Leiris auch der Maler André Masson selbst: »In der Arena des weißen Papiers oder der Leinwand verfolgen wir das Abenteuer der Linie durch die Verwandlung der Tusche oder der Farben, und es scheint, als wären wir Zeugen der Entwicklung von etwas Lebendigem, das geboren wird, wächst, sich bewegt und fortpflanzt. Eine solche ständig wogende und im Wandel begriffene Malerei (von der man sagen könnte, sie sei wesentlich ›genetisch‹) mußte in einem besonderen Resonanzverhältnis zum Stierkampf stehen. Dies so sehr, daß man sich André Masson mit Pinsel und Palette bei der Arbeit nur schwerlich anders vorstellen kann, denn als *Matador*, der mit Stoßdegen und *Muleta* gerüstet eine große *Faena* ausführt.« (Leiris 1990, 88)

insofern sie aufgrund von Übereinstimmungen oder Analogie wirken, uns gewisse dunkle Stellen unseres eigenen Wesens offenbaren, und deren emotive Durchschlagskraft darin gründet, daß sie Spiegelungen unserer eigenen Emotion sind, die in ihnen objektiviert, gleichsam präfiguriert, eingefangen ist.« (Leiris 1982*b*, 39)

Die Tauromachie ist der Erotik analog (vgl. Leiris 1982*b*, 83). Sie ist ein Spiel von Anziehung und Abstoßung – ein Thema, über das insbesondere Bataille am Collège vorträgt –, ein Spiel voller Kontraste und eine »tragische Kunst« voller dionysischer Kräfte. Sie ist Sinnbild dessen, dass sich immer alles zwischen den beiden lebendigen Polen des Sakralen abspielt, von denen bereits Robert Hertz gesprochen hat: »einerseits das *rechte-gerade* Element, souverän, formspendend, von ewiger Schönheit, andererseits das *linke-schiefe*, finstere, das auf der Seite des Unglücks, des Unfalls, der Sünde steht.« (Leiris 1982*b*, 59) Von anderen körperlichen Aktivitäten wie beispielsweise einer athletischen Sportart sei die Erotik gerade aus dem Grund verschieden, weil in ihr das linke-schiefe Element anwesend sei, »dessen Verzahnung mit dem geraden ein Gefühl von *Sakralem*« hervorrufe (Leiris 1982*b*, 101).

Die letzte Ausgabe von »Acéphale« erscheint im Juni 1939 und enthält drei Texte von Bataille: »La folie de Nietzsche«, »la menace de guerre« und einen Text, der an die bei der Geheimgesellschaft *Acéphale* thematisierte »Todesfreude« erinnert: »La pratique de la ›joie devant la mort‹« (vgl. Bataille et al. 1995, 1–23, Heft 5). In der Zeitschrift finden sich keine Zeichnungen von Masson mehr und keine Anzeigen; ihr Auslieferungsort sind die »Galéries du Livre« in der Rue Gay-Lussac, der Versammlungsort des *Collège de Sociologie*. »Wahnsinn, Krieg und Tod« sind die Leitbegriffe, mit der das fünfte Heft überschrieben ist und mit denen wiederum Nietzsche ins Gedächtnis gerufen wird.

»Am 3. Januar 1889,
vor fünfzig Jahren,
erlag Nietzsche dem Wahnsinn:
auf der Piazza Carlo-Alberto in Turin
fiel er schluchzend
einem geprügelten Pferd um den Hals
und brach zusammen;
als er erwachte, glaubte er, er sei
DIONYSOS
oder
DER GEKREUZIGTE.
Dieses Ereignisses
muß gedacht werden
wie einer Tragödie.
Zarathustra hatte gesagt:
›Stets, wenn es befiehlt,
wagt das Lebendige sich selber dran.
Ja noch, wenn es sich selber befiehlt:
auch da noch muss es sein Befehlen büssen.

Seinem eignen Gesetze
muss es Richter und Rächer
und OPFER werden.«« (Bataille 1999*c*, 205)[121]

Den ersten Beitrag lässt Bataille mit Nietzsches Wahnsinn beginnen. Nietzsche unterzeichnete seit seiner Bewusstseinstrübung seine Briefe mit den Namen »Dionysos« oder mit »Der Gekreuzigte«. Klossowksi wird viele Jahre später ebenfalls über Nietzsches Wahnsinn schreiben. Wie Klossowski meint, war sich Nietzsche aber niemals im Unklaren über seine Verfassung: »er *simulierte* Dionysos oder den Gekreuzigten, und er genoß diese Ungeheuerlichkeit. Gerade in diesem Genuß besteht der Wahnsinn: keiner kann beurteilen, in welchem Maße *diese Simulation vollkommen und absolut ist*.« (Klossowski 1986, 361) Nietzsche ist sich bewusst, dass er nicht mehr Nietzsche ist. Dass Nietzsche mit diesen beiden Namen unterschreibt, beweist nach Klosswoski das Bedürfnis nach einem Gleichgewicht, das auch noch in seinen Briefen an Jakob Burckhardt deutlich wird (vgl. Klossowski 1986, 364).[122]

Bataille meint zu Beginn seines ersten Beitrags, dass alle Menschen Angst haben, selbst wahnsinnig zu werden (vgl. Bataille et al. 1995, 3, Heft 5). Der dionysische und wahnsinnige Mensch jedoch verkörpere die vollständige Existenz.[123] Um seine These zu bestärken, greift Bataille auf Blake zurück, der in seinen »Sprichwörtern der Hölle« behauptet, dass wir wahnsinnig sein müssten, wenn es nicht andere wären. Bataille zieht daraus folgenden Schluss: »Der Wahnsinn darf nicht aus der menschlichen *Ganzheit* verstoßen werden, die ohne den Wahnsinnigen nicht vollkommen wäre. Indem Nietzsche wahnsinnig wurde – an unserer Statt –, machte er diese Ganzheit möglich […].« (Bataille 1999*c*, 210)[124]

Bataille geht es weniger um eine Beschwörung des Wahnsinns als vielmehr um das tragische Ereignis; wer erkenne, dass allein der Wahnsinn den Menschen vollendet, der könne zum Opfer seines eigenen Gesetzes werden. Die Ganzheit des Lebens ist für Bataille an die Tragödie gebunden: »Wer sich so sehr im Nachdenken über die Tragödie erzogen hat, wird also – statt sich im ›symbolischen Ausdruck‹ der zerrüttenden Kräfte zu gefallen – denjenigen, die ihm gleichen, die Konsequenzen beibringen müssen. Er wird sie durch seine Hartnäckigkeit und Festigkeit dazu führen müssen, sich zu organisieren, damit sie, verglichen mit den Faschisten und den Christen, aufhören, die Jammergestalten zu sein, die von ihren Gegnern verachtet werden.« (Bataille 1999*c*, 212)[125]

---

121 Siehe Bataille et al. (1995, 1 – 2, Heft 5).

122 »Der Gegensatz von Dionysos oder Zarathustra zu Christus stellt keinen dialektischen Gegensatz, vielmehr den Gegensatz zur Dialektik selbst dar: die differentielle Bejahung gegen die dialektische Verneinung, gegen jeden Nihilismus und jene besondere Form des Nihilismus.« (Deleuze 1976, 22)

123 Die von Marcel Mauss ausgehende Theorie des vollständigen Menschen findet man auch beim Collège wieder.

124 Vgl. Bataille et al. (1995, 6, Heft 5). Vgl. auch die Abschnitte zu diesem »Acéphale«-Heft bei Mattheus (1984).

125 Vgl. Bataille et al. (1995, 8, Heft 5). Zur Tragik bei Nietzsche schreibt Deleuze: »Das Tragische ist allein in der Vielheit, in der Diversität der Bejahung *als solcher*. Was das Tragische defi-

Der zweite Beitrag des letzten »Acéphale«-Heftes handelt von der Kriegsgefahr und beginnt mit einem Epigraph von Saint-Just, in dem es heißt, es gebe nur schwierige Umstände für die, die vor dem Tod zurückweichen (vgl. Bataille et al. 1995, 9, Heft 5). Bataille macht – ähnlich wie auf einer Collège-Sitzung vom 19.3.1938 oder bei der Gruppe *Acéphale* – auf die dringende Notwendigkeit aufmerksam, sich zu organisieren, indem man eine Kirche bildet: »Si l'on se propose d'aller jusqu'au bout de la destinée humaine, il est impossible de rester seul, il faut former une véritable Eglise, il faut revendiquer un ›pouvoir spirituel‹ et constituer une force capable de développement et d'influence. « (Bataille et al. 1995, 9f, Heft 5) Während der Faschismus jeglichen Wert knechtisch der Arbeit und dem Kampf unterordne, so sollten die Werte der besagten Kirche weder militärisch noch ökonomisch sein, auch seien ihr nationale Interessen und große demokratische Wörter fremd (vgl. Bataille et al. 1995, 10, Heft 5). »Les valeurs de cette Eglise devraient être du même ordre que les évaluations traditionnelles qui placent la Tragédie au sommet: indépendamment des résultats politiques, il est impossible de regarder une descente de l'univers humain aux enfers comme privée de sens.« (Bataille et al. 1995, 10, Heft 5)

Die absolute Bejahung ist nach Bataille die Bejahung des Todes, sie zeigt das affirmative Element der tragisch-dionysischen Existenz auf. Während die christliche Freude eine Freude über die »Auflösung« des Schmerzes oder dessen Übertragung auf Gott ist (vgl. Deleuze 1976, 20), so ist die im letzten »Acéphale«-Beitrag verfasste »Einübung der Todesfreude« (»La pratique de la joie devant la mort«) dionysisch, sie bejaht sogar noch das Leiden und wertet es um. Es gehört zum Dionysischen der tragische Widerspruch und der Geist der Doppelseitigkeit (vgl. Otto 1939, 75), wie er auch in Batailles Beitrag über die Todesfreude zutage tritt; Dionysos verkörpert die Gegensätze von Leben und Tod (vgl. Otto 1939, 109).[126]

Es verwundert kaum, dass Batailles Ausführungen zur Todesfreude am Vorabend des Krieges unter seinen Freunden und Bekannten entweder Befremden oder sogar eine tiefe Ablehnung hervorriefen (vgl. Mattheus 1984, 435). Viele distanzierten sich von Bataille und seinen Ausführungen im letzten »Acéphale«-Heft. Es war die Zeit, als es am Collège bereits kriselte. Was aber meinte Bataille mit »Todesfreude«? Er selbst gibt die folgende Antwort auf diese Frage: »Die Todesfreude bedeutet, daß das

---

niert, ist die Freude am Vielen, die vielfältige Freude. […] Das will aber heißen, daß die Tragödie unmittelbar Freude spendet, daß sie Furcht und Mitleid nur beim abgestumpften Zuschauer hervorruft, bei einem pathologischen und moralisierenden Auditorium, das auf sie setzt, um sich des guten Funktionierens seiner moralischen Sublimationen oder seiner medizinischen Purgationen zu versichern.« (Deleuze 1976, 22f)

126 »Denn es gibt zweierlei Leiden, und zweierlei Leidende. ›Die an der *Überfülle* des Lebens Leidenden‹ machen aus dem Leiden eine Bejahung und aus dem Rausch eine Aktivität; in der Zerstückelung des Dionysos erblicken sie die höchste Form der Bejahung, ohne Möglichkeit des Abzugs, der Ausnahme, der Wahl. […] Von einem Retter aus gesehen, ›soll es der Weg sein zu einem heiligen Sein‹; von Dionysos aus gesehen, ›gilt *das Sein als heilig genug*, um ein Ungeheures an Leid noch zu rechtfertigen‹.« (Deleuze 1976, 21) Insbesondere Heraklit hat darauf aufmerksam gemacht, dass Dionysos und der Todesgott Hades ein und derselbe sind. Zur Todesfreude und Dionysos vgl. Otto (1939, 127ff).

Leben von seiner Wurzel bis zu seinem Gipfel gefeiert werden kann. Sie nimmt all dem seinen Sinn, was ein intellektuelles oder moralisches *Jenseits*, was Substanz, Gott, unwandelbare Ordnung oder Heil ist. Sie ist eine Apotheose des Vergänglichen, eine Apotheose des Fleisches und des Alkohols ebenso wie der Trancen der Mystik.« (Bataille 1987*a*, 240)[127]

Batailles Text ist weniger ein Anzeichen eines in den Selbstmord führenden *élan mortel* im Sinne des Surrealisten René Crevel als vielmehr ein Dokument seiner Meditationsübungen, denen er sich Mattheus zufolge seit Ende 1938 widmete (vgl. Mattheus 1984, 432).[128] Wie Mattheus aufzeigt, ist Batailles Text auch von Ernst Jüngers »Kampf als inneres Erlebnis« (1922) geprägt, dessen »fehlende Beschönigung der Grauen des Krieges« Bataille ebenso sehr interessierte wie Jüngers nicht-utilitaristische Betrachtungsweise des Krieges (vgl. Mattheus 1984, 431). Der in einen sowohl theoretischen als auch praktischen Teil untergliederte Beitrag von Bataille führt außerdem eine Thematik an, mit der er sich noch in späteren Werken mit Blick auf Theresa von Avila, Johannes vom Kreuz, Meister Eckhart, Angelika von Foligno, Thomas von Aquin oder Dionysos Areiopagites auseinander setzte (vgl. Mattheus 1984, 433): die Mystik.[129] Seine Texte will Bataille als »Übung einer Mystik der Todesfreude« verstanden wissen:

> »Die mystische Existenz desjenigen, dessen Todesfreude zu einer inneren Gewalt geworden ist, kann auf keinen Fall ein sich selbst genügendes Glück antreffen, das dem des Christen vergleichbar wäre, der sich einen Vorgeschmack der Ewigkeit verschafft. Der Mystiker der Todesfreude darf nicht als ein in die Enge Getriebener betrachtet werden, insofern, als er imstande ist, unbekümmert über jede menschliche Möglichkeit zu lachen und jedes erreichbare Vergnügen zur Kenntnis zu nehmen; und doch ist die Totalität des Lebens – die ekstatische Kontemplation und die klare Erkenntnis *sich vollendend in einer Aktion*, die unfehlbar zum Wagnis wird – so unweigerlich sein Geschick, wie es der Tod für den Verurteilten ist.« (Bataille 1987*a*, 238)[130]

Der Text endet mit einer »Heraklitischen Meditation«.[131] Heraklit war bereits Thema in einem der »Acéphale«-Hefte gewesen (vgl. Bataille et al. 1995, 14–16, Heft 2). Bataille schreibt gegen Ende seiner Meditation: »noch mein eigenes Leben verlangt, daß

---

127 Siehe die deutsche Übersetzung von Gerd Bergfleth in »Der Pfahl. Jahrbuch aus dem Niemandsland zwischen Kunst und Wissenschaft I« (Bataille 1987*a*), auf die hier zurückgegriffen wurde.

128 Zum Begriff der Todesfreude sei noch einmal auf den bereits im Abschnitt zur Geheimgesellschaft erwähnten Brief Batailles vom 1. Oktober 1939 an Saint-Paul (alias Robert Folio) erinnert, in dem es heißt, »die Freude vor dem Tod« sei ursprünglich eine Formel einer mystischen Meditation (vgl. Bataille 1999*b*, 561).

129 Zu Mystik und Sinnlichkeit vgl. beispielsweise Bataille (1982, 217ff).

130 Siehe Bataille et al. (1995, 12, Heft 5).

131 Deleuze schreibt in seinem Nietzsche-Buch über Heraklit: »Der tragische Denker ist Heraklit. […] Das Dasein versteht er von einem *Spieltrieb* her […].« (Deleuze 1976, 29) Heraklit habe aus dem Werden eine Bejahung gemacht.

alles, was ist, allerorten und unaufhörlich sich ausgibt und vernichtet.« (Bataille 1987*a*, 244)

Die letzte Ausgabe von »Acéphale« bezeugt, dass nicht allein der bevorstehende Krieg den Niedergang der Zeitschrift bewirkte. Ein anderer und gewichtiger Grund war darüber hinaus, dass nur noch wenige Batailles Denken folgen konnten oder wollten, ebenso wie beim Ende des *Collège de Sociologie*. Unterschiedliche Ansichten sind bislang über die Zeitschrift »Acéphale« geäußert worden. So sieht Jean-Maurice Monnoyer in der Zeitschrift ein »Symptom der Reaktion gegen den surrealistischen Optimismus«. Und er mutmaßt: »Vielleicht ist es auch ein Symptom der Ermüdung, oder so etwas wie die halluzinatorische Spekulation einiger *Wachsamer*, die nicht dem humanistischen Traum verfallen. Man kann darin aber auch das schmerzhafte Bewusstwerden der Unlösbarkeit philosophischer Probleme sehen, die der *Niedergang* des Deutschen Idealismus eröffnet hatte.« (Monnoyer 2000, 45) Gewiss kann man »Acéphale« auch als Reaktion gegen den Surrealismus betrachten, und in der Tat trifft Monnoyer hierbei einen wichtigen Punkt, wenn er Bataille und die surrealistischen Dissidenten nicht in einem Atemzug mit den Surrealisten nennt, wie das oftmals geschieht. Allerdings verfehlt Monnoyer den politischen Aspekt von »Acéphale«, ohne den man das Projekt von »Acéphale« nicht vollständig verstehen kann. Thomas Keller hat dies treffend auf den Punkt gebracht, als er schrieb: »Die fünf *Acéphale*-Hefte, die zwischen 1936 und 1939 erscheinen, sind allesamt Versuche, ekstatische Erfahrung nach Nietzsche in die Wirklichkeit – und das heißt auch in die Politik – zu übersetzen.« (Keller 2001*b*, 152) Einen ähnlichen Versuch unternahm das *Collège de Sociologie*, dessen Sitzungen und Vorträge im Folgenden dargestellt werden.

3.1.4 Die Sitzungen und Vorträge am *Collège de Sociologie*

Acéphale war eine Gemeinschaft von Eingeweihten, zusammengehalten durch verschiedene Regeln, Rituale und Weisungen – allesamt unter dem Verdikt, gegen jede rationale Logik gerichtet zu sein. Mag die Skurrilität der Geheimgesellschaft *Acéphale* für den heutigen Betrachter lediglich noch ein Lachen hervorrufen, so war sie doch als soziale Gruppe nicht unbedeutend für die Entwicklung und Emanation des Collège. Denn von der Geheimgesellschaft *Acéphale* und den Mitgliedern der gleichnamigen Zeitschrift ging die Gründung des Collège im März 1937 aus: In der Zeitschrift »Acéphale« wurde die »Déclaration relative à la fondation d'un Collège de Sociologie« veröffentlicht. Die Gründungserklärung war unterschrieben von Bataille, Caillois, Klossowski, Ambrosino, Pierre Libra und Jules Monnerot. Letzterer war Herausgeber der »Nouvelle Revue Française« und der Autor der »Sociologie du communisme«. Von Monnerot stammte auch der Name »Collège«, weil die Bezeichnung »Collège« religiöse Konnotationen erwecke (vgl. Felgine 1994, 149).[132]

Aus Monnerots Sicht bedurfte es einer Neuausrichtung der französischen Soziologie und der durch die Durkheim-Schule forcierten Erforschung »primitiver Gesell-

---

132 »Le Collège, c'est l'instance supérieure de l'Église.« (Felgine 1994, 149)

COLLÈGE DE SOCIOLOGIE

ANNÉE 1937-1938 .. LISTE DES EXPOSÉS

Samedi 20 novembre 1937
LA SOCIOLOGIE SACRÉE et les rapports entre "société", "organisme", "être", par Georges Bataille et Roger Caillois.

Samedi 4 décembre 1937
LES CONCEPTIONS HÉGÉLIENNES, par Alexandre Kojève.

Samedi 19 décembre 1937
LES SOCIÉTÉS ANIMALES, par Roger Caillois.

Samedi 8 janvier 1938
LE SACRÉ, dans la vie quotidienne, par Michel Leiris.

Samedi 22 janvier 1938
ATTRACTION ET RÉPULSION. I. Tropismes, sexualité, rire et larmes, par Georges Bataille.

Samedi 5 février 1938
ATTRACTION ET RÉPULSION. II. La structure sociale, par Georges Bataille.

Samedi 19 février 1938
LE POUVOIR, par Roger Caillois.

Samedi 5 mars 1938
STRUCTURE ET FONCTION DE L'ARMÉE, par Georges Bataille.

Samedi 19 mars 1938
CONFRÉRIES, ORDRES, SOCIÉTÉS SECRÈTES, ÉGLISES, par Roger Caillois.

Samedi 2 avril 1938
LA SOCIOLOGIE SACRÉE du monde contemporain, par Georges Bataille et Roger Caillois.

■ Les exposés des mois de mai et juin 1938 seront entièrement consacrés à la MYTHOLOGIE.

■ Le COLLÈGE DE SOCIOLOGIE se réunira dans la Salle des Galeries du Livre, 15, rue Gay-Lussac (5e). Les exposés commenceront à 21 h. 30 précises; ils seront suivis d'une discussion. L'entrée de la salle sera réservée aux membres du Collège, aux porteurs d'une invitation nominale et (une seule fois) aux personnes présentées par un membre inscrit. L'inscription est de 5 fr. par mois (8 mois par an) ou de 30 fr. par an (payables en novembre). La correspondance doit être adressée à G. Bataille, 76 bis, rue de Rennes (6e).

INVITATION NOMINALE valable le _____ ■_____

Abb. 3: Programm des Collège de Sociologie. Quelle: Michel Leiris, Die eigene und die fremde Kultur. Frankfurt am Main 1985, S. 239

305

schaften«: Denn »das Primitive« sei nicht so weit von der Sorbonne entfernt, wie die Sorbonne denke, so Monnerot. Der Wunsch nach einer Alternative zur etablierten, durkheimschen Soziologie gab ihm die Intuition zum Begriff des »Collège« (vgl. Hollier 1988a, xxiv). Später distanzierte sich Monnerot jedoch von der Gruppe, weil er ihre Gemeinschafts- und Kollektivmanie kritisierte. Den Hauptaspekt der Gründungserklärung bildeten die Betonung des Sakralen in allen »sozialen Tatsachen« und die Befreiung der darin enthaltenen kreativen, energetischen und ekstatischen Potentiale.

Das erste Mal begegneten sich Caillois und Bataille bei dem Psychoanalytiker Jacques Lacan, bei dem man sich daraufhin öfter traf (Caillois 1991a, 135). In der Zeit von »Contre-Attaque« hatten Bataille und Caillois mehr als ein Jahr lang keinen Kontakt gehabt; wie dem Briefwechsel der beiden zu entnehmen ist, kam es schließlich Ende 1936 wieder zu einer Annäherung. Die Initiative ging von Bataille aus, der an Caillois schrieb: »Pour plusieurs raisons, je souhaite vivement de vous rencontrer. Je suppose que bien des obscurités entre nous ont été dissipées par le temps.« (Bataille 1987b, 55) Bataille hatte in den Jahren zuvor aufmerksam die von Caillois herausgegebene Zeitschrift »Inquisitions« und Caillois' Texte »La mante religieuse«, »Paris, mythe moderne« sowie das Manifest »Pour une orthodoxie militante« verfolgt. Bei ihren Begegnungen stellten sie schnell ihre gemeinsamen Ansichten über eine notwendige revolutionäre Tat fest und beschlossen zusammen mit Michel Leiris die Gründung des *Collège de Sociologie*.

Dem *Collège de Sociologie* gingen mehrere Treffen und Vorbereitungen voraus.[133] Caillois sprach im Nachhinein von einer verworrenen, wörtlich: »gewundenen« Gründung (»sinueuse fondation«). Die Entscheidung, das *Collège de Sociologie* zu gründen und der Versuch, ihm einen Inhalt zu geben, dauerten seiner Meinung nach sehr lang (Caillois in Felgine 1994, 143). Am 7. Februar 1937 traf man sich auf einer Versammlung im Café Grand Vefour, wo sowohl Bataille als auch Caillois Vorträge hielten (vgl. Bataille 1999b, 324ff). Während Bataille über die Ähnlichkeiten zwischen Sozialismus und Christentum sprach, behandelte Caillois' Rede die Prinzipien, von denen die Formierung einer Gruppe geleitet werden müsse (vgl. Bataille 1999b, 335).

Das erste Treffen des Collège fand einen Monat später, im März 1937, ebenfalls im Grand Vefour statt. Bataille hielt seinen Vortrag »L'Apprenti sorcier« und Caillois sprach über »Le vent d'hiver« (vgl. Caillois 1991a, 135); beide Texte wurden ein Jahr später in der NRF zusammen mit einer Einleitung und Leiris' Text über das »Heilige im Alltagsleben« publiziert. Bevor die erste öffentlich angekündigte Sitzung des *Collège de Sociologie* stattfand, gründete Bataille mit Leiris, René Allendy, Adrien Borel und Paul Schiff im April 1937 die »Société de psychologie collective«.[134] Bataille er-

---

133 An den Vorbereitungen nahm teilweise auch Pierre Kaan teil. 1939 schrieb Kaan ein unpubliziertes Buch »Die Logik des Irrationalen« und engagierte sich im Widerstand. Am 29. November 1943 wurde er von der Gestapo verhaftet, nach Buchenwald gebracht und schließlich nach Theresienstadt deportiert. Er starb am 8. Mai 1945.

134 Bereits im Namen dieser Gesellschaft kann man den Einfluss der »psychologie collective« von Durkheim herauslesen. Der Gesellschaft ging eine »Groupe d'études d'ethnographie psycho-

hoffte sich von dieser »Gesellschaft der kollektiven Psychologie« die Finanzierung einer geplanten, jedoch niemals realisierten Zeitschrift für das *Collège de Sociologie* (vgl. Mattheus 1984, 367).[135]

Im Folgenden werden die jeweiligen Sitzungen, die während des zweijährigen Bestehens des Collège stattfanden, in chronologischer Reihenfolge dargestellt und erläutert. Die Zusammenkünfte bestanden stets aus einem Vortrag und einer daran anschließenden Diskussion. Im Mittelpunkt der weiteren Analysen stehen die Themen und Vorträge der einzelnen Sitzungen, die Diskussionen werden dann zur Sprache kommen, wenn sich entsprechendes Quellenmaterial finden ließ.[136] Die Sitzungen und die von den Collègiens verfassten Beiträge waren für die Selbstdefinition und die Konstituierung der Gruppe wesentlich: Sie gaben den Rahmen für ihre symbolische Selbstpositionierung ab und stellten soziale Beziehungen her. Darüber hinaus boten sie Diskussionsstoff und Forschungsmaterial für weitere Arbeiten, die in den Jahren nach dem Collège publiziert wurden.

Am 20. November 1937 um 21.30 Uhr begann die erste Veranstaltung des *Collège de Sociologie*. Nach einem kurzen, nicht mehr erhaltenen historischen Überblick über das »Denken der Soziologen« von Caillois (vgl. Hollier 1995a, 32) widmete sich Bataille der »sociologie sacrée et les rapports entre ›société‹, ›organisme‹ et ›être‹« (Bataille 1995d). Das Hauptaugenmerk des Collège gelte der Sakralsoziologie. Diese untersuche über das Studium der religiösen Institutionen hinaus alle vergemeinschaftenden Bewegungen in der Gesellschaft. Sämtliche Gegenstände, Bewegungen und Aktivitäten, die vergemeinschaftend wirken, besitzen nach Bataille einen sakralen Charakter (vgl. Bataille 1995d, 37). Die Sakralsoziologie geht von der Annahme aus, dass Gesellschaft nicht allein aus der Summe der Individuen besteht, sondern in ihr eine *kommunielle Bewegung* existiere, die wiederum die Natur der Individuen transformiere. Gesellschaft ist wegen dieser *Bewegung* mehr als die Summe seiner Teile (vgl. Bataille 1995d, 42).

Ausgehend von diesen ersten Definitionen kam Bataille auf die Differenz zwischen *de facto* Gemeinschaften und *gewählten* Gemeinschaften zu sprechen. Offen distanzierte er sich von den als starr empfundenen *de facto* Gemeinschaften. Dies seien beispielsweise Nationen, Clans, Phratrien oder Stämme. Im Gegensatz zu ihnen zeichnen sich die gewählten Gemeinschaften wie Geheimgesellschaften oder religiöse Orden dadurch aus, dass hier die Gemeinschaft einen *Wert an sich* darstellt. Nicht die Tatsache, dass man auf dem gleichen Boden lebt, gibt einer Gemeinschaft nach Bataille ei-

---

logique« voraus, der Leiris, Bataille, Madame Salvberg, Borel, Maurice de Caraman und François Berge angehörten (vgl. Mattheus 1984, 366).

135 Zu dieser Gesellschaft, die in ihren für das Jahr 1938 geplanten Vorträgen die kollektiven Haltungen gegenüber dem Tod thematisieren wollte, vgl. auch Bataille (1970c, 281ff, 444).

136 Meine Darstellung greift hierbei auf die Hauptquelle zurück, also die von Denis Hollier gesammelten und kommentierten Vorträge am Collège (vgl. Hollier 1995a). Zuweilen werden auch die Angaben in der Bataille-Biographie von Bernd Mattheus (1984) zu Hilfe genommen; um Überschneidungen zu vermeiden, habe ich jedoch versucht, andere thematische Schwerpunkte der Sitzungen zu setzen, so dass als Ergänzung der folgenden Darstellung Mattheus' Biographie empfohlen sei.

nen Wert, sondern dass die Gemeinschaft aus der freiwilligen Wahl, eine Gemeinschaft zu sein, entsteht.

Die zweite Sitzung galt den »conceptions hégéliennes«. Der Vortrag wurde am 4. Dezember 1937 von Kojève (1995) gehalten (im vorangegangenen Abschnitt zu Alexandre Kojève wurde bereits ausführlich auf diese Sitzung eingegangen). Bataille ging in seinem daran anschließenden Beitrag vom 22. Januar 1938 kurz auf Kojèves Rede ein und fasste sie folgendermaßen zusammen: Kojève habe Hegelsche Begriffe benutzt, um mit ziemlich negativen Intentionen das Problem der Grundlagen der soziologischen Wissenschaft aufzuwerfen (vgl. Bataille 1995a, 123). Seine Kritik an der soziologischen Studiengruppe – Zauberlehrlinge nannte er sie ja – verbarg Kojève nicht.

Gibt es einen Unterschied zwischen menschlichen Gesellschaften und Tiergesellschaften? Dies war eine der zentralen Fragen, die Caillois bei der Sitzung am 18. Dezember 1937 aufwarf. Sein Vortrag über »Les sociétés animales« ist nicht erhalten, aber es fanden sich in den Papieren von Bataille einige Aufzeichnungen zu diesem Abend (vgl. Hollier 1995a, 87ff). Caillois schien sich auf das Buch »Phénomène social et sociétés animals« (1937) von Étienne Rabaud zu beziehen, um auch bei Tieren einen Drang nach unproduktiver Verschwendung auszumachen. Anhand der Rede lassen sich unterschiedliche Positionen von Caillois und Bataille ausmachen (vgl. auch Hollier 1995a, 84f): Beide divergieren in der Frage, ob eine wesentliche Ähnlichkeit zwischen Tier- und menschlichen Gesellschaften besteht. Während Caillois den Tiergesellschaften ebenfalls Dimensionen der Verausgabung und des Luxus' zugesteht, so bezeugen für Bataille gerade die (sakrale) Verschwendung, die Erotik, der Luxus und die in Hegels Herr-Knecht-Kapitel dargelegte Risikobereitschaft sowie das Todesbewusstsein die Grenzen zwischen den beiden »Gesellschaften«.[137] Seine Kritik am Biologismus von Caillois teilte Bataille mit Marcel Mauss, der nach Erhalt von Caillois' Buch »Le mythe et l'homme« am 22. Juni 1938 an diesen schrieb: »Quant à votre biologie générale, elle appelle les réserves les plus fortes. Si Rabaud est une autorité peutêtre vieillie maintenant, Cuénot ne l'a jamais été en dehors de France, et la philosophie de la biologie n'aucun rapport avec la philosophie de la société.« (Mauss 1990)

Batailles Notizen von diesem Abend enden mit einer allgemeinen Bemerkung zur Sakralsoziologie des Collège. Der Gegenstand der Sakralsoziologie sei der komplexe und mobile Kern, der von den sakralen Dingen, den linken und den rechten, gebildet wird. Alles scheint um Dinge zu kreisen, die mit Angst beladen sind; eine Angst, die sich nicht von der Angst vor dem Tode unterscheiden lasse (Bataille in Hollier 1995a, 93).

Von der Sitzung am 8. Januar 1938 berichtet Jean Wahl, man habe das erste Mal von Beginn eines Vortrags an bis zum Ende eine ergreifende Intensität gefühlt (Wahl in Hollier 1995a, 118). Der Redner an diesem Abend war Michel Leiris, der über das Sakrale im Alltagsleben sprach (vgl. Leiris 1995).[138] Bereits an diesem Abend offenbarten sich erste Differenzen zwischen den Gründungsmitgliedern: Während Bataille

---

137 Denis Hollier spricht deswegen von einem »Monismus« bei Caillois und von einem »Dualismus« bei Bataille (vgl. Hollier 1995a, 85).

138 Die deutsche Übersetzung findet sich bei Leiris (1979a).

und Caillois vor allem nach dem Sakralen in der Gesellschaft suchten, also gleichermaßen eine makrosoziologische Perspektive einnahmen, wandte sich Leiris einer mikrosoziologischen Sichtweise auf das Sakrale zu. Anstatt über das Sakrale in der Gesellschaft oder im Allgemeinen zu reden, begann er seinen Vortrag mit den auf sich selbst bezogenen Fragen: »Was ist für mich das *Heilige*? Oder genauer: Worin besteht *mein* Heiliges? Welche Gegenstände, Orte und Situationen erwecken in mir jene Mischung aus Furcht und Hingabe, jene zweideutige, vom Herannahen eines sowohl verlockenden als auch gefährlichen, glorreichen und zurückgestoßenen Etwas bestimmte Einstellung, jene Mischung aus Respekt, Begierde und Schrecken, die für das psychologische Anzeichen des Heiligen gelten kann?« (Leiris 1979*a*, 228)

Der gesamte Vortrag von Leiris bildete eine eigentümliche Mischung aus autobiographischen Kindheitserinnerungen, Literatur und Auto-Ethnographie. Leiris wollte zeigen, wie man selbst im Alltagsleben den »Boden der gewöhnlichen Dinge« verlässt und in Bereiche vordringt, die von der profanen Welt absolut verschieden sind. Zu den sakralen Gegenständen seiner Kindheit gehörten beispielsweise der Zylinder des Vaters, Symbol der Macht und der Autorität, oder der »Schutzgeist des Heimes«: der Heizofen, die »Radieuse«; sie war durch ihre Wärme anziehend und zugleich gefürchtet, da man sich an ihr verbrennen konnte (Leiris 1979*a*, 229). Aber es existierten für Leiris noch andere alltägliche Bereiche des Sakralen:

> »Ein weiterer geheiligter Pol des Hauses war für uns das WC: der linke zum Verbotenen neigende Pol, im Vergleich zum elterlichen Zimmer, das selbst den rechten Pol darstellte, den der gegründeten Autorität und des Allerheiligsten der Pendeluhr und der Bildnisse der Großeltern; das WC, in dem einer meiner beiden Brüder und ich jeden Abend wegen eines natürlichen Bedürfnisses sich einschlossen, zugleich aber auch, um uns von einem Tag auf den anderen eine Art von Fortsetzungsgeschichten mit Tierfiguren zu erzählen, die wir abwechselnd erfanden. Es ist dies der Ort, an dem wir uns am meisten als Komplizen fühlten, wo wir Komplotte schmiedeten und eine ganze, quasi geheime Mythologie (die Nahrung der im eigentlichsten Sinne erfindungsreichen Zeit unseres Lebens) entwarfen, die jeden Abend wieder aufgenommen und bisweilen in ein Heft ins Reine geschrieben wurde. [...] Außer der Folge von erfundenen Geschichten und unserem Heldenpantheon trug von diesen langen, im Klo verbrachten Augenblicken vielleicht gerade die Heimlichkeit unserer Zusammenkünfte am deutlichsten die Prägung des Heiligen.« (Leiris 1979*a*, 229f)

Neben Orten, Gegenständen und Mythologien sind es auch Wörter und Namen, die für Leiris das Sakrale charakterisieren. Am Ende seines Vortrags rief er dazu auf, ein jeder möge in seinen Erinnerungen forschen, um Hinweise auf den eigenen Begriff des Sakralen zu finden.

Obgleich dies der einzige Vortrag von Leiris war, bedeutet dies nicht, dass das Sakrale nur einen Randbereich seines Denkens darstellte. Wie man einigen Bemerkungen, die im Zusammenhang zum Vortrag verfasst wurden, entnehmen kann, stand das Sakrale zu dieser Zeit im Mittelpunkt seines wissenschaftlichen Interesses. Im

Rahmen seiner Anfang der dreißiger Jahre unternommenen Expedition hatte er das Sakrale bei der Teilnahme an religiösen Riten selbst erlebt (vgl. Leiris 1994, 30). Leiris unterscheidet zwischen einem akuten (sacré aigu) und einem unterschwelligen Sakralen (sacré latent) (vgl. Leiris 1994, 90): Letzteres garantiere durch Regeln und Tabus die Ordnung. Die akute Form des Sakalen habe hingegen die Funktion, anhand von Ritualen der kollektiven Efferveszenz die Energien der Menschen wieder zum Leben zu erwecken und damit den Zusammenhalt des Sozialen zu stärken. »On peut parler aussi d'un sacré ›à l'état naissant‹, dans tout ce qui relève de l'effervescence collective: érotisme, danse, usage des toxiques, etc., en somme: tout ce qui tend à provoquer l'extase, à mettre ›hors de soi‹.« (Leiris 1994, 90)

Die folgenden zwei Sitzungen des Collège behandelten die Anziehung und die Abstoßung, eines der Lieblingsthemen von Bataille. Er gab seinem Vortrag vom 22. Januar 1938 den Titel »Attraction et répulsion. I. Tropismes, sexualité, rire et larmes« (Bataille 1995a). Gleich zu Beginn definierte er die Gesellschaft als »être composé«, das mehr als die Summe seiner Teile darstelle (Bataille 1995a, 122). Bataille nahm den Vergleich mit den Tiergesellschaften wieder auf und betonte noch einmal, dass das Sakrale nicht in Tiergesellschaften »interveniere«. In modernen menschlichen Gesellschaften existiere das Sakrale zwar noch, aber es sei offensichtlich im Begriff zu verschwinden (Bataille 1995a, 124). Diesem Verschwinden sollte das Collège entgegenarbeiten.

Über die reine »Interattraktion« (Rabaud) von Tiergesellschaften hinaus bestehe der Kern jeder menschlichen Gesellschaft aus Objekten, Plätzen, Glaubensvorstellungen, Personen oder Praktiken mit sakralem Charakter (Bataille 1995a, 128). Dieser sakrale Kern der Gesellschaft sei den Individuen äußerlich, weil er entweder abstoßend oder ein Tabu sei wie beispielsweise Leichname. Der Inhalt des Kerns interveniere in menschlichen Beziehungen wie ein vermittelnder Term. Im Gegensatz zur Interattraktion der Tiere sei die menschliche Interattraktion mediatisiert, sie bestehe nur duch Vermittlung. Spezifische Formen und Ausdrücke dieser vermittelten menschlichen Interattraktion seien die Sexualität und das Lachen. Als Beispiele dienen Bataille zwei psychopathologische Fälle: ein Mann, der bei einer Beerdigung eine Erektion bekommt, und ein Mädchen, das immer, wenn sie vom Tod eines Bekannten hört, lacht. Das Lachen des Mädchens zeige eine Mischung aus Befriedigung und Not (Bataille 1995a, 137). Hieraus zieht Bataille den Schluss: Was Freude auslöse, das könne zu Depression führen und umgekehrt, die Not kann einen zum Lachen bringen (Bataille 1995a, 138).

Wie kann sich jedoch Not in Freude verwandeln? Die Transformation sei für ein einsames Wesen unmöglich; sie könne nur in Kommunikation und aufgrund eines sozialen Prozesses geschehen. Es zeige sich hierbei, so Bataille weiter, die aktive Funktion des zugleich abstoßenden und vermittelnden sakralen Kerns, einen depressiven Inhalt in ein Objekt der Erregung zu verwandeln, oder in anderen Worten ausgedrückt: Man erkenne hier die Transformation eines linken Sakralen in ein rechtes Sakrales.

Die zwei Wochen später stattgefundene Fortsetzung der Überlegungen von Bataille sollte mehr Klarheit über den Wechsel vom linken zum rechten Sakralen schaffen. Den zweiten Teil seines Vortrags hielt Bataille am 5. Februar 1938. Im Mittelpunkt der Betrachtung von Anziehung und Abstoßung stand nun die von Robert Hertz untersuchte Trennung zwischen einem linken und einem rechten Pol des Sakralen. Während die linke Seite eine Abstoßung bewirke, habe die rechte Seite eine Anziehung zur Folge (vgl. Bataille 1995*b*, 162f). Sei der Leichnam zunächst auf der linken Seite situiert, so gehöre in unterschiedlichen Gesellschaften nach der Verwesung das Skelett zur rechten, reinen Seite des Sakralen (vgl. Bataille 1995*b*, 163). Ähnlich wie in den Annahmen der zeitgenössischen Teilchen-Physik, deren Erkenntnisse Bataille kannte, ist für ihn der zentrale Kern der Gesellschaft von Anziehung und Abstoßung bestimmt. Allgemein könne man davon ausgehen, dass der sakrale Kern von dieser doppelten Bewegung umgeben sei und dass sich die Transformation stets von links nach rechts vollziehe: »[L]e noyau central d'une agglomération est le lieu où le sacré gauche est transformé en sacré droit, l'objet de répulsion en objet d'attraction et la dépression en excitation.« (Bataille 1995*b*, 164) Am Beginn jeder Existenz, sei sie individuell oder kollektiv, stehe eine Ernergieverausgabung und die Überschreitung von Verboten, so die abschließende Bemerkung an diesem Abend (vgl. Bataille 1995*b*, 167f).

Zwei Wochen später, am 19. Februar 1938, sollte Roger Caillois einen Vortrag über die Macht halten. Es existiert jedoch kein Textfragment seiner Rede. Da er erkrankt war, gab er Bataille thematische Hinweise über seinen Vortrag. Einige der Punkte, die Caillois an diesem Samstag erwähnen wollte, finden sich jedoch in seinem Buch »Der Mensch und das Heilige« und wurden bereits im vorangegangenen Abschnitt zu den Schlüsselbegriffen des Collège behandelt. Wie Bataille interessierte sich Caillois für die Thematik der gleichzeitigen Anziehung und Abstoßung. Als ein Beispiel des Sakralen galt ihm die Macht. Bereits im Oktober 1937 hatte Caillois in der Zeitschrift N.R.F. geschrieben, dass die Macht entweder eine anziehende oder abstoßende Reaktion ausübe (Hollier 1995*a*, 172). Die Analyse sozialer Phänomene zeige, dass Macht notwendigerweise zur Domäne des Sakralen gehöre. Die Macht eines Menschen über einen anderen konstituiere eine Beziehung, die nicht auf einen Vertrag reduziert werden könne. Es sei schwer zu entscheiden, ob entweder die Macht die Quelle des Sakralen sei oder ob umgekehrt das Sakrale die Macht definiere. Während manche die Legalität für die Basis der Macht halten, sei eher zu befürchten, dass vielmehr die Macht die Legalität begründe (Caillois in Hollier 1995*a*, 172).

Bataille kam am selben Abend ebenfalls auf das Thema der Anziehung und der Abstoßung zurück. Dieses Mal im Zusammenhang mit sakralen Orten: Eine Siedlung (Dorf, Stadt) stelle eine Gesamtbewegung um einen sakralen Kern dar – der Kern kann dabei mobil oder stabil sein; die Bewegung kreise um einen Komplex sakraler Plätze (Kirchen, Totem etc.), Objekte, Personen, Glaubensvorstellungen oder Praktiken. Wenn der sakrale Kern wie in primitiven oder feudalen Gesellschaften eine Autonomie besäße, stelle er eine Machtkonzentration dar, die mit der anziehenden Bewegung, die rund um die sakralen Dinge produziert werde, verbunden sei (Bataille in Caillois 1995*d*, 179f).

Thema der nächsten Sitzung war die Struktur und die Funktion der Armee. Bataille stellte am Abend des 5. März 1938 die Armee in einen Gegensatz zur Gesellschaft und zur Religion. Der Text seiner Rede ist nicht erhalten. Es gibt allerdings in seinen »Essais de sociologie« (Bataille 1970*c*, 203 – 249) einige Hinweise darauf, über welche

Themen er an diesem Abend gesprochen haben mag. So heißt es an einer Stelle der »Essais de sociologie«, die Armee sei ein Fremdkörper und eine »Totalität mit eigener Autonomie« für die Gesellschaft (vgl. Bataille 1970c, 235).

Während des Vortrags greift Bataille das bei »Acéphale« im Mittelpunkt stehende Thema der Tragödie auf und bemerkt hierbei, dass man zwischen dem militärischen Tod und dem religiösen Tod (Opfer) unterscheiden müsse (vgl. Bataille 1970c, 238): »C'est ainsi que le sacrifiant seul peut véritablement créer un être *humain*, ce que le soldat ne peut pas faire, parce que le sacrifice est nécessaire pour que soit prononcée, s'adressant à celui qu'il fascine, la seule phrase qui le fasse homme: ›TU ES tragédie.‹« (Bataille 1970c, 239) Bei der nächsten Sitzung sollte er die Differenz zwischen militärischer und religiöser Welt weiter ausführen.

Für Caillois sollte das Collège eine Art »soziologischer Orden« werden, von dessen Kern eine Verschwörung ausgeht (Hollier 1995a, 218). Am 19. März 1938 wollte er über die »Confréries, ordres, sociétés secrètes, églises« sprechen, musste jedoch abermals wegen einer Erkrankung von Bataille vertreten werden. Wiederum trug dieser sowohl seine eigenen Ideen als auch kurze Notizen von Caillois vor. Gleich zu Beginn des Vortrags knüpfte Bataille an die letzte Sitzung an. Während die religiöse Welt von *inneren* Konflikten geprägt sei, so verlege die militärische Welt die Konflikte nach außen (Bataille in Caillois 1995a, 223). Die Welt habe ohne Ende an ihrer eigenen Vernichtung gearbeitet, so dass selbst der aus religiösen Erregungen entwickelte revolutionäre Geist zerstört sei und sich der militärischen Welt zunehmend Tor und Tür geöffnet hätten. »À l'instant même où nous en sommes, devant nos récriminations impuissantes, l'esprit militaire seul dicte le destin à des masses humaines en état d'hypnose, les unes surexcitées et les autres atterrées.« (Bataille in Caillois 1995a, 223)

An diesem Abend konnte man trotz aller Gemeinsamkeiten eine weitere Differenz zwischen Caillois' Ansichten und denen von Bataille wahrnehmen. Im Gegensatz zu Caillois, der Geheimgesellschaften als *politische* Bünde begriff, betonte Bataille deren *mystischen* Charakter; weniger ein Wille zur Macht als ein Wille zur Tragödie spielte für ihn eine zentrale Rolle (vgl. Hollier 1995a, 218). Ein anderer Unterschied ziwschen den beiden lag in der Akzentuierung der Geheimgesellschaften: Während Caillois insbesondere Komplottgesellschaften im Sinn hatte, so propagierte Bataille so genannte existentielle Geheimgesellschaften; Letztere werden ihm zufolge nicht gebildet, um zu handeln, sondern bestehen allein aufgrund ihres reinen Existenzwillens und aufgrund ihrer radikalen Negation von Notwendigkeitsprinzipien (Bataille in Caillois 1995a, 241ff).

Bataille fuhr fort: Um dem sich ausbreitenden Nationalismus Widerstand zu leisten, bedürfe es der Bildung einer religiösen Organisation.

»La puissance de la stupidité nationaliste à laquelle nous sommes en proie est aussi fragile que démesurée et il n'existe en fait aucune époque où elle ait dépassé autant qu'aujourd'hui les limites extrêmes auxquelles elle peut prétendre. Ce sont: la dissociation de l'existence religieuse et de l'existence nationale, d'une part, l'asservissement à autrui puis l'anéantissement de toute organisation religieuse, d'autre part, qui ont permis les exigences illimitées de l'ordre militaire. S'il existait une organisation religieuse virulente, neuve et incongrue des pieds à la tête, soutenu par un esprit incapable de composition servile, un homme pourrait encore apprendre – et retenir – qu'il existe autre chose à aimer que cette image à peine voilée de la nécessité pécuniaire qu'est la patrie en armes: autre chose qui vaut qu'il vive, autre chose, qui vaut qu'il meure! Et s'il est vrai qu'une telle organisation ne peut en rien arrêter l'orage d'explosifs dans lequel il semble que nous sommes déjà entrés, sa présence dans le monde pourrait cependant être regardée dès maintenant comme le gage des victoires ultérieurs de l'HOMME contre ses armes!« (Bataille in Caillois 1995a, 228)

Bataille unterscheidet in seinem Vortrag zwischen drei Typen von Menschen; so gebe es den »butor armé«, den »homme tragique« und den »homme de la loi et du discours« (Bataille in Caillois 1995a, 225). Allein der Mensch der Tragödie könne nicht unterworfen werden. Während die beiden anderen Menschentypen existieren, um zu dienen, so finde der tragische Mensch den Grund seiner Existenz in sich selbst. Er wisse um die menschliche Absurdität und bemerke die kontradiktorischen Kräfte, die ihn bewegen. Der Mann der Tragödie gehöre zu einem Reich, das nur durch Wahlgemeinschaften oder Geheimgesellschaften realisiert werden könne (Bataille in Caillois 1995a, 229).

Nach diesen Ausführungen wendete sich Bataille den Notizen von Caillois zu. Diese enthielten zunächst eine Definition von Geheimgesellschaften. Nach Caillois sind Geheimgesellschaften im Vergleich zu anderen gesellschaftlichen Gruppierungen aktivistischer, im Zugang beschränkter und insgesamt geheimnisvoller (vgl. Caillois 1995a, 231). Bei ihnen finde eine Auswahl und Initiation der Teilnehmer statt; ferner gebe es zyklische Wechsel in den Aktivitäten der Geheimgesellschaft (ähnlich wie in dem von Mauss beschriebenen jahreszeitlichen Wandel bei den Eskimogesellschaften), zahlreiche Riten und eine Polarität des Sakralen. Das Sakrale sei vor allem durch Verausgabung und Überschreitung repräsentiert: ein *orgiastisches Sakrales* (vgl. Caillois 1995a, 234f). Dem stehe eine andere Seite des Sakralen gegenüber, die für die soziale Kohäsion sorge und die Einhaltung der Regeln und Tabus garantiere. Bataille fügte den Notizen von Caillois eine Reihe von weiteren Bestimmungen von Geheimgesellschaften hinzu. So könne man eine Art Gesetz von Geheimgesellschaften aufstellen: Geheimgesellschaften sind zunächst dynamische Gesellschaften und bewegen sich zu einer stabilen und stabilisierenden Formation. Anstatt die Gesellschaft zu erschüttern, wirken sie in den meisten Fällen stabilisierend, wie man insbesondere bei den Freimaurern sehen könne (Bataille in Caillois 1995a, 239). Leider gibt es keine gesicherten Hinweise darüber, ob Bataille diese Zukunft auch für seine Geheimgesellschaft sah. Hierüber ließen sich nur Vermutungen anstellen, wie beispeilsweise folgende: Vielleicht sollte das Selbstopfer bei *Acéphale* sowohl einer Festigung der Gemeinschaft als auch einer Abwehr gegen eine gesamtgesellschaftliche Vereinnahmung dienen?

Bataille schloss die Sitzung mit einer Zusammenfassung, in der er noch einmal auf den Zusammenhang zwischen Geheimgesellschaften und dem Sakralen hinwies: Geheimgesellschaften seien mit einem Sakralen verbunden, das aus einer Übertretung der Lebensregeln bestehe (Bataille in Caillois 1995a, 243). »Je rappellerai en même temps que la tragédie est issue des confréries dionysiaques et que le monde de la tragédie est le monde des bacchantes. Caillois dit encore qu'une des fins de la ›société secrète‹ est l'extase collective et la mort paroxystique. [...] l'empire appartiendra à ceux dont la vie sera jaillissante à un degré tel qu'ils aimeront la mort.« (Bataille in Caillois 1995a, 243) Er sei sich seiner anstößigen Worte bewusst. Und er wisse, dass er sich von den Grenzen, die sich ein soziologisches Exposé setzen sollte, sehr weit entfernt habe. Aber diese Grenzen scheinen arbiträr zu sein; soziologische Forschung und das Leben sollten sich nicht ausschließen.

Soziologische Forschung und die eigenen Erfahrungen sollten aufs engste miteinander verknüpft werden. Wie im Schlussabschnitt der Studie noch ausführlicher behandelt wird, verfolgte das *Collège de Sociologie*, das zeigen sowohl die Ausführungen von Bataille als auch die Schriften von Leiris sehr deutlich, eine Soziologie, die nicht aus objektiver Distanz ihren Gegenstand erfasst, sondern bei der eine Verschmelzung des zu untersuchenden Gegenstands, des Sakralen, mit dem eigenen Erleben erwünscht und gefordert wird.

Bataille spricht sich im weiteren Verlauf der Sitzung für eine Soziologie aus, die sich unmittelbar mit den (sakralen) Bewegungen des Lebens verbindet und sich in diese entschieden hineinversetzt, anstatt neutral zu sein:

> »Le domaine de la sociologie est le domaine et en fait le seul domaine de décisions capitales de la vie. Ces décisions ne peuvent être écartées qu'en atrophiant. Il est vrai qu'il existe une contrepartie: si l'on associe les investigations et les décisions, les premières risquent d'être subordonnées aux secondes. Je pense aussi que les invstigations risquent beaucoup d'être subordonnées à l'absence de décision. Leur résultat a beaucoup de mal dans ce dernier cas à être plus qu'un vague reflet de l'esprit neutre. Il n'y a pas de doute cependant que certaines recherches accomplies avec quelque indifférence aboutissent à une représentation vivante de la réalité. Les chances me semblent éagles, faibles mais réelles, lorsque la recherche coexiste avec la vie.« (Bataille in Caillois 1995a, 243f)

»Die Sakralsoziologie der gegenwärtigen Welt« (La sociologie sacrée du monde contemporain) war das von Bataille und Caillois vorgetragene Thema der Sitzung am Samstag, den 2. April 1938. Einzig ein Fragment von Bataille blieb von dieser Sitzung erhalten. Er zog an diesem Abend ein Resümee des vergangenen Semesters (Bataille in Hollier 1995a, 249–251): Man sei nun zum Ende des Zyklus von Exposés gekommen, die letzten November begonnen hätten. Es solle noch einmal der Text verlesen werden, der am Anfang der Versammlungen gestanden und das selbst gesteckte Ziel formuliert habe. Es ist nicht ganz klar, welchen Text Bataille meint, sei es die Ankündigung der Gründung des *Collège de Sociologie* in der Zeitschrift »Acéphale« oder die Texte der ersten Vorträge vom März 1937, gehalten im Grand Véfour.

Zu Beginn der Sitzungen habe Caillois einen Vortrag zu den Errungenschaften der gegenwärtigen Soziologie gehalten und diejenigen Werke aufgezählt, die den Ausgangspunkt des Collège bildeten. Eigentlich sollten diese Werke in einer kurzen Bibliographie publiziert werden. Dies müsse verschoben werden, weil Caillois krank sei. Dennoch habe man genug Material zusammen, so dass die Bibliographie in naher Zukunft erscheinen könne. Nach der Klärung der Grundlagen habe jeder versucht, seine eigenen Positionen zu definieren. Caillois habe über Neo-Organizismus und Biologismus gesprochen.[139] Man sei dabei im Wesentlichen Durkheim gefolgt: »Nous sommes d'accord en tout cas, à la suite de Durkheim, pour voir dans le fait social autre chose qu'une somme des actions individuelles.« (Bataille in Hollier 1995a, 250) Bataille selbst habe in Anlehnung an Durkheim versucht, die Gesellschaft als ein Kräftefeld darzustellen, dessen vergemeinschaftende Bewegungen in jedem Individuum aufgefunden werden können; die Kräfte seien jedoch den Bedürfnissen und dem bewussten Willen des Individuums äußerlich. Bataille beendete seine Zusammenfassung mit einem Vergleich aus den Naturwissenschaften: »J'ai insisté sur le fait qu'à chaque degré des êtres, de l'atome à la molécule, de la formation polymoléculaire à la formation micellaire, de la cellule à l'organisme et à la société, les compositions sont différentes de la somme des composants en ceci qu'un *mouvement d'ensemble* les réunit.« (Bataille in Hollier 1995a, 250)

Die beiden folgenden Sitzungen im Mai und Juni 1938 sollten sich der Mythologie widmen (vgl. Hollier 1995a, 252). Es ist nicht sicher, ob diese Veranstaltung stattgefunden hat. Gewiss hingegen ist der Vortrag von Pierre Klossowski über die Tragödie. Klossowski las seine eigene Übersetzung der Antigone von Kierkegaard vor (Klossowski in Hollier 1995a, 256–291). Es war das Kapitel »Der Reflex des antiken Tragischen in dem modernen Tragischen. Ein Versuch im fragmentarischen Streben, gelesen vor den Συμπαρανεκρωμενοι« aus Kierkegaards Werk »Entweder – oder« (Kierkegaard 2003, 165–196).[140] Die Sitzung setzte sich insgesamt aus Klossowskis Vortrag und den Interventionen von Jean Wahl, Georges Bataille und Denis de Rougemont zusammen.[141] Letzterer hatte ein Jahr zuvor über »Acéphale« in der Zeitschrift »Esprit« geschrieben: »Acéphale ist das Zeichen eines radikalen Anti-Etatismus, das heißt einzigen Anti-Faschismus, der diesen Namen verdient. Diese Gesellschaft ohne zentrierenden Kopf, das ist ungefähr das, was wir in weniger romantischen Begriffen als Föderation bezeichnen. In diesem Punkt, der zentral ist, scheint die Übereinstimmung von Nietzsche und seinen Schülern mit dem Personalismus viel leichter zu realisieren als mit jeder anderen politischen Doktrin.« (Rougemont in Keller

---

139 Nach der ersten Sitzung schrieb Bataille am 21. November 1937 an Caillois einen Brief, in dem er darauf hinweist, dass ihm der Gebrauch des Begriffs *Biologismus* gefährlich erscheine (vgl. Bataille 1987b, 67).

140 Zur Bedeutung des Tragischen für »Acéphale« siehe vor allem die Beiträge von Bataille im Heft 3–4 vom Juli 1937. Klossowski schrieb im selben Heft über den Don Juan bei Kierkegaard. Συμπαρανεκρωμενοι könnte man entweder mit »Gesellschaft der Toten« oder »Vereinigung der Toten« übersetzen, auf französisch könnte die Vereinigung »Collège de défunts« heißen, wie Hollier (1995a, 274) vorschlägt. Zur Verwendung des Wortes bei Kierkegaard siehe den Kommentar von Niels Thulstrup in Kierkegaard (2003, 958f); hier ist von einer Gemeinschaft der Todesästhetiker die Rede, die an eine von Kleopatra und Antonius gegründete Gesellschaft erinnert, deren Mitglieder sich einander versprachen, gemeinsam zu sterben.

141 Auf Denis de Rougemont und das Collège wird noch im Zusammenhang mit der Sitzung, die er geleitet hat, eingegangen; vgl. auch Keller (2001b, 283).

2001*b*, 283f)[142] In der selben Zeitschrift publizierte Landsberg im Januar 1938 seinen Beitrag »Introduction à une critique du mythe«, der vom Landsberg-Übersetzer Klossowksi im Collège vorgestellt wurde (vgl. Keller 2001*b*, 283). Im Abschnitt zu Landsberg wird darauf näher eingegangen.

Im Juli 1938 erschienen mehrere Beiträge des Collège de Sociologie in der Nummer 298 der »Nouvelle Revue Française«.[143] Wie bereits erwähnt, gab Caillois eine kurze Einführung und den Gründungstext des Collège wieder. Darüber hinaus wurden der Vortrag über das Sakrale im Alltagsleben von Leiris sowie die Beiträge »L'apprenti sorcier« von Bataille und »Le vent d'hiver« von Caillois abgedruckt.[144]

Ausgehend von Origens Formel *Extra ecclesiam nulla salus* (Außerhalb der Kirche kein Heil) aus Nietzsches »Der Wille zur Macht« wies Caillois auf den enormen, in Europa sich ausbreitenden Einfluss der großen Individualisten – namentlich Stirner und Nietzsche – hin. Auch wenn die extremen Konsequenzen dieser individualistischen Doktrin nicht allgemein akzeptiert seien, so habe man immer weniger dagegen getan. »L'autonomie de la personne morale est devenue le fondement de la société.« (Caillois 1995*e*, 332) Es eröffne sich gegenwärtig eine Krise des Individualismus und man könne immer deutlicher einen Prozess der »sursocialisation« wahrnehmen. Die Ideologie des Individualismus verneine die Phänomene der instinktiven Anziehung und Kohäsion, die die eigentlichen lebenden Kräfte der sozialen Gruppierungen seien. Alles was stattdessen im Vordergrund stehe, sei die Tatsache des Selbstinteresses. Es bedürfe darum einer ordnungsstiftenden Gemeinschaft, deren Basis aber weder die Rasse oder die Sprache noch ein historisches Territorium oder eine Tradition sein dürfe; hierauf gründeten nämlich die Nation und der Patriotismus. Ein sozialer Kern, den es dringend benötige, basiere auf anderen Elementen; er bestünde nicht aus de facto Gemeinschaften. Was Caillois aber stattdessen vorschwebte, erinnert an geistesaristokratische und elitäre Gemeinschaften:

> »On ne soulignera jamais assez à quel point il importe que Balzac et Baudelaire aient regardé avec sympathie et proposé comme modèle Loyola et *le perinde ac cadaver* de la Compagnie de Jésus, le Vieux de la Montagne et ses Haschichins, à quel point il est significatif que l'un d'eux se soit plu à décrire les agissements d'une association mystérieuse au sein de la société contemporaine et l'autre à envisager la constitution d'une aristocratie nouvelle fondée sur une grâce mystérieuse qui ne serait ni le travail

---

142 Der Rezensions-Beitrag über »Acéphale« von Denis de Rougemont trug den Titel »Retour de Nietzsche« und erschien im Mai 1937 in »Esprit«, S. 314.

143 Dazu heißt es im Rückblick von Caillois: »Sur ces entrefaites, Jean Paulhan invita le groupe à définir ses ambitions dans le numéro de juillet 1938 de *La Nouvelle Revue Française*. Je rédigeai à cette occasion une sorte d'exposé des motifs, approuvé par Georges Bataille et par Michel Leiris. [...] Pareille consécration public et collective de la vitalité du mouvement en dissimulait la faiblesse, l'équivoque et les dissensions.« (Caillois 1974*a*, 58)

144 Die Texte von Bataille und Caillois waren die ersten Vorträge des Collège, gehalten im Grand Véfour im März 1937. Leiris Beitrag wurde bereits besprochen und auf Caillois' Text wurde kurz im Abschnitt zum Schlüsselbegriff der Gemeinschaft hingewiesen. Auf Batailles Text wird im Abschnitt zum Ende des Collège eingegangen.

ni l'argent. À l'extrême, ces considérations inclinent à reconnaître comme particulièrement armée pour la lutte, une association militante et fermée tenant de l'ordre
monastique actif pour l'état d'esprit, de la formation paramilitaire pour la discipline, de la société secrète, au besoin, pour les modes d'existence et d'action.« (Caillois
1995e, 343f)

Gegen Ende seines Vortrags beschwört Caillois eine Wendezeit für die Gesellschaft:
Es wehe gegenwärtig in der Welt ein Wind der Subversion, ein kalter, arktischer
Wind (vgl. Caillois 1995e, 353). Von nun an beginne ein Winter für die abgebaute,
senile und halb zusammengebrochene Gesellschaft. Die Bezüge von Caillois' Text zu
Granet und Mauss/Beuchat sind deutlich. In der Studie über den jahreszeitlichen
Wandel in den Eskimogesellschaften von Mauss und Beuchat ist der Winter die Jah-
reszeit der extremen Konzentration der Gruppe, die Zeit einer paroxystischen kollektiven Religiösität, der Mythen, der sexuellen Freizügigkeit, der Feste und der Verausgabungen.[145]

Anfang November erschien in der NRF die Erklärung zum Münchener Abkommen, durch die Hans Mayer auf das Collège aufmerksam wurde. Zwei Wochen später
begann ein neuer Vortragszyklus am *Collège de Sociologie*. Caillois eröffnete das neue
Semester mit seinem Beitrag über »L'ambiguïté du sacré« (Caillois 1995c).[146] Unter
Berufung auf Hertz unterschied er zwischen dem reinen und dem unreinen Pol des
Sakralen. Der eine Pol ziehe an, der andere stoße ab; der eine sei edel und flöße Respekt und Liebe ein, der andere sei gemein und jage einem Schrecken, Widerwille und
Angst ein (vgl. Caillois 1995c, 379ff). Robert Hertz habe diese Gegensätze des linken
und rechten Sakralen festgehalten: Linkshänder neige man eher für Zauberer, Dämonen oder für Besessene zu halten. Während die rechte Hand die des Szepters, des
Schwurs und der Autorität sei, so stehe die linke Hand für Betrug und Verrat (vgl.
Caillois 1995c, 381). Genau wie Hertz in seiner Studie über die kollektive Repräsentation des Todes sprach Caillois über die Verwandlung der Toten (vgl. Caillois 1995c,
383f): Gegen Ende der Trauerzeit werden in manchen Gesellschaften die Eltern des
Verstorbenen durch Reinigungszeremonien von ihrer Verunreinigung befreit. Die Zeremonien markieren darüber hinaus den Augenblick, in dem der Tote sich als Träger
einer linken, unheilvollen und gefährlichen Kraft des Sakralen zum verehrungswürdi-
gen und respektierten Schutzgeist transformiert. Er wandelt sich von der linken zur
rechten Seite und gleichzeitig werden die Überreste des Leichnams zu Reliquien:
»l'horreur se change en confiance.« (Caillois 1995c, 383) Vielleicht lassen sich die beiden Pole des Sakralen auch mit den Begriffen von Liebe und Tod fassen, wie es bei der
zwei Wochen später abgehaltenen Sitzung anklang:

---

145 »Der sexuelle Kommunismus ist durchaus eine Form der Gemeinschaft, vielleicht die innigste,
     die es gibt. Wo er herrscht, kommt es zu einer Art Verschmelzung der individuellen Personen
     ineinander. – Wir sind also weit von jenem Zustand der Vereinzelung und Isolierung entfernt,
     in dem während des Sommers die über ungeheure Küstenstrecken verstreuten kleinen Famili-
     engruppen leben.« (Mauss und Beuchat 1999 [1904–5], 246)
146 Zu diesem Vortrag siehe vor allem die vorangegangenen Abschnitte zum Schlüsselbegriff des
     Sakralen und den Abschnitt zu Robert Hertz.

Am 29. November 1938 trug Denis de Rougemont über »Arts d'aimer et arts militaires« (de Rougemont 1995) am Collège vor. In Folge seines Aufenthalts als Lektor in Frankfurt in den Jahren 1935 und 1936 war er zu dem Ergebnis gekommen, dass eine zeitgenössische politische Interpretation des Nationalsozialismus weit mehr religiöser als ökonomischer Erklärungsmodelle bedarf (vgl. Hollier 1995a, 406). Mit dieser Ansicht befand er sich in einem tiefen Einverständnis mit dem *Collège de Sociologie*. Man teilte auch dieselbe Auffassung in der prinzipiellen Staatsfeindlichkeit und im Antistalinismus. Eine Differenz bestand hingegen in de Rougemonts Wunsch einer Erneuerung des Christentums; so schrieb er 1939 in dem Postscriptum seines 1935–1936 verfassten »Journal aus Deutschland«: »Die wirkliche ›Kommunion der Heiligen‹ – auf allen Ebenen, von der geistigen bis zur materiellen – ist nicht das Ergebnis einer Organisation, und sei es einer ›heiligen‹, sondern Ergebnis eines in jedem Individuum *verwirklichten Vorhandenseins*, das im Glaubensakt wurzelt, den man immer nur allein, aber inmitten einer Gemeinschaft begehen kann, so wie man alleine auf die Welt kommt, wie man alleine stirbt. Ich glaube, daß es außerhalb dieses Glaubens niemanden gibt, der sich brüsten könnte, auf immer gefeit vor totalitären Versuchungen zu sein.« (de Rougemont 2001, 126)[147]

Der Vortrag von de Rougemont geht zurück auf einen Abschnitt aus seinem Werk »L'amour et l'Occident« (1939).[148] Ausgehend vom Tristanmythos basiert das Thema dieses Buches auf Parallelen und Beziehungen zwischen vermeintlichen Gegensätzen, zwischen der Liebe und dem Tod oder der Liebe und dem Krieg. – »Schon weicht dem Tag – die Nacht« –, die Thematik erinnert an den Schluss von Batailles Vortrag vom 22. Januar 1938, in dem dieser betonte, dass das, was die Wesen miteinander verbindet, auch das ist, was sie voneinander trennt. Rougemont schreibt zu Beginn seines Buches: »Was die abendländische Lyrik begeistert, ist nicht die Sinnenfreude oder der reiche Frieden der Vermählten. Es ist weniger die erfüllte Liebe als die Leidenschaft der Liebe. Und Leidenschaft bedeutet Leiden.« (de Rougemont 1987, 19)

Auf diese Beziehung zwischen Leidenschaft und Leiden kommt Rougemont in seinem Collège-Vortrag zurück und behauptet, Kriegsinstinkt und Erotik – erkennbar beispielsweise im Gebrauch von Kriegsmetaphern zur Beschreibung der Wirkungen

---

147 Zu Rougemont, dem »Ordre Nouveau« und deren Beziehung zum Collège siehe Keller (2001b, 231ff, 343ff). Geteilter Meinung war man auch hinsichtlich der spanischen Mystiker Theresa von Avila und Johannes vom Kreuz: »Rougemont wehrt sich gegen die Verherrlichung jener Heiligen, die Landsberg, Mounier und auch Bataille wegen der in der Heiligenvita erreichten Verausgabung verehren: die Esprit-Autoren feiern die mystische und hingebende Verbindung von Liebe und Tod. Der Autor des Collège de Sociologie berauscht sich an der Erfahrungsintensität anstößiger Heiliger. Dagegen schreitet Rougemont ein […]. Die Gebete von Theresa von Avila ›Je meurs de ne pas mourir‹ (›Ich sterbe daran, nicht zu sterben‹) seien gefährlich. Die christliche Liebe dürfe keine todessehnsüchtige Leidenschaft sein. Bereits Baruzi warne davor, im Mystiker einen homogenen Typus zu sehen.« (Keller 2001b, 346)

148 Siehe auch die deutsche Übersetzung des Buches »Die Liebe und das Abendland. Mit einem Post-Scriptum des Autors« (de Rougemont 1987). Der Vortrag von Rougemont findet sich ebenfalls darin als fünftes Buch unter dem Titel »Die Liebe und der Krieg« (de Rougemont 1987, 287–321).

der Liebe oder in der Symbolisierung des Eros als Bogenschützen – stehen im Abendland in einer fundamentalen Wechselbeziehung (vgl. de Rougemont 1995, 410). Er bekräftigt die These mit dem Hinweis, dass unser Liebesbegriff mit einem Begriff vom *fruchtbaren Leiden* verknüpft sei, der im abendländischen Bewusstsein den Krieg beschönige und den Gefallen an ihm legitimiere. Diese im Abendland vorzufindende Verbindung habe weitgehende Konsequenzen für die Moral, die Erziehung und die Politik (vgl. de Rougemont 1995, 409). Im Rittertum habe denn auch eine gemeinsame Norm der Liebes- und Kriegskunst existiert, so Rougemont mit Bezug auf Huizinga; die Stilisierung der Liebe, die unterschiedlichen Spielregeln der Liebe und insbesondere die höfische Moral hätten die Rolle eines Ideals angenommen, dem es gelang, sich sowohl in den individuellen Kampfesregeln als auch in der formalistischen Durchführung von Schlachten geltend zu machen: »Exemple unique d'un *ars amandi* qui donne naissance à un *ars bellandi*.« (de Rougemont 1995, 414) Man könne im Abendland jede Veränderung in der militärischen Taktik mit einer Veränderung in der Liebesauffassung in Beziehung setzen (vgl. de Rougemont 1995, 421). Seit Verdun jedoch erscheine der vom Rittertum begründete Parallelismus zwischen den Formen der Liebe und des Krieges zerrissen zu sein (de Rougemont 1995, 437) Der Krieg sei total geworden, das Land und das Leben des gegnerischen Volkes seien nicht mehr begehrenswert, anstatt das Land zu erhalten, würde es restlos zerstört und das Volk ausgerottet.

War die Antwort auf die Leidenschaften und den Todesinstinkt, die über der Gesellschaft als potentielle Gefahr lasten, im 12. Jahrhundert das höfische Rittertum, im 17. Jahrhundert die klassische Tragödie und im 19. Jahrhundert der Zynismus' Don Juans und die rationalistische Ironie gewesen, so hieße die Lösung im 20. Jahrhundert: totalitärer Staat (vgl. de Rougemont 1995, 445f). Für die Zukunft entwirft Rougemont zwei Alternativen: Entweder werde der totale Atomkrieg und damit die Aufhebung des Problems der Leidenschaft kommen oder es werde Frieden herrschen und das Problem der Leidenschaft bleibe bestehen. Hier endet der Vortrag von de Rougemont; gegen Ende seines Buches führt er aus, welchen Weg er wählt: die Leidenschaft könne nur durch die Begegnung mit einem anderen überwunden und erfüllt werden, »durch das Anerkennen seines fremden Lebens, seiner für immer verschiedenen Person, die aber ein Bündnis ohne Ende bietet, das ein echtes Gespräch einleitet.« (de Rougemont 1987, 377)

Auf Rougemonts Beitrag folgte eine Sitzung des *Collège de Sociologie*, die ganz im Zeichen der zeitgenössischen politischen Verhältnisse stand. Bataille referierte am 13. Dezember 1938 über »La structure des démocraties et la crise de septembre 1938« (vgl. Hollier 1995*a*, 448–459). Der Vortrag selbst ist nicht mehr aufzufinden.[149] Es war die bereits erwähnte Sitzung, bei der Julien Benda mit Bataille über die durch den Faschismus und das Münchener Abkommen vertiefte Krise der Demokratien diskutierte.[150]

---

149 Aber einige, bereits dargestellte Erinnerungen von Bertrand d'Astorg geben Aufschluss über den Abend (vgl. Hollier 1995*a*, 455–459).

150 Vgl. den vorangegangenen Abschnitt »Militantes Eintreten für die Demokratie: Julien Benda beim *Collège de Sociologie*«.

Es folgte am 10. Januar 1939 ein Vortrag des Gräzisten René M. Guastalla über die »Naissance de la littérature« (Guastalla 1995). Seine Rede war wahrscheinlich ein Abschnitt aus seinem ein Jahr später publizierten Buch »Le mythe et le livre. Essai sur l'origine de la littérature«. Seine These ist, dass die antiken anonymen und kollektiven Mythen durch moderne individuelle und literarische Mythen ersetzt werden. Guastalla differenziert zwischen den älteren kollektiven Mythen und der Literatur, die nur unverbindliche Mythen hervorbringt. Ähnlich argumentiert Caillois in seinem Buch »Le mythe et l'homme«, wenn er schreibt: »Le mythe, au contraire, appartient par définition *collectif*, jusitifie, soutient et inspire l'existence et l'action d'une communauté, d'un peuple, d'un corps de metier ou d'une société secrète. [...] On peut aller plus loin dans cette opposition et affirmer que c'est précisément quand le mythe perd sa puissance morale de contrainte, qu'il devient littérature et objet de jouissance esthétique.« (Caillois 1972 [1938], 151) Nach Guastalla entsteht die Literatur in Griechenland aus der Trennung zwischen Bürger und Polis. Es seien hauptsächlich die Sophisten gewesen – ganz besonders ihr Einfluss auf Euripides (vgl. Guastalla 1995, 487ff) –, die den Wandel vom kollektiven Mythos zur individuellen Literatur eingeläutet haben. »Euripide, le premier littérateur vraiment, et tout prêt pour être lu. Jugé par des gens qui ne lisaient pas.[...] Avec Euripide naît la littérature.« (Guastalla 1995, 492f)

Guastalla war in seinen Ausführungen noch eher abstrakt geblieben, vergleicht man seinen Vortrag mit den Reden von Bataille, der sich – betrachtet man den Gesamtverlauf der Sitzungen – zunehmend der realhistorischen Situation Europas zuwendete. Bereits im Dezember 1938 kündigte Bataille seinen Beitrag für den 24. Januar 1939 über »Hitler et l'Ordre teutonique« in einem Schreiben an Caillois an. Da keine Aufzeichnungen dieses Vortrags erhalten sind, seien hier kurz ein paar Anmerkungen aus dem Brief erwähnt:

> »Moi, sur Hitler et l'ordre teutonique. C'est la suite de ce que j'ai dit l'autre jour [gemeint ist der 13. Dezember 1938, S.M.]. Il s'agit de partir de l'opposition construite par les gens dans le genre occultisme entre l'Ordre teutonique et le Temple, admettre que l'affiliation d'Hitler à l'Ordre teutonique est probablement ›mythique‹, mais que l'institution des Ordensburgen, écoles voisin en tous cas des ordres militaires ne l'est pas, que les Ordensburgen exigent une réponse de la part de ceux qui ne veulent pas subir la domination d'un pouvoir qu'ils ne reconnaissent pas, etc.« (Bataille 1987*b*, 93)

Bataille spielt auf die drei Ordensburgen Crössinsee (Pommern), Sonthofen (Allgäu) und Vogelsang (Rheinland) an, allesamt Erziehungsstätten für die nationalsozialistische Elite. Die Bildung von Orden faszinierte Bataille.[151] Allerdings waren seine In-

---

151 Caillois schreibt einige Jahre nach dem Collège zu dieser Faszination: »Mais l'entreprise enflamma plus d'imagination. Il en était ainsi particulier parmi nous qui avions fondé le *Collège de sociologie*, dédié exclusivement à l'étude des groupes fermés: sociétes d'hommes des populations primitives, communautés initiatique, confréries sacerdotales, sectes hérétiques ou orgiaques, ordres monastique ou militaires, organsiations terroristes, associationspolitiques secrètes de l'Extreme-Orient ou des périodes troubles du monde européen.« (Caillois 1974*a*, 92f) Wie

tentionen »mit der faschistischen Ideologie schwer vereinbar«, wie der Bataille-Biograph Bernd Mattheus festhält (vgl. Mattheus 1984, 418). Dass diese Faszination für Ordensbildungen nicht nur vom Collège, sondern auch von anderen Intellektuellen und Gruppierungen geteilt wurde, bezeugen neben der Gruppe »L'Ordre Nouveau« (vgl. hierzu Keller 2001*b*, 231ff) zahlreiche Publikationen zum Thema zu dieser Zeit.[152]

Anlässlich des 150. Geburtstages der Republik hielt Klossowski am 7. Februar 1939 einen Vortrag über »Le marquis de Sade et la Révolution« (Klossowski 1995).[153] Er sprach darüber, wie im Laufe der sozialen Umwälzungen einige der Libertins und Aufklärer in der Französischen Revolution die Möglichkeit zur Selbsterneuerung gesehen hätten. Andere wiederum erwarteten von der Revolution eine totale Umgestaltung der menschlichen Struktur, wie beispielsweise der Marquis de Sade, der vom Bild eines integralen Menschen und »polymorpher Sinnlichkeit« heimgesucht wurde (Klossowski 1995, 506f). Man habe sich zu der Annahme hinreißen lassen, das Volk sei nun zu allen Arten von Abenteuern bereit und die gewagtesten Produkte individuellen Denkens hätten nun die Chance, in gelebte Erfahrung übersetzt zu werden. Aber plötzlich seien diese revolutionären Menschen desorientiert gewesen, weil sie mit den sakralen Werten, die sie verhöhnten, verbunden waren und weil ihre Libertinage nur auf dem Lebensniveau eine Bedeutung hatte, welches sie in der gescheiterten Gesellschaft eingenommen hatten (Klossowski 1995, 508).

In dem Augenblick selbst, in dem das Sakrileg zu etwas Alltäglichem geworden war, der abgeschnittene Kopf des Königs geohrfeigt wurde und man Kirchen plünderte, in diesem Moment seien die Immoralisten zu Sonderlingen geworden. Sie erschienen nur noch als Symptome der Auflösung, die paradoxerweise die Auflösung überlebten (Klossowski 1995, 509). Sade habe gewollt, dass der geheime Antrieb der Masse offen zutage trete und dem Menschen das Böse, zu dem er fähig sei, vor Augen gehalten werde; darum sei es ihm so wichtig gewesen, die perversen Formen der menschlichen Natur zu studieren (Klossowski 1995, 511). Der neue republikanische Staat habe gehofft, das Böse, das bedrohlicherweise immer ausbrechen könne, besiegt zu haben; de Sade war jedoch der Auffassung, das Böse könne nur ausgerottet werden, wenn es zuvor einmal richtig ausbreche und sich dann selbst zerstöre.

Sade muss die Revolution der Jakobiner als eine Konkurrenz angesehen haben, die seine Ideen deformierte und sein Vorhaben kompromittierte; war es sein Ziel, die Herrschaft des integralen Menschen zu etablieren, so wollte die Revolution den Na-

---

einem Brief vom 25. Januar, einen Tag nach dem Vortrag von Bataille, zu entnehmen ist, hatte Caillois einen Artikel über die Orden an Bataille geschickt mit dem Titel: »La hiérarchie des êtres: relations et oppositions de la démocratie, du fascisme et de la notion d'ordre«; der Beitrag erschien im April 1939 in der Nummer 5 der Zeitschrift »Les Volontaires«, S. 317 – 326. Vgl. dazu Bataille (1987*b*, 98).

152   Vgl. hierzu Caillois (1974*a*, 91ff) und Hollier (1995*a*, 495 – 497).

153   Die deutsche Übersetzung ist abgedruckt in Klossowski (1996, 73 – 100). Zu Bildern von Klossowksi, die sich mit de Sade auseinander setzen, siehe (Bezzola et al. 2001, 84ff). Einen Vortrag mit dem selben Titel hielt Maurice Heine am 9. April 1939 bei der »Féderation anarchiste de France« (Hollier 1995*a*, 502).

turmenschen zum Leben erwecken (Klossowski 1995, 512). Sade habe sich nach Angaben Klosswoskis gewünscht – und hier sei an das geplante Opfer bei der Geheimgesellschaft *Acéphale* sowie an Freuds »Totem und Tabu« erinnert –, dass die Brüderlichkeit des Naturmenschen durch die Solidarität des Vatermords bzw. Königsmords ersetzt werde; nur sie sei fähig, eine Gemeinschaft zu festigen (Klossowski 1995, 520). Die Republik solle sich entschlossen zu ihrer Basis, dem Verbrechen des Vatermords, bekennen. Bataille kritisierte den Vortrag mit der Bemerkung, Klossowski zeichne ein zu hegelianisches Bild des Marquis de Sade.

Am 21. Februar 1939 behandelte Bataille die »Commémoration du mardi gras« (Hollier 1995*a*, 533ff). Zwar ist keinerlei Manuskript oder Dokument dieses Vortrags erhalten, aber einige Hinweise in Briefwechseln lassen den Schluss zu, dass Bataille über den Verfall des Karnevals sprach (vgl. Bataille 1987*b*, 93). Der Bedeutungsverlust von Festen war ein Thema, das auch Caillois in seinem Vortrag über das Fest wieder aufnahm. Bataille wünschte sich eine Renaissance des Karnevals, der seiner Meinung nach eine mystische und dionysische Fundierung der Demokratien bilden könnte: »Après la révolution, après les sociétés secrètes, le carneval est ainsi la dernière en date des figures sur lesquelles Bataille mise pour desserrer l'étau totalitaire. […] Si le sacré est, selon le mot de Goethe, ce qui unit les hommes, le carneval le fait sous le signe de Dionysos et non de Mars. Contre le sacré hiérarchique de l'armée et de l'Église, il peut fonder une mystique égalitaire.« (Hollier 1995*a*, 535) Der Karneval ist ein genuines Phänomen kollektiver Efferveszenz und der zeitweiligen orgiastischen Verausgabung; das Maskentragen erinnert an das dionysische Maskenwesen (vgl. Peuckert 2003, 237). Bereits in seinem Artikel über die dionysischen Tugenden hatte Caillois den demokratischen und offenen Charakter der Dionysos-Kulte unterstrichen. In der egalitär-dionysischen Mystik des Karnevals sahen die Collègiens eine Antwort auf die – ihrer Meinung nach – durch den Verfall der kollektiven Feste ausgelöste Krise der Demokratien, den vorherrschenden Utilitarismus und die sich atomisierende Gesellschaft.

Nach Batailles Rede trug Caillois vor. Anlässlich des Todes des letzten französischen Henkers Anatole Deibler am 2. Februar 1939 entwickelte er eine »Sociologie du bourreau« (Caillois 1995*f*). Zu Beginn seines Vortrags bemerkte Caillois, dass die zahlreichen Artikel über den Tod von Deibler in der Tagespresse den Eindruck vermittelten, als habe die Gesellschaft die Existenz ihres Henkers erst durch seinen Tod entdeckt. Zuvor habe nämlich ein mächtiges Tabu und geheimnisvolles Schweigen um ihn geherrscht (vgl. Caillois 1995*f*, 543f). Es sei schon erstaunlich, Europas Schicksal stehe auf dem Spiel und die Zeitungen hätten dennoch nur ein Thema: den Tod des Henkers. Sie mythologisieren den Henker, zeichnen das Bild eines romantischen Helden und konstituieren trotz ihrer unterschiedlichen Artikel gemeinsam eine Legende. Unzählige Berichte handeln entweder von seinem normalen Privatleben oder den aus seinem »humanitären Temperament« entwickelten »Verbesserungen der Guillotine« (vgl. Caillois 1995*f*, 547).

Für seine Analyse des Henkers griff Caillios auf Bemerkungen von Hans Mayer zurück: »Als er vor dem Collège eine Analyse des ›Henkers‹ im Wandel der Gesellschaften vortrug, bedankte er sich bei mir für Hinweise auf die überreichliche Fülle von

Zeugnissen aus der deutschen Kulturgeschichte.« (Mayer 1988, 240) Insgesamt wird nach Caillois dem Henker in der Gesellschaft auf ambivalenter Weise begegnet, er wird sowohl verehrt als auch gefürchtet, er ist erschreckend und faszinierend zugleich. Der Henker ruft insofern Emotionen hervor, wie sie für gewöhnlich dem Sakralen zukommen (vgl. Caillois 1995f, 555). Gemäß Caillois bilden der Henker und der Souverän in der Gesellschaft eine symmetrische Funktion, beide repräsentieren die zwei Pole der Gesellschaft: »L'ambiguïté que présente chacun d'eux se manifeste aussi entre eux; l'un réunit en sa personne tous les honneurs et tous les respects, l'autre tous les dégoûts et tous les mépris.« (Caillois 1995f, 555) Man könne sich vorstellen, welche Furcht die Massen vor dem Tod des Souveräns durch den Henker hatten, wenn der gefürchtete Pol obsiegte. In Mythologie und Folklore finde man zahlreiche Beispiele für die Beziehungen zwischen Souverän und Henker, vor allem in Geschichten, in denen die Prinzessinnen oder Königinnen sich in den Henker verlieben, so Caillois unter Berufung auf ein Gespräch mit Hans Mayer (vgl. Caillois 1995f, 557).

Henker seien jedoch meistens wie Marginalisierte behandelt worden: »Joseph de Maistre, au terme du portrait impressionnant qu'il fait du bourreau, de la terreur qu'il inspire, de son isolement parmi ses semblables, signale justement que ce comble vivant de l'abjection est, en même temps, la condition et le soutien de toute grandeur, de tout pouvoir, de toute subordination. ›C'est l'horreur et le lien de l'association humaine‹, conclut-il.« (Caillois 1995f, 562f) Während der Französischen Revolution seien dem Henker hingegen alle Ehren zuteil geworden und es wurde debattiert, ob er statt Henker nicht lieber »Rächer des Volkes« betitelt werden sollte (vgl. Caillois 1995f, 564). Gegen Ende des Vortrags kommt Caillois auf ein beliebtes Thema Batailles zurück: die Enthauptung von Ludwig XVI. im Januar 1793, die vielleicht ein zentraleres Ereignis der Revolution darstellt als die Erstürmung der Bastille: »Si la décapitation de Louis XVI. est ainsi présentée comme un egage et un symbol de l'avènement du nouveau régime, si sa destitution apparaît si précisément symétrique de l'ascensio du bourreau, on comprend que l'exécution du 21 janvier 1793 occupe dans le cours de la Révolution la place correspondant à une sorte du passage du zénith.« (Caillois 1995f, 566)

Im Februar 1939 startete die Zeitschrift »Volontés« eine von Jules Monnerot verfasste Umfrage, in der es um folgende Themen ging:

> »Il y a toujours eu des directeurs de conscience en Occident: papes, prêtres, réformateurs, pasteurs; pensez-vous que la direction de conscience soit une fonction organique dans les collectivités humaines? Ou au contraire que la société où nous vivions, la communauté historique dont nous sommes membres, ait atteint une sorte d'âge adulte qui lui permette de se passer de directeurs de conscience?« (Hollier 1995a, 573f)

Andere Fragen wollten wissen, ob man an die Notwendigkeit eines neuen Universalismus in der abendländischen Geschichte oder an eine Mission einer Klasse, einer Nation oder einer Rasse glaube. Bedarf es der Erfindung von Mythen oder Ideologien? Die Antworten, die im Juni in derselben Zeitschrift erschienen, unterteilte Monnerot in drei Sektionen (Hollier 1995*a*, 762ff): Erstens diejenigen, die halfen, die Fragen zu beantworten. Unter ihnen fanden sich beispielsweise Zeilen von Benda, Klossowski, Landsberg, Moré, de Rougemont, Guastalla, Mounier, Paulhan, Schlumberger oder Jean Wahl.[154] Die zweite Sektion bildeten jene, die nach Monnerot partielle Lösungen auf die Fragen geben: Paul Guth, Armand Petitjean oder Loewenstein. Die dritte Gruppe versammelte diejenigen, die auf den Fragebogen geantwortet hätten, ohne wirklich zu antworten: Pierre Mabille, Georges Duhamel und das *Collège de Sociologie*.

Die Antwort ist die letzte öffentliche und kollektive Erklärung des Collège. Sie lautet: Die von der Umfrage aufgeworfenen Probleme seien genau jene, die das *Collège de Sociologie* seit zwei Jahren in all seinen Unternehmungen und Sitzungen zu vertiefen und zu lösen versuche (Hollier 1995*a*, 787). Man sei jedoch verwundert über die Fragen, da derjenige, der die Umfrage durchführe, an den Diskussionen, die zum Collège führten, teilgenommen habe, seine Unterschrift finde sich unter der Gründungserklärung und darüber hinaus verdanke die Gruppe ihm sogar ihren Namen.

Es zeigt sich in der Antwort des Collège die absolute »Entfremdung zwischen Monnerot und Bataille« (Mattheus 1984, 424), die durch die weiteren Sätze noch vertieft wurde: Das Collège könne nicht in einigen kurzen Zeilen seine Aktivitäten zusammenfassen, vielmehr sei es ja bestrebt, die Antwort auf die Fragen selbst zu *sein* (vgl. Hollier 1995*a*, 787). Wiederum wird deutlich, dass es dem Collège nie darum ging, eine reine Studiengruppe zu sein, sondern Theorie und Praxis miteinander zu verbinden.

Die folgenden zwei Sitzungen des Collège, die am 7. und 21. März 1939 stattfanden, widmeten sich dem Schamanismus, ein Thema, das unter den Collègiens auf großes Interesse stieß; Caillois bemerkte einmal, Bataille habe selber Schamane werden wollen (vgl. Caillois 1991*a*, 136). Es referierte an den beiden Abenden der Mauss-Schüler Anatole Lewitzky (1995). Er begann mit dem Versuch einer soziologischen Definition des Schamanen, die allerdings aufgrund dessen unterschiedlicher Aufgaben, sozialer Positionen und der variierenden kollektiven Vorstellungen über den Schamanen nahezu unmöglich sei. In vielen Kulturen wie bei den Tibetern, in Sibirien oder den Indigenen in Nord-Amerika seien für den Schamanen eine Trommel, ekstatische Tänze, die pathologische Natur der Persönlichkeit und die Vorstellung, dass er einen intimen Kontakt mit der Welt der Geister hat, charakteristisch, er sei sozusagen in einer Vermittlerfunktion zwischen Diesseits und Jenseits; man werde Schamane nur, wenn man eine gewisse psycho-nervöse Disposition dazu habe, die als ein direkter Ruf bzw. als Berufung durch die Geister angesehen werde (Lewitzky 1995, 584f). Zur Untermauerung dieser Definitionen gab Lewitzky einige Beispiele schamanistischer Zeremonien und berichtete von unterschiedlichen Mythen über Schamanen.

Interessant sei, so Lewitzky gegen Ende seines Vortrags, dass es eine unmittelbare Verbindung mit der Erfindung der Metallurgie und dem Schamanismus gebe; die In-

---

154 Die Antworten von Klossowski, Landsberg, Moré, de Rougemont und Jacques Dehaut sollten auf Wunsch der Verfasser zusammen als Gruppe erscheinen; alle sind sie personalistisch oder christlich ausgerichtet (vgl. Hollier 1995*a*, 763).

terdependenz zwischen Schamane und Schmied, oder mit dem Eisen im Allgemeinen, sei fast in ganz Nord-Asien bezeugt. Der Schamane sei wie ein Magier, der aber in einem engen Kontakt zum Kollektiv stehe. Es zeigt sich in Lewitzkys Aufführungen deutlich der Einfluss von Mauss, der im Gegensatz zu Durkheim die Annahme vertrat, dass die Magie ein kollektives Phänomen sei (Mauss und Hubert 1999, 172).[155] Das Kollektiv selbst könne schamanistische Kräfte entwickeln, heißt es bei Lewitzky: »Un chaman semble donc être surtout un magicien, mais un magicien remplissant une fonction consacrée par le société, c'est-à-dire aussi une sorte de prêtre. Lorsqu'il combat les divinités, c'est pour défendre les humains. Il n'est pas cependant le seul d'avoir cette attitude envers les divinités. La collective elle-même, en cas de besoin, affronte les puissances invisibles, s'oppose à leur intervention. Il n'y a en somme entre l'attitude d'un chaman et celle d'un homme profane qu'une différence de degré et non de nature.« (Lewitzky 1995, 605)

Anlässlich des Einmarsches der deutschen Truppen am 15. März in Prag wollte Bataille nach Lewitzkys Rede noch einen Vortrag über die aktuellen Ereignisse halten; man weiß nicht, ob dies geschah: Kein Textfragment existiert, lediglich der Titel ist bekannt: »La défenestration de Prague«.

Am 18. April 1939 ergriff der deutsche Exilant Hans Mayer das Wort und sprach über »Les rites des associations politiques dans l'Allemagne romantique« (Mayer 1995). Im Abschnitt zu Hans Mayer wird auf seinen Beitrag eingegangen, hier sei nur so viel gesagt, dass eigentlich an diesem Abend ein anderer Deutscher hätte reden sollen. Geplant war ein Vortrag von Walter Benjamin über die Mode. Bataille und Mayer fanden jedoch, dass dieses Thema gerade nicht aktuell sei und verschoben Benjamins Referat auf Oktober 1939 (vgl. Hollier 1995a, 609).[156] Dies führte schließlich dazu, dass die Sitzung über die Mode niemals stattfand.[157]

Als Caillois am 2. Mai 1939 über »La fête« sprach, machte er ausgehend von Durkheim und Mauss die enge Verbindung zwischen dem Fest und dem Sakralen deutlich: »En réalité, la fête est souvent tenue pour le règne même du sacré.« (Caillois 1995b, 649) Die mit Festen einhergehenden kollektiven Exzesse und Verausgabungen seien nicht nur Entladungen aufgestauter Energien oder Epiphänomene, sondern sie seien in manchen Gesellschaften geradezu die Bedingungen für die magische Kraft von Festen. Eigentlich, so Caillois, gehöre zu einer Theorie des Festes auch eine Theorie des

---

155 Siehe insbesondere Mauss und Hubert (1999, 154ff); es wird in diesem Text wie auch in seiner Selbstbeschreibung seines Werkes anlässlich seiner Bewerbung am *Collège de France* deutlich, dass Mauss den Begriff *mana* als einen umfassenderen dem Begriff des Sakralen vorzog. Vgl. dazu auch Riley (2002b, 362).

156 Hollier gibt einige Zeilen aus den Erinnerungen von Jean-Michel Besnier wieder: »Walter Benjamin désirait clore les conférences du Collège de Sociologie de l'année 1939 par un exposé … sur la mode! Georges Bataille et Hans Mayer trouvèrent qu'au printemps 1939 le sujet n'était décidément pas d'actualité, que l'histoire n'avait pas encore lieu d'être ainsi désertée et ils refusèrent la proposition. Benjamin en fut fâché et, sa conférence ayant été reportée à la rentrée d'octobre […].« (Besnier in Hollier 1995a, 609)

157 Zur Erinnerung an seinen Vortrag vgl. Mayer (1986); zum Vortrag und zur Beziehung zwischen Mayer und dem Collège siehe den Abschnitt zu Hans Mayer.

Opfers. Feste seien periodische Momente der Reinigung; eine solche Reinigung finde im Allgemeinen in Form einer Vertreibung oder Tötung eines Sündenbocks statt, dem alle begangenen Sünden aufgebürdet werden (Caillois 1995*b*, 654).[158]

Das Fest hat nach Caillois eine regenerative Funktion und hilft wie ein »rite de passage« (van Gennep), von einem Zustand zu einem anderen zu wechseln. In der Phase des Übergangs bildet sich nach Caillois eine andere Form von Gemeinschaft, eine »communitas«, wie man heute mit Victor Turner (2000) sagen könnte.[159] Das Fest ist eine Phase der Verwirrung, in der die Weltordnung suspensiert ist und man den Regeln zuwiderhandeln darf (vgl. Caillois 1995*b*, 671). Die Sakrilege, die in der Zeit des Festes begangenen werden (Verwüstungen, Inzest, Promiskuität etc.), seien genauso sakral wie die Verbote, gegen die sie verstoßen (vgl. Caillois 1995*b*, 676). Zu dieser sexuellen Orgiastik in der sakralen Zeit des Festes komme noch ein ungeheurer Nahrungsmittel- und Getränkeverbauch sowie ruinöse Verausgabungen in agonistischen Tauschzeremonien wie etwa dem *potlatsch*:

> »Chacun pensait obtenir, conclut M. Granet, commentant les faits chinois, ›une rémunération meilleure, un rendement plus grand des travaux à venir.‹ Les Eskimos font le même calcul. Ces échanges et les distributions de présents qui accompagnent les fêtes de Sedna ou le renvoi des âmes dans l'au-delà, possèdent une efficacité mystique. Ils rendent la chasse fructueuse. ›Sans géenerosité, pas de chance‹, souligne M. Mauss […].« (Caillois 1995*b*, 682)

In der heutigen Zeit und in komplexeren Sozialorganismen seien die verausgabenden Feste durch die Ferien ersetzt worden; zwar sei dies immer noch eine Zeit der Verausgabung, aber eher eine Phase der Entspannung als eine des Paroxysmus und des exzessiven Überschwangs, so Caillois gegen Ende seines Vortrags.

Es war vor allem die Zeitschrift »Nouvelle Revue Française«, die für die Aktivitäten des Collège offen war. In der Revue waren stets die jeweiligen Sitzungen angekündigt. Nach dem Tod von Jacques Rivière wurde 1925 Jean Paulhan, vormals Sekretär von Rivière, Direktor der Zeitschrift, die sich im intellektuellen Feld der Zwischenkriegszeit immer mehr zum meinungsführenden Sprachrohr entwickelte.[160] Am 16. Mai 1939 sprach Paulhan vor dem Collège über »Le langage sacré« (Paulhan 1995). Im Jahr seiner Übernahme der NRF hatte Paulhan einen Beitrag über »L'Experience du proverbe« geschrieben, ein Thema, das er am Abend des 16. Mai wieder aufgriff. Ausgehend von den Erfahrungen aus seiner Zeit in Madagaskar von 1908 bis 1910 berichtete Paulhan über eine den dortigen Einwohnern eigentümlich sprichwörtliche Ausducksweise.

Die Bewohner von Madagaskar, so Paulhan, verfügen über eine zweite Sprache, die an gewissen Stellen in der Unterhaltung zum Vorschein kommt. Mit der Verwendung

---

158 Ein Thema, dem sich einige Jahre später René Girard (1992) in seiner berühmten historischen Theorie des Sündenbocks zuwendet.

159 Allerdings richtet Turner seinen Blick bei der liminalen Gemeinschaftsbildung vielmehr auf die Prozesse sozialer Stabilisierung und Insitutionalisierung.

160 Zum Richtungsstreit in der Zeitschrift mit der Übernahme durch Rivière siehe Einfalt (2000).

von Sprichwörtern könne man auf Madagaskar sogar Dispute gewinnen; wolle man in Diskussionen jemanden überzeugen, so sei es am besten, wenn man ihm mit Sprichwörtern entgegne, worauf der andere wiederum selbst mit weiteren Sprichwörtern dagegen ankämpfen müsse (vgl. Paulhan 1995, 701). Sprichwörter sind nach Paulhan sakrale Ausdrücke, da sie wesentliche Charakteristika des Sakralen aufweisen: Sie sind innerhalb der Sprache »distincts, efficaces, ambigus. Ils offrent enfin je ne sais quel aspect mystérieux et secret, qui ne va pas sans magie. Plutarque les compare aux mystères d'Éleusis qui recèlent, sous une forme vulgaire, une sublime philosophie. [...] Il semble enfin que les diseurs de proverbes aient formé, à travers le temps et l'espace, comme une société secrète.« (Paulhan 1995, 703)

Im Juni 1939 erschien das letzte Heft von »Acéphale«, in dem Bataille die Freude vor dem Tode behandelte (vgl. Bataille et al. 1995, 1–23, Heft 5). Über das selbe Thema sprach Bataille in seinem Vortrag, der am 6. Juni 1939 stattfand. Er schrieb kurz vor der Sitzung an Caillois folgende Zeilen:

> »Mon exposé partira de ce principe: que la société gravite autour de noyaux formés par les liens du cœur – ce que je représenterai comme le principe même de l'activité du Collège. Parlant ensuite en mon nom personnel, je chercherai à montrer que ces noyaux formés par des ›hommes de la mort‹, des hommes qui donnent sens à la mort. [...] Dans l'ensemble je chercherai à faire ressortir que le problème de la mort est le problème essentiel des hommes.« (Bataille 1987b, 107f)

Bataille differenzierte wiederum zwischen einem militärischen und religiösen Tod; der »homme de la mort militaire« sei charakteristisch für eine kapitalistische Ökonomie, während der von Bataille propagierte »homme de la mort religieuse« für eine Ökonomie des Opfers und des *potlatsch* stehe (vgl. Bataille 1995c, 737). Die Freude vor dem Tode sei verbunden mit einem bewussten Willen zur Verausgabung, mit einem Bewusstsein des Todes selbst, das diesem mit Freude und Lachen begegnet. Seine Zuhörer konnten ihm nicht folgen, insbesondere störte manche, in erster Linie Caillois, die Bedeutung, die Bataille der mystischen Erfahrung gab. Die Differenzen zwischen ihnen wurden immer deutlicher.

Zwei Wochen später sprach der Kunsthistoriker Georges Duthuit vor dem Collège über »Le mythe de la monarchie anglaise« (Duthuit 1995).[161] Wahrscheinlich führte André Masson den Autor von »Byzance et l'art du XII siècle« (1926) in den Kreis des Collège ein (vgl. Hollier 1995a, 747). 1938 hatte Duthuit zusammen mit Camille Schuwer vor der »Société de psychologie collective«, zu der auch Bataille und Leiris gehörten, einen Vortrag über »La représentation artistique de la mort« gehalten. Sein Vortrag vor dem Collège konnte leider nicht aufgefunden werden. Vielleicht sprach er über die enorme Anziehung, die die Krönung von George VI. 1937 auf die französische Presse ausgeübt hatte; sehr wahrscheinlich analysierte er die Bedeutung von Zere-

---

161 Zu Georges Duthuit und dem Collège vgl. auch die Erinnerungen von Patrick Waldberg in Bataille (1999b, 577–583).

monien.[162] Angeregt durch seine Studien über Byzanz war er fasziniert von der Vorstellung einer neuen Etikette und sah im Collège die Möglichkeit einer neuen wirkungsvollen Vereinigung unterschiedlicher Menschen. So schrieb er in der Zeitschrift »Cahier d'art« 1939:

> »Nous avions nos raisons pour croire qu'un tel Collège puisse exister, un Collège dont les membres, unis par des quêtes de même nature et par d'indéfinissables sympathies, pourraient néanmoins, à l'égard de buts communs au niveau du travail et de l'action, garder chacun sa distance et son integrité. irréversiblement dégoûtés de la politique, pleins de méfiance pour en rêve qui, tout compte fait, n'avait abouti à rien de plus les fantasies mensongères de fictions peintes ou écrites, un groupe de philosophes et de sociologues, certains disposant d'une formation universitaire, tous mus par des aspirations religieuses, ont essayé une fois de plus de faire fusionner leurs efforts.« (Duthuit in Hollier 1995a, 748)

Die letzte Sitzung des *Collège de Sociologie* fand am 4. Juli 1939 statt. Geplant war eine Retrospektive und Bilanz der vergangenen Aktivitäten durch Leiris, Caillois und Bataille. Caillois war jedoch nach Argentinien gereist, so dass sein Beitrag ausfiel. Bataille sah sich unmittelbar vor der letzten Sitzung der Kritik von Leiris und Caillois ausgesetzt. Obgleich sich noch ein eigener Abschnitt mit dem Ende und den Krisen am Collège befasst, sollen in knapper Form die unterschiedlichen Positionen der Hauptakteure dargestellt werden: In seinem Brief monierte Caillois, dass Bataille dem Mystizismus, dem Drama, dem Wahnsinn und dem Tod zu viel Platz eingeräumt habe. Dies erscheine ihm aber unvereinbar mit den Prinzipien des Collège (vgl. Bataille 1987b, 110).[163] Caillois störte besonders Batailles Hang zum Mystizismus und dessen apokalyptischer Ton (vgl. Bataille 1987b, 111); es hätten sich zunehmend die Zeichen vermehrt, dass die theoretischen Forschungen des Collège für Bataille nur einen Weg zu einer Ekstase bildeten, die man religiös oder mystisch nennen müsse. Aus der selben Perspektive sei auch die Erotik Batailles zu verstehen (vgl. Caillois 1991a, 136).

Einen Tag vor der letzten Sitzung sagte auch Leiris seine Teilnahme ab. Eigentlich wollte er eine Rede halten. Er tat sich jedoch sehr schwer damit, wie er André Castel in einem Brief vom 22. Juni 1939 mitteilte: »Un exposé que je devais faire en principe au Collège de sociologie (dont s'occupent mes amis Bataille et Caillois, ainsi que Jean Paulhan) mais pour lequel je comptais m'esquiver – détestant faire le conférencier – est devenu pour moi une nécessité, Bataille tenant beaucoup à ce que je prenne la parole pour cette dernière séance et réfutant de façon péremptoire toutes les raisons de m'abstenir que je lui ai opposés. « (Leiris und Castel 2002, 102)

Leiris hielt die Rede schließlich nicht. Er vermisste am Collège die methodische und wissenschaftliche Strenge der Durkheim-Schule (Leiris 1979c, 240ff).[164] Bataille

---

162 Hollier gibt anstelle des unauffindbaren Manuskripts den Text »Grandeur du cérémonial« aus dem Jahre 1938 von Duthuit wieder; vgl. hierzu Duthuit (1995).

163 Man kann nur aus dem Antwortbrief von Bataille die Positionen von Caillois ersehen, sein Brief ist unauffindbar.

164 Zur gesamten Kritik vgl. den Abschnitt zum Ende des Collège.

verständigte sich in einem Gespräch mit Leiris und schrieb Caillois, man stimme im Wesentlichen überein und die Differenz ergebe sich nur in der Frage der Methodologie; zweifelsohne müsse man da einige Dinge präzisieren, so Bataille (1987*b*, 109) weiter. In einem Brief vom 5. Juli an Leiris heißt es, dass sich die Sakralsoziologie nie exakt an der Tradition der französischen Soziologie habe ausrichten wollen, denn die positivistischen »Regeln der soziologischen Methode« Durkheims schließen die vom Collège betonten gelebten Erfahrungen aus: »À mes yeux, dès l'abord, cette sociologie sacrée, à laquelle un Collège pouvait donner sa forme et son ordonnance, se situait donc exactement à la suite de la théologie chrétienne (c'est là ce que j'ai répondu hier à la juste interprétation qu'a faite Landsberg de mon attitude).« (Bataille in Hollier 1995*a*, 827)

Die Sitzung des 4. Juli 1939 musste Bataille alleine abhalten. Nach einer kurzen Erklärung über die eingetretene Krise, bemerkte er in Richtung der Kritik von Leiris, er bedaure dessen Vorwürfe:»[J]e souffre de voir Leiris nous reprocher de ne pas ressembler davantage à des savants de l'einseignement desquels nous nous réclamons.« (Bataille 1995*f*, 801) Das Interesse am *Collège de Sociologie* habe vor allem an seiner Macht gelegen, alles in Frage zu stellen. Wenn das Collège nicht offen für das Chaos, die Konvulsion der Feste, der menschlichen Kräfte und den Tod wäre, dann würde es nichts als Leere repräsentieren. Man müsse sich fragen, ob das Collège nicht selbst den bislang gültigen wissenschaftlichen Rahmen zu überschreiten habe. Er fuhr fort: »Points de méthodes et de doctrines, inévitables obstacles, inévitables chances d'échecs, tout cela possédé certainement de l'importance, mais il est possible d'avoir les yeux fixés aussi sur l'au-delà de ces difficultés nécessaires.« (Bataille 1995*f*, 801) Dennoch könne man sich einigen. Caillois' Vorwürfe seien im Vergleich zu denjenigen von Leiris schwieriger zu beantworten. Seine Kritik, dass die Prinzipien des Collège nicht mit dem Mystizismus, dem Wahnsinn und dem Tod in Einklang stünden, diese Kritik teilten auch Paulhan und Wahl. Bataille zufolge habe die Entwicklung des Collège jedoch die Notwendigkeit seiner gegenwärtigen Krise in sich selbst getragen (Bataille 1995*f*, 803). Er erläuterte ausgehend von der Zellteilung und der erotischen Anziehung, wie jede Kommunikation Brüche, Risse und Selbstverlust impliziere. So drücke auch die Liebe ein Bedürfnis des Opferns aus: »chaque unité doit se perdre en quelque autre qui la dépasse.« (Bataille 1995*f*, 806f) Man könne unterschiedliche Formen sexueller Verbindungen mit sozialen Gruppierungen vergleichen: während die Ehe im Sinne einer Interessensgemeinschaft die juridische und administrative Gesellschaft ausdrücke, so entspreche die Einheit leidenschaftlicher Liebender einer Gemeinschaft der Herzen; in der Verbindung der Herzen gebe es allein die Möglichkeit des Selbstverlusts im Chaos und im Tod. Es sei gleichsam ein Gesetz, dass menschliche Wesen sich nur durch Risse und Wunden vereinigen (Bataille 1995*f*, 808). Bei jeder Vereinigung oder Bildung eines Ganzen bekäme jemand einen Riss oder verliere etwas von sich. Initiationen, Opfer und Feste repräsentierten solche Verlustmomente und die Kommunikation zwischen den Individuen.[165] Andere Beispiele seien Beschneidungsriten oder die Bezeichnung

---

165 Zum Begriff der Kommunikation bei Bataille vgl. den folgenden Abschnitt zu den Hauptakteuren.

des Orgasmus als »petite mort«. Das Sakrale sei die Kommunikation, die zu Neuem führen könne: »J'en arrive ainsi à dire du ›sacré‹ qu'il est communication entre des êtres et par là formation d'êtres nouveaux.« (Bataille 1995f, 809) Allerdings stehe man vor einem Dilemma: Entweder die leidenschaftliche Liebe stabilisiere sich zur Ehe oder die Leidenschaften führten zu einer absoluten Verausgabung, einer Verausgabung um der Verausgabung willen und damit zum Tod.

Das *Collège de Sociologie* stand, so könnte man aus Batailles Anmerkungen schließen, vor demselben Dilemma: Es trug in sich zwei Möglichkeiten, entweder sich unter Verlust des dynamischen Moments zu stabilisieren oder aber sich selbst zu überschreiten, sich wie Bataille in den Mystizismus zu steigern, um sich schließlich selbst zu verlieren. Nach Hans Mayer (1986, 81) war das Collège an einem Punkt der absoluten Unsicherheit angekommen.

Einem Antwortbrief vom 20. Juli 1939, den Bataille nach Argentinien zu Caillois schickte, kann man entnehmen, dass das Collège weiter existieren sollte. Die Gemeinsamkeiten zwischen Leiris, Caillois und Bataille überwogen die Differenzen. Caillois schlug vor, auf einem Konzil dem Collège neue Statuten zu geben, Leiris sprach sich für eine Art von Kongress aus (vgl. Bataille 1987b, 113, 117).[166] Seine bislang in der Zeitschrift »Critique sociale« publizierten Arbeiten wollte Bataille für eine Vorlesungsreihe benutzen. Man plante sogar eine Zeitschrift des *Collège de Sociologie*, die ab Oktober erscheinen sollte (vgl. Bataille 1987b, 114). Bataille bat Caillois, für die neue Zeitschrift einen Artikel von Robinet de Cléry über »Montesquieu sociologue« aus der »Revue internationale de sociologie« zu besprechen.[167] Der Titel der Zeitschrift war allerdings noch unklar, entweder »Nemi«, »Dianus« oder »Ouranos«: »Il faut renoncer au titre *Religio* non seulement parce qu'il n'avait guère le don de séduire mais parce qu'il est pris. Les seuls noms qui n'aient pas paru impossibles sont NEMI, DIANUS et OURANOS, le dernier étant de beaucoup celui qui plaît le plus aux quelques personnes auxquelles j'en ai parlé. J'en suis pour ma part mettement partisan, les deux premiers sont trop précieux, trop rares, il me semble.« (Bataille 1987b, 114)

Durch den Kriegsbeginn mussten die Pläne jedoch verworfen werden. Caillois blieb in Argentinien und Leiris musste nach Algerien. Das *Collège de Sociologie* existierte nicht mehr, auch *Acéphale* löste sich auf. Caillois versuchte in Argentinien einen Ableger des Collège zu konstituieren (vgl. Felgine 1994, 198ff), nahm aber bald Abstand von diesem Unternehmen. Bataille schrieb am 13. November an Caillois, es hätte sich eine kleine Gruppe ehemaliger Collègiens gebildet; Marcel Moré versammele nun alle zwei Wochen bei sich zu Hause den Rest des Collège, einige Mitglieder der Gruppe »Volontés« und jene Gruppe von »Esprit«, die Moré, Klossowski und Landsberg bilde. Zu den Versammlungen kämen auch Jean Wahl und Jules Monnerot (vgl. Bataille 1987b, 121f). Bataille beteiligte sich ebenfalls an den Treffen, die bis Dezember stattfanden und bei denen über den Krieg diskutiert wurde; am 21. Novem-

---

166 Vgl. auch die Zeilen aus einem Brief von Marcel Moré an Bataille vom 17. Juli 1939 in Hollier (1995a, 840).

167 Bataille wollte vielleicht seinen Beitrag »La royauté de l'Europe classique« (Bataille 1970c, 222–232) in der Collège-Zeitschrift publizieren (Le Bouler in Bataille 1987b, 118).

ber hielt er selbst einen Vortrag, seine Zuhörer waren unter anderem Bataillard, Brecher, Huang, Koyré, Landsberg, Moré, Pelorson, Prévot, Sinding, Touchard und Wahl (vgl. Mattheus 1984, 448f). Aber auch diese Treffen scheiterten, wie Paulhan in einem Brief an Caillois berichtet: »La tentative de Collège de Sociologie organisée par Moré paraît avoir échoué à la suite de violentes disputes entre Pelorson-Queneau-Benda et Gide-Wahl.« (Paulhan in Hollier 1995a, 842)

Einige Jahre nach dem Ende des *Collège de Sociologie* gründete Bataille mit Maurice Blanchot das *Collège d'études socratiques*. Unter den Mitgliedern des im Frühjahr 1942 neu zusammengekommenen Kreises befanden sich Leiris, Michel Fardoulis-Lagrange, Raymond Queneau, Georges Limbour, Denise Rollin-Legentil und Pierre de Lescure. Das *Collège d'études socratiques* erinnert an das *Collège de Sociologie*: »Sujet und formale Strenge knüpfen jedenfalls an die Entschlüsse des ›Collège de Sociologie‹ kurz vor seiner Auflösung an.« (Mattheus 1988, 57) Das neu gegründete Collège besteht nur für kurze Zeit.

Viele Jahre später kam Bataille noch einmal auf das *Collège de Sociologie* zurück. 1957 wollte er mit Patrick Waldberg die Zeitschrift »Genèse. Sexologie – Psychoanalyse – Philosophie de la Sexualité« gründen. Trotz langer Vorbereitungen scheiterte das Projekt. In einem Brief an Caillois, in dem er ihm die neue Zeitschrift ankündigte, schrieb Bataille: »Il s'agit toujours après tout de la suite de ce Collège qui peut-être a finalement bien du mal à mourir …« (Bataille 1987b, 140)

3.2 Die Gründer des Collège de Sociologie

In den folgenden Abschnitten werden die drei Gründer des *Collège de Sociologie* näher vorgestellt. Nach den knapp gehaltenen Angaben zur Biographie stehen bei dieser Betrachtung zentrale Themen und Denkbewegungen von Georges Bataille, Roger Caillois und Michel Leiris im Mittelpunkt. Um einen möglichst breiten Überblick über das Schaffen der Gründer des *Collège de Sociologie* zu gewinnen, werden jeweils unterschiedliche Arbeiten von ihnen zur Sprache kommen, auch Texte, die sie nach der Zeit des Collège verfasst haben und die charakteristisch für das Spektrum ihres Denkens sind. Das intellektuelle Profil der Gründer wird deshalb unter der Rubrik »soziale Dimensionen« und nicht unter »kognitiven Dimensionen« abgehandelt, weil ihre damaligen, eng beieinander gelegenen Überlegungen institutionenbildend wirkten, gleichsam eine soziale Dimensionen, ein *fait social*, konstituierten.

3.2.1 Georges Bataille

Bataille wurde am 10. September 1897 in Billom geboren.[168] Sein Vater, blind und paralytisch, verlor mit zunehmendem Alter allmählich den Verstand; verzweifelt vom

---

168 Batailles Biographie ist bereits Gegenstand mehrerer Untersuchungen gewesen: Die ausführlichste Biographie bildet das dreibändige Werk von Bernd Mattheus (1984, 1988, 1995).

Schicksal des Vaters beging Batailles Mutter einen Selbstmordversuch. Der Bruder Batailles, Martial, schrieb einmal über die schwierigen Familienverhältnisse: »Ich habe bei unseren Eltern Tage um Tage verbracht, die nur Kummer und Verzweiflung waren.« (Martial in Mattheus 1995, 301) Die Spannungen in der Familie wirkten sich auch negativ auf Batailles Noten in der Schule aus. Seine schlechten Leistungen änderten sich jedoch schlagartig mit einem Schulwechsel in das Internat von Épernay. 1914 konvertierte Bataille zum katholischen Glauben und ging bis 1920 nahezu jeden Tag zur Beichte.

Bereits 1900 war die Familie nach Reims gezogen. Als 1914 die deutschen Truppen vorrückten, beschloss die Mutter mit ihren Kindern zu fliehen. Der kranke Vater wurde mit etwas Geld zurückgelassen. Nachdem die Deutschen die Stadt wieder geräumt hatten, erwog man die Rückkehr. Ein Jahr später starb Batailles Vater. Bataille ließ das Schicksal des Vaters zeit seines Lebens nicht unberührt. An seinen Bruder Martial schrieb er 1961, kurz vor seinem eigenen Tod: »Glaube mir, Martial, die Dinge waren hart für mich. Sie haben mich zerrüttet […].« (Bataille in Mattheus 1995, 301) Seit 1917 besuchte Bataille die Pariser École de Chartes und absolvierte dort eine Ausbildung zum Archivar-Paläographen. Bereits damals interessierte sich Bataille für die Mystik, sein Lieblingsbuch war zu dieser Zeit »Le Latin mystique« von Rémy de Gourmont (vgl. Mattheus 1984, 47). Gegen Ende 1919 zog die Familie in die Rue de Rennes nach Paris.

Im September 1920 lebte Bataille wegen eines Forschungsaufenthaltes am British Museum in London und traf sich dort mit Henri Bergson: Für Bataille war zu dieser Zeit der Sinn des Lachens zu einer Schlüsselfrage geworden; lachen und denken waren für ihn komplementär. Bergsons Buch über das Lachen enttäuschte ihn jedoch, die Theorie des Philosophen erschien Bataille zu einfach. Die beiden hatten sich bei ihrer Begegnung schließlich nichts zu sagen.

Im folgenden Jahr schwand Batailles Frömmigkeit und er ließ von seinen Träumen, ein klösterliches Leben zu führen, ab. Auch hier spielte das Schicksal des Vaters eine zentrale Rolle: »1920 änderte ich erneut meine Einstellung und hörte auf, an irgend etwas anderes zu glauben als an meine Zukunft. Meine Frömmigkeit ist nur ein Fluchtversuch: um jeden Preis wollte ich dem Schicksal ausweichen, ich verließ meinen Vater. Heute weiß ich, daß ich ›blind‹ bin, grenzenlos blind, der auf dem Erdball ›verlassene‹ Mensch – verlassen wie mein Vater in N. [d.i.: Reims, S.M.] Niemand auf Erden hat einen Gedanken an die Angst meines im Todeskampf liegenden Vaters verschwendet.« (Bataille 1977, 187)

1921 befreundete sich Bataille mit Alfred Métraux, der ebenfalls an der École de Chartes studierte. Durch Métraux, der seit 1923 Schüler von Mauss war, wurde Ba-

---

Ebenfalls zu erwähnen ist das Buch von Surya (1992). Von Bataille selbst gibt es auch Angaben zu seiner Vita; diese sind zu finden in Mattheus (1995, 339ff) und in Bataille (1977, 185ff). Die hier genannten Bücher wurden für die folgenden biographischen Angaben zur Grundlage genommen. Da Bataille unbestritten der führende Kopf und Initiator des Collège war und im Folgenden bereits die Begegnungen mit zentralen Figuren der Zwischenkriegszeit angesprochen werden, wird sein biographischer Abriss im Vergleich zu dem von Leiris und Caillois länger ausfallen.

taille 1925 auf den Essay über die Gabe von Mauss aufmerksam gemacht. Auch Michel Leiris war seit Mitte der dreißiger Jahre mit Métraux bekannt und sah in ihm seinen ethnologischen Lehrer. In Erinnerungen an Métraux und Bataille schrieb Leiris: »Ich muss mich mit dem Bekenntnis begnügen, daß er und mein alter Freund Bataille zu den wenigen gehören, von denen ich gelernt habe, daß nichts wertvoller ist als jene, nur in wenigen Individuen zustande gekommene Verschmelzung: eine ungestüme Leidenschaft zu leben, verbunden mit einem untrüglichen Wissen um das darin liegende Lächerliche.« (Leiris 1981c, 63) 1924 wurde Bataille schließlich zum Bibliothekar der Bibliothèque nationale ernannt; sein Zuständigkeitsbereich war das Département des Médailles. Zu Beginn der zwanziger Jahre bestand seine Lektüre aus Werken von Gide, Nietzsche und Dostojewski, 1923 machte er Bekanntschaft mit Leo Schestow. Im Jahr seiner Einstellung bei der Bibliothèque nationale befreundete er sich mit Michel Leiris.[169] Letzterer hat die ersten Momente dieser Begegnung festgehalten:[170]

»Die Bekanntschaft mit Bataille machte ich über seinen Kollegen von der Bibliothèque Nationale Jacques Lavaud, einen ehemaligen Archivgelehrten (wie er selbst) und Autor einer Dissertation über Philippe Desportes. Im Laufe des Jahres 1924, im selben Jahr übrigens, in dem ich Surrealist wurde, machte uns Lavaud […] miteinander bekannt, ein wenig (wie er mir später sagte), um als unbeteiligter Zuschauer zu beobachten, welch eigentümliche Reaktion aus diesem Treffen resultieren könne. Ort der Begegnung war das stille und sehr bürgerliche Café Marigny ganz in der Nähe des Palais d'Elysée. […] Sehr schnell freundete ich mich mit Georges Bataille an, der etwas älter war als ich. Ich bewunderte nicht allein seine Bildung, die viel weiter gespannt und vielfältiger war als die meine, sondern seinen nonkonformistischen Geist, geprägt vom damals allerdings noch nicht so bezeichneten ›schwarzen Humor‹. Ich war gleichfalls empfänglich für das Äußere seiner Person, die – eher mager und mit einer zugleich ins Jahrhundert passenden romantischen Allüre – eine (damals natürlich noch jugendlichere und weniger diskrete) Eleganz besaß, die er nie verlieren sollte, auch dann noch nicht, als sein schwerfällig gewordenes Auftreten ihm jenes etwas bäurische Aussehen verliehen hatte, das die meisten an ihm gekannt haben […].

Paul Valéry, den Bataille als den perfektesten Vertreter des Akademismus betrachtete, war für ihn – aufgrund gerade dieser Perfektheit – ein Feind ersten Ranges. Auch Dada behagte ihm eigentlich nicht, und er sprach davon, wie angebracht es sei, eine *Ja*-Bewegung ins Leben zu rufen, die eine beständige Bejahung aller Dinge zum Inhalt haben würde und der von Dada repräsentierten *Nein*-Bewegung insofern überlegen wäre, als sie dem Kindlichen einer systematisch provozierenden Negation entgehen müßte. Ein Projekt, dem wir eine Zeitlang nachhingen, das aber keine weiteren Folgen hatte, war die Gründung einer Revue.« (Leiris 1981a, 67f)

---

169 Zu Leiris und Bataille siehe auch den Band »Echanges et correspondances« (Bataille und Leiris 2004).

170 Da diese Begegnung für die vorliegende Studie zentral ist, sei hier eine längere Passage *in extenso* zitiert. Siehe zur Begegnung zwischen Leiris und Bataille auch Bataille (1994b, 35ff).

Ein Jahr später machte Leiris Bataille mit André Masson bekannt; auch hier entwickelte sich eine lange und innige Freundschaft. Bataille lernte im selben Jahr die meisten Mitglieder der surrealistischen Bewegung persönlich kennen und übertrug für die »Révolution Surréaliste« einige Fatrasien ins Französische. Die erste Begegnung mit André Breton 1926 im Café Cyrano enttäuschte ihn jedoch. Der Kopf der surrealistischen Bewegung sah seinerseits in Bataille einen Besessenen (vgl. Bataille 1994*b*, 41).

Bataille unterzog sich einer Psychoanalyse bei Dr. Adrien Borel, bei dem auch Leiris in Behandlung war. 1928 heiratete Bataille Sylvia Maklès und gründete mit Carl Einstein und Georges-Henri Rivière die Zeitschrift »Documents«. Im folgenden Jahr nahm Bataille mit dem Sade-Forscher Maurice Heine Kontakt auf. Zur gleichen Zeit kam es zum absoluten Bruch mit Breton.[171] 1930 unterschrieb er das gegen Breton gerichtete Pamphlet »Un cadavre« und kam in Verbindung mit jenen, die sich von der surrealistischen Bewegung um Breton getrennt hatten. Diese »surrealistischen Dissidenten« waren neben Leiris und Masson Jacques Baron, Jacques-André Boiffard, Robert Desnos, Georges Limbour, Max Morise, Jacques Prévert, Raymond Queneau, Georges Ribemont-Desaignes und Robert Vitrac.[172] Ein Jahr später schloss Bataille sich Boris Souvarines »Cercle communiste démocratique« an, ein Diskussionskreis, an dem unter anderem auch Leiris, Queneau, Dautry, Ambrosino, Klossowski und Colette Peignot teilnahmen. Eine andere politische Gruppierung, an der sich Bataille für kurze Zeit beteiligte, war die trotzkistische Gruppe »Masses«.[173] Bataille besuchte die berühmten Hegelvorlesungen, die zuerst von Koyré und danach von Kojève abgehalten wurden. 1933 nahm er Kontakt zur personalistischen Gruppierung »L'Ordre Nouveau« auf und arbeitete mit Arnaud Dandieu und Robert Aron am Manifest des »Ordre Nouveau« über »La révolution nécessaire« mit. Zwei Jahre später besuchte er Paul Ludwig und Madeleine Landsberg in Spanien. Im Herbst 1935 wurde die bereits erwähnte Gruppierung »Contre-Attaque« gegründet, in dem sich Mitglieder von »Masses«, dem »Cercle communiste démocratique«, die Surrealisten und andere nonkonformistische Intellektuelle aus Kritik am »defensiven Antifaschimsus« der Volksfront zu einer »Volksfront auf der Straße« zusammenschlossen. Enttäuscht von »Contre-Attaque« rief er im folgenden Jahr die Geheimgesellschaft *Acéphale* ins Leben; im Juni erschien die erste Ausgabe der Zeitschrift »Acéphale«.

Mitte des Jahres 1936 beschlossen Caillois, Leiris und Bataille, eine Studiengemeinschaft mit dem Namen »Soziologische Gruppe« zu gründen; die Gruppe sollte sich einer Soziologie des Sakralen widmen. Caillois erinnerte sich an die erste Begegnung bei Lacan im Jahr 1934 und an die Gründungsidee des Collège folgendermaßen: »C'est chez Jacques Lacan que j'ai rencontré Bataille pour la première fois. Nous nous sommes vus ensuite assez souvent et nous avons eu, avec Michel Leiris, l'idée de

---

171 Siehe hierzu den Abschnitt zur surrealistischen Bewegung.

172 Eigentlich die Namen, die am Ende des Zweiten Manifestes des Surrealismus von Breton angegriffen werden.

173 In beiden Gruppen war auch die Künstlerin Dora Maar, mit der Bataille eine Beziehung einging, später war die ausgezeichnete Fotografin die Lebensgefährtin Picassos.

fonder une société d'études, qui deviendra le Collège de Sociologie.« (Caillois 1991*a*, 135) Zuvor war ihm Bataille bereits durch seine Artikel in der »Critique sociale« aufgefallen; Bataille wiederum kannte Caillois von seinen Beiträgen her:

> »Je m'étais déjà éloigné du groupe surréaliste, c'était dans les années 1934 – 1935, et un article de Bataille, dans la *Critique sociale*, sur la Notion de dépense, m'avait paru très révélateur. Cet article préfigurait les livres essentiels que Bataille publiera plus tard, tel *La parte maudite*. De son côté, Bataille avait été alerté par une étude que j'avais publiée dans la revue *Inquisitions*. […] Quant à mon article, je l'avais intitulé ›Pour une orthodoxie militante‹, c'est dire qu'il était très engagé. Je songeais à une pensée révolutionnaire qui ne se limiterait pas à la sphère intellectuelle mais qui déboucherait sur la vie réelle. Deux autres textes, que j'avais écrits auparavant, *La Mante religieuse* et *Paris, mythe moderne*, avaient également retenu l'attention de Bataille. Nous avions donc bien des choses en commun: l'un et l'autre, nous pensions qu'il fallait s'attacher à transformer la société par l'action révolutionnaire. Nous étions, si vous voulez, plus communistes que marxistes, pour ne pas dire anti-marxistes. Le marxisme nous paraissait animé d'un rationalisme trop étroit car il tient fort peu compte des relations instinctives, passionnelles, religieuses etc. La révolution, fondée sur des déterminations économiques, nous intéressait moins qu'une révolution à déclencher sur le plan émotif. La même importance attribuée à l'effervescence émotionnelle nous rapprochait.« (Caillois 1991*a*, 134f)

Im März 1937 fand dann die erste Sitzung des *Collège de Sociologie* statt. Im April wurde Bataille Mitbegründer der »Société de psychologie collective«. Mit Ende des Collège und der Geheimgesellschaft *Acéphale* im Jahre 1939 begann er sein Tagebuch zu schreiben. Schwer erschüttert hatte ihn und Leiris 1938 der Tod ihrer Freundin Colette Peignot.

In den weiteren Jahren schloss er mit Maurice Blanchot eine Freundschaft, die ihr Leben lang dauern sollte.[174] Zusammen mit Blanchot entwarf Bataille den Plan, ein »Collège d'études socratiques« zu gründen, gleichsam eine Weiterführung des *Collège de Sociologie*. Im selben Jahr, 1942, erkrankte Bataille an einer Lungentuberkulose und verließ die Bibliothèque nationale.

Er gründete 1946 die Zeitschrift »Critique«, die 1948 zur besten Zeitschrift des Jahres gewählt wurde. In dieser Zeit traf er sich mit Mircea Eliade, befreundete sich mit René Char, Henri Michaux und Jean Genet und begann sich wieder mit Breton zu versöhnen. Seine Ehe mit Sylvia war inzwischen aufgelöst, Sylvia hatte Jacques Lacan geheiratet. Seine zweite Ehe schloss Bataille 1951 mit Diana Kotchoubey de Beauharnais. Im gleichen Jahr ernannte man ihn zum Leiter der Bibliothek von Orléans, wo er nun lebte. Ein Jahr später schlug man Bataille zum Ritter der Ehrenlegion. Seine Gesundheit war zunehmend angeschlagen, ab 1960 litt er ähnlich wie sein Vater unter zeitweiligem Gedächtnisverlust; er konnte sich nur noch schwer zum Arbeiten

---

174 Blanchot war auch einer der Freunde von Lévinas und Derrida, eine Verbindung, die in der wirkungsgeschichtlichen Betrachtung jedoch nicht weiter verfolgt werden soll.

aufraffen und war immer häufiger deprimiert. Zusammen mit Partick Waldberg erwog er eine Neugründung der Geheimgesellschaft *Acéphale*.

Am 8. Juli kollabierte Bataille bei einem Abendessen, der Arzt diagnostizierte eine Hirnarteriosklerose. Man transportierte ihn ins Krankenhaus, wo er immer noch ohne Bewusstsein blieb. Seine Frau und seine Töchter waren an dem Abend nicht dabei, so dass Bataille am Morgen des 9. Juli einsam im Krankenhaus starb.[175] Nur seine engsten Freunde sollten auf Wunsch seiner Frau bei der Beerdigung in Vézelay teilnehmen: Es kamen Michel und Louise Leiris, Jean Piel und Maurice Blanchot. In seinen Erinnerungen an Bataille charakterisierte Hans Mayer ihn als einen sehr freundlichen und vor allem hilfsbereiten Mann, der stets zuvorkommend gewesen sei und der einen ganz anderen Eindruck gemacht habe, als man von der Lektüre seiner Bücher vielleicht vermute: »Bataille était tout cela à fois: l'homme gentil et l'homme qui a écrit des oeuvres surprenantes; l'homme qui aidait les autres non pas en se fondant sur aucune valeur traditionnelle – mais parce qu'il avait un sens moral inné qui le faisait agir, en même temps qu'il était en présence, je crois, d'une constante et permanente incertitude.« (Mayer 1986, 87).

Die allgemeine Ökonomie

Batailles Theorem der allgemeinen Ökonomie, das die Grundlage seines Denkens der Heterologie bildet, orientiert sich an den Kategorien des Wachstums und der Verausgabung. Je nachdem wie Gesellschaftsformen mit den Verschwendungen, Verlusten oder »überschüssigen« Energiebewegungen umgehen, können sie voneinander unterschieden werden. In seinem Aufsatz »Der Begriff der Verausgabung« (Bataille 2001*a*) kritisiert Bataille den Ausschluss der unproduktiven Verausgabung aus rationalistischen und auf Gewinnmaximierung ausgerichteten Gesellschaftsformen und -theorien. Seiner Ansicht nach sind Gesellschaften nicht vollständig auf die Prozesse der Produktion zu reduzieren. Die rationalistische Sichtweise kenne nur die Ausweitung und den Erhalt des vorhandenen Reichtums, den Minimalverbrauch zum Erhalt des Lebens und für die Fortsetzung der produktiven Tätigkeit. Aber, so Bataille, Gesellschaften sind nicht nur von der Produktion, sondern auch von der »unproduktiven Verausgabung« her zu begreifen (vgl. Bataille 2001*a*, 11f). Unter den Begriff der unproduktiven Verausgabung fallen nach Bataille der Luxus, Trauerzeremonien, Kriege, Kulte, Prachtbauten, Spiele, Theater, Künste oder sexuelle Begehrenspraktiken, die ihren Zweck in sich selbst haben. Allein solche Phänomene verdienen nach Bataille den Namen »Verausgabung«. Er setzt den Akzent seiner Theorie der Verausgabung auf den Verlust – es geht ihm um eine *bedingungslose* Verausgabung. Dieser Theorie nach entsteht das Sakrale durch Verlusthandlungen oder Sakramente wie Opferungen. Jesus sei ein Beispiel eines solchen bedingungslosen Verlusts, der zum Sakrifizium wurde; durch

---

175 Vgl. zum Tod von Bataille die von Bernd Mattheus (1995, 327) sorgfältig angeführten Angaben.

seinen Tod wurde er zum »heiligen Ding« (vgl. Bataille 2001*a*, 13). Die Verausgabung wird zum Motor für die Entstehung sakraler Dinge, sie macht sakral (sacrificer).

Um seine Theorie zu verdeutlichen, bezieht sich Bataille explizit auf Mauss' »Essay über die Gabe« (Mauss 1999*a*). Wie erwähnt, beschreibt Mauss in seiner Studie Austauschzeremonien des *potlatsch* – »Systeme totaler Leistungen agonistischen Typs«–, die nicht dem Erwerb von Gütern dienen, sondern bei denen es um Verschwendung, Prestige, Ehre und Ruhm geht. Im Gegensatz zum Tauschhandel ist der Erwerb oder die Produktion sekundär (vgl. Bataille 2001*a*, 13). Derjenige, der die Gabe empfängt, ist zu einer noch größeren Gegengabe verpflichtet; Nicht-Reziprozität, Asymmetrie und generöse Verausgabung bilden nach Bataille die Hauptkriterien dieses sozialen Phänomens.

Bataille verknüpft den *potlatsch* hauptsächlich mit dem Verlust. Die bedingungslose Verausgabung im Sinne eines ökonomischen und gesellschaftlichen, agonalen Wettkampfs sei im Zuge des Christentums untergegangen. Bataille greift zur Untermauerung seiner Thesen auf Max Weber zurück (vgl. Bataille 2001*b*, 141). Mit der Ausbreitung der protestantischen Ethik – um mit Max Weber zu sprechen – wurde der Besitz individualisiert und statt des Verlusts gab es nur noch Almosen der Reichen, entweder in Form von Schenkungen an die Armen oder an Kirchen und Klöster (vgl. Bataille 2001*a*, 21f). Der Hass auf die Verschwendung ist nach Bataille der Daseinsgrund der Bourgeoisie.

Die freiwilligen, sozialen Formen der Verausgabung sind in modernen Gesellschaften nahezu verschwunden, es gibt sie nur noch im Verborgenen; das Prinzip der Verausgabung hat aber dort nicht aufgehört, »Ziel der ökonomischen Tätigkeit zu sein.« (Bataille 2001*a*, 22) So gibt es zum Beispiel in der Umgebung von modernen Banken verschiedene Artefakte (Architektur, Läden, Verkehrswege etc.), die den Wunsch hegen, einen besonderen Eindruck hervorzurufen: »Wenige Schritte von der Bank entfernt warten Juwelen, Kleider und Autos hinter den Schaufenstern auf den Tag, wo sie dazu dienen werden, den wachsenden Glanz eines sinistren Industriellen und seiner noch sinistreren alten Gattin darzustellen. Eine Stufe tiefer erfüllen vergoldete Wanduhren, Vertikos und künstliche Blumen die gleichen uneingestehbaren Zwecke für Spießerpaare.« (Bataille 2001*a*, 23) Die Bourgeoisie hat aber – und dadurch unterscheidet sie sich von anderen Klassen – beschlossen, nur für sich zu verschwenden, innerhalb der eigenen Klasse (vgl. Bataille 2001*a*, 23).

Verausgabungen werden nach Bataille in der modernen Gesellschaft nicht erkannt bzw. verkannt, weil die Form moderner Gesellschaften einzig rationalen Prinzipien gehorche. Den Wandel zur Trennung von Akkumulation und einer göttlichen Ordnung habe insbesondere Max Weber vortrefflich in seinem Werk »Die protestantische Ethik und der Geist des Kapitalismus« dargelegt:

> »Die berühmte Abhandlung von Max Weber hat zum ersten Mal die Möglichkeit
> der Akkumulation (den Gebrauch der Reichtümer für die Entwicklung der Produk-
> tivkräfte) präzise in Zusammenhang gebracht mit der Position einer göttlichen
> Welt, die keine greifbare Beziehung zum Diesseits mehr hat; einem Diesseits, in
> dem das operative Verfahren (der Kalkül, der Egoismus) die gloriose Verzehrung

der Reichtümer radikal von der göttlichen Ordnung ablöst. Mehr als Tawney hat Max Weber auf dem entscheidenden Wandel insistiert, den die Reformation mit sich brachte: sie legte den Grund zur Möglichkeit der Akkumulation, weil sie den Wert der Werke leugnete und die unproduktive Verausgabung mißbilligte.« (Bataille 1997*b*, 103)[176]

Nach Bataille bedarf es eines revolutionären Affektes der Arbeiter, der sich gegen die durch Utilitarismus, Bürokratie und Hierarchie gekennzeichnete moderne Gesellschaft richtet und durch den die Gesellschaft gezwungen wird, sowohl Formen der Verausgabung zu schaffen als auch zugleich Formen des Sakralen einzuführen (vgl. Bataille 2001*a*, 29). Die bedingungslose Verausgabung und die unproduktive Ver(sch)wendung materieller Güter dürfen sich ihm zufolge nicht selbstreferentiell auf eine Klasse beschränken, sondern müssen die gesamte Gesellschaft umfassen.

Bataille unterscheidet zwischen einer »beschränkten« und einer »allgemeinen« Ökonomie. Der beschränkten Ökonomie geht es lediglich um Produktion und Akkumulation. Die allgemeine Ökonomie beachtet darüber hinaus die Gesamtheit von Produktion, Akkumulation *und* Energieverschwendung. Die ökonomischen Tätigkeiten von Produktion und Akkumulation sind den materiellen Energiebewegungen unterworfen, die aus der Perspektive einer allgemeinen Ökonomie als Energieüberschüsse und -verschwendungen begriffen werden. Auch hier wird ein Unterschied zum Surrealismus deutlich: »Wo der Surrealismus die Kraft eines anderen Blicks auf die Wirklichkeit aus den Potenzialen des Unbewussten und des Traums bezog, richtet sich das Denken Batailles auf die gleichsam ›harte‹ Seite der Ökonomie, die in funktionaler Rationalität ebenso wenig aufgeht wie das Subjekt der Surrealisten.« (Karpenstein-Eßbach 2004, 129)[177]

Verluste und Verausgabungen sind ebenso wie (Zweck-)Rationalität wesentliche Bestandteile ökonomischer Prozesse; es gibt sie auch im kapitalistischen Produktionsprozess: Der Tauschwert einer Ware liegt in der unterschiedlichen *Quantität* dessen, was an abstrakter, menschlicher Arbeitskraft für sie verausgabt wurde. Nach Marx ist im Kapitalismus nichts von den Arbeitsprodukten »übriggeblieben als dieselbe gespenstige Gegenständlichkeit, eine bloße Gallerte unterschiedsloser menschlicher Arbeit, d.h. der Verausgabung menschlicher Arbeitskraft ohne Rücksicht auf die Form ihrer Verausgabung.« (Marx 1972, 52) Die produzierten Dinge lassen nur noch erkennen, dass in ihrer Produktion menschliche Arbeit verausgabt wurde. Bataille kritisiert nicht den Produktionsprozess *per se*, sondern fragt sich, wozu eigentlich die Produktion da ist. *Wie* werden in modernen Industriegesellschaften die Überschüsse verwendet? Werden die Mehrwerte wieder in den Produktionsprozess gesteckt, so entsteht kein Verlust und die von Bataille betonten Energiebewegungen werden nicht beachtet. Das hat Konsequenzen für die gesamte Gesellschaft. Denn die Verlustenergie

---

176 Bataille spricht hier wahrscheinlich Richard H. Tawneys Buch »Religion and the Rise of Capitalism. A historical Study« (1926) an, das auf Vorlesungen von 1922 am King's College in London basiert.

177 Was die allgemeine Ökonomie Batailles für dessen Kulturbegriff bedeutet, dies hat Christa Karpenstein-Eßbach (2004) informativ herausgearbeitet.

muss sich dann anderswo entladen, was zu nicht geplanten Nebenfolgen führt; die überschüssige Energie zerstört dann die Gesellschaft selbst (vgl. Bataille 2001*b*, 48).

> »Die Wirtschaftswissenschaft begnügt sich damit, ein isoliertes Phänomen zu generalisieren, sie beschränkt ihren Gegenstand auf Tätigkeiten, die zu einem bestimmten Nutzen unternommen werden, nämlich zum Nutzen des homo oeconomicus; sie zieht niemals das Kräftespiel der Energie in Betracht, das von keinem partikularen Zweck begrenzt wird: das Spiel der *lebenden Materie insgesamt*, das von der Bewegung des Sonnenlichts abhängt, dessen Wirkung sie ist.« (Bataille 2001*b*, 47)

Eine allgemeine Ökonomie hat nicht nur nach dem vernünftigen Wirtschaften, der Effektivitätssteigerung oder der Einsparung von Ressourcen und Energie zu fragen, sondern auch nach den Überschüssen und ihrer Verausgabung. Um zwischen verschiedenen Gesellschaftstypen zu unterscheiden, muss deren Umgang mit den Überschüssen betrachtet werden: Was macht die Gesellschaft mit den Produktionsüberschüssen? Ausgehend von dieser Frage nimmt Bataille eine historische Darstellung und einen Vergleich zwischen unterschiedlichen Gesellschaftsformen und ihrer ökonomischen Systeme vor. Zentrales Betrachtungskriterium ist der Umgang mit dem Mehrwert oder mit dem Überschuss. Bataille geht bei seinem Vergleich von zwei Paradigmen aus: Entweder verfolgt eine Gesellschaft eine Strategie der Akkumulation, um den Energieüberschuss zu reinvestieren oder eine Gesellschaft verschwendet die vorhandenen Energien.

Zunächst betrachtet Bataille die so genannte islamische Gesellschaft. Sie ist – idealtypisch betrachtet – eine reine Akkumulationsgesellschaft, weil sie eine geschlossene und militärische Gesellschaft darstellt, die in sich selber reinvestiert; sie gleicht damit den Gesellschaften der Antike oder Chinas (vgl. Bataille 2001*b*, 125): Die Feldzüge und »Eroberung, die der *Hadith* methodisch zu einem Mittel der Expansion machte, investiere die neuen Energiequellen ohne nennenswerte Zerstörungen in ein ständig größer werdendes, immer schneller wachsendes geschlossenes Kräftesystem. Dieser Prozeß erinnert an die Entwicklung der Industrie durch die kapitalistische Akkumulation: wenn die Vergeudung gestoppt wird, wenn der Entwicklung formal keine Grenzen gesetzt sind, dann fördert der Energiezufluß das Wachstum und das Wachstum vermehrt die Akkumulation.« (Bataille 2001*b*, 121) Aber irgendwann wird nach Bataille die Grenze der materiellen Anhäufung erreicht sein und die Gesellschaft implodiert oder muss durch neue Feldzüge »expandieren«. Im Gegensatz zur islamischen Gesellschaft steht die lamaistische Mönchsgesellschaft. Sie ist eine reine Verschwendungsgesellschaft: Sie ist waffenlos, höchst rituell und entlädt, auch aufgrund ihrer abgeschnittenen geographischen Lage, ihre Energien nach innen. Weil die Mönchsgesellschaft ebenfalls eine geschlossene und selbstreferentielle Gesellschaft ist, muss auch sie irgendwann ihre Energiegrenze erreichen. Bataille will durch diese zwei Beispiele verdeutlichen, dass sowohl das eine Extrem – reine Akkumulation –, als auch das andere Extrem – reine Verschwendung – nicht zur Stabilität einer Gesellschaft beitragen. Bataille strebt nach einem Modell des Ausgleichs zwischen Akkumulation und Verschwendung.

Am Beispiel der sowjetischen Gesellschaft veranschaulicht er den Zusammenbruch einer reinen Akkumulationsgesellschaft. Im Wettbewerb mit dem Westen gab es in der Sowjetunion einen gewaltigen Industrialisierungsschub. Innerhalb dieses Industrialisierungsprozesses wurden sowohl individuelle als auch gesellschaftliche Kräfte in die Akkumulation eingebunden:

> »Der sowjetische Kommunismus hat sich dem Prinzip der unproduktiven Verausgabung strikt verschlossen. Er hat sie zwar keineswegs unterdrückt, aber die soziale Umwälzung, die er bewirkte, hat ihre kostspieligsten Formen abgeschafft, und seine ständige Eigenwirkung zielt darauf ab, von jedem die größtmögliche, bis zur Grenze menschlicher Leistungsfähigkeit gesteigerte Produktivität zu verlangen. Keine Wirtschaftsorganisation vor ihm hat in diesem Maße den Ressourcenüberschuß dem Wachstum der Produktivkräfte, d.h. des Systems zuführen können.« (Bataille 2001*b*, 196)

Die Sowjetunion hielt den Anteil an Luxus und Verschwendung auf einem Minimum. Durch ihre totale Akkumulation und durch die weitere Entwicklung der amerikanischen Industrie werde sich die Sowjetunion irgendwann auflösen, so Batailles Vorsehung.[178] Den Effekt des amerikanischen Industrialisierungsprozesses beschreibt Bataille folgendermaßen: »Die ökonomische Situation der Welt wird ja von der Entwicklung der amerikanischen Industrie beherrscht, das heißt von einem Überschuß an Produktionsmitteln und Möglichkeiten ihrer Multiplikation. Die Vereinigten Staaten haben sogar grundsätzlich die Macht, verbündete Industrien auf lange Sicht dem Stand ihrer eigenen anzunähern.« (Bataille 2001*b*, 206)

Nach Bataille haben Gesellschaften nur dann eine relative Stabilität, wenn es ein Gleichgewicht zwischen Energieanhäufung und Energieverschwendung gibt. Das Paradebeispiel für eine solche ausgewogene Gesellschaft ist für ihn die aztekische Gesellschaftsform (vgl. Bataille 2001*b*, 72ff). Um verschwenderische Rituale und Feste, aber auch Menschenopfer durchzuführen, bedurfte es einer Akkumulation von Gütern und Reichtümern. Allerdings sei die aztekische Gesellschaft so vom Todestrieb durchdrungen gewesen, dass sie sich selbst in die Vernichtung durch die Spanier getrieben habe.

Die bürgerliche Gesellschaft zeichnet sich dadurch aus, dass sie sowohl akkumuliert als auch verschwendet. Dennoch bleibt hier – wie angesprochen – die Verausgabung ein Privileg von wenigen Einzelnen; ferner überschreitet der Luxuskonsum der Reichen nicht die bürgerlichen Normen. Widersprüche tun sich auf: Einerseits verliert der einzelne Arbeiter seine Individualität und andererseits gibt es im Luxus der Reichen einen *Kult des Individuums*. Die schnell wachsende Akkumulation der Industriegesellschaft vergrößert die Überschüsse in einem solchen Maße, dass sie sich irgendwie entladen müssen, weil sie sich nicht durch die wenigen individuellen Verausgabungen der Reichen kompensieren lassen. Die Notwendigkeit, sich dennoch zu entladen, kann zum

---

178 Wenn sich die Sowjetunion aufgrund ihrer totalen Akkumulation selbst zerstörte, so war sie in diesem Moment allerdings dem Prinzip der Verausgabung vollständig nahe.

Krieg führen: »[…] *was in der völligen Zerrissenheit einen davon abhält, den Krieg als unvermeidlich anzusehen ist der Gedanke – um eine Formulierung von Clausewitz umzukehren –, daß die Ökonomie unter den gegenwärtigen Bedingungen seine Fortsetzung mit anderen Mitteln ist.* […] Grundsätzlich kommt die Kriegsgefahr von der Seite der
überschüssigen Produktion: nur der Krieg kann, wenn der Export schwierig ist *und sich
kein anderer Ausweg zeigt,* der Kunde einer überschüssigen Industrie sein.« (Bataille
2001*b*, 210)

Insgesamt betrachtet will Bataille nachweisen, dass es eine relative, dynamische
Stabilität von Gesellschaft nur mittels einer Ausgewogenheit zwischen Energieakkumulation und Energieverschwendung geben kann.[179] Liegt das Privileg der Verschwendung nur in der Hand weniger, bricht die Gesellschaft zusammen. Seine ökonomischen Analysen reichen zwar weder in ihrer Tiefendimension an die von Marx
heran noch problematisieren sie befriedigend den grundlegenden Interessenskonflikt
zwischen Kapital und Arbeit, sie verweisen aber in verstärktem Maße auf die dynamischen Verschwendungen, Verausgabungen und Strukturveränderungen von Gesellschaften. Es gibt keine endgültig stabile Form der Ökonomie, das heißt, es existiert
nach Bataille immer ein Mehr an lebendigem Überschuss, der soziokulturell und ökonomisch nicht sublimiert werden kann. Diese Perspektive der allgemeinen, überschreitenden Ökonomie prägt Batailles Gesellschaftsbild: »In jeder sozialen Organisation wie in jedem lebenden Organismus wird der Überschuß verfügbarer Ressourcen
aufgeteilt zwischen dem Wachstum des Systems und der reinen Verausgabung, die der
Lebenserhaltung ebensowenig dient wie dem Wachstum.« (Bataille 2001*b*, 196) Gesellschaft ist für Bataille ein lebender Organismus, der durch den Überschuss und das
materielle Kräftespiel beherrscht, konstituiert und verändert wird. Sie ist den materiellen als auch lebendigen, kontingenten Energiebewegungen unterworfen.

Die von Bataille betonte Dimension des Lebens erinnert an Simmels Formel »Leben = Mehr-Leben und Mehr-als-Leben«. In seinem Buch »Lebensanschauung« (Simmel 1918) schreibt dieser:

»In der Richtung der konkreten Erfüllung dieser Idee vom Leben liegen zweifellos
Schopenhauers Wille zum Leben und Nietzsches Wille zur Macht; wobei Schopenhauer mehr die grenzenfreie Kontinuität, Nietzsche mehr die Individualität in ihrer
Formumschriebenheit als das Entscheidende fühlt. Daß dies Entscheidende, das Leben Ausmachende, eben die absolute Einheit von beidem ist, ist ihnen vielleicht deshalb entgangen, weil sie die Selbsttranszendenz des Lebens einseitig als willensmäßig
fassen. Sie gilt aber tatsächlich für alle Dimensionen der Lebensbewegung. Damit
hat das Leben zwei, einander ergänzende Definitionen: es ist Mehr-Leben und es ist
Mehr-als-Leben. Das Mehr kommt nicht dem in seiner Quantität eigentlich stabilen Leben noch per accidens zu, sondern Leben ist die Bewegung, die auf jedem ihrer Abschnitte, auch wenn dieser, mit anderen verglichen, ein ärmlicher, herab-

---

179 Hier wäre es interessant, Batailles »Logik« der Homogenität und der Heterogenität von Gesell-
     schaft mit der »Logik der Äquivalenz und der Differenz« zu vergleichen, die Ernesto Laclau
     und Chantal Mouffe in ihrer poststrukturalistischen Gesellschaftstheorie entwickelt haben.
     Vgl. Laclau und Mouffe (1991).

gesetzter ist, doch in jedem Augenblick etwas in sich hineinzieht, um es in ihr Leben zu verwandeln. Leben kann, gleichviel welches sein absolutes Maß ist, nur dadurch existieren, daß es Mehr-Leben ist; solange das Leben überhaupt besteht, erzeugt es Lebendiges, da schon die physiologische Selbsterhaltung fortwährende Neuerzeugung ist: das ist nicht eine Funktion, die es neben anderen übte, sondern indem es das tut, ist es eben Leben. Und wenn, wie ich überzeugt bin, allerdings der Tod dem Leben von vornherein einwohnt, so ist auch dies ein Hinausschreiten des Lebens über sich selbst.« (Simmel 1918, 20)

Der »späte« Simmel betrachtet den Lebensprozess als permanente Selbstüberschreitung. Allerdings stehen Leben und identitätsstiftende Form nach Simmel in einem antinomischen und in einem komplementären Verhältnis zueinander. Simmels Verständnis der Wechselwirkung von Leben und Form nimmt sozusagen Batailles idealtypisches Gesellschaftsbild vorweg, das eine Ausgewogenheit zwischen homogener Form und überschreitender Heterogenität impliziert.[180] Freilich liegt ein Unterschied zwischen Bataille und Simmel in der Forschungsorientierung, die sich in ihren Arbeiten ausdrückt: Während sich Simmel in seinen Schriften vorwiegend den Untersuchungen der sozialen Formen widmet, beschäftigen sich Batailles Arbeiten hauptsächlich mit den Verausgabungen und den formüberschreitenden Aspekten des Lebens; und ferner sind Batailles Studien gegen die bürgerliche Gesellschaft insgesamt gerichtet.

Aber führt Batailles Theorie der überschreitenden Verausgabung nicht zu einem elitären Bild von Gesellschaft?, so könnte man kritisch fragen. Ist die propagierte Verschwendung, »die schöpferische Zerstörung« (Schumpeter)[181] angesichts der globalen Armut und des weltweiten Hungers nicht extrem zynisch? Traugott König gibt darauf in einem Text über Sartre und Bataille folgende Antwort: »Bataille argumentiert dagegen, daß der Welthunger ja nicht Folge souveräner Verschwendungsorgien ist, sondern Folge eines globalen Raubbaus zum Zweck einer exzessiven Energieakkumulation. Und eine Lösung sieht er in einem globalen Potlatsch der Reichtümer der Industrieländer an die verhungernden Länder.« (König 1988a, 375f) Ob allerdings ein globaler »Potlatsch« die endgültige Lösung der Not sein kann und ob auch ein »produktiv verschwenderischer« Kapitalismus nicht immer implizit und funktional mit Ausbeutung zusammenhängt, diese Fragen werden von Bataille nicht befriedigend beantwortet.

---

180 Die Konzeptionen Simmels und Batailles sind dabei den Vorstellungen Giorgio Agambens entgegengesetzt: Dieser geht davon aus, dass Leben und Lebensform nicht absolut zu trennen sind und nicht bloß ein ausgewogenes Verhältnis zueinander aufbauen müssen. Vielmehr tritt er in seinem Buch »Homo sacer« dafür ein, eine mögliche politische Lebens-Form zu erfinden, in der es um das Leben selbst geht, eine Lebens-Form, die ein »Leben der Möglichkeit« eröffnet und aus dem »nackten Leben« einen Ort macht, an dem sich eine in »nacktes Leben umgesetzte Lebensform herausbildet« (vgl. Agamben 2002, 197), Formen des Mehr-als-Lebens also.

181 Ein Gegensatz zu Ansätzen von Joseph A. Schumpeter oder Werner Sombart liegt darin, dass es Bataille um eine Überschreitung bürgerlicher Normen geht.

Im Gegensatz zu einer beschränkten Ökonomie interessiert sich die allgemeine Ökonomie für den lebendigen Überschuss, die Verschwendung und den Exzess von/in wirtschaftlichen und gesellschaftlichen Formationen, sie ist wesentlich gegen die homogene, bürgerliche Gesellschaft gerichtet.[182] Bataille will die allgemeine Ökonomie allerdings nicht nur im ökonomischen Sinne verstanden wissen, sondern als eine »allgemeine Wissenschaft«. So schreibt er im Vorwort zu seinem Buch »Der verfemte Teil«:

> »Dieser erste Versuch [des Buches, S.M.] geht außerhalb der Einzeldisziplinen ein Problem an, das noch nicht in richtiger Weise gestellt worden ist und das doch das Schlüsselproblem für jede Disziplin darstellt, die sich mit der Bewegung der Energie auf der Erde beschäftigt – von der Physik des Erdkörpers bis zur politischen Ökonomie, über Soziologie, Geschichte und Biologie. Weder die Psychologie noch ganz allgemein die Philosophie können übrigens unabhängig von dieser primären Frage der Ökonomie betrachtet werden. Selbst was von Kunst, Literatur und Poesie gesagt werden kann, hängt letztlich mit der von mir behandelten Bewegung zusammen: der Bewegung der überschüssigen Energie, die sich in der Erregung des Lebens äußert.« (Bataille 2001*b*, 36)

Eine rein rationale Einstellung zum Leben und deren Einschluss des Lebens in die Grenzen nützlicher Produktion verfehlt das Leben.[183]

Gesellschaftstheoretisch bedeuten Batailles Thesen Folgendes: Verlusthandlungen und Verausgabungen bilden begriffliche Bestimmungen sozialer Handlungen, die sich nicht auf Begrifflichkeiten von Theorien reduzieren lassen, die sich allein am rationalen oder gewinnmaximierenden Handeln orientieren. Das Handeln der Gabe oder der Verausgabung ist, wie bereits Marcel Mauss erkannte, weder allein instrumentell, strategisch noch rein kommunikativ deutbar. Gesellschaftstheorien, die diese formüberschreitenden Aspekte sozialen Handelns außer Acht lassen, beschränken eine soziologisch-wissenschaftliche Reflexion über Gesellschaft und soziales Handeln, weil sie wesentliche Aspekte des sozialen Lebens ausblenden oder für irrational und deshalb für nicht wichtig erachten. Nach Batailles allgemeiner Ökonomie spielen je-

---

182 In der Gewichtung der formüberschreitenden Aspekte von Gesellschaft und Wirtschaft lassen sich neben Nietzsche und Freud auch Anklänge an die lebensphilosophischen Betrachtungen von Simmel und Bergson finden. Zur Lebensphilosophie von Bergson und Simmel vgl. Peter (1996).

183 Aber woher kommt eigentlich die Entscheidung, die beschränkte Ökonomie überschreiten zu wollen? Peter Bürger gibt auf diese Frage folgende Antwort: »Was den Willen zum Verlust antreibt, sagt Bataille nicht. Allenfalls Andeutungen finden sich dazu in den Nachlaßfragmenten. Erst in *La Part maudite* […] findet sich die Skizze einer Theorie des Begehrens, die diejenige Lacans vorwegzunehmen scheint. Das Begehren richtet sich auf etwas, das nicht Ding wäre, aber dieses Etwas ist nur ein Schatten, den wir daher niemals ergreifen können.« (Bürger 2000*b*, 50f) Bataille schreibt: »*Wie kann der Mensch sich finden – oder wiederfinden –, wenn doch die Aktivität, zu der ihn sein Streben in gewisser Weise zwingt, ihn gerade von sich entfernt?* « (Bataille 2001*b*, 166).

doch auch soziale, kulturelle, psychische oder historische Faktoren jenseits von Rationalitäts- und Nützlichkeitsprinzipien eine bedeutende Rolle für die Gesellschaft und die Ökonomie.

Im Gegensatz zur allgemeinen Ökonomie orientiert sich die aktuelle Wirtschaftswissenschaft vornehmlich am Utilitarismus und am Paradigma der Neoklassik; sie denkt vorwiegend in den Kategorien der Effizienz, eines individualistischen Nutzenkonzepts von »costs and benefits« und sieht in den Instrumenten des Marktes die geeignetsten Instrumente zur Ressourcen-Allokation und des Tauschhandels (vgl. Wex 1999, 188). Alle Entscheidungen über Angebot und Nachfrage werden nach diesen Theorien von rationalen Individuen getroffen; der Wohlstand entsteht durch die rationalen Entscheidungen der Akteure (vgl. Wex 1999, 190). Andere Begriffe und handlungstheoretischen Modelle verbleiben außerhalb des Bereichs des Ökonomischen. Nicht mehr von Interesse sind deshalb sowohl alternative Formen des Wirtschaftens, wie beispielsweise Subsistenzwirtschaft oder Tauschverhältnisse ohne Marktkoordination, als auch andere Auffassungen über die Konstituierungsprozesse von Rationalitäten, von rationalen Entscheidungen und von Akteuren. Die vom Kapitalismus forcierte Zerstörung sowohl tradierter sozialer und kultureller als auch ökonomischer Strukturen sowie der funktional angelegte destruktive Charakter des Kapitalismus bleiben ebenfalls unthematisiert. Batailles »allgemeine Ökonomie« versteht sich zwar nicht ausdrücklich als eine Auseinandersetzung mit den zeitgenössischen Ökonomietheorien; sie könnte aber als Ausgangspunkt eines Versuch dienen, wieder zentrale Fragestellungen und Denkfiguren in die Wirtschaftswissenschaften herein- und zu einer »allgemeinen Wissenschaft der Ökonomie praktischer Handlungen« (Bourdieu 1976, 357) beizutragen.

Es ist das Verdienst von Hans Joas, entgegen der vorherrschenden ökonomistischen Modelle des rationalen Handelns und der theoretischen Reduzierung der Handlungsmotivation auf die einzelnen Individuen eine ursprüngliche Sozialität der menschlichen Handlungsfähigkeit ins Feld zu führen. Ausgehend von Durkheim und seiner Vermischung mit dem Denken Nietzsches durch französische Soziologen wie Bataille oder Georges Balandier charakterisiert Joas die Erfahrung des Selbstverlusts und der Überschreitung nicht als ein »primitives oder irrationales Randphänomen der Sozialität«, sondern die Erfahrung der Selbstüberschreitung ist »die konstitutive Voraussetzung für jede affektgeladene soziale Bindung an andere Individuen, an Kollektive oder Werte.« (Joas 1992, 284) Die von Bataille untersuchten Prozesse der Verausgabung sind in diesem Sinne soziologische Analysen »primärer Sozialität« (Joas).

Handlungstheoretisch betrachtet, besteht nach Bataille die Handlungsmöglichkeit sowohl des Einzelnen als auch der Gesellschaft darin, angesichts des Prinzips des Verlusts eine »souveräne« Haltung einzunehmen, die allgemeine Ökonomie der Verausgabung anzuerkennen und sie handelnd zu bejahen. Dieser Aspekt soll nun besprochen werden.

Das souveräne Subjekt

Was ist, wenn Kojève – und neuerdings Francis Fukuyama (vgl. Fukuyama 1992) – mit ihrer These vom Ende der Geschichte Recht haben? Ausgehend von dieser Hypothese: Was hieße es dann, zu handeln? Einmal angenommen, nur ein Handeln, das Ereignisse zeitigt oder Geschichte macht, wäre im strengen Sinne Handeln; dann ist das Subjekt, das nach dem Ende der Geschichte sich als geschichtlich handelndes begreift, mit der Sinnlosigkeit seines Tuns konfrontiert (vgl. Bürger 2000*b*, 62). Jegliches Handeln wäre überflüssig. Nach Bataille ist dies die Situation des bürgerlichen Subjekts: Seine Welt ist die der knechtischen Arbeit, in der es seine Selbstverwirklichung findet; das bürgerliche Subjekt ist seinen Weg in der Geschichte gegangen und schaut sich nun im absoluten Wissen selbst an (vgl. Bürger 2000*b*, 66). Gemäß Francis Fukuyama befindet man sich heute am Ende der Geschichte, weil das liberal-demokratische Projekt seinen endgültigen Siegeszug angetreten hat. Denn schaue man zurück, so sehe man »den Kommunismus« in Trümmern und könne sich jetzt in absoluter Gewissheit über die angebliche politische Überlegenheit des liberal-demokratischen Projekts wähnen. Diese These Fukuyamas mag man entweder bestätigt finden oder aber als Ansatz zu einem Gegenentwurf nehmen. In der Auseinandersetzung mit der Hegel-Interpretation Kojèves erblickt Bataille in dessen These vom Ende der Geschichte eine Erklärung für die absolute Monotonie des bürgerlichen Daseins und dessen Leere (vgl. Bürger 2000*b*, 67). Diese Daseinserfahrung des angeblichen Endes der Geschichte gilt es für ihn aufzubrechen und zu überschreiten, indem er dem »knechtischen Dasein« das »souveräne Dasein« diametral entgegensetzt.

Das »souveräne Dasein« ist ein Sein der bejahten Verausgabung und des Verlustes, mithin des Selbst-Verlusts. Dieser Verlust des »Ich« betrifft das Subjekt nicht nur im Augenblick der verausgabenden, sakralen oder unmittelbaren Erfahrung, sondern bezieht sich auch auf das absolute Wissen, dem Bataille mit einem »exzessiven« Nicht-Wissen begegnet. »Die *allgemeine Ökonomie* hebt in erster Linie hervor, daß Energieüberschüsse produziert werden, die definitionsgemäß nicht verwendet werden können. Die überschüssige Energie kann nur ohne den geringsten Zweck und folglich ohne den geringsten Sinn verlorengehen. Dieser nutzlose, unsinnige Verlust *ist* Souveränität.« (Bataille 1999*a*, 254)

Die Souveränität zeigt sich in Handlungen oder Erfahrungen, die nicht mehr im Bereich der Nützlichkeit, wie zum Beispiel die Befehle des Herrn für den Knecht, oder der »profanen« gesellschaftlichen Ordnung anzusiedeln sind; die Souveränität folgt außerdem keinem teleologischen Gesetz. Handlungstheoretisch kann die Souveränität folgendermaßen interpretiert und erläutert werden: Es kann ein Handeln, das programmatisch gesellschaftlich vorgegebene Handlungsanweisungen abspult bzw. sich innerhalb einer homogenen Ordnung befindet von einem Handeln unterschieden werden, das aufgrund des Einbruchs des Heterogenen nicht mehr genau weiß, wie es handeln soll. Es entsteht eine unentscheidbare Situation und ein Moment des Schwankens. Diese Unentscheidbarkeit ermöglicht den Augenblick der Souveränität, die sich im Schwanken befindet: Es muss ohne genau festgelegten Grund entschieden werden, wie zu handeln ist. Und in eben diesem Moment selbst, ausgelöst durch das Heterogene, konstituiert sich *qua Entscheidung* ein souveränes Subjekt. Anstatt schon zuvor da zu sein, entsteht das souveräne Subjekt erst im Moment seiner *passiven* Entscheidung; *passiv* – und somit von einem reinen Dezisionismus zu unterscheiden – ist die Entscheidung deshalb, weil sie eigentlich nicht vom Subjekt, sondern vom Heterogenen ausgelöst ist und sozusagen eine Antwort auf den Einbruch des Heterogenen gibt.[184]

Die souveränen, heterologischen Verausgabungen und affektiv-heterologischen Erfahrungen des Subjekts lassen sich nicht mehr in einer Sprache (einem Diskurs oder im Gesagten) festhalten. Sofern sie sinnhaft beschrieben werden, löschen sie sich aus, weil sie dann wieder in einen »profanen« Sinnhorizont eingeschrieben sind. Darum schreibt Bataille das »ist« im obigen Zitat kursiv: »Die Souveränität ist das Unmögliche, sie *ist* daher *nicht*, sie *ist*, Bataille schreibt das Wort kursiv, ›diese Verschwendung‹.« (Derrida 1997c, 410) Weil das, was mit »Erfahrungen« umschrieben wird, nicht in diesen Beschreibungen aufgeht, verwendet Bataille auch andere Wörter, um das souveräne Handeln zu verdeutlichen. So spricht er mal von »innerer Erfahrung«, »Extrem des Möglichen« oder »Meditation« (vgl. Bataille 1999a, 259). Bereits zu Zeiten der Geheimgesellschaft *Acéphale* hat Bataille versucht, diese souveränen Meditationen oder Extreme des Möglichen in einer Gruppe zu erfahren.

Ebenso wie die ausgeschlossenen sozialen Verausgabungen zu einer Intervention in der sozialen Ordnung führen können, bewirken die ekstatischen Erlebnisse einen Bruch des Subjekts mit sich selbst: Erfahrungen des Heterogenen im Subjekt selbst – das Selbst ist ein anderer. Die ekstatisch-heterologischen Erlebnisse oder souveränen Verhaltensweisen, die das Subjekt von sich selbst entfernen und das Individuum eigentlich zu einem »Dividuum« machen, sind beispielsweise die Trunkenheit, die erotischen Erlebnisse, das poetische Schreiben, die Absurdität, der Tod, die Angst, die Gewalt oder das Lachen (vgl. Bataille 1999a, 258).

Eigentlich sind diese Erfahrungen keine rein innerlichen, weil das Subjekt keine Einheit bzw. schon immer von sich selbst entfernt war[185]; das Heterogene, das Andere oder in Batailles Worten: das »Unmögliche« ist schon in ihm und spaltet die Innerlichkeit: »Die unterwürfige Aktivität ist *möglich* […]; doch eine souveräne Existenz ist auf keinen Fall und nicht einmal einen Augenblick lang vom *Unmöglichen* getrennt […].« (Bataille 1999a, 249) Jacques Derrida nimmt den Begriff des »Unmöglichen« auf, um zu erläutern, wie sich durch das »Unmögliche« die Erfahrung nicht in einer reinen Innerlichkeit abspielt: »Bataille ist vor allem kein neuer Mystiker. Was sich als innere Erfahrung *ansagt*, ist keine Erfahrung, da sie sich auf keine Präsenz, auf keine Fülle, sondern lediglich auf das Unmögliche bezieht, das sie in der Verurteilung (*supplice*) ›erfährt‹. Sie ist vor allem keine innere Erfahrung […].« (Derrida 1997c, 413) Foucault

---

184 Vgl. dazu meinen Beitrag »Diskurs – Ereignis – Subjekt. Zur Verschränkung von Diskurs- und Handlungstheorie im Ausgang einer poststrukturalistischen Sozialwissenschaft« (Moebius 2005a). Siehe auch meinen Beitrag in der Zeitschrift »Distinktion. Skandinavisk tidsskrift for samfundsteori/Scandinavian Journal of Social Theory« mit dem Titel »Imitation, repetition and iterability. Poststructuralism and the ›social laws‹ of Gabriel Tarde« (Moebius 2004c).

185 Der Mensch ist eine »exzentrische Positionalität« (Plessner), der im Lachen seine Herrschaft und seine errungene Einheit aufgibt und doch damit sich selbst als Person behauptet. Vgl. Plessner (1978, 157).

interpretiert die *innere* oder *souveräne* Erfahrung des Subjekts ebenfalls als eine »Erfahrung des *Unmöglichen* (das Unmögliche ist das, wovon die Erfahrung gemacht wird, was aber auch Erfahrung konstituiert).« (Foucault 2001*d*, 323) Damit ist vor allem gemeint, dass es keine innere Substanz, Fülle oder Einheit des Subjekts gibt, sondern dass das Subjekt immer schon dezentriert bzw. gespalten ist und sich nur aufgrund der Beziehung zum Ekstatischen oder Unmöglichen konstituieren kann. Erfahrung gibt es, wenn etwas von außen hereinbricht; etwas, was nicht schon zuvor im Bereich des Möglichen lag. Das nicht-souveräne Subjekt verleugnet diese Abhängigkeit zu seinem Außen und vertritt die Auffassung eines einheitlichen Subjekts. Aber nur wenn es ein »unmögliches« Außen gibt, kann das Subjekt in Abgrenzung zu diesem Außen eine »innere« Einheit aufbauen. Das nicht-souveräne Subjekt kann sich seiner Einheit nur dadurch versichern, dass es das Ekstatische und »Unmögliche« ausschließt.[186]

Das Subjekt ist aber nach Bataille keine wesenhafte Einheit, sondern ist vielmehr einer rückhaltlosen (diskursiven) »Verschiebung« und einer »Teilung« unterworfen. Die *innere* und *souveräne* Erfahrung ist gerade die Erfahrung einer unmöglichen Einheit und des Bruchs mit sich selbst. Das »souveräne Subjekt« bejaht im Gegensatz zur nicht-souveränen Subjektauffassung diese »Teilung«, die konstitutive Beziehung zu seinem Anderen und bejaht damit seinen Bruch im »Inneren«[187]: Seine Teilung liegt einerseits in dem »Ich« (*je*), das dem Gesetz der Sprache unterworfen ist und dem »Selbst« (*ipse*) (vgl. Bataille 1999*a*, 78), das realer »Träger der ekstatischen Erfahrung« ist (vgl. Bürger 1992*b*, 59); das »Selbst« (*ipse*) kann jedoch nicht im Diskurs oder im Gesagten aufgehen, weil sich das Ekstatische nicht in Worten allein begreifen lässt. Will man es dennoch beschreiben, muss das »Ich« (*je*) für es sprechen.[188] Allerdings begegnet man hier, wie Peter Bürger bemerkt, einer Paradoxie: Dem sprechenden »Ich« bleibt die Erfahrung verschlossen und dem souveränen »Selbst« die Rede (vgl. Bürger 1992*b*, 60). Das »Ich« (*je*) will etwas sagen, was es selbst nicht sagen kann.[189] »Träger der ekstatischen Erfahrung ist das *ipse*; aber dieses ist stumm. So muß das ›je‹ für es sprechen und damit dessen Sache notwendig verraten.« (Bürger 1992*b*, 59)

Hinsichtlich einer gesellschaftstheoretischen Perspektive bedeutet die souveräne Verausgabung Folgendes: Einerseits steht die Gesellschaft als Verbote instituierende Kraft dem Individuum gegenüber; Gesellschaft in ihrer homogenen Ausprägung ist

---

186 Was diese Auffassung eines schon immer vom Anderen heimgesuchten Subjekts für die sozialwissenschaftliche Theoriebildung bedeutet, habe ich an anderer Stelle dargelegt, siehe Moebius (2003*b*).

187 Zur Verschiebung und zum Thema der Subjektivität wird in der Besprechung der Wirkungen, die das Bataille'sche Denken auf Foucault ausgeübt hat, zurückgekommen.

188 Hier sei auch auf Lacan verwiesen, der im »Spiegelstadium« zwischen verschiedenen Ich unterscheidet.

189 An dieser Paradoxie kann jede rationale Kommunikationsgemeinschaft scheitern. Allerdings muss diese Paradoxie nicht zur Einsamkeit führen. In kommunikativen Situationen des Lachens beispielsweise bildet sich ein soziales Netz, das im Gegensatz zu einem informativen Netz steht. Oder man denke nur an soziale Interaktionen, die sich allein durch Blicke herstellen, wie dies der französische Soziologie Jean-Claude Kaufmann für FKK-Badestrände untersucht hat.

nach Bataille Zwang, weil sie dem Individuum den Bezug zum Heterogenen oder zum Sakralen verbietet. Dieser Aspekt verweist auf Durkheims Beschreibung der profanen Ordnung; in »Die elementaren Formen des religiösen Lebens« schreibt er: »Die heiligen Wesen sind definitionsgemäß getrennte Wesen. [...] Eine ganze Gruppe von Riten hat den Zweck, diesen Zustand der Trennung, der wesentlich ist, zustande zu bringen.« (Durkheim 1981, 405f) Die homogene Gesellschaft ist durch Normensysteme geprägt, die sich in Übereinstimmung mit der rationalen Arbeitsteilung, dem Verzicht und der Vernunft befinden. Das andere, entgegengesetzte Wertesystem wird durch die Überschreitung, die Verausgabung und den Verlust konstituiert. Die homogene Gesellschaft reagiert mit Verboten, Institutionen oder rituellen Praktiken auf eine mögliche Entgrenzung. »Diese Reaktionen bestehen darin, daß man dem *heterogenen* Ding eine unbekannte und gefährliche Kraft zuschreibt (die an das polynesische *Mana* erinnert) und daß ein gewisses soziales Berührungsverbot (*Tabu*) es von der *homogenen* oder gewöhnlichen Welt fernhält [...].« (Bataille 1978, 16) Die Verbote bieten aber ihrerseits wieder die Voraussetzung ihrer Überschreitung; Verbote verlocken dazu, sie zu brechen. Aus diesem Grund geht es Bataille keineswegs um eine Auflösung von Verboten oder Tabus. Die zeitweiligen Entfesselungen ekstatischer Erlebnisse besitzen eine wichtige Funktion für die Gesellschaft, denn nur durch die kollektiven Efferveszenzen kann sie sich neu ausrichten und regenerieren.

Das souveräne Subjekt, das auch eine Gruppe, eine Masse oder eine Gemeinschaft sein kann (vgl. Bataille 1978, 17), geht nicht in der homogenen Ordnung und seinem fest gefügten Platz darin auf. Seine Einzigartigkeit bestimmt und konstituiert sich nicht durch seine funktionale Position in der arbeitsteiligen Gesellschaft, sondern in seiner Beziehung zum Heterologischen; »die *heterogene* Existenz kann also in bezug auf das gewöhnliche (Alltags-)Leben als das ganz Andere bezeichnet werden [...].« (Bataille 1978, 18)

Nehmen die Menschen die überschüssigen Energien souverän auf und »erfinden« mit ihnen neue Gemeinschaften, so wie das Collège es vorschlug, dann kann sich dies in Festen, Veranstaltungen oder »sakralisierten« Ritualen ausdrücken. Wenn dies nicht geschieht, besteht nach Bataille die Gefahr, wie er in seiner Faschismus-Analyse verdeutlichte, dass die lebendigen Energien entweder katastrophal über den Menschen und die Gesellschaft hereinbrechen, wie in Kriegen und Pogromen, oder dass sie zu »nützlichen Zwecken« der Herrschenden werden, wie in der Aneignung des Überschusses durch wenige.

Die zentrale Frage zur Beurteilung einer Gesellschaft lautet dann nach Bataille: Wie wird in einer Gesellschaft und im Individuum die Transformation von der Homogenität zu der souveränen Heterogenität verwirklicht? Die souveräne Erfahrung, die an Nietzsches »tragischen Heroismus« erinnert, ist keine Erfahrung, die allein einem Subjekt zukommen muss. Vielmehr ist die Erfahrung auch im intersubjektiven Bereich zu finden – in der sowohl Lachen als auch Ekstase umfassenden Kommunikation.[190]

---

190 Bataille entwirft neben seiner allgemeinen Ökonomie und der Theorie der Verausgabung eine Theorie der Kommunikation. Zur Kommunikation siehe auch den Abschnitt zur Zeit nach

3.2.2 Michel Leiris

> »[I]ch würde mir wünschen (auch wenn ich am Proselytentum kaum Gefallen finde), daß möglichst viele meiner künstlerisch oder literarisch tätigen Freunde, die in der Mehrzahl von letzten Endes rein ästhetischen Fragen in Anspruch genommen werden oder in sterilen Streitereien zwischen den einzelnen Gruppen befangen sind, denselben Weg einschlügen wie ich: daß sie reisen, und zwar nicht als Touristen (was heißt, ohne Herz zu reisen, ohne Augen und ohne Ohren), sondern als Ethnographen, und daß sie dabei in einem allgemeineren Sinne menschlich und offen genug werden, um ihre mittelmäßigen kleinen ›Manien der Weißen‹ (wie bestimmte Neger sagen) zu vergessen und auch das zu verlieren, was sie sich unter ihrer Identität als Intellektuelle vorstellen.« (Leiris 1981a, 35)

Das Fremde in uns. Überlagerungen von Eigenem und Fremdem, von Ethnologie und Dichtung, von Imagination und Leben – dies sind nur einige der Stichwörter, die einem zur Charakterisierung der Arbeit von Michel Leiris einfallen. Sein Schaffen und Denken umspannt zahlreiche Bereiche, die er miteinander in Beziehung setzt: »In einer ›derart seichten Epoche‹ erscheinen ihm der Stierkampf, die Magie und der Primitivismus, die Mythen, Riten und Kulte ebenso wie die Poesie, die Revolte und jede Form ›großer‹ Leidenschaft der Aufmerksamkeit wert und bannen ihn – zumindest als Faszinosum, als Ort oder Akt des Heiligen und Geheimnisvollen; jederzeit bereit, den gerade erst beschworenen Mythos wieder fallen zu lassen.« (Heinrichs in Leiris 1992, 12)

In den Augen von Leiris ist das Schreiben vergleichbar mit einem Stierkampf, die Literatur wird zur Arena. Die Tauromachie ist für ihn ein Modell des Existierens. Leiris sucht die totale Aktivität des Seins, in der Reales und Imaginäres, Bewusstes und Unbewusstes zusammengehören, er forscht nach dem »ganzheitlichen und integralen Menschen«–hier verrät sich sein Bezug zu seinem Lehrer Marcel Mauss und zum Surrealismus. Er verbindet – ähnlich wie Lévi-Strauss in seinen »Traurigen Tropen« – das Poetische und die Ethnologie zu einer *Ethnopoetologie*. Er berichtet über fremde Kulturen und seine eigene, bis an die Grenze seines Selbst; deutlich wird dies besonders in seinen damals einzigartigen autobiographischen Büchern, die gleichsam autoethnographisch das Fremde im Eigenen umreißen. Sein Collège-Beitrag zum »Heiligen im Alltagsleben« ist hierfür ein besonders gutes Beispiel. Die ethnographische Eigenanalyse verknüpft sich bei Leiris mit der Psychoanalyse und der Soziologie. »Sein Bezug zur Wissenschaft Psychoanalyse – wie auch zur Soziologie – ist dadurch gekennzeich-

---

dem Collège im Kapitel zur Wirkungsgeschichte. Den Begriff der Kommunikation nimmt er vielleicht von Karl Jaspers auf, wie Bernd Mattheus vermutet (vgl. Mattheus 1984, 323), nicht jedoch Jaspers Dialektik zwischen Selbstsein und Hingabe. Bataille unterscheidet zwischen einer schwachen und einer starken Kommunikation. Zum Beispiel gibt es in sexuellen Akten oder in der Erotik verschiedene Arten von »starker« Kommunikation, die grundlegend von rationalen Gesprächen sowie von der Dreiteilung »Sender, Information, Adressat« zu unterscheiden sind. Sie haben nach Bataille einen »stärkeren« Charakter, weil sie zu »liminalen Brüchen« (Victor Turner) in den eigenen Körpergrenzen beitragen.

net, daß er deren methodische Vorgehensweisen anerkennt, deren Terminologie jedoch nur äußerst zurückhaltend anwendet.« (Heinrichs in Leiris 1992, 12)

Leiris entstammte einem bürgerlichen Elternhaus.[191] Er wurde am 20. April 1901 in Paris geboren und war das dritte Kind einer wohlhabenden Familie aus dem Mittelstand. Zu Hause und in der Schule wurde er katholisch erzogen. Anfang der zwanziger Jahre lernte er den Musiker Roland Manuel kennen, der ihn mit Max Jakob bekannt machte. Roland Tual, den er bei Max Jakob traf, führte Leiris dann zu seinem späteren »Mentor« André Masson. Leiris' erste Veröffentlichung beschäftigte sich mit Massons Zeichnung »Désert de mains« und wurde 1924 in der Zeitschrift »Intentions« publiziert. Masson ermutigte ihn, weitere Texte zu schreiben. »In der Poesie aber war Max Jakob mein Lehrmeister. Ich schickte ihm Gedichte, und er verbesserte sie, oder genauer: er sagte mir im allgemeinen, sie seien schlecht. Er tat gut daran; und auf diese Weise habe ich meine Lehrzeit absolviert. Massons Einfluß beruhte auf seiner Malerei und seiner Persönlichkeit. Er war sehr gebildet und wußte unglaublich viel.« (Leiris 1992, 155)[192] Durch Roland Manuel begegnete er einem der Gründer des Musée de l'Homme: Georges-Henri Rivière. Eine entfernte Verwandte Rivières war mit Manuel verheiratet: »Als sie merkten, daß ich mich für moderne Kunst interessierte, luden sie mich zu sich ein, wo sie jeden Montag Leute empfingen; ich lernte dort Max Jakob kennen und auch Ravel. Eines schönen Abends trat da jemand namens Georges Rivière, der damals noch nicht Georges Henri hieß, mit zwei Begleitern auf, setzte sich unverzüglich ans Klavier und spielte mit viel Feuer mehr oder minder jazzartige Melodien.« (Leiris 1992, 167f)

1924 schloss sich Leiris der surrealistischen Bewegung an. Auf die Frage, ob er seine Teilnahme am antibürgerlichen Surrealismus nicht als einen absoluten Bruch mit seinem familiären Milieu und dem bürgerlichen Mittelstand ansehe, antwortete Leiris in einem Gespräch: »Ich habe das niemals als einen Bruch empfunden. Ich hatte ganz einfach keinerlei Lust, einen Beruf zu ergreifen, ganz gleich welchen, ich wollte schreiben.« (Leiris 1992, 156)

Durch die Vermittlung von Jacques Lavaud begegnete er 1924 Georges Bataille. 1926 heiratete Leiris Louise Kahnweiler. Im selben Jahr trat in die kommunistische Partei ein. In einem Text über Rimbaud aus dem Jahre 1926 schrieb er dazu:

> »Wenn er [der Dichter, S.M.] dann die individuelle Revolte aufgibt, weil ihm klar geworden ist, daß sie nur zu seiner eigenen Zerstörung führen kann, ohne daß er an der Welt auch nur das geringste verändert, d.h. zerstört hätte, dann wird er sich der sozialen Revolution zuwenden, dem einigen wirksamen Weg, seine Revolte zum Tragen zu bringen, dem einzigen Mittel zur Umwertung der Werte. [...] Allein die

---

191   Für die folgenden biographischen Angaben vgl. Leiris (1996) sowie das Buch »Ein Leben als Künstler und Ethnologe. Über Michel Leiris« von Hans-Jürgen Heinrichs, dem das Verdienst zukommt, vor allem die ethnologischen Schriften von Leiris in Deutschland herausgegeben und bekannt gemacht zu haben. Ferner siehe Leiris (1992, 152–189), Leiris (1975), Chappuis (1973) und Maubon (1994).

192   Zu Max Jakob siehe auch Leiris' Traum vom 15./16. März 1923 in seinen Traumprotokollen »Lichte Nächte und mancher dunkle Tag« (Leiris 1981*d*, 12).

Revolution kann uns von der schändlichen toten Last der Überlebten befreien. Eine vollständige Erneuerung der Beziehungen der Menschen untereinander muß aus ihr erwachsen. Das ganze alte, faulende Gerüst des zeitgenössischen Denkens wird durch sie zum Einsturz gebracht werden. Gründe genug, meine ich, mehr als genug, damit jeder wirkliche Dichter sich ihr mit Leib und Seele verschreibt.« (Leiris 1981a, 50f)

1929 brach Leiris mit dem Surrealismus um Breton und schloss sich der Gruppe um Bataille an. Dieser hatte gerade mit Rivière die Zeitschrift »Documents« gegründet, bei der Leiris nun mitarbeitete. »Documents« war mit ihren vielfältigen Themenbereichen ein wichtiger Schritt für die Etablierung und Konsolidierung der Ethnologie in der Zwischenkriegszeit: Es schrieben in der Zeitschrift sowohl Universitätsprofessoren, Marcel Mauss zum Beispiel, als auch Maler, Dichter und ehemalige Surrealisten; Hauptverantwortliche waren Bataille, der sich jetzt zum ersten Mal als Anführer einer Gruppe positionierte, Carl Einstein und Georges-Henri Rivière (vgl. Leiris 1981a, 67 – 76). Leiris stellte sich in seinem 1930 in »Documents« erschienenen Beitrag als Ethnologe vor. Der Beitrag über »Das Auge des Ethnographen« (Leiris 1981a, 29 – 35) behandelte seinen Weg von der Begegnung mit Raymond Roussels »Impressions d'Afrique« bis hin zu der geplanten Reise »Dakar-Djibouti«. Interessant ist seine an Mauss angelehnte Definition der Ethnographie als eine Wissenschaft, die »alle Zivilisationen auf dieselbe Stufe stellt und trotz der mehr oder weniger großen Komplexität des Überbaus oder des mehr oder weniger prononcierten Raffinements der sogenannten ›Moralbegriffe‹ keine von ihnen als a priori wertvoller betrachtet als die andere: sie ist hierin die im allgemeinsten Sinne menschliche Wissenschaft […].« (Leiris 1981a, 31)

Ethnologie war in den Augen Leiris' jene Wissenschaft, in der sich der Forscher mehr als in anderen Disziplinen auf persönlichste Weise verbürgt. Leiris offenbart mit dieser Bestimmung ein am Collège ebenfalls vertretenes Wissenschaftsverständnis »geprägt von der Haltung des Surrealisten: dem Bewußtsein notwendiger Radikalität, der Revolution und Revolte in allem, der kompromißlosen Unzufriedenheit mit sich selbst und den anderen.« (Heinrichs 1992, 44f)

1929 lernte Leiris Marcel Griaule kennen, der ihn auf die Expedition »Dakar-Djibouti« (1931 – 1933) mitnahm.[193] Schon zuvor hatte er Griaules Arbeiten gelesen; Leiris interessierte vor allem die so genannte »Neger-Kunst« – die Ethnoästhetik. Die Ziele der Forschungsreise waren das Zusammentragen von Sammlungen für unterschiedliche Museen, das Studium vom Verschwinden bedrohter Völker und Bräuche, das Anfertigen von Dokumentarfilmen und die Aufzeichnung von Sprachen und Gesängen sowie die Verbesserung der Beziehungen zwischen Kolonialbeamten und den Völkern. Beteiligt war neben Leiris und Griaule auch André Schaeffner, ein Spezialist

---

193 »Eigentlich entstand erst mit der Mission Dakar-Djibouti (1931 – 1933) von Griaule und seinen Mitarbeitern eine andere Konzeption, die die Feldarbeit als unumgängliche ›Initiation‹ des Ethnologen sah, der endlich in sich den Forscher, Praktiker und Theoretiker vereinte. In diesem Konzeptionswandel sollte Marcel Mauss eine Hauptrolle spielen.« (Centlivres 1990, 172)

für musikalische Organologie des ethnographischen Museums am Trocadéro (vgl. Leiris 1981a, 29). Nach Angaben von Leiris sollte die Expedition dazu beitragen, »den Rassevorurteilen, deren Ungerechtigkeit man nie genug entgegentreten kann, einen Riegel vorzuschieben. Dies allein genügt, um dem Unternehmen, über sein wissenschaftliches Interesse hinaus, eine große menschliche Tragweite zu verleihen.« (Leiris 1981a, 34) Ein besonderer Reiz lag für Leiris darüber hinaus darin, mit dem »seichten Leben« und der Langeweile in Paris zu brechen, kurz: ein anderer zu werden (vgl. Leiris 1980, 245):

> »Als ich von einer fast ausschließlich literarischen Tätigkeit zur Ethnologie überwechselte, wollte ich mit den intellektuellen Gewohnheiten brechen, die bis dahin die meinen gewesen waren, wollte in der Berührung mit Menschen anderer Kulturen und anderer Rassen die trennenden Mauern niederreißen, zwischen denen ich erstickte, und meinen Gesichtskreis auf ein wahrhaft menschliches Maß erweitern. Aber so verstanden konnte die Ethnographie mich nur enttäuschen: Eine Wissenschaft – wenn auch vom Menschen – bleibt eine Wissenschaft, und die distanzierte Beobachtung kann allein keine Berührung schaffen.« (Leiris 1980, 20)

Leiris publizierte nach der Expedition seine persönlichen Aufzeichnungen, die er während der Forschungsreise gemacht hatte. Mit dem daraus entstandenen und für damalige Verhältnisse höchst ungewöhnlichen Reisetagebuch »L'Afrique fantôme«, einer Art Entmystifizierung üblicher Reiseberichte, trug Leiris zu einer eigenen Gattung von Ethnographie bei, in der eigene Erfahrungen, Auto-Ethnographie und Feldforschung eine eigentümliche Mischung eingehen und in der Subjektivität, Irritation der eigenen Identität, Selbst-Analyse, Authentizität und Ethnologie miteinander verknüpft werden.[194] Er schreckte nicht davor zurück, in seinem Reisetagebuch auch von den Raubzügen zu berichten, bei denen er und Griaule sakrale Gegenstände von den Eingeborenen entwendeten und erpressten (vgl. Leiris 1980, 111ff). Verärgert über das Buch und die neuartige Art von Feldforschung, kündigte Griaule seine Freundschaft mit Leiris auf: »Er [Griaule, S.M.] war wütend, als das Buch erschien, und meinte, daß ich die Zukunft der Feldforschung kompromittiere und dergleichen mehr ... « (Leiris 1992, 179).

Auch Marcel Mauss las das Reisetagebuch: »Er hat mich ermahnt, zwar väterlich und gütig, aber letzten Endes war er nicht einverstanden.« (Leiris 1992, 179) Nach der Reise besuchte Leiris regelmäßig die zuvor nur sporadisch aufgesuchten Seminare von Mauss.[195] Mauss meinte zu Leiris, er sei ein Literat und unseriös: »[E]r [Mauss, S.M.] erzählt auch herum, daß dieses Buch für die Ethnographen, den Kolonialbeam-

---

194 Die »Tristes Tropiques« von Lévi-Strauss reihen sich in diese Art von Ethnographie mit ein. Zur Begegnung zwischen Leiris und Lévi-Strauss vgl. Lévi-Strauss und Eribon (1989, 83).

195 Auch Mauss kannte die Richtung einer literarischen Ethnologie: »Er nannte als Beispiele Schriftsteller wie Lafcadio Hearn. Seit den Plänen für das Vorwort von *L'Afrique fantôme* war ich der Meinung, daß in der Ethnographie die Subjektivität beteiligt sein muß, aber eine Subjektivität, so würde ich sagen, die im Dienste der Objektivität steht. Man muß das Objektive, die Außenwelt, letztlich die anderen, auf gültige Weise beschreiben. Nicht sich selbst. Man

ten gegenüber, sehr unzuträglich war. Eigentlich schmeichelt mir diese Rolle als Sündenbock ziemlich, auch wenn ich mir damit Schwierigkeiten einhandeln kann.« (Leiris 1996, 200)

Vor der Zeit des Collège hatte nicht nur Bataille zur Verausgabung und Selbstentgrenzung gearbeitet, sondern auch Leiris. Nach seiner Afrika-Reise veröffentlichte er 1934 »Le culte des zars à Gondar (Ethiopie septentrionale)« (Leiris 1934), einen Artikel über die Besessenheitskulte durch die *zâr*-Geister der Äthiopier von Gondar (vgl. auch Leiris 1979*b*). Es folgte zur Zeit des Collège dann der Beitrag »La croyance aux génies ›Zar‹ en Ethiopie du Nord« (Leiris 1938). Leiris beschäftigte sich demnach vor und während der Zeit des Collège intensiv und vor dem Hintergrund der Ethnologie mit kollektiven und individuellen Erregungen und Überschreitungen. Oft, so Leiris in dem Beitrag, sind die manisch Besessenen, die sich in meistens aus Frauen bestehenden Kult-Gruppen zusammenschließen, Simulanten und leben von ihrer theatralisch dargestellten Besessenheit. Hier eine knappe Beschreibung einer dieser Frauen:

> »Die Beobachtung der Lebensweise Malkâm Ayyahus […] führte mich schließlich dazu, ihre *zâr* als eine Art von Garderobe aus verschiedenen Persönlichkeiten zu betrachten, die sie, je nach den Notwendigkeiten und Zufällen ihres alltäglichen Lebens, anlegen konnte, die ihr Verhaltensweisen und vorgezeichnete Haltungen anboten – auf halbem Wege zwischen dem Leben und dem Theater. […] Eine eingehende Untersuchung könnte sicherlich noch viele Erkenntnisse über diese zweideutigen Zustände gewinnen, bei denen es unmöglich scheint, abzuwägen, wie sehr das Verhalten des Ausführenden von der Konvention und wie weit es von echter Beteiligung bestimmt ist.« (Leiris 1979*b*, 136)

Griaule und Rivière verdankte Leiris seine Laufbahn als Feldforscher und Ethnograph. Durch Rivière lernte er auch Paul Rivet kennen, der zusammen mit Mauss und Lévy-Bruhl das »Institut d'Ethnologie« gegründet hatte. Rivet war in den Augen von Leiris ein »Hitzkopf« und ein »schwieriger Mensch, mit offensichtlichen Eigenschaften eines Mannes der Tat. […] Er stand 1943 mit Langevin an der Spitze des antifaschistischen Kampfes; in seinem Unterricht war er immer kategorisch antirassistisch. Ich habe seine Vorlesungen besucht, als ich mich auf das Ethnologische Institut vorbereitete; es waren hervorragende Vorlesungen, von äußerster Klarheit […], aber verglichen mit Mauss war das gar nichts.« (Leiris 1992, 168) Rivet kritisierte Leiris' Reistagebuch nicht direkt, er wollte sein Image nicht verlieren, wie Leiris (1992, 179) vermutet. Der Bruch mit Griaule bestimmte Leiris' weitere Stellung am Musée de l'Homme, so sei er ein vereinzelter, literarischer Außenseiter am Rande der institutsbestimmenden Aktivitäten geblieben (vgl. Heinrichs 1992, 45).

1934 lernte Leiris den Soziologen und Ethnologen Alfred Métraux, einen Freund Batailles, kennen (vgl. Leiris 1981*a*, 62 – 66). Mit ihm zusammen entwickelte er einen »aktiven Humanismus« und engagierte sich gegen den Rassismus:

---

bringt sich selbst ins Spiel, um die ›Berechnung des Irrtums‹, ›la calcul de l'erreur‹, zu erlauben.« (Leiris 1992, 181)

»Nach langen Jahren herzlichsten Einvernehmens kam es schließlich zur effektiven Zusammenarbeit auf dem Gebiete des aktiven, auf genauste Informationen gegründeten Humanismus und Antirassismus, dessen hartnäckiger Verfechter Métraux zeitlebens war. [...] Ich muß mich mit dem Bekenntnis begnügen, daß er und mein alter Freund Bataille zu den wenigen gehören, von denen ich gelernt habe, daß nichts wertvoller ist als jene, nur in wenigen Individuen zustande gekommene Verschmelzung: eine ungestüme Leidenschaft zu leben, verbunden mit einem untrügerischen Wissen um das darin liegende Lächerliche.« (Leiris 1981a, 62f)

Métraux und Leiris waren bestrebt, den Völkern ihre eigenen Fähigkeiten und kulturellen Errungenschaften bewusst zu machen, Ethnologie sollte in ihren Augen den so genannten »unterentwickelten« Ländern dazu verhelfen, sich gegen die Weltwirtschaft behaupten zu können. Mit Hilfe einer »lokalen Ethnographie« hätten die Völker ihre eigene Originalität selbst zu entdecken und der vom Kolonialismus eingesetzten, ethnozentrischen Ethnologie entgegenzutreten. In einem Vortrag über die »Kulturelle[n] Aspekte der Revolution«, den Leiris 1968 in Havanna hielt, sprach er sich für eine »gesamtheitliche Kultur« des nicht mehr entfremdeten Menschen aus; »es gilt, dem betreffenden Volk den wahren Platz zu zeigen, den es in der Kultur und Geschichte der Menschheit einnimmt, und von hier aus vorzuführen, welchen Beitrag es zur kommunistischen Zivilisation leisten kann.« (Leiris 1979c, 122) Auch den Künstlern käme eine tragende Bedeutung zu. Revolutionäre Kunst dürfe dabei nicht nur in Propagierung des revolutionären Geistes bestehen, sondern habe darauf abzuzielen,

»in Vorausdeutung des zukünftigen ›integralen Menschen‹ schon hier und jetzt den heutigen Menschen zu verwandeln, der noch kaum begonnen hat, sich seiner Ketten zu entledigen. Hierin liegt denn auch der revolutionäre Wert all jener Werke, die die Unterminierung der beruhigenden Stereotype betreiben, auf die der entfremdete Mensch sich stützen zu können glaubt – Werke, die von Grund auf unsere Wahrnehmung der Welt umstürzen (Picasso), die ein brennendes Bewußtsein von der Lage des Menschen vermitteln (Kafka) oder aber dem Mann und der Frau die Doppelbödigkeit ihrer Wünsche entdecken (Bataille).« (Leiris 1979c, 125)

Bei »Contre-Attaque« wollte Leiris damals nicht mitmachen. Er erinnerte sich im August 1969, dass er sich über Batailles Idee, die Enthauptung von Ludwig XI. zu feiern, lustig gemacht hatte, und fragte sich im Nachhinein:

»Wäre aber eine solche Feier nicht ein schönes Happening aus politischer Motivation gewesen? Ein Irrtum jedenfalls bleibt an Bataille hängen: ein Fest dieser Art ist nicht vorstellbar *vor* der Revolution, und das noch weniger zu einer Zeit, in der die Revolution an Terrain verloren hat (das war damals der Fall, daher das Erfordernis einer ›Konterattacke‹). Ich spreche hier von einem ›Irrtum‹, doch damit bin ich vielleicht zu voreilig: Wäre eine solche Demonstration nicht eine ›Provokation‹ gewesen, im Sinne von Rudi Dutschke und den deutschen Studenten?« (Leiris 1996, 414)

Bataille irrte sich in den Augen von Leiris mit »Contre-Attaque«; was Leiris jedoch an dem Unternehmen anerkennt, ist der bei Bataille angelegte Wille, sich selbst zu übertreffen (vgl. Leiris 1996, 197).[196] Die Thematik der Kopflosigkeit schwebte Leiris zufolge bereits zu Beginn der dreißiger Jahre in der Luft; vor *Acéphale* seien zahlreiche Texte zur Kopflosigkeit erschienen: neben Batailles Text »Le bas materialisme et la gnose« waren dies der von Leiris selbst verfasste Beitrag »Das caput mortum und die Frau des Alchimisten« in der Zeitschrift »Documents« (Leiris 1996, 473) sowie ein Text von Max Ernst »La Femme 100 [cent = sans] tête«, Desnos' »Le sens cou«, die Zeichnungen Massons und die Zeitschrift »Minotaure« (vgl. Leiris 1996, 473). Hinzu komme noch sein eigenes Interesse »für die Besessenheit (im Trancezustand den Kopf verlieren) [...]. Der Azephale ist der Mensch mit geköpfter (= amputierter) Vernunft. [...] Vielleicht könnte man von den Geschichten rund um Bataille – *Documents*, ›Collège de Sociologie‹ usw. – sagen, es ging darum, der surrealistischen Aufwertung des Irrationalen eine wissenschaftliche Wendung zu geben?« (Leiris 1996, 473).[197]

Leiris betrieb seine autobiographischen »Feldforschungen« in den folgenden Jahren weiter. Hiervon zeugt nicht nur sein Collège-Vortrag über das Heilige im Alltagsleben, sondern vor allem sein 1939 publiziertes Buch »L'Âge d'homme«, das er auf Anraten seines Analytikers Dr. Borel schrieb. Das Buch ist vergleichbar mit einer surrealistischen Collage, die aus Kindheitserinnerungen, Träumen, Erzählungen, wirklichen Erlebnissen und Phantasien besteht. Die Erforschung seines Selbst, die er in seinen Autobiographien unternimmt, ist die Erkundung eines eigenen Seelenerdteils, eine Reise in sein »wahres inneres Afrika«, um es mit den Worten Jean Pauls zu sagen. In einem Interview mit Madeleine Chapsal bekennt Leiris:

»Ich kann nur über das schreiben, es gelingt mir nur – fast nur! ...– über das zu schreiben, was mich persönlich emotionell berührt. Deshalb bin ich überhaupt zu dieser ganzen autobiographischen Literatur gekommen. Anders kann ich es nicht. [...] Was ich möchte, ist eine Erklärung meiner Person geben, die nicht nur psychologisch ist, das heißt ich möchte einerseits, daß man ein klein wenig begreift, was ich bin, und weiter, daß man mich nicht als das letzte vom letzten betrachtet, obwohl ich Dinge bekenne, derer ich mich schäme...« (Leiris im Gespräch mit Chapsal 1989, 200f).

In den folgenden Jahren arbeitete Leiris bei der Zeitschrift »Les Temps modernes« mit. Er unternahm zahlreiche Reisen nach Afrika und auf die Antillen und begann 1940 seine große, vierbändige Autobiographie »La Règle du jeu« zu veröffentlichen, deren letzter Band erst 1976 erschien.[198] Zu seinen anderen Werken zählen aufgezeichnete Träume, ethnologische Studien, Texte über die bildende Kunst. Leiris war Künstler und Ethnologe in einem. »[...] [W]as ich also wirklich gerne machen würde,

---

196 Der Eintrag ist vom 7. Januar 1936.

197 Leiris zitiert hier den jungen Marx mit dem Satz: »Die Kritik darf keine Leidenschaft des Kopfes sein, sondern der Kopf der Leidenschaft.« (Leiris 1996, 473)

198 Die Titel der vier Bände sind: »Biffures« (1948), »Fourbis« (1955), »Fibrilles« (1966) und »Frêle« (1976).

das wäre einen sehr guten Roman schreiben! In dem es weder um Bekenntnisse noch um Autobiographisches geht. [...][E]s wäre für mich ein Freiheitsbeweis, der Beweis, daß es mir gelungen ist, mich in gewisser Weise von mir selbst zu emanzipieren, daß dieses widerwärtige Wiederkäuen des gleichen Themas in der ersten Person, das mich selbst anekelt, endlich erledigt ist.« (Leiris im Gespräch mit Chapsal 1989, 203) Leiris verstarb am 30. September 1990 in Saint-Hilaire.

Aktiver Humanismus

Die am meisten verbreitete Arbeit von Leiris ist der von der UNESCO publizierte Aufsatz »Rasse und Zivilisation« (Leiris 1979*d*).[199] Es war Alfred Métraux, der ihn zu dieser Arbeit angeregt hatte (vgl. Heinrichs 1992, 63); Leiris zitiert ihn zu Beginn seines Aufsatzes: »Der Rassismus ist eine der beunruhigendsten Äußerungen innerhalb der weltweiten Umwälzung, die sich augenblicklich ereignet.« (Métraux in Leiris 1979*d*, 73) Ausgehend von der Überlegung, dass sich der Rassismus nicht auf seine »extremste« und »bösartigste« Art, den nationalsozialistischen Rassismus, reduzieren lasse, macht Leiris bei der Mehrzahl der Weißen die »Vorstellung einer angeborenen Überlegenheit« aus – »auch bei denen, die sich keineswegs für Rassisten halten« (Leiris 1979*d*, 72). Je mehr sich die für minderwertig gehaltenen Rassen emanzipieren würden, desto mehr nehme der Rassismus zu; dabei sei es ein kaum »geringeres Paradox, daß man gleichzeitig die Argumente dafür unter dem Deckmantel der Wissenschaft – dieser Gottheit der Moderne – präsentiert und mit ihrer Objektivität jenes obskure Dogma zu rechtfertigen sucht.« (Leiris 1979*d*, 74)

Leiris will mit seiner Studie zeigen, dass ein Individuum den »bedeutsamsten Teil seiner psychischen Bedingtheit aus der Kultur bezieht, die sich im übrigen historisch herausgebildet hat« (Leiris 1979*d*, 75). Weniger eine angenommene »reine Rasse« – ein, wie er zeigt, wissenschaftlich unhaltbarer Begriff – oder äußere physiognomische Erscheinungen als vielmehr »kulturelle Tatsachen« und das »soziale Erbe« bestimmen seiner Meinung nach den Menschen (vgl. Leiris 1979*d*, 74); Gewohnheiten, Verhaltensmuster und körperliche Bewegungsarten bzw. der körperliche Habitus gehen zurück auf die »Zugehörigkeit zu einem bestimmten sozialen Milieu« und sind keine Naturgegebenheiten (vgl. Leiris 1979*d*, 78). Der Begriff Rasse könne so wenig eindeutig definiert werden, dass selbst die Nazis »zur Durchführung ihrer Rassendiskriminierung auf das Kriterium der Religion zurückgreifen mußten: Es galt der als Jude, dessen Stammbaum eine bestimmte Anzahl von Vorfahren aufwies, die sich zur jüdischen Religion bekannten« (Leiris 1979*d*, 80) – hier zeige sich die Inkonsequenz des Rassismus, der je nach politischem Ziel die Tatsachen entstelle und verdrehe.

Der Begriff »Rasse« sei nach Leiris besser durch »Kultur« oder »Zivilisation« zu ersetzen; er könne höchstens auf das Gebiet der physischen Anthropologie beschränkt sein: »Sie ist die einzige Disziplin, in der ein derartiger – im wesentlichen biologischer,

---

199 Der Aufsatz erschien in der UNESCO-Reihe »La question raciale devant la science moderne« (1951).

weil auf Vererbung begründeter – Begriff einen gewissen Wert haben könnte.« (Leiris 1979*d*, 81) An zahlreichen Beispielen zeigt Leiris die Unhaltbarkeit der wissenschaftlichen Erklärungen, die von einer rassischen Überlegenheit ausgehen und nimmt deren rassistische Klassifikationsmuster regelrecht auseinander.

Für Leiris ist der Begriff der »Rasse« kaum haltbar. Er definiert den Menschen hingegen als ein »*kulturbegabtes Wesen*« (Leiris 1979*d*, 90); die Kulturleistungen wiederum bedingen den Menschen. Gehe man von den zeitgenössischen ethnographischen Erkenntnissen aus, so gebe es keine Berechtigung für die Behauptung, es existierten Menschengruppen, die quasi im »Naturzustand« lebten (vgl. Leiris 1979*d*, 89). Nirgends werde der Körper rein in seinem ursprünglichen Zustand belassen, in keinem Volk; ebenso stehen selbst die elementarsten Bedürfnisse wie Ernährung oder Sexualität immer unter bestimmten Regeln der Gewohnheit und der Gebräuche; selbst der Traum sei kein absolutes Produkt einer freien Phantasie, sondern hole sein Bildmaterial aus dem kulturellen Umfeld (vgl. Leiris 1979*d*, 95): »Der Mensch im Naturzustand ist in Wahrheit nichts als eine Hervorbringung des Geistes.« (Leiris 1979*d*, 89)

Die Kultur ist niemals statisch, so Leiris weiter. Sie verändert sich entweder von innen in Form von Erfindungen oder Entdeckungen oder von außen durch spontane oder erzwungene Entlehnungen (vgl. Leiris 1979*d*, 97). Je größer die Bevölkerungsdichte und die Vielfältigkeit der Kontakte in einer Kultur, desto intensiver sei das geistige Leben. »Wie Emile Durkheim, der Begründer der französischen Soziologie anmerkte, besteht auf der anderen Seite in diesen zahlenmäßig stärkeren und dichteren Gruppen die Möglichkeit einer ausgeprägteren Arbeitsteilung.« (Leiris 1979*d*, 100) Die damit verbundene Spezialisierung und Perfektionierung bewirke eine Einteilung der Gruppenmitglieder in unterschiedliche soziale Klassen, zwischen denen unweigerlich Spannungen und Konflikte um Prestige und materielle Beteiligung entstehen, so dass früher oder später die etablierten Kulturformen einer Veränderung unterzogen würden.

Was die Kulturen voneinander unterscheide, seien weniger auf eine angenommene Rasse zurückgehende Unterschiede als vielmehr »die Geschichte dieser Völker« und die »Summe der sukzessiven, in einer bestimmten Verkettung und Abfolge gelebten Erfahrungen« (Leiris 1979*d*, 103). Wer eine wirkliche Rangfolge der Kulturen entwerfen wolle, der müsse ein Beobachter außerhalb jeglicher Kultur sein: »Da unsere Vorstellungen von Kultur selbst Bestandteil einer Kultur sind, nämlich derjenigen der Gesellschaft, welcher wir angehören, ist es uns unmöglich, die Stellung des außenstehenden Beobachters einzunehmen, die es allein erlauben könnte, eine gültige Rangordnung der verschiedenen Kulturen aufzustellen.« (Leiris 1979*d*, 112)

Die Rassenvorurteile und die unterschiedlichen Rassismen haben nach Leiris ökonomische und soziale Wurzeln. Sie sind »weder ererbt noch spontan entstanden« (Leiris 1979*d*, 118). Es liege eine gewisse »bittere Ironie« darin, dass der Rassismus sich »gerade zur selben Zeit entwickelt hat wie das demokratische Ideal, zu einer Zeit, als man sich zur Beruhigung der Gemüter immer dann auf das neu erworbene Prestige der Wissenschaft stützen mußte, wenn man auf allzu auffällige Weise die Rechte eines Teils der Menschheit verletzte oder ihm die Anerkennung verweigerte.« (Leiris 1979*d*, 117)

Soziale Dimensionen

Zusammengefasst ist für Leiris das Rassenvorurteil nicht weniger als ein Vorurteil, das heißt »ein nicht objektiv, sondern kulturell begründetes Werturteil« (Leiris 1979*d*, 118). Für Leiris bedeutet ein Kampf gegen den Rassismus, dass man dessen Gründe in den sozialen und ökonomischen Strukturen der Gesellschaft ausfindig macht. Erst, wenn diese Strukturen sich veränderten, dann könnten auch die Rassismen verschwinden und sich »auf der Grundlage gleichberechtigter Kooperationen aller menschlichen Gruppen« neue gesellschaftliche Perspektiven eröffnen.

Totale Poesie

> »Geizig
> Mich leichtmachen alles ablegen
> Mein gepäck aufs wesentliche reduzieren
> weg mit der langen federschleppe
> dem federbusch dem federkleid
> weg mit all dem gefieder
> Ein geiziger vogel will ich werden
> trunken allein vom flug seiner fittiche« (Leiris 1992, 18)

»Michel Leiris teilt mit Desnos das Anliegen, in die Sprache selbst einzugreifen und auf sie einzuwirken, indem sie die Wörter dazu zwingen, ihr geheimes Leben preiszugeben und die undurchsichtigen Geschäfte aufzudecken, die sie außerhalb ihres Sinnes treiben«, so Breton (1996, 125) in einem seiner Radiointerviews mit André Parinaud. Der Eingriff in die Sprache ist bei Leiris aufs engste verbunden mit Selbstanalyse, Selbstentblößung und Subjektivismus. Wie er in einem Beitrag über die »Kunst und Dichtung im Denken Paul Eluards« (Leiris 1988, 76–85) schreibt, sei die Sprache, die Poesie und die Kunst das verbindende Moment zwischen den subjektiven Erfahrungen und der Welt, zwischen sich und den anderen. »Und die widerwärtige Sprache, die den Schwätzern genügt, diese Sprache, die so tot ist wie die Kränze um unsere gleichartigen Stirnen, sie müssen wir einschränken, müssen sie verwandeln in eine bezaubernde, in eine echte Sprache des gemeinsamen Austauschs zwischen uns«, so Eluard (in Leiris 1988, 77). Eluard, Dadaist und Surrealist, wollte an die Stelle des Geschwätzes eine »echte« und »geläuterte Sprache« setzen, deren Merkmal es sei, eine Gemeinschaft zu stiften. Eluard bezeugt jene für die historische Avantgarde charakteristische Forcierung einer Aufhebung von Kunst in Lebenspraxis hin zu einer *anderen* Lebenspraxis; Poesie sollte allgemein werden, »in dem Maße ein Gemeinschaftswerk, in dem sie dem Leben eingegliedert wird, gleichzeitig auch ein Ort des Austauschs, der Begegnung [...]; zumindest weiß er schon, daß Kunst und Poesie einen Sinn nur als Mittel haben, die Barrieren niederzureißen, die zwischen mir und der Welt und ebenso zwischen mir und den anderen errichtet sind.« (Leiris 1988, 79) Ziel der Surrealisten sei es nach Leiris gewesen, das »Imaginäre zu erobern und dem Leben einzuverleiben« (Leiris 1988, 80) sowie die Unterschiede zwischen den Menschen zu verringern. Mit dem im Surrealismus angelegten Willen, zum vollkommenen Menschen zu gelangen, sei ausdrücklich der Wille zur Revolution verbunden gewesen, so Leiris

(1988, 80). Der totale Mensch, der die anderen als seinesgleichen anerkenne, ist nicht vorstellbar, solange die Menschheit in Klassen unterteilt sei.

> »Wenn man die Menschen, damit sie sich als das, was sie sind, voll und ganz akzeptieren, immer wieder darauf hinweisen muß, daß das Denken ihr gemeinsames Privileg ist und daß infolgedessen das Denken nicht von der Welt getrennt ist, sondern ganz im Gegenteil eine Einheit mit ihr bildet und auf sie einzuwirken vermag, um Dinge wirklich werden zu lassen, die ursprünglich nur im Geiste existieren, so stellen Kunst und Poesie die wichtigsten Elemente dieser Revolution dar.« (Leiris 1988, 81)

Die Poesie und die Kunst sind die neuen Schöpferinnen. Mit Hilfe der »echten und wirkungsvollen Sprache« der Poesie werden die Dinge anders gesehen, können andere Dinge geschaut werden. Die Poesie haucht der Sprache Leben ein (vgl. Leiris 1988, 82). Der Dichter hat nach Ansicht von Leiris am »Heraufkommen dieser totalen Poesie« zu arbeiten; gemäß Eluard muss er »einen Kampf führen, um die Menschen zu versammeln«. Eine »militante« und »totale Poesie« ist »eine Poesie nicht nur eines politisch aktiven Menschen, der sie als Waffe benutzt, sondern eines Menschen, der aktiv eintritt für den Menschen und für die Poesie als Zeichen und Zugangsweg einer integralen Menschheit.« (Leiris 1988, 83f)[200]

Die »totale Poesie« steht im Zusammenhang mit Leiris' Gesamtwerk: Zusammen mit dem Antirassismus, der Magie, dem Imaginären, dem Sakralen, dem Fremden und der Aufhebung der Hierarchien und Gegensätze kann sie in den Augen von Leiris als *allgemeine Poesie* zu einer humaneren Welt führen. Sie ist Teil seines Wunsches, das »Totalphänomen Mensch« (Mauss) zu erkunden und das Humanum einer menschlichen Totalität zu verwirklichen. Hier ist auch der Zusammenhang mit den Aktivitäten des *Collège de Sociologie* zu sehen: Ähnlich wie Leiris für eine totale Poesie eintrat, versuchte er gemeinsam mit den anderen Mitgliedern des Collège eine Art »allgemeine Sozialwissenschaft« zu etablieren, die im Anschluss an Mauss den »ganzen Menschen« (l'homme complet) betrachtet. Im Mittelpunkt stand sowohl bei Leiris wie auch beim Collège das »Totalphänomen Mensch«, das weder auf einen *homo oeconomicus* noch auf ein *animal rationale* reduziert werden kann und das mit Blick auf fremde Kulturen zu erforschen ist.

---

200 Und was hielt Breton von den Gedanken Eluards? »So beständig Éluards Beteiligung an den gemeinsamen Aktivitäten auch sein mochte, sie ging nicht ohne Zögern vonstatten: Von Surrealismus und Poesie im traditionellen Sinne des Wortes ist es ganz offenbar diese letztere, die ihm als Ziel vorschwebt, was – aus surrealistischer Sicht – die schlimmste Ketzerei darstellt (denn es versteht sich von selbst, daß die Ästhetik, die wir unterbinden wollten, hier gleichsam durch die eigene Haustür wieder hereinkommt).« (Breton 1996, 124) Im März 1948 bemerkte Breton in einem Gespräch mit Aimé Patri, dass eine »neue Ordnung« nur kommen könne, wenn sich »die Soziologie – eine aktive und nicht länger passive Soziologie – und die Poesie – endlich ihres Schnurrens ledig und zu ihren allerhöchsten Vorrechten zurückgeführt – auf mysteriöse Weise vereinigen, um sie hervorzubringen.« (Breton 1996, 327)

3.2.3 Roger Caillois

Roger Caillois wurde am 3. März 1913 in Reims geboren.[201] Seine Eltern stammten aus dem Kleinbürgertum der Stadt, sein Vater war Sparkassenangestellter. Die meiste Zeit seiner Kindheit verbrachte Caillois bei seiner Großmutter auf dem Lande. Als die Familie 1929 nach Paris zog, kam Caillois ans Lycée Louis-le-Grand. Dort traf er Roger Gilbert-Lecomte wieder, den er noch aus Reims kannte und der ihn in seinen Lektüren beeinflusste. Gilbert-Lecomte, René Daumal, Roger Vailland und Joseph Sima nahmen den Schüler als Mitarbeiter in ihre, dem Surrealismus nahe stehende Zeitschrift »Le Grand Jeu« auf. Daumal experimentierte damals viel mit Opium, Alkohol und anderen Bewusstsein verändernden Mitteln. »Im Gymnasium befreundet Caillois sich mit einigen Kameraden, darunter mit René Daumal, und die kleine Gruppe organisiert sich in einer Art Geheimbund des Wissens. [...] Daumals Experimente sind berühmt, besonders die provozierte Annäherung an den Tod, die er selbst erzählt hat. Über Caillois' Experimente zur Zeit des *Grand Jeu* wissen wir fast gar nichts. Eine einzige banale, aber immerhin so wichtige Erfahrung, daß er sie für mitteilenswert hielt, hatte er schon als Kind gemacht: die Erfahrung mit dem *Illinx*, dem Taumel, die später in seine Spieltheorie eingehen wird.« (Yourcenar 1998, 228)

1932 trat Caillois der surrealistischen Gruppierung bei und schrieb einige Beiträge für deren Zeitschrift. Zu Beginn seiner surrealistischen Phase war er sehr aktiv, so dass Breton ihn als einen »Stern der Bewegung« bezeichnete. Caillois trennte sich jedoch bereits im Dezember 1934 wieder von Breton, dem er am 27. Dezember 1934 schrieb: »Permettez-moi aussi de ne plus être qu'une sorte de correspondant du surréalisme. Cela vaudra mieux pour lui et pour moi. Ne croyez-vous pas?« (Caillois 1974*a*, 38).[202] Seine Annäherung an den Surrealismus ging von seiner Faszination für das Surreale, das Phantastische und für das Revolutionäre des Surrealismus aus (vgl. Pajon 1991, 377). Ohne zu übertreiben, kann man sagen, dass der Surrealismus sein Denken wesentlich prägte:

> »Es ist klar, was ihn an diesem poetischen Taumel anzog: die Absage an verkrustete literarische Praktiken, die an einem konventionellen Weltbild festhielten; die Rückkehr zum Zustand kochender Lava in Poetik und Prosodie, das explosive Aufeinanderprallen außergewöhnlicher Bilder, kurze, vielleicht mehr verbale als mentale Schlagwetter, in deren Schein Caillois bereits gewisse wohlverborgene ›Diagonalen‹ erblicken konnte. Aber die *obstinate Strenge*, die ihn immer ausgezeichnet hat, ließ ihn in der Literatur bald den Unterschied zwischen dem Phantastischen, das dem

---

201 Zur Biographie von Roger Caillois wurden die folgenden Bücher und Artikel verwendet: Zunächst ist die umfassende Biographie von Odile Felgine (1994) zu erwähnen. Weitere biographische Angaben, die insbesondere die Zwischenkriegszeit betreffen, finden sich bei Alexandre Pajon (1991). Ein eher literarischer Beitrag zu Caillois mit dem Titel »Der Mann, der die Steine liebte« stammt von Marguerite Yourcenar (1998, 226–250).

202 Zur »atypischen Beziehung« zwischen Caillois und Breton vgl. Alain Virmaux (2000). Im Abschnitt zum Surrealismus wurde über die Trennung Caillois' vom Surrealismus bereits berichtet.

Falschen und Fabrizierten stets so nah ist, und dem wahrhaft Seltsamen und Unerklärten erkennen.« (Yourcenar 1998, 229)

Aus der Forderung nach einer wissenschaftlicheren bzw. methodologisch angereicherten Beschäftigung mit dem Unerklärbaren resultierte seine Abkehr vom Surrealismus und die Hinwendung zur Wissenschaft, hieraus ergab sich auch der Wunsch, eine soziologische Studiengruppe zu gründen.

Seit 1933 besuchte er die Seminare von Alexandre Kojève, Marcel Mauss und Georges Dumézil. Als sich einige der Teilnehmer des Hegelseminars von Kojève 1934 des Öfteren bei Lacan trafen, machte Caillois seine Bekanntschaft mit Bataille. 1934 besuchte er Seminare bei Jean Marx, der auch seine Magisterarbeit »Le demon de midi« betreute. In diesen Vorlesungen beschäftigte er sich zum ersten Mal mit der Bedeutung von Festen. Im folgenden Jahr hatte er die Idee, eine antistalinistische und antifaschistische Gruppierung, einen Kampfverband revolutionärer Intellektueller ins Leben zu rufen. Er zerstritt sich jedoch mit Bataille und nahm daraufhin nicht an dem von ihm initiierten Kampfverband »Contre-Attaque« teil. Stattdessen gründete Caillois 1936 mit Tristan Tzara, Louis Aragon und Jules-Marcel Monnerot die Zeitschrift »Inquisitions«, die das publizistische Organ der »Groupe d'études pour la phénomenologie humaine« sein sollte. Es erschien jedoch nur eine einzige Ausgabe, in der Gaston Bachelards berühmter Aufsatz über das Surrationale erschien. Im selben Jahr reiste er mit Georges Dumézil zum Polarkreis und versöhnte sich mit Bataille. Er schrieb in der Zeitschríft »Acéphale« und gründete mit Leiris und Bataille 1937 das Collége. Ein Jahr später publizierte er sein erstes Buch »Le mythe et l'homme« (Caillois 1972 [1938]), in dem er auch frühere Aufsätze wie »La mante religieuse« versammelte.

1939 machte Caillois die Bekanntschaft mit der Argentinierin Victoria Ocampo, die die interkontinentale Zeitschrift »Sur« herausgab. Ocampo lud Caillois nach Argentinien ein, um dort Vorträge und Konferenzen zu halten. Es entwickelte sich eine Liaison zwischen den beiden. Mitte Juli 1939, das *Collège de Sociologie* hatte sich just aufgelöst, kam Caillois in Argentinien an. Eigentlich wollte er nur ein paar Monate bleiben, doch sein Aufenthalt in Argentinien dauerte letztendlich den gesamten Krieg über.

Caillois versuchte einen argentinischen Ableger des *Collège de Sociologie* zu konstituieren und hielt in Argentinien vor einem frankophilen Publikum Vorträge über das Sakrale, die Mythen und den Henker. Darüber hinaus beteiligte er sich an soziologischen Debatten, die von »Sur« organisiert waren. Im selben Jahr erschien sein Buch »Le homme et le sacré« (Caillois 1988), das aus den sakralsoziologischen Untersuchungen am Collège hervorging.

1940 nahm Caillois am Komitee zur Unterstützung von Charles de Gaulle teil und lernte dank Victoria Ocampo die südamerikanische Literatur und deren bedeutende Schriftsteller wie etwa Jorge Louis Borges kennen. Caillois engagierte sich für eine interkontinentale Verständigung zwischen Südamerika und Frankreich. So gründete er 1941 die Zeitschrift »Lettres françaises« und beteiligte sich mit Robert Weibel-Richard 1942 am Aufbau des »Institut française d'études supérieures« in Buenos Aires.

Nach seiner Rückkehr nach Paris im Jahre 1945 lancierte er bei Gallimard die Reihe »Croix du Sud«, mit der dem französischen Publikum die lateinamerikanische Literatur bekannt gemacht werden sollte. 1948 wurde Caillois Funktionär für das Bureau des Idées bei der UNESCO. Vier Jahre später gründete er abermals eine Zeitschrift: »Diogène«, das Organ des »Conseil international de la philosophie et des sciences humaines«. 1953 engagierte er sich mit Albert Camus für die Verteidigung von Victoria Ocampo, die unter der Regierung von Péron verhaftet wurde. 1967 wurde Caillois bei der UNESCO Directeur de la Division du Développement culturel.

Obgleich Caillois Ende der sechziger Jahre bei der Wahl ins *Collège de France* seinem Kontrahenten Michel Foucault unterlag, gab es für ihn zahlreiche andere Ehrungen: Ein zentraler Augenblick seiner intellektuellen Karriere war die Wahl in die *Académie française*, in die er 1972 aufgenommen wurde. Ein Jahr später unterstützte er trotz zahlreicher Vorbehalte gegenüber dem Strukturalismus die Wahl von Claude Lévi-Strauss in die Académie. 1978 erhielt er den Grand Prix national de Lettres, den Prix Marcel Proust und den Prix européen de l'essai. Im selben Jahr, am 21. Dezember 1978, starb Caillois in Paris.

Die Gottesanbeterin

Als Caillois am 17. Dezember 1937 vor den Mitgliedern des Collège über die Tiergesellschaften referierte, kam er auch auf seinen 1934 in »Minotaure« publizierten Text über die Gottesanbeterin zu sprechen (Frank in Caillois 2003, 382).[203] Seine interpretativen Gedanken über die Legenden und Mythen der »Mante religieuse« und »Le mythe et le monde« (Caillois 1972 [1938], 33–120) riefen auch bei Marcel Mauss, der Caillois 1938 zu einem Stipendium verhelfen wollte, tiefe Bewunderung und Anerkennung hervor.[204] In einem Brief vom 22. Juni 1938 schrieb Mauss: »Votre histoire de la mante et de la goule est parfaitement interprétée. C'est de la bonne mythologie. [...] Croyez-moi, restez dans votre sphère de mythologie. C'est au coin qu'on rencontre de nouvelles choses, mais il faut faire du chemin hors des routes.« (Mauss 1990)

Caillois' mythos-theoretische Studie handelt vom Tod und von der Sexualität der Gottesanbeterin; genauer gesagt geht es ihm um das bei den Surrealisten zu dieser Zeit debattierte Thema der »Femme fatale« und Freuds Verbindung von Eros und Thanatos; eine Verbindung, die im kannibalistischen Akt der Gottesanbeterin besonders hervorsticht: Nach oder sogar noch während der Paarung wird in der Regel das Männchen gefressen. Caillois versucht den anthropomorphen Aspekt der Gottesanbeterin herauszustellen; insofern entbehrt seine Studie nicht eines biologistischen

---

203 Der Beitrag wurde später in sein Buch »Le mythe et l'homme« übernommen (vgl. Caillois 1972 [1938], 35–83).

204 Der zweite unter »Le mythe et le monde« versammelte Text zum »Mimétisme et psychasténie légendaire« wurde lobend von Jacques Lacan in seinem berühmten Vortrag zum Spiegelstadium erwähnt.

Aspekts, da er das Verhalten der Gottesanbeterin für das der Menschen hält und mit diesem gleichsetzt (vgl. Caillois 1972 [1938], 53).

Bereits in der Antike schenkte man der Gottesanbeterin besondere Aufmerksamkeit, ihr lateinischer Name *Mantis religiosa* verleiht ihr beispielsweise die Bedeutung einer Prophetin. In Rom sei ihre Macht nach Caillois sehr bekannt gewesen und ihr wurden die magischen Kräfte des bösen Blicks zugesprochen: »si quelqu'un tombait malade, on lui disait: ›La mante t'a regardé.« (Caillois 1972 [1938], 37) Caillois erwähnt ebenso zahlreiche Beispiele aus fremden Kulturen, in denen ihr eine nahezu göttliche Funktion und religiöse Rolle zugesprochen wurde. Ihr Verhalten rief in unterschiedlichen Kulturen immer bestimmte Imaginationen hervor, die sich wiederum in verschiedenen Mythologien niederschlugen und dort verarbeitet wurden. Von besonderer Bedeutung ist für Caillois die zweideutige Haltung, mit der ihr je nach Kultur begegnet wird: »[D]'une part, l'insecte est regardé comme sacré, d'ou son nom de *prégo-Diéou* (avec ses variantes, et ses correspondances à Parme, en Portugal, en Tyrol, en Allemagne et en Grèce); d'autre part, il est en même temps considéré comme diabolique, comme en fait foi le nom symétrique de *prégo-diablé* [...].« (Caillois 1972 [1938], 38f)

Warum hat die Gottesanbeterin in diesem ungeheuren Maße das allgemeine Interesse geweckt und so unterschiedliche Vorstellungen bei den Menschen hervorgerufen? Vielleicht, so die Hypothese Caillois', identifiziert sich der Mensch mit den anthropomorphen Aspekten der Mantis religiosa, weil er bei ihr die für ihn bedeutenden Verknüpfungen zwischen Liebe, Sexualität, Nahrung und Tod erkennt: »Aussi les naturalistes distinguent-ils chez la mante religieuse la forme extrême de l'étroite connexion qui semble assez souvent unir volupté sexuelle et la volupté nutritive.« (Caillois 1972 [1938], 51)

In seinen weiteren Ausführungen gibt Caillois zahlreiche Beispiele, in denen Sexualität und Gewalt sowie Sexualität und Aufzehren eine zentrale Rolle spielen, sei es in biologischen Untersuchungen von Tieren oder in der Literatur; der Marquis de Sade, so Caillois, bringe in seinen Texten vielleicht nur die anschaulichsten Beispiele. Aus seinen Beobachtungen und Analysen der Mythen zieht Caillois folgende Schlüsse und versucht seine Erkenntnisse mit der Psychoanalyse in einen Zusammenhang zu bringen:

> »[I]l existe un lien biologique primaire, profond, entre la nutrition et la sexualité; ce lien aboutit dans un certain nombre d'espèces animales à faire dévorer le mâle par la femelle à l'instant du coït; il subsiste chez l'homme des traces notables de cette parenté ou convergence d'instincts. Cette base bien établie, il convient maintenant de revenir à l'imagination, soit délirante, soit mythique. [...] Plus généralement, il faut sans doute rapprocher de ces phantasmes le développement de la plupart des complexes de castration, qui, comme on sait, ont communément pour origine la terreur du vagin denté susceptible de couper, dés sa pénétration, le membre viril.« (Caillois 1972 [1938], 58)

Aufgrund dieser Beobachtungen seien die Mythen und Legenden über die »Femmes fatales« nicht verwunderlich. Ganze Geschichten erzählen von so genannten »Giftmädchen« (Caillois 1972 [1938], 63). Caillois' Interesse für Mythen nahm mit seinem Text über die Gottesanbeterin seinen Ausgang und vertiefte sich noch weiter am *Collège de Sociologie*. Wie sehr das Thema Caillois beschäftigte, zeigt sich unter anderem auch darin, dass er seine Magisterarbeit einer komparativen Studie über die antiken Mythen weiblicher, vampirischer Dämonen widmete. Interessant ist sein Text über die Gottesanbeterin jedoch deshalb, weil Caillois zeigt, dass nicht nur soziale, sondern auch psychologische und biologische Elemente die Inhalte und die Strukturen der Mythen konstituieren.[205]

Sociologie du clerc

Im August 1939, kurz nach dem Ende des Collège, veröffentlichte die »Nouvelle Revue Française« den Beitrag »Sociologie du clerc« von Caillois (1974*b*). Er selbst sah in seinem intellektuellen-soziologischen Text, der eine Auseinandersetzung mit Julien Bendas »La trahison des clercs« darstellt, einen zweiten Teil seines Inauguralvortrages »Le vent hiver«, gehalten am *Collège de Sociologie*. Caillois kritisiert in seinem Aufsatz Bendas Differenzierung zwischen einer pragmatisch-politischen Ordnung und dem absoluten Wert der Gerechtigkeit. Derjenige, der zur politischen Ordnung gehöre und regiere, habe aber selten eine Wahl: »[I]l faut, avec Goethe, préférer l'injustice au désordre.« (Caillois 1974*b*, 61) Nach Caillois solle der Intellektuelle die Fehler der Politik nicht auf einer Skala *absoluter* Werte messen. Während die Werte des Intellektuellen nach Benda scheinbar interesselos und unparteiisch seien sollten, so erfordere ihre Rechtfertigung doch einen gewissen Grad an persönlichem Engagement. Wie könne der Intellektuelle, verkörpert durch Benda, überhaupt behaupten, Gerechtigkeit sei ein absoluter und unveränderbarer Wert? Sei er nicht je nach Kultur immer anders inhaltlich gefasst? »Rien n'est au contraire plus mobile, plus attaché à chaque civilisation et plus assujetti au temps et à l'espace. Ni l'Oriental n'est d'accord sur elle avec Européen, ni l'homme antique avec le chrétien, ni l'enfant avec l'adulte, ni le nomade avec le sédentaire, ni l'agriculteur avec le chasseur; et l'on voit jusqu'à l'été et l'hiver déterminer dans les régions polaires des justices saisonnières se substituant périodiquement l'une à l'autre chez une même population.« (Caillois 1974*b*, 63)

Die Idee der Gerechtigkeit oszille zwischen zwei Polen, so Caillois weiter. Diese zwei Pole finden sich in den griechischen Begriffen *thémis* und *dikê* (göttliches Recht bzw. sakrale Ordnung und gerichtliches Recht)[206] wieder, ihre Parallele haben sie in der lateinischen Unterscheidung zwischen *fas* und *ius*. Man müsse zwischen der kosmischen Ordnung und der gerechten Verteilung differenzieren (vgl. Caillois 1974*b*,

---

205 Walter Benjamin erblickt noch einen anderen interessanten Aspekt in Caillois' Text: »In seiner Studie ›La mante religieuse (Recherches sur la nature et la signification du mythe)‹ verweist Caillois auf den bei der Gottesanbeterin besonders auffallenden Automatismus der Reflexe (es gibt kaum eine Lebensfunktion, die sie nicht auch enthauptet ausführt). Er bringt sie, ihrer unheilvollen Bedeutung wegen in Zusammenhang mit den verhängnisvollen Automaten, welche die Mythen kennen.« (Benjamin 1991*b*, 850)

206 Dike, die Göttin der Gerechtigkeit, war dem Mythos nach die Tochter von Zeus und Themis.

64). Diese Unterscheidung drücke sich exakt in dem Begriff des »clerc« aus, der die religiösen Anklänge beibehält.[207] Auf einer kosmischen Ebene seien Ordnung und Gerechtigkeit gleich.

Für gewöhnlich widersprechen sich nach Caillois die Intellektuellen und man könne unmöglich ihrer Meinung vor der der Politiker den Vorzug geben. Dies sei allerdings nur dann der Fall, wenn der Intellektuelle seiner wahren Vorzüge beraubt werde. Wie können aber diese Vorzüge zum Vorschein kommen? In den Augen von Caillois vermag der Intellektuelle nur dann eine wahrhafte gesellschaftliche Funktion zu erfüllen, wenn er sich organisiert: Er spricht in diesem Zusammenhang von einer Organisierung zu einer »Église« und man fühlt sich gleichsam an das Projekt des *Collège de Sociologie* erinnert, wenn Caillois schreibt: »L'Église, groupe nécessairement dense, apparaît comme un corps constitué, inentamable, se développant, par libre affiliation ou cooptation, à l'intérieure de la société et en débordant les limites temporelles. C'est de son appartenance à ce bloc indivis que le clerc reçoit l'investiture de sa charge et le signe distinctif, vêtement ou tonsure, qui l'exclut du monde profane, la marque perceptible qui le dénonce comme habitacle du sacré.« (Caillois 1974*b*, 67)

Die Autorität, die der »clerc« nur durch eine Organisierung in einer »Église« erlangen kann, verstärkt sich noch durch sein asketisches Leben, seine Zurückweisung von Geld und weltlichen Genüssen: »[L]es garanties que donne le clerc de la supériorité de sa fonction par la sévérité des ses vœx et de ses servitudes volontaires, en un mot par l'aliénation qu'il consent de sa nature d'individu et qui signifie visiblement son costume sacerdotal.« (Caillois 1974*b*, 67)

Nur diejenigen, die sich zu einer »Église« zusammentun und auch in ihrem privaten Leben sich nicht vom Weltlichen ablenken lassen, nur diese verdienen nach Caillois den Namen »clercs«. Die anderen, »ces ›clercs‹ sans église« (Caillois 1974*b*, 68), schmücken sich mit einem Titel, der ihnen nicht zusteht. Was sie proklamieren, verliere sich in einem Tumult des öffentlichen Forums, wo jeder sich gleichermaßen sicher sei, über Gerechtigkeit und das Recht zu sprechen. Ihre Glaubwürdigkeit sinkt. Die wirklichen »clercs« hingegen sind von der Gesellschaft getrennt, leben in starken Gemeinschaften und messen im Unterschied zu Benda die Fehler der *polis* nicht an absoluten Werten. Stattdessen widmen die wirklichen Intellektuellen ihre Zeit der Ausarbeitung derjenigen Werte, die das Jahrhundert erneuern, so wenig abstrakte und ewige Werte wie möglich: »[V]aleurs historiques, sujettes au devenir et à la mort, répondant aux nécessités de l'heure et du milieu et périssant par leur victoire même.« (Caillois 1974*b*, 69) Wahrhafte »clercs« verteidigen nach Ansicht von Caillois keine Werte, sondern sind schöpferisch; statt Werte zu *verteidigen*, *kreieren* sie Werte.

Caillois zeichnet in seinem Artikel ganz offensichtlich ein geistesaristokratisches Bild des Intellektuellen. Während Benda nur Werte verteidige, entwirft Caillois für sich das Bild des kreativen und damit wahrhaften Intellektuellen, der neue Werte schafft. Wegen dieses Textes wurde er von seinem früheren Lehrer Georges Bidault heftig kritisiert. Bidault warf Caillois vor, der ganze Artikel passe auch auf den rechten

---

207 Caillois schreibt darum, wenn er sich auf den gewöhnlichen Intellektuellen bezieht, »clerc« in Anführungsstrichen, gleichsam um seine Differenz zu einem wahren »clerc« auszudrücken.

Maurras. Zwei Jahrzehnte später versuchte Caillois klarzustellen, dass er sich vor allem auf Indien und die Brahmanen sowie auf die römischen Flamines bezogen hätte.[208] Er selbst glaube nicht, dass sein Beitrag »Maurrasianisch« sei (Frank in Caillois 2003, 191).

Homos ludens und die Soziologie des Spiels

Eine »Stichhaltigkeit ohne Fehl« weise Caillois' wohl berühmtestes Buch aus, so sein Lehrer Georges Dumézil. Gemeint ist das Werk »Les jeux et les hommes (Le masque et le vertige)« aus dem Jahre 1958.[209] Neben »Homo ludens. Versuch einer Bestimmung des Spielelements der Kultur« von Johan Huizinga aus dem Jahr 1938 gehört Caillois' Buch zu den bedeutendsten Werken, die sich mit dem *homo ludens* als universalhistorischem Anthropologicum auseinander setzen.[210]

Caillois knüpft mit der Thematik des Spielens durchaus an sein Denken aus der Zwischenkriegszeit und des Collèges an, da das Spiel Momente des Andersseins und des Ausstiegs aus der profanen Welt bewirkt, vergleichbar mit den sakralen Festen. Darüber hinaus ist das Spielen eine wesentlich unproduktive Beschäftigung, die nichtsdestotrotz einen zentralen, wenn nicht sogar konstitutiven Bestandteil jeder Kultur, der Gesellschaft und des Mensch-Seins darstellt.

Caillois setzt sich zu Beginn seines Werkes mit der Spieldefinition Huizingas auseinander. Obgleich Huizinga die wesentliche Bedeutung der Spiele für den Menschen und für die Entwicklung der Zivilisation meisterhaft herausgearbeitet habe, so habe er dennoch jedwede Einteilung der Spiele außer Acht gelassen, »ganz als ob sie unterschiedslos die gleiche psychische Haltung zum Ausdruck brächten. Sein Werk ist keine Untersuchung der Spiele, sondern eine Untersuchung der fruchtbaren Auswirkung, die der Spielgeist auf die Kultur ausübt [...].« (Caillois 1960, 9)

Ausgehend von seiner Kritik an Huizinga entwickelt Caillois eine eigene Definition des Spiels. Es sind für ihn folgende Merkmale, die das Spiel charakterisieren: Erstens ist das Spiel eine »*freie* Betätigung«, zu der die Spieler nicht gezwungen werden können. Zweitens ist es eine »*abgetrennte* Betätigung«. Sie geschieht in festgelegten Grenzen von Raum und Zeit. Drittens ist es eine »*ungewisse* Betätigung, deren Ablauf und deren Ergebnis nicht von vornherein feststeht, da bei allem Zwang, zu einem Ergebnis zu kommen, der Initiative des Spielers notwendigerweise eine gewisse Bewegungsfrei-

---

208 Vgl. hierzu den Abschnitt zu Georges Dumézil.

209 Im Folgenden wird die deutsche Version des Buches mit dem Titel »Die Spiele und die Menschen. Maske und Rausch« (Caillois 1960) zur Grundlage genommen.

210 Zu nennen wären hier meines Erachtens noch Bemerkungen von Schiller in »Briefe über die ästhetische Erziehung des Menschen« (1795), von Karl Groos in »Die Spiele der Tiere« (1896), von Jean Piaget in »La formation du symbole chez l'enfant. Jeu et rêve, image et représentation« (1945) sowie das kleine Büchlein mit dem Titel »Spielen« von Heinrich Popitz (1994) und der Abschnitt zum Spielen in der »Kommunikologie« von Vilém Flusser (2003, 330–336).

heit zugebilligt werden muß.« (Caillois 1960, 16) Das Spiel ist viertens eine »*unpro-duktive* Betätigung«; es kommt höchstens bei Glücks- oder Wettspielen zu einer Verschiebung des Eigentums innerhalb des Spielerkreises. Aber in Wirklichkeit hat das Spiel seinen Zweck und Sinn in sich selbst. Fünftens ist es eine »*geregelte*« und schließlich sechstens eine »*fiktive* Betätigung« (vgl. Caillois 1960, 16). In Anlehnung an die Begrifflichkeit seines Lehrers Marcel Mauss bezeichnet Caillois das Spiel als ein soziales »Totalphänomen«, da es die Gesamtheit der menschlichen Betätigungen und Bedürfnisse betrifft (vgl. Caillois 1960, 202).

Im Mittelpunkt seiner »Spieltheorie« steht zunächst die Differenzierung des Spielens in die vier Formen Agôn, Alea, Mimikry und Ilinx:

1. Agôn: Der Wettkampf beginnt ausgehend von einer künstlichen Gleichheit der Chancen. Caillois versteht unter Agôn jede Art von Wettkampf, seien es nun sportliche Übungen, wie man sie aus dem antiken Griechenland kennt, das mittelalterliche Turnier oder moderne Wettkämpfe wie Fußballmeisterschaften; dazu gehören ebenso das Schachspielen wie das Billard. »Es handelt sich also stets um eine Rivalität, die auf eine einzige Eigenschaft abzielt (Schnelligkeit, Ausdauer, Kraft, Gedächtnis, Geschicklichkeit, Einfallsreichtum) und ohne jede äußere Hilfe innerhalb festgelegter Grenzen zum Austrag gebracht wird, so daß der Gewinner unbedingt als Bester einer bestimmten Leistungskategorie hervortritt.« (Caillois 1960, 21)

2. Alea: Im Gegensatz zu den Agones fasst Caillois unter dem Begriff Alea diejenigen Spiele, die auf einer vom Spieler unabhängigen Entscheidung basieren. Bei Spielen, auf die der Spieler absolut keinen Einfluss hat, gehe es weniger darum, über den Gegner zu siegen, als vielmehr um die Bezwingung des Schicksals (vgl. Caillois 1960, 24). Zu dieser Kategorie von Spielen zählen das Würfelspiel, das Roulette, die Lotterie oder das Spielen an Spielautomaten. Alea untersteht ganz allein dem Schicksal und dem Zufall. Der Spieler ist rein passiv, setzt weder »sein Können noch seine Talente ein, bedient sich weder seiner Geschicklichkeit noch seiner Muskelkraft noch seiner Intelligenz.« (Caillois 1960, 25) Das Ergebnis des Spiels hängt nur dann von ihm ab, wenn er schummelt. Manche Spielarten wie beispielsweise Kartenspiele oder Domino verknüpfen die ansonsten diametral entgegengesetzten Gebiete von Agôn und Alea. Das Glücksspiel, das in vorangegangenen Analysen zum Spiel oftmals vernachlässigt wurde, unterscheidet die Spiele des Menschen von den Tieren, die lediglich Kampfspiele, Maskierungen und den Rausch kennen.

3. Mimikry: Wie viele Tiere – man erinnere sich hier noch einmal an Caillois' Vorliebe für den Mimetismus bei den Insekten –, so kennt auch der Mensch die Spiele der Maskierung. Während bei Agôn und Alea der Welt entflohen wird, indem man perfekte Situationen schafft, so versucht man ihr in der Mimikry zu entkommen, »wenn man *sich* zu einem anderen macht.« (Caillois 1960, 27) Zur Mimikry gehört die Fastnacht, der Karneval, das Theater, die Maskenbälle, Rollenspiele, Pantomime und die Travestie. Das Spiel besteht darin, selbst zu einer illusionären Figur zu werden, anderen etwas vorzutäuschen oder ganz anders zu sein. In der Mimikry vergesse sich der Mensch, verstelle und entäußere er sich (vgl. Caillois 1960, 28). »Die Voraussetzung für jedes Spiel ist die zeitweilige Annahme wenn nicht einer illusion (obwohl dieses Wort nichts anderes besagt, als Eintritt ins Spiel: *inlusio*), so doch zumindest ei-

nes geschlossenen, konventionellen und in gewisser Hinsicht fiktiven Universums.«
(Caillois 1960, 27) Das Spiel versucht dem profanen Bereich zu entrinnen.

4. Ilinx: Die vierte Form des Spiels ist der rauschhafte Taumel. Die Kategorie des
Ilinx »faßt jene Spiele zusammen, die auf dem Begehren und dem Rausch beruhen
und deren Reiz darin besteht, für einen Augenblick die Stabilität der Wahrnehmung
zu stören und dem klaren Bewußtsein eine Art wollüstiger Panik einzuflößen. Es geht
hier stets darum, sich in einen tranceartigen Betäubungszustand zu versetzen, der mit
kühner Überlegenheit die Wirklichkeit verleugnet.« (Caillois 1960, 32) Ein Beispiel
für diese Spielform geben die mexikanischen *voladores*, die sich (gleichsam wie Bun-
jeespringer) an ein Seil gekettet und um die eigene Achse drehend von einem Mast
stürzen; ebenso kann man Skispringer oder Trapezkünstler dazu zählen. Aber es bedarf nicht einmal der Aufzählung exotischer Spielformen. Der Rausch kann einen
auch beim Schlittenfahren erfassen, wenn man den Berg hinabsaust und aus vollem
Hals zu kreischen und zu johlen beginnt. Der Ilinx (im Griechischen bedeutet das
Wort Wasserstrudel) kann sich mit den anderen Formen verbinden. Der Spielrausch
kann den Wettkämpfer heimsuchen, der sich über alle Maßen verausgabt, den
Glücksspieler, der sich zugrunde richtet und den Maskenträger an Fastnacht, der sich
gleichsam wie bei einer archaischen Ekstasetechnik in Trance tanzt.

Caillois differenziert die vier Formen des Spiels in einem zweiten Schritt je nach ihrem Grad an Unkontrolliertheit, Phantasie und Normen. Den Grad der unkontrollierten Phantasie, des Lärms und des Ungeregelten nennt er *paidia*, das Bedürfnis
nach geregelten Konventionen und Normen bezeichnet er mit dem Begriff *ludus*.
Wenn man vom Element der *paidia* ausgeht, ergibt das für die jeweiligen Formen folgende Spielweisen (vgl. Caillois 1960, 46): Beim Agôn erstreckt sich die Bandbreite
von nichtgeregelten Wettläufen über die Athletik, das Boxen und Schach bis hin zu
Sportwettkämpfen im Allgemeinen. Bei der Form des Alea bilden den ungeregelten
Bereich einfache Auszählspiele, eine mittlere Ebene bilden das Roulette und die Wette
und sehr geregelte Formen der Alea sind die Lotterien. Die Mimikry reicht von kindlichen Nachahmungen, Illusionsspielen, Puppenspielen bis hin zum Theater und den
Schaukünsten. Die ungeregelten Formen des Rausches sind nach Caillois kindliche
Drehspiele oder beispielsweise die Schaukel, geregelter hingegen sind für ihn der Alpi-
nismus oder Kunstsprünge.

Die vier Formen des Spiels sind vergleichbar, wenn nicht sogar identisch mit
menschlichen Triebkräften. Fallen die Spielregeln weg, verlieren die Spiele nach Ansicht von Caillois ihre schöpferischen und positiven Kräfte und enden wie alle Triebe,
sich selbst überlassen, in »unheilvollen Folgen«. »Die Spiele disziplinieren die Instinkte und zwingen sie zu einer institutionellen Existenz.« (Caillois 1960, 64).

Aus soziologischer Perspektive ist für Caillois die Frage bedeutsam, ob sich die Kultur aus dem Spiel herleitet oder ob die Spiele lediglich eine defiziente, kindliche Tätigkeit der Erwachsenen darstellen. Beide Annahmen sucht Caillois zu verbinden, indem
er folgende These aufstellt:

> »Der Geist des Spiels ist für die Kultur wesentlich, aber Spiele und Spielzeuge sind
> im Lauf der Geschichte zu Residuen der Kultur geworden. Als unverstandene Über-

reste einer vergangenen Zeit oder als Anleihen bei einer fremden Kultur, in die sie sich einfügen sollen, erscheinen sie jedesmal außerhalb des Funktionszusammenhanges der Gesellschaft, in der man sie antrifft, und ihres Sinnes beraubt. Sie werden nun nur noch geduldet, während sie in einer früheren Phase oder in der Gesellschaft, der sie entstammten, integrierende Teile der entscheidendsten weltlichen oder heiligen Institutionen waren. Gewiß, sie waren dort niemals Spiele in dem Sinne, in dem man von Kinderspielen spricht, sie hatten aber bereits teil am Wesen des Spiels, wie es Huizinga so richtig definiert. Ihre soziale Funktion, nicht aber ihr Wesen hat sich geändert. Die Verwandlung und Degradation, die sie erfahren haben, beraubten sie ihrer politischen oder religiösen Bedeutung.« (Caillois 1960, 68)

Das Wesen der Spiele kann man in unterschiedlichen kulturellen und institutionellen Formen der modernen Gesellschaft wiederfinden. Caillois gibt hierzu einige Beispiele. So erkenne man die Mimikry im Starkult, beim Tragen von Uniformen und in Zeremonien wieder, den Agôn in der ökonomischen Konkurrenz, bei Wettbewerben oder in Examina, die Form der Alea in Börsenspekulationen oder Pferderennen und die Ilinx in den modernen Rekordräuschen. Alle vier Formen des Spiels lassen sich im Übrigen auch korrumpieren. Der Wettkampf geht dann über zu Gewalttätigkeit, Machtwille und List. Die Alea wird korrumpiert durch Aberglaube und Astrologie, die Mimikry durch Entfremdung und der Rausch durch Alkoholismus und Drogen.

Das Erkenntnisinteresse seiner Studie ist ganz deutlich: »[I]ch schreibe nicht nur eine Soziologie der Spiele, sondern ich habe die Absicht, die Grundlagen einer *von den Spielen ausgehenden* Soziologie zu erarbeiten.« (Caillois 1960, 78) Das Entstehen und die Verbreitung neuer Spielformen können in seinen Augen zu Indikatoren gesellschaftlichen und kulturellen Wandels werden. Verändert sich die Spielkultur, so zeigt sich dies auch in der Gesellschaft und deutet auf einen sozialen Wandel hin. Spiele verweisen auf gesellschaftliche Auseinandersetzungen um Macht, Anerkennung und Hegemonie, sie sind Symbolisierungen des Sozialen. Es lohne sich nach Caillois in jedem Fall die Strukturen des Spiels zu untersuchen, da sie Aufschlüsse über die Kultur geben. Die komplexesten und bedeutsamsten Ausdrucksformen der Kultur, so Caillois, scheinen eng an die Spielstrukturen gebunden zu sein (vgl. Caillois 1960, 74). »Sie [die Spielstrukturen, S.M.] erscheinen als Strukturen von ernstgenommenen und in Einrichtungen und Gesetzgebungen verwandelten Spielen, als gebietende, zwingende, unersetzliche Strukturen; sie werden mit einem Wort zu Regeln des sozialen Spiels erhoben, zu Normen eines Spiels, das mehr ist als ein Spiel.« (Caillois 1960, 74)

Die ursprüngliche Bedeutung und die Sakralität des Spiels galt es für Caillois in der modernen Gesellschaft von neuem zu entdecken und sie dort wieder zu verankern. Wie bei Bataille und Leiris zeigt sich anhand Caillois' Theorie des Spiels, dass sich bestimmte, zur Zeit des *Collège de Sociologie* erarbeitete Themen wie die Verausgabung, die Hybridisierung zwischen fremder und eigener Kultur oder die Abtrennung eines sakralen Bereichs vom Profanen in den späteren Schriften niedergeschlagen haben.

4 Deutsch-französische Beziehungen am *Collège de Sociologie*

4.1 Walter Benjamin – Ästhetisierung der Politik oder Politik der Ästhetisierung

> »Solange es noch einen Bettler gibt, solange gibt es noch Mythos.« (Benjamin 1991a, 505)

Die Suche nach einer Theorie der »Schwellenerfahrungen« (Benjamin 1991a, 617) und ihrer Analyse hatte das Collège mit Walter Benjamin gemeinsam, genauso wie die Inspiration durch den Surrealismus.[1] Die zentralen Fragen, die Benjamin und das Collège verbanden, lauteten: Wie kann dem Sinnlichen, dem Traumhaften, dem Mythischen und dem Unbewussten eine neue Relevanz bezüglich des *Verständnisses* des Sozialen und des Politischen in der Moderne zukommen? Welche Bedeutungen haben »Schwellenerfahrungen« für soziale, politische und kulturelle Ordnungen? Benjamin interessierte die Frage nach der Integration des Mythos in der Aufklärung (vgl. Mayer 1992, 63). Auch Hans Mayer versteht in seiner Schrift über Benjamin dessen Studien zur *Allegorie* als Mythenforschung und sieht hierin die Verbindung zum Collège:

> »In diesem Verstande muß auch Benjamins Interesse an jenem ›*Collège de Sociologie*‹ gedeutet werden, das gegen Ende der dreißiger Jahre immer stärker die französische geistige Neugier zu beschäftigen verstand. War Horkheimer die Inkarnation einer Sozialforschung, mit welcher es auch Benjamin ernst gemeint hat, so drückte *Georges Bataille* (1897 – 1962) damals am stärksten unter den Künstlern und Professoren mittleren Alters in Frankreich nicht allein den Ekel aus über einen verschlissenen akademischen Cartesianismus, sondern auch die Enttäuschung über einen einstmals streitbaren Surrealismus, der sich inzwischen im Sektengezänk zwischen Moskauern und Häretikern erschöpfte.« (Mayer 1992, 64)

Benjamin sollte eigentlich im April 1939 am *Collège de Sociologie* einen Vortrag über die »Mode« halten. Zu diesem Vortrag kam es zu Benjamins eigenem Bedauern nicht: Das Collège hatte zu wählen zwischen seinem Vortrag über die Mode und Hans Mayers Vortrag über die Kontinuitäten zwischen den Ritualen und Denkbewegungen der Nazis und denen der deutschen Romantik. Anstelle des geplanten Benjamin-Vortrags

---

1   Zu Benjamin und dem Surrealismus vgl. auch Cohen (1993). Zu den Schwellenerfahrungen heißt es bei Benjamin in Anlehnung an van Genneps Theorie der Übergangsriten: »Rites de passage – so heißen in der Folklore die Zeremonien, die sich an Tod, Geburt, an Hochzeit, Mannbarwerden etc. anschließen. In dem modernen Leben sind diese Übergänge immer unkenntlicher und unerlebter geworden. Wir sind sehr arm an Schwellenerfahrungen geworden. Das Einschlafen ist vielleicht die einzige, die uns geblieben ist.« (Benjamin 1991a, 617)

über die Mode sprach Mayer im April 1939 über die politischen Geheimbünde in der deutschen Romantik. Benjamins Vortrag wurde auf den Herbst verschoben, da Mayers Thema angesichts der faschistischen Bedrohung aktueller erschien. Benjamin war so verärgert über diese Entscheidung, dass er an dem Abend, an dem Mayer vortrug, der Sitzung fernblieb (vgl. Mayer 1986, 86). Sein Beitrag über die Mode fand aufgrund der Auflösung des Collège nicht mehr statt.

Die Beziehung Benjamins zu den Collègiens kam schon Mitte der dreißiger Jahre und vor der Zeit des *Collège de Sociologie* zustande. Pierre Klossowski übersetzte Benjamins Aufsatz über »Das Kunstwerk im Zeitalter seiner technischen Reproduzierbarkeit« ins Französische.[2] 1935 lernte Benjamin durch seine Recherchen zu seinem Passagen-Werk in der Bibliothèque Nationale Bataille kennen. »Daß Benjamin bei seiner Flucht aus Paris keinem andern als Bataille sein ängstlich gehütetes *Passagen*-Manuskript anvertraute, scheint überdies ein kaum zu überschätzendes Indiz vertrauten und vertrauensvollen Umgangs zu sein. Niemanden hat Benjamin in seinen letzten Jahren von 1935–1940 alltäglich regelmäßiger und verläßlicher treffen und wohl auch sprechen können […].« (Hörisch 1983, 13f)[3] War das Verhältnis zwischen Benjamin und Bataille sowie den anderen Collègiens wirklich so ungebrochen, wie es auf den ersten Blick scheinen mag?

Unterschiedliche Aussagen von Klossowski lassen erkennen, dass die Beziehungen von Benjamin zu den anderen Collège- und *Acéphale*-Mitgliedern von Ambivalenz – oder um es in Ausdrücken des Collège zu beschreiben: von Attraktion und Repulsion – geprägt waren. Klossowski berichtet von seiner Begegnung mit Benjamin:

»Ich hatte ihn zu dem Zeitpunkt kennengelernt, als ich dem Klüngel Breton-Bataille angehörte, kurz bevor ich mit letzterem die ›Acéphale‹-Riten praktizierte, Dinge, die Benjamin ebenso konsterniert wie neugierig verfolgte. Obwohl Bataille und ich damals mit ihm auf allen Ebenen in Opposition standen, hörten wir ihm leidenschaftlich zu. In diesem Marxanhänger oder besser, in diesem übergroßen Kritizisten steckte ein Visionär, der über den Bilderreichtum eines Isaias gebot. Er lebte hin- und hergerissen zwischen den Problemen, die nur die geschichtliche Notwendigkeit lösen würde, und den Bildern der okkulten Welt, die sich oft als einzige Lösung aufdrängten. Aber eben dies schien ihm die allergefährlichste Versuchung. […] Er erwartete die völlige Befreiung vom Heraufkommen des universal verbreiteten Spiels im Sinne Fouriers, für den er eine uneingeschränkte Bewunderung hegte.« (Klossowski 1987, 313f)[4]

---

2   Die erstmalige Veröffentlichung war die französische Übersetzung von Klossowski in der »Zeitschrift für Sozialforschung« im Mai 1936 (vgl. Brodersen 1990, 236). Horkheimer wollte den Text in französischer Sprache, da der Aufsatz informatorischen Wert für die Avantgarde der französischen Intelligenz haben sollte (vgl. Kambas 1983, 177).

3   Zwischen Bataille und Benjamin war vereinbart worden, dass Bataille die Manuskripte an das Institute of Social Research in New York weiterleiten sollte (vgl. Mattheus 1988, 150). Bataille war später strengstens darauf bedacht, dass der Wille Benjamins eingehalten wurde.

4   Seine Teilnahme an der von Klossowski erwähnten Gruppierung »Contre-Attaque« teilte Benjamin auch Gretel Karplus mit (vgl. Kambas 1983, 174).

Trotz seiner distanzierten Haltung gegenüber den Bestrebungen von Bataille und dessen Freunden empfahl Benjamin Stephan Lackner eine Rezension des »Acéphale«-Heftes über die Wiedergutmachung an Nietzsche für das »Neue Tage-Buch« (vgl. Kambas 1983, 180). Klossowski bestätigt in einem anderen Text, dass Benjamin auch am *Collège de Sociologie* teilnahm: »Plus tard, il fut un auditeur assidu du *Collège de Sociologie* – émanation ›exotérisante‹ du groupe fermé et secret d'*Acéphale* – (cristallisé autour de Bataille, au lendemain de sa rupture avec Breton). À partir de ce moment, il assistait parfois à nos conciliabules.« (Klossowski in Hollier 1995a, 884)[5]

Auch wenn Benjamin in den letzten Jahren seines Exils aufgrund seiner »zunehmenden Entfernung vom orthodoxen Kommunismus« (Witte 1985, 128) vom Denken und den politischen Anschauungen der nonkonformistischen Intellektuellen um Bataille angezogen war, ihre Treffen neugierig besuchte und ihre Vorträge mit großem Interesse verfolgte, betrachtete er die Bestrebungen und Aktivitäten des Collège immer mit einem kritischen Auge. Nach Aussagen von Klosswoski sei Benjamin von der Ambiguität der »azephalischen Atheologie« verwirrt gewesen; er habe ihnen seine Schlüsse entgegengehalten, die er aus seiner Analyse der bürgerlichen intellektuellen Entwicklung in Deutschland gezogen habe (Klossowski in Hollier 1995a, 884). Seine Schlussfolgerung lautete Klossowski zufolge, dass die metaphysische und politische Überbewertung des »Inkommunikablen« (im Zusammenhang mit den Antinomien der kapitalistischen Industriegesellschaft) das psychische Terrain für den Nazismus vorbereitet hätte. Benjamin habe dazu tendiert, seine Analyse auf die Situation in Frankreich anzuwenden. Mit Takt habe er Klossowski und seine Freunde von dieser abschüssigen Bahn abhalten wollen, da sie seines Erachtens riskierten, einem reinen und einfachen »präfaschisierenden Ästhetizismus« beizustehen. »Ce schéma d'interprétation encore fortement teinté des théories de Lukács, il s'y racerchait pour surmonter son propre désarroi et cherchait à nous enfermer dans ce genre de dilemme.« (Klossowski in Hollier 1995a, 884)

Es sei nach Klossowskis Aussagen mit Benjamin keinerlei Verständigung über diesen Punkt seiner Analyse möglich gewesen, obgleich die Gegebenheiten, vor denen die nonkonformistischen Gruppierungen standen, ganz andere als die in Deutschland gewesen seien: »Aucune entente n'était possible sur ce point de son analyse dont les présupposés ne coïncidaient en rien avec les données et les antécédents des groupements successifs formés par Breton et par Bataille, en particulier celui d'*Acéphale*.« (Klossowski in Hollier 1995a, 884) Zum Ausgleich habe man Benjamin über das befragt, was man als einen authentischen Grund seines Denken erahnte: seine persönliche Version einer Erneuerung der Phalansterien. Das Interesse an der utopischen Idee der *phalanstère* von Charles Fourier teilten Klossowki und Benjamin. Er habe nach Klossowksi manchmal darüber wie über eine zugleich erotische und handwerkliche

---

5   Der hier zitierte Text von Klossowski, der in Hollier (1995a) abgedruckt ist, erschien am 31. Mai 1969 unter dem Titel »Entre Marx et Fourier« in »Le monde« (supplément 7582). Einige Stellen aus diesem Text sind auch bei Mattheus (1984, 342) zitiert. Dass Benjamin sich mit den anderen Collège-Mitgliedern traf, wird auch ersichtlich aus den Briefen von Bataille (1987b, 87) an Caillois.

Geheimlehre gesprochen, die seinen nach außen hin marxistischen Konzeptionen zugrunde lag. Die Vergesellschaftung der Produktionsmittel würde es dieser Ansicht nach erlauben, die sozialen Klassen aufzuheben sowie die Gesellschaft in »affektive Klassen« neu zu ordnen (Klossowski in Hollier 1995a, 884).

Auch die Briefwechsel zwischen Benjamin und Horkheimer zeichnen ein anderes Bild als das einer rein vertrauensvollen Beziehung zwischen Benjamin, Bataille und Caillois.[6] In einem Brief vom 28. Mai 1938 an Max Horkheimer übt er scharfe Kritik an Caillois' »La mante religieuse«:

> »Das Aprilheft von ›Mesures‹ ist Ihnen, wie ich höre, direkt zugegangen. Ich habe es mir meinerseits ausgeliehen. Der Titelaufsatz von Caillois [gemeint ist »L'aritidé«, S.M.] bestätigt, in wie hohem Maße die Vorbehalte, mit denen Wiesengrund die ›Mante religieuse‹ versieht, berechtigt sind.[7] Diese dialectique de servitude volontaire beleuchtet, unheimlich, verschlungene Gedankengänge, in denen ein Rastignac herumlungert, der nicht mit dem Hause Nucingen sondern mit der Clique Göbbels zu rechnen hat. Die namhafte Begabung von Caillois hat in diesem Essay einen Gegenstand, an dem sie sich nicht mehr anders bekunden kann als in der Gestalt der Frechheit. Es ist abstoßend, wie die historisch bedingten Charakterzüge des heutigen Bourgeois', die Sie in Ihrer Anthropologie des Typus ableiten, durch ihre metaphysische Hypostasierung zu einer mit elegantem Griffel umrissenen Remarque am Rande des Zeitalters zusammentreten. Die gedrängten Striche dieses Dessins tragen alle Merkmale pathologischer Grausamkeit. Sie gibt nun einmal die unabdingliche Grundlage für die Erschließung des ›höheren Sinnes‹ ab, der der Praxis des Monopolkapitals innewohnt, welches seine Mittel ›lieber der Zerstörung verschreibt als sie dem Nutzen oder dem Glück zuzuwenden‹. (S. 9) Wenn Caillois sagt ›on travaille à la libération des êtres qu'on désire asservir et qu'on souhaite ne voir obéissants qu'envers soi‹ (S. 12), so hat er ganz einfach die faschistische Praxis gekennzeichnet. – Es ist traurig, einen schlammigen, breiten Strom aus hochgelegenen Quellen speisen zu sehen.

> Georges Bataille, der im gleichen Heft eine immerhin harmlosere Deutung der Place de la Concorde gibt, ist Bibliothekar an der Bibliothèque Nationale. Ich sehe ihn häufiger bei Gelegenheit meiner Arbeit. Sie haben sich den maßgebenden Eindruck von ihm, soviel ich weiß, schon bei der Lektüre des ›Acéphale‹ verschafft. In dem gedachten Aufsatz [gemeint ist »L'obélisque«, S.M.] hat er seine idées fixes mehr oder minder possierlich in der Art eines Bilderbogens aneinandergereiht, der die verschiedenen Phasen einer ›geheimen Geschichte der Menschheit‹ an Ansichten der Place de la Concorde illustriert. Diese geheime Geschichte ist ausgefüllt von

---

6   Zu Benjamins Zeit in Paris vgl. den von Heinz Wismann (1986) herausgegebenen Band »Walter Benjamin et Paris. Colloque international 27 – 29 juin 1983«.

7   Zu diesen Vorbehalten vgl. den Briefwechsel zwischen Adorno und Benjamin, insbesondere den Brief vom 22. September 1937 an Benjamin. Adorno bezeichnet darin Caillois' »La mante religieuse« als eine »antihistorische, der gesellschaftlichen Analyse feindliche und in der Tat kryptofaschistische Naturgläubigkeit, die am Schluß zu einer Art Volksgemeinschaft von Biologie und Imagination führt.« (Adorno und Benjamin 1994, 277)

dem Kampf des monarchischen, statischen, hier ägyptischen Prinzips mit dem anarchischen, dynamischen, derzeit aktualen des zerstörenden und befreienden Zeitver-
laufs, den Bataille bald im Bild des endlosen Sturzes, bald in dem der Explosion an-
spricht. Bataille und Caillois haben gemeinschaftlich ein Collège de sociologie
sacrée gegründet, in dem sie junge Leute öffentlich für ihren Geheimbund anwer-
ben – einen Bund, dessen Geheimnis nicht zum wenigsten in dem besteht, was seine
beiden Stifter eigentlich miteinander verbindet.« (Benjamin 2000, 92ff)

Horkheimer wünschte, für einen Literaturbericht Auszüge aus diesem Brief für die
»Zeitschrift für Sozialforschung« zu veröffentlichen. Benjamin schrieb ihm am 2. August 1938 zurück, Horkheimer solle doch bitte die Sätze zu Bataille streichen: »Was
den gedachten Literaturbericht angeht, so würde ich Sie bitten, gegebenenfalls dessen
zweiten, mit ›Georges Bataille‹ beginnenden Absatz sowie den ersten Satz des ihm folgenden fortzulassen. Der Gedankenzusammenhang bleibt auf diese Weise auch mein
Verhältnis zu Georges Bataille, das ich mir sowohl wegen der Erleichterungen, die ich
bei der Bibliothèque Nationale durch ihn habe als auch wegen meiner Naturalisa-
tionsabsichten erhalten möchte. – Das Fragment würde ihm nicht entgehen, da die
Zeitschrift in dem ihm besonders unterstellten Arbeitssaal ausliegt; es mit Gelassen-
heit aufzunehmen, ist er nicht der Mann.« (Benjamin 2000, 152)[8]
Trotz der Distanzierungen war Benjamin an den Aktivitäten des Collège interessiert
und wollte den Kontakt zu den nonkonformistischen Intellektuellen nicht abbrechen.
Seine Kritik galt vor allem den elitären Ideen Caillois'.[9] Noch deutlicher werden Benjamins Vorbehalte gegenüber Caillois in einem Brief vom 24. Januar 1939 an Horkheimer. Benjamin berichtet von der Juli-Ausgabe der NRF aus dem Jahre 1938, in der
das *Collège de Sociologie* sich vorgestellt hatte:

»Es wird sie nicht wundern, daß die N.R.F., die sich unserer Sache [gemeint ist die
Veröffentlichung Horkheimerscher Essays, S.M.] imperméable gezeigt hat, in einem
Sonderdruck das collége de sociologie mit Bataille, Leiris und Caillois vorstellt. Wir
haben Michel Leiris vor Jahren gemeinschaftlich bei Landsberg vor uns gehabt. Er
gruppiert unter dem Titel ›Le Sacré dans la Vie Quotidienne‹ einige Kindheitserinnerungen. Caillois tummelt sich weiter in Zweideutigkeiten. Sein Beitrag ›Le Vent

---

8   Am 2. Juli 1937 bittet Adorno Benjamin in einem Brief, sich nach »hochqualifizierten franzö-
     sischen Mitarbeitern« umzuschauen, er nennt neben Aron auch Caillois, Bataille und Klos-
     sowski (vgl. Adorno und Benjamin 1994, 257). Neben »La mante religieuse« missfiel Adorno
     auch ein weiterer Text von Caillois (vgl. Adorno und Benjamin 1994, 346). Zu Caillois' falsch
     eingesetzter »Begabung« schreibt Adorno am 2. August 1938: »Es gibt ganz wenige Menschen,
     um die es so schade ist wie um diesen.« (Adorno und Benjamin 1994, 346) Benjamin schreibt
     darauf an Theodor W. und Gretel Adorno zurück: »Mich hat Teddies Bemerkung über Cail-
     lois gefreut. Vergleicht mit ihr eine Stelle in meinem Brief an Max vom 28 Mai dieses Jahres.«
     (Adorno und Benjamin 1994, 355). Zur Rezension des Caillois-Textes in der Zeitschrift für
     Sozialforschung vgl. die Angaben von Benjamin in Adorno und Benjamin (1994, 387).
9   Das hindert nicht daran, dass dennoch zuweilen ähnliche Gedanken formuliert wurden; Denis
     Hollier (1995b, 275) verweist beispielsweise in seinem Artikel »L'inénarrable. Les vases non-
     communicants« auf die von Benjamin und Caillois geteilte Diagnose einer Krise des Romans.

d'Hiver‹ feiert den ›scharfen Wind‹, unter dessen Frosthauch alles Schwächliche eingehen muß und in dem die Tauglichen an den nicht von Scham geröteten Wangen
einander erkennend sich zu einer Herrenkaste zusammenschließen. Kein Sterbens-
wort situiert diese Darlegungen in der Wirklichkeit. Es versteht sich, daß dieses
Schweigen besser als jedes Bekenntnis Bescheid gibt. – Die N.R.F. bekundet mit
diesem Sonderdruck, mit welcher politischen Ausrichtung die Entschiedenheit er-
kauft ist, mit der sie in der europäischen Krise vom September gegen den französischen Pazifismus Partei ergriff. Sie legitimiert zugleich den Zweifel, den man in die
Solidität ihrer Entscheidung setzen konnte.« (Benjamin 2000, 202f)[10]

Benjamin teilte nicht die politischen Ansichten und Bestrebungen der anderen Collège-Mitglieder. Angelehnt an die letzten Zeilen des Kunstwerkaufsatzes könnte man sagen, dass Benjamin in den Bestrebungen der anderen Collègiens eine Ästhetisierung
der Politik erblickte, wie er sie im Faschismus am Werke sah.[11] Sowohl in den Erinnerungen Klossowskis als auch in den Briefen Benjamins steht die Kritik am *Collège de
Sociologie* im Vordergrund. Es stellt sich die Frage, was war für Benjamin inhaltlich
am Collège so faszinierend und zugleich kritikwürdig? Suchte er lediglich Anschluss
an das intellektuelle Leben in Paris oder ging sein Interesse am Collège darüber hinaus? Worüber genau wollte Benjamin in seinem geplanten Vortrag über die Mode
sprechen? Gibt es Ähnlichkeiten oder Differenzen in der Sicht auf den Mythos zwischen Benjamin und dem Collège?

4.1.1 Mythos und Mode

Benjamin und die anderen Collège-Teilnehmer teilten das Interesse an Mythen.[12] Der
eingangs erwähnte Hans Mayer hat auf diesen Punkt aufmerksam gemacht. Im Folgenden soll in knapper Form auf die Begriffe der Verausgabung und des Mythos eingegangen werden, um sich dann dem Thema der Mode bei Benjamin zuzuwenden.[13]
Die erkenntnisleitenden Fragen sind, ob Benjamin dem Mythosbegriff des Collège

---

10 Der Abend bei Landsberg muss 1934 oder 1935 gewesen sein (vgl. Benjamin 2000, 407).

11 Im Kunstwerkaufsatz heißt es im Anschluss an eine Kritik des italienischen Futurismus: »Die
    Menschheit, die einst bei Homer ein Schauobjekt für die olympischen Götter war, ist es nun
    für sich selbst geworden. Ihre Selbstentfremdung hat jenen Grad erreicht, der ihre eigene Ver-
    nichtung als ästhetischen Genuß ersten Ranges erleben läßt. *So steht es um die Ästhetisierung
    der Politik, welche der Faschismus betreibt. Der Kommunismus antwortet ihm mit der Politisie-
    rung der Kunst.*« (Benjamin 1996a, 347)

12 Vergleicht man Benjamin und Leiris, so fällt darüber hinaus auf, dass für beide die Rekons-
    truktionen kindlicher Erfahrung mitsamt deren mythologischen Orten, Schwellenriten sowie
    mythologischen Handlungen von zentraler Bedeutung sind.

13 Ich möchte darauf hinweisen, dass die folgenden Überlegungen lediglich nach Affinitäten, wie
    sie mir erscheinen, suchen, aber gewiss keine Einflüsse seitens Benjamins auf Bataille oder um-
    gekehrt als gesichert konstatieren.

folgt, was er über die Mode schreibt und infolgedessen hätte vortragen wollen und wo die Grenzen zwischen seinem Denken und dem Collège gezogen werden können.

Ein gemeinsamer und durch die Quellen ausgiebig belegter Punkt zwischen Benjamin und den anderen Collègiens liegt darin, dass sie vom Surrealismus inspiriert waren. »Die strukturelle Nähe der Faszinationen des Collège zu Benjamins Überlegungen zu einer Kulturanthropologie der Moderne, wie er sie von seinem Artikel über den Surrealismus über seine Bemerkungen zu Politik und Mythos im ›Kunstwerk‹-Aufsatz bis zum *Passagen-Werk* entwickelte, besteht in der Suche nach einem neuen Verständnis des Sozialen und des Politischen, das der Relevanz des Mythischen und des Unbewußten Rechnung trägt.« (Baxmann 1995, 294) Die »profane Erleuchtung« und die »materialistische, anthropologische Inspiration«, von der Benjamin im Surrealismus-Aufsatz schreibt (vgl. Benjamin 1996*c*, 151), versuchten die Mitglieder des Collège noch zu überbieten.

Wirft man einen Blick in das von Bataille gerettete »Passagen-Werk«, findet man einen großen Abschnitt an Zitatsammlungen und Anmerkungen über die Mode. Hans Mayer ordnet Benjamins geplanten Vortrag ebenfalls dem »Passagen-Werk« zu (vgl. Mayer 1988, 241). Im Folgenden sollen die beiden Themen »Mode« und »Mythos« im Zusammenhang mit dem »Passagen-Werk« analysiert werden, da sie Aufschluss geben, worüber Benjamin gesprochen haben könnte.

Das »Passagen-Werk«, dessen Grundlage aus einer an die surrealistische Montagetechnik erinnernden Sammlung von Zitaten besteht, sollte Benjamin als Gerüst für eine neue Theorie der Moderne und »der ihr angemessenen Erfahrung« dienen (vgl. Reijen und Doorn 2001, 192ff).[14] Was ist das von Benjamin angestrebte Ziel des Werks?

»Die Untersuchung macht sich zur Aufgabe, darzustellen, wie die Bezugnahme auf die verdinglichte Vorstellung von Kultur die neuen, vor allem durch die Warenproduktion bedingten Schöpfungen und Lebensformen, welche dem vorigen Jahrhundert zu danken sind, dem Ensemble einer Phantasmagorie einbeziehen. Es soll gezeigt werden, wie diese Kreationen nicht erst in theoretischer Verarbeitung ideologisch, sondern in unmittelbarer Präsenz sinnlich ›verklärt‹ werden. Sie stellen sich als Phantasmagorien dar.« (Benjamin 1991*b*, 1256)

Ausgangspunkt seiner neuen Theorie der Moderne sind die »rites de passage« (van Gennep), die Schwellenerfahrungen der Pariser Passagen des 19. Jahrhunderts, die – infolge ihres Abrisses durch die Immobiliengesellschaft des Boulevard Haussmann – Louis Aragon in seinem Buch »Le paysan de Paris« beschreibt.[15] Aragon konzipiert dort eine moderne Mythologie, die Passagen eröffnen ihm surrealistische Wahrnehmungsformen (vgl. auch Aragon 1985, 129): »Neue Mythen entstehen auf Schritt

---

14   Wahrscheinlich sollte die Arbeit jedoch nicht nur eine reine Montage von Zitaten bleiben, das Werk ist unvollendet (vgl. Reijen und Doorn 2001, 217).

15   Vgl. hierzu auch Heinz Brüggemann (2000). Benjamin konnte abends im Bett nie mehr als zwei bis drei Seiten des Buches von Aragon lesen, weil sein Herzklopfen dann so stark wurde, dass er das Buch aus der Hand legen musste (vgl. Benjamin 1991*b*, 1117).

und Tritt. Wo der Mensch gelebt hat, setzt die Legende ein, ja dort, wo er lebt. Ich will mich nur noch mit diesen verachteten Wandlungen befassen. Das Lebensgefühl von heute ist morgen schon ein anderes. Eine Mythologie wird geknüpft und löst sich wieder auf.« (Aragon 1985, 13) Benjamins Passagen sind inspiriert von Aragons surrealistischer Bildtheorie.[16] Ihm geht es um die Erfassung der von Aragon beschriebenen Mythologisierung des im Verschwinden Begriffenen: Die Passagen, »Asyle für mehrere moderne Mythen« (Aragon 1985, 17), und ihr Verschwinden haben

> »Benjamin dazu inspiriert, das 19. Jahrhundert insgesamt als *verschwunden*, aber dieses *Verschwundene* als um so präsenter und zugleich bestimmend für das 20. Jahrhundert zu verstehen. Mögen die Passagen ihre praktische Bedeutung eingebüßt haben, so hat doch der Warenfetischismus, den sie inszenierten, ungebrochen überlebt. Das heißt, daß das 20. Jahrhundert es nicht vermocht hat, den mythischen Bann, in den das 19. Jahrhundert es geschlagen hat, zu durchbrechen – aus der Traumwelt der Passagen zu erwachen. Dabei sind die Passagen ihrerseits Renevants. Die Mythen der Antike (Unterwelt) wirken in ihnen weiter. Das Gegenteil einer Befreiung vom Mythos drängte sich Benjamin unvermeidlich auf. Das 20. Jahrhundert sei durch den Faschismus, den entfesselten Kapitalismus und die *erste Technik* noch stärker mythologisiert, als es das vorherige gewesen sei.« (Reijen und Doorn 2001, 192)

Der Mythos ist in der Moderne nicht abwesend, die Annahme der Abwesenheit des Mythos ist nach Bataille selbst ein Mythos. In der Technik, in der Mode, aber ganz besonders in der Architektur wird für Benjamin der Traumcharakter des 19. Jahrhunderts, wie ihn Aragon beschreibt, sichtbar. »Mode und Architektur (im 19.ten Jahrhundert) zählen zum Traumbewußtsein des Kollektivs.« (Benjamin 1991*b*, 1028) Er kritisiert die mythisch-religiöse Überhöhung der Moderne. Die Moderne feiert »das Neueste«, das aber in Wahrheit stets das Gleiche bleibt. Die mythische *ewige Wiederkehr des Gleichen* bestimmt die Moderne. Man muss diese mythische Konstellation aufdecken, um zu erkennen, dass es ein Neues nicht geben kann. Die ewige Wiederkehr der Moden ist aus dieser Perspektive eigentlich ein Stillstand.

Winfried Menninghaus kennzeichnet in »Schwellenkunde. Walter Benjamins Passage des Mythos« dessen ganzes Denken selbst als eine »*Passage des Mythos*« (Menninghaus 1986, 8). Benjamin betreibe »Schwellenkunde«, Schwellenerfahrungen seien nicht nur das Thema fast aller größeren Arbeiten, sondern auch die Form und Intention seiner Werke produzieren eine Schwelle, »die es zu ›passieren‹ gilt«; gemeint sind die Schwellen zwischen »Abbildung« und »Revision«, »Untergrabung« und »Wiederherstellung«, »Sprengung« und »Rettung des Mythos« (Menninghaus 1986, 8f).

---

16 Aragon schreibt: »Dieses Laster, genannt *Surrealismus* besteht in dem unmäßigen und leidenschaftlichen Gebrauch des Rauschgiftes *Bild* oder vielmehr in der unkontrollierten Beschwörung des Bildes um seiner selbst willen und auf daß es im Darstellungsbereich unvorhersehbare Umwälzungen und Metamorphosen bewirkt: denn jedes Bild zwingt euch immer wieder von neuem, das ganze Universum zu revidieren. Und jeder Mensch ist aufgefordert, ein Bild zu finden, das das ganze Universum abschafft.« (Aragon 1985, 74) Siehe zur Bildtheorie auch das Erste Manifest des Surrealismus.

»Benjamins Mythos-Theorie zielt auf eine Sprengung des Mythos, will jedoch nicht gleichzeitig das ganze Potential seiner Erfahrungsformen preisgeben. Zu diesem gehört, mehr noch als die Sprache, vor allem das Bild als ein Denken in ›Konfigurationen‹ [...].« (Menninghaus 1986, 66)

Dass Benjamins Kritik am Mythos scheinbar widersprüchlich ist, darauf hat Rolf-Peter Janz hingewiesen: einerseits insistiere Benjamin auf die rationale Destruktion des Mythos, andererseits will er dennoch die »mythische Erzählweise gewahrt wissen.« (Janz 1983, 378) Die Lösung des Widerspruchs scheine für Benjamin darin zu liegen, dass auch die Kritik am Mythos auf die Bestände des Mythos selbst angewiesen sei. »Er verteidigt die Vieldeutigkeit des Erzählens, weil er den Verlusten und Vernachlässigungen der aufgeklärten Ratio mißtraut.« (Janz 1983, 378) Trotz der Kritik am Mythos gelte es für ihn die im Mythos angelegten vieldeutigen Erzählweisen und archaischen Erzählformen zu retten, da sich Vieldeutigkeit auch als kritisches Potential gegen das zweckrationale und um die Fülle von Bedeutungen gebrachte Leben wenden lässt.

In den Augen Benjamins sind die Mythostheorien Nietzsches und Cassirers zu ästhetisch und unhistorisch. Erklärbar wird seine Kritik, wenn man bedenkt, dass der Mythos für Benjamins geschichtsphilsophisches Denken bestimmend und konstitutiv ist (vgl. Hartung 2000, 552). Seiner Geschichtsphilosophie des Mythos geht es einerseits darum, »die Enthistorisierung des Mythos-Begriffs rückgängig zu machen – denn allen mythischen Phänomenen eignet für Benjamin eine (ur)geschichtliche Signatur.« (Menninghaus 1986, 13) Und andererseits soll sie nicht in ein evolutionistisches Schema fallen, das wie Auguste Comte von einer Entwicklung des Mythos zur Religion und von dort zur theoretischen Erkenntnis ausgeht. Trotz der Historisierung des Mythos universalisiert Benjamin den Begriff und bezieht ihn »auf Phänomene der ›modernen Merkwelt‹« (Menninghaus 1986, 13).

Für Benjamin, und das ist im Zusammenhang mit der vorliegenden Studie von Bedeutung, ist der Mythos weniger ein romantisch-positiv besetzter Begriff, der Sinn stiftet und Verbindlichkeiten schafft, sondern vielmehr etwas Negatives; der Mythos ist Zwangszusammenhang und schafft falsche Verbindlichkeiten (vgl. Menninghaus 1986, 15). Das bedeutet, dass Benjamin – und, wie wir sehen werden, mit ihm die anderen deutschen Exilierten – im Gegensatz zu den anderen Collège-Teilnehmern nicht so sehr die gemeinschaftskonstituierende Seite des Mythos hervorhebt und positiv besetzt, sondern gerade die negativen Seiten des Mythischen in den Blick nimmt. Ganz anders als die übrigen Mitglieder des Collège setzt Benjamin nicht auf eine sinnstiftende, stabilisierende und gemeinschaftsbildende Funktion des Mythos. Auch wenn die Elemente seines Mythos-Begriffs in seinen Werken kaum in der gleichen Kombination auftreten und es hier zahlreiche Diskontinuitäten in der Verwendung des Begriffs gibt, so kann man doch sagen, dass *Gewalt* und *Verblendung* vom Früh- bis zum Spätwerk »integrale Momente seines Mythos-Begriffs« bleiben (vgl. Menninghaus 1986, 15).[17]

---

17 Zur mythischen Gewalt bei Benjamin siehe auch Benjamin (1965), Derrida (1991) und Haverkamp (1994).

Ausgehend von der Kritik am Mythos verwundert es nicht, dass Benjamin den My-thos-Begriff des Vorbildes für das »Passagen-Werk«, den des Surrealisten Aragon, nicht adaptiert. Er grenzt sich explizit von einer surrealistischen Mythologie bzw. dem Abgleiten des Surrealismus in Mythologie ab (von dem man sagen könnte, die Surrea-listen sprachen nur über eine »mythologie moderne«, Bataille aber versuchte sie mit *Acéphale* zu leben).

Benjamin zufolge verharrt Aragon im Traumbereich; statt im Traum zu verweilen, soll im »Passagen-Werk« die »Konstellation des Erwachens gefunden werden. Wäh-rend bei Aragon ein impressionistisches Bild bleibt – die ›Mythologie‹ – und dieser Impressionismus ist für die vielen gestaltlosen Philosopheme des Buches verantwort-lich zu machen – geht es hier um Auflösung der ›Mythologie‹ in den Geschichtsraum. Das freilich kann nur geschehen durch die Erweckung eines noch nicht bewußten Wissens vom Gewesenen.« (Benjamin 1991a, 571f)

Mythos und Traum sind, ähnlich wie bei Freud, für Benjamin analog.[18] Ihm zu-folge sind Mode, Reklame, Architektur und Politik des 19. Jahrhunderts »als die Folge seiner Traumgesichte« (Benjamin 1991a, 492) zu deuten. Die Geschichte ist unter kapitalistischen Bedingungen gleichsam wie im Traum gemacht, ein Traum-schlaf, der mit einer neuen Reaktivierung der mythischen Kräfte einhergeht. »Das XIX. Jahrhundert ein Zeitraum (Zeittraum), in dem das Individualbewußtsein sich reflektierend immer mehr erhält, wogegen das Kollektivbewußtsein in immer tiefe-rem Schlafe versinkt.« (Benjamin 1991a, 491) Das träumende Kollektiv vertieft sich in den Passagen in sein Inneres. Benjamin will eine »profane Erleuchtung«, im Rausch aus dem Rausch heraustreten[19], er sucht ein Erwachen aus dem Traum des Konsums und des Mythisch-Naturhaften, das in seinen Augen sowohl ein historisches als auch ein kollektives Phänomen darstellt: »Gegensatz zu Aragon: dies alles auf die Dialektik des Erwachens hin durchdringen, nicht müde in den ›Traum‹ oder in die ›Mythologie‹ sich einlullen lassen. Welches sind die Laute des erwachenden Morgens, die wir in un-sere Träume einbezogen?« (Benjamin 1991b, 1214)

Wie hängen Mythos und Mode zusammen? Wie könnte die Mode in dem geplan-ten Vortrag am Collège mit dem Topos des Mythos verknüpft worden sein? Der Hochkapitalismus produziert nach Benjamin neue kollektive Traumformen: das »Neueste« und die »ewige Wiederkehr des Gleichen«. Ein Ausdruck der mythischen Wiederkehr des Gleichen und des angeblich Neuesten ist die Mode. Im »Passagen-Werk« heißt es in den Materialien zur Mode: »Tonangebend nun ist zwar immer das Neueste, aber doch nur wo es im Medium des Ältesten, Gewesensten, Gewohntesten

---

18   Freilich liegt der Unterschied darin, dass Benjamin – anthropologisch-materialistisch – von kollektiven Träumen (die allerdings nicht als solche wahrgenommen werden) und Freud von individuellen Träumen ausgeht; bei beiden drücken die Träume latente oder offene Wünsche aus. Den Traum als kollektives Phänomen zu begreifen, »bringt Benjamin in die Nähe C.G. Jungs, d. h. zu dessen Begriff des kollektiven Unbewußten – was Adorno in seinen Briefen zu genüge moniert hat.« (Bäuerl 2003, 379) Nach Benjamin will Jung jedoch das Erwachen vom Traum fernhalten (Benjamin 1991a, 608).

19   »Der messianische Zeitpunkt ist die Kritik im Rausch, die Praxis wird: Erwachen.« (Bäuerl 2003, 399)

auftaucht. Dieses Schauspiel wie das jeweils Allerneueste in diesem Medium des Gewesenen sich bildet, macht das eigentliche dialektische Schauspiel der Mode.« (Benjamin 1991*a*, 112) Gerade in diesem trockensten, phantasielosesten Jahrhundert, so Benjamin weiter, habe sich »die gesamte Traumenergie einer Gesellschaft mit verdoppelter Vehemenz in das undurchdringliche lautlose Nebelreich der Mode geflüchtet […], in das der Verstand ihr nicht folgen konnte. Die Mode ist die Vorgängerin, nein, die ewige Platzhalterin des Surrealismus.« (Benjamin 1991*a*, 113)

Auch die Waren unterliegen den Moden. Benjamin zieht Simmel heran, um dies aufzuzeigen: »Simmel weist darauf hin, daß ›die Erfindung der Moden in der Gegenwart mehr und mehr in die objektive Arbeitsverfassung der Wirtschaft eingegliedert‹ wird. ›Es entsteht nicht irgendwo ein Artikel, der dann Mode wird, sondern es werden Artikel zu dem Zweck aufgebracht, Mode zu werden.‹« (Benjamin 1991*a*, 127)[20] Nach Simmel seien Moden immer Klassenmoden. Benjamin schreibt in einer Einführung zum »Passagen-Werk«: »Alles Neue, das sie [die warenproduzierende Gesellschaft, S.M.] erwarten könnte, wird sich als ein von jeher dagewesenes entschleiern; sie zu erlösen, wird es ebensowenig imstande sein, wie eine neue Mode die Gesellschaft erneuern könnte.« (Benjamin 1991*b*, 1256)

Einerseits insistiert Benjamin auf die rationale Destruktion des Mythos, andererseits will er dennoch die »mythische Erzählweise gewahrt wissen.« (Janz 1983, 378) Die Lösung dieses Widerspruchs scheint für Benjamin darin zu liegen, dass auch die Kritik am Mythos auf die Bestände des Mythos selbst angewiesen ist: »Er verteidigt die Vieldeutigkeit des Erzählens, weil er den Verlusten und Vernachlässigungen der aufgeklärten Ratio mißtraut.« (Janz 1983, 378) Anders gesagt: Trotz der Kritik am Mythos gilt es bestimmte, im Mythos angelegte »Wahrheitsgehalte« zu retten.[21]

Statt einer surrealistischen Mythologie, die die Dinge nur wieder in die Ferne rückt, ist nach Benjamin vielmehr eine konkrete, materialistische Besinnung auf das Nächste gefordert (vgl. Benjamin 1991*b*, 998).[22] Es bleibt festzuhalten, dass Benjamin mit

---

20 Nach Simmel ist die Mode Nachahmung und Distinktion, sie ist »*eine besondere unter jenen Lebensformen, durch die man einen Kompromiß zwischen der Tendenz nach sozialer Egalisierung und der nach individuellen Unterschiedsreizen herzustellen suchte.*« (Simmel 1995, 132)

21 Hierbei nimmt Benjamin Argumente aus der »Dialektik der Aufklärung« von Adorno und Horkheimer vorweg, wo es heißt: »[S]chon der Mythos ist Aufklärung, und: Aufklärung schlägt in Mythologie zurück.« (Adorno und Horkheimer 1969, 6)

22 Wie der Surrealismus bereits von Beginn an um sein Scheitern wusste, darüber gibt eine längere Passage aus Aragons »Le paysan de Paris« Aufschluss: »Die Propagandisten des Surrealismus werden gerädert und gehängt, die Bildertrinker in Spiegelkabinette gesperrt werden. Die verfolgten Surrealisten werden ihr Bildergift dann in den Tingeltangel-Lokalen an den Mann bringen. […] Einmal mehr wird dem einzelnen das Recht auf Selbstbestimmung streitig gemacht und aberkannt werden. Man wird sich auf die Gefahr für die Öffentlichkeit berufen, auf das Gemeinwohl, die Erhaltung der ganzen Menschheit. Große Empörung wird die ehrbaren Leute packen gegen dieses unhaltbare Treiben, diese um sich greifende Anarchie, die jeden seinem gewöhnlichen Schicksal entreißen will, um ihm ein persönliches Paradies zu schaffen, und man wird nicht zögern, solch eine Verirrung des Denkens als intellektuellen Malthusianismus zu bezeichnen. Welch herrliche Verheerungen: Das Nützlichkeitsprinzip wird allen, die diesem höheren Laster frönen, fremd werden. Der Geist wird bei ihnen lang-

dem Collège das Interesse an Mythen teilte, erstens aber dem Mythos-Denken sehr viel kritischer gegenüberstand als das Collège, er zweitens sein Mythos-Denken nicht an ethnologisch-soziologischen Studien entwickelte, sondern vielmehr den Mythos geisteswissenschaftlich und kapitalismuskritisch entfaltete und drittens sich – im Gegensatz zum Collège – von einer modernen Mythisierung keine Gegenmacht zum Faschismus versprach. Vielmehr sei eine Reaktivierung des Mythos das zentrale Charakteristikum des Kapitalismus. Im Gegensatz zu Max Webers These einer Entzauberung der Welt »läuft Benjamins zentrale Argumentation im Passagen-Werk darauf hinaus, daß die Industrialisierung unter den Verhältnissen des Kapitalismus eine neuerliche Verzauberung der sozialen Welt herbeigeführt hat [...] und dadurch auch eine ›Reaktivierung der mythischen Kräfte‹.« (Buck-Morss 2000, 308) Die Mode ist der typische Ausdruck der durch den Kapitalismus reaktivierten Verzauberung der sozialen Welt.

Im Surrealismus von Aragon individualisiert sich das Mythische zu »Bilderfahrungen eines Einzelnen« (vgl. Freier 1983, 164), von den Collègiens wird hingegen eine Kollektivierung des Mythos propagiert. Aragon wird in Benjamins Werk des Öfteren zitiert, das Collège nie. Aber Benjamins Kritik am kollektiven Mythos und dessen Ausdruck in der Mode ist dennoch in der Auseinandersetzung mit den Collège-Mitgliedern vertieft und verschärft worden. Pierre Missac jedenfalls meint, jede Analyse Benjamins muss sich »in den Kontext des Milieus einfügen, muß den Weg nehmen über das Collège de sociologie, das Benjamin mit einer Konsternation besucht hat, die Pierre Klossowski vielleicht etwas zu sehr betont [...].« (Missac 1991, 39)

In der wenigen Literatur zur Beziehung zwischen Benjamin und dem Collège wird meistens über ihn und Bataille geschrieben. Gerhard Rupp beispielsweise richtet seinen Blick besonders auf Batailles Theorie der Verausgabung und deren Wirkung auf Benjamin (vgl. Rupp 1995).[23] Eine seiner Belegquellen für diese Wirkung ist folgendes Zitat Benjamins aus dem »Passagen-Werk«: »Paris ist in der sozialen Ordnung ein Gegenbild von dem, was in der geographischen der Vesuv ist. Ein drohendes, gefährliches Massiv, ein immer tätiger Herd der Revolution. Wie aber die Abhänge des Vesuv dank der sie deckenden Lavaschichten zu paradiesischen Fruchtgärten wurden, so blühen auf der Lava der Revolutionen die Kunst, das festliche Leben und die Mode wie nirgend sonst.« (Benjamin 1991a, 134) Wie das Collège interessiert sich Benja-

---

sam außer Gebrauch kommen. Sie werden sehen, wie ihre Grenzen sich erweitern, sie werden alle Schwärmer und alle Unzufriedenen dieser Erde an ihrem Rausch teilhaben lassen. Die jungen Leute werden diesem ernsten und nutzlosen Spiel völlig verfallen. Es wird ihr Leben ändern. Die Universitäten werden leer sein. Man wird die Laboratorien schließen. Es wird weder eine Armee mehr geben noch Familie noch Beruf. Angesichts dieser wachsenden Abneigung gegen das Gesellschaftsleben werden sich alle dogmatischen und realistischen Kräfte der Welt gegen das Phantom der Illusionen verschwören. Und sie werden siegen, diese verbündeten Mächte des Warum und des Trotzdem leben. Es wird der letzte Kreuzzug für den Geist sein. Für diese von vornherein verlorene Schlacht werbe ich euch heute also an, abenteuerliche Herzen, die ihr ums Siegen wenig bekümmert seid und in der Nacht nur einen Abgrund sucht, um euch hineinzustürzen.« (Aragon 1985, 74f)

23 Elisabeth Bosch (1986) sieht in Motiven des Vergessens oder der Zerstörung Affinitäten zwischen Benjamin und Bataille.

min für die unterschiedlichen Verausgabungen, in denen sich das Kollektiv ausdrückt.[24] Leitet aber Benjamin wie die anderen Collège-Teilnehmer daraus eine Popa-
gierung der Verausgabungen zum Zwecke von Gemeinschaftsbildungen ab?

Auch Jochen Hörisch (1983) beschreibt in seinem Beitrag »Die Theorie der Ver-
ausgabung und die Verausgabung der Theorie. Benjamin zwischen Bataille und Sohn-
Rethel«, dass sich in Benjamins Arbeiten zentrale »Anregungen Batailles ablagern«,
die für Benjamins späte Denkmotive wichtig wurden (vgl. Hörisch 1983, 14). Als ein
Beispiel gilt ihm Benjamins Arbeit »Eduard Fuchs, der Sammler und der Historiker«.
Die von Bataille thematisierte, gesteigerte Form der Opposition zwischen Lust an der
Verausgabung und der »Insistenz auf der Vernunft der Begrenzung« durchziehe den
gesamten Benjamin'schen Essay (Hörisch 1983, 15). Wie Bataille so fasse auch Benja-
min hier die Kultur als sinnlose Verausgabung auf.

Gewiss gibt es dieses gemeinsame Interesse an den Verausgabungen bei Benjamin
und Bataille. Allerdings besteht die Gefahr, dass man aus dieser Gemeinsamkeit eine
allzu starke Abhängigkeit des Denkens Benjamins von dem Batailles konstruiert.[25]
Wie Pierre Missac, der Benjamin 1937 durch Vermittlung von Bataille kennen lernte,
wohl zu Recht annimmt, ist Hörischs These, Benjamin sei zwischen Bataille und Sohn-
Rethel hin- und hergerissen gewesen, sehr weit hergeholt (vgl. Missac 1991, 39).[26]

> »Denn auch wenn Sohn-Rethel durchaus als Musterbeispiel eines Denkens gelten
> kann, das um die Verkörperung eines untadeligen Marxismus bemüht ist, so ist er
> doch nicht der einzige, und Benjamin bezog sich ebenso gerne auf die recht simplen
> Ansichten Max Raphaels und fühlte sich auch einem Fritz Lieb verwandt, der zwi-
> schen Theologie und konkretestem Handeln gespalten war. Wenn im übrigen Ba-
> tailles Beziehung zum Surrealismus, stärker als die zum dialektischen Materialismus,
> Benjamin interessiert haben sollte [...], dann war dessen Philosophie der Veraus-
> gabung und des Exzesses jedenfalls nicht stimulierender für ihn, als es die Ideen

---

24   Rupp schreibt zu dem Zitat: »Les allusions au cirque, à la révolution, à l'art, à la mode mon-
     trent clairement à quel point ces descriptions sont proches des caractéristiques du potlatch
     données par Bataille.« (Rupp 1995, 280)
25   Vielleicht kann man beide auch so charakterisieren: »Where Bataille seeks the profanation of
     the sacred, and in so doing rendering it sacred in terms, Benjamin attempts a sacralization of
     the profane, and of profane space that structures a profane (i.e. modern) societey. [...] Benja-
     min steps in where Bataille loses interest – the former wants to see what of the ›sacred‹ remains
     in modern society. Ostensibly this comes from the very different sense of ›the sacred‹ that Ben-
     jamin holds, where it is something that arises from certain specific things and our relation to
     them – it has little, if anything, to do with transgressing, to do with crossing any lines – but it
     could have something to do with a line that had always been crossed, and that would therefore
     remain uncrossable in a way that the conscious subject could know. The concept of messianic
     time, anticipating a Derrida that has always already followed, can be read as just such a trans-
     gression. I would argue that if we follow certain of Benjamin's oppositional (if already ›decon-
     structionist‹) terms, we can see the replication of Bataille's taboo/transgression structure that
     occurs as a ›form‹ of gathering, a siting of the sacred.« (Hegarty 2003, 109)
26   Dem Schriftsteller Pierre Missac übergab Bataille 1945 die Bestände von Benjamins Passagen-
     Werk, bis sie 1947 Adorno ausgehändigt werden konnten.

Fouriers oder Bachofens über die Beziehung der Geschlechter waren.« (Missac 1991, 39)

In anderen Worten: Die Annahme, dass Benjamin entscheidende Denkmotive oder Anregungen Batailles stillschweigend übernommen habe, darf nicht überstrapaziert werden. Zwar teilten sie das Interesse an Themen wie der Verausgabung oder des Mythos, aber sie gingen dennoch die Themen auf unterschiedliche Weise an und entwarfen unterschiedliche Theorien. Diese Differenzen im Gemeinsamen gilt es wahrzunehmen und die vorgenommene Analyse über die Beziehungen zwischen Benjamin und den anderen Collègiens mag dabei helfen.

4.2 Hans Mayer und die politischen Geheimbünde

Während 1938 und 1939 sahen sich Hans Mayer und die anderen Mitglieder des Collège häufiger.[27] In seiner Autobiographie »Ein Deutscher auf Widerruf« (vgl. Mayer 1988) beschreibt Mayer, wie er im November 1938 durch einen Artikel in der Zeitschrift »Nouvelle Revue Française« auf das Collège aufmerksam wurde: Dort stand die »Erklärung des Collège de Sociologie über die internationale Krise«. »Die Leute wollte ich kennenlernen, die das geschrieben hatten.« (Mayer 1988, 236) Unter der »internationalen Krise« verstand das Collège das »Münchener Abkommen« vom 29./30. September 1938, das einen »Scheinfrieden« besiegele und die Menschen wie eine »Hammelherde« erscheinen lasse, die »bei vollem Bewußtsein und resigniert ins Schlachthaus zieht.« (Mayer 1988, 238)[28]

   Mayer war tief beeindruckt von der Erklärung: »La déclaration du Collège de Sociologie confirmait ce que j'avais déjà compris lisant Caillois: que je trouverai ici les partenaires que j'avais toujours cherchés.« (Mayer 1986, 85) Er schrieb einen Brief an das Collège und traf sich daraufhin mit Bataille, Caillois und Leiris. Insbesondere Roger Caillois und dessen Buch »Le mythe et l'homme« hatten es ihm angetan: »Auch hier ging es, wie beim Institut für Sozialforschung, um das Beziehungsgeflecht zwischen Mythos und Aufklärung. Die Deklaration des Collège bestätigte mir, was ich schon beim Lesen von Caillois vermutet hatte: daß ich hier an die richtigen Leute kommen würde: an die Nachfolger der einstigen ›Wegbereiter‹.« (Mayer 1988, 239)[29] Caillois

---

27   Das folgende Kapitel geht zurück auf meinen Beitrag »Hans Mayer am Vorabend des II. Weltkriegs beim Collège de Sociologie«, erstmals abgedruckt in »Beiträge zur Geschichte der Arbeiterbewegung«, vgl. Moebius (2002a).

28   Die Erklärung findet sich auch in Hollier (1979, 98–104). Am Schluss der Erklärung zum Münchener Abkommen fordert das Collège diejenigen auf, »denen die Angst die Erkenntnis vermittelt hat, daß die Menschen sich zusammenschließen müssen, sich der Arbeit des Collège anzuschließen: in vollem Bewußtsein, daß die gegenwärtigen politischen Formen ganz und gar verlogen sind, und daß es notwendig wurde, eine Form der kollektiven Existenz wiederherzustellen, jenseits aller geographischen und sozialen Begrenzungen.« (Mayer 1988, 238)

29   Auf die Analyse der Mythen und insbesondere Mayers Vortrag dazu wird noch eingegangen. Dabei wird deutlich, dass für das Collège Mythen einen ambivalenten Charakter haben. Dem

war Mayer am sympathischsten, obgleich Bataille immer Mayers Nähe suchte.[30] Bei Bataille sah Mayer auch zum letzten Mal Walter Benjamin (vgl. Mayer 1986, 85).

Wie bereits erwähnt, können Mythen nach Ansicht der Collègiens einer Zersplitterung der Gesellschaft entgegentreten (vgl. Bataille 1979*a*), sie können jedoch auch zerstörerisch wirken; Beispiele für die zerstörerischen Kräfte der Mythen gab der Vortrag von Hans Mayer am 18. April 1939: In seinem Beitrag »Les rites des associations politiques dans l'Allemagne romantique« verdeutlichte er die synkretistische Struktur und Funktion nazistischer Mythologie. Diese gewinnt ihren Einfluss Mayer zufolge daher, dass sie kulturelle Symbolbestände und Rituale für die eigene Ideologisierung benutzt; das ganze Vokabular der Waffen-SS sei dem Vokabular der deutschen Romantik entnommen (vgl. Mayer 1986, 82):

>»Le problème de mythes politiques est posé: il s'agit de rendre compréhensibles les raisons profondes de l'emprise qu'ont pu exercer certains mots d'ordre, quelques symboles sur les masses allemandes. En fait de symboles, le national-socialisme n'a rien créé, rien inventé, mais il a su utiliser ce qui existait déjà […]. Tous les symboles, toutes les formes d'association, presque tout les concepts du mouvement hitlérien et du III. Reich sont antérieurs à l'époque de l'après-guerre, mais la plupart d'entre eux ne sont pas antérieurs au premier réveil du sentiment national en Allemagne: à savoir à la seconde moitié du XVIII. siècle.« (Mayer 1995, 613)

Mayer wurde gebeten, aus seinen Arbeiten zu Büchner und über die politischen Geheimgesellschaften im Zeitalter der Romantik vorzutragen: »Die Satzungen eines ›Tugendbundes‹ klangen wörtlich fort in den Satzungen der SS, mitsamt der Formel ›Verräter verfallen der Feme‹. Darüber also wollte ich berichten, und es kam auch dazu.« (Mayer 1988, 241) Im Folgenden wird zunächst der Inhalt des Vortrags von Hans Mayer wiedergegeben. Ausgehend davon soll danach gefragt werden, in welchem Verhältnis Mayer zum *Collège de Sociologie* stand.

Mayer beginnt seinen Vortrag zunächst damit, zwei Interpretationsweisen bezüglich der Existenz und Struktur des Dritten Reichs zu unterscheiden und zu kritisieren. Die erste Interpretationsweise geht nach Mayer davon aus, dass Deutschland stets aggressiv war und bleiben wird und das Dritte Reich lediglich ein Ausdruck dieser essentialistischen Eigenart der Deutschen sei. Mayer bezeichnet diese Sichtweise als ahistorische und sogar antihistorische Perspektive. Denn sie unterstellt, dass die Deutschen eine Art »Substanz« und ein unbeweglicher Block von »Residuen« (Pareto) sind, der nicht von historischen Ereignissen verändert werden kann (vgl. Mayer 1995, 610f).

Die zweite Interpretationsweise bezeichnet Mayer als »unbewussten Historizismus« (vgl. Mayer 1995, 612). Dieser kommt zu dem Schluss, dass allein die konkreten Umstände vor dem Zweiten Weltkrieg, die ökonomischen Bedingungen, die hohe Zahl

---

Verhältnis zwischen der »Dialektik der Aufklärung« von Adorno/Horkheimer, deren Kritik an einer Rehabilitierung von Mythen und dem Mythenverständnis des Collège folgt aufgrund des »großen Themas« ein eigenständiger Beitrag.

30 Er spricht dennoch von Bataille als von seinem Freund und betont vor allem Batailles Hilfsbereitschaft und Freundlichkeit (vgl. Mayer 1986, 81, 87).

der Erwerbslosen und strategische Irrtümer der Parteien in der Weimarer Republik den Sieg der Nationalsozialisten erklären können. Diese Analyse verwirft jedoch nach Mayer historische Fakten vor 1918, die unbedingt bei einer Untersuchung der Entstehung des Dritten Reichs einbezogen werden müssen. Insbesondere vernachlässigt diese Interpretation die Frage, warum denn Hitlers Reden auf die Massen und vor allem auf die Mittelschicht so erfolgreich und einnehmend wirkten. Arbeitslosigkeit und Armut müssen zwar zu einer Erklärung des Erfolgs der Nazis herangezogen werden, aber sie erklären nicht den Erfolg der nationalistischen Reden in ihrer nationalsozialistischen Version (vgl. Mayer 1995, 613).

Nachdem Mayer diese zwei Interpretationsweisen kurz nachskizziert hat, kommt er zum eigentlichen Thema seines Vortrags: den politischen Mythen. Der Nationalsozialismus hat die meisten seiner Symbole nicht erschaffen oder erfunden, er hat es aber verstanden, vorhandene Mythen und Symbole zu nutzen oder sie wieder zum Leben zu erwecken. Die Mythen, die Symbole, die Konzepte der nationalsozialistischen Bewegung und die männerbündischen Vereinigungen gab es schon seit der zweiten Hälfte des 18. Jahrhunderts, so Mayers erste These.

Die zweite These, die Mayer in seinem Vortrag entwickelt, lautet: Die nordischen, germanischen oder neuheidnischen Gruppen, forciert durch Madame Ludendorff, Professor Hauer oder Alfred Rosenberg (vgl. Mayer 1995, 614), spielten bei der Entwicklung des Nationalsozialismus lediglich eine sekundäre Rolle. Nichtsdestotrotz vermochte der Nationalsozialismus diese mythischen, sektiererischen und konspirativen Bewegungen in eine taktische und erfolgreiche Politik zu integrieren und im Nationalsozialismus »aufzuheben« – im doppelten Sinne Hegels (vgl. Mayer 1995, 616). Die Idee von einem Deutschen Reich bzw. einem Dritten Reich war ebenfalls keine genuine Erfindung der Nazis. Zuerst wurde diese Idee 1923 von Arthur Moeller van den Bruck (1876–1925) in seinem Buch »Das dritte Reich« formuliert, das zu einer Art Bibel der nationalistischen Jugend avancierte. Den Begriff »ein Reich« begreift Moeller dabei in einem diametralen Gegensatz zu dem Begriff »Empire«, der lediglich einen Staat bezeichnet. Moeller war es auch, der vor Rosenberg oder »Mein Kampf« die grundlegenden Prinzipien einer deutsch-nationalen Außenpolitik entwarf. Mayer zitiert zur Unterstützung dieser Behauptung aus einem 1922 geschriebenen Pamphlet Moellers mit dem Titel »Sozialismus und Außenpolitik«. Dort betont Moeller die Bedeutung einer ost-orientierten Expansionspolitik für Deutschland und entwirft damit zugleich ein »Programm«, das viele der deutschen Nationalisten seitdem teilten.

Der Nationalismus nach dem Ersten Weltkrieg ist kein Ausdruck eines den Deutschen wesenhaft inhärenten Nationalismus. Mayer konstatiert vielmehr eine gewisse Diskrepanz zwischen dem Nationalismus vor dem ersten Weltkrieg und dem Nationalismus danach. Vor dem ersten Weltkrieg gab es »national-bürgerliche« Vereinigungen und Organisationsformen. Typische Organisationen waren dabei u. a. nach Mayer der Flottenverein, »la société colonial, centre d'activité des riches commerçants exportateurs, des compagnies de navigation, du petit bourgeois impérialiste et conformiste gonflé d'orgueil national; enfin la Ligue pangermanique du conseiller Class […].« (Mayer 1995, 621) Deren Ziele waren vor allem Expansionen, wobei sie weniger Sinn für spezielle Mythen hatten, sondern vielmehr in einer Bewunderung Wilhelm II., insbesondere seiner Eloquenz und seiner Uniformen, aufgingen, wie sie auch Heinrich Mann im »Untertan« beschrieben hat. Der Nationalismus nach dem ersten Weltkrieg ist Mayer gemäß das absolute Gegenteil, er entstand nicht aus dem kapitalistischen Bürgertum, sondern aus einer antikapitalistischen Haltung heraus (vgl. Mayer 1995, 621f). Anstatt mit dem bürgerlichen Nationalismus verbunden zu sein, geht der Nationalismus nach dem ersten Weltkrieg viel weiter zurück. Mayer skizziert im Folgenden die allgemeine Entwicklung des nationalen »Sentiments« in Deutschland von seinen Anfängen bis zum Jahr 1871 ausgehend von der Unterscheidung zwischen *Kulturnation* und *Staatsnation* (vgl. Mayer 1995, 623f).

Kulturnation bezeichnet nach Mayer eine Gemeinschaft, die durch die selbe Sprache, gemeinsame Traditionen und identische Lebensstile verbunden ist, die Nazis sprachen von *Volkstum*. Der Begriff *Kulturnation* steht für eine Art Zivilisation und nicht für einen politischen Zustand/Staat (etat). *Staatsnation* steht dagegen für einen politischen und territorialen Nationalstaat, den Mitglieder einer gleichen Sprache formieren. Seit der zweiten Hälfte des 18. Jahrhunderts wollte Deutschland die deutsche *Kulturnation*, deren Mitglieder nicht unbedingt auf ein und demselben Territorium wohnen müssen, in eine einzige und große *Staatsnation* transformieren. Die Idee des Nationalismus entwickelte sich dabei im Gegensatz zum Absolutismus, weshalb nach Mayer nicht von einem deutschen Nationalgefühl vor 1740 gesprochen werden kann. Die deutsche »Kulturnation« entwickelte sich vornehmlich in Opposition zu Frankreich, gegen Boileau und Voltaire (vgl. Mayer 1995, 625), die Formierung einer Staatsnation in Opposition zu Napoleon und später zum zweiten Kaiserreich (1852 – 1870). Das gilt gemäß Mayer auch für das kulturelle »Erwachen«: Klopstock, die Entwicklung deutscher Ästhetik und dramatischer Kunst durch Lessing, die Bildung eines nationalen Theaters und einer nationalen Oper und die steigende Aufmerksamkeit deutscher Vergangenheit durch Herder und den frühen Goethe – alle diese kulturellen Entwicklungen stehen für eine Art der Befreiung von der französischen Hegemonie (vgl. Mayer 1995, 625).

Eine der ersten Spuren und Verbindungen des Nationalismus am Anfang des 19. Jahrhunderts und des Nationalismus nach 1918 sieht Mayer im 1807 entstandenen »Tugendbund«, gegründet durch Stein, Scharnhorst, Gneisenau, Boyen und ihre Freunde. Unter diesen gab es jedoch noch keine Vorstellungen einer geheimen oder illegalen Aktivität, lediglich Gespräche über ein gemeinsames Ideal und Diskussionen darüber, wie dieses Ideal zu erreichen sei. Major von Schill hingegen formierte eine militärische Organisation aus preußischen Offizieren und Soldaten, unter dem Banner des von Scharnhorst anvisierten Ziels einer deutschen Revolution nach Maßstab der Französischen Revolution. Schill wurde in Stralsund getötet. Andere Vereinigungen entstanden: Unter ihnen eine Gruppe Jugendlicher, die Fichtes »Reden an die deutsche Nation« gehört hatten und den *Deutschen Orden* und die Landsmannschaften gründeten. Obgleich die Orden sich nach Mayer um 1812 auflösen mussten, blieben deren nationalistische Vorstellungen maßgebend für andere Vereinigungen, wie beispielsweise diejenigen von Ernst Moritz Arndt und des 1813 formierten »Freikorps«: Truppen des Major von Lützow, die wegen ihrer schwarzen Uniform bekannt waren und eine schwarze Kappe mit Totenkopf trugen – das Modell für die SS (vgl. Mayer 1995, 628).

Ernst Moritz Arndt war maßgebend für die Entwicklung der praktischen und politischen Formierungen des deutschen Nationalismus. Seine Schriften entwickelten die Prinzipien politischer Vereinigungen vor und nach 1814. Arndt ist nach Mayer der geistige Vater des deutschen »Volkstums«, das zunächst gegen Frankreich und dann gegen die »inneren Feinde« wie Metternich gerichtet war.

Von 1815 bis 1819 waren gemäß Mayer die Hauptvereinigungen nationalistischer Agitation die Burschenschaften. In deren Manifesten finden sich auch Vorstellungen darüber, wie eine nationale Kirchenzugehörigkeit entwickelt werden könnte, die die unterschiedlichen Religionsgemeinschaften, wie Protestanten, Lutheraner und Katholiken, in einer Deutschen Kirche aufheben würde. Dieser Vereinigungswunsch der Studenten war eng mit der deutschen Romantik verknüpft, die nach Mayer ebenfalls von einer Vereinheitlichung und »Aufhebung« der Konfessionen träumte. Aus diesem Grund betont Mayer, dass der nationalsozialistische Kampf gegen die römisch-katholische Kirche und gegen protestantische Minister sowie auch der Antisemitismus weniger auf die Ideen des Neopaganismus zurückgreift, sondern vielmehr den alten Wunsch ausdrückt, die politische Vereinigung des »Reichs« analog zu einer kirchlichen Einigung zu vollziehen (vgl. Mayer 1995, 632).

Die Burschenschaften entstanden nach Mayer direkt aus den Projekten von Ernst Moritz Arndt und seinen Vorstellungen über die deutschen Orden. 1814 in Halle unter dem Namen »Teutonia« gegründet, weiteten sich die Burschenschaften mit ihren Schlachtrufen »Ehre, Freiheit, Vaterland« während des Jahres 1815 aus und bestanden vielfach aus Schülern und Gymnasiasten des »Turnvaters« Friedrich Ludwig Jahn. Insbesondere ein gewisser Karl Follen tat sich als Führer unter den nationalistischen Jugendlichen hervor. Er spielte die Rolle eines eloquenten und kultivierten Propheten, der die »Freude am Tod« proklamierte, die sowohl Opfer als auch Mord fürs Vaterland mit einschloss. Mayer betont, dass die Burschenschaften ohne Zweifel Männerbünde auch mit erotischem Gehalt waren, der die Jugendlichen untereinander verband (vgl. Mayer 1995, 634). Ferner gab es zwei Arten der Mitgliedschaft: Die »Halb-Herzigen« wurden in einer einfachen, geheimen und nächtlichen Zeremonie aufgenommen, wobei sie Treue und absolutes Stillschweigen schwören mussten. Eine andere Art der Mitgliedschaft bestand in der sechs oder sieben Leute umfassenden Gruppe mit einem »geheimen Charakter« (Mayer 1995, 635), die Follen um sich scharte und die unter dem Namen »die Unbedingten« auftauchte, darunter sein Bruder August Follen und Karl Ludwig Sand.

Im Oktober 1817 fanden sich die Burschenschaftler zu einem Treffen auf der Wartburg zusammen. In den Festansprachen riefen sie zur Einheit und Freiheit Deutschlands auf, was damals noch provozierend wirkte. Am Ende der offiziellen Feier verbrannte eine Gruppe von Studenten im Andenken an Luthers Verbrennung der Bannandrohungsbulle 1520 mehrere Schriften, die man als reaktionär und undeutsch einstufte. Hinzu kamen einige Uniformstücke, um so gegen die Fürstenherrschaft zu demonstrieren.

Die Polizeibehörden in Preußen und Österreich befürchteten daraufhin eine Verschwörung oder gar einen Umsturz. Verstärkt wurden diese Befürchtungen insbesondere am 23. März 1819, als Karl Ludwig Sand den als reaktionär und antideutsch verfemten Literaten August von Kotzebue umbrachte. Am 20. September 1819 wurden in den Karlsbader Beschlüssen die Burschenschaften samt ihrer Meinungshetze verboten. Follen ging ins Exil und traf dort im Frühling 1821 von Sprewitz, dem er antrug, einen »Jünglingsbund« zu gründen (vgl. Mayer 1995, 637).

An dieser Stelle beendet Mayer seine historische Betrachtung des aufkommenden Nationalismus in Deutschland und schließt seinen Vortrag mit folgenden Überlegungen zur Kontinuität im Denken der deutschen Jugend:

> »Toujours est-il que toute l'histoire ultérieure du XIX. siècle ne reproduit rien d'analogue aux formes, rites et concepts du mouvement qui fut évoqué tout à l'heure. [...] Préparé déjà avant la guerre, ressuscité par le dégoût qu'éprouvait la jeunesse d'avant-guerre devant le gâchis de la vie bourgeoise, le casque étincelant de Guillaume II et le style faux Renaissance, sacré dans la Jugendbewegung et par la mort de ceux qui voulaient faire la guerre avec *Faust* et *Zarathoustra* dans leur besace, l'esprit de 1819 commençait à se répandre de nouveau: l'esprit des insoumis, du mythe et de l'action directe.« (Mayer 1995, 639f)

Mayer hatte in seinem Vortrag deutlich gemacht, wie eine Mythisierung innerhalb der Gesellschaft entstand und wohin sie führen konnte, wie die nationalsozialistischen Mythen von einem großdeutschen und einheitlichen Reich und die Gemeinschaftsmuster der Nazis schon in der deutschen Romantik und den Burschenschaften angelegt waren. Dadurch hatte er den Blick darauf gelenkt, dass Mythen und Geheimgesellschaften, die viele der Mitglieder des Collège gegen den Faschismus und gegen eine zunehmende Individualisierung einsetzen wollten, zerstörerisch wirken und zutiefst inhumanitär funktionalisiert werden können. Im Gegensatz dazu lenkte das Collège seine Aufmerksamkeit vielmehr auf die kommunitären Wirkungen von Mythen, wodurch Mayer wohl zur Einschätzung kommt, dass er und das Collège sich in diesem Punkt »in sonderbarer Weise verfehlten.« (Mayer 1988, 240)

Man kann den Beitrag von Mayer auch als Warnung an das Collège lesen. »Obwohl die Collège-Mitglieder sich für frühere Bünde lebhaft interessieren, hinterläßt Mayer ebensowenig wie Walter Benjamin dauernde Spuren. Dagegen wird im Collège aufmerksam verfolgt, wie Landsberg dem politischen Mythos eine Mystik der Heiligen entgegensetzt.« (Keller 2001*b*, 158)[31]

Die »sonderbare Verfehlung« zwischen ihm und dem Collège führt Mayer darauf zurück, dass er weder begreifen wollte noch recht verstehen konnte, was Bataille mit seinen »Entgrenzungen« im Sinn hatte:

---

31 Hans Mayer kannte Landsberg noch aus Bonn. Man sah sich zuerst wieder bei einem Treffen in der Abtei von Pontigny, wo viele Intellektuelle wie zum Beispiel auch der Begründer der »Union pour la Vérité«, Paul Desjardin, zusammenkamen, um über die Phänomene des Faschismus zu diskutieren. Gerade zurück aus Spanien, berichtete Landsberg – »traurig von der Selbstzerfleischung der Republikaner« (Mayer 1988, 227) – über den dort herrschenden Bürgerkrieg. »Er war trotz allem vertrauend und nicht verzweifelt nach Frankreich zurückgekehrt.« (Mayer 1988, 227)

»[I]l me parlait presque timidement à part, de ses expériences ›Entgrenzungen‹. Il faisait quelques remarques sur des expériences qu'on devrait faire; j'ai hésité, je n'ai pas voulu le comprendre: le rationaliste juif en moi, sécularisé pendant des siècles, traîné à la méfiance des images et de l'imagination, tout cela formait en moi une résistance innée que je sentais indistinctement et pas réellement, que je comprends beaucoup mieux maintenant. Laissez-moi terminer par la phrase suivante: ›Georges Bataille était, ou fut, beaucoup plus allemand que moi‹.« (Mayer 1986, 87f)

Nach Mayer sei Benjamin dem Denken Batailles näher als er selbst gewesen. Dies bedeutet jedoch nicht, dass Mayer die Arbeiten der anderen Collègiens nicht würdigte oder teilweise deren Intentionen teilte. Er schätzte das Collège gerade deshalb, weil es ganz anders war als die übrigen Intellektuellenassoziationen, denen er sich Ende der dreißiger Jahre in Paris hätte anschließen können. Seiner Ansicht nach war das Collège im Gegensatz zu surrealistischen oder kommunistischen Gruppierungen offen und frei, es wurde dort mehr gelacht als anderswo und man hatte einfach Spaß daran, sich zu treffen (vgl. Mayer 1986, 91); »il y avait des discussions, on riait beaucoup, on s'intéressait beaucoup aux sujet traités, aux relations humaines ignorées jusqu'à présent à cause d'une sociologie traditionaliste. […] Tout cela était unique et je n'ai jamais revu quelque chose de ce genre.« (Mayer 1986, 91)

Die vom Collège vertretene Soziologie war in seinen Augen die Negation einer abstrakten französischen Soziologie; was die Soziologie des Collège intellektuell so anziehend gemacht habe, war die Tatsache, dass man sich in sein Forschungsobjekt selbst einbrachte (vgl. Mayer 1986, 88). Er war darüber hinaus davon fasziniert, dass am Collège die ansonsten von der Wissenschaft verworfenen »niederen« und heterologen Bereiche im Mittelpunkt des Interesses standen. In diesem Zusammenhang gestand er vor allem Bataille eine besondere analytische Kraft zu:

»Bataille aber hatte früher gedacht, und auch weiter. Er schied die homogenen von den heterogenen Gesellschaftsweisen. Seine Neigung galt dem ›Heterogenen‹. Dazu gehörte für ihn, unbegrenzt nach Oben wie nach Unten, ›was die homogene Welt von sich abstößt, sei es als Abfall, sei es als höheren transzendenten Wert‹. […] Darüber hatte bereits der dreiunddreißigjährige Bataille im Herbst 1933 unter der Überschrift ›Die psychologische Struktur des Faschismus‹ geschrieben. Er allein schien erkannt zu haben, daß ein ›erwachtes‹ Deutschland mit den überlieferten Denkweisen einer homogenen – nämlich sowohl tabufreudigen wie herkömmlich aufgeklärten – Wissenschaft nicht erfaßt werden konnte.« (Mayer 1988, 241f)

4.3 Paul Ludwig Landsberg – ein vergessener Soziologe

»Factus eram ipse mihi magna quaestio« (Augustinus)

Das 1924 von Max Scheler herausgegebene Werk »Versuche zu einer Soziologie des Wissens« begründete in Deutschland neben Karl Mannheims gleichermaßen orientierten, aber inhaltlich wesentlich anders gelagerten Studien die selbstständige soziologische Erforschung der Relationen zwischen Wissensformen und sozialen Gruppen, kurz: das eigenständige Gebiet der Wissenssoziologie »als eines Teiles der Kultursoziologie« (Scheler 1924a, 5).[32] Scheler hatte noch 1921 in dem Beitrag »Die positivistische Geschichtsphilosophie des Wissens und die Aufgaben einer Soziologie der Erkenntnis« (Scheler 1982), erschienen in den »Kölner Vierteljahresheften für Soziologie«, den von Wilhelm Jerusalem 1908 in der Zeitschrift »Die Zukunft« verwendeten Beitragstitel und Terminus der »Soziologie der Erkenntnis« gebraucht.[33] In diesem Beitrag machte Scheler seinen Pluralismus der Erkenntnis- und Wissensformen gegenüber dem Comte'schen Drei-Stadiengesetz, in dem das religiös-theologische, das metaphysische und das positive Erkennen und Denken historische Phasen der Weiterentwicklung sind, dadurch deutlich, dass er im Unterschied zu Comte davon ausging, dass alle Phasen »essentielle, dauernde, mit dem Wesen des menschlichen Geistes selbst gegebene Geisteshaltungen und ›Erkenntnisformen‹ sind (vgl. Scheler 1982, 60); dies bedeutet: »keine kann die andere je ›ersetzen‹ oder ›vertreten‹.« (Scheler 1982, 60)[34] Der Irrtum des Positivismus über die soziologische Dynamik und das Werden des Wissens sei vor allem gewesen, dass er zu »europäistisch« orientiert gewesen sei. Darum habe er nur die europäischen Prozesse der Wissensformen der letzten drei Jahrhunderte und hier insbesondere die des bürgerlich-kapitalistischen Zeitalters berücksichtigt, die er dann für ein allgemeines Gesetz hielt. Der Positivismus Comtes' sei deshalb blind für »das verschiedene Maß von Verteilung der Fähigkeiten zu den drei, dem Menschengeiste wesentlichen Erkenntnisarten innerhalb der großen Kulturkreise der Menschheit und die verschiedenen Sozialstrukturen, die ihrer Auswirkung entsprechen.« (Scheler 1982, 63)

Zu Beginn seines Beitrages verweist Scheler auf die Form wissenssoziologischer Analysen und definiert sie als Erforschungen der Zusammenhänge »von gesellschaftlicher Kooperation, Arbeitsteilung, Geist und Ethos einer führenden Gruppe mit der Struktur der Philosophie, der Wissenschaft, ihrer jeweiligen Gegenstände, Ziele, Methoden, ihren jeweiligen Organisationen in Schulen, Erkenntnisgesellschaften (z. B. platonische Akademie, peripathetische Schule, moderne und mittelalterliche Organi-

---

32 »Teil der Kultursoziologie«, weil Kultur im Sinne aller Objektivationen des Geistes über die verschiedenen Wissensformen hinausgeht, z. B. in Form des Mythos. Der folgende Abschnitt zu Landsberg ist die überarbeitete Fassung eines Beitrags in der »Sociologie Internationalis« (Moebius 2003f). Dort war allerdings die Beziehung Landsbergs zum Collège kein Thema und es fehlte der folgende Abschnitt zu »Landsberg und das *Collège de Sociologie*«. Da Landsberg von den hier besprochenen deutschen Exilanten meines Erachtens der unbekannteste ist und bislang in der Fachliteratur kaum Beachtung fand, sei ihm an dieser Stelle ein ausführlicher Abschnitt zu seinem Leben und Werk gewidmet. Wer sich nur für seine Beziehung zum Collège interessiert, dem sei empfohlen, die nächsten Abschnitte zu überspringen und im entsprechenden Unterkapitel zu lesen.

33 Zur Geschichte der Wissenssoziologie vgl. u. a. Marlis Krüger (1981). Zu Scheler vgl. den von Gérard Raulet (2002) herausgegebenen Band und zu Scheler und Karl Mannheim vgl. das instruktive Werk von Klaus Lichtblau (1996).

34 Vgl. auch Schelers Beitrag »Die Formen des Wissens und die Bildung« (Scheler 1976a, 118).

sation des Standes der Forscher und Gelehrten usw.).« (Scheler 1982, 57) In den drei Jahre später veröffentlichten »Versuche[n] zu einer Soziologie des Wissens« leitet Scheler dann mit einer Vorrede und der paradigmatischen Einleitung »Probleme einer Soziologie des Wissens« in die verschiedenen Forschungsgebiete der Wissenssoziologie ein und expliziert die Methodologie, die Begrifflichkeiten und die Problembereiche sowie die politische Funktion der Wissenssoziologie als »Fundament einer rationalen Kulturpolitik« (Scheler 1924*b*, VII).[35] Im Anschluss an seine weit über 100 Seiten umfassende Einleitung finden sich in dem Sammelband unter den Rubriken »Formale Wissenssoziologie und Erkenntnistheorie« und »Materiale Wissenssoziologie« Beiträge verschiedener Geistes- und Sozialwissenschaftler wie Wilhelm Jerusalem, Paul Honigsheim, Leopold von Wiese, Helmuth Plessner, Paul Luchtenberg, H.L. Stoltenberg, Justus Hashagen, Lore Spindler, Wilhelm Vollrath, Kuno Mittenzwey, Walter Johannes Stein und Paul Ludwig Landsberg.

Letzterer hatte schon in den Jahren 1922 mit seinem schnell berühmt gewordenen Werk »Die Welt des Mittelalters und Wir. Ein geschichtsphilosophischer Versuch über den Sinn eines Zeitalters« und 1923 mit seiner Dissertation zum »Wesen und Bedeutung der Platonischen Akademie. Eine erkenntnissoziologische Untersuchung« zwei wissenssoziologisch orientierte Schriften vorgelegt, die Scheler unter anderem dann in seiner Einleitung zitiert (vgl. z. B. Scheler 1924*a*, 111). Weitere wissenssoziologische Beiträge finden sich auch in späteren Beträgen von Paul Ludwig Landsberg, wie insbesondere der 1931 in Schmollers Jahrbuch erschienene Aufsatz »Zur Soziologie der Erkenntnistheorie« (Landsberg 1931) oder sein Buch über die »Erfahrung des Todes« (Landsberg 1973) bezeugt. Interessanterweise greifen die ersten wissenssoziologischen Texte Landsbergs genau jene Topoi auf, die Scheler 1921 als Beispiele erkenntnissoziologischer Forschung aufgeführt hatte: mittelalterliche Organisation des Standes der Gelehrten, die Platonische Akademie und die peripathetische Schule.

Obgleich Paul Ludwig Landsberg einige wissenssoziologische Monographien und Artikel verfasst hat und auch nach Meinung Helmuth Plessners[36] zu den wichtigsten Schülern von Max Scheler zählt, ist er aus dem soziologischen Gedächtnis fast verschwunden. War sein Buch über »Die Welt des Mittelalters und Wir«, das sich in ein

---

35   Zu Kulturpolitik: Schelers Lehrer war der Jenaer Philosoph Rudolf Eucken gewesen, der 1908 mit dem Literaturnobelpreis ausgezeichnet wurde und »der zugleich als eine internationale kulturpolitische Berühmtheit seiner Zeit anerkannt war.« (Eßbach 2002, 29) Scheler veröffentlichte die Einleitung in »Versuche einer Soziologie des Wissens« übrigens 1926 in einer erweiterten Fassung noch einmal in seinem Buch »Die Wissensformen und die Gesellschaft« (Scheler 1926).

36   In seinem knappen Beitrag »Erinnerungen an Max Scheler« schreibt Plessner: »Ich habe eigentlich nie verstanden, warum seine akademische Wirkung auf Schüler vergleichsweise gering war. Ich kenne eigentlich nur zwei von Format: Paul Ludwig Landsberg, der ein Opfer der Gestapo wurde, und den Kunstphilosophen Heinrich Lützeler.« (Plessner 1975, 27) Obgleich Plessner nie im Kolleg Schelers war, wie er schreibt (vgl. Plessner 1975, 27), sondern Scheler hauptsächlich bei den Gesellschaften in der Marienburg erlebte, kann Plessner selbst auch zu den Schülern und – wie kürzlich insbesondere Wolfgang Eßbach instruktiv verdeutlicht hat – zu den »Rivalen« Schelers gezählt werden (vgl. Eßbach 2002). Plessner hatte Scheler 1919 zum ersten Mal persönlich kennen gelernt und habilitierte dann 1920 in Köln.

nach dem Ersten Weltkrieg allgemein erwachtes Interesse am Mittelalter einfügte und schon nach einem Jahr eine zweite Auflage erfuhr, damals ein viel beachtetes Werk[37], so sind heute lediglich noch seine Schriften zur »Erfahrung des Todes« oder seine »Einführung in die philosophische Anthropologie« bekannt.[38]

4.3.1 Leben und Werk

Der folgende Abschnitt hat sich neben der Erhellung der Beziehung zwischen Landsberg und dem Collège Folgendes zum Ziel gesetzt: Paul Ludwig Landsberg und sein Werk sollen aus der relativen Unbekanntheit wieder zurück ins kollektive Gedächtnis des soziologischen Diskurses geholt werden. Im Vergleich zu Walter Benjamin und Hans Mayer ist der exilierte Paul Ludwig Landsberg einem breiteren Publikum relativ unbekannt. Darum soll ihm mehr Raum eingeräumt werden als den beiden anderen, zu deren Leben und Werk Literatur im großen Umfang leicht zur Hand ist. Neben einem biographischen Abriss werden die Hauptwerke von Landsberg in knapper Form dargestellt und erörtert.[39]

Landsbergs »Mittelalter« und die Anfänge einer Soziologie des Wissens

Am 3. Dezember 1901 wurde Paul Ludwig Landsberg als zweiter Sohn von Anna Landsberg, geb. Silverberg (1878–1938), und des Juraprofessors Ernst Landsberg (1860–1927), der als erster Jude 1914 Rektor der Universität wurde, in Bonn geboren.[40] Der Bruder Erich fiel 1916 mit 19 Jahren im Krieg. Bis 1920 besuchte Paul

---

37 »It was an event in the history of thought when Paul Landsberg, one of Scheler's most remarkable students, thus confessed his ardent admiration for the medieval spirit, and the very year Scheler began move away from the church.« (Oesterreicher 1952, 200)

38 Zu den wichtigsten Büchern zum Mittelalter nach dem I. Weltkrieg zählen neben dem Landsbergs unter anderem Heimsoeths »Die sechs großen Themen der abendländischen Metaphysik und der Ausgang des Mittelalters« von 1922 und Huizingas »Herbst des Mittelalters« von 1919. Vgl. auch Albert (1992a). Zur deutschen Mittelalterbegeisterung bzw. »Mittelalterbeschwörungen in der Weimarer Republik und danach« siehe Oexle (1996a), der ebenfalls Landsbergs Mittelalter-Buch thematisiert. Den Hinweis auf Oexles Text verdanke ich Winfried Gebhardt, dem hier herzlich gedankt sei.

39 Da zur philosophischen Anthropologie Landsbergs bereits ein sehr gutes Einführungswerk existiert, vgl. Zwierlein (1989), sollen aus Lansdbergs Werk nicht so sehr seine philosophisch-anthropologischen (vgl. Landsberg 1934a), sondern vor allem seine wissens- und kultursoziologischen Schriften, die aktuell im soziologischen Diskurs kaum eine Rezeption erfahren, hervorgehoben, thematisiert und rekonstruiert werden.

40 Die hier vorliegenden biographischen Bemerkungen zu Paul Ludwig Landsberg sind eine Synthese verschiedener Quellen und Daten zu seinem Leben und gehen insbesondere auf folgende Arbeiten zurück: Zunächst auf die ausführlichen biographischen Skizzen von Eduard Zwierleins grundlegendem Buch zur Anthropologie Landsbergs (vgl. Zwierlein 1989, 16–20), auf einen Beitrag von Marietta Siebeke aus dem »Lebendigen virtuellen Museum online« des

Ludwig Landsberg das Gymnasium und erwarb dort sein Reifezeugnis mit einem Abitursaufsatz über Hamlets berühmten Ausspruch: »Die Zeit ist aus den Fugen; Schmach und Gram, daß ich zur Welt, sie einzurichten, kam!«. Der Aufsatz enthielt sozialistische Inhalte, die einen Schulskandal hervorriefen. Besonderen Einfluss erfuhr Landsberg durch die Jugendbewegung, den George-Kreis[41], Schopenhauer, die Phänomenologie von Husserl und die Existenzphilosophie Karl Jaspers sowie ganz besonders durch seinen Lehrer Max Scheler.[42] Bezüglich des Georges-Kreises schreibt Roland Marwitz 1947 in seiner Charakterisierung des jungen Landsbergs, erschienen in der Zeitschrift »Hochland«: »Selbst in der kurzen Zeit seiner Bindung an den Kommunismus zu Beginn der zwanziger Jahre und ehe er zu Scheler kam, war es für ihn bedeutungsvoll, daß Lenin dem russischen Adel entstammte, und in Georges ›Brand des Tempels‹ glaubte Landsberg, eine Huldigung für den Führer der bolschewistischen Revolution zu erkennen.« (Marwitz 1947, 164)

Ab 1934 muss man die personalistische Bewegung in Frankreich um Emmanuel Mounier und die von Mounier, Georges Izard, André Deléage und Louis-Émile Galey 1932 herausgegebene Zeitschrift *Esprit* und deren intellektuelles Umfeld zu den Einflüssen zählen, die das Denken Landsbergs prägen.[43] Allerdings erhält die Esprit-Gruppe von ihm ebenfalls entscheidende Anstöße (vgl. dazu Keller 2001*b*): »Landsberg ist zwischen 1934 und 1940 der wohl wichtigste Theoretiker von Esprit.« (Keller 2001*b*, 104) Andere wichtige Einflüsse waren das katholische Christentum, obgleich der Vater von Paul Ludwig Landsberg seine Söhne protestantisch hatte taufen lassen, während Anna und Ernst Landsberg selbst weiterhin jüdischen Glaubens blieben. Beim »frühen« Paul Ludwig Landsberg wird darüber hinaus und in der Besprechung

---

Deutschen Historischen Museums (vgl. Siebeke 2001), auf das Nachwort von Arnold Metzger zu Landsbergs »Erfahrung des Todes« (vgl. Landsberg 1973, 133ff), Albert (1992*a*, 193f) und auf die Gedächtnisschrift der Universität Bonn für Prof. Dr. Ernst Landsberg, Anna Landsberg und Dr. Paul Ludwig Landsberg sowie auf einen undatierten Zeitungsartikel von Prof. Dr. Bernhard Bosch »Das Schicksal von Paul Ludwig Landsberg«, den mir freundlicherweise die *Walter-A.-Berendsohn-Forschungsstelle für deutsche Exilliteratur* an der Universität Hamburg zusandte und der ich, ebenso wie dem *Universitätsarchiv Bonn,* sehr herzlich danken möchte. Ebenfalls sehr kenntnisreich ist das Kapitel zu Landsberg und die Charakterisierung Landsbergs von Pater John M. Oesterreicher (1952, 199–260), der insbesondere auf Landsbergs Affinität zum katholischen Christentum abzielt und einige Stellen aus Landsbergs Tagebüchern zitiert. Schließlich sei auf einen Beitrag von Roland Marwitz in der Zeitschrift »Hochland« (Marwitz 1947) und auf das Vorwort von Landsberg (1952) verwiesen. Vgl. auch die Erinnerungen von Jorge Semprun (1995, 202ff).

41 Zum Verhältnis des Kreis um Stefan George und der in Deutschland entstehenden Soziologie vgl. u. a. Lepenies (2002, 311) und Keller (2001*a*). Zu George überhaupt siehe Breuer (1996).

42 Vgl. Oesterreicher (1952, 199–260). Zur personalistischen Anthropologie Schelers vgl. Keller (1994).

43 Vgl. dazu u. a. Keller (1993) und insbesondere Keller (2001*b*). Letzteres Werk von Thomas Keller verdeutlicht sehr detailliert und kenntnisreich Landsbergs Denkbewegungen, seine sozialen Erfahrungszusammenhänge und seine bedeutende Rolle für den Esprit-Personalismus (vgl. auch Keller 2001*b*, 302ff).

seines Mittelalterbuches deutlich, wie er von der Idee einer »konservativen Revolution« und einem katholisch verherrlichten Mittelalter geprägt war, später jedoch wesentlich von diesen Positionen abwich, wie Eduard Zwierlein in seiner Besprechung der philosophischen Anthropologie Landsbergs folgendermaßen festgehalten hat:

> »Im Zuge seiner Ausarbeitung einer personalistischen Philosophie, vor allem des Engagementbegriffs, und angesichts seiner Erfahrungen mit dem Nationalsozialismus und dem Spanischen Bürgerkrieg entwickelte sich seine kulturphilosophische Auffassung immer deutlicher weg von seiner Konzeption einer konservativen Revolution, orientiert am Strukturvorbild des Mittelalters, hin zu einer Theorie des politischen Engagements und des ›militanten Humanismus‹ [...].« (Zwierlein 1989, 105)[44]

In Anlehnung an Schelers Satz »Ich bin kein Gegenstand«, womit er sich einer Festlegung seines Wesen erwehrte, bemerkt Landsberg selbst: »Auch hat man ein Recht, die eigene Vergangenheit als etwas Totes zu verleugnen, wenn ihre Art nicht mehr zu uns gehört.« (Marwitz 1947, 167) Landsberg studierte 1920/1921 zwei Semester in Freiburg und lernte dort sowohl Husserl, Kroner und Heidegger, als auch Cohn, den Nationalökonom Diehl und den Soziologen Hermann Kantorowicz kennen. Von Freiburg aus ging Landsberg nach Köln, wo er neben von Wiese und Kaiserswaldau seinem Lehrer und Doktorvater Max Scheler, der selbst einmal Schüler Husserls war, begegnet. 1922 veröffentlichte Landsberg sein Buch über »Die Welt des Mittelalters und Wir. Ein geschichtsphilosophischer Versuch über den Sinn eines Zeitalters«.[45]

Bereits in Landsbergs Erstlingswerk zur Welt des Mittelalters, das bereits ein Jahr nach Erscheinen eine zweite Auflage erfuhr und Max Scheler gewidmet ist, werden Anfänge seiner Wissenssoziologie deutlich: Es behandelt die Denkbilder, Weltanschauungen und die Philosophien des Mittelalters. Landsberg stellt wesentliche Denkstrukturen des Mittelalters dar und versucht darüber hinaus, diese auch für seine Zeit bedeutsam werden zu lassen. Letzteres meint insbesondere, dass Landsberg beispielsweise religiöse Liturgien und das mittelalterliche Deutungsmuster[46] des »Ewigen« gegen ein Verfallen der Zeit einzusetzen wünscht (vgl. Landsberg 1923*a*, 16). In

---

44 Landsbergs Idee einer konservativen Revolution war deutlich auf das katholische Mittelalter bezogen und ist insofern nicht mit der »Revolution von rechts« (Hans Freyer) zu verwechseln, die sich u. a. bei Oswald Spengler, Ernst Jünger, Carl Schmitt oder Moeller van den Bruck durch Aspekte des Antisemitismus, Aristokratismus oder der völkischen Mystik ausdrückte. Überdies scheint fast allen Spezialisten der konservativen Revolution die personalistische Komponente der antiliberalen Dritte-Weg-Strömungen entgangen zu sein, wie Thomas Keller in seinem höchst instruktiven Buch zu den personalistischen Intellektuellendebatten der Zwischenkriegszeit verdeutlicht (vgl. Keller 2001*b*, 20ff). Zur katholischen Jugendbewegung vgl. Keller (1993, 220f). Zum Personalismus von Alexandre Marc vgl. Hellmann und Roy 1993) und von Paul L. Landsberg vgl. Kellers Beitrag: »Médiateurs personnalistes entre générations non-conformistes en Allemagne et France: Alexandre Marc et Paul L. Landsberg« (Keller 1995) und Kellers Nachwort (vgl. Keller 1998) in Roy (1998).

45 Vgl. zur Besprechung dieses Werkes auch Albert (1992*a*).

46 Unter Deutungsmuster sind strukturierte und strukturierende Denkformen, Wahrnehmungs- und Interpretationsformen der sozialen Welt zu verstehen.

Landsbergs Habilitationsgutachten heißt es bezüglich des Mittelalter-Buches: »Dabei [gemeint ist das Mittelalter-Buch, S.M.] bricht ein Bekenntnisfanatismus, der Männern wie Scheler, Bertram, Stefan George gilt und auch im Zitieren eines Jaspers sich verrät, hervor«, wie einer der Gutachter, Adolf Dyroff, schreibt.[47] Allgemein kann gesagt werden, dass Landsberg zur Zeit der Abfassung seines Mittelalter-Buches, wie viele andere seiner Zeitgenossen auch, die gesellschaftliche und kulturelle Situation als eine tiefe Krise empfindet, aus der die Soziologie und der von ihm aufgezeigte Weg, die Wiederentdeckung des mittelalterlichen Ordnungsvertrauens (geistige und soziale Ordnung) und des »Ewigen«, helfen können:

> »In der deutschen Soziologie der Weimarer Republik blieb zwar die Überzeugung weiterhin bestehen, daß Kultur und Gesellschaft in einer steten Wechselwirkung stehen, das Verständnis von Kultur als einem offenen, dynamischen Prozeß hingegen wurde zusammen mit dem eng damit verbundenen methodologischen Postulat der ›Werturteilsfreiheit der Wissenschaft‹ – sieht man von einem Außenseiter wie dem jungen Helmuth Plessner einmal ab – immer mehr abgelehnt, ja diskreditiert. Die – nur aus der besonderen kulturellen Lage der 20er Jahre zu erklärende – Sehnsucht nach einer neuen Kultursynthese, der Wille, Kultur nicht als einen analytischen, sondern wieder als Wertbegriff verstehen zu wollen, führte zu einer Abkehr von den Positionen Webers und Simmels, die nun als ›Resignationssoziologen‹ (Max Scheler) diffamiert wurden, und zu einer neuen Ontologisierung beziehungsweise Re-Substantialisierung des Kulturbegriffes.« (Gebhardt 7.1.2002, 2)[48]

Im Mittelpunkt von Landsbergs früher Studie steht die »Darstellung der zentralen mittelalterlichen Position in ihrer inneren Größe und Folgerichtigkeit, des Ewigen im Mittelalter mit seiner Sinnbeziehung auf die geistigen Zustände der Gegenwart.« (Landsberg 1923a, 11f) Dabei gelte es sowohl die »Einheit des Denkbildes« sowie dessen historische Gebilde zu untersuchen als auch die »geahnte Wegweisung der Gegenwart« daraus zu entnehmen (vgl. Landsberg 1923a, 12). Angelehnt an die phänomenologischen Denkwege seiner Lehrer Husserl und Scheler versucht Landsberg eine »Wesensschau« des Mittelalters, wobei das Mittelalter »weniger einen bestimmten Zeitraum bezeichnen soll, als eine menschliche Grund- und Wesensmöglichkeit, die in einem bestimmten Zeitraum am sichtbarsten in Erscheinung trat […].« (Landsberg 1923a, 7)[49]

---

47 Das Habilitationsgutachten ist im Universitätsarchiv Bonn einzusehen, dem hierfür herzlich gedankt sei.

48 Zur empfundenen Kulturkrise vgl. neben der Studie von Lichtblau (1996) auch das Buch von Armin Steil (1993) und Helmut Lethen (1994). Für die letzten zwei Literaturhinweise möchte ich Winfried Gebhardt danken. Ebenso für den wichtigen Hinweis, dass Scheler und Landsberg glaubten, sich von Max Webers Diktat der Werturteilsfreiheit lösen zu müssen, damit man den Menschen wieder den richtigen Weg weisen könne. Vgl. dazu auch Gebhardt (1999, 173).

49 Zur philosophischen Besprechung des Mittelalterbuches vgl. den Vortrag von Albert (1992a), auf den im Folgenden gelegentlich zurückgegriffen wird.

Die verschiedenen Epochen sind nach Landsbergs wissenssoziologischer Perspektive dadurch geprägt, dass in ihnen nicht nur eine einzige Denkform oder Weltanschauung zu erfassen ist, sondern es immer Pluralismen von »Gruppengeistern« (Scheler), mehrere »Positionen und Antipositionen« gibt. Die Antipositionen existieren nicht absolut getrennt von den Positionen als Realopposition, vielmehr hängen sie relational von den Positionen in einem konstitutiven Sinne ab. Insofern hat jede Denkform, an der alles gemessen wird – im Mittelalter ist dies die Position der »allein herrschende[n] christliche[n] Ansichtseinheit« (Landsberg 1923a, 8) – ihr »Von weg« und ihr »Hin zu«, im physikalischen Sinne die Bewegung der Abstoßung und Anziehung, im geistigen Sinne die von »Liebe und Hass« (Landsberg 1923a, 8).[50]

Das Christentum ist im Mittelalter die positive Position und die Häresien sind die negativen bzw. Anti-Positionen[51]: »Die originär negative Bewegung ist eine häretische, sofern sie sich primär gegen eine allgemein anerkannte Lehre richtet. So ist der Typus der häretischen Bewegung erkenntnissoziologisch scharf umrissen. [...] Die Neuzeit beginnt durch den Sieg einiger Häresien und steht überhaupt im Zeichen der Negativität«, so Landsbergs gegenwartskritische Ansicht (Landsberg 1923a, 8f). Einzig die schulrevolutionäre Bewegung Gustav Wynekens[52], der George-Kreis, die italienische Renaissance oder ein vom negativen zum positiven gewandelter Sozialismus bildeten in der Geschichte positive Bewegungen und somit ein Bild der Hoffnung, während der Protestantismus mit »seinem germanischen Hass gegen das verkommende Rom« gemäß Landsberg die Bewegung der Negativität eingeläutet hätte (vgl. Landsberg 1923a, 9).

Landsberg legt anhand zentraler Diskursformationen und Werke des Mittelalters interpretativ und in einem dokumentarischen Sinne dar, dass die wesentlichen Denk- und Wahrnehmungsmuster des Mittelalters die Ordnungsidee, die Teleologie und

---

50 Vor dem Wissen liegt übrigens die Sein transzendierende Teilnahme, Liebe im formalsten Sinne (Scheler), wie Landsberg – entsprechend Schelers »ordo amoris« oder des Apriori des Liebens und Hassens – im ersten Satz des Buches bemerkt: »Eine neue Vorliebe ist die Bedingung einer neuen Schau. Das Wesentliche der Dinge erschließt sich nur dem Auge des Liebhabers.« (Landsberg 1923a, 7) Die persönliche Struktur einer Person kann nach Scheler auf die Hass- und Liebesakte reduziert werden. Zur Liebe vgl. auch Pascals Denken des »ordre du cœur« bei Scheler sowie bei Landsberg (1923a, 19f). Thomas Keller bemerkt: »Die christliche Tradition der agapè, die zumindest in Schelers Denken bis 1918 eine so wichtige Rolle spielt, wird von seinem Schüler Landsberg weitergeführt.« (Keller 2001b, 99) Der »ordre du cœur« kann nach Scheler in der Geschichte stückweise aufgedeckt werden, wobei er nicht selbst, sondern nur sein Erfassen historisch ist. Zur Erinnerung: In seinem Vortrag vom 5. Februar 1938 beim *Collège de Sociologie* beschreibt Bataille ebenfalls die gesellschaftliche Struktur mit der Bewegung von Anziehung und Abstoßung.

51 Es wäre hinzuzufügen, dass die Häresien im umgekehrten Sinne ebenso konstitutiv für die Konsolidierungsprozesse der christlichen Kirchen und die »Positionen« mit dem oftmals umstrittenen Inhalt: »Was ist eigentlich christlich?« jeweils zu füllen waren.

52 »Progressive« Wortführer des Freistudentischen Bundes wie Walter Benjamin, Hans Reichenbach oder Alexander Schwab waren ebenfalls geprägt von der von Wyneken gegründeten »Freien Schulgemeinde Wickersdorf«. Vgl. Lichtblau (1996, 423) und Reijen und Doorn (2001, 20ff).

Gott sind. Das Weltbild des Mittelalters sei beherrscht gewesen von einem »metaphysischen Optimismus«, einem Vertrauen darauf, dass eine gute Ordnung herrsche: »Jenes Vertrauen hat in seiner Nachwirkung noch das Selbstvertrauen der Naturwissenschaft begründet, die von der Voraussetzung der Gesetzlichkeit des Weltverlaufs ausging (Galilei, Kepler, Newton).« (Landsberg 1923a, 12f) Der Gedanke der Ordnung, der sich strukturidentisch und seinsverbunden durch die Sozialstruktur des statischen Ständesystems ausdrückte (vgl. Landsberg 1923a, 24)[53], ist die zentrale Position, von der Denken, Weltanschauung und Philosophie des Mittelalters verständlich werden: Es herrscht die Vorstellung, »dass die Welt ein Kosmos sei, dass sie ein sinnvoll und ziervoll geordnetes Ganzes sei, das sich ruhig bewege nach ewigen Gesetzen und Ordnungen, die aus Gott ersten Anfanges entsprungen, auch auf Gott letzten Endes Beziehung hätten.« (Landsberg 1923a, 12) Diese »ordo« ist eine Bewegung zu Gott hin. Deshalb ist die Ordnung für den Menschen im Mittelalter vor allem eine teleologische Ordnung: »Alle Dinge sind einem höchsten Zweck zugeordnet.« (Landsberg 1923a, 13) Und noch heute ist nach Landsberg das Wahrnehmen der Weltordnung ein Erbe des Mittelalters, das ihm zufolge wieder zur Herrschaft zu führen sei. Das Denken einer teleologischen Ordnung im Mittelalter und das darin enthaltene Vertrauen auf einen Entwicklungssinn und Endzustand der Geschichte findet sich Landsberg zufolge noch in Hegels Geschichtsphilosophie, die nur ein »pantheistischer Nachklang von Augustinus« sei (vgl. Landsberg 1923a, 15). Während aber das moderne Denken historisch sei, ist das mittelalterliche Denken metaphysisch.[54] Für Landsberg gibt es ein ungeschichtliches Sein (vgl. auch Albert 1992a, 198); eine Vorstellung, die zwar auch nach dem Sein fragt, aber die im Gegensatz sowohl zur Annahme einer Geschichtlichkeit des Seins (Heidegger) steht als auch zum modernen Fortschrittsdenken: »Die abgeschmackte Zeitdienerei eines Spengler etwa ist nur die Karikatur eines allgemeinen modernen Fehlers, des Denkens, das nach Geschichte statt nach Sein primär fragend ist.« (Landsberg 1923a, 16)

Der Endzweck sowohl der Seinsordnung des »Soseins« und »Daseins« als auch des menschlichen Strebens und Erkennens ist Gott. In diesem Streben nach Gott über das Leben hinaus gewinnt auch »das Ewige« seine Bedeutung: »Für den mittelalterlichen Menschen ist das Ziel des Lebens die Gottschau nach dem Tode, ›visio benefica‹, es liegt in der Ewigkeit.« (Landsberg 1923a, 28) Der Sinn der Lebensbewegung liegt in einer ewigen Ruhe. Im Unterschied zu diesem Lebenssinn und der Ewigkeit dieses Lebenssinns sowie zu dem Ausspruch des Thomas von Aquin: »Solus deus voluntatem hominis implere potest«, sind alle »Antworten der Modernen auf die Frage nach dem Sinn des Lebens […] Scheinantworten […]. Es wird vom neuzeitlichen Menschen kein Blick über das Leben und den Tod hinausgeworfen und eben dadurch das Leben verdorben und seiner Form beraubt.« (Landsberg 1923a, 28)

Dennoch scheint es auch in der Moderne manchmal Momente dieser ewigen Ruhe zu geben: »Unsere vollkommensten, glücklichsten und ruhigsten Augenblicke sind

---

53   Mit dem Ordnungsgedanken geht nach Landsberg ein moralischer Pessimismus Hand in Hand.

54   Wobei jedoch bei Hegel beides zusammen trifft.

solche liebender Schau eines wertvollen Gegenstandes, sei es Ding, Mensch oder Gott. Die ›vita contemplativa‹, nicht die ›vita activa‹, das beschauliche, nicht das tätige Leben enthält die höchsten menschlichen Möglichkeiten.« (Landsberg 1923a, 28f) Sowohl der Orient, die Antike als auch das Mittelalter seien in dieser Weltanschauung gegen die vom Protestantismus geprägte Neuzeit einig. Ebenso haben auch die Philosophien erkenntnissoziologisch im Orient, in der Antike und im Mittelalter eine andere Stellung als die Philosophie in der Neuzeit, weil sie »Lehren« anstatt Wissenschaft gewesen seien (vgl. Landsberg 1923a, 67). Ihnen kam es auf lebendige Menschen an; Wissen entspringe, so Landsbergs an Scheler angelehntes emotionales Apriori, vielmehr der Liebe als dem Rationalen: »Nietzsche hatte ganz recht, wenn er meint, ohne die schönen Jünglinge von Athen würde es keine platonische Philosophie geben.« (Landsberg 1923a, 68)[55] Wissen oder Erkenntnis ist somit wesentlich sozial bedingt und entsteht in lebendigen Interaktionen und sozialen Zusammenhängen: »Man kann sich Entstehung und Geist der scholastischen und mystischen, wie auch der platonischen und der orientalischen Philosophie gar nicht in einem innerlichen Sinne sozial genug vorstellen. Wir dürfen nicht mit unseren Begriffen von der Philosophie als von einem einsamen Schreibtischwerk, als vom empfangenden und gebenden Menschen losgelöster Wahrheit, an Plato, Augustin, Thomas und Ruisbroeck herantreten. […] Solange wir nicht lernen, die Philosophie in den lebendigen Zusammenhängen einer vertieften Soziologie zu sehen, werden wir zu einer brauchbaren Geschichtserkenntnis von ihr nicht gelangen.« (Landsberg 1923a, 67ff)

Seine wissenssoziologischen Annahmen, dass Wissen aus sozialen Interaktionen und Diskursen entsteht und die Philosophie von anthropologischen Tatsachen wie Geburt, Tod oder Liebe herrührt, erweitert Landsberg um den Moment der Prozesshaftigkeit von Denken und Wissen und fragt: Wie kam es zur Zerstörung des mittelalterlichen Denkens?

Nach Landsberg beginnt der Verfall von Weltanschauungen, Wissen oder Denksystemen zunächst als innerer Zerfall; nicht so sehr von einem absoluten Außen, sondern eher vom eigenen Rand her: »[W]ie das heutige Bürgertum höchstens an seiner eigenen inneren Korruptheit sterben wird, so war auch die äußere Besiegung der mittelalterlichen Scholastik durch den Humanismus und das Luthertum nur eine deutliche Sichtbarwerdung, eine notwendige Folge des inneren Verfalls.« (Landsberg 1923a, 76f) Der »Selbstmord der Scholastik« setzte insbesondere durch die Schriften des Wilhelm von Occam/William of Occam (1290–1349)) und dessen Kritik an der Ordnungsidee ein. Mit dem Universalienstreit, also der Frage, ob den Einzeldingen oder den Allgemeinbegriffen (Universalien) wahre Wirklichkeit zukomme, stellte »der mittelalterliche Mensch sich selbst als mittelalterlichen Menschen in Frage.« (Landsberg 1923a, 77). Die Antiposition zu den Universalisten nahmen die Nominalisten (wie Occam) ein, deren »Lehre [besagt, S.M.], die Universalien seine bloße ›nomina‹, bloße Bezeichnungen und Abkürzungen, ohne ein eigentümlich Bezeichnetes […].« (Landsberg 1923a, 78) Sobald das Mittelalter seine Metaphysik verlor, musste es un-

---

55 Vgl. auch dazu die letzten Werke von Michel Foucault, die den Übergang von der Weisheit der Liebe zur Liebe zur Weisheit (philo-sophie) thematisieren.

tergehen: »Im Sieg des Nominalismus drückte sich der Sieg des der sogenannten »Realität« zugewandten Geistes aus, lange bevor er sich in dieser Realität selbst ausdrückte. Dieser Geist ist aber antimittelalterlich und antireligiös, weil er antiplatonisch und antimetaphysisch ist.« (Landsberg 1923a, 78)

So war es nicht die kopernikanische, also heliozentrische Weltsicht, die die Weltanschauung des Mittelalters zerstörte, sondern es war Wilhelm von Occam: »Occam ist, wie wir zeigten, der eigentlicher Zersprenger der mittelalterlichen Ordnungsidee.« (Landsberg 1923a, 84) Im Zusammenhang mit der »kopernikanischen Wende« werden von Landsberg zwei sowohl für die Wissenssoziologie als auch für die Epistemologie interessante Sichtweisen geäußert:

> »Zunächst halte ich es prinzipiell für unmöglich, dass eine Änderung in den Grundformen nicht nur des metaphysischen Denkens, sondern auch des metaphysischen Schauens durch irgendeine Theorie, die nur Raumdinge betrifft, hervorgerufen werden kann. […] Neben diesen apriorischen Überlegungen sprechen aber auch die Tatsachen eine laute Sprache. Seit Duhem steht fest, dass so wie viele andere Entdeckungen der späteren Naturwissenschaft auch schon die kopernikanische Weltansicht von Scholastikern an der Sorbonne im vierzehnten Jahrhundert vorweggenommen worden ist. Grabmann bestätigt dasselbe von Nikolaus von Oresme. Auch Thomas nahm das ptolemäische Weltsystem aus erkenntnistheoretischen Gründen keineswegs für völlig erwiesen. Da entsteht doch die Frage: Wieso konnte dieselbe Entdeckung, die im vierzehnten Jahrhundert wirkungslos blieb, im sechzehnten Jahrhundert so ungeheure Wirkungen haben, wie ihr zugeschrieben werden, später dann so große, wie sie im Lauf der Jahrhunderte tatsächlich gehabt hat? […] jede Erklärung des Umsturzes in der abendländischen Weltanschauung aus irgendwelchen Fortschritten der Naturwissenschaft setzt den Umsturz schon voraus, den sie erklären will, und der eben die tatsächliche, sekundäre, aber immer noch überraschend große Wirksamkeit des Fortschritts der Naturwissenschaft erst möglich machen musste, und erst verständlich macht.« (Landsberg 1923a, 82f)

Nach Landsberg musste sich erst die »Gesamtstellung des Menschen zu Welt und Gott durch religiöse und metaphysische Wandlungen« ändern, bevor »bei der Projektion dieser Wandlungen in die Ebene der Wissenschaften die kopernikanische Lehre zur Herrschaft geführt« werden konnte (Landsberg 1923a, 84). Die wirkliche Wende brachte allerdings Occam und der Sieg des Nominalismus.[56]

Max Scheler hat zwei Jahre nach Landsbergs Mittelalter-Buch in seiner Einleitung zu den »Versuche[n] einer Soziologie des Wissens« ebenfalls auf den wissenssoziologisch bedeutenden Wandel vom begriffsrealistischen zum nominalistischen Denken aufmerksam gemacht. Der Ablauf des Universalienstreits in der mittelalterlichen Philosophie sei dabei zunächst eine historisch zu erkennende Tatsache (vgl. Scheler 1924b, 22): »Daß aber die begriffsrealistische Denkart als lebendige Art zu ›denken‹

---

56 Zur »Soziologie der Scholastik« (Honigsheim 1924b) und zur »Soziologie des realistischen und nominalistischen Denkens« (Honigsheim 1924a) vgl. die entsprechenden Beiträge des Scheler-Schülers Paul Honigsheim in »Versuche zu einer Soziologie des Wissens«.

selbst – nicht als logische ›Theorie‹ – im Mittelalter vorwog, in der Neuzeit aber die nominalistische Denkart, das ist wieder eine soziologische Tatsache.« (Scheler 1924*b*, 22) Ausgehend von Tönnies' Untersuchung zu Gemeinschaft und Gesellschaft (vgl. Gangl 2002, 220) ist der soziale Prozess von vorwiegend »lebensgemeinschaftlicher« zu vorwiegend »gesellschaftlicher Gruppierungsform« (Scheler 1924*b*, 16) bzw. die beginnende »Auflösung von Gemeinschaft in Gesellschaft« (Scheler 1924*b*, 22) ebenso eine soziologisch zu untersuchende Tatsache wie die Ablösung eines organologischen Denkens durch ein Denken, das in der »Bewegung toter Massen« und ihren »Gesetzen Formen erschaut, denen (sowie sie funktionalisiert sind) nun auch die lebendige, soziale, ökonomische, geistige, politische Welt sukzessive untergeordnet wird oder werden soll.« (Scheler 1924*b*, 22)

Ausgehend von Jakob Burkhardts 1860 veröffentlichtem Werk »Die Kultur der Renaissance in Italien« entwickelt Landsberg seine Antwort auf die Frage, ob das Mittelalter rein kollektivistisch war oder ob auch damals schon eine Individualität nach modernem Verständnis existierte. Jakob Burkhardt, dessen Werk Landsberg trotz seiner Kritik ein Meisterwerk nennt, geht davon aus, dass im Ausgang des 13. Jahrhunderts in Italien einzelne Individuen stärker in Erscheinung treten. Ebenso schreibt später Georg Simmel in seinem Aufsatz »Das Individuum und die Freiheit« (Simmel 1984), die italienische Renaissance habe das geschaffen, »was wir Individualität nennen: die innere und äußere Gelöstheit des Einzelnen aus den Gemeinschaftsformen des Mittelalters, die dessen Lebensgestaltung, Betätigungen, Wesenszüge in nivellierende Einheiten gebunden hatten [...].« (Simmel 1984, 212) Jedoch ist Simmel sehr vorsichtig in seiner Meinung über den Kollektivismus des Mittelalters, wie folgender Satz verdeutlicht: »Ich lasse dahingestellt, ob dem Mittelalter die Züge von Individualität wirklich in so erheblichem Maße mangelten.« (Simmel 1984, 212) Es ist diese Spur, die Landsberg verfolgt, wenn er an Burkhardts Auffassung, die überdies das Mittelalter *in* der Renaissance übersehe, Folgendes kritisiert:

> »Nicht richtig scheint mir aber die Ansicht über das Mittelalter. Man tut ihm Unrecht, wenn man es schlechthin »kollektivistisch« ansieht. Das Mittelalter war gleichzeitig weniger kollektivistisch und kollektivistischer als die Neuzeit. Es war insofern weniger kollektivistisch, als der Mensch sich als Heilssubjekt bei einem Religiösen gegeben war. Bei stärkster sozialer Bindung gab es jedoch für jeden eine letzte Sphäre religiöser Innerlichkeit. Der Solidarismus der Verantwortlichkeit hat es ja, wie man treffend gesagt hat, nicht mit dem ›Ich im Wir‹, sondern mit dem ›Wir im Ich‹ zu tun.« (Landsberg 1923*a*, 91)

Landsberg verdeutlicht seine Sichtweise auf den Kollektivismus des Mittelalters mit dem Hinweis darauf, dass die »heutigen Amerikaner [...] bei allem ›Individualismus‹ unendlich viel gleichförmiger und herdenhafter als das Volk des Mittelalters [sind].« (Landsberg 1923*a*, 91) War das Mittelalter aufgrund der religiösen Innerlichkeit weniger kollektivistisch als die Neuzeit, so sei es jedoch auch kollektivistischer als die Neuzeit gewesen, so Landsberg. Und zwar insofern, als es den Typus des einsamen Gelehrten – oder mit Max Webers Absage an die Vorstellungen der Jugendbewegung:

des mit der »Wissenschaft als Beruf« notwendig asketischen Typus –, »den Typus Burkhardt« nicht gab. Die »großen« Menschen im Mittelalter seien hingegen der Sozietät innerlich wie äußerlich stärker verbunden gewesen (vgl. Landsberg 1923a, 92).[57] Seit der Renaissance jedoch, und hier folgt Landsberg Burkhardt, gebe es die scharfe soziale Trennung zwischen den »einsamen Gebildeten« und den »Herden der Ungebildeten«. Das Aufkommen dieser Trennung wird allerdings – so möchte man hier hinzufügen – schon in der Platonischen Akademie und Platons πολῑτεία deutlich. Landsberg stellt jedenfalls fest, dass seit der Renaissance die Lehren des Individualismus und des Kollektivismus, die im Mittelalter noch aneinander ihr Maß hatten, auseinander fallen und in einen antagonistischen Konflikt geraten.

Schließlich zieht Landsberg seine Konsequenz aus der empfundenen Kulturkrise: »Kein ›zurück zum Mittelalter‹ kann uns helfen, keine Neomystik, keine Neoscholastik, – helfen kann uns die Wiederentdeckung des Ewigen in der Welt, auch in der Geschichte der Welt, auch im Mittelalter.« (Landsberg 1923a, 99) Ebenso wie Scheler, der wegen seiner an Nietzsche angelehnten »Umwertung der Werte« im Sinne eines »renouveau catholique« auch von Ernst Troeltsch als »katholischer Nietzsche« bezeichnet wurde (vgl. Lichtblau 1996, 161), hebt Landsberg die kulturellen Ideale des katholischen Mittelalters hervor. Entgegen des bürgerlichen Gebrauchs des Ordnungsbegriffs gelte es in einer Zeit, die Landsberg ähnlich wie Georg Simmel in »Der Konflikt in der modernen Kultur« als eine Zeit beschreibt, in der Leben und Form auseinander getreten sind (vgl. Landsberg 1923a, 114), eine neue Ordnung zu schaffen: »Die konservative Revolution, die Revolution des Ewigen ist das Werdende und schon Seiende der gegenwärtigen Stunde. Die in ihr Stehenden sind die, mit denen mein Titel mich als ›Wir‹ zusammenfassen soll. Nicht ›Die Welt des Mittelalters und ich‹ konnte es hier heißen. Denn wir junge Menschen haben die hohe und heilende Freude eines neuen ›Wir‹ erfahren [...].« (Landsberg 1923a, 112)[58]

---

57 Ebenso wie in der Antike, wo insbesondere die von Landsberg 1923 besprochene Platonische Akademie ein enges Verhältnis zwischen Leben und Wissenschaft vorstellt. In der Wiedergabe von Erich von Kahlers Ansichten in »Der Beruf als Wissenschaft« schreibt Klaus Lichtblau: »Aus diesem Grunde sei es auch eine Verkürzung, wenn Weber das Platonische Höhlengleichnis ausschließlich im Hinblick auf die Entstehung einer begrifflich-diskursiven Form der Erkenntnis innerhalb der griechischen Antike zu würdigen weiß, aber mit keiner Silbe darauf eingehe, daß hier ein völlig anderes Verständnis über das Verhältnis von Wissenschaft und Leben zum Ausdruck komme, von dem sich gerade die heutige Jugend wieder in so starkem Maße angezogen fühle [...].« (Lichtblau 1996, 440)

58 Zur Beziehung zwischen Scheler, der Jugendbewegung und eines von ihm darin prognostizierten Aufkommens des »homo novus« im Gegensatz zu dem vom protestantischen Ethos geprägten »homo capitalisticus« sowie einer Verteidigung der vom Scheler-Kreis erhofften Renaissance des Katholizismus und des Mittelalters durch Landsberg vgl. Lichtblau (1996, 173f). »Landsbergs Vorstellung einer konservativen Revolution stammt noch aus der ersten revolutionären Phase der Weimarer Republik. Sie ist nicht deckungsgleich mit den totalitären, dezisionistischen und völkischen Durchbruchstrategien, die heute – eben nach der Arbeit Mohlers – als Merkmale der konservativen Revolutionäre der Weimarer Republik gelten.« (Keller 2001b, 103) Zur »konservativen Revolution«, der »Wissenschaftskrisis« und zur Ausdifferenzierung der wissenssoziologischen Forschung innerhalb der Tradition der Kultursozio-

Landsberg geht davon aus, dass in der Geschichte des Abendlandes eine klare Abfolge menschlicher Wesensmöglichkeiten zu erkennen sei, auch wenn diese nicht evo-
lutionistisch, sondern vielmehr zirkulär sei: »[...] von der Ordnung zur Gewohnheit
und von der Gewohnheit zur Anarchie [...], um dann von der Anarchie wieder zur
Ordnung zu gelangen.« (Landsberg 1923*a*, 114) Ganz anders als das evolutionistische
Modell Comtes vertritt Landsberg in seinem Buch eine zirkuläre Geschichtsspekula-
tion:

> »Diese Bewegungsgestalt wiederholt sich zweimal in dem Zeitraum, der für uns in
> genügender Weise historisch sichtbar ist. Von der Ordnung der Hochantike führt
> der Weg zur Gewohnheit der Spätantike und der Anarchie der Übergangszeit. Aus
> dieser Anarchie dann wieder zur Ordnung des Mittelalters. Von der Ordnung des
> Mittelalters führt er zur bürgerlichen Gewohnheit und zu jener Anarchie, die sich in
> den Gegenbewegungen gegen sie anmeldet, um in der heutigen Jugendbewegung,
> das Wort in ganz wörtlichem und doch weitem Sinne genommen, siegreich zu wer-
> den.« (Landsberg 1923*a*, 114)

Die von Georg Simmel schon vor dem I. Weltkrieg diagnostizierte Krise der Kultur
und der Wissenschaft ist es nach Klaus Lichtblau auch, in »welcher zentrale Bestandteile und Motive der Kulturkrise und der Kulturkritik sowie Kulturkritik der Jahrhundertwende den Weltkrieg zu überdauern vermochten und auch noch die intellektuellen Auseinandersetzungen innerhalb der Weimarer Republik nachhaltig prägten.«
(Lichtblau 1996, 409) Hiervon war auch der Scheler-Schüler Paul Ludwig Landsberg
beeinflusst. Wie in seinem »geschichtsphilosophischen Versuch über den Sinn eines
Zeitalters« ersichtlich wird, versuchte er Auswege aus der Krise, die nach Kriegsende
durch aufkommende Diskussionen über die kulturelle Relativität und Parteilichkeit
alles Wissens umso ausgeprägter empfunden und eine Kultursynthese darum umso
dringlicher gesucht wurde (vgl. Lichtblau 1996, 419), mit der Hoffnung sowohl auf
die neu zu erschaffende Ordnung als auch auf das Ewige des Mittelalters und des Katholizismus zu finden. In der sozio-kulturellen Stimmung einer tief empfundenen
Kulturkrise wurde Landsbergs Buch emphatisch aufgenommen: »Es sei angemerkt,
daß Hermann Hesse 1923 P.L. Landsbergs Mittelalterbuch rezensierte und es ›allen
jungen Menschen‹ empfahl, ›welchen der heutige Zustand einer hinsterbenden Epoche unerträglich ist, und welche ja zum größten Teil sich mit flammender Ablehnung
und dem Willen zur völligen Zertrümmerung des Absterbenden begnügen‹; dieses
Buch sei ›die stärkste Leistung ..., welche die heutige deutsche Jugend zu zeigen hat‹,
und es werde ›in Bälde als Fahne über einer großen Anhängerschar stehen‹.« (Oexle
1996*a*, 152)[59]

---

logie in Deutschland vgl. insbesondere die instruktive Studie von Klaus Lichtblau, insbesondere Lichtblau (1996, 392ff) und die ebenfalls instruktive Studie von Keller (2001*b*, 20ff).

59 Oexle (1996*a*) gibt in seinem Beitrag ein vorzügliches Bild der zeitgenössischen Diskussionen
um Landsbergs Mittelalter-Buch, an denen sich unter anderem auch Alfred von Martin beteiligte – und freilich dem Projekt eines »neuen Mittelalters« mehr als skeptisch gegenüber stand.

Auch wenn Landsbergs geschichtsspekulative Abfolge kaum eine Erwähnung mehr in seinen weiteren Arbeiten findet, knüpft er in seinen folgenden wissenssoziologischen Werken an bestimmte Themen von »Die Welt des Mittelalters und Wir« an. Sowohl die durch soziale Interaktionen entstehenden Wissensprozesse als auch der anhand zentraler Diskurse untersuchte und dokumentarisch-sinnanalytisch interpretierte Universalienstreit sind Themen, die Landsberg in seinen folgenden wissenssoziologischen Arbeiten untersucht: Der Universalienstreit ist Thema in einem Beitrag in Schmollers Jahrbuch aus dem Jahre 1931 »Zur Soziologie der Erkenntnistheorie« und die soziale Konstruktion von Erkenntnis findet sich wieder in seiner Dissertationsschrift, die nun behandelt werden soll.

Die sokratische Methode der Erkenntnisfindung und die vergemeinschaftende Kraft des Mythos

1923 erlangt Landsberg seinen Doktorgrad mit der wissenssoziologischen Studie zu »Wesen und Bedeutung der Platonischen Akademie. Eine erkenntnissoziologische Untersuchung«. Die Nebenfächer der Dissertation sind Experimentelle Psychologie und Sozialwissenschaften. Die Arbeit zur Platonischen Akademie bildet den ersten Band einer von Max Scheler herausgegebenen Schriftenreihe zu »Philosophie und Soziologie«, die Scheler deshalb zur Eröffnung der Reihe ausgewählt hat, weil die Arbeit »selbst heraus eine Frage angreift, die einen Teil der Kultursoziologie, die Erkenntnissoziologie der Philosophie an einem fundamentalen Beispiel ebenso tiefgreifend berührt als die Frage nach dem Wesen der Philosophie und ihrer Methodik selber […].« (Landsberg 1923*b*, VI-VII), wie Scheler im Vorwort zu Landsbergs Dissertation schreibt. Ebenso betont Scheler in der Fußnote seiner Vorrede, dass Landsbergs Arbeit ursprünglich als Beitrag zu dem vom Kölner Forschungsinstitut für Sozialwissenschaften in Auftrag gegebenen Sammelwerk über eine »Soziologie des Wissens« geplant sei, jetzt aber wegen ihres großen Umfangs einzeln publiziert werde (vgl. Landsberg 1923*b*, VII).

Gleich im ersten Satz seiner Dissertation definiert Landsberg den Gegenstand der Erkenntnissoziologie folgendermaßen: »Gegenstand der Erkenntnissoziologie sind die Erkenntnisfindung, insofern sie von mehreren, verbundenen Menschen ausgeübt wird, und die Erkenntnismitteilung von Mensch zu Mensch.« (Landsberg 1923*b*, 1) Wie wird Erkenntnis in sozialen Beziehungen konstituiert? Die Formen der sozialen Beziehungen und die Formen der Kommunikation bilden den Gegenstand der Erkenntnissoziologie, wobei die Begegnung von Mensch zu Mensch, vis-à-vis, Erkenntnis konstituiert; Erkenntnis ist wesentlich sozial produziert, sozial vermittelt und wird in sozialen Beziehungsformen bewahrt; andersherum erzeugt Erkenntnis in ihrer kommunikativen Weitergabe wiederum Soziales. Darum habe die Erkenntnissoziologie die Kooperationsformen zu untersuchen, in denen sich Menschen zum Zwecke

---

Vgl. auch den Beitrag »Kultursoziologie des Mittelalters« (Martin 1931*b*) im »Handwörterbuch der Soziologie« von Alfred Vierkandt (1931).

der Erkenntnisfindung verbinden, und »dann die Mitteilungsformen, in denen sie sich die Erkenntnisgehalte mitteilen.« (Landsberg 1923*b*, 1) Wahrscheinlich vor dem Hintergrund der Wissenssoziologie Schelers – ohne diesen jedoch explizit diesbezüglich zu nennen – und angelehnt an der Unterscheidung zwischen Real- und Idealfaktoren untergliedert Landsberg die »Erkenntnissoziologie« in einen »formalen Teil«, in dem die »ahistorischen Grundformen erforscht werden, und in einen ›speziellen Teil‹, dessen Forschung ihren mehr oder minder adäquaten historischen Verwirklichungen gilt.« (Landsberg 1923*b*, 1) Der formale und der spezielle Teil sind jedoch untrennbar aufeinander angewiesen. Landsberg fasst die »Untrennbarkeit der Untersuchungsarten« als methodische Regel auf. Dennoch entschließt er sich, seine Arbeit der speziellen Erkenntnissoziologie zuzuordnen, die aber »notwendig hin und her zwischen der allgemeinen Grundlegung und der Erfassung der historischen Tatsachen« gehe (vgl. Landsberg 1923*b*, 1). Da insbesondere für die Erkenntnissoziologie noch gar keine genügende Systematisierung vorliege, muss jede »historische Arbeit auf die Gewinnung allgemeiner Erkenntnisse mitgerichtet sein« und versucht werden, Systembildung und historische Erfahrung zu vereinen (vgl. Landsberg 1923*b*, 1).

Landsberg ordnet seine Arbeit der speziellen Erkenntnissoziologie zu, die sich den historischen Prozessen widmet. Insbesondere untersucht er die Entstehung philosophischer Erkenntnis getreu den zu Anfang dargelegten Gegenständen der Erkenntnissoziologie: der Erkenntnisfindung und der Erkenntnismitteilung. Die platonische Akademie ist dafür seiner Meinung nach besonders geeignet, denn an ihrem Beispiel kann untersucht werden, wie die sozialen Beziehungen des »philosophischen Zusammenerkennens« und diejenigen der »philosophischen Erkenntnismitteilung« aussehen (vgl. Landsberg 1923*b*, 2). Zweitens ermöglicht die Untersuchung der platonischen Akademie als besondere soziale Beziehungsform eine historisch angelegte, wissens- und kultursoziologische Erforschung der europäischen Geistesgeschichte, da Platon einen Wendepunkt im »menschlichen Denken« markiert (vgl. Landsberg 1923*b*, 2). Für Landsberg verbindet sich damit nicht nur eine rein erkenntnissoziologische Beschreibung des Phänomens der platonischen Akademie, seiner spezifischen sozialen Beziehungsform und seiner Bedeutung für die Erkenntniskonstitution, sondern er hält es in der »heutigen Krisis nicht unfruchtbar, solches Vorbild zu klären. Es dient als kleiner Beitrag zur kritischen Selbstbesinnung des Geisteslebens.« (Landsberg 1923*b*, 2) Und drittens ist Landsberg zufolge der erkenntnissoziologische Gesichtspunkt besonders wichtig, um den Inhalt der platonischen Philosophie selbst zu erhellen (vgl. Landsberg 1923*b*, 2).

Die Beziehungen zwischen »soziologischen Prozessen« und philosophischen Lehren ordnet Landsberg nach folgendem Schema (vgl. Landsberg 1923*b*, 4): Er unterscheidet zwischen »bedingungsmässigen«, »intentionalen« und kausalen Beziehungen. Unter die Rubrik bedingungsmäßige und intentionale Beziehungen fallen die Auswirkungen von »allgemein-soziologischen Umständen (Prozessen und Zuständen) auf die speziellen der Erkenntnis dienenden sozialen Gebilde« (Landsberg 1923*b*, 4), wie beispielsweise die Akademie. Ferner fallen darunter die Beziehungen der soziologischen Umstände zum Lehrgehalt, z. B. die historischen Vorbilder und Grundlagen von Platons πολῑτεία. Und zu den bedingungsmäßigen Beziehungen gehören ebenfalls die Beziehungen der sozialen Form des Erkennens (zum Beispiel die Akademie) zum Erkenntnis- und Lehrgehalt. Unter »Kausalbeziehungen« versteht er die umgekehrte Richtung der eben beschriebenen Beziehungen: Es sind die Beziehungen des Erkenntnis- und Lehrgehalts zu den sozialen Formen der Erkenntnis und die Beziehungen des Erkenntnis- und Lehrgehalts zu den allgemeinen sozialen Formen. Landsberg versteht demnach die Beziehungen zwischen sozialen und soziologisch erfassbaren Strukturen und philosophischen Lehren als einen wechselwirkenden Prozess, wobei die sozialen Umstände allerdings die Bedingungen oder die Basis der Verwirklichung der Erkenntnisgehalte darstellen, die dann aber wiederum auf die sozialen Umstände zurückwirken und möglicherweise diese auch verändern können.

Zu Beginn seiner Studie unterschied Landsberg zwischen Erkenntnisfindung und Erkenntnismitteilung. Anhand des Beispiels des Sokrates verdeutlicht er nun, was man unter Erkenntnismitteilung verstehen kann. Sokrates lehrte nicht in einer Schule, sondern die gesamte Polis war sein Lehrfeld. Seine Lehrart bzw. Form der Erkenntnismitteilung bezeichnet Landsberg als die »Sokratische Methode« (Landsberg 1923*b*, 5).[60] Zweierlei kann bei einer Erkenntnismitteilung stattfinden: Entweder kann der Gehalt einer Erkenntnis oder die Erkenntnis als erfassender Akt selbst vermittelt werden:

> »Es ist ein großer Unterschied, ob ich jemandem die Eigenschaften einer Buche aufzähle, oder ob ich ihn vor eine Buche hinführe und ihn auffordere, deren Eigenschaften und Lebensgesetz durch Zusehen selber zu erkennen. Das zweite ist bereits eine Art sokratischer Methode. Sie besteht also darin, dass der, welcher mitteilt, nicht Resultate gibt, sondern zum Vollzug der Erkenntnis hinführt und auffordert. Die ›Hinführung‹ ist die eigentliche und unlernbare, die maieutische Kunst der sokratischen Gespräche; sie setzt eine reale Fühlung zwischen den Seelen der Unterredenden voraus, und schon hier mag erkannt werden, wie nur in der Sphäre, in der Eros alles durchweht, sokratische Belehrung möglich ist.« (Landsberg 1923*b*, 5)

Nicht Wissen abrufendes Fragen oder eine reine Präsentation von Erkenntnis, die nicht selbst erfassend nachvollzogen wurde, bilden Erkenntnis, sondern zum Erkenntnisprozess gehört wesentlich, den Weg zur Erkenntnis mit Hilfe des anderen selbst gegangen zu sein, ihn »anschauend mitzugehen« (Landsberg 1923*b*, 6). Wie beim Collège gehören Erkennen und Erleben eng zusammen. Ferner gehört nach Landsberg auch die Liebe zum Erkenntnisprozess. Wie schon kurz angesprochen, bindet Landsberg Erkenntnis- und Erfahrungsprozesse an die Liebe. Dies wird zum Beispiel auch noch in seinem 1935 publizierten Buch »Die Erfahrung des Todes« deutlich. Dort koppelt er die Todeserfahrung an den Tod eines »signifikanten« anderen, insbesondere den eines geliebten Menschen. Erst durch die vis-à-vis-Situation oder durch Liebe zur einzigartigen Person des anderen vermittelt sich eine Todeserfahrung (vgl. dazu Landsberg 1973). Die gemeinsame soziale Form des vis-à-vis ist konstitutiv und produktiv für Erkenntnis, wie später auch Peter L. Berger und Thomas Luckmann in ih-

---

60 Die sokratische Methode wird in der Regel als »Mäeutik« (Hebammenkunst) bezeichnet.

rer Theorie der Wissenssoziologie eingehender verdeutlichen (vgl. Berger und Luckmann 1990, 31). Landsberg meint: »Man muss sich ganz klarmachen, dass dies Zusammenphilosophieren tatsächlich produktiv ist.« (Landsberg 1923*b*, 11) Und weiter heißt es: »Im Zusammengehen in der Freundschaft wird dann die Erkenntnismitteilung zum Zusammenerkennen.« (Landsberg 1923*b*, 12) Die Erkenntnisfindung in der sozialen Form der Freundschaft will Landsberg in Bezug auf Max Weber als Idealtypus des sokratischen Gesprächs verstanden wissen (vgl. Landsberg 1923*b*, 12f). Landsberg versteht jedoch unter Idealtypus vor allem das Wesen, nähert seine Untersuchung an eine phänomenologisch orientierte Soziologie an und konstatiert mit Bezug auf Husserl und Platon: »Ohne Wesensforschung – das zeigt sich auch hier – kann es keine Soziologie geben.« (Landsberg 1923*b*, 13) Hinsichtlich der griechischen Philosophie hebt Landsberg hervor, dass der Prozess der Erkenntnisfindung ausgehend vom Eros auch immer einen agonalen Charakter besitze, so dass der Eros eine Steigerung durch das agonale Moment erleide, welches zum Wesen der sokratischen Unterredung und in Anlehnung an Nietzsche zum griechischen Charakter als einem wettkämpfenden Volk insgesamt gehöre (vgl. Landsberg 1923*b*, 11).

Im weiteren Verlauf seiner Studie skizziert Landsberg die Entstehung der sozialen Form der Schule bzw. der Academia ausgehend von der Verurteilung des Sokrates. Dadurch dass Sokrates vom Volk hingerichtet wurde, wurde die Kluft zwischen dem Volk und den Anhängern Sokrates aufgetan. Platon wendet sich vom Volk ab, indem er aus dem »Gesamtsein der Polis« eine neue »soziologische Form« entwickelt – die Schule: »es hat für den Sokratiker keinen Sinn mehr, sich an das Volk zu wenden, das dem Meister, der sich bis zuletzt zu ihm wandte, mit dem Tode gelohnt hat.« (Landsberg 1923*b*, 17) Ein besonderes geistiges Reich muss als Gegensatz zur Polis geschaffen werden. Ausgehend von dieser Unterscheidung zwischen dem gemeinen Volk und dem sich davon abwendenden Platon, ausgelöst durch die demokratische Verurteilung des Sokrates, können auch Platons elitäre Denkbewegungen zum Teil verstanden werden.[61]

Interessant ist, dass die Gründung der Schule oder die Gemeinschaft der Sokratiker wesentlich durch einen Mythos konstituiert wurde. Die vergemeinschaftende Kraft des Mythos, die insbesondere ein Gegenstand des *Collège de Sociologie* war, an dessen Sitzungen Landsberg Ende der dreißiger Jahre teilnahm, zeigt sich am Beispiel der Akademiegründung: Die Trennung der Sokratiker vom Volk geschah nicht einfach aus freiem Willen, sondern war Landsberg zufolge ein organischer Vorgang (vgl. Landsberg 1923*b*, 18). Die Autorität der Schule hat einen mystischen Ursprung in der Tötung ihres »Vaters« Sokrates.[62] Durch den Tod Sokrates wurde man »nun inne, dass man schon eine Einheit bildete, dass man ein dem übrigen Volke gegenüber begrenzter Kreis war. Es war aber das Paradoxe und Gefahrvolle der Situation, dass man seiner Besonderheit innewurde, gerade in dem Augenblick, wo die Ursache dieser Be-

---

61   Ein anderer Teil müsste sich beispielsweise der sozialen Herkunft Platons zuwenden. Durch seine aristokratische Erziehung hatte Platon ein »wahrhaft königliches Selbstgefühl« und ein aristokratisches »Pathos der Distanz« hervorgebracht (vgl. Landsberg 1923*b*, 19).

62   Zum mystischen Grund der Autorität vgl. auch Derrida (1991).

sonderheit vernichtet oder doch entrückt war. Der magnetische, persönliche Mittelpunkt dieses Kreises war der Meister.« (Landsberg 1923*b*, 18) Die Sokratiker hatten anstatt esoterischer Lehren oder Dogmen von ihrem Meister nur ein »Bild« oder einen Eindruck von Sokrates. Ein zentrales Thema des Collège wird hier bereits vorweggenommen: die konstitutive Kraft des Mythos für Vergemeinschaftungsprozesse; der Vatermord verweist auf *Acéphale*. Die konstitutive Kraft des Mythos zeige sich anhand des Bildes von Sokrates, das insbesondere durch die frühen Schriften Platons geschaffen wurde:

> »Wurde dies von allen geahnte Bild nicht Mythos, überpersönliches Wort und zeitenthobene Gestalt, so konnte es keine sokratische Schule geben, welche die sokratische Wirkung auf die Nachwelt überleitete. Das war der kairos für die beiden korrelativen schöpferischen Taten des platonischen Beginns, die Schöpfung des sokratischen Mythos und die Schöpfung der Akademie. Beide gehören zusammen. Die Einung der Sokratiker konnte nur durch diesen Mythos eine dauernde werden. […] Platon schuf den Mythos, der den Sokratikern den Mittelpunkt ihres Kreises verewigt zurückgab.« (Landsberg 1923*b*, 18f)

Die durch den Mythos geschaffene Schule und Selbstdefinition ermöglicht eine soziale Form der Wissensproduktion und der Erkenntnismitteilung innerhalb eines Kreises.

Neben der sozialen Form der Wissensproduktion und Wissensmitteilung ändert sich auch die soziale Funktion der Philosophen selbst. Waren sie früher auch Gesetzgeber, so wandelte sich diese zusätzliche soziale Funktion schon bei Sokrates und bei den Sophisten. Letzteren bescheinigt Landsberg eine Wirklichkeitsferne im Denken, da sie »nur im geistigen Raume beheimatet« als »Entwurzelte« durch Griechenland wanderten (vgl. Landsberg 1923*b*, 22): »Es zeigt sich an ihnen, wie skeptischer Nominalismus, Subjektivismus und Relativismus mit Herauslösung aus der Lebensgemeinschaft notwendig zusammen geht. […] Athen war diesen heimatlosen Geisthändlern, was in unseren Tagen München lange unserem Literatentum war, eine Stadt, wo jede neue Idee Anklang fand, und wo man stets sicher war seinesgleichen zu finden.« (Landsberg 1923*b*, 22f) Da Sokrates in einer Gemeinschaft verwurzelt war und dies bejahte, gehören die Sophisten der Gesellschaft an, so dass Landsberg die Gegnerschaft zwischen Sokrates und den Sophisten soziologisch als eine »Erscheinungsform des Gegensatzes von Gemeinschaft und Gesellschaft« deutet (vgl. Landsberg 1923*b*, 26). Anstatt Gesetzgeber zu sein, ist Sokrates Ankläger der Polis, wodurch er sein eigenes Todesurteil besiegelt. Der Philosoph isoliert sich.

Der Kreis, der durch den Mythos geschaffen wurde, ist ein elitärer Kreis, eine »Sekte«, wie Landsberg die platonische Akademie in Anlehnung an die Begrifflichkeit Webers und Troeltschs (vgl. Landsberg 1923*b*, 31) beschreibt: »Die Bedeutung des Schrittes zur Isolierung von der Polis, den die Gründung der Akademie bewirken musste, für die soziologische Stellung des Philosophentums in den folgenden Jahrhunderten kann gar nicht überschätzt werden. Nietzsche hat es ausgesprochen, dass alle griechischen Philosophen nach Platon ›Sektenstifter‹ sind […].« (Landsberg

1923*b*, 27f) Diese Sekten suchen Erlösung nur für einzelne, nahe stehende Gruppen, Freunde oder Jünger. Die Konstituierung von Sekten, bei denen man »voluntativ« und nicht qua Geburt Mitglied wird, wiederholt sich nach dem platonischen Vorbild, indem kleine Menschengruppen aus dem Zerfallsprozess von Gemeinschaften heraustreten und unter ein besonderes Gesetz gestellt werden bzw. sich selber unter ein solches stellen. Ebenfalls gehört zur Sekte eine der herrschenden Religion bis zu einem gewissen Grad entgegengesetzte Sonderlehre.

Die platonische Akademie wird zu einer isolierten Gemeinschaft mit einer religiösen Sonderlehre. In ihrem Mittelpunkt steht der sokratische Mythos, der die Gemeinschaft zunächst zusammenhält. Ferner lehre Platon »ein Verhältnis von Liebe und Erkenntnis, dessen Kern es ist, dass nur durch Liebe erkannt werden kann.« (Landsberg 1923*b*, 43)

Selbstvergöttlichung und Heiligung – religionssoziologische Überlegungen

Im weiteren Vorgehen seiner Studie ordnet Landsberg die platonische Akademie, deren sektenhafte Erlösungslehre er zuvor dargelegt hatte, in den Zusammenhang der »soziologischen Religionsgeschichte« ein. Er unterscheidet dabei verschiedene Stufen der europäischen Religionsgeschichte: die Stufe der Volksreligion, der Sektenreligion bzw. Metaphysik und der Offenbarungsreligion. Am Anfang steht die Volksreligion im Sinne eines polytheistischen Pantheismus, wie Gundolf es nannte (vgl. Landsberg 1923*b*, 63). Mit einer zunehmenden Auflösung der Gemeinschaftlichkeit wird die nächste Stufe erreicht. Diese bildet die »Vorschule des Christentums« (Landsberg 1923*b*, 63), sie ist gekennzeichnet durch Vergeistigung und ihre Mitgliedschaft erlangt man durch Wahl anstatt qua Geburt. Die Vergeistigung des Menschen, die Erweckung des Individuums bezeichnet den Prozess von der Gemeinschaft zur Gesellschaft; der Mensch ist erwacht, der »Traum des Mythos ausgeträumt« (vgl. Landsberg 1923*b*, 71). Die dritte Stufe, die von Volksreligion und Metaphysik »wesensverschieden« ist, ist die Offenbarungsreligion, das heißt das Christentum: »Die durch den Platonismus eröffnete zweite Stufe bereitet diese vor, indem sie einen innerstädtischen und dann auch im Hellenismus und im römischen Reich internationalen geistigen Raum für die überstädtische und übernationale Kunde schafft, die dann nach ihrem Wesen auf eine dritte Form hindrängt, welche weder Lebensgemeinschaft, noch Gesellschaft sein soll, sondern Reich Gottes, solidarisches Verbundensein freier Personen.« (Landsberg 1923*b*, 74)

Ausgehend von den verschiedenen religionsgeschichtlichen Stufen entwickelt Landsberg ein »religionssoziologisches Grundschema« (vgl. Landsberg 1923*b*, 74): Er ordnet jeder sozialen Beziehungsform bzw. sozialen Kooperation eine Religionsstufe zu. So ergibt sich für die soziale Form der Lebensgemeinschaft die Volksreligion; für die Polis die Kultgemeinschaft. Die Gesellschaft steht für die metaphysische Stufe der Religion; die (philosophischen) Sekten bilden den Kern dieser Religion, daneben gibt es noch Aberglauben als Rest der Volkreligion. Die soziale Form der solidarischen Personengemeinschaft ist kennzeichnend für die Offenbarungsreligion; konkret drückt sie sich in der »Kirche mit dem immanenten Anspruch auf Katholizität« aus (vgl. Landsberg 1923*b*, 74).

Landsberg spezifiziert im Folgenden den eigentlichen Bereich einer Erkenntnissoziologie der Philosophie. Der Gegenstand der Erkenntnissoziologie der Philosophie ist vor allem ihre Schulenbildung (vgl. Landsberg 1923*b*, 96). Er unterscheidet zwei Wissensformen, die von Schulen konstituiert werden: einerseits eine autonome (herrschende) Philosophie auf der Stufe der sich zersetzenden Volksreligion und andererseits eine heteronome (dienende) Philosophie – in der »Komptabilität mit der Offenbarungsreligion« (vgl. Landsberg 1923*b*, 96).[63] Für die erste Form steht Platon, für die zweite Augustinus. Beiden Wissensformen ist gemeinsam, dass sie auf die Erlösung von Menschen ausgerichtet sind. Im Unterschied aber zur platonischen Akademie glaubt die heteronome Philosophie bzw. die christliche Wissensform »nicht selbst bis ans Ziel führen zu können. Sie führt bis an das Tor des Glauben und tritt hier zurück.« (Landsberg 1923*b*, 96).

Die »autonome Sektenphilosophie« vergöttlicht den Menschen (vgl. Landsberg 1923*b*, 96f), während die »offenbarungsgläubige Philosophie« zwischen Gott und Mensch unterscheidet (vgl. auch Landsberg 1923*b*, 57). Der autonomen Wissensform stehen autoritäre Persönlichkeiten vor, man könnte auch mit Max Weber von »charismatischen« Persönlichkeiten sprechen.[64] Bei der autonomen, philosophisch-metaphysischen Wissensform besteht die Vorstellung einer Selbstvergöttlichung des Menschen (vgl. Landsberg 1923*b*, 52f)[65], während bei der heteronomen, religiösen Wissensform der Mensch nur von Gott geheiligt werden kann; nicht die autoritäre Persönlichkeit des Sektenführers, sondern der Heilige ist das Symbol der heteronomen Philosophie. In seiner knappen Besprechung der Dissertation von Landsberg bemerkt Thomas Keller:

»Die verschiedenen Wissensformen entsprechen jeweiligen Auffassungen von Unsterblichkeit und Individualität. Der höchste Grad an Individualität wird nicht in humanistischen Auffassungen des Menschen (Kant, Herder, Goethe), sondern im Ideal der Heiligung erreicht. Bereits nach Scheler gibt es in der Hierarchie der Personen den Heiligen als oberste Stufe – nach dem Genie, dem Helden, dem geistigen Führer und dem Lebenskünstler. Landsberg nun verarbeitet diese Rangordnung in seiner wissenssoziologischen Typologie, die Selbstvergöttlichung und Heilung unterscheidet. Für ihn hat diese Unterscheidung eine konkrete Bedeutung für die Gegenwart. In den Gruppierungen und Bewegungen mit charismatischen Persönlichkeiten versucht er, diesen Unterschied zu identifizieren, das heißt Tendenzen der

---

63 Vielleicht könnte man in einer Scheler'schen Begrifflichkeit von einem Bildungswissen einerseits und einem Heilswissen andererseits sprechen.

64 Landsberg würde aber dagegen heftige Widerstände einbringen. Er verdeutlicht in einer Weber gegenüber kritischen Fußnote, dass das Wort »charismatisch« aus der Theologie entlehnt sei und es streng genommen Charismen nur in Offenbarungsreligionen geben kann (vgl. Landsberg 1923*b*, 79f).

65 Zur Selbstvergöttlichung siehe auch Landsberg (1923*b*, 43).

Selbstvergöttlichung von der Inkarnation der von Gott geheiligten Person zu trennen.« (Keller 2001*b*, 102)

Die Idee der Heiligung wird Landsberg in seiner 1934 publizierten »Einführung in die philosophische Anthropologie« (Landsberg 1934*a*) weiter ausführen. Dort heißt es: »Uns leitet hier der Einblick in die Bergson'sche Gedankenwelt hinüber zu dem Typus von Lehren, die das Ziel des Menschen in einem individuellen Überschreiten der Gattungsgrenzen erblicken und dies Überschreiten nicht als ›Entwicklung‹ deuten. Es geht ihnen nicht um eine Höherentwicklung der Gattung Mensch, sondern um das Erscheinen eines Prinzips, das höher als die Humanisierung sein soll. Eine solche Lehre ist vor allem, richtig verstanden, die christliche Lehre von der Heiligkeit durch die übernatürliche Gnade als dem höchsten und letzten Ziel des menschlichen Individuums.« (Landsberg 1934*a*, 90)[66]

Ob die zukünftige Philosophie seiner Zeit im Zeichen Platons oder im Zeichen Augustinus' steht, diese Frage will Landsberg am Ende seiner Dissertation bewusst offen halten (vgl. Landsberg 1923*b*, 99). Sein Lehrer Max Scheler, der die Arbeit zweifellos schätzte und auch in seinem wissenssoziologischen Beitrag mehr als einmal zitierte (vgl. Scheler 1924*b*, 72 und 111), bemerkte in seinem Beurteilungsreferat zur Dissertation, dass sich die Einflüsse aus der Jugendbewegung und dem George-Kreis in Landsbergs Plato-Interpretationen niederschlagen (vgl. Zwierlein 1989, 16). Im Habilitationsgutachten von Dyroff heißt es bezüglich Landsbergs Dissertation, sie offenbare »einen wissenschaftlichen Fortschritt und einen ideenmäßigen Rückschritt, d. h. genaueres Eingehen auf die Besonderheiten und das Individuelle der geschichtlichen Wirklichkeiten, aber auch Zurücktreten der Ideen aufs Grosse, Ganze. Der Verf. wird kleinlicher. Worin das Neue besteht, kommt nicht deutlich heraus. Das mag darauf beruhen, dass sein Lehrer Scheler selbst nicht zu einem energischen Begriff von der ihm gegen seinen Willen und gegen seine Veranlagung aufgedrungenen Soziologie kam.«

Von der Erlösungssekte zur Universitas literarum

Landsbergs Beitrag in dem berühmten, von Scheler 1924 herausgegebenen Sammelband »Versuche zu einer Soziologie des Wissens« geht auf seine Platon-Dissertation zurück und befasst sich mit der »Erkenntnissoziologie der aristotelischen Schule« (Landsberg 1924). Diese Arbeit versteht sich als Supplement seiner Erkenntnissoziologie der platonischen Akademie und lässt sich auch nur vor dem Hintergrund der Plato-Arbeit verstehen, wie Landsberg selbst schreibt (vgl. Landsberg 1924, 295). Sein Beitrag folgt wiederum der von Scheler 1921 vorgegebenen Forschungsrichtung einer »Soziologie der geistigen Kultur« (Scheler 1924*b*, VI), nämlich den »Zusammenhang von gesellschaftlicher Kooperation, Arbeitsteilung, Geist und Ethos einer

---

66 Zur Kritik Landsberg am evolutionistischen Denken vgl. insbesondere Zwierlein (1989, 26ff).

führenden Gruppe mit der Struktur der Philosophie, der Wissenschaft, ihrer jeweiligen Gegenstände, Ziele, Methoden, ihren jeweiligen Organisationen in Schulen, Erkenntnisgesellschaften (z. B. platonische Akademie, peripathetische Schule, moderne und mittelalterliche Organisation des Standes der Forscher und Gelehrten usw.)« zu untersuchen (Scheler 1982, 57).

Der Unterschied der aristotelischen oder peripathetischen Schule zur platonischen Akademie liegt insbesondere in der Erkenntnismitteilung. Das Wissen konstituiert sich nicht mehr über die gegenseitige, reziproke Kommunikation, den Dialog oder – abstrakter ausgedrückt – die sokratische Methode, sondern nun gibt ein Lehrer durch Vorträge sein Wissen an die Schüler weiter, »wir vernehmen den Vortrag des Lehrers vom Schüler nachgeschrieben.« (Landsberg 1924, 298) Auch der Charakter der sozialen Institution, in der Wissen konstituiert wird, hat sich verändert: »Der Weg von der Akademie zur peripathetischen Schule ist der Weg von der Erlösungssekte zur Universitas literarum. Diese Schule ist vielleicht die einzige ›universitas‹, die je existiert. Die welthafte Einheit alles Einzelnen war hier durch die umfassende Gesamtvision des Lehrers schon vorausgegeben.« (Landsberg 1924, 297) Insgesamt betrachtet gibt es seit Sokrates einen ungeheuren Wandel von einer dialogischen zu einer monologischen Erkenntnismitteilung in der aristotelischen Schule.

Dieser Wechsel der Erkenntnisfindung und Erkenntnismitteilung hat auch etwas mit dem Verdrängen des Eros aus dem Prozess der Erkenntnisfindung zu tun. Bei Sokrates und Platon waren erkennendes und fühlendes Ich noch nicht entzweit, Philosophie vielleicht noch eine »Weisheit der Liebe«, wie Lévinas einmal schrieb, und nicht nur eine Liebe zur Weisheit. Erst mit Aristoteles werden Landsberg zufolge Rationalität und Irrationalität Gegensätze und der Eros als treibende und konstituierende Kraft der Erkenntnis aus den Lehr- und Lernprozessen verbannt; Landsberg schreibt über die verschiedenen Persönlichkeiten der beiden Philosophen: »Mag Platons Weltbild dualistischer sein als das des Folgers; seine Persönlichkeit besaß eine elementare Einheit, die diesem fehlt. Platon begeistert, Aristoteles belehrt. Er ist nicht wesentlich Erotiker. Damit wechselt das Bild zum Schüler. Dies Verhältnis muß hier mit rationalen Kategorien bestimmbar sein. Bei wesentlich jünglingliebenden Pädagogen wie Sokrates und Platon gibt es das nicht.« (Landsberg 1924, 299) Allerdings markiert Aristoteles mehr noch als Platon den »Beginn jeder europäischen Wissenschaftsentwicklung« (Landsberg 1924, 300).

Landsberg greift seine Unterscheidung zwischen Heilswissen und Bildungswissen bzw. autonomer und heteronomer Wissensform aus seiner Dissertation wieder auf und differenziert nun zwischen einer Philosophie ausgehend von Augustinus, der daran liegt, Menschen zu erlösen, und Aristotelikern, denen daran liegt, das Wissen der Menschen zu vermehren (vgl. Landsberg 1924, 300). Landsberg selbst wollte erlöst werden. Damals ließ ihn noch die Politik gleichgültig. Als ihm einmal ein Heidelberger Historiker, angestachelt durch seine ostentative Indifferenz, zurief, der Mensch wolle doch wirken, antwortete Landsberg ruhig, er wolle nicht wirken, er wolle erlöst werden (vgl. Marwitz 1947, 165). »Heilswissen ist die älteste Form des von Menschen gesuchten Wissens überhaupt. Die zweite Form ist praktisches Wissen […]. Ein Wissen, das weder dem Heile noch dem Wohle dienen soll, sucht in größerem Maßstab erst Aristoteles.« (Landsberg 1924, 300) Von hier aus entsteht der Wissens*trieb*, der nicht nur ein reiner »Wille zum Wissen« (Foucault) ist[67] und dessen Genealogie vom Machttrieb her sich erahnen lasse (vgl. Landsberg 1924, 300). Wie Landsberg zeigt, ist die platonische und insbesondere die aristotelische Schule der Anfang der wissenschaftlichen Kooperationen in Europa.

Die Wissenssoziologie als anthropologische Methode

In den Jahren 1923 und 1924 besuchte Landsberg Seminare bei Sombart und Werthei-mer in Berlin, 1925 ist er teilweise in Freiburg, Berlin und Bonn, wo er 1928 am 14. November bei Carl Schmitt und Adolf von Harnack mit der Arbeit »Augustinus. Studien zur Geschichte seiner Philosophie« habilitiert.[68] Die Probevorlesung behandelte »Die Stellung der Phänomenologie in der Entwicklung der modernen Philosophie«, ausgewählt aus den Themen »Die Bedeutung philosophisch-ethischer Forschung für die gegenwärtige Zeit« und »Das Problem der Lebendigkeit in der Philosophiegeschichte«. Die Antrittsvorlesung vom 1. Dezember 1928 hatte zum Thema: »Pascals religionsphilosophische Berufung«.[69] Als Privatdozent an der Universität Bonn hielt Landsberg Vorlesungen unter anderem über Nietzsche und Scheler, Soziologie, Anthropologie, Ideengeschichte des Sozialismus, Herder, Goethe, Augustinus, Philosophie des Altertums, Freiheitslehren und Geschichte der Philosophie. Als im Mai 1928 Max Scheler starb, sprach Landsberg an seinem Grab und erinnerte die Anwesenden daran, »daß es wohl so schiene, als läge der Tote dort im Dunkel der Erde, während wir noch im Lichte weilten, daß es aber doch wohl so sei, daß er im Hellen sei, während wir weiter im Finstern wanderten.« (Marwitz 1947, 166)

Den beispielhaften und bedeutenden Stellenwert Landsbergs für den wissenssoziologischen Diskurs hat insbesondere Werner Stark in seinem mittlerweile als klassisch zu bezeichnenden Werk »Die Wissenssoziologie. Ein Beitrag zum tieferen Verständnis des Geisteslebens« (Stark 1960) hervorgehoben. Er bezieht sich in seiner Besprechung auf den Artikel »Zur Soziologie der Erkenntnistheorie« (Landsberg 1931) von Landsberg, den dieser 1931 in »Schmollers Jahrbuch für Gesetzgebung, Verwaltung und Volkswirtschaft im Deutschen Reiche« publiziert hatte. Stark verdeutlicht anhand dieses Beitrages, der sich mit der historischen Entwicklung der Epistemologien beschäftigt, die allgemeine Praxis und Forschungsprobleme wissenssoziologischer Analysen. Die dem Artikel zugrunde liegende »Logik« umschreibt Stark folgendermaßen:

> »Die philosophische Erkenntnislehre, deren gesellschaftliche Wurzeln er [Lands-berg, S.M.] bloßzulegen sucht, ist die Selbstanalyse des Menschen als eines die

---

67 »Hier ist nicht nur ein neuer Wille, hier ist ein neuer Trieb.« (Landsberg 1924, 300)

68 Die Arbeit ist auf Deutsch unveröffentlicht, liegt aber, wie Eduard Zwierlein herausgefunden hat, zu Teilen in französischer und spanischer Übersetzung vor (vgl. Zwierlein 1989, 20).

69 Andere Themen der Antrittsvorlesung waren: »Die Schichtung der Freiheitsprobleme«, »Platon und das Wesen der antiken Philosophie« und »Philosophie und skeptische Geisteshaltung«.

Wirklichkeit in sich aufnehmenden, Wissen sammelnden Wesens. Aber diese Selbstanalyse wird tief von der allgemeinen Idee beeinflußt sein, welche sich der Mensch zur gegebenen Zeit am gegebenen Ort von seinem Ich macht, oder muß doch mit ihr in Einklang stehen. Diese allgemeine Idee vom Ich wiederum wird mit den Vorstellungen verbunden sein, die sich der Mensch von sich als Gesellschaftswesen gebildet hat, und diese Vorstellungen endlich werden die gesellschaftliche Wirklichkeit, d. h. das Verhältnis vom einzelnen Selbst zum sozialen All, in welches er verwoben ist, widerspiegeln. Dergestalt besteht eine Kette von Verbindungen, welche vom sozialen Leben durch soziale und individuelle Begriff hindurch zu dem emporreicht, was Kant Anthropologie, d. h. die Lehre vom Menschen, genannt hat, und welche von da aus in solch technische Disziplinen wie Epistemologie, das heißt in das philosophische Studium des Menschen als eines Wissenden, weiterführt. Dies ist Landsbergs allgemeine Theorie, und er sucht sie anzuwenden, indem er zeigt, daß die geschichtlichen Formen und Umformungen epistemologischen Denkens nach ihr erklärbar sind.« (Stark 1960, 29f)

Wie Landsberg gleich zu Anfang seines Aufsatzes offen legt, gehen seine Überlegungen auf Max Scheler, Werner Sombart, Carl Schmitt, Wilhelm Dilthey, Ferdinand Tönnies und Lucien Lévy-Bruhl zurück. Er beginnt dann mit der Frage, ob die bewusstseinsmäßigen Ideen, Vorstellungen und Wissensformen bloß ein Effekt tiefer gelegener, seinmäßiger Produktionsverhältnisse seien oder ob die umgekehrte Kausalität vorliege und beantwortet die Frage damit, dass beide Annahmen sowohl möglich als auch somit unmöglich, also unentscheidbar sind:[70] »Der strenge Marxist beginnt bei den Produktionsverhältnissen, zeigt deren Zusammenhang mit den Ideen, setzt voraus, daß die Produktionsverhältnisse immer *causa*, die Ideen immer *effectus* seien, während die entgegengesetzte Annahme ebenso möglich oder vielmehr unmöglich ist. Jedes faktische Produktionsverhältnis setzt als ein historisches sinnnotwendig schon gewisse ideengeschichtliche Tatsachen mit, jeder faktische Gedanke schon gewisse Produktionsverhältnisse. Die Kausalfrage ist ebenso irreführend wie die berühmte: ob das Huhn oder das Ei früher sei.« (Landsberg 1931, 770) Wie Landsberg weiter ausführt, gehe es ihm um Sinnzusammenhänge, die nicht als Ursache/Wirkung, sondern nur strukturell verständlich sind. Im Sinne Diltheys geht es ihm nicht um eine »naturkausale«, sondern um eine »historisch verstehende Betrachtungsweise«, von der aus die Arbeit der Soziologen folgendermaßen definiert werden kann: »Als Soziologen wollen wir Sinnzusammenhänge verstehen.« (Landsberg 1931, 770)

Dass die Wissenssoziologie mit einer Lehre vom Menschen zusammenfällt und für Landsberg – was insbesondere in seinem späteren Buch zur »Einführung in die philosophische Anthropologie« (Landsberg 1934a) noch weiter ausgeführt wird – ein wesentlicher Bestandteil einer philosophischen Anthropologie ist (wie im Übrigen ja auch bei Scheler), wird dadurch deutlich, dass er die Wissenssoziologie als eine »anthropologische Methode« bezeichnet; die anthropologische Methode strebt nach ver-

---

70 Zu einer poststrukturalistischen Logik des konstitutiven Nebeneinanders von Möglichkeit und Unmöglichkeit siehe Moebius (2003b) und ein 2005 erscheinender, von mir und Dietmar Wetzel herausgegebener Band mit dem Titel »absolute Jacques Derrida«.

stehender Erkenntnis aller historischen Lebens- und Geistesäußerungen des Menschen (vgl. Landsberg 1931, 771). Demnach ist die Wissenssoziologie auch eine hermeneutische Erforschung der Erkenntnisse, Ideen und Vorstellungen, die die strukturellen Sinnzusammenhänge zwischen sozialem Sein und Bewusstsein deutend zu verstehen und zu erklären versucht.[71]

Landsberg betrachtet die Entwicklung der Erkenntnistheorie hinsichtlich zweier Entwicklungstendenzen der erkenntnistheoretischen Wissensformen: Erstens die Tendenz von »solidaristischer zu individualistischer« und zweitens die Tendenz von »aristokratischer zu demokratischer Auffassungsweise« (vgl. Landsberg 1931, 771). Diese Tendenzen verdeutlicht Landsberg anhand der Begriffsbildung, die ein zentrales Mittel menschlicher Erkenntnis ist. Das moderne Denken ist Landsberg zufolge von einem extremen Nominalismus geprägt. Dies gelte nicht nur für unsere »relativ natürliche Weltanschauung« (Scheler), sondern auch für philosophische Aufassungen: »So geht der Nominalismus von Baco und der Oxforder Schule und der Verarbeitung der Galileischen Mechanik durch Hobbes zu Locke und Berkeley, von Locke über Bolingbroke und Voltaire direkt über Hume zu den Enzyklopädisten und zu Condillac und von da zu Jedermann. Engländer denken ihn aus, Franzosen geben ihm Selbstverständlichkeit für Europa.« (Landsberg 1931, 773) Der Nominalismus besagt im Gegensatz zum Begriffsrealismus als Theorie des Begriffs, »daß dem Begriff als solchem kein eigene einheitliches Sein in der Welt entspreche, daß der Begriff bloßer Name sei, unter dem man individuelle erscheinende Etwasheiten zusammenfasse.« (Landsberg 1931, 773) Aber nicht nur die »relativ natürliche Weltanschauung« (Scheler), die Alltagswirklichkeiten und die philosophischen Auffassungen sind vom Nominalismus geprägt, sondern auch das soziologische Denken, das von den »einzelnen Individuen als alleinigen Wirklichkeiten ausgeht.« (Landsberg 1931, 773) Ausgehend von diesem soziologischen Denken ist die Gesellschaft nichts mehr als die Summe ihrer Individuen, die allein durch zweckmäßige Verträge zusammengehalten werden: »Die Analogie zwischen sozialtheoretischer Vertragstheorie, die alle Gruppen zum mindesten so auffaßt, als ob sie durch Vertrag entstanden wären, und nominalistischer Begriffstheorie, die alle Begriffe zum mindesten so auffaßt, als ob sie durch Urdefinition entstanden wären, scheint mir auffallend genug.« (Landsberg 1931, 774) Dabei könne davon abgesehen werden, dass Hobbes die Vertragstheorie absolutistisch, Locke sie parlamentarisch-monarchisch und Rousseau sie revolutionär-demokratisch ausgearbeitet hätten. Denn die »Strukturverwandtschaft der Souveränitätskoncentration« verbinde moder-

---

71 Der Zusammenhang zwischen Philosophischer Anthropologie und Soziologie kann allgemein in der spezifischen »Soziologisierung« der philosophischen Reflexion (vgl. Rehberg 1981, 162) betrachtet werden, wobei nach Auffassung Karl-Siegbert Rehbergs insbesondere die »fundamentale Kritik der anthropologischen Ansätze wie auch ihre produktivste Form ihrer Weiterführung im Rahmen der Soziologie sich vollzog.« (Rehberg 1981, 163) Allgemein sei hier zur Beziehung zwischen philosophischer Anthropologie und Soziologie in Anlehnung an Wolf Lepenies festgehalten, dass weder gesellschaftliche Fragestellungen und Problemkonstellationen einzig und allein auf anthropologische Aussagen reduziert oder zurückgeführt werden können noch umgekehrt, dass anthropologische Fragestellungen gänzlich aus dem Bereich der Gesellschaftswissenschaften verdrängt werden dürfen (vgl. Lepenies 1971, 127).

nen Absolutismus mit dem modernen Demokratismus. Allgemein betrachtet ergebe die Tendenz vom Leben in relativ gebundenen Lebensgemeinschaften, insbesondere Ständen, zum Leben in der bürgerlichen Gesellschaft jenen sprunghaft fortschreitenden Individualismus der Lebensführung, die noch kein Kulturkritiker habe übersehen können (vgl. Landsberg 1931, 774). Kann man aber dies alles als nominalistisch auffassen? In welchen sozialen Beziehungen drückt sich der Nominalismus konkret aus und kann man alle Vergesellschaftungsformen als nominalistische interpretieren?

Obgleich nach Landsberg der nominalistische Individualismus mittlerweile unser gesamtes Denken beherrsche und wir uns gar kein anderes Denken mehr vorstellen können, ist dieser Individualismus nicht natur- oder wesensgemäß in den Menschen verankert. Zur Bekräftigung seiner Untersuchung der historischen Entwicklung vom Solidarismus zum Individualismus greift Landsberg auf die ethnologischen Mentalitätsstudien Lévy-Bruhls zurück. Dieser habe gezeigt, dass für die Menschen in den so genannten primitiven Gesellschaften kein Wesensunterschied zwischen Mensch, Tier und Pflanze bestanden hat: Denn »[i]n ihnen allen ist dasselbe ›Mana‹.« (Landsberg 1931, 776) Dem Solidarismus der so genannten primitiven Gesellschaften korrespondiert auf erkenntnistheoretischer Betrachtungsebene ein Begriffsrealismus, der – für Landsberg weit davon entfernt, unlogischer oder unvernünftiger als unser heutiges Denken zu sein – dem heutigen Nominalismus individualisierter Gesellschaften diametral entgegengesetzt sei (vgl. Landsberg 1931, 777).

Wie bereits bei seiner erkenntnissoziologischen Dissertation geschehen, widmet sich Landsberg wiederum Platon. Dieses Mal jedoch nicht, um die Entstehung von Akademien und Schulen als soziale Formen der Wissenskonstituierung und Wissensvermittlung zu untersuchen, sondern um Platons Denken mit dem Individualismus von Demokrit zu vergleichen. Im Zeitalter von Platon waren die Griechen in einem erkenntnistheoretischen Schwellenstadium begriffen: einerseits herrschten noch solidaristische Strukturen vor, andererseits entwickelten sich gerade Strukturen eines nominalistischen Individualismus. Platons Ideenlehre verdeutliche beispielsweise ein konservatives, rückwärts gewandtes und begriffsrealistisches Denken (vgl. Landsberg 1931, 778), das aber aus soziologischer Sicht durch seine Gebundenheit und seine Zugehörigkeit zu »den von der Demokratie des selbstverständlich erblichen Machtbesitzes beraubten Ständefamilien, denen solche Rückschau selbstverständlich ist« (Landsberg 1931, 779), zu erklären ist.

Der Gegenspieler von Platon ist Demokrit und seine vorwärts gewandte Sicht der Dinge. Demokrit steht für die nominalistisch-individualistischen Strukturen; sein Denken, das demjenigen verschiedener Aufklärer des 18. Jahrhunderts ähnlich ist, beherbergt einen »potenzierten Nominalismus«, ausgedrückt im von Demokrit gelehrten Atomismus. Im Gegensatz zum konservativen Denken eines Platon vertritt Demokrit einen Kosmopolitismus und einen stark betonten Demokratismus (vgl. Landsberg 1931, 779). Das individualistische Denken gipfelt gleichsam in Epikur, der gemeinschaftsfeindliche und gegenstaatliche Lebensideale vertritt (vgl. Landsberg 1931, 780) und zum genuinen Vorläufer der Vertragstheorien avanciert: »Diese Lehre, die vielleicht schon sophistischen Ursprungs ist, hat ihm Burckhardts Sympathie verschafft, wie Demokrit als Aufklärer von Nietzsche dem Platon vorgezogen wurde. Vertragstheorie der Gesellschaft ist eben Nominalismus oder Atomismus, wie dann später bei Hobbes und Locke und auch noch grundsätzlich bei Rousseau, der darin kleinbürgerlicher Individualist bleibt.« (Landsberg 1931, 780)

Landsberg skizziert in seinen weiteren Überlegungen verschiedene Ausprägungen des Nominalismus und des Begriffsrealismus in der Literatur, aber auch in der Rechtsgeschichte und im Zusammenhang mit der Entwicklung des Kapitalismus. Die »relativ natürliche Weltanschauung« (Scheler) der Spätantike, die vor allem durch ein nominalistisches und individualistisches Ethos geprägt ist, nimmt ihren Lauf und findet Eingang in den mit den materialistischen Strukturen notwendig verbundenen »Geist des Kapitalismus«:

> »In der Rechtsgeschichte ist vor allem die Entfaltung des Begriffes und des Gefühls vom privaten Eigentum des Individuums zu beachten, das dem Primitiven so ganz abgeht, bei Platon weitgehend negiert wird, von den späten Römern vielleicht zuerst ganz scharf gefaßt wird, im Mittelalter zwar nicht verschwindet, aber durchaus seine Schärfe verliert, um dann mit der Rezeption des justinianischen Zivilrechtes, in den modernen Kapitalismus einzugehen, – der als individualistische Wirtschaft mit standesmäßig nicht mehr gebundenem Erwerbsstreben des Individuums seit Sombart grundlegend zu bestimmen ist.« (Landsberg 1931, 782)

Landsberg betont hierbei, dass die Eigentumsbegriffe und Rechte einer Zeit in einem Sinnzusammenhang mit ihrem sozialen Zustand, ihren Sozialtheorien und ihren Erkenntnistheorien stehen, insbesondere mit deren nominalistischer Denkweise. Es sei für die weitere Zukunft zu fragen, ob nicht ein konsequenter Atomismus eine völlige Veränderung des Eigentumsbegriffs und eine Auflösung des bürgerlichen Rechts mit sich bringt (vgl. Landsberg 1931, 782).

Ähnlich wie in seinem ersten Buch zum Mittelalter greift Landsberg auf den Universalienstreit im Mittelalter zurück und erläutert daran den Wechsel vom zunächst vorherrschenden begriffsrealistischen Denken dieser Epoche hin zum Nominalismus. Wiederum bekommt der von Landsberg bewunderte Augustinus eine besondere Rolle, durch die – wenn man diese Interpretation wagen mag – Landsbergs eigene favorisierten Vorstellungen nach frei gewählten Gemeinschaften[72] deutlich zum Ausdruck kommen: »Bei Augustin etwa ist – noch entschiedener als bei Platon – der solidaristische Realismus seiner inneren Dynamik nach Rückbindung des abgelösten Individuums an eine frei gewählte Gemeinschaft. Das Leben Augustins erscheint als ein Versuch freier Selbstbindung, die ihm nach mannigfachen Versuchen in der katholischen Kirche gelingt.« (Landsberg 1931, 787) Das Interesse an frei gewählten Gemeinschaften verband Landsberg mit dem Esprit-Personalismus und dem *Collège de Sociologie*.

Den Strukturzusammenhang zwischen »Erkenntnisauffassung und Sozialauffassung, Gesamtselbstauffassung und menschlichem Sein, das immer zugleich soziales Sein ist«, verdeutlicht Landsberg im Folgenden anhand des Denkens des Liberalismus, der Sozialdemokratie und des bürgerlichen Denkens, wobei es unentscheidbar

---

72   Vgl. dazu Landsbergs Personalismus im Umkreis der Zeitschrift »Esprit«.

sei, ob die Entwicklung der menschlichen Selbstauffassung, also das innere Erlebnis von Individualität, der sozialen Entwicklung vorangehe oder ihr als eine Art von »Überbau« folge (vgl. Landsberg 1931, 797): Beides sei natürlich in seiner Einseitigkeit falsch. Fest stehe jedenfalls, dass die Selbstauffassung des Menschen, also ob er sich eher als standesfreies Vernunftwesen, als ökonomischer Nutzenmaximierer, als Herrscher oder Krieger sehe, immer in einem sozialgeschichtlichen Zusammenhang stehe. »Zu jeder Sozialauffassung gehört eine Erkenntnisauffassung, nicht als logische oder kausale Folge, sondern kraft der umgreifend sinneinheitlichen Gesamtselbstauffassung des Menschen. Diese Gesamtauffassung aber steht in gleichinniger Sinnbeziehung zu dem historischen Gesamtsein des Menschen, zu der Weise, wie er in der Umwelt, zu der Mitwelt, bei sich selbst ist.« (Landsberg 1931, 789) Zum Schluss seines Beitrages betont Landsberg seine Erkenntnisauffassung der Soziologie selbst: »Die Soziologie ist eine Tat der reifen Vernunft, die sich selbst ihre Grenzen setzt.« (Landsberg 1931, 808)

Der Rassenwahn und seine Diskurse

Landsberg beteiligte sich am politischen Leben in der Weimarer Republik und engagierte sich gegen die stärker werdende Nationalsozialistische Deutsche Arbeiterpartei. Als »nicht-arischer Halb-Jude« war auch Landsberg den Verfolgungen der Nazis ausgesetzt. Einer seiner Studenten warnte ihn rechtzeitig vor der Verhaftung, worauf Landsberg sich zur Flucht wandte. Begleitet wurde er von seiner Verlobten Magdalena Johanna Petronella Hoffmann, eine promovierte Philosophin, geboren am 25. Juni 1906. Beide heirateten trotz konfessioneller Unterschiede (Magdalena war katholisch) am 27. Juli 1933 in Zürich, wohin sie zunächst geflüchtet waren.

Landsberg, der trotz seiner konfessionellen Herkunft dem Katholizismus anhing, trug seit 1933 stets Gift mit sich, um sich nicht der Gestapo ausliefern zu müssen, wie Arnold Metzger im Nachwort zu Landsbergs »Die Erfahrung des Todes« schreibt (vgl. Landsberg 1973, 135). Später beteiligte er sich auch an der Résistance. 1942 entschloss er sich nach Arnold Metzger aufgrund einer »mystischen Erfahrung«, in der sich ihm Jesus offenbart habe, auf das Gift zu verzichten. Thomas Keller schreibt bezüglich seines Engagements in der Résistance: »Der Sinn der Aktion enthüllt sich ihm konkret in der Résistance. Es handelt sich um einen gerechten Krieg gegen den deutschen Unterdrücker, der dem inkarnierten Menschen keine andere Wahl läßt. Landsberg, der seit Jahren eine Giftkapsel bei sich trägt, vernichtet diese in der Résistance.« (Keller 2001b, 311) Diese Erfahrung und der Verzicht auf den Selbstmord finden ihren Ausdruck in der 1942 entstandenen und 1946 in *Esprit* veröffentlichten Reflexion »Das moralische Problem des Selbstmordes«.[73]

Da es in der Schweiz keine Möglichkeit für Landsberg gab, als Hochschullehrer zu arbeiten, gingen Magdalena und er über Paris nach Spanien, wo Landsberg am 1. Mai

---

73   Der Text über den Selbstmord findet sich in »Die Erfahrung des Todes« (Landsberg 1973, 91 – 130).

1934 einem Ruf als Professor an die Universität von Barcelona und später an die Universität Santander folgte. In Spanien lernte er Pablo Picasso, Ortega y Gasset und Bergamin kennen. Ebenso begegnete er dort 1935 Georges Bataille, der besonders an der lebenslustigen und schönen Magdalena, die sich mittlerweile auch Madeleine nannte[74], interessiert war (vgl. Mattheus 1984, 285). Walter Benajmin erinnert sich in einem Brief vom 7. Februar 1938 an Landsbergs Aufenthalt in Spanien: »Landsberg schreibt über Spanien. Natürlich läßt er keinen Zweifel darüber, auf wessen Seite er steht. Aber seine Argumentation büßt im Bestreben, die Sache der Freiheit in Spanien sosehr als möglich von der des Proletariats zu distanzieren, den besten Teil ihrer Kraft ein. Das hindert ihn, den Charakter der fremdstaatlichen Intervention nach seiner wirtschaftlichen Seite deutlich zu kennzeichnen. Er sieht in ihr weniger Interessen als den ›Willen zur Macht‹ am Werke.« (Benjamin 2000, 25)[75]

Bei Ausbruch des Spanischen Bürgerkriegs flohen die Landbergs nach Paris. Seit dem Jahr 1934 hatte Landsberg schon in Paris in der »Groupe philosophique« um Jean Wahl, Gabriel Marcel und Georges Gurvitch Reden gehalten und bereits seit 1933 für die in Paris erscheinende *Zeitschrift für Sozialforschung* sowie für die katholisch-personalistische Zeitschrift *Esprit* geschrieben (vgl. Landsberg 1952). Das Institut für Sozialwissenschaften hatte anscheinend große Hoffnungen in Landsberg gesetzt (vgl. Jay 1976, 57). Dass sich Landsbergs politische Ansichten mit der Zeit und insbesondere im Zuge der Emigration von Vorstellungen einer konservativen Revolution hin zu einer gesellschafts- und faschismuskritischen Perspektive entwickelten, zeigt sehr deutlich der folgende Beitrag in der von Max Horkheimer herausgegebenen *Zeitschrift für Sozialforschung* aus dem Jahre 1933.

In seinem Aufsatz »Rassenideologie und Rassenwissenschaft. Zur neusten Literatur über das Rassenproblem« (Landsberg 1933) entwickelt Landsberg eine Art Diskursanalyse der regelmäßig verstreuten Aussagen über Rassen und ihrer gemeinsamen Denkschemata und Deutungsmuster, wobei er zwischen Rassenlehre als Ideologie und Rassenlehre als Wissenschaft unterscheidet. Obgleich zu fragen wäre, inwieweit ideologische Motive in die Naturwissenschaften eingehen, könne nicht alles Gerede von den Rassen mit Rassenideologien gleichgesetzt werden. Die Rassenideologie jedenfalls gehe zurück auf den »Essai sur l'inégalité des races humaines« (1853–55) des Grafen Gobineau, dessen Epigonen wie De Lapouge, Houston Stuart Chamberlain oder Woltmann die Lehre nach Deutschland importiert hätten (vgl. Landsberg 1933, 389). Die gemeinsamen Denkschemata und Grundinhalte der eigentlichen Rassenideologie sind nach Landsberg folgende: Erstens ist das Wertmonopol zu nennen. Diejenigen Werte, auf die man weniger Wert legt, überlässt man den anderen Rassen, so bescheinigt etwa »Gobineau den Negern sinnliche Phantasiestärke gegenüber der

---

74   Thomas Keller bemerkt zu Magdalena Landsberg: »Landsbergs Frau Madeleine nimmt mit anderen Surrealisten, mit Bataille, Jean-Louis Barrault, André Breton, Robert Desnos, Paul Eluard, Armel Guerne, Pierre-Jean Jouve, Michel Leiris, Georges Limbour und Benjamin Péret an einer Sammelveröffentlichung über André Masson, dem Maler und Illustrator von *Acéphale* teil, die im Krieg erscheint.« (Keller 2001*b*, 311)

75   Benjamin spricht über Landsbergs Beitrag »Guerres d'Idéologie« aus den »Nouveaux Cahiers« vom 1. bis 15. Januar.

europäischen Intelligenz« (Landsberg 1933, 389): »Ist das Schema einmal gewonnen, so kann es den ursprünglich religiösen Antisemitismus in neuer und radikalerer Weise begründen, kann in Kämpfen zwischen Industrie- und Bankkapital, Stadt- und Landwirtschaft, Kleinhandel und Warenhaus, endlich im Konkurrenzkampf auf einem zu eng gewordenen Arbeitsmarkt Verwendung finden.« (Landsberg 1933, 390)

Zweites Denkschema ist die Geringschätzung der eigenen Wandelbarkeit und Varianz der Rasse, die mit einer biologistisch begründeten Invarianz und Konsolidierung von Machtverhältnissen einhergeht: »Mit dieser Invarianzlehre lässt sich ferner die Bedeutung sozialer Umweltverbesserungen herabsetzen. Man kann zu Folgen von Rassenminderwertigkeit machen, was durch Massenarmut, schlechte Wohnungsverhältnisse, schlechte Hygiene und Nahrung, ungesunde Arbeitsbedingungen, Alkoholismus verschuldet wird, und vermeidet die Kritik am Wirtschaftssystem aus einer Erkenntnis seiner Folgen heraus.« (Landsberg 1933, 390) Drittens werde in den meisten Diskursen eine Reinheit bzw. Unvermischtheit der Rassen angenommen, wobei aber in der Rassen*wissenschaft* gerade die Mischung eine Rasse konstituiere (vgl. Landsberg 1933, 397). Und viertens bestehe immer die Tendenz zur Identifizierung der biologischen und der für unvermischt gehaltenen Rassen mit dem Kulturbegriff des Volkes oder mit der Nation als Begriff »staatlicher Schicksalgemeinschaft«, wo doch aber klar sein müsste, dass kein Volk oder keine Nation jemals auch nur im Entferntesten eine Einheit gebildet hätte (vgl. Landsberg 1933, 391), sondern in ihr nur »Mischungen von Mischungen von Mischungen usw.« zu finden seien (vgl. Landsberg 1933, 400). Wenn allerdings die Mischung innerhalb des Volkes erkannt wird, dann bietet der Biologismus noch eine zweite Möglichkeit der Identifizierung. Er kann nämlich innerhalb des Volkes verschiedene Schichten mit ihren jeweiligen Anteilen an der Reinheit der Rasse ausmachen: Dass der Kampf gegen das marxistisch organisierte Proletariat sich dabei gut mit dem Rassenantisemitismus verbindet, liegt Landsberg zufolge klar auf der Hand. Perfider wird es noch, wenn die Macht des Biologismus so weit gediehen ist, dass der Kampf gegen die Lebensansprüche des Arbeiters im Namen des Arbeiters selbst geführt wird (vgl. Landsberg 1933, 392) und sich Macht und die Mittel der Gegenmacht innerhalb des gleichen herrschenden Denk- und Diskurssystems befinden.

Fünftes Merkmal der rassenideologischen Diskurse seien die züchtungs- und rassenhygienischen Gedanken und sechstens vermische sich Rassentheorie mit philosophischer Anthropologie und Geschichtsphilosophie. So wird in den Rassenlehren davon ausgegangen, dass der Mensch in erster Linie ein Rassewesen sei und in der Teilhabe an einer Rasse sein wesentlichstes Merkmal vor allen anderen liege (vgl. Landsberg 1933, 395). Geschichtsphilosophisch bedeutsam werden aus dieser Perspektive dann vor allen anderen Dingen die so genannten Rassenkämpfe, Rassenvermischungen oder der angebliche Verfall der eigenen Rasse, die im Sinne einer naturalistischen Deutungsart allesamt als das Eigentliche menschlicher Geschichte erscheinen.

Gegen Ende seines Beitrags bezeichnet Landsberg es als eine der größten Gefahren der Zeit, Charaktere der Völker, ausgedrückt in den Reden von *dem* Franzosen, *dem* Juden oder *dem* Russen, und damit zusammengehörende Rassetypen zu suggerieren:

»Die Tendenz zur Hypostasierung von Typen zeigt sich übrigens nicht allein in den Diskussionen der Rassenlehre, sondern stellt eine der großen geistigen Gefahren unseres Zeitalters überhaupt dar. Die Besonnenheit eines Max Weber ist hier längst vergessen worden.« (Landsberg 1933, 401) Darum müsse an Webers Begriff des *Ideal*typus erinnert werden, so dass sich die Soziologen klar darüber werden, dass dem Typus keine besondere Realität entspricht, »sondern dass es sich um ein Hilfsmittel handelt, deren Wert einzig in ihrem Dienst zur Erfassung von Realitäten dienen kann.« (Landsberg 1933, 401)

Die Erfahrung des Todes

Anfang 1936 arbeitete Landsberg mit Willi Münzenberg (1889–1940) zusammen und engagierte sich 1938/1939 bei der von Münzenberg herausgegebenen Zeitschrift *Die Zukunft*. Dort erschienen unter anderem Artikel zu Henri Bergson (1939), zum »gerechten Krieg« (1939), zu Sigmund Freud (1939), »Grenzen der Propaganda« (1939), gegen die Nazis gerichtete Beiträge und ein kurzer Beitrag mit dem Titel »Hermann U. Kantorowicz zum Gedächtnis« (1940). Diesen hatte Landsberg zum letzten Mal 1937 in Cambridge getroffen.

1937 wurde Landsberg von Léon Brunschvicg eingeladen, an der Sorbonne Seminare im Rahmen der »Société française de Philosophie« durchzuführen, er hielt Vorträge auf Kongressen von *Esprit* und veröffentlichte eine Vielzahl von Rezensionen und Artikel. Von seinem Elternhaus her sprach Landsberg sehr gut französisch, es war dort Umgangssprache gewesen. Er schloss in Frankreich enge Freundschaft mit Jean Lacroix (1900–1986), der auch in *Esprit* schrieb und ebenfalls zum Kreis der Personalisten zählte.[76]

In diese Zeit fällt Landsbergs Essay zur »Erfahrung des Todes«, der von dem Collège-Mitglied Pierre Klossowski übersetzt und 1935 erstmals in der katholisch-personalistischen Zeitschrift *Esprit* abgedruckt wurde. Landsberg verschränkt in seinem Werk »Die Erfahrung des Todes«, das ebenfalls noch zu seinen wissenssoziologischen Arbeiten gezählt werden muss, individuelle Todesgewissheit und die soziale Erfahrung des Todes, das heißt die Erfahrung des Todes des signifikanten anderen. Die »Gewißheit des Sterbenmüssens« gehört für ihn zum individuellen Erfahrungswissen eines jeden Menschen (vgl. Landsberg 1973, 9).

In seiner philosophischen Anthropologie beginnen Landsbergs Betrachtungen bei dem individuellen Erfahrungswissen und der »Selbstauffassung des Menschen«; der erste Titel seiner »Einführung in die philosophische Anthropologie« hatte denn auch den Titel »Selbstauffassung. Eine Einführung in die philosophische Anthropologie«.[77] Bei der anthropologischen Analyse soll insbesondere nicht von außen an den Menschen herangegangen werden, sondern die Reflexion hat bei der »inneren Erfahrung«

---

76 Zur intellektuellen Geschichte der Zeitschrift »Esprit« siehe Winock (1975) und dort insbesondere zu Landsberg vgl. Winock (1975, 127ff).

77 Siehe die Personalakte des philosophischen Seminars im Universitätsarchiv Bonn.

anzusetzen. Die Spur, die die philosophische Anthropologie Landsbergs verfolgt, ist eine Spur nach innen, eine »conversio« (vgl. u. a. Landsberg 1934a, 29). Insofern hat die Philosophische Anthropologie Landsberg zufolge den Weg nach innen, zur inneren Erfahrung und dadurch die Selbstauffassung aufzufinden (vgl. Landsberg 1934a, 28). Diese innere Erfahrung ist geprägt durch eine Art »élan vital« bzw. eine »expérience vécue« (Landsberg 1934a, 179), kurz: Für Landsberg ist »der Charakter der inneren Erfahrung […] das Leben als Erlebnis.« (Landsberg 1934a, 178) Das Bewusstsein des Todes und die Gewissheit des Sterbenmüssens knüpft Landsberg zunächst in seiner philosophischen Anthropologie an die inneren Erlebnisse; allerdings historisiert er diese inneren Erlebnisse, indem er von einem Selbstwerdungsprozess bzw. von einem Individualisierungsprozess ausgeht, in dem der »Vollzug der inneren Erfahrung selbst ein Teil jener Selbstwerdung ist, in der das persönliche Subjekt echter, unverwechselbarer und selbstständiger, innerlicher zu sich selber wird.« (Landsberg 1934a, 188)[78]

Landsberg bezieht das Todesbewusstsein auf den sozial- und geistesgeschichtlichen Prozess der Individualisierung und der so genannten »Selbstwerdung des Menschen« und stellt hinsichtlich des Todesbewusstseins folgende Proportionalitätsregel auf: »je mehr sich ein individuelles Lebensgefühl des Menschen herausbildet, desto mehr wird er seiner notwendigen Sterblichkeit inne. Die Stärke dieser Sterblichkeitserfahrung bei einem Menschen ist der Stufe seiner Individualisiertheit proportional.« (Landsberg 1934a, 54) Landsberg historisiert dadurch seine These von der Gewissheit des Sterbenmüssens; insofern ist diese Gewissheit nicht schon immer gegeben oder eine Eigenschaft eines »ruhenden Seins« (Landsberg 1934a, 54), sondern geht Landsberg zufolge in eins mit der Individualisierung. Dieser Prozess der Individualisierung, den Landsberg als eine Seite der Humanisierung fasst (vgl. Landsberg 1934a, 55), bewirkt nicht nur – wissenssoziologisch betrachtet – ein individuelles Bewusstsein des Todes, sondern die Person selbst wird eigenartiger, sie entfaltet ein Gefühl von sich selbst als Individuum (vgl. Landsberg 1934a, 56). Mit den Worten Landsbergs: »Das Bewußtsein vom Tode geht gleichen Schritt mit der menschlichen Indiudalisierung, das will heißen, mit dem Auftreten einzigartiger Individualitäten, die sich von einem persönlichen Zentrum her formen. Die Individualisiertheit besteht ihrem Wesen nach nicht nur darin, daß Menschen eine hellere und genauere Bewußtheit ihrer persönlichen Eigenart gewinnen, sondern in der Tatsache, daß sie wirklich eigenartiger werden. Die Bewußtseinswandlung setzt eine Wandlung des Seins voraus. Dementsprechend ist es nicht nur das Bewußtsein vom individuellen Tode, das an Intensität gewinnt, sondern die Bedrohung selbst, die dieser Tod objektiv enthält.« (Landsberg 1973, 16) Wobei auch hier bei Landsberg der Satz von Norbert Elias zutrifft, dass der Tod vor allem ein Problem der Lebenden sei (vgl. Elias 1982, 10). Insbesondere das Wissen um den Tod, das Todesbewusstsein bzw. das Wissen um die stete »Gefährdung des Lebens« sei das Problem (vgl. Elias 1982, 13), das durch die Individualisierung an Intensität gewinnt. War früher vielmehr in unseren Kulturkreisen die Angst vor der ewigen Verdammnis vorherrschend, so ist es heute die Angst vor dem eigenen Tode selbst.

---

78 Zur Sozialphilosophie Landsbergs siehe auch Albert (1992c).

Nach Landsberg steigt die Bedrohung durch den Tod, die Angst vor dem Tod proportional zur Individualisierung, also proportional dazu, wie viel Individualität jede und jeder Einzelne verlieren kann.[79]

In wenig differenzierten Gesellschaften habe der Tod immer einen gewissen beiläufigen Charakter und immer eine äußere Ursache, wie Landsberg in Rückgriff auf Lucien Lévy-Bruhls Mentalitätsforschungen ausführt (vgl. Landsberg 1973, 15). Darum gebe es hier kein ausgeprägtes individuelles Bewusstsein vom Tod, im Gegensatz zu differenzierten und individualisierteren Gesellschaften, in denen das Individuum einen ihm allein eigenen Inhalt aktualisiert, der notwendigerweise die Grenzen der Gruppe überschreitet (vgl. Landsberg 1973, 16), und immer mehr zur einzigartigen Person wird.

Sterblichkeitserfahrung und Individualitätserfahrung sind Landsberg zufolge miteinander verschränkt. Die Erfahrung der eigenen Individualität verbindet sich darüber hinaus mit einer individuellen Selbstauffassung, der Entfaltung eines Gefühls für sich selbst, wobei die Selbstauffassung eine Auffassung vom Menschen im Allgemeinen konstituiert.

Landsberg gründet seine philosophische Anthropologie auf diese allgemeine Idee vom Menschen und begründet dies folgendermaßen:

»Noch eine letzte Folgerung möchten wir unserer Analyse des Todesbewußtseins und seiner Bedeutung für die Struktur der philosophischen Anthropologie ziehen. […] Als wir von Selbstauffassung sprachen, hatten wir es gleichsam als selbstverständlich betrachtet, daß diese Selbstauffassung stets über eine bloße Auffassung des isolierten Individuums hinausgeht und eine Auffassung vom Menschen als solchen konstituiert. […] Am Anfang steht hier eben das Todeserlebnis. In diesem Erlebnis wird untrennbar entdeckt meine eigene Sterblichkeit und die Zugehörigkeit der Sterblichkeit zur Idee des Menschen.« (Landsberg 1934*a*, 69f)

Das Sterblichkeitsproblem, das potentielle Todeserlebnis wird damit nicht nur zu einem individuellen Problem oder zu einem Problem eines Mitmenschen, sondern allgemein auf die Idee vom Menschen bezogen: »Eben damit ist die Sphäre erschlossen, in der alle echten Probleme philosophischer Anthropologie, im Unterschied zu bloß individualpsychologischen Problemen, gelegen sind.« (Landsberg 1934*a*, 71) Die Philosophische Anthropologie konstituiert sich demnach auch durch das im Laufe der Individualisierung ausgeprägte Todesbewusstsein der Menschen und der daraus folgenden »Idee vom Menschen«. Mensch-Sein und Mensch-Werden wird somit zu einer Antwort auf das sterbende Leben.[80]

Die Konstituierung der philosophischen Anthropologie ausgehend von der Individualisierung und dem Todesbewusstsein verweist auf die Frage, ob es neben dem Bewusstsein des Todes, der Gewissheit des Sterbenmüssens auch eine spezifisch mensch-

---

79 Die Lehren einer individuellen Unsterblichkeit sind Landsberg zufolge die Antwort auf diese Situation (vgl. Landsberg 1934*a*, 55). Zu Unsterblichkeitsstrategien vgl. Bauman (1992).

80 Vgl. das Nachwort von Arnold Metzger zu Landsbergs »Erfahrung des Todes« (vgl. Landsberg 1973, 133ff).

liche Erfahrung des Todes gibt. Eine Erfahrung, die allerdings nicht nur im empiristi-schen Sinne die Wahrscheinlichkeiten, sondern insbesondere die Notwendigkeit des menschlichen Todes augenscheinlich macht. Landsberg fragt: »Gibt es eine spezifische Erfahrung vom Tode, in der sich der Tod in seiner Beziehung zum Menschen, dieser in der Fülle seiner persönlichen Existenz genommen, darstellt?« (Landsberg 1973, 11). Mit dieser Frage führt Landsberg seine Analysen über den Tod auf eine wissens-soziologische Ebene, ohne jedoch diejenige seiner philosophischen Anthropologie zu verlassen. Vielmehr verschränkt er nun individuelle Todesgewissheit und soziale To-deserfahrung miteinander.[81] Er erweitert seine Annahme einer geistesgeschichtlichen und durch soziale Differenzierung bewirkten Individualisierung des Todesbewusst-seins und eines dem Menschen eigentümlichen Wissens um die Notwendigkeit des Sterbenmüssens nun um die Dimension des »interpersonalen Wissens« (vgl. Nassehi und Weber 1989) um den Tod.[82]

Landsberg entwickelt seine wissenssoziologische Sichtweise der sozialen Erfahrung des Todes und der »interpersonalen« Konstituierung des Wissens um den Tod zu-nächst ausgehend von seinem Lehrer Max Scheler und dessen Annahme, dass die menschliche Erfahrung »sehr viel reicher an Qualitäten ist als die Idee, die sich der Empirismus in seiner klassischen Form von der Erfahrung macht.« (Landsberg 1973, 12) Obgleich Scheler jedoch in seiner nachgelassenen Schrift »Tod und Fortleben« ver-sucht habe, das wirkliche Wesen der menschlichen Todeserfahrung aufzudecken, sei die Antwort, die er gegeben habe, nicht zufriedenstellend, so Landsberg (1973, 12).

Anstatt die Erfahrung des Todes zu beleuchten, habe Scheler lediglich die Erfah-rung des Alterns beschrieben.[83] Die Erfahrung des Alterns besteht vornehmlich darin, dass die Vergangenheit wächst und die zukünftigen Möglichkeiten schwinden, der Mensch verliert an Freiheit, seine Zukunft zu gestalten. Es bleibt hiernach zu fragen, ob aber der Tod in der menschlichen Erfahrung nicht etwas gänzlich anderes ist als die Idee einer äußeren Grenze der individuellen biologischen Entwicklung (vgl. Landsberg 1973, 13).

---

81 Siehe auch Christian von Ferber, der schreibt: »Tod und gesellschaftliches Leben setzen einan-der voraus; individuelle Todesgewißheit und kollektive Todeserfahrung sind ineinander ver-schränkt.« (Ferber 1963, 354)

82 Unter dem Terminus »Interpersonalität« soll im Anschluss an die Begriffbestimmung von Ar-min Nassehi und Georg Weber und im Vergleich zum Terminus »Intersubjektivität« Folgendes verstanden werden: »*Intersubjektivität* verbindet Subjekte eines gesellschaftlichen, kulturellen Gemeinwesen, die sich auf einen prädefinierten Objektbereich beziehen. Dieser Objektbereich ist die gesellschaftliche Wirklichkeit als ganze, für alle mehr oder weniger zugänglich und un-abhängig von persönlichen Bedeutungen […] gleichbedeutend. *Interpersonalität* dagegen ver-bindet ›Personen‹ in ihrer einmaligen Konkretion. Während Intersubjektivität potentiell für alle zugänglich ist, beschränkt sich das ›Zwischen‹ der Interpersonalität auf die jeweiligen, nicht austauschbaren Personen.« (Nassehi und Weber 1989, 39) Während Intersubjektivität einen Zwischenbereich spezifischer Rollenaspekte bezeichnet, ist die Beziehung der Interper-sonalität eine Vis-à-vis-Situation (vgl. Berger und Luckmann 1990, 31) zum signifikanten an-deren in all seinen Rollen.

83 Vgl. auch Scheler (1987, 253ff).

Nach Landsberg gibt es der Möglichkeit nach zwei verschiedene Möglichkeiten der Todeserfahrung: »Einmal kennen wir den Tod als immanente Zukunft unseres eigenen Lebens, zum anderen als Tod des Mitmenschen [...]. Besonders in dieser zweiten Weise erfahren wir, daß keine *notwendige* Beziehung zwischen dem Tode und dem Prozeß des Alterns besteht. Die große Mehrzahl der Menschen stirbt sehr jung. Die Fälle sogenannten ›natürlichen‹ Todes, in denen der Tod in der Tat sich als Endpunkt des Alterns darstellt, sind außerordentlich selten.« (Landsberg 1973, 13) Insofern ist der Tod zu jeder Zeit möglich, jeder befindet sich unmittelbar vor der realen Möglichkeit des Todes und vor dem *Nicht-Wissen* seiner Anwesenheit. »[...] [D]ies Nichtwissen ist selbst ein Akt, an dem sich ebensowohl eine Anwesenheit wie eine Abwesenheit des Todes konstituiert. Mors certa, hors incerta. Der Tod hat seine intime Dialektik. Er ist für uns *anwesend in Abwesenheit*« (Landsberg 1973, 14), wie Landsberg in einer Heidegger'schen Wendung schreibt.[84]

Die Erfahrung »eigener Lebensbedrohtheit« bei Kriegen, Unglücksfällen, Krankheiten oder eine durch Phantasie sowie durch Lektüre antizipierte Todeserfahrung ist möglich, aber Landsberg zufolge kann ihr erst die »wirkliche Lebenserfahrung [...] die volle Wucht geben und zwar umsomehr, je mehr der sterbende Mitmensch dem erfahrenden Individuum selbst in seiner individuierten Unersetzlichkeit bekannt und gegeben ist.« (Landsberg 1934*a*, 57) Im interpersonalen Kontakt, wenn ein bestimmter anderer uns nahe stehender Mensch »vom Tode hinweggerafft wird: Daran bilden wir«, Landsberg zufolge, »meist unser Gefühl von der Bedrohlichkeit des Todes aus.« (Landsberg 1934*a*, 57)[85]

4.3.2 Landsberg und das *Collège de Sociologie* – Mystik und Mythos

Im Mai 1937 publiziert die Zeitschrift »Esprit« zwei Bemerkungen über die Zeitschrift »Acéphale«. Eine der Stellungnahmen ist von Denis de Rougemont, der »Acéphale« als ein Zeichen eines radikalen Anti-Etatismus würdigt; er meint, »Acéphale« sei der einzige Antifaschismus, der diesen Namen verdiene. Diese Gesellschaft ohne Kopf sei beinahe das, was man, weniger romantisch ausgedrückt, Föderation nennen könnte: »Sur ce point, qui est central, l'accord de Nietzsche et de ses disciples avec le

---

84   Marcel Mauss hat in seinem Vortrag »Über die physische Wirkung der von der Gemeinschaft suggerierten Todesvorstellung auf das Individuum« geschrieben: »Die Australier betrachten als natürlich nur die Tode, die wir gewaltsam nennen. Eine Verwundung, ein Mord oder ein Bruch sind natürliche Ursachen. [...] Alle anderen Todesfälle haben eine Ursache magischen oder auch religiösen Ursprungs.« (Mauss 1989*a*, 183) Der Tod kann in den von Mauss beschriebenen Fällen allein durch kollektive Vorstellungen, die auf das Individuum wirken – beispielsweise der Glaube an böse magische Kräfte –, eintreffen.

85   Der Tod eines Nahestehenden ist aus dieser Sicht die »privilegierte philosophische Erfahrung«, weil er dem Meinigen am meisten ähnelt, ohne es zu sein, wie der französische Philosoph Vladimir Jankélévitch in seinem Buch »Kann man den Tod denken?« ebenfalls ausführt (vgl. Jankélévitch 2003, 12).

personnalisme paraît beaucoup plus facile à réaliser qu'avec tout autre doctrine politique.« (de Rougemont in Hollier 1995a, 50f)

Die zweite Charakterisierung von »Acéphale« stammt von Landsberg. Seiner Ansicht nach erweisen sich die Mitarbeiter von »Acéphale« als Personalisten, indem sie die persönliche Essenz eines Denkens verteidigen, das man nicht vom Leben des Menschen und von der Totalität seiner Erfahrung trennen könne (Landsberg in Hollier 1995a, 51).

Die Voraussetzungen für die Nähe zwischen den Personalisten und dem *Collège de Sociologie* liegen in ihren gemeinsamen politischen Erfahrungen und Enttäuschungen über die Volksfront und die antistalinistische Linke (vgl. Keller 2001b, 198). Es kooperieren zwischen dem Collège und der personalistischen Gruppierung »Ordre Nouveau« (ON) unter anderem Chevalley, Pierre Prévost, Xavier de Lignac und vor allem de Rougemont; für ON schreibt Caillois im Juni 1937 den Artikel »L'agressivité comme valeur«. Klossowski übersetzt Landsberg und publiziert in »Esprit«. »Insbesondere Klossowski vermittelt für das Gespräch mit Landsberg von Esprit. Auch über Mouniers Freund Marcel Moré kommt Bataille mit Landsberg in Berührung.« (Keller 2001b, 198f)

Mit Bataille teilt Landsberg das große Interesse an den spanischen Mystikern. Beide sehen bei den Heiligen wie Johannes vom Kreuz oder Therese von Avila eine Verausgabung am Werk, die nicht einmal vor dem Tod Halt macht. Im Unterschied zu Landsberg existiert für Bataille kein Jenseits, aber dennoch glauben beide an eine Verbindung zwischen Liebe und Tod bzw. die Freude vor dem Tod. In einem Vergleich zwischen den stoischen und den christlichen Mystikern wird diese Haltung zum Tod bei Landsberg deutlich: »Le personnalisme stoïque aide tout au plus à supporter la mort avec une souveraineté calme et digne, tandis que dans la mystique chrétienne nous voyons naître et vaincre spontanément un vrai *amour de la mort*. […] *Muero porque no muero*, je meurs parce que je ne meurs pas: telle est l'expression sincère de cet état d'amour.« (Landsberg 1952 [1934]b, 23f) Man könne sich nur selbst erkennen, wenn man sein »ich« erheben lasse (vgl. Landsberg 1939, 374). Landsberg erkennt in den Heiligen »eine Hingabe, die die Résistance gegen den Unterdrücker präfiguriert.« (Keller 2001b, 307) Sein Engagement für die Résistance wird vor diesem Hintergrund verständlicher.

Theoretisch begründet wird sein lebensgefährlicher Einsatz in seinen »Réflexions sur l'engagement personnel«, ein 1937 in »Esprit« erschienener Beitrag. Niemand könne sein Nichtstun rechtfertigen, so Landsberg. Zu Beginn des Aufsatzes erinnert er an die »menschliche Geschichtlichkeit« und hebt hervor, dass der historische Charakter unseres Lebens das Engagement als Bedingung unserer Vermenschlichung fordere (vgl. Landsberg 1952 [1937], 28). Für Landsberg ist dies eine anthropologische Begründung des Engagements, das er als konkrete Übernahme von Verantwortung für ein in der Zukunft zu verwirklichendes Werk definiert (Landsberg 1952 [1937], 29). Das Engagement sei im Wesentlichen eine Identifikation eines Subjekts mit einer »transsubjektiven historischen Kraft« – es könnte auch heißen: mit der Résistance; die anthropologische Wurzel des Engagements sei die Liebe, eine freie und personale Handlung (vgl. Landsberg 1952 [1938]b, 49). Kein Gott könne uns von der Verantwortung für die Zukunft befreien: »c'est ainsi que tout engagement personnel comporte un risque et un sacrifice qui va jusqu'au tragique.« (Landsberg 1952 [1937], 31) Bei Landsberg wird das personale Engagement zur ekstatischen Mystik; bereits in seiner Philosophischen Anthropologie betonte er die »innere Erfahrung«, deren wirklicher Charakter das Leben als Erlebnis ist (Landsberg 1939, 369). Er verbindet sein mit Bataille geteiltes Denken der inneren Erfahrung, der Verausgabung und des Opfers mit einer dezidiert politischen und engagierten Haltung. Mehr noch als Bataille und dessen Freunde am Collège interessiert er sich für die »Mystik des personalen Engagements«, die er in seiner »Introduction à une critique du mythe« (Landsberg 1952 [1938]*b*) einem fabrizierten politischen und vergemeinschaftenden Mythos gegenüberstellt.[86]

Landsbergs »Einführung zu einer Kritik des Mythos«, die »Esprit« im Januar 1938 veröffentlichte, erregte »das Interesse im Collège de Sociologie, wo Klossowski, der Übersetzer von Landsbergs *Erfahrung des Todes*, über Landsbergs Vortrag referiert.« (Keller 2001*b*, 311) Ausgehend von der an der Philosophiegeschichte überprüften Überlegung, dass es zu Beginn des 19. Jahrhunderts eine tiefe und allgemeine Krise der Idee der Wahrheit gibt, analysiert und kritisiert Landsberg die Ersetzung der *Idee der Wahrheit* durch die *Idee des Mythos*. Forciert wurde die Absetzung der Idee der Wahrheit weniger durch die Romantik als vielmehr durch den Pragmatismus sowohl amerikanischer als auch deutscher Provenienz. Ist der amerikanische Pragmatismus optimistisch, so der deutsche, insbesondere im Ausgang von Nietzsche, ein Pragmatismus der Verzweiflung (vgl. Landsberg 1952 [1938]*b*, 53). Wahr sei bei Nietzsche nur noch das, was zur Intensivierung des Lebens führe, gleichsam eine »pantheistische Wahrheit«, inkarniert durch Dionysos (vgl. Landsberg 1952 [1938]*b*, 54). Angeregt vom amerikanischen Pragmatismus, Nietzsche, Bergson und Marx habe Georges Sorel eine Theorie des Mythos erarbeitet, in deren Mittelpunkt die Leidenschaften, kollektive Kräfte und irrationale Momente stehen. Sorel glaube nicht, dass eine rein wissenschaftliche und rationale Theorie die Massen bewegen könne (vgl. Landsberg 1952 [1938]*b*, 55).

Auch Rosenbergs »Mythos des 20. Jahrhunderts« kritisiert Landsberg. Rosenberg mythologisiert die Geschichte, ja, verfälscht sie und gibt seine Fälschungen als unanfechtbare Tatsachen aus (vgl. Landsberg 1952 [1938]*b*, 60f). Dennoch erzielen die Mythen große Effekte, gegen die alle rationalen Argumente wirkungslos scheinen. Die Probleme des Klassenkampfs beispielsweise werden mythologisiert, so dass die wirklichen Ursachen der Ungleichheit nicht behoben werden (vgl. Landsberg 1952 [1938]*b*, 67).

Im Gegensatz zu den politischen Mythen und Mythologisierungen der Geschichte steht die christliche Mystik. Für die Christen gebe es im Gegensatz zu den politischen Mythen grundlegendere Werte wie zum Beispiel den Wert der Menschen. Für den »homme du mythe« existiere schon von Grund auf eine Trennungslinie zwischen Auserwählten und Verdammten (vgl. Landsberg 1952 [1938]*b*, 68). Mit der Bezeichnung

---

86 Batailles eigene mystische Erfahrungen und seine Begeisterung für die spanischen Mystiker führen zu der im Krieg verfassten Schrift über die »innere Erfahrung« (Bataille 1999*a*).

des »homme du mythe« nahm Landsberg eine von Bataille benutzte und in seinem Vortrag »L'apprenti sorcier« (Bataille 1995*e*) ausgeführte Begrifflichkeit wieder auf. Wie im Abschnitt zum Ende des Collège noch besprochen wird, könnte man ausgehend von Batailles Text die Bezeichnung des »homme du mythe« für Bataille selbst gebrauchen (vgl. auch Moebius 2003*d*). Landsberg distanzierte sich also vor dem Hintergrund seines Glaubens an eine Mystik des personalen Engagements von den mythologischen Bestrebungen Batailles. Jeder sei vielmehr dazu aufgefordert, diese Mythologien zu zerstören, so Landsberg am Ende seines Textes.

Einen Monat nach Landsbergs Beitrag wird in »Esprit« eine Diskussion über den Text abgedruckt. Dort bekräftigt Jean Lacroix den grundlegenden Impetus der Zeitschrift: »Esprit« sei explizit eine »Revolution gegen die Mythen« (Lacroix in Landsberg 1952 [1938]*a*, 69). Es sei in gewisser Weise verständlich, so Lacroix weiter, dass Landsberg einen gewissen Rationalismus verteidige, während jemand, der in der Atmosphäre des französischen Rationalismus in die Schule gehen musste, gegen den Rationalismus sei (vgl. Landsberg 1952 [1938]*a*, 69). Es handele sich also nicht darum, den Mythos auszuschließen, sondern ihn genauer zu situieren, das heißt, weder ihn zu unterdrücken noch ihm völlig Raum zu geben.

In seiner Antwort auf Lacroix spitzt Landsberg seine These noch einmal zu: Die Differenz zwischen Philosophie, Wissenschaft, Religion und den politischen Mythen scheine ihm wesentlich zu sein (vgl. Landsberg 1952 [1938]*a*, 77). Was er modernen Mythen vorwerfe, sei, dass sie fabriziert und inauthentisch seien, Produkte eines pragmatistischen und zynischen Mythologismus, der auch nicht vor Propaganda zurückschrecke. Alte primitive Mythen enthielten eine Art Wissenschaftlichkeit und eine gewisse Erforschung der Wahrheit, während moderne Mythen relativistisch seien. Er folge aber auch nicht einem Comte'schen Positivismus, dem die Wissenschaft als letzte Stufe des Fortschritts gilt (vgl. Landsberg 1952 [1938]*a*, 78). Auch seien die Mythen Platons oder Nietzsches ganz anders als die von Sorel oder Rosenberg. Hier gilt es nach Landsberg zu differenzieren. Selbst unserer Sprache seien mythologische Momente inhärent. Unser ganzes rationelles Bewusstsein bewege sich in einer mythisch präformierten Welt. Es gebe auch Wahrheiten, religiöse Wahrheiten beispielsweise, die nicht wissenschaftlich und deswegen noch lange nicht als *vorwissenschaftlich* zu bezeichnen seien. »Les solutions qu'*Esprit* recherche aux problèmes politiques et sociaux de notre époque ne peuvent pas être scientifiques au sens du scientisme, ni mythologiques au sens du mythologisme. Ce qui ne signifie pas que nous n'ayons point à faire usage de certains contenus des sciences et de certaines forces des mythes.« (Landsberg 1952 [1938]*a*, 82)

Im Unterschied zu Bataille und Caillois sehen Landsberg und seine Freunde von »Esprit« vor allem in den produzierten modernen Mythen eine gefährliche Kraft, die insbesondere im Faschismus am Werke ist. Landsberg kritisiert, dass man mittlerweile sogar Mythen *fabriziert*: »En effet, on fabrique déjà les mythes et les mystiques sur commande, comme des chaussures ou des robes. Péguy n'a voulu pas cela.« (Landsberg 1952 [1938]*b*, 58) Seine Kritik an den fabrizierten Mythen ist als eine Kritik an den Bestrebungen des *Collège de Sociologie* zu lesen. Den politischen Mythen setzt Landsberg die Mystik der Heiligen entgegen.

Landsbergs Beziehung zum Collège ist demnach vielschichtig: einerseits hat das Collège Kontakt zu »Esprit«, man kennt sich und bewegt sich in nonkonformistischen Kreisen. Hinzu kommen noch die Affinitäten, was die Mystik der spanischen Heiligen betrifft. Andererseits teilt Landsberg auch die Ängste der anderen deutschen Exilierten am Collège: Vor dem Hintergrund der faschistischen Bedrohung warnen alle am Collège beteiligten deutschen Exilierten vor der gefährlichen und ungezügelten Kraft der Mythologisierung. Landsbergs eigene Einschätzung des *Collège de Sociologie* kommt vielleicht am besten in einer Anekdote zum Ausdruck: Am Rande des Vortrags von Caillois über das Fest am 2. Mai 1939 fragte André Masson Paul Ludwig Landsberg, was denn seiner Ansicht nach die Deutschen mit dem *Collège de Sociologie* machen würden, wenn sie in Paris einträfen. Wie aus der Pistole geschossen antwortete Landsberg: »Sie werden das Collège erhalten und seine Mitarbeiter standrechtlich erschießen lassen« (vgl. Felgine 1994, 153).

Paul Richert auf der Flucht – die Ermordung Landsbergs

Im Mai 1938 hatte sich Landbergs Mutter das Leben genommen, weil die deutschen Behörden ihr die Papiere für den Besuch ihrer Geschwister in der Schweiz und für Paul Ludwig in Paris verweigert hatten.

1939 verlor Landsberg seine Doktorwürde und seine deutsche Staatsangehörigkeit. Er kommentierte im »German Broadcast of Radio Paris« und hielt Lesungen an der »Freien Deutschen Hochschule«.[87] Konnte er 1939 noch durch Freunde vor einer Internierungswelle aller deutschen Männer und Frauen in Frankreich geschützt werden, so erfasste ihn und Magdalena eine zweite Internierungsverfügung. Beide wurden getrennt: Paul Ludwig kam in die Bretagne und Magdalena nach Gurs bei Pau/Südfrankreich. Die deutsche Armee rückte immer weiter vor und viele der Internierungslager sollten den deutschen Truppen übergeben werden, so auch das Lager, in dem Paul Ludwig Landsberg gefangen war. Es gelang ihm, noch in letzter Minute mit anderen über die Mauer zu fliehen.[88] Unter dem Pseudonym »Paul Richert« und mit einem entsprechenden französischen Pass, der ihn als Arzt aus dem Elsass auswies, begab sich Landsberg mit dem Fahrrad durch ganz Frankreich auf die Suche nach seiner Frau. Einige Wochen konnte er in Lyon bei seinem Freund Jean Lacroix verbringen, zog aber sowohl wegen der vorrückenden deutschen Truppen als auch aufgrund seines energischen Willens, seine Frau zu finden, weiter nach Südfrankreich. Eigentlich hätte er nach Amerika gehen können. Freunde hatten ihm eine sofortige Ausreise ermöglicht, aber er lehnte ab: er wollte nicht ohne seine Frau gehen.

---

87 Jorge Semprun hat in seinen Erinnerungen eine Begegnung mit Landsberg und Raymond Aron Ende September 1939 festgehalten: Sempruns Vater, Aron und Landsberg unterhielten sich über den beginnenden Krieg und die Überlebenschancen der Demokratie (vgl. Semprun 1995, 95). Zur Begegnung mit Landsberg vgl. auch Semprun (1995, 202f).

88 Die weiteren Angaben stützen sich insbesondere auf Siebeke (2001).

Als Landsberg seine Frau in Pau wiederfand, war diese aufgrund eines Nervenzusammenbruchs im Lager schwer erkrankt. Wegen Magdalenas Krankheit und Landbergs Widerstandstätigkeit verzögerte sich die Ausreise nach Amerika. Als es Magdalena wieder besser ging, wollte Landsberg die Ausreisepapiere besorgen. Er verpasste den letzten Zug und kehrte in sein Hotel zurück. Am nächsten Morgen, dem 23. Februar 1943, wurde er in Pau als nazifeindlicher Elsässer denunziert und von der Gestapo festgenommen. Nach Haft in Pau, Drancy, Bordeaux, Lyon und Compiègne brachten die Deutschen ihn im Herbst 1943 ins Konzentrationslager Oranienburg-Sachsenhausen. Geschunden und ausgezehrt, erkrankte Landsberg an Lungentuberkulose. Er kam – immer noch unter dem Pseudonym Paul Richert – in den berüchtigten Krankenbereich des Konzentrationslagers, wo er beim Eintritt noch ein Kreuz für die zurückgebliebenen anderen in die Luft zeichnete und dort am Palmsonntag, den 2. April 1944, starb.

Madeleine/Magdalena Landsberg konnte den Tod ihres Mannes niemals richtig verwinden und starb 1954 in geistiger Umnachtung in einer Nervenheilanstalt an Herzversagen. Ende der vierziger Jahre hatte sie noch erreicht, dass in Bonn eine Gedenkfeier stattfand, in deren Rahmen ein Gedenkstein zu Ehren Paul Ludwig Landsbergs enthüllt wurde.[89] Erich Rothacker hielt die Rede. »Am letzten Tage, als ich meinen Mann sah, sprach er mit Recht davon, dass er Prof. Erich Rothacker für einen seiner besten Freunde in Deutschland halte«, wie Magdalena am 11. November an den Oberbürgermeister von Bonn schreibt. Ob Landsberg die Schriften seines »besten Freundes in Deutschland« kannte? Das Grab von Paul Ludwig Landsberg ist jedenfalls für immer unauffindbar.

---

89   Vgl. die Aufzeichnungen von Magdalene Landsberg im Universitätsarchiv Bonn. Die Feier und die Enthüllung einer Gedächtnisplatte fanden am 15. April 1948 auf dem Poppelsdorfer Friedhof in Bonn statt.

5 Wirkungsgeschichtliche Dimensionen

5.1 Die internen Krisen und das Ende des Collège de Sociologie

> »Das Individuum verdankt alles der Gemeinschaft (kollektive Darstellungen, durch Sprache, Erziehung usw. gewährleistet); doch man leistet nur etwas Brauchbares (das heißt, etwas, das *mehr* ist als das, was einem die Gemeinschaft gegeben hat, etwas, das somit über sie hinausgeht), wenn man sich gegen diese Gemeinschaft auflehnt, wie sich der Sohn gegen den Vater auflehnt.« (Tagebucheintrag, 16. Dezember 1935 von Leiris 1996, 194)

L'esprit abhorre les groupements, meinte Paul Valéry zur Individualisierungstendenz Intellektueller. Vielleicht hält es der »Geist« wirklich nur für kurze Dauer aus, sich in Gruppen zusammenzuschließen und in institutionellen Verhältnissen gemeinsam zu diskutieren und zu denken.[1] Zumindest lässt sich im Hinblick auf das Collège eine eigentümliche Bewegung ausmachen, die Valérys Meinung zu bestätigen scheint: Einerseits predigt die Mehrzahl der Collègiens die kommunielle Einheit und gibt zahlreiche Mittel zur Festigung und Herstellung von Vergemeinschaftung an die Hand, andererseits scheitert das Collège an den unterschiedlichen Versuchen, die Gemeinschaftlichkeit zu festigen und auf Dauer zu konstituieren – sowohl in der Gesellschaft als auch in den eigenen Reihen.

Bereits zu Beginn der Sitzungen des Collège gibt es Anzeichen für Missverständnisse zwischen Bataille und Leiris, Missverständnisse, die sich zunächst vor allem auf die Erforschung und die Existenz des Sakralen beziehen. Zu Anfang seines Vortrags vom 22. Januar 1938 fasst Bataille die vorangegangen Beiträge von Caillois und Leiris zusammen. Caillois hatte am 18. Dezember 1937 ein Referat mit dem Titel »Les sociétes animales« gehalten. Er hatte dabei darauf aufmerksam gemacht, dass es Gesellschaften wie die Tiergesellschaften gibt, die als »pre-sacrées« bezeichnet werden könnten. Am 8. Januar 1938 hatte Leiris seinen Vortrag »Le sacré de la vie quotidienne« gehalten, in dem er die alltäglichen, heiligen Orte und Objekte aus seiner Kindheit beschrieb. Batailles Resümee dieser zwei Sitzungen ist folgendes: »Il existe des sociétés où le sacré ne semble pas intervenir – les sociétés animales; il existe des sociétés où le sacré semble, tout au moins au premier abord, en voie de disparition – les sociétés de civilisation avancée où nous vivons.« (Bataille 1995*a*, 124) Die heutige Gesellschaft ist nach Bataille durch das Verschwinden des Sakralen gekennzeichnet. Sie befindet sich im Zustand des »post-sacré«.

---

1   Die folgenden Abschnitte gehen zurück auf meinen Beitrag »Homme de la science, homme de l'action, homme du mythe. Die internen Krisen des Collège de Sociologie (1937 – 1939) und die Tage danach« (Moebius 2003*d*), veröffentlicht in der Zeitschrift »Lendemains. Études comparées sur la France/Vergleichende Frankreichforschung«, hrsg. von Wolfgang Asholt, Hans Manfred Bock et al.

Die Frage, die sich nach Batailles Zusammenfassung stellt, ist: Wie kann Bataille behaupten, das Sakrale sei im Verschwinden, wo doch Leiris in der Sitzung zuvor gerade über die Gegenwärtigkeit des Sakralen im Alltagsleben gesprochen hatte (vgl. auch Hollier 1988a, xxiv)? Man darf natürlich die Interpretation dieser Diskrepanz zwischen den Analysen von Bataille und Leiris bezüglich des Auftretens des Sakralen nicht überstrapazieren. Dennoch verweisen die unterschiedlichen Betrachtungsweisen des Sakralen schon zu Beginn des Collège auf Differenzen hin, die sich im Laufe der Jahre vertiefen sollten.

Am Vorabend der letzten Sitzung des Collège, in deren Mittelpunkt der Vortrag »Le Collège de Sociologie« von Bataille steht, überreicht Leiris Bataille einen Brief, in dem Leiris die methodologische Herangehensweise des Collège kritisiert.

In seinem Brief an Bataille vom 3. Juli 1939 sind es hauptsächlich drei Kritikpunkte, die Leiris zur Diskussion stellt: In der Gründungerklärung hatte sich das Collège zum Ziel gesetzt, die sozialen Strukturen zu erforschen. Leiris ist der Ansicht, dass »im Collège nicht selten gewichtige Verstöße gegen die von Durkheim – der Autorität, auf die wir uns immer wieder beriefen – erarbeiteten methodischen Verfahrensregeln begangen wurden: eine von ungenau definierten Begriffen ausgehende Arbeit und Vergleiche zwischen Fakten, die aus grundsätzlich verschiedenen Gesellschaften stammen usw.« (Leiris 1979c, 240) Zweitens betont Leiris, dass die Intention des Collège, eine »geistig-moralische Gemeinschaft« zu werden, nicht gelungen sei. Er befürchte sogar, dass jedes Mal, wenn Intellektuelle einen Orden oder eine Religion stiften wollten, sie es letzten Endes nur zu einem »Debattierzirkel« bringen werden (vgl. Leiris 1979c, 240). In seinem dritten Punkt richtet sich die Kritik noch einmal auf die methodische Vorgehensweise des Collège bezüglich der Erforschung des Sakralen. Das Collège habe das Sakrale so hypostasiert, dass es fast zum alleinigen Erklärungsprinzip von Gesellschaften erhoben wurde. Dies stehe aber im Widerspruch zu Erkenntnissen der modernen Soziologie und insbesondere zu Mauss' Begriff des totalen sozialen Phänomens:

> »Ich bin weit davon entfernt, aus dem Collège eine gelehrte Gesellschaft machen zu wollen, in der man sich ausschließlich den rein soziologischen Forschungen widmen würde. Aber man muß sich schließlich entscheiden, und wenn wir uns auf die Wissenschaft der Soziologie berufen, wie sie von Leuten wie Durkheim, Mauss und Robert Hertz entwickelt wurde, so kommen wir auch nicht umhin, uns nach ihren Methoden zu richten. Andernfalls müssen wir – um jede Zweideutigkeit zu beseitigen – aufhören, uns ›Soziologen‹ zu nennen.« (Leiris 1979c, 241)

In einem Interview fragt Bernard-Henri Lévy Leiris nach der Reaktion Batailles. Dieser antwortet: »Er gab zu, daß es da ein Problem gab. In dem Brief, von dem ich gesprochen habe, hatte ich darum gebeten, eine große Sitzung, eine Art Kongreß zu veranstalten, um dieses Problem zu diskutieren. Das ist niemals gemacht worden. Allerdings habe ich diesen Brief kurz vor dem Krieg verschickt. Man ist vielleicht durch den Krieg gehindert worden.« (Leiris in Lévy 1992, 187)

In seinen Tagebüchern findet sich ein weiterer Entwurf eines Briefes an Bataille, in dem Leiris seine Argumente noch präzisiert (vgl. Leiris 1996, 591f). Er gesteht zu, dass das Collège sich nie ausdrücklich in der Durkheim'schen Tradition stehend verstanden habe. Aber

»[t]rotzdem wurde von allen möglichen Leuten permanent von Begriffen Gebrauch gemacht, die von der französischen soziologischen Schule erarbeitet wurden (das rechte Heilige und das linke Heilige, der Mythos als kollektive Vorstellung, gebunden an ein Ritual, die Rolle der Momente intensiver gesellschaftlicher Konzentration im Gegensatz zu jenen der Dispersion, der Mechanismen von Institutionen wie Opferung, Potlatsch usw.), und so scheint es unerläßlich – will man nicht miterleben, wie diese Begriffe nach und nach ihre ursprüngliche Bedeutung verlieren –, immer im Blick zu behalten, was sie von ihrer ursprünglichen Konzeption her bedeuteten, und auch die methodischen Regeln, die zu ihrer Konzeption führten.« (Leiris 1996, 591)

Wenn schon Ethnographen, wie er selbst, in den klassischen Soziologen Menschen sehen, die durch exzessives Generalisieren die Wirklichkeit verdrehten, was sollen sie dann erst von denen halten, »die von diesen bereits umstrittenen Schematisierungen ausgehend eine Schematisierung zur Potenz entwickeln, eine Art von *Über-Schematisierung?*«, fragt Leiris (1996, 591) weiter.

Die permanente Beschäftigung mit dem Sakralen wurde Leiris' Ansicht nach am Collège zu sehr übertrieben. In Anlehnung an seinen Lehrer Marcel Mauss, der im Vergleich zum Begriff des Sakralen den Begriff des *mana* für einen geeigneteren Oberbegriff zur Beschreibung sozialer Phänomene hielt, erachtete Leiris die Analysen des Sakralen am Collège für zu allgemein; dadurch stehe das Collège nicht mehr in Einklang mit den Lehren von Mauss: »Als ob Mauss das Heilige als eine Erklärung aller Phänomene aufgefaßt hätte.« (Leiris in Lévy 1992, 187)

Das große Verdienst der Nachfolger Durkheims liege in ihren Versuchen, auf Durkheims Apriorismus zu reagieren und in ihrem Drang nach faktengetreuerer Forschung (Leiris 1996, 592). Und man müsse jetzt – es ist 1939 – feststellen, dass die französische Soziologie eine andere Wendung genommen habe, als man es sich vorgestellt habe, da sie nun viel mehr mit Statistiken, Kartographien und Aufzeichnungen arbeite, die fast nichts mehr mit Tatsachen zu tun hätten: »Ich verkenne nicht, inwieweit diese Methode begrenzt, mangelhaft und erbärmlich inhuman ist; offen bleibt noch, ob man eine andere Methode anwenden kann, wenn man zwar findet, es sei notwendig, über die reine Beobachtung hinauszugehen und zu konstruieren, aber meint, es sei zumindest unerläßlich, mit Daten zu arbeiten, die nicht bloß grobe Schätzungen sind.« (Leiris 1996, 592)[2]

Warum zweifelte Leiris mit der Zeit immer mehr an den methodischen und theoretischen Aktivitäten des Collège? Ihm zufolge habe man in einem gewissen Widerspruch zu Mauss und zu dessen Konzept des *phénomène total* gestanden, denn nach Mauss sei das Sakrale nicht immer das dominierende Element in einer Gesellschaft. Aber mehr noch wog Leiris' wissenschaftliche Nähe zu Mauss: »Ich fand, daß Bataille

---

2   Hier endet das Konzept des Briefes aus Leiris' Tagebuch.

etwas zu weit ging. Er übertrieb. Man darf nicht vergessen, daß ich ein direkter Schüler von Mauss war. Ich habe seine Vorlesungen besucht. Ich wäre mir Mauss gegenüber ein bißchen wie ein Verräter vorgekommen, wenn ich keine Einwände erhoben und nicht auf die Unterschiede aufmerksam gemacht hätte.« (Leiris in Lévy 1992, 187)

In der Tat kann man sich mit Leiris fragen, inwieweit die Bezeichnung »Soziologen« für die Mitglieder des Collège zutreffend war. Wie eng oder wie weit ist dieser Begriff zu fassen? Es wird im Schlusskapitel auf die spezifische Soziologie des Collège zurückzukommen sein. In seiner Abhandlung über die französische Soziologie bezeichnet Claude Lèvi-Strauss jedenfalls all diejenigen, die sich mit menschlichen Phänomenen im Allgemeinen beschäftigen, als Soziologen. Insofern könnten auch Literaten oder Künstler zuweilen als Soziologen gelten: »French sociology does not consider itself as an isolated discipline, working on its own specific field, but rather as a method, or as a specific attitude toward human phenomena. Therefore one does not need to be a sociologist in order to do sociology.« (Lévi-Strauss 1971, 505)[3]

Nicht nur Leiris, sondern auch Roger Caillois kritisierte kurz vor der Auflösung des Collège, dass die in der Gründungerklärung festgesetzten Regeln bewusst unbeachtet blieben. Er richtete sich dabei aber nicht auf die Frage nach der exakten Umsetzung der Durkheim'schen Soziologie, sondern vermisste vielmehr die politischen Aktivitäten des Collège. Am 20. Juli 1939 beschrieb Bataille in einem Antwortschreiben auf einen nicht mehr auffindbaren Brief von Caillois (vgl. Hollier 1995a, 813) dessen Position und versuchte sich zu verteidigen: »[…] [J]e ne me suis livré à aucune critique de votre position: je me suis simplement défendu après avoir expliqué que ›la part fait par moi au mysticisme, au drame, à la folie, à la mort‹ vous paraissait ›difficilement conciliable avec les principes dont nous partions‹.« (Hollier 1995a, 834)[4] Nach Caillois hat sich das Collège nicht genügend um die politischen Umsetzungen der sakralen und vitalen Kräfte bemüht, so wie es in der »Déclaration« gefordert wurde. Anstatt lediglich die vitalen und sakralen Kräfte zu beschreiben, hätte die politische Aktion im Vordergrund stehen sollen; hinzu kommt, dass »Caillois pense que le Collège doit se transformer en Ordre sociologique alors que Bataille trouve dans la forme même de la société secrète la valeur communautaire qu'il recherche.« (Gugelot 2002, 54)

Für Leiris hat es insbesondere an einer methodischen Umsetzung der analysierten Phänomene des Sakralen gemangelt, während es Caillois darum ging, in die bestehenden gesellschaftlichen Strukturen zu intervenieren. Die Gründe der eigenen Gruppenexistenz wurden strittig, sobald diese Selbstdefinitionen des Collège bei seinen Mitgliedern und Gründern divergierten.[5]

---

3   Zum soziologischen Amateurstatus der meisten Collègiens – abgesehen von einigen Schülern von Mauss wie Leiris, Caillois oder Lewitzky – vgl. den Abschnitt »Reconquête du gais savoir: Le ›Collège de sociologie‹ (1937–1939): un collège invisible?« von René Lourau (1977, 237–286).

4   Der Brief findet sich auch in Bataille (1987b, 109ff).

5   Zu Selbstdefinitionen von Intellektuellengruppen vgl. die soziologische Untersuchung über die Junghegelianer von Wolfgang Eßbach (1988).

Doch welche Position vertrat Bataille in diesen internen Auseinandersetzungen? Um diese Frage zu beantworten, ist noch einmal ein Blick in Batailles Text »L'apprenti sorcier« hilfreich (vgl. Bataille 1995e).[6]

Wie im Abschnitt zum Schlüsselbegriff des Mythos bereits erwähnt, verfolgt Bataille in seinem Beitrag die Frage, mit welchen Mitteln es möglich sei, ein »vollständiger Mensch« zu sein (vgl. Bataille 1995e, 305). Er unterscheidet sowohl zwischen der wissenschaftlichen und politischen als auch der künstlerischen Existenzform. Diese Formen stellen nach Bataille die vollständige Existenz des Menschen jedoch unzureichend dar. Der Wissenschaftler kümmere sich lediglich um die Wahrheit und vernachlässige dabei andere elementare Bereiche des Menschen (vgl. Bataille 1995e, 307). In diesem Sinne soll das Collège nach Bataille nicht nur eine wissenschaftliche, sondern auch eine moralische Gemeinschaft sein.

Wie die wissenschaftliche Existenz verfehlt nach Ansicht Batailles auch der Künstler die »vollständige Existenz«, da es ihm an Realitätssinn mangelt; er bleibt in einer partikularen Sichtweise der menschlichen Existenz gefangen. Die politische Existenzform, der »l'homme de l'action« wiederum versucht, die gesellschaftliche Realität zu überschreiten und ist eben darum an diese Realität gebunden. Eine vollständige Loslösung von dem, was er verändern will, gibt es nicht.

Allein die mythische Existenzform vermag nach Bataille zur Verwirklichung einer vollständigen Existenz beizutragen; der Mythos ist eine kollektive Erfahrung, die alle anderen existentiellen Teilbereiche überschreitet. Gemäß Bataille kann der Mythos die Einbettung in die Gesellschaft zum Ausdruck bringen und eine kommunitäre Neustrukturierung der modernen Gesellschaft bewirken.

Vergleicht man die verschiedenen, von Bataille dargestellten Existenzformen, so kann man die These aufstellen, dass Bataille weder eine rein wissenschaftliche Existenzform, wie sie vielleicht Michel Leiris in Ansätzen vorschwebte, noch eine politische Lebensweise, wie sie Caillois vertrat, vor Augen hatte. Peter Wiechens hat dies in einem Artikel über Bataille und Durkheim folgendermaßen auf den Punkt gebracht: »Wollte man darüber spekulieren, ob Batailles Bezeichnungen ›homme de la science‹ und ›homme de l'action‹ nicht gerade auf Michel Leiris und Roger Caillois gemünzt sind, dann könnte man für Bataille, insofern er im Rahmen seiner Vorträge vor dem *Collège de Sociologie* an der Überlegenheit der mythologischen Wahrheiten festhält, die Bezeichnung ›homme du mythe‹ reservieren.« (Wiechens 1999, 241f) Insofern stellte sich für Bataille nicht in erster Linie die Frage, ob die wissenschaftlichen Methoden der Durkheim-Schule im Collège hinreichend genutzt wurden oder wie konkrete politische Aktivitäten aus dem Collège erwachsen könnten. Vielmehr wollte er allererst an einer kommunitären Struktur arbeiten, die – gestützt auf die irrationalen Momente des Mythischen – alle Bereiche umfassen sollte, so die schon 1938 in »L'apprenti sorcier« von Bataille verfasste »Antwort« auf die Kritiken von Leiris und Caillois.

---

6   Bei der folgenden Besprechung zu Batailles »L'apprenti sorcier« wurde neben den Collége-Texten, die in Hollier (1995a) versammelt sind, der Aufsatz von Peter Wiechens »L'homme du mythe. Batailles Abweichung von Durkheim« als Folie benutzt (vgl. Wiechens 1999).

Wie immer Batailles Ausführungen zu bewerten sind, dass sie zu einer erhofften Verbreitung hätten führen und eine politische wie wissenschaftliche Wirkung hätten erzielen können, war schon damals mehr als ungewiss. Ob nämlich der stärker werdende Faschismus und das kleinbürgerliche Milieu, zu dem – insbesondere von Caillois – auch die Volksfront um Léon Blum gezählt wurde, mittels mythologischer Wirklichkeiten hätten überwunden werden können, bleibt äußerst fraglich.

Die internen Streitigkeiten der Collègiens, wie sie hier dargestellt wurden, boten viel Stoff für weitere Diskussionen und vielleicht wäre es auch zu solchen gekommen, wenn nicht der Krieg das Ende des Collège besiegelt hätte. Nach der Auflösung im Jahre 1939 vertieften Leiris, Bataille und Caillois auf je eigene Weise ihre im Collège begonnenen Analysen und blieben trotz der eben beschriebenen Differenzen weiterhin eng befreundet. Aber welche Arbeiten der jeweiligen Akteure folgten nach der Auflösung des Collège? Worin bestanden ihre thematischen Schwerpunkte? Diesen Fragen soll nun exemplarisch anhand zentraler Folgearbeiten nachgegangen werden.

5.2 Die Tage danach

Die letzte Sitzung des *Collège de Sociologie* fand am 4. Juli 1939 statt. Die institutionelle Periode des Collège war damit beendet, die theoretischen Antworten auf die vom Collège aufgeworfenen Fragen waren aber noch offen geblieben. Die Collège-Sitzungen hatten mit ihren Analysen des Sakralen Problemstellungen ans Licht gebracht, die die Hauptakteure auch nach der Auflösung des Collège noch beschäftigten. Bataille entwickelte seine Themen in verschiedenen Aufsätzen und Büchern weiter. So entstanden in den vierziger Jahren unter dem Titel »La Somme athéologique« die Beiträge »L'Expérience intérieur« (1943), »Le Coupable« (1943) und »Sur Nietzsche« (1945), aber auch seine literarischen Erzählungen wie »Madame Edwarda« (1941).[7] Im Jahre 1946 gründete Bataille die Zeitschrift *Critique*; sie erscheint noch heute.[8]

Bemerkenswerterweise änderte sich Peter Bürger zufolge die Auffassung des Sakralen bei Bataille nach der Auflösung des Collège:

»Das Sinndefizit der bürgerlichen Gesellschaft (dessen Ausdruck der *ennui* des einzelnen ist) – dies ein Denkmotiv, das Batailles ganzes Werk durchzieht – beruht letztlich auf dem Verlust der Dimension des Heiligen. Hatte er in den Jahren vor dem Zweiten Weltkrieg zur Zeit der Arbeit im Rahmen des *Collège de Sociologie* noch daran festgehalten, es könnte gelingen, in der modernen Gesellschaft ein Heiliges zu schaffen, gibt er nach dem Durchgang durch die mystische Erfahrung, von der *L'Expérience intérieure* berichtet, der Frage nach dem Heiligen eine andere Wendung. Jetzt geht es ihm zum einen darum, immer neue Versuche zur Bestimmung

---

7   Die Beiträge sind zum Teil auch auf deutsch erschienen, vgl. Bataille (1999*a*), Bataille (1977).
8   Nachdem Bataille am 9. Juli 1962 gestorben war, erschien in *Critique* 1963 eine Sondernummer über ihn, in der unter anderem Foucaults Beitrag »Vorrede zur Überschreitung« zu finden ist (vgl. Foucault 2001*d*).

des Heiligen zu unternehmen, zum anderen aber darum, die Situation auszuloten, die durch die Abwesenheit des Heiligen charakterisiert ist.« (Bürger 1999, 38)

Beispiele des Sakralen sind für Bataille die »starken« Kommunikationen; gemeint sind intersubjektive Austauschformen, in denen gegeben, gelacht, geweint oder geschrieen wird – allgemein, wenn ein Kommunikationspartner sich dem anderen zuwendet und sich ihm *öffnet*.[9] Bataille definiert die »starke Kommunikation« mit folgenden Worten:

> »Wenn eine Gruppe von Personen über einen Satz lacht, der eine Absurdität enthüllt, oder über eine zerstreute Geste, passiert sie in den Lachenden einen Strom intensiver Kommunikation. Jede isolierte Existenz tritt aus sich heraus, kraft des Bildes, das den Irrtum der lähmenden Isolierung verrät. Sie tritt aus sich heraus in einer Art leichten Aufblitzens, und sie öffnet sich gleichzeitig der Ansteckung durch eine Flut, die in sich zurückschlägt, denn die Lachenden werden insgesamt wie die Wellen des Meeres, es existiert keine Scheidewand mehr zwischen ihnen, solange das Lachen andauert, sie sind nicht *mehr* getrennt als zwei Wellen, doch ihre Einheit ist ebenso unbestimmt, ebenso prekär wie die der erregten Gewässer.« (Bataille 1999*a*, 136)

Bataille geht es in seiner zu Beginn der vierziger Jahre ausgearbeiteten Theorie der »starken« Kommunikation nicht um die Dimensionen einer idealen, rationalen Kommunikationsgemeinschaft, sondern um den wesentlich unbewussten Aspekt von Kommunikation. Letzterer kann so weit führen, dass sich kommunitäre Formen sozialen Zusammenlebens konstituieren, die jenseits einer bloßen Diskussion liegen. Nach Bataille muss man begreifen, dass sich die Subjekte dabei selbst »auflösen«; »daß die Kommunikation dem Objekt wie dem Subjekt den Stuhl wegzieht.« (Bataille 1999*a*, 79f)[10] Die tiefe Kommunikation drückt sich, wie angesprochen, beispielsweise in Festen oder Spielen aus; Bataille bezieht sich hierbei vor allem auf Caillois und dessen Überlegungen zum Fest (vgl. Caillois 1995*b*). Der von Caillois in seinem Vortrag am Collège betonte kommunitäre Charakter von Festen kann sogar so weit reichen, dass die individuelle Position des Einzelnen aufgebrochen wird. Ihren gemeinschaftsstiftenden und damit konstitutiven Sinn für eine projektive Kollektividentität erhalten Feste nicht allein durch einen diskursiven Austausch, sondern auch durch gemeinsames, emphatisches Singen, Tanzen oder Lachen – allesamt Merkmale einer »starken« Kommunikation.

Die »starke« Kommunikation im Sinne Batailles ist keine Kommunikation, die sich zwischen zwei bestehenden Identitäten oder Entitäten ereignet und diesen Selbstheiten nachträglich ist. Vielmehr wird das »Dasein«, wie Bataille in Anlehnung an

---

9   Diese Dimension der Kommunikation, die Bataille eine »starke« Kommunikation nennt, ähnelt der Sprachkonzeption von Emmanuel Lévinas, der zwischen *Sagen* als performativer Zuwendung zum Anderen und *Gesagtem* als Diskurs unterscheidet. Auf die Verbindung zwischen Bataille und Lévinas wird noch, wenn es um die Wirkungen Batailles geht, eingegangen.

10 Insofern hat Souveränität auch nichts mit dem gewöhnlichen Begriff von Herrschaft zu tun (vgl. Bergfleth 1999, 345f).

Heidegger schreibt, erst durch die Kommunikation konstituiert: »[...] die Kommunikation ist ein Tatbestand, der nicht zum Dasein hinzukommt, sondern es konstituiert.« (Bataille 1999*a*, 42)[11]

Michel Leiris widmete sich in der Zeit nach dem Collège zunehmend der Ethnologie. Schon 1930 hatte er seine erste selbstständige ethnographische Arbeit »L'Œil de l'ethnographe« in der von Bataille herausgegebenen Zeitschrift »Documents« veröffentlicht. Leiris blieb in zahlreichen Aufsätzen der Tradition des Collège treu, indem er nicht nur eine Ethnographie des Fremden, sondern auch des Eigenen schrieb. So handelte nicht nur der Collège-Beitrag »Das Heilige im Alltagsleben« von seinen frühkindlichen Erinnerungen an das Heilige, sondern auch seine ethnographischen Reiseberichte versuchten sowohl die Fremdheit des Anderen als auch die *Fremdheit des Eigenen* zu beschreiben, wie beispielsweise sein 1939 publiziertes Buch »L'Age d'homme« (Leiris 1939) belegt. Dem Sakralen widmete sich Leiris weiterhin, beispielsweise in der Beschreibung der Redeweisen und Verhaltensmuster im sakralen, kultischen Leben bei den Dogon von Sanga (vgl. Leiris 1948).[12]

Die Freundschaft zwischen Bataille und Leiris hatte trotz der Differenzen im Collège nicht gelitten. 1958 hatte Leiris unter dem Titel »Georges Batailles Don Juanismus« einen kurzen Aufsatz über die Thematik der Erotik im Werk Batailles geschrieben und 1963 veröffentlichte er nach dem Tod Batailles in »Critique« eine Hommage an ihn mit dem Titel »Von dem unmöglichen Bataille zu den unmöglichen *Documents*« (vgl. Leiris 1981*a*, 67ff).[13]

Auch die Freundschaft zwischen Caillois und Bataille war nicht gebrochen. In einem Interview mit Gilles Lapouge spricht Caillois von einer seltenen Übereinstimmung des Geistes zwischen den beiden zur Zeit des Collège, aber auch von der Differenz: »Entre Bataille et moi, il y avait une communion d'esprit très rare, une sorte d'osmose sur le fond des choses, au point que la part de l'un et celle de l'autre étaient souvent indiscernables. Mais nous nous séparions quant à l'usage à faire de ces recherches. Et Bataille avait tendance à avancer toujours du côté de la sphère mystique.« (Caillois 1991*a*, 136)

Roger Caillois beschäftigte sich nach dem Ende des Collège weiterhin mit dem Sakralen, beispielsweise in seinem Aufsatz über »La représentation de la mort dans le cinéma américain« (1951) sowie insbesondere in seinem 1939 publizierten und später

---

11 Zur »Fehllektüre« des Heideggerschen Daseinsbegriffs durch Bataille, der diesen im Gegensatz zu Heidegger an exzessive Erfahrungen koppelt, vgl. auch Derrida (1997*c*, 418) und Keller (2001*b*, 152).

12 So gibt es bei den Dogon eine Eingeweihtensprache, die bei den Riten – Bestattungsriten sowie andere öffentliche wie nicht-öffentliche Riten –, von den Männern gebraucht wird. Eine andere und ins Deutsche übersetzte Arbeit von Leiris widmet sich dem Begriff der Arbeit in der Geheimsprache der Dogon (vgl. Leiris 1981*b*).

13 Wie erwähnt: Leiris war ebenfalls mit Batailles Freundin Colette Peignot, die auch unter dem Pseudonym Laure bekannt war, eng vertraut. 1939 veröffentlichten Leiris und Bataille einige Gedichte und Erzählungen von Laure unter dem Titel »Le Sacré. Suivi de poèmes et de divers écrits« (vgl. Laure 1980).

um einige Texte erweiterten Werk »Der Mensch und das Heilige« (Caillois 1988), das zum Teil aus am Collège gehaltenen Vorträgen besteht.[14]

In »La représentation de la mort dans le cinéma américain« geht Caillois (1951a) der kulturellen Repräsentation des Todes und des Lebens nach dem Tod im amerikanischen Kino der dreißiger und vierziger Jahre nach. Eine seiner Thesen lautet: Das Leben nach dem Tod in amerikanischen Filmen ist bürokratisch – wenn etwa im Film-Himmel oder der -Hölle ebenso eine durchrationalisierte Verwaltung mit Beamten und Chefetagen wie auf Erden herrscht – und stellt eine Verlängerung des vorherigen Lebens dar. Die Grenze zwischen Tod und Leben werde in den Filmen verwischt. Sie präsentieren eine absolut unpersönliche und bürokratische Welt (sowohl vor als auch nach dem Tod), die aufgrund umfassender Profanisierung des bislang sakralen Todes jede Trennung zwischen dem Profanen und dem Sakralen negiert. Im Gegensatz etwa zu Mexiko und seinen »fiestas de los muertes« herrsche in den USA, dem Land der Vernunft und des Fortschritts, in dem Optimismus eine Kardinaltugend sei, eine Verneinung der Sakralität des Todes vor. Wie einige soziologische Theorien über den Tod (vgl. Nassehi und Weber 1989) vertritt auch Caillois die These von einer sozialen Todesverdrängung in modernen Gesellschaften.[15] Für ihn ist die gesellschaftliche Todesverdrängung jedoch der Ausdruck einer tiefer gehenden und allgemeineren Verdrängung des Sakralen in der Moderne.[16]

»Der Mensch und das Heilige«, das im Weiteren näher behandelt wird, entstand aus der »Sakralsoziologie« des Collège heraus, manche Texte sind exakt die Vorträge, die am Collège gehalten wurden. Es bezieht sich auf Durkheim, Mauss und Dumézil; Letzterer las das Buch Korrektur. Im Vorwort der Ausgabe von 1939 bedankt sich Caillois bei Dumézil, aber auch bei Bataille: »Zu guter Letzt sei Georges Bataille gedankt: Mir scheint, daß zwischen uns in bezug auf dieses Problem [gemeint ist das Sakrale, S.M.] eine Art intellektueller Osmose bestand, weshalb jedenfalls ich nach so vielen Diskussionen seinen Anteil an dieser Sache, die wir gemeinsam verfolgen, von meinen eigenen nicht mehr genau unterscheiden kann.« (Caillois 1988, 14)

22 Jahre nachdem Rudolf Otto eine Schrift zum Sakralen vorgelegt hatte (vgl. Otto 1963 [1917]) und lange bevor Mircea Eliade die Thematisierung des Sakralen wieder aufgreifen sollte (vgl. Eliade 1957), versucht Caillois in komparatistischer Analyse die sozialen und anthropologischen Dimensionen des Sakralen zu erfassen.[17] Anstatt eine umfassende »Morphologie« des Sakralen zu entwerfen, ein Unterfangen, für das es nach Caillois mehr als ein Leben bräuchte, will er lediglich die »Typen von Be-

---

14 »Alors que Bataille et Klossowski continuent leur quête littéraire, la réflexion de Caillois le conduit entre poésie et recherche à une oeuvre scientifique réelle. L'homme et sacré, paru en 1939, marque ce choix. Sa quête du sacré est alors plus politique que celle des autres fondateurs du Collège.« (Gugelot 2002, 56)

15 Zu »Tod und Trauerrituale in der modernen Gesellschaft« siehe das instruktive Buch von Julia Schäfer (2002).

16 Zu fragen wäre hier, ob nicht der Fernseher und der Film sowie die von Edgar Morin untersuchten Stars selbst zu modernen sakralen Gegenständen bzw. Personen geworden sind.

17 Vgl. auch das Buch »Die Religionen und das Heilige. Elemente der Religionsgeschichte« von Mircea Eliade (1998).

ziehungen«, das heißt eine »Syntax« des Sakralen schreiben (vgl. Caillois 1988, 12). Im Gegensatz zu Rudolf Otto geht es Caillois nicht um den »subjektiven« und psychologischen Aspekt des Sakralen (vgl. Caillois 1988, 13), sondern sowohl um eine Synthetisierung der bisherigen Forschungen als auch um eine Wiederherstellung der kollektiv empfundenen Kräfte des Sakralen.

Caillois' Werk entsprang auch aus der politischen Motivation heraus, die gesellschaftliche Ordnung zu verändern. Um der zunehmenden Rationalisierung und Individualisierung aller sozialen Beziehungen und dem damit verbundenen Rückzug des Sakralen etwas entgegenzusetzen und neue soziale Kohäsionen zu erschaffen, bedurfte es nach Caillois kollektiver und verausgabender, das Heilige ausdrückender Veranstaltungen und Feste, wie beispielsweise der Karneval in Rio (vgl. Caillois 1988, 11).

Das Sakrale war für Caillois trotz seines Verschwindens in der Moderne dennoch in irgendeiner Form existent; in unterschiedlichster Art käme es zum Vorschein. Diese paradoxe Annahme der Anwesenheit des abwesenden Sakralen war vornehmlich das Resultat einer Revision seiner vorangegangenen Analysen: Aufgrund des ausgebrochenen Krieges musste Caillois seine Diagnose vom Verschwinden der Kollektivkräfte revidieren und vertrat nun in der nach 1939 erschienenen und erweiterten Ausgabe des Buches die These, die moderne Form des Festes sei der Krieg (vgl. Caillois 1988, 221f).[18] Mit der Annahme einer Nähe zwischen Fest und Krieg war Caillois immer noch im Denkbereich seines Lehrers Marcel Mauss. Denn bereits 1925 hatte Mauss in seinem Essay über die Gabe geschrieben, dass Fest und Krieg nahe beieinander liegen (vgl. Mauss 1999a, 180), wobei Mauss weit entfernt davon war, den Krieg zu idealisieren.[19]

Wahrscheinlich wegen der Erfahrungen des Zweiten Weltkriegs gelangte Caillois gegen Ende seiner 1951 dem Buch hinzugefügten Ausführungen über den »Krieg und das Heilige« zu dem Bekenntnis, dass der Krieg allem ein Ende setzt:

> »Der Krieg schließt die Grenzen, die die Feste geöffnet hatten. Man kann wieder einmal beobachten, daß der Krieg zwar etwas von ihrer Wirkungsweise übernimmt, aber im entgegengesetzten Sinne: Statt zu vereinen, trennt er, während das Fest vor allem verbindet. Beobachter haben es die soziale Bindung *par excellence* genannt, die mehr als alles andere die Kohäsion der dadurch periodisch zusammengeführten Gruppen gewährleistet. [...] Dagegen bewirkt der Krieg den Bruch der Abmachungen und Freundschaften. Er verschärft die Gegensätze. Er ist, während das Fest einen Überschwang von Leben und befruchtender Kraft darstellt, nicht nur unerschöpflicher Quell von Tod und Verwüstung, sondern zieht Folgen nach sich, die

---

18   Diese, den Krieg idealisierende These, übernimmt er bezeichnenderweise von Ernst Jünger und Ernst von Salomon (vgl. Caillois 1988, 223).

19   Auf die überzogene Kritik von Ranulf, die Durkheim-Schule sei wegen ihrer Betonung des Primitiven ein wissenschaftlicher Vorläufer des Faschismus gewesen, wurde bereits im Abschnitt zu Mauss in einer Fußnote hingewiesen. Mauss räumte ein, dass die beschriebenen primitiven Verhaltensformen Parallelen zum Faschismus gehabt hätten. Man habe stets nur die guten Seiten der Verhaltensformen beachtet und bedauerlicherweise nicht die bösen Seiten vorausgesehen.

nicht weniger verhängnisvoll sind als die Verheerungen, die er anrichtet, solange er wütet.« (Caillois 1988, 235f)

Insbesondere die »Probleme der Technik und folglich der Kontroll- und Zwangsmittel, der Sieg der weltlichen über den religiösen Geist und ganz allgemein die Vorherrschaft des Gewinnstrebens über uneigennützige Tätigkeiten«, all diese Aspekte verleihen dem Krieg nach Caillois die »Aura eines schwarzen und wider den Strich apotheotischen Festes.« (Caillois 1988, 237) Die »Verausgabungen« des Krieges sind für Caillois alles andere als eine moralische Erneuerung und das »moderne Fest« bedeutet das potentielle Ende der Menschheit. Welche Konsequenzen sich daraus für das Denken Caillois' ergeben haben, bringt Peter Geble in seinem Nachwort zu »Der Mensch und das Heilige« treffend auf den Punkt:

> »Damit ist die Desillusionierung vollkommen: Der Krieg entpuppt sich ihm als ›schwarzes Fest‹, in dem keine imaginären Wiedergeburten inszeniert werden, sondern der reale Tod einbricht. Caillois wird in der Folge die beiden im Anhang abgedruckten Aufsätze über den Krieg und das Spiel noch zu eigenständigen Büchern ausarbeiten; der soziologische Strang seines Werks findet darüber hinaus jedoch keine Fortsetzung mehr. Da sein ganzer Einsatz den kollektiven Ausbrüchen als ordnungsstiftendem Moment galt, deren moderne Ausprägungen sich aber unverkennbar als ordnungs-, ja menschheitszerstörend herausgestellt hatten, war ihm der Gegenstand abhanden gekommen.« (Geble 1988, 253f)

In einem Gespräch mit Gilles Lapouge kommt Caillois 1970 zu der Auffassung, der Krieg mit seiner eigenmächtigen Entfesselung der dunklen Kräfte habe die Nichtigkeit dessen gezeigt, was das Collège in Angriff genommen habe: »Ces forces noires que nous avions rêvé de déclencher s'étaient libérées toutes seules, leurs conséquences n'étaient pas celles que nous avions attendues. La guerre avait sans doute rejeté Bataille vers un monde intérieur. La recherche de l'extase prenait une importance croissante pour lui. Je l'ai revu. Notre amitié était intacte.« (Caillois 1991*a*, 137)

5.3 Das Collège de Sociologie und seine Wirkung auf die zeitgenössischen Intellektuellen

Wirft man einen Blick in unterschiedliche Zeitschriften und Beiträge, die zur Zeit des Collège in Frankreich erschienen sind, dann trifft man auf höchst divergierende Meinungen zeitgenössischer Intellektueller über die Aktivitäten und Forschungen des *Collège de Sociologie*. Sie sollen im Folgenden anhand von unterschiedlichen Zeitschriftenbeiträgen vorgestellt werden.[20] Ein Überblick über diese Wirkungen des Collège, wie sie sich in Artikeln Intellektueller Ende der dreißiger Jahre ausdrücken, ist aus mehreren Gründen interessant: Erstens lassen die Aussagen erkennen, dass das Col-

---

20 Die Beiträge, auf die Bezug genommen wird, sind zu finden in Hollier (1995*a*, 851ff).

lège keine Randexistenz führte, sondern im intellektuellen und wissenschaftlichen Leben Ende der dreißiger Jahre in Paris eine wichtige Rolle spielte. Zweitens gewinnt man durch die unterschiedlichen Bemerkungen über das Collège spezifische Erkenntnisse darüber, wie das Collège auf intellektuelle Kreise außerhalb der nonkonformistischen Gruppierungen wirkte und erhält damit drittens ein konkreteres Bild über die Anziehungskraft oder die Ablehnung der Aktivitäten des *Collège de Sociologie* zu seiner Zeit.

Viele der Beiträge stehen dem Collège kritisch oder völlig ablehnend gegenüber. In der Zeitschrift »Europe« erschien beispielsweise am 15. Oktober 1938 eine von René Bertelé verfasste Rezension der in der NRF erschienenen Collège-Beiträge. Bertelé wirft den Collègiens vor, einer aristokratischen und elitären Revolution das Wort zu reden. Bataille sei ein wirrer Nietzscheaner und Caillois faschistoid. Anstatt das Sakrale rational zu erklären, frage Caillois nach dessen mysteriöser und virulenter Macht. Man müsse befürchten, dass ein Diktator, dem es an ideologischen Rechtfertigungen mangele, eines Tages beim *Collège de Sociologie* um Unterstützung anfrage (Bertelé in Hollier 1995*a*, 853).

Der heftige Angriff auf das Collège, der nur Leiris' objektive Strenge bei der Beschreibung seiner Kindheit lobt, aber ansonsten das Collège in eine faschistische Ecke stellt, lässt sich vor dem Hintergrund der politischen Ausrichtung der Zeitschrift erklären. »Europe« war zunächst eine pazifistische und ab Mitte der dreißiger Jahre eine dem Kommunismus nahe stehende Zeitung. Sie stand in unmittelbarer Konkurrenz zur NRF (vgl. Julliard und Winock 1996, 457). In den nonkonformistischen Bestrebungen, die in der NRF ihren Niederschlag fanden, sah man subtile Annäherungen an den Faschismus – eine Sichtweise, die den nonkonformistischen Gruppierungen noch lange Zeit nachhing (vgl. Keller 2001*b*). Besonders verhasst war das Collège (wie im Übrigen auch bereits »Contre-Attaque«) deswegen, weil es seine revolutionären Konzepte nicht in den Dienst der Partei der Arbeiterklasse stellte und mit seiner Kritik der bürgerlichen Werte höchstens den bürgerlichen Mittelstand zu treffen vermochte. Verstärkt wurde die Ablehnung des Collège noch durch die seit 1937 offen antikommunistische Linie Batailles. Es verwundert nicht, dass auch andere kommunistische Kritiker das Collège angriffen.

In der von Louis Aragon herausgegebenen Zeitschrift »Commune. Revue littéraire our la défense de la culture« vom September/Oktober 1938 attackiert Georges Sadoul das Collège.[21] Er bezieht sich wie Bertelé auf die Veröffentlichung der Collège-Beiträge in der NRF. Zunächst fasst er in seinem Beitrag die zentralen Motive und Theorien des Collège zusammen. Er beanstandet, dass das Collège keine marxistische Soziologie für seine Analysen benützt. Anscheinend habe marxistische Soziologie aus der Sicht von Bataille, Leiris, Caillois und anderen Professoren des Collège nichts mit Wissenschaft zu tun und werde deshalb nicht so behandelt wie die universitäre Soziologie der Durkheim-Schule (Sadoul in Hollier 1995*a*, 856). Das Collège postuliere die Negation der Gesellschaft, ihrer ökonomischen Strukturen und Klassen, um es bei

---

21 Zur Zeitschrift »Commune« vgl. auch Julliard und Winock (1996, 301), zu Sadoul siehe Julliard und Winock (1996, 1019).

einer einfachen Unterscheidung zwischen *Herren* – Intellektuellen und Adligen – und *Knechten* zu belassen. Leiris' Phänomenologie der Kindheit sei nichts anderes als das Psychogramm eines Kleinbürgers; solche Erinnerungen seien nützlich für das Studium der Psychologie eines im 16. Arrondissement geborenen Kleinbürgers, aber für eine Soziologie – und sei es auch eine Sakralsoziologie – seien sie ein wenig beschränkt (Sadoul in Hollier 1995*a*, 857). Caillois hingegen sei machthungrig und ein Verächter der Massen. Der Intellektuellentyp, der von ihm propagiert werde, schneide sich selbst von der Gesellschaft ab und bringe nichts mehr als den Nonkonformismus zum Ausdruck, der in Wahrheit ein bürgerlicher Konformismus sei. Stattdessen müsse sich ein wirklicher Intellektueller in seiner Revolte gegen die Gesellschaft an die Seite des Volkes, des Hauptopfers der bürgerlichen Ungerechtigkeit, stellen. Sadoul unterstellt Caillois, dass er ein faschistisches Ideal verfolge, in dem einige wenige über die Massen herrschen. Er beschließt seinen Text mit dem Hinweis: »Pour Messieurs les professeurs du Collège, la sociologie est la négation de la sociologie vraie. Et leur impérialisme conquérant, aberrant, délirant et paranoïque se fonde sur une méconnaissance totale des plus élémentaires réalités sociales.« (Sadoul in Hollier 1995*a*, 860)

Bereits einige Jahre zuvor war Sadoul ein erbitterter Gegner Batailles geworden. 1934 hatte er Bataille angegriffen, als er dessen und Queneaus Aufsatz über die Kritik an der Hegelschen Dialektik verriss und Bataille einen »psychoanalytico-scatologue« nannte (Hollier 1995*a*, 854). Noch ganz im Zeichen des Surrealismus, dem Sadoul angehörte, warf er Bataille seine Beschäftigung mit dem heterologischen Niederen vor: Bataille verwechsele und vermische zugleich Eschatologie und Skatologie.

Der Philosoph und sich selbst als »Schüler des Collège« bezeichnende Jean Wahl schrieb im Februar 1938, einen Monat nach Leiris' Vortrag über »Das Heilige im Alltagsleben«, einige Zeilen über das Collège in der NRF. Er plädiert dort dafür, das Collège selbst soziologisch zu analysieren. Die Vorträge am Collège vermittelten ihm zufolge eine besondere Erschließung der menschlichen Realitäten. »Mais avec Leiris, avec les observations de Landsberg, à défaut de science (›à défaut‹ est-il même exact?) nous touchons d'une façon assez continue quelque chose de réel.« (Wahl in Hollier 1995*a*, 119).

Ein wohlwollender und zustimmender Ton wurde auch in den »Cahiers du Sud« angeschlagen. Die literarische Revue, die in den dreißiger und vierziger Jahren ein Forum der Exilliteratur war und in der auch Walter Benjamin veröffentlichte, teilte die individualisierungskritischen Annahmen des Collège. Robert Kanters bekräftigt in seiner Besprechung von Caillois' »Le mythe et l'homme« die These des Collèges, dass die zeitgenössische Zivilisation an einer Atomisierung sterben werde. Dabei handele es sich um eine doppelte Atomisierung: eine Atomisierung des von der Gesellschaft isolierten Individuums und eine Atomisierung innerhalb des Individuums selbst, so dass das Individuum – in den Worten Batailles – eine »dissoziierte Existenz« sei (Kanters in Hollier 1995*a*, 863). Die zugleich psychische und soziale Dissoziation könne allein durch den Mythos »geheilt« werden, da dieser sowohl auf die Affekte als auch auf die Kollektivität wirke. »Il apparaît avec une juste évidence aux membres du Collège de Sociologie sacrée que c'est au point de rencontre des déterminismes individuels et des déterminations sociales que toute doctrine doit désormais s'articuler pour pouvoir espérer une prise ultérieure sur les hommes.« (Kanters in Hollier 1995*a*, 863). Allerdings, so die Kritik Kanters, verstehe es Caillois nicht zu erklären, wie man wirksame Handlungen initiieren könne.

In der Zeitschrift der von Gaston Bergery ins Leben gerufenen »Front Social«, »La Flèche«, schreibt im Mai 1939 Pierre Prévost einen Beitrag über das *Collège de Sociologie*.[22] In den Augen von Prévost befindet sich Frankreich in einer paradoxen Situation: Sei es früher das Ursprungsland für soziale Bewegungen gewesen, die die gesellschaftlichen Strukturen transformiert hätten, so sei es nun im Verhältnis zu den Nachbarländern isoliert von den sozialen Umwälzungen und zeige keinerlei Initiative. Diese Situation habe allerdings auch Vorteile. Während die anderen Länder in Kämpfe verwickelt seien, so habe man in Frankreich die notwendige Ruhe für die Analyse und Beurteilung der Ereignisse. Man könne sich deswegen kaum so etwas wie das *Collège de Sociologie* in Deutschland oder in Russland vorstellen (Prévost in Hollier 1995*a*, 861). Das Collège richte seine Aufmerksamkeit insbesondere auf die ansonsten vielfach vernachlässigten »asozialen«, den Gesellschaftskörper zerstörenden Formen. Prévost zählt hierzu die militärischen Strukturen, die Tragödie und das Religiöse. Jedes dieser Themen habe ein von allen geteiltes Element: den Konflikt. Militärische Konflikte zerstören den Gesellschaftskörper von außen, tragische Konflikte, die sich im Individuum manifestieren, zerstören das Soziale von innen, indem sie die Menschen von ihren Zwängen befreien. Zwar werde dadurch der Gesellschaftskörper angegriffen, nichtsdestoweniger sei aber eine Verstärkung der sozialen Kohäsion durch Gemeinschaften zu beobachten. Der Nationalsozialismus vermisse jedoch das tragische Element, allein das Militärische habe bei ihm eine Bedeutung, insofern ist er in den Augen von Prévost ein monströses System. Krieg sei der totale Ruin einer Gesellschaft, darum müsse man vielmehr auf die tragischen Werte bauen. Gegen Schluss seines Beitrages zieht er eine Verbindung zwischen dem Collège und dem Frontismus. Beide teilen seiner Ansicht nach die Haltung einer nonkonformistischen Veränderung der Gesellschaft. Die zueinander in Komplementarität stehende Differenz liege jedoch darin, dass das Collège andere Werte begründen wolle und somit im ideellen Bereich verbleibe, während der Frontismus neue soziale Formen erschaffe.

---

22 Gaston Bergery (1892–1974) war der maßgebliche Kopf des »Frontisme«, später wurde er ein Botschafter des Vichy-Regimes. Der Frontismus gehört zunächst zum linksgerichteten Spektrum und bewegt sich Ende der dreißiger Jahre zum Rechtsextremismus hin. »Der ›Frontisme‹ das heißt das ideologische Spektrum des ›Front Commun‹, dann ›Front Social‹ von Bergery mit der Zeitschrift La Flèche (erscheint ab 1934, Chefredakteur ist zwischen 1935 und 1939 Jean Maze), verschiebt sich nicht einsinnig von links nach rechts. Der ›frontisme‹ saugt die Nonkonformisten von der Troisième Force auf. Zugleich entstehen zwischen dem neoradikalen, dem neosozialistischen (Lefranc) und syndikalistischen Milieu (Delaisi) fließende Übergänge, die von den Jüngeren, den Nonkonformisten genutzt werden. Anders als Déat nimmt Bergery mit seinem Front an der Volksfront teil – im Namen eines antikapitalistischen französischen Sozialismus. Nach dem Scheitern der Volksfront wird aus dem frontisme immer mehr ein nationaler Sozialismus.« (Keller 2001*b*, 134) Siehe zu Bergery und dem Frontismus auch Loubet del Bayle (1987, 161–163).

Die positive Beurteilung des Collège durch Prévost, der bei der personalistischen Gruppierung des »Ordre Nouveau« beteiligt war, verwundert nicht. Anfang 1937 hatte er Bataille kennen gelernt und seitdem mit ihm in Kontakt gestanden. Er und Xavier de Lignac, beide vom »Ordre Nouveau«, näherten sich seitdem immer mehr den Überlegungen des Collèges an. »Prévost belebt die Überlegungen von Mauss, Dandieu und anderen wieder, um antietatistische und antiproduktivistische Konzepte zum Kredit abzusichern. Er besteht darauf, daß am Anfang jeden Wirtschaftens etwas eingesetzt werden muß. Am Anfang steht der Kredit. Vor allem Tausch muß auf die Aufrichtigkeit des Partners gesetzt werden (credere heißt glauben).« (Keller 2001*b*, 280) Allerdings bleibt seine Argumentation weniger komplex als die von Bataille. Während Batailles allgemeine Ökonomie an einem globalen Modell orientiert ist, bleibt Prévosts Konzeption vielmehr an einer elitären Minderheit ausgerichtet (vgl. Keller 2001*b*, 282). Während des Krieges diskutieren Prévost, de Lignac und Bataille gemeinsam in dem Gesprächskreis des »Collège d'Etudes Socratique«, nach dem Krieg wird Prévost Chefredakteur der von Bataille ins Leben gerufenen Zeitschrift »Critique«.

In einer kurzen Bemerkung über das *Collège de Sociologie* stellt 1939 der Philosoph Jean Wahl die kritische Frage, ob man denn zugleich das Sakrale konstituieren und im selben Moment erforschen könne? Trotz dieser kritischen Überlegungen hätten Bataille, Caillois und Leiris »schöne Dinge« geschrieben; das Collège sei ein faszinierendes Unternehmen gewesen (Wahl in Hollier 1995*a*, 872). Ganz anders hingegen fällt die Meinung Sartres aus. Sein Beitrag »Un Nouveau Mystique« aus den »Cahiers du Sud« im Dezember 1943 richtet sich vor allem gegen Batailles Mystizismus und ist ein »denkwürdiger Verriß« (König 1988*b*, 367) von Batailles »L'expérience intérieure«. Einige Monate zuvor hatten Sartre und Bataille noch eine freundschaftliche Beziehung zueinander gehabt. Man tanzte zusammen auf Festen[23] und versuchte gemeinsam, »die Mißlichkeiten der Ausgangssperre unter der deutschen Besatzung zu umgehen.« (König 1988*b*, 367) Nun schlug die gegenseitige Bewunderung in Feindschaft um und die Beziehung zwischen den beiden wurde immer mehr von Polemik bestimmt. In Sartres scharfer Kritik, in der er Bataille eine Psychoanalyse empfiehlt, ist auch vom Collège die Rede: Das bizarre und berühmte *Collège de Sociologie* hätte Durkheim sicherlich überrascht, so Sartre. Bereits Durkheim, Lévy-Bruhl oder Bouglé hätten vergeblich versucht, die Grundlagen für eine säkulare Moral zu legen. Bataille, der ihren Begriff des Sakralen gestohlen und für seine Zwecke benutzt habe, sei die bittere Evidenz des Versagens der französischen Soziologie (Sartre in Hollier 1995*a*, 872f).

Die hier vorgestellten Aussagen über die Aktivitäten und Bestrebungen des Collège zeigen, dass die Wirkungen auf die Intellektuellen seiner Zeit nicht nur recht unter-

---

23 In seinem Aufsatz »Sartre und Bataille« gibt Traugott König folgende Sätze Batailles wieder: »Glücklich, mich an die Nacht zu erinnern, in der ich getrunken und getanzt habe – allein getanzt, wie ein Bauer, wie ein Faun, mitten unter Paaren. Allein? In Wirklichkeit tanzten wir einander gegenüber, in einem *Potlatsch* von Absurdität, *der Philosoph* – Sartre – und ich.« (Bataille in König 1988*b*, 367)

schiedlich ausfielen, sondern dem Inhalt nach davon abhingen, aus welchen politischen und philosophischen Lagern die jeweiligen Autoren der Zeitschriftenbeiträge stammten. So verwundert es nicht, dass nonkonformistische Intellektuelle wie Prévost die sowohl gegen die Linke als auch gegen die Rechte gerichteten Ideen und Haltungen der Collège-Mitglieder begrüßten, während linke, der kommunistischen Partei nahe stehende Intellektuelle im Collège eine faschistische Tendenz ausmachten.

Die Frage, wie das Collège auf die Soziologie Ende der dreißiger Jahre wirkte, kann wegen mangelnden Quellenmaterials und nur sporadischer Aussagen nicht genau eingeschätzt werden.[24] Wie bereits erwähnt, kritisierte Mauss die Bestrebungen des *Collège de Sociologie*. Erst nach dem Krieg erschienen vereinzelt kurze Anmerkungen über das Collège. So schreibt zum Beispiel 1950 Armand Cuvillier in seinem »Manuel de Sociologie«, das Collège sei eine der seltsamsten Versuche in der Soziologie gewesen, in einer Gruppe zu arbeiten (Cuvillier in Hollier 1995a, 881). Deutlicher ist Lévi-Strauss, der in einem Beitrag über die französische Soziologie das Collège für eine erfolgreiche und die Soziologie bereichernde Verbindung von in ihrem Denken sehr unterschiedlichen Intellektuellen hält: »Thus not only linguistics and geography, but European archeology and Chinese early history, have been fecundated by the sociological influence. This influence was so wide that it reached even the ›avant-garde‹ in art and literature. In the years immediately preceding the World War II, the ›Collège de Sociologie‹, directed by Roger Caillois, became a meeting place for sociologists on one hand, and surrealist painters and poets on the other. The experience was a success.« (Lévi-Strauss 1971, 507f)

5.4 Die Wirkungen des Collège de Sociologie auf Baudrillard, Maffesoli, Foucault, Nancy, Lévinas, Derrida

> »L'avenir seul révélerait à ces apprentis sociologues déguisés en medicine men si leur pharmakon était poison ou vaccin.« (Hollier 1979, 12)

Das griechische *Pharmakon* kann sowohl Gift als auch Heilmittel bedeuten (vgl. Derrida 1995b). Sind die Studien des Collège und Batailles eine »heilsame« Gegenbewegung zu rationalistischen Tendenzen in der Gesellschaft und deren Theoretisierung oder sind sie für die gesellschaftliche Entwicklung gefährlich? Ob die theoretischen Aussagen, die vom Collège und insbesondere von Bataille ausgingen, nun als »heilsame« oder als »giftige« Gaben für eine erkenntnistheoretische Praxis aufzufassen sind, ist wohl letztlich unentscheidbar und je nach historischer und forschungsstrategischer

---

24 Die Wirkungen des Collège auf die Ethnologie zur Zeit des Collège sind ebenfalls schwer einschätzbar. Zu den Verbindungen zur Ethnologie, insbesondere zu Leiris, und allgemein zur Ethnologie und den nonkonformistischen Intellektuellen in der Zwischenkriegszeit siehe den instruktiven Beitrag »On Ethnographic Surrealism« von James Clifford (1988a) und Augé (1999).

Situation neu zu bestimmen. Einigen Philosophen, Sozialphilosophen und Soziologen boten – und bieten noch heute – die Ideen der Überschreitung, der Verausgabung und der allgemeinen Ökonomie bedeutende Anregungen für die eigene wissenschaftliche Arbeit. Namentlich sind dies vor allem Jean Baudrillard, Michel Maffesoli, Michel Foucault, Emmanuel Lévinas und Jacques Derrida.[25] Im Folgenden sollen die Bezüge, die diese Denker zur »Heterologie«, zur Überschreitung und zur allgemeinen Ökonomie haben, erläutert werden.[26]

5.4.1 Baudrillards Gegengabe

Das Denken des französischen Soziologen Jean Baudrillard weist deutliche Bezüge zum *Collège de Sociologie* und insbesondere zu Georges Bataille auf (vgl. Moebius und Peter 2004).[27] Baudrillard war zunächst von Henri Lefèbvre und dessen marxistischer Betrachtung kapitalistischer Modernisierungsprozesse beeinflusst, entfernte sich jedoch zunehmend von jeder soziologischen Bezugnahme auf empirische Realitäten, um eine radikale Theorie der »Simulation« zu entwickeln. Eine seiner zentralen Thesen lautet, dass die gesellschaftliche Entwicklung unterschiedliche Abfolgen gesellschaftlicher und kultureller Ordnungsformen durchlaufen hat. »Folgt man Caillois' Einteilung der Spiele in: *mimikry, agon, alea, ilinx* – Ausdrucksspiele, Wettkampfspiele, Glücksspiele und Spiele des Rausches –, dann zielt die Entwicklung unserer gesamten Kultur auf das Verschwinden der Ausdrucks- und der Wettkampfformen und auf die Ausbreitung der Zufalls- und Rauschformen ab.« (Baudrillard 1987, 21) Baudrillard geht von drei Ordnungen aus, die er als »Ordnungen der Simulakren« bezeichnet (vgl. Baudrillard 1982, 79ff). Jede der Ordnungsformen zeichnet sich durch ein spezifisches Verhältnis zwischen materieller und symbolischer Welt aus.

Die Epoche des klassischen Zeitalters von der Renaissance bis zur industriellen Revolution charakterisiert er als die *Ordnung der Imitation*: In ihr dominiert der Gebrauchswert, das Zeichen hat eine unmittelbare Beziehung zur Realität und es herrscht noch ein ungebrochenes Abbildungsverhältnis vor. Die Phase der Imitation wird im industriellen Zeitalter abgelöst von der *Ordnung der Produktion*: Hier steht

---

25 Die Auswahl ergibt sich aus dem Grund, dass die philosophischen, sozialphilosophischen und soziologischen Positionen dieser Denker und ihr Verhältnis zum Denken Batailles *bis dato* kaum aufgezeigt wurden, wie Andreas Hetzel und Peter Wiechens in einem Sammelband zu Bataille schreiben: »Für andere wichtige Positionen, wie diejenigen von Michel Foucault, Gilles Deleuze/Felix Guattari, Jacques Derrida, Jean Baudrillard oder Emmanuel Lévinas, wäre Batailles Einfluß noch explizit aufzuzeigen [...].« (Hetzel und Wiechens 1999, 9) Statt des Einflusses des Collège auf Deleuze wird im Folgenden ein in Deutschland noch weniger bekannter Philosoph behandelt: Jean-Luc Nancy.

26 Die Abschnitte zu Foucault, Lévinas und Derrida gehen zurück auf meinen Beitrag »Das Sakrale und die Heterologie«, der im »Jahrbuch für Soziologiegeschichte« veröffentlicht wird (vgl. Moebius 2004*b*).

27 Zur Soziologie von Jean Baudrillard vgl. den Beitrag von Matthias Junge (2004) in dem Band »Französische Soziologie der Gegenwart« (Moebius und Peter 2004).

der durch Handel realisierte Tauschwert im Zentrum, der natürlichen Welt steht eine fabrizierte gegenüber. Die materielle Welt wird nicht mehr nachgeahmt, sondern sie wird systematisch produziert. Die dritte Phase ist die gegenwärtige *Ordnung der Simulation*: die gegenwärtige Epoche wird bestimmt durch das Schema des Codes, die Trennung zwischen Realität und Fiktion ist brüchig oder sogar obsolet: Realitäten werden simuliert, Zeichen schaffen »Wirklichkeitseffekte«; »es gibt weder etwas Reales noch ein Referenzsystem, mit dem man es konfrontieren könnte« (Baudrillard 1982, 94). In der *Ordnung der Simulation* herrscht der Zeichenwert; Gebrauchs- und Tauschwert sind ununterscheidbar geworden. In späteren Schriften hat Baudrillard noch ein viertes Stadium eingeführt: »nach dem Naturstadium, dem Handelsstadium, dem strukturalen Stadium sind wir somit zum fraktalen Stadium des Werts angelangt.« (Baudrillard 1992, 11) Im fraktalen Stadium gibt es überhaupt keinen Bezugspunkt mehr, nur noch »eine *Epidemie des Werts*« (Baudrillard 1992, 11).

Gesellschaftliche Praxis und soziale Beziehungen sind bei Baudrillard infolge der Simulation weder an objektive gesellschaftliche Bedingungen gebunden, noch lassen sich ihre Konsequenzen zukünftig einigermaßen zuverlässig prognostizieren, denn an ihre Stelle ist ihm zufolge jener spiralförmige, an ein Moebius-Band[28] erinnernde Prozeß getreten (vgl. Baudrillard 1978, 29), in dem Zeichen nicht mehr auf »reale Signifikate« verweisen, sondern nur noch auf sich selbst:

»Die charakteristische Hysterie unserer Zeit dreht sich um die Produktion und Reproduktion des Realen. Die andere Form der Produktion, die Produktion von Werten und Waren aus der guten alten Zeit der politischen Ökonomie, hat schon lange ihren Sinn verloren. In einem Prozeß fortwährender Produktion und Überproduktion versucht die gesamte Gesellschaft das Verschwinden des Realen aufzuhalten und es wieder auferstehen zu lassen. *Daher ist diese ›materielle‹ Produktion heute selbst hyperreal.*« (Baudrillard 1978, 40)

Realitäten werden heutzutage erzeugt, in aktuellen Reality-Shows wie »Big Brother« folgen auf die erzeugten Realitäten noch weitere (vgl. Junge 2004) und plötzlich werden aus den Bewohnern der »Big Brother«-Container Musikstars oder Werbeträger. Es entsteht also eine unablässig medial erzeugte Hyperrealität, in der die traditionellen Formen symbolischer Repräsentation durch permanente Simulation absorbiert werden.

Baudrillard versucht dem Simulationsprinzip eine kritische und subversive Kraft entgegenzusetzen. Da aber in der Simulationsgesellschaft kein Reales mehr existiert, kann auch eine Gegenstrategie zum System der Simulation weder auf historisch bedingte Möglichkeiten der Veränderung und des sozialen Wandels, geschweige denn auf revolutionäre Mittel zurückgreifen. »Man wird es [das System, S.M.] niemals

---

28   In seinem Buch »Der unmögliche Tausch« beschreibt Baudrillard den gegenwärtigen Prozess wie folgt: »Wir haben – wie Canetti von der Geschichte sagt – den ›blinden Punkt‹ des Sozialen überschritten und sind unbemerkt über das Kapital und die Arbeit sowie ihre antagonistische Dynamik hinausgegangen. Die soziale Maschine durchläuft seither einen globalen Kreislauf, oder vielmehr eine Möbiusschleife, und die Akteure befinden sich stets gleichzeitig auf beiden Seiten des Vertrags.« (Baudrillard 2000, 34)

nach seiner eigenen Logik besiegen, einer Logik der Energie, des Kalküls der Vernunft und der Revolution, der Geschichte und der Macht, sowie einer beliebigen Finalität oder Gegenfinalität […].« (Baudrillard 1982, 63) Niemals wird man es nach Baudrillard auf der realen Ebene bekämpfen können. Einzig ein die Hyperrealität noch überschreitendes Prinzip kann etwas gegen die Ordnung der Simulation anrichten. Für Baudrillard gehören sowohl das Prinzip des symbolischen Tauschs bzw. das Prinzip der Reversibilität als auch das Todesprinzip zu den geeigneten Gegenkräften. Der an Mauss' Gabe-Theorem orientierte symbolische Tausch ist eine Gegengabe, die das ganze System herausfordert.

> »Wenn die Herrschaft daraus entspringt, daß das System das Monopol der Gabe ohne Gegengabe innehat – die Gabe der Arbeit, auf die nicht mit der Zerstörung oder dem Opfer geantwortet werden kann, es sei denn im Konsum, der nur eine weitere Spirale des ausweglosen Gratifikationssystems ist, also eine weitere Spirale der Herrschaft; die Gabe der Medien und der Botschaften, auf die dank des Monopols des Codes nichts entgegnet werden kann […] –, dann ist die einzige Lösung die, gegen das System das Prinzip seiner Macht selbst zu kehren: die Unmöglichkeit der Antwort und der Vergeltung. *Das System herausfordern durch eine Gabe, auf die es nicht antworten kann, es sei denn durch seinen eigenen Tod und Zusammenbruch.* Denn niemand, nicht einmal das System, entgeht der symbolischen Verpflichtung, und in dieser Falle liegt die einzige Chance, seine Katastrophe herbeizuführen. Skorpionisierung des Systems, das umzingelt ist durch die Herausforderung des Todes. Denn diese Gabe, auf die es antworten muß, bei Strafe, das Gesicht zu verlieren, kann evidentermaßen nur die des Todes sein.« (Baudrillard 1982, 64f)

Es geht Baudrillard nicht einfach darum, das System umzustürzen oder aus dem System auszusteigen, sondern vielmehr, »in seinem Aussteigen das System mit in den Abgrund zu reißen.« (Bergfleth 1982, 366) Eine universelle Subversion soll die universelle Simulation zerstören. Baudrillard träumt den an ein Grundthema des Collège erinnernden »Traum von einer Logik des Opfers: Gabe, Verausgabung, Potlatsch, verfemter Teil, Aufzehrung, symbolischer Tausch.« (Baudrillard 1987, 10) Ausgehend von dieser Verschwendungstheorie richtet Baudrillard seinen Blick auf das im symbolischen Tausch angelegte Prinzip der Reziprozität. Der symbolische Tausch ist der von Mauss beschriebene Gabentausch der »Primitiven«, eine Tauschform, die zwar über die Reziprozität den sozialen Zusammenhalt garantiert, aber keine Äquivalenz kennt, da sich die Gebenden und Nehmenden immer in ihren Gaben zu übertreffen versuchen: »Aber wenn Baudrillard den Akzent auf die Gegenseitigkeit legt, so hat er noch etwas anderes im Auge: Die Gabe allein begründet nur die Überlegenheit und Macht des Gebers, wie es sich etwa an unserer ›Entwicklungshilfe‹ zeigen läßt – erst die Gegengabe ist in der Lage, diese Macht aufzuheben.« (Bergfleth 1982, 371) Im symbolischen Tausch konstituiert sich Gemeinsamkeit.[29]

---

29 »Das Symbolische ist die *soziale Beziehung*, die sich im permanenten Tausch zwischen Gabe und Gegengabe herausbildet: die Form unmittelbarer, wechselseitiger Stellvertretung, in der sich Gemeinsamkeit konstituiert.« (Bergfleth 1982, 372) Dabei ist das Symbolische weder Be-

Die Zuspitzung des symbolischen Tausches bildet der so genannte »Todestausch«, wie man ihn aus Initiationsriten oder Wiedergeburtsmythen kennt. Die Toten werden hierbei nicht aus der Lebenswelt ausgeschlossen, sondern mit ihnen wird kommuniziert. Die Initianten stehen zwischen den Erwachsenen und den toten Ahnen, Geburt und Tod sind nicht zwei absolute getrennte Sphären. Im Gegensatz zu modernen Gesellschaften, so Baudrillard, werden bei den »Primitiven« die Toten ins Leben integriert. Er übernimmt von Bataille die Deutung des Todes als exzessives Prinzip und Element des symbolischen Tauschs. »Statt den Tod als Spannungsregulierung und Ausgleichsfunktion, als Triebökonomie anzusetzen, begreift Bataille ihn umgekehrt als Paroxysmus des Austausches, als Überschwang und Exzeß. Der Tod als immer schon vorhandener Überschuß und Beweis, daß das Leben unvollständig ist, wenn der Tod ihm entzogen ist, daß das Leben nur im Einbruch des Todes und im Austausch mit dem Tod existiert [...].« (Baudrillard 1982, 243) Die gesamte politische Ökonomie und die moderne Gesellschaft lebe vom Ausschluss und der Verdrängung des Todes, er ist ihr blinder, aber nichtsdestoweniger bedrohlicher Fleck. Der Einbruch des Todes bringe das gesamte System zum Einsturz.

Auch wenn Baudrillard Batailles Engführung von Leben und Tod für zu »naturalistisch« oder gar »biologistisch« erachtet (Baudrillard 1982, 249), so begeistert er sich doch für dessen exzessive Auffassung des Todes. Sie gebe »nämlich die Chance zur Zerrüttung aller Ökonomie, die Chance, nicht nur den objektiven Spiegel der politischen Ökonomie zu zerbrechen, sondern auch den umgekehrten psychischen Spiegel der Verdrängung, des Unbewußten und der Libido-Ökonomie.« (Baudrillard 1982, 250) Der Tod lasse sich nicht verdrängen, er suche uns immer wieder heim und schlage sich im Leben nieder.

Die absolute Subversion oder Revolte ist in den Augen Baudrillards die Gegengabe des Todes, der *Opfertod* wie man ihn bereits bei der Geheimgesellschaft *Acéphale* thematisiert hatte. Anders aber als der Bezug auf vergemeinschaftende archaische Opfertode bei *Acéphale* ist der Opfertod bei Baudrillard mit terroristischen Geiselnahmen verknüpft. Es mutet äußerst befremdend an – um es noch milde auszudrücken –, wenn Baudrillard hierfür die Geiselnahmen als Beispiel anführt. Gerd Bergfleth kritisiert in seinem Nachwort zu Baudrillards »Der symbolische Tausch und der Tod«, dass die Geisel nicht das Alter ego des Terroristen sei, wie Baudrillard fälschlicherweise annehme: »Von welcher Seite man es auch ansieht, immer ist die Geisel der Repräsentant der feindlichen Macht, und eine Verbrüderung im Sinn des symbolischen Tauschs ist einfach eine Absurdität.« (Bergfleth 1982, 382) Ferner habe sich kaum jemand bislang dazu entschlossen, als Geisel zu sterben. »Baudrillard dreht den Sachverhalt einfach um: Wir alle sind Geiseln des Systems –: wir möchten aber Geiseln der Terroristen werden. Na, dann stellt euch schon mal an, der Schlachter kommt gleich!« (Bergfleth 1982, 382) Baudrillards Faszination speist sich zudem aus einer sicheren Zuschauerposition. Wie Peter Wichens zu Recht feststellt, besitzt Baudrillard in sei-

---

griff noch Struktur, sondern »Tauschakt und *eine soziale Beziehung, die dem Realen ein Ende setzt*, die das Reale auflöst und damit zugleich den Gegensatz zwischen dem Realen und dem Imaginären.« (Bergfleth 1982, 373)

nem Denken eine Radikalität, die »selbst Batailles ekstatische Erfahrung der Grenzüberschreitung transzendiert.« (Wiechens 1995, 113)[30]

Lassen sich seiner Theorie der Simulation und der Simulakren durchaus interessante und neue Aspekte im Hinblick auf die symbolischen Dimensionen von Modernisierung und Globalisierung abgewinnen, erscheint Baudrillards Faszination durch
den Geiseltod zynisch. Die Gegengabe des Geiseltodes ist keine gesellschaftliche Alternative und es bleibt fraglich, ob sie eine geeignete Strategie gegen das System der Simulation liefert. Es verwundert nicht, dass sich Baudrillard in seinen späteren Werken
von den überaus problematischen Strategien des symbolischen Tauschs distanzierte,
um sich gleichzeitig von einer kritischen Perspektive insgesamt zu verabschieden.[31]

Die Wirkungen Batailles auf das Theorem des symbolischen Tauschs sind offensichtlich. Baudrillard teilt in einer ihm eigenen Übersteigerung die Theorie der Verausgabung, wie sie Bataille und das *Collège de Sociologie* vertraten. Ähnlich wie das
Collège reduziert er das Soziale nicht auf ein vertraglich geregeltes Zusammensein,
sondern für ihn ist das Wesentliche am Sozialen

»der Überfluß und der Überschuß. Hier konzentrieren sich alle Einsätze dieses
Spiels. Hier wird die Energie der Gesellschaft geschürt. Das Soziale ist also nicht
mehr eine vertraglich geregelte Interessenverwaltung einer Gruppe, sondern eine
abenteuerliche, möglicherweise absurde Organisation, ein Projekt verheerender
Energie, eine Anti-Ökonomie, ein Wunderwerk der Verschwendung und eine Herausforderung an die erhaltenden Kräfte der Natur. (Unser Soziales ist so gesehen
übrigens nichts als eine Verwaltung des Mangels, vor allem des Mangels an Sozialem
selbst. Das Prinzip der Ökonomie geht von der Erkenntnis aus, daß es nie genug für
alle gibt. Das Prinzip Batailles hingegen geht davon aus, daß es immer zuviel gibt
und daß der Exzeß unser Schicksal ist.)« (Baudrillard 1991, 93f)

---

30   Darüber hinaus könnte Baudrillards Systembegriff mit Bataille hinterfragt werden: Setzt Bau-
      drillard nicht schon ein System, das geben kann und gegen das sich gewendet wird, als eine ko-
      härente Einheit, ein intentionales »Subjekt« voraus? Vgl. zu diesem Fragenkomplex, der hier
      nur angedeutet werden kann, Derrida (1993*b*, 21). Sind aber nicht schon immer Brüche im
      System am Werk?

31   Kritik erscheint ihm unnütz. In einem Gespräch mit Florian Rötzer meint er: »Aber seit dem
      ›Symbolischen Tausch und der Tod‹ ging es in eine andere Rede über, auch wenn dies Buch
      noch kritisch ist, insofern in ihm eine Sehnsucht nach einem symbolischen Austausch noch
      vorhanden ist. Die Hypothese der Simulation war auch noch kritisch gemeint in dem Sinn,
      daß es in ihr ein situationistisches Erbe gab und sie von der Existenz der Entfremdung ausging.
      Aber von da ab gab es keine Sehnsucht mehr nach einer anderen Ordnung oder nach einer
      Subversion im eigentlichen Sinne. Es ging über die symbolische Ordnung hinaus und die kri-
      tische Perspektive wurde beiseite gelassen.« (Baudrillard 1986, 29)

5.4.2 Soziologie im Schatten des Dionysos – Maffesoli

»Daß die kollektive Erregung (effervescence) ein Grundbestandteil jeder gesellschaftlichen Strukturbildung ist, hat nur die Zügelung der Sitten vergessen machen können.« (Maffesoli 1986, 20) In dieser Aussage von Michel Maffesoli stecken nicht nur deutliche Verweise auf Durkheims Begriff der Effervenz – Maffesoli besetzt übrigens dessen Lehrstuhl an der Sorbonne –, sondern auch eine Grundtendenz seines Denkens, die ihn in die Nähe des *Collège de Sociologie* rückt: In der Zusammenziehung des Göttlich-Gesellschaftlichen versucht Maffesoli jenen Punkt zu ermitteln, an dem Eros und Gemeinschaft sich verbinden (vgl. Keller 2004c).[32] Maffesoli ist es auch unter den gegenwärtigen französischen Soziologen, der eine unkonventionelle, vom Mainstream der Durkheim-Rezeption abweichende Lesart anbietet: Richtet sich die aktuelle soziologische Kritik an Durkheim häufig gegen dessen angeblich autoritäres oder kollektivistisches Gesellschaftsverständnis, so betont Maffesoli an Durkheim gerade im Gegenteil ein spontaneistisches, vitalistisches Moment. Das erinnert an die Durkheim/Mauss-Rezeption bei Georges Bataille, Michel Leiris und Roger Caillois.[33]

Beeinflusst von der antipositivistischen Anthropologie Gilbert Durands, vertritt Maffesoli die Ansicht, dass von Gesellschaft als einem stabilen, funktional und institutionell kohärent gegliederten System heute nicht mehr gesprochen werden könne und die Kennzeichnung der Gegenwartsgesellschaft als »modern« fragwürdig geworden sei. Im Gegensatz zu anderen französischen Soziologen der Gegenwart wie François Dubet, Danilo Martuccelli, Bernard Lahire, Alain Ehrenberg oder Jean-Claude Kaufmann zieht er aus deren behaupteter Transformation und Erosion des systemhaften Charakters von Gesellschaft nicht den Schluss, dass dieser Prozess eine entweder risikoreiche oder positiv zu interpretierende Individualisierung infolge der Zersetzung sozialer Beziehungen hervorrufe, sondern dass er ganz im Gegenteil neue Formen von Gemeinschaftlichkeit induziere. Maffesoli ist der Ansicht, dass die postmodernen Bedürfnisse nach Nähe, Symbolik, Ästhetisierung und Mythisierung ständig mikrosoziale Formen der Vergesellschaftung hervorbringen, die eine Negation von Individualisierung beinhalten. Diesen Prozess der Vergesellschaftung bezeichnet er als »Tribalismus« oder »Neotribalismus« und meint damit, dass sich unter den Bedingungen postmodernen Lebens die vormodernen Formen religiös und mythisch definierter Gemeinschaftlichkeit neu herstellen. Insofern ist Gemeinschaft nicht notwendigerweise ein prämoderner Begriff, sondern »vielmehr ein zentrales Moment im Dispositiv der *Moderne*« (Raulet 1993, 85) und der so genannten Postmoderne.

Bei den heute entstehenden Stämmen handelt es sich nach Maffesoli um partikulare Gemeinschaften, also nicht um Klassen oder Nationen, sondern um Gruppen und Subkulturen, aus denen sich das Gewebe alltäglicher Sozialität zusammensetzt.

---

32   Zu Maffesolis Soziologie allgemein vgl. den Beitrag »Michel Maffesoli: Ein französischer Lebenssoziologe« von Thomas Keller (2004c). Siehe ebenso die bald bei UVK erscheinende Arbeit von Reiner Keller zu »Michel Maffesoli«.

33   Die folgenden Absätze sind angelehnt an die Bemerkungen in Lothar Peters und meinem Beitrag »Neue Tendenzen der französischen Soziologie« (Moebius und Peter 2004).

Ohne von einem allgemeinen übergeordneten Gesetz oder Prinzip reguliert zu werden, erzeuge die Sozialität der Postmoderne eine Heterogenität des Tribalismus, der auf der beziehungsstiftenden Kraft der »proxémie«, also der lokalen, affektiven und sinnlich erfahrbaren Nähe der Angehörigen der Mikrogruppen aufbaue. Maffesoli hat seinen Gedanken des Neotribalismus in späteren Publikationen um den des »Nomadismus« ergänzt. Verweist Tribalismus bei ihm auf lokale Bindung und »proxémie«, so ruft »Nomadismus« konträre Assoziationen hervor. Dennoch soll Nomadismus nicht das Gegenteil von »proxémie«, sondern einen komplementären Aspekt des Tribalismus, nämlich die Tatsache der »Heimatlosigkeit« (errance) der gegenwärtigen sozialen Existenzweise bezeichnen.

Seine Aufmerksamkeit gilt insbesondere dem Alltagsleben und den dort entwickelten »banalen« Praktiken, soziale und institutionelle Zwänge zu unterlaufen, abzuschwächen und zu konterkarieren. Er interessiert sich wie die Sakralsoziologie des Collège vor allem für die dionysischen und verausgabenden Aspekte von Gesellschaft, wie er in seinem Aufsatz »Le rituel dans la vie sociale« betont: »Car plutôt que d'être crispé sur la thématique de la libération qui sous ses diverses modalités entend définir pourquoi la société est aliénée et comment il faut la libérer, il vaut mieux se questionner ou peut-être simplement s'étonner du fait que ›ça‹ vive.« (Maffesoli 1991, 366)

Die Praktiken des Alltagslebens bezeichnet Maffesoli als »Sozialität« (socialité). Die sozialen Akteure dieser Sozialität rekrutieren sich aus Freundesgruppen, Banden, Gangs und ephemeren informellen Gemeinschaften, die, ebenso spontan wie sie entstehen, auch wieder zerfallen können. Er vertauscht Durkheims Begriffe der mechanischen und organischen Solidarität: »Die archaischen und postmodernen Gesellschaften verwirklichen organische Solidarität, die modernen Gesellschaften mechanische Solidarität. Sozial ist die mechanische Struktur der Moderne. In ihr sind Individuen funktional politisch-ökonomischen Organisationen und Strukturen unterworfen. Die Individuen der Moderne verkehren untereinander in Gruppen, die nach Vertragslogik funktionieren. Sozietal ist die komplexe und organische Struktur der Postmoderne. Erst in ihr kommen die Massen zu ihrem Recht.« (Keller 2004c)

Ausgehend von seiner Bestimmung der Sozietät oder Sozialität unterscheidet Maffesoli zwischen einer sozialen und einer sozietalen Macht (puissance sociétale). Die soziale Macht (pouvoir social) ist der Bereich des Politischen und Ökonomischen, insbesondere charakterisiert durch die gesellschaftlichen Dimensionen des Technokratismus. »Die sozietale Kraft dagegen ist zugleich unproduktive Verausgabung. Hier wird die bataillesche Vorstellung vom verfemten Teil (la part maudite), dem verbrauchenden Part innerhalb einer allgemeinen Ökonomie eingearbeitet. Mit puissance sociétale ist eine Kraft gemeint, die für alles offen ist, alles integriert, auch Esoterisches, Okkultes. Die Sozialität gehört zu einer Ordnung des Unbestimmten.« (Keller 2004c)[34] Das antagonistische und zugleich wechselwirkende Verhältnis zwischen diesen beiden Mächten der formierenden Organisation des Zusammenlebens und der le-

---

34 Sowohl *puissance* als auch *pouvoir* bezeichnen im Französischen Macht, aber *puissance* meint eine nicht-organisierte, aus dem Kollektiv entspringende Macht, die symbolisch-imaginäre Dimensionen enthält und eher an Nietzsches Machtbegriff erinnert. Ebenso erinnert der

bendigen Überschreitung der Form ist vergleichbar mit Simmels Bestimmung der Tragödie der Kultur und ihrer Dynamik des Lebens und der Formen.[35] »In der Liebe, im Überschlagen der Sinne und im Festefeiern hat man den bitteren Geschmack, daß es vorbeigeht, immer auf der Zunge. Vergessen wir nicht, daß der lärmige Dionysos der Gott der Liebe und des Todes ist.« (Maffesoli 1986, 21)

Von Simmel her übernimmt Maffesoli den Begriff der Form. Der Formbegriff erlaube – sowohl vom erkenntnistheoretischen als auch phänomenologischen Standpunkt aus – die gegenwärtig erlebbare Aufwertung des Symbolischen zu beschreiben. Der von Maffesoli entwickelte Neologismus »Formismus« fungiert bei ihm als das theoretisch-methodologische Konzept, das auf die Interpretation konkreter sozialer Beziehungen angewandt wird, aus denen das Alltagsleben der Gemeinschaften, der »Stämme« hervorgeht. Die Form ist gleichermaßen der Bezugspunkt für die Mikroanalysen des Alltags. Wie bei Simmel ist die Form nicht statisch, sondern es gibt kontextspezifisch Modulationen. Sie ist ein überindividueller Effekt des Zusammenlebens.

Die Sozialität des Alltagslebens, die Maffesoli bewusst allen hypertrophen makrosoziologischen Vorstellungen von Gesellschaft entgegensetzt, ist nicht transparent strukturiert, sondern durch Ambivalenz, Polysemie, Labilität und Unübersichtlichkeit und durch Komplexität geprägt (vgl. Maffesoli 1986, 26, 98). Deshalb lässt sich ihr Sinn soziologisch nicht von außen durch generalisierende Abstraktionen, sondern nur von »innen« erkennen, das heißt auf einem einfühlend-interpretativen Weg. Der Alltag ist – entgegen einer Kritik der Alltäglichkeit von Henri Lefèbvre – ein letzter Rest, der nicht von der ökonomischen Marktlogik kolonialisiert werden kann. Er ist für Maffesoli gleichsam ein sakraler Bereich des Gesellschaftlichen. Wird die Technokratie immer übermächtiger, dann werden die dionysischen Kräfte Gewaltausbrüche auslösen. Die Unterdrückten werden Widerstand leisten: »Batailles Formel der *part maudite* oder Ernst Blochs *instant obscur* meinen die Allgegenwart des Unterdrückten. Der Ausruf der Situationisten ›vivent les barbares‹ ist in diesem Sinne zu befolgen. Es geht darum, das gesellschaftliche Leben wiederzubeleben. Die Gewalt der Graffiti-Sprayer und Kleinkriminellen wird überschätzt. Das Augenmerk muss auf die Gewalt gerichtet werden, die von Institutionen ausgeht, meint Maffesoli mit Foucault, Deleuze und Guattari.« (Keller 2004c)

Die Beschwörung des Dionysischen teilt Maffesoli mit dem *Collège de Sociologie*. Sein Buch »La part du Diable. Précis de subversion postmoderne« ist nicht zufällig mit einer Zeichnung Massons aus der Zeitschrift »Acéphale« geschmückt; das Cover zeigt den sich selbst aufschlitzenden Dionysos-Acéphale. Maffesoli führt mit seiner »Soziologie des Orgiasmus« – so der Untertitel seines Werkes »Im Schatten des Dionysos« – die Sakralsoziologie des Collège fort. Wo andere im Akt der Grenzüberschreitungen die soziale Ordnung gefährdet sehen, spricht Maffesoli ihr wie die Collègiens – und

---

Machtbegriff an Batailles Begriff der Souveränität. *Pouvoir* dagegen steht für die politisch institutionalisierte und legitimierte Macht.

35 Siehe hierzu auch den Abschnitt zur allgemeinen Ökonomie bei Bataille, in dem auf Simmels Denken von Form und Leben eingegangen wurde.

übrigens ganz ähnlich wie der Ethnologe Victor Turner (2000) – eine emanzipatorische Funktion zu.[36] Maffesolis Denken ist von der Vorstellung geprägt, dass sich das Soziale nur als sozietale Subversion und imaginäre Verfremdung der Kontrolle der Gesellschaft und des Rationalen entziehen und so das für das Soziale unabdingbare Potenzial an Kreativität, Spontaneität und Kontingenz freisetzen könne. Die sich vollziehende Gemeinschaft, das Gemeinschaftsleben bzw. die dionysisch-kollektive Sozialität steht bei ihm einer prometheischen, rational-mechanischen Gesellschaft gegenüber. Ähnlich wie Bataille begeistert er sich für eine Lebensbejahung, die eine alltägliche Anerkennung des Todes voraussetzt. Im Unterschied zum Collège jedoch sieht er nicht nur individualisierende Tendenzen in der Gesellschaft am Werk. Die in den Sitzungen des *Collège de Sociologie* propagierten elektiven Gemeinschaften, die es der sozialen Atomisierung entgegenzusetzen galt, diese gewählten Gemeinschaften sind nach Maffesoli in der Postmoderne als Neo-Stämme zu einer unübersehbaren Realität geworden. Die These, dass in modernen Gesellschaften der Prozess der Individualisierung zur prägenden Signatur sozialer Beziehungen geworden sei, erwidert er mit der Gegenthese, dass der Individualismus fortwährend durch Bewegungen einer neuen Vergemeinschaftung transformiert werde. An die Stelle des Strukturprinzips Rationalität/Individualismus trete das Strukturprinzip Vergesellschaftung/Affektivität.

Ebenso wenig wie Bataille, Caillois oder Leiris akzeptiert Maffesoli bei der Betonung des Imaginären, der Verausgabungen oder der Efferveszenzen den Vorwurf des Irrationalismus: Die Bedeutung, die den alltäglichen Verausgabungen (dépenses populaires) und dem Spielerischen zukomme, laufe nicht auf einen Irrationalismus hinaus, sondern »viel eher auf eine Art ›Hyperrationalismus‹ vom Schlage eines Fourier, der in die Gesellschaftsanalyse Parameter aufnimmt, die bislang allzu oft unbeachtet blieben.« (Maffesoli 1986, 30)

5.4.3 Foucaults Geste der Überschreitung

In einem Interview mit Ducio Trombadori geht Michel Foucault auf seine maßgeblichen Denkeinflüsse ein: »Die bedeutendsten Einflüsse, die – ich will nicht sagen: mich geprägt haben, sondern die es mir erlaubten, mich von meiner universitären Prägung zu befreien, gingen – abgesehen natürlich von einer Reihe persönlicher Erfahrungen – von Leuten wie Bataille, Nietzsche, Blanchot, Klossowski aus, die alle keine Philosophen im institutionellen Verständnis waren.« (Foucault 1996, 26)

Anlässlich des Todes von Bataille am 9. Juli 1962 erschien 1963 in der von Bataille gegründeten Zeitschrift »Critique« Foucaults Essay »Vorrede zur Überschreitung« (vgl. Foucault 2001*d*). Er beschäftigt sich in seinem Text vor allem mit der Bataille'schen Erfahrung der Grenzüberschreitung. Die Überschreitung ist für Foucaults Denken insbesondere in zweierlei Hinsicht bedeutsam: Einerseits betrifft sie seine

---

36   Zur Theorie der Liminalität und *communitas* von Victor Turner siehe das Schlusskapitel dieser
     Studie.

Problematisierung des Subjekts und andererseits verweist sie auf die Brüche und Grenzen der Vernunft, des Wissens und der geschichtlichen Kontinuität.[37]

Für Foucault ist das Subjekt das allgemeine Thema seiner Forschung (vgl. Foucault 1987, 243). In Batailles Denkbewegungen erblickt er die Zerstreuung und Dezentrierung des Subjekts: »Die Idee einer Grenzerfahrung, die das Subjekt von sich selbst losreißt – genau das war es, was bei meiner Lektüre Nietzsches, Batailles, Blanchots für mich wichtig war, und genau diese Idee hat mich dazu gebracht, meine Bücher – wie langweilig, wie gelehrt sie auch sein mögen – stets als unmittelbare Erfahrungen zu verstehen, die darauf zielen, mich von mir selbst loszureißen, mich daran zu hindern, derselbe zu sein.« (Foucault 1996, 27) In seinen Arbeiten aus den sechziger Jahren untersucht Foucault die Ordnung von Diskursformationen, die Regel der Streuung von Aussagen und deren regulativ-normativen Charakter. Im Rückgriff auf eine »archäologische« Praxis rekonstruiert er die diskursiven Strukturen, die den Subjekten vorausgehen und innerhalb derer sich die Subjekte konstituieren. Das Subjekt ist ein Effekt und eine Wirkung der Diskurse. Diese bieten Identifizierungsoberflächen, denen gegenüber das Subjekt sowohl durch Fremd- wie durch Selbstzwang unterworfen ist und sich – in seiner Identifizierung – erst bildet: »Das Wort *Subjekt* hat einen zweifachen Sinn: vermittels Kontrolle und Abhängigkeit jemandem unterworfen sein und durch Bewußtsein und Selbsterkenntnis seiner eigenen Identität verhaftet sein.« (Foucault 1987, 246f)

Die diskursiven Identifikationspraktiken und -inhalte, die Foucault auch in ihrer Entstehung genealogisch untersucht, werden in der Kultur, Gesellschaft oder von den sozialen Gruppen vorgeschlagen, nahe gelegt oder aufgezwungen. Die scheinbare *Evidenz* eines substantiellen Subjekts ist zurückzuführen auf die diskursiven Strukturen und die Mechanismen der Sprache. Weil die Diskurse dem Subjekt vorausgehen, ist dieses weder der Autor seiner formulierten Aussagen noch bleibt es unverändert, sondern vielmehr ist das Subjekt einer ständigen sprachlichen und historischen Verschiebung ausgesetzt. Das Faszinierende an Bataille liegt für Foucault in dessen Auffassung einer Zersplitterung des Subjekts, seiner Teilung und Überschreitung: »Diese Aufsprengung des philosophischen Subjekts wird in der Sprache unseres Denkens nicht nur durch das Nebeneinanderstehen von Romanen und theoretischen Texten spürbar gemacht. Batailles Werk zeigt dies weitaus genauer in einem ständigen Wechsel verschiedener Ebenen des Sprechens [...]. [...]Dies ist genau die Umkehrung der Bewegung, die, mit Sicherheit seit Sokrates, die abendländische Weisheit geprägt hat: Dieser Weisheit verhieß die philosophische Sprache die heitere Einheit einer ihr triumphierenden, mittels ihrer und im Durchgang durch sie gänzlich konstituierten Subjektivität.« (Foucault 2001*d*, 332ff) Dadurch ergibt sich die Möglichkeit, dass man innerhalb der Sprache, »im Kern ihrer Möglichkeiten«, die Überschreitung findet (vgl. Foucault 2001*d*, 334).

---

37 Inwieweit der im Februar 1969 gehaltene Vortrag »Was ist ein Autor?« mit der Azephalität in Verbindung gebracht werden kann oder doch mehr Maurice Blanchot verschuldet ist, muss an einem anderen Ort geklärt werden.

Zwei Dinge sind in Foucaults Text und für Foucaults spätere Arbeiten zunächst interessant: Zum einen kann in dem 1963 geschriebenen »Nachruf« auf Bataille schon ein erster Anhaltspunkt für Foucaults Werk »Sexualität und Wahrheit« gefunden werden. Allerdings denkt Foucault in seinem Bataille-Text die Sexualität noch in Begriffen von Verbot und Überschreitung: »So zeichnet sich auf dem Grunde der Sexualität [...] eine einzigartige Erfahrung ab: die Erfahrung der Überschreitung.« (Foucault 2001d, 324) In seinen späteren Werken hingegen wird die Sexualität als ein Effekt von machtstrategischen Verknüpfungen von Diskursen, Macht und Wissen (Dispositiv) begriffen; anstatt unterdrückt zu sein, ist die Sexualität vielmehr Produkt einer Wucherung von Diskursen, die die Macht haben, die moderne Auffassung der Sexualität zu konstituieren, die Subjekte zu produzieren und zu regulieren; eine »Bio-Macht«, die sowohl die Individuen diszipliniert als auch die Bevölkerung insgesamt reguliert (vgl. Foucault 1977b). Foucaults Haltung der Überschreitung bezieht sich später nicht mehr auf die Sexualität, sondern auf die Überschreitung dieses Dispositivs durch die Körper und Lüste.[38]

Der zweite Punkt ist vielleicht noch interessanter: Kann in der »Geste der Überschreitung« (Bürger 1992c), die Foucault bei Bataille ausmacht, ein Anhaltspunkt für Foucaults späte Ausarbeitung einer »Ästhetik der Existenz« gefunden werden? In seinen letzten Schriften hat Foucault nach den Möglichkeiten einer Überschreitung bzw. Verschiebung der diskursiven Regeln geforscht (vgl. Foucault 1989). Anhand eines historisch-genealogischen Abrisses der Sexualität untersuchte er die projektiven Selbstpraktiken der Individuen, das heißt ihre Selbst-Konstitution als ein eigenes Projekt. Die Ergebnisse seiner Forschung zur »Ästhetik der Existenz« und zur Lebenskunst verstand er zwar nicht als normative Handlungsanleitung für die gegenwärtige Zeit, aber man kann zumindest einen handlungstheoretischen Ansatz für den Umgang mit diskursiven und sozialen Regeln herauslesen: Die Subjekte sind von den sozio-kulturellen Diskursen konstituiert worden und konstituieren sich selbst gegenüber diesen Diskursen. Da die diskursiven Strukturen jedoch allein von ihrer Wiederholung leben, gibt es die Möglichkeit, mit den diskursiven Strukturen und deren »Schemata« (vgl. Foucault 1985, 19) in der Wiederholung spielerisch oder *souverän* umzugehen. So kann in der Wiederholung das Altbekannte aufgenommen, aber ganz anders wiederholt werden. Die vorangegangenen Strukturen bilden den Hintergrund und das Material für einen projektiven Umgang damit. In dem *souveränen* Umgang mit den sozialen Regeln kann ein Stück Souveränität der eigenen Lebensgestaltung und der Projektion bzw. dem Entwurf einer Identität bewahrt werden.[39] Das konstituierte Subjekt wähnt sich hier nicht als Fülle oder Substanz, sondern bejaht die Verschiebung, seine Teilung und die Überschreitung: »Nichts ist in der Überschreitung negativ. Sie bejaht das begrenzte Sein, sie bejaht dieses Unbegrenzte, in das sie hineinspringt und so erstmals für die Existenz öffnet. Dennoch kann man sagen, dass diese

---

38   Zur Thematisierung von Grenzerfahrungen bei Foucault und Bataille vgl. den Beitrag »Limites de l'expérience-limite: Bataille et Foucault« von Martin Jay (1995).

39   Was dies zum Beispiel für politische Bewegungen bedeutet, hat insbesondere Judith Butler aufgezeigt. Vgl. Butler (1997).

Bejahung nichts positives hat: Kein Inhalt kann sie binden, da per definitionem keine Grenze sie zurückhalten kann. Vielleicht ist sie nichts anderes als die Bejahung der Teilung.« (Foucault 2001*d*, 326)

Die Foucault'sche Analyse der Konstituierung von Subjekten unterscheidet sich jedoch von Batailles Subjekttheorie. Bataille denkt zwar ebenfalls wie Foucault ein »beschränktes« und ein »souveränes« Subjekt nicht streng antithetisch, sondern betont die Teilung des Subjekts in *je* und *ipse*, in ein Ich der Arbeit und der Zwecke, dem Gesetz der Sprache unterworfen, und ein Selbst als Subjekt der ekstatischen Erfahrung; erst wenn das Subjekt das Heterologische ausschließt, ist es ein nicht-souveränes Subjekt. »[D]ie Sinnlosigkeit des Willens zum Wissen tritt zutage, eine Sinnlosigkeit alles Möglichen, die dem *Ipse* zu erkennen gibt, daß es sich verlieren wird und das Wissen mit ihm. Solange das *Ipse* an seinem Willen zum Wissen und zum *Ipse*sein festhält, währt auch die Angst, doch wenn das *Ipse* sich aufgibt und mit ihm selbst das Wissen, wenn es sich in dieser Selbstaufgabe dem Nichtwissen hingibt, beginnt das Entzücken« (Bataille 1999*a*, 79).

Auch Foucault verweist – vor allem nach seinem Buch »Der Wille zum Wissen« – auf das Nebeneinander von beschränkender Unterwerfung (*Subjektivierung*) und souveräner Ästhetik der Existenz. Das Subjekt ist schon immer den diskursiven Strukturen unterworfen, bildet sich erst in ihnen und durch sie, wird von ihnen regiert bzw. geleitet, um dann in einem weiteren Schritt »souverän« mit ihnen umzugehen. Souveränität liegt dann darin, nicht dermaßen regiert zu werden und die Machtverhältnisse zu verschieben. Foucault verdeutlicht aber durch seinen Verweis auf die »subjektivierende Unterwerfung« weit mehr als Bataille oder das Collège den zwanghaften und politischen Charakter der Subjektivierung sowie ihre konstitutive Verbindung mit sozialen Machtverhältnissen und bietet mit der Diskursanalyse darüber hinaus ein detailliertes methodisches Analyseinstrumentarium der subjektivierenden Unterwerfungsprozesse an. Im Gegensatz zum Collège und zu Bataille untersucht Foucault den geschichtlich-diskursiven Prozess, der das Subjekt als ein nicht-souveränes Subjekt konstituiert. Während das Collège vorwiegend innerhalb eines allgemeinen Rationalitätsbegriffs die rationalen Prozesse der Vergesellschaftung kritisierte und diese als Grund der nicht-souveränen Subjektivität ansah, analysiert Foucault differenziert die Entstehung *verschiedener* Rationalitätstypen (politische, sexuelle, disziplinierende etc.) und deren spezifischer Subjektivierungsweisen.

Die Bedeutung, die Foucault den politischen und sozialen Machtverhältnissen bezüglich der Subjektkonstituierung beimisst, ist nicht gänzlich von seinem eigenen gesellschaftlichen Kontext zu trennen. Während Foucault im März 1968 an den Studentenrevolten in Tunesien teilnahm und die Studierenden dort unterstützte, wurde ihm deutlich, wie wichtig es ist, in die politische Debatte einzutreten (vgl. Foucault 1996, 92). Im Gegensatz zum Mai 1968 in Frankreich wurden mehrere Studierende in Tunesien bis zu 15 Jahren Haft verurteilt:

»Es gibt keinen Vergleich zwischen den Barrikaden des Quartier Latin und dem realen Risiko, wie in Tunesien, fünfzehn Jahre Haft zu bekommen. In Frankreich war die Rede von Hypermarxismus, von Entfesselung der Theorien, von Verdammungen, von Sektenbildung. Das war genau das Gegenteil, das Umgekehrte, der Gegensatz zu dem, was mich in Tunesien so leidenschaftlich erregt hatte. Das erklärt vielleicht die Einstellung, mit der ich von da an die Dinge zu betrachten versucht habe, meinen Abstand zu jenen unendlichen Diskussionen [...]. Ich habe versucht, Dinge zu tun, welche ein persönliches, physisches und reales Engagement voraussetzten und die Probleme in konkreten, präzisen, situativ definierten Begriffen stellten.« (Foucault 1996, 94f)

Ausgehend von dieser Erfahrung analysierte Foucault zum Beispiel die Geburt der Gefängnisse in »Überwachen und Strafen« und engagierte sich in der »Groupe d'information sur les prisons«. »Ohne den Mai 68 hätte ich gewiß niemals geschrieben, was ich über das Gefängnis, die Deliquenz, die Sexualität geschrieben habe. In dem Klima vor 1968 war das nicht möglich.« (Foucault 1996, 95) Ging es dem *Collège de Sociologie* und hier insbesondere Bataille seit den dreißiger Jahren um eine kommunitäre Gegenbewegung zu individualisierenden Tendenzen in der Gesellschaft, untersuchte Foucault vor dem Hintergrund der Erfahrungen von 1968 den Zusammenhang von machtvollen Diskursen, wie beispielsweise die Diskurse der Disziplinierung und Normalisierung, *und* die daraus entstehende Individualisierung der Subjekte. So sind nach Foucault die vom Staat forcierten Diskurse, allgemein die politische Rationalität, und die Individualisierung aufs engste miteinander verknüpft und konstituieren sich wechselseitig: Individualisierung erscheint vielmehr als Absicht einer exakten Kodifizierung (vgl. Foucault 1977a, 127). Der Staat ist von Anfang an individualisierend; das Individuum kann ihm nicht gegenübergestellt werden, weil er von der Individualisierung lebt: »Ein Blick auf die sich herausbildende Staatsrationalität und darauf, was ihr erstes Polizei-Projekt war, macht klar, daß der Staat schon von Anfang an sowohl individualisierend als auch totalitär ist. Ihm das Individuum und dessen Interessen entgegenzustellen ist nicht weniger gewagt, als es der Gemeinschaft und deren Ansprüchen entgegenzustellen.« (Foucault 1994, 92) Nach Foucault muss man sich sowohl vom Staat als auch vom Typ der Individualisierung, der mit dem Staat verbunden ist, befreien: »Wir müssen neue Formen von Subjektivität zustandebringen, indem wir die Art von Individualität, die man uns jahrhundertelang auferlegt hat, zurückweisen.« (Foucault 1987, 250) Foucaults Analysen sind zwar auch rationalitätskritisch und dadurch mit dem Collège und Bataille verbunden; aber die Rezeption von Bataille geschieht in einem gesellschaftlichen Kontext, der für Foucault über die Rationalitätskritik hinaus auch auf die Notwendigkeit einer Diskursanalyse von individualisierenden und subjektivierenden Machtverhältnissen, also beispielsweise auf den Staat und die Mechanismen der Regierung (verstanden als Lenkung der Subjekte), hindeutet und darüber hinaus auf eine zu untersuchende kollektive Geschichte des Abendlandes verweist.[40]

---

40 Ferner ist nach Foucault zu untersuchen, inwieweit Gemeinschaft und Individuum nicht antithetisch zueinander stehen, sondern inwiefern das Individuum – entgegen einer liberalen Naturalisierung – als soziales Verhältnis zu denken ist. Aus dieser Perspektive ist Individualisierung stets ein Effekt von modernen Machtmechanismen. Vergesellschaftung und Vergemeinschaftung gehen aus dieser Sichtweise mit Individualisierung einher und stehen nicht in einem streng antithetischen Verhältnis dazu.

Das Thema der Überschreitung hat nicht nur auf der Ebene des Subjekts für Foucault eine Bedeutung, sondern auch für die Arbeiten, die sich mit dem Wahnsinn, dem Tod oder dem Verbrechen beschäftigen – also die Bücher »Wahnsinn und Gesellschaft. Eine Geschichte des Wahns im Zeitalter der Vernunft« (Foucault 1968), »Die Geburt der Klinik« (Foucault 1973*b*) und »Überwachen und Strafen« (Foucault 1977*a*): »Ich habe mich vor allem bemüht zu verstehen, wie der Mensch bestimmte Grenzerfahrungen in Erkenntnisobjekte verwandelt hat: den Wahnsinn, den Tod, das Verbrechen. Hier stößt man wieder auf Themen Georges Batailles, aber aufgenommen in eine kollektive Geschichte, die Geschichte des Abendlands und seines Wissens. Immer geht es um Grenzerfahrungen und um eine Geschichte des Wissens.« (Foucault 1996, 53) Die Beschäftigungen mit den Brüchen der Vernunft, der historischen Kontinuität (vgl. Foucault 1974) und den Techniken des Selbst sind Foucaults »Gesten der Überschreitung« (vgl. Bürger 1992*c*, 130).

Foucault hatte nie die Bekanntschaft von Bataille gemacht. Aber er hatte zu anderen Unterzeichnern der Gründungserklärung des *Collège de Sociologie* Kontakt: zu Pierre Klossowski und Roger Caillois. Ein Artikel Foucaults zu Klossowski erschien im März 1964 in der »Nouvelle Revue française« unter dem Titel »La prose d'actéon«. In diesem Text kommentiert Foucault Klossowski: »Klossowskis Sprache ist die Prosa Aktaions: ein überschreitendes Sprechen. […] Bei Bataille ist das Schreiben eine außer Kraft gesetzte Weihe: eine ritualisierte Transsubstantion […]. Diese Formen der Überschreitung sind Klossowski bekannt. Doch nimmt er sie in einer ihm eigenen Bewegung auf: Er behandelt seine Sprache wie ein Simulacrum.« (Foucault 2001*b*, 446f) Foucault und Klossowski waren befreundet. Roland Barthes hatte die beiden miteinander bekannt gemacht (vgl. Eribon 1999, 233f).[41] Klossowski widmete seinen Roman »Der Baphomet« Foucault, weil dieser sein erster Hörer und Leser gewesen sei. Auch Klossowskis Buch über Nietzsche hat auf dem Schutzumschlag eine Widmung für Foucault und Gilles Deleuze (ein anderer Freund Klossowskis sowie von Foucault). Foucault schrieb in einem Brief an Klossowski bewundernd: »Ohne Sie, Pierre, bliebe uns kaum mehr, als uns an jenen Eckpfeiler zu lehnen, den Sade ein für allemal markiert und den niemand vor Ihnen umgangen hatte – dem sich genaugenommen niemand auch nur genähert hatte.« (Foucault in Eribon (1999, 234)) Dank der Fürsprache von Foucault erhielt Klossowski 1981 den »Grand prix national des lettres« (vgl. Eribon 1999, 234).

Roger Caillois schrieb am 18. Juni 1965 an Georges Dumézil, um ihm von seiner Lektüre der »Ordnung der Dinge« (Foucault 1974) zu berichten: »Ich habe Michel Foucaults Buch sehr gemocht: sehr solide, sehr neuartig, wichtig und bemerkenswert gut geschrieben. Ich habe es mehr als nachdrücklich Gallimard empfohlen. Ich denke, es wird in der *Bibliothèque des idées* erscheinen. […] Ich hoffe, daß er mir meine Polemik gegen *Le Baphomet* nicht übelnimmt. Ich habe bemerkt, daß dieser schlecht geschriebene Unsinn ihm gewidmet ist.« (Caillois in Eribon (1998, 146f)) Am Tage darauf veröffentlicht Caillois einen vernichtenden Artikel über Klossowskis Buch »Le Baphomet«. Fou-

---

41   Im Folgenden wird auf die Biographie von Foucault zurückgegriffen, die Didier Eribon geschrieben hat (vgl. Eribon 1999).

cault berührt dieser Text gegen Klossowski nicht allzu sehr; er schreibt vielmehr an Caillois, um über ihre gemeinsame »Schuld« gegenüber Dumézil zu sprechen: »Ich habe immer das Gefühl gehabt – aber vielleicht ist das Eitelkeit meinerseits –, daß es eine gewisse Nähe gibt in dem, was wir machen: Ich meine, daß ich mich dem annähern möchte, was Sie so wunderbar machen. Ist das eine gemeinsame Verwandtschaft mit Dumézil?« (Foucault in Eribon (1998, 147f)) Ein paar Jahre nach diesem Briefwechsel geraten Foucault und Caillois allerdings in eine Konkurrenzsituation um die Bewerbung am *Collège de France* (vgl. Eribon 1998, 148). Foucaults Bewerbung wurde von Dumézil unterstützt und Caillois' von einem Freund Dumézils, dem Religionshistoriker Henri-Charles Puech. Dumézil hatte mittlerweile einige Vorbehalte gegenüber Caillois: »Er hielt ihn für leicht ›sektiererisch‹ […].« (Eribon 1998, 149) Schließlich hielt Foucault am 2. Dezember 1970 seine Inauguralvorlesung am *Collège de France*.

5.4.4 Die Ekstase und die undarstellbare Gemeinschaft – Nancy

Das Hauptwerk »Die undarstellbare Gemeinschaft« des französischen Philosophen Jean-Luc Nancy – der Originaltitel spricht von einer »entwerkten Gemeinschaft« (La communauté désœuvrée, Nancy (1986)[42]) – ist wesentlich von Bataille und Heidegger geprägt.[43] Es handelt sich bei Nancy um ein *dekonstruktives Denken der Gemeinschaft*, in dem auch die Freundschaft zu seinem Lehrer Jacques Derrida Spuren hinterlässt. Aber nicht nur Derrida, Heidegger oder Bataille, auch Emmanuel Lévinas, Maurice Blanchot, Gilles Deleuze oder sein Kollege Philippe Lacou-Labarthe sind wesentliche Bezugspunkte seiner Sozialphilosophie.

Nancy fordert dazu auf, die spezifische Gemeinschaftlichkeit der menschlichen Existenz neu zu denken. Während Heidegger zufolge das Sein bislang noch nicht wirklich gedacht wurde, fehlt es nach Nancy hingegen an einem Denken der Gemeinschaft. Es gehe darum, »die Gemeinschaft zu denken, das heißt jenseits von irgendwelchen kommunitären Entwürfen oder Modellen die drängende und vielleicht noch immer *unerhörte* Forderung nach Gemeinschaft zu denken.« (Nancy 1988, 52) Nancy analysiert das In-Gemeinschaft-Sein auf ontologischer Ebene als »Gemeinschaft ohne gemeinsames Sein«, als Gemeinschaft ohne Gemeinschaft. Im Anschluss an Heidegger und Bataille wird Gemeinschaft einerseits ontologisch gefasst, als Mit-Sein, Mit-Teilung und »starke Kommunikation«; andererseits – im Ausgang von Marx – als ein politisches Problem. Für Nancy gehören die ontologische Reflexion über Gemeinschaft und eine politische Reflexion wesentlich zusammen.

Klingt das nicht nach Kommunitarismus? Eine Differenz zum Kommunitarismus, der gegenwärtig den Verlust an Gemeinschaft beklagt, liegt darin, dass Nancy jede

---

42 Im Folgenden soll allein dieser Text des Werkes von Nancy im Vordergrund stehen.

43 Da hier keine Zusammenfassung seines Denkens geleistet werden kann, sondern nur die Wirkungen von Bataille grob angerissen werden sollen, möchte ich auf die instruktive Darstellung in »Diskurse des Politischen. Zwischen Re- und Dekonstruktion« von Dietmar Wetzel (2003*a*, 245 – 273) verweisen.

Identitätsstiftung eines Eins-Seins, eines geschlossenen Wir, das einigen kommunitaristischen Gemeinschaftskonzeptionen inhärent ist (vgl. Moebius 2001), untergraben will. Zur Infragestellung und Kritik von Gemeinschaftskonzepten, die ein Verschmelzen und ein Eins-Werden propagieren, zieht er Batailles Denken heran:

> »Sicherlich ist Bataille in der einschneidenden Erfahrung vom modernen Schicksal der Gemeinschaft am weitesten gegangen. Bei allem auch heute noch immer viel zu geringem (oft vielleicht sogar frivolem) Interesse, das man Batailles Denken entgegenbrachte, wurde noch ausreichend bedacht, in wie hohem Maße dieses Denken einer politischen Forderung und Sorge entsprang; oder genauer gesagt, wie sehr sein Denken von einem Anspruch an das Politische und der Sorge um das Politische durchdrungen war, die wiederum vom Denken der Gemeinschaft bestimmt waren.
>
> Bataille hat zunächst die bittere Erfahrung des ›verratenen‹ Kommunismus gemacht. In der Folgezeit erkannte er, daß es nicht darum gehen konnte, diesen Verrat zu korrigieren oder wiedergutzumachen; vielmehr begriff er, daß der Kommunismus, der sich ja den Menschen – die Produktion des Menschen und zwar des Menschen als Produzenten – zum Ziel gesteckt hat, im Grund mit einer Negation seiner Souveränität des Menschen zusammenhing, das heißt mit einer Negation dessen, was am Menschen nicht auf die menschliche Immanenz reduzierbar ist, oder anders gesagt, mit einer Negation des Exzesses, d. h. des souveränen Überschreitens der Endlichkeit.« (Nancy 1988, 40)

Die »entwerkte« und undarstellbare Gemeinschaft ist kein Produkt. Den üblichen Überlegungen zu Gemeinschaft liegt der Gedanke zugrunde, Gemeinschaft müsse hergestellt, erfunden oder wiedergefunden werden. Hier kritisiert Nancy auch Batailles Bestrebungen der dreißiger Jahre und implizit das *Collège de Sociologie* sowie *Acéphale*. In diesen Projekten wollte Bataille Gemeinschaft ins Werk setzen. Später habe Bataille jedoch gemerkt, dass Gemeinschaft nicht in diesem aktiven Sinne herstellbar ist. »Zur Verachtung jedoch, die Bataille alsbald für die Niedrigkeit der faschistischen Rädelsführer und ihrer Gepflogenheiten empfand, kam die Erfahrung, daß jene Sehnsucht nach einem In-Eins-Sein zugleich dem Wunsch nach einem Todeswerk entsprach. Wie man weiß, war er von der Idee besessen, das Schicksal der geheimen Gemeinschaft von Acéphale müsse mit einem Menschenopfer besiegelt werden.« (Nancy 1988, 42) Bataille zog sich im Krieg von den kommunitären Projekten zurück und schrieb über die innere Erfahrung (vgl. Bataille 1999a). Jene innere Erfahrung hat jedoch nichts mit Innerlichkeit zu tun, vielmehr ist sie eine innere Erfahrung des Außer-Sich-Seins, des Ausgesetzt-Seins und der Ekstase. Die Frage nach der Gemeinschaft ist für Nancy untrennbar mit der Frage nach der Ekstase verbunden (vgl. Nancy 1988, 21). Nur die Gemeinschaft gebe der Erfahrung des Außer-Sich-Sein ihren Raum. »So gesehen hat Bataille als erster oder zumindest am intensivsten diese moderne Erfahrung der Gemeinschaft gemacht: die Gemeinschaft ist weder ein herzustellendes Werk, noch eine verlorene Kommunion, sondern der Raum selbst, das Eröffnen eines Raums der Erfahrung des Draußen des Außer-Sich-Sein.« (Nancy 1988, 45)

Gemeinschaft ist für Nancy genau dort, wo sich einzigartige Menschen mit-teilen, das heißt eine Spannung zwischen Gemeinschaftlichem und Singulärem besteht. Gemeinschaft ist für ihn wie bei Blanchot (1983) eine Erfahrung von dem, was sich jeder hergestellten Identifikation von Gemeinschaft und jedem Subjekt entzieht: Es gibt kein gemeinsames Wesen, weder der Menschen noch einer Gruppe. Gruppen und Menschen sind vielmehr durch einen konstitutiven Mangel gekennzeichnet. Dieser Mangel, der im Grunde eine absolute Offenheit ist, führt sie zu einer Gemeinschaft, ohne dass jedoch diese Gemeinschaft den Mangel jemals aufheben könnte. »Nur weil der Einzelne immer schon geteilt ist, ›je est un autre‹, ›Ich ist ein Anderer‹, wie die berühmte Aussage Rimbauds lautet, und sich in der Mit-Teilung, also im Gemeinschaftlichen befindet, läßt sich überhaupt von Gemeinschaft sprechen.« (Wetzel 2003*b*, 275)

Ausgehend von Lévinas und Derrida bestimmt Nancy Gemeinschaft von der uneinholbaren Andersheit ihrer Mitglieder her.[44] Gemeinschaft ist paradoxerweise nur dann gegeben, wenn sie noch nicht gegeben ist, das bedeutet, wenn es keine gemeinsame Substanz gibt. »Die wahrhaftige Gemeinschaft der sterblichen Wesen bzw. der Tod als Gemeinschaft bedeutet die Unmöglichkeit ihrer Einswerdung.« (Nancy 1988, 38) Da jeder absolut anders ist, kann es keine Einswerdung in der Gemeinschaft geben, darum ist sie wesentlich Mit-Teilung. Die fehlende Substanz bezeugt sich durch das Außer-Sich-Sein. Ekstase und Gemeinschaft bedingen und begrenzen sich gegenseitig (vgl. Nancy 1988, 47). Im Kommunismus sei diese Verbindung zur Ekstase durchaus da gewesen, wenn Marx von der nicht mehr ausgebeuteten Mehrarbeit der Kunst sprach oder etwa zur Zeit der russischen Avantgarde; sie tauchte »blitzartig auf in den Ausbrüchen der Poesie, der Malerei, des Films ganz zu Beginn der Revolution der Sowjets, oder in den Motiven, die Benjamin dazu bewegen konnten, sich Marxist zu nennen.« (Nancy 1988, 22)

Bataille habe dazu aufgefordert, die Gemeinschaft als Erfahrung von Mit-Teilung und nicht von Eins-Werden aufzufassen. In der Mit-Teilung mit dem ganz Anderen erfährt der Mensch die Andersheit in sich selbst, seine Teilung. Mit denselben hat man keine Gemeinschaft, sondern sie ist nur dort, wo es auch Trennungen gibt. Gemeinschaft ist Mit-Teilung singulärer Wesen: »Gemeinschaft bedeutet folglich, daß es kein singuläres Wesen ohne ein anderes singuläres Wesen gibt, daß also etwas existiert, was man mit einem etwas unglücklichen gewählten Ausdruck als ursprüngliche oder ontologische ›Sozialität‹ bezeichnen könnte, eine Sozialität also, die ihrem Wesen nach weit über die Idee eines Gesellschaftlich-Sein des Menschen hinausreicht […].« (Nancy 1988, 63)[45]

---

44   Allerdings schreibt Derrida ausgehend von einem Brief von Lévinas, in dem es um Brüderlichkeit geht: »Im selben Zug habe ich mich gefragt, warum ich niemals auf eigene Rechnung, wenn man so sagen kann, niemals in meinem eigenen Namen das Wort Gemeinschaft (eingestehbar oder uneingestehbar, darstellbar oder undarstellbar) hätte schreiben können? Wovor schrecke ich zurück?« (Derrida 2000, 407)

45   Zu Mit-Sein und Sozialität in Verbindung zum Für-Sein in der soziologischen Theorie vgl. Moebius (2001). Der Faschismus vernichte die Gemeinschaft, so Nancy, da er die totale Einswerdung vollziehe (vgl. Nancy 1988, 77). Der Widerstand gegen die Immanenz (die Eins-Werdung oder Totalität des Faschismus) sei die entwerkte und transzendente Gemeinschaft.

Anstelle der Einswerdung gibt es nach Nancy die Kommunikation. Sie besteht zu-allererst in einer Mit-Teilung, in einem Auseinander-Sein und gegenseitigen Anrufen (vgl. Nancy 1988, 64). Nancy übernimmt explizit Batailles Kommunikationsbegriff, der eben nicht auf der Ebene von Übermittlung von Botschaften, Codes oder Informationen verbleibt, sondern auf einer tieferen, ontologischen Ebene angesiedelt ist (vgl. Nancy 1988, 173).[46] Was die Singularitäten kommunizieren lasse, sei die Erfahrung der Endlichkeit und hänge mit einer dreifachen Trauer zusammen: »Trauer um den Tod des anderen, Trauer um meine Geburt und Trauer um meinen eigenen Tod.« (Nancy 1988, 66) Die Gemeinschaft ist demnach eng verknüpft mit dem Mit-Teilen der Endlichkeit. Sie ist kein Werk, sondern Erfahrung der Endlichkeit. Darüber hinaus ist sie auch – qua Geburt – eine Erfahrung des Zusammen-Erscheinens (vgl. auch Nancy 1994). Das Zusammen-Erscheinen, die Komparenz, definiert Nancy in einer etwas komplizierten Formel folgendermaßen: Die Komparenz »besteht im Erscheinen des *Zwischen* als solchem: du *und* ich (das Zwischenuns); in dieser Formulierung hat das *und* nicht die Funktion des Nebeneinandersetzens, sonder die des Aussetzens. Im Zusammen-Erscheinen wird folgendes exponiert – und dies sollte man in allen denkbaren Kombinationen zu lesen wissen: ›du (b(ist)/und) (ganz anders als) ich‹; oder einfacher gesagt: *du Mit-Teilung ich.*« (Nancy 1988, 65)

Zusammengefasst kann man sagen, dass Nancy Batailles Gemeinschaftsdenken und dessen Forderung nach Gemeinschaft, wie Bataille sie mit seinen Freunden am *Collége de Sociologie* formulierte, zum Ausgangspunkt seiner eigenen Überlegungen macht. Bataille ist für ihn derjenige, der einem wirklichen Denken der Gemeinschaft als Mit-Teilung am nächsten kam. Allerdings sei er dennoch in seinem Denken von Gemeinschaft gescheitert (vgl. Nancy 1988, 49). Denn solange »wie Bataille die Ekstase in Begriffen wie Gruppe und Politik zu fassen versuchte, blieb dieser Pol für ihn jedoch mit dem faschistischen Orgiasmus, oder zumindest mit dem Fest verbunden […].« (Nancy 1988, 48)

Nancys eigene politische Position drückt sich im folgenden Zitat deutlich aus. In seinem Beitrag »Das gemeinsame Erscheinen. Von der Existenz des ›Kommunismus‹ zur Gemeinschaftlichkeit der ›Existenz‹« heißt es:

> »*Und doch*, ein verhungernder Körper, ein gefolterter Körper, ein gebrochener Wille, ein hohl gewordener Blick, ein Berg von Kriegstoten, ein verhöhntes, ausgestoßenes Leben, auch die völlige Verwahrlosung der Vororte, das Herumirren von Flüchtlingen, selbst jugendliche oder senile Verwirrtheit, der schleichende Verlust der Lebenskraft, mutwillige Zerstörung, blödsinnige Schmierereien, *all das existiert*. Es existiert als Verneinung des Daseins. Und jenseits des Existierens gibt es nichts, denn das Dasein, dem man die Teilhabe verweigert, ist selbst verneintes Dasein. Diese Verweigerung trifft, wann immer sie geschieht, das Dasein im Innersten, denn sie rührt an das *in* des Seins-*in*-der Gemeinschaft. Sie zwingt uns, gemeinsam zu erscheinen, und fordert von uns, für sie, d. h. für uns, die Verantwortung zu übernehmen.« (Nancy 1994)

---

46   Es bleibt anderswo und im Zusammenhang mit Lévinas zu fragen, ob er nicht sogar jenseits einer ontologischen Ebene seine Spuren hat. Siehe dazu den Abschnitt zu Lévinas.

Die von Nancy theoretisch ausformulierte »undarstellbare Gemeinschaft« steht in einem engen Bezug zur Sakralsoziologie des *Collège de Sociologie*. Denn die »entwerkte Gemeinschaft« sei aufgrund ihrer Entfesselung der Leidenschaften, das heißt, der Leidenschaften (der Passivität, des Leidens und im Exzess) des singulären Seienden, seine Singularität mitzuteilen, auf der Seite des Heiligen (vgl. Nancy 1988, 71f). Die »Entwerkung der Gemeinschaft«, so Nancy, »findet in der Sphäre dessen statt, was Bataille lange Zeit das Heilige genannt hat.« (Nancy 1988, 70)

5.4.5 Odysseus, Abraham und Lévinas

> »Durch Begegnungen, in denen Andere uns zum Ereignis werden, kommen wir uns selber auf die Spur« (Landsberg 1939, 374)

Die phänomenologische Philosophie von Emmanuel Lévinas (1906–1995) wird auch als »Ethik« bezeichnet. Unter »Ethik« kann soll zunächst die Tatsache der Begegnung mit dem und der Beziehung zum anderen Menschen gefasst werden. »Ethik« sind bei Lévinas nicht ein detailliert ausgearbeiteter Regelkatalog, bestimmte, zu einem allgemeinen Gesetz erhebbare Handlungsmaximen oder eine »Reflexionstheorie der Moral« (vgl. Luhmann 1990, 20). Ethik, ohne vorgängige Kriterien und ohne verallgemeinerungsfähige Maximen, muss in jedem einzelnen Fall, in dem gehandelt wird, ihre Regeln neu aufsuchen und erfinden – im Bezug zum ganz Anderen. In seinen letzten Jahren hat Lévinas jedoch versucht, »Ethik« als Terminus zu hinterfragen. In einem Gespräch mit François Poirié sagt er: »Das Wort Ethik ist griechisch. Ich denke viel mehr, und jetzt vor allem, an die Heiligkeit, an die Heiligkeit des Gesichts des Anderen oder an die Heiligkeit meiner Verpflichtung als solcher.« (Poirié 1987, 95) »Heiligkeit« [*kiddusch*] kann für Lévinas den Begriff »Ethik« umschreiben. Ethik oder »Heiligkeit« bezeichnet bei Lévinas demnach Folgendes: »Für mich bedeutet der Ausdruck Ethik immer die Tatsache der Begegnung, der Beziehung eines Ichs zum Anderen: Spaltung des Seins in der Begegnung – keine Koinzidenz.« (Lévinas 1988, 28)

In der Begegnung mit dem Anderen konstituiert sich nach Lévinas Subjektivität: Weil auf die Begegnung mit dem Anderen *geantwortet* oder irgendwie reagiert werden muss, bildet sich die Einzigartigkeit des Subjekts in seiner Verantwortung; im Moment des Antwortens entsteht Subjektivität. Der Andere reißt das »Ich« aus seiner angenommenen Immanenz oder Totalität; das »Ich« ist dem absolut Anderen ausgesetzt. Dieses absolut Andere ist nach Lévinas der andere Mensch. Der Weg zum anderen Menschen geht für ihn nicht über den *aktiven* Prozess eines Identifikations- oder Identitätsdenkens, sondern führt vielmehr in den Bereich der *Passivität* des Affiziertwerdens und der Ohnmächtigkeit. »Passivität« bedeutet, dass man dem Anderen »wider Willen« (vgl. Lévinas 1992, 42) und in einer »unwiederbringlichen Zeit« (vgl. Lévinas 1992, 121) schon ausgesetzt ist.

Die Begegnung mit dem anderen Menschen von Angesicht zu Angesicht (*face-à-face*) bestimmt Lévinas zunächst als den Augenblick und Moment, in der sich der Andere dem »Ich« als *Gesicht* ausdrückt und darstellt – der Moment, in dem Verantwortung entstehen kann:

> »Die Weise des Anderen, sich darzustellen, indem er *die Idee des Anderen in mir* überschreitet, nennen wir nun Antlitz. Diese *Weise* besteht nicht darin, vor meinem Blick als Thema aufzutreten, sich als ein Ganzes von Qualitäten, in denen sich ein Bild gestaltet, auszubreiten. [...] Das Antlitz manifestiert sich nicht in diesen Qualitäten, sondern *kath' auto*. Das Antlitz *drückt sich aus*.« (Lévinas 1987, 63)

Das *Antlitz* des Anderen ist jedoch nicht nur in seiner empirischen Bedeutung zu begreifen, es bezeichnet nicht nur die Physiognomie: Über die leibliche Wirklichkeit des Anderen hinaus bedeutet das Gesicht die reine Kontingenz und Unendlichkeit des Anderen, in seiner Schwäche und Sterblichkeit, oder im Lévinas'schen Terminus: in seiner Ausgesetztheit und Unbeholfenheit, das heißt in der stummen Bitte, die er durch die bloße Präsenz hindurch an »mich« richtet. Das Gesicht offenbart dem Selben die Realität des Anderen in seiner Menschlichkeit, jenseits aller sozialen Rollen. Das Antlitz gibt sich nicht nur durch Gesehenwerden kund, sondern es *spricht* (vgl. Lévinas 1987, 9). Dieses quasi-ursprüngliche, nicht der konstituierenden Sinngebung des transzendentalen Bewusstseins entstammende Bedeuten (vgl. Esterbauer 1992, 209ff) des Antlitzes bestimmt Lévinas als einen »Appell des Anderen«. Damit meint er ein hinwendendes Sprechen, das noch *vor* jeder verbalisierten Aussage, vor jeder Formulierung und Thematisierung als das reine Mich-Angehen des Anderen geschieht (vgl. Wenzler 1989, 87).

Der Ruf des Anderen hat wesentlich einen appellierenden Charakter. Die pränominale Sprache des Antlitz des anderen Menschen fordert »mich« auf zu antworten; zu antworten auf die Verwundbarkeit und Unbeholfenheit und auf die Bitte, die aus dem Antlitz spricht.

Lévinas unterscheidet dabei zwischen dem »Gesagtem« (*le dit*) und dem »Sagen« (*le dire*), einem Sprechen oder ein Sich-Ausdrücken noch vor jeder verbalisierten und verdinglichenden Aussage, vor jeder Formulierung und Thematisierung. »Sagen« ist für Lévinas *die* Kommunikationsgrundlage, die vor jeder logisch, semantisch oder linguistisch analysierbaren Äußerung geschieht, als schon geschehenes Sich-an-den-Anderen-gewendet-Sein, Hören und Empfangen (vgl. Lévinas 1992, 92). Insofern ist das *Sagen* nicht ein *aktiver* (Sprech-)Akt, sondern *passivste Art einer Antwort* bzw. *eine passive performative Äußerung*. Mit Hilfe einer phänomenologischen Reduktion gelangt Lévinas zu der Überzeugung, dass das Geäußerte bzw. Gesagte Spuren des Äußerns (Sagens) aufweist. Im Sprechen wird aus sich herausgetreten und dem Anderen bedeutet. Von dem, was artikulierend geäußert wird, kann zu einer Sphäre des Äußerns selbst zurückgegangen werden (vgl. Taureck 1991, 71f).

Das Gesagte, sozusagen der Moment, wenn diskursive Inhalte ausgetauscht werden, weist somit immer eine Spur des *Sagens* auf, wobei es von entscheidender Bedeutung für Lévinas ist, dass *Sagen* immer Beziehung zum Anderen ist; im *Sagen* wird sich dem Anderen genähert. Die Ebene des *Sagens* wird weder durch Bewusstsein noch durch das Sein bestimmt, sondern durch die Sprache als Äußern, wodurch das

Subjekt nicht dasjenige ist, das Zeichen aussendet, sondern selbst zum Zeichen für den Anderen wird; ein Zeichen jedoch, das immer eine *Spur* einer nicht gegenwärtigen Vergangenheit beinhaltet und das durch das Gesagte im Sich-Ausdrücken als Hinwendung zu dem anderen Menschen erscheint.

Lokalisiert man das Lévinas'sche *Sagen* in der Sprache, bedeutet dies, dass es keine Sprache ohne die performative Dimension des Versprechens, des Sich-Öffnens oder *Sagens* gibt: Das »Ich« ist im Versprechen, sobald sich sein Mund öffnet. Auch wenn gelogen oder etwas versprochen wird, das nicht gehalten werden kann, existiert nach Lévinas das Ereignis des Sagens, das sich dem Anderen zuwendet, aussetzt und nicht *egologisch* auf »mich« zurückverweist. »Der Angerufene ist nicht Gegenstand meines Verstehens: *Er steht unter keiner Kategorie.* Er ist der, mit dem ich spreche – er hat Bezug nur auf sich selbst, er hat keine Washeit. [...] Das Sprechen setzt eine Möglichkeit voraus, mit der Totalität zu brechen und anzufangen.« (Lévinas 1987, 92ff)

Die Erfahrung des Von-Angesicht-zu-Angesicht kann folglich nur im Bruch mit den Kategorien, im *Sagen*, entstehen (vgl. Lévinas 1987, 96); im Bruch mit dem eigenen Sein und mit den Kontexten, die eine Erfahrung bestimmen.

Lévinas' Unterscheidung zwischen *Sagen* und *Gesagtem* erinnert an die Theorie der Kommunikation und der Gabe von Georges Bataille. Auch wenn sich Lévinas nicht explizit auf Bataille bezieht, so greift er in seinem Werk nach Angaben des Lévinas-Interpreten Stephan Strasser Anregungen von Bataille auf (vgl. Strasser 1987, 263).[47] So schreibt auch Joseph Libertson: »It is possible to perceive at the heart of the Levinasion *éthique* the configuration of ›transgression‹, in its Bataillian definition [...]. The *éthique* is the destiny and the precise context of Bataillian transgression – and *vice versa*.« (Libertson 1982, 3) Verbindungen zwischen dem Denken Batailles und Lévinas' liegen in dem *überschreitenden* Charakter der Verantwortung, der Kommunikation bzw. des Sagens und der Gabe. Im Sagen gibt es wie in der Bataille'schen starken Kommunikation eine Grenzüberschreitung der eigenen »Ich«-Grenzen, einen Bruch. »Das Sagen ist Kommunikation, gewiß, aber als Bedingung aller Kommunikation, als Ausgesetztheit.« (Lévinas 1992, 116) Diese Art der Kommunikation begreift Lévinas auch als eine Art der Gabe: »[...] Ausgesetztheit, die immer noch weiter auszusetzen ist, Ausgesetztheit, die auszudrücken ist und die insofern zu *sagen* und insofern zu *geben* ist.« (Lévinas 1992, 121) Sagen und Geben sind zwei Modi der Überschreitung zu einem Anderen hin. Nun verknüpft Lévinas diese überschreitende Hinwendung noch mit der *Verausgabung*: »Geben, für-den-Anderen-sein, wider Willen, doch dabei das Für-sich unterbrechend, heißt: sich das Brot vom Munde reißen, den Hunger des Anderen mit meinem eigenen Fasten stillen.« (Lévinas 1992, 134) Durch den Ruf des Anderen ergeht eine implizite Forderung, durch die das Ich sich »verschwendet« (vgl. Lévinas 1992, 279).[48]

---

47 Eine ausführliche Analyse der Verbindungen zwischen Bataille, Lévinas und Maurice Blanchot findet sich in Libertson (1982).

48 »When Levinas speaks of an ›exigency coming from the other‹ to open a ›limitless deficit in which the *Soi* expends itself [se dépense]‹, he speaks in Bataille's voice.« (Libertson 1982, 338f) Zum »Soi« vgl. Lévinas (1992, 243ff).

Die allgemeine Ökonomie der Kommunikation ist nicht nur auf das Gesagte beschränkt, sondern verweist auf ein Sagen. Dies ist ein erstes Motiv, das für die Verbindung zwischen Bataille und Lévinas festgehalten werden kann: Beide beschreiben Kommunikationserfahrungen, die eine zeitweilige Überschreitung des Subjekts bedeuten. Ein weiteres gemeinsames Denkmotiv der allgemeinen Ökonomie findet sich in Lévinas' Unterscheidung zwischen Odysseus und Abraham.

Lévinas macht mittels seiner Unterscheidung zwischen Odysseus und Abraham darauf aufmerksam, dass es bei der ethischen Bewegung hin zu etwas, die er *Werk* nennt, nicht um die Rückkehr geht, sondern um den Aufbruch ohne Heimkehr: »Folglich *ist das radikal gedachte Werk eine Bewegung des Selben auf das Andere hin, die niemals zum Selben zurückkehrt. Das bis zu Ende gedachte Werk fordert eine radikale Großzügigkeit der Bewegung, die im Selben auf das Andere hinführt.«* (Lévinas 1989*b*, 34) Nach Lévinas ist das abendländische Denken und insbesondere die Ontologie dadurch geprägt, dass sie das »Ich« privilegiert. Immer kehrt dieses Denken zum »Ich« oder zum Selben zurück. Lévinas verdeutlicht die abendländische Ontologie mittels des Bildes von Odysseus und stellt diesem Abraham entgegen (vgl. Lévinas 1989*c*, 132f): Trotz seiner »Irrfahrten« und seiner phantastischen Abenteuer kehrt Odysseus wohlbehalten und sicher in seine Heimat nach Ithaka zurück, eine »Rückkehr zu Heimat und festen Besitz.« (Adorno und Horkheimer 1969, 53)[49] *Heimat* ist »meine Welt«, die »ich« kenne, in der das »ich« waltet und schaltet. Abraham dagegen verlässt nach Gottes Geheiß sein »Haus des Seins« bzw. seine Heimat, um ein gänzlich anderes Land aufzusuchen. Er weiß, er wird nie wieder zurückkehren. Er ist der Prototyp des Anderen (vgl. Lévinas 1983, 215f). Odysseus ist der bildhafte Vertreter der beschränkten Ökonomie, die zirkulär zu einem Besitz zurückkehrt: »Dieses Motiv der Zirkulation legt den Gedanken nahe, daß das Gesetz der Ökonomie die – zirkuläre – Rückkehr zum Ausgangspunkt, zum Ursprung oder auch zum Haus ist. Man müßte also der *odysseischen* Struktur der ökonomischen Erzählung nachgehen.« (Derrida 1993*b*, 16) Abraham hingegen verdeutlicht das Bild einer rückkehrlosen allgemeinen Ökonomie.

Ausgehend von Bataille, vielleicht vermittelt durch Batailles und Lévinas' gemeinsamen Freund Maurice Blanchot, mit dessen Hilfe die Frau und die Tochter von Lévinas vor den Nazis versteckt wurden, entwickelt Lévinas nach Thomas Keller eine »alterzentrische Version der Verausgabung« (vgl. Keller 2001*b*, 158f). Die rückkehrlose Ökonomie der Verausgabung wird zu einer Ethik des absoluten Anderen, den man nicht abweisen kann; eine »Unabweisbarkeit, die den Anachronismus einer Schuld anzeigt, welche der Anleihe vorausgeht, einer Verausgabung, die die Ressourcen übersteigt [...].« (Lévinas 1992, 249) Thomas Keller interpretiert die Nähe zwischen dem Denken von Bataille und Lévinas in seinem Werk »Deutsch-französische Dritte-Weg-

---

49 »Wenn die feste Ordnung des Eigentums, die mit der Seßhaftigkeit gegeben ist, die Entfremdung der Menschen begründet, in der alles Heimweh und alle Sehnsucht nach dem verlorenen Urzustand entspringt, dann ist es doch zugleich die Seßhaftigkeit und festes Eigentum, an dem allein der Begriff von Heimat sich bildet, auf den alle Sehnsucht und alles Heimweh sich richtet.« (Adorno und Horkheimer 1969, 85f)

Diskurse. Personalistische Intellektuellendebatten der Zwischenkriegszeit« folgendermaßen: »Lévinas will den anarchischen Charakter der Verausgabung bewahren. Wie Bataille weist er die vergeistigenden Totalisierungen des Subjekts, die hegelianischen Synthesen angesichts des Todes zurück. Im verwundbaren Angesicht des Anderen, im Bettler tritt Gott dem Menschen entgegen. Er muß sich rückhaltlos geben und dabei alles riskieren.« (Keller 2001*b*, 159)

Allerdings bestehen neben vielen gemeinsamen Denkbewegungen auch Unterschiede zwischen Bataille und Lévinas. Im Gegensatz zu Bataille greift Lévinas nicht auf die gewaltsamen, subjektiven und heroischen Aspekte der Verausgabung zurück (vgl. Keller 2001*b*, 159). Eine andere Differenz zwischen Lévinas und Bataille liegt in der unterschiedlichen Auffassung vom Sakralen und der Heiligkeit. Lévinas differenziert zwischen dem Sakralen und der Heiligkeit. In einer seiner Talmudlektüren, die unter dem Titel »Desakralisierung und Entzauberung« erschienen ist (vgl. Lévinas 1998, 84ff), steht »das Sakrale« in enger Verbindung mit der Zauberei und dem Götzendienst. Der Zauber operiert als ein

> »[…] Schein im *Herzen* des Wahren selbst, Auflösung des Wahren durch die ungreifbaren Ressourcen des Scheins, wenn das Un-Wahre in seiner Unwirklichkeit als Spur des Über-Wirklichen (Sur-Realen) aufgenommen wird; wenn Vieldeutigkeiten als Rätsel empfunden und in der ›Bagatelle‹, die als Extase des *Sakralen* empfunden wird, das Gesetz aufgehoben wird.« (Lévinas 1998, 92)

Und weiter heißt es: Das Sakrale ist vielleicht »[…] das Heiligtum derjenigen, die Tische rücken lassen und Horoskope verlangen; das gröbste Sakrale, das Sakrale des Aberglaubens und des Spiritismus […].« (Lévinas 1998, 98)

Aus dieser Perspektive ist das Sakrale eine Verzauberung, die Macht über die Menschen erlangt (vgl. Lévinas 1998, 98). Nach Lévinas ist dieses Sakrale nicht die Heiligkeit. Die Heiligkeit ist dem gegenüber, wie Lévinas in dem oben genannten Interview sagt, die Heiligkeit des Gesichts des Anderen oder die Heiligkeit »meiner« Verpflichtung als solcher (vgl. Poirié 1987, 95). Derrida schreibt in seinem Text »Glaube und Wissen. Die beiden Quellen der ›Religion‹ an den Grenzen der bloßen Vernunft«: »Der Kette, die die Wörter für das Heilige bilden, soll unsere ganze Aufmerksamkeit gelten, ausgehend von dem deutschen Wort (›heilig‹), dessen semantische Geschichte der strengen Unterscheidung zu widerstehen scheint, die Lévinas aufrechterhalten möchte: der Unterscheidung zwischen einem natürlich ›heidnisch‹ griechisch-christlich Sakralen und der Heiligkeit des (jüdischen) Gesetzes, vor oder unter der Herrschaft der römischen Religion.« (Derrida 2001*a*, 28) Diese Heiligkeit des jüdischen Gesetzes verknüpft Lévinas mit der Kommunikation und dem Sagen: »[...] [D]ie formale Struktur der Sprache [kündigt] die ethische Unverletzlichkeit des Anderen an, in ihr meldet sich – ohne jeden Beigeschmack des ›Numinosen‹ – seine ›Heiligkeit‹.« (Lévinas 1987, 279)

Nach Lévinas muss zwischen dem Sakralen und der Heiligkeit differenziert werden, so dass der »geheiligte« Andere und die Beziehung zu ihm vom sakralen Bereich der Magie und des Zaubers zu unterscheiden ist. Hier liegt, trotz der Gemeinsamkeit in der überschreitenden und heterologischen Bewegung zum Anderen, sicherlich ein Unterschied zwischen Lévinas, Bataille und den anderen »Zauberlehrlingen des Collège« insgesamt, die – wie schon die Gruppe *Acéphale* verdeutlichte – auch im Zauber und in der Magie etwas Heiliges erblickten.[50]

Während das Collège die symbolische Ebene des Sakralen betont und das Sakrale für kommunitäre Bewegungen instrumentalisieren oder wenigstens diese voluntativ konstituieren will, interessiert sich Lévinas für den Bereich der schon vor jedem Wollen geschehenen Beziehung zum Anderen. Die Beziehung zum Anderen wird von ihm jenseits eines Bereichs der Instrumentalisierung betrachtet, denn ansonsten könnte sich die Heiligkeit nicht ereignen und dem Anderen nicht mehr als unendlich Anderem begegnet werden, weil dieser dann nur noch Mittel zum Zweck wäre. Gerade der nicht-instrumentelle Charakter der Heiligkeit ist für die Ethik im Lévinas'schen Sinne konstitutiv und wird deshalb vom prinzipiell instrumentalisierbaren Sakralen unterschieden.

Der jüdische Kontext der Mussasbewegung, in dem Lévinas aufwuchs (vgl. Malka 2003), war ebenfalls darauf angelegt, sich als Gegenbewegung zu einem mystischen Chassidismus zu verstehen. Insofern ist es vielleicht verständlich, dass Lévinas nicht viel übrig hat für das Mystische und das Sakrale wie allgemein für den Zauber und die Magie. Diese dienen nämlich nach Lévinas dazu, Macht über die Menschen zu erlangen. Heiligkeit hingegen entmächtigt »mich« gegenüber dem Anderen.

Ferner ist für Lèvinas die Heiligkeit die Beziehung zum *anderen Menschen*, während das Collège das Sakrale nicht auf den singulären Menschen beschränkt, sondern es vielmehr in den spezifischen individuellen und kollektiven Erfahrungen verortet und eine Engführung dieser Erfahrungen mit kommunitären Bestrebungen forcieren will. Der ganz Andere im Sinne Lévinas ist jedoch nicht nur derjenige, der Gemeinschaft ermöglicht, sondern gerade auch derjenige, der gemeinschaftliche Ordnungen überschreitet und »außerordentlich« über diese hinausgeht sowie jenseits von diesen steht (vgl. Moebius 2001, 121ff). Diese Perspektive findet sich zwar auch in Batailles Heterologie und in der Sichtweise des Collège, Lévinas betont aber viel mehr als dieses die Heiligkeit einer Beziehung zum singulären Anderen, der von der Gemeinschaft ausgeschlossen wird.

5.4.6 Die allgemeine Strategie der Dekonstruktion – Derrida

> »[…] der fragliche Punkt ist a fortiori derjenige, wo Konstruktion und Destruktion nicht mehr gegeneinander ausgespielt werden können.« Zweites Manifest des Surrealismus, 1929 (Breton 2001*b*, 55)

Nicht nur in Derridas Text »Von der beschränkten zur allgemeinen Ökonomie« (Derrida 1997*c*), in dem er eine dekonstruktive Lektüre Batailles vornimmt und dessen

---

50 Besonders deutlich wird dies vielleicht in dem Collège-Beitrag von Bataille, der den Titel »L'apprenti sorcier« trägt (vgl. Bataille 1979*a*).

»allgemeine Ökonomie« zu einer »Wissenschaft« der Dekonstruktion von Sinn verschiebt, wird sein Bezug zu Bataille deutlich.[51] Auch andere Texte Derridas stehen in einer Beziehung zu Bataille, wie er in einem Interview mit Jean-Louis Houdebine und Guy Scarpetta festhält; dort heißt es: »Ich erlaube mir, hier daran zu erinnern, daß die Texte, auf die Sie sich bezogen haben (insbesondere: La double séance, La dissémination, La mythologie blanche, aber auch: La pharmacie de Platon, und manche andere), *ausdrücklich* in Beziehung zu BATAILLE stehen und auch explizit eine Bataille-Lektüre vorschlagen.« (Derrida 1986b, 130)

Derrida verknüpft die Praxis der »Dekonstruktion« explizit mit dem Begriff der »allgemeinen Ökonomie« von Bataille: »Was mich damals interessierte und was ich jetzt auf anderem Weg fortzusetzen versuche, ist eine Art *allgemeine Strategie der Dekonstruktion* und zugleich eine ›allgemeine Ökonomie‹. Diese müßte es ebenso vermeiden, die binären Gegensätze der Metaphysik einfach nur zu *neutralisieren*, wie auch, sich einfach in dem geschlossenen Feld dieser Gegensätze *anzusiedeln* und sie somit zu bestätigen.« (Derrida 1986b, 87) Die allgemeine Strategie der Dekonstruktion könnte man kurz folgendermaßen beschreiben: Die Praxis der Dekonstruktion setzt bei binären Gegensätzen wie Innen/Außen, Geist/Natur, Mann/Frau, das Selbe/Anderer etc. an, um den ersten Term, der immer den zweiten beherrscht, umzustürzen und die Hierarchie umzukehren. Sie versucht zu zeigen, wie der erste Term konstitutiv vom zweiten abhängt. Nach dieser ersten »Geste« kommt die zweite strategische Bewegung: Diese besteht darin, das ganze Feld, in dem sich die zwei Terme befinden, zu verschieben und damit zu überschreiten:

> »Sehr schematisch: eine Opposition metaphysischer Begriffe (zum Beispiel, Sprechakt/Schrift, Anwesenheit/Abwesenheit, etc.) ist nie eine Gegenüberstellung zweier Termini, sondern eine Hierarchie und die Ordnung einer Subordination. Die Dekonstruktion kann sich nicht auf eine Neutralisierung beschränken oder unmittelbar dazu übergehen: sie muß durch eine doppelte Gebärde, eine doppelte Wissenschaft, eine doppelte Schrift, eine *Umkehrung* der klassischen Opposition *und* eine allgemeine *Verschiebung* des Systems bewirken.« (Derrida 1976c, 154)

Indem die Dekonstruktion zeigt, dass das Innen oder das Erste nicht rein präsent oder vollständig ist, verdeutlicht sie, dass dem Ersten ein Bedeutungsmangel innewohnt, der durch Elemente des Zweiten *supplementiert* oder ergänzt werden muss. Insofern gehört dieses Zweite zu einer Möglichkeitsbedingung des Ersten.[52] Dies produziert einen Bedeutungsüberschuss bzw. eine Unreinheit des Präsenten oder des Innen, der in der binär-hierarchischen Anordnung geleugnet oder verdeckt wird. Die Dekonstruktion ist herrschaftskritisch. Es geht aber bei dieser »allgemeinen Strategie der Dekons-

---

51 »Wissenschaft« erfährt hier als Terminus jedoch eine »radikale Änderung«, weil der Begriff »in ein Verhältnis zu einem absoluten Nicht-Wissen gesetzt wird.« (Derrida 1997c, 407) Zu Derrida siehe den von mir und Dietmar Wetzel herausgegebenen und 2005 erscheinenden Band »absolute Jacques Derrida«.

52 Aber auch zur Bedingung der Unmöglichkeit des Ersten, weil dieses nicht mehr absolut geschlossen, präsent oder positiv ist.

truktion« (Derrida 1986*b*, 87) nicht um eine Neutralisierung der binären Gegensätze oder um eine Aufhebung in einem Dritten, sondern um eine Verschiebung, so dass beide Terme nicht mehr in Opposition zueinander stehen und keine der beiden Seiten den Anschein der vollen Präsenz erhalten kann.

> »Wer diese Umbruchsphase vernachlässigt, übersieht die konfliktgeladene und unterwerfende Struktur des Gegensatzes. Wer zu rasch, und ohne den vorangegangenen Gegensatz im Auge zu behalten, zu einer *Neutralisierung* übergeht, die das frühere Feld *praktisch* intakt läßt, nimmt sich jede Möglichkeit, dort tatsächlich *einzugreifen.* […] Die Notwendigkeit dieser Phase ist strukturbedingt und erfordert daher eine unaufhörliche Analyse: denn die Hierarchie der dualen Gegensätze stellt sich immer wieder her.« (Derrida 1986*b*, 88)[53]

Die zweite strategische Geste der Dekonstruktion besteht in einer *Verschiebung* des Feldes, auf dem die Opposition bestand, bis hin zu einer Ersetzung durch Neues, das sich freilich nicht einer »unaufhörlichen Analyse« widersetzen kann. Dies geschieht durch das Aufspüren von etwas, »was sich in der vorangegangenen Ordnung nicht mehr verstehen läßt […], um somit die ganze übliche Anordnung zu zerrütten und in das gesamte Feld einzudringen.« (Derrida 1986*b*, 89) Dieser Schritt ist notwendig, damit sich die Umkehrung nicht der gleichen binär-hierarchischen Logik bedient und diese reproduziert. Die Erschütterung einer bestimmten Logik liegt dann in dem Aufspüren ihrer Möglichkeitsbedingungen und in dem Aufspüren dessen, was diese Logik ausschließen muss, um überhaupt funktionieren zu können.

Die Herstellung von Differenzen und binären Oppositionspaaren erklärt Derrida durch den Neologismus der *différance*, den Derrida auch als »ökonomischen« Begriff auffasst: »Ich würde sogar sagen, daß es *der* Begriff der Ökonomie ist, und da es keine Ökonomie ohne *différance* gibt, ist diese auch die allgemeinste Struktur der Ökonomie, vorausgesetzt, daß man unter diesem Begriff etwas anderes versteht als die klassische Ökonomie der Metaphysik oder die klassische Metaphysik der Ökonomie.« (Derrida 1986*b*, 42) Was ist die *différance*, die mit der »allgemeinen Ökonomie« Batailles verknüpft wird? Die *différance* markiert den Prozess des Unterscheidens und bewirkt die Herstellung von Bedeutung. Mit *différance* wird jene Bewegung gekennzeichnet, durch die sich die Sprache, Codes und Verweisungssysteme konstituieren (vgl. Derrida 1976*a*, 18):

---

53 Eine Umkehrung der Gegensätze ist dabei in einem ersten Schritt wichtig. Doch bedarf sie der Verschiebung. Wird zum Beispiel in einer Umkehrung des Ethnozentrismus die »Natürlichkeit« fremder Ethnien positiv betont, um die fremden »Anderen« gegen einen eigenen Ethnozentrismus zu schützen, bleibt auch diese Umkehrung immer noch ein Ethnozentrismus, nur eben in umgekehrter Form: Es ist dann die Ethnie der »Anderen«, der eine volle Präsenz zugesprochen wird (vgl. Derrida 1998): »The classical inversion or reversal […] is also unavoidable in the strategy of political struggles: for example, against capitalist, colonialist, sexist violence. We must not consider this to be a moment or just a phase; if from the beginning another logic or another space is not clearly heralded, then the reversal reproduces and confirms through inversion what it has struggled against.« (Derrida 1995*a*, 84)

»Die *différance* bewirkt, daß die Bewegung des Bedeutens nur möglich ist, wenn jedes sogenannte ›gegenwärtige‹ Element, das auf der Szene der Anwesenheit erscheint, sich auf etwas anderes als sich selbst bezieht, während es das Merkmal (*marque*) des vergangenen Elementes an sich behält und sich bereits durch das Merkmal seiner Beziehung zu einem zukünftigen Element aushöhlen läßt, wobei die Spur sich weniger auf die sogenannte Gegenwart bezieht, als auf die sogenannte Vergangenheit, und durch eben diese Beziehung zu dem, was es nicht ist, die sogenannte Gegenwart konstituiert.« (Derrida 1976a, 18f)

Die *différance* unterläuft jede einfache und positiv gefüllte Begrifflichkeit von Differenz.[54] »Nach den Forderungen einer klassischen Begrifflichkeit würde man sagen, daß ›différance‹ die konstituierende, produzierende und originäre Kausalität bezeichnet, den Prozeß von Spaltung und Teilung, dessen konstituierte Produkte oder Wirkungen die *differents* oder die *différences* wären.« (Derrida 1976a, 13)

Die *différance* – das a kann man nur lesen, aber nicht hören, gleichsam ein Abgesang an den Logozentrismus – bewirkt, dass keine Bedeutung jemals eine absolute Stabilität erlangt, weil jede Bedeutung, jeder Sinn oder jede Struktur immer von einem »konstitutiven Außen«, von seinem Unterschied, abhängt. Damit ist gemeint, dass etwas, um zu sein, immer von dem abhängt, was es nicht ist. Um ein »Innen« zu sein, muss es ein Außen, ein Anderes, geben. Dabei ist dieses Außen selbst nicht in einer völlig losgelösten Position vom Innen bzw. »transzendental«, sondern liegt streng genommen schon im Innern (der Identität, des Kontextes, der Struktur etc.), als dessen Möglichkeitsbedingung. Bildlich lässt sich dies anhand des physikalischen Phänomens des »Moebius-Bandes« vielleicht veranschaulichen: Ein »Moebius-Band« hat fließende, ineinander übergehende Innen- und Außenflächen. Der Ort des Außen bzw. des Anderen ist jene Einstülpung, durch die eine äußere Oberfläche sich ins Innere zurückfaltet und zu einer inneren Oberfläche wird.[55]

Dieses konstitutive Außen gilt es in einer Praxis der Dekonstruktion aufzuspüren. Dabei bezeichnen »Grenzüberschreitung« und »Verschiebung« den dekonstruktiven Prozess zum Außen, zum Heterogenen bzw. zum radikal Anderen. Die Praxis der Dekonstruktion versucht, das Andere von Kontexten oder Strukturen zu erfassen und von dort aus aufzuzeigen, wie das oder der ausgeschlossene Andere die Bedingung der Möglichkeit, aber auch der Unmöglichkeit der Struktur ist. Dies bedeutet Folgendes: Eine Struktur kann sich nur schließen, wenn sie sich von einem Außen abgrenzt. Darum ist dieses Außen in einem strengen Sinne die Bedingung der Möglichkeit der inneren »Reinheit« dieser Struktur. Die Bedingung der Unmöglichkeit der Struktur ist das Außen deshalb, weil es auch dafür verantwortlich ist, dass die Struktur sich niemals schließen oder fixieren kann; die Struktur ist durch das konstitutive Außen immer in der Gefahr, »unmöglich« oder zerstört zu werden. Eine solche Situation, wenn

---

54 Postmodernismen, die auf einem einfachen Pluralismus positiver bzw. geschlossener Differenzen und Elemente beruhen oder darauf rekurrieren, können sich daher nicht auf Derrida bzw. die *différance* berufen.

55 Ein Beispiel der Moebius-Schleife findet sich in dem Bild von M.C. Escher mit dem Titel Moebiusstreifen II, 1963, Holzschnitt.

etwas zugleich die Bedingung der Möglichkeit sowie die Bedingung der Unmöglichkeit ist, bezeichnet Derrida als Unentscheidbarkeit.[56] Begriffliche Unentscheidbarkeiten liegen zum Beispiel bei dem Begriff *pharmakon* vor, was sowohl Heilmittel oder Gift bedeutet, oder finden sich im Begriff Gabe/*gift*; ein Begriff, der ein »vergiftetes« Geschenk impliziert.[57]

In »Grammatologie«, einem seiner Hauptwerke, beschreibt Derrida die Bewegung der Dekonstruktion: »Wir möchten jenen Punkt erreichen, der gegenüber der Totalität der logozentrischen Epoche in gewissem Sinne äußerlich ist. Ausgehend von diesem Exterioritätspunkt könnte eine bestimmte Dekonstruktion dieser Totalität in die Wege geleitet werden, die selbst ein vorgezeichneter Weg ist.« (Derrida 1998, 279) Die strategische Bewegung der Dekonstruktion liegt in der Lokalisierung dieser Exteriorität bzw. Andersheit am Rand von bzw. in Kontexten – des Anderen im Selben.[58] Diese Beziehung zum Anderen, die die Dekonstruktion eröffnet, ist im Wesentlichen eine unbedingte Bejahung [affirmation] oder *Zu-Sage* der Andersheit und eine Bejahung noch der Andersheit der Andersheit:

»But for this surplus of responsibility that summons the deconstructive gesture or that the deconstructive gesture of which I am speaking calls forth, a waiting period is neither possible nor legitimate. The deconstructive explication with provisional prescriptions might require the indefatigable patience of the re-beginning, but the affirmation that motivates deconstruction is unconditional, imperative, and immediate – in a sense that is not necessarily or only Kantian, even if this affirmation, because it is double, as I have tried to show, is ceaselessly threatened. This is why it leaves no respite, no rest. It can always upset, at least, the instituted rhythm of every pause […].« (Derrida 1995c, 286)

Aufgrund der Beziehung zum (nicht-negativ bestimmten) Anderen, die die Dekonstruktion eröffnet, wird zum einen mittlerweile von einer »Ethik der Dekonstruktion« gesprochen, wobei »Ethik« im Sinne Lévinas' als Beziehung zum Anderen verstanden wird (vgl. Critchley 1999). Diese Beziehung zum Anderen ist die grundlegende intersubjektive Basis jedes sozialen Seins. Zum anderen bezeichnet Rodolphe Gasché in seinem Buch über Derrida die Dekonstruktion als *Heterologie* und schreibt: »*Heterology* means ›science of‹ or ›discourse on‹ the Other.« (Gasché 1997, 100) Und an anderer Stelle heißt es: »As an investigation of these irreducibly heterogeneous infrastructu-

---

56 Das Problem der Unentscheidbarkeit verweist, wie Derrida schreibt, auf den Mathematiker Kurt Gödel (1906 – 1978): »Ein unentscheidbarer Satz ist, wie Gödel 1931 der Möglichkeit nach bewiesen hat, ein Satz, der bei einem gegebenen Axiomensystem, das eine Mannigfaltigkeit beherrscht, weder eine analytische oder deduktive Schlußfolgerung aus den Axiomen noch im Widerspruch mit ihnen, weder wahr noch falsch im Hinblick auf diese Axiome ist.« (Derrida 1995b, 245f) Wie Gödel darlegte, ist es nicht möglich, mit den Sätzen oder Elementen eines Axiomensystems dessen Vollständigkeit zu beschreiben.

57 Das Thema der Gabe bei Bataille und Derrida wird weiter unten beschrieben.

58 Mit »Kontext« sind nicht nur diskursive, sondern auch historische, soziale oder politische Kontexte bzw. zeitweilige Schließungen gemeint.

res, deconstruction is in essence a heterology.« (Gasché 1997, 175) Die bejahende Überschreitung der Heterologie, die nicht bei einer Neutralisierung stehen bleibt, bezeichnet Derrida in seinem Bataille-Text als »souveränes Tun« (Derrida 1997c, 416).

Die Heterologie oder die Dekonstruktion ist dieses »souveräne Tun« und verweist auf Batailles »allgemeine Ökonomie«, weil sie daran ansetzt, das Andere aufzuspüren. So heißt es in dem oben genannten Interview:

> »Ich werde also das, was ich als Heterogenität betrachte, untersuchen müssen, werde dabei deren Notwendigkeit, deren Entzifferungsgesetz erfassen [...]. All dies wirft viele Fragen auf und ich kann Ihnen heute nicht mehr sagen als das, was ohnehin in den Lücken und Anmerkungen, auf die Sie anspielten, zu lesen ist [...]. Sie verweisen vor allem auf die allgemeine Ökonomie, deren Züge ich, ausgehend von Bataille, zu skizzieren suchte. Es ist klar, daß, wenn und insofern das Wort *Materie* in dieser allgemeinen Ökonomie, wie Sie sagten, die radikale Andersheit bezeichnet [...], dann könnte man das, was ich schreibe, als ›materialistisch‹ ansehen.« (Derrida 1986b, 126f)

Die Dekonstruktion ist eine Heterologie, die dem radikal Anderen nachgeht und deshalb auch als eine allgemeine Ökonomie bezeichnet werden kann. Unter »allgemein« wird die Öffnung zum Anderen gemeint. Die allgemeine Ökonomie ist nicht nur auf die Untersuchung eines geschlossenen Systems, zum Beispiel eines Sinnsystems, beschränkt, sondern versucht dieses System auf das »exzessive« Außen hin zu überschreiten. Die Dekonstruktion beschränkt sich ebenso wie die allgemeine Ökonomie Batailles nicht nur auf ein homogenes oder selbstreferentielles Sinnsystem, sondern sie sucht den Bezug zum Verlust des Sinns (vgl. Derrida 1997c, 410); Sinn kann sich als Sinnsystem nur konstituieren, wenn es ein konstitutives Außen gibt; die Praxis der Dekonstruktion beschreibt die Wirkungen dieses Außens, die darin bestehen, dass Sinn konstitutiv in einem Verhältnis zu Nicht-Sinn steht.[59] Die Verbindung zwischen dem Collège, Bataille und der Dekonstruktion liegt in deren allgemeiner Strategie, sich auf das Andere und Ausgeschlossene hin zu öffnen.

Nachdem die Verknüpfung zwischen der allgemeinen Strategie der Dekonstruktion und der allgemeinen Ökonomie dargestellt wurde, soll nun die Nähe zwischen Derrida und Bataille am Beispiel des sozialen und von Marcel Mauss beschriebenen Phänomens der Gabe und des Gabentauschs beschrieben werden, wobei etwaige Bezugspunkte in diesem Rahmen nur angesprochen werden können.[60] In einem Beitrag[61] anlässlich der Gründung des »Collège International de Philosophie« 1983 kommt

---

59 Von der Beziehung zwischen der Dekonstruktion und der allgemeinen Ökonomie Batailles aus lässt sich ermessen, inwieweit »Poststrukturalistische Sozialwissenschaften«, die auf die Dekonstruktion rekurrieren, historisch in einer »Serie« mit dem *Collège de Sociologie* und ihrem Hauptakteur Bataille stehen.

60 Um der ganzen Komplexität der Gabe bei Derrida einigermaßen gerecht zu werden, bedürfte es einer längeren Studie.

61 Ronald Hermann sei hier herzlich gedankt, der mich auf den Artikel Derridas aufmerksam machte.

Derrida auf das Thema der »Gabe« und das *Collège de Sociologie* zu sprechen, das in einem Bezug zu seinem Projekt steht: »[…] no doubt, we would have to encounter and analyze, in the course of that trajectory, the *Collège de Sociologie* whose title was often recalled […].« (Derrida 1990*b*, 16)

Derridas Behandlung der Gabe durchzieht zahlreiche Texte seines Werkes.[62] So spielt beispielsweise die Frage nach der Nicht-Reziprozität einer Gabe eine zentrale Rolle in der Beziehung zwischen Lévinas und Derrida (vgl. Derrida 1990*a*). Denn Derrida geht wie Lévinas (vgl. Lévinas 1989*b*, 34) davon aus, dass eine Gabe, damit sie eine Gabe bleibt und nicht bloß ein Moment des Tauschs, rückkehrlos sein muss: »Gabe gibt es nur, wenn es keine Reziprozität gibt, keine Rückkehr, keinen Tausch, weder Gegengabe noch Schuld. Wenn der andere mir das, was ich ihm gebe, *zurückgibt* oder es mir *schuldet*, das heißt mir zurückgeben muß, wird es keine Gabe gegeben haben, ob diese Rückgabe nun unmittelbar erfolgt oder vorprogrammiert ist im komplexen Kalkül eines Aufschubs [différance].« (Derrida 1993*b*, 22f) Streng genommen heißt dies, wenn es eine adäquate Erwiderung gäbe, wäre die Gabe nur noch Teil eines Tauschverhältnisses; schon eine Erwiderung fungiert als Gegenzug oder im Austausch geleistete Zahlung, wodurch die Gabe zu einem äquivalenten Tausch-Element degradiert und der Rest ausgelöscht wird – das hieße, die Gabe wäre keine Gabe mehr.[63]

Um dies genauer zu verstehen, kann man auf Derridas Behandlung der Gabe zurückgreifen, wie sie beispielsweise in »Falschgeld. Zeit geben I« (Derrida 1993*b*) zu finden ist. Derrida geht zunächst von einem Vorverständnis der Gabe oder des Gabenereignisses aus (vgl. Derrida 1993*b*, 21): Ein Gabenereignis ist gekennzeichnet durch eine »ternäre Struktur«: »jemand will geben, hat die Absicht, jemandem etwas zu geben, er hat die *Intention zu geben*.« (Derrida 1993*b*, 21) Insofern gibt es erstens ein Subjekt, ein »konstituiertes Subjekt«, wie Derrida schreibt, das auch ein Kollektiv sein kann, es gibt zweitens *irgend etwas*, das gegeben wird und es gibt drittens einen Anderen, der empfängt und die Gabe erwidert. Das Geben ist als reziproker Tausch vorgestellt. Derrida versucht jedoch einen Bruch in dieses Vorverständnis einzuführen, in dem er davon ausgeht, dass die Bedingung der Möglichkeit einer Gabe gleichzeitig die Bedingung der Unmöglichkeit abgibt; das, was eine Gabe ermöglicht, nämlich Tausch, ergibt zugleich eine Zerstörung der Gabe: »Jedesmal, wenn es eine Rückgabe oder Gegengabe gibt, wird die Gabe annulliert.« (Derrida 1993*b*, 22f)

Anstatt im Austausch der Gabe und dem Schuldig-Sein, dem Verschuldet-Sein des Empfängers, anstatt also im Kreislauf der Gaben und Rückgaben eine Ereignishaftigkeit der Gabe zu erblicken, sucht Derrida nach dem *Bruch* der Gabe: Für ihn kann es nur Gabe geben, wenn es eine Unterbrechung des Systems, des Kreislaufs vom Geben

---

62   Vgl. auch insbesondere Derrida (1994*b*) und Derrida (1993*c*).

63   In den Worten Simmels bedeutet dies, »daß wir eine Gabe überhaupt nicht erwidern *können*; denn in ihr lebt eine Freiheit, die die Gegengabe, eben weil sie Gegengabe ist, nicht besitzen kann.«(Simmel 1995 [1907], 215f) Eine Gabe kann gar nicht adäquat erwidert werden, weil das »eigentümlich Unlösbare der Dankbarkeit« bei einer »Erwiderung mit gleicher oder größerer Gegengabe einen Rest läßt« (vgl. Simmel 1995 [1907], 217). Dem Verhältnis zwischen Derridas »Gaben« und Simmels »Dankbarkeit. Ein soziologischer Versuch« (Simmel 1995 [1907]) geht eine andere Studie von mir nach (vgl. Moebius 2002*b*, 33 – 42).

gibt. Dies bedeutet: »Damit es Gabe gibt, *ist es nötig*, daß der Gabenempfänger nicht zurückgibt, nicht begleicht, nicht tilgt, nicht abträgt, keinen Vertrag schließt und niemals in ein Schuldverhältnis tritt.« (Derrida 1993*b*, 24) Um jedoch die Gabe jenseits eines zirkulären Austauschs zu denken und sie so im strengen Sinne als Gabe und nicht lediglich als ein Element im Tauschverhältnis zu betrachten, darf die Gabe dem Gabenempfänger nicht *als solche* erscheinen. Die Gabe wird nicht nur durch ihre mögliche Rückkehr annulliert, sondern dadurch, dass sie als Gabe erkannt oder anerkannt wird und als Gabe erscheint. »Letztlich darf der Gabenempfänger die Gabe nicht einmal als Gabe *an-erkennen [reconnaitre]*. Wenn er sie *als* Gabe an-erkennt, wenn die Gabe ihm *als solche erscheint*, wenn das Präsent ihm *als Präsent* präsent ist, genügt diese bloße Anerkennung, um die Gabe zu annullieren. Warum? Weil sie, die Anerkennung, anstelle – sagen wir vereinfachend – der Sache selbst ein symbolisches Äquivalent zurückgibt.« (Derrida 1993*b*, 24) Damit die Gabe unmöglich ist oder wird, genügt die bloße Wahrnehmung der Gabe oder auch die »Anerkennung als Dankbarkeit« (vgl. Derrida 1993*b*, 25). Denn, wie der Derrida-Interpret Geoffrey Bennington schreibt, »Ihre Dankbarkeit für eine Gabe, die Sie von mir empfangen, fungiert als im Gegenzug oder im Austausch geleistete Zahlung – und schon damit ist die Gabe im strengen Sinne keine Gabe mehr.«(Bennington und Derrida 1994, 197) Gabe gibt es nur, wenn sie vom Empfänger unbemerkt bliebe. Darüber hinaus darf die Gabe aber auch dem Geber nicht als solche erscheinen, weil es Gabe nur geben kann, wenn sie nicht präsent ist; fernab von jeglicher Intention darf der Geber eigentlich auch nicht um das Geben, um sein Geben wissen; denn sonst

> »genehmigt er sich schon an der Schwelle, sobald er die Absicht hat zu geben, eine symbolische Anerkennung, beginnt sich selbstgefällig glücklich zu schätzen, gratifiziert und gratuliert sich selbst und erstattet sich symbolisch den Wert dessen zurück, was er gerade gegeben hat, gerade gegeben zu haben glaubt oder gerade zu geben sich anschickt. Die Temporalisierung der Zeit (Gedächtnis, Gegenwart, Antizipation; Retention, Protention oder nahe Zukunft; Zeitekstasen usw.) schließt stets einen Prozeß in sich, der die Gabe zerstört.« (Derrida 1993*b*, 25)

Eigentlich müsste sich die Gabe vergessen, müsste die Gabe schon immer vergessen worden sein. Darum betont Bennington, dass das, was man gemeinhin eine Gabe oder ein Präsent nennt, »nur die Spur eines vorursprünglichen Ereignisses der Gebung« sei (vgl. Bennington und Derrida 1994, 197). In dieser Behandlung der Zeit liegt wahrscheinlich der größte Unterschied zwischen Derridas und Batailles Gabentheorie, weil Derrida auch den Zeitaspekt der Gabe betont.[64] Auf die zentrale Frage in Mauss' Essay, welche Kraft der Gabe eine Gegengabe bewirkt (vgl. Mauss 1999*a*, 18), antwortet Derrida: »Eine Gabe ist die Gabe nur, sie gibt nur in dem Maße, wie sie *die Zeit gibt*. Der Unterschied zwischen einer Gabe und einem beliebigen anderen

---

64 Zum Verhältnis von Gabe und Zeit bei Derrida sowie der daran anschließenden Auseinandersetzung mit der Zeitauffassung Heideggers, vgl. den grundlegenden Beitrag von Gondek (1997).

Tauschvorgang liegt darin, daß die Gabe die Zeit gibt. *Dort, wo es die Gabe gibt, gibt es die Zeit.*« (Derrida 1993*b*, 58f) Während der Tausch keine Zeit kennt bzw. diese für eine sekundäre Größe erachtet, ist die Gabe eine Eröffnung von Zeit, in der sich alles ereignen kann – eine Gegen-Gabe oder keine. Nichts Bestimmtes wird zu einer im Voraus bestimmten Zeit erwartet. Es muss demnach für die Gegengabe nach dem richtigen Augenblick, nach dem *kairos*, wie die Griechen sagen würden, gesucht werden. Wann ist der günstige Augenblick, zu geben? Ist die Gabe die Eröffnung oder die Gabe einer unendlichen Zeit und damit einer Geschichte, muss die Gegengabe diese Zeit begrenzen und »verlangt« einen Termin (vgl. Derrida 1993*b*, 58).

Wie deutlich geworden ist, muss die »reine« Gabe jenseits eines bloßen Tauschverhältnisses und einer Zirkulation von Gaben gedacht werden. Ausgehend hiervon soll sich nun Derrida und Bataille zugewendet werden. Die Brücke zwischen der Analyse der Gabe bei Derrida und Bataille bildet hierbei Marcel Mauss und sein »Essay über die Gabe« (Mauss 1999*a*).

In seinem Text »Falschgeld: Zeit geben I« verweist Derrida darauf, dass Claude Lévi-Strauss die Gabe aus dem »Essay über die Gabe« von Marcel Mauss allzu schnell innerhalb eines Tauschvorgangs integriert wissen will. Lévi-Strauss habe mit seiner »Einleitung in das Werk von Marcel Mauss« (Lévi-Strauss 1999*a*) diesem selbst ein »vergiftetes Geschenk« gemacht (vgl. Derrida 1993*b*, 93).[65] Die in der »Einleitung« vorgenommene Lektüre der Gabe annulliert nach Derrida die Möglichkeit der Gabe selbst. Denn Lévi-Strauss geht von einer Einheit von Gabe und Gegengabe sowie deren Zirkulation im Tausch aus. Lévi-Strauss kritisiert Mauss, weil dieser nicht die Einheit des Tauschvorgangs gesehen habe: Die Gabe ist aus Lévi-Strauss' Sicht nur ein Einzelelement eines kohärenten Tauschvorgangs von Geben, Empfang und Gegengabe. Was Lèvi-Strauss aber nach Derrida nicht bemerkt, ist, dass die Möglichkeit einer »reinen« Gabe sich nicht auf den Tausch bezieht (vgl. Derrida 1993*b*, 99ff); Lévi-Strauss ist *»tausch-orientiert, linguistizistisch* und *strukturalistisch«* (vgl. Derrida 1993*b*, 103). Insbesondere die magischen und affektiven Vorstellungen will Lévi-Strauss aus Mauss' Beschreibung der Gabe verbannen und befindet sie für unnötig und zweitrangig hinsichtlich einer Beschreibung des Tauschs und der Gabe (vgl. Lévi-Strauss 1999*a*, 32). Derrida hält Lèvi-Strauss' Privilegierung des Tausches gegenüber der Gabe Folgendes entgegen: »Diese [die Gabe, S.M.] auf einen Tausch zu reduzieren, hieße ganz einfach, die Möglichkeit selbst der Gabe annullieren.« (Derrida 1993*b*, 103) Zwar ist die Möglichkeit einer Gabe – wie beschrieben – an ihre Unmöglichkeit und Annullierung, das heißt an den Tausch geknüpft, wodurch sie in dem Sinne unmöglich wird als sie lediglich zu einem Element im Tausch reduziert und dadurch vergessen wird; dennoch kann aber die *reine Gabe* ihrer Möglichkeit nach oder als Idee gedacht werden. Nach Ansicht Derridas teilt zwar Mauss nicht den Rationalismus von Lèvi-Strauss, aber Mauss fragt auch nicht danach, ob eine Gabe noch eine Gabe

---

65   Derrida erblickt in dem Postskriptum, das Georges Gurvitch 1950 der Herausgabe von Mauss' »Gabe« anfügte, ein Gegen-Gift zur Interpretation von Lèvi-Strauss. Gurvitch charakterisiert Lèvi-Strauss' Einleitung als eine »sehr persönliche Interpretation«, vgl. die Fußnote 43 in Derrida (1993*b*, 93).

bleiben kann, wenn sie ausgetauscht wurde (vgl. Derrida 1993*b*, 54): »Ein erwartete, mäßige, bemessene oder meßbare Gabe, eine dem Nutzen oder der Wirkung, die man sich aus ihr errechnet, angemessene Gabe, eine vernünftige Gabe (jene ›gute und ausgewogene Mischung von Realität und Ideal‹, die Mauss für sich in Anspruch nahm) wäre keine Gabe mehr, sondern höchstens Wiedererstattung auf Kredit, die beschränkte Ökonomie einer *différance*, einer berechenbaren Verzögerung.« (Derrida 1993*b*, 189) Eine reine Gabe müsste eine Überraschung und ein Ereignis sein, das die Berechnung oder einen Kontrakt (*do ut des*) unterbricht.

Die Fragen, die bei der Lèvi-Strauss'schen Interpretation von Mauss' »Gabe« aufkommen, kann man nach Hans-Dieter Gondek folgendermaßen sortieren (vgl. Gondek 1999, 171): Entweder dreht es sich bei einem Gabentausch um unabhängige Gaben, wobei eine Gabe erst einen bestimmten Tauschvorgang ermöglicht und sich nicht schon in ihm befindet. Oder man nimmt an, dass keine Gabe ohne Tausch und kein Tausch ohne Gabe existiert, so dass die Gabe lediglich ein einzelnes Element in einem äquivalentem Tauschsystem ist. Während letztere Position Lèvi-Strauss zugeschrieben werden könnte, vertreten sowohl Bataille als auch Derrida die erstere Position.

In seiner Schrift mit dem Titel »Der verfemte Teil« greift Bataille zur Erläuterung seiner allgemeinen Ökonomie auf Mauss zurück (vgl. Bataille 2001*b*). Dabei geht es in erster Linie um die Verschwendung und Verausgabung.[66] »Was mit der Verschwendung angeeignet wird, ist das Prestige, das sie dem Verschwender (ob Individuum oder Gruppe) verleiht und das von diesem wie ein Gut erworben wird und seinen Rang bestimmt.« (Bataille 2001*b*, 104) Sind die Ressourcen zu *Asche* geworden – oder in Rauch aufgegangen (vgl. Bataille 2001*b*, 105) –, bleibt als Spur nur noch das Prestige. Für Bataille ist – mehr als für Derrida – maßgeblich, dass durch die Verschwendung ein Prestige erlangt wird. Ist dies dann aber noch eine reine Gabe, die als Bedingung einen wesentlichen Nicht-Nutzen haben muss (vgl. Derrida 1993*c*, 110)? Nur wenn es ein Vergessen und ein »Überborden« (Derrida 1993*c*, 112) jenseits des Nutzens gibt, kann eine Gabe stattfinden.

Derrida verbindet dieses »Überborden« mit dem Mehr-als-Leben, ein Motiv, dem zuvor schon in dieser Studie begegnet wurde, als es darum ging, das »Mehr« des sozialen Leben bei Bataille und im Rückgriff auf Simmel zu erläutern: »Nein, allein das ›Leben‹ vermag zu geben, aber ein Leben, in dem diese Ökonomie des Todes sich darstellt und sich überborden läßt. Weder der Tod noch das unsterbliche Leben können jemals geben, sondern allein ein einzigartiges *Überleben*.« (Derrida 1993*c*, 112) Das »Überleben« ist ein weiteres Derrida'sches Motiv (vgl. Derrida 1994*a*): »[…] Mehr-als-Leben, Mehr-an-Leben, Aufschub und Hypervitalität, Lebenssupplement, das *mehr wert ist* als das Leben *und* der Tod. Überleben (*survie*), das mehr wert ist als die Wahrheit und das, zumindest wenn es existiert, die Sache (*la Chose*) par excellence wäre: Über-Wahrheit (*sur-verité*).« (Derrida 1994*a*, 168) Eine allgemeine Ökonomie

---

66 Inwieweit der Todestrieb in Freuds Theorie und der Bataille'sche »verfemte Teil« in ein Verhältnis gesetzt werden können, dazu vgl. Derrida (1997*a*, 22); und auch im Bezug zur Iterabilität und dem Wiederholungszwang stehen, dazu vgl. Derrida (1997*a*, 26).

muss auf diesen *Mehrwert* des Lebens und die »Über-Wahrheit« Rücksicht nehmen.[67]
Derrida und Bataille teilen eine rückhaltlose Bejahung des Lebens.

In der Verschwendung wird der Verlust nach Bataille wieder in Erwerb umgewandelt, wenn nämlich durch die Verschwendung Prestige erlangt wird (vgl. Bataille 2001*b*, 106). Für Bataille wirft dies die Frage auf, ob nicht dadurch wieder der Verlust in eine *beschränkte Ökonomie* zurückfällt. Denn der »Rang« oder das durch das Prestige erworbene symbolische Kapital, »bei dem der Verlust in Erwerb verwandelt wird, entspricht der Verstandestätigkeit, die die Gegenstände des Denkens auf *Dinge* reduziert.« (Bataille 2001*b*, 106) »[D]er *Rang* wird auf eine Erleichterung der Ausbeutung, eine schändliche Profitquelle reduziert.« (Bataille 2001*b*, 108) Aber die allgemeine Ökonomie müsste über die Reduzierung auf *Dinge* oder Sachen, allgemein über den Nutzen und Prestige-Reichtum hinausgehen.[68] Für Bataille zeigt dies eine Ambivalenz des *Potlatsch* selbst: Immer wieder stellt sich die Grenze der Überschreitung her, – die Gabe wird immer annulliert, wie Derrida sagen würde; immer wieder wird die Verausgabung und der Verlust in Denk- und »beschränkte« Rationalitätssysteme eingeschrieben, die dem Verlust einen Nutzen zusprechen und damit nicht über das zweckrationale Kalkül hinausgelangen.[69] Anders gesagt: Eigentlich können wir das Überborden der Verausgabung und deren Magie nicht begreifen und doch muss es – wenn es erklärt werden soll – im Denken begriffen werden: »Ganz allgemein suchen wir im Opfer oder im *Potlatsch*, in der Aktion (in der Geschichte) oder in der Kontemplation (im Denken) immer jenen Schatten – den wir *per definitionem* nicht greifen können –, den wir hilflos Poesie, Tiefe oder Intimität der Leidenschaft nennen. Wir werden zwangsläufig getäuscht, weil wir diesen Schatten *greifen* wollen.« (Bataille 2001*b*, 106) Die Verstandestätigkeit, die nicht von einem aktuellen Denksystem, das auf Zweckrationalität aufbaut, getrennt werden kann, versucht der Verausgabung im Potlatsch wieder einen Nutzen, den der Prestige- und Rangerwerbung, zuzusprechen.[70] Es wird bis dato – und abhängig vom jeweiligen, historischen Denksystem – eine letztlich unentscheidbare Frage bleiben, ob Verausgabung lediglich einem *bewussten* Begehren nach Rangerwerbung zu verdanken ist, ob dieses Begehren sogar *unbewusst* ist oder ob nicht auch andere, nicht nutzenorientierte – vielleicht unbewusste, »sakrale«, leidenschaftliche, lebendige oder *unheimliche* – Aspekte die Verausgabung

---

67 Derrida führt in einem Beitrag zur Religion aus, dass es genau »der Überschuß [ist], der über das Leben hinausführt, dessen Leben lediglich dadurch absoluten Wert hat, daß es mehr wert ist als das Leben, als es selbst […].« (Derrida 2001*a*, 84f) Dem Aufsatz zur Religion von Derrida und dessen Beziehung zur »Sakralsoziologie« müsste aufgrund seines »überbordenden« Themas in einem gesonderten Beitrag nachgegangen werden. Nur so viel sei gesagt: Das Sakrale steht nach Derrida in einer irreduziblen Beziehung zum Glauben. Welches Verhältnis hat die »Sakralsoziologie« zum Glauben? Ist der Glaube bzw. das Vertrauen – oder wie Simmel sagt, die »Kreditwirtschaft« (Simmel 1992, 389) – nicht die prekäre Bedingung des Mitseins und des sozialen Bandes (vgl. Derrida 2001*a*, 101)?

68 »Authentischer Luxus verlangt vollständige Verachtung der Reichtümer« (Bataille 2001*b*, 110).

69 Die Überschreitung hebt die Verbote auf, im Hegelschen Sinne von Aufhebung.

70 Zur Gabe bei Mauss, Bourdieu und Derrida vgl. Haselstein (1997).

begründen; Aspekte, die sich nicht auf den Wunsch nach symbolischem Kapital reduzieren lassen; Aspekte, die ähnlich dem Mauss'schen *hau* sind, das eine kraftvolle Macht bezeichnet, die zur Gabe bzw. zur verschwenderischen Gegengabe verpflichtet (vgl. Mauss 1999*a*, 32ff).

Die Frage, die sich am Schluss dieser Betrachtung über Derrida und Bataille stellt, ist, ob selbst eine allgemeine Ökonomie oder Heterologie diesem lebensbejahenden Über-Leben und dem »Jenseits des Kalküls« endgültig Rechnung tragen kann. Gibt es nicht etwas, einen widerständigen Rest, den selbst die allgemeine Ökonomie und die Dekonstruktion nicht mehr erfassen kann? Insofern impliziert die Verausgabung und der nicht einzuholende Rest eine *unendliche* Arbeit der allgemeinen Ökonomie sowie der Dekonstruktion; oder wie es Dietmar Kamper einmal ausdrückte: Mit dem Wissen nimmt das Nicht-Wissen zu (vgl. Kamper 1988, 47). Eine solche Arbeit steht also vor dem Problem, entweder immer wieder den Untersuchungsgegenstand selbst greifbar zu machen und damit auszulöschen oder, nach endgültiger Erforschung, sich selbst auszulöschen: »Wir können zum letzten Gegenstand der Erkenntnis nicht vordringen, ohne daß sich die Erkenntnis, die ihn auf untergeordnete und nutzbare Dinge reduzieren will, selbst auflöst.« (Bataille 2001*b*, 106)

6 Diskursgeschichtliche Dimensionen

Die vorliegende Studie zum *Collège de Sociologie* und dessen Wirkungen hat zum einen das soziologiegeschichtliche Ziel, eine bisher kaum beachtete und wenig diskutierte soziologische Forschungs(ein)richtung aus ihrem diskursiven Abseits zu holen; zum anderen sollen aber nicht nur die theoretischen Projekte des Collège dokumentiert, sondern seine Theorien und vor allem deren Wirkungsgeschichte als ein soziologisches Instrumentarium vorgestellt werden, das wesentlich zur Analyse gegenwärtiger Gesellschaften, ihrer Denksysteme und ihrer soziokulturellen *Exklusionen des heterologischen Anderen* beitragen kann.[1] Hinsichtlich eines soziologischen *Denkens des Außen*, das sich an den Denkbewegungen von Bataille, Foucault, Lévinas und Derrida orientiert, gibt es nach meiner Ansicht in der gegenwärtigen Soziologie noch Nachholbedarf.[2] Dass diese Denkbewegungen in der Soziologie ein noch wesentlich unbearbeitetes Feld und darum selbst heterologisch geblieben sind, kann vielleicht davon abhängen, dass die Rational-Choice-Theorien immer mehr an Einfluss gewinnen (vgl. dazu Peter 2001*b*) und vernunftkritische Stimmen dabei untergehen.

Aber es gibt noch andere Gründe, die zu einer mangelnden Rezeption des Collège beitragen: Diese Gründe hängen zum einen mit den Thematiken und den Forschungen des *Collège de Sociologie* selbst zusammen und verweisen zum anderen auf spezifische Ordnungsbildungen der soziologischen und philosophischen Diskurse in Deutschland. Die mangelnde Rezeption lädt zu einer knappen diskursgeschichtlichen Betrachtung dieser Ordnungen ein. Die folgenden, allgemeinen Fragen lauten demnach: Warum wurde und wird das *Collège de Sociologie* und seine theoretischen Überlegungen im soziologischen Diskurs in Deutschland nicht rezipiert? Warum wird das Denken von Bataille, Derrida und Lévinas kaum in den soziologischen Diskurs aufgenommen? Warum beschäftigen sich nur sehr wenige soziologische Lehrveranstaltungen und soziologiegeschichtliche Einführungen mit dem *Collège de Sociologie* und seinen Wirkungen? Wie könnte es zu diesem Ausschluss gekommen sein?

Ein Grund für die mangelnde Rezeption des Collège liegt zum Teil in seinen Forschungen und Thematiken begründet. Die Untersuchungen des Sakralen werfen zwar grundlegende und interessante Probleme für eine Soziologie und Kulturanthropologie der modernen Gesellschaft auf, aber die Analysen der Collège-Mitglieder blieben oftmals zu allgemein und wurden nicht konkret: Die vom Collège aufgeworfenen Fragen und seine Forschungsanstöße wurden hinsichtlich einer *empirischen* Analyse der modernen Gesellschaft und Kultur wenig realisiert. Diese empirischen Mängel haben Bataille und insbesondere Leiris in den Zeiten nach dem Collège teilweise nachgeholt.

---

1 Mit dem Begriff der Exklusion soll nicht die Debatte um eine reine Dichotomie zwischen Innen und Außen wieder entfacht werden. Wie ich bereits an anderer Stelle zeigte, ist das Außen wie bei einem Moebius-Band immer schon im Innen, am Rand des Innen.

2 Aus diesem Grund geht auch eine andere Studie diesen Denkbewegungen und den daran anknüpfenden, sogenannten »Poststrukturalistischen Sozialwissenschaften« nach (vgl. Moebius 2003*b*). Dieser Nachholbedarf gilt für Foucault nicht im gleichen Maße wie zum Beispiel für Derrida.

Wäre das *Collège de Sociologie* nicht durch den Ausbruch des Zweiten Weltkrieges und interne Auseinandersetzungen zerfallen, vielleicht wäre dann dieser Mangel an empirischer Sättigung behoben worden.

Besonders auffällig ist, dass die theoretischen Wirkungen Batailles und der Heterologie des Collège kaum in einem genuin soziologischen Diskurs erfolgten, sondern eher in den Bereichen, die der Sozialphilosophie (Foucault, Nancy) und der Phänomenologie (Lévinas, Derrida)[3] zugeordnet werden.[4]

Es kann bei den folgenden Überlegungen nicht eine breit angelegte diskursgeschichtliche Untersuchung, die alle Facetten berücksichtigt, durchgeführt werden. Hierzu bedarf es einer größeren Studie, die die Geschichte der soziologischen Diskurse nach dem Zweiten Weltkrieg analysieren wird. Eine soziologiegeschichtliche Analyse der soziologischen Diksurse in der Bundesrepublik nach 1945 existiert bislang nicht und muss noch geschrieben werden. Da das Ausmaß einer solchen Studie den Rahmen der vorliegenden Untersuchung sprengen würde und deshalb noch aufgeschoben wird, sollen exemplarisch einige Elemente aufgegriffen werden, die insbesondere im Zusammenhang mit der Frage nach dem Ausschluss des *Collège de Sociologie* aus dem soziologischen Diskurs in Deutschland von Bedeutung sind und auch in knapper Form die kaum erfolgte Aufnahme des Collège in den französischen Kanon der Soziologie zu erklären versuchen.

Für eine desiderative Rezeption des Collège ist die Entwicklung der französischen Soziologie in der Nachkriegszeit mit verantwortlich. Denn für eine eigenständige Konstituierung der Soziologie in Frankreich hatten sich die Soziologen in den Nachkriegsjahren vor allem das Gebiet der empirischen Sozialforschung ausgesucht (vgl. Pollak 1978, 38ff).[5] Dem Soziologen Jean Stoetzel kommt in dieser diskursiven Ausrichtung eine Schlüsselposition zu: »Unter seiner [Stoetzel, S.M.] Leitung ab 1949 wurde die CES [Centre d'Etudes Sociologique, gegründet 1946, S.M.] zur Brutstätte fast der gesamten Soziologen-Nachkriegsgeneration, die sich hier die empirische Forschungspraxis aneigneten, und für die sie dadurch zur Selbstverständlichkeit wissenschaftlichen Arbeitens wurde [...].« (Pollak 1978, 41) Allgemein scheint diese Tendenz zur Empirie in Frankreich so stark gewesen zu sein, dass Stoetzel in einem Artikel zur französischen Soziologie behaupten konnte, die Tradition Durkheims sei jetzt endgültig zu Ende und die französische Soziologie greife nun bevorzugt auf die monographisch-empirischen Einflüsse Le Plays zurück (Pollak 1978, 46).[6]

Das *Collège de Sociologie* konnte kaum empirisch-methodische Arbeiten nachweisen. Wie Leiris in einem Brief an Bataille kritisierte (vgl. Leiris 1979c, 240f), richtete sich das Collège nicht nach den Methoden von Durkheim, Mauss oder Hertz. Und in den Nachkriegsjahren wurden empirische Arbeiten, wie diejenigen von Leiris zum

---

3   Zum Verhältnis zwischen Phänomenologie und Lévinas sowie Derrida vgl. Waldenfels (1987).

4   Eine Ausnahme im soziologischen Diskurs in Frankreich sind Jean Baudrillard und Michel Maffesoli (vgl. Tacussel 2000). Zur Wirkung Batailles auf Baudrillard vgl. auch Pefanis (1991).

5   Dabei gab es jedoch auch Ausnahmen, wie beispielsweise Georges Gurvitch.

6   Gemeint ist der soziographische Empirismus von Frédéric Le Play (1806–1882).

Beispiel, eher in der Ethnologie rezipiert. Die mangelnde empirische Fundierung der Sakralsoziologie und der Heterologie ist darum ein Grund für die desiderative Rezeption des Collège. Um sich im soziologischen Diskurs behaupten zu können, hätte es vor der Schwierigkeit gestanden, seine Themen mit einer empirischen und methodischen Basis fundieren zu müssen. Wie diese jedoch hätte aussehen können, bleibt fraglich: Denn das Collège widmete sich ja den heterologischen Erfahrungen, die sich *per definitionem* einem positivistisch erfassbaren und rationalen Zugang verwehren. Es wären hier wohl andere Methoden zur konkreten Erforschung notwendig geworden, die aus dem damaligen Rahmen empirischer Sozialforschung herausgefallen wären oder noch gar nicht ausgearbeitet waren. Vielleicht kann heutzutage die *Praxis* der Dekonstruktion einen solchen Mangel ausfüllen, wobei diese sich allerdings nicht als Methode versteht; denn, wie man aus den Schriften von Derrida ersehen kann, verfährt die Dekonstruktion nicht nach einem allgemeinen, immer gleich wiederholbaren Prinzip, sondern sie setzt ihre dekonstruktiven Lektüren immer historisch und in jedem Fall ganz anders an.[7]

Es können also, wie aufgezeigt, andere Herangehensweisen an die Bereiche des Heterologischen beobachtet werden, die rückwirkend für die Soziologie eine zunehmende Bedeutung gewinnen: Die Dekonstruktion, die Phänomenologie von Emmanuel Lévinas und die genealogisch orientierte Diskursanalyse von Michel Foucault. Letztere soll nun näher betrachtet werden, um dem zweiten Grund der mangelnden Rezeption des Collège nachzugehen.

In seiner Inauguralvorlesung am 2. Dezember 1970 am *Collège de France* verwies Michel Foucault bezüglich der gesellschaftlichen Produktion von Diskursen auf Folgendes:

> »Ich setze voraus, daß in jeder Gesellschaft die Produktion des Diskurses zugleich kontrolliert, selektiert, organisiert und kanalisiert wird – und zwar durch gewisse Prozeduren, deren Aufgabe es ist, die Kräfte und die Gefahren des Diskurses zu bändigen, sein unberechenbar Ereignishaftes zu bannen, seine schwere Materialität zu umgehen.« (Foucault 1991, 10f)

Wie bestimmt Foucault diese Prozeduren der Selektion und der Kontrolle des Diskurses? Zunächst gibt es äußere Prozeduren, zu denen das Verbot, die Grenzziehung und der Gegensatz von wahr/falsch zählt.

Unter einem Verbot versteht Foucault das, was Einhalt gebietet, sei es physisch gewaltvoll oder juristisch. Verbote entstehen aber auch durch Rituale, normative Regeln oder durch gemeinschaftliche Werte- und Normengeflechte, die nach Foucault einen Zwang zum Konformismus ausüben und die Individuen den disziplinierenden Prozeduren wertekonformer Normalisierung aussetzen.

---

7   »Deconstruction as such is reducible to neither a method nor an analysis (the reduction to simple things); it goes beyond critical decision itself. That is why it is not negative, even though it has often been interpreted as such despite all sorts of warnings. For me, it always accompanies an affirmative exigency, I would even say that it never proceeds without love.« (Derrida 1995*a*, 83)

Ein anderes Prinzip der Exklusion ist nach Foucault die Grenzziehung und die Verwerfung, die vornehmlich über die Produktion einer hierarchischen Anordnung binärer Oppositionen verläuft. Ein Diskurs, der des Collège oder des Poststrukturalismus zum Beispiel, zirkuliert dann nicht in derselben Weise wie andere. Es könnte der Einwand erhoben werden, diese Grenzziehung sei an ihr Ende gelangt. Aber dies muss nicht bedeuten, dass der Diskurs die selbe Aufmerksamkeit erzielt hat – oder um mit Foucault zu sprechen: »[N]och soviel Aufmerksamkeit beweist nicht, daß die alte Grenze nicht mehr besteht.« (Foucault 1991, 13) Das Wuchern der Diskurse ist deshalb noch kein Indiz für eine grundlegende Verschiebung der Grenzen (vgl. Foucault 1977*b*).

Das dritte Ausschließungsprinzip besteht in dem Gegensatz von wahr und falsch. Auch diese Opposition operiert *in* einem binären System und *mittels* eines binären Systems. Nach Foucault ist der Gegensatz wahr/falsch durch einen Willen zur Wahrheit geprägt, der das ganze Feld des Sozialen und insbesondere die wissenschaftliche Landschaft durchzieht. Denn, »[...] stellt man die Frage nach jenem Willen zur Wahrheit, der seit Jahrhunderten unsere Diskurse durchdringt, oder fragt man allgemeiner, welche Grenzziehung unseren Willen bestimmt, so wird man vielleicht ein Ausschließungssystem (ein historisches, veränderbares, institutionell zwingendes System) sich abzeichnen sehen.« (Foucault 1991, 14) Bestimmte Argumentationen werden dann für wahr und bedeutend und andere für unbedeutend erachtet.

Eine Diskursanalyse setzt daran an, die Ensemble von Regeln freizulegen, die das Wahre vom Falschen trennen und das Wahre mit einer spezifischen Macht ausstatten. Die Frage, die sich eine Diskursanalyse unter anderem stellt, ist: Wie wird Wahrheit institutionalisiert und wie wird das Wahre mit Hilfe von Machttechniken konstituiert? Wahrheit wird beispielsweise dadurch produziert, dass alternative Denkbewegungen undenkbar gemacht werden und nicht mehr dem Bereich des Intelligiblen angehören (sollen). Die Diskursanalyse versucht demnach aufzuzeigen, wie Wissensproduktion und Wissensrezeption immer auch eine Geschichte von Verwerfungen, Ausschlüssen und Neu-Produktionen von Wissensfeldern ist: Warum wurden manche Theorien aus der *scientific community* ausgeschlossen und warum führten sie ein marginalisiertes Dasein in der wissenschaftlichen Diskursgesellschaft?

Fragt man sich ausgehend von diesen diskursanalytischen Überlegungen Foucaults, warum das *Collège de Sociologie* nicht in den deutschen soziologischen Diskurs der Moderne aufgenommen wurde, könnte es dafür aus diskursgeschichtlicher Sicht zwei Gründe geben: Der erste liegt darin, dass die deutsche Soziologie nach 1945 wie in Frankreich stark am empirisch orientierten Modell der USA ausgerichtet war. Wie Lothar Peter in einem Beitrag im »Jahrbuch für Soziologiegeschichte« dargelegt hat, verweist diese stark empirisch ausgerichtete Entwicklung auf einen diskursanalytisch zu untersuchenden Prozess (vgl. Peter 2001*b*, 54ff). Die Relevanz der empirisch orientierten Sozialwissenschaft nach 1945 war aus der Sicht Peters unter anderem auch Ausdruck eines Glaubens an eine totale sozialtechnologische wissenschaftliche Steuerbarkeit des Sozialen. Peter geht davon aus, dass in der deutschen Nachkriegssoziologie eine Konversion zur Empirie stattgefunden hat, die ein Resultat diskursiver Selektion war (vgl. Peter 2001*b*, 54ff).

Es ist anzunehmen, dass der bewusst oder unbewusst vollzogene Ausschluss des Collège in der französischen und deutschen Rezeption teilweise ein Ergebnis dieser Selektion war, weil es zum einen nicht dem positivistischen Ideal entsprach und zum anderen dieses gerade kritisierte, indem es auf die Bedeutung des »Irrationalen« hinwies. Insofern verdeutlicht das Collège eine »doppelte Verwerfung«: Einerseits wurde die Beschäftigung mit dem nicht positivistisch erfassbaren Heterologischen aus dem Diskurs ausgeschlossen und andererseits – vielleicht als Folge davon – das Collège selbst, eben weil es sich mit den heterologischen Bereichen befasste.

Wenn sich der allgemeine Trend zu einer »Ökonomisierung des Sozialen« (vgl. Bröckling, Krasmann und Lemke 2000) und die Vorherrschaft von »Handlunsgmodellen des *rationalen* und des *normativ orientierten* Handelns« (Joas 1992, 15) weiter verstärken werden, dann wird diese Verwerfung fortbestehen, weil alle Handlungstheorien, die sich *nicht* auf strategische, ideal-kommunikative, instrumentelle oder rationale Entscheidungen berufen, zunehmend aus dem sozialwissenschaftlichen Diskurs ausgeschlossen werden. Im Gegensatz dazu betont aber das Collège gerade Formen des nicht-rationalen, emotionalen, kreativen und »souveränen« Handelns. Nicht-rationale, liminale und selbstüberschreitende Handlungsformen sind nach Ansicht der Collègiens nicht nur Enklaven, in denen sich die allgemeine Rationalisierungstendenz der Modernisierung noch nicht Geltung verschafft hat (vgl. Marroquin und Seiwert 1996, 146), sondern konstitutive Bedingungen sozialer Beziehungen. Ferner lässt sich das heterologische oder »souveräne« Handeln nicht auf ein einziges soziales Subsystem beschränken, das absolut getrennt von allen gesellschaftlichen Bereichen sein eigenes Sein in der Selbstreferentialität lebt. Das Collège will vielmehr darauf aufmerksam machen, dass Formen nicht-rationalen Handelns, wie Liebe, Feste, Lachen etc., gerade aus einem selbstreferentiellen Feld ausbrechen und in einem grundlegenden Sinne konstitutiv für das Bestehen von Gesellschaft sowie für ihre Veränderung sind.

Der zweite Grund, der aus diskursgeschichtlicher Perspektive von Interesse ist, verweist auf die Frage: Wie wurden die Mitglieder und die wirkungsgeschichtlichen Nachfolger des Collège, also Bataille, aber auch beispielsweise Foucault, Derrida oder Lévinas, im bundesdeutschen soziologischen und philosophischen Diskurs wahr- und aufgenommen? Um diese Frage zu beantworten, ist ein kurzer Blick in das Buch »Der philosophische Diskurs der Moderne« von Jürgen Habermas hilfreich (vgl. Habermas 1996).

Man kann davon ausgehen, dass der Meinung von Jürgen Habermas, der unbestritten sehr wichtige Impulse und Erkenntnisse für eine Gesellschaftsanalyse und für die Philosophie liefert, eine nicht unbedeutende Rolle in der soziologischen und philosophischen Diskursproduktion zuzusprechen ist. So ist – nach Ansicht des Autors – die in Habermas' Buch entwickelte Rezeption der neueren französischen Philosophie und Sozialphilosophie für deren Bewertung in Deutschland ausschlaggebend gewesen. Habermas wirft dort Bataille, aber auch Foucault, vor, sich mit ihrer Kritik an der Vernunft in einem performativen Selbstwiderspruch zu verfangen.

Bataille »dementiert« sich selbst durch seine »eigenen Anstrengungen, die radikale Vernunftkritik mit Mitteln der Theorie durchzuführen.« (Habermas 1996, 278) Denn »[...] es gibt keine Bedingungen, unter denen sinnvollerweise eine Theorie als möglich vorgestellt werden könnte, welche über den Horizont des der Vernunft Zugänglichen hinausgreift und die Interaktion der Vernunft mit einer transzendenten Ursprungsmacht thematisiert, geschweige denn analysiert.« (Habermas 1996, 277) Von den Fragen einmal abgesehen, ob Bataille wirklich eine »transzendente Ursprungsmacht« thematisiert oder ob sich das Heterologische nach Bataille nicht vielmehr durch ein konstitutiv-relationales Verhältnis zum Homogenen strukturiert, muss man Habermas' Vorwurf sehr ernst nehmen.

Wie soll man das, was jede Rationalität überschreitet, noch rational erfassen können? Vor einem ähnlichen Problem steht nach Habermas auch Foucault (vgl. Habermas 1996, 328ff): Foucaults totale Vernunftkritik dementiere sich selbst, weil er seine eigene Theorie selbst dieser Vernunftkritik unterziehen müsste. Damit dieser Einspruch jedoch geltend gemacht werden kann, muss Foucault oder Bataille zunächst unterstellt werden, dass sie den gleichen Vernunftbegriff wie Habermas haben. Aber wie insbesondere Foucaults Werk ersichtlich macht, geht es ihm nicht um eine Kritik *der* Vernunft, sondern um die Erforschung von *verschiedenen* Rationalitätsformen:

> »Man kann jedenfalls nicht sagen, es handele sich bei Foucaults Werk um eine Kritik, die sich so verstünde, daß *die* Vernunft durch sich selbst oder ein ihr Äußeres kritisiert würde. Sondern die Situation ist angemessener so zu beschreiben, daß spezifische Formen von Rationalität Gegenstand von Kritik mittels *anderer Standards* von Rationalität sind. Und diese definieren sich vor allem durch den Standpunkt, von dem aus das Kritisierte wahrgenommen wird. Insofern hat Foucault sein Projekt zu Recht eine ›rationale Kritik der Rationalität‹ genannt.« (Schäfer 1995, 128)

Foucault kritisiert also nicht *die* Vernunft mittels *der* Vernunft, sondern er untersucht – ähnlich wie Max Weber – die »Geschichte der Denksysteme« (wie auch sein Lehrstuhl am *Collège de France* hieß):

> »Sollen wir den Typ von Rationalität untersuchen, der unseren modernen Kultur zu eigen scheint und der in der *Aufklärung* gründet? Das war wohl der Ansatz einiger Mitglieder der Frankfurter Schule. Ich habe indes nicht vor, eine Diskussion ihrer Werke zu beginnen, so wichtig und wertvoll sie auch sind. Vielmehr will ich ein anderes Untersuchungsverfahren für die Beziehungen zwischen Rationalisierung und Macht vorschlagen. Vielleicht täten wir gut daran, die Rationalisierung der Gesellschaft nicht global zu betrachten, sondern den Vorgang in verschiedenen Bereichen zu analysieren, deren jeder auf eine grundlegende Erfahrung verweist: Wahnsinn, Krankheit, Tod, Verbrechen, Sexualität usw.« (Foucault 1987, 244f)

Insofern begibt sich Foucault nicht in einen performativen Selbstwiderspruch. Hinsichtlich des Arguments des performativen Widerspruchs bemerkt Alexander Garcia Düttmann: »Damit der performative Widerspruch sich als ein Widerspruch konstituiert und der Begriff eines ›performativen Widerspruchs‹ entstehen kann, muß eine gewisse Gleichartigkeit zwischen den ›Strukturen der Äußerung‹ bestehen, die sich widersprechen sollen – zwischen dem theoretischen Wissen, auf das ein Argument zielt, und der performativen Dimension der Argumentation.«(García Düttmann 1999, 66f) Doch diese Gleichartigkeit zwischen den Strukturen der Äußerung ist nur gegeben, wenn man stabile, ideale und geschlossene (Kommunikations-)Strukturen voraussetzt. Jede Verständigung birgt in sich die Möglichkeit eines Versagens, weil kein Kontext jemals geschlossen ist und somit keine Bedeutung jemals stabil ist – auch in der idealen, rationalen Kommunikation gibt es somit eine Logik des Zerfalls.

Und was sagt Habermas zu Derrida und Lévinas? Habermas erschwerte mit seiner Lektüre einen diskursiven Austausch in der Soziologie und der Philosophie über Derrida und Lévinas, weil er deren diskursive Legitimität unterlaufen wollte: Wenn Habermas beispielsweise behauptet, »daß Derrida, trotz aller Dementis, der jüdischen Mystik nahebleibt« und »Politik und Zeitgeschichte ins Ontisch-Vordergründige ab-[schiebt], um sich desto ungebundener und assoziationsreicher im Ontologisch-Urschriftlichen tummeln zu können« (Habermas 1996, 214), lässt dies eher auf eine diskursmächtige Verwerfung schließen, als auf eine ernsthafte Auseinandersetzung mit und eine tiefgründige Lektüre von Derrida. Denn erstens leugnet Derrida weder sein – durch Nähe und Distanz – geprägtes Verhältnis zum Judentum noch schiebt Derrida Politik und Zeitgeschichte ab und ferner bestimmt er »das Urschriftliche« *nicht* ontologisch (vgl. dazu Derrida 1998). Es stellt sich nach Habermas' Text folgende Frage: »Gibt es einen schwerwiegenderen ›performativen Widerspruch‹ als den, der darin besteht, vorgeblich rational die Thesen des anderen zu erörtern, ohne die geringste Anstrengung zu unternehmen, sie zur Kenntnis zu nehmen, sie zu lesen oder zu hören?« (Derrida 2001*b*, 259)

Avital Ronell sieht in den Äußerungen Habermas' deshalb auch vielmehr eine spezifische und historische Bildung eines »Widerstreits«: »Die verdächtige Aufspaltung zwischen Hellenismus und Judaismus läßt […] auf einen Akt der Delegitimierung gegenüber derjenigen Partei schließen, die – welche Überraschung? – als jüdisch identifiziert wurde.« (Ronell 1997, 59) Und sie fragt sich, ob Habermas mit seinem Hinweis, dass Derrida ein jüdischer Mystiker sei, nicht die Dekonstruktion als legitimes philosophisches Unternehmen disqualifizieren will (vgl. Ronell 1997, 59). Schließlich macht Ronell noch auf die Metphernwahl Habermas' aufmerksam: »Man beachte auch die Müll-Metaphern, mit denen Habermas die Dekonstruktion beleidigt […].« (Ronell 1997, 59) Die Textstelle, auf die sich Ronell bei Habermas bezieht, lautet: »Die Arbeit der Dekonstruktion läßt die Schutthalde der Interpretationen, die sie abtragen will, um die verschütteten Fundamente freizulegen, immer weiter anwachsen.« (Habermas 1996, 216) Ronell bemerkt dazu: »Über die Indezenz dieser Metphernwahl hinaus ergibt diese Aussage wenig Sinn.« (Ronell 1997, 59)[8]

---

8   Die Entgegnungen Derridas gegen Habermas' »Lektüre« finden sich u. a. in Derrida (2001*b*, 256ff). In einem Interview sagt Derrida: »Ich bin nicht nur persönlich nicht mystisch, sondern ich bezweifle, dass irgend etwas, was ich schreibe, auch nur die geringste Spur von Mystizismus hat. Insofern gibt es viele Mißverständnisse nicht nur zwischen Habermas und mir, sondern auch zwischen vielen deutschen Lesern und mir, soweit ich das übersehen kann. Das liegt teilweise daran, daß die deutschen Philosophen meine Texte nicht direkt lesen, sondern sich auf sekundäre, oft amerikanische Interpretationen beziehen. Wenn Habermas zum Beispiel von meinem judaisierenden Mystizismus spricht, bezieht er sich auf ein Buch von Susan Handel-

Habermas' Art und Weise der Auseinandersetzung mit Derrida (und nebenbei mit Lévinas, (vgl. Habermas 1996, 215ff)) in den achtziger Jahren kappte die kommunikativen Verbindungskabel und behinderte eine ernsthafte Rezeption.[9] Habermas war aber nicht der Einzige, der vor dem französischen Denken warnte. Im Vergleich mit anderen Positionen war die Kritik von Habermas noch harmlos und genügte wenigstens intellektuellen Ansprüchen. Vielfach wurde aber in deutschen Feuilletons auf polemische und hasserfüllte Weise das Denken von Bataille, Derrida und anderen Poststrukturalisten als »Franzosenkrankheit«, als »Gefasel der Gegenaufklärung« oder als »faschistoid« gebrandmarkt (vgl. Neumeister 2000, 14f).

Im Grunde genommen bekräftigte Habermas durch seine Argumentation das, was das *Collège de Sociologie* zum Ausgangspunkt seiner Forschung genommen hatte: Immer wenn etwas entweder abgewertet, strikt geleugnet oder diskursiv ausgeschlossen wird, wird es etwas Heterologisches geben. Vielleicht ist das Collège mit seiner Theorie der Überschreitung und seiner Heterologie aus diesem Grunde wieder aktuell und vielleicht können seine Theorien und deren Wirkungen darüber hinaus auch die Sicht auf andere Kommunikationsformen eröffnen. Dies wird die Zukunft zeigen.[10]

---

man, das in meinen Augen zweifellos interessant ist, aber sehr problematisch hinsichtlich der Behauptung, ich sei ein verlorener Sohn des Judaismus.« (Derrida 1986*a*, 74).

9 In den letzten Jahren und vor dem Tod Derridas 2004 kam es jedoch immer mehr zu einer Annäherung zwischen Habermas und Derrida, die übrigens gerade im Denken des Politischen stattfindet. Vgl. dazu beispielsweise den Band »Philosophie in Zeiten des Terrors« (Derrida und Habermas 2004).

10 Allerdings nur, wenn es sich um eine nicht-teleologische Zukunft handelt; eine, die die Beziehung zum Anderen ermöglicht und – entgegen einem »Ende der Geschichte« – die Zukunft offen hält, so dass eine Zukunft im Kommen bleibt: »Die Bedingung, damit das Zukünftige zu kommen bleibt, ist nicht nur, daß es nicht bekannt, sondern daß es *als solches nicht wißbar* ist. Seine Bestimmung dürfte nicht mehr der Ordnung des Wissens oder einem Horizont von Vorwissen unterliegen, sondern einem Kommen oder einem Ereignis, das man in einer Erfahrung kommen *läßt* oder zu kommen veranlaßt [...], die jeder Feststellung wie jedem Erwartungshorizont als solchem heterogen ist: das heißt jedem stabilisierbaren Theorem als solchem.« (Derrida 1997*a*, 130)

7 Schlussbemerkung

>»Die ich rief, die Geister werd ich nun nicht los.«
>Johann Wolfgang von Goethe, Der Zauberlehrling

Das *Collège de Sociologie* versuchte mit Hilfe des wissenschaftlichen Interesses für gewöhnlich eher fern liegende Phänomene und Kategorien (wie das »Sakrale« oder die »Mythen«) eine umfassende Darstellung des modernen gesellschaftlichen Zusammenlebens zu liefern und die transgressiven Momente des Sozialen zu erforschen. Darin folgte es einem Diktum von Marcel Mauss, nach dem es einen größtmöglichen Katalog von Kategorien anzulegen gelte, »von denen man nur wissen kann, daß die Menschen sich ihrer bedient haben. Man wird dann sehen, daß es sehr wohl noch tote oder trübe oder dunkle Monde am Firmament der Vernunft gibt.« (Mauss 1989*c*, 173) Dass die »Zauberlehrlinge des *Collège de Sociologie*« – so eine Bezeichnung von Alexandre Kojève – mit ihren Ideen nicht in einem luftleeren Raum schwebten, verdeutlichte die wissenschaftsgeschichtliche Kontextualisierung des Collège. Themen wie der Mythos oder die nicht nur in der Soziologie, sondern auch in der Physik theoretisierte Wechselwirkung zwischen Anziehung und Abstoßung, Attraktion und Repulsion gaben den Collègiens entscheidende Impulse für ihre Untersuchungen.

Obgleich die Forschungsausrichtungen und Untersuchungen des Collège von der Durkheim-Schule geprägt waren, richtete es sich dennoch gegen die offizielle und institutionalisierte Soziologie der Zwischenkriegszeit: Eine Distanz ergab sich schon deshalb, weil das Collège seine Zusammenkünfte außerhalb der universitären Institutionen veranstaltete. Ferner erschienen die Publikationen der Collègiens auch nicht in wissenschaftlichen Fachzeitschriften, sondern hauptsächlich in der literarisch orientierten »Nouvelle Revue Française«. Die Collègiens kooperierten weder mit Vertretern der akademischen französischen Soziologie noch waren diese ihrerseits am Collège interessiert – Mauss beispielsweise stand den Bestrebungen des Collège kritisch gegenüber. Diese Außenseiterrolle innerhalb des soziologischen Feldes war beabsichtigt: die Collègiens wollten eine »Contre-Sociologie« etablieren (vgl. Lourau 1977, 247ff).

Welche Besonderheiten zeichnet die »Contre-Sociologie« des Collège aus? Die Soziologie-Konzeption des Collège beinhaltet folgende Charakteristika: Es teilte mit Durkheim mehrere Grundannahmen der französischen Soziologie wie etwa die Thesen, die Gesellschaft sei mehr als die Summe ihrer Teile und sie stelle eine Realität *sui generis* dar. In der besonderen Betonung des Sakralen durch die Durkheim-Schule sah man eine weitere Gemeinsamkeit. In Anlehnung an Durkheim und seine Schüler bestimmten die Collègiens das Sakrale als da*s* konstitutive Element von Vergesellschaftungsformen. Ihre soziologische Ausrichtung bezeichneten die Mitglieder des Collège als »Sakralsoziologie«, das heißt, im Mittelpunkt ihrer Analysen stand das Sakrale (mit seinen rauschhaften Festen, Imaginationen und sakralen Orten, Dingen, Plätzen etc.), von dem unterschiedliche soziale Beziehungsformen ausgehen. Das Ziel der gesamten Unternehmung bestand nicht darin, sich in der Untersuchung des Sakralen auf religiöse Institutionen oder Phänomene zu beschränken, die Sakralsoziologie sollte sich vielmehr allen, durch das Sakrale ausgelösten sozialen Formen und Inhalten in der Gesellschaft widmen.

Die Sakralsoziologie des Collège untersuchte ausgehend von den Studien Durkheims und Hertz' die Ambiguität des Sakralen und ihre Auswirkung auf das Soziale: Die linke und die rechte Seite des Sakralen sind nach Ansicht des Collège dynamisch; das Sakrale ist anziehend und abstoßend oder in den Worten von Rudolf Otto: *fascinans et tremendum*. Je nach gesellschaftlicher Struktur und den kollektiven Vorstellungen kann es soziale Bindungen schaffen oder soziale Bindungen zerstören. In »homogenen«, bürgerlich-kapitalistischen Gesellschaften, so Bataille, wirke es antisozial, strukturschwächend oder gar antistrukturell, es könne aber auch auf subversive Weise ephemere Gemeinschaften und damit neue Sozialverbände konstituieren.

Um den unterschiedlichen Formen des sozialen Lebens, der Gemeinschaften und deren sakralen Kernen nachzugehen, verbündete man sich – und das ist ein weiteres Kennzeichen der Soziologie des Collège – mit anderen Disziplinen. Das Collège war ein Ort fächerübergreifender Debatten. Nicht nur die für die französische Soziologie typische enge Beziehung zwischen Soziologie und Ethnologie bewirkte eine interdisziplinäre Ausrichtung der Zusammenkünfte und Vorträge des Collège, hinzu kamen noch philosophische, religionswissenschaftliche oder sprachwissenschaftliche Untersuchungen, die mit der Sakralsoziologie verknüpft wurden. Lévi-Strauss sieht in dieser Überschneidung unterschiedlicher Disziplinen auch das besondere Merkmal des Collège (vgl. Lévi-Strauss 1971, 507f). Die Sakralsoziologie stand an der Schnittstelle zwischen einer Rezeption theoretischer (soziologischer, ethnologischer, philosophischer und religionswissenschaftlicher) und surrealistisch-autobiographischer Werke; man könnte die spezifische Art von Soziologie des Collège aufgrund dieser Multidisziplinarität im Anschluss an Batailles Begrifflichkeit auch als »allgemeine Soziologie« bezeichnen. Den Knotenpunkt unterschiedlicher Disziplinen repräsentierte am deutlichsten Michel Leiris, als Schüler von Mauss darauf bedacht, das Mauss'sche Werk und dessen Soziologie der gesellschaftlichen Totalphänomene nicht zu verraten, und zugleich autobiographischer Schriftsteller, der am Collège über *sein* persönliches Sakrales berichtet.

Die propagierte Engführung zwischen Wissenschaft und subjektiv erlebter Erfahrung ist ein weiteres Merkmal der Soziologie des Collège. Hier liegt auch der Grund für die Kritik an Durkheim. Dieser sei in seinen »Regeln der soziologischen Methode« einem starren Szientismus verhaftet geblieben, der jegliche gelebte Erfahrung ausschließe. *Leben* könne aber ebenso wie wissenschaftliche Analyse zu neuen Erkenntnissen verhelfen. Diese Sichtweise von Wissenschaft verband sich mit der gewollt politischen Ausrichtung der Soziologie. Diese sollte aus ihrer »szientistischen Erstarrung« befreit und wieder zu einer politisch-moralisch engagierten Wissenschaft ausgebaut werden. Das angestrebte Ziel war es, die unterschiedlichen kulturellen Praktiken und Imaginationen fremder Völker in die eigene Kultur und Gesellschaft hereinholen und sie dort zu neuem Leben zu erwecken. Die Hybridisierung des kulturellen Unterschieds zwischen fremder und eigener Kultur sollte die krisengeschüttelte und atomisierte Gesellschaft Frankreichs in der Zwischenkriegszeit mit Hilfe vergemeinschaftender Praktiken »kollektiver Efferveszenz«, wie sie die Durkheim-Schule in unterschiedlichen archaischen Kulturen und Gesellschaften erforscht hatte, radikal verändern. Das Collège wollte sich der bürgerlich-kapitalistischen Gesellschaft und Kultur widersetzen und im Unterschied dazu eine antibürgerliche Konzeption des Sozialen konstituieren. Besonders verhasst waren den Collègiens die einseitige Orientierung der bürgerlichen Gesellschaft auf die Sphären der Produktion, die Werte der Nützlichkeit und der bürgerliche Individualismus.[1]

Die antibürgerliche Haltung der Mitglieder des Collège, die jedoch fast auschließlich aus bürgerlichen Elternhäusern stammten, schlug sich auch in ihrem Soziologiebegriff nieder. Die kritisierte Beschränkung der Durkheim-Schule auf die archaischen Gesellschaften fassten sie als bewusst bürgerliche Distanzierung vom »eigentlichen« Leben auf; die Sorbonne konfrontierte sich ihrer Meinung nach nicht wirklich mit den Primitiven, sondern untersuchte sie auf Distanz. Anders gesagt: Die Distanz zum Forschungsgegenstand, die in der institutionell verankerten Soziologie zum methodischen Postulat erhoben wurde, und die damit einhergehende Neutralisierung und Negation subjektiven Erlebens der Sozialwelt wurde als besonderes Kennzeichen einer verhassten bürgerlichen Wissenschaft sowie eines bürgerlichen Diskurses über die Sozialwelt insgesamt angesehen.[2] Das *Collège de Sociologie* propagierte stattdessen eine Aufhebung – im Hegelschen Sinne – von Wissenschaft in Lebenspraxis, so dass wissenschaftliche oder soziologische Analyse und alltäglich erlebte Erfahrung keine getrennten Sphären mehr bilden. Die Soziologie des Collège verfolgte den selbst gestellten Anspruch, sich weit mehr als die Durkheim-Schule mit den »primitiven« Imaginationen, sakralen Handlungen und Objekten in der so genannten zivilisierten modernen Gesellschaft zu beschäftigen und die aktive Präsenz des archaischen Sakralen entweder zu bezeugen oder erneut freizusetzen.

Die Collègiens verwendeten in ihren Untersuchungen keine der bis dahin in den Sozialwissenschaften üblichen Methoden. Vielfach beherrschte Ende der dreißiger Jahre der Positivismus das wissenschaftliche Feld in Frankreich; es wurde die weit verbreitete Ansicht vertreten, man müsse seinem Gegenstand gegenüber neutral sein und mit objektivierender Distanz gegenübertreten. Am Collége jedoch wurde der Forschungsgegenstand des Sakralen selbst zu einem Wert erhoben und war niemals nur reines Forschungsobjekt oder einem methodischen Zweifel unterzogen. Das Collège folgte somit keinem, gegenwärtig in Frankreich von Claude Grignon wieder stark

---

1   Zur Geschichte und Entwicklung des Bürgertums sowie zur »Krisis des bürgerlichen Menschen« siehe Martin (1965, 125 – 165). Zum »Aufstand gegen den Bürger. Antibürgerliches Denken im 20. Jahrhundert« vgl. den gleichnamigen Band von Meuter und Otten (1999). Dass der »Gemeinschaftskult« (Plessner) nicht nur in Frankreich in der Zwischenkriegszeit seine Hochblüte hatte, sondern ein mit Deutschland geteiltes, wenn auch anders ausformuliertes Thema in der Zwischenkriegszeit war, zeigt Winfried Gebhardt (1999) anhand unterschiedlicher »Gemeinschaftsradikalismen« in der Weimarer Republik.

2   Nach Pierre Bourdieu besteht der bürgerliche Diskurs über die Sozialwelt aus Neutralisierung und Distanzierung (vgl. Bourdieu 1982, 87), er charakterisiert das Fundament der bürgerlichen Welt-Erfahrung ebenfalls durch jene Distanz zur Welt (vgl. Bourdieu 1982, 101).

propagierten und an Max Weber angelehnten Konzept von Soziologie, das auf empirische Überprüfbarkeit, Unabhängigkeit der Ergebnisse vom normativen Kontext ihrer Gegenstände oder auf der Distanz gegenüber den persönlichen Wertorientierungen der Forschenden beruht. Die Erfahrungen sollten vielmehr am eigenen Leib gemacht werden; die meisten Collègiens suchten nach neuen Erlebnissen wie mystischen oder ekstatischen Erfahrungen. Hierbei standen sie jedoch in einem Gegensatz zu Marcel Mauss, der mystische und ekstatische Empfindungen viel mehr als eine Verarmung denn als eine Bereicherung der Erfahrung verstand (vgl. Joas 1997, 102). Mauss behielt den Begriff der Erfahrung stattdessen vor allem »wohlgeordneten und realitätsbezogenen Prozessen« (Joas 1997, 102) vor. Mauss kritisierte am Collège dessen Aufwertung des Sakralen zu einem alleinigen Erklärungsprinzip des Sozialen. Das mythische Denken wertet Mauss hingegen nur dann auf, »soweit es in entfernten Räumen und Zeiten sich manifestiert.« (Keller 2004*b*, 12) In modernen Gesellschaften erscheint es ihm gefährlich, destruktiv und unheilvoll. An Batailles Gabe-Theorie war er nicht interessiert, die Generation seiner Schüler wollte er vor den Fallen des Irrationalismus bewahren. »As a militant in the ›vieille maison‹ in which Blum's Socialists had remained when the Communists split off in 1921 and a convinced Jaurèsian socialist, Mauss saw himself as working for more just society, remaining persuaded that the best way of doing so was to promote the necessary and inevitable progress of reason. In the troubled inter-war years, many scholars of his generation experienced a cruel denial of all they had believed in.« (Marcel 2003, 149)

Die Soziologie des Collège und die Soziologie von Marcel Mauss klafften aus methodischer Sicht weit auseinander; in ihrer thematischen Ausrichtung aber waren die Gegensätze trotz des »unerbittlichen Rationalismus« (vgl. Marcel 2003, 142) von Mauss gering: »Entre l'einseignement du maître [Mauss, S.M.] et les conférences dispensées au Collège, la parenté du thématiques est frappante: les uns et les autres se préoccupent de sacré, de pouvoir, de chamanisme, de sociétés secrètes.« (Fournier 1997, 51)

Mauss nahm die Art, wie man am Collège Soziologie und Ethnologie betrieb, nicht sehr ernst. Die von den Collègiens propagierten Gegensätze zur »offiziellen Soziologie« und die damit einhergehenden Distinktionsbemühungen betrafen aber nicht in erster Linie Mauss, sie dienten vor allem der Selbstdefinition der Gruppe und ihrem nonkonformistischen Profil.

Sowohl das *Collège de Sociologie* als auch Mauss erhofften sich von ihren Analysen des »primitiven« Sakralen bzw. des »primitiven« Gabentauschs konkrete politische Umsetzungen für die moderne Gesellschaft. Ihre Strategien unterschieden sich jedoch radikal. Mauss wollte weder von einer Wiederbelebung der Mythen noch von Strategien kollektiver Efferveszenz etwas wissen. Er verfolgte vielmehr eine rationale *Konzeption von Politik als erzieherische Praxis* (vgl. Chiozzi 1983, 658).[3] Die Politik ist

---

3   Die politischen Schriften von Mauss (1997) sind leider noch nicht ausführlich bearbeitet und
     interpretiert worden. Hier gilt es einiges nachzuholen. Die wenigen verfügbaren und erwähnenswerten Arbeiten sind die Einleitung in seine politischen Schriften von Marcel Fournier
     (1997), »Marcel Mauss: Eine anthropologische Interpretation des Sozialismus« von Paolo

nach Mauss eine rationale Aktion, da »ihr jede Form von Spontaneismus und Improvisation widerstrebt, wie sie auch mystische und dogmatische Formen vermeidet, sondern sich von einer wissenschaftlichen Erklärung der Fakten leiten läßt.« (Chiozzi 1983, 660) Die politische Einstellung von Mauss war geprägt durch seinen Freund Jean Jaurès, sein Ziel sah er in einem reformerischen Sozialismus. Mauss selbst begriff sich als eine Art Organisator und Erzieher, der politische Aktivität als pädagogische Verpflichtung lebt. Die Soziologie kann seiner Ansicht nach die Menschen zwar nicht glücklich machen, aber sie sei das wichtigste Mittel, um die Gesellschaft zu erziehen (»la sociologie n'est que le moyen principal d'éducation de la société« (Mauss 1969, 245)).[4] Dennoch gehörte – analog zu Max Weber – auch für Mauss die konkrete Politik nicht in den Hörsaal.

Während die Collègiens sich für die von Durkheim analysierten Prozesse der Erfahrung des Selbstverlusts in der kollektiven Ekstase (vgl. Durkheim 1981, 300)[5] begeisterten und sein wissenschaftliches sowie politisches Interesse an einer Konstituierung kollektiver Bindungen teilten, so tendierten sie weit mehr als Durkheim dazu, die regenerativen Prozesse der *heterologischen Überschreitung von Ordnung* und die *Einbrüche des Sakralen in der Alltagswelt* zu fokussieren (vgl. Clifford 1988a, 141).

Es ging insgesamt darum, die Soziologie der modernen Gesellschaft auf die in archaischen Gesellschaften zu findenden sakralen und dionysischen Bereiche des sozialen Lebens hin zu öffnen und diese nicht als bloße Anomalien des Sozialen oder als eigentümliche Praktiken anderer Kulturen zu begreifen. Das Collège strebte die Analyse und Bildung von Ich- und Verbotsgrenzen überschreitenden, antistrukturellen Gemeinschaften an, wie sie Ende der sechziger Jahre der Soziologe und Ethnologe Victor Turner mit dem Begriff der »communitas« bezeichnete: »Communitas«, schreibt Turner, »gilt beinahe überall in der Welt als sakral oder ›heilig‹, vielleicht weil sie die Normen, die strukturierte und institutionalisierte Beziehungen leiten, überschreitet oder aufhebt und von der Erfahrung beispielloser Kraft geleitet ist.« (Turner 2000, 125) Ähnlich wie für das Collège und besonders für Bataille in seiner Theorie der homogenen und heterologen Gesellschaftsstruktur ist für Turner das Soziale dynamisch. Im Anschluss an die Untersuchungen zu rituellen Schwellenübergängen (rites

---

Chiozzi (1983), »Avertissement d'un sociologue à son public« von Henri Desroche (1978) und »Marcel Mauss: ›Citoyen‹ et ›Camerade‹. Ses incursions écrites dans le domaine du normatif« (Desroche 1979), »Du socialisme du don« von Pierre Birnbaum (1972) und »Entre l'ethnocentrisme et le marxisme« von Terrail (1972).

4   Im Übrigen lässt sich Mauss' Begriff des sozialen Totalphänomens zuerst in einer seiner politischen Schriften entdecken: In seiner ersten politischen Arbeit vom Oktober 1899 »L'Action socialiste«, die vom Titel her an Jaurès' im Juli 1899 geprägten Begriff der »L'action socialiste complète« erinnert (vgl. Chiozzi 1983, 660, 676).

5   Durkheim schreibt in »Die elementaren Formen des religiösen Lebens«: »Man kann sich leicht vorstellen, daß sich der Mensch bei dieser Erregung nicht mehr kennt. Er fühlt sich beherrscht und hingerissen von einer Art äußeren Macht, die ihn zwingt, anders als gewöhnlich zu denken und zu handeln. Ganz natürlich hat er das Gefühl, nicht mehr er selbst zu sein. Die Verkleidungen, die Masken, mit denen er sein Gesicht verdeckt, drücken wirklich diese innere Verwandlung aus, mehr noch: sie tragen dazu bei, sie hervorzurufen.« (Durkheim 1981, 300)

de passage) von Arnold van Gennep geht Turner von zwei Modellen des Sozialen aus: *societas* und *communitas*. Während das erste Modell »Gesellschaft als strukturiertes, differenziertes und oft hierarchisch gegliedertes System politischer, rechtlicher und wirtschaftlicher Positionen mit vielen Arten der Bewertung« (Turner 2000, 96) darstellt, so ist *communitas* die Gemeinschaftsform im Moment der Schwellenphase, das heißt in Übergangssituationen. Beispiele sind Initiationsgemeinschaften, »Neo-Stämme« (Maffesoli), aber auch Gemeinschaftsbildungen in sozialen Umbrüchen moderner Gesellschaften (wie etwa 1968). In dieser Phase ist die Gesellschaft eine »unstrukturierte oder rudimentär strukturierte und relativ undifferenzierte Gemeinschaft« (Turner 2000, 96). Jeder Mensch, so Turner, werde ebenso abwechselnd mit der Dynamik von *societas* und *communitas*, Struktur und Anti-Struktur konfrontiert. Im Gegensatz zum Collège und zu Bataille geht Turner jedoch nicht von einer reinen Verschmelzung und kollektiven Ekstase im Rahmen der *communitas* aus, ebenso wenig teilt das Collège die funktionalistische Perspektive Turners, der *communitas* hinsichtlich ihrer gesellschaftlichen Stabilisierung und sozialstrukturellen Funktionalität betrachtet (vgl. Wiechens 1995, 65).[6]

Folgt man der Begrifflichkeit von Hans Joas, so könnte man sagen, das *Collège de Sociologie* befasste sich im Rahmen seiner Sakralsoziologie mit dem Phänomen »primärer Sozialität« (Joas 1992, 270–285). Unter »primärer Sozialität« fasst Joas – explizit gerichtet gegen die Annahme eines autonomen, eigeninteressierten Individuums als Ausgangspunkt der Sozialtheorie – die Erfahrung der Liminalität und Selbstüberschreitung, die

> »nicht ein primitives oder irrationales Randphänomen der Sozialität [ist], sondern die konstitutive Voraussetzung für jede affektgeladene soziale Bindung an andere Individuen, an Kollektive oder Werte. Durkheim sieht die Entstehung des ›Heiligen‹ als dieses der Reflexion entzogenen Kerns sozialer Bindungen keineswegs auf primitive Kulturen oder die Zeiten revolutionärer Gärungen beschränkt, sondern als ständigen Prozeß. [...] In der zeitweisen Auflösung seiner symbolischen und sozialen Strukturen zergeht das Kollektiv nicht im Nichts, sondern erfährt, daß es immer über das in den eigenen Strukturen Enthaltene hinausreicht.« (Joas 1992, 284f)

Die »Verausgabung« und der Akt der Selbstentgrenzung offenbaren nach Ansicht des Collège den sakralen Charakter des Menschen und der sozialen Beziehungen. Die menschlichen Handlungen lassen sich nicht gänzlich mit »Modellen des rationalen und des normativ orientierten Handelns – der teleologische Charakter des menschlichen Handelns, die Körperkontrolle des Akteurs, die autonome Individualität des Handelnden« (Joas 1992, 16) erklären. Ebenso wie das Collège hebt Joas die Bedeutung der sakralen und dionysischen Selbstentgrenzungen für eine soziologische Handlungstheorie hervor:

---

6   Vgl. zum Folgenden auch Hermann (1998).

»Zwecksetzungen, Körperkontrolle und Subjektgrenzenbildungen sind eben nicht alltägliche Selbstverständlichkeiten. Eine Handlungstheorie, die sich des vorrausetzungsreichen Charakters dieser Annahmen bewußt ist, muß den ›dionysischen‹ Grund aller Rationalität und Sozialität hinuntertauchen. Sie kann dafür belohnt werden mit einem Verständnis gegenwärtiger Strukturen individuellen und kollektiven Handelns, das auf dem kurzen Wege der direkten Anknüpfung an die etablierte Auffassung rationalen Handelns nicht erreichbar ist.« (Joas 1992, 285)

Die Annahme einer antistrukturellen Gemeinschaft, die Propagierung der Erfahrungen des Selbstverlusts, die Berücksichtigung strukturüberschreitender Momente und die Kritik am Utilitarismus des *Collège de Sociologie* weisen eine eigentümliche Mischung aus Nietzsches kulturkritischem Diskurs der Selbstentgrenzung (vgl. Joas 1992, 280) und Durkheims Diskurs der Revitalisierung kollektiver Kräfte auf; eine Mischung, die sich später insbesondere in der Soziologie von Maffesoli wiederfinden lässt. Wegen seiner Analyse strukturüberschreitender bzw. heterologischer Momente kann die Soziologie des Collège darüber hinaus auch als ein Vorläufer einer poststrukturalistischen Sozialwissenschaft begriffen werden (vgl. hierzu Moebius 2003*b*, 386ff). Im Diskurs der französischen Soziologie wird das *Collège de Sociologie* im Rahmen der »interpretativen Soziologie« (Tacussel 2000, 121) behandelt. Es gilt als erster Ausdruck einer »Soziologie des Imaginären« und des Alltäglichen, eine soziologische Richtung, deren Vertreter neben dem Collège vor allem Baudrillard, Gilbert Durand, Jean Duvignaud, Maffesoli und Edgar Morin sind.[7]

Die Leidenschaftlichkeit, mit der das Collège seine Studien und Sitzungen betrieb, schlug sich auch in seinem politischen Anspruch nieder. Bei den Gruppierungen, die dem Collège vorangingen, wie etwa dem »Cercle communiste démocratique« oder »Contre-Attaque« versammelten sich linke, antifaschistische Intellektuelle. »Les anés précédant et accompagnant la création du Collège sont marquées par la réunion des intellectuels anti-fascistes dans des associations nationales et internationales, ainsi que dans des organs comme la revue *Commune* (Aragon). De ce point de vue, l'orientation du Collège de sociologie sera marquée par cette solidarité de luttes, même si la distanciation à l'égard du marxisme est de règle pour ces critiques ›radicaux‹ que sont les membres du Collège de sociologie.« (Lourau 1977, 252) Die modernen Individualisierungstendenzen wurden vom Collège als ein zentraler Motor für den Zerfall der Gesellschaft und ihre Anfälligkeit für den Faschismus angesehen. Aus diesem Grund wollte es neue moralische und selbst gewählte Gemeinschaften induzieren, die eine Gegenmacht zur faschistischen Erregung (Efferveszenz) der Massen liefern sollten. Die Parole lautete: Den Faschismus mit seinen eigenen Waffen schlagen und die Menschen mit Hilfe von Mythen und sakralisierenden Gemeinschaftsformen (Festen, Orden, Bünde etc.) wieder verbinden.

---

7   Zu Edgar Morin vgl. meinen Beitrag »Bio-Anthropo-Soziologie: Edgar Morin« (Moebius 2004*a*). Ferner siehe meinen Beitrag »Postmoderne Theoretiker der französischen Soziologie« (Moebius 2005*c*) in »Neoklassische Theoretiker der Soziologie« von Dirk Kaesler (2005).

Die Strategie, mit den Kräften des Faschismus zu spielen, war ebenso undurchdacht wie gefährlich. Sie reichte in intellektueller Hinsicht jedenfalls nicht an die bereits 1933/1934 verfassten Ergebnisse der Studie über »Die psychologische Struktur des Faschismus« von Bataille heran. Nach Mayer schien Bataille in dieser Studie erkannt zu haben, dass man den Faschismus mit einer »homogenen Wissenschaft« nicht erfassen könne: »Man mußte das Denken entgrenzen, um die Entgrenzungen, die folgen würden, vom tradierten Handbeil bis zur perfektionierten Gaskammer, begreifbar zu machen. Folglich gehörte das sogenannte ›obszöne Werk‹ des Erzählers Georges Bataille, das ›heterogene‹ Vorgänge in klassischer Prosa vortrug und nur eine Grenze nicht überschritt, nämlich zur Zote, ebenso zur Totalität seines Fragens, wie die Arbeit am Collège.« (Mayer 1988, 242)

Allerdings bleibt hinsichtlich der Gemeinschaftsauffassung des Collège eine Frage offen, auf die Leiris kurz vor der Auflösung aufmerksam machte (vgl. dazu Hermann 1998, 60f): Kann man einen Orden gründen, um davon ausgehend eine Religion zu schaffen, oder ist es nicht eher umgekehrt? »Die Orden werden nicht gegründet, um dann anschließend eine Religion aus ihnen hervorgehen zu lassen, sie entstehen vielmehr erst im Rahmen einer gegebenen Religion«, so die Kritik von Leiris (1979c, 241). Anders gefragt: Ist es nicht ein Widerspruch in sich, spontane Vergemeinschaftung bewusst herstellen zu wollen? Wie bildet sich aus einer *gewählten*, also bewusst angestrebten Gemeinschaft (sei es eine Geheimgesellschaft, ein Orden oder ein Collège) eine nicht-rationale, unbewusst motivierte und affektgeladene »vergemeinschaftende Bewegung« und die Gesellschaft umstürzende kollektive Erregung?

Es ging den Collège-Mitgliedern nicht nur um eine riskante, immer der Gefahr des Abdriftens ausgesetzte und völlig undurchdachte Strategie, mythologische Kräfte und unkontrollierbare Massenerregungen gegen den Faschismus aufzubieten. Die Collègiens wiesen besonders auch die bürgerliche Gesellschaft und insbesondere deren Werte wie Arbeit, Produktivität, Rationalismus, Individualismus und Utilitarismus strikt zurück, da diese Werte erst den Boden sowohl für den Ersten Weltkrieg als auch den vor der Tür stehenden Faschismus sowie den Niedergang gemeinschaftlicher Bindungen vorbereitet hätten. Anstatt das Ganze der Gesellschaft aus der Perspektive der Stabilität und Ordnung zu betrachten, dachte sie das Collège von ihren Gefährdungen – zerstörerische Entgrenzungsprozesse, destruktive Machtverhältnisse, gewalttätige Dissoziationen – her.[8] Das Collège teilte die Vorstellungen anderer nonkonformistischer Bewegungen, die

»sowohl im liberal-bürgerlichen Kapitalismus als auch im kommunistischen Staatskapitalismus zwei Formen desselben Denkens [sahen], die das Chaos und den Niedergang der westlichen und östlichen Welt vorantrieben. Ziel der *non-confirmistes*, die zum Teil aus sehr unterschiedlichen weltanschaulichen Kontexten stammten (vom *Maurrassisme* über den *néothomisme* bis hin zum *proudhonisme*), war eine moralische bzw. spirituelle Revolution, die als dritter Weg zwischen Kapitalismus und

---

8   Hier erinnert das Collège teilweise an eine Sichtweise, wie sie auch Elias Canetti eigen war (vgl. dazu Neumann 2002).

Kommunismus die materialistischen Werte umgestalten und die Herausbildung eines neuen, vom geistigen Leben geprägten Menschen fördern sollte.« (Beilecke 2003, 125f)

Die bürgerliche Gesellschaft hatte in ihren Augen den Ersten Weltkrieg nicht verhindert, sondern eher gefördert. Die nonkonformistische Generation war zutiefst von diesem Krieg geprägt. Benjamin schrieb über sie: »Eine Generation, die noch mit der Pferdebahn zur Schule gefahren war, stand unter freiem Himmel in einer Landschaft, in der nichts unverändert geblieben war als die Wolken und unter ihnen, in einem Kraftfeld zerstörender Ströme und Explosionen, der winzige, gebrechliche Menschenkörper.« (Benjamin 1996*b*, 259) Es ging ihnen um andere Lebenspraktiken, die sich jenseits von bürgerlich-liberalen, kommunistischen oder faschistischen Entwürfen befanden. Das *Collège de Sociologie* gehörte wie die personalistischen Dritte-Weg-Diskurse in eine historische »Konstellation, als Europa als Ganzes gegenüber der amerikanischen Moderne in eine Defensive gerät, der Kapitalismus und die internationale Markstrategie schlechthin in Europa machtlos gegenüber den sozialen Problemen zu sein scheint und die ›bolschewistische‹ Revolution eine voluntaristische Durchmarschstrategie anbietet.« (Keller 2001*b*, 391)

Die neuen, vom Collège intendierten Gemeinschaften und Massenerregungen kann man in der Begrifflichkeit von Elias Canetti (1999, 20) als »eigentliche Masse« bezeichnen. Die »eigentliche Masse« ist ein ekstatisches Kollektiv ohne Führer (azephalisch), eine »sporadisch sich entladende Form der Befreiung von gesellschaftlichen Zumutungen« (Neumann 2002, 21f). Die rauschhafte »eigentliche Masse« steht im Gegensatz zu den anderen Massen, »gesellschaftlich disziplinierte Mengen, die in etwa Le Bons ›organisierter‹ Masse entsprechen. Bei diesen handelt es sich eher um serielle Vergesellschaftungsformen: die Menschen verbinden sich oder kommen zusammen über ein drittes, ohne ihre Individualität aufzugeben.« (Neumann 1997, 22) Überschreiten die »eigentlichen« Massen die Ränder des Sozialen und stehen ihr heterologisch gegenüber, verbleiben die anderen innerhalb der institutionellen Grenzen; sie sind »gezähmte Massen«, anstatt gegen die Gesellschaft zu agieren, gehören sie ihr an (Neumann 2002, 22). Anders die »eigentliche« Masse, die anhand von »Kristallisationen« (Stendhal) bzw. kleinen Gruppen innerhalb der »gezähmten« Gesellschaft entstehen kann: »Es beginnt – mit Bataille – eine unbegrenzte Überschreitung, in der sich die Gewaltsamkeit entfesseln kann.« (Neumann 2002, 26) In der Phase gesteigerter kollektiver Efferveszenz bilden sich neue soziale Bindungen, die in den Augen des Collège in ihrer Integrationskraft über das Nebeneinander des bloßen »Mit-Seins« oder des »Man« (Heidegger) moderner Gesellschaften hinausgehen. Nachdem die alte Gesellschaftsordnung Frankreichs durch Atomisierung, Anomie und die wirtschaftliche Krise nahezu aufgelöst war, erhoffte sich das Collège eine Integrationskraft durch eine neue Unmittelbarkeit gemeinschaftlicher Bünde. Mit dieser Hoffnung stand es in der Zwischenkriegszeit nicht allein. Und nicht nur in Frankreich war der Ruf nach Gemeinschaft hörbar, bereits in den zwanziger Jahren existierte auch in Deutschland der kollektive Wunsch nach der »Kuhstallwärme der Gemeinschaft« (Theodor Geiger) und der soziale Radikalismus einer »Hoffnung auf Rückkehr zum entkomplizierten

Urleben« (Plessner [1924], 2002, 25). 1924 schrieb Helmuth Plessner, dass die Gemeinschaftsmanie ein Ausdruck eines Zeitalters darstellt:

> »Das Idol dieses Zeitalters ist die Gemeinschaft. Wie zum Ausgleich für die Härte und Schalheit unseres Lebens hat die Idee alle Süße bis zur Süßlichkeit, alle Zartheit bis zur Kraftlosigkeit, alle Nachgiebigkeit bis zur Würdelosigkeit in sich verdichtet. In ihren Prägungen, den Phantomen allzu gequälter Herzen, drängt unter schauriger Roheit Verschüttetes wieder hervor. Maßlose Erkaltung der menschlichen Beziehungen durch maschinelle, geschäftliche, politische Abstraktionen bedingt maßlosen Gegenwurf im Ideal einer glühenden, in allen ihren Trägern überquellenden Gemeinschaft.« (Plessner [1924], 2002, 28)

Plessner plädiert entgegen einer »Tyrannei der Intimität« (Sennett) für ein Recht auf Distanz. Er kritisiert nicht »Formen der Gemeinschaft, sondern begrenzt die Erwartung der radikalen Auflösung aller Fremdheit in der Gemeinschaft« (Eßbach, Fischer und Lethen 2002*a*) und tritt für eine ausgewogene Balance zwischen Nähe und Abstand ein.[9] Seine Schrift »Die Grenzen der Gemeinschaft. Eine Kritik des sozialen Radikalismus« richtet sich vor allem gegen die Politisierung des Gemeinschaftsgedankens in den zwanziger Jahren in Deutschland und steht ausdrücklich im Kontext der deutschen Moderne.[10] Das Gemeinschaftsdenken der französischen Non-Konformisten des Collège unterscheidet sich von dem »Ideal gemeinschaftlichen Aufgehens in übergreifender organischer Bindung« (Plessner [1924], 2002, 28) der Deutschen: Denn die Beschwörung neuer Gemeinschaften und entgrenzender Massenerregungen zur Steigerung der sozialen Kohäsion blieb beim Collège eher moralischer denn politischer Natur. Konzepte wie die Bataille'sche Aufhebung der starren Trennung zwischen Tod und Leben, die in einer bejahenden Freude vor dem Tod mündet, oder die propagierte Stärke und Furchtlosigkeit angesichts des Faschismus in der Erklärung zum Münchener Abkommen waren vielmehr moralische als politische Konzepte. Es interessierte die Collègiens weniger die politische Dimension der im Münchener Abkommen erfolgten Kapitulation vor Hitler als das kollektive Klima unter den Menschen angesichts des bevorstehenden Krieges.

Dieses kollektive Klima galt es zu verändern, und Bataille versuchte mit Hilfe der Geheimgesellschaft *Acéphale* und dem *Collège de Sociologie*, die von ihm angedachte Art von Gemeinschaftlichkeit (vor)zuleben. Er verfolgte dabei die Konzeption einer *bipolaren Gemeinschaft*: die eine geheim, die andere halböffentlich (über Einladungen oder Eintritt). Die Formen der zwei moralischen Gemeinschaften *Acéphale* und *Collège de Sociologie*, deren maßgeblicher Kopf Bataille war, resultierten aus den früheren Erfahrungen Batailles und seiner Freunde mit politischen und künstlerischen Gruppierungen (dem Surrealismus, dem »Cercle communiste démocratique«, »Contre-At-

---

9 Zur Debatte über Plessners »Grenzen der Gemeinschaft« siehe den informativen Sammelband »Plessners ›Grenzen der Gemeinschaft‹. Eine Debatte« von Eßbach, Fischer und Lethen (2002*b*).

10 Zu Beginn der zwanziger Jahre forderte auch Landsberg noch ein »Wir« der Gemeinschaft. Siehe hierzu den Abschnitt zu Landsberg.

taque« etc.): Immer wieder zerfielen die Gruppen und zerstritten sich die Mitglieder, es mangelte ihnen an innerer Kohärenz und wechselseitiger Bindung; Leiris und Caillois hatten ihre Erfahrungen in der surrealistischen Bewegung gemacht, Bataille vor allem beim »Cercle communiste démocratique« und »Contre-Attaque«. In den meisten Fällen der Zerwürfnisse der intellektuellen Gruppierungen bewahrheitete sich schließlich Paul Valérys Diktum: »L'esprit abhorre les groupements«.

Bataille wollte keine weiteren Zweckassoziationen mehr, ebenso wenig war ihm an Interessensgemeinschaften gelegen. Die Treffen des *Collège de Sociologie* und *Acéphale* sollten über freie Formen loser Beziehungen und des Meinungsaustausches hinausgehen. Vielmehr galt es ganz im Sinne Durkheims, eine moralisch innerlich gebundene Gemeinschaft zu stiften, deren Integrationskraft nicht wieder binnen kurzer Zeit zerfallen würde. Dass eine solche Gemeinschaft ihre innere Bindung nur über ein Selbstopfer herzustellen vermag, ist vielleicht die äußerste und zugleich verworrenste Konsequenz seines Denkens in der Zwischenkriegszeit; eine Konsequenz, die Bataille einige Jahre später selbst für falsch erachtete.[11]

Die eigentümliche Mischung aus Wissenschaft und Leidenschaft – »savoir et passion«, wie Caillois sagte – charakterisierte das *Collège de Sociologie*. Sie drückte sich auch gegen Ende in den internen Streitigkeiten zwischen den Gründungsmitgliedern aus. Sah Leiris die wissenschaftliche Nähe zur Durkheim-Schule schwinden, so vermisste Caillois den politischen Impetus. In diesen unterschiedlichen Entwürfen sieht Vincent Kaufmann jedoch einen der originellen Züge des Collège: »Le trait le plus original du Collège de sociologie, souvent revelé, c'est qu'il oscille entre volonté de savoir et une volonté ›activiste‹, elle-même situable à mi-chemin entre le politique et le religieux; entre un désir ›scientifique‹ et un désir de contamination du lien social par un sacré redevenu virulent et donc crédible, au sens fort du terme.« (Kaufmann 1995) Dieses Oszillieren zwischen dem Politischen und dem Religiösen spiegele sich auch in unterschiedlichen Gemeinschaftsentwürfen wider: Einserseits Caillois' Propagierung eines elitären Ordens von Intellektuellen und andererseits Batailles am Sakralen und der gemeinsamen Erfahrung von Grenzüberschreitungen orientierte Gemeinschaftsauffassung.

Leiris, der die Vorwürfe einbrachte, man sei nicht streng der Durkheim'schen Methode gefolgt, weicht paradoxerweise am meisten von Durkheims Regeln ab: In seinem Vortrag über das Sakrale im Alltagsleben lässt er das Sakrale gleichsam mit seinem eigenen Erleben verschmelzen. Er ist in extremer Form in den Forschungsgegenstand involviert. Nicht, dass dies nicht auch eine Methode sein kann – Leiris zeigt die wissenschaftliche Effizienz seiner ethnographischen Methode sehr eindrucksvoll in den Tagebuchaufzeichnungen seiner Afrika-Reise –, aber es ist keine, die sich – wie

---

11 Inspiriert war diese Idee sicherlich auch von Sigmund Freuds »Totem und Tabu«, obgleich Bataille dieses Buch nicht explizit nennt. Die »primitiven« Gesellschaften konstituieren sich nach Freud über das Verbrechen des Vatermordes: »Das ursprüngliche Tieropfer war bereits ein Ersatz für das Menschenopfer, für die feierliche Tötung des Vaters […]. Die Menschen waren die Nachkommen von Titanen, welche den jungen Dionysos-Zagreus getötet und zerstückelt hatten; die Last dieses Verbrechens drückte auf sie.« (Freud 1956, 168f)

von ihm gefordert – an Durkheims Regeln hält.[12] Vielmehr ist es eine doppelte Ethnographie (Auto-Ethnographie und Ethnographie fremder Kulturen), die nach Leiris zu einer *allgemeinen Anthropologie* führen soll, und zwar »durch die Beobachtung meiner selbst und durch die von Menschen anderer Gesellschaften.« (Leiris 1992, 181) Nach Leiris muss »in der Ethnographie die Subjektivität beteiligt sein«, aber – ähnlich wie bei der literarischen Ethnographie, von der Mauss in seinen Vorlesungen sprach – »eine Subjektivität, so würde ich sagen, die im Dienste der Objektivität steht.« (Leiris 1992, 181) Man bringe das eigene Selbst deshalb ins Spiel, um »die ›Berechnung des Irrtums‹, ›la calcul de l'erreur‹, zu erlauben.« (Leiris 1992, 181) Diese Objektivierung der eigenen Subjektivität sieht Leiris auch in den gegenwärtigen Konzeptionen einer »reflexiven Anthropologie« (Bourdieu und Wacquant 1996)[13]:

> »Ich glaube, daß das subjektive Element immer enthalten sein muß, es ist immer enthalten. Also ist es besser, daß dies offen als versteckt geschieht. Man muß schließlich die Karten auf den Tisch legen. Seht her, ich bin so und so, und ich, der ich so bin, ich habe die Dinge so gesehen. Für mich ist das grundlegend. Ich will einmal ein Zugeständnis an die offizielle Wissenschaft machen, indem ich sage, daß die absolute Objektivität das vor allem anderen Wünschenswerte ist, aber sie ist nicht möglich; die Subjektivität ist immer beteiligt. Also ist es hundertmal besser, daß diese Subjektivität offen eingestanden als daß sie verborgen ist. Damit man weiß, woran man ist.« (Leiris 1992, 185)

Das Collège verwendete demnach andere Methoden als die in der Soziologie oder der Ethnologie bis dahin üblichen. Leiris hatte als einer der ersten die eigenartige Mischung aus ethnographischem, literarischem und autobiographischem Bericht erprobt und durchgeführt. Die Collègiens verwendeten zur Beobachtung und zur Beschreibung ihrer Forschungsgegenstände qualitative Methoden, erinnert sei beispielsweise an die Auswertung von Zeitungsartikeln in Caillois' Vortrag zur »Sociologie du bourreau« oder die ungewöhnliche Ethnographie intimer Erfahrungen von Leiris. Methodologisch ging es in vielen Fällen um eine Verfremdung des bereits Bekannten: »rendre étranger ce qui paraît familier; étudier, avec la minutie d'un ethnographe ›exotique‹, avec ses méthodes aussi, rites et lieux sacrés des institutions contemporaines; devenir alors des observateurs observant ces autres qui sont eux-même – à la limi-

---

12 Und es ist keine Methode, die er sich vor der Afrika-Reise ausgedacht oder streng wissenschaftlich ausgearbeitet hat: »Dazu möchte ich bemerken – ich habe oft mit Jean Jamin daürber gesprochen –, daß ich, während ich im Feld meine täglichen Aufzeichnungen, das Material von *L'Afrique fantôme*, niederschrieb, überhaupt nicht daran dachte, Ethnographie zu treiben.« (Leiris 1992, 171)

13 Bourdieu schreibt im Hinblick auf eine solche reflexive Soziologie: »Ich finde es höchst betrüblich, wenn ich beim Lesen von soziologischen Arbeiten feststelle, daß diejenigen, die die Objektivierung der sozialen Welt zu ihrem Beruf gemacht haben, so selten in der Lage sind, sich selber zu objektivieren, und so oft gar nicht merken, daß ihr scheinbar wissenschaftlicher Diskurs weniger von ihrem Objekt als von ihrer Beziehung zum Objekt spricht.« (Bourdieu und Wacquant 1996, 99)

te, cet autre qui est soi-même … L'irruption du sociologue dans le champ de sa recherche, l'intérêt porté à son vécu constituent sans doute l'aspect le plus original du Collège.« (Jamin 1980, 16)

Das *Collège de Sociologie* wollte eine andere Perspektive der gesellschaftlichen Wirklichkeit aufzeigen. In Anlehnung an Durkheim und Hertz stellte es die dunkle und »linke« Seite des Sakralen in den Mittelpunkt seiner Untersuchungen. Dadurch sollten die üblicherweise vernachlässigten und verborgenen Bereiche des Abstoßenden, Heterologischen, Niederen und Zerstörerischen der gesellschaftlichen Wirklichkeit erfasst werden. Obgleich das *Collège de Sociologie* gemessen an den heutigen wissenschaftlichen Standards weder eine klare Methode noch eine eindeutige begriffliche Grundlage anzubieten hat, verhilft seine Perspektive zu einer erweiterten, um die heterologischen Aspekte angereicherten Sichtweise sozialer Handlungen und Phänomene. So öffnet es den Blick dafür, dass selbst in profanen Institutionen wie in der Armee, dem Staat oder in der Politik sakrale oder religiöse Mechanismen am Werk sind. »Wissenschaft besteht im Enthüllen des Verborgenen«, so ein Satz von Gaston Bachelard, auf den Bourdieu des Öfteren zurückkommt.[14] Wie eine Psychoanalyse des Sozialen untersucht das Collège das Verborgene, indem es auf die latenten Momente des Sakralen in angeblich säkularisierten und profanisierten Gesellschaften aufmerksam macht.

Wie die von Maffesoli beschriebenen Neo-Stämme war sowohl *Acéphale* als auch das *Collège de Sociologie* nur eine kurze Episode – allerdings mit wissenschaftlichen Auswirkungen. In Frankreich sind es vor allem Theoretiker aus dem Umfeld des Poststrukturalismus und der postmodernen Theorien, die sich von den Ansätzen des Collège und insbesondere Batailles inspirieren ließen. Richten die poststrukturalistischen Theorien hierbei den Blick vor allem auf das ausgeschlossene heterologische Andere und die dekonstruktive Überschreitung historisch entstandener Bedeutungshorizonte, so verknüpfen beispielsweise Michel Maffesoli oder Jean-Luc Nancy diese heterologischen Prozesse mit unterschiedlichen Sichtweisen auf Gemeinschaft, – ebenfalls ein Thema des Collège. Dies heißt jedoch nicht, dass man von einer reinen Kontinuität zwischen dem *Collège de Sociologie* und etwa dem Poststrukturalismus ausgehen kann. Trotz mancher Gemeinsamkeiten gibt es auch unübersehbare Differenzen, man denke beispielsweise nur an Foucaults Theorie der Subjektivation, die weit mehr als Bataille oder das Collège den zwanghaften, machtbesetzten und politischen Charakter der Subjektivierung hervorhebt. Insofern könnte man sagen, dass keine direkte Linie vom Collège zu den skizzierten Theorien verläuft. Vielmehr bestehen Übereinstimmungen in einer Denkhaltung: Die Eröffnung einer *Beziehung zum heterologischen Anderen*.

Auf einer abstrakteren Ebene könnte man das Collège und seine Wirkungen auf die gegenwärtige sozialwissenschaftliche und philosophische Theoriebildung in Frankreich auch als *eine* spezifische Seite der Moderne charakterisieren. Ausgehend von der Herr-Knecht-Erzählung Hegels, die in ihrer Vermittlung durch Kojève einen

---

14   Die Enthüllung des Verborgenen ist für Bourdieu *per se* kritisch.

epistemologischen Bruch für die unterschiedlichsten Strömungen der französischen Geistesgeschichte seit der Zwischenkriegszeit darstellte (vgl. Descombes 1981), kann man gemäß Peter Bürger eine Seite der janusgesichtigen Moderne als den Teil des Knechts charakterisieren (vgl. Bürger 2000*a*, 42ff): Der Knecht verkörpert die Arbeit, den Fortschritt und die Kontinuität.

> »In der Moderne kann der Bürger sich anschauen in der Gestalt des Knechts, der sich durch die Arbeit im Dienst des Herrn zum Selbstbewußtsein erhoben hat. [...] der Herr, so scheint es kann abtreten; aber gerade dadurch wird die Gestalt frei, um ein Verhalten radikalen Protests gegenüber der Gesellschaft darzustellen. Bretons *désœuvrement*, Heideggers ›Vorlauf zum Tode‹, Batailles Transgression, Blanchots Selbstverlust im Schreiben und das postmoderne Verschwinden des Subjekts sind Äquivalente der unverfügbaren Todeserfahrung des Herrn. In der Krise der Moderne kehrt der Herr wieder als Figur eines Protests, der freilich auf keinerlei Wirkung seines Tuns mehr hoffen kann. Eine Linie modernekritischen Denkens, die vom Surrealismus zur Postmoderne führt, macht in existenziellen Gesten die Krise der Moderne sichtbar.« (Bürger 2000*a*, 42)

Bestimmte existenzielle Erfahrungen, die *das Andere* zum emanzipierten Knecht-Sein sind, verkörpern die andere Seite der Moderne: Lebensüberdruss, Ekstase, Angst, Tod.

Von Kojève erfuhren die nonkonformistischen Intellektuellen, dass die Moderne auf einer »Philosophie des Todes« (Kojève 1996, 228) aufbaut, dass sich die zwei Seiten der Moderne ausgehend vom Tode bilden.[15] Zähmt der Knecht in der Interpretation von Peter Bürger (2000*a*, 43) den Tod und gewinnt aus ihm stets den Antrieb zur sich erweiternden Produktion, so sei Batailles Lesart der Hegel'schen Zeilen ganz anders: Bataille vernimmt hier eine »existentielle Todesbereitschaft des Herrn«; das Denken der Moderne, verkörpert durch Herr und Knecht, ist ein Denken der Welt vom Tode her (vgl. Bürger 2000*a*, 43f). Das *Collège de Sociologie* ist in dieser Sichtweise Inbegriff einer selbstkritischen Seite der Moderne, die das heterologische Andere des Knecht-Seins in das Blickfeld rückt. Deutlich wird dies in der leidenschaftlichen Beschäftigung mit dem Ausgeschlossenen, dem Tod und dem Sakralen. Die Heterologie verbindet sich beim Collège sowohl mit einer allgemeinen Kritik an den bürgerlich-kapitalistischen und kommunistischen Gesellschaften in der Zwischenkriegszeit als auch mit einem unbeschränkten Abscheu gegenüber den von diesen Gesellschaften propagierten Werten wie Arbeit, Produktion, Rationalität, Familie oder Vaterland.

---

15   »Der Tod, wenn wir jene Unwirklichkeit so nennen wollen, ist das Furchtbarste, und das Tote festzuhalten das, was die größte Kraft erfordert. Die kraftlose Schönheit haßt den Verstand, weil er ihr dies zumutet, was sie nicht vermag. Aber nicht das Leben, das sich vor dem Tode scheut und von der Verwüstung rein bewahrt, sondern das ihn erträgt und in ihm sich erhält, ist das Leben des Geistes. Er gewinnt seine Wahrheit nur, indem er in der absoluten Zerrissenheit sich selbst findet.« (Hegel in Kojève 1996, 229f)

Das *Collège de Sociologie* musste sein Arbeit wegen interner Streitigkeiten und des Krieges 1939 aufgeben. Im letzten Vortrag von Bataille verschwand das Sakrale hinter zunehmend nebulös gewordenen Begrifflichkeiten. Seine Versuche, die »kommuniellen Bewegungen«, in denen die Kräfte der kollektiven Efferveszenz mit Hilfe sakraler Verausgabungen aufbrechen und somit die anwachsende Atomisierung der Gesellschaft aufhalten, ins Werk zu setzen, scheiterten. »Die Zauberlehrlinge (les apprentis sorciers) des *Collège de Sociologie*«, die zugleich das Sakrale erforschten und beschworen sowie zu politischen Umwälzungen aufforderten, schlugen nach dem Ende des Collège unterschiedliche Wege ein und zerstreuten sich. Spätere Wiederbelebungsversuche des Collège wurden nach kurzer Zeit wiedereingestellt.

Aus soziologiegeschichtlicher Perspektive bleibt festzuhalten, dass das *Collège de Sociologie* seine These vom zentralen Stellenwert des Sakralen für die moderne Gesellschaft vor dem Hintergrund der französischen Soziologie der Durkheim-Schule im Allgemeinen und des Werks von Marcel Mauss im Besonderen erhielt. Dem Religionswissenschaftler Heinz Mürmel zufolge verlängerte das Collège mit seinen Untersuchungen »das wissenschaftliche Programm von Mauss bis in die Gegenwart und bewahrte seine Aktualität.« (Mürmel 1997, 221) Nach Mauss ist die Sprache, das Recht oder sogar die Technik niemals gänzlich frei von irrationalen Dimensionen (vgl. Mauss 1997, 542).[16] Die Bedeutung des *Collège de Sociologie* und des Denkens von Mauss für die heutige Gesellschaftsanalyse liegt unter anderem darin, dass sie auf die religiösen Phänomene in den gegenwärtigen Lebenswelten, Gemeinschaften und Gesellschaften aufmerksam machen. Sie öffnen uns den Blick dafür, dass im alltäglichen Leben, in politischen Handlungen, in sozialen Institutionen sowie im Aufkommen neuer Bewegungen religiöse Phänomene und nicht-rationale, affektgeladene Handlungen eine nicht zu unterschätzende Rolle spielen und sogar für die moderne Gesellschaft konstitutiv werden können. Dies bedeutet keineswegs eine unkritische Aufwertung dieser Phänomene oder Handlungsweisen, sondern die Forderung, diese aufmerksam zu verfolgen, systematisch aufzuschlüsseln und ernst zu nehmen. Mauss' Analysen bleiben hierin noch immer aktuell und beispielgebend.

Die Aktualität des Mauss'schen Œuvres zeigt sich noch auf eine andere Weise: Seit Generationen ist sein Denken eine schier unerschöpfliche Inspirationsquelle für Forscherinnen und Forscher. Dass und wie die Wirkungen des Denkens von Mauss – oftmals verstärkt durch die Rezeption Batailles und des *Collège de Sociologie* – bis hin zu aktuellen theoretischen Richtungen der Philosophie, der Soziologie, der Religionswissenschaften und der Ethnologie reichen, wurde aber leider bislang weder ausführlich gewürdigt noch detailliert und systematisch untersucht.[17] Hier gilt es fortzufahren …

---

16 In Mauss' Text »Appréciation sociologique du bolchevisme« aus dem Jahr 1924 heißt es: »Pour notre part, nous ne pensons pas qu'il puisse y avoir, avant longtemps, de sociétés purement rationnelles. Ni notre langage, ni notre technique, pour ne pas parler d'autres faits sociaux, comme le droit ou la religion, ne sont et ne seront pas avant longtemps vidés d'irrationalité et de sentiment, d'opinions préjugées et de pure routine.« (Mauss 1997, 542)

17 Deshalb sollen das Denken von Mauss in einer bald erscheinenden Einführung zunächst vorgestellt und dann die Wirkungen in einer zukünftigen Studie systematisch rekonstruiert und analysiert werden.

Literaturverzeichnis

Abendroth, W. (1969), Sozialgeschichte der europäischen Arbeiterbewegung, 6. Aufl., Frankfurt/M.

Ades, D. (2003), André Masson. Der Maler und sein künstlerischer Weg/André Masson, le peintre et son évolution, in Masson (2003), S. 15 – 49.

Adorno, T. W. (1976), Einleitung, in Durkheim (1976), S. 7 – 44.

Adorno, T. W. und Benjamin, W. (1994), Briefwechsel 1928 – 1940, Frankfurt/M.

Adorno, T. W. und Horkheimer, M. (1969), Dialektik der Aufklärung. Philosophische Fragmente, Frankfurt/M.

Agamben, G. (2002), Homo sacer. Die souveräne Macht und das nackte Leben, Frankfurt/M.

Albert, K. (1992a), Landsbergs Deutung des Mittelalters und die Idee einer konservativen Revolution, in Albert (1992b), 1. Aufl., Kap. 7, S. 193 – 203.

Albert, K. (1992b), Philosophie der Sozialität, 1. Aufl., St. Augustin.

Albert, K. (1992c), Philosophische Anthropologie und Sozialphilosophie bei P. L. Landsberg, in Albert (1992b), 1. Aufl., Kap. 8, S. 204 – 218.

Alquié, F., Hrsg. (1968), Entretiens sur Le Surréalisme, Paris.

Aragon, L. (1985), Pariser Landleben, Berlin.

Aron, R. (1935), La Sociologie allemande contemporaine, Paris.

Aron, R. (1957), Opium für Intellektuelle, oder: Die Sucht nach Weltanschauung, Köln/Berlin.

Aron, R. (1985), Erkenntnis und Verantwortung. Lebenserinnerungen, München/Zürich.

Asholt, W. und Fähnders, W., Hrsg. (1997), »Die ganze Welt ist eine Manifestation«. Die europäische Avantgarde und ihre Manifeste, Darmstadt.

Asholt, W. und Fähnders, W., Hrsg. (2000), Der Blick vom Wolkenkratzer. Avantgarde – Avantgardekritik – Avantgardeforschung, Amsterdam.

Assmann, J. (1984), Ägypten. Theologie und Frömmigkeit einer frühen Hochkultur, Stuttgart/Berlin/Köln/Mainz.

Assmann, J. (2000), Religion und kulturelles Gedächtnis, München.

Assmann, J. (2001), Tod und jenseits im alten Ägypten, München.

Assmann, J. (2002), Zum Geleit, in Echterhoff und Saar (2002b), S. 7 – 11.

Assmann, J., Hrsg. (1991), Das Fest und das Heilige. Religiöse Kontrapunkte zur Alltagswelt, Gütersloh.

Assmann, J. und Bommas, M., Hrsg. (2002), Ägyptische Mysterien?, München.

Augé, M. (1999), ›Le triangle anthropologique: Mauss, Bataille, Lévi-Strauss‹, Critique (620/621), 4 – 12.

Balandier, G. (1972), Politische Anthropologie, München.

Bandier, N. (1999), Sociologie du Surréalisme 1924 – 1929, Paris.

Barthes, R. (1964), Mythen des Alltags, Frankfurt/M.

Bataille, G. (1955), ›Hegel, la mort et le sacrifice‹, Deucalion (5), 21 – 43.

Bataille, G. (1970a), Le sens moral de la sociologie, in Bataille (1970d), S. 56 – 66.

Bataille, G. (1970b), Œuvres complètes I, Paris.

Bataille, G. (1970c), Œuvres complètes II, Paris.

Bataille, G. (1970d), Œuvres complètes XI. Articles 1. 1944 – 1949, Paris.

Bataille, G. (1977), Das obszöne Werk, Hamburg.

Bataille, G. (1978), Die psychologische Struktur des Faschismus. Die Souveränität, München.

Bataille, G. (1979a), L'apprenti sorcier, in Hollier (1979), S. 38 – 59.

Bataille, G. (1979b), Le Collège de Sociologie. Mardi 4 juillet 1939, in Hollier (1979), S. 522 – 536.

Bataille, G. (1982), Der heilige Eros (L'Érotisme). Mit einem Entwurf zu einem Schlußkapitel, Frankfurt/M./Berlin/Wien.

Bataille, G. (1987a), ›Die Einübung der Todesfreude‹, Der Pfahl. Jahrbuch aus dem Niemandsland zwischen Kunst und Wissenschaft I, München, S. 237 – 245.

Bataille, G. (1987b), Lettres à Roger Caillois. 4 août 1935 – 4 février 1959. Présentées et annotées par Jean-Pierre Le Bouler. Préface de Francis Marmande, Paris.

Bataille, G. (1988), ›Die heilige Verschwörung‹, Der Pfahl. Jahrbuch aus dem Niemandsland zwischen Kunst und Wissneschaft II S. 9 – 12.

Bataille, G. (1994a), The Absence of Myth. Writings of Surrealism. Translated and with an Introduction by Michael Richardson, London/New York.

Bataille, G. (1994b), Surrealism from Day to Day, in Bataille (1994a), S. 34 – 47.

Bataille, G. (1995a), Attraction et répulsion. I. Tropismes, sexualité, rire et larmes, in Hollier (1995a), S. 120 – 142.

Bataille, G. (1995b), Attraction et répulsion. II. La structure sociale, in Hollier (1995a), S. 143 – 168.

Bataille, G. (1995c), La joie devant la mort, in Hollier (1995a), S. 729 – 745.

Bataille, G. (1995d), La sociologie sacrée et les rapports entre ‹société›, ‹organisme›, ‹être›, in Hollier (1995a), S. 31 – 60.

Bataille, G. (1995e), L'apprenti sorcier, in Hollier (1995a), S. 302 – 326.

Bataille, G. (1995f), Le Collège de Sociologie, in Hollier (1995a), S. 797 – 816.

Bataille, G. (1995g), Lettre à X., chargé d'un cours sur Hegel, in Hollier (1995a), S. 75 – 82.

Bataille, G. (1997a), Der Krieg und die Philosophie des Heiligen, in Bataille (1997b), S. 164 – 178.

Bataille, G. (1997b), Theorie der Religion, München.

Bataille, G. (1999a), Die innere Erfahrung nebst Methode der Meditation und Postskriptum 1953, München. Mit einem Nachwort von Maurice Blanchot.

Bataille, G. (1999b), L'Apprenti Sorcier. Du Cercle Communiste Démocratique à Acéphale. Textes, Lettres et Documents (1932 – 1939). Rassemblés, présentés et annotés par Marina Galletti, Paris.

Bataille, G. (1999c), Wiedergutmachung an Nietzsche. Das Nietzsche-Memorandum und andere Texte. Hrsg., übersetzt und mit einer Studie von Gerd Bergfleth, München.

Bataille, G. (2000), Der niedere Materialismus und die Gnosis, in Schultz (2000), S. 7 – 14.

Bataille, G. (2001a), Der Begriff der Verausgabung, in Bataille (2001c), 3. Aufl., S. 7 – 31.

Bataille, G. (2001b), Der verfemte Teil, in Bataille (2001c), 3. Aufl., S. 33 – 234.

Bataille, G. (2001c), Die Aufhebung der Ökonomie, 3. Aufl., München.

Bataille, G. (2002), Die Freundschaft und Das Halleluja (Atheologische Summe II). Aus dem Französischen übersetzt und mit einem Nachwort von Gerd Bergfleth, München.

Bataille, G. et al., Hrsg. (1995), Acéphale, Paris. In Zusammenarbeit mit: Roger Caillois, Pierre Klossowski, André Masson, Jules Monnerot, Jean Rollin und Jean Wahl. Mit einem Vorwort von Michel Camus.

Bataille, G., Lebel, R. und Waldberg, I., Hrsg. (1995), Acéphale. Encyclopaedia Acephalica. Comprising the Critical Dictionary and Related Texts edited by Georges Bataille and the Encyclopaedia Da Costa edited by Robert Lebel and Isabelle Waldberg. Assembled and Introduced by Alastair Brotchie. Biographies by Dominique Lecoq. Translated by Ian White. Additional translations by Dominic Faccini, Annette Michelson, John Harman, Alexis Lykiard, London.

Bataille, G. und Leiris, M. (2004), Echanges et correspondances, Paris.

Baudrillard, J. (1978), Agonie des Realen, Berlin. Baudrillard, J. (1982), Der symbolische Tausch und der Tod, München. Baudrillard, J. (1986), Jean Baudrillard – Interview, in Rötzer (1986), S. 29–46.

Baudrillard, J. (1987), Das Andere selbst. Habilitation, Wien.

Baudrillard, J. (1991), Die fatalen Strategien, München.

Baudrillard, J. (1992), Transparenz des Bösen. Ein Essay über extreme Phänomene, Berlin.

Baudrillard, J. (2000), Der unmögliche Tausch, Berlin.

Bäuerl, C. (2003), Zwischen Rausch und Kritik 1. Auf den Spuren von Nietzsche, Bataille, Adorno und Benjamin, Bielefeld.

Bauman, Z. (1992), Tod, Unsterblichkeit und andere Lebensstrategien, Frankfurt/M.

Baxmann, I. (1995), Das Sakrale im Rahmen einer Kulturanthropologie der Moderne: Das Collège de Sociologie, in Dotzler und Müller (1995), S. 279–298.

Becker, H., Jaguer, E. und Král, P. (1985), Das surrealistische Gedicht, Frankfurt/M.

Becker, H., Wolfstetter, L. und Gomez-Muller, A., Hrsg. (1985), Michel Foucault. Freiheit und Selbstsorge, Frankfurt/M.

Beilecke, F. (1998), ›Die Form der sociabilité intellectuelle am Beispiel der Union pour la Verité 1918–1939‹, Frankreich-Jahrbuch 1998. Politik, Wirtschaft, Gesellschaft, Geschichte, Kultur S. 105–120.

Beilecke, F. (2003), Französische Intellektuelle und die Dritte Republik. Das Beispiel einer Intellektuellenassoziation 1892–1939, Frankfurt/M./New York.

Benda, J. (1983), Verrat der Intellektuellen, Frankfurt/M./Berlin/Wien.

Benjamin, W. (1965), Zur Kritik der Gewalt und andere Aufsätze, Frankfurt/M.

Benjamin, W. (1991a), Das Passagen-Werk. Gesammelte Schriften Band V-I, Frankfurt/M.

Benjamin, W. (1991b), Das Passagen-Werk. Gesammelte Schriften Band V-II, Frankfurt/M.

Benjamin, W. (1992), Charles Baudelaire. Ein Lyriker im Zeitalter des Hochkapitalismus. Hrsg. und mit einem Nachwort versehen von R. Tiedemann, 6. Aufl., Frankfurt/M.

Benjamin, W. (1996a), Das Kunstwerk im Zeitalter seiner technischen Reproduzierbarkeit (Zweite Fassung), in Opitz (1996), S. 311–347.

Benjamin, W. (1996b), Der Erzähler. Betrachtungen zum Werk Nikolai Lesskows, in Opitz (1996), S. 258–284.

Benjamin, W. (1996c), Der Sürrealismus. Die letzte Momentaufnahme der europäischen Intelligenz, in Opitz (1996), S. 149 – 164.

Benjamin, W. (1999), Gesammelte Briefe. Band V. 1935 – 1937. Herausgegeben von Christoph Gödde und Henri Lonitz, Frankfurt/M.

Benjamin, W. (2000), Gesammelte Briefe. Band VI. 1938 – 1940. Herausgegeben von Christoph Gödde und Henri Lonitz, Frankfurt/M.

Bennington, G. (1994), Legislations. The Politics of Deconstruction, London/New York.

Bennington, G. und Derrida, J. (1994), Jacques Derrida. Ein Portrait von Geoffrey Bennington und Jacques Derrida, Frankfurt/M.

Berger, P. L. und Luckmann, T. (1990), Die gesellschaftliche Konstruktion der Wirklichkeit. Eine Theorie der Wissenssoziologie, 5. Aufl., Frankfurt/M.

Bergfleth, G. (1982), Baudrillard und die Todesrevolte, in Baudrillard (1982), S. 363 – 430.

Bergfleth, G. (1986), Die Verewigung des Lebens. Zu Klossowskis Nietzsche-Deutung, in Klossowski (1986), S. 431 – 449.

Bergfleth, G. (1995), ›Bataille und der Mythos‹, Der Pfahl. Jahrbuch aus dem Niemandsland zwischen Kunst und Wissenschaft IX S. 173 – 187.

Bergfleth, G. (1999), Nietzsche redivivus, in Bataille (1999c), S. 299 – 396.

Bergfleth, G. (2002), Die Resakralisierung der Welt, in Bataille (2002), S. 257 – 302.

Bering, D. (1978), Die Intellektuellen. Geschichte eines Schimpfwortes, Berlin/Wien/Frankfurt/M. Berthelot, J.-M. (2000a), La constitution épistémologique de la sociologie française, Paris, S. 29 – 43.

Berthelot, J.-M., Hrsg. (2000b), La sociologie française contemporaine, Paris.

Besnard, P. (1981), Die Bildung des Mitarbeiterstabs der Année sociologique, in Lepenies (1981c), S. 263 – 302.

Besnard, P. (1983a), The epistemological polemic: François Simiand, in Besnard (1983b), S. 248 – 262.

Besnard, P., Hrsg. (1983b), The Sociological Domain: The Durkheimians and the founding of French Sociology, Cambridge.

Besnard, P. (1985a), ›Les sciences sociales à Paris vues par Marcel Mauss‹, Revue Française de Sociologie: La sociologie française dans l'entre-deux-guerres. Etudes et documents réunis par Philippe Besnard (26 – 2), S. 343 – 352.

Besnard, P. (1985b), ›Lettres de Mauss à Radcliffe-Brown‹, Revue Française de Sociologie: La sociologie française dans l'entre-deux-guerres. Etudes et documents réunis par Philippe Besnard (26 – 2), S. 239 – 243.

Besnard, P. (1985c), ›Un conflit au sein du groupe durkheimien. La polémique autour de La Foi jurée‹, Revue Française de Sociologie: La sociologie française dans l'entre-deux-guerres. Etudes et documents réunis par Philippe Besnard (26 – 2), S. 247 – 255.

Bezzola, T., Pfister, M. und Zweifel, S., Hrsg. (2001), Sade Surreal. Der Marquis de Sade und die erotische Fantasie des Surrealismus in Text und Bild, Ostfildern-Ruit.

Bieling, H.-J. et al., Hrsg. (2001), Flexibler Kapitalismus. Analyse, Politik und politische Praxis. Frank Deppe zum 60. Geburtstag, Hamburg.

Birnbaum, P. (1972), ›Du socialisme du don‹, L'Arc (48), S. 41 – 46.

Bischof, R. (2000), ›Einige jüngst entdeckte Texte von Georges Bataille aus den dreißiger Jahren aus dem Französischen und kommentiert von Rita Bischof‹, Herzattacke. Literatur- und Kunstzeitschrift. Sondernummer 2000. 12. Jahrgang, S. 68 – 88.

Blanchot, M. (1983), La communauté inavouable, Paris.

Bloch, M. (1992), Die seltsame Niederlage: Frankreich 1940. Der Historiker als Zeuge. Mit einem Vorwort zur deutschen Ausgabe von Ulrich Raulff, Frankfurt/M.

Blomert, R. (1999), Intellektuelle im Aufbruch. Karl Mannheim, Alfred Weber, Norbert Elias und die Heidelberger Sozialwissenschaften der Zwischenkriegszeit, München/ Wien.

Bock, H. M. (1998a), ›Der Intellektuelle und der Mandarin? Zur Rolle des Intellektuellen in Frankreich und Deutschland‹, Frankreich-Jahrbuch 1998. Politik, Wirtschaft, Gesellschaft, Geschichte, Kultur S. 35 – 51.

Bock, H. M. (1998b), Histoire et historiographie des intellectuels en Allemagne, in Granjon und Trebitsch (1998), S. 79 – 109.

Bock, H. M., Meyer-Kalkus, R., Trebitsch, M. und Husser, B., Hrsg. (1993a), Entre Locarno et Vichy. Les relations culturelles franco-allemandes dans les années 1930. I, Paris.

Bock, H. M., Meyer-Kalkus, R., Trebitsch, M. und Husser, B., Hrsg. (1993b), Entre Locarno et Vichy. Les relations culturelles franco-allemandes dans les années 1930. II, Paris.

Bohrer, K. H., Hrsg. (1983), Mythos und Moderne. Begriff und Bild einer Rekonstruktion, Frankfurt/M.

Bonner, C. (1950), Studies in Magical Amulets: Chiefly Graeco-Egyptian, Ann Arbor.

Borne, D. und Dubief, H. (1989), La crise des années trente, 1929 – 1938. Nouvelle Histoire de la France contemporaine, tome 13, Paris.

Bosch, E. (1986), »Wahlverwandtschaften« (les affinités électives). Georges Bataille et Walter Benjamin, in Lecoq (1986), S. 33 – 43.

Bouglé, C. (1935), Bilan de la sociologie française contemporaine, Paris.

Bouglé, C. und Raffault, J., Hrsg. (1926), Éléments de Sociologie. Textes choisi et ordonnés par C. Bouglé et J. Raffault, Paris.

Bourdieu, P. (1976), Entwurf einer Theorie der Praxis auf der ethnologischen Grundlage der kabylischen Gesellschaft, Frankfurt/M.

Bourdieu, P. (1982), Die feinen Unterschiede. Kritik der gesellschaftlichen Urteilskraft, 2. Aufl., Frankfurt/M.

Bourdieu, P. (1992a), Das intellektuelle Feld: Eine Welt für sich, in Bourdieu (1992b), S. 155 – 166.

Bourdieu, P. (1992b), Rede und Antwort, Frankfurt/M.

Bourdieu, P. und Passeron, J.-C. (1981), Soziologie und Philosophie in Frankreich seit 1945: Tod und Wiederauferstehung einer Philosophie ohne Subjekt, in Lepenies (1981d), S. 496 – 551.

Bourdieu, P. und Wacquant, L. (1996), Reflexive Anthropologie, Frankfurt/M.

Braun, H.-J., Holzhey, H. und Orth, E. W., Hrsg. (1988), Über Ernst Cassirers Philosophie der symbolischen Formen, Frankfurt/M.

Bröckling, U., Krasmann, S. und Lemke, T., Hrsg. (2000), Gouvernementalität der Gegenwart. Studien zur Ökonomisierung des Sozialen, Frankfurt/M.

Breton, A. (1935), Position politique du surréalisme, Paris.

Breton, A. (1989), Das Weite suchen. Reden und Essays, Frankfurt/M.

Breton, A. (1996), Entretiens – Gespräche: Dada, Surrealismus, Politik; die Radio-Gespräche 1913 – 1952, Amsterdam.

Breton, A. (1999), Œuvres complètes. Band 3, Paris.

Breton, A. (2001a), Als die Surrealisten noch recht hatten, in Breton (2001b), S. 101 – 112.

Breton, A. (2001b), Die Manifeste des Surrealismus, 10. Aufl., Reinbek bei Hamburg.

Breton, A. und Soupault, P. (1981), Die magnetischen Felder, München.

Breuer, S. (1995), Anatomie der Konservativen Revolution, 2. Aufl., Darmstadt.

Breuer, S. (1996), Ästhetischer Fundamentalismus. Stefan George und der deutsche Antimodernismus, Darmstadt.

Brodersen, M. (1990), Spinne im eigenen Netz. Walter Benjamin. Leben und Werk, Bühl-Moos.

Brooke, M. Z. (1970), Le Play: engineer and social scientist. The life and work of Frédéric Le Play, London.

Brüggemann, H. (2000), Passagen, in Opitz und Wizisla (2000), S. 573 – 618.

Brumlik, M. und Brunkhorst, H., Hrsg. (1993), Gemeinschaft und Gerechtigkeit, Frankfurt/M.

Buck-Morss, S. (2000), Dialektik des Sehens. Walter Benjamin und das Passagen-Werk, Frankfurt/M.

Bühl, W. L. (2003), Historische Soziologie – Theoreme und Methoden, Münster/Hamburg/London.

Bürger, P. (1974), Theorie der Avantgarde, Frankfurt/M.

Bürger, P. (1992a), Das Denken des Herrn. Bataille zwischen Hegel und dem Surrealismus, Frankfurt/M.

Bürger, P. (1992b), Das Denken des Herrn. Bataille zwischen Hegel und dem Surrealismus, in Bürger (1992a), Kap. 3, S. 38 – 62.

Bürger, P. (1992c), Denken als Geste. Michel Foucault, Philosoph, in Bürger (1992a), S. 110 – 132.

Bürger, P. (1996), Der französische Surrealismus. Studien zur avantgardistischen Literatur. Um Neue Studien erweiterte Ausgabe, Frankfurt/M.

Bürger, P. (1999), Die Souveränität und der Tod, in Hetzel und Wiechens (1999), S. 29 – 40.

Bürger, P. (2000a), Das Denken der Unmittelbarkeit und die Krise der Moderne. Zum Verhältnis von Avantgarde und Postmoderne, in Asholt und Fähnders (2000), S. 31 – 49.

Bürger, P. (2000b), Ursprung des postmodernen Denkens, Weilerswist.

Bürger, P. (2001a), Das Altern der Moderne, in Bürger (2001b), S. 10 – 30.

Bürger, P. (2001b), Das Altern der Moderne. Schriften zur bildenden Kunst, Frankfurt/M.

Bürger, P. (2001c), Der Anti-Avantgardismus in der Ästhetik Adornos, in, S. 31 – 47.

Burke, P. (2004), Die Geschichte der »Annales«. Die Entstehung der neuen Geschichtsschreibung, Berlin.

Burkert, W. (1990), Antike Mysterien. Funktionen und Gehalt, München.

Burkert, W. (2002), Mysterien der Ägypter in griechischer Sicht. Projektionen im Kulturkontakt, in Assmann und Bommas (2002), S. 9–26.

Burkert, W. (2003), Die Griechen und der Orient. Von Homer bis zu den Magiern, München.

Butler, J. (1997), Körper von Gewicht. Die diskursiven Grenzen des Geschlechts, Frankfurt/M.

Butler, J. (1999), Subjects of Desire. Hegelian Reflections in Twentieth-Century France, 2. Aufl., New York.

Caillé, A. (1986), ›Presentation. promesses d'une sociologie sacree‹, Bulletin du M.A.U.S.S. (19), S. 3–8.

Caillois, R. (1951a), La représentation de la mort dans le cinéma américain, in Caillois (1951b), S. 17–23.

Caillois, R. (1951b), Quatre Essais de Sociologie Contemporaine, Paris.

Caillois, R. (1960), Die Spiele und die Menschen. Maske und Rausch, Stuttgart.

Caillois, R. (1964a), Instincts et société. Essais de sociologie contemporaine, Paris.

Caillois, R. (1964b), L'Esprit des sectes, in Caillois (1964a), S. 61–114.

Caillois, R. (1972 [1938]), Le mythe et l'homme, 2. Aufl., Paris.

Caillois, R. (1974a), Approches de l'imaginaire, Paris.

Caillois, R. (1974b), Sociologie du clerc, in Caillois (1974a), S. 61–69.

Caillois, R. (1978), Rencontres, Paris.

Caillois, R. (1979a), Introduction, in Hollier (1979), S. 31–35.

Caillois, R. (1979b), Le vent d'hiver, in Hollier (1979), S. 75–97.

Caillois, R. (1988), Der Mensch und das Heilige. Durch drei Anhänge über den Sexus, das Spiel und den Krieg in ihren Beziehungen zum Heiligen erweiterte Ausgabe, München/Wien.

Caillois, R. (1991a), Entretien avec Gilles Lapouge, in Caillois (1991b), S. 134–137.

Caillois, R. (1991b), Roger Caillois. Témoignages, études et analyses, précédés de 39 textes rares et inédits de Roger Caillois, sous la direction de Jean-Clarence Lambert, Paris.

Caillois, R. (1991c), Témoignage, in Caillois (1991b), S. 128–133.

Caillois, R. (1995a), Confréries, ordres, sociétés secrètes, églises, in Hollier (1995a), S. 217–244.

Caillois, R. (1995b), La Fête, in Hollier (1995a), S. 641–693.

Caillois, R. (1995c), L'ambiguïté du sacré. Mardi 15 novembre 1938, in Hollier (1995a), S. 364–402.

Caillois, R. (1995d), Le pouvoir. Samedi 19 février 1938, in Hollier (1995a), S. 169–198.

Caillois, R. (1995e), Le vent d'hiver, in Hollier (1995a), S. 328–353.

Caillois, R. (1995f), Sociologie du bourreau, in Hollier (1995a), S. 543–568.

Caillois, R. (2003), The Edge of Surrealismus. A Roger Caillois Reader. Edited and with an Introduction by Claudine Frank, Durham/London.

Camus, M. (1995), L'Acéphalité ou la Religion de la Mort, in Bataille et al. (1995), S. i–vi.

Cancik, H. (2000), Formen der Nietzsche-Rezeption in Deutschland. Archiv, Bewegung, Gesellschaft, Kult, Museum und Bestand, in Faber und Holste (2000), S. 265–290.

Canetti, E. (1999), Masse und Macht, Frankfurt/M.

Canguilhem, G. (1979), Wissenschaftsgeschichte und Epistemologie. Gesammelte Aufsätze. Herausgegeben von Wolf Lepenies, Frankfurt/M.

Cassirer, E. (2002), Philosophie der symbolischen Formen. Zweiter Teil: Das mythische Denken. Band 12 Ges. Werke. Text und Anm. bearb. von Claus Rosenkranz, Hamburg.

Cazeneuve, J. (1967), Die gegenwärtige Situation der französischen Soziologie, in Eisermann (1967), S. 57–70.

Centlivres, P. (1990), Marcel Mauss (1872–1950), in Marschall (1990), S. 171–197.

Chappuis, P. (1973), Michel Leiris. Une étude de Pierre Chappuis avec un choix de textes, une bibliographie et des illustrations, Paris.

Chapsal, M. (1989), Französische Schriftsteller intim, München.

Charbonnier, G. (1985), Entretiens avec André Masson, Quetigny-Dijon.

Charle, C. (1990), Naissance des ›intellectuels‹: 1890–1900, Paris.

Chiozzi, P. (1983), ›Marcel Mauss: Eine anthropologische Interpretation des Sozialismus‹, Kölner Zeitschrift für Soziologie und Sozialpsychologie (Jg. 5), 655–679.

Christadler, M. (1994), Harro Schulz-Boysen oder die ›Gegen-Lust des Von-Innen-Heraus-Sprengens‹, in Gangl und Raulet (1994), S. 67–79.

Christadler, M. und Uterwedde, H., Hrsg. (1999), Länderbericht Frankreich. Geschichte, Politik, Wirtschaft, Gesellschaft, Bonn.

Clark, T. N. (1969), Introduction, in Tarde (1969), S. 1–69.

Clark, T. N. (1981a), Die Durkheim-Schule und die Universität, in Lepenies (1981c), S. 157–205.

Clark, T. N. (1981b), Diskontinuität der Sozialforschung. Der Cours élémentaire de statistique administrative: eine Fallstudie, in Lepenies (1981d), S. 111–137.

Clébert, J.-P. (1990), Georges Bataille und André Masson, in Masson (1990a), S. 42–71.

Clifford, J. (1988a), On Ethnographic Surrealism, in Clifford (1988b), S. 117–151.

Clifford, J. (1988b), The Predicament of Culture. Twentieth-Century Ethnography, Literature, and Art, Cambridge/London.

Cohen, M. (1993), Profane Illumination. Walter Benjamin and the Paris of Surrealist Revolution, Berkeley/Los Angeles/London.

Cohen, R., Hrsg. (1986), Face to Face with Levinas, Albany.

Corsten, M. (2001), ›Biographie, Lebensverlauf und das ›Problem der Generationen‹‹, BIOS. Zeitschrift für Biographieforschung, Oral History und Lebensverlaufsanalysen. 14. Jh.g. (2), 32–59.

Courtois, J.-P. und Krzywkowski, I., Hrsg. (2002), Diagonales sur Roger Caillois. Syntaxe du monde, paradoxe de la poésie, Paris.

Craig, J. E. (1981), Die Durkheim-Schule und die Annales, in Lepenies (1981d), S. 298–322.

Craig, J. E. (1983), Sociology and related disciplines between the wars: Maurice Halbwachs and the imperialism of the Durkheimians, in Besnard (1983b), S. 263–289.

Critchley, S. (1999), The Ethics of Deconstruction: Derrida and Levinas, 2. Aufl., Edinburgh.

Cuvillier, A. (1967 [1936]), Introduction à la sociologie, Paris.

Daniel, U. (2002), Kompendium Kulturgeschichte. Theorien, Praxis, Schlüsselwörter, 3. Aufl., Frankfurt/M.

de Rougemont, D. (1987), Die Liebe und das Abendland. Mit einem Post-Scriptum des Autors. Erste vollständige deutsche Ausgabe, Zürich.

de Rougemont, D. (1991), Tagebuch eines arbeitslosen Intellektuellen, Frankfurt/M.

de Rougemont, D. (1995), Arts d'aimer et arts militaires, in Hollier (1995a), S. 403–447.

de Rougemont, D. (2001), Journal aus Deutschland 1935–1936. Mit einem Nachwort von Jürg Altwegg, Berlin.

Debray, R. (1981), »Voltaire verhaftet man nicht!« Die Intellektuellen und die Macht in Frankreich, Köln-Lövenich.

Delatte, A. und Derchain, P. (1964), Les Intailles Magiques Gréco-Égyptiennes, Paris.

Deleuze, G. (1976), Nietzsche und die Philosophie, München.

Deploige, S. (1911), Le conflit de la morale et de la sociologie. Avec lettres de Durkheim, Louvain/Paris/Bruxelles.

Derrida, J. (1976a), Die différance, in Derrida (1976b), S. 6–37.

Derrida, J. (1976b), Randgänge der Philosophie, Frankfurt/M./Berlin/Wien.

Derrida, J. (1976c), Signatur Ereignis Kontext, in Derrida (1976b), S. 124–155.

Derrida, J. (1986a), Jacques Derrida – Interview, in Rötzer (1986), S. 67–87.

Derrida, J. (1986b), Positionen, Wien.

Derrida, J. (1988), Ulysses Grammophon, Berlin.

Derrida, J. (1990a), Eben in diesem Moment in diesem Werk findest du mich, in Mayer und Hentschel (1990), S. 42–84.

Derrida, J. (1990b), ›Sendoffs‹, Yale French Studies 77, S. 7–43.

Derrida, J. (1991), Gesetzeskraft. Der »mystische Grund der Autorität«, Frankfurt/M.

Derrida, J. (1993a), Die Achäologie des Frivolen, Berlin.

Derrida, J. (1993b), Falschgeld. Zeit geben I, München.

Derrida, J. (1993c), Wenn es Gabe gibt – oder: ›Das falsche Geldstück‹, in Wetzel und Rabaté (1993), S. 93–136.

Derrida, J. (1994a), Überleben, in Derrida (1994c), S. 119–217.

Derrida, J. (1994b), Den Tod geben, in Haverkamp (1994), S. 331–445.

Derrida, J. (1994c), Gestade, Wien.

Derrida, J. (1995a), The Almost Nothing of the Unrepresentable, in Derrida (1995d), S. 78–88.

Derrida, J. (1995b), Dissemination, Wien.

Derrida, J. (1995c), Eating Well, or the Calculation of the Subject, in Derrida (1995d), S. 255–287.

Derrida, J. (1995d), Points … Interviews 1974–1994, Stanford.

Derrida, J. (1997a), Dem Archiv verschrieben. Eine Freudsche Impression, Berlin.

Derrida, J. (1997b), Die Schrift und die Differenz, 7. Aufl., Frankfurt/M.

Derrida, J. (1997c), Von der beschränkten zur allgemeinen Ökonomie. Ein rückhaltloser Hegelianismus, in Derrida (1997b), 7. Aufl., S. 380–421.

Derrida, J. (1998), Grammatologie, 7. Aufl., Frankfurt/M.

Derrida, J. (1999), Randgänge der Philosophie, 2. Aufl., Wien.

Derrida, J. (2000), Politik der Freundschaft, Frankfurt/M.

Derrida, J. (2001a), Glaube und Wissen. Die beiden Quellen der ›Religion‹ an den Grenzen der bloßen Vernunft, in Derrida und Vattimo (2001), S. 9–106.

Derrida, J. (2001b), Limited Inc., Wien.

Derrida, J. (2003), Fichus. Frankfurter Rede, Wien.

Derrida, J. und Habermas, J. (2004), Philosophie im Zeiten des Terrors. Zwei Gespräche, geführt, eingeleitet und kommentiert von Giovanna Borradori, Berlin/Wien.

Derrida, J. und Kittler, F., Hrsg. (2000), Nietzsche – Politik des Eigennamens. Wie man abschafft, wovon man spricht, Berlin.

Derrida, J. und Vattimo, G., Hrsg. (2001), Die Religion, Frankfurt/M.

Descombes, V. (1981), Das Selbe und das Andere. Fünfundvierzig Jahre Philosophie in Frankreich 1933 – 1978, Frankfurt/M.

Desroche, H. (1978), ›Avertissement d'un sociologue à son public‹, ASSCOD (43), S. 23 – 28.

Desroche, H. (1979), ›Marcel Mauss: ›Citoyen‹ et ›Camerade‹. Ses incursions écrites dans le domaine du normatif‹, Revue Française de Sociologie (20), S. 221 – 237.

Desrosières, A. (1985), ›Histoires de formes: statistiques et sciences sociales avant 1940‹, Revue Française de Sociologie: La sociologie française dans l'entre-deux-guerres. Etudes et documents réunis par Philippe Besnard (26 – 2), S. 277 – 310.

Detienne, M. (1984), Mythologie ohne Illusion, in Vernant, Detienne, Smith, Pouillon, Green und Lévi-Strauss (1984), S. 12 – 46.

Dietzsch, S. und Marroquin, C. (1999), ›Der Mythos als Institution und als Erkenntnisproblem. Die Durkheim-Schule und Enst Cassirer‹, Zeitschrift für Religionswissenschaft 7 (1), S. 25 – 34.

Doßmann, A. (2002), Vereint in der Differenz. Zur Ausstellung »Leben – Terror – Geist. KZ Buchenwald: Porträts von Künstlern und Intellektuellen«, in Echterhoff und Saar (2002b), S. 181 – 201.

Dosse, F. (1999), Geschichte des Strukturalismus. 2 Bände, Frankfurt/M.

Dotzler, B. J. und Müller, E., Hrsg. (1995), Wahrnehmung und Geschichte: Markierungen zur Aisthesis materialis, Berlin.

Dreyfus, H. L. und Rabinow, P. (1987), Michel Foucault. Jenseits von Strukturalismus und Hermeneutik, Frankfurt/M.

Dubief, H. (1970), ›Témoignage sur ›contre-attaque‹ (1935 – 1936)‹, Textures (6), S. 52 – 60.

Duby, G. (1978), Les trois ordres, Paris.

Dumoulin, O. (1985), ›Les sciences humaines et la préhistoire du CNRS‹, Revue Française de Sociologie: La sociologie française dans l'entre-deux-guerres. Etudes et documents réunis par Philippe Besnard (26 – 2), S. 353 – 374.

Dumézil, G. (1977), Les dieux souverains des Indo-Européens, Paris.

Dumézil, G. (1988), Mitra-Varuna, New York.

Dumézil, G. (1989), Mythos und Epos. Die Ideologie der drei Funktionen in den Epen der indoeuropäischen Völker, Frankfurt/M./New York.

Dumézil, G. (1993), ›Erwiderung auf Ginzburg‹, Tumult. Schriften zur Verkehrswissenschaft: Georges Dumézil. Historiker, Seher (18), S. 95 – 100.

Dumézil, G. und Ewald, F. (1989), Georges Dumézil – Der Götterbote, in Ewald (1989), S. 61 – 81.

Dupront, A. (1987), Du sacré, Paris.

Durkheim, E. (1965), Regeln der soziologischen Methode, 2. Aufl., Neuwied/Berlin.

Durkheim, E. (1976), Soziologie und Philosophie. Mit einer Einleitung von Theodor W. Adorno, Frankfurt/M.

Durkheim, E. (1981), Die elementaren Formen des religiösen Lebens, Frankfurt/M.

Durkheim, E. (1991), Physik der Sitten und des Rechts. Vorlesungen zur Soziologie der Moral, Frankfurt/M.

Duthuit, G. (1995), Le mythe de la monarchie anglaise, in Hollier (1995a), S. 753–761.

Dux, G. (1997), Struktur und Semantik der Zeit im Mythos, in Kamper und Wulf (1997), S. 528–547.

Echterhoff, G. und Saar, M. (2002a), Einleitung: Das Paradigma des kollektiven Gedächtnisses. Maurice Halbwachs und die Folgen, in Echterhoff und Saar (2002b), S. 13–35.

Echterhoff, G. und Saar, M., Hrsg. (2002b), Kontexte und Kulturen des Erinnerns. Maurice Halbwachs und das Paradigma des kollektiven Gedächtnisses. Mit einem Geleitwort von Jan Assmann, Konstanz.

Egger, S. (2003a), Auf den Spuren der ›verlorenen Zeit‹. Maurice Halbwachs und die Wege des ›kollektiven Gedächtnisses‹, in Halbwachs (2003), S. 219–268.

Egger, S. (2003b), Zum Geleit, in Egger (2003c).

Egger, S., Hrsg. (2003c), Maurice Halbwachs – Aspekte des Werks, Konstanz.

Einfalt, M. (2000), Die Intellektuellen nach dem Krieg. Der Richtungsstreit in der »Nouvelle Revue Française«, in Eßbach (2000b), S. 217–230.

Einstein, A. (1981), Briefe. Aus dem Nachlaß hrsg. von Helen Dukas und Banesh Hoffmann, Zürich.

Eisermann, G., Hrsg. (1967), Die gegenwärtige Situation der Soziologie, Stuttgart.

Eliade, M. (1957), Das Heilige und das Profane. Vom Wesen des Religiösen, Hamburg.

Eliade, M. (1982), Schamanismus und archaische Ekstasetechnik, 3. Aufl., Frankfurt/M.

Eliade, M. (1998), Die Religionen und das Heilige. Elemente der Religionsgeschichte, Frankfurt/M.

Elias, N. (1982), Über die Einsamkeit der Sterbenden, Frankfurt/M.

Elias, N. (1983), Die höfische Gesellschaft – Untersuchungen zur Soziologie des Königtums und der höfischen Aristokratie. Mit einer Einleitung: Soziologie und Geschichtswissenschaft, Frankfurt/M.

Endreß, M. (2001), Zur Historizität soziologischer Gegenstände und ihren Implikationen für eine wissenssoziologische Konzeptualisierung von Soziologiegeschichte, in Klingemann, Neumann, Rehberg, Srubar und Stölting (2001), S. 65–90.

Eribon, D. (1992), Faut-il brûler Dumézil? Mythologie, science et politique, Paris.

Eribon, D. (1998), Michel Foucault und seine Zeitgenossen, München.

Eribon, D. (1999), Michel Foucault. Biographie, Frankfurt/M.

Eßbach, W. (1988), Die Junghegelianer. Soziologie einer Intellektuellengruppe, München.

Eßbach, W. (2000a), Intellektuellengruppen in der bürgerlichen Kultur, in Faber und Holste (2000), S. 23–33.

Eßbach, W. (2002), Rivalen an den Ufern philosophischer Anthropologie, in Raulet (2002), S. 15–47.

Eßbach, W., Fischer, J. und Lethen, H. (2002a), Vorwort, in Eßbach et al. (2002b), S. 9–14.

Eßbach, W., Fischer, J. und Lethen, H., Hrsg. (2002b), Plessners »Grenzen der Gemeinschaft«. Eine Debatte, Frankfurt/M.

Eßbach, W., Hrsg. (2000b), Welche Modernität? Intellektuellendiskurse zwischen Deutschland und Frankreich im Spannungsfeld nationaler und europäischer Identitätsbilder, Berlin.

Estèbe, J. (1999), Frankreich: Hauptstadt Vichy, in Christadler und Uterwedde (1999), S. 62–77.

Esterbauer, R. (1992), Transzendenz-»Relation«. Zum Transzendenzbezug der Philosophie Emmanuel Lévinas', Wien.

Ewald, F., Hrsg. (1989), Pariser Gespräche, Berlin.

Faber, R. und Holste, C., Hrsg. (2000), Kreise – Gruppen – Bünde. Zur Soziologie moderner Intellektuellenassoziation, Würzburg.

Fabre, G. (1986), ›Une histoire oubliée: Le collège de sociologie‹, Bulletin du M.A.U.S.S. (19), S. 9–39.

Faye, J.-P. (1985), Le Collège paradoxal de Pierre Klossowski, in Pfersmann (1985b), S. 57–63.

Felgine, O. (1994), Roger Caillois. Biographie, Paris.

Ferber, C. v. (1963), ›Soziologische Aspekte des Todes. Ein Versuch über einige Beziehungen der Soziologie zur Philosophischen Anthropologie‹, Zeitschrift für evangelische Ethik, Würzburg (7), S. 338–360.

Firsching, H. (1995), Die Sakralisierung der Gesellschaft. Émile Durkheims Soziologie der ›Moral‹ und der ›Religion‹ in der ideenpolitischen Auseinandersetzung der Dritten Republik, in Krech und Tyrell (1995), S. 159–193.

Fitzi, G. (2002), Soziale Erfahrung und Lebensphilosophie. Georg Simmels Beziehung zu Henri Bergson, Konstanz.

Flügge, M. (2003), Konstellationen – André Masson und sein künstlerisches Umfeld/Les constellations – André Masson et ses amis artistes, in Masson (2003), S. 51–93.

Flusser, V. (2003), Kommunikologie, 3. Aufl., Frankfurt/M.

Foucault, M. (1968), Wahnsinn und Gesellschaft. Eine Geschichte des Wahns im Zeitalter der Vernunft, Frankfurt/M.

Foucault, M. (1973a), Archäologie des Wissens, Frankfurt/M.

Foucault, M. (1973b), Die Geburt der Klinik. Eine Archäologie des ärztlichen Blicks, München.

Foucault, M. (1974), Die Ordnung der Dinge, Frankfurt/M.

Foucault, M. (1977a), Überwachen und Strafen. Die Geburt des Gefängnisses, 1. Aufl., Frankfurt/M.

Foucault, M. (1977b), Der Wille zum Wissen. Sexualität und Wahrheit Band I, Frankfurt/M.

Foucault, M. (1978a), Dispositive der Macht, Berlin.

Foucault, M. (1978b), Ein Spiel um die Psychoanalyse. Gespräche mit Angehörigen des Departement de Psychoanalyse der Universität Paris/Vincennes, in Foucault (1978a), S. 118–175.

Foucault, M. (1985), Freiheit und Selbstsorge, in Becker, Wolfstetter und Gomez-Muller (1985), S. 7–28.

Foucault, M. (1987), Warum ich Macht untersuche: Die Frage des Subjekts, in Dreyfus und Rabinow (1987), S. 243 – 250.

Foucault, M. (1989), Die Sorge um sich. Sexualität und Wahrheit Band 3, Frankfurt/M.

Foucault, M. (1991), Die Ordnung des Diskurses, Frankfurt/M.

Foucault, M. (1994), Omnes et singulatim. Zu einer Kritik der politischen Vernunft, in Vogl (1994), S. 64 – 93.

Foucault, M. (1996), Der Mensch ist ein Erfahrungstier. Gespräch mit Ducio Trombadori, Frankfurt/M.

Foucault, M. (2001a), Über die Archäologie der Wissenschaften. Antwort auf den Cercle d'épistemologie, in Foucault (2001c), Kap. 59, S. 887 – 931.

Foucault, M. (2001b), Die Prosa des Aktaion, in Foucault (2001c), S. 434 – 449.

Foucault, M. (2001c), Dits et Ecrits. Schriften. Band I. 1954 – 1969, Frankfurt/M.

Foucault, M. (2001d), Vorrede zur Überschreitung, in Foucault (2001c), Kap. 13, S. 320 – 342.

Fournier, M. (1994), Marcel Mauss, Paris.

Fournier, M. (1997), Marcel Mauss, le savant et le citoyen, in Mauss (1997), S. 7 – 59.

Freier, H. (1983), Odyssee eines Pariser Bauern: Aragons »mythologie moderne« und der Deutsche Idealismus, in Bohrer (1983), S. 157 – 193.

Frese, J. (2000), Intellektuellen-Assoziationen, in Faber und Holste (2000), S. 441 – 462.

Freud, S. (1956), Totem und Tabu. Einige Übereinstimmungen im Seelenleben der Wilden und der Neurotiker, Frankfurt/M.

Freud, S. (1991), Die Traumdeutung, Frankfurt/M.

Fukuyama, F. (1992), Das Ende der Geschichte. Wo stehen wir?, München.

Galletti, M. (1999), Le Roi du Bois, in Bataille (1999b), S. 7 – 65.

Galletti, M. (2000), Une communauté bicephale? Roger Caillois et la »parenthèse sociologique«, in Rolland (2000), S. 82 – 87.

Galletti, M. (2003), ›The secret and the sacred in Leiris and Bataille‹, Economy and Society, Volume 32 (1), S. 90 – 100.

Gangl, M. (2002), Politische Philosophie und philosophische Anthropologie bei Max Scheler, in Raulet (2002), S. 206 – 230.

Gangl, M. und Raulet, G., Hrsg. (1994), Intellektuellendiskurse in der Weimarer Republik. Zur politischen Kultur einer Gemengelage, Frankfurt/M./New York/Paris.

García Düttmann, A. (1999), Freunde und Feinde. Das Absolute, Wien.

Gasché, R. (1973), Die hybride Wissenschaft. Zur Mutation des Wissenschaftsbegriffs bei Emile Durkheim und im Strukturalismus von Claude Lévi-Strauss, Stuttgart.

Gasché, R. (1997), The Tain of the Mirror. Derrida and the Philosophy of Reflection, 5. Aufl., Cambridge, MA/London.

Gawronsky, D. (1966), Ernst Cassirer: Leben und Werk, in Schilpp (1966), S. 1 – 27.

Gebhardt, W. (1987), Fest, Feier und Alltag. Über die gesellschaftliche Wirklichkeit des Menschen und ihre Deutung, Frankfurt/M./Bern/New York/Paris.

Gebhardt, W. (1999), »Warme Gemeinschaft« und »kalte Gesellschaft«, in Meuter und Otten (1999), S. 165 – 184.

Gebhardt, W. (7.1.2002), ›Vielfältiges Bemühen. Zum Stand kultursoziologischer Forschung im deutschsprachigen Raum‹, Internet: www.soziologie.uni-freiburg.de/kuso-dgs/debatte/gebhardt.htm.

Geble, P. (1988), Nachwort, in Caillois (1988), S. 244 – 254. Nachwort zu Caillois ›Der Mensch und das Heilige‹.

Geiger, R. L. (1981), Die Institutionalisierung soziologischer Paradigmen. Drei Beispiele aus der Frühzeit der französischen Soziologie, in Lepenies (1981c), S. 137 – 156.

Geldsetzer, L. (1965), in Gurvitch (1965), S. 289 – 320.

Gephart, W. (1997), Symbol und Sanktion. Zur Theorie der kollektiven Zurechnung von Paul Fauconnet, Opladen.

Gephart, W., Hrsg. (1998), Gründerväter. Soziologische Bilder, Opladen.

Ghrenassia, P. (1987), ›Anatole Lewitzky. De l'ethnologie à la résistance‹, La Liberté de l'esprit (16), S. 237 – 253.

Giesen, B. (1993), Die Intellektuellen und die Nation. Eine deutsche Achsenzeit, Frankfurt/M.

Giesen, B. (29.8.2003), ›Epiphany, poiesis, mimesis and parusiah. A Durkheimian perspective on the performative turn in the social sciences‹, Internet: www.uni-konstanz.de/struktur/fuf/sozwiss/giesen/lehre/Downloads/Epiphany.doc.

Gill, C. B., Hrsg. (1995), Bataille. Writing the sacred, London/New York.

Ginzburg, C. (1993), ›Germanische mythologie und nazismus. Über ein altes buch von georges dumézil‹, Tumult. Schriften zur Verkehrswissenschaft: Georges Dumézil. Historiker, Seher (18), S. 70 – 94.

Gipper, A. (1992), Der Intellektuelle. Konzeption und Selbstverständnis schriftstellerischer Intelligenz in Frankreich und Italien 1918 – 1930, Stuttgart.

Girard, R. (1992), Ausstoßung und Verfolgung. Eine historische Theorie des Sündenbocks,
Frankfurt/M.

Girard, R. (1994), Das Heilige und die Gewalt, 5. Aufl., Frankfurt/M.

Gondek, H.-D. (1997), Zeit und Gabe, in Gondek und Waldenfels (1997), S. 183 – 225.

Gondek, H.-D. (1999), Azephalische Subjektivität. Gabe, Gesetz und Überschreitung bei Bataille und Lacan, in Hetzel und Wiechens (1999), S. 157 – 184.

Gondek, H.-D. und Waldenfels, B. (1997), Einsätze des Denkens. Zur Philosophie von Jacques Derrida, Frankfurt/M.

Good, P., Hrsg. (1975), Max Scheler im Gegenwartsgeschehen der Philosophie, Bern.

Goutier, J.-M. (2002), Der Surrealismus unter dem Druck der Politik, in Spies (2002), S. 417 – 423.

Granet, M. (1973), Right and Left in China, in Needham (1973b), S. 43 – 58.

Granjon, M.-C. (1998), Une enquête comparée sur l'historie des intellectuels: synthèse et per spectives, in Granjon und Trebitsch (1998), S. 19 – 38.

Granjon, M.-C. und Trebitsch, M., Hrsg. (1998), Pour une histoire comparée des intellectuels, Bruxelles.

Grathoff, R. (1989), Milieu und Lebenswelt. Einführung in die phänomenologische Soziologie und sozialphänomenologische Forschung, Frankfurt/M.

Grüner, S. und Wirsching, A. (2003), Frankreich: Daten, Fakten, Dokumente, Tübingen/Basel.

Guastalla, R. M. (1995), Naissance de la littérature, in Hollier (1995a), S. 460 – 493.

Gugelot, F. (2002), L'autre coyant – L'expérience du Collège de Sociologie, in Courtois und Krzywkowski (2002), S. 49 – 57.

Gugler, J. (1961), Die neuere französische Soziologie. Ansätze zu einer Standortbestimmung der Soziologie, Neuwied.

Gülich, C. (1991), Die Durkheim-Schule und der französische Solidarismus, Wiesbaden.

Gurvitch, G. (1939), ›The Sociological Legacy of Lucien Lévy-Bruhl‹, Journal of Social Philosophy 5, S. 61–70.

Gurvitch, G. (1965), Dialektik und Soziologie, Neuwied/Berlin.

Gurvitch, G. und Moore, W. E. (1971), Twentieth Century Sociology, New York.

Habermas, J. (1996), Der philosophische Diskurs der Moderne, 6. Aufl., Frankfurt/M.

Häfliger, G. (1981), Autonomie oder Souveränität. Zur Gegenwartskritik von Georges Bataille, Mittenwald.

Halbwachs, M. (1925), Les cadres sociaux de la mémoire, Paris.

Halbwachs, M. (1970), La Morphologie sociale, 2. Aufl., Paris.

Halbwachs, M. (2001a), Ein rationalistischer Empirismus – Zur Methodologie François Simiands, in Halbwachs (2001d), S. 85–133.

Halbwachs, M. (2001b), Klassen und Lebensweisen. Ausgewählte Schriften Band 2. Hrsg. und aus dem Französischen übersetzt von Stephan Egger, Konstanz.

Halbwachs, M. (2001c), Kollektive Psychologie. Ausgewählte Schriften Band 3. Hrsg. und aus dem Französischen übersetzt von Stephan Egger, Konstanz.

Halbwachs, M. (2001d), Theorie und Methode. Ausgewählte Schriften, Konstanz.

Halbwachs, M. (2002), Soziale Morphologie. Ausgewählte Schriften Band 4. Hrsg. und aus dem Französischen übersetzt von Stephan Egger, Konstanz.

Halbwachs, M. (2003), Stätten der Verkündigung im Heiligen Land. Eine Studie zum kollektiven Gedächtnis, Konstanz.

Hartung, G. (2000), Mythos, in Opitz und Wizisla (2000), S. 553–572.

Haselstein, U. (1997), Poetik der Gabe: Mauss, Bourdieu, Derrida und der New Historicism, in Neumann (1997), S. 272–289.

Haverkamp, A., Hrsg. (1994), Gewalt und Gerechtigkeit. Derrida – Benjamin, Frankfurt/M.

Hegarty, P. (2003), ›Undelivered: the space/time of the sacred in Bataille and Benjamin‹, Economy and Society, Volume 32 (1), S. 101–118.

Heidegger, M. (1949), Was ist Metaphysik?, 5. Aufl., Frankfurt/M.

Heilbron, J. (1985), ›Les métamorphoses du durkheimisme, 1920–1940‹, Revue Française de Sociologie: La sociologie française dans l'entre-deux-guerres. Etudes et documents réunis par Philippe Besnard (26–2), S. 203–237.

Heimonet, J.-M. (1987), Politiques de l'ecriture. Bataille/Derrida: Le sens du sacré dans la pensée française du surréalisme à nos jours, Chapel Hill/North Carolina.

Heimonet, J.-M. (1988), ›From Bataille to Derrida: différance and Heterology‹, Stanford French Review 12 (1), 129–147.

Heinrichs, H.-J. (1992), Ein Leben als Künstler und Ethnologe. Über Michel Leiris, Frankfurt/M.

Helle, H. J. (1997), Religionssoziologie. Entwicklung der Vorstellungen vom Heiligen, München.

Hellmann, J. und Roy, C. (1993), Le personnalisme et les contacts entre non-conformistes de France et d'Allemagne autour de l'Ordre Nouveau et de Gegener, 1930–1942, in Bock et al. (1993a), S. 203–215.

Hermann, R. (1998), Das Heilige, das Selbst und die Gemeinschaft. Zur sozialwissenschaftlichen Bedeutung des »Collège de Sociologie«. Diplomarbeit, Berlin.

Hertz, R. (1909a), ›La prééminence de la main droite: étude sur la polarité religieuse‹, Revue philosophique 68, S. 553 – 580.

Hertz, R. (1970), Sociologie Religieuse et Folklore. Avant-propos de Marcel Mauss. Préface de George Balandier, Paris.

Hertz, R. (1970 [1907]), Contribution à une étude sur la représentation collective de la mort, in Hertz (1970), S. 1 – 83.

Hertz, R. (1970 [1909]b), La prééminence de la main droite. Étude sur la polarité religieuse, in Hertz (1970), S. 84 – 109.

Hess, W. (1995), Dokumente zum Verständnis der modernen Malerei. Bearbeitet von Dieter Rahn, Reinbek bei Hamburg.

Hetzel, A. und Wiechens, P., Hrsg. (1999), Georges Bataille – Vorreden zur Überschreitung, Würzburg.

Hinrichs, E., Hrsg. (1994), Kleine Geschichte Frankreichs, Stuttgart.

Hofmann, M. L., Korta, T. F. und Niekisch, S., Hrsg. (2004), Culture Club. Klassiker der Kulturtheorie, Frankfurt/M.

Hollier, D. (1979), Le Collège de Sociologie (1937 – 1939). Textes de Bataille, Caillois, Guastalla, Klossowski, Kojève, Leiris, Lewitzky, Mayer, Paulhan, Wahl, etc. présentés par Denis Hollier, Paris.

Hollier, D. (1988a), The Collège of Sociology, Minneapolis.

Hollier, D. (1988b), ›January 21st‹, Stanford French Review 12 (1), S. 31 – 47.

Hollier, D. (1995a), Le Collège de Sociologie 1937 – 1939. Textes de Bataille, Caillois, Guastalla, Klossowski, Kojève, Leiris, Lewitzky, Mayer, Paulhan, Wahl, etc. présentés par Denis Hollier, 2. Aufl., Paris.

Hollier, D. (1995b), L'inénarrable. Les vases non-communicants, in Hollier (1995c), S. 271 – 281.

Hollier, D., Hrsg. (1995c), Georges Bataille après tout, Paris.

Honegger, C., Hrsg. (1977), Schrift und Materie der Geschichte. Vorschläge zu einer systematischen Aneignung historischer Prozesse, Frankfurt/M.

Honigsheim, P. (1924a), Soziologie der realistischen und des nominalistischen Denkens, in Scheler (1924b), S. 308 – 322.

Honigsheim, P. (1924b), Soziologie der Scholastik, in Scheler (1924b), S. 302 – 307.

Honneth, A. (1993), Kommunitarismus. Eine Debatte über die moralischen Grundlagen moderner Gesellschaften, Frankfurt/M.

Hörisch, J. (1983), Die Theorie der Verausgabung und die Verausgabung der Theorie. Benjamin zwischen Bataille und Sohn-Rethel, Bremen.

Horstmann, M. (1998), ›Einführung‹, Zeitschrift für Religionswissenschaft 6 (2), 119 – 124.

Husserl, E. (1995), Cartesianische Meditationen, 3. Aufl., Hamburg.

Isambert, F. A. (1983), At the frontier of folklore and sociology: Hubert, Hertz and Czarnowski, founders of a sociology of folk religion, in Besnard (1983b), S. 152 – 176.

Jamin, J. (1980), ›Un sacré collège ou les apprentis-sorciers de la sociologie‹, Cahiers Internationaux de Sociologie (LXVIII), 5 – 30.

Jankélévitch, V. (2003), Kann man den Tod denken? Übersetzt und mit einer Einführung in Leben und Werk Jankélévitchs hrsg. von Jürgen Brankel, Wien.

Janz, R.-P. (1983), Mythos und Moderne bei Walter Benjamin, in Bohrer (1983), S. 363–402.

Jay, M. (1976), Dialektische Phantasie. Die Geschichte der Frankfurter Schule und des Instituts für Sozialforschung 1923–1950, Frankfurt/M.

Jay, M. (1995), Limites de l'expérience-limite: Bataille et Foucault, in Hollier (1995c), S. 35–59.

Joas, H., (1992), Die Kreativität des Handelns, Frankfurt/M.

Joas, H., (1997), Die Entstehung der Werte, Frankfurt/M.

Jonas, F. (1969), Geschichte der Soziologie. Band III. Französische und italienische Soziologie. Mit Quellentexten, Reinbek bei Hamburg.

Jorland, G. (1981), La Science dans la philosophie. Les recherches épistémologiques d'Alexandre Koyré, Paris.

Julliard, J. und Winock, M., Hrsg. (1996), Dictionnaire des intellectuels français. Les personnes. Les lieux. Les moments, Paris.

Junge, M. (2004), Jean Baudrillard – Soziologie der Simulation, in Moebius und Peter (2004), S. 325–354.

Kaesler, D. (1984), Die frühe deutsche Soziologie 1909 bis 1934 und ihre Enstehungsmilieus. Eine wissenschaftssoziologische Untersuchung, Opladen.

Kaesler, D. (1985), Soziologische Abenteuer. Earle Edward Eubank besucht europäische Soziologen im Sommer 1934, Opladen.

Kaesler, D., Hrsg. (2000), Klassiker der Soziologie. Von Talcott Parsons bis Pierre Bourdieu. Band II, 2. Aufl., München.

Kaesler, D., Hrsg. (2005), Neoklassische Theoretiker der Soziologie, München.

Kalaora, B. und Savoye, A. (1985), ›La mutation du mouvement le playsien‹, Revue Française de Sociologie: La sociologie française dans l'entre-deux-guerres. Etudes et documents réunis par Philippe Besnard (26–2), S. 257–276.

Kambas, C. (1983), Walter Benjamin im Exil. Zum Verhältnis von Literaturpolitik und Ästhetik, Tübingen.

Kambas, C. (1993), Rue de l'Odeon – Kreuzpunkt zwischen literarischem Establishment Frankreichs und deutscher Avantgarde im Exil, in Bock et al. (1993b), S. 769–788.

Kamper, D. (1988), Hieroglyphen der Zeit. Texte vom Fremdwerden der Welt, München/Wien.

Kamper, D. und Wulf, C., Hrsg. (1997), Das Heilige. Seine Spur in der Moderne, Frankfurt/M.

Karady, V. (1981), Strategien und Vorgehensweisen der Durkheim-Schule im Bemühen um die Annereknnung der Soziologie, in Lepenies (1981c), S. 206–262.

Karpenstein-Eßbach, C. (2004), Georges Bataille (1897–1962). Ein Denken der Transgression, in Hofmann, Korta und Niekisch (2004), S. 127–144.

Kaufmann, V. (1995), Communautés sans traces, in Hollier (1995c), S. 61–79.

Keller, F. (2001a), Die ferne Wirklichkeit. Stefan Georges Ästhetik als Kritik an einer Wissenschaft der Gesellschaft, in Merz-Benz und Wagner (2001), S. 183–209.

Keller, R. et al., Hrsg. (2001), Handbuch Sozialwissenschaftliche Diskursanalyse Band 1: Theorien und Methoden, Opladen.

Keller, R., Hrsg. (2004a), Diskursforschung. Eine Einführung für SozialwissenschaftlerInnen, Opladen.

Keller, R. et al., Hrsg. (2005), Hermeneutische Wissensoziologie als Diskursforschung? Potenziale der Wissenssoziologischen Diskursforschung, Konstanz.

Keller, T. (1993), Katholische Europa-Konzeptionen in den deutsch-französischen Beziehungen, in Bock et al. (1993a), S. 219–239.

Keller, T. (1994), Der dritte Weg: Die personalistische Anthropologie Schelers, in Gangl und Raulet (1994), S. 81–95.

Keller, T. (1995), Médiateurs personnalistes entre générations non-conformistes en Allemagne et France: Alexandre Marc et Paul L. Landsberg, in Merlio (1995), S. 257–273.

Keller, T. (1998), Le Personnalisme de l'Entre-Deux-Guerres entre l'Allemagne et la France, in Roy (1998), S. 457–562.

Keller, T. (2001b), Deutsch-französische Dritte-Weg-Diskurse. Personalistische Intellektuellendebatten der Zwischenkriegszeit, München.

Keller, T. (2004b), ›Cassirer und Mauss: Ein Geistergespräch über Totemismus‹, Manuskript.

Keller, T. (2004c), Michel Maffesoli: Ein französischer Lebenssoziologe, in Moebius und Peter (2004), S. 355–378.

Kierkegaard, S. (1992), Der Begriff Angst, Stuttgart.

Kierkegaard, S. (2003), Entweder – oder. Teil I und II., 7. Aufl., München.

Kippenberg, H. G. (1997a), Émile Durkheim (1858–1917), in Michaels (1997), S. 103–119.

Kippenberg, H. G. (1997b), William Robertson Smith (1846–1894), in Michaels (1997), S. 61–76.

Kittel, M. (2000), Provinz zwischen Reich und Politik. Politische Mentalitäten in Deutschland und Frankreich 1918–1933/36, München.

Klingemann, C., Neumann, M., Rehberg, K.-S., Srubar, I. und Stölting, E., Hrsg. (1999), Jahrbuch für Soziologiegeschichte 1995, Opladen.

Klingemann, C., Neumann, M., Rehberg, K.-S., Srubar, I. und Stölting, E., Hrsg. (2001), Jahrbuch für Soziologiegeschichte 1997/1998, Opladen.

Klossowski, P. (1969), Der ruchlose Philosoph, in Klossowski et al. (1969), S. 7–38.

Klossowski, P. (1979), Le marquis de Sade et la Révolution, in Hollier (1979), S. 367–393.

Klossowski, P. (1986), Nietzsche und der Circulus vitiosus deus. Mit einem Supplement und einem Nachwort von Gerd Bergfleth, München.

Klossowski, P. (1987), ›Brief über Walter Benjamin‹, Der Pfahl. Jahrbuch aus dem Niemandsland zwischen Kunst und Wissenschaft I, S. 313–314.

Klossowski, P. (1995), Le marquis de Sade et la Révolution, in Hollier (1995a), S. 502–532.

Klossowski, P. (1996), Sade – mein Nächster, Wien.

Klossowski, P. (2002), Die Gesetze der Gastfreundschaft, Berlin.

Klossowski, P. et al. (1969), Das Denken von Sade. Hrsg. von »Tel Quel«, Aufsätze von Pierre Klossowski, Roland Barthes, Philippe Sollers, Hubert Damisch und Michel Tort, München.

Knoblauch, H. (1999), Religionssoziologie, Berlin/New York.

Kohl, K.-H. (1993), Ethnologie – die Wissenschaft vom kulturell Fremden, München.

Kohl, K.-H. (2003), Die Macht der Dinge. Geschichte und Theorie sakraler Objekte, München.

Kojève, A. (1995), Les conceptions hégéliennes, in Hollier (1995a), S. 61–74.

Kojève, A. (1996), Hegel. Kommentar zur Phänomenologie des Geistes. Anhang: Hegel, Marx und das Christentum, 4. Aufl., Frankfurt/M.

König, R. (1978a), Bilanz der französischen Soziologie um 1930. Zuerst erschienen 1931/32 unter: Die neuesten Strömungen in der gegenwärtigen französischen Soziologie, in König (1978b), S. 56–103.

König, R. (1978b), Emile Durkheim zur Diskussion. Jenseits von Dogmatismus und Skepsis, München/Wien.

König, T. (1988a), Sartre und Bataille, in König (1988b), S. 365–381.

König, T., Hrsg. (1988b), Sartre. Ein Kongreß, Hamburg.

Koyré, A. (1936), ›La sociologie française contemporaine‹, Zeitschrift für Sozialforschung V, S. 260–264.

Koyré, A. (1961), La revolution astronomique, Paris.

Krais, B. (2004), Soziologie als teilnehmende Objektivierung der sozialen Welt: Pierre Bourdieu, in Moebius und Peter (2004), S. 171–210.

Krech, V. und Tyrell, H., Hrsg. (1995), Religionssoziologie um 1900, Würzburg.

Krüger, M. (1981), Wissenssoziologie, Stuttgart.

Kruse, V. (2001), Wozu Soziologiegeschichte? Das Beispiel der deutschen historischen Soziologie, in Klingemann et al. (2001), S. 105–114.

Kuhn, T. S. (1981), Die Struktur wissenschaftlicher Revolutionen. Zweite und um das Postskriptum von 1969 ergänzte Auflage, 5. Aufl., Frankfurt/M.

Laclau, E. und Mouffe, C. (1991), Hegemonie und radikale Demokratie. Zur Dekonstruktion des Marxismus, Wien.

Lacoue-Labarthe, P. und Nancy, J.-L. (1997), Der Nazi-Mythos, in Weber und Tholen (1997), S. 158–190.

Landsberg, P. L. (1923a), Die Welt des Mittelalters und Wir. Ein geschichtsphilosophischer Versuch über den Sinn eines Zeitalters, 2. Aufl., Bonn.

Landsberg, P. L. (1923b), Wesen und Bedeutung der Platonischen Akademie. Eine erkenntnissoziologische Untersuchung, Bonn.

Landsberg, P. L. (1924), Zur Erkenntnissoziologie der aristotelischen Schule, in Scheler (1924b), S. 295–301.

Landsberg, P. L. (1931), ›Zur Soziologie der Erkenntnistheorie‹, Schmollers Jahrbuch für Gesetzgebung, Verwaltung und Volkswirtschaft im Deutschen Reiche. II. Halbband. 55. Jahrgang, S. 769–808.

Landsberg, P. L. (1933), ›Rassenideologie und Rassenwissenschaft. Zur neusten Literatur über das Rassenproblem‹, Zeitschrift für Sozialforschung (II), S. 388–406.

Landsberg, P. L. (1934a), Einführung in die philosophische Anthropologie, Frankfurt/M.

Landsberg, P. L. (1939), ›Bemerkungen zur Erkenntnistheorie der Innenwelt‹, Tijdschrift voor Philosophie, 1. Jh.g. (1), S. 363–376.

Landsberg, P. L. (1952), Problèmes du personnalisme. Préface de Jean Lacroix, Paris.

Landsberg, P. L. (1952 [1934]b), Quelques réflexions sur l'idée chrétienne de la personne, in Landsberg (1952), S. 13 – 27.

Landsberg, P. L. (1952 [1937]), Réflexions sur l'engagement personnel, in Landsberg (1952), S. 28 – 48.

Landsberg, P. L. (1952 [1938]a), Dialogue sur le mythe, in Landsberg (1952), S. 69 – 82.

Landsberg, P. L. (1952 [1938]b), Introduction à une critique du mythe, in Landsberg (1952), S. 49 – 68.

Landsberg, P.-L. (1973), Die Erfahrung des Todes, Frankfurt/M.

Laqueur, W. und Mosse, G. L., Hrsg. (1969), Linksintellektuelle zwischen den beiden Weltkriegen, München.

Laure (1980), Schriften. Hrsg. und übersetzt von Bernd Mattheus, München.

Lautmann, R. (2001), Soziologie der Sexualität. Erotischer Körper, intimes Handeln und Sexualkultur, Weinheim.

Lazarsfeld, P. F., Jahoda, M. und Zeisel, H., Hrsg. (1982 [1933]), Die Arbeitslosen von Marienthal. Ein soziographischer Versuch über die Wirkungen langandauernder Arbeitslosigkeit. Mit einem Anhang zur Geschichte der Soziographie, 4. Aufl., Frankfurt/M.

Le Bouler, J.-P. (1986), Du temps de Contre-Attaque: l'Enquête sur les milices (un inédit de Georges Bataille), in Lecoq (1986), S. 127 – 140.

Le Rider, J. (1995), ›Abbitte an Nietzsche. Klossowski als Wegbereiter Nietzsches in Frankreich‹, Pierre Klossowski – Anima – Wiener Secession 24.5. – 9.7.1995, Wien/Basel/Frankfurt/M., S. 111 – 117.

Lecoq, D., Hrsg. (1986), Georges Bataille et la pensée allemande, Cagier Georges Bataille, Paris.

Leiris, M. (1934), ›Le culte des zars à Gondar (Ethiopie septentrionale)‹, Aethiopica II (3/4), 96 – 103, 125 – 136.

Leiris, M. (1938), ›La croyance aux génies ›Zar‹ en Ethiopie du Nord‹, Journal de psychologie normale et pathologique (XXXV), 107 – 125.

Leiris, M. (1939), L'Age d'homme, Paris.

Leiris, M. (1948), La Langue secrète des Dogons de Sanga, Paris.

Leiris, M. (1975), Mannesalter, Frankfurt/M.

Leiris, M. (1979a), Das Heilige im Alltagsleben, in Leiris (1979c), 2. Aufl., S. 228 – 238.

Leiris, M. (1979b), Die Besessenheit und ihre theatralischen Aspekte bei den Äthiopiern von Gondar (1958), in Leiris (1979c), 2. Aufl., S. 135 – 227.

Leiris, M. (1979c), Die eigene und die fremde Kultur. Ethnologische Schriften, 2. Aufl., Frankfurt/M.

Leiris, M. (1979d), Rasse und Zivilisation, in Leiris (1979c), 2. Aufl., S. 72 – 118.

Leiris, M. (1980), Phantom Afrika. Tagebuch einer Expedition von Dakar nach Djibouti 1931 – 1933. Band I, Frankfurt/M.

Leiris, M. (1981a), Das Auge des Ethnographen. Ethnologische Schriften II, 2. Aufl., Frankfurt/M.

Leiris, M. (1981b), Der Begriff der Arbeit in einer sudanesischen Sprache der Eingeweihten, in Leiris (1981a), 2. Aufl., S. 191 – 203.

Leiris, M. (1981c), Für Alfred Métraux (1963), in Leiris (1981a), 2. Aufl., S. 62 – 66.

Leiris, M. (1981d), Lichte Nächte und mancher dunkle Tag, Frankfurt/M.

Leiris, M. (1982a), Bacon, Picasso, Masson. Hrsg. von Hans-Jürgen Heinrichs, Frankfurt/M./Paris.

Leiris, M. (1982b), Spiegel der Tauromachie eingeleitet durch Tauromachien. Mit Zeichnungen von André Masson/Miroir de la tauromachie précédé de Tauromachies. Dessins de André Masson, München.

Leiris, M. (1988), Die Lust am Zusehen. Texte über Künstler des 20. Jahrhunderts, Frankfurt/M.

Leiris, M. (1990), André Masson oder der Maler als Matador, in Masson (1990a), S. 86–88.

Leiris, M. (1992), Leidenschaften. Prosa, Gedichte, Skizzen und Essays. Hrsg. von Hans-Jürgen Heinrichs, Frankfurt/M.

Leiris, M. (1994), L'Homme sans honneur. Notes sur Le sacré dans la vie quotidienne. Transcription et facsimile, edition établie, présentée et annotée par Jean Jamin, Paris.

Leiris, M. (1995), Le sacré dans la vie quotidienne, in Hollier (1995a), S. 94–118.

Leiris, M. (1996), Tagebücher 1922–1989. Hrsg. und kommentiert von Jean Jamin, Graz/Wien.

Leiris, M. und Castel, A. (2002), Correspondance 1938–1958. Édition, établie, présentée et annotée par Annie Maillis, Paris.

Lepenies, W. (1971), Soziologische Anthropologie, München.

Lepenies, W. (1978), ›Wissenschaftsgeschichte und Disziplingeschichte‹, Geschichte und Gesellschaft. Zeitschrift für historische Sozialwissenschaft. 4. Jh.g. (4), S. 437–451.

Lepenies, W. (1981a), Melancholie und Gesellschaft, 2. Aufl., Frankfurt/M.

Lepenies, W. (1989a), Gefährliche Wahlverwandtschaften. Einige Etappen in den Beziehungen deutscher und französischer Sozialwissenschaften, in Lepenies (1989b), S. 80–110.

Lepenies, W. (1989b), Gefährliche Wahlverwandtschaften. Essays zur Wissenschaftsgeschichte, Stuttgart.

Lepenies, W. (1989c), Vergangenheit und Zukunft der Wissenschaftsgeschichte. Das Werk Gaston Bachelards, in Lepenies (1989b), S. 111–139.

Lepenies, W. (1997), Saint-Beuve. Auf der Schwelle zur Moderne, München/Wien.

Lepenies, W. (2002), Die drei Kulturen. Soziologie zwischen Literatur und Wissenschaft, Frankfurt/M.

Lepenies, W. (2003), ›Wie die Flügel eines Raben. Das Gedächtnis der Gesellschaft: Ein Kolloquium in Göttingen erinnert an Maurice Halbwachs‹, Süddeutsche Zeitung vom 8. Juli 2002.

Lepenies, W., Hrsg. (1981b), Geschichte der Soziologie. Studien zur kognitiven, sozialen und historischen Identität einer Disziplin. Band I, Frankfurt/M.

Lepenies, W., Hrsg. (1981c), Geschichte der Soziologie. Studien zur kognitiven, sozialen und historischen Identität einer Disziplin. Band II, Frankfurt/M.

Lepenies, W., Hrsg. (1981d), Geschichte der Soziologie. Studien zur kognitiven, sozialen und historischen Identität einer Disziplin. Band III, Frankfurt/M.

Lepenies, W., Hrsg. (1981e), Geschichte der Soziologie. Studien zur kognitiven, sozialen und historischen Identität einer Disziplin. Band IV, Frankfurt/M.

Lepsius, M. R. (1964), ›Kritik als Beruf. Zur Soziologie der Intellektuellen‹, Kölner Zeitschrift für Soziologie und Sozialpsychologie. (16), S. 75–91.

Lepsius, M. R., Hrsg. (1981), Soziologie in Deutschland und Österreich 1918 – 1945, Kölner Zeitschrift für Soziologie und Sozialpsychologie, Opladen. Sonderheft 23/1981.

Leroux, R. (1998), Histoire et sociologie en France. De l'histoire-science à la sociologie durkheimienne, Paris.

Lethen, H. (1994), Verhaltenslehren der Kälte. Lebensversuche zwischen den Kriegen, Frankfurt/M.

Lévi-Strauss, C. (1969), Strukturale Anthropologie, Frankfurt/M.

Lévi-Strauss, C. (1971), French Sociology, in Gurvitch und Moore (1971), Kap. XVII, S. 503 – 537.

Lévi-Strauss, C. (1999a), Einleitung in das Werk von Marcel Mauss, in Mauss (1999b), 2. Aufl., S. 7 – 41.

Lévi-Strauss, C. (1999b), Strukturale Anthropologie II, 2. Aufl., Frankfurt/M.

Lévi-Strauss, C. und Eribon, D. (1989), Das Nahe und das Ferne. Eine Autobiographie in Gesprächen, Frankfurt/M.

Lévinas, E. (1973), Über die ›Ideen‹ Edmund Husserls, in Noack (1973), S. 87 – 128.

Lévinas, E. (1983), Die Spur des Anderen, Freiburg/München.

Lévinas, E. (1987), Totalität und Unendlichkeit. Versuche über die Exteriorität, Freiburg/München.

Lévinas, E. (1988), Autrement que savoir, Paris.

Lévinas, E. (1989a), Die Zeit und der Andere, Hamburg.

Lévinas, E. (1989b), Humansimus des anderen Menschen, Hamburg.

Lévinas, E. (1989c), Intention, Ereignis und der Andere. Gespräch zwischen Emmanuel Levinas und Christoph Wolzogen am 20. Dezember 1985 in Paris, in Lévinas (1989b), S. 131 – 150.

Lévinas, E. (1992), Jenseits des Seins oder anders als Sein geschieht, Freiburg/München.

Lévinas, E. (1998), Vom Sakralen zum Heiligen. Fünf neue Talmudlesungen, Frankfurt/M.

Lévy, B.-H. (1992), Die abenteuerlichen Wege der Freiheit. Frankreichs Intellektuelle von der Dreyfus-Affäre bis zur Gegenwart, München/Leipzig.

Lévy-Bruhl, L. (1959), Die geistige Welt der Primitiven, Düsseldorf/Köln.

Lewitzky, A. (1995), Le chamanisme, in Hollier (1995a), S. 577 – 605.

Libertson, J. (1982), Proximity. Levinas, Blanchot, Bataille and Communication, Den Haag/Boston/London.

Lichtblau, K. (1996), Kulturkrise und Soziologie. Zur Genealogie der Kultursoziologie in Deutschland, Frankfurt/M.

Lindenberg, D. (1990), Les années souterraines (1937 – 1947), Paris.

Lipowatz, T. (1998), Politik der Psyche. Eine Einführung in die Psychopathologie des Politischen, Wien.

Loth, W. (1992), Geschichte Frankreichs im 20. Jahrhundert, Frankfurt/M.

Lottmann, H. R. (1981), La Rive gauche. Du Front populaire à la Guerre froide, Paris.

Loubet del Bayle, J.-L. (1987), Les Non-conformistes des années trente. Une tentative de renouvellement de la pensée politique française, Paris.

Lourau, R. (1977), Le gai savoir des sociologues, Paris.

Lowie, R. H. (1940 [1934]), Introduction to Cultural Anthropology, 2. Aufl., New York.

Lowie, R. H. (1948), Social Organization, New York.

Luckmann, T. (1980), Lebenswelt und Gesellschaft, Paderborn u. a.

Luhmann, N. (1990), Paradigm lost: Über die ethische Reflexion der Moral, Frankfurt/M.

Lukes, S. (1975), Émile Durkheim. His Life and Work. A historical and critical study, London.

Lyotard, F. (1999), Das postmoderne Wissen. Ein Bericht, Wien.

Maffesoli, M. (1986), Der Schatten des Dionysos. Zu einer Soziologie des Orgiasmus, Frankfurt/M.

Maffesoli, M. (1991), Le rituel dans la vie social, in Caillois (1991b), S. 366–372.

Malka, S. (2003), Emmanuel Lévinas. Eine Biographie, München.

Manganaro, M., Hrsg. (1990), Modernist Anthropology: From Fieldwork to Text, Princeton.

Mannheim, K. (1958), Mensch und Gesellschaft im Zeitalter des Umbaus, Darmstadt.

Mannheim, K. (1964), Wissenssoziologie. Auswahl aus dem Werk eingeleitet und hg. von Kurt H. Wolff, Neuwied/Berlin.

Marcel, J.-C. (2001), Le durkheimisme dans l'entre-deux-guerres, Paris.

Marcel, J.-C. (2003), ›Bataille and Mauss: a dialogue of the deaf‹, Economy and Society, Volume 32 (1), S. 141–152.

Marmande, F. (1985), Georges Bataille politique, Lyon.

Marroquin, C. (1998), ›Bemerkungen zu einem Thema der Mythosforschung bei Georges Dumézil und Roger Caillois‹, Zeitschrift für Religionswissenschaft 6 (2), S. 197–206.

Marroquin, C. und Seiwert, H. (1996), ›Das Collège de Sociologie: Skizze einer Religionstheorie moderner Gesellschaften‹, Zeitschrift für Religionswissenschaft 4 (2), S. 135–149.

Marschall, W., Hrsg. (1990), Klassiker der Kulturanthropologie. Von Montaigne bis Margaret Mead, München.

Martens, S. (1994), Vom Ersten Weltkrieg bis zum Ende des Vichy-Regimes (1914–1944), in Hinrichs (1994), S. 361–414.

Martin, A. (1985), Histoire »Acéphale« et index syriaque des lettres festales d'Athanase d'Alexandrie. Introduction, texte critique, traduction et notes par Annik Martin, Paris.

Martin, A. v. (1931a), Kultursoziologie der Renaissance, in Vierkandt (1931), S. 495–510.

Martin, A. v. (1931b), Kultursoziologie des Mittelalters, in Vierkandt (1931), S. 370–390.

Martin, A. v. (1965), Mensch und Gesellschaft heute, Frankfurt/M.

Marwitz, R. (1947), ›Der junge Landsberg‹, Hochland. Monatsschrift begründet von Carl Muth. Hg. von Franz Josef Schöningh. 40. Jahrgang (2), 164–169.

Marx, K. (1972), Das Kapital. Kritik der politischen Ökonomie. Erster Band, 4. Aufl., Frankfurt/M.

Mason, S. F. (1997), Geschichte der Naturwissenschaft in der Entwicklung ihrer Denkweisen, Bassum. Neudruck der deutschsprachigen Ausgabe (1974).

Masson, A. (1976), Le rebelle du surréalisme. Écrits, Paris.

Masson, A. (1983), André Masson et le Theatre. Textes de Michel Leiris, André Masson, Jean-Louis Barrault, Charles Dullin, Georges Duthuit, Federico Fellini. Présentation et notes de Ghislain Uhry, Paris.

Masson, A. (1990a), Gesammelte Schriften 1. Hrsg. von Axel Matthes und Helmut Klewan, München.

Masson, A. (1990b), Les années surréalistes. Correspondance 1916–1942. Edition établie, présentée et annotée par Françoise Levaillant, Paris.

Masson, A. (2003), Bilder aus dem Labyrinth der Seele/Vues du labyrinthe de l'âme. Hrsg. von Kai Buchholz/Klaus Wolbert. Katalog anläßlich der Ausstellung im Institut Mathildenhöhe Darmstadt vom 9. März bis 27. April 2003, Frankfurt/M.

Mattheus, B. (1984), Georges Bataille. Eine Thanatographie I, München.

Mattheus, B. (1988), Georges Bataille. Eine Thanatographie II, München.

Mattheus, B. (1995), Georges Bataille. Eine Thanatographie III, München.

Maubon, C. (1994), Michel Leiris en marge de l'autobiographie, Paris.

Mauss, M. (1926–1929), ›Manuel d'ethnographie‹, Internet: www.uqac.uquebec.ca/zone30/Classiques_des_sciences_sociales/livres/mauss_marcel/manuel_ethnographie/manuel_ethnographie.html.

Mauss, M. (1968), Œuvre. 1. Les fonctions sociales du sacré. Présentation de Victor Karady, Paris.

Mauss, M. (1969), Œuvres. 3. Cohésion sociale et division de la sociologie. Présentation de Victor Karady, Paris.

Mauss, M. (1969 [1925]), In memoriam. L'œuvre inédite de Durkheim et de ses collaborateurs, in Mauss (1969), S. 473–499.

Mauss, M. (1969 [1933]), La sociologie en France depuis 1914 (La sociologie en France de 1914 à 1933), in Mauss (1969), S. 436–459.

Mauss, M. (1969 [1934]), Fragment d'un plan de sociologie générale descriptive, in Mauss (1969), S. 303–358.

Mauss, M. (1974), Œuvres. 2. Représentations collectives et diversité de civilisations. Présentation de Victor Karady, Paris.

Mauss, M. (1980), Marokkanische Reise. Mit Beiträgen von: Patrick Waldberg, Claude Lévi-Strauss, Georges Condominas, Jean Jamin, Frankfurt/M.

Mauss, M. (1983), An intellectual self-portrait, in Besnard (1983b), S. 139–151.

Mauss, M. (1989a), Über die physische Wirkung der von der Gemeinschaft suggerierten Todesvorstellung auf das Individuum (Australien und Neuseeland), in Mauss (1989b), S. 175–195.

Mauss, M. (1989b), Soziologie und Anthropologie. Band II., Frankfurt/M.

Mauss, M. (1989c), Wirkliche und praktische Beziehungen zwischen Psychologie und Soziologie, in Mauss (1989b), S. 145–173.

Mauss, M. (1990), ›Lettre de Marcel Mauss à Roger Caillois du 22 Juin 1938. Hrsg. und kommentiert von Marcel Fournier unter dem Titel: Marcel Mauss et Heidegger‹, Actes de la Recherche en Sciences Sociales (84), S. 87.

Mauss, M. (1997), Écrits politiques. Textes réunis et présentés par Marcel Fournier, Paris.

Mauss, M. (1999a), Die Gabe. Form und Funktion des Austauschs in archaischen Gesellschaften, 4. Aufl., Frankfurt/M.

Mauss, M. (1999b), Soziologie und Anthropologie. Band I., 2. Aufl., Frankfurt/M.

Mauss, M. und Beuchat, H. (1999 [1904–5]), Über den jahreszeitlichen Wandel bei den Eskimogesellschaften. Eine Studie zur Sozialen Morphologie, in Mauss (1999b), 2. Aufl., S. 183–279.

Mauss, M. und Hubert, H. (1999), Entwurf einer allgemeinen Theorie der Magie, in Mauss (1999b), S. 43 – 179.

Maximilian (1991), ›The bornless Ritual‹, Internet: www. fraternitas. de/archiv/ 07 – 01.htm, auch in Saturnis Gnosis 36, Wien. Aus dem Internet am 18.8.2003.

Mayer, H. (1979), Les rites des associations politiques dans l'Allemagne romantique, in Hollier (1979), S. 447 – 474.

Mayer, H. (1986), Georges Bataille et le fascisme: souvenirs et analyse, in Lecoq (1986), S. 79 – 93.

Mayer, H. (1988), Ein Deutscher auf Widerruf. Erinnerungen. Band I, Frankfurt/M.

Mayer, H. (1992), Der Zeitgenosse Walter Benjamin, Frankfurt/M.

Mayer, H. (1995), Les rites des associations politiques dans l'Allemagne romantique, in Hollier (1995a), S. 609 – 640.

Mayer, M. und Hentschel, M., Hrsg. (1990), Parabel. Lévinas, Evangelisches Studienwerk, Gießen.

Mazon, B. (1985), ›La Fondation Rockefeller et les sciences sociales en france, 1925 – 1940‹, Revue Française de Sociologie: La sociologie française dans l'entre-deux-guerres. Etudes et documents réunis par Philippe Besnard (26 – 2), S. 311 – 342.

Meja, V. und Stehr, N., Hrsg. (1982), Der Streit um die Wissenssoziologie. Erster Band. Die Entwicklung der deutschen Wissenssoziologie, Frankfurt/M.

Menninghaus, W. (1986), Schwellenkunde. Walter Benjamins Passage des Mythos, Frankfurt/M.

Merlio, G., Hrsg. (1995), Ni gauche ni droite: Les chassés-croisés idéologiques des intellectuels français et allemnads dans l'entre-deux-guerres, Bourdeaux.

Merz-Benz, P.-U. und Wagner, G., Hrsg. (2001), Soziologie und Anti-Soziologie, Konstanz.

Meuter, G. und Otten, H. R., Hrsg. (1999), Der Aufstand gegen den Bürger. Antibürgerliches Denken im 20. Jahrhundert, Würzburg.

Michaels, A., Hrsg. (1997), Klassiker der Religionswissenschaft. Von Friedrich Schleiermacher bis Mircea Eliade, Darmstadt.

Miller, W. W. (2000), ›Durkheimian time‹, Time and Society (9 (1)), S. 5 – 20.

Missac, P. (1991), Walter Benjamins Passage, Frankfurt/M.

Münster, A. (1977), Antifaschismus, Volksfront und Literatur. Zur Geschichte der ›Vereinigung revolutionärer Schriftsteller und Künstler‹ (AEAR) in Frankreich, Hamburg/Berlin.

Moebius, S. (2001), Postmoderne Ethik und Sozialität. Beitrag zu einer soziologischen Theorie der Moral, Stuttgart.

Moebius, S. (2002a), ›Hans Mayer am Vorabend des II. Weltkriegs beim Collège de Sociologie‹, Beiträge zur Geschichte der Arbeiterbewegung (1), S. 75 – 87.

Moebius, S. (2002b), Simmel lesen. Moderne, dekonstruktive und postmoderne Lektüren der Soziologie von Georg Simmel, Stuttgart.

Moebius, S. (2003a), ›Contre-Attaque. Eine politische Initiative französischer Intellektueller in den 30er Jahren‹, Sozial.Geschichte. Zeitschrift für historische Analyse des 20. und 21. Jahrhunderts. Neue Folge. 18. Jahrgang (2), S. 85 – 100.

Moebius, S. (2003b), Die soziale Konstituierung des Anderen. Grundrisse einer poststrukturalistischen Sozialwissenschaft nach Lévinas und Derrida, Frankfurt/M./New York.

Moebius, S. (2003c), »Geschlecht‹ in der Krise? Neue und alte Diskurse der Geschlechtersoziologien‹, Soziologische Revue (2), S. 222 – 233.

Moebius, S. (2003d), ›Homme de la science, homme de l'action, homme du mythe. Die internen Krisen des Collège de Sociologie (1937 – 1939) und die Tage danach‹, Lendemains. Études comparées sur la France/Vergleichende Frankreichforschung, hrsg von W. Asholt, M. Bock et al.: »Phantastische Literatur sowie Pour les Sciences Humaines« (110/111), S. 162 – 179.

Moebius, S. (2003e), ›Maurice Halbwachs: Klassen und Lebensweisen. Kollektive Psychologie. Soziale Morphologie. Besprechung der Bände IIIV der Ausgewählten Schriften, hrsg. von Stephan Egger und Franz Schultheis‹, Das Argument (249), S. 135 – 138.

Moebius, S. (2003f), ›Paul Ludwig Landsberg – ein vergessener Soziologe. Zu Leben, Werk, Wissens- und Kultursoziologie Paul Ludwig Landsbergs‹, Sociologia Internationalis. Internationale Zeitschrift für Soziologie, Kommunikations- und Kulturforschung (1), S. 77 – 112.

Moebius, S. (2004a), Bio-Anthropo-Soziologie: Edgar Morin, in Moebius und Peter (2004),
S. 237 – 265.

Moebius, S. (2004b), ›Das Sakrale und die Heterologie. Das Collège de Sociologie, Georges Bataille und die Wirkungen auf Foucault, Lévinas und Derrida‹. 63 Seiten, erscheint 2005 in: Jahrbuch für Soziologiegeschichte.

Moebius, S. (2004c), ›Imitation, repetition and iterability. poststructuralism and the ›social laws‹ of gabriel tarde‹, Distinktion. Skandinavisk tidsskrift for samfundsteori/Scandinavian Journal of Social Theory (9), S. 55 – 69.

Moebius, S. (2004d), Praxis der Soziologiegeschichte: Methodologien, Konzeptionalisierungen und Beispiele soziologiegeschichtlicher Forschung, Hamburg.

Moebius, S. (2005a), Diskurs – Ereignis – Subjekt. Zur Verschränkung von Diskurs- und Handlungstheorie im Ausgang einer poststrukturalistischen Sozialwissenschaft, in Keller et al. (2005a),

Moebius, S. (2005b), Postmoderne Theoretiker der französischen Soziologie, in Kaesler (2005).

Moebius, S. und Peter, L., Hrsg. (2004), Französische Soziologie der Gegenwart, Konstanz.

Monnoyer, J.-M. (2000), ›Die französische Nietzscherezeption zwischen 1937 und 1939. Wiedergutmachung an Nietzsche oder die Gegenoffensive des Acéphale‹, Dialektik. Zeitschrift für Kulturphilosophie (1), S. 35 – 52.

Mouffe, C., Hrsg. (1999), Dekonstruktion und Pragmatismus. Demokratie, Wahrheit und Vernunft, Wien.

Müller, B. (1999), Marc Bloch und die Sozialwissenschaften, in Schöttler (1999), S. 72 – 101.

Mürmel, H. (1997), Marcel Mauss (1872 – 1950), in Michaels (1997), S. 211 – 221.

Mucchielli, L. (1993), ›La guerre n'a pas eu lieu: les sociologues français et l'Allemagne (1890 – 1940)‹, Espace-Temps 53 – 54, S. 5 – 18.

Mucchielli, L. (1998), La découverte du social. Naussance de la sociologie en france (1870 – 1914), Paris.

Mucchielli, L. (2003), Für eine kollektive Psychologie: Das durkheimsche Erbe bei Maurice Halbwachs und seine Auseinandersetzung mit Charles Blondel, in Egger (2003c), S. 69–113.

Mucchielli, L. (2004), Mythes et histoire des sciences humaines, Paris.

Mucchielli, L. et al., Hrsg. (1999), Revue d'Histoire des Sciences Humaines. Maurice Halbwachs et les sciences humaines de son temps, Bd. 1/1999, Villeneuve d'Ascq Cedex. Unter der Mitarbeit von Christian Topalov, Jean-Christophe Marcel, Oliver Martin, Philippe Steiner und Marie Jaisson.

Nadeau, M. (1965), Geschichte des Surrealismus, Reinbek bei Hamburg.

Nancy, J.-L. (1986), La communauté désoeuvrée, Paris.

Nancy, J.-L. (1988), Die undarstellbare Gemeinschaft, Stuttgart.

Nancy, J.-L. (1994), Das gemeinsame Erscheinen. Von der Existenz des ›Kommunismus‹ zur Gemeinschaftlichkeit der ›Existenz‹, in Vogl (1994), S. 167–204.

Nassehi, A. und Weber, G. (1989), Tod, Modernität und Gesellschaft. Entwurf einer Theorie der Todesverdrängung, Opladen.

Needham, R. (1973a), Introduction, in Needham (1973b), S. xi–xxxix.

Needham, R., Hrsg. (1973b), Right and Left. Essays on Dual Symbolic Classification, Chicago/London.

Neugebauer-Wölk, M. (1995), Esoterische Bünde und Bürgerliche Gesellschaft. Entwicklungslinien zur modernen Welt im Geheimbundwesen des 18. Jahrhunderts, Göttingen.

Neumann, G., Hrsg. (1997), Poststrukturalismus: Herausforderung an die Literaturwissenschaft (DFG-Symposium 1995), Stuttgart.

Neumann, M. (2002), ›… wer Abstand hält, steht in der Schusslinie. Zu einigen soziologischen Motiven bei Canetti‹, Manuskript.

Neumeister, B. (2000), Kampf um die kritische Vernunft. Die westdeutsche Rezeption des Strukturalismus und des postmodernen Denkens, Konstanz.

Niess, R. J. (1956), Julien Benda, Ann Arbor.

Niethammer, L. (2000), Kollektive Identitäten. Heimliche Quellen einer unheimlichen Konjunktur, Hamburg.

Nietzsche, F. (1968a), Die Philosophie im tragischen Zeitalter der Griechen, in Nietzsche (1968b), S. 136–187.

Nietzsche, F. (1968b), Studienausgabe Band 1, Schriften aus denJahren1872–1874, ausgewählt und eingeleitet von Hans Heinz Holz, Frankfurt/M.

Noack, H., Hrsg. (1973), Husserl, Darmstadt.

Oesterreicher, J. M. (1952), Walls are crumbling. Seven jewish philosophers disvover Christ: Bergson, Husserl, Reinach, Scheler, Landsberg, Picard, Stein. Foreword by Jacques Maritain, New York.

Oexle, O. G. (1996a), Das Mittelalter und das Unbehagen an der Moderne. Mittelalterbeschwörungen in der Weimarer Republik und danach, in Oexle (1996b), S. 137–162.

Oexle, O. G. (1996b), Geschichtswissenschaft im Zeichen des Historismus. Studien zur Problemgeschichte der Moderne, Göttingen.

Opitz, M., Hrsg. (1996), Walter Benjamin. Ein Lesebuch, Frankfurt/M.

Opitz, M. und Wizisla, E., Hrsg. (2000), Benjamins Begriffe. Band II, Frankfurt/M.

Orth, E. W. (1988), Über Zugänge zu Ernst Cassirer. Eine Einleitung, in Braun et al. (1988), S. 7 – 11.

Orthbrandt, E. und Teuffen, H. D. (2003), ›Die wichtigsten christlichen Kirchen, Glaubengemeinschaften, Schismen, Orden und theologischen Gruppen in der Reihenfolge ihres Entstehens‹, Internet: www. geocities. com/wtcleanup/01Allgemeines/05orthbrandt. htm. Aus dem Internet am 4.9.2003.

Ory, P. und Sirinelli, J.-F. (1992), Les intellctuels en France. De l'affaire Dreyfus à nos jours, Paris.

Ottinger, D. (2002), Wie New York die surrealistische Idee des modernen Mythos stahl (und ihre Rückkehr), in Spies (2002), S. 434 – 441.

Otto, R. (1963 [1917]), Das Heilige. Über das Irrationale in der Idee des Göttlichen und sein Verhältnis zum Rationalen, 31 – 35. Aufl., München.

Otto, W. F. (1939), Dionysos. Mythos und Kultus, 2. Aufl., Leipzig.

Pajon, A. (1991), L'intrépidité politique de Roger Caillois avant-guerre, in Caillois (1991b), S. 373 – 387.

Papilloud, C. (2002), Le don de la relation. Georg Simmel – Marcel Mauss, Paris.

Pareto, V. (1988), Trattato di sociologia generale, textkritische Edition, hrsg. von Giovanni Busino. 4 Bände, Turin.

Parkin, R. (1996), The Dark Side of Humanity. The work of Robert Hertz and its Legacy, Amsterdam.

Paulhan, J. (1995), Le langage sacré, in Hollier (1995a), S. 694 – 728.

Pefanis, J. (1991), Heterology and the Postmodern. Bataille, Baudrillard, Lyotard, London.

Peter, L. (1972), Literarische Intelligenz und Klassenkampf. Die »Aktion« 1911 – 1932, Köln.

Peter, L. (1996), ›Élan vital, Mehr-Leben, Mehr-als-Leben. Lebensphilosophische Aspekte bei Henri Bergson und Georg Simmel‹, Jahrbuch für Soziologiegeschichte 1994. Hrsg. von Carsten Klingemann et al. S. 7 – 61.

Peter, L. (1997), ›Emile Durkheim – ein früher Kommunitarist?‹, Sociologica Internationalis (2), 1 – 21.

Peter, L. (2000), ›Korporativismus des Universellen? Das Thema der Intellektuellen in der soziologischen Theorie von Pierre Borudieu‹, Z. Zeitschrift Marxistische Erneuerung (41), S. 107 – 122.

Peter, L. (2001a), Warum sind die französischen Intellektuellen politisch, die deutschen aber nicht?, in Bieling et al. (2001), S. 240 – 251.

Peter, L. (2001b), Warum und wie betreibt man Soziologiegeschichte?, in Klingemann et al. (2001), S. 9 – 64.

Petschnig, M., Hrsg. (1959), Der kleine Stowasser. Lateinisch-deutsches Schulwörterbuch, München.

Peuckert, W.-E. (2003), Geheimkulte. Das Standardwerk. Sonderdruck, Hamburg.

Pfeffer, G. (1989), Nachwort: Zur Aktualität von Georges Dumézil, in Dumézil (1989), S. 273 – 287.

Pfersmann, A. (1985a), Présentation, in Pfersmann (1985b), S. 9 – 18.

Pfersmann, A., Hrsg. (1985b), Pour un temps/Pierre Klossowski, Centre Georges Pompidou, Paris.

Plaß, C. und Schetsche, M. (2001), ›Grundzüge einer wissenssoziologischen Theorie sozialer Deutungsmuster‹, Sozialer Sinn. Zeitschrift für hermeneutische Sozialforschung (1), S. 511–536.

Plessner, H. ([1924], 2002), Grenzen der Gemeinschaft. Eine Kritik des sozialen Radikalismus, Frankfurt/M.

Plessner, H. (1975), Erinnerungen an Max Scheler, in Good (1975), S. 19–27.

Plessner, H. (1978), Philosophische Anthropologie, Frankfurt/M.

Poirié, F. (1987), Emmanuel Lévinas. Qui êtes-vous?, Lyon.

Pollak, M. (1978), Gesellschaft und Soziologie in Frankreich. Tradition und Wandel in der neueren französischen Soziologie, Königstein/Ts.

Popitz, H. (1994), Spielen, Göttingen.

Preisendanz, K. (1926), Akephalos der kopflose Gott. Beihefte zum ›Alten Orient‹. Heft 8, Leipzig.

Prochasson, C. (1993), Les intellectuels, le socialisme et la guerre 1900–1938. Préface de Madeleine Rebérioux, Paris.

Racine, N. und Trebitsch, M., Hrsg. (1992), Sociabilités intellectuelles. Lieux, milieux, réseaux, Paris.

Raulet, G. (1993), Die Modernität der »Gemeinschaft«, in Brumlik und Brunkhorst (1993), S. 72–93.

Raulet, G., Hrsg. (2002), Max Scheler. L'anthropolgie philosophique en Allemagne dans l'entre-deux-guerres, Paris.

Raulff, U. (1992), Vorwort zur deutschen Ausgabe, in Bloch (1992), S. 7–38.

Raulff, U. (1995), Ein Historiker im 20. Jahrhundert. Marc Bloch, Frankfurt/M.

Réberioux, M. (1975), La République radicale? 1898–1914, Paris.

Rehberg, K.-S. (1981), Philosophische Anthropologie und die ›Soziologisierung‹ des Wissens vom Menschen. Einige Zusammenhänge zwischen einer philosophischen Denktradition und der Soziologie in Deutschland, in Lepsius (1981), S. 160–198.

Rehberg, K.-S. (1996a), Norbert Elias – ein etablierter Außenseiter, in Rehberg (1996b), S. 17–39.

Rehberg, K.-S., Hrsg. (1996b), Norbert Elias und die Menschenwissenschaften. Studien zur Entstehung und Wirkungsgeschichte seines Werkes, Frankfurt/M.

Reijen, W. v. und Doorn, H. v. (2001), Aufenthalte und Passagen. Leben und Werk Walter Benjamins, Frankfurt/M.

Richardson, M. (1994), Georges Bataille, London/New York.

Richman, M. (1988), ›Introduction to the Collège de Sociologie: Poststructuralism before its Time?‹, Stanford French Review 12 (1), 79–95.

Richman, M. (1990), Anthropology and Modernism in France: From Durkheim to the Collège de sociologie, in Manganaro (1990), S. 183–214.

Richman, M. (1995), The sacred group. A Durkheimian perspective on the Collège de sociologie (1937–39), in Gill (1995), S. 58–76.

Richman, M. (2002), Sacred Revolutions: Durkheim and the Collège de Sociologie, Minneapolis.

Riley, A. T. (1999), ›Whence Durkheim's Nietzschean grandchildren? A closer look at Robert Hertz's place in the Durkheimian genealogy‹, Archives Européennes de Sociologie (40), S. 304–330.

Riley, A. T. (2002a), ›Durkheim contra Bergson? The hidden Roots of Postmodern Theory and the Postmodern ›Return‹ of the Sacred‹, Sociological Perspectives (45, 3), S. 243–265.

Riley, A. T. (2002b), ›The sacred calling of intellectual labor in mystic and ascetic Durkheimianism‹, Archives européenes de sociologie/European Journal of Sociology (42, 2), S. 354–385.

Rémond, R. (1988), Pour une histoire politique, Paris.

Rolland, R., Hrsg. (2000), Europe. Revue littéraire mensuelle: Roger Caillois. Nummero 859–860, Paris.

Ronell, A. (1997), Formen des Widerstreits, in Weber und Tholen (1997), S. 51–70.

Roudinesco, E. (1995), Bataille entre Freud et Lacan: une expérience cachée, in Hollier (1995c), S. 191–212.

Roudinesco, E. (1999), Jacques Lacan. Bericht über sein Leben. Geschichte eines Denksystems, Frankfurt/M.

Roy, C. (1998), Alexandre Marc et la Jeune Europe (1904–1934): L'Ordre Nouveau aux Origines du Personnalisme. Suivi de Thomas Keller: Le Personnalisme de l'Entre-Deux-Guerres entre l'Allemagne et la France, Nice.

Rötzer, F. (1986), Französische Philosophen im Gespräch, München.

Rupp, G. (1995), Benjamin et Bataille, recontre(s) franco-allemande(s). À la recherche d'une autre dicursivité, in Merlio (1995), S. 275–285.

Scheler, M. (1924a), Probleme einer Soziologie des Wissens, in Scheler (1924b), S. 1–146.

Scheler, M. (1926), Die Wissensformen und die Gesellschaft, Leipzig.

Scheler, M. (1976a), Die Formen des Wissens und die Bildung, in Scheler (1976b), S. 85–119.

Scheler, M. (1976b), Späte Schriften. Gesammelte Werke Band 9, hg. von Manfred S. Frings, Bern/München.

Scheler, M. (1982), Die positivistische Geschichtsphilosophie des Wissens und die Aufgaben einer Soziologie der Erkenntnis, in Meja und Stehr (1982), S. 57–67.

Scheler, M. (1987), Schriften aus dem Nachlass. Band III. Philosophische Anthropologie. Gesammelte Werke Band 12. Hrsg. von Manfred Frings, Bonn.

Scheler, M., Hrsg. (1924b), Versuche zu einer Soziologie des Wissens, München/Leipzig.

Schäfer, J. (2001), Tod und Trauerrituale in der modernen Gesellschaft. Perspektiven einer alternativen Trauerkultur, Bremen. Magisterarbeit. Universität Bremen.

Schäfer, T. (1995), Reflektierte Vernunft. Michel Foucaults philosophisches Projekt einer antitotalitären Macht- und Wahrheitskritik, Frankfurt/M.

Schilpp, P. A., Hrsg. (1966), Ernst Cassirer, Stuttgart/Berlin/Mainz/Köln.

Schmale, W. (2000), Geschichte Frankreichs, Stuttgart.

Schober, A. (2000), Ewige Wiederkehr des Gleichen? Hundertzehn Jahre französische Nietzscherezeption, Limoges.

Schöttler, P., Hrsg. (1999), Marc Bloch. Historiker und Widerstandskämpfer, Frankfurt/M./New York.

Schultz, W. (2000), Dokumente der Gnosis. Mit Essays von Georges Bataille und Henri-Charles Puech, Augsburg.

Schützeichel, R. (2004), Historische Soziologie, Bielefeld.

Seillière, E. (1931), De la déesse nature à la déesse vie: Naturalisme et vitalisme mystiques, Paris.

Seitter, W. (2002), Pierre Klossowski. Ein vielfaches Leben, in Klossowski (2002), S. 7–32.

Semprun, J. (1995), Schreiben oder Leben, Frankfurt/M.

Short, R. S. (1968), Contre-attaque, in Alquié (1968), S. 144–176.

Short, R. S. (1969), Die Politik der surrealistischen Bewegung, in Laqueur und Mosse (1969), S. 7–40.

Siebeke, M. (2001), ›Paul Ludwig Landsberg (1901–1944) – ein Exilkrimi‹, Internet: www. dhm. de/lemo/forum/kollektives_ gedaechtnis/210/index.html. Aus dem Internet am 18.2.2002.

Simmel, G. (1918), Lebensanschauung. Vier metaphysische Kapitel, München/Leipzig.

Simmel, G. (1984), Das Individuum und die Freiheit. Essays, Berlin.

Simmel, G. (1992), Soziologie. Untersuchungen über die Formen der Vergesellschaftung. [1908], 1. Aufl., Frankfurt/M.

Simmel, G. (1995), Schriften zur Soziologie. Hrsg. von H.-J. Dahme und O. Rammstedt, 5. Aufl., Frankfurt/M.

Simmel, G. (1995 [1907]), Dankbarkeit. Ein soziologischer Versuch, in Simmel (1995), 5. Aufl., S. 210–218.

Sirinelli, J.-F. (1987), ›Effets d'âge et phénomènes de génération dans le milieu intellectuel française‹, Cahiers de l'IHTP (6), S. 5–18.

Sirinelli, J.-F. (1988a), Génération intellectuelle. Khâgneux et Normaliens dans l'entre-deux-guerres, Paris.

Sirinelli, J.-F. (1988b), Les intellectuels, in Rémond (1988), S. 199–231.

Skocpol, T. (1984), Vision and Method in Historical Sociology, Cambridge/London.

Smith, R. (1967), Die Religion der Semiten, Darmstadt.

Soeffner, H.-G. (1989), Auslegung des Alltags – der Alltag der Auslegung. Zur wissenssoziologischen Konzeption einer sozialwissenschaftlichen Hermeneutik, Frankfurt/M. [neu bei UVK/UTB 2004]

Sombart, N. (1996), Pariser Lehrjahre 1951–1954. Leçons de Sociologie, Frankfurt/M.

Spies, W., Hrsg. (2002), Surrealismus 1919–1944. Dali, Max Ernst, Magritte, Miró, Picasso … Ausstellungskatalog, Ostfildern-Ruit.

Stark, J. (2000), Raymond Aron (1905–1983), in Kaesler (2000), S. 105–129.

Stark, W. (1960), Die Wissenssoziologie. Ein Beitrag zum tieferen Verständnis des Geisteslebens, Stuttgart.

Steil, A. (1993), Krisen-Semantik. Wissenssoziologische Untersuchungen zu einem Topos moderner Zeiterfahrung, Opladen.

Steiner, P. (2003), Maurice Halbwachs: Die letzten Feuer der durkheimianischen Wirtschaftssoziologie, in Egger (2003c), S. 45–67.

Stäheli, U. (2000), Sinnzusammenbrüche. Eine dekonstruktive Lektüre von Niklas Luhmanns Systemtheorie, Göttingen.

Strasser, S. (1987), Ethik als Erste Philosophie, in Waldenfels (1987), S. 218–265.

Suleiman, S. R. (1995), Bataille in the street. The search for virility in the 1930s, in Gill (1995), S. 26–45.

Surya, M. (1992), Georges Bataille. La mort a l'œuvre, 2. Aufl., Paris.

Surya, M. (1995), L'Arbitraire, après tout. De la »philosophie« de Léon Chestov à la »philosophie« de Georges Bataille, in Hollier (1995c), S. 213–231.

Sutherland, D. E. (1981), Wer rezipiert heute die europäische Soziologie? Bemerkungen über die Beziehungen zwischen europäischer und amerikanischer Soziologie, in Lepenies (1981e), S. 262–297.

Tacussel, P. (2000), La sociologie interprétative. Un tournant postempiriste dans les sciences humaines en France, in Berthelot (2000b), Kap. 8, S. 117–125.

Tarde, G. (1908), Die sozialen Gesetze. Skizze zu einer Soziologie, Leipzig.

Tarde, G. (1969), On Communication and Social Influence. Selected Papers, edited and with an Introduction by Terry N. Clark, Chicago/London.

Tarde, G. (2003), Die Gesetze der Nachahmung, Frankfurt/M.

Taureck, B. H. (1991), Emmanuel Lévinas zur Einführung, Hamburg.

Terrail, J. (1972), ›Entre l'ethnocentrisme et le marxisme‹, L'Arc (48), 48–54.

Thalheimer, S., Hrsg. (1963), Die Affäre Dreyfus, München.

Tréanton, J.-R. (1991), ›Les premières années du Centre d'études sociologiques (1946–1955)‹, Revue franccaise de sociologie (XXXII), 381–404.

Turner, V. (2000), Das Ritual. Struktur und Anti-Struktur, Frankfurt/M./New York.

Valade, B. (2000), De l'École française de sociologie à la sociologie contemporaine en France, Paris, S. 21–28.

Vernant, J.-P. (1984), Der reflektierte Mythos, in Vernant et al. (1984), S. 7–11.

Vernant, J.-P., Detienne, M., Smith, P., Pouillon, J., Green, A. und Lévi-Strauss, C. (1984), Mythos ohne Illusion, Frankfurt/M.

Vierkandt, A., Hrsg. (1931), Handwörterbuch der Soziologie, Stuttgart.

Virmaux, A. (2000), Au-delà des harricots sauteurs. Une relation atypique avec André Breton, in Rolland (2000), S. 42–55.

Vogel, E. et al., Hrsg. (2003), Zwischen Ausgrenzung und Hybridisierung. Zur Konstruktion von Identitäten aus kulturwissenschaftlicher Perspektive, Würzburg.

Vogl, J., Hrsg. (1994), Gemeinschaften. Positionen zu einer Philosophie des Politischen, Frankfurt/M.

Vogt, W. P. (1981), Über den Nutzen des Studiums primitiver Gesellschaften: Eine Anmerkung zur Durkheim-Schule 1890–1940, in Lepenies (1981d), S. 276–297.

Wagner, G. (1999), Emile Durkheim und der Opportunismus. Eine Notiz zur Institutionalisierung der Soziologie als einer Wissenschaft von der Moral in der Dritten Republik Frankreichs, in Klingemann, Neumann, Rehberg, Srubar und Stölting (1999), S. 191–205.

Wagner, P. (1990), Sozialwissenschaften und Staat. Frankreich, Italien, Deutschland 1870–1980, Frankfurt/New York.

Waldberg, P. (1995), Acéphalogramm, in Mattheus (1995), S. 357–366.

Waldberg, P. und Waldberg, I. (1992), Un Amour Acéphale. Correspondance 1940–1949. Édition établie et présenté par Michel Waldberg, Paris.

Waldenfels, B. (1987), Phänomenologie in Frankreich, Frankfurt/M.

Waltz, M. (1993), Ordnung der Namen. Die Entstehung der Moderne: Rousseau, Proust, Sartre, Frankfurt/M.

Weber, E. und Tholen, G. C., Hrsg. (1997), Das Vergessen(e). Anamnesen des Undarstellbaren, Wien.

Weber, M. (1988 [1920]a), Die Protestantische Ethik und der Geist des Kapitalismus, in Weber (1988 [1920]b), S. 17 – 206.

Weber, M. (1988 [1920]b), Gesammelte Aufsätze zur Religionssoziologie I, Tübingen.

Wenzler, L. (1989), Nachwort. Zeit als Nähe des Abwesenden. Diachronie der Ethik und Diachronie der Sinnlichkeit nach Emmanuel Levinas, in Lévinas (1989a), S. 67 – 92.

Wetzel, D. J. (2003a), Diskurse des Politischen. Zwischen Re- und Dekonstrutkion, München.

Wetzel, D. J. (2003b), Gerechtigkeit – Alterität – Gemeinschaft: Bestimmungsversuche mit Jacques Derrida und Jean-Luc Nancy, in Vogel et al. (2003), S. 263 – 284.

Wetzel, M. und Rabaté, J.-M., Hrsg. (1993), Ethik der Gabe. Denken nach Jacques Derrida, Berlin.

Wex, T. (1999), Ökonomik der Verschwendung. Batailles Allgemeine Ökonomie und die Wirtschaftswissenschaft, in Hetzel und Wiechens (1999), S. 187 – 210.

Wiechens, P. (1995), Bataille zur Einführung, Hamburg.

Wiechens, P. (1999), L'homme du mythe. Batailles Abweichung von Durkheim, in Hetzel und Wiechens (1999), S. 223 – 242.

Winock, M. (1975), Histoire politique de la revue ›Esprit‹ 1930 – 1950, Paris.

Winock, M. (1989), ›Les générations intellectuelles‹, Viengtième siécle (22), 17 – 38.

Winock, M. (1998), ›Die Intellektuellen in der Geschichte Frankreichs‹, Frankreich-Jahrbuch 1998. Politik, Wirtschaft, Gesellschaft, Geschichte, Kultur, S. 53 – 63.

Winock, M. (2003), Das Jahrhundert der Intellektuellen, Konstanz.

Wismann, H., Hrsg. (1986), Walter Benjamin et Paris. Colloque international 27 – 29 juin 1983, Paris.

Witte, B. (1985), Walter Benjamin, Reinbek bei Hamburg.

Wohlfahrt, I. (2003), A un passant. Anläßlich seiner passage Paris-Frankfurt und des ausbleibenden Werks, in Derrida (2003), S. 43 – 82.

Wolf, C. (1977), Kindheitsmuster, Darmstadt/Neuwied.

Wußing, H., Hrsg. (1983), Geschichte der Naturwissenschaften, Leipzig.

Wulf, C. et al., Hrsg. (2001), Das Soziale als Ritual. Zur performativen Bildung von Gemeinschaften, Opladen.

Yourcenar, M. (1998), Die Zeit, die große Bildnerin. Essays über Mythen, Geschichte und Literatur, München/Wien.

Zwierlein, E. (1989), Die Idee einer philosophischen Anthropologie bei Paul Ludwig Landsberg, Würzburg.

Personenregister